beck'sche reihe

bsr

Dieses Lexikon versteht sich als ein Wegweiser durch die Politikwissenschaft und als fachwissenschaftliches Nachschlagewerk. Es informiert umfassend in über 1300 vielfältig miteinander vernetzten Stichwörtern über die Theorien, Methoden und Begriffe des Faches. Die beiden vorliegenden Bände wenden sich an einen breiten Benutzerkreis in Forschung und Lehre, in Politik, Verwaltung und Medien sowie an alle politisch Interessierten. Die wissenschaftlich renommierten Autorinnen und Autoren bürgen für hohe Kompetenz auf dem neuesten Stand der Forschung.

Dieter Nohlen, geb. 1939, ist seit 1974 Professor für Politische Wissenschaft an der Universität Heidelberg und wurde für sein Wirken mit zahlreichen Preisen ausgezeichnet. Seit 2001 ist Nohlen wissenschaftlicher Leiter des Heidelberg Center Lateinamerika der Universität Heidelberg.
Zahlreiche in- und ausländische Veröffentlichungen, u. a. *Wahlrecht und Parteiensystem*. Herausgeber u. a. des siebenbändigen *Lexikons der Politik*, des *Lexikons Dritte Welt* sowie Mitherausgeber des achtbändigen *Handbuchs der Dritten Welt* und von *Elections in Africa* (in den USA 2000 «Outstanding Academic Book of the Year»).

Rainer-Olaf Schultze, geb. 1945, ist seit 1985 Professor für Politikwissenschaft und Geschäftsführender Direktor des Instituts für Kanada-Studien der Universität Augsburg, seit 1993 Vorsitzender des Kuratoriums der Stiftung für Kanada-Studien, von 1999–2002 Mitglied der Enquête-Kommission «Reform des Föderalismus – Stärkung der Landesparlamente» des Bayerischen Landtags.
Zahlreiche Veröffentlichungen zur vergleichenden Politikforschung, zu Föderalismusfragen und zur empirischen Wahlforschung. Mitherausgeber u. a. der *Politikwissenschaftlichen Paperbacks*, des *Lexikons der Politik* sowie der Reihe *Kanada-Studien*.

Lexikon der Politikwissenschaft

Theorien, Methoden, Begriffe

Herausgegeben von Dieter Nohlen
und Rainer-Olaf Schultze

Band 2: N–Z

Verlag C. H. Beck

Die Deutsche Bibliothek – CIP-Einheitsaufnahme

Ein Titeldatensatz für diese Publikation ist bei
Der Deutschen Bibliothek erhältlich

Originalausgabe

Satz: Fotosatz Janß, Pfungstadt
Druck und Bindung: Druckerei C.H. Beck, Nördlingen
Umschlagentwurf: +malsy, Bremen
Printed in Germany
ISBN 3 406 47604 x

www.beck.de

Inhalt

Verzeichnis häufig verwendeter Abkürzungen

Abb.	Abbildung
Abs.	Absatz
allg.	allgemein
amerikan.	amerikanisch
amtl.	amtlich
Art.	Artikel
Bd.	Band
Bde.	Bände
bes.	besonders
Bev.	Bevölkerung
BRD	Bundesrepublik Deutschland
brit.	britisch
bzw.	beziehungsweise
ca.	circa
D	Deutschland
d. h.	das heißt
DDR	Deutsche Demokratische Republik
ders./dies.	derselbe/dieselbe
DFG	Deutsche Forschungsgemeinschaft
dt.	deutsch
durchschnittl.	durchschnittlich
ebd.	ebenda
ehem.	ehem.
einschl.	einschließlich
engl.	englisch
entspr.	entsprechend
entw.	entweder
etc.	et cetera
europ.	europäisch
frz.	französisch
GB	Großbritannien
geschichtl.	geschichtlich
gesellschaftl.	gesellschaftlich
ggf.	gegebenenfalls
Ggs.	Gegensatz
griech.	griechisch
H.	Heft
Hdb.	Handbuch
i. d. R.	in der Regel
i. e. S.	im engeren Sinne

i. S.	im Sinne
i. w. S.	im weiteren Sinne
insbes.	insbesondere
internat.	international
ital.	italienisch
Jb.	Jahrbuch
Jh.	Jahrhundert
lat.	lateinisch
Lit.	Literatur
LW	Lenin-Werke, hrsg. vom Zentralinstitut für Marxismus-Leninismus beim ZK der SED, Berlin
MEW	Marx-Engels-Werke, hrsg. vom Zentralinstitut für Marxismus-Leninismus beim ZK der SED, Berlin
nat.	national
o. ä.	oder ähnliches
öff.	öffentlich
Öff.	Öffentlichkeit
ökolog.	ökologisch
ökon.	ökonomisch
polit.	politisch
priv.	privat
rechtl.	rechtlich
röm.	römisch
russ.	russisch
s.	siehe
SDG	Sowjetsystem und Demokratische Gesellschaft, hrsg. von C. D. Kernig, Freiburg u. a., Bd. 1 ff., 1966 ff.
sog.	sogenannt
staatl.	staatlich
Tab.	Tabelle
u. a.	unter anderem/und andere
u. U.	unter Umständen
u. ä.	und ähnliches
usw.	und so weiter
urspr.	ursprünglich
vergl.	vergleiche
vs.	versus
v. a.	vor allem
v. Chr.	vor Christus
westl.	westlich
wirtschaftl.	wirtschaftlich
Wiss.	Wissenschaft
wiss.	wissenschaftlich
z. B.	zum Beispiel
z. T.	zum Teil
zus.	zusammen

Verzeichnis häufig verwendeter Abkürzungen von Ortsnamen

Bln.	Berlin
Camb.	Cambridge
Chic.	Chicago
Darmst.	Darmstadt
Düss.	Düsseldorf
Ffm.	Frankfurt
Freib.	Freiburg
Frib.	Fribourg
Gött.	Göttingen
Hamb.	Hamburg
Hdbg.	Heidelberg
L.	London
LA	Los Angeles
Lpz.	Leipzig
Mchn.	München
Mhm.	Mannheim
NY	New York
Opl.	Opladen
Ox.	Oxford
Rbk.	Reinbek
Stg.	Stuttgart
Tor.	Toronto
Tüb.	Tübingen
Wsb.	Wiesbaden

Verzeichnis der Abkürzungen von Zeitschriften

AEu. Soc.	Archives Européennes de Sociologie
AJPS	American Journal of Political Science
AöR	Archiv des öffentlichen Rechts
APSR	American Political Science Review
APuZ	Aus Politik und Zeitgeschichte. Beilage zur Wochenzeitung Das Parlament
ASR	American Sociological Review
BJPS	British Journal of Political Science
BJS	British Journal of Sociology
Blätter	Blätter für deutsche und internationale Politik
CPS	Comparative Political Studies
CP	Comparative Politics
Dtsch. Z. Philos.	Deutsche Zeitschrift für Philosophie
EA	Europa Archiv
EJPR	European Journal of Political Research
IO	International Organization
IPG	Internationale Politik und Gesellschaft
ISSJ	International Social Science Journal
JCR	Journal of Conflict Resolution
JIR	Jahrbuch für Internationales Recht
JoD	Journal of Democracy
JoP	The Journal of Politics
JoPP	The Journal of Public Policy
JPR	Journal of Peace Research
JTP	Journal of Theoretical Politics
KZfSS	Kölner Zeitschrift für Soziologie und Sozialpsychologie
ÖZP	Österreichische Zeitschrift für Politikwissenschaft
Pol.&Soc.	Politics and Society
Pol. Stud.	Politische Studien
POQ	Public Opinion Quarterly
PVS	Politische Vierteljahresschrift
RoP	Review of Politics
StGB	Strafgesetzbuch
WP	World Politics
ZfP	Zeitschrift für Politik
ZfS	Zeitschrift für Soziologie
ZGS	Zeitschrift für die gesamte Staatswissenschaft
ZParl	Zeitschrift für Parlamentsfragen

Verzeichnis der Tabellen und Abbildungen

Tabellen

Abbildungen

Nachfrageorientierte Wirtschaftspolitik, (engl. *demand management*) orientiert sich im Ggs. zur angebotsorientierten → Wirtschaftspolitik mit ihrem wirtschaftspolit. Steuerungsversuch vorrangig an den Komponenten der Nachfrage.

Sie geht maßgeblich auf den brit. Ökonomen *J. M. Keynes* zurück und anders als die Klassiker davon aus, daß es marktwirtschaftsimmanent zu krisenträchtigen Konjunkturausschlägen kommen kann (z. B. Weltwirtschaftskrise 1929 als Depressionskrise mit hoher → Arbeitslosigkeit). Dem → Staat wird die Aufgabe zugeordnet, v. a. mit Hilfe der → Fiskalpolitik (z. B. → *Deficit spending*) die Nachfrage zu steuern und auf diesem Wege die → Konjunktur zu glätten.

→ Angebotsorientierte Wirtschaftspolitik; Globalsteuerung; Keynesianismus; Staatsinterventionismus.
Lit.: → Konjunktur/Konjunkturpolitik.

Uwe Andersen

Nachhaltige Entwicklung → *Sustainable development*

Nachhaltigkeit, Konzept bzw. Prinzip aus der → Entwicklungstheorie, welches den Umweltverbrauch unter generationalen Gerechtigkeitsaspekten einzudämmen fordert.

N. besagt, daß der Ressourcenverbrauch zur Befriedigung der Bedürfnisse der Gegenwart nur so hoch sein darf, daß die Möglichkeit zukünftiger Generationen, ihre Bedürfnisse zu befriedigen, nicht (durch Überausbeutung oder Erschöpfung solcher Naturschätze) eingeschränkt wird.

→ Entwicklung; Öko-Steuer; *Sustainable development.*

Dieter Nohlen

Nachtragshaushalt → Haushalt

Nachtwächterstaat, dem Gründer der dt. Sozialdemokratie *F. Lasalle* zugeschriebene Bezeichnung, mit der dieser die eng begrenzte Staatstätigkeit im Frühkapitalismus ironisch auf den Begriff brachte.

Nach der → Staatstheorie des Frühliberalismus soll der → Staat seine Tätigkeit auf die Gewährleistung innerer und äußerer → Sicherheit, die Garantie individueller Bürgerrechte, insbes. des Eigentumsrechts, beschränken und sich aller anderen Staatseingriffe, v. a. wirtschafts- und sozialpolit. Aktivitäten, in das Marktgeschehen enthalten (→ Minimalstaat).

Lit.: → Mimimalstaat; Staatstheorie.

Rainer-Olaf Schultze

Nachwahlen, finden in Systemen der Mehrheitswahl (in Einerwahlkreisen; → Wahlsystem) bei Vakanzen, z. B. durch Rücktritt, Tod, Mandatsverlust usw. der Mandatsinhaber, statt.

N. (engl. *by-elections*) haben in → Westminster-Demokratien, wie u. a. in GB, einen hohen Stellenwert als Gradmesser für die Popularität von Regierungs- und Oppositionsparteien während der Legislaturperiode zwischen zwei Hauptwahlen. In → Parlamentarischen Systemen, die nach Verhältniswahl wählen, spielen N. keine Rolle, da bei Vakanzen Listenbewerber i. d. R. automatisch nachrücken. In der BRD kommt es nur dann zu N., sollte (1) in Teilen des Wahlgebietes die Wahl am Wahltag nicht durchgeführt werden können, (2) ein Wahlkreisbewerber nach der Zulassung als Kandidat, aber vor dem Wahltag versterben, (3) die Wahl in Teilen des Wahlgebietes für ungültig erklärt werden.

Rainer-Olaf Schultze

Narratives Interview → Qualitative Politikforschung

Nash-Gleichgewicht, Lösungskonzept der → Spieltheorie. Jede Kombination von Strategien der Spieler, die gegenseitig beste Antworten sind, verwirklicht ein Nash-Gleichgewicht.

N.-G. sind stabile Lösungen von Spielen, da im N.-G. kein Spieler einen Anreiz hat, von dieser Lösung einseitig abzuweichen. Nach einem Theorem von *J. Nash* hat jedes Spiel mit einer endlichen Menge von Strategien mindestens ein N.-G. in reinen oder randomisierten Strategien. Auch einfache Spiele können jedoch mehrere N.-G. besitzen (→ *Battle of the Sexes*), so daß das N.-G. keine eindeutige Lösung des Spiels prognostiziert.

→ Spieltheorie.
Lit.: → Spieltheorie.

Katharina Holzinger

Nation (von lat. *natio* = Geburt, Geschlecht, Art, Volk), bezeichnet eine Gemeinschaft von Menschen, die sich aus ethnischen/sprachlichen/kulturellen und/oder polit. Gründen zusammengehörig und von anderen unterschieden fühlen. Die verschiedenen Definitionskriterien einer Nation entspringen ihrem jeweils konkreten historisch-polit. Bezugsrahmen und daraus resultierend unterschiedlichen Interpretationsmustern.

1. *Abbé Sièyes* definierte 1789 die frz. N. als die Gemeinschaft, die unter einem Gesetz steht und durch die gleiche gesetzgebende Versammlung repräsentiert wird. N. konstituiert sich hier durch den polit. Willen und das Streben des Dritten Standes nach → Souveränität in einem bereits vorhandenen Staatsgebiet (→ Volkssouveränität). Nach *E. Renan* (1882) erfordert diese polit. Willensgemeinschaft täglich neu das Bekenntnis zu nat. → Identität (*plébiscite de tous les jour*). In D dagegen verstand sich das Bildungsbürgertum als Kulturnation in einem territorial zersplitterten Land und erhob Sprache, Volkstum und Dichtung zum nat. Kriterium (*J. G. Herder*), das nach der napoleonischen Herrschaft zu einem polit. Bestimmungsmerkmal wurde. In den mittel- und osteurop. Staaten greifen die nat. Bewegungen nach dem Zusammenbruch des real existierenden → Sozialismus auf die konstituierenden Merkmale zurück, die für sie vor der kommunistischen Herrschaft bestimmend waren und die sie hinreichend von anderen Großgruppen abgrenzen: ethnische Zugehörigkeit, Geschichte, Religion und Europaphilie.

2. Die im 19. Jh. eingeführte analytische Trennung von Willens- und Kulturnation ist damit ein zu enges und zu situatives Bestimmungsmerkmal von Nation. Heute überwiegen in den Sozialwiss. hinreichend abstrahierende Kriterien: In der weitesten Beschreibung kann die N. als ein System von Wertorientierungen gesehen werden, das den Mitgliedern eines sozialen Systems gemeinsam ist (*T. Parsons*). *M. R. Lepsius* (1982) definiert N. als gedachte Ordnungsvorstellung mit unterschiedlichen, nicht immer verhaltensrelevanten, aber aktivierbaren Zurechnungskriterien, die in ihrer Binnenwirkung Teilhabe (Wir-Gefühl) und in ihrer Außenwirkung Abgrenzung vermitteln. *K. W. Deutsch* (1972) und *E. Gellner* (1991) sehen die N. als eine Funktion moderner Gesellschaften im Prozeß der Transformation eines Volkes oder einiger ethnischer Elemente innerhalb eines sozialen Mobilisierungsprozesses: Die → Industriegesellschaft setzt die Individuen frei aus ständischen, verwandtschaftlichen und lokalen Zugehörigkeiten, atomisiert und mobilisiert sie. Die polit. N. und das auf sie bezogene Nationalbewußtsein verbinden diese wieder zu einer polit. handlungsfähigen Einheit. Diese polit. Bedeutung der N. kam auch marxistischen Bewegungen und Staaten zu, die dazu neigten, sich in Form und Inhalt nat. zu organisieren (*E. Hobsbawm* 1990). Die N. ist damit ein universal legitimierter Wert (*B. Anderson* 1996).

Lit.: *Anderson, B.* ³1996: Die Erfindung der Nation, Ffm. u. a (engl. 1983). *Deutsch, K. W.* 1972: Nationenbildung, Nationalstaat, Integration, Düss. *Gellner, E.* 1991: Nationalismus und Moderne, Bln. *Hobsbawn, E. J.* ²1990: Nations and Nationalisms since 1780, Camb. *Lepsius, M. R.* 1982: Nation und Nationalismus heute, in: *Winkler, H. A.*: Nationalismus in der Welt von heute, Gött., 12–27. *Renan, E.* 1996: Was ist eine Nation, Hamb. (frz. 1882).

Gisela Riescher

Nation-building, Begriff der → Modernisierungstheorie, der in den 1950er Jahren von der US-amerikan. Politikwiss. (*G. A. Almond, L. D. Pye, K. W. Deutsch*) geprägt wurde und den Prozeß der Bildung und Formierung einer → Nation bzw. eines → Nationalstaates bezeichnet.

In dem Analysemodell sind folgende Elemente enthalten: (1) Soziale Mobilisierung, die über Zeiten, Regionen und Kulturen hinweg wiederkehrende Integrationsmuster aufweist. Für *K. W. Deutsch* sind dies der Übergang zur Tauschwirtschaft, die Mobilisation der ländlichen Bev., die Entwicklung von Städten und Kommunikationsnetzen, die Konzentration von Kapital und Wissen, die Annahme von Gruppenbewußtsein und nat. Symbolen, die Abgrenzung nach außen und das Entstehen polit. → Institutionen. (2) Polit. → Eliten, denen in den gesellschaftl. und polit. Transformationsprozessen der Nationenformierung die Akteursrolle zukommt. Ihre Problemlösungskapazitäten sind maßgeblich für die erfolgreiche Krisenbewältigung beim Übergang vom *state-building* zum *nation-building*. (3) Krisen und Krisensequenzen, die bei *Almond, Pye, S. Rokkan* unterschieden werden in Integrations-, Identitäts- und Penetrationskrisen, auf die in unterschiedlichen Sequenzen Probleme der Partizipation, der Ressourcenverteilung und der Legitimation folgen. *N.-b.* als politikwiss. Begriff suggeriert damit im Ggs. zum soziologischen *national development* ein architektonisches Modell vom Bau einer Nation.

Lit.: *Deutsch, K. W.* 1972: Nationenbildung, Nationalstaat, Integration, Düss. *Eisenstadt S. N./Rokkan, S.* (Hrsg.) 1973: Building States and Nations, 2 Bde., Beverly Hills u. a. *Rokkan, S.* 1970: Die vergleichende Analyse der Staaten- und Nationenbildung, in: *Zapf, W.* (Hrsg.): Theorien des sozialen Wandels, Köln u. a., 228–252.

Gisela Riescher

Nationale Befreiungsbewegung → Befreiungsbewegungen

Nationale Front, in einigen der Länder des → Real existierenden Sozialismus, u. a. auch in der SBZ/DDR, Bezeichnung für die von der jeweiligen Kommunistischen Partei geführte Einheitsfront aller zugelassenen und gleichgeschalteten Parteien und Massenorganisationen.

In der DDR gehörten zur N. F. unter Führung der SED neben den Massenorganisationen (u. a. Freier Deutscher Gewerkschaftsbund, Freie Deutsche Jugend, Demokratischer Frauenbund) die Blockparteien («Blockflöten»): Christlich Demokratische Union, Demokratische Bauernpartei Deutschlands, Liberal-Demokratische Partei Deutschlands, National-Demokratische Partei Deutschlands.

→ Block; Blocksystem.

Rainer-Olaf Schultze

Nationale Sicherheit, Begriff der → Internationalen Beziehungen, der zwei Aspekte umfaßt: → Nation und → Sicherheit.

Sicherheit bedeutet die Abwesenheit von Bedrohungen des Wertbestandes eines individuellen oder kollektiven Akteurs, der in diesem Fall als → Nation bzw. Nationalstaat definiert wird. N. S. bezeichnet also einen Zustand, in dem keine Bedrohungen für den Wertbestand einer Nation bestehen. Sowohl die Definition von Bedrohungen als auch der zu schützenden Werte variiert historisch erheblich: Bis zur Mitte des 20. Jh. war v. a. die Bewahrung der territorialen Integrität und → Souveränität der Nation das Ziel nat. Sicherheitspolitik. Die größte Bedrohung dieser Werte ging von anderen Nationen aus, die mit militärischen Mitteln abgeschreckt werden sollten (*Aron* 1963; *Morgenthau* 1963). Gegenwärtig besteht in dieser Hinsicht ein hohes Maß an Sicherheit. Zwischenstaatl. Kriege finden kaum noch statt. Statt dessen haben andere Bedrohungen an

Bedeutung gewonnen, zu deren Bearbeitung militärische Mittel i. d. R. nichts beitragen können, so daß eine Neudefinition der Ziele und Mittel nat. Sicherheitspolitik notwendig wurde. Vor diesem Hintergrund läßt sich in den letzten Jahren eine sukzessive Erweiterung des Begriffs auf andere Politikfelder wie Ökonomie, Kultur, Herrschaft und Ökologie feststellen (*Buzan* 1991; *Haftendorn* 1991; *Levy* 1995; *Rosenau* 1994).

→ Außenpolitik; Nationales Interesse; Realistische Schule.

Lit.: *Aron, R.* 1963: Frieden und Krieg, Ffm. *Bundesakademie für Sicherheitspolitik*: (Hrsg.) 2001: Sicherheitspolitik in neuen Dimensionen, Hamb. u. a. *Buzan, B.* 1991: People, States & Fear: An Agenda for International Security Studies in the Post-Cold War Era, NY u. a. *Haftendorn, H.* 1991: The Security Puzzle in: International Studies Quarterly 35, 3–17. *Levy, M. A.* 1995: Is the Environment a National Security Issue? in: International Security 20, 35–62. *Morgenthau, H. J.* 1963: Macht und Frieden, Gütersloh. *Rosenau, J. N.* 1994: New Dimensions of Security in: Security Dialogue 3, 255–281.

Lars Brozus

Nationales Interesse, die Gesamtheit der → Interessen, die ein → Nationalstaat in den → Internationalen Beziehungen mit Hilfe einer kohärenten → Außenpolitik realisieren will. Als überragendes n. I. wird i. d. R. die Erhaltung der → Nationalen Sicherheit angesehen.

1. Der Begriff entstammt der realistischen Denktradition in den Internat. Beziehungen (→ Realistische Schule). Demnach sind Nationalstaaten die entscheidenden Akteure internat. Politik und werden als einheitlich handelnde Akteure konzeptionalisiert, die ein kohärentes n. I. nach außen vertreten. Das größte n. I. aller Staaten besteht gemäß realistischen Annahmen in der Sicherung des eigenen Überlebens in einer anarchischen Umwelt, das nur durch die Akkumulation ausreichender Machtressourcen gewährleistet werden kann. Dies ist die primäre → Staatsraison jeder Nation (*Kissinger* 1994; *Morgenthau* 1951; *Waltz* 1979).

2. Die Kritik am n. I. setzt genau an diesem Punkt an: Der Begriff basiert auf dem Vorrang staatl. Interessen vor gesellschaftl. Anforderungen – zumindest auf der Ebene internat. Politik (Primat der Außenpolitik). Nur so ist überhaupt die Konzeptionalisierung eines kohärenten n. I. denkbar. Das überragende Interesse des Staates ist aber nicht primär die Sicherheit der Gesellschaft, sondern die Sicherung der eigenen Reproduktion als Staatsapparat. Dementsprechend dient ein so definiertes n. I. primär der Bewahrung und Ausdehnung staatl. Herrschaft über eigene und fremde Gesellschaften (*Krippendorff* 1985; *Tilly* 1975).

3. Moderne pluralistische Gesellschaften zeichnen sich durch die Konkurrenz einer Vielzahl von Interessen gesellschaftl. und staatl. Akteure aus, die die Formulierung eines n. I. praktisch unmöglich machen. Vielmehr variiert der Begriffsgehalt je nach Interesse und Durchsetzungsfähigkeit derjenigen gesellschaftl. Gruppen, die in der Lage sind, auf die Formulierung und Implementation außenpolit. Grundsätze maßgeblich Einfluß zu nehmen. Deshalb sollte hier eher im Plural von nat. Interessen gesprochen werden, die aus einer rationalen Abwägung der Realisierungschancen miteinander konkurrierender Interessen und deren Ordnung nach Präferenzen resultieren. Alternative Theorieansätze internat. Politik betonen von daher andere Interessen, so z. B. aus liberaler Perspektive das Streben nach Maximierung von Wohlfahrtswerten, unter modernisierungstheoretischen Gesichtspunkten die Ausbreitung demokratischer Ordnungsmodelle auf globaler Ebene und aus der Sicht der Friedensforschung die Schaffung regional integrierter Friedenszonen (*Frieden/Lake* 1991; *Huntington* 1991; *Senghaas* 1994; *Wolf* 2000).

→ Idealistische Schule; Macht; Nationale Sicherheit; Sicherheit.

Lit.: *Cook, T. I./Moos, M.* 1953: The American Idea of National Interest, in: APSR 47, 28–44. *Frieden, J. A./Lake, D. A.* [2]1991: International Political Economy: Perspectives on Global Power and Wealth, NY. *Huntington, S. P.* 1991: The Third Wave: Democratization in the Late Twentieth Century, Norman u. a. *Kissinger, H. A.* 1994: Die Vernunft der Nationen. Über das Wesen der Außenpolitik, Bln. *Krasner, S. D.* 1978: Defending the National Interest: Raw Material Investments and U. S. Foreign Policy, Princeton. *Krippendorff, E.* 1985: Staat und Krieg. Die historische Logik polit. Unvernunft, Ffm. *Morgenthau, H. J.* 1951: In Defense of the National Interest, NY. *Senghaas, D.* 1994: Wohin driftet die Welt?, Ffm. *Tilly, C.* (Hrsg.) 1975: The Formation of National States in Western Europe, Princeton. *Waltz, K. N.* 1979: Theory of International Politics, NY. *Wolf, K. D.* 2000: Die Neue Staatsraison – Zwischenstaatliche Kooperation als Demokratieproblem in der Weltgesellschaft, Baden-Baden.

Lars Brozus

Nationalismus, Ideologie und/oder → Soziale Bewegung, die territorial und wertorientiert auf die → Nation bzw. den → Nationalstaat ausgerichtet ist und eine bewußte Identifikation und Solidarisierung mit der nat. Gemeinschaft voraussetzt.

Zu unterscheiden sind ein inklusiver und ein exklusiver Nationalismus. Inklusiver N. bezeichnet jene moderate Form von Nationalbewußtsein oder Patriotismus, die alle polit.-kulturellen Gruppen einschließt und damit für das → Politische System eine in hohem Maße integrierende und legitimierende Wirkung entfaltet (→ *Nation-building*). Die republikanische Tradition, die freiheitliche Verfassung, demokratische polit. Institutionen (→ Verfassungspatriotismus) sind ebenso wie Sozialstaatlichkeit, wirtschaftspolit. Erfolge und internat. Reputation Bezugspunkte des Nationalbewußtseins. Exklusiver N. ist gekennzeichnet durch ein übersteigertes Wertgefühl, das in Abgrenzung zu anderen Staaten oder Nationen die eigenen nat. Eigenschaften überhöht bzw. sie anderen gegenüber als höherrangig ansieht. Die Forderung nach Übereinstimmung von ethnischen und polit. Grenzen korreliert mit der Ausgrenzung anderer Ethnien und der radikalen Ablehnung von «Fremdherrschaft». Brutale Übersteigerungen mit Ausgrenzung, Vertreibung und Vernichtung ethnischer → Minderheiten sind der dt. → Nationalsozialimus, der italienische → Faschismus und die ethnischen Säuberungen in den sowjetischen und jugoslawischen Nachfolgestaaten.

Lit.: *Berlin, I.* 1990: Der Nationalismus, Ffm. *Gellner, E.* 1991: Nationalismus und Moderne, Bln. *Oberndörfer, D.* 1993: Der Wahn des Nationalen, Freib. *Schultze, R.-O./Schneider, S.* (Hrsg.) 1997: Kanada in der Krise, Bochum. *Westle, B.* 1996: Traditionalismus, Verfassungspatriotismus und Postnationalismus im vereinigten Deutschland, in: *Niedermayer, O./Beyme, K. von* (Hrsg.): Politische Kultur in Ost- und Westdeutschland, Opl., 43–46. *Winkler, H. A.* (Hrsg.) 1982: Nationalismus in der Welt von heute, Gött.

Gisela Riescher

Nationalitätenfrage, erhebt sich in Staaten, die verschiedene Nationalitäten als Staatsangehörige einschließen (→ Vielvölkerstaat); artikuliert sich auch als staatsübergreifender Konflikt, wenn ethnisch zugehörige Gruppen nicht in den → Nationalstaat integriert werden können, weil sie auf dem Territorium eines anderen Staates leben (Irredenta).

In ihrer innen- wie außenpolit. Dimension birgt die N. ein systemzerstörerisches Konfliktpotenzial in sich: außenpolit. durch den in der Geschichte häufig praktizierten Versuch, mit Gewaltmaßnahmen territoriale Veränderungen vorzunehmen; innerstaatl. durch sprachlich-kulturelle Benachteiligung der ethnischen → Minderheiten und durch Ungleichverteilung ökon. und polit. Güter, auf die zentralstaatl. regierte und verwaltete Systeme nicht adäquat reagieren können. Föderativ organisierten Staaten dagegen können verfassungsrechlich geschützte und gesellschaftspolit. verankerte Konfliktregelungsmechanismen zur Verfügung stehen: die weitgehend soziokulturelle und polit. Eigenständigkeit territorial verortbarer ethnischer Gruppen, das Konkordanzprinzip als Entscheidungsregel und polit. wie gesellschaftl. akzeptierte und praktizierte Minderheitenrechte (→ Föderalismus).

Lit.: *Bauer, O.* 1975: Die Nationalitätenfrage und die Sozialdemokratie (1907), in: Werkausgabe Bd. 1, Wien, 49–602. *Boden, M.* 1993: Nationalitäten, Minderheiten und ethnische Konflikte in Europa, Mchn. *Mommsen, H./Martiny, A.* 1971: Nationalismus/Nationalitätenfrage, in: Sowjetsystem und Demokratische Gesellschaft, Freib. u. a., 623–695.

Gisela Riescher

Nationalsozialismus, Bezeichnung für Bewegung und Ideologie der Nationalsozialistischen Arbeiterpartei Deutschlands (NSDAP) sowie für die Zeit ihrer → Herrschaft von 1933–1945 in Deutschland.

1. (1) Der N. entsteht in der ökon. und sozialen Krisensituation nach der Niederlage des Kaiserreichs im I. Weltkrieg und in Gegnerschaft zur neugegründeten Weimarer Republik. Organisiert in der 1919 gegründeten, am Modell des italienischen → Faschismus orientierten NSDAP, ist die polit. Strömung des N. zunächst ein Sammelbecken für Revanchisten, Deklassierte und Unzufriedene, erlangt aber in den Wahlen der 1920er und 30er Jahre, wie die Studien von *J. W. Falter* zum Wählerverhalten in der Weimarer Republik gezeigt haben, eine weit über den Mittelstand und das abstiegsbedrohte Kleinbürgertum hinausreichende, auch die Arbeiterschaft erreichende Massenbasis. (2) Dem eigenen Anspruch nach stellt die → Ideologie des N. eine Synthese zwischen → Nationalismus und → Sozialismus dar. Allerdings zeigen Analysen von *Hitlers* «Mein Kampf» (1925/27) als Programmschrift des N. und entspr. Propagandamaterials, daß nur schwer von einer einheitlichen Ideologie des N. ausgegangen werden kann. Dieser ist vielmehr eine eklektische, auf die doppelte Gegnerschaft zu Bolschewismus/Marxismus und demokratisch-parlamentarischem → Kapitalismus zielende Mischung aus (a) einem zum → Rassismus übersteigerten → Nationalismus, (b) dem im Holocaust endenden Antisemitismus sowie (c) sozialromantischen Vorstellungen von Volksgemeinschaft, bei (d) gleichzeitiger Propagierung modernen technologischen Fortschritts. (3) Mit der Machtergreifung *Hitlers* (1933) beginnt (a) die Uniformierung und Kontrolle aller gesellschaftl. Kräfte im Rahmen einer Politik der Gleichschaltung, (b) eine revanchistische, imperialistische Außen- und Militärpolitik, (c) eine auf Kriegswirtschaft hinzielende Wirtschafts- und Arbeitsmarktpolitik, die kurzfristig zur Bewältigung der Arbeitslosigkeit führt, und (d) eine Politik der Ausgrenzung und des Terrors gegen Regimefeinde, Randgruppen und v. a. die Juden.

2. Wiss. umstritten bleibt, ob die Herrschaft des N. i. S. des → Totalitarismus über einen streng hierarchisch geordneten, auf den Führer ausgerichteten → Staats- und Parteiapparat erfolgte (→ Führerprinzip; Hitlerismus) oder ob der N. eher als polykratische Herrschaftsstruktur eines ungeordneten Nebeneinanders konkurrierender Institutionen von Partei und Staat, Wirtschaft und Militär zu begreifen ist. Offen ist dann jedoch, ob (a) i. S. von *E. Fraenkel* und *F. L. Neumann* das Kompetenzchaos vom «Führer» bewußt zur Machtstabilisierung instrumentalisiert wurde oder (b) mit *M. Broszat* und *H. Mommsen* die Eigendynamik der Polykratie ausschlaggebend ist. Die Einzigartigkeit der vom N. verübten Verbrechen überschattet bis heute die wiss. Analyse des Phänomens. Dies zeigte die im → Historikerstreit emotional geführte Debatte um die relativierende These *E. Noltes*, der N. sei lediglich eine Reaktion auf die zeitlich wie qualitativ originäre Entwicklung des Bolschewismus in Rußland, ebenso wie die von *D. Goldhagen* wiederbelebte Debatte um die, nun zeitgemäß kulturanthropologisch unterlegte, These vom dt. Sonderweg.

Lit.: *Benz, W.* u. a. (Hrsg.) 1997: Enzyklopädie des Nationalsozialismus, Stg. *Broszat, M.* [9]1981: Der Staat Hitlers. Grundlegung und Entwicklung seiner inneren Verfassung, Mchn. (zuerst 1969). *Falter, J. W.* 1991: Hitlers Wähler, Mchn. *Fraenkel, E.* 1941: The Dual State. A Contribution to the Theory of

Dictatorship, NY. *Goldhagen, D.* 1996: Hitlers willige Vollstrecker, Bln. *Mommsen, H.* 1966: Beamtentum im Dritten Reich, Stg. *Neumann, F. L.* 1994: Behemoth. Struktur und Praxis des Nationalsozialismus 1933–1944, Ffm. (engl. 1942/44). *Nolte, E.* 51997: Der europäische Bürgerkrieg 1917–1945, Mchn. (zuerst 1987).

Günter Rieger

Nationalstaat, die territoriale Übereinstimmung von → Nation und → Politischem System oder in *Max Webers* Definition: «die weltliche Machtorganisation der Nation» (*Weber* 1993: 561).

Der nationalstaatl. Strukturbegriff verbindet somit die Idee der historisch, ethnisch, kulturell oder polit. definierten Solidaritätsgemeinschaft Nation mit dem Prinzip territorialer Herrschaftsausübung, der Anerkennung des staatl. → Gewaltmonopols und gesamtgesellschaftl. wirkender Konfliktregelungsmuster. Ausgehend von Westeuropa im 18. und 19. Jh. wird der N. die vorherrschende Staatsform sich entwickelnder, moderner Gesellschaften.

1. Historisch lassen sich mindestens drei Entstehungsmuster unterscheiden: (1) durch innerstaatl. → Revolutionen (England, Frankreich) als Willensgemeinschaft durch die Selbstbestimmung der Staatsbürger, (2) als Staatsneugründung aus getrennten Gebiets- und Bevölkerungsteilen, die sich vor der Staatsgründung durch eine gemeinsame Sprache, Geschichte und Kultur als Nation fühlten (D, Italien), (3) durch Zerfall von Großreichen (Osteuropa nach dem I. Weltkrieg und seit 1990).

2. Mit der Verankerung des → Selbstbestimmungsrechts der Völker in der Charta des Völkerbundes 1919 wurde das Nationalstaatsprinzip zum vorrangigen Strukturmerkmal der neu gegründeten Staaten Mitteleuropas, ohne die drängenden → Nationalitätenfragen lösen zu können. Sie bestimmen nach dem Zerfall der Sowjetunion und Jugoslawiens mehr denn je in kriegerischen Arrondierungskämpfen und brutalen ethnischen Säuberungen das polit. Geschehen.

3. In den westl. Demokratien vollzog sich nach 1945 in der Verbindung von parlamentarischer → Demokratie, → Rechts- und → Sozialstaatlichkeit und zunehmenden ökon. und ökolog. Regulierungsanforderungen ein Wandel des Nationalstaates. Nicht nationalistische Abgrenzung oder Aggression nach außen, sondern die Identifikation mit dem polit. und sozialökon. Erreichten wurde zur Legitimationsgrundlage. Gleichwohl lassen die dt. Wiedervereinigung, die fortschreitende europ. Integration und die zunehmende → Globalisierung das Modell des N. heute unter zwei gegensätzlichen Prämissen erscheinen: (1) als überkommene Staatsform, deren Steuerungs- und Regelungskompetenzen nicht mehr ausreichen und die sinnvoll durch supranat. Organisationen bei gleichzeitiger föderaler und/oder regionaler Binnengliederung ersetzt werden kann; (2) als auch künftig wirkungsvolle Form polit. Herrschaftsorganisation, die weltweites intergouvernementales Handeln erst ermöglicht.

Lit.: *Deutsch, K. W.* 1972: Nationenbildung, Nationalstaat, Integration, Düss. *Habermas, J.* 1996: Hat der Nationalstaat eine Zukunft?, in: *ders.*: Die Einbeziehung des Anderen, Ffm., 128–191. *Schieder, T.* 1991: Nationalismus und Nationalstaat, Gött. *Weber, M.* 1993: Der Nationalstaat und die Volkswirtschaftspolitik, in: *ders.*: Gesamtausgabe, Bd. 4,2, hrsg. von *Baier, H.* u. a., Tüb. (zuerst 1921), 543–574.

Gisela Riescher

Nationenbildung → Nation-building

Naturalistischer Fehlschluß, Schluß, der irrtümlich aus dem Vorliegen natürlicher Gegebenheiten folgert, daß sie auch so sein müssen oder sein sollen (→ Fehlschluß).

→ Naturrecht.

Susanne Schäfer-Walkmann

Naturrecht, die Vorstellung von einem der Natur (des Menschen, der Sache, der Weltordnung) entspringenden und daher unveränderlichen Recht. Das N. ist den einen nur ein Beurteilungsmaßstab für das positive Recht, von anderen wird es als unmittelbar geltendes, den staatl. Gesetzen vorangehendes Recht angesehen.

1. Die Vorstellung vom N. geht auf die griech. Philosophie, insbes. die *Stoa*, zurück. Daraus entwickelte sich im Mittelalter die christliche (scholastische) Naturrechtslehre, die im 17./18. Jh. vom modernen Natur- oder Vernunftrecht abgelöst wurde. Beide Naturrechtsvarianten haben auf die europ. Rechts- und Soziallehren großen Einfluß ausgeübt.

(1) Eine erste Gegenüberstellung von Natur (*physis*) und positivem Recht (*nomos*) findet sich in der ionischen Naturphilosophie des 5. Jh. v. Chr. Die Unterscheidung wurde von den Sophisten in einer Zeit des Umbruchs der sozialen Ordnung aufgegriffen, um gegenüber dem strittig gewordenen positiven Recht eine feste Ausgangsposition für das richtige Recht zu gewinnen. Schon damals zeigte sich jedoch, daß der Rekurs auf die Natur des Menschen zu unterschiedlichen, revolutionären wie konservativen, Rechtsanschauungen führen kann. So wurde in der Sophistik einerseits die Forderung nach einer Aufhebung der Sklaverei erhoben, weil alle Menschen von Natur aus gleich seien, und andererseits behauptet, daß die Menschen von Natur aus verschieden seien, womit sich die Sklaverei und das Recht des Stärkeren rechtfertigen ließen.

Gegenüber der Vielfalt sophistischer Lehrmeinungen versuchten *Platon* und *Aristoteles* eine allgemeingültige Position zu gewinnen, *Platon* in seiner Ideenlehre mit der Vorstellung, daß alle Dinge nur unvollkommene Abbilder der in dem Begriff von ihnen repräsentierten Idee (dem Ideal) seien, *Aristoteles* mit der Hereinnahme der platonischen Idee in die Dinge selbst als ihr *telos*, als die in ihnen auf ihre Verwirklichung hinzielende Zweckbestimmung. Keiner der beiden hat ein eigenes Naturrechtssystem entworfen; beider Lehren fußen jedoch auf der für die folgende Zeit grundlegenden Unterscheidung von einer allg.-ideellen Natur, dem Wesen von etwas, und der ihr nicht immer gerecht werdenden Wirklichkeit.

Eine erste systematische Vorstellung vom N. entwickelten die Stoiker, ausgehend von der Idee einer allgemeinen Weltordnung (*lex aeterna*), in die der Mensch mit der für ihn geltenden *lex naturalis* eingebunden ist. Sie erlegt ihm die sittliche Pflicht auf, sich «naturgemäß» zu verhalten. Dabei ergab sich für die Stoiker eine auch spätere Naturrechtslehren durchziehende Schwierigkeit, zwischen der vorfindbaren Triebnatur des Menschen und der eigentlich intendierten Vernunftnatur, der *humanitas*, vermitteln zu müssen (Zweinaturenlehre).

(2) Platonische und stoische Vorstellungen fanden Eingang in die christliche Lehre. Schon im Neuen Testament gibt es bei *Paulus* naturrechtliche Anklänge (Römer II, 14 f.). Die Kirchenväter haben die stoische *lex aeterna* und neuplatonische Spekulationen über eine hierarchische Seinsordnung mit der Vorstellung von der Welt als einer göttlichen Schöpfung verbunden, deren Gesetz natürlicher menschlicher Erkenntnis zugänglich sei, klarer allerdings in der geoffenbarten *lex divina*, z.B. dem Dekalog, erkannt werden könne. Von der Scholastik sind diese Ansätze ausgebaut und von *Thomas von Aquin* unter Übernahme der aristotelischen Teleologie zu einer bis heute in der Kirche weiterwirkenden Naturrechtslehre entfaltet worden (klassisch-scholastisches N.).

Gegen die Harmonisierung griech.-philosophischer und christlicher Vorstellungen ist allerdings bereits im Mittelalter eingewandt worden, daß Welt und Mensch ihre Existenz dem grundlosen Willen Gottes verdankten und daß Gottes Gebot *qua* Offenbarung gelte, nicht weil es dem Menschen vernünftig erscheine *(Duns Scotus, Wilhelm von Ockham)*. Auch wurde – v.a. von protestantischer Seite – die Möglichkeit einer natürlichen Ordnung nach dem Sündenfall bestritten, da die Natur des Menschen durch ihn zerstört worden sei. Tatsächlich hat von Anfang an ein Problem der christlichen Naturrechtslehre darin gelegen, die für das N. relevante Natur des Menschen (prä- oder postlapsarisch?) zu bestimmen. Es wurde daher oft zwischen einem primären (prä-) und ei-

nem sekundären (postlapsarischen) N. mit verschiedenen Konsequenzen für die Sozialordnung (z. B. Gemeinbesitz – Privateigentum) unterschieden.
(3) Von der spanischen Spätscholastik (Schule von Salamanca) und vom Niederländer *Hugo Grotius* sind die mittelalterlichen Naturrechtslehren weiterentwickelt worden. Die veränderte Situation im Zeitalter der Entdeckungen führte angesichts des zunehmenden Umgangs mit heidnischen Völkern und der allg. Intensivierung der internat. Beziehungen zur Bildung neuer Naturrechtssysteme (Völkerrecht). In ihnen wurde nicht mehr nur – wie bei *Thomas von Aquin* – die Unveränderlichkeit einiger formaler Rechtsprinzipien postuliert und davon ein veränderliches sekundäres N. unterschieden, das ebenso wie das positive Recht, die *lex humana*, dem Wandel der *circumstantiae* Rechnung zu tragen hatte, sondern die neuen, praxisbezogenen Lehren legten Verhaltensregeln bis in alle Einzelheiten fest. So entstanden im 17./18. Jh. eine Reihe umfangreicher, säkularisierter Naturrechtssysteme (*Samuel Pufendorf, Christian Wolff*), die sich nicht länger am geoffenbarten Willen Gottes orientierten und daher auch nicht mehr von Theologen traktiert wurden, sondern von Philosophen und Juristen mit allg. Vernunftüberlegungen.
(4) In dieses moderne Vernunftrecht sind auch Vorstellungen der neuen Naturwiss. mit ihrem nicht mehr aristotelisch-teleologischen, sondern kausal-mechanistischen Naturbegriff eingeflossen. Gesellschaftl. Beziehungen wurden jetzt oft, dem mathematischen Methodenideal folgend, *more geometrico* aus ihren Elementen konstruiert. Da bei dieser Vorgehensweise die Gesellschaft und eine für sie gültige Rechtsordnung nicht mehr vorausgesetzt werden konnten, war nicht länger der Mensch als gesellschaftl. Wesen (als *zoon politikon* bei *Aristoteles*) Ausgangspunkt der Überlegungen, sondern das Individuum, das nach *Hobbes* mit einer eigennützigen Triebnatur ausgestattet im ungeselligen *bellum omnium contra omnes* lebt und diesen Naturzustand, seinem Selbsterhaltungstrieb folgend, durch Abschluß eines Gesellschaftsvertrages zu überwinden sucht, in dem es sich einer souveränen, rechtsetzenden und Sicherheit spendenden → Gewalt unterwirft. Wie schon in der Antike bei den Epikureern erschienen → Staat und Recht hier als künstliches, vom Menschen gemachtes Erzeugnis. Erreicht wurde damit eine quasi naturrechtliche Begründung des positiven Rechts, dessen Rechtsregeln nicht aus der Natur des Menschen abgeleitet werden, sondern für das gilt: *auctoritas non veritas facit legem*. An die Stelle des göttlichen Willens trat nun der des menschlichen Souveräns. Auch folgte das N. in dieser modernen Variante nicht mehr aus einer übergreifenden, dem Menschen in erster Linie natürliche Pflichten auferlegenden Weltordnung, sondern es nahm jetzt den Charakter eines subjektiven Rechts (auf Selbsterhaltung, Freiheit und Eigentum) an, welches – nach *Locke* – allen Individuen schon im Naturzustand zukam, aber erst durch die vertragliche Errichtung einer staatl. Gewalt wirklich gesichert wurde.
2. Die Wirkungen des N. sind außerordentlich gewesen. In seiner christlich-thomistischen Gestalt ging es in die → Soziallehre der Kirche ein und hat hier – z. B. mit der Begründung des → Subsidiaritätsprinzips – bis heute einen starken Einfluß auf Theorie und Praxis der Gesellschaft ausgeübt. Vom modernen Vernunftrecht sind die großen, z. T. noch für die Gegenwart grundlegenden Rechtskodifikationen des 18. und 19. Jh. inspiriert worden. Die Vorstellung von natürlichen, angeborenen → Menschenrechten und die Forderung nach einer freien, dem *ordre naturel* gehorchenden Wirtschaftsweise im jüngeren N. des 18. Jh. haben die Sozialordnung des bürgerlichen Rechts- und Verfassungsstaats maßgeblich bestimmt.
Trotz dieser Erfolge sah sich die Naturrechtslehre seit Beginn des 19. Jh. wachsender Kritik ausgesetzt. Diese Kritik basierte zum einen darauf, daß sich aus dem Sein von etwas, aus seiner «Natur», prinzipiell kein Sollen ableiten lasse; denn daraus, daß etwas sei, folge logisch nicht, daß es auch sein solle (Naturalistischer Fehlschluß). Aus Besorgnis vor einer obrigkeitlichen Reglementierung der Menschen unter Berufung auf ihre «Natur» hatte *Kant* schon gegen Ende des 18. Jh. versucht, eine Metaphysik des Rechts basierend auf dem Glauben der sittlichen Auto-

nomie freier, d. h. einer empirisch erfaßbaren «Natur» nicht unterworfener Individuen zu entwickeln. Spielte bei ihm noch die Idee einer allg. Vernunft als Grundlage für eine Rechtsordnung, die für freie Menschen verbindlich sein könnte, eine zentrale Rolle, so hat der spätere → Rechtspositivismus im Zwangscharakter des Rechts dessen eigentliches Wesensmerkmal gesehen und eine Bindung der staatl. Rechtsetzung an ein vorbzw. überpositives Recht überhaupt verneint.

In anderer Weise hat das im 18. und 19. Jh. aufkommende historische Denken die Vorstellung von einem unveränderlichen N. destruiert. Seit *Montesquieu* setzte sich die Auffassung durch, daß Recht und Gesetz den verschiedenen historischen und «natürlichen» Bedingungen (des Klimas, des Nationalcharakters und ähnlichem) unterworfen seien. Damit wurde zwar an der Verbindung seinsmäßiger Vorgegebenheiten mit einer auf sie bezogenen Rechtsordnung festgehalten, aber die Idee eines unveränderlichen Rechts wurde ebenso aufgegeben wie die Vorstellung von einer unwandelbaren Natur des Menschen. Die Historisierung der Rechtslehre führte zur Betonung der Individualität (des «Volksgeistes») und der historischen Eigenart von Sozialordnungen. Doch hat es nicht an Versuchen gefehlt, selbst noch im Wandel der Geschichte etwas universal Geltendes zu finden. So postulierte man seit dem 18. Jh. die Existenz allgemeingültiger → Entwicklungsgesetze, denen zufolge sich die «wahre» Natur des Menschen historisch entfalten sollte (*Hegel*, → Historischer Materialismus). In der Adaption der biologischen Evolutionstheorie durch den Sozialdarwinismus lebten in der 2. Hälfte des 19. Jh. alte naturrechtliche Vorstellungen wie die vom «Recht des Stärkeren» wieder auf.

3. Die Hilflosigkeit des Rechtspositivismus gegenüber Phänomenen wie der nationalsozialistischen Diktatur, in der offenbares Unrecht zu staatl. Recht erhoben wurde, hat v. a. nach 1945 zu einer Renaissance des Naturrechtsdenkens geführt. Dabei hat die Rechtsprechung in der BRD zur Ahndung zunächst des nationalsozialistischen und später des in der DDR verübten Unrechts (bes. in den sog. Mauerschützenprozessen) auf die sog. «Radbruch-Formel» zurückgegriffen, derzufolge das staatl. gesetzte Recht als «unrichtiges Recht» den Erfordernissen der Gerechtigkeit dann zu weichen hat, wenn der Widerspruch zu ihr ein «unerträgliches Maß» erreicht hat. Offenbar ist die Frage nach einem Recht, das Maßstab für staatl. Gesetze sein kann, unabweisbar. Ob sich diese Frage durch einen Rekurs auf das N. beantworten läßt, ist strittig; die moderne Anthropologie geht eher davon aus, daß der Mensch keine «ein für allemal» fixierte «Natur» besitzt. Ungebrochen lebt die Naturrechtstradition nur in der Kirche weiter (*Fuchs* 1955). Anknüpfungsversuche gibt es auch in dem sich v. a. an *Aristoteles* orientierenden «normativen» Zweig der Politikwiss. (*Strauß* 1953). Im allg. werden in den modernen Demokratien zur Legitimation der Rechtsordnung jedoch voluntaristische, an die Volkssouveränitätstheorie *Rousseaus* erinnernde Ansätze bevorzugt, so wenn z. B. vom allg. verpflichtenden «Basiskonsens» die Rede ist.

4. In jüngster Zeit ist v. a. aus Gründen des Umweltschutzes von einer der Ökologie verpflichteten Rechtstheorie ein neuartiges «Recht der Natur» reklamiert worden, das man dem ausbeuterischen Zugriff der Menschen entgegenzuhalten habe. Darunter wird von einigen ein «Eigenrecht» der Natur verstanden, das für sie geltend zu machen ist, von anderen dagegen eine rechtliche Verpflichtung, die Menschen um ihres Überlebens willen gegenseitig eingehen.

→ Aufklärung; Materialismus; Menschenrechte/Grundrechte/Bürgerrechte; Rechtsstaat; Verfassungslehren; Vertragstheorien.

Lit.: *Breuer, S.* 1983: Sozialgeschichte des Naturrechts, Opl. *Flückiger, F.* 1954: Geschichte des Naturrechts, Bd. 1, Zürich. *Fuchs, J.* 1955: Lex Naturae, Würzburg. *Ilting, K.-H.* 1978: Art. Naturrecht, in: *Brunner, O.* u. a. (Hrsg.): Geschichtliche Grundbegriffe, Bd. 4, 245–313. *Kaufmann, A.* 1957: Naturrecht und Geschichtlichkeit, Tüb. *Klippel, D.* 1976: Politische Freiheit und Freiheitsrechte im deutschen Naturrecht des 18. Jahrhunderts, Paderborn. *Maihofer, W.* (Hrsg.) 1962: Naturrecht oder Rechtspositivismus?, Darmst. *Meßner, J.* [7]1984: Das Naturrecht, Innsbruck/Wien (zuerst 1950). *Radbruch, G.* 1946: Gesetzliches Unrecht und übergesetzliches Recht, in: *ders.* 1999: Rechtsphilosophie. Studienausgabe, hrsg. von *R. Dreier* und, Hdbg. (zuerst 1946). *Rommen, H.* [2]1947: Die ewige Wiederkehr des Naturrechts, Mchn. (zuerst 1936). *Schelauske, H. D.* 1968: Philosophische Probleme der Naturrechtsdiskussion in Deutschland: 1945–1965, Köln. Schröter, M. W. 1999: Mensch, Erde, Recht. Grundfragen ökologischer Rechtstheorie, Baden-Baden. Sitter, B. 1984: Plädoyer für das Naturrechtsdenken, Basel. *Strauß, L.* [2]1989: Naturrecht und Geschichte, Stg. (engl. 1953). *Verdroß, A.* [2]1963: Abendländische Rechtsphilosophie, Wien (zuerst 1958). *Welzel, H.* [4]1962: Naturrecht und materiale Gerechtigkeit, Gött., *Wolf, E.* [3]1964: Das Problem der Naturrechtslehre, Karlsruhe (zuerst 1955).

Hans Boldt

Naturzustand → Vertragstheorien

Neo-Institutionalismus, v. a. aus der → Vergleichenden Politikwissenschaft und hier der vergleichenden Systemanalyse entstandener, ältere → Institutionentheorien erweiternder Ansatz.

Standen zunächst die eher formalen *output*-bezogenen Aspekte der (staatl.) Institutionen und ihrer Regelwerke (Verfassungen, Gesetze, Geschäftsordnungen) im Vordergrund und wurden auch die polit. Organisationen der Gesellschaft (→ Parteien, Verbände etc.) überwiegend unter dieser Perspektive behandelt, so nimmt der N.-I. zusätzlich polit.-soziologische sowie behavioralistische Ansätze auf. Sein Gegenstand ist die Genese von polit. Entscheidungen und → Staatstätigkeit. Er untersucht Verhalten in Institutionen und zieht aus der Ausdifferenzierung polit. Entscheidens i. S. des Souveränitätsverlustes des → Staates nach innen wie nach außen die Konsequenz, auch informelle und vernetzte Willensbildungsstrukturen und -prozesse sowie Politikergebnisse (unter Einschluß von Gesellschaft und Wirtschaft) zum Forschungsgegenstand zu machen bzw. zur Hypothesenbildung heranzuziehen. Die Grundthese des N.-I. ist, daß polit. Institutionen Handlungspotenziale und Handlungsrestriktionen beinhalten – *R. Smend* hatte in den 1920er Jahren von Anregungen und Schranken gesprochen –, die «sich erst in der Konfrontation mit bestimmten polit. Handlungsabsichten, Strategien und *Policies*» entscheiden lassen (*Scharpf* 1985: 167), sowie Politikinhalte sich umgekehrt «nur im Kontext ihrer institutionellen Verarbeitung» (*Windhoff-Heretier*) erklären lassen. Indem der N.-I. betont, daß der institutionelle Rahmen wichtige Bedingungen für die gesellschaftl. Gruppen setzt, wie sie sich polit. organisieren und auf spezifische Politikinhalte Einfluß nehmen können, wird die institutionalistische Argumentation grundlegend erneuert.

→ Behavioralismus; Netzwerkanalyse; Pfadabhängigkeit.

Lit.: *Dowding, K./King, D.* (Hrsg.) 1995: Preferences, Institutions, and Rational Choice, Ox. *Grofman, B./Wittman, D.* (Hrsg.) 1989: The Federalist Papers and the New Institutionalism, NY. *Kaiser, A.* 1997: Types of Democracy. From Classical to New Institutionalism, in: JTP 9, 419–444. *March, J. G./Olsen, J. P.* 1984: The New Institutionalism. Organizational Factors in Political Science, in: APSR 78, 734–749. *March, J. G./Olsen, J. P.* 1989: Rediscovering Institutions: The Organizational Basis of Politics, NY. *Scharpf, F. W.* 1985: Plädoyer für einen aufgeklärten Institutionalismus, in: *Hartwich, H.-H.* (Hrsg.): Policy-Forschung in der Bundesrepublik Deutschland, Opl., 164–170. *Windhoff-Heretier, A.* 1995: Die Veränderung von Staatsaufgaben aus politikwissenschaftlich-institutioneller Sicht, in: *Grimm, D.* (Hrsg.): Staatsaufgaben, Ffm., 75–91.

Suzanne S. Schüttemeyer

Neo-Klassik/Neo-klassische Theorie, breitgefächerte, zur Zeit vorherrschende Strömung in der Wirtschaftswiss., die sich einerseits in der Tradition der Klassik (insbes. *A. Smith, D. Ricardo,*

J. S. Mill) bewegt, andererseits neue Akzente gesetzt hat.

1. In der älteren N.-K. tritt die Mikroanalyse in den Vordergrund, akzentuiert auf die Nachfrage der Konsumenten, die vor dem Problem der Nutzenmaximierung bei knappen Ressourcen stehen. Im Zentrum steht daher eine Tauschlehre als Theorie des → Marktes (→ Tausch). Charakteristisch ist der → Methodologische Individualismus, d. h. die Grundannahme, daß die ökon. Vorgänge auf das Verhalten von am Eigenutz orientierten, Kosten und Nutzen rational kalkulierenden Individuen – verdichtet in der Figur des → *Homo oeconomicus* – zurückgeführt werden können. Instrumentell steht die Marginalanalyse (Grenznutzenschule) im Vordergrund, die mit einer starken Mathematisierung einhergeht. Charakteristisch ist auch die starke Orientierung am wirtschaftl. → Gleichgewicht und darüber hinaus die Begrenzung auf die statische bzw. komparativ-statische Analyse. Im Vergleich zur Klassik sticht insbes. die Vernachlässigung der Makroanalyse, des Wachstums und der Entwicklung der Wirtschaft, der institutionellen Rahmenbedingungen ins Auge, darüber hinaus wird die Ausblendung der dynamischen Anpassung und der Unvollständigkeit von Informationen sowie Informationskosten bei Entscheidungen kritisiert.
2. *J. M. Keynes* setzt mit seiner Kritik bei der Makroanalyse an und geht zumindest kurz- und mittelfristig von der Möglichkeit des gesamtwirtschaftl. Ungleichgewichts – Nachfragelücke mit Unterbeschäftigung – aus, wobei die Hauptursache in den wegen der unsicheren Zukunftserwartungen – Informationsproblem – schwankenden Investitionen gesehen wird. U. a. in Reaktion auf die Kritik von Keynes und des → Keynesianismus ist die N.-K. weiterentwickelt worden – teilweise als Neo-Neo-Klassik bezeichnet –, was insbes. zu einer beachtlichen thematischen Expansion geführt hat. Beispiele sind die Erweiterung der Marktformenanalyse (z. B. → Oligopol) und der Ausbau der neoklassischen Wachstums-, Beschäftigungs- und → Konjunkturpolitik sowie ausgehend von einer Analyse der → Öffentlichen Güter der Entwurf einer Theorie der → Institutionen. Ausdruck der Expansion ist nicht zuletzt, daß mit dem Instrumentarium der N.-K. eine → Ökonomische Theorie der Politik entwickelt worden ist (→ Politischer Markt). Damit sprengt die N.-K. die Begrenzung auf den Bereich der Ökonomie, wird allerdings sowohl hinsichtlich ihres methodischen Ansatzes – Vorwurf des → Modell-Platonismus und damit mangelnder empirischer Relevanz – als auch hinsichtlich der Ergebnisse ihrer Partialanalysen und daraus abgeleiteter Empfehlungen von anderen Positionen (v. a. Keynesianismus, → Marxismus) angegriffen.

→ Grenznutzen; Kapitalismus; Marktwirtschaft; Neue Politische Ökonomie.

Lit.: *Issing, O.* (Hrsg.) [3]1994: Geschichte der Nationalökonomie, Mchn. *Laski, K./Matzner, E.* (Hrsg.) 1979: Beiträge und Kritik der neoklassischen Ökonomie, Bln. u. a. *Neumann, M.* [5]1996/[4]1995: Theoretische Volkswirtschaftslehre, Bd. II, III, Mchn.

Uwe Andersen

Neo-Konservatismus, in den 1960er und 70er Jahren entwickelte theoretische Konzepte, welche → Werte und Tugenden wieder in den Vordergrund stellten.

Gesellschaftl. → Institutionen wie Kirche und Familie bzw. dem Kultursystem kommt demnach die Aufgabe zu, als unabdingbare Pfeiler der Gesellschaft sinnstiftend zu wirken, denn das kapitalistische Industriesystem vermag im Unterschied zu den «auf gewachsenen Gründen» (*H. Freyer*) basierenden prämodernen und kulturell verschiedener gearteten gesellschaftl. Ordnungen keine moralischen Grundlagen mehr zu vermitteln. Das Kultursystem soll gegenüber der → Legitimationskrise bzw. der Krise der → Unregierbarkeit polit. Legitimation vermitteln und den Sinn für die abendländischen Überlieferungen (Familie, Religion, Heimat) schärfen. Auch in den USA standen Ende der 1960er Jahre neokonservative Gegner der Gegenkultur (*I. Kristol*, *N. Podhoretz*), z. T. aus den Reihen ehem. Linker, für die kulturelle und moralische Kritik an den Institutionen ein. Ziel war es ferner, der Expansion des → Wohlfahrtsstaates Einhalt zu gebieten, ohne aber jegliche staatl. Intervention in die Wirtschaft abzulehnen. Somit opponierten sie gegen die amerikan. Liberalen, denen sie → Staatsinterventionismus, kombiniert mit einem *Laissez-faire*-Stil in bezug auf Verhaltensweisen und Moral vorwarfen. In wirtschaftl. Hinsicht orientierte sich der N. am → Monetarismus. An den Rändern des N. haben sich mittlerweile die «Neue Rechte» und der «Liberalkonservatismus» angesiedelt. Ob der N. heute noch tragfähig ist, wird zumindest von seinen früheren Vertretern in Frage gestellt (*Kristol* 1995).

→ Konservatismus.

Lit.: *Dubiel, H.* 1985: Was ist Neokonservatismus?, Ffm. *Kessler, M.* u. a. (Hrsg.) 1997: Neonationalismus-Neokonservatismus. Sondierungen und Analysen, Tüb. *Kristol, I.* 1995: Neo-Conservatism: The Autobiography of an Idea. Selected Essays 1949–1995, Washington, D. C. *Saage, R.* 1983: Rückkehr zum starken Staat? Studien über Konservatismus, Faschismus und Demokratie, Ffm. → Konservatismus

Petra Bendel

Neo-Kontraktualismus → Vertragstheorien

Neo-Korporatismus → Korporatismus

Neo-Liberalismus, v. a. nach dem II. Weltkrieg vertretene Modifikation des → Liberalismus. Kernstück neo-liberaler Auffassungen ist der Marktwettbewerb. Er soll wirtschaftl. Effizienz, Konkurrenzfähigkeit der Wirtschaft, Wohlfahrtsgewinne, zugleich aber auch individuelle Freiheiten gewährleisten und, auf deren Basis, eine frei sich entwickelnde, nicht-koordinierte soziale → Solidarität unter freien Individuen schaffen, die jeweils nach ihrem eigenen Antrieb handeln.

Der N. wandte sich, zumindest in seinen Anfängen, im Prinzip gegen staatl. Intervention in der Wirtschaft. Aufgabe des Staates sei es, allein den allg. Ordnungsrahmen und effiziente Verwaltungsstrukturen zu stellen (so v. a. die sog. «Ordo-Liberalen», u. a. *Eukken, Röpke, Rüstow, von Hayek*), sofern dieser einen möglichst freien Wettbewerb und die Freiheit der Marktsubjekte garantiert. Staatl. Interventionen, wie beim → Keynesianismus vorgesehen, werden abgelehnt, da sie aus neo-liberaler Perspektive Freiheiten unterdrücken, die erst durch die Marktkräfte zutage gefördert werden. Sozialpolit. Eingriffe werden nur für solche Mitglieder der Gesellschaft gerechtfertigt, die im Übergang zu einer funktionierenden → Marktwirtschaft nicht für sich allein sorgen können (Zielgruppenorientierung); allenfalls die Variante der → Sozialen Marktwirtschaft (*Erhard, Müller-Armack*) ließ staatl. gesteuerte Umverteilung zu, da sie dem polit. System zusätzl. → Legitimität verleihen sollte. Der «schlanke Staat», von seiner – so gesehenen – bürokratischen Ineffizienz befreit, ist für die Vertreter des N. zugleich der Schlüssel zur → Demokratie.

Die u. a. von *M. Friedman* entwickelte Wirtschaftstheorie, die sich erneut gegen das «Monopol» von Staat und Gewerkschaften richtete, führte seit den 1980er Jahren zu einer Wiederbelebung des Neo-Liberalismus. Aufgrund der Mißerfolge staatsinterventionistischen Handelns in den 1970er Jahren und nach dem Zusammenbruch des real existierenden Sozialismus setzte sich der N. als Paradigma der Wirtschaftspolitik in den meisten Staaten durch. Die den Entwicklungsländern in der Praxis von IWF, Weltbank und IDB aufgetragenen, häufig unter dem Begriff des N. subsumierten (freilich nicht einheitlich durchgeführten) Reformen werden insbes. von der polit. Linken harsch kritisiert. Ihnen werden folgende Konsequenzen zugeschrieben: «massive Zunahme sozialer und ökon. Ungleichheit, gravierende Rückschläge für die ärmsten Nationen und Völker der Welt, die katastrophale Verschlechterung der globalen Umweltbedingungen, eine instabile Weltwirtschaft – aber munter sprudelnde Quellen wachsenden Reichtums für die Wohlhabenden» (*Chomsky* 2000: 8). In der Unterdrückung demokratischer und nicht-kommerzieller Kräfte zeige der N. als nicht nur wirtschaftl., sondern als polit. und kulturelles System sein wahres Gesicht als «Kapitalismus ohne Maske» (ebd.: 9). Gegner aus Wirtschafts- und Sozialwiss., aber auch aus Politik und Gesellschaft kritisieren, daß wirtschaftl. Reformen in der Praxis die gesellschaftl. Spaltung zwischen Arm und Reich vertieften und daß das Primat der Ökonomie zum Selbstzweck gerate. N. wird folglich häufig auch verwendet als polit. Kampfbegriff derer, die sich gegen ihn wenden.

Lit.: *Barets, P./Bourdieu, P.* 1997: Mobilisierung gegen den Neoliberalismus, Hamb. *Boreus, K.* 1997: The Shift to the Right: Neo-Liberalism in Arguments, in: EJPR 31 (3), 257–286. *Chomsky, N.* 2000: Profit over People. Neoliberalismus und globale Weltordnung, Hamb. *Eucken, W.* 1952: Grundsätze der Wirtschaftspolitik, Tüb. *Friedman, M./Friedman, R.* 1980: Free to Choose, L. *Friedman, M./Friedman, R.* 1985: Die Tyrannei des Status quo, Mchn. *Hayek, F. A. von* 1972: Economic Freedom and Representative Government, *L. Hayek, F. A. von* 1996: Die verhängnisvolle Anmaßung, Tüb., *Müller-Armack, A.* 1974: Genealogie der sozialen Marktwirtschaft, Bern u. a. *Schmid, F.* (Red.) 1994: Alternativen zum Neoliberalismus, Mchn.

Petra Bendel

Neo-Marxismus → Marxismus

Neo-Merkantilismus → Merkantilismus

Neopatrimonialismus, → Typus eines Herrschaftssystems, in welchem Elemente des → Patrimonialismus mit Institutionen liberaler Demokratie in einer Weise koexistieren, daß erstere den letzteren ihre Logik aufzwingen.

So wird die Herrschergewalt nicht in Kategorien der verfassungsmäßig umrissenen Amtsinhabe, sondern der über dem Gesetz stehenden Herrscherperson gedacht. Der Machtinhaber bedient sich der staatl. Strukturen und Ressourcen (hoher → Staatsinterventionismus in der Wirtschaft), um sich und die Seinen zu bereichern sowie durch Begünstigungen und materielle Belohnungen informelle Herrschaftsstrukturen zu unterhalten, die für das → Politische System weitaus wichtiger sind als die formalen Strukturen. → Klientelismus, → Korruption, Kleptokratie, *bad governance* sind mit dem N. assoziierte Begriffe.

→ *Governance.*

Lit.: *Bratton, M./van de Walle, N.* 1997: Neopatrimonial Regimes and Political Transitions in Africa, in: WP 46 (4), 453–489.

Dieter Nohlen

Neo-Pluralismus, politikwiss. Fachterminus für unterschiedliche Varianten der → Pluralismustheorie.

1. *E. Fraenkel* ([7]1991), auf den der Begriff zurückgeht, sah im N.-P. zum einen die normative Antwort (oder auch dialektisch gedacht: die Negation der Negation) der liberalen → Demokratie auf den → Totalitarismus des → Faschismus und des → Stalinismus. Zum anderen unterscheidet sich das Konzept des N.-P. aber auch vom klassischen US-amerikan. Gruppen-Pluralismus-Modell. Gerichtet gegen dessen gesellschaftszentriertes Grundverständnis wie dessen Annahme von der vermeintlich interessenneutralen Rolle des → Staates, betont der N.-P. die aktive und maßgebliche Funktion des Staates wie insbes. der polit. → Parteien beim Interessenausgleich, einschließlich der gezielten Intervention zugunsten der sozial schwächeren und/oder der nicht konflikt- und konkurrenzfähigen Interessen (*«public pluralism»*; *Kelso* 1978). *Fraenkel* sah den N.-P. als die → Staatstheorie des → Reformismus an.

2. *G. Sartori* (2001) verwendet den Begriff des N.-P. demgegenüber im Kontext des polit.-philosophischen Diskurses des → Multikulturalismus und der → Anerkennungspolitik als Bezeichnung für die auf die Differenz von sozialen Gruppen fixierten Überlegungen zur gleichberechtigten Artikulation und Behauptung kollektiver → Identitäten. Der

Begriff des N.-P. stehe folglich nicht für freiwillige Zusammenschlüsse und Vereinigungen in der Gesellschaft, sondern für die differenzmarkierenden Entitäten, in welche die Menschen hineingeboren werden: → Ethnie, → Kultur, Geschlecht, Kaste, Religion etc. Für *Sartori*, Anhänger des überkommenen US-amerikan. Pluralismus-Verständnisses, geht der Begriff somit eigentlich fehl, denn was er bezeichne, ist soziale Pluralität, die strukturelle Komplexität von Gesellschaften, zudem favorisiere der Begriff die Differenz, deren Anerkennung, Aufrechterhaltung und Förderung, nicht jedoch die polit. → Integration.

→ Gemeinwohl; Korporatismus; Reform; Staatszentrierte Ansätze; Souveränitätspolitik.

Lit.: *Fraenkel, E.* ^{7}1991: Deutschland und die westlichen Demokratien, Ffm. (zuerst 1964). *Gutmann, A./Thompson, D.* 1996: Democracy and Disagreement, Camb./L. *Kelso, W. A.* 1978: American Democratic Theory: Pluralism and its Critics, Westport. *Sartori, G.* 2001: La sociedad multiétnica. Pluralismo, multiculturalismo y extranjería, Madrid. *Steffani, W.* 1980: Vom Pluralismus zum Neopluralismus, in: *Oberreuter, H.* (Hrsg.): Pluralismus, Opl., 37–108. → Pluralismus/Pluralismustheorien.

Dieter Nohlen/Rainer-Olaf Schultze

Neo-Positivismus → Positivismus

Neo-Realismus → Realistische Schule

Nettosozialprodukt → Sozialprodukt

Netzwerk, Bezeichnung für ein Geflecht sozialer, wirtschaftl. und/oder polit. Beziehungen, das mehr oder weniger auf Kontinuität angelegt ist, auf Freiwilligkeit und Gegenseitigkeit beruht.

N. ist somit ein polit.-soziologischer Begriff, der (neben den freien, i. d. R. anonymen Marktbeziehungen und den hierarchischen, auf Über- und Unterordnung beruhenden Beziehungen) auf eine dritte Kategorie von Beziehungen verweist: Personen oder Organisationen unterhalten oder streben Beziehungen zu anderen Personen oder Organisationen an, mit dem Ziel der Kooperation, der Unterstützung, des Austauschs etc.

Lit.: → Netzwerkanalyse.

Klaus Schubert

Netzwerkanalyse, politikwiss./soziologisches Forschungsprogramm, das postuliert, daß Eigenschaften des → Netzwerkes (unabhängige Variable) maßgeblich zur Erklärung des Verhaltens der Netzwerkakteure und/oder der Ergebnisse ihrer Interaktionen (abhängige Variablen) beitragen.

Es wird zwischen einer empirisch-analytischen und einer eher metaphorischen Verwendung des Begriffs unterschieden. Die (sowohl quantitativ als auch qualitativ arbeitende) empirisch-analytische Forschung erhebt relationale Daten, die (*ex-post*) über die Struktur von Netzwerken Auskunft geben und insofern die (objektiven) Handlungsbedingungen der Akteure abstecken. In diesem Sinne werden auch andere Termini (z. B. → Politikverflechtung, → Mehrebenenanalyse) verwendet. In einem metaphorischen Sinne wird der Begriff z. B. dann gebraucht, wenn sich die *apriorische*, an sachlich-inhaltlichen Zielen orientierte Handlungslogik der Netzwerkakteure auf mögliche Optionen richtet, d. h. auf das Knüpfen von neuen Netzwerken, das Verändern gegebener Strukturen etc. (positiv: neue Kooperationsformen, strategische Allianzen; negativ: Seilschaften).

Lit.: *Castells, M.* 2001: Die Netzwerkgesellschaft, Opl. *Jansen, D./Schubert, K.* 1995: Netzwerke und Politikproduktion, Marburg. *Jordan, A.G./Schubert, K.* (Hrsg.) 1992: Policy Networks, Dordrecht, EPJS 21 (1–2, Special Issue). *Knoke, D./Kuklinski, J. H.* 1982: Network Analysis, Beverly Hills. *Marin, B./Mayntz, R.* (Hrsg.) 1991: Policy Networks – Empirical Evidence and Theoretical Considerations, Ffm. *Pappi, F. U.*

(Hrsg.) 1987: Methoden der Netzwerkanalyse, Mchn.

Klaus Schubert

Neue Politik, aus der Theorie des → Wertewandels nach *R. Inglehart* (1977) hergeleiteter, von *Dalton/Hildebrandt* (1977) entwickelter polit. Begriff; bezeichnet eine Politik, die sich an postmaterialistischen, auf Selbstverwirklichung und Mitbestimmung zielenden Werten orientiert (→ Postmaterielle Wertdimension).

Im Ggs. dazu umfaßt «Alte Politik» die Orientierung an materialistischen Politikzielen wie Wirtschaftswachstum, materiellem Wohlstand und → Sicherheit. Als Ausdruck von n. P. gelten sowohl unkonventionelle Formen der polit. → Partizipation, wie Neue → Soziale Bewegungen und → Bürgerinitiativen, als auch veränderte Politikinhalte, wie die verstärkte Bedeutung sozial- und umweltpolit. Themen. Der Ggs. zwischen alter und neuer Politik diente zur Erklärung der Konflikte innerhalb der SPD der 1960er und 1970er Jahre zwischen ihren → Stammwählern, der Arbeiterschaft, und ihren neugewonnenen, an postmaterialistischen Werten orientierten Anhängern aus der neuen Mittelschicht. Heute wird als Beispiel für n. P. meist die Entstehung des umweltpolit. → *Cleavages* und die Etablierung der Grünen im bundesdt. → Parteiensystem herangezogen.

→ Postmaterialismus; Wählerverhalten.

Lit.: *Hildebrandt, K./Dalton, R. J.* 1977: Die Neue Politik. Polit. Wandel oder Schönwetterpolitik?, in: PVS 2–3, 230–256. *Inglehart, R.* 1977: The Silent Revolution: Changing Values and Political Styles Among Western Publics, Princeton.

Tanja Zinterer

Neue Politische Ökonomie (engl. *public choice*), auch: Ökonomische Theorie der Politik, wendet das Verhaltensmodell und das methodische Instrumentarium der Wirtschaftswiss. auf polit. Entscheidungsverfahren und Institutionen an.

1. Indem die seit den 1950er Jahren entwikkelte N. P. Ö. den Einfluß polit. Akteure auf die Wirtschaft analysiert, verläßt sie den Rahmen der neoklassischen Ökonomie und knüpft an die klassische, nicht-marxistische → Politische Ökonomie an. Sie befaßt sich mit den Mechanismen der kollektiven Entscheidungsfindung und bildet insofern eine Weiterführung der Wohlfahrtsökonomie. Dabei gibt sie aber deren Annahme auf, daß polit. Entscheidungsträger eine gesamtgesellschaftl. Wohlfahrtsfunktion maximieren. Wähler, Parteien, Regierungen, Verwaltungen und Verbände werden in der N. P. Ö. als rational handelnde, d. h. den eigenen Nutzen maximierende, Akteure aufgefaßt (→ *Rational choice*-Theorien).

2. In verschiedenen Teilgebieten untersucht die N. P. Ö. die grundlegenden, nicht-marktlichen, gesellschaftl. Entscheidungsmechanismen von Abstimmungen und Wahlen, Verhandlungen und Hierarchie sowie die Entstehung und Auswirkungen von → Institutionen: (1) Hauptergebnis der Theorie der Präferenzenaggregation ist, daß demokratische Abstimmungen und → Wahlen auch bei widerspruchsfreien individuellen Präferenzen keineswegs notwendig zu einem widerspruchsfreien kollektiven Ergebnis führen (→ Arrow-Paradoxon). (2) In der von *A. Downs* (1968) entwickelten Theorie der Demokratie wird → Demokratie in Anlehnung an den Marktmechanismus aufgefaßt als Konkurrenz der Parteien um die Stimmen der Wähler. Im Ergebnis passen sich die Parteiprogramme an die Position des Medianwählers an. (3) Als Träger gesellschaftl. Verhandlungsentscheidungen werden die Verbände gesehen (→ Interessengruppen). Verbände bieten ihren Mitgliedern Kollektivgüter an und haben deshalb mit Freifahrerproblemen zu kämpfen. Nach *M. Olson* (1968) wird die Politik am stärksten von speziellen → Interessen gut organisierbarer Gruppen beeinflußt, während allgemeinere und schwer organisierbare Interessen unterrepräsentiert bleiben (→ Konfliktfähigkeit). Dies steht im Ggs. zur → Pluralismustheorie, die von einer gegenseitigen Beschränkung

der Verbände ausgeht. (4) Hierarchische Entscheidungen werden in der ökon. Bürokratietheorie behandelt. Am einflußreichsten wurde das Modell von *W. Niskanen* (1971), das die öff. → Verwaltung als staatl. Monopol auffaßt und ihr das Ziel der Budgetmaximierung unterstellt. Aufgrund dieser Merkmale werde eine zu hohe Menge an → Öffentlichen Gütern produziert. (5) Die Neue Institutionelle Ökonomie befaßt sich mit Verfügungsrechten, Verträgen u. a. Institutionen und deren Auswirkungen auf gesellschaftl. Entscheidungen. *O. E. Williamson* (1990) erklärt die Entstehung und Entwicklung von Institutionen aus dem Wunsch nach Einsparung von → Transaktionskosten, die bei Tauschhandlungen entstehen.

→ Neo-Klassik/Neo-klassische Theorie; Ökonomische Theorien der Politik.

Lit.: *Arrow, K.* 1951: Social Choice and Individual Values, New Haven. *Downs, A.* 1968: Ökonomische Theorie der Demokratie, Tüb. *Lehner, F.* 1981: Einführung in die Neue Polit. Ökonomie, Königstein/Ts. *Niskanen, W. A.* 1971: Bureaucracy and Representative Government, Chic. *Olson, M.* 1968: Die Logik des kollektiven Handelns, Tüb. *Williamson, O. E.* 1990: Die ökonomischen Institutionen des Kapitalismus, Tüb. (engl. zuerst 1985). → Ökonomische Theorien der Politik.

Katharina Holzinger

Neue Soziale Bewegungen → Soziale Bewegungen

Neue Soziale Frage → Soziale Frage

Neue Weltwirtschaftsordnung (NWWO), Schlüsselbegriff in den internat. Wirtschaftsbeziehungen zwischen Industrie- und Entwicklungsländern, meint den umfassenden und detaillierten Forderungskatalog der Entwicklungsländer, den diese seit Beginn der 1960er Jahre aufzustellen begannen und den sie im Gefolge der Ölkrise (1973) auf UN-Ebene in Erklärungen (u. a. Charta über die wirtschaftl. Rechte und Pflichten der Staaten vom 12. Dezember 1974) und Programmen zu verankern versuchten, um ihre Benachteiligung in der Weltwirtschaft zu überwinden.

In langwierigen Verhandlungen wurden jedoch nur sehr magere Ergebnisse erzielt. Ein Kompromiß kam lediglich über grundlegende Elemente des Gemeinsamen Fonds zur Finanzierung des Integrierten Rohstoffprogramms zustande. Das Vorhaben scheiterte an der verzögerten Zeichnung der Einlagen des Fonds und mangels vereinbarter Rohstoffeinkommen. Die Idee der NWWO wird gelegentlich wieder aufgebracht, doch ist zu berücksichtigen, wieviel von dem urspr. Forderungskatalog noch übriggeblieben ist. In den 1990er Jahre waren dies: (1) Fixierung der Rohstoffpreise; (2) Rohstoffweiterverarbeitung im Abbauland; (3) Indexierung des zulässigen Rohstoff- und Energieverbrauchs an der Bevölkerungszahl; (4) globale Vorgaben zum Erhalt von Waldzonen bzw. zur Wiederaufforstung.

Lit.: *Betz, J.* 1993: Neue Weltwirtschaftsordnung, in: *Boeckh, A.* (Hrsg.): Internationale Beziehungen (= Lexikon der Politik, Bd. 6) Mchn., 322–328. *Matthies, V.* 1980: Neue Weltwirtschaftsordnung, Opl. *Narr, W. D./Schubert A.* 1994: Weltökonomie. Die Misere der Politik, Ffm.

Dieter Nohlen

Neuer Regionalismus, Terminus, der sich auf neue Formen sowohl des innerstaatl. als auch des zwischen- bzw. suprastaatl. → Regionalismus bezieht.

Innerstaatl. wird unter n. R. gemeint die (Rück-) Besinnung auf kleinräumige Einheiten, die neben der Sicherung und Stärkung regionaler kollektiver → Identität jenes ökon. und soziale Leistungsvermögen aufweisen bzw. entwickeln können, das den Herausforderungen durch die → Globalisierung zu trotzen vermag. Der Entgrenzung durch den beschleunigten Prozeß kapitalistischer Entwicklung wird die regionale Eingrenzung entgegengesetzt. Als n. R. kann auch der transnat. Regionalismus, die Kooperation zwischen kleinräumigen Regionen, begriffen werden, etwa jene der Regionen in der Europäischen Union. Zwischen- bzw. suprastaatl. werden unter dem n. R. jene Formen internat. → Kooperation und → Integration verstanden, die sich nicht gegenüber Drittländern und dem Weltmarkt abschließen, sondern offenhalten, da die kooperierenden Länder durch die marktwirtschaftl. Orientierung ihrer Wirtschaftspolitik die Konkurrenzfähigkeit auf dem Weltmarkt und die effektivere Nutzung ihrer jeweiligen Ressourcen suchen. Der n. R. wird als Instrument und Voraussetzung dafür verstanden, um sich erfolgreich in den Weltmarkt integrieren zu können.

Lit.: *Fawcett, L./Hurrell, A.* (Hrsg.) 1997: Regionalism in World Politics. Ox./NY. *Schirm, St. A.* 1996: Kooperation in den Amerikas, Ebenhausen. *Schmitt-Egner, P.* 1999: Regionale Identität, transnationaler Regionalismus und europäische Kompetenz, in: *Reese-Schäfer, W.* (Hrsg.): Identität und Interesse, Opl., 129–158.

Dieter Nohlen

Neutralität, im allg. Sinne die Nichtparteinahme eines Dritten für eine Seite in einem Interessenkonflikt oder Krieg. Völkerrechtlich nach dem Haager Abkommen von 1907 «die Nichtbeteiligung eines Staates an einem Krieg anderer Staaten».

Die N. kann für einen ganz bestimmten Krieg (gelegentliche N.) oder dauerhaft erklärt werden (ständige oder immerwährende N.); sie kann sich nur auf die militärische Nichtbeteiligung beziehen oder auch die wirtschaftl. und moralische Unterstützung einer der Konfliktparteien ausschließen; sie kann durch einen Staat freiwillig und einseitig erklärt werden oder auch von außen einem Staat, einer Staatengruppe oder der internat. Gemeinschaft aufgezwungen sein (was mit Neutralisierung näher bezeichnet wird oder auch mit dem Begriff Finnlandisierung infolge der Finnland von der ehem. Sowjetunion aufgezwungenen N.). Schließlich macht auch noch einen Unterschied, ob die N. von anderen Staaten bzw. der internat. Gemeinschaft garantiert wird und ob neutrale Staaten sich bewaffnen und einen Angriff abzuwehren bereit sind (etwa die Schweiz) oder eine unbewaffnete N. einhalten (Beispiel: Costa Rica).

Dieter Nohlen

New Deal (engl. = Neue Vereinbarung), Bezeichnung für das Programm, mit dem die USA unter Präsident *F. D. Roosevelt* (1932–1945) die Folgen der Weltwirtschaftskrise bekämpften.

Der *n. d.* umfaßte u. a. kreditfinanzierte Arbeitsbeschaffungsmaßnahmen, z. B. die Sanierung des Notstandsgebietes des Tennessee durch die «Tennessee Valley Authority», landwirtschaftl. Anbaubeschränkungen zur Preisstabilisierung, Reformen im Bank- und Börsenwesen, die Einführung einer Arbeitslosen- und Altersrentenversicherung, Stärkung der → Gewerkschaften in der Tarifpolitik und bedeutete allg. eine Verstärkung staatl. Eingriffe und den Einbau sozialstaatl. Elemente in das amerikan. Wirtschaftssystem. Die durch eine knappe Mehrheit des Obersten Gerichtes, des *Supreme Court*, zeitweilig behinderte und verzögerte Umsetzung des *n. d.* war polit. verbunden mit einer neuen Wählerkoalition zugunsten der Demokratischen Partei, die bis in die 1960er Jahre Bestand hatte. Ihren Kern bildeten die gewerkschaftlich organisierten Arbeitnehmer, die Farbigen, die jüdische und irisch-katholische Wählerschaft, die städtische Bev. im industriellen Norden und Nordosten, aber auch die weiße Wählerschaft der Südstaaten der USA.

→ Keynesianismus; Staatsinterventionismus.

Lit.: → Konjunktur/Konjunkturpolitik.

Uwe Andersen

New Economy, Schlagwort, das in der wirtschaftspolit. Debatte seit den späten 1990er Jahren auftauchte und die Annahme bezeichnet, derzufolge eine neue ökon. Phase begonnen hat. Entstehungskontext der *n. e.*-Diskussion ist die wirtschaftl. Entwicklung der USA in der zweiten Hälfte der 1990er Jahre, als ein erwarteter zyklischer Abschwung sich nicht einstellte und statt dessen kontinuierliches Wirtschaftswachstum, ansteigende Produktivität und konstant niedrige Inflationsraten zu beobachten waren.

1. Die Verfechter der *n. e.* führen dies auf eine Reihe von Entwicklungen zurück, die die ökon. Bedingungen grundsätzlich verändert hätten. So sei durch die globale Verbreitung der → Marktwirtschaft seit Anfang der 1990er Jahre der internat. Handel stark belebt worden. V. a. aber hätten technologische Entwicklungen die Grundlagen wirtschaftl. Handelns verändert. Diese trügen revolutionäre Züge, v. a. in den Bereichen Telekommunikation und Informationstechnologie.
Die zum Wachstumsmotor werdenden diesbezüglichen Industrien seien zudem gekennzeichnet durch sog. Netzwerkeffekte bzw. steigende Skalenerträge und ermöglichten damit (im Ggs. zu «traditionellen» Industrien mit sinkenden Skalenerträgen) ein kontinuierliches Wachstum. Die bevorstehende radikale Restrukturierung der Wirtschaft werde daher eine Rückkehr zu den kontinuierlichen hohen Wachstumsraten bei niedriger → Inflation bewirken, wie sie für die 1960er Jahre typisch gewesen seien. Der lang anhaltende Börsenboom seit Mitte der 1990er Jahre wird als bestätigendes Indiz für diese Position interpretiert. Als wirtschaftspolit. Konsequenz wird insbes. eine lockerere → Geldpolitik gefordert, um das neue Wachstumspotenzial realisieren zu können.
2. Viele akademische Ökonomen stehen der primär aus dem journalistischen Bereich kommenden These der *n. e.* skeptisch gegenüber. Sie argumentieren zum einen, daß die Datenbasis seit Mitte der 1990er Jahre viel zu schmal sei, um die behauptete Veränderung langfristiger Trends zuverlässig beurteilen zu können. Zum anderen wird betont, daß sich die günstigen Daten der zweiten Hälfte der 1990er Jahre ebensogut durch konventionelle Theorien und temporäre Sondereinflüsse erklären ließen.
Hier seien insbes. zu nennen: sinkende Energiepreise in Verbindung mit sinkenden Importpreisen als Folge eines starken US-Dollar; eine relativ günstige Arbeitsmarktentwicklung, die die Entstehung von Lohninflation verhindert habe; schließlich technische Korrekturen bei der Inflationsmessung, durch die die reale Wachstumsrate des → Sozialprodukts vorübergehend erhöht worden sei. Die behauptete systematische Erhöhung der Wachstumsrate durch vermehrten Einsatz von Computer- und Informationstechnologie wird ebenfalls skeptisch beurteilt und als Beleg auf den langen Zeitraum verwiesen, der verging, bis die Einführung der Elektrizität sich in einer höheren volkswirtschaftl. Produktivität niederschlug.
3. Das Schlagwort von der *n. e.* hat bisher lediglich den Charakter einer Hypothese. Erst über längere Zeiträume kann sie gründlich getestet werden. Dennoch ist ihr Einfluß in der öff. Diskussion nicht unbeträchtlich, sowohl in polit. wie wirtschaftl. Hinsicht. Aus den USA kommend, hat diese Diskussion mittlerweile auch auf die europ. Staaten übergegriffen. Dies ist nicht zuletzt deshalb erstaunlich, weil hier keinesfalls jene ungewöhnlich positiven Wirtschaftsdaten zu beobachten sind, wie sie in den USA die Diskussion ausgelöst haben. Ob die Hypothese von der *n. e.* einen eventuellen ökon. Abschwung überstehen wird, bleibt abzuwarten.

Lit.: *Blinder, A.* 1997: The Speed Limit: Fact and Fancy in the Growth Debate, in: American Prospect, September/October. *Bluestone, B./Harrison, B.* 1997: Why we Can Grow Faster, in: American Prospect, September/October. *David, P.* 1990: The Dynamo and the Computer: An Historical Perspective on the Modern Productivity Paradox, in: AER, May, 345–361. *Deckstein, D./Felixberger, P.* 2000: Arbeit neu denken, Ffm. *Funk, L.* 2000: Ein New Economy-Effekt für Deutschland? in: Wirtschaftsdienst, V, 271–276. *Kelly, K.* 1999: NetEconomy: zehn radikale Strategien für die Wirtschaft der Zukunft, Mchn./Düss. (engl. 1998).

Krugman, P. 1997: How Fast can the U.S. Economy Grow? in: Harvard Business Review, July/August, 123–129.

Andreas Busch

NGO (für engl. NGO *Non-Governmental Organization* = Nicht-Regierungsorganisation), bezeichnet zivilgesellschaftl. angebundene Organisationen, die sich in Abgrenzung zu → Staat und → Markt verstehen. Ihr wesentliches Merkmal besteht darin, daß sie nicht regierungsabhängig, also gegenüber dem Staat autonom sind und nicht profitorientiert arbeiten, also nicht von kommerziellen Interessen geleitet werden.

Diese gesellschaftl. Organisationen des sog. Dritten Sektors umfassen Gruppierungen, Vereine, Gesellschaften, Organisationen, juristische Personen etc., die auf priv. Initiative gegründet werden und sich von → Bürgerinitiativen und → Sozialen Bewegungen, die inhaltlich vielfach ähnliche oder gleiche Interessen verfolgen, dadurch unterscheiden, daß sie konkrete Organisationsstrukturen ausbilden. Hinsichtlich weiterer Merkmale herrscht eine derartige Vielfalt vor, daß sie nicht als konstitutive Elemente von NGOs gelten können, sondern ihrer internen Ausdifferenzierung bzw. Klassifikation dienen. Als Kriterien der Klassifikation kommen etwa in Betracht: (a) die Mitgliedschaft (etwa offen, voraussetzungsgebunden); (b) die innere Struktur (etwa hierarchische und zentrale Leitung, demokratisch-selbstkoordinierender Verbund); (c) das territoriale Wirkungsfeld (lokal, regional, staatl., supranat., global); (d) das Problemfeld (etwa → Umwelt oder → Menschenrechte, sektoral oder umfassend); (e) die Interessenlage (Schutz oder Erweiterung von Rechten; Bewahrung oder Veränderung); (f) die Aktionsformen (etwa mehr *lobby*mäßige oder direkte Aktionen); (g) die Funktionen (Herstellung von → Öffentlichkeit, allg. Interessenvertretung, Dienstleistungen gegenüber Mitgliedern, Vermittlung zwischen Konfliktparteien bzw. → Mediation). Mit Hilfe dieser und ggf. weiterer Kriterien lassen sich einzelne NGOs von anderen unterscheiden. Die NGOs arbeiten primär auf sozialem, humanitärem, ökolog. und entwicklungspolit. Feld. Sie haben in den letzten Jahrzehnten an Zahl und Bedeutung enorm zugenommen. Die Zahl der internat. NGOs dürfte sich auf mehrere 10 000 belaufen. Nat. ist jeweils im Schnitt mit ebensovielen NGOs zu rechnen. Bes. intensiv werden NGOs als neue Akteure der Weltpolitik auf Weltkonferenzen wahrgenommen, da die Zahl der NGO-Vertreter in Vor- oder Parallel-Konferenzen häufig ein Mehrfaches der offiziellen Teilnehmer der Länder übersteigt. Im politikwissenschaftl. Diskurs wurde den NGOs in den Prozessen des → Systemwechsels in Osteuropa sowie in der → Dritten Welt (gelegentlich übertrieben) große Bedeutung zugeschrieben. Der gewachsene Einfluß von NGOs auf die polit. Entscheidungen nat. Regierungen wird medienwirksam am stärksten von *Greenpeace* in Szene gesetzt. All dies führt zu einem Verständnis der NGOs als neue gesellschaftl. Akteure.

Dabei wird leicht vergessen, daß ihre Geschichte bis ins frühe 19. Jh. zurückreicht. Nicht untypisch ist, daß die Britische und Ausländische Anti-Sklaverei-Gesellschaft von 1823 zu den ersten NGOs zählt. Auch bezog sich der Begriff zunächst auf internat. und supranat. Organisationen. Davon zeugt noch die Charta der Vereinten Nationen, die es dem Wirtschafts- und Sozialrat (ECOSOC) erlaubt, geeignete Abmachungen mit NGOs zu treffen. Hauptsächlich im 20. Jh. wurde der Begriff auf nat. operierende Organisationen ausgedehnt, in jüngster Zeit in die Nähe sozialer Bewegungen gerückt und in zivilgesellschaftl. Theorien zum Inbegriff demokratischer Erneuerung (→ Zivilgesellschaft). Zugleich wurde das, was unter NGO gefaßt wurde, immer heterogener; selbst das Merkmal der Nichtstaatlichkeit wurde fließend. Bes. auffällig ist dies im Wandel der Finanzierung der NGOs: Lag die finanzielle Basis urspr. in Spenden, so stellen für eine Vielzahl von NGOs, v. a. für solche im Felde der → Entwicklungspolitik (etwa kirchliche Entwicklungshilfe, Politische Stiftungen) staatl. Mittel die Haupteinnahmequelle dar. Für die Fälle fast 100 %iger

Fremdfinanzierung wurde die Kategorie der → Quangos (*Quasi Nongovernmental Organization*) eingeführt.
NGOs haben sich in der Entwicklungspolitik zu einem vom Staat gesuchten Partner entwickelt, sowohl in den Geber- als auch in den Entwicklungsländern, zum einen wegen der Basisnähe der NGOs und zum anderen wegen der Chance, ineffiziente und teils korrupte Staatseliten in den Entwicklungsländern umgehen zu können. Keine → Internationale Organisation verschließt sich mehr der Beratung durch internat. NGOs; an Formulierung und teilweise sogar Umsetzung der Politik der UN-Organisationen sind die NGOs in wachsendem Maße beteiligt. Der Entwicklungshilfe-Ausschuß (DAC) der → OECD hat die folgenden Kriterien für die Anerkennung von NGOs in der entwicklungspolit. Zusammenarbeit aufgestellt: (a) Unabhängigkeit vom Staat, (b) demokratische und transparente Organisationsstruktur, (c) breite Basis in der Bev., (d) verantwortliches, leistungsfähiges Management, (e) klare und konkrete Ziele, (f) Bereitschaft zur Zusammenarbeit und zur Mitwirkung an Reformen. In den → Internationalen Beziehungen bilden die NGOs einen wesentlichen Teil jenes Bereichs internat. Verflechtungen, die mit dem Konzept der Gesellschaftswelt (*Czempiel* 1992) belegt und den klassischen internat. Beziehungen der Staatenwelt gegenübergestellt wurden.

Lit.: *Altvater, E.* u. a. (Hrsg.) 1997: Vernetzt und verstrickt. Nicht-Regierungsorganisationen als gesellschaftliche Produktivkraft, Münster. *Czempiel, E.-O.* ²1992: Weltpolitik im Umbruch, Mchn. *Friedrich-Ebert-Stiftung* (Hrsg.) 1996: Globale Trends und internationale Zivilgesellschaft oder: Die NGOisierung der Welt-Politik, Bonn. *Glagow, M.* 1993: Die Nicht-Regierungsorganisationen in der internationalen Entwicklungszusammenarbeit, in: *Nohlen, D./Nuscheler, F.* (Hrsg.): Handbuch der Dritten Welt, Bd. 1, Bonn, 304–326. *Windfuhr, M.* 1999: Der Einfluß von NGOs auf die Demokratie, in: *Merkel, W./Busch, A.* (Hrsg.): Demokratie in Ost und West, Ffm., 520–548.

Dieter Nohlen

Nicht-Regierungsorganisationen → NGO

Nicht-tarifäre Handelshemmnisse → Handelshemmnisse

Nichtwähler, Wahlberechtigte, die an einer oder mehreren → Wahlen nicht teilnehmen.

Es wird zwischen drei Arten von N. unterschieden: (1) technische N., die aufgrund höherer Gewalt, Krankheit oder Fehlern in den Wahlverzeichnissen nicht an der Wahl teilnehmen können, (2) grundsätzliche N., die sich entw. aufgrund weltanschaulicher Überzeugungen oder struktureller Opposition gegenüber dem → Politischen System bei mehreren Wahlen hintereinander der Stimme enthalten, und (3) konjunkturelle N., die sich lediglich an einer bestimmten Wahl nicht beteiligen. Insbes. letzteren gilt das Interesse der → Wahlforschung.
1. Die Erklärungen für konjunkturelle Nichtwahl sind vielfältig und differieren zwischen den verschiedenen Richtungen der Wahlforschung: (a) Der sozialpsychologische Ansatz macht → Kognitive Dissonanz und fehlende → Parteiidentifikation bzw. polit. Desinteresse für die Wahlenthaltung verantwortlich. (b) Ansätze, die sich auf die Prämisse des rationalen Wählers stützen, halten situative Gründe wie die Annahme, daß die Wahl unwichtig bzw. bereits entschieden sei, für ausschlaggebend, da in diesem Falle der erwartete persönliche Nutzen der Stimmabgabe zu gering sei. Aber auch Nichtwahl aus Protest kann mit markt-rationalem Kalkül erklärt werden. (c) Sozialstrukturelle Variablen, die Nichtwahl begünstigen, sind niedriges bzw. hohes Alter, niedriger sozialer Status sowie geringe soziale Einbindung.
2. Ausgehend von obigen theoretischen Erklärungsansätzen teilt z. B. *Kleinhenz* (1995) für D die N. in folgende Kategorien ein: N. «neuen» Typs, wie aktive Postmaterialisten, junge Individualisten, enttäuschte Arbeiter, und N. «alten» Typs, wie gehobene Jungkonservative, saturierte Mittelschicht, desin-

teressierte Passive und isolierte Randständige.

→ Wahlbeteiligung; Wählerverhalten.

Lit.: *Eilfort, M.* 1994: Die Nichtwähler, Paderborn u. a. *Kleinhenz, T.* 1995: Die Nichtwähler, Opl. *Schultze, R.-O.* 1994: Aus Anlaß des Superwahljahres: Nachdenken über Konzepte und Ergebnisse der Wahlsoziologie, in: ZParl 25, 472–493. *Schultze, R.-O.* 1995: Voting and non-voting in German elections, in: *Font, J./Virós, R.* (Hrsg.): Electoral Absention in Europe, Barcelona, 85–112. → Wahlbeteiligung.

Tanja Zinterer

Nomenklatura (lat., russ. für Namensverzeichnis), in den Staaten des → Real existierenden Sozialismus Verzeichnis aller Führungspositionen (einschl. von Bewährungs- und Aufstiegsprofilen); zugleich Kollektivbezeichnung für die Inhaber dieser Positionen.

Das System der N. zählte zu den wichtigsten Kontrollinstrumenten regierender Kommunistischer Parteien über die Gesellschaft. Die Partei beanspruchte die Verfügungsgewalt über die Besetzung der wichtigsten Posten in Staat, Wirtschaft und Gesellschaft. Diese Stellen waren im (i. d. R. geheimen) Verzeichnis der N. enthalten. Die Angehörigen insbes. der Spitzenpositionen wurden dabei als N. bezeichnet, die die eigentliche, mit etlichen Privilegien ausgestattete soziopolit. Führungsschicht bildete (→ Kaderpolitik). Mit dem polit. Systemwechsel nach 1989/90 wurde die N. abgeschafft. Ein Austausch der → Eliten fand, abgesehen von den polit. Spitzenpositionen, nur bedingt statt, am ehesten in Ostmitteleuropa, am geringsten in den slawischen und v. a. in den zentralasiatischen Nachfolgestaaten der Sowjetunion.

Lit.: *Djilas, M.* 1957: Die neue Klasse, Mchn. *Voslensky, M. S.* 1980: Nomenklatura, Wien u. a.

Klaus Ziemer

Nominaldefinition → Definition

Nominalskalen → Skalen

Nomologisch, Bezeichnung für Aussagen, → Hypothesen, → Theorien, die als gesetzmäßig betrachtet werden.

In der Wissenschaftslehre des → Kritischen Rationalismus werden als streng n. (bzw. nomologisch-deterministisch) solche Hypothesen/Theorien bezeichnet, die ohne Raum-Zeit-Bezug gelten und keine Ausnahmen zulassen. Politikwiss. Hypothesen/Theorien erheben in aller Regel (sieht man von den sog. *grand theories* ab) nicht den Anspruch raum-zeitlich unbeschränkter Gültigkeit. Als n. werden hier Hypothesen/Theorien bezeichnet, die unter Beziehung auf die ihnen zugrundeliegenden empirischen Bedingungen gesetzmäßige Aussagen enthalten, d. h. Aussagen über Tatbestände abzuleiten gestatten, die bei ihrer Aufstellung unbekannt waren. Der n. Charakter von Hypothesen/Theorien wird daran festgemacht, ob sich aus ihnen Aussagen geringerer Allgemeinheit (Nachprüfbare Sätze) ableiten lassen; die dementsprechende wiss. Vorgehensweise wird deduktiv-nomologisch genannt.

→ Deduktion; Idiographisch; Nomothetisch; Methode.

Lit.: *Popper, K. R.* [10]1994: Logik der Forschung, Tüb. (engl. 1959).

Dieter Nohlen

Nomothetisch, generalisierende, das Allgemeine historischer Erscheinungen betrachtende Orientierung von Wiss. oder Aussagen, Ggs. zu → Idiographisch, dem auf dem Individuellen, unverwechselbar Einmaligen liegenden → Erkenntnisinteresse.

Auf *W. Dilthey, W. Windelband* und *H. Rickert* zurückgehende Unterscheidung, die der Zuordnung der Wiss. diente, wobei den Geisteswiss. (oder Kulturwiss.) das idiographische, den Naturwiss. das n. Verfahren zugeschrieben wurde. In der wiss. Debatte über Methoden wird die behauptete Unterscheidung zwischen den Wiss. entlang dem genannten Ggs. immer wieder aufgegriffen.

Es herrscht jedoch mehrheitlich Einigkeit darüber, daß nicht der Gegenstand selbst eine n. oder idiographische Betrachtungsweise erzwingt, sondern daß das → Erkenntnisinteresse entw. ein n. oder ein idiographisches ist.

→ Methode.

Dieter Nohlen

Non-decisions, Konzept der Nichtentscheidung, steht im Zentrum des zweidimensionalen Machtbegriffs, den *P. Bachrach* und *M. S. Baratz* (1977) dem an *Max Weber* und *R. Dahl* anschließenden eindimensionalen Verständnis polit. → Macht gegenübergestellt haben, um nicht allein die manifesten Entscheidungsprozesse und Machtbeziehungen analytisch erfassen, sondern auch die latenten und verborgenen Machtstrukturen aufdecken zu können.

Als *n.-d.* definieren sie all jene Entscheidungen, «die in der Unterdrückung oder Vereitelung einer latenten oder manifesten Bedrohung von Werten oder Interessen resultieren» (*Bachrach/Baratz* 1977: 78). Sie können zustande kommen durch (a) → Gewalt, (b) Androhung von Sanktionen, (c) Mobilisierung der vorherrschenden → Werte und institutionellen Verfahren zur Unterdrükkung systembedrohender Themen und (d) Umgestaltung dieser vorherrschenden → Normen und Spielregeln. Gesellschaftl., polit. und wirtschaftl. Entwicklungen sollen durch die Nichtentscheidung so gelenkt werden, daß entw. mögliche Reaktionen der von einem Beschluß Betroffenen in den Entscheidungsprozeß vorsorglich adaptiert werden (z. B. der Verzicht der Regierung auf Streichung von → Subventionen, wenn dies eine starke → Lobby auf den Plan ruft), bestimmte Regeln des Entscheidungsprozesses eine Gruppe zu Lasten einer anderen begünstigen, u. a. durch Setzung entspr. Prioritäten (z. B. wenn der → Wirtschaftspolitik Vorrang vor der → Sozialpolitik eingeräumt wird), oder über das → *Agenda setting* nur bestimmte Probleme den polit. Prozeß durchlaufen.

Das Konzept der *n.-d.* erlaubt einen komplexen Zugang zu Machtanalysen und ist mittlerweile dreidimensional erweitert worden. Die → Operationalisierung des Konzepts stößt jedoch auf Schwierigkeiten, da jede Nichtentscheidung auch als Ergebnis temporär vorgelagerter Entscheidungen begriffen werden kann. Entwickelt und hauptsächlich angewandt wurde das Konzept der *n.-d.* auf der Ebene der Lokal- und → Kommunalpolitik (→ *Community power studies*), später wurde es auf den Bereich der → Umweltpolitik übertragen (vgl. *Crenson* 1971) und u. a. am Beispiel der BRD für alternative Ansätze der → Regionalpolitik fruchtbar gemacht (vgl. *Naschold* 1978).

→ Demokratie/Demokratietheorie; Entscheidungstheorie; Interesse; Machttheoretische Ansätze.

Lit.: *Bachrach, P./Baratz, M. S.* 1977: Macht und Armut, Ffm. (engl. 1970; zuerst in: APSR 56/1962, 947–952 und 57/1963, 632–642). *Bachrach, P./Baratz, M. S.* 1975: Power and Its Two Faces Revisited, in: APSR 69, 900–904. *Crenson, M. A.* 1971: The Un-Politics of Air Pollution: A Study of Non-Decision-Making in the Cities, Baltimore. *Debnam, G.* 1975: Nondecisions and Power, in: APSR 69, 889–899. *Lukes, S.* 1974: Power. A Radical View, L. *Naschold, F.* 1978: Alternative Raumpolitik, Kronberg.

Rainer-Olaf Schultze

Nonproliferation, in den → Internationalen Beziehungen das Prinzip der Nichtverbreitung von Atomwaffen, wie sie in dem 1968 unterzeichneten und 1970 in Kraft getretenen Atomwaffensperrvertrag zunächst zwischen GB, der Sowjetunion und den USA vereinbart wurde, dem später die meisten Staaten beigetreten sind.

Der Vertrag verpflichtet die Kernwaffenmächte, Nuklearwaffen weder an Nichtkernwaffenstaaten weiterzugeben, noch sie bei der Herstellung von Kernwaffen zu unterstützen. Letztere verzichten ihrerseits darauf, Nuklearwaffen zu erwerben. Von der N. ausgenommen ist die friedliche Herstellung bzw. Nutzung von Kernenergie. Die Kontrolle über die Einhaltung des Vertrages obliegt der Internationalen Atomenergie-Organisation (IAEO) in Wien.

→ Friedliche Koexistenz; Nuklearpolitik; Sicherheitspolitik.

Lit.: Uranium Resources, Production and Demand. Joint Reports by the OECD Nuclear Energy and the International Atomic Energy Agency, Paris 1982.

Petra Bendel

Norddeutsche Ratsverfassung → Gemeindeverfassungen

Nord-Süd-Konflikt, bezeichnet jenes strukturelle Konfliktverhältnis, das aus der ungleichen wirtschaftl. und sozialen → Entwicklung von Industrieländern (IL) einerseits und Entwicklungsländern (EL) andererseits resultiert und das im letzten Drittel des 20. Jh. mit Ende des → Ost-West-Konflikts zur zentralen Konfliktformation der → Internationalen Beziehungen avancierte.

1. Seit die Beziehungen zwischen IL und EL zu Beginn der 1970er Jahre im Zuge der sog. Erdölkrise als N.-S.-K. perzipiert wurden, haben sich die Entwicklungsunterschiede zwischen dem Norden und dem Süden nicht nur nicht abgebaut, sondern aufgrund des dynamischen Prozesses kapitalistischer Entwicklung weiter verschärft. Indem trotz aller entwicklungspolit. Anstrengungen die reichen Länder immer reicher und (sieht man von einigen wenigen Aufholern ab) die armen Länder immer ärmer werden, dauert der N.-S.-K. fort, erweitert und vertieft sich kontinuierlich. Sichtbar wird dies in der Ausdehnung der Konfliktfelder: Ging es urspr. um Handelsfragen, um faire Preise für die Rohstoffe der EL im Austausch mit den Industriewaren der IL, so rückte bald die Forderung nach einer → Neuen Weltwirtschaftsordnung (NWWO) in den Mittelpunkt des Konflikts, der im Rahmen des UN-Systems institutionalisiert wurde. Im NWWO-Konzept kulminierten zahlreiche Einzelforderungen der Länder der → Dritten Welt nach Reformen der internat. Wirtschaftsbeziehungen in bezug auf Handelsfragen (u.a. Abbau von Handelshemmnissen seitens der IL), die Rohstoffpolitik (u.a. Förderung von Rohstoffkartellen, Einrichtung eines Fonds zur Stabilisierung der Rohstoffpreise auf «gerechtem» Niveau), den finanziellen und technologischen Ressourcentransfer (u.a. Steigerung der Entwicklungshilfe, Schuldenerleichterungen, Vorzugsbedingungen beim Technologietransfer, Industrieförderung) sowie in bezug auf die Entscheidungsprozesse in jenen Organisationen (v.a. IWF und Weltbank), die Steuerungsfunktionen in den internat. Wirtschafts- und Finanzbeziehungen wahrnehmen (mehr Mitbestimmungsrechte für die EL; stärkere Berücksichtigung des Entwicklungsaspekts). Generell zielten die Forderungen darauf ab, marktorientierte Verteilungsmechanismen in den internat. Austauschbeziehungen durch stärker polit.-regulative Mechanismen zu ersetzen, um die Ressourcenströme zugunsten der Länder des Südens zu stabilisieren. Die Verschärfung der Entwicklungsprobleme in weiten Teilen der Dritten Welt als Folge der → Verschuldungskrise der 1980er Jahre erweiterte den N.-S. Konflikthaushalt um die Maßnahmen, die ergriffen werden sollten, um die makroökon. Stabilität der Entwicklungsökonomien wiederherzustellen. Mit den als Folge der Auflösung des ehem. Ostblocks verbundenen Veränderungen im internat. System wurden nun von seiten der IL Fragen der → Menschenrechte und die Anerkennung demokratischer → Verfassungsgrundsätze auf die Agenda der N.-S.-Auseinandersetzungen gesetzt. Der individualistischen, stark auf demokratische Normen abhebenden Konzeption der westl. Länder wurde die Forderung der EL nach einem «Recht auf Entwicklung» entgegengestellt, die darüber hinaus betonen, daß → Armut und Unterentwicklung eine inhärente Verletzung der Menschenrechte der Völker des Südens bedeuteten, ihre Überwindung also vordringlichste Aufgabe einer an den Menschenrechten orientierten Politik sei. Insbes. süd-ost- und ostasiatische Staaten beharren auch

darauf, daß individuelle Freiheitsrechte den Imperativen des Fortschritts und der jeweiligen kulturellen Ordnung untergeordnet werden müssen. In den 1990er Jahren kam die Problematik der → Migration, d. h. des Migrationsdrucks auf die IL, die Umweltproblematik, d. h. der Durchsetzung u. a. internat. Umweltstandards, sowie die Sicherheitsproblematik, d. h. der Kontrolle der Rüstungsprozesse in der Dritten Welt hinzu. Kein einziger einzelner Konflikt konnte bislang wirklich gelöst werden. Das Konfliktpotenzial nahm unaufhörlich zu; zu den bestehenden Interessendivergenzen gesellten sich Wertkonflikte. Vielzahl und Variation der Konflikte in der Zeit lenkten freilich davon ab, daß es sich zuallererst um einen strukturellen Konflikt handelt. Im Zuge der → Globalisierung scheint dieses Bewußtsein wieder aufzukeimen.

2. In der wiss. Diskussion über den N.-S.-K. gehen die Meinungen über die Konfliktursachen insofern stark auseinander, als Erklärungen häufig polit. und polit.-ideologischer Natur sind und gerne an nat. und internat. Akteuren (v. a. IL, USA, Weltbank, IWF etc.) festgemacht werden. Ihre Mannigfaltigkeit kann darauf zurückgeführt werden, daß aus fast allen Gesellschaftstheorien (Klassentheorien, Konflikttheorien, Gerechtigkeitstheorien, etc.) und Theorien der Internationalen Politik (→ Realistische Schule, Realismus, Neorealismus, etc.) Erklärungen entnommen werden können und etliche wiss. Disziplinen, die in den einzelnen Konfliktfeldern arbeiten, aufgrund spezifischer Erfahrungen Vorstellungen über die Ursachen des Konflikts (Klimatheorien, Kulturtheorien) entwickeln. In jüngster Zeit haben kulturelle Erklärungsmuster (wieder) Konjunktur (*Huntington* 1996; *Senghaas* 1998; *Tibi* 1998).

Zu Perzeptionsbeginn des N.-S.-K. wurde die Konfliktursache in der Struktur der Weltwirtschaft gesehen, getreu der Lehre des → *Cepalismo*. Sie dominierte andere ökon. Erklärungsmuster, die sich auf das Verhältnis kapitalistischer Länder zu ihren Kolonien bezogen und etwa in Form der → Imperialismustheorie weiterhin grassierten. An dieser Erklärung ist dreierlei wichtig: erstens, daß der N.-S.-K. strukturellen Ursprungs ist; zweitens, daß es sich um ein asymmetrisches Verhältnis von Ländergruppen handelt; drittens, daß nur grundlegende Veränderungen der asymmetrischen Struktur deren Konfliktfolgen bannen können. Innerhalb der → *Dependencia* wurde das Konzept der ungleichen Entwicklung favorisiert, das sich als beschreibende Kategorie hervorragend eignet, um die Dynamik des globalen Entwicklungsprozesses im Rahmen der asymmetrischen Struktur wiederzugeben. Die Welt ist danach nicht nur in reiche und arme Länder aufgeteilt, sondern das globale kapitalistische Entwicklungsmuster beinhaltet wachsende wirtschaftl. und soziale Entwicklungsdisparitäten zwischen den Ländergruppen mit dem Effekt, daß es den EL zunehmend an wirtschaftl., gesellschaftl., kulturellen und polit. Voraussetzungen mangelt, den laufend erhöhten Entwicklungsstand der IL aufzuholen. Vor diesem Hintergrund mehrt sich das Konfliktpotenzial auch dadurch, daß einerseits einige EL auf Konfrontationskurs zu Werten und Zielen westl. Entwicklung gehen, und daß andererseits der erreichte Entwicklungsstand in den IL derart umweltverzehrend ist, daß eine Verallgemeinerung der heutigen industriegesellschaftl. Lebensweise i. S. einer nachholenden Entwicklung in der Dritten Welt die ökolog. Belastungsfähigkeit der Erde überfordert. Die dem N.-S.-K. zugrundeliegende strukturelle Bedingtheit ungleicher Entwicklung ist es, die auch befürchten läßt, daß die innergesellschaftl. und die zwischengesellschaftl. Disparitäten im Zuge der Globalisierung, definiert als Prozeß beschleunigter kapitalistischer Entwicklung, weiter zunehmen.

3. Die Bearbeitung der Konfliktfelder im N.-S.-K. hat bislang kaum die Form manifest-gewalttätiger Konflikte zwischen den Ländergruppen angenommen, und es ist unwahrscheinlich, daß dies in absehbarer Zeit geschieht (auch wenn die USA sich darauf mit weltraumgestützten Abwehrprogrammen einzurichten beginnen). Dafür lassen sich mehrere Gründe ausmachen. Die aus den neuen Globalproblemen Migration, Ökologie und Rüstungskontrolle resultierende «Chaos-Macht» des Südens gegenüber dem Norden (*Senghaas* 1988: 170) bedeutet kaum eine Steigerung der Konfliktfähigkeit der Dritten Welt als Ländergruppe.

Weder Bevölkerungswachstum und Migration noch ökolog. Gefahren sind gezielt einsetzbare Druckmittel, zumal die direkten Folgen von Problemverschärfungen in beiden Bereichen erneut internat. ungleich, und zwar zu Lasten der EL verteilt sind. Die Rüstungstendenzen laufen eher auf verstärkte Regionalkonflikte innerhalb des Südens hinaus als auf eine militärische Machtverschiebung im Nord-Süd-Verhältnis (→ Krieg). Hinzu kommt zum einen die anhaltende organisatorische und programmatische Schwäche der Aktionseinheit der EL und zum anderen die relative Verhandlungsstärke, die den IL aus den weltwirtschaftl. und weltpolit. Veränderungen der 1990er Jahre erwachsen ist. Freilich gelten diese Erwartungen nur für die Ländergruppe, nicht für Bedrohungen aus dem Süden, sei es durch einzelne Länder oder durch verschiedene, hauptsächlich dort beheimatete Akteure. Zu denken ist u. a. an den internat. → Terrorismus und neue Formen kriegerischer Auseinandersetzung.

→ Entwicklungstheorien; Modernisierungstheorien.

Lit.: *Braun, G.* 1985: Nord-Süd-Konflikt und Entwicklungspolitik, Opl. *Brock, L.* 1993: Die Dritte Welt im internationalen System, in: Hdb. der Dritten Welt, Bd. 1, Bonn, 446–466. *Brock, L.* 1993: Nord-Süd-Beziehungen, in: *Boeckh, A.* (Hrsg.): Internationale Beziehungen (= Lexikon der Politik, Bd. 6), Mchn, 330–341. *Elsenhans, H.* [2]1987: Nord-Süd-Beziehungen, Stg. *Huntington, S.* 1996: The clash of civilizations and the remaking of world order, NY. *Matthies, V.* (Hrsg.) 1992: Kreuzzug oder Dialog. Die Zukunft der Nord-Süd-Beziehungen, Bonn. *Messner, D./Nuscheler, F.* (Hrsg.) 1997: Global Governance, in: *Senghaas, D.* (Hrsg.): Frieden machen, Ffm., 337–361. *Nohlen, D.* (Hrsg.) [11]2000: Lexikon Dritte Welt, Rbk. *Nuscheler, F.* [4]1995, Lern- und Arbeitsbuch Entwicklungspolitik, Bonn. *Senghaas, D.* 1988: Konfliktformationen im internationalen System, Ffm. *Senghaas, D.* 1998: Zivilisierung wider Willen, Ffm. *Südkommission* 1991: Die Herausforderung des Südens. Der Bericht der Südkommission, Bonn-Bad-Godesberg. *Tibi, B.* 1998: Krieg der Zivilisationen. Mchn. *Wöhlcke, M.* 1992: Der ökologische Nord-Süd-Konflikt, Ebenhausen. → Entwicklungstheorien.

Dieter Nohlen

Norm(en), allg. und verbindliche Verhaltensregel(n). Die N. grenzt sich also ab: (1) von der Wirklichkeit, insofern sie ihr mit einer bestimmten Verhaltenserwartung entgegentritt und diese auch kontrafaktisch durchhält; (2) von der Einzelweisung, die keine generelle Regel, sondern eine individuelle Verhaltensanforderung darstellt (aber in Anwendung einer generellen Regel ergehen kann); (3) vom Naturgesetz, das kein Sollen formuliert, sondern eine empirisch gewonnene Aussage über regelmäßige tatsächliche Abläufe enthält.

1. Es gibt N. der verschiedensten Art: moralische, ästhetische, technische, gesellschaftl., rechtliche etc. Hier interessieren v. a. Rechtsnormen. Sie haben nur dann einen spezifisch rechtlichen Gegenstand, wenn das Recht auf sich selbst angewendet wird, also etwa die Erzeugung von Rechtsnormen oder ihre Anwendung und Durchsetzung regelt. Im übrigen können alle anderen Sozialbereiche wiederum Gegenstand rechtlicher Normierung werden. Die Eigenart der Rechtsnorm wird man daher in der Art der Sanktion normwidrigen Verhaltens suchen müssen. Sie ist regelmäßig organisiert, und zwar derart, daß sie vom → Staat ausgeht und dieser dabei seine spezifischen Mittel von Befehl und Zwang einsetzt. Die vieldiskutierte Frage lautet dann, unter welchen Voraussetzungen N. mit rechtlichen Sanktionen bewehrt werden. Allg. gilt dabei, daß Verhaltenserwartungen dann verrechtlicht werden, wenn sie für Bestand und Entwicklung der Gesellschaft wesentlich erscheinen und ohne organisierte Sanktion nicht mit hinreichender Wahrscheinlichkeit befolgt würden.
Entwickelte Rechtsordnungen sind durch eine Hierarchie von Rechtsnormen gekennzeichnet, an deren Spitze die → Verfassung steht. Jede N. muß mit allen ranghöheren N. kompatibel sein. Bei Ranggleichheit gilt, daß

die jüngere die ältere verdrängt. Die Normenhierarchie hat die Funktion, angesichts der Vielzahl von Normerzeugern und der Heterogenität der N., die den verschiedensten Zeiten, Gesellschaftsformationen, Ideen und → Interessen entstammen, Konsistenz in die Rechtsordnung zu tragen. Die Verfassung spielt dabei eine wichtige einheitstiftende Rolle.

2. Die N. ist abzugrenzen von der Normanwendung. Die Übergänge erweisen sich jedoch als fließend. Da Rechtsnormen nur einen begrenzten Präzisionsgrad erreichen und nicht für alle möglichen Fälle unmittelbar passende Regeln aufstellen können, liegt in jedem Akt der Normanwendung ein mehr oder weniger großer Anteil von Normerzeugung. Je vager oder offener eine N. und je neuartiger und unvorhersehbarer ein Fall, desto größer das normsetzende Element in der Normanwendung. In der → Verfassungsgerichtsbarkeit, die es z. T. mit hochgradig offenen N. zu tun hat und diese häufig selbst wieder auf N. (und nicht Sachverhalte) anwenden muß, übersteigt das volitive Element oft das kognitive. Daraus ergibt sich die Streitfrage, ob das sog. Richterrecht (also Regeln, die bei Gelegenheit einer Einzelfallentscheidung aus dem vorhandenen Normenmaterial entwickelt worden sind und trotz ihrer auf den Streitfall begrenzten Geltung auch der Entscheidung künftiger ähnlich gelagerter Fälle wie eine N. zugrunde gelegt werden) Normqualität besitzt oder nicht. Die Frage wird sich bei formaler Betrachtung verneinen, bei funktionaler aber bejahen lassen. Ferner bestehen Einordnungsschwierigkeiten bei bestimmten nichtstaatl. Regelsetzungen, etwa Tarifverträgen, DIN-Normen etc.

Rechtsnormen haben typischerweise die Struktur von Konditionalprogrammen. Wenn ein bestimmter Tatbestand erfüllt ist, treten die vorgesehenen Rechtsfolgen ein. Gerade in den modernen Politikbereichen der → Planung und Lenkung scheint jedoch die konditionale Programmierung zu versagen. N. müssen sich hier meist mit der Setzung von Zielen begnügen und das weitere der polit. oder administrativen Selbststeuerung überlassen. Das führt zu der Frage, in welchem Maß Politik in → Wohlfahrtsstaaten überhaupt noch der Steuerung durch Rechtsnormen offensteht. Insofern der → Rechtsstaat an die Existenz bindungsfähiger N. gebunden ist, hat diese Entwicklung Konsequenzen für die Struktur von Staat und Gesellschaft insgesamt.

→ Normenkontrolle.

Lit.: *Bahrdt, H. P.* [8]2000: Schlüsselbegriffe der Soziologie, Mchn. *Popitz, H.* 1980: Die normative Konstruktion von Gesellschaft, Tüb. *Spittler, G.* 1967: Norm und Sanktion, Olten. *Pieper, A.* 1973: Norm, in: *Krings, H.* u. a.: Handbuch philosophischer Grundbegriffe, Mchn., 1009–1020.

Dieter Grimm

Normale Wissenschaft → Paradigma

Normalverteilung → Wahrscheinlichkeitsverteilungen

Normal vote → Normalwahl

Normalwahl (von engl. = *normal vote*), Begriff aus der US-amerikan. → Wahlforschung zur Unterscheidung von Langzeitfaktoren und Kurzzeiteffekten im → Wählerverhalten.

Er beruht auf der Annahme, daß sich im Wahlakt die individuellen Präferenzen im Spannungsfeld von langfristig-strukturellen Determinanten (Sozialstruktur, Parteibindung) und kurzfristig-konjunkturellen Einflüssen zu kollektiven Entscheidungen kristallisieren, wobei der an der → Michigan School orientierte *mainstream* der Wahlsoziologie als strukturellen Langzeitfaktor die im Prozeß der → Politischen Sozialisation erworbene, affektive → Parteiidentifikation den intervenierenden Kurzzeiteinflüssen, insbes. Kandidaten*images* und → *Issues*, gegenüberstellt. Eine N. liegt dann vor, wenn die Stimmabgabe (= → *Actual vote*) allein durch die → Parteiidentifikation bestimmt worden ist oder die verschiedenen Kurzzeiteinflüsse sich im Ergebnis neutralisieren. Durch die analytische Gegenüberstellung des hypothetischen Ergebnisses, das bei einer nur durch die Parteiidentifikation definierten «normalen» Stimmverteilung zu erwarten wäre, mit dem tatsächlichen Wahlergebnis bzw. der in Umfragen ermittelten Wahlabsicht gelingt es (nach Auffassung der Verfechter des Konzeptes) das relative Gewicht von Langzeitfaktoren und Kurzzeiteffekten in Wählerverhalten bzw. Parteistärken quantitativ zu bestimmen. Die Anwendung des Konzepts zur Analyse des dt. Wählerverhaltens ist umstritten (vgl. *Schultze* 1992).

Lit.: *Converse, P. E.* 1966: The Concept of a Normal Vote, in: *Campbell, A.* u. a.: Elections and the Political Order, NY., 9–39. *Falter, J. W./Rattinger, H.* 1984: Die Bundestagswahl 1983: Eine Normal-Vote-Analyse, in: *Falter, J. W.* u. a. (Hrsg.): Polit. Willensbildung und Interessenvermittlung, Opl., 322–327.

Rainer-Olaf Schultze

Normative Theorien, systematische, in sich geschlossene Argumentationszusammenhänge zur Bewertung polit. Handelns und polit. Ordnungen.

N. T. fragen nach → Legitimität, → Gemeinwohl und → Gerechtigkeit. Sie verfolgen im Ggs. zu → Empirisch-analytischen Theorien keinen erklärenden Zweck, sondern sind dem Anspruch nach kritisch und präskriptiv. Orientiert am Argumentationsschatz (→ Topik) der Ideengeschichte, gelangt die → Politische Philosophie auf dem Wege systematischer, rationaler Argumentation zu n. T., die den Standards der Konsistenz, Kohärenz und Plausibilität genügen. Form und Inhalt dieser Theorien ist stets abhängig (1) von der zeitbedingten Krisenerfahrung, für die sie Ordnungsreflexion sein wollen, und (2) vom herrschenden Welt- bzw. Menschenbild, dem sie ihre Ausgangsprämissen und Begründungsressourcen verdanken. So begreift die Antike den Menschen als ein in eine teleologische, kosmische Ordnung integriertes polit. Wesen (*zoon politikon*), sieht das christliche Mittelalter den Menschen und die gute Politik in Abhängigkeit zur Offenbarung und beruft sich die Neuzeit in der Hinwendung zum Individuum auf die in → Vertragstheorien modellierte universale Gültigkeit von → Natur- bzw. Vernunftrechten.

2. Kennzeichnend für die Situation n. T. der Gegenwart ist die mit den technologischen und sozialen Risiken postmoderner → Gesellschaften gestiegene Nachfrage an normativer Reflexion bei anhaltendem Ideologieverdacht gegen die wiss. Behandlung von Werturteilsfragen. Vor dem Hintergrund des → Pluralismus moderner Gesellschaften hat die utilitaristische wie rechtspositivistische, behavioristische wie sprachanalytische Kritik alle metaphysischen Grundlagen n. T. problematisiert. N. T. der Gegenwart orientieren sich deshalb entw. am *Kantischen* Modell transzendentaler Reflexion (Diskursethik *[J. Habermas]*; transzendentaler Tausch *[O. Höffe]*) oder bedienen sich in Ablehnung jeglicher Letztbegründungsansprüche des *common sense* als Ausgangspunkt philosophischer Gesellschaftskritik (Überlegungsgleichgewicht [*Rawls* 1975]; kritische Interpretation [*Walzer* 1990]). Dabei können n. T. nicht länger mit dem Anspruch auf letzte Wahrheiten auftreten, sondern müssen stets als vorläufiger Endpunkt eines andauernden kritischen Reflexionsprozesses begriffen werden, der sich in öff., demokratischer Diskussion am Maßstab allg. Anerkennung zu bewähren hat (*Rorty* 1995).

Lit.: *Habermas, J.* 1992: Beiträge zur Diskurstheorie des Rechts und des demokratischen Rechtsstaats, Ffm. *Haungs, P.* (Hrsg.) 1990: Wissenschaft, Theorie und Philosophie der Politik, Baden-Baden. *Höffe, O.* 1996: Vernunft und Recht. Bausteine zu einem interkulturellen Rechtsdiskurs, Ffm. *Mühleisen, H.-O.* 1995: Normative Theorien der Politik, in: *Nohlen, D./Schultze, R.-O.* (Hrsg.): Politische Theorien (= Lexikon der Politik, Bd. 1), Mch., 363–383. *Rawls, J.* 1975: Eine Theorie der Gerechtigkeit, Ffm. (engl. 1971). *Rorty, R.* 1995: Solidarität oder Objektivität? Drei philosophische Essays, Stg. (zuerst 1988). *Walzer, M.* 1990: Kritik und Gemeinsinn. Drei Wege der Gesellschaftskritik, Bln.

Günter Rieger

Normenkontrolle, die richterliche Überprüfung einer Rechtsnorm auf ihre Vereinbarkeit mit der Verfassung. Sie kann entw. jedem Richter bezüglich der in einem Rechtsstreit einschlägigen N. zustehen (Inzidentkontrolle) oder einem bes. Verfassungsgericht zugewiesen sein.

1. Nach der gegenwärtigen dt. Rechtslage darf jeder Richter die Verfassungsmäßigkeit der von ihm anzuwendenden N. prüfen, doch ist die Feststellung der Verfassungswidrigkeit dem Bundesverfassungsgericht vorbehalten (Verwerfungsmonopol). Neben dieser aus einem Rechtsstreit erwachsenden (sog. konkreten) N. besteht die abstrakte N., die das Verfassungsgericht auf Antrag der Bundesregierung, einer Landesregierung oder eines Drittels der Mitglieder des Bundestages durchführt. Die Entscheidungen des Verfassungsgerichts im Normenkontrollverfahren haben gesetzesgleiche Kraft.
2. An sich nur die organisatorische Konsequenz aus der Höherrangigkeit des Verfassungsrechts, wirft die N., namentlich in ihrer abstrakten Form, wegen des häufig vagen Kontrollmaßstabs doch Probleme auf: Der polit. Prozeß endet gerade in polit. hochumstrittenen Fällen nicht mit der Entscheidung des demokratisch legitimierten und verantwortlichen Gesetzgebers, sondern kann vom Verlierer, also der → Opposition, vor Gericht fortgesetzt werden. Das letzte Wort hat dann eine Instanz, die – aus gutem Grund – aus dem demokratischen Kontroll- und Verantwortungszusammenhang herausfällt, ohne daß dieses Defizit stets durch eine strikte Normbindung kompensiert würde. Die N. erscheint auf diese Weise als Haupteinfallstor einer Juridifizierung der Politik. Die Abhilfe wird meist im *judicial self-restraint* gesucht.

→ Gewaltenteilung; Norm(en); Verfassungsgerichtsbarkeit.

Lit.: *Brüneck, A. von* 1992: Verfassungsgerichtsbarkeit in westlichen Demokratien, Baden-Baden. *Landfried, Ch.* 1984: Bundesverfassungsgericht und Gesetzgeber, Baden-Baden. *Piazolo, M.* (Hrsg.) 1995: Das Bundesverfassungsgericht, Mainz. *Säcker, H.* [5]1998: Das Bundesverfassungsgericht, Mchn.

Dieter Grimm

Notenbank → Zentralbanken

Notstand, genauer: Staatsnotstand, eine ernsthaft drohende Gefahr für den Bestand des → Staates oder die öff. → Sicherheit und Ordnung, die nicht mehr auf dem normalen, von der Verfassung vorgesehenen Weg beseitigt werden kann.

Weil der Staat in dieser Lage außerordentlicher Vollmachten und Mittel bedarf, spricht man auch von Ausnahmezustand. Droht die Gefahr von außen, etwa durch Krieg, liegt ein äußerer N. vor, bei Gefahren aus dem Inneren, z. B. durch Aufruhr, ein innerer Notstand. Durch Naturkatastrophen, Versorgungskrisen oder große Unglücksfälle ausgelöste Gefahren führen zum Katastrophennotstand. Das GG regelt den äußeren N. in den Bestimmungen über den Verteidigungsfall (Art. 115a–115l), den Spannungsfall und die Bündnisklausel (Art. 80a); der innere N. ist in Art. 91 GG, der Katastrophennotstand in Art. 35 GG normiert. Erwachsen die Gefahren demgegenüber aus einer Fehlfunktion der Staatsorganisation selbst, spricht man von Verfassungsstörung. Das GG sieht für den Fall einer Störung des Verhältnisses zwischen Parlament und Regierung, wie sie in der Spätzeit der Weimarer Republik auftrat, den (wenig geglückten) Begriff des Gesetzgebungsnotstandes vor (Art. 81). Zur Notstandsverfassung zählen alle verfassungsrechtlichen Bestimmungen, die der Bewältigung von im einzelnen nur schwer voraussehbaren Not- und Krisenlagen dienen, die sich mit den normalen verfassungsrechtlichen Mitteln nicht beheben lassen. Problematisch ist die Kontrolle und Bändigung der mit dem N. unvermeidlich verbundenen Machtkonzentration.

→ Rechtsstaat; Verfassung.

Lit.: *Benda, E.* [10]1968: Die Notstandsverfassung, Mchn. *Ellwein, T./Hesse, J. J.* [6]1988: Das Regierungssystem der Bundesrepublik Deutschland, Opl., 427–432. *Klein, E.* 1992 Funktionsstörungen in der Staatsorganisation. Der innere Notstand, in: *Isensee, J./Kirchhof, P.* (Hrsg.): Hdb. des Staatsrechts, Bd. VII, §§ 168, 169. *Oberreuter, H.*

1978: Notstand und Demokratie. Vom monarchischen Obrigkeits- zum demokratischen Rechtsstaat, Mchn. *Seifert, J.* [3]1965: Gefahr im Verzuge. Zur Problematik der Notstandsgesetzgebung, Ffm. *Vitzthum, W. Graf* 1992: Der Spannungs- und der Verteidigungsfall, in: *Isensee, J./Kirchhof, P.* (Hrsg.): Hdb. des Staatsrechts, Bd. VII, § 170.

Friedrich G. Schwegmann

Nuklearpolitik, bezeichnet die Instrumente, Prozesse und Institutionen auf nat., internat. und supranat. Ebene, die die Förderung der technisch sicheren zivilen Nutzung der Kernenergie bei gleichzeitiger Reduzierung des Risikos der Weiterverbreitung von Nuklearwaffen zum Ziel haben.

Den Rahmen auf globaler Ebene stellt der Vertrag zur Verhinderung der Weiterverbreitung der Atomwaffen dar. Die zentrale Institution ist die Internationale Atom-Energie-Organisation. Auf regionaler Ebene in Europa ist die Vereinbarung über die Europäische Atomgemeinschaft zentrales Instrument der Nuklearpolitik.

Peter Rudolf

Nullhypothese → Hypothese

Nullsummenspiel, Begriff der → Spieltheorie. Beim N. verändert sich die Gesamtsumme der Auszahlungen an alle Spieler für jedes Spielergebnis nicht, man sagt, die Summe ist gleich null.

N. sind strikt kompetitiv, die Spieler haben vollkommen entgegengesetzte → Interessen. (Ggs.: *mixed motive*-Spiele: → Gefangenendilemma, → *Battle of the Sexes*). Strategisch äquivalent sind Konstantsummenspiele, die stets in N. transformiert werden können. Die Analyse von N. bildete einen Schwerpunkt der klassischen Spieltheorie (→ Minimax-Theorem), hat aber heute an Bedeutung verloren, weil N. seltene Spezialfälle sind.

Lit.: → Spieltheorie.

Katharina Holzinger

Numerisch Relationales System (NRS) → Skalierung

Objektivität, im allgemeinsten Verständnis: strenge Sachlichkeit; Aussagen, Darstellungen, die sich um die größtmögliche Ausschaltung von subjektiven/parteilichen Erfahrungen, Einstellungen, Einflüssen, Werturteilen, Wünschen bemühen (Ggs.: Subjektivität; → Parteilichkeit).

Wiss. O. definiert sich v. a. durch methodisches Vorgehen und Intersubjektivität. Im empirisch-analytischen Wissenschaftsverständnis erfordert der Maßstab der Intersubjektivität dabei insbes., daß die Untersuchungen, die Hypothesen- und Theorienbildung jederzeit durch andere kompetente Wissenschaftler wiederholbar, nachprüfbar, kritisierbar/widerlegbar sind. So verstanden schließen sich wiss. O. und die Standortgebundenheit des Forschers, die interessengeleitete und paradigmatisch vermittelte Selektivität der Fragestellungen und Forschungsziele nicht aus, zumal es keine Methodenneutralität gibt.

→ Erkenntnisinteresse; Methode; Paradigma; Politikwissenschaft; Werturteil.

Lit.: → Parteilichkeit.

Rainer-Olaf Schultze

Oblique Rotation → Faktorenanalyse

Ochlokratie → Staatsformen

Offene Fragen → Frage/Fragebogen

Offene Gesellschaft/Geschlossene Gesellschaft, Begriffspaar unterschiedlicher Typen von → Gesellschaft, das auf *K. R. Popper* zurückgeht. Als o. G. bezeichnet er eine solche, die «auf dem Weg über abstrakte Relationen, wie Austausch oder Arbeitsteilung, funktioniert» (*Popper* 1970, I: 236), im Ggs. zu einer geschlossenen G., in der die sozialen Beziehungen der Mitglieder nicht abstrakt, sondern konkret, v. a. physisch-konkreter Art sind (Sicht, Geruch, Berührung).

Typisch für die arbeitsteilige, moderne G. sind die rationalen Entscheidungen der Individuen. Die wenig differenzierte, vormoderne, v. a. stammesgebundene G. wird nicht durch abstrakte Prinzipien zusammengehalten, sondern durch Magie und kollektives Bewußtsein. *Poppers* Unterscheidung zwischen o. und g. G. steht in enger Beziehung zu den klassischen Konzeptionen der gesellschaftl. Entwicklung von *H. Spencer* (von inhomogener Homogenität zu homogener Inhomogenität), *E. Durkheim* (von mechanischer zu organischer Solidarität), *F. Tönnies* (von → Gemeinschaft zu Gesellschaft) und *L. H. Morgan* (von patriarchalischen Verwandtschaftsbanden und partikularistischen Statuskriterien zu kontraktuellen Bindungen und universellen Kriterien der Freiheit und Gleichheit). Unter dem Eindruck des Einmarsches der Nationalsozialisten in Österreich beabsichtigte *Popper* (1945) mit seinem Werk, v. a. vor den Feinden einer o. G. von *Platon* bis *Marx*, Vertretern autoritärer Theorien der polit. → Herrschaft zu warnen und für liberale Prinzipien einzutreten. Schließlich verweist er darauf, daß eine o. G. immer dann zur Bildung konkreter sozialer Gruppen Anlaß und ihren Feinden Auftrieb gebe, wenn sie die biologisch-sozialen Bedürfnisse ihrer Mitglieder nicht befriedige und deren Beziehungen untereinander und zu den Institutionen entpersönliche.
Allg. wird heute eine G. als «offen» bezeichnet, wenn es in ihr keine Hindernisse beim Zugang zu Bildungsinstitutionen, Positionen und Informationen gibt. Deshalb werden → Klassengesellschaften, in denen es wenig Elitemobilität gibt, auch als mehr oder weniger geschlossene Gesellschaften bezeichnet (*Strasser* 1988: 20).

Lit.: *Popper, K. R.* ²1970: Die offene Gesellschaft und ihre Feinde, 2 Bde., Bern (engl. 1945). *Spinner, H. F.* ⁴1992: Offene und geschlossene Gesellschaft, in: *Nohlen, D./Schultze, R.-O.* (Hrsg.): Politikwissenschaft, Mchn., 615–622. *Strasser, H.* 1988: Klassenstruktur und Klassentheorien, in: ÖZS 13, 20–33.

Hermann Strasser

Öffentliche Güter, in der polit. Ökonomie solche Güter (und Dienstleistungen), die unteilbar sind, d. h. nicht priv. in Besitz genommen und von denen Dritte nicht von ihrer Nutzung ausgeschlossen werden können. Deshalb lassen sich ö. G. einerseits nicht marktvermittelt handeln, andererseits besteht die Gefahr, daß nicht bzw. nicht ausreichend zu ihrer Produktion und Bereitstellung beigetragen wird.

Zumeist werden die Begriffe ö. G. (bzw. → *Public goods*) und → Kollektive Güter synonym verwendet. Sie lassen sich jedoch hinsichtlich ihrer Herkunft bzw. Erstellung unterscheiden. Ö. G. sind dann solche Güter, die entw. jeder Person frei zur Verfügung stehen (z. B. Luft) oder durch öff., polit. Entscheidungen hergestellt werden (z. B. innere bzw. äußere → Sicherheit). So kommt z. B. der Nutzen einer gesunden → Umwelt allen zugute, unabhängig davon, ob jeder einzelne dazu beigetragen hat. Diejenigen, die zur Erstellung ö. G. beitragen, schaffen einen sog. externen Nutzen für jene, die davon profitieren, ohne selbst einen eigenen Beitrag zu leisten (sog. Trittbrettfahrer; → *Free rider*).
In der → Ökonomischen Theorie der Politik verweist das sog. Kollektivgutproblem auf die Grenzen der Leistungsfähigkeit des Marktmechanismus: Gesellschaften und Wirtschaftssysteme können nur dann genügend ö. G. bereitstellen und auf Dauer absichern, wenn sie zur übergreifenden Koordination (mittels Verhandlungen oder staatl. Intervention) in der Lage sind und hierzu funktionsfähige Entscheidungsverfahren entwickeln. Gesamtwirtschaftl. gesehen ist z. B. ein hohes Nachfrageniveau und damit die Erhaltung der Massenkaufkraft ein kollektives Gut, das tendenziell dadurch gefährdet ist, daß die Löhne für Unternehmen ein (z. T. erhebliches) Kostenproblem darstellen und aus betriebswirtschaftl. Sicht deshalb gesenkt werden müssen. Die Lösung dieser Kollektivgutproblematik wird in D bisher

durch (arbeitsmarkt-)polit. Verhandlungen zwischen Arbeitgeberorganisationen und → Gewerkschaften im Rahmen der → Tarifautonomie gewährleistet (→ Tarifkonflikt).

→ Arbeitsbeziehungen; Gut/Güter; Meritorische Güter; Neue Politische Ökonomie; Private Güter.

Lit.: *Arrow, K.* 1963: Social Choice and Individual Values, New Haven. *Bernhold, P./Breyer, F.* 1993/94: Grundlagen der Polit. Ökonomie, 2 Bde., Tüb. *Lehner, F.* 1981: Einführung in die Neue Polit. Ökonomie, Königstein. *Schubert, K.* 1992: Leistungen und Grenzen politisch-ökonomischer Theorie, Darmst. *Varnberg, V.* 1982: Markt und Organisation, Tüb.

Klaus Schubert

Öffentliche Meinung, Begriff der sich auf Meinungsbildung in Räumen, die allen Bürgern zugänglich, also weder privat noch geheim sind, bezieht. Meinung bezeichnet in diesem Falle eine (nach *Kant*) objektive bzw. subjektive (d.h. richtige oder falsche) Fürwahrhaltung, der die Sicherheit des Wissens fehlt. Meinungen können also wahr, irrig oder auch widersprüchlich sein. Ö.M. steht als Schlüsselbegriff zwischen der polit. Ideengeschichte, der Kommunikationswiss. und der polit. Alltagssprache. Ein geschlossenes Konzept der ö.M. gibt es nicht, vielmehr begegnen wir einem Panorama von Deutungen, bei denen sich ideengeschichtl., theoretische, empirische und normative Elemente verweben. Allerdings sollte er klar vom Begriff der → Öffentlichkeit geschieden werden.

Der Begriff *l'opinion publique* wurde bereits bei *Montaigne* (1588) nachgewiesen, wobei ältere Wurzeln unverkennbar sind, etwa in der *vox populi* des Altertums. *Locke* entwarf ein *law of opinion*, eine eigenständige Macht, vor der sich Herrscher und Herrschende gleichermaßen fürchten sollen. Bei *Rousseau* wird die ö. M. zur Sittenwächterin für das Gemeinwesen; sie wendet sich gegen das Individuum, verbindet sich mit der → *Volonté générale*, den die Gesetzgebung inspirierenden allg. Willen.

In der moderneren Politikwiss. erhält der Universalbegriff ö. M. neue Inhalte, in der → Pluralismustheorie gilt ö. M. als Schiedsrichter im Interessenkonflikt: Ihr sei die zentrale Aufgabe überantwortet zu klären, wer regieren solle (*Fraenkel* 1991). In eher elitentheoretisch orientierten Ansätzen gilt diejenige Meinung als öff., die eine sich bes. verantwortlich verstehende Gruppe polit. informierter, rational eine Meinung bildender und dem → Gemeinwohl verpflichteter Bürger vertritt. Ihr steht dann die «gemeine» Meinung der Massen gegenüber, die als wankelmütig und stimmungsgeladen gilt (*Hennis* 1957).

In diesen Ansätzen wird ö. M. vor allem über die Einstellungen von Parteirepräsentanten, Politikern und interessierten Bürgern geprägt, Massenmedien als «veröffentlichte» Meinung kommen nur am Rande vor. Andere Ansätze stellen die Rolle der Medien in den Mittelpunkt, interpretieren ö.M. als über die Medien hergestellte Realität, die von medienspezifischen (z.B. Stereotypen) oder medienfremden Einflüssen (z.B. externen Interessen) getragen wird (*Lippmann* 1922). Im Rahmen eines systemtheoretischen Verständnisses wird der ö. M. dagegen die Aufgabe zugewiesen, der öff. → Massenkommunikation in einer hochkomplexen Gesellschaft eine thematische Struktur zu geben, sinnvolle Erwartungen zu artikulieren und die Bedürfnisse der Gesellschaft in polit. entscheidbare Probleme zu übersetzen (*Luhmann* 1990). In einer sozialpsychologisch argumentierenden Theorie der → Schweigespirale wird bes. der Konformitätsdruck betont, den die von Isolationsfurcht geprägten Menschen verspüren, wenn sie aus ö.M. ihre Vorstellungen beziehen: Belohnt wird die Konformität, bestraft der Verstoß (*Noelle-Neumann* 1982).

In der wiss. Debatte wird durchgängig betont, daß die ö.M. nicht als eine Addition von Einzelmeinungen zu begreifen ist, sondern als Ort der Reflexion über öff. Themen, wie er für ein funktionierendes demokratisches Gemeinwesen konstitutiv erscheint. In einer ganz anderen Tradition bewegen sich

Ansätze des *Public Opinion Research*, der demoskopisch meßbare Einstellungen in der Bev. zu gängigen Themen in den Mittelpunkt stellt. In den 1930er Jahren in den USA entstanden, basiert dieses Verständnis von ö. M. auf der Auswertung systematischer Umfragen unter einer repräsentativen Auswahl von Bürgern. Der Begründer dieser Methode, *G. Gallup*, argumentierte, sie sei zutiefst demokratisch, weil sie auch den «kleinen Leuten» ein Sprachrohr gebe. Meinungsforschung bzw. → Demoskopie wird heute in großem Umfang betrieben, organisiert von Unternehmen mit prinzipiell kommerzieller Orientierung und stark orientiert an den Fragestellungen der Marktforschung. Demoskopische Daten sind heute in der Politik unentbehrlich, sie begleiten Wahlvorgänge, informieren Regierende über die Reaktionen auf ihre Politik in der Bev. und geben ein Bild von den allg. Einstellungen der Bürger zur Politik, sind deshalb Grundlage der Erforschung (→ Politische Kultur). Da viele Ergebnisse nicht öff. gemacht werden, kann der demokratische Gehalt bezweifelt werden.

Lit.: *Fishkin, J. S.* 1995: The Voice of the People, New Haven/L. *Fraenkel, E.* 1991: Demokratie und öffentliche Meinung, in: *ders.*: Deutschland und die westlichen Demokratien, Stg., 232–260. *Gallup, G./Forbes, S.* 1940: The Pulse of Democracy. The Public Opinon Poll and How it Works, NY. *Hennis, W.* 1957: Meinungsforschung und repräsentative Demokratie, Tüb. *Lippmann, W.* 1922: Public Opinion, NY. *Luhmann, N.* 1990: Gesellschaftliche Komplexität und öffentliche Meinung, in: *ders.*: Soziologische Aufklärung 5, Opl. 170–182. *Noelle-Neumann, E.* 1982: Die Schweigespirale, Ffm. *Wilke, J.* (Hrsg.) 1992: Öffentliche Meinung, Freib.

Hans J. Kleinsteuber

Öffentliche Planung → Politische Planung

Öffentlichkeit, knüpft (wie auch der Begriff → Öffentliche Meinung) an das Prinzip Offenheit an, betont also, daß etwas weder geheim noch privat ist. Hinter dem Wort Ö. verbergen sich zwei prinzipiell zu unterscheidende Inhalte. Der erste zielt auf einen Sachverhalt, also eine Situationsbeschreibung, der zweite auf einen Begriff, präziser theoretische und wertende Aussagen zur Ö. (*Hölscher* 1979).

Als Sachverhalt bezeichnet Ö. die allg. Zugänglichkeit eines Ortes. Im polit. Bereich wurde dies abgeleitet aus der historisch älteren Ö. von Gerichtsverhandlungen, deren Prinzip auf parlamentarische Verhandlungen übertragen wurde. Heute gilt: «Der Bundestag verhandelt öff.» (Art. 42 GG). Weitere Regelungen sind gestuft, z. B. tagen Ausschüsse und andere Untergliederungen des Bundestages (laut Geschäftsordnung) i. d. R. nicht-öff. (aber nicht geheim, weitere Teilnehmer sind möglich, und es wird eine Mitschrift erstellt). In vielen anderen Staaten (und z. B. auch in Bayern) tagen Ausschüsse generell öffentlich. Die Ö. der parlamentarischen Verfahren unterscheidet sich vom Regierungshandeln (der Exekutive), das generell unter Ausschluß der Ö. (im Arkanbereich) erfolgt.
Ö. als Begriff bezieht sich auf die historische Forderung eines im 18. Jh. selbstbewußter werdenden Bürgertums, das polit. Handeln der Herrschenden öff. diskutieren und kommentieren zu können. Es entstand eine Art Idealvorstellung des Strukturwandels von Ö. (*Habermas* 1990), beginnend in der Aufklärung, die sowohl Höhen wie Niedergänge umfaßt. Insbes. wird beklagt, daß zunehmend eine «hergestellte» Ö. den offenen Diskurs ersetzt, die sich auf kommerziell agierende Medien richtet und die bisherige Ö. durch Verfahren einer staatl. Öffentlichkeitsarbeit und Einsatz der *Public Relations* in der polit. Kommunikation überformt. Aus dem Verlust an Diskursen zur Politik wird die Notwendigkeit abgeleitet, an der Herstellung einer «Gegenöffentlichkeit» zu arbeiten (*Negt/Kluge* 1972). Im Zusammenhang mit dem europ. Einigungsprojekt wird derzeit diskutiert, wie der Integrations- und Parlamentarisierungsprozeß durch Etablierung einer europ. Ö. abgerundet werden kann. Daran wird deutlich, wie normativ die

enge Wechselbeziehung zwischen → Demokratie und begleitender Ö. betont wird.
Ö. in der ersten Bedeutung korrespondiert weitgehend mit dem engl. Wort *«public»*, womit Brücken geschlagen werden, etwa zu öff. Angelegenheiten oder dem republikanischen Gedanken *(res publica)*. Die zweite Bedeutung basiert dagegen auf dt. Traditionen und wurde erst in den letzten Jahren durch Übersetzungen *(*als *public sphere)* internat. bekannt.

Lit.: *Bentele, G.* (Hrsg.) 1997: Aktuelle Entstehung von Öffentlichkeit, Konstanz. *Brettschneider, F.* 1995: Öffentliche Meinung und Politik, Wsb. *Göhler, G.* (Hrsg.) 1995: Macht der Öffentlichkeit – Öffentlichkeit der Macht, Baden-Baden. *Habermas, J.* [2]1990: Strukturwandel der Öffentlichkeit, Ffm. (zuerst 1962). *Hohendahl, P. U.* (Hrsg.) 2000: Öffentlichkeit – Geschichte eines kritischen Begriffs, Stg. *Hölscher, L.* 1979: Öffentlichkeit und Geheimnis, Stg. *Negt, O./Kluge A.* 1972: Öffentlichkeit und Erfahrung, Ffm. *Neidhardt, F.* (Hrsg.) 1994: Öffentlichkeit, öffentliche Meinung, soziale Bewegungen, KZfSS (Sonderheft 34). *Weßler, H.* 1999: Öffentlichkeit als Prozess, Opl.

Hans J. Kleinsteuber

Öko-Steuern, (eigtl. Ökologie-Steuern), Sammelbegriff für fiskalische Lenkungsinstrumente, die durch Besteuerung von Produktion und Konsum umweltschädigender bzw. Steuervergünstigung umweltfreundlicher → Güter und Dienstleistungen die Erreichung umweltpolit. Ziele fördern sollen.

Umweltpolit. handelt es sich hierbei um die Ergänzung staatl. Ge- und Verbote durch die gezielte Setzung ökon. Anreize. Es kann zu einer Spannung zwischen dem umweltpolit. Lenkungszweck und dem fiskalpolit. Einnahmezweck der Ö.-S. kommen, wenn die Marktteilnehmer ihr Verhalten ändern und dadurch das Steueraufkommen zurückgeht.

→ Ökologie.
Lit.: → Steuern.

Andreas Busch

Ökologie (von griech. *oĩkos* = Haus, Haushalt, Wohnung und *lógos* = Lehre, Kunde, Wiss.), urspr. definiert als Wiss. von den Beziehungen der Organismen untereinander und mit ihrer Umwelt, meist unterteilt in die Ö. eines Einzelorganismus (Autökologie), einer Population (Demökologie) oder einer ganzen Lebensgemeinschaft (Synökologie); des weiteren definiert als Wiss. vom Stoff- und Energiehaushalt der Biosphäre und ihrer Untereinheiten, die in der neueren systemanalytischen Ö. als «Ökosysteme» konzipiert werden.

1. Konzepte und Ansätze aus der biologischen Ö. sind zu unterschiedlichen Zeiten in unterschiedlicher Form in die Sozialwiss. übertragen worden. Einen bes. Aufschwung nahmen diese Transferversuche im Anschluß an die Diskussion um die Grenzen des Wachstums in den 1970er Jahren. Angesichts der diagnostizierten «ökolog. Krise» wurde verstärkt eine ebenso grundlegende wie umfassende Ökologisierung von Wiss. und Politik gefordert. In wiss. Hinsicht erwies sich die angestrebte Integration von bio- und sozialwiss. Konzepten zu einer interdisziplinären oder gar einheitswiss., alle relevanten Dimensionen der Mensch-Natur-Beziehung umfassenden Humanökologie indessen als mindestens ebenso schwierig wie andere Bemühungen um Interdisziplinarität. Entspr. Versuche führten durchweg nicht zu umfassenden oder «ganzheitlichen» Problemdiagnosen, sondern zu neuen Einseitigkeiten und Spezialisierungen. Der Begriff der Humanökologie kann deshalb sehr unterschiedliche Bedeutungen annehmen, je nachdem, welche Definitionen und Ansätze zugrunde gelegt werden und wie der Modus der Integration zwischen den herangezogenen ökolog. und humanwiss. Komponenten gedacht wird. (1) Wird das Mensch-Natur-Verhältnis primär in einer autökolog., auf die Umweltbeziehungen des Einzelorganismus orientierten Perspektive betrachtet, so geraten insbes. die wachsenden Umweltbelastungen des menschlichen Körpers und die damit verbundenen Gesundheitsrisiken in

den Blick. (2) Bei populationsökolog. Konzepten (z. B. ökolog. Tragfähigkeit) erscheint das Bevölkerungswachstum als zentrales ökolog. Problem. (3) Bei ökosystembezogenen, insbes. auf Energiefluß und Stoffkreisläufe des Naturhaushalts im Ganzen ausgerichteten Konzepten rückt ein Problem in den Mittelpunkt, das – je nachdem, welche humanwiss. Orientierung hier hinzutritt – als «Einordnung» in übergreifende «kosmische» Kreisläufe oder als Frage eines effizienten Energie- und Stoffstrommanagements beschrieben wird.

2. Im Kontext der Umweltdiskussion wurde außerdem der Ruf nach einer → Politischen Ökologie laut. Bei diesem Begriff lassen sich mindestens drei Bedeutungen unterscheiden: (1) Ein Forschungsprogramm, das sich je nach Bezugsrahmen als Teilgebiet einer interdisziplinären Humanökologie oder als politikwiss. Teildisziplin verstehen läßt. Dabei geht es um die Untersuchung der Frage, ob, wie und in welchem Ausmaß die Mensch-Umwelt-Beziehungen durch polit. Handeln bestimmt werden bzw. bestimmt werden sollen. (2) Ein handlungsorientiertes polit. Programm zur Überwindung der ausgemachten ökolog. Krise. Eine spezifisch szientistische Variante eines solchen polit. Programms liegt dann vor, wenn (polit.) Ö. selbst als normativ gehaltvolle und praktisch richtungweisende Leitwiss. verstanden wird. (3) Ein epochales kulturelles Projekt, das auf einen radikalen Wertwandel zielt und ein vollständig neues ökozentrisches Weltbild jenseits der → Moderne begründen soll. In den beiden letztgenannten Varianten erhält der Begriff erkennbar die Bedeutung einer oft als ganzheitlich bezeichneten Weltanschauung, so daß hier nicht mehr von Ö. im Sinne einer Wiss., sondern von Ökologismus i. S. einer mehr oder weniger umfassenden → Ideologie gesprochen werden kann.

→ Umwelt (Umweltpolitik).

Lit.: *Glaeser, B.* (Hrsg.) 1989: Humanökologie. Grundlagen präventiver Umweltpolitik, Opl. *Saretzki, T.* 1989: Polit. Ökologie – «Leitwissenschaft der Postmoderne» oder Bestandteil der Regierungslehre?, in: *Bandemer, S. von/Wewer, G.* (Hrsg): Regierungssystem und Regierungslehre, Opl., 97–123. *Trepl, L.* 1987: Geschichte der Ökologie, Ffm. → Umwelt/Umweltpolitik.

Thomas Saretzki

Ökologiebewegung → Soziale Bewegungen

Ökologischer Fehlschluß (engl. = *ecological fallacy*; auch: *aggregative fallacy*, Gruppenfehlschluß), häufig vorkommende, irrtümliche Schlußfolgerung von Beziehungen zwischen → Daten über Kollektive (z. B. Wahlkreise, Regionen, Staaten) auf Beziehungen zwischen Merkmalen der Elemente dieser Kollektive (z. B. Personen).

Ein ö. F. wäre z. B. die aus der Beobachtung hoher Kriminalitätsraten in Regionen mit hohem Ausländeranteil abgeleitete Folgerung, Ausländer neigten eher zu kriminellen Delikten. Auf der Ebene der Individualdaten zeigt sich die Relevanz anderer → Variablen. In der → Wahlforschung wird häufig aus der → Sozialstruktur eines Wahlbezirks oder -kreises auf das individuelle → Wählerverhalten geschlossen. Obwohl die Parallelität in der Verteilung auf der Ebene der → Aggregatdaten des Stimmbezirks und auf der Individualdaten-Ebene durchaus vorhanden sein kann, ist der Rückschluß methodisch unzulässig. Vermeidbar sind ö. F. entw. durch Nichtvermischen der Beobachtungsebenen und/oder sog. → Mehrebenenanalysen, in denen sich aus der → Korrelation der Kollektivmerkmale eine bestimmte Spannbreite abschätzen läßt, innerhalb derer die Korrelation der Individualmerkmale liegt.

→ Fehlschluß; Individualistischer Fehlschluß; Naturalistischer Fehlschluß.

Rainer-Olaf Schultze

Ökonometrie, Bezeichnung für die quantitativ arbeitende empirische Wirtschaftswissenschaft. Im Ggs. zu anderen Teilgebieten der Wirtschaftstheorie werden nicht nur qualitative Aussagen über die Zusammenhänge zwischen den jeweiligen ökon. → Variablen gemacht. Ziel ist die quantitative Spezifizierung ökon. Theorien durch Schätzen der Modellparameter und ihre anschließende Überprüfung mittels empirischer Daten und statistischer → Methoden.

Dabei wird wie folgt verfahren: (1) In der Phase der Modellspezifikation werden die Variablenzusammenhänge funktional dargestellt und die zu schätzenden Parameter formuliert. Ergebnis sind Ein- oder Mehrgleichungsmodelle. (2) Im zweiten Schritt werden geeignete Beobachtungsdaten erhoben bzw. der Wirtschaftsstatistik entnommen. (3) Sodann werden die Parameter statistisch geschätzt, i. d. R. mittels der Methode der kleinsten Quadrate oder der *Maximum-Likelihood-Methode*. (4) Schließlich werden die Hypothesen der → Modelle mit Hilfe statistischer Testverfahren (u. a. t-Test, F-Test) überprüft. Die so geschätzten Modelle können zur Prognose der Entwicklung einzelner Variablen eingesetzt werden.

Die Ö. wird v. a. aus zwei Gründen kritisiert: (1) Ökonomische Theorien vereinfachen meist sehr stark und können daher reale Ereignisse nur in geringem Umfang erklären. (2) Die in der Statistik verfügbaren Daten sind oft keine geeigneten → Indikatoren für die theoretischen Variablen, die Zeitreihen sind zu kurz u. a. mehr.

→ Inferenzstatistik; Multivariate Statistik; Regressionsanalyse.

Lit.: *Heil, J.* 1984: Einführung in die Ökonometrie, Wien u. a. *Hübler, O.* 1989: Ökonometrie, Stg. *Schneeweiß, H.* 1990: Ökonometrie, Bln.

Katharina Holzinger

Ökonomische Theorien der Politik, Theorien, die das Verhaltensmodell und das methodische Instrumentarium der Wirtschaftswiss. auf die Erklärung polit. Strukturen und Prozesse anwenden. Sie stellen eine Erweiterung der Politikwiss. dar, indem sie die ökon. Annahmen über das rationale Handeln von Individuen auf die Politik übertragen und die konzeptionell trennscharfen und formal präzisen → Methoden der Mikroökonomie, der → Entscheidungstheorie und der → Spieltheorie einsetzen. Andererseits nehmen sie Abstand von der traditionellen ökon. Vorstellung vom Politiker als wohlmeinendem Diktator, der die von der Ökonomie als optimal erkannte Politik durchsetzt.

1. Ö. T. d. P. lassen sich auf zwei theoriegeschichtl. Stränge zurückführen: die → Tauschtheorien und die → Vertragstheorien. Beiden gemeinsam ist der → Methodologische Individualismus: Annahmen über individuelles Verhalten dienen dazu, soziale Prozesse zu erklären. Die Tauschtheorien (*David Hume, Adam Smith*) befassen sich mit der Entstehung von Märkten als geordneten Tauschbeziehungen von Individuen. Märkte sind das Ergebnis individueller Wahlhandlungen, die auf der Basis subjektiver Nutzenkalküle getroffen werden. Über den Preismechanismus führt dezentrale und ungesteuerte → Koordination zu gesellschaftl. optimalen Ergebnissen. Die Verfolgung des Eigeninteresses dient somit unbeabsichtigt den → Interessen der Gesellschaft. Die neuzeitlichen Theorien des Gesellschaftsvertrags (*Hobbes, Locke, Rousseau, Kant, Rawls, Nozick*) stellen dagegen auf den möglichen Konflikt zwischen den einzelnen ab. Sie wollen erklären, wie es zur Kooperation zwischen eigennützigen Individuen mit sich widersprechenden Interessen kommen kann. Die Gründung von → Staaten ist in diesen Theorien das Ergebnis eines – fiktiv – von allen Individuen geschlossenen Vertrages. Polit. → Herrschaft ist grundsätzlich legitimationsbedürftig (→ Legitimität). Legitimationsinstanz ist das Individuum. Situationen, in denen das am Eigeninteresse orientierte Handeln zu gesellschaftl. unerwünschten Ergebnissen führt, sollen durch die freiwillige Selbstbindung der Vertragspartner überwunden werden.

2. Die Ö. T. d. P. im engeren Sinne (auch als → Neue Polit. Ökonomie, *Public choice* bezeichnet) umfassen folgende Teiltheorien:

die Theorie der Präferenzaggregation, die Theorie der Verfassung, die Theorien der Demokratie, der Bürokratie und der Interessengruppen sowie die Neue Institutionelle Ökonomie. (1) Nach dem ökon. Verhaltensmodell reagieren Individuen systematisch auf Anreize, die sich (a) aus ihren Präferenzen und (b) aus extern gegebenen Handlungsbeschränkungen ergeben. Sie wählen aus den ihnen zur Verfügung stehenden Handlungsalternativen diejenige aus, von der sie sich den höchsten Nutzen versprechen. Dieses Rationalitätsprinzip setzt voraus, daß die Individuen in der Lage sind, ihre Ziele und Wünsche gemäß einer Präferenzordnung konsistent zu ordnen und die Handlungsalternativen nach ihren Wirkungen zu bewerten. Da Präferenzen nur schwer beobachtbar und meßbar sind, werden in den ökon. Modellen Verhaltensänderungen soweit als möglich durch Änderungen in den Handlungsbeschränkungen erklärt. Die wichtigsten Beschränkungen beziehen sich auf das Einkommen und die Zeit. Generell können jedoch alle sozialen Institutionen als Beschränkungen wirksam werden. Selbstverpflichtungen werden als Phänomene des Präferenzenwandels diskutiert (*Elster* 1987), können jedoch auch als strategische Umdefinition der Handlungsmöglichkeiten interpretiert werden.

(2) Gegenstand der Theorie der Präferenzenaggregation ist die traditionelle Frage der Wohlfahrtsökonomie, wie individuelle Präferenzen möglichst verfälschungsfrei in kollektive Entscheidungen umgesetzt werden können. Die Unmöglichkeit einer solchen sozialen Wohlfahrtsfunktion wurde von *K. J. Arrow* (1951) nachgewiesen. Es gibt kein Entscheidungsverfahren, das *immer* gleichzeitig in sich widerspruchsfrei ist *und* bestimmten demokratischen Anforderungen genügt. Die Reaktionen auf das Unmöglichkeitstheorem lassen sich im wesentlichen in zwei Gruppen fassen. Einerseits wurde versucht, das Konstrukt einer gesellschaftl. Wohlfahrtsfunktion zu retten, indem die *Arrow*schen Bedingungen gelockert wurden. Andererseits wird das *Arrow*-Theorem als irrelevant angesehen, weil die Suche nach einer gesellschaftl. Wohlfahrtsfunktion ohnehin nur für ein autokratisches Regime von Interesse sei. In einer demokratischen Gesellschaft müsse das Augenmerk auf den Konsequenzen von Regeln und Institutionen liegen.

(3) Diese Auffassung vertreten *J. M. Buchanan* und *G. Tullock* (1962) in ihrer Theorie des Verfassungsvertrages. Da im polit. Alltag regelmäßig die Aggregation von Präferenzen durch → Wahlen und Abstimmungen erfolgt, stellt sich die Frage nach einer optimalen Abstimmungsregel. Je größer der Anteil der Wähler, die einer Entscheidung zustimmen müssen, um so geringer ist die Gefahr für den einzelnen, dadurch Schaden zu erleiden, daß eine Entscheidung getroffen wird, die seinen Präferenzen widerspricht (seine «externen Kosten»). Im Extremfall der Einstimmigkeit kann jedes Individuum jede Maßnahme verhindern, bei der es schlechter gestellt würde. Die Einstimmigkeitsregel ist somit pareto-optimal. Allerdings wird bei steigendem Zustimmungserfordernis die Einigung immer schwieriger, was die Einigungskosten steigen läßt. Die optimale Entscheidungsregel liegt dort, wo die Summe aus den externen Kosten und den Einigungskosten minimal ist. Wie aber soll nun darüber entschieden werden, welche Entscheidungsregeln für welche gesellschaftl. Probleme verwendet werden? *Buchanan* und *Tullock* schlagen vor, daß auf der Verfassungsebene, also bei der Entscheidung über die Entscheidungsregeln einstimmig entschieden werden soll. Nur so kann verhindert werden, daß eine Mehrheit der Wähler die Regeln so festlegt, daß stets dieselbe Minderheit die externen Kosten zu tragen hat. Gegen die Einstimmigkeitsregel ist v. a. eingewendet worden, daß sie jedem einzelnen ein Vetorecht einräumt und somit diejenigen unverhältnismäßig begünstigt, die den *Status quo* erhalten wollen. *Brennan* und *Buchanan* (1980) haben ein Modell der Regierung als einnahmemaximierender *Leviathan* vorgelegt, das sie zu der Folgerung führt, daß Steuern, Staatsverschuldung und Geldmengensteuerung konstitutionell beschränkt werden müssen. Die konstitutionelle polit. Ökonomie ist jedoch nicht systematisch weiterentwickelt worden.

(4) Die ökon. Theorie der Demokratie zielt auf die Erklärung des Verhaltens von Wählern, Parteien und Regierungen. Mit dem

polit. Angebot in der direkten Demokratie befassen sich die Medianwählermodelle (*Downs* 1968; *Black* 1958). Wird über eine polit. Frage mit einfacher Mehrheit direkt abgestimmt, so setzt sich stets die Alternative durch, für die sich der Wähler im Median ausspricht, weil er es ist, der eine Minderheit in eine Mehrheit verwandeln kann. Bes. Bedeutung hat das von *A. Downs* entwickelte Konzept der Parteienkonkurrenz erlangt. Zurückgehend auf *J. A. Schumpeters* Demokratietheorie wird → Repräsentative Demokratie in Analogie zum Marktmechanismus definiert als Konkurrenz von Parteien um die Stimmen der Wähler. Das Ziel der → Parteien besteht im Wahlgewinn, weshalb sie Wählerstimmen maximieren. Ziel der Wähler ist die Maximierung ihres polit. Nutzens, d. h. des Nutzens, den sie aus der Regierungstätigkeit ziehen. Bei ein- oder zweigipfeligen Wählerverteilungen ist nach *Downs* mit einem Zweiparteiensystem zu rechnen, bei mehrgipfeligen Verteilungen mit einem Mehrparteiensystem. Das Standardmodell der Zwei-Parteien-Konkurrenz, das später formalisiert wurde, führt zu dem Ergebnis, daß beide Parteien identische Programme im Median der Wählerverteilung anbieten. Dieses Ergebnis ist pareto-optimal: Es gibt kein Programm, das einen Wähler besser stellen könnte, ohne zugleich einen anderen schlechter zu stellen. Dieses Grundmodell hat eine Fülle von Modifikationen, Erweiterungen und Anwendungen erfahren. So wurden z. B. Mehrparteien-Modelle entwickelt und die Möglichkeiten der Koalitionsbildung untersucht. Auch die bei *Downs* vernachlässigte Frage der ideologischen Ziele von Parteien wurde in Modelle des Regierungsverhaltens aufgenommen, die annehmen, daß eine Regierung ihren «ideologischen Nutzen» unter der Restriktion der Wiederwahl maximiert (*Frey* 1981). Auf dieser Basis wurden Modelle der polit.-ökon. → Interdependenz entwickelt. Der Regierung wird unterstellt, daß sie zur Sicherung ihrer Wiederwahl bewußt «polit. Konjunkturzyklen» erzeugt (*Frey* 1981). Die ökon. Theorie der Demokratie nimmt innerhalb der Ö. T. d. P. den breitesten Raum ein, entscheidende Neuentwicklungen hat es jedoch in jüngerer Zeit nicht mehr gegeben.

(5) Die ökon. Theorie der Interessenverbände wurde entscheidend beeinflußt durch *M. Olsons* «Logik des kollektiven Handelns» (1965). Interessengruppen stellen Kollektivgüter bereit, indem sie mittels polit. Aktivität ein gemeinsames Anliegen der von ihnen vertretenen Gruppe verfolgen. Da von der Nutzung eines Kollektivgutes niemand ausgeschlossen werden kann, kommen die Vorteile auch jenen Gruppenmitgliedern zugute, die sich an den Kosten der Erstellung des Gutes nicht beteiligen. Ein rationales Individuum hat deshalb keinen Anreiz, der Interessenorganisation beizutreten und sich an der Finanzierung ihrer Aktivitäten zu beteiligen. Daraus ergibt sich ein Problem der Organisierbarkeit von kollektiven Interessen. Nach *Olson* bilden sich funktionsfähige Interessenverbände nur dann, wenn (a) die repräsentierte Gruppe sehr klein ist oder (b) es eine Möglichkeit gibt, die Mitgliedschaft zu erzwingen, oder (c) die Nutzung des Kollektivgutes mit dem Angebot priv. Güter (selektive Anreize) gekoppelt werden kann, die nur Mitgliedern zugute kommen. Die Kollektivgutproblematik hat eine asymmetrische Repräsentation gesellschaftl. Interessen zur Folge: Die Politik wird in höherem Maße durch spezielle Interessen kleiner, gut organisierbarer Gruppen beeinflußt, als durch allgemeinere Interessen größerer Gruppen. Dies widerspricht der → Pluralismustheorie, die von einer gegenseitigen Kontrolle und Beschränkung verschiedener gesellschaftl. Interessen ausgeht. Einige der spezielleren Behauptungen *Olsons* können mittlerweile als widerlegt gelten, z. B. der Zusammenhang zwischen Gruppengröße und Organisierbarkeit. Auch die allg. Gültigkeit der Trittbrettfahrerproblematik ist mittlerweile in Frage gestellt. Experimente haben ergeben, daß in Trittbrettfahrersituationen durchaus (aber nicht durchweg) kooperatives Verhalten gezeigt wird. Das Interesse konzentriert sich deshalb heute auf die Frage, unter welchen Bedingungen und in welchem Ausmaß kooperatives Verhalten erfolgt.

(6) Grundlage der ökon. Theorien der → Bürokratie ist die Auffassung, daß Verwaltungsbeamte nicht *per se* Diener des Allgemeinwohls sind, sondern daß sie eigennützi-

ge Ziele wie Einkommen, Prestige, Sicherheit oder Bequemlichkeit verfolgen. Das differenzierteste Konzept bürokratischer Motivation hat *Downs* (1966) vorgelegt, der fünf Typen von Bürokraten unterscheidet: von den rein eigennützigen «Aufsteigern» bis zu den «Staatsmännern», die große Loyalität gegenüber dem Allgemeinwohl zeigen. Asymmetrische Informationsverteilung und beschränkte Kontrollkapazität der Vorgesetzten führen zu einem diskretionären Spielraum, den die Untergebenen in ihrem eigenen Sinne nutzen. Diese Bedingungen hierarchischer Organisationsstruktur verursachen im Verein mit den Motivationen die Produktion der von der Bürokratie bereitgestellten → Öffentlichen Güter zu überhöhten Kosten. Formale Bürokratiemodelle legen i. d. R. einheitliche Zielgrößen der Bürokratien zugrunde. Am einflußreichsten wurde das Modell von *W. A. Niskanen* (1971), der das Ziel der Budgetmaximierung unterstellt. Bürokratien werden als staatl. Monopole betrachtet, die dem Parlament ein Kollektivgut anbieten. Sie offerieren nicht Einheiten eines öff. Gutes gegen einen Preis, sondern einen Gesamt*output* gegen ein Budget. Die Zahlungsbereitschaft des Parlaments kann deshalb vollständig abgeschöpft werden. Außerdem kann das Parlament die Kosten der Erstellung des Gutes nicht kontrollieren. Das führt dazu, daß – gemessen an der Nachfrage und den Kosten – eine zu hohe Menge des öff. Gutes produziert wird. Die ökon. Theorie der Bürokratie nimmt im Rahmen der Ö. T. d. P. bisher einen vergleichsweise geringen Raum ein. Über die wohlfahrtstheoretischen Überlegungen hinausgehende, an qualitativen Ergebnissen bürokratischen Handelns interessierte Ansätze finden sich kaum.

(7) Während in der traditionellen Wirtschaftstheorie Institutionen meist als exogene Faktoren behandelt werden, erklärt die Neue Institutionelle Ökonomie die Wahl zwischen alternativen Institutionen mit Hilfe des ökon. Instrumentariums. Grundlegend für die ökon. Theorie der Institutionen wurden die Theorie der Eigentumsrechte und der Transaktionskosten von *R. H. Coase* (1960) sowie deren Weiterentwicklung durch *O. E. Williamson* (1985). Transaktionskosten sind die «Kosten der Benutzung des Preismechanismus» *(Coase)* oder anderer Steuerungsmechanismen, wie Hierarchie oder Verhandlung, die zu Wohlfahrtsverlusten führen. Sie entstehen u. a. bei der Suche nach Tauschpartnern, beim Aushandeln und bei der Kontrolle von Verträgen, oder bei der Sanktionierung nach Vertragsbruch. Drei Voraussetzungen führen nach *Williamson* zur Entstehung des Transaktionskostenproblems: (a) Individuen verhalten sich opportunistisch, d. h. sie verfolgen ihr Eigeninteresse durch unvollständige oder verzerrte Weitergabe von Information, vom vorsätzlichen Verschweigen relevanter Information bis zum Betrug. (b) Individuen verfügen über nur beschränkte Rationalität (*Simon* 1957). (c) Die Möglichkeit der Transaktionsbeteiligten, sich opportunistisch zu verhalten, wird in hohem Ausmaß bestimmt durch die mehr oder weniger spezielle Nutzbarkeit von Produktionsfaktoren. Diese Faktorspezifizität kann zu Machtasymmetrien führen. Die Hypothese der Transaktionskostentheorie ist, daß alternative institutionelle Lösungen zum Zweck der Einsparung von Transaktionskosten entstehen. Sie erklären also, unter welchen Bedingungen welche Institutionen gewählt werden. Die Transaktionskostentheorie bietet einen fruchtbaren Ansatz zur Erklärung und zum Vergleich von Institutionen. Sie leistet damit einen Beitrag zu einem zentralen Feld sozialwiss. Forschung.

3. Die klassischen Werke der Ö. T. d. P. entstanden in den 1950er und 60er Jahren. Die Forschung seither besteht überwiegend in der Ausdifferenzierung und Anwendung der grundlegenden Modelle. Wenngleich die Theorien von Wirtschaftswissenschaftlern entwickelt wurden, beeinflußten sie zunächst weniger die Ökonomie als die US-amerikan. Politikwissenschaft. Dort entwikkelt sich die weitgehend mit *Public choice* identische *Positive Political Theory* allmählich zum herrschenden Paradigma (*Mueller* 1989). In Europa wurden die Ö. T. d. P. sehr viel zögerlicher und v. a. von der Wirtschaftswiss. aufgenommen. Politikwiss. Monographien zur Neuen Politischen Ökonomie liegen dagegen nur vereinzelt vor (z. B. *Braun* 1999; *McLean* 1987). In jüngster Zeit

mehren sich jedoch nicht nur in der Soziologie (*Wiesenthal* 1987; *Elster* 1987), sondern auch in der Politikwiss. die Anzeichen für ein gesteigertes Interesse an *Rational choice*-Ansätzen: Die Analyse von polit. Entscheidungsverfahren erfolgt mittels spieltheoretischer und mikroökon. Modelle (*Benz/Scharpf/Zintl* 1992; *Scharpf* 1992; *Scharpf* 1997); die Erklärungskraft des ökon. Verhaltensmodells für polit. Akteure wird durch Fallstudien überprüft (*Vatter* 1994); *Public choice*-Theoreme werden auf verschiedene Politikfelder angewandt, so etwa in der → Umweltpolitik (*Holzinger* 1987; *Horbach* 1992).

4. Ö. T. d. P. wurden bisher überwiegend von US-amerikan. Forschern entwickelt. Das führte oft zu Analysen, die für andere → Politische Systeme nicht adäquat sind. Parlamentarische Demokratien und → Autoritäre Regime (*Tullock* 1987) blieben weitgehend unberücksichtigt. In den einzelnen Teilgebieten wurden außerdem viele Aspekte des jeweiligen Gegenstandes vernachlässigt. Das gilt etwa für den Einfluß unterschiedlicher → Wahlsysteme auf die Parteienkonkurrenz oder für Fragen der internen Organisation von Bürokratien. Interessengruppen wurden primär unter dem Aspekt ihrer Organisation behandelt und kaum unter dem Aspekt ihrer polit. Einflußnahme und anderem mehr. Auch eine stärkere Integration der Teiltheorien wäre wünschenswert. Dennoch bieten die Ö. T. d. P. insgesamt ein beträchtliches Potenzial zur Erklärung polit. Institutionen und Prozesse. Eine Stärke für die Übertragbarkeit des ökon. Ansatzes auf die Sozialwiss. liegt sicherlich im → Methodologischen Individualismus. Die Erklärung von Makrophänomenen unter Bezug auf die Mikroebene erlaubt die Beibehaltung der politikwiss. Traditionen des Akteursansatzes und der Institutionenanalyse. Eine weitere Stärke ist im interdisziplinären Charakter des Ansatzes zu sehen. Ein gemeinsamer theoretischer Rahmen, wie ihn das Handlungsmodell der Ö. T. d. P. bietet, könnte in einer Zeit der Fragmentierung der Sozialwiss. eine integrative Kraft bilden. Schließlich erlaubt das methodische Instrumentarium die präzise Formulierung von empirisch prüfbaren Hypothesen. Aus der Sicht der Sozialwiss. besteht eine Schwäche der ökon. Ansätze jedoch in der strikten Auffassung der Verhaltensannahmen. Die sich andeutende Weiterentwicklung des ökon. Verhaltensmodells (*Frey* 1990) in Richtung auf mehr Realitätsadäquanz dürfte für die meisten sozialwiss. Problemstellungen unerläßlich sein. Gelingt es, die Ergebnisse experimenteller Überprüfungen der ökon. Verhaltensannahmen (z. B. *Kahneman* u. a. 1982) in das Handlungsmodell zu integrieren, ohne daß dabei die analytische Schärfe verlorengeht, könnten sich die Ö. T. d. P. zu einer auch empirisch bedeutsamen Erweiterung politikwiss. Theorie entwickeln.

→ Demokratie; Demokratietheorie; Entscheidungstheorie; Handlungstheorien; Interesse; Liberalismus; Markt und Politik/Staat; Rational choice-Theorien; Steuerungstheorien; Spieltheorie; Vertragstheorien.

Lit.: *Arrow, K.* 1951: Social Choice and Individual Values, New Haven. *Becker, G.* 1982: Der ökonomische Ansatz zur Erklärung menschlichen Verhaltens, Tüb. (engl. 1976). *Benz, A.* u. a. 1992: Horizontale Politikverflechtung, Ffm. *Bernholz, P./Breyer, F.* 1984: Grundlagen der Politischen Ökonomie, Tüb. *Black, D.* 1958: The Theory of Committees and Elections, Camb. *Braun, D.* 1999: Theorien rationalen Handelns in der Politikwissenschaft, Opl. *Brennan, G./Buchanan, J. M.* 1980: The Power to Tax, Camb. *Buchanan, J. M.* 1975: The Limits of Liberty, Chic./L. *Buchanan, J. M./Tullock, G.* 1962: The Calculus of Consent, Ann Arbor. *Coase, R.* 1960: The Problem of Social Cost, in: Journal of Law and Economics 3, 1–44. *Downs, A.* 1966: Inside Bureaucracy, Boston. *Downs, A.* 1968: Ökonomische Theorie der Demokratie, Tüb. (engl. 1957). *Elster, J.* 1987: Subversion der Rationalität, Ffm./NY. *Frey, B. S.* 1981: Theorie demokratischer Wirtschaftspolitik, Mchn. *Frey, B. S.* 1990: Ökonomie ist Sozialwissenschaft, Mchn. *Holzinger, K.* 1987: Umweltpolitische Instrumente aus der Sicht der staatlichen Bürokratie, Mchn. *Horbach, J.* 1992: Neue Politische Ökonomie und Umweltpolitik, Ffm. *Kahneman, D.* u. a. 1982: Judgement under Uncertainty: Heuristics and Biases, Camb. *McLean, I.* 1987: Public Choice. An Introduction, Ox. *Mueller, D. C.* 1989: Public Choice II, Camb. *Niskanen, W. A.* 1971: Bureaucracy and Representative Government, Chic. *Nozick, R.* 1976; Anarchie, Staat, Utopia, Mchn. 1976 (engl. 1974). *Olson, M.* 1968: Die Logik des kollektiven Handelns, Tüb. (engl. 1965). *Rawls, J.* [11]2000: Eine Theorie der Gerechtigkeit, Ffm. ([1]1975; engl. 1971). *Scharpf, F. W.* (Hrsg.) 1992: Games in Hierachies and Networks, Ffm. *Scharpf, F. W.* 1997: Games Real Actors Play, Boulder/Col. *Schumpeter, J. A.* [7]1992: Kapitalismus, Sozialismus und Demokratie, Mchn. ([1]1950; engl. 1942). *Simon, H.* 1957: Models of Man: Social and Rational, NY. *Tullock, G.* 1987: Autocracy, Dordrecht. *Vatter, A.* 1994: Eigennutz als Grundmaxime in der Politik?, Bern. *Wiesenthal, H.* 1987: Rational choice, in: ZfS 16, 434–449. *Williamson, O. E.* 1990: Die ökonomischen Institutionen des Kapitalismus, Tüb. (engl. 1985).

Katharina Holzinger

Oligarchie, eine Herrschaftsform, in der eine kleine Gruppe von wenigen Personen auf Dauer → Macht ausübt.

Der Begriff ist ein aus dem Griech. gebildetes Kunstwort, zusammengesetzt aus *olígos* (wenige) und *archein* (herrschen). Der Typ oligarchischer → Herrschaft wurde zuerst von *Aristoteles* (*politeia*) entwickelt, und zwar als Verfallsform der → Aristokratie.

→ Gesetz der Oligarchie; Herrschaft; Staatsformen.

Dietrich Herzog

Oligopol/Oligotheorie, Konstellation am → Markt, bei der nur wenige Anbieter (Nachfrager) vorhanden sind. Der Oligopolist verfügt über Marktmacht, ist aber (anders als beim → Monopol) in einer strategisch schwierigen Lage, da er mit den Reaktionen der ebenfalls über Marktmacht verfügenden Mitbewerber rechnen muß.

In der ökon. geprägten Oligopoltheorie (übertragbar auch z. B. auf den Parteienwettbewerb, → Politischer Markt) ist eine Vielzahl von → Modellen für unterschiedliche Konstellationen, u. a. mit Hilfe der → Spieltheorie, entworfen worden. Sie führen zu unterschiedlichen Ergebnissen für die Wettbewerbsintensität, wobei als Aktionsparameter neben dem Preis u. a. auch Werbung, Produktvariation sowie Forschung und Entwicklung eingezogen werden. Das gerade angesichts der praktischen Bedeutung von O. beachtliche Risiko für eine → Marktwirtschaft besteht in den Folgen von Wettbewerbsbeschränkungen, die formalisiert als Kartelle, aber z. B. auch als gleichgerichtetes Verhalten auftreten können. Instrument ihrer Bekämpfung bzw. Begrenzung ist die staatl. Wettbewerbspolitik.

Lit.: → Konzentration/Konzentrations- und Wettbewerbspolitik.

Uwe Andersen

Ombudsman(n), 1809/10 in Schweden zuerst institutionalisiertes Amt eines vom Parlament Beauftragten, der – insoweit demokratisch legitimiert, mit erheblicher Unabhängigkeit und selbständigen Informations- und Kontrollrechten ausgestattet – sowohl den Grundrechtsschutz des einzelnen Bürgers verstärken als auch die Kontrolle des → Parlaments gegenüber Verwaltungs- und Rechtspflegeorganen verbessern sollte.

Inzwischen in vielen Ländern übernommen; wegen der ausgebauten Verfassungs- und Verwaltungsgerichtsbarkeit sowie des breiten parlamentarischen Petitionswesens (→ Petitionen) in D nur partiell aufgegriffen (teilweise als Parlaments-, teilweise als Regierungsbeauftragte) für bes. Sachgebiete wie z. B. die Bundeswehr (Wehrbeauftragter), Datenschutz- oder Ausländerfragen sowie in einzelnen Bundesländern als Bürgerbeauftragte (z. B. Rheinland-Pfalz; Schleswig-Holstein).

Lit.: *Kempf, U./Uppendahl, H.* (Hrsg.)

1986: Ein deutscher Ombudsmann, Leverkusen. *Kempf, U./Mille, M.* 1992: Rolle und Funktion des Ombudsmannes. Zur personalisierten parlamentarischen Verwaltungskontrolle in 48 Staaten, in: ZParl 23, 29–47.

Suzanne S. Schüttemeyer

Omnibus-Befragung → Frage/Fragebogen

Omnibuspartei → Volkspartei

Operationalisierung, Prozeß, in welchem theoretische → Begriffe zu deskriptiven Zwecken in der Weise definiert werden, daß die Sachverhalte, auf die sich die theoretischen Begriffe beziehen, empirisch beobachtbar und meßbar werden.

Um vollends gültig (valide) zu sein, hat eine operationale Definition mit Hilfe von → Indikatoren möglichst den gleichen Inhaltsbereich abzudecken wie der theoretische Begriff. Da häufig einzelne → Indikatoren für sich allein diese Gültigkeit nicht erzielen (Beispiel: der Begriff der → Entwicklung), wird die O. über Indexkonstruktionen herbeigeführt. O. ist für die empirische, zumal die komparative Forschung ebenso unverzichtbar wie ihre eigene Gültigkeitskontrolle. Freilich setzen Messung und Quantifizierung theoretische Begriffsarbeit voraus, bzw. haben die Empiriker zu prüfen inwieweit das, was sie quantifizieren, den in den theoretischen Begriffen repräsentierten Problemverständnissen entspricht, welches die Theoretiker entwickeln.

Lit.: → Entwicklungsindikatoren; Indikatoren.

Dieter Nohlen

Operationalismus, erkenntnistheoretische Position, die nur solche Aussagen als wiss. anerkennt, die auf meßbare und eindeutig reproduzierbare Operationen analog den Forschungsmethoden in den Naturwiss. zurückgeführt werden können.

Im O. wird folglich primär Wert gelegt auf → Operationalisierung, d.h. auf die Präzisierung beobachtbaren und meßbaren Verhaltens.

Dieter Nohlen

Opinion leader (engl. für Meinungsführer), bezeichnet in der Kommunikations- und Medienforschung i. e. S. solche Personen, die in Primär-/Sekundärgruppen eine Mittlerrolle zwischen den Medien der Massenkommunikation und den der Gruppe angehörenden Mitgliedern innehaben bzw. die im Namen eines Publikums Einfluß nehmen.

I. w. S. bezeichnet *o. l.* solche Personen, → Parteien, polit. Institutionen, gesellschaftl. Organisationen, Medien, die einem bislang nicht (eindeutig) definierten Thema oder Gegenstand von öff. Interesse die richtungsweisende oder (vor-)herrschende Auslegung geben und damit in dieser Frage die → Öffentliche Meinung bestimmen.
Auf diese Weise nehmen *o. l.* sowohl Erklärungs- und Übertragungs- als auch Verstärker- und Überzeugungsfunktionen wahr. Meinungsführerschaft läßt sich relativ unabhängig von Gruppen-, → Schichten-, → Klassenzugehörigkeit, in beiden Geschlechtern, verteilt über alle Berufs- und Altersgruppen und sozio-kulturellen Milieus feststellen. Ob jemand zum *o. l.* avanciert, hängt von Faktoren ab wie bes. Kenntnissen oder Fähigkeiten auf dem entspr. Gebiet, was ihn bei den Gruppenmitgliedern als → Experte ausweist, von seinem Kommunikationsverhalten, seiner Kontaktfreudigkeit etc. Der Prozeß der Meinungsbildung, und damit verbunden die Einschätzung des Medieneinflusses und der Medienwirkung, ist heute Gegenstand heftiger Kontroversen. Folgte man früher beinahe einhellig der von *P. F. Lazarsfeld* u. a. anläßlich US-amerikan. Wahlkampfuntersuchungen der 1940er Jahre formulierten These vom → *Two-step flow of communication*, (wonach die Medien primär die *o. l.* beeinflussen und diese wieder-

um in ihren jeweiligen Gruppen Informationsvermittlung und Meinungsbildung kanalisieren und strukturieren), verschiebt sich heute das Interesse hin zur Intensität medialer Einflüsse und Wirkungen (z. B. auf das polit. Verhalten im allg. und die Wählerentscheidung im bes.).

→ Demoskopie/Umfrageforschung; Elite; Massenmedien; Wählerverhalten.
Lit.: → Two-step flow (of communication).

Rainer-Olaf Schultze

Opportunitätskosten (engl. *opportunity costs*, auch: Alternativkosten), volkswirtschaftl. Kostenbegriff. O. entstehen durch die Wahl einer bestimmten Handlungsalternative: Wenn knappe → Ressourcen für die Erstellung eines → Gutes oder einer Leistung verwendet werden, gehen sie für die Produktion alternativer Güter verloren.

Die O. der Erstellung eines Gutes A ergeben sich aus dem Wert der alternativen Güter, die mit den für A verwendeten Ressourcen ebenfalls hätten erstellt werden können. So können die für die Raumfahrt aufgewendeten Mittel z. B. auch für den Hochschulbereich ausgegeben werden. Die O. der Raumfahrt bestehen dann im entgangenen Nutzen durch Hochschulausbildung. Eine wichtige Anwendung findet das Konzept der O. in der → Kosten-Nutzen-Analyse.

Lit.: → Kosten-Nutzen-Analyse.

Katharina Holzinger

Opportunitätsprinzip → Legalität

Opposition (von lat. *opponere* = entgegenstellen), i. w. S. der gegen Autoritäten gerichtete Widerstand; im strikten, an seiner Entstehungsgeschichte orientierten Begriffsverständnis bedeutet O. den innerhalb des Grundkonsenses einer Gesellschaft sich entfaltenden organisierten und institutionalisierten Widerspruch gegen die Regierung und ihre Parlamentsmehrheit.

1. Bereits in der Mitte des 18. Jh. wurde in England auf dem Hintergrund der polit.-parlamentarischen Praxis der theoretische Grundstein gelegt für ein Oppositionsverständnis, das den Dualismus Krone vs. Parlament aufgab. Aus der über zwei Jahrzehnte dauernden Herrschaft der *Whigs* unter *Walpole* und der damit einhergehenden Korruption zog *Bolingbroke* den Schluß, daß die nach zu langer Amtsdauer nur noch Eigeninteressen befriedigende Mehrheit durch Kräfte abgelöst werden müßte, die das Allgemeine und die Vernunft des Ganzen vertreten. Dies könne nur die von Ämtern und Pensionen ausgeschlossene parlamentarische Minderheit leisten, bis diese – selbst zur Mehrheit geworden – wieder dem Eigeninteresse erliege und ihrerseits abgelöst werden müsse. Damit war O. als die wahre «patriotische» Kraft konzipiert, Regierungswechsel in angemessener Frist als Notwendigkeit etabliert. Als Funktionen der nicht die Regierung stützenden, dieser gegenüber – «*opposite*» – stehenden parlamentarischen Minderheit galten fortan Kritik, Kontrolle und Alternative innerhalb des bestehenden Herrschaftssystems. Um Kritik und Kontrolle der Amtsinhaber mit dem Ziel ihrer Ersetzung üben zu können, reichte nicht punktuelles oder sporadisches Opponieren, sondern es bedurfte des planvoll koordinierten Gegenprogramms. Als ständige Alternative zur → Regierung ist. O. «die Regierung von morgen» (*Carlo Schmid)*. Das essentielle, den Typus → Parlamentarisches Regierungssystem begründende Merkmal der Frontstellung von Regierungsmehrheit und O. war hiermit angelegt und wurde schon zu Anfang des 19. Jh. hinsichtlich der O. auf den Begriff gebracht als «*his Majesty's opposition*».
Voraussetzung für die Praktizierung solcher O. und für ihre Akzeptanz als legitim war neben der Ablösung des monarchischen durch das demokratische Prinzip die Entwicklung pluralistischer Vorstellungen: Erst wenn offene Konkurrenz von → Interessen auch und gerade als Prozeß zur Findung des → Gemeinwohls akzeptiert und dieses nicht

als *a priori* gesetzt und durch die Obrigkeit vertreten angenommen wird, gewinnt O. ihren Zweck als ein Kernelement freiheitlich demokratischer Staatsordnung und verliert ihren Charakter als Widerstand und Systemfeindlichkeit (→ Pluralismus).

2. Auf diese Bedeutungen hat sich aber inzwischen der polit. und politikwiss. Sprachgebrauch ausgedehnt, so daß unter O. auch → Fundamentalopposition, also eine die geltende Ordnung prinzipiell ablehnende Haltung, verstanden wird, ebenso wie mit dem parlamentarischen Raum gar nicht verbundene und auch nicht auf diesen zielende Bewegungen kritischer → Öffentlichkeit (→ Außerparlamentarische Opposition).

3. Diese begriffliche Bandbreite versuchen Oppositionstypologien einzufangen. So unterscheidet *W. Steffani* (1978) O. nach Systemintention (loyal, systemimmanent vs. fundamental, systemkonträr), Wirkungsebenen (parlamentarisch vs. vor- oder außerparlamentarisch) und Aktionskonsistenz (systematisch vs. situationsorientiert). *O. Kirchheimer* (1969) teilt ein in O. aus Prinzip, loyale O. und polit.-ideologisch konturlose O. zwischen Allerweltsparteien, deren bes. Anwendungsfall in Österreich (Bereichsopposition) er später als «Ausschaltung der hauptsächlichen polit. Opposition mittels der Regierungsausübung durch ein Parteienkartell» bezeichnet (1969: 416). Wegen der Vielzahl der oppositionelles Verhalten determinierenden Variablen (Regierungssystem, → Parteiensystem, gesellschaftl. Konfliktpotential, Konfliktregelungsmuster, → Politische Kultur etc.) empfiehlt *H. Oberreuter*, an einem engen Oppositionsbegriff festzuhalten, und entwickelt eine (an *R. Dahl* angelehnte), primär auf O. im Parlament abstellende Typologie: Issue-orientierte *Adhoc*-Opposition, worunter bes. die fallweise zustande kommende Gegnerschaft im Parlament des präsidentiellen Regierungssystems subsumiert wird sowie die «gelegentlichen Ausbruchserscheinungen aus dem Kartell von Proporzsystemen» (*Oberreuter* 1975: 20); kompetitive O., die v. a. in auf Regierungsalternanz im Zweiparteiensystem ausgelegten Mehrheitsdemokratien des → Westminster-Modells – wenn auch nicht ausschließlich – betrieben wird; kooperative O., die im parlamentarischen Regierungssystem zwar die Alternativfunktion reduziert, der O. aber Möglichkeiten der Einflußnahme eröffnet und legitimitätssteigernd wirkt.

Lit.: *Dahl, R. A.* (Hrsg.) 1966: Political Oppositions in Western Democracies, New Haven/L. *Euchner, W.* (Hrsg.) 1993: Polit. Opposition in Deutschland und im internationalen Vergleich, Gött. *Jäger, W.* 1978: Opposition, in: *Brunner, O.* u. a. (Hrsg.): Geschichtliche Grundbegriffe, Bd. 4, Stg., 469–517. *Kirchheimer, O.* 1957: Vom Wandel der polit. Opposition, in: Archiv für Rechts- und Sozialphilosophie, 59–86. *Kirchheimer, O.* [2]1969: Wandlungen der polit. Opposition, in: *Kluxen, K.* (Hrsg.): Parlamentarismus, Köln/Bln., 410–424. *Kluxen, K.* 1956: Das Problem der Opposition, Freib./Mchn. *Lehmbruch, G.* [2]1998: Parteienwettbewerb im Bundesstaat, Opl. *Oberreuter, H.* (Hrsg.) 1975: Parlamentarische Opposition, Hamb. *Oberreuter, H.* [4]1992: Opposition, in: *Nohlen, D./Schultze, R.-O.* (Hrsg.): Politikwissenschaft, Mchn./Zürich, 637–642. *Steffani, W.* [2]1978: Opposition, in: *Sontheimer, K./Röhring, H. H.* (Hrsg.): Hdb. des polit. Systems der Bundesrepublik Deutschland, Mchn., 427–433. *Steffani, W./Gabriel, J. P.* 1991: Regierungsmehrheit und Opposition in den Staaten der EG, Opl. *Stüwe, K.* 1997: Das verfassungsgerichtliche Verfahren als Kontrollinstrument der parlamentarischen Minderheit, Baden-Baden.

Suzanne S. Schüttemeyer

Oppositionswissenschaft, eine der Selbstcharakterisierungen der → Sozialwissenschaften, insbes. der Soziologie, weniger der → Politikwissenschaft, die sich selbst als Opposition zu den jeweils herrschenden gesellschaftl. und polit. Verhältnissen verstehen.

Abgeleitet aus der emanzipatorischen Tradition der → Aufklärung, wird die Aufgabe der Sozialwiss. darin gesehen, theoretisch durch Zeit- bzw. Ideologiekritik, praktisch durch aktive Beteiligung an der Reform und Überwindung der bestehenden Verhältnisse mitzuwirken, v. a. gerichtet gegen soziale

Mißstände und strukturelle Ungleichheiten, überkommene kulturelle Traditionalismen und Fundamentalismen, polit. Irrationalismen und Ideologien, vor- und anti-demokratische Regierungssysteme und Herrschaftspraktiken.

→ Politikbegriffe; Erkenntnisinteresse; Politikwissenschaft.

Lit.: *Beyme, K. von* ³1997: Theorie der Politik im 20. Jahrhundert. Von der Moderne zur Postmoderne, Ffm. *Fraenkel, E.* 1973: Die Wissenschaft von der Politik und die Gesellschaft, in: *ders.*: Reformismus und Pluralismus, Hamb., 337–353 (zuerst 1963).

Rainer-Olaf Schultze

Opting out, (engl. «nicht mitwirken», «sich anders entscheiden»), die den Teilnehmern (individuellen, kollektiven Akteuren, Gebietskörperschaften usw.) in → Verhandlungssystemen eingeräumte Möglichkeit, getroffene Entscheidungen nicht mittragen und im eigenen Geltungs- bzw. Zuständigkeitsbereich nicht in Kraft setzen zu müssen (ohne dafür mit Sanktionen rechnen zu müssen).

Anwendungsfälle: in → Bundesstaat und → Staatenverbund insbes. die Möglichkeit der Gliedstaaten, aus gesamtstaatl. Politikprogrammen auszuscheren: in der EU nach Maastricht z. B. das Ausscheren von GB aus der Sozial- und Währungsunion; im → Asymmetrischen Föderalismus Kanadas sogar mit Anspruch auf finanzielle Kompensation durch den Bund (u. a. im Bereich der Alterssicherung und der Gesundheitspolitik), sofern von der(n) Provinz(en) vergleichbare Politikprogramme angeboten werden.

→ Föderalismus.

Lit.: → Asymmetrischer Föderalismus.

Rainer-Olaf Schultze

Ordinalskala → Skalierung

Ordinary least squares → Regressionsanalyse

Ordnungspolitik, in Abgrenzung zur Prozeßpolitik das Setzen von Rahmenbedingungen für den Wirtschaftsablauf.

Das Denken in Ordnungen und die Herausarbeitung wie Berücksichtigung der der jeweiligen Ordnung (Wirtschaftsordnung, z. B. → Marktwirtschaft) eigenen Logik, aber auch die Interdependenzen der Teilordnungen, z. B. von wirtschaftl. und polit. Ordnung, werden bes. von den Vertretern des → Ordoliberalismus betont. Sie verfechten die Notwendigkeit einer staatl. Rahmensetzung für die Wirtschaft, legen den Schwerpunkt der staatl. → Wirtschaftspolitik aber auf die O. und versuchen damit, staatl. Eingriffe nach Art und Umfang zu begrenzen. Als Kern der O. in einer Marktwirtschaft gilt die Wettbewerbsordnung. Wettbewerb wird nicht als natürliche Ordnung betrachtet, da er nicht nur durch wettbewerbswidrige Eingriffe des Staates, sondern auch durch wettbewerbsbeschränkendes Verhalten von Unternehmen stets gefährdet ist. Daher gilt «Wettbewerb als Aufgabe» (*L. Miksch* 1947) für die staatl. O., die funktionsfähige Märkte zu garantieren hat. Eine andere, auf die Ordnung der Marktwirtschaft bezogene Forderung an die Wirtschaftspolitik ist die nach Marktkonformität der Eingriffe, d. h. möglichst nur solche Instrumente einzusetzen, die die Steuerungsfunktion des → Marktes nicht beeinträchtigen.

→ Kartell; Marktversagen; Monopol; Oligopol; Politische Steuerung; Soziale Marktwirtschaft.

Lit.: *Eucken, W.* ⁶1990: Grundsätze der Wirtschaftspolitik, Tüb. *Miksch, L.* ²1947: Wettbewerb als Aufgabe. Grundsätze einer Wettbewerbsordnung, Godesberg. *Starbatty, J.* ³1994: Ordoliberalismus, in: *Issing, O.* (Hrsg.): Geschichte der Nationalökonomie, Mchn. *Stützel, W.* u. a. (Hrsg.) 1981: Grundtexte zur Sozialen Marktwirtschaft. Zeugnisse aus zweihundert Jahren ordnungspolit. Diskussion, Stg. u. a.

Uwe Andersen

Ordnungswissenschaft, eine der Selbstcharakterisierungen der Politikwiss. im

Nachkriegsdeutschland (neben den Selbstverständnissen als → Demokratie-, → Integrations-, synoptischer oder als → Oppositionswissenschaft), wie sie v. a. von der sog. Freiburger Schule (*A. Bergstraesser*, *D. Oberndörfer*, *H. Maier* u. a.) und der sog. Münchener Schule (*E. Voegelin*, *J. Gebhardt* u. a.) vertreten wurde.

D. Oberndörfer (1962: 20) z. B. begründete das normative Politik- und Wissenschaftsverständnis folgendermaßen: «Da polit. Handeln stets mit der Frage nach dem Rechten und Guten verbunden sein sollte, kann sich eine das polit. Handeln vordenkende Wiss. der Frage nach den letzten Zielen und Normen der Politik nicht entziehen.» Daraus leitet sich eine doppelte Aufgabenstellung der Politikwiss. ab: (1) theoretisch: die polit.-philosophische wie polit.-institutionelle Ordnungsreflexion über die gute, gerechte polit. Ordnung, das tugendhafte Leben, die Bedingungen von Frieden und Sicherheit, (2) polit.-praktisch: die Aufgabe, durch Handlungsanleitungen an die → Politischen Eliten sowie durch polit. Bildung der Bürger an der Verwirklichung der guten und gerechten Ordnung, v. a. durch Erziehung zur → Demokratie, maßgeblich mitzuwirken. Politikwiss. als O. versteht sich folglich zumeist auch als Demokratiewissenschaft.

→ Erkenntnisinteresse; Normative Theorien; Politikbegriffe; Politikwissenschaft.

Lit.: *Bergstraesser, A.* [2]1966: Die Stellung der Politik unter den Wissenschaften, in: *ders.*: Politik in Wissenschaft und Bildung, Freib., 17–31. *Oberdörfer, D.* 1962: Politik der praktischen Wissenschaft, in: *ders.* (Hrsg.): Wissenschaftliche Politik, Freib., 9–58.

Rainer-Olaf Schultze

Ordoliberalismus, orientiert am mittelalterlichen Ordo-Gedanken, wird der Begriff meist synonym mit → Neoliberalismus verwendet, teilweise aber auch für die spezifische dt. Variante der «Freiburger Schule» (wichtigster Vertreter *W. Eucken*) reserviert.

In Abgrenzung zu altliberalen Vorstellungen, daß die Wirtschaft am besten funktioniere, wenn sie von staatl. Eingriffen frei bleibe, wird die Bedeutung einer staatl. → Ordnungspolitik mit der Setzung von Rahmenbedingungen für die Wirtschaft betont. Als bes. wichtig gilt die Sicherung des Wettbewerbs als dem konstitutiven Element der → Marktwirtschaft. Der Versuch einer staatl. Steuerung des Wirtschaftsprozesses wird dagegen mit großer Skepsis betrachtet (→ Monetarismus). Anhänger des O. vertreten die These einer strengen → Interdependenz der Ordnungen, insbes. von wirtschaftl. und polit. Ordnung (z. B. sei Marktwirtschaft nur mit freiheitlicher Demokratie vereinbar wie auch umgekehrt). Der O. war in D nach dem II. Weltkrieg ein wichtiger Einflußfaktor für Leitbild und Durchsetzung der → Sozialen Marktwirtschaft.

Lit.: → Ordnungspolitik.

Uwe Andersen

Organisationsfähigkeit, polit.-soziologischer Begriff, der darauf verweist, daß die sozialen und ökon. → Interessen demokratischer Gesellschaften nur dann einen polit. wirksamen Einfluß ausüben können, wenn sie in der Lage sind, sich in Verbänden oder → Interessengruppen zusammenzuschließen und ein Mindestmaß an Organisation aufrechtzuerhalten.

Nicht alle Interessen verfügen jedoch über die entspr. notwendigen (finanziellen, personellen) Ressourcen und organisatorischen Voraussetzungen und werden daher tendenziell polit. vernachlässigt. Aus der Sicht der → Neuen Politischen Ökonomie verfügen spezielle Interessen (z. B. Fluglotsen, das Bankgewerbe) über eine höhere O. als allg. Interessen (z. B. Verbraucher, der Umweltschutz), so daß die Grundbedingungen demokratischer Interessenvermittlung i. d. R. zu einer asymmetrischen Berücksichtigung gesellschaftl. Interessen führen, die allenfalls durch institutionelle Vorkehrungen (z. B. Minderheitenschutz) oder advokatorische

Maßnahmen (z. B. anderer polit. Gruppierungen/Parteien) korrigiert werden können.

→ Konfliktfähigkeit; Pluralismus.
Lit.: → Konfliktfähigkeit.

Klaus Schubert

Organisierte Kriminalität, von der gewöhnlichen Kriminalität unterschieden durch die Planmäßigkeit des Vorgehens, die auf eine bestimmte Dauer angelegte Arbeitsteiligkeit in der Durchführung, die Verwendung geschäftsähnlicher Mechanismen, die gezielte Einflußnahme auf Politik, Medien, öff. → Verwaltung und Justiz sowie die Anwendung von → Gewalt.

Weitere Merkmale sind die grenzüberschreitende Vernetzung der Organisationen und die Verteilung unterschiedlicher Phasen der Verbrechen (Tatvorbereitung, Tatbegehung und Tatvertuschung) auf mehrere Länder.

1. Kriminologisch wird nach Ruhe- und Aktionsräumen unterschieden, wobei diese Charakterisierungen für spezifische Regionen jeweils nur zeitweise gelten. Deliktfelder umfassen Drogen- und Waffenhandel, Glücksspiel, illegale Migrationshilfe, Prostitution, Finanzdienstleistungen etc. Die Tätigkeitsbereiche der o. K. erweitern sich dabei tendenziell und schließen zunehmend aufwendigere Verfahren der Vertuschung wie z. B. Geldwäsche als eigenständiges Aktionsfeld mit ein. Die Art und Weise der Ablösung jeweils dominierender Organisationen durch andere sowie die geographische Aufteilung von Aktionsräumen weisen sowohl kooperative als auch konfrontativ-gewaltsame Muster auf. Strukturmerkmale der o. K. verbinden die analog zu legalen Unternehmen funktionierenden Mechanismen der Gewinnmaximierung mit militärischer Hierarchie und ethnisch-familial organisierten Beziehungsnetzen. Empirische Bestandsaufnahmen verweisen freilich darauf, daß die Bedeutung ethnischer → Netzwerke geringer ist als vielfach angenommen (*Meier-Walser* u. a. 1999: 41). Neue Formen effektiver Organisation setzen auf ethnisch heterogene Zusammensetzungen.

2. Die Ähnlichkeit wirtschaftl. Organisation der o. K. mit der konventionellen kapitalistischen Ökonomie findet in der Lit. bes. Beachtung und wird mitunter auch zur Erklärung herangezogen. Im schwierigen Übergang von der Staatswirtschaft zu marktzentrierten Formen des → Kapitalismus wird einer der Ursachenkomplexe für den enormen Bedeutungszuwachs der o. K. in den postkommunistischen Staaten gesehen. Die Neudefinition der → Legalität und der charakteristische Mangel an Rechtssicherheit in Phasen des → Systemwechsels tragen zu einer Etablierung nicht-legaler, kapitalistisch orientierter Unternehmen bei. Globalere Erklärungsansätze betonen zusätzlich, daß die organisierte transnat. Kriminalität im Prinzip derselben Rationalität folgt wie transnat. Unternehmen: Die Senkung der → Transaktionskosten, die Nutzung → Komparativer Kostenvorteile und die Überwindung von Marktzutrittsschranken dienen der konsequenten Verbesserung des Verhältnisses von Kosten zu Gewinnen. Somit nutzen auch die in illegalen Aktionsfeldern operierenden Netzwerke globale Veränderungen wie eine fortgesetzte Handelsliberalisierung oder die Erhöhung der Freizügigkeit im regionalen Rahmen (Schengener Abkommen) sowie die neuen Technologien in der Kommunikation und Datenverarbeitung. Umstrittener ist der kausale Zusammenhang zwischen der Entstehung von o. K. und → Migration. Hierbei wird vermutet, daß Einwanderergruppen in der Zielgesellschaft soziale Exklusion erfahren und deshalb darauf angewiesen seien, besondere, der Tendenz nach illegale Nischen der kapitalistischen Ökonomie ausfindig zu machen (*Meier-Walser* u. a. 1999: 294 ff.). Sprachliche und kulturelle → Identität diene sowohl der Abschottung, der Rekrutierung von Mitgliedern als auch der Verdunkelung. Ein mangelndes Bewußtsein für die Rechtsnormen der Zielgesellschaft bzw. eine fehlende Verinnerlichung dieser Normen seien hierbei eine begünstigende Kontextbedingung. Die hier festzustellenden enormen Varianzen nach Ländern und Gruppen, die strukturelle Ähnlichkeit vieler nicht-ethnisch definierter krimineller Organisationen und die Zunahme ethnisch heterogener Zusammenschlüsse lassen aber diese auf den ersten Blick plausible Erklärung zweifelhaft erscheinen.

3. Aus der Perspektive des → Nationalstaates ergibt sich die besondere Bedrohung durch die o. K. in der tendenziellen Unterhöhlung des staatl. Anspruchs auf das Monopol legitimer physischer Gewaltsamkeit. Die Kombination von wirtschaftl. Einfluß- und gewaltsamen Sanktionsmöglichkeiten sowie die gezielte Infiltrierung staatl. Institutionen lassen die o. K. zur Konkurrenz des Staates werden, indem seine Normen und Steuerungsmechanismen konterkariert, auf lange Sicht möglicherweise außer Kraft gesetzt und in letzter Konsequenz durch andere Normen und Verhaltensmaximen ersetzt werden. Das Erreichen einer kritischen Masse an Machtpotential durch die o. K. scheint hier entscheidend für die Bedrohungsperzeption seitens staatl. Akteure zu sein, die sich in der Prävention schwertun. Mit dem Überschreiten dieser Schwelle durch die o. K. ist jedoch bereits eine erhebliche Einschränkung staatl. Handlungsmöglichkeiten verbunden. Erfolgversprechender als der verspätete, reaktive Einsatz staatl. Machtmittel ist die internat. Zusammenarbeit, die dem transnat. Charakter der o. K. Rechnung trägt und die Organisationsstrukturen selbst aufbrechen soll.

Lit.: *Caciagli, M.* 1996: Clientelismo, corrupción y criminalidad organizada, Madrid. *Farer, T.* (Hrsg.) 1999: Transnational Crime in the Americas, NY/L. *Frevel, B.* 1999: Kriminalität. Gefährdungen der Inneren Sicherheit?, Opl. *Lange, K.* 1997: Transnationale organisierte Kriminalität, Mchn. *Lupsha, P. A.* 1996: Transnational Organized Crime versus the Nation-State, in: Transnational Organized Crime, 1, 21–48. *Meier-Walser, R. C.* u. a. (Hrsg.) 1999: Organisierte Kriminalität. Bestandsaufnahme, transnationale Dimension, Wege der Bekämpfung, Mchn. *Reiners, C.* 1991: Erscheinungsformen und Ursachen organisierter Kriminalität in Italien, den USA und der Bundesrepublik Deutschland, Ffm. *Zachert, H.* 1995: Internationalisierung des Verbrechens, in: *Kaiser, K./Schwarz, H.-P.* (Hrsg.): Die neue Weltpolitik, Bonn, 133–139. *Wessel, J.* 2001: Organisierte Kriminalität, Wsb. *Ziegler, J.* 1998: Die Barbaren kommen: Kapitalismus und organisiertes Verbrechen, Gütersloh.

Harald Barrios

Organisierter Kapitalismus, von *R. Hilferding* bereits 1915 entwickeltes Theorem, das in der Programmdiskussion der → Sozialdemokratie der Weimarer Republik eine Rolle gespielt hat und dessen Grundelemente nach dem II. Weltkrieg von den bundesrepublikanischen → Gewerkschaften wieder aufgegriffen wurden.

Es entwirft eine Wirtschaftsordnung, die dem → Staat, staatl. Interventionen und einer engen Verflechtung zwischen Staat, Wirtschaft und → Gesellschaft einen zentralen Stellenwert einräumt. Bei weitgehender Beibehaltung einer privatkapitalistisch organisierten Industrie weist der o. K. dem Staat die Aufgabe zu, die durch dynamischen, technisch-wiss. Wandel erzeugten ökon. und sozialen Probleme weitgehend vorausplanend zu lösen. Modelltheoretisch wurde dabei v. a. auf die Erfahrungen staatl. Koordination und Steuerung während der Kriegswirtschaft zurückgegriffen. Die verbandsmäßig organisierten → Interessen der Wirtschaft, insbes. die der Arbeitgeber- und Arbeitnehmerverbände, und deren Einbindung in (wirtschafts-)polit. Entscheidungen spielen dabei eine zentrale Rolle.

→ Pluralismus; Kapitalismus; STAMOKAP.

Lit.: *Dobb, M.* 1966: Organisierter Kapitalismus, Ffm. *Hilferding, R.* 1915: Arbeitsgemeinschaft der Klassen?, in: Der Kampf, Wien. *Winkler, H. A.* (Hrsg.) 1974: Organisierter Kapitalismus, Gött.

Klaus Schubert

Orthogonale Rotation → Faktorenanalyse

Ost-West-Konflikt, weltweit geführter ideologischer und machtpolit. Konflikt zwischen der UdSSR und den USA, der mit der Selbstauflösung der Sowjetunion am 21. 12. 1991 zu einem Ende kam. Ausgangspunkt war die Ausbreitung des kommunistischen Herrschaftssystems nach dem II. Weltkrieg in Osteuropa, die zur Blockbildung und Militarisierung der Ost-West-Beziehungen führte.

So trat an die Stelle der von den USA urspr. angestrebten kollektiven Weltführung im Rahmen der Vereinten Nationen die globale, v. a. militärisch betriebene Eindämmung der Sowjetunion. Dazu zählte auch die Deutschlandpolitik der Westmächte, die mit Hilfe des US-«Marshall-Plans» für Westeuropa zum beschleunigten Wiederaufbau in den westl. Besatzungszonen Deutschlands und polit. zur Gründung der BRD führte. Sicherheitspolit. mündete die *Containment*-Politik in die Gründung der → NATO (4.4. 1949) bzw. des Warschauer Paktes (14.5. 1955). Durch konventionelle und atomare Aufrüstung verschärften sich die Spannungen zwischen Ost und West, insbes. im Zuge der Stationierung sowjet. Raketen auf Kuba 1962. Nach der Kuba-Krise kam es zu ersten polit. Annäherungsschritten zwischen den Supermächten, die ab 1969 zu einer Ära der Entspannung führten, für die der 1972 abgeschlossene SALT I-Vertrag über die Begrenzung der nuklearstrategischen Offensivwaffen und der ABM-Vertrag über Raketenabwehrsysteme standen. Ab Mitte der 1970er Jahre folgte eine Krise der Entspannung, die ihren Ursprung erstens in der ungebremsten Aufrüstungspolitik der Sowjetunion, zweitens in deren Machtausdehnung in der → Dritten Welt und drittens in der inneramerikan. Entspannungskritik hatte. Diese Krise mündete Ende der 1970er/Anfang der 80er Jahre in eine neuerliche militärische Konfrontationspolitik, in deren Mittelpunkt die Stationierung amerikan. Mittelstreckenraketen in Europa (NATO-Doppelbeschluß) stand. Im Zuge der Reformpolitik unter *M. Gorbatschow* und aufgrund des Entspannungsdrucks in der amerikan. Gesellschaft kam es dann zum INF- (1987) und START-Abrüstungsvertrag (1991; → Abrüstung). Nach dem gescheiterten Militärputsch in Moskau im August 1991 löste sich die Sowjetunion im Dezember 1991 mit der Gründung der Gemeinschaft Unabhängiger Staaten (GUS) auf (→ Systemwechsel).

Lit.: *Czempiel, E.-O.* 1989: Machtprobe. Die USA und die Sowjetunion in den achtziger Jahren, Mchn. *Efinger, M./List, M.* 1993: Ost-West-Beziehungen, in: *Boeckh, A.* (Hrsg.): Internationale Beziehungen (Lexikon der Politik, Bd. 6), Mchn., 381–396. *Gaddis, J. L.* 1982: Strategies of Containment, NY. *Leffler, M. P.* 1992: A Preponderance of Power. National Security, the Truman Administration, and the Cold War, Stanford. *Link, W.* [2]1988: Der Ost-West-Konflikt, Stg. *Loth, W.* [8]1990: Die Teilung der Welt: Geschichte des Kalten Krieges 1941–1955, Mchn. *Wilzewski, J.* 1999: Triumph der Legislative. Zum Wandel der amerikanischen Sicherheitspolitik 1981–1991, Ffm./NY.

Jürgen Wilzewski

Outcome (engl. für Ergebnis, auch als *policy outcome* verwendet), systemtheoretisch-politikwiss. Fachausdruck, bezeichnet die zurechenbaren Konsequenzen polit. Entscheidungen, wie sie sich z. B. aus der Höhe der polit. festgelegten Lohnnebenkosten auf die Neigung, Arbeitskräfte einzustellen, ergeben.

Der Begriff o. wird insbes. bei der Analyse materieller Politik verwendet und zielt im Unterschied zum Terminus → Output auf die Folgen, und zwar die beabsichtigten wie nicht-intendierten Wirkungen, polit. Entscheidungen, wobei ggf. die Reaktionen der betroffenen Zielgruppe (*target reaction*) bzw. die Folgerungen für zukünftige Problemlösungen (*system reaction*) ebenfalls einbezogen werden.

→ Politikfeldanalyse.

Lit.: → Politikfeldanalyse; Politisches System.

Klaus Schubert

Output (engl. für Ertrag, Ausstoß, auch als *policy output* bezeichnet), systemtheoretisch-politikwiss. Fachausdruck für das unmittelbare Ergebnis eines polit. Entscheidungsprozesses (z. B. ein Regierungsprogramm, ein Gesetz, eine konkrete administrative Maßnahme, eine Personalentscheidung).

Der Begriff ist dem systemtheoretischen Modell der → Input-output-Analyse entlehnt, wird bei der Analyse materieller Politik aber inzwischen umfassender verwendet. O. wird hier als Resultat polit. Austausch- und Verhandlungsprozesse betrachtet, die unter vorgegebenen institutionellen Bedingungen und Regeln stattfinden, von der zu bewältigenden Materie beeinflußt und wesentlich von den → Interessen und → Ressourcen der beteiligten → Akteure gesteuert werden.

→ Outcome; Politikfeldanalyse; Politisches System.

Klaus Schubert

Panaschieren, im Bereich der → Stimmgebungsverfahren die bei freier Liste dem Wähler in Mehrpersonenwahlkreisen eingeräumte Möglichkeit, die Stimmen auf Bewerber zu verteilen, die auf verschiedenen Listen kandidieren.

Dieter Nohlen

Panelanalyse, die Analyse von → Daten, die aus einem genau definierten, gleichbleibenden Kreis von Merkmalsträgern (z. B. Einzelpersonen, Haushalte, Organisationen) in zumeist regelmäßigen Zeitabständen mit denselben Meßinstrumenten hinsichtlich der gleichen Problemstellung erhoben wurden (Panel-Erhebung). Werden diese strengen Anforderungen nicht ganz erfüllt – ändern sich im Zeitverlauf z. B. die untersuchten Einheiten oder Merkmale –, spricht man von einem Quastpanel.

1. Durch P. ist es möglich, Veränderungen der interessierenden Merkmale im Zeitverlauf zu erkennen (Längsschnittanalyse). Stehen im Vordergrund Ereignisse zwischen zwei oder mehreren Erhebungszeitpunkten sowie deren Auswirkungen auf die Teilnehmer des Panel, haben wir es mit einem Einfluß- oder Wirkungs-Panel (*impact panel*) zu tun. Die Trendanalyse wertet ein Panel als Folge von Querschnitten aus. Voraussetzung hierfür ist, daß in die Panelstichprobe regelmäßig Neuzugänge zur Population aufgenommen werden. Rekonstruiert man aus den periodischen Beobachtungen des Panels die Dauer, in der sich eine Beobachtungseinheit in einem bestimmten Zustand befindet, beispielsweise die Dauer von → Arbeitslosigkeit, so analysiert die Ereignisanalyse den Einfluß von Bestimmungsgrößen auf diese Dauer. Nach längerer Laufzeit eröffnen Panelstichproben die Möglichkeit von Kohortenanalysen. Im Ggs. zur Erhebung einzelner Kohorten und ihrer retrospektiven Befragung vermeldet der Panelansatz den Selektionseffekt, der darin besteht, nur diejenigen Mitglieder einer → Kohorte auszuwählen, die den Zeitpunkt der Erhebung erreichen. Weiterhin sind Panel-Erhebungen bei weitem nicht so stark Erinnerungsfehlern ausgesetzt wie retrospektive Erhebungen. Damit Panel- Erhebungen auch Kohorten erfassen, die erst nach Beginn des Panels in die Population eintreten, muß das Erhebungsdesign deren Auswahl während des Panels gewährleisten. Bei demographisch orientierten Panels kann dies über die Kinder von Panelmitgliedern geschehen.

2. P. im engeren Sinne bezeichnen Auswertungen, die die wiederholte Messung von Merkmalen an denselben Einheiten an aufeinanderfolgenden Zeitpunkten explizit berücksichtigen. Bei der linearen → Regressionsanalyse werden zwei Modellvarianten unterschieden: (a) Die Modellparameter unterscheiden sich bezüglich der einzelnen Einheiten. Im einfachsten Fall – hier unterscheiden sich nur die Absolutglieder der Regressionsbeziehung – spricht man von einem *Fixed-Effects*-Modell. (b) Die Modellparameter sind für alle Einheiten gleich, allerdings sind die Störterme einzelner Einheiten über die Zeit korreliert. Im einfachsten Modell setzt sich der Störterm aus einer zeitunabhängigen individuellen Komponente und hiervon unabhängigen zeitveränderlichen Schocks zusammen. Dieses Modell wird als Varianzkomponenten-Modell bzw. *Random-Effects*-Modell bezeichnet. Der erste Ansatz führt auf ein Regressionsmodell in den zeitlichen Differenzen von abhängigen und erklärenden Variablen. Beim zweiten

Ansatz wird ein geeignetes Vielfaches des individuellen zeitlichen Mittelwerts der Beobachtungen von den urspr. Werten subtrahiert. Die transformierten Daten genügen dann einer Regressionsbeziehung mit unkorrelierten Störtermen. Die Transformationskonstante bestimmt sich aus dem Verhältnis von intra- und interpersoneller Varianz der Störterme. Das Programmpaket LIMDEP bietet die Schätzung von *Fixed-* und *Random-Effects*-Modellen an. Durch die oben beschriebenen Transformationen können derartige Modelle auch mit Standard-Routinen der Regressionsanalyse geschätzt werden. Weiterhin unterscheidet man balancierte Panelauswertungen, bei denen nur diejenigen Einheiten in der Analyse berücksichtigt werden, die zu allen Erhebungszeitpunkten Daten liefern, von den unbalancierten Panelauswertungen, bei denen alle – auch die unvollständig beobachteten – Einheiten berücksichtigt werden. Balancierte Panels sind zwar rechentechnisch leichter auszuwerten, bergen aber das hohe Risiko in sich, durch die Beschränkung auf die vollständigen Fälle die Analyseergebnisse zu verfälschen.

3. P. werden v. a. in der kommerziellen Marktforschung, der Meinungsforschung sowie bei Mobilitätsanalysen eingesetzt. Die Zusammenstellung des Teilnehmerkreises kann nach dem Prinzip der Zufallsauswahl geschehen oder auf einer bewußten (von der Fragestellung bestimmten) Auswahl beruhen. P. setzen eine hohe Mitarbeitsbereitschaft der ausgewählten Personen voraus. Spezifische methodische Probleme dieses Ansatzes sind: durch die Panel-Teilnahme erzeugte Verhaltens- oder Meinungsänderungen (Panel-Effekt) sowie Ausfälle von Teilnehmern (z. B. durch Fortfall der Mitwirkungsbereitschaft, Wegzug).

→ Auswahlverfahren; Demoskopie/Umfrageforschung.

Lit.: *Arminger, G./Müller, F.* 1990: Lineare Modelle zur Analyse von Paneldaten, Opl. *Blossfeld, H.-P./Hamerle, A./Mayer, K. U.* 1986: Ereignisanalyse: Statistische Theorie und Anwendung in den Wirtschafts- und Sozialwissenschaften, Ffm., *Blossfeld, H.-P./Rohwer, G.* 1995: Techniques of Event History Modelling, Mawah, New Jersey. *Engel, R.* 1994: Panelanalyse. Grundlagen, Techniken, Beispiele, Bln. *Hamerle, R.* 1995: Panel Analysis for Qualitative Variables, in: *Arminger* u. a. (Hrsg.): Handbook of Statistical Modelling for the Social and Behavioral Sciences, NY, 401–452. *Hansen, J.* 1982: Das Panel. Zur Analyse von Verhaltens- und Einstellungswandel, Opl. *Hsiao, Ch.* 1986: Analysis of Panel Data, Camb. *Kühnel, S.* 1992: Zur Analyse von Paneldaten mit SPSS/PC: Die EGLS-Schätzung des Fehlerkomponentenmodells, in: ZA-Information 30, Köln. LIMDEP 7.0: *www.limdep.com. Nehnevajsa, J.* 1973: Analyse von Panel-Befragungen, in: *König, R.* (Hrsg.): Handbuch der empirischen Sozialforschung, Bd. 2, Stg., 191–227.

Ulrich Rendtel

Paradigma, Begriff aus dem Griech. für [1] im allgemeinsten Sinne: Bsp., Muster, Vorbild, in der Grammatik etwa die (Konjugations- oder Deklinations-) Regeln, die bei normaler Anwendung die Wiederholung und den Austausch mit vergleichbaren Bsp. erlauben; [2] methodisch: Leitfaden, Muster für die Durchführung bzw. → Replikation von empirischen Untersuchungen oder → Experimenten; [3] i. w. S.: generelle → Erklärung, vorherrschende Sichtweise, die Erkenntnis-, Interaktions- und Entscheidungsprozeß strukturieren.

1. Am Bsp. der Naturwiss. entwickelte *T. S. Kuhn* (1962, ²1976) sein P. des Paradigmenwechsels. Es bestimmt seither die Diskussion um den wiss.-geschichtlichen und wiss.-theoretischen Gebrauch von Paradigma. Dabei verwendet *Kuhn* P. in doppeltem Begriffsverständnis: sowohl i. S. von (3) als «das, was den Mitgliedern einer wiss. Gemeinschaft gemeinsam ist», als «ganze Konstellation von Meinungen, Werten, Methoden usw.» (*Kuhn* 1976: 186 f.), als auch i. S. von (1) und (2), als «ein Element in dieser Konstellation, (als) die konkreten Problemlösungen, die, als Vorbilder oder Bsp.e gebraucht, explizite Regeln als Basis für die

Lösung der übrigen Probleme der ‹normalen Wiss.› ersetzen können» (ebd.: 186). Hier meint P. also «allg. anerkannte wiss. Leistungen, die für eine gewisse Zeit einer Gemeinschaft von Fachleuten maßgebende Probleme und Lösungen liefern» (ebd.: 10). P. stellen damit für *Kuhn* generelle Erklärungsmuster oder auch allg. anerkannte Theorien dar, z. B. das *Kopernikanische* Weltbild und *Newtons* Mechanik, *Einsteins* Relativitätstheorie usw., die zugleich als Regulative für die Steuerung künftiger Forschung fungieren. In der Phase normaler Wiss. konzentriert sich Forschung auf die Problemlösung innerhalb des bestimmenden P.; der Wissenschaftsprozeß ist kumulativ; er dient dem Ausbau, der Verfeinerung und der Anwendung der Grundlagen des P., die nicht mehr in Frage gestellt werden. Die normale Wiss. strebt «nicht nach neuen Tatsachen und Theorien und findet auch keine, wenn sie erfolgreich ist» (ebd.: 65). Die Formulierung eines neuen, konkurrierenden P. resultiert vielmehr aus sich häufenden Anomalien, d. h. aus wachsenden Schwierigkeiten der Problemlösung innerhalb des bislang vorherrschenden Paradigmas. Neue Theorien entstehen erst, wenn die normalen Problemlösungen versagen, und sie entstehen außerhalb des alten Paradigmas. Diesen Prozeß der Ablösung des alten durch das neue P. interpretiert *Kuhn* in bewußter Analogie zur polit. als wiss. Revolution. Gemeinsam sind beiden Transformationsprozessen u. a.: (1) Revolutionen werden dadurch hervorgerufen, «daß die existierenden Institutionen aufgehört haben, den Problemen, die eine teilweise von ihnen selbst geschaffene Umwelt stellt, gerecht zu werden». (2) Die Wahl zwischen «konkurrierenden Paradigmata (ist) eine Wahl zwischen unvereinbaren Lebensweisen der Gemeinschaft». (3) Bei der «Wahl eines Paradigmas (gibt es) keine höhere Norm als die Billigung durch die jeweilige Gemeinschaft» (ebd.: 104 ff.). Der (natur-)wiss. Fortschritt vollzieht sich in dieser Sicht also nicht evolutionär, inkrementalistisch und kumulativ durch ein kontinuierliches *trial and error,* sondern revolutionär und paradigmatisch.

2. Inspiriert von *Kuhn* wird P. politikwiss. v. a. im weiteren Begriffsverständnis verwandt: (1) Die großen politikphilosophischen Theorien, etwa eines *Aristoteles*, *Hobbes*, *Locke* oder *Marx*, sind als «*master-paradigms*» interpretiert worden, die in der Folgezeit als Leitfäden für die gesellschaftstheoretischen (Detail-)Erklärungen dien(t)en (*Wolin* 1968). Sie wurden formuliert vor dem Hintergrund tiefgreifender sozialer Umbrüche und sind sämtlich als Krisentheorien wie in durchaus gesellschaftsverändernder Absicht konzipiert. Deren praktisch-polit. Intention führt *S. Wolin* (1968: 149) dazu, über die theoretische Dimension hinaus die «polit. Gesellschaft selbst als ein Paradigma operativer Art» zu begreifen. Hatte *Kuhn* den Paradigmenwandel in der Wiss. mit Hilfe der Analogie polit. Revolution zu erklären versucht, überträgt *Wolin* seinerseits *Kuhns* wissenschaftsbezogene Antworten auf den Prozeß polit. Wandels: Die traditionellen Antworten der Politik auf den soziopolit. Wandel bestehen paradigmenimmanent im Rätsellösen; häufen sich Anomalien, führt dies zu revolutionärer Veränderung.

(2) Die unterschiedlichen Sichtweisen im polit. Denken von Prämoderne, Moderne und Postmoderne sind mit Hilfe des Paradigma-Begriffes bestimmt worden (*von Beyme* 1997), etwa: (a) die Abkehr von der Suche nach der *grand theory* hin zu fragmentiertem Denken und zu «selbstreferentieller Bescheidenheit» von Wiss. und Politik; (b) die Aufgabe imperialistischen disziplinären Anspruchsdenkens zugunsten der Betonung von Interdisziplinarität; (c) die Ausdifferenzierung der Gesellschaftssphären, verbunden mit dem Wandel vom Primat der Politik in der Prämoderne, der Vorherrschaft des Ökonomischen in der Moderne und in der Postmoderne, der Betonung sowohl des Kulturellen als auch der Subsystem-Autonomie der gesellschaftl. Sphären bis zur Autopoiesis in *N. Luhmanns* (1984) Version systemtheoretischen Denkens.

(3) In der Forschungspraxis der Politikwiss. kam es zum Perspektivwechsel bzw. zur Paradigmen-Konkurrenz, u. a.: (a) Gewandt gegen das bis in die 1970er Jahre vorherrschende gesellschaftszentrierte P., propagierte man unter dem Motto «*Bringing the State Back In*» die staatszentrierte Sichtweise des Verhältnisses von → Staat und Gesellschaft,

kam es zur Renaissance des (Neo-)Institutionalismus und betonte man wieder verstärkt die (relative) Autonomie des → Polit.- administrativen Systems. (b) An die Stelle der Planungs-, Steuerungs- und Reformeuphorie trat zusehends die Ernüchterung über die nur begrenzten Einwirkungsmöglichkeiten der Politik, u. a. in der neo-konservativen Version der → Unregierbarkeit *(government overload)* bzw. der Deregulierung/Entstaatlichung bis hin zu systemtheoretisch begründeten Positionen genereller Staatsskepsis und Steuerungsagnostik. (c) Der Fokus der Analysen verlagerte sich von der Mikro-Ebene (etwa des → Behavioralismus) und der Makro-Ebene (etwa der Theorien des polit. Wandels, der Modernisierungs-, der Dependenztheorie) verstärkt auf die Meso-Ebene kollektiver Akteure, u. a. in der Form der → Netzwerkanalyse. (d) An die Stelle der *Input*-Orientierung trat mit der → Politikfeldanalyse die Untersuchung des *policy outcome*. Der Begriff des *policy paradigm* erfaßt dabei das theoretische wie praktisch-polit. Grundverständnis, an dem sich die konkreten Einzelmaßnahmen in einem Politikfeld über einen längeren Zeitraum ausrichten (*Hall* 1993).

3. Mit dem Paradigma-Konzept lassen sich also sowohl der Perspektivenwechsel in der Politik als auch die Theoriendynamik in der Politikwiss. erfassen (*Stammen* 1991). In die Irre geht allerdings, wer sich allzu eng an *Kuhns* für die Naturwiss. formuliertes Konzept des Paradigmenwechsels anlehnt. (1) Zwar bestehen eine Reihe von Analogien: (a) Der Wandel in der Wiss. – und zwar in den Natur- wie in den Gesellschaftswiss. – ist weder voraussetzungslos noch beliebig. (b) Er ist in starkem Maße abhängig von wissenschaftsinternen Faktoren wie vom Außenbezug der Wiss. zur Gesellschaft. (c) Der wiss. «Fortschritt» geht weder inkrementalistisch und kumulativ noch geradlinig vonstatten. (d) Er vollzieht sich vielmehr paradigmatisch und revolutionär. (e) Zudem ergeben sich aufgrund der Theorieabhängigkeit der Datenbeschreibung und der Paradigmaabhängigkeit der Theorie(n) auch in den Naturwiss. Verstehensprobleme (vgl. *Habermas* ³1999, Bd. 1: 160ff.). (2) Doch resultiert hieraus nur eine Teil-Übereinstimmung mit den erkenntnistheoretischen Problemen der Gesellschaftswissenschaften. (a) Dort ist nicht nur die Datenbeschreibung theorie- und paradigmageleitet, sondern bei der Datengewinnung muß zusätzlich berücksichtigt werden, daß die Handlungen des «Untersuchungsobjektes» selbst schon sinnhaft strukturiert sind. Im Unterschied zu den Naturwiss. konstituiert dies in den Sozialwiss. die Notwendigkeit eines doppelten hermeneutischen Prozesses (*Giddens* 1984: 179; *Habermas*, ebd.), bei dem wiss. Rationalität und Alltagsrationalität kompatibel gemacht werden müssen. (b) Nicht der normalwiss. Konsens der Forschergemeinschaft in ein P., sondern die Pluralität der P., die Vielfalt im theoretischen und methodischen Zugriff sind das Kennzeichen, die Konkurrenz der gesellschaftstheoretischen Entwürfe das belebende Element der Gesellschaftswissenschaften. Dies schließt (c) die Ablösung bzw. die Verdrängung der P. aus.

(3) Für die Politikwiss. eignet sich das Paradigma-Konzept also weniger, um die Abfolge von Phasen normaler Wiss. – konkurrierenden P. – wiss. Revolution – normaler Wiss. zu erfassen, sondern vielmehr wegen der Vielfalt politiktheoretischer Entwürfe, um die bes. «Gleichzeitigkeit ungleichzeitiger Perspektiven» *(Naschold)* aufzuzeigen, die das Wesen der Gesellschaftswiss. ausmacht. Mit dem Paradigma-Konzept gelingt es sodann v. a., den engen Bezug politikwiss. Theorien zu ihrem jeweiligen gesellschaftsgeschichtl. Kontext sichtbar zu machen. Denn erst die Interpretation von Politiktheorien als P. schärft den Blick dafür, daß sich «in ihnen ... das Welt- und Selbstverständnis von Kollektiven» reflektiert, daß «sie ... mittelbar der Interpretation von gesellschaftl. Interessenlagen, Aspirations- und Erwartungshorizonten» dienen (*Habermas* ³1999, Bd. 1: 201).

→ Erkenntnisinteresse; Objektivität; Parteilichkeit; Politische Theorie; Sozialwissenschaften; Staatszentrierte Ansätze; Theorie.

Lit.: *Bernstein, R.* 1979: Restrukturierung der Gesellschaftstheorie, Ffm. (engl. 1976). *Beyme, K. von* ³1997: Theorie der Politik im 20. Jahrhundert, Ffm. *Eckberg, D, L./Hill, L.* 1979: The Paradigm Concept and Sociology, in: ASR 44, 925–937. *Falter, J. W.*

1982: Der «Positivismusstreit» in der amerikanischen Politikwiss., Opl. *Feyerabend, P.* 1976: Wider den Methodenzwang, Ffm. (engl. 1975). *Giddens, A.* 1984: Interpretative Soziologie, Ffm. (engl. 1976). *Habermas, J.* [3]1999: Theorie des kommunikativen Handelns, 2 Bde., Ffm., Bd. 1, 152–203. *Hall, P. A.* 1993: Policy Paradigms, Social Learning and the State, in: CP 25, 275–296. *Janos, A. C.* 1986: Politics and Paradigms. Stanford. *Kuhn, T. S.* [2]1976: Die Struktur wiss. Revolutionen, Ffm. (engl. 1962, [2]1970). *Luhmann, N.* 1984: Soziale Systeme, Ffm. *Spinner, H.* 1974: Pluralismus als Erkenntnismodell, Ffm. *Stammen, T.* u. a. 1991: Grundlagen der Politik, in: Grundwissen Politik, Bonn, 15–47. *Wolin, S. S.* 1968: Paradigms and Political Theories, in: *King, P./Parekh, B. C.* (Hrsg.): Politics and Experience, Camb., 125–152.

Rainer-Olaf Schultze

Parastaatlich, priv. oder öff.-rechtliche Organisationen und Einrichtungen, die ähnlich, neben oder anstelle staatl. Einrichtungen öff. Aufgaben erfüllen.

Für die Auslagerung öff. Aktivitäten aus dem staatl. Bereich sind z. T. ordnungspolit. Gründe maßgeblich (z. B. im Rahmen von Privatisierungsstrategien), werden z. T. finanzpolit. Gründe angeführt (z. B. Kostenreduktion bei der Aufgabenerfüllung), sind sachliche Gründe ausschlaggebend (z. B. detailliertere Problem- und Aufgabenkenntnis). Die Tätigkeiten p. Organisationen (Verbände, Kammern, Selbsthilfeorganisationen) reichen daher weit über die Formulierung und Durchsetzung klientel- und interessengeleiteter Forderungen hinaus und beziehen sich – insofern: staatsähnlich – auch auf konkrete Aufgabenerfüllung.

→ Dritter Sektor; Staat.

Klaus Schubert

Pareto-Optimum, von *V. Pareto* entwickeltes Wohlfahrtskriterium. Es besagt, daß ein gesellschaftl. Zustand A einem Zustand B dann vorzuziehen ist, wenn mindestens ein Individuum A gegenüber B vorzieht und alle anderen indifferent sind. Ein P.-O. ist dann ein gesellschaftl. Zustand, bei dem kein einzelner bessergestellt werden kann, ohne daß zugleich ein anderer schlechtergestellt wird.

Das P.-O. ist nicht eindeutig: Ausgehend vom *Status quo* (den gegebenen Besitzständen) gibt es theoretisch unendlich viele P.-O., die sich bezüglich der Verteilung und dem erreichten Nutzenniveau unterscheiden. Die ökon. Theorie hat gezeigt, daß ein vollständiges Konkurrenzgleichgewicht ein P.-O. verwirklicht. Die Theorie des P. wurde inzwischen durch Einbeziehen von → Externalitäten, → Öffentlichen Gütern und Dynamisierung verfeinert.

→ Ökonomische Theorien der Politik.

Lit.: *Feldman, A. M.* 1986: Welfare Economics and Social Choice Theory, Boston u. a. *Sumner, L. W.* 1999: Welfare, Happiness, and Ethics, Ox.

Katharina Holzinger

Parlament, seit dem Spätmittelalter Gremien der Steuerbewilligung und, bes. in GB, des Petitionswesens gegenüber dem König; in den zentralstaatl. absolutistischen Monarchien Kontinentaleuropas Reduzierung des P. auf gerichtsförmige Aufgaben; im Heiligen Römischen Reich Deutscher Nation Vertretung der Fürsten und Stände gegenüber dem Kaiser. Mit der Herausbildung des Legitimationskonzeptes der → Volkssouveränität in der Französischen Revolution und der Ausweitung des → Wahlrechts im 19. und 20. Jh. Entwicklung des P. zur repräsentativ-demokratischen Volksvertretung, in der Einzel- und Gruppeninteressen aufgenommen und zu gemeinwohlorientierten, allgemeinverbindlichen Entscheidungen verarbeitet werden.

Im einzelnen erfüllt dazu jedes demokratische P. grundsätzlich folgende Funktionen (in unterschiedlichen Varianten, je nach Regierungssystem, Parlamentstyp, Gegenstand und Politikstil): Wahl und Rekrutierung von Führungspersonal in → Legislative, → Exekutive und → Judikative; → Gesetzgebung und Kontrolle, insbes. von Regierung und → Bürokratie. Diese *Output*seite von P., nämlich hoheitlichen Entscheidungen Geltung und Folgebereitschaft zu verschaffen, wird auf der *Input*seite ergänzt durch die Artikulation von → Interessen sowie die Herstellung von → Öffentlichkeit. Insges. kann die Aufgabe des P. als Legitimation durch → Repräsentation beschrieben werden. Dabei erfordern inzwischen sowohl die erhöhten Ansprüche an Transparenz als auch das gestiegene Bedürfnis nach → Partizipation wie die zunehmende Diversifizierung der Interessen in der (post-)modernen Gesellschaft die ständige Kommunikation zwischen Bürgern und Parlament. Gleichzeitig bedingen Sachkomplexität und Problemdruck hohe Entscheidungseffizienz. Entspr. haben sich die Binnenstrukturen des P. (Fraktionen, Ausschüsse etc.) und seine Außenbeziehungen (zu Wählern, Parteien, Medien etc.) verändert, insbes. durch Professionalisierung, die als (automatische oder erzwungene) Anpassung bzw. als intendierte planvolle Reformmaßnahme erfolgte. Ob durch solche Lernprozesse aktuelle Akzeptanzprobleme, die im übrigen das P. durch seine gesamte Geschichte begleitet haben, verringert werden können, hängt wesentlich davon ab, inwieweit es gelingt, die von der Politikwiss. diagnostizierten, ebenfalls langlebigen Mißverständnisse in der öff. Perzeption des P. und seinen Funktionen zu beheben.

→ Parlamentarismus; Präsidentialismus.

Lit.: *Bellers, J./Westphalen, R. Graf von* (Hrsg.) [2]1996: Parlamentslehre, Mchn. *Beyme, K. von* 1999: Die parlamentarische Demokratie, Opl./Wsb. *Hofmann, W./Riescher, G.* 1999: Einführung in die Parlamentarismustheorie, Darmst. *Ismayr, W.* 1999: Der deutsche Bundestag, Opl. *Kluxen, K.* 1990: Geschichte und Problematik des Parlamentarismus, Ffm. *Schneider, H.-P./Zeh, W.* (Hrsg.) 1989: Parlamentsrecht und Parlamentspraxis in der Bundesrepublik Deutschland, Bln.

Suzanne S. Schüttemeyer

Parlamentarische Demokratie → Parlamentarisches Regierungssystem

Parlamentarische Monarchie, Staatsform, in der der überwiegend nur noch repräsentative Funktionen erfüllende Monarch durch einen Premierminister und sein Kabinett zur doppelten → Exekutive ergänzt wird, wobei letztere als faktisch handelnde Regierungsgewalt dem → Parlament gegenüber verantwortlich sind.

Die p. M. ist insofern auch → Konstitutionelle M., als sie in der Verfassung verankert ist. Sie unterscheidet sich aber hinsichtlich der Abberufbarkeit der Regierung durch das Parlament von der konstitutionellen M., die in ihrer grundlegenden historischen Ausprägung ein monarchischer Verfassungsstaat mit präsidentiellem Regierungssystem war, der handelnde (Premier-)Minister also nur dem Monarchen verantwortlich war.

→ Monarchie; Parlamentarisches Regierungssystem; Präsidentialismus/Präsidentielles Regierungssystem; Staatsformen.

Suzanne S. Schüttemeyer

Parlamentarisches Regierungssystem, neben dem Präsidentiellen Regierungssystem (→ Präsidentialismus) die zweite Grundform des → Parlamentarismus in westl. → Demokratien, die sich in erster Linie durch die Ausgestaltung der Beziehungen zwischen Parlament, Regierung und Staatsoberhaupt voneinander unterscheiden.

Nach *E. Fraenkel* kennzeichnen folgende, in Anlehnung an die brit. Entwicklung empirisch-historisch herausgearbeitete Unterschiede das P. R.: (1) Die Zugehörigkeit der Regierung zum Parlament ist rechtlich zulässig und polit. notwendig. (2) Es besteht eine Rücktrittsverpflichtung der Regierung im Falle eines Mißtrauensvotums. (3) Die Regierung hat das Recht zur Parlamentsauflösung. (4) Die Regierungspartei steht unter strikter Kontrolle des Regierungschefs. (5)

Die Fraktionsdisziplin ist unerläßlich. Gemäß *W. Steffanis* systematisch-funktionaler Weiterentwicklung der Typologie gilt als primäres Unterscheidungskriterium die Abberufbarkeit der Regierung durch das Parlament, die im P. R., nicht jedoch im Präsidentiellen Regierungssystem gegeben ist. Als sekundäres Merkmal weist das P. R. eine doppelte → Exekutive auf, d. h. zum → Staatsoberhaupt tritt ein Regierungschef (mit Kabinett). Darunter werden zwei Strukturtypen unterschieden: (1) die monarchische Form, bei der dem König eine Regierung mit Premierdominanz gegenübersteht (z. B. GB); (2) die republikanische Form mit Exekutivkooperation (z. B. Österreich), Kanzlerdominanz (z. B. BRD), Präsidialdominanz (z. B. V. Französische Republik) oder Versammlungsdominanz. Werden mehrere gleichrangige Unterscheidungskriterien gewählt, so entstehen Mischtypen, und nur eine bestimmte Merkmalskombination gilt als «reines» P. R., nämlich überwiegend (s. etwa bei *Lijphart*) die vom Parlamentsvertrauen abhängige, kollegiale Exekutive, die von der → Legislative (aus)gewählt wird (mit der Folge, daß z. B. die V. Französische Republik nur in den Phasen der *co-habitation* als P. R. klassifiziert wird).

→ Gewaltenteilung; Vetragstheorien.
Lit.: → Parlamentarismus; Präsidentialismus/Präsidentielles Regierungssystem.

Suzanne S. Schüttemeyer

Parlamentarisierung, verfassungsgeschichtl. der Vorgang, in welchem in den bis dato konstitutionellen Monarchien der Krone die Macht entgleitet, die ihr allein-verantwortliche Regierung zu ernennen, diese vielmehr vom Vertrauen des Parlaments abhängig wird.

Dieser grundlegende verfassungspolit. Wandel ist identisch mit der Geburtsstunde → Parlamentarischer Regierungssysteme. Das Parlament nimmt seither im Prinzip die führende Rolle im polit. Willensbildungs- und Entscheidungsprozeß ein. Aus ihm geht die Regierung hervor; ihm ist die Regierung verantwortlich.

Die P. hat sich in Europa über einen Zeitraum von fast 100 Jahren erstreckt, beginnend mit GB 1832/34 und endend mit D 1917 und Spanien 1931. Im Zusammenhang mit dem zweiten grundlegenden Wandel, der → Demokratisierung des → Wahlrechts, ergaben sich nach Ländern Sequenzverschiebungen, die zur → Erklärung der unterschiedlichen Entwicklung der → Demokratie fruchtbar gemacht worden sind.

Lit.: *Bermbach, U.* 1967: Vorformen parlamentarischer Kabinettsbildung in Deutschland, K./Opl. *Beyme, K. von* [2]1973: Die parlamentarischen Regierungssysteme in Europa, Mchn. *Rokkan, S.* 1970: Citizens, Elections, Parties, Oslo. → Parlamentarismus.

Dieter Nohlen

Parlamentarismus, eine der Grundformen → Repräsentativer Demokratie, die sich durch die Zuordnung der Institutionen Parlament, Regierung und Staatsoberhaupt (Monarch oder Präsident) unterscheiden. Im P. ist es das Parlament, das – heute in allgemeinen → Wahlen gewählt – die → Regierung bestellt, kontrolliert und die → Gesetzgebung ausübt.

Dieses engere Verständnis von P. setzt über die bloße Existenz eines Parlaments auch seine gestaltende Kompetenz voraus. Auch in nicht parlamentarisierten Monarchien oder in → Autoritären Regimen kann es Parlamente i. w. S. geben. Spielen solche Volksvertretungen aber politisch keine zentrale Rolle, kann höchstens von einem «autoritären» oder gar «totalitären» P. gesprochen werden. Das enge Verständnis von P. grenzt sich auch gegenüber dem → Präsidentialismus ab. Es ist identisch mit dem des → Parlamentarischen (Regierungs-)Systems, in welchem die Regierung aus dem Parlament hervorgeht, in ihrer Amtsführung und der Amtsdauer vom Vertrauen des Parlaments bzw. einer Parlamentsmehrheit abhängig ist und dergestalt die klassische → Gewaltenteilung, nicht aber – wie *Montesquieu* unterstellte – die → Freiheit aufgehoben ist.

Die weit überwiegende Zahl der westl. → Industriegesellschaften wird parlamentarisch regiert. Die USA (präsidentiell), Frankreich (semipräsidentiell), die Schweiz (kollegial) sind die vielzitierten Ausnahmen. In den Entwicklungsländern halten sich freilich P. und Präsidentialismus die Waage. In den Demokratien des ehem. brit. Kolonialreiches überwiegen parlamentarische Systeme, in Lateinamerika dominieren Präsidialsysteme. In den postkommunistischen Staaten Mittel- und Osteuropas haben sich teilweise parlamentarische, teilweise semipräsidentielle Regime gebildet.

1. Die historische Herausbildung des P. wird in besonderem Maße von Sprüngen, Widersprüchen und ungewollten Folgen polit. Entscheidungen gekennzeichnet. Sie erfolgte in manchen Ländern Schritt für Schritt seit Mitte des 19. Jh. bis zum Ende des I. Weltkrieges, so in GB, in den «weißen» überseeischen *Commonwealth*-Staaten oder in Skandinavien und den Niederlanden; in anderen abrupt nach revolutionären Erhebungen oder Regimewechseln, bes. in Frankreich (1793, 1830, 1848, 1875) oder in D (1848, 1918, 1945), in Spanien und Portugal in den 1970er Jahren und jüngst in den osteurop. Staaten. Die Parlamentarisierungen des 19. und beginnenden 20. Jh. haben gemeinsame Ursprünge in der sozialen und ökonom. → Emanzipation des Bürgertums, die zur polit. Emanzipation von feudalen und spätabsolutistischen Zwängen drängte.

(1) In England wird die Zeit von der Glorreichen Revolution (1688) bis zur bürgerlichen Wahlreform von 1832 als die goldene Zeit des brit. P. gefeiert. Mitnichten kann für diese Zeit aber von einer Vorherrschaft des Parlaments gesprochen werden. Erst zu Beginn des 19. Jh. löste sich das Kabinett mehr und mehr vom unmittelbaren Einfluß des Königs und wurde abhängig vom Vertrauen des Unterhauses. Noch weniger kann nach der Wahlreform von 1832 bereits von einer demokratisch gewählten Volksvertretung die Rede sein. Aber unter diesen Bedingungen gelang die → Parlamentarisierung des Regierungssystems. «Das Unterhaus war kein Abbild des Volkes als Summe aller Schichten, sondern Repräsentant der bestimmenden und gesellschaftl. Kräfte. Das war die soziologische Voraussetzung für die parlamentarische Souveränität, der gegenüber die Regierung lediglich als erstes Komitee des Hauses erschien» (*Kluxen* 1967: 114 f.). In GB erfolgte die Demokratisierung des → Wahlrechts zeitlich lange nach der Parlamentarisierung der Verantwortlichkeit der Regierung, die sich schließlich bis zum *prime ministerial government* wieder zu einem guten Teil von der Prädominanz des Parlaments bis zum heutigen Tag emanzipieren konnte.

(2) Frankreich verkörpert in mancher Hinsicht den idealtypischen Gegenpol zur brit. Entwicklung. Zum einen verlief der Prozeß sprunghaft, zum anderen ging die Demokratisierung des Wahlrechts der Parlamentarisierung voraus. Schon die revolutionäre Konventsverfassung von 1793 sollte eine Versammlungsregierung konstituieren, statt sich auf Gesetzgebung, Regierungskontrolle und Budgetrecht zu beschränken, wie die klassische Gewaltenteilungslehre von *Montesquieu,* die sich am (mißverstandenen) brit. Vorbild orientierte, vorsah. 1830, 1848 und schließlich mit der Verfassung der III. Republik von 1875 mußte das Bürgertum immer wieder neu die Rechte des Parlaments erkämpfen.

(3) Der politische P. des 19. Jh. fußte überall in Europa auf den wirtschaftl. und polit. Interessen des Bürgertums. Liberaler P. war deshalb ohne weiteres mit strikten Wahlrechtsbeschränkungen auf die besitzenden Klassen vereinbar, gemäß der Umkehrung der klassischen Formel zur Durchsetzung des P. – «*no taxation without representation*» – in das Prinzip «*no representation without taxation*». Die Herausforderung durch die unterprivilegierten Klassen der Arbeiter oder auch der Dienstboten und natürlich der Frauen wurde ganz unterschiedlich beantwortet. Taktischen Wahlrechtserweiterungen der bürgerlichen → Parteien zur schrittweisen Integration der Arbeiterschaft, wie in England,

standen harte Repressionsmaßnahmen (Sozialistengesetze) mit sozialpolit. Abfederung unter *Bismarck* in Deutschland gegenüber. Obwohl die europ. → Arbeiterbewegung im bürgerlichen P. einen Hauptfeind identifizierte, wurde die Demokratisierung des Wahlrechts schließlich zu einem Instrument der polit. Integration weiter Teile der sozialistischen Massenparteien. Diese Entwicklung führte in der Arbeiterbewegung zu einer Abspaltung eines radikalen, kommunistischen Flügels, der an der prinzipiellen Ablehnung einer parlamentarisch errungenen Herrschaft festhielt. Erst in den letzten Jahrzehnten ist dieser Ggs. zunächst in westeurop. → Kommunistischen Parteien abgeschwächt und aufgehoben worden. Seit Ende der 1980er Jahre sind die mittel- und osteurop. Staaten dieser Entwicklung gefolgt.

2. Zur Abgrenzung des parlamentarischen von anderen Regierungssystemen, die ebenfalls eine Volksvertretung, d. h. ein Parlament im weitesten Sinne des Wortes, kennen, können folgende institutionelle und polit. Merkmale gelten (vgl. *von Beyme* 1999: 42 ff.): Institutionelle Kriterien: (1) Enge Verbindung zwischen Legislative und Exekutive als Kompatibilität von Abgeordnetenparlament und Ministerposten. (2) Premierminister und Minister stammen i. d. R. aus dem Parlament. (3) Die Regierung hat die Pflicht zu demissionieren, wenn die Parlamentsmehrheit ihr das Vertrauen entzieht. (4) Das Parlament hat das Recht, die Regierung durch Interpellation zu kontrollieren. (5) Nicht immer hat das Parlament auch das Recht, die Regierung durch eine förmliche Vertrauensabstimmung zu investieren. (6) Auch das Recht der Regierung, das Staatsoberhaupt um eine Parlamenstauflösung zu bitten, ist ein umstrittenes Wesensmerkmal parlamentarischer Regierung.

Sozialkulturelle Kriterien: (7) Die Existenz organisierter Parteien als Klammer zwischen Parlament und Regierung. (8) Ein hoher Grad von Homogenität und solidarischem Verhalten im Kabinett. (9) Die herausgehobene Stellung des Premierministers, der die «Richtlinien der Politik» formuliert. (10) Die Existenz einer loyalen Opposition. (11) Die Existenz einer dem P. günstigen → Politischen Kultur.

3. Die Unterschiede zwischen den parlamentarischen Demokratien der BRD oder Großbritanniens, Kanadas oder Österreichs, Schwedens oder Italiens bleiben beträchtlich. Die polit. Kultur dieser Länder, der durch historische → Politische Sozialisation gewonnene Arbeitsstil der Institutionen und die demokratischen Überzeugungen und Haltungen in der Bev. sind für die polit. Wirklichkeit prägender als einzelne institutionelle Kriterien.

(1) Neben der eigentlichen verfassungsrechtl. Ausgestaltung des parlamentarischen Prozesses bestimmen weitere institutionelle Merkmale die jeweilige Stellung und Bedeutung der Volksvertretung. Zweikammersysteme, in denen ein ernanntes Oberhaus, wie noch immer in GB, neben das demokratisch gewählte Parlament tritt, haben als Relikt des Ständestaates bisweilen überlebt. Versuche, neben der polit.-egalitären Repräsentation im Parlament mit allg. Wahlrecht mittels funktionaler Repräsentation aus Berufs- und Interessengruppen einen Senat, wie früher in Bayern, zu etablieren, haben mehr symbolische Funktion und scheitern ebenso wie Versuche, Wirtschafts- und Sozialräte neben dem Parlament einzurichten, oft schon am kaum lösbaren Dilemma, über einen «gerechten» Schlüssel die Interessen der Gesellschaft abzubilden. Die zweite Kammer bleibt deshalb heute meistens in föderalen Systemen den regionalen Vertretungen vorbehalten, häufig mit minderen Rechten ausgestattet (→ Föderalismus). Deshalb ist der Bundesrat des Grundgesetzes, weil er nicht durch Volkswahl eingesetzt, sondern nur durch Beauftragte der Landesregierungen besetzt und mit minderen Rechten als der Bundestag ausgestattet ist, nicht als eine echte zweite Kammer anzusehen.

(2) Erst recht prägt die innere Ausstattung des parlamentarischen Verhandlungsprozesses den polit. Stil eines Systems. Das wichtigste Element der internen Parlamentsstruktur ist die Geschäftsordnung. Sie regelt entscheidende Details der Rolle des einzelnen Abgeordneten, die Organisation der Ausschüsse und die Rolle der Fraktionen. Die Geschäftsordnung bietet oft für den Charakter der parlamentarischen Arbeit mehr Aufschluß als die Verfassung selbst. Die Macht-

verteilung zwischen Plenum, Ausschuß und Fraktion kann sehr unterschiedlich gewichtet sein. Das brit. Unterhaus stellt die Plenumsdebatte in den Vordergrund, den Schlagabtausch der kompetitiven Konstellation von Regierung und Opposition, von den Fraktionsgeschäftsführern, den *whips*, recht streng moderiert. Jede Vorlage wird hier von *Ad-hoc*-Ausschüssen behandelt, die lediglich nach den Anfangsbuchstaben des Alphabets benannt sind. Erst in jüngerer Zeit gibt es einige ständige Ausschüsse. Diese polit. Arbeitsteilung ist als «Redeparlament» apostrophiert worden, dem als Idealtypus das «Arbeitsparlament» mit hochspezialisiertem Ausschußsystem und voll ausgebautem wissenschaftl. Hilfsapparat als Gegengewicht zur → Bürokratie der Exekutive gegenübersteht – Beispiel US-amerikan. Kongreß. Der dt. Bundestag nimmt zwischen diesen Extremen eine Mittelstellung ein.

4. Die bundesrepublikanische Variante des P. ist durch teilweise kurzsichtige Verarbeitung des Scheiterns der Weimarer Republik geprägt. Die Mitglieder des Parlamentarischen Rates waren davon überzeugt, daß die Machtergreifung durch den → Nationalsozialismus wesentlich durch Mängel der Weimarer Reichsverfassung – Notverordnungsrecht, Präsidentenvorrechte bei Regierungsbildung und Parlamentsauflösung, Parteienzersplitterung durch Verhältniswahl, Volksentscheid – mitverursacht worden sei. In großen Teilen wurde deshalb das Grundgesetz als eine Gegenverfassung zu Weimar konstruiert: Schwächung der Stellung des Bundespräsidenten; Stärkung des Kanzlers durch Richtlinienkompetenz und → Konstruktives Mißtrauensvotum, das die Abwahl des Kanzlers nur bei gleichzeitiger Neuwahl eines Nachfolgers erlaubt; Stärkung der Verbindlichkeit der → Grundrechte; Garantie eines unveränderlichen Kernbestandes der Verfassung (→ Verfassungsgerichtsbarkeit), der von keiner Mehrheit suspendiert werden kann; positive Würdigung der Rolle der Parteien bei der polit. Willensbildung; Schwächung aller plebiszitären Möglichkeiten auf Bundesebene zugunsten der repräsentativen Elemente. Der Parlamentarische Rat hat die institutionellen Schwächen der Weimarer Republik allerdings bei weitem gegenüber den ökon. Kräften und der obrigkeitsstaatl. geprägten polit. Kultur überbewertet.

Eine neue institutionalistische Überinterpretation geschah in den ersten Jahrzehnten der BRD, als aufgrund des autoritären Regierungsstils *Adenauers* gemeint wurde, daß es sich beim bundesrepublikanischen parlamentarischen System um ein «demo-autoritäres» System handele und man sich Stabilität um den Preis polit. Stagnation ohne die Möglichkeit des Alternierens in der Regierungsausübung eingehandelt habe. Seit ab 1966 vier unterschiedliche Machtkonstellationen – 1966 Große Koalition CDU/CSU-SPD, 1969 Sozialliberale Koalition SPD-FDP, 1982 Konservativ-liberale Koalition CDU/CSU-FDP und 1998 Rot-Grün aus SPD und Grünen – den «CDU-Staat» der 1950er Jahre abgelöst haben, seit Studentenbewegung, → Bürgerinitiativen, → Soziale Bewegungen und neue Parlamentsparteien wie die Grünen (→ Grüne Parteien) und die PDS für einigen polit. Wandel gesorgt haben, hat sich gezeigt, daß auch das parlamentarische System des Grundgesetzes dem polit. Wechsel offensteht und über einige Anpassungsfähigkeit verfügt. Trotz der vielfachen institutionellen Veränderungen des Grundgesetzes seit 1949 – Wehrverfassung, Notstandsgesetzgebung, Kompetenzerweiterung des Bundes in Finanzplanung, Bildungsplanung usw. –, die durchweg den Zentralismus stärkten und die Bürgerrechte begrenzten, geriet der Kernbestand eines im internat. Vergleich akzeptablen und recht flexiblen demokratisch verfaßten polit. Systems nicht in Gefahr. Sogar der epochale Einschnitt der → Deutschen Einheit 1990 brachte keine grundlegende Revision des parlamentarischen Systems. Obwohl in der Öff. kurzfristig eine alternative neue Verfassung diskutiert wurde, blieb die Verfassungskommission sogar hinter Reformvorschlägen einer Enquête-Kommission aus den 1970er Jahren zurück.

Dieses Urteil über die Stabilität des dt. P. soll nicht zur Selbstzufriedenheit aufrufen, sondern eher institutionellen Optimismus in der progressiven und in der konservativen Variante relativieren. Die radikale Kritik am P.

als bürgerlicher Klassenherrschaft wird heute wohl nur noch vom radikalen Flügel der PDS vertreten. Bei rechtsextremen Gruppierungen existiert ein diffuser Systemprotest. Im übrigen trifft aber eine breite Politikverdrossenheit in der Bev. nicht nur die Parteien (→ Parteienverdrossenheit), sondern auch die Parlamente. Die Herausforderungen an das parlamentarische System verlangen nach mehr Transparenz des parlamentarischen Prozesses, Ergänzungen des P. durch Formen → Direkter Demokratie und Volksentscheide sowie auch eine klarere parlamentarische Verantwortlichkeit der Politik auf europ. Ebene. Der frühere vermeintliche Ggs. zwischen repräsentativer und plebiszitärer Demokratie scheint aufgehoben. Volksentscheide können erstarrte Formen parlamentarischer Demokratie durchaus auflockern. Parlamentsreform ist eine Daueraufgabe (vgl. *Marschall* 1999).

5. Die insgesamt erfolgreichen Demokratiegründungen in Europa auf der Grundlage parlamentarischer Systeme haben im Systemvergleich von P. und Präsidentialismus zur Politikempfehlung geführt, auch in traditionell präsidial regierten Ländern wie in Lateinamerika zwecks Konsolidierung der Demokratie die Verfassung i. S. parlamentarischer Systeme zu reformieren (*Linz/Valenzuela* 1994). Dabei ist es erneut zu Überbewertungen der Institutionen entspr. dem älteren institutionellen Ansatz gekommen (*Nohlen/Fernández* 1998). Eher freilich als Lateinamerika, wo in Brasilien die Hoffnungen auf einen Übergang vom Präsidentialismus zum P. im Referendum vom April 1993 enttäuscht wurden, ist Mittel- und Osteuropa ein neues Experimentierfeld des P. geworden.

→ Konkordanzdemokratie; Konkurrenzdemokratie; Korporatismus.

Lit.: *Alemann, U. v.* 1973: Parteiensysteme im Parlamentarismus, Düss. *Bellers, J./Westphalen, R. v. Graf* (Hrsg.) [2]1996: Parlamentslehre, Mchn./Wien. *Beyme, K. von* 1999: Die parlamentarische Demokratie, Opl./Wsb. *Enquête-Kommission Verfassungsreform des Deutschen Bundestages* 1976, Bonn. *Hofmann, W./Riescher, G.* 1999: Einführung in die Parlamentarismustheorie, Darmst. *Ismayr, W.* 1999: Der Deutsche Bundestag, Opl. *Kluxen, K.* (Hrsg.) 1967: Parlamentarismus, Köln. *Liebert, U./Cotta, M.* (Hrsg.) 1990: Parliament and Democratic Consolidation in Southern Europe, L./NY. *Linz, J. J./Valenzuela, A.* (Hrsg.) 1994: The Failure of Presidential Democracy, Baltimore/L. *Loewenberg, G.* 1969: Parlamentarismus im politischen System der Bundesrepublik Deutschland, Tüb. *Marschall, S.* 1999: Parlamentsreform, Opl. *Nohlen D./Fernández, M.* (Hrsg.) 1998: El presidencialismo renovado, Caracas. *Schindler, P.* 1999: Datenhandbuch zur Geschichte des Deutschen Bundestages 1949 bis 1999, Bonn. *Schneider, H. P./Zeh, W.* (Hrsg.) 1989: Parlamentsrecht und Parlamentspraxis in der Bundesrepublik Deutschland, Bln./NY. *Steffani, W./Thaysen, U.* (Hrsg.) 1995: Demokratie in Europa: Zur Rolle der Parlamente, Opl.

Ulrich von Alemann

Parochial culture (von engl. *parish* = Kirchspiel), abgeleiteter Untertyp einer → Politischen Kultur, in der Orientierungen auf die unmittelbare eigene Umwelt («Kirchturmspolitik») vorherrschen.

Lit.: → Civic culture.

Dirk Berg-Schlosser

Partei (von lat. *pars* = Teil, Abteilung), im allgemeinsten Begriffsverständnis eine Gruppe gleichgesinnter Bürger, die sich die Durchsetzung gemeinsamer polit. Vorstellungen zum Ziel gesetzt haben.

1. Diese Minimaldefinition beruht auf zwei eng miteinander verknüpften Prämissen: Sie unterstellt als Voraussetzung für die Formierung und Existenz von P., daß in einer (gruppenmäßig) differenzierten → Gesellschaft Interessenverhältnisse vorhanden sind, und sieht die P. definiert durch die Dialektik von Teil und Ganzem. P. repräsentieren Teilinteressen und streben doch nach Totalität, indem sie ihr Partikularinteresse als allgemei-

nes durchzusetzen versuchen. P. sind einerseits um so schlagkräftiger, je homogener sie sind und um so authentischer sie ihr Partikularinteresse vertreten können; zur Verwirklichung ihrer Ziele bedürfen sie andererseits einer möglichst breiten Unterstützung (in Wettbewerbsdemokratien der parlamentarischen Mehrheit), was zu Kompromissen und zur Verwässerung ihrer Ziele zwingt sowie geringere Kohäsion und verminderte Schlagkraft zur Folge hat.

Während im → Marxismus sich die Interessenverhältnisse immer als Klassenverhältnisse darstellen und P. dementsprechend definiert wird als «politische Organisation, in der sich Gruppen von Menschen zusammenschließen, um die Interessen einer Klasse oder Klassenfraktion polit.-ideologisch zum Ausdruck zu bringen und durch den Kampf um die Teilnahme an der Staatsmacht gegenüber anderen Klassen und Klassenfraktionen in der Gesellschaft durchzusetzen» (*Klaus/Buhr* 1975: 911), bilden im liberalen Gesellschaftsverständnis neben dem Klassengegensatz von Kapital und Arbeit weitere Interessenkonflikte die Grundlage der Parteiformierung: nat./territoriale, kulturelle (sprachlich, konfessionell), ethnische, polit. → *Cleavages*. P. können vornehmlich *ein* Konfliktinteresse repräsentieren, aber auch verschiedene innerparteilich zu akkommodieren versuchen.

2. Zur Erklärung der Entstehung von modernen P. kann man mit *K. von Beyme* (1984: 26ff.) drei Ansätze unterscheiden: (1) institutionelle Theorien, (2) historische Krisensituationstheorien, (3) Theorien der Modernisierung/des sozialen Wandels. Allen drei ist gemeinsam, daß sie die Genese der P. interessen- und konfliktdefiniert interpretieren, ihre Entstehung (sieht man von wenigen konservativen P. ab) aus abweichendem Verhalten und → Opposition gegenüber dem jeweiligen institutionellen, (national-)staatl., verfassungspolit. und/oder sozialen *Status quo* erklären und mit Forderungen nach qualitativer Reform bzw. revolutionärer Veränderung in Verbindung bringen, u.a. mit Forderungen nach → Parlamentarisierung und → Demokratisierung der polit. Institutionen, nach territorialer Neuordnung, nach Umverteilung, sozialer Teilhabe etc. *S.M. Lipset/S. Rokkan* (1967) haben für die Geschichte der westeurop. P. vier *cleavages* hervorgehoben; im Prozeß der «nationalen Revolution» den Konflikt zwischen (1) dominanter vs. unterworfener Kultur (ethnische, sprachliche Konflikte) und (2) Staat vs. Kirche; im Prozeß der «industriellen Revolution» den Konflikt zwischen (3) Agrarinteressen vs. Industrieinteressen und (4) Kapital vs. Arbeit. Unter Hinzufügung des Ökologie-Konfliktes hat *von Beyme* (1984: 36ff.) hieraus das folgende Schema der Ausdifferenzierung europ. P. abgeleitet: (1) Liberalismus gegen das alte Regime; (2) Konservative; (3) Arbeiterparteien gegen das bürgerliche System; (4) Agrarparteien gegen das industrielle System; (5) Regionale P. gegen das zentralistische System; (6) Christliche P. gegen das laizistische System; (7) Kommunistische P. gegen den Sozialdemokratismus; (8) Faschistische P. gegen demokratische Systeme; (9) Protestparteien gegen das bürokratisch-wohlfahrtsstaatl. System; (10) Ökologische Bewegung gegen die Wachstumsgesellschaft.

3. P. unterscheiden sich von anderen Formen der Interessenorganisation. Geht es den → Interessengruppen vornehmlich um die Artikulation der Interessen ihrer Mitglieder, so nehmen die P. neben dieser Funktion zugleich und im Unterschied zu allen anderen intermediären Gruppen (u.a. auch den → Bürgerinitiativen) auch die Funktion der Interessenaggregation/Interessenintegration wahr. P. sind also (maßgeblich) direkt oder indirekt (als Regierung bzw. Opposition) an den autoritativen Allokations-Entscheidungen des → Politischen Systems beteiligt bzw. streben eine solche Beteiligung mindestens an. Oder wie *Max Weber* (1976: 167) dies klassisch formuliert hat: «Parteien sollen heißen auf (formal) freier Werbung beruhende Vergesellschaftungen mit dem Zweck, ihren Leitern innerhalb eines Verbandes Macht und ihren aktiven Teilnehmern dadurch (ideelle oder materielle) Chancen (der Durchsetzung von sachlichen Zielen oder der Erlangung von persönlichen Vorteilen oder beides) zuzuwenden ... Parteien sind begrifflich nur innerhalb eines Verbandes möglich, dessen Leitung sie beeinflussen oder erobern wollen ... (Sie) können alle

Mittel zur Erlangung der Macht anwenden. Da wo die Leitung durch (formal) freie Wahl besetzt wird ..., sind sie primär Organisationen für die Werbung von Wahlstimmen ...» (*Weber* 1976: 167).

4. Analog zum Parteibegriff sind auch die Funktionen der P. bestimmt durch das Spannungsverhältnis von Teil und Ganzem, Besonderem und Allgemeinem (vgl. die Funktionskataloge u.a. bei *Wiesendahl* 1980: 184 ff.; *von Beyme* 1984: 25): So haben die P. einerseits ihre Spezialinteressen im Auge zu behalten, andererseits für die Interessenintegration zu sorgen. Auf der Mitglieder- und Wählerebene muß es ihnen sowohl um Interessenrepräsentation als auch um → Stimmen- (wie Mitglieder-)maximierung gehen. Auf der Programmebene wird einerseits die gesellschaftsverändernde Programminnovation gefordert, andererseits unterliegen die P. je nach Gesellschaftsstruktur und polit. System bestimmten systematischen Handlungsimperativen, wobei von ihnen systemfunktionale Problemlösungen verlangt werden. Analog verhält es sich bei weiteren Funktionen: Einerseits zielen die P. darauf, Anhänger wie Wähler für die eigene Programmatik zu mobilisieren. Andererseits sind sie wichtige Sozialisationsagenten, bestimmen sie polit. Einstellungen und Verhaltensmuster mit, integrieren sie Mitglieder und Bürger in das bestehende polit. System. Die P. bilden sodann die Rekrutierungsbasis für das polit. Personal: Ihnen fällt dabei v. a. die Regierungs- und Oppositionsbildungsfunktion zu. Zu ihren Aufgaben gehört es aber auch, ihre Führer und Mitglieder zu alimentieren und für individuelle Gratifikationen zu sorgen. Polit. P. handeln damit stets im Spannungsfeld folgender Funktionsgegensätze: (1) Interessenartikulation vs. Interessenaggregation bzw. -integration; (2) Interessenrepräsentation vs. Stimmenmaximierung; (3) Programmformulierung und -realisierung vs. systemfunktionale Problemlösung; (4) Mobilisierung vs. Sozialisation; (5) Realisierung von Eigen- und Gefolgschaftsinteressen vs. Rekrutierung des polit. Personals. Die Konflikte, die hieraus notwendig resultieren, sind nicht einseitig aufhebbar. Wird dies versucht, sind schwerwiegende Funktionsstörungen und Legitimationsprobleme im Parteien- und polit. System die Folge.

→ Parteiensystem; Parteitypen.

Lit.: *Beyme, K. von* ²1984: Parteien in den westlichen Demokratien, Mchn. *Beyme, K. von* ²1995: Die politische Klasse im Parteienstaat, Ffm. *Beyme, K. von* 2000: Parteien im Wandel, Wsb. *Janda, K.* 1980: Political Parties. A Cross-National Survey, NY u.a. *Klaus, G./Buhr, M.* (Hrsg.) ¹¹1975: Philosophisches Wörterbuch, 2 Bde., Bln. (zuerst Lpz. 1964). *Lipset, S.M./Rokkan, S.* 1967: Party Systems and Voter Alignments, NY. *Lösche, P.* 1993: Kleine Geschichte der deutschen Parteien, Stg. u.a. *Mintzel, A.* 1984: Die Volkspartei, Opl. *Mintzel, A./Oberreuter, H.* (Hrsg.) ²1992: Parteien in der Bundesrepublik Deutschland, Bonn. *Niedermayer, O./Stöss, R.* (Hrsg.) 1993: Stand und Perspektiven der Parteienforschung in Deutschland, Opl. *Weber, M.* 1976: Wirtschaft und Gesellschaft, Studienausgabe, Tüb. *Wiesendahl, E.* 1980: Parteien und Demokratie, Opl. *Wiesendahl, E.* 1998: Parteien in Perspektive, Opl.

Rainer-Olaf Schultze

Partei neuen Typs, zentraler Begriff im marxistisch-leninistischen Parteiverständnis, der auf die von *Lenin* in seiner Schrift «Was tun?» (1902) zusammengefaßte Parteitheorie zurückgeht.

In ihr begründete *Lenin* als Voraussetzungen einer (erfolgreichen) revolutionären Partei der → Arbeiterklasse: (a) die Führungsrolle der fortschrittlichen bürgerlichen Intelligenz in der Partei, (b) die Notwendigkeit einer kleinen, festgefügten, konspirativ agierenden Partei, die (c) von Berufsrevolutionären (d) zentralistisch und arbeitsteilig geführt wird, (e) deren Organisation um so straffer werden müsse, je größer die Massenbeteiligung ist. Nach marxistisch-leninistischer Auffassung ist die P. n. T. dabei durch die folgenden Merkmale charakterisiert: Die Kommunistische Partei ist der (1) bewußte und (2) organisierte Vortrupp der Arbeiterklasse; sie stellt (3) die höchste Form der Klassenorganisation des → Proletariats dar und ist (4) nach dem Prinzip des → Demo-

kratischen Zentralismus organisiert (vgl. *Klaus/Buhr* 1975: 915 ff.). Die totalitäre Einbahnstraße des demokratischen Zentralismus ist schon früh aus radikaldemokratischer Sicht kritisiert worden, nicht zuletzt in *Rosa Luxemburgs* klassischer Widerlegung von *Lenins* Parteikonzept, wenn sie dem innerparteilichen Zentralismus und dem Vorwurf der Fraktionsbildung die Forderung nach Gruppenbildung und pluralistischer Konkurrenz innerhalb der Kommunistischen Partei entgegenstellt.
Verschiedentlich wird der Begriff auch losgelöst von seinem durch den historischen → Entstehungszusammenhang definierten Begriffsinhalt ganz allg. zur Bezeichnung für solche neu entstandenen Parteien verwandt, die sich von dem → Parteiensystem und Parteienwettbewerb jeweils prägenden Parteityp grundsätzlich (zu) unterscheiden (scheinen). So bezeichneten in der BRD manche Parteiaktivisten und Sympathisanten, aber auch politikwiss. Analytiker (z. B. *Guggenberger* 1980) die *Grünen* unmittelbar nach deren Entstehen als Partei neuen Typs.

Lit.: *Beyme, K. von* 1985: Karl Marx and Party Theory, in: Gov. & Opp. 20, 70–87. *Guggenberger, G.* 1980: Bürgerinitiativen in der Parteiendemokratie. Von der Ökologiebewegung zur Umweltpartei, Stg. u. a. *Klaus, G./Buhr, M.* (Hrsg.) [11]1975: Philosophisches Wörterbuch, 2 Bde., Bln., (zuerst Lpz. 1964), 915–918. *Lenin, V. I.* 1902: Was tun?, in: LW, Bd. 5 (1959), 355–551.

Rainer-Olaf Schultze

Parteibindung → Parteiidentifikation

Parteiendemokratie, im wertneutralen Verständnis eine → Demokratie, in der → Parteien eine bedeutende Rolle im Prozeß der → Politischen Willensbildung und Entscheidung spielen (*party government*). Im parteienkritischen Verständnis eine Demokratie, in welcher die polit. Parteien eine alles dominierende Herrschaft ausüben, ähnlich wie in der Kritik am → Parteienstaat betont wird.

1. Die Bewertung der P. ist abhängig vom demokratietheoretischen Standpunkt und der dort formulierten Funktion polit. Parteien («Integrations- vs. Konkurrenzparadigma», *Wiesendahl* 1980), aber auch von z. T. generationsbedingten Einschätzungen hinsichtlich Funktion und Stellung polit. Parteien in der Demokratie. In der Gründungsphase der BRD galten die Parteien noch als Grundpfeiler des demokratischen Systems. Abwertend wurde P. dagegen verwandt für eine Sicht der Demokratie, in der die Parteien eine überzogene Rolle spielten. Sie machte sich fest (a) an der herausgehobenen (→ Oligopol)-Position der polit. Parteien im Verhältnis zu den gesellschaftl. Organisationen und Verbänden in bezug auf die Rekrutierung des polit. Personals («repräsentativer Absolutismus», *Narr* 1977), (b) an der öff. → Parteienfinanzierung, (c) an ihrer Abkoppelung von der Gesellschaft zugunsten einer stärkeren «Verstaatlichung», durch die sie ihr Ziel der Interessenvermittlung zu verfehlen schienen. Ab Ende der 1960er Jahre wurden folglich die über Parteien gesicherten repräsentativ-demokratischen Institutionen unter Einforderung direktdemokratischer Elemente («Transmissionsparadigma»; → Basisdemokratie) in Frage gestellt. Einseitige Funktionserfüllung von seiten der Parteien (→ Stimmenmaximierung statt Interessenaggregation und -repräsentation, Symbolik statt Problemlösung, Patronagepraktiken zur einseitigen Befriedigung der Mitglieder- und Funktionärsinteressen statt Entwicklung ideologisch-programmatischer Alternativen) habe dazu geführt, daß das → Politische System insges. in Legitimationsschwierigkeiten gerate und die → Parteienverdrossenheit zunehme (u. a. *Greven* 1987). Die abnehmende Bindungskraft polit. Parteien verstärkte zudem den Konkurrenzdruck zu den aufkommenden → Sozialen Bewegungen. Dies zwang die «konturlosen» → Volksparteien dazu, ihre Strukturen und Inhalte anzupassen. Die → Parteiensysteme westl. Industrieländer haben sich so ausgeweitet, neuartige soziale Interessen wurden durch die Etablierung neuer Parteien miteinbezogen. Die Einschätzung dieser Entwicklungen, ihre Stabilität oder Instabilität, die dadurch unterstellte Integrationsfähigkeit

und Flexibilität der Parteien, ist allerdings in der Politikwiss. weiterhin umstritten.

2. Innerparteilich bezeichnet P. eine Binnenstruktur, die demokratisch organisiert sein soll (→ Innerparteiliche Demokratie). Beide Bedeutungsebenen sind eng miteinander verflochten, da der Parteienwettbewerb erst im Zusammenhang mit innerparteilicher Demokratie normativ Sinn ergibt. Nur die innerparteiliche Demokratie könne, so *Leibholz* (1974), verhindern, daß die Parteien sich verselbständigen und so zu einem Staat im Staate werden. Radikaldemokratische Ansätze, die in den 1970er Jahren einforderten, über die innerparteiliche Demokratie das gesamte System zu verändern, sind in der Praxis freilich nicht umgesetzt worden.

Lit.: *Greven, M.* 1987: Parteimitglieder, Opl. *Leibholz, G.* ³1974: Strukturprobleme der modernen Demokratie, Ffm. (zuerst 1958). *Mair, P./Smith, G.* (Hrsg.) 1989: Understanding Party System Change in Western Europe, L. *Narr, W.-D.* (Hrsg.) 1977: Auf dem Weg zum Einparteienstaat, Opl. *Raschke, J.* 1977: Organisierter Konflikt in westeuropäischen Parteien, Opl. *Raschke, J.* (Hrsg.) 1982: Bürger und Parteien. Ansichten und Analysen einer schwierigen Beziehung, Opl. *Wiesendahl, E.* 1998: Parteien in Perspektive, Opl./Wsb. → Parteien; Parteiensystem, Parteienstaat, Parteientheorie.

Petra Bendel

Parteiendifferential, Begriff aus der → Ökonomischen Theorie der Politik, mit dem die Entscheidung des rationalen Wählers bewertet wird. Dieser wählt diejenige Partei, von deren Regierungstätigkeit er sich den größten (polit.) Nutzen verspricht.

Die angenommene Tauschbeziehung zwischen Wählern und Parteien entspricht dem Marktmechanismus: Während Parteien Programme gegen Wählerstimmen anbieten, versuchen die Wähler, die jeweils für sie günstigste Partei zu «erwerben». Das P. läßt sich – *A. Downs* (1968) zufolge – im voraus berechnen aus den Faktoren: P. zum aktuellen Zeitpunkt einem Trendfaktor, der die wichtigen Ereignisse der jeweiligen Wahlperiode erfaßt, und dem Differenzfaktor zwischen dem Ist-Zustand und dem Zustand, der für den Wähler im Falle der Wahl einer idealen Regierungspartei zu erwarten wäre.

→ Parteiensysteme; Rational choice-Theorien; Wählerverhalten.

Lit.: *Downs, A.* 1968: Ökonomische Theorie der Demokratie, Tüb. (engl. zuerst 1957). *Lehner, F.* 1981: Einführung in die Neue Polit. Ökonomie, Königstein. *Schubert, K.* (Hrsg.) 1992: Leistungen und Grenzen polit.-ökonomischer Theorie, Darmst.

Petra Bendel

Parteienfinanzierung, umfaßt alle Einnahmen der → Parteien (a) von priv. Seite (Beiträge, Spenden, einschließlich Sammlungen und unentgeltlicher oder verbilligter Bereitstellung von Sachmitteln und Dienstleistungen), (b) aus wirtschaftl. Betätigung (Unternehmungen, Vermietungen, Zinserträge u. ä.) und (c) aus öffentl. Haushalten.

Die staatl. Förderung kann: (a) indirekt (als steuerliche Anreize und Angebot an die Bürger) oder direkt (an die Parteien, ihre Untergliederungen oder Nebenorganisationen) erfolgen; (b) an Zwecke (wie polit. Bildung, Presseförderung oder Wahlkampfausgaben) gebunden sein oder pauschal gegeben werden; (c) in Finanzzuweisungen oder in Serviceleistungen (wie unentgeltliche Bereitstellung von Stellschildern, Versammlungsräumen oder Sendezeiten in Rundfunk und Fernsehen, Erlaß bestimmter Telefonkosten oder verbilligter Versand von Wahlpropaganda) bestehen; (d) relativ offen (wie im Fall der dt. «Parteistiftungen») oder verdeckt erfolgen (etwa als systematische Überzahlung von Abgeordneten und Fraktionen zugunsten von Parteikassen).

Für die empirische Erfassung der P. spielt ferner keine Rolle, ob die Parteien öffentl. Subventionen oder priv. Zuwendungen legal oder illegal erwerben. Mit den Einnahmen bestreiten die Parteien Ausgaben für Personal, Organisation, Öffentlichkeitsarbeit und Wahlkampagnen u. a. m. Bei den europ.

«Apparatparteien» sind die Kosten für den laufenden Betrieb meist höher als die für Wahlkämpfe; in den USA hat die Präsenz in den Medien zu einer Explosion der Wahlkampfkosten geführt.

1. In allen westl. Demokratien ruht die P. heute, wenn auch in sehr unterschiedlicher Gewichtung, auf drei Säulen: Mitgliedsbeiträgen, priv. Spenden und öffentl. → Subventionen. Die idealtypische Gegenüberstellung von Beitragsparteien und Spendenparteien ist damit weitgehend überholt. Jedoch verlangen «linke» Parteien i. d. R. höhere Beiträge und können «rechte» Parteien deutlich mehr Spenden mobilisieren. Während Beiträge und Kleinspenden als unproblematische Einnahmequelle gelten, stehen Großspender und Sammelvereine (wie etwa die «PACs» in den USA) unter dem Verdacht unzulässiger Einflußnahme.

(1) Das polit. Ideal der reinen Beitragspartei ist hoffnungslos antiquiert, und auch die Versuche primär linker Parteien, eine ökonom.-publizistische Gegenmacht aufzubauen, sind sämtlich gescheitert. Zwar haben es insbes. auch konservative bzw. christlich-demokratische Parteien (Bürgerliche Parteien) in den vergangenen Jahrzehnten vermocht, ihre Mitgliederzahlen und Beitragseinnahmen teilweise beträchtlich zu steigern, aber diese Mittel reichen nirgendwo aus, die Wahlkampagnen und einen modernen Dienstleistungsapparat zu finanzieren. Eine weitere Steigerung stößt zudem an materielle und psychologische Zumutbarkeitsgrenzen.

(2) Die kurzfristige Mobilisierung von Spenden Dritter stellt für die Praktiker das einzig flexible Instrument bei Anbohrung der drei Hauptquellen dar. Daraus, und weniger aus ihrem absoluten und relativen Volumen, ergibt sich ihre anhaltende Relevanz für ungedeckte Grenzkosten. Die strategische Bedeutung einiger weniger *fat cats* geht dabei überall zurück, auch wenn das massenhafte Einsammeln von Kleinspenden über *direct mail* bisher nur in den USA gelang. Der → Staat kann hier durch hohe steuerliche Abzugsfähigkeit besondere Anreize für vermögende Interessenten schaffen oder aber ein vielfältiges Einwerben von kleineren Zuwendungen durch Kandidaten oder Parteien mit eigenen Zuschlägen belohnen *(matching grants)*. Für alle Versuche, den Spendenfluß durch rechtl. Auflagen zu kontrollieren, gilt: Je enger die Grenzen für steuerliche Abzugsfähigkeit und je rigider die Vorschriften für Rechenschaft und Offenlegung, desto mehr verlagern sich die Geldströme in andere Kanäle und in Grauzonen zwischen → Legalität und Illegalität. (3) Was die öffentl. Subventionen angeht, so kann man nach wie vor zwischen kandidaten-orientierten Finanzierungssystemen (wie in Japan, Kanada oder den USA) und parteien-orientierten unterscheiden. Den Vorreiter beim säkularen Trend hin zu staatl. Fördermitteln machten gerade nicht die Länder mit einer ungebrochenen demokratischen Tradition, sondern Staaten wie Costa Rica (1954), Argentinien (1955), Puerto Rico (1957) und die BRD (1959). Die Akzeptanz der öffentl. Parteienförderung ist in allen Ländern eher begrenzt. Das hindert Parteien nicht unbedingt, die Mittelansätze aufzustocken, verleitet sie aber bisweilen dazu, Umwege zu wählen und Subventionen zu verschleiern – was nach Bekanntwerden wiederum die Aversionen bekräftigt. *H. Kaack* nannte dies einen «Kreislauf der Entfremdung» zwischen Parteien und Bürgern. Weder die Vorschläge der «Weizsäcker-Kommission» (1992/93) (BT-Drucks. 12/4425) noch die Empfehlung der ersten, von Bundespräsident *Herzog* nach § 18 Abs. 5 PartG berufene Sachverständigenkommission (1995–2000) zur Reform der P. wurden vollständig umgesetzt. Der Bericht der neuen, von Bundespräsident *Rau* berufenen Kommission (2001), der insgesamt 80 Empfehlungen enthält, ist heftig umstritten und läßt kein schlüssiges Reformkonzept erkennen. Ist man nicht prinzipiell gegen jegliche Unterstützung (zumal der Staat ohnehin niemals völlig neutral ist), dann sind – neben Höhe und Form der indirekten Förderung – in den westl. Demokratien inzwischen die Verteilungsschlüssel für direkte Hilfen das Kernproblem.

2. Die öffentl. Förderung sollte die Parteien in die Lage versetzen, ihre Aufgaben auch zwischen den Wahlkämpfen besser wahrnehmen zu können, bestimmte Gruppierungen von Abhängigkeiten befreien und insgesamt mehr Chancengleichheit im polit. Wettbewerb bringen. Als Risiken galten eine

Verselbständigung der Führungsspitzen, die nicht mehr in gleicher Weise auf Beiträge und Mitglieder angewiesen wären, nach innen und nach außen eine Absicherung der Arrivierten, also das «staatlich proportionierte Parteienoligopol als Endstufe» (*U. Dübber*). Empirisch gesichert ist, daß in allen westl. Demokratien – wenig erstaunlich – die größten Parteien i. d. R. von den öffentl. Subventionen überproportional profitieren. Das ist eine Frage der Zugangshürden und der Verteilungsschlüssel. Trotzdem sind die «eingefrorenen» → Parteiensysteme vielerorts in Bewegung geraten und z. T. neue Kräfte in die Parlamente gelangt. Das verweist darauf, daß finanzielle Ressourcen nur ein Erklärungsfaktor für polit. Erfolg sind und ihr Anteil daran zudem unsicher ist. Die Hypothese, mit zunehmenden Staatsmitteln würden sich die Parteispitzen verselbständigen und die Mitgliederzahlen zurückgehen, ließ sich empirisch nicht halten. Auch hier gibt es keine eindeutige Korrelation. Nicht bestätigt hat sich freilich auch die Hoffnung, die Abhängigkeit von Spendengeldern werde abnehmen und die P. vollkommen transparent. Aus der Sicht der Parteien ist die öffentl. Rechenschaftslegung die häßliche Schwester der geliebten Subventionen und wird häufig umgangen. Ähnliches gilt für Versuche, Wahlkampfkosten zu begrenzen.

Einflußtheoretische Erklärungsansätze nach dem Motto: «Wes' Brot ich eß, des' Lied ich sing» haben mit Aufkommen und Ausdehnung der öffentl. Subventionen zugunsten von interaktionistischen bzw. tauschtheoretischen Deutungsmodellen an Zugkraft verloren. Moderne Parteien werden nicht gekauft und von wenigen Finanziers im Hintergrund gesteuert, sondern bekommen mehr Spenden als andere, wenn und weil sie ohnehin bestimmte Interessen vertreten und um diese anderen von der Macht fernzuhalten. Damit werden auch einfache Rückschlüsse von der Art und Weise ihrer Finanzierung auf die von den einzelnen Parteien praktizierte materielle Politik fragwürdig. Diese «klassische» Hypothese kann man geradezu umdrehen: Ein bestimmter Zustand der Parteifinanzen ist danach «eher Indikator polit.-gesellschaftlicher Verhältnisse als deren Ursache» (*U. Schleth*).

Lit.: *Bericht der Kommission unabhängiger Sachverständiger* (2001): Empfehlungen für Änderungen des Rechts der Parteienfinanzierung, Bln. *Boyken, F.* 1998: Die neue Parteienfinanzierung, Baden-Baden. *Gunlicks, A. B.* (Hrsg.) 1993: Campaign and Party Finance in North America and Western Europe, Boulder. Empfehlungen der vom Bundespräsidenten berufenen *Kommission unabhängiger Sachverständiger zur Finanzierung der Parteien* 1993, Bonn (Ms.). *Landfried, Ch.* 1990: Parteifinanzen und politische Macht, Baden-Baden. *Naßmacher, K.-H.* 1987: Öffentliche Parteifinanzierung in Westeuropa, in: PVS, 28, 101–125. *Naßmacher, K.-H.* 1997: Parteienfinanzierung in Deutschland, in: *Gabriel, O. W./Niedermayer, O.* (Hrsg.): Parteiendemokratie in Deutschland, Opl., 157–176. *Schleth, U.* 1973: Parteifinanzen, Meisenheim. *Sickinger, H.* 1997: Politikfinanzierung in Österreich – ein Handbuch, Thaur u. a. *Tsatsos, A. Th.* (Hrsg.) 1992: Parteienfinanzierung im europäischen Vergleich, Baden-Baden. *Wewer, G.* 1990 (Hrsg.): Parteienfinanzierung und politischer Wettbewerb, Opl.

Göttrik Wewer

Parteienprivileg, Konzept zur Bezeichnung der verfassungsrechtl. gesicherten und polit. hervorgehobenen Stellung der → Parteien in der BRD.

Parteien dürfen aufgrund ihrer hohen Bedeutung für die → Politische Willensbildung in Gesellschaft und Staat (Art. 21 GG) nicht wegen ihrer polit. Betätigung verfolgt oder benachteiligt werden. Ein Parteiverbot kann nur ausgesprochen werden bei Verstößen gegen die FDGO. Ausschließlich zuständig ist das Bundesverfassungsgericht. Im Wettbewerb um polit. Macht sind die Parteien privilegiert gegenüber anderen gesellschaftl. Organisationen, auch gegenüber Unabhängigen.

Petra Bendel

Parteienstaat, urspr. ein Terminus der Weimarer Staatsrechtslehre, der den → Parteien entscheidende Funktionen für die staatsrechtliche Organisation zuschrieb, fungierte er z. T. als polit.-polemischer Kampfbegriff, der sich abwertend gegen die → Parteiendemokratie richtete. In der BRD zunächst weitgehend positiv belegt, bezeichnet P. die Funktion der Parteien als dominierende Träger der → Politischen Willensbildung, da diese im Volk wie im Staat gleichermaßen verankert sind. Wo der Einfluß polit. Parteien auf Staat und Gesellschaft als überzogen gewertet wird, wird der Begriff abschätzig verwendet.

1. Nach der Parteienstaatslehre von *G. Leibholz* ist der P. eine «rationalisierte Erscheinungsform der plebiszitären Demokratie im modernen Flächenstaat» (1958: 225). Der Gemeinwille kommt im P. ohne repräsentativ-liberale Strukturelemente von den Parteien geprägt zum Ausdruck. Allerdings werde, so *Leibholz* (1958: 226), das → Parlament zu einem Ort, an dem nur noch Entscheidungen von gebundenen Parteibeauftragten abgesegnet würden, die bereits (in → Ausschüssen oder Parteikonferenzen) getroffen seien; somit sei das freie Mandat der Abgeordneten obsolet. *Leibholz* leitet daraus die Notwendigkeit stärkerer → Innerparteilicher Demokratie ab. Seine Theorie wurde zuweilen als empirisch nicht tragfähig (*Haungs* 1973; 1980) oder als mitverantwortlich für die Durchdringung des Verfassungsstaates durch die polit. Parteien kritisiert (*Hennis* 1992: 34).

2. Der große Einfluß der Parteien auf Verwaltungen und öff.-rechtliche Institutionen entspricht *R. Stöss* (1997: 35) zufolge der Ausweitung der → Staatstätigkeit und der Ausdifferenzierung der polit. Willensbildung, die den Parteien abverlangt, in allen Bereichen des → Politischen Systems präsent zu sein. Zusammen mit der Kritik an einer → Politischen Klasse, die durch den Ausbau des P. zum «Kartell der Parteieliten» geronnen sei (*von Beyme* 1995), tragen Mängel des P. zur → Parteienverdrossenheit bei. Ob solche Funktionsschwächen dem P. oder eher den Parteien selbst angelastet werden, hängt nicht zuletzt vom demokratietheoretischen Standpunkt des Betrachters ab.

Lit.: *Apel, H.* 1991: Die deformierte Demokratie. Parteienherrschaft in Deutschland, Stg. *Beyme, K. von* [2]1995: Die politische Klasse im Parteienstaat, Ffm. *Haungs, P.* 1973: Die Bundesrepublik – Ein Parteienstaat? Kritische Anmerkungen zu einem wissenschaftlichen Mythos, in: ZParl 4, 502–504. *Haungs, P.* 1980: Parteiendemokratie in der Bundesrepublik, Bln. *Hecker, J.* 1995: Die Parteienstaatslehre von Gerhard Leibholz in der wissenschaftlichen Diskussion, in: Der Staat, 34, 2, 287ff. *Hennis, W.* 1992: Der Parteienstaat des Grundgesetzes. Eine gelungene Erfindung, in: *Hofmann, G./Perger, W. A.* (Hrsg.): Die Kontroverse. Weizsäckers Parteienkritik in der Diskussion, Ffm. *Klein, I.* 1991: Die Bundesrepublik als Parteienstaat, Ffm. *Koellreutter, O.* 1926: Die polit. Parteien im modernen Staate, Breslau. *Leibholz, G.* [3]1974: Strukturprobleme der modernen Demokratie, Ffm. (zuerst 1958). *Schmitt, C.* [4]1996: Der Hüter der Verfassung, Bln. (zuerst 1931). *Stöss, R.* 1997: Parteienstaat oder Parteiendemokratie?, in: *Gabriel, O. W.* u. a. (Hrsg.): Parteiendemokratie in Deutschland, Opl. *Wagschal, U.* 2001: Der Parteienstaat der Bundesrepublik Deutschland. Parteipolitische Zusammensetzung seiner Schlüsselinstitutionen, in: ZParl 32 (4), 861–886.

Petra Bendel

Parteiensystem, das Beziehungsgefüge der in einem polit. Gemeinwesen agierenden → Parteien, das nach verschiedenen Merkmalen beschrieben werden kann: Anzahl, Größenverhältnisse, Machtverteilung, ideologische Distanzen, Interaktionsmuster der Parteien (vertikal untereinander und horizontal mit gesellschaftl. Schichten und Interessenorganisationen), Funktionalisierungsgrad etc.

1. Die Klassifikation von P. nach der bloßen Anzahl von Parteien (Ein-, Zwei-, Vielp.) wurde von *LaPalombara/Weiner* (1966) durch die Unterscheidung von kompetitiven und nichtkompetitiven P. ersetzt und spätestens seit *Sartori* (1976) um qualitative Kri-

terien ergänzt. Zu dem von ihm eingeführten quantitativen Kriterium der für die Regierungs- oder Koalitionsbildung relevanten Parteien kamen in qualitativer Hinsicht der Grad der → Fragmentierung und ideologischen Polarisierung sowie der Grad und die Richtung des Wettbewerbs (zentrifugal, zentripetal) hinzu. Diese mündeten in folgende, später in den Untertypen von *K. von Beyme* (1984) verfeinerte → Typologie: (1) Einparteisysteme, (2) hegemoniale P., (3) Prädominanzsysteme, (4) Zweiparteiensysteme, (5) gemäßigter Pluralismus (mit drei Untertypen: ohne Koalition, mit Koalition, häufig Koalitionsregierungen der Mitte oder große Koalitionen), (6) polarisierter Pluralismus (mit zwei Untertypen: mit Fundamentalopposition von rechts und links, in der die Mitte nicht mehr regierungsfähig ist; mit regierungsfähigen Mitteparteien).

2. Die Erforschung von P. konzentriert sich auf Strukturanalysen, die den Wandel von P. und ihre Periodisierung einbeziehen. So wird der Wandel des bundesdt. P. vom fragmentierten P. der 1950er Jahre über das alternierende Zweieinhalb-Parteiensystem mit Koalitionszwang während der 1960er/70er Jahre zum gemäßigten Pluralismus in den 1980er/90er Jahren beschrieben. Als abhängige Variable wird die Konfiguration von P. im Hinblick auf ihre je spezifischen Entstehungsbedingungen und deren Auswirkungen auf die Struktur untersucht. Als unabhängige Variable gewandt, läßt sich nach der Funktion von P. für gesellschaftl. und polit. Systemprobleme fragen. Das Ergebnis ist zumeist ein «gängiger und ehrlicher Kompromiß» zwischen Theorie und Deskription: «die vorsichtige Verallgemeinerung auf der Grundlage von Typologien» (*von Beyme* 1984: 19f.). Nicht nur der rasche Wandel von P. zwingt zur ständigen Anpassung der Klassifikationen und Typologien, sondern auch die Tatsache, daß sich die Forschung nicht mehr allein auf die westl., konsolidierten Demokratien konzentriert (u.a. *Sartori* 1976; *Merkl* 1980; *von Beyme* 1984; *Mair* 1990; für D: *Stöss/Niedermayer* 1993), deren P. durch eine hohe Stabilität gekennzeichnet sind (Ausnahme: Italien), sondern in jüngerer Zeit auch auf die P. in Prozessen des → Systemwechsels ausgedehnt wurde. In der Transitionsforschung gelten P. als partielle Systeme, deren Konsolidierung die Stabilisierung demokratischer Regime insges. betrifft. Die meisten der P., die aus den Demokratisierungsprozessen der 1980er/90er Jahre entstanden sind, weisen viele Merkmale nicht mehr auf, die für die P. der klassischen Moderne in westl. Industrieländern kennzeichnend waren: einen hohen Organisationsgrad der Parteien im System, programmatisches Profil, stabile Parteiidentifikation entlang sozioökon. bzw. konfessioneller Konfliktlinien (→ *Cleavages*) und eine starke gesellschaftl. Anbindung bzw. indirekte Organisationsverbindungen zu den → Interessengruppen. Der Institutionalisierungsgrad von Parteien und P. wurde als zusätzliches Klassifizierungskriterium für die Analyse lateinamerikan. P. vorgeschlagen (*Bendel* 1996).

3. Erklärungsvariablen für die Entstehung und Entwicklung von P. lassen sich grob in polit. (Regimetyp, Regierungsform, → Wahlrecht, → Wahlsystem, → Parteienfinanzierung, Struktur der Parteiorganisation) und sozioökon.-soziokulturelle Variablen (Konfliktlinien, Krisensituationen) unterteilen. Die Annahme, daß Wahlsysteme (*Duverger* 1959) als prägender Faktor auf Parteiensysteme einwirkten, muß mit Einschränkungen versehen werden (*Nohlen* [3]2000; *Lijphart* 1994). Die Behauptung, daß präsidentielle Regierungssysteme zur Polarisierung des zwischenparteilichen Wettbewerbs beitrügen und eher die Deinstitutionalisierung von P. förderten (*Linz* 1990), hat sich empirisch nicht bestätigt (*Thibaut* 1996). Die Existenz und Ausprägung von *cleavages* (*Lipset/Rokkan* 1967), prominenter Erklärungsfaktor für die Stabilität westeurop. P., ist für andere Ländergruppen nur begrenzt aussagekräftig. In Osteuropa werden *cleavages* von ethnisch begründeten Konflikten überlappt. Klientelistische Strukturen haben sich insbes. dort als funktionales Äquivalent herausgebildet, das die P. statt des «Einfrierens» entlang soziostruktureller Konfliktlinien stabilisiert, wo die sozioökon. Entwicklung noch nicht weit fortgeschritten ist (Zentralamerika, Afrika, einige Länder Ostasiens).

4. Zusammenhänge zwischen einer spezifi-

schen Konfiguration von P. und demokratischer Stabilität sind vielfach losgelöst von empirischen Befunden hergestellt worden. Das brit. Zweiparteiensystem oder aber der gemäßigte Pluralismus wurden gelegentlich als demokratieförderlich überhöht. I. d. R. wird jedoch ein (geringer) Grad an Polarisierung und Extremismus ebenso als Schlüsselfaktor für die Stabilität eines P. und der demokratischen Ordnung insges. gesehen wie eine relativ geringe Fragmentierung (*Sartori* 1976, *Linz/Stepan* 1978). P. mit geringer oder mittlerer Volatilität gelten ebenso als stabilitäts- bzw. konsolidierungsfördernd wie ein geringer Faktionalismus und die Herausbildung realistischer Alternativen zwischen Regierung und → Opposition (*von Beyme* 1997). Die Empirie zeigt jedoch, daß ähnliche Konfigurationen von P. abhängig von der jeweiligen gesellschaftl. Konfliktstruktur ganz verschiedene Wirkungen entfalten können.

Lit.: *Bendel, P.* 1996: Parteiensysteme in Zentralamerika, Opl. *Beyme, K. von* ²1984: Parteien in westlichen Demokratien, Mchn. *Beyme, K. von* 1997: Parteien im Prozeß der demokratischen Konsolidierung, in: *Merkel, W./Sandschneider, E.* (Hrsg.): Systemwechsel 3. Parteien im Transformationsprozeß, Opl., 23–56. *Daalder, H./Mair, P.* (Hrsg.) 1983: Western European Party Systems, L. *Dahl, R.* 1971: Polyarchy. Participation and Opposition, New Haven/L. *Duverger, M.* 1959: Die polit. Parteien, Tüb. (frz. 1951). *Gabriel, O. W./Niedermayer, O.* u. a. (Hrsg.) 1997: Parteiendemokratie in Deutschland, Opl. *LaPalombara, J./Weiner, M.* (Hrsg.) 1966: Political Parties and Political Development, Princeton. *Lehmbruch, G.* 2000: Parteienwettbewerb im Bundesstaat, Wsb. *Lijphart, A.* 1994: Electoral Systems and Party Systems, L. *Linz, J. J.* 1990: The Perils of Presidentialism, in: JoD 1 (1), 51–69. *Lipset, S. M./Rokkan, S.* (Hrsg.) 1967: Party Systems and Voter Alignments, NY. *Mainwaring, S./Scully, T. M.* (Hrsg.) 1995: Building Democratic Institutions: Party Systems in Latin America, Stanford u. a. *Mair, P.* (Hrsg.) 1990: The West European Party System, Ox. *Merkl, P. H.* (Hrsg.) 1980: Western European Party Systems: Trends and Prospects, NY. *Nohlen, D.* ³2000: Wahlrecht und Parteiensystem, Opl. *Rose, R./Urwin, D. W.* 1970: Persistence and Change in Western Party Systems since 1945, in: PSt. XVIII, 3, 287–319. *Sartori, G.* 1976: Parties and Party Systems, Camb. *Stöss, R./Niedermayer, O.* (Hrsg.) 1993: Stand und Perspektiven der Parteienforschung in Deutschland, Opl. *Thibaut, B.* 1996: Präsidentialismus und Demokratie in Lateinamerika, Opl.

Petra Bendel

Parteientheorie, das lose Gesamt an verallgemeinernden und systematisierenden Aussagen über die Beschaffenheit und Funktionsweise von → Parteien im individuellen, organisatorischen und gesellschaftl. Ursache-Wirkungs-Zusammenhang. P. leitet einerseits die Erkenntnisgewinnung in der Parteienforschung an, aus der sie andererseits selbst hervorgeht.

1. Als «allgemeine» → Theorie (*Steininger* 1984) geriet P. viel zu abstrakt, zumal sie sich eher vom Anspruch her mit Bereichstheorien und Theorien mittlerer Reichweite bescheidet (*von Beyme 1983*). Gleichwohl greift sie auf Großtheorien und relevante Denkschulen sozialwiss. Nachbardisziplinen zurück, die gewöhnlich eklektizistisch rezipiert werden. Gescheitert ist der Versuch, P. im Überschwang der behavioristischen Revolution einseitig zu vereinnahmen (*Golembiewski u. a.* 1969), so daß die Theoriebildung aus konkurrierenden empirisch-analytischen und interpretativen, früher einmal stärker noch aus funktionalistischen und dialektischen sowie aus heute weiterhin einflußreichen normativen Ansätzen gespeist wird. Beschäftigung mit Parteien spielt sich insofern vor einem breiten und kontroversen Theorienhintergrund ab, der unverzichtbar ist, um dem komplexen Untersuchungsgegenstand gerecht werden zu können (*Ware* 1996: 370).

2. Normative P.: Parteienforschung begann in Auseinandersetzung mit dem aufkommenden modernen Parteiwesen als «Krisenwissenschaft» (*R. Ebbighausen*) und hat zeit

ihres Bestehens eine sich sorgende oder betont kritische Attitüde im Umgang mit der Parteienwirklichkeit schwerlich ablegen können. Dabei entwickelte sich normative P. im engen Wechselspiel mit der → Demokratietheorie (*Ware* 1987), wodurch sich auch die Grenzen zur → Parlamentarismus- und allgemeiner noch zur → Staats- und Gesellschaftstheorie verwischten.

Drei schulenbildende → Paradigmen lassen sich unterscheiden (*Wiesendahl* 1980): Das Transmissionsparadigma wurzelt in identitätsdemokratischen und konflikttheoretischen Gesellschafts- und Politikvorstellungen. Ausgehend von *R. Michels* (1989, zuerst 1911) werden Parteien als in der Gesellschaft verwurzelte unentbehrliche Instrumente des friedlichen polit. Klassenkampfes und des Emanzipationsstrebens der Arbeiterbewegung angesehen. Verallgemeinert mobilisieren, organisieren und repräsentieren Parteien gesell. Kollektivinteressen, die sie auf die staatl. Ebene transmittieren, um sie dort unter Einsatz staatl. Steuerungsmacht gesellschaftsgestaltend durchzusetzen. Dieser Daseinszweck wird mit dem Ideal der Massenmitglieder- und Programmpartei verbunden, die sich innerparteilich nach dem «*Party Democracy*»-Modell (*W. E. Wright*) organisiert. Parteispitzen und Parlamentsvertreter sind Programmvorgaben und Parteitagsbeschlüssen unterworfen. Die identitätsdemokratische Sprachrohrfunktion der Parteien und der ihnen zugebilligte Primat über die polit. Willensbildung hat in der Parteienstaatstheorie von *G. Leibholz* einen entspr. Ausdruck gefunden. Mit der Parteienwirklichkeit tun sich Anhänger des Transmissionsparadigmas traditionell schwer, weil sich, angefangen mit dem ehernen Gesetz der Oligarchie (*R. Michels*), die Deckungslücke zwischen der Realität und den idealisierten Sollvorstellungen dieses Denkansatzes nie so recht schließen lassen wollte.

Das Integrationsparadigma ist mit stabilitätsdemokratischen und systemtheoretischen Vorstellungen harmonistisch-konsensualen Regierens und unbeeinträchtigter Elitenherrschaft verwachsen. Zunächst setzten frühe Begründer dieser normativen Linie wie *M. Ostrogorski* (1964, zuerst 1902) noch vergebens darauf, den Ansturm des modernen Parteiwesens mit seinen Wahlkampfmaschinen gegen den elitären Honoratiorenparlamentarismus aufhalten zu können. Nach dem II. Weltkrieg rückte der Primat der Systemstabilität nach vorn, unter dessen Kuratel die nun längst nicht mehr wegzudenkenden und allgegenwärtigen Parteien gestellt wurden. Die Wertschätzung des Integrationsparadigmas gilt infolgedessen integrativen, elitengesteuerten, moderaten, kooperationswilligen und gemeinwohlorientierten Mehrheitsparteien, während doktrinäre und konfliktsüchtige Weltanschauungs- und Klassenparteien strikt abgelehnt werden. Nicht von ungefähr werden in militanten Aktivisten und parteiinterner Basisdemokratie Gefahrenmomente unzulässigen Parteieinflusses auf repräsentativ-parlamentarische Elitenherrschaft gesehen. Lange Zeit identifizierte sich dieser Theorieansatz mit dem brit. Wahlsystem und Westminstermodell, obgleich gerade das dortige → Parteiensystem in den 1970er und 1980er Jahren sowohl innerparteilich (*Labour* Partei) als auch auf Regierungsebene (*Thatcher*-Ära) europaweit die schärfste ideologische Radikalisierung durchmachte.

Das Konkurrenzparadigma steht in enger Wechselbeziehung zur realistischen Demokratietheorie, deren Vertreter sich, allen voran *Max Weber* (1964), noch am vorbehaltlosesten auf das elitenbeherrschte massendemokratische Parteiwesen des 20. Jh. eingelassen haben. Nach diesem Ansatz wird der miteinander verflochtene Partei- und Politikbetrieb von Berufpolitikern dominiert, die aus persönlichem Machtstreben heraus und aus Gründen des permanenten Wahlkampfs Parteien als Stimmenfangunternehmen unterhalten. Der Konkurrenzkampf um Wählerstimmen erzeuge, so diese Sichtweise, zwischen den Programm- und Politikofferten der Parteien (Politikerteams) und den Wählerpräferenzen ein Angebot-Nachfrage-Gleichgewicht, so daß sich eine optimale öff. Güterversorgung einstelle. Bemerkenswerterweise wird jedoch den realiter unübersehbaren Auswüchsen übermäßigen, verzerrenden und beeinträchtigten Parteienwettbewerbs (*J. Schumpeter*) nicht weiter nachgegangen. Konkurrenztheoretiker stimmen mit Integrationstheoretikern in ihrer Aversion gegenüber Parteien oder innerparteilichen Regelungen überein, die den Handlungsspielraum der Berufspolitiker einschränken könnten.

Normative P. bleibt für die Parteienforschung auch weiterhin integral, wenngleich sich über die letzten Jahre eine deutliche Gewichtsverlagerung der drei Theorievarianten innerhalb der Disziplin ergeben hat. Um das Integrationsparadigma wurde es in dem Maße stiller, wie die prosperierende Nachkriegszeit über das demokratische Systemstabilisierungstheorem hinwegging. In den Unruhejahren der späten 1960er und 1970er schlugen dessen Anhänger nochmals die Alarmglocken an, was sich erübrigte, als danach die Reideologisierungswelle der Parteien wieder abebbte. Auch das Transmissionsparadigma wurde trotz des Aufschwungs direktdemokratischer Ideen in die Defensive gedrängt, zumal sich der Trend zur partizipatorischen Demokratie nicht in, sondern neben und gegen die Parteien vollzog und auch die Hoffnung zerstob, über staatszentrierte Parteien Gesellschaft interventionistisch verändern zu können. Hinzu kommt, daß sich der einstmals einflußreiche linke Flügel dieser Denkschule seit dem Zusammenbruch des Staatssozialismus ganz aus der normativen Theoriedebatte abgemeldet hat. Dagegen weitet sich die Anhängerschaft des Konkurrenzparadigmas merklich aus, weil sich mit dem schleichenden Niedergang der älteren Programm- und Mitgliederparteien und der Ausbreitung der Mediendemokratie eine von Berufspolitikern beherrschte Parteienzukunft abzuzeichnen scheint, der Anhänger dieses Paradigmas schon immer das Wort geredet haben.

3. Erfahrungswissenschaftliche P.: Sie stützt sich auf ein breites theoretisches und methodologisches Zugangsspektrum bei der Analyse der Organisationsbeschaffenheit von Parteien sowie ihrer Interaktionen und Beziehungen untereinander im größeren gesellschaftl. Kontext. Auf diesem Felde geht infolge anhaltender Spezialisierung die Fragmentierung und «Atomisierung» (*Stöss/Niedermayer* 1993: 9) der Forschung weiter mit der Gefahr, daß ein gemeinsamer, an Parteien als Ganzes festgemachter Theoriekern verlorenzugehen droht. Umgekehrt läßt sich aus einer anschwellenden Vielzahl isolierter Einzelbefunde immer weniger ein zusammenführender Erkenntnisgewinn für Parteien als Ganzes erzielen. Als bes. prekär wird die Lage in den USA eingeschätzt (*Bear/Bositis* 1988), zumal dort die Aufsplitterung des Gegenstandes Partei in «*party-in-the-electorate*», «*party-in-office*» und «*party-in-organization*» bereits seit den 1960er Jahren einen ganzheitlichen theoretischen Bezugsrahmen der Forschung zerstört habe. Nur lassen sich durchaus auch reintegrative Tendenzen in der jüngeren amerikan. Parteienforschung feststellen (*Shea/Green* 1999).

4. Organisationstheorie polit. P.: Organisationsanalyse von Parteien wird über die Zeit von einem kraß unterschiedlichen und stark dem Wandel unterworfenen theoretischen Vorverständnis aus betrieben. Dies ermöglicht es, die dabei geleistete Theoriebildung nach Phasen zu periodisieren (*Wiesendahl* 1998). Klassische Parteienforschung (von den Anfängen bis nach dem II. Weltkrieg) ist von der aufkommenden und dann vorherrschenden europ. Massenparteirealität geprägt. Hauptvertreter wie *M. Weber, R. Michels* oder zuletzt *M. Duverger* (1959) sahen in Parteien konstruktivistisch ein durchrationalisiertes Zweckgebilde, dessen Aufbau und Funktionieren ganz auf den Zweck des Machtkampfs und Machterwerbs zugeschnitten sei. Die zur Abbildung gebrachte Organisationsbeschaffenheit wird dabei deterministisch monokausal über einen als unstrittig vorgegebenen Zweck erklärt, so daß sich die Klassiker Parteien analytisch über ein Zweckmodell erschließen. Aus diesem Blickwinkel heraus sehen sie in dem realen Phänomen der Massenpartei die Strukturmerkmale Ziel, straffe Führung, Verapparatung, zentralisierte Organisation, Strategie, Geschlossenheit und Disziplin zur höchsten Rationalität und bestmöglichen Effizienz (Schlagkraft) vereinheitlicht. Dies ist auch der Grund, warum sie Massenparteien allen anderen vergleichbaren Parteiformen gegenüber als überlegen einschätzen. Klassisches Denken hat schon wegen seines verkürzten formalen Organisationsbegriffs, überzogener Rationalitätsvorstellungen und fehlenden Interesses an Umweltfaktoren mit dem

weiteren Fortgang der Parteiorganisationsanalyse nicht Schritt halten können, ohne jedoch je aus dem heutigen Theorienbestand ganz verschwunden zu sein. So hält gerade in den romanischen Ländern die Faszination für das durchorganisierte und interventionistische Zweckmodell von Partei an, wurde aber neoklassisch um wettbewerbstheoretische (*Offerlé* 1987) und um moderne organisationstheoretische Elemente (*Panebianco* 1988) erweitert. Selbst in der durch *Downs* (1968) begründeten *Rational-Choice*-Theorie moderner Parteienforschung leben die Rationalitäts- und Zielmaximierungsprämissen der Klassik fort, wobei allerdings nicht mehr die Parteiorganisation selbst, sondern ein individualisiertes Rationalverhaltensmodell von Parteieliten unter der Wettbewerbsperspektive den Analysefokus bildet. Zudem wird verschiedentlich unterstellt, daß sich die Politikerteams, denen das Interesse gilt, auf der Basis der «*unitary actor*»-Prämisse homogen verhalten würden. Insofern kann die *Rational-Choice*-Theorie selbst in der kombinierten Modellwelt von *Vote-Seeking*-, *Office-Seeking*- und *Policy-Seeking*-Partei (*W. C. Müller/K. Strøm* 1999: 5ff.) nur wenig zur Erhellung der Organisationswirklichkeit polit. Parteien beitragen.

5. Der Durchbruch zur Phase der Moderne ging in den 1960er Jahren von der amerikan. Parteienforschung aus, die sich v. a. vom → Behavioralismus und der → Systemtheorie inspirieren ließ. Dies schlug sich vom Analyseansatz in einem offenen Systemmodell nieder, wobei nun die organisatorische Beschaffenheit und Funktionsweise von Parteien im Rückgriff auf gesellschaftl. Bestimmungsgrößen und ihren Beitrag für übergeordnete Systemerfordernisse erklärt wurden. Angeführt durch *Eldersveld* (1964) wurden auf der Basis seiner Detroiter Pionierstudie (erstmaliger Einsatz von *Survey*-Techniken) Parteien als gesellschaftsadäquate, durchlässige und sozial heterogene Gruppengebilde konzeptualisiert, die in ihrer polyarchischen Machtverteilungsstruktur einer «Stratarchie» und damit pluralistisch-polyzentrischen Vorstellungen entsprechen würden. Mit dem Wechsel vom Primat des Zwecks hin zum Primat der Umwelt vertritt die Moderne kontingenztheoretisch die Überzeugung, daß unterschiedliche und sich wandelnde Gesellschaftsverhältnisse und polit.-institutionelle Traditionen sich in entspr. Parteien widerspiegeln würden. Und dies auf eine Weise, daß sich eine möglichst hohe form- und funktionsgerechte Anpassung und nahtlose Übereinstimmung zwischen Parteien und ihrer spezifischen Umwelt einstellen müßte. So ist beispielsweise der vorherrschende nachkriegsgesell. Erklärungszusammenhang für die Entwicklung von → Volksparteien diesem situativen Ansatz mit seiner umweltdeterministischen Fit-Prämisse geschuldet. Modernes Denken läßt allerdings objektivistisch außer Acht, daß Parteien nicht nur eine abhängige Variable der Umwelt bilden, sondern in Gestalt ihrer Mitglieder über ein gerüttelt Maß an Eigenlogik verfügen. Erklärungsbedürftig bleibt insofern, wie Umwelt tatsächlich auf Parteien einwirkt und wie umgekehrt Parteien auf diese zurückwirken.

6. Postmoderne P. umfaßt neuere Denkansätze, die mit dem Ende des goldenen Zeitalters der Parteien aufkamen und sich mehr oder minder radikal von Rationalitäts-, Funktionalitäts- und Angepaßtheitsvorstellungen klassischer und moderner Parteienforschung losgelöst haben. Zugleich wendet sie sich, handlungstheoretisch beeinflußt, gegen die verbreitete Verdinglichungstendenz von Parteien und hält dem die konstitutive Akteursvielfalt und den Eigensinn von Parteien gegenüber Umwelteinflüssen entgegen. Parteimitglieder definieren im Rahmen von Handlungsschranken und Chancenstrukturen schöpferisch selbst, was Umwelt ist, und verständigen sich untereinander, wie sie darauf reagieren sollten. Verstärkte Aufmerksamkeit wird auf undurchsichtige, zielunklare, unabgestimmte, unverbundene und handlungslogisch widersprüchliche Aspekte des von freiwilligen Aktiven und Ehrenamtlichen einerseits und bezahlten Berufspolitikern und Parteiangestellten andererseits hervorgebrachten und aufrecht erhaltenen Organisationsgeschehens in Parteien gerichtet, was organisationstheoretisch mit dem Konzept der lose verkoppelten organisierten Anarchie (*Wiesendahl* 1998: 219 ff.) verbunden wurde. Von der postmodernen Perspektiven-

erweiterung gingen zweifellos einige wichtige Impulse für die jüngere Forschung aus, ohne wie etwa beim Aufstieg der Moderne von einem erneuten Paradigmenwechsel sprechen zu können. So setzte zwar die amerikan. Organisationsstudie von *Schwartz* (1990) akteurstheoretisch und methodologisch mit ihrer → Netzwerkanalyse einen wichtigen Meilenstein, ohne damit größeren Widerhall zu finden. Anders der Aufstieg der Grünen in D, an dem viel beachtet die organisationsanalytischen Kategorien loser und ineffizienter Strukturierung erprobt wurden (*Raschke* 1993). Auch änderte sich das lange Zeit von der Klassik vorgezeichnete Bild der SPD (*Lösche/Walter* 1992) genauso wie das der mehr den analytischen Vorstellungen der Moderne entsprechenden CDU (*Schmid* 1990), als deren Binnenleben aus dem Blickwinkel organisierter Anarchie bzw. dem der föderalen Fragmentierung in ein ganz anderes Licht getaucht wurde. In kritischer Hinsicht ist postmodernes Denken dem Dekonstruktivismusvorwurf (→ Dekonstruktion) ausgesetzt und muß v.a. plausibel machen, wie denn Parteien in der ihnen unterstellten unfertigen Verfassung nach außen überhaupt als kollektive Akteure handlungs- und strategiefähig werden können.

7. Wandel von Parteien: Stabilität und Wandel von Parteiensystemen lassen sich mit Hilfe soziolog. (z.B. Tertiarisierung, → Wertewandel, neue → *Cleavages*), institutioneller (z.B. → Wahlrecht) und wettbewerbstheoretischer (z.B. *Catch-all*-Strategie, neue Parteien) Ansätze erklären (*Ware 1996:* 213ff.). Beim Wandel von Parteien selbst sind über Anpassungsleistungen an gewandelte Umwelten (*Mair u.a.* 1999) hinaus die Gründe zu erschließen, warum sie sich organisatorisch reformieren und strategisch oder programmatisch umpositionieren. Als ziemlich sicher gilt, daß gezielter Organisationswandel zumeist von externen «*critical incidents*» ausgelöst wird, aber intern von Wechseln in der Parteiführung begleitet sein muß, um wirklich in Strategie- und Strukturanpassungen zu enden (*Panebianco* 1988:241 ff.; *Harmel/Janda* 1994). Zudem hat sich die Parteienforschung frühzeitig und in charakteristischer Weise der Praxis verschrieben, Strukturwandel entwicklungstypologisch zu erfassen und auf den Begriff zu bringen. Die hieraus entstandenen gängigen → Typologien belassen es bei theoriearmer klassifizierender Deskription, wenngleich sie allesamt auf dem soziolog. Theorem fußen, daß epochaler Gesellschaftswandel abfolgegemäß jeweils epocheprägende → Parteitypen hervorrufe und wieder verschwinden lasse. Dagegen ist bei der Konstruktion von Entwicklungstypologien auf das evolutionistische Prinzip der Ausdifferenzierung nie zurückgegriffen worden.

Noch hat die Forschung in erster Linie das Zusammenspiel von Parteien- und Gesellschaftswandel im Blick. Längst überfällig ist jedoch, daß sie sich verstärkt den tiefgreifenden Veränderungen der Politik wie etwa dem Wandel des hierarchischen zum kooperativen Staat oder der → Globalisierung und den dabei anfallenden Konsequenzen für die Weiterexistenz der Parteien und der Parteiendemokratie als Ganzes zuwendet.

Lit.: *Baer, D. L./Bositis, D. A.* 1988: Elite Cadres and Party Coalitions, NY. *Beyme, K. von* 1983: Theoretische Probleme der Parteienforschung, in: PVS, 24, 241–252. *Crotty, W. J.* 1991: Political Parties. Issues and Trends, in: *ders.* (Hrsg.): Political Science. Looking to the Future. Vol 4: American Institutions, Evanston, Ill., 137–201. *Downs, A.* 1968: Ökonomische Theorie der Demokratie, Tüb. (engl. 1957). *Duverger, M.* 1959: Die politischen Parteien, Tüb. (frz. 1951). *Eldersveld, S. J.* 1964: Political Parties, Chic. *Golembiewski, R. T./Welsh, U. A./Crotty, W. J.* 1969: A Methodological Primer for Political Scientists, Chic. *Harmel, R./Janda, K.* 1994: An Integrated Theory of Party Goals and Party Change, in: Journal of Theoretical Politics, 6, 259–287. *Janda, K.* 1993: Comparative Political Parties, in: *Finifter, A.* (Hrsg.): The State of the Discipline (American Political Science Ass.), Washington D.C., 161–191. *Lösche, P./Walter, F.* 1992: Die SPD. Klassenpartei – Volkspartei – Quotenpartei, Darmst. *Mair, P./Müller, W. C./Plasser, F.* (Hrsg.) 1999: Parteien auf komplexen Wählermärkten, Wien. *Michels, R.* [4]1989: Zur Soziologie des Parteiwesens in der modernen Demokratie, Stg. (zuerst 1911). *Mintzel, A.* 1987: Hauptaufgaben der Parteienforschung, in: ÖZP, 221–240. *Müller, W. C./Strøm, K.* (Hrsg.) 1999: Policy, Office or Votes? How Political Parties in Western Europe Make Hard Decisions, Camb. *Offerlé, M.* 1987: Les Partis Politiques, Paris. *Ostrogorski, M.* Democracy and the Organization of Political Parties, 2 Bde., hrsg. von *Lipset, S. M.*, Chic. (zuerst 1902). *Panebianco, A.* 1988: Political Parties, Camb. u. a. *Raschke, J.* 1993: Die Grünen, Köln. *Schwartz, M. A.* 1990: The Party Network, Madison, Wisc. *Schmid, J.* 1990: Die CDU. Organisationstrukturen Politiken und Funktionsweise einer Partei im Föderalismus, Opl. *Shea, D. M./Green, J. C.* (Hrsg.) [3]1999: The State of the Parties, Lanham/L. *Steininger, R.* 1984: Soziologische Theorie der politischen Parteien, Ffm./NY. *Stöss, R./Niedermayer, O.* (Hrsg.) 1993: Stand und Perspektiven der Parteienforschung in Deutschland, Opl. *Ware, A.* 1987: Citizens, Parties and the State, Princeton, N. J. *Ware, A.* 1996: Political Parties and Party Systems, NY. *Weber, M.* 1964: Wirtschaft und Gesellschaft, Köln/Bln. *Wiesendahl, E.* 1980: Parteien und Demokratie, Opl. *Wiesendahl, E.* 1998: Parteien in Perspektive. Theoretische Ansichten der Organisationswirklichkeit politischer Parteien, Opl./Wsb.

Elmar Wiesendahl

Parteienverdrossenheit, häufig synonym mit Schlagworten wie Politiker- und → Politikverdrossenheit gebrauchter Begriff, bei dem die Assoziation mit Demokratieverdrossenheit naheliegt. Will man dieses bundesrepublikanische Modewort der 1990er Jahre jedoch begrifflich präzis verwenden, sollten zwei Ebenen unterschieden werden: (1) die pauschale, häufig vorurteilsgeladene Verurteilung von → Parteien seitens der Bürger; (2) die zunehmende bzw. klar erkennbare Entfernung und Distanzierung der Bürger von den Parteien.

P. ist eine internat. Erscheinung, die in den → Politischen Kulturen westl. Industriestaaten – nicht zuletzt in der der BRD – spätestens seit Anfang der 1980er Jahre zu beobachten war.

1. In D ist versucht worden, dieses Phänomen anhand folgender Kriterien empirisch festzumachen: (1) geringes Vertrauen in Parteien generell bzw. in die Problemlösungskompetenz von Parteien speziell, wie sich in Meinungsumfragen zeigt; (2) nachlassender Zentralisierungsgrad des → Parteiensystems in dem Sinn, daß der Anteil der Stimmen, die die beiden großen Parteien CDU/CSU und SPD bei → Wahlen auf sich vereinigen können, abnimmt; (3) parallel dazu gewinnen kleinere Parteien, die «Zwerge am Rande», darunter Protestparteien, relativ und absolut Stimmen hinzu; (4) Erosion sozialmoralischer Milieus wie des katholischen und sozialdemokratischen, auf denen nicht zuletzt die beiden Großparteien basierten; (5) die Identifikation der Bürger mit einer bestimmten Partei schwächt sich ab, der Anteil der Stammwähler fällt, der der → Wechselwähler steigt; (6) nachlassende → Wahlbeteiligung, die «Partei der Nichtwähler» gewinnt hinzu; (7) die Zahl der Mitglieder aller Parteien nimmt ab, insbes. haben Parteien Schwierigkeiten, Mitglieder aus den Alterskohorten der Jüngeren zu gewinnen.

2. Gründe für P. sind vielschichtig. Nur oberflächlich sind Parteifinanzierungsskandale, Filz und → Korruption verantwortlich zu machen. Tieferliegend erweist sich, daß Parteien Funktionsdefizite aufweisen, nämlich Schwierigkeiten haben, zwischen Gesellschaft und → Politischem System zu vermitteln, divergierende Interessen in sich zu aggregieren und zu fokussieren und auf diese Weise polit. Legitimation zu schaffen. Die Ursachen hierfür liegen wiederum in bestimmten gesellschaftl. und ökonom. Veränderungen, so in der Heterogenisierung der Lebensstile, Individualisierungsschüben, neuem «antiinstitutionellen» Organisationsverhalten von Jungbürgern, v. a. in der Europäisierung und Internationalisierung der Politik sowie dem, was weltwirtschaftl. unter dem Stichwort → Globalisierung gefaßt wird. Zunehmende Komplexität anstehender polit. Probleme korrespondiert mit nachlassender Problemlösungskompetenz von Parteien, Regierungen und Politikern, was angesichts steigender Erwartungen in

diese auf seiten der Wähler wiederum P. wachsen läßt.
Zur P. tragen auch in der dt. polit. Kultur aus dem obrigkeitsstaatl. 19. Jh. kommende, latent vorhandene Elemente bei wie Antipluralismus, Konfliktscheue, Harmoniestreben sowie Unverständnis gegenüber der Funktionsweise des → Parlamentarischen Regierungssystems, in dem sich Regierungsmehrheit (nämlich Parlamentsmehrheit und Kabinett) und → Opposition gegenüberstehen und nicht (wie im *Bismarck*schen Konstitutionalismus) Herrscher/Regierung und Parlament.

Lit.: *Arnim, H. H. v.* 1993: Ist die Kritik an den politischen Parteien berechtigt? in: APuZ, B11, 14–23. *Lösche, P.* 1995: Parteienverdrossenheit ohne Ende?, in: ZParl, 26, 149–159. *Rattinger, H.* 1993: Abkehr von den Parteien? In: APuZ, B11, 24–35. *Walter, F./Dürr, T.* 2000: Die Heimatlosigkeit der Macht, Bln. *Weinacht, P.-L.* (Hrsg.) 1994: Wege aus der Parteienverdrossenheit, Würzburg.

Peter Lösche

Parteiidentifikation (von. engl. *party identification*), von der → *Michigan School* der US-amerikan. → Wahlforschung Anfang der 1960er Jahre entwickeltes sozialpsychologisches Konzept zur Analyse von → Wählerverhalten und → Wahlen sowie zur Erklärung der Stabilität → Politischer Systeme.

1. Auf der Mikroebene wird das Konzept der P. zur Charakterisierung der affektiven Bindung von Individuen an eine bestimmte Partei verwandt (*Campbell* u.a. 1966). Diese dauerhafte psychologische Parteimitgliedschaft – im Ggs. zur formalen – wird im Laufe der → Politischen Sozialisation durch die Integration der Normen und Werte der Bezugsgruppe → Partei in das individuelle Normen- und Wertesystem erworben. Der Wähler, der sich mit einer Partei identifiziert, greift auf parteienspezifische Interpretationsmuster zur Wahrnehmung und Bewertung polit. Ereignisse, Themen und Personen zurück. Die Konsistenz und Kohärenz polit. Einstellungen ist um so größer, je stärker und stabiler die P. ist.

2. Die P. ist als langfristig wirksamer Bestimmungsgrund des individuellen Wahlverhaltens konzeptualisiert. Individuen ohne oder mit nur schwacher P. gelten eher als → Wechselwähler. Situative Faktoren (→ *Issue*-, Kandidatenorientierung) können aber auch bei Wählern mit starker P. dazu führen, daß sie an einer Wahl nicht teilnehmen oder eine von ihrer P. abweichende Partei wählen. Das Konzept der P. kommt daher auch bei der → Erklärung von Nichtwahl und Wechselwahl zur Anwendung (→ Wahlbeteiligung; Wechselwähler; vgl. *Kleinhenz* 1995; *Zelle* 1995). Polit. Wandel auf der Makroebene erklärt die *Michigan School* mit den Konzepten des *normal vote* und der → *Realigning elections*. Bei der → Normalwahl entspricht die Verteilung der Stimmenanteile der Parteien derjenigen der P. in der Wahlbevölkerung. Bei *realigning elections* kommt es zur grundlegenden Umorientierung in der P. (→ Kritische Wahlen).

3. Mit Blick auf die Stabilität polit. Systeme nimmt die *Michigan School* an, daß im Laufe der Zeit immer mehr Eltern ihre P. auf ihre Kinder übertragen und einmal erworbene P. mit zunehmenden Wahlerfahrungen verstärkt werden (vgl. *Converse* 1969). Dieser Prozeß führt mittel- bis langfristig zu einem → Gleichgewicht von Parteiloyalitäten, das dramatische Veränderungen der Stimmenanteile zwischen den bestehenden Parteien verhindert, aber auch die Erfolgsaussichten neuer Parteien reduziert. In den Demokratien Westeuropas ist seit den 1980er Jahren jedoch ein deutlicher Rückgang sowohl des Ausmaßes als auch der Intensität von P. festzustellen (→ *Dealignment*; vgl. *Dalton/Rohrschneider* 1990; *Dalton* 1996). Ob dieser Prozeß in den westeurop. Parteiensystemen zu massiven Verwerfungen führen wird, ist gegenwärtig genauso offen wie die Frage, ob sich in den neuen Demokratien Osteuropas die im Modell prognostizieren stabilen P. herausbilden werden. Dies um so mehr, als die Übertragbarkeit des vor dem Hintergrund des US-amerikan. Zweiparteiensystems entwickelten Konzepts in andere Kontexte, z. B. auf das Mehrparteiensystem der BRD, stets umstritten gewesen ist. Zen-

trale Elemente der P. ließen sich für die Einstellungen in der BRD zwar nachweisen (*Gluchowski* 1992), aber die Stabilität individueller P. konnte in Paneluntersuchungen bislang nicht festgestellt werden. Zudem erweist sich die P. häufig als → Funktionales Äquivalent der aktuellen Parteipräferenz (vgl. *Kaase/Klingemann* 1994). Damit ist die P. aber so nahe am Explanandum, dem tatsächlichen Wählerverhalten, daß ihre Erklärungskraft als unabhängige Variable in der Wahlforschung skeptisch beurteilt werden muß.

Lit.: *Campbell, A.* u. a. 1966: Elections and the Political Order, NY. *Converse, P. E.* 1969: On Time and Partisan Stability, in: CPS 2, 139–171. *Dalton, R. J.* 1996: Citizen Politics in Western Democracies, Chatham/NJ. *Dalton, R. J.* 1999: Political Support in Advanced Industrial Democracies, in: *Norris, P.* (Hrsg.): Critical Citizens. Global Support for Democratic Governance, Ox., 57–77. *Dalton, R. J./Rohrschneider, R.* 1990: Wählerwandel und die Abschwächung der Parteineigungen von 1972 bis 1987, in: *Kaase, M./Klingemann, H.-D.* (Hrsg.): Wahlen und Wähler. Analysen aus Anlaß der Bundestagswahl 1987, Opl., 297–327. *Gluchowski, P.* [4]1992: Parteiidentifikation, in: *Nohlen, D./Schultze, R.-O.* (Hrsg.): Politikwissenschaft, Mchn./ Zürich, 677–681. *Kaase, M./Klingemann, H.-D.* 1994: Der mühsame Weg zur Entwicklung von Parteiorientierungen in einer neuen Demokratie: Das Beispiel der früheren DDR, in: *dies.* (Hrsg.): Wahlen und Wähler. Analysen aus Anlaß der Bundestagswahl 1990, Opl., 365–396. *Kleinhenz, T.* 1995: Die Nichtwähler. Ursachen der sinkenden Wahlbeteiligung in Deutschland, Opl. *Klingemann, H.-D./Fuchs, D.* (Hrsg.) 1995: Citizens and the State (Beliefs in Government 1), Ox. *Zelle, C.* 1995: Der Wechselwähler. Polit. und soziale Erklärungsansätze des Wählerwandels in Deutschland und den USA, Opl.

Sven Quenter

Parteilichkeit, die bewußte oder unbewußte, manifeste oder latente, theoretische wie praktische Parteinahme zugunsten von bestimmten Personen oder Personengruppen, polit. oder gesellschaftl. Organisationen, Ideologien oder Zwecken, die überall da eintritt, wo in einer (gruppenmäßig) differenzierten → Gesellschaft Interessenverhältnisse vorhanden sind (→ Interesse).

Im → Marxismus, aus dem der Begriff stammt, meint P. alle Formen der Parteinahme für eine der antagonistischen → Klassen und ist Ausdruck des Klassencharakters der Gesellschaft wie der Klassengebundenheit des Bewußtseins. Nach marxistischer Auffassung ist P. zugleich auch ein wissenschaftstheoretisches und wissenschaftspolit. Programm (*Klaus/Buhr* 1975). Im pluralistischen Wissenschaftsverständnis werden → Objektivität und P. nach dem Ende des Positivismus-Streits und im Zuge der → Postmoderne nicht mehr als Ggs., sondern zusehends als Spannungsverhältnis verstanden.
Die erkenntniskritische Diskussion um Objektivität hebt dabei v. a. die Standortgebundenheit des Forschers und seine interessengeleitete Perspektivität und Selektivität hervor. Sie kann sich auf *Max Weber* berufen, denn nach *Weber* (1956: 211 f.) gibt es «keine schlechthin objektive wiss. Analyse (...) der sozialen Erscheinungen unabhängig von speziellen und einseitigen Gesichtspunkten, nach denen sie – ausdrücklich oder stillschweigend, bewußt oder unbewußt – als Forschungsobjekt ausgewählt, analysiert und darstellend gegliedert werden». Oder sie kann anknüpfen an *J. Habermas* und seinen Untersuchungen zu «Erkenntnis und Interesse» (1968). Damit wird auf die Pluralität gesellschaftl. definierter Objektivitäten verwiesen – Objektivität als «gesellschaftl. Relationsbegriff», der auf historisch gesellschaftl. begründeter Übereinkunft beruht (*Narr* 1969: 32 f.).
Die veränderte Einschätzung von Objektivität und P. in der Geschichtswiss. kann dabei als exemplarisch für die Sozialwiss. in ihrer Gesamtheit gelten: So ist nach *R. Koselleck* (1977: 27) «Standortgebundenheit ... kein Einwand mehr, sondern Voraussetzung geschichtlicher Erkenntnis». Zugleich wird zunehmend die Existenz und Notwendigkeit

erkenntnisleitender Fundamentalprämissen anerkannt, die Hypothesen-, Paradigma- und Theoriebildung bestimmen, wobei nach *W. J. Mommsen* (1977) (a) dem jeweiligen Menschenbild, (b) der Vorstellung von sozialem Wandel, (c) der Zukunftserwartung eine besondere Bedeutung zukommt. Eine solche Sichtweise führt unausweichlich zu Standortgebundenheit, Perspektivität und interessengeleiteter Selektivität in den wiss. Fragestellungen. Nach *H. M. Baumgartner* (1977) konstituiert indessen auch die bewußte Praktizierung interessengeleiteter Forschung noch nicht den Tatbestand der P., solange im Wissenschaftsprozeß «(...) strukturell die Möglichkeit der Veränderung i. S. der Erweiterung und Verbesserung, die Möglichkeit also des Erkenntnisfortschritts eingebaut» ist. P. «ist demgegenüber fix und kennt keinen Fortschritt zu alternativen Standpunkten; ihre Programmatik ist im Ggs. zur Offenheit der *scientific community* und ihrer wiss. Theorien bzw. Aussagen in sich abgeschlossen» (*Baumgartner* 1977: 435).

4. In einer solchen Perspektive wird Wiss. dann parteilich, wenn (1) die Intersubjektivität nicht mehr gewährleistet ist, wenn (2) der Pluralismus der Positionen durch den Monismus einer Theorie abgeschafft zu werden droht, wenn (3) Wiss. allein darauf gerichtet ist, die objektiven Entwicklungstendenzen und Gesetzmäßigkeiten der Wirklichkeit «aufzudecken», wenn damit (4) Geschichte und (Geschichts-)Wiss. nicht mehr als offen, sondern als determiniert und endlich begriffen werden, wenn also «wiss. Revolutionen» *(Kuhn)* nicht mehr denkbar sind. P. des Forschers i. S. eines explizit gemachten Erkenntnisinteresses wird folglich erst dann zur P. von Wiss., wenn Wissenschaftspluralismus und Alternativen im Erkenntnisprozeß nicht mehr möglich sind.

→ Geisteswissenschaft; Hermeneutik; Ideologie/Ideologiekritik; Paradigma.

Lit.: *Baumgartner, H. M.* 1977: Die subjektiven Voraussetzungen der Historie und der Sinn von Parteilichkeit, in: *Koselleck, R.* u. a., 425–440. *Habermas, J.* [12]1999: Erkenntnis und Interesse, Ffm. (zuerst 1968). *Klaus, G./Buhr, M.* (Hrsg.) [13]1985: Philosophisches Wörterbuch, 2 Bde., Bln., (zuerst Lpz. 1964). *Koselleck, R.* u. a. (Hrsg.) 1977: Objektivität und Parteilichkeit in der Geschichtswissenschaft, Mchn. *Mommsen, W. J.* 1977: Der perspektivische Charakter historischer Aussagen und der Probleme von Parteilichkeit und Objektivität historischer Erkenntnis, in: *Koselleck, R.* u. a., 441–468. *Narr, W.-D.* 1969: Theoriebegriffe und Systemtheorie, Stg. *Spinner, H.* 1974: Pluralismus als Erkenntnismodell, Ffm. *Weber, M.* 1956: Die Objektivität sozialwissenschaftlicher und sozialpolitischer Erkenntnis, in: Archiv für Sozialwissenschaft und Sozialpolitik 19 (1904), 22–87, auch in: *ders.*: Soziologie. Weltgeschichtliche Analysen. Politik, Stg., 186–262. *Zetterberg, H. L.* [3]1973: Theorie, Forschung und Praxis in der Soziologie, in: *König, R.* (Hrsg.): Handbuch der empirischen Sozialforschung, Stg, Bd. 1, 103–160.

Rainer-Olaf Schultze

Parteipräferenz → Parteiidentifikation

Parteispenden → Parteienfinanzierung

Parteitypen, Konstrukte, die dazu dienen, die reale Parteienvielfalt zu vereinfachen und auf charakteristische Erscheinungsformen hin zu ordnen. Dies geschieht dadurch, daß einige wichtige Erkennungsmerkmale hervorgekehrt und dafür andere vernachlässigt werden.

Jeder Typus bildet insofern ein vereinfachtes Abbildungsmodell der Realität, das diese niemals vollständig und deckungsgleich erfaßt, aber eine Annäherung an die Wirklichkeit und Vergleiche ermöglicht. Parteitypen gehen gewöhnlich aus einem Klassifikationsschema hervor. Anhand von ausgewählten Vergleichskriterien wird ermittelt, wie sich Parteien typologisch unterscheiden und in ein Ordnungsschema einpassen lassen. Nimmt man beispielsweise das Kriterium des ideologischen Standorts, läßt sich nach «ideologischen Familien» (*v. Beyme*) bzw. nach Links-, Mitte- und Rechtsparteien klassifizieren. Unterscheidet man dagegen nach Arbeiter-, Bauern-, Mittelstands- und Unternehmerparteien, liegt dieser Klassifikation das Kriterium der gesellschaftl. Gruppenverankerung zugrunde. Am interessantesten sind Entwicklungstypologien, weil sie den Wandel nachzeichnen, den Parteien über mehrere Epochen hinweg durchmachen (*Grabow* 2000: 11 ff.).

So herrschen nach allgemeiner Ansicht in der Frühzeit des Parteiwesens – geschützt durch das Klassenwahlrecht – (1) Honoratiorenparteien vor. Sie setzten sich aus unverbundenen und unabhängig voneinander operierenden Komitees zusammen, die im wesentlichen mit den lokalen Notablen und einigen Besitzbürgern identisch waren. Ihre Aufgabe bestand darin, den Wahlkampf eines Parlamentariers bzw. Wahlkreiskandidaten zu organisieren, um dann die Parteiarbeit einschlafen zu lassen. Dieser rudimentären Wahlvereinsform von Partei kommen die frühen bürgerlich-liberalen Parteien nahe. Honoratiorenparteien sind auch auf den Begriff der «Komiteepartei» (*Duverger* 1959) und den der «liberalen Repräsentationspartei» (*Neumann* [3]1973) gebracht worden.

Aus der Einführung des Massenwahlrechts sind dann die (2) Massenparteien hervorgegangen, für die die SPD der Jahrhundertwende typologisch Pate stand. Massenparteien organisieren Hunderttausende von beitragsleistenden Mitgliedern in einem flächendeckenden Netz von Ortsgruppen (*Duverger*) und betreuen sie dauerhaft über ein aktives Parteileben. Redner, Agitatoren und eine vielfältige Parteipresse wirken auf die Mitglieder ideologisch ein. Auch soziales Umfeld und Anhänger werden weltanschaulich und sozial über ein dichtes Geflecht von Vorfeldvereinigungen erfaßt und an die Partei gebunden. Dies brachte *S. Neumann* dazu, von Massenintegrationsparteien zu sprechen. Ohne einen besoldeten Parteiapparat lassen sich diese weitläufigen Propaganda-, Mobilisierungs- und Integrationsaufgaben nicht erfüllen. Klassiker der Parteienforschung wie *M. Weber*, *R. Michels* und *M. Duverger* bewunderten die ideologische Geschlossenheit, Disziplin und straffe Führung der Partei, woraus auf deren flexible Schlag- und Kampfkraft geschlossen wurde. Dies ist aber nach *Michels* auch der Grund, warum demokratische Parteien unweigerlich dem «ehernen Gesetz der Oligarchie» anheimfallen würden.

Mit der aufkommenden Wohlstands- und Konsumgesellschaft nach dem II. Weltkrieg begann das Zeitalter der (3) → Volksparteien. Parteien älteren Typs blieb nichts anderes übrig, als sich ideologisch zu entschlacken und sich über ihre Stammilieus hinaus ungebundenen Wählergruppen zuzuwenden.

Seit geraumer Zeit diskutieren Parteienforscher darüber, inwieweit Parteien seit den 1970er Jahren erneut einen Strukturwandel durchmachen. Für *Katz* und *Mair* (1995) ist dies der Fall, und sie sehen die (4) Kartellpartei heraufziehen. Kartellparteien bilden für sie das Endstadium einer Entwicklung, bei der sich die Parteien Westeuropas gesellschaftlich losgelöst haben, um in den Staat einzudringen und schließlich von ihm als *«semi-state agencies»* absorbiert zu werden. Im Vollbesitz staatl. Regelungsmacht hätten sie sich – deshalb der Begriff Kartellpartei – über Regierungs- und Oppositionsgrenzen hinweg zusammengetan, um sich öffentl. Privilegien und Subventionen zuzuschanzen und um gleichzeitig Neuparteien am Zugriff auf dieses Selbstbegünstigungssystem zu hindern. Infolgedessen würde Parteienherrschaft selbstreferentiell und an gesellschaftl. Legitimationsbasis verlieren. Auf die Entwicklung in D übertragen, deutet manches beim Ausbau staatl. Parteienfinanzierung in der Tat auf ein Kartell hin (*Wiesendahl* 1999). Doch spricht der Erfolg der Grünen auch dafür, daß es mit den Abschottungshürden des Parteienoligopols aus CDU, CSU, FDP und SPD nicht so weit her gewesen sein konnte.

In der Wandlungsdebatte setzt *K. v. Beyme* (1997) den typologischen Akzent mehr auf die (5) Berufspolitiker- oder auch «Profi-Partei», die aus der Volkspartei hervorgehe. Wie schon der Name besagt, werde sie von der Dominanz der Berufspolitiker geprägt, die die Parteiressourcen für ihre Zwecke instrumentalisierten. Hauptaufgabe der Profi-Partei sei die Durchführung kapitalintensiver, hochspezialisierter Kampagnen, wozu das Spendenwesen und die Staatsfinanzierung weiter ausgebaut würden. Parteiaktive

würden dagegen nicht mehr gebraucht. Den Berufspolitikern gelänge es, über enge Beziehungen zu öffentl. und priv. Medien an der Partei vorbei direkt mit den Wählern zu kommunizieren. Deren Verhältnis zu den Parteien sei bindungsschwach, während umgekehrt sich die Parteien und die aus ihnen hervorgehende polit. Klasse «selbstreferentiell» von den Bürgern entfernen würden.
Erwähnenswert ist in diesem Zusammenhang schließlich noch der internat. breiter diskutierte Typ der *«electoral-professional party»* von *A. Panebianco* (1988: 264 f.). Er konzentriert sich auf den Aspekt, daß der alte Funktionärsapparat der Massenpartei mittlerweile von einer Gruppe von Wahlkampf- und Kommunikationsexperten verdrängt worden sei, was zu einer Umwandlung der älteren Massen- zu einer Wählerpartei geführt habe. Nur, so ist einzuwenden, wird die Rolle des Parteimanagements bei diesem Prozeß wohl erheblich überschätzt, weil in solchen strategischen Fragen nicht die Experten, sondern die gewählten Parteispitzen in Gestalt der Berufspolitiker das Sagen haben.
Auffallend an der gegenwärtigen Wandlungsdebatte ist, daß sie von Parteitypen beherrscht wird, die jeweils nur einen speziellen Aspekt (Eindringen in den Staat, Kartellbildung, Dominanz der Berufspolitiker, Aufstieg von professionellen Experten) herausgreifen und damit typologisch verabsolutieren. Besser wäre es, wenn die isolierten Einzelaspekte in einem komplexeren Parteityp aufgehen würden. Hierfür spricht auch die bemerkenswert große Schnittmenge zwischen dem Merkmalsprofil der Kartell-, Berufspolitiker- und Wählerpartei, was bei *v. Beyme* (2000: 34 ff.) so weit geht, daß er die letzten beiden begrifflich gleichsetzt. Gemeinsam ist allen dreien die Prämisse, daß sich Parteien gesellschaftlich losgelöst und unter dem Einfluß der aus ihnen hervorgehenden polit. Klasse verselbständigt hätten. Unter diesem Blickwinkel wäre das Ende der hergebrachten Mitglieder- und Programmparteien wirklich nicht mehr weit, was auf einen einschneidenden Bruch mit dem bisherigen Parteiwesen hinauslaufen würde.

Lit.: *Beyme, K. von* 1997: Funktionswandel der Parteien in der Entwicklung von der Massenmitgliederpartei zur Partei der Berufspolitiker, in: *Gabriel, O. W./Niedermayer, O./Stöss, R.* (Hrsg.), Parteiendemokratie in Deutschland, Bonn, 359–383. *Beyme, K. von* 2000: Parteien im Wandel. Von den Volksparteien zu den professionalisierten Wählerparteien, Wsb. *Duverger, M.* 1959: Die politischen Parteien, Tüb. *Grabow, K.* 2000: Abschied von der Massenpartei, Wsb. *Katz, R. S./Mair, P.* 1995: Changing Models of Party Organization and Party Democracy. The Emergence of The Cartel Party, in: Party Politics 1, 5–28. *Michels, R.* [4]1989: Zur Soziologie des Parteiwesens in der modernen Demokratie, Stg. (zuerst 1911). *Neumann, S.* [3]1973: Die Parteien der Weimarer Republik, Stg. *Panebianco, A.* 1988: Political Parties: Organization and Power, Camb. *Weber, M.* [3]1971: Gesammelte politische Schriften, hrsg. v. *J. Winkelmann*, Tüb. *Wiesendahl, E.* 1999: Die Parteien in Deutschland auf dem Weg zu Kartellparteien? in: *Arnim, H. H. v.* (Hrsg.): Adäquate Institutionen: Voraussetzungen für «gute» und bürgernahe Politik? Bln., 49–73.

Elmar Wiesendahl

Participant culture, partizipatorische → Politische Kultur, «reiner» Typ von aktiv in einem → Politischen System Teilnehmenden (→ Partizipation).

In Anlehnung an *Tocqueville* hat u. a. *Putnam* (2000) den Begriff → Sozialkapital geprägt, der eine aktive, von gegenseitigem Vertrauen geprägte u. in zahlreichen freiwilligen Vereinigungen organisierte polit. Kultur kennzeichnen soll.

Lit.: *Putnam,D.* (2000): Bowling Alone, Princeton; → Civic culture.

Dirk Berg-Schlosser

Partizipation (von spätlat. *participatio*), Beteiligung i. S. von Teilnahme wie Teilhabe, wobei (unterschiedlichen Demokratiemodellen bzw. → Politikbegriffen folgend) ein instrumentelles und ein normatives Verständnis polit. P. unterschieden werden kann.

1. Instrumentell bzw. zweckrational sind alle diejenigen Formen polit. Beteiligung, die Bürger freiwillig, individuell und/oder kollektiv im Verbund mit anderen unternehmen, um polit. Entscheidungen direkt oder indirekt zu ihren Gunsten zu beeinflussen. Es geht um Teilnahme, Wertberücksichtigung und Interessendurchsetzung. Adressaten sind, zumal in den → Repräsentativen Demokratien und unter den Bedingungen der *mass politics*, die polit. Entscheidungsträger in Regierung/→ Bürokratie, → Parlament und → Parteien auf den verschiedenen Ebenen des → Politischen Systems. Im normativen Verständnis ist P. nicht nur Mittel zum Zweck, sondern auch Ziel und Wert an sich. Es geht nicht nur um Einflußnahme und Interessendurchsetzung, sondern um Selbstverwirklichung im Prozeß des direkt-demokratischen Zusammenhandelns und um polit.-soziale Teilhabe in möglichst vielen Bereichen der → Gesellschaft. Ein solcher normativer Begriff von P. ist konsensorientiert, kommunitär und expressiv, der instrumentelle Partizipationsbegriff, dem marktliberalen Rationalitätsverständnis eng verwandt, hingegen konfliktorientiert.

2. Die Formen polit. P. sind vielfältig; sie reichen von der Teilnahme an → Wahlen über Hausbesetzungen bis hin zur → Gewalt gegen Personen und Sachen, von der Wahrnehmung von Mandaten in → Parteien bis zum → Zivilen Ungehorsam, z. B. in *Greenpeace*-Aktionen. Es ist typologisch zu unterscheiden (a) repräsentativ-demokratische von direkt-demokratischer P. (z. B.: Wahl, Parteimitgliedschaft vs. → Referendum, → Bürgerinitiative); (b) nach dem Grad der institutionellen Verankerung zwischen verfaßter und nicht-verfaßter P. (z. B. Wahl, Demonstration vs. Bürgerinitiative, Hausbesetzung); (c) nach dem Rechtsstatus zwischen legaler und illegaler P. (z. B. Streik vs. Hausbesetzung, Gewalt gegen Personen und Sachen); (d) nach dem Grad der öff. Anerkennung zwischen konventioneller und unkonventioneller P. (z. B. Wahl, Bürgerinitiative vs. Hausbesetzung). Die verschiedenen Formen stellen höchst unterschiedliche Anforderungen an den Bürger; sie variieren hinsichtlich der Komplexität, des Aufwandes und der Kosten, die mit dem Partizipationsakt verbunden sind, aber auch hinsichtlich der Betroffenheit und der Intensität, mit der ein polit. Ziel vertreten werden kann. Die Wahl ist dabei nicht nur die allgemeinste, sondern auch die einfachste und egalitärste Form polit. Beteiligung, während alle anderen Formen, insbes. direkt-demokratische P. wie z. B. die Mitarbeit in → Bürgerinitiativen, zwar eine nach Intensität abgestufte Beteiligung zulassen, aber auch mit einem (teilweise weit) höheren Maß an Engagement und Kosten verbunden sind.

3. In den industriellen Demokratien bestehen dabei trotz aller länderspezifischen Unterschiede vielfältige Ähnlichkeiten im Partizipationsverhalten der Bürger. Zu den gesicherten Ergebnissen der vergleichenden Partizipationsforschung zählen: (1) Polit. P., v. a. die Teilnahme an Wahlen, wird zwar je nach polit. Kultur unterschiedlich, doch generell und unverändert mehrheitlich als staatsbürgerliche Pflicht begriffen (→ Wahlbeteiligung). (2) Sie wird primär in instrumenteller Absicht praktiziert und ist (3) eng mit der individuellen Ressourcenausstattung des Bürgers verbunden. Partizipationsmöglichkeiten/-bereitschaft und Durchsetzungschancen steigen i. d. R. mit dem sozio-ökon. Status, mit Bildung, Beruf, Einkommen/Vermögen. (4) Dieses sog. Standardmodell polit. P. gilt für konventionelle wie unkonventionelle Beteiligung. (5) Allerdings lockern sich seit der «Partizipatorischen Revolution» (*M. Kaase*) der 1960/70er Jahre die strukturellen Determinanten und Milieubindungen der Partizipation. Einerseits wächst dadurch die Partizipationsbereitschaft, andererseits führt dies verstärkt zu Kosten-Nutzen-orientiertem individuellen Entscheiden und damit zur kurzfristigen und situationsbezogenen Abwägung, ob man sich überhaupt beteiligt und welche Formen für welches Ziel eingesetzt werden. (6) Hieraus resultiert ein deutlicher Rückgang konventioneller P., während unkonventionelle und direkt-demokratische Formen verstärkt praktiziert werden. (7) Zudem scheint es Zyklen im Partizipationsverhalten zu geben: Auf Phasen großen öff. Engagements folgt bei vielen der Rückzug ins Private. Diese Veränderungen kennzeichnen auch das Partizpationsverhalten in der BRD, das be-

stimmt ist von der Zunahme an unkonventioneller und direkt-demokratischer P. seit den 1970er Jahren und starkem Rückgang konventioneller P. seit den 1980er Jahren, insbes. bei → Wahlbeteiligung, → Parteiidentifikation und -mitgliedschaft.

Lit.: *Alemann, U. von* (Hrsg.) 1975: Partizipation – Demokratisierung – Mitbestimmung, Opl. *Barber, B.* 1984: Strong Democracy, Berkeley (dt. 1994). *Barnes, S. H./Kaase, M.* u.a. 1979: Political Action. Mass Participation in Five Western Democracies, Beverly Hills. *Hirschman, A. O.* 1984: Engagement und Enttäuschung, Ffm. (engl. 1982). *Kleinhenz, T.* 1995: Die Nichtwähler. Ursachen der sinkenden Wahlbeteiligung in Deutschland, Opl. *Klingemann, H.-D./Fuchs, D.* (Hrsg.) 1995: Citizens and the State, Ox. *Milbrath, L. W./Goel, M. L.* [2]1977: Political Participation, Chic. *Nohlen, D./Krennerich, M./Thibaut, B.* (Hrsg.) 1999: Elections in Africa, Ox. *Nohlen, D./Grotz, F./Hartmann, Chr.* (Hrsg.) 2001: Elections in Asia, 2 Bde., Ox. *Parry, G.* u.a. 1992: Political Participation and Democracy in Britain, Camb. *Schultze, R.-O.* 1995: Voting and Non-voting in German Elections, in: *Font, J./Virós, J.* (Hrsg.): Electoral Abstention in Europe, Barcelona, 85–112. *Uehlinger, H.-M.* 1988: Polit. Partizipation in der Bundesrepublik, Opl. *Verba, S.* u.a. 1978: Participation and Political Equality, Camb. *Verba, S.* u.a. 1995: Voice and Equality, Camb./Mass. u.a.

Rainer-Olaf Schultze

Passiver Widerstand → Widerstand/ Widerstandsrecht

Paternalismus (von lat. *paternus* = väterlich), Fachterminus für eine ungleiche soziale Beziehung, in der der dominante Partner (Individuen, Arbeitgeber, Gruppen, ggf. auch Repräsentanten des Staates) dem oder den sozial Schwächeren das Verhalten eines Familienvaters entgegenbringt.

Vom schwächeren Partner werden Vertrauen und Loyalität erwartet, vom «Vorgesetzten» als Preis für die Bevormundung und strukturell nicht mögliche Gleichberechtigung des «Untergebenen» ein Minimum an Fürsorgepflicht.

→ Klientelismus; Patrimonialismus.

Klaus Ziemer

Path analysis → Pfadanalyse

Patrimonialismus, eine Herrschaftsform, deren → Legitimität auf traditionellen Loyalitäten, personalen Beziehungen zwischen Herrscher und polit. → Eliten und materiellen Leistungen an die Herrschaftsunterworfenen in der Form des → Klientelismus gründet.

Im Mittelpunkt des → Politischen Systems steht nach *P. Pawelka* (1985) «ein Herrscher, der alle polit. Entscheidungen durch ein Netz personaler Beziehungen lenkt. Die führenden Politiker und Beamten sind direkt oder indirekt von der Person des Herrschers abhängig». Da das Verhalten des jeweiligen Machthabers eine außerordentliche Rolle spielt, verändert sich je nach Herrschaftsfigur das Muster der personalen Beziehungen zu den polit. Eliten und den Klientelsystemen in deren jeweiligen Zuständigkeitsbereichen (Staatsbürokratie, öff. Wirtschaftssektor). Einzelne Elitegruppen stehen in Konkurrenz zueinander und ringen um die Gunst des Machtinhabers. Dessen Fähigkeit, die Machtbalance zu erhalten (d.h. keine Gruppe zu sehr erstarken zu lassen), erweist sich als wesentlicher Stabilitätsfakor des patrimonialen Herrschaftssystems.

→ Autoritäre Regime.

Lit.: *Pawelka, P.* 1985: Herrschaft und Entwicklung im Nahen Osten: Ägypten, Hdbg.

Dieter Nohlen

Patriotismus → Verfassungspatriotismus

Patronage (von lat. *patronus* = Schutzherr), Schirmherrschaft, Günstlingswirtschaft. Kennzeichen der P. ist die Verfügungsgewalt der Patrone über öff. Ressourcen, die sie an ihre Anhänger verteilen können.

Patrone können dabei Individuen oder Organisationen sein, in Demokratien z. B. polit. → Parteien. → Patronageparteien haben v. a. dort günstige Voraussetzungen, wo die Trennung zwischen priv. und öff. Bereich und zwischen Rollen und Personen sowie die → Integration von sozial Unterprivilegierten (z. B. Immigranten in den USA in der ersten Hälfte des 20. Jh.) in das bestehende soziopolit. System nur unvollkommen ausgebildet ist. Patronagesysteme können kurz- und mittelfristig Unterstützung für konkrete Politiker und Parteien mobilisieren, tendieren aber langfristig dazu, das Vertrauen in bestehende polit. Systeme zu unterminieren.

→ Klientelismus.

Klaus Ziemer

Patronagepartei, Begriff aus der Parteienlehre, bezeichnet eine → Partei, bei der materielle oder personelle (Ämtervergabe) Anreize für Parteimitglieder, Anhänger oder Inhaber von Wahlämtern die Hauptmotivation des parteipolit. Engagements darstellen.

Die Wählerklientel wird durch materielle Gegenleistungen (Arbeitsplätze, Sozialleistungen, Subventionen, Steuererleichterungen etc.) für ihre Stimmabgabe belohnt. Ideologische, ideelle oder programmatische Gesichtspunkte treten dabei in den Hintergrund. Empirisch kamen P. in westeurop. Staaten zu einem frühen Zeitpunkt mit ausgeprägten gesellschaftl. Abhängigkeitsverhältnissen vor; sie bestanden als *«spoils system»* in den USA insbes. dort, wo eine Parteimaschinerie dominierte und Inhaber von Wahlämtern Verwaltungspositionen als Pfründe an ihre Anhänger vergeben konnten; außerdem findet man sie als «klientelistische Parteien» in vielen Staaten der → Dritten Welt und nach dem Zusammenbruch des → Sozialismus in Osteuropa.

→ Innerparteiliche Demokratie; Klientelismus; Parteitypen.

Lit.: *Kitschelt, H.* 1995: Formation of Party Cleavages in Postcommunist Democracies, in: Party Politics 1, 447–472. → Partei; Parteitypen.

Petra Bendel

Pattern maintenance, die Aufrechterhaltung von Systemstrukturen durch → Funktionen und/oder → Institutionen, die zur sozialen und kulturellen Stabilisierung notwendig sind.

P. m. gehört im → AGIL-Schema von *T. Parsons* zur L-Funktion. Hinsichtlich der von *Parsons* unterschiedenen → Subsysteme ist ein hierarchischer Aufbau erkennbar, denn das kulturelle Wertsystem als semantisch-symbolischer Komplex ist maßgeblich an der Prägung der sozialrelevanten Normenstrukturen beteiligt, auf die hin sich, unterstützt durch Sanktionen, die Bedürfnisausrichtungen personaler Systeme zu beziehen haben. Hierbei ist → Institution bzw. Institutionalisierung der Brückenbegriff, der eine tendenzielle Kongruenz von Motivation und Wertsystem fordert und am Basisaxiom der normativen → Integration wie der Stabilisierung von Systemstrukturen festgemacht ist. Soziale → Normen verdanken ihre Persistenz daher zugleich der Internalisierung im personalen wie der Institutionalisierung im sozialen System und sind beiderseits vom kulturellen Wertsystem abgenommen.

→ Funktion/Funktionalismus; Latency/Latenz; Pattern variables; Systemtheorie.
Lit.: → AGIL-Schema.

Arno Waschkuhn

Pattern variables, «Mustervariablen» im → Strukturfunktionalismus von *T. Parsons*. Es handelt sich um fünf dichotome Begriffspaare, die hinsichtlich unterschiedlicher Aspekte des Handelns entgegengesetzte Bewertungs- oder Orientierungsalternativen zum Ausdruck bringen.

Es sind dies: (1) Affektivität oder affektive Neutralität, (2) Kollektiv- oder Selbstorientierung, (3) Partikularismus oder Universalismus, (4) Diffusität oder Spezifizität, (5) Anerkennung durch traditionelle Zuschreibung oder durch tatsächliches Leistungsverhalten. Die *p. v.* als alternative Interaktionsmuster sind in Analogie zu *F. Tönnies* Wahldilemmata im Kontinuum von → Gesellschaft und Gemeinschaft bzw. Unterscheidungen entlang der «mechanischen» und «organischen Solidarität» bei *E. Durkheim.*

→ Gemeinschaft; Funktion/Funktionalismus; Solidarität; Systemtheorie.

Lit.: *Merton, R.K.* 1995: Soziologische Theorie und soziale Struktur, Bln. u. a. *Parsons, T.* 1960: Pattern Variables Revisited, in: ASR 25, 467–483.

Arno Waschkuhn

Pazifismus, Bezeichnung für polit. Bewegungen, deren utopische → Ideologie seit dem 19. Jh. die gewaltlose Verwirklichung einer inner- wie zwischenstaatl. Friedensordnung zum obersten Prinzip erhebt.

Die unterschiedlichen Strömungen des P. – von den religiösen Sekten der Mennoniten und Quäker über die Lehren *Albert Schweitzers, Mahatma Gandhis* und *Martin L. Kings* bis zur Friedensbewegung der 1980er Jahre – berufen sich auf die christliche Tradition der Bergpredigt wie auf idealistische und humanistische Inhalte der Aufklärung. Gemeinsam ist ihnen die Ablehnung jeglicher individueller wie staatl. Gewaltanwendung. Noch die Vorbereitung zur Selbstverteidigung unterliegt dem Verdikt potentieller Gewalttätigkeit. Denn das Ziel, → Krieg und → Gewalt aus der Welt zu schaffen, ist für den P. keinesfalls durch den Einsatz militärischer und polizeistaatl. Mittel, sondern allein über die individuelle Tugend der Gewaltlosigkeit zu erreichen. Als legitime polit. Aktionsformen gelten → Demonstration und → Ziviler Ungehorsam. Die → Gesinnungsethik des P. scheitert aber – wie die Friedensbewegung im Zusammenhang des Golfkrieges wie des Bürgerkrieges in Ex-Jugoslawien erkennen mußte – in ihrem humanitären Anliegen, den Menschen → Frieden und → Sicherheit zu bescheren, angesichts ihrer Ohnmacht gegenüber eventuellen Aggressoren.

Lit.: *Holl, K.* 1988: Pazifismus in Deutschland, Ffm. *Narr, W.-D.* 1991: Streitbarer Pazifismus! Friedenspolitik und Friedensbewegung nach dem Golfkrieg, Sensbachtal.

Günter Rieger

Peacekeeping (engl. für Friedenserhaltung), bezeichnet i. d. R. die friedliche Intervention internat. Friedenstruppen der UN (sog. Blauhelme) in einen bewaffneten → Konflikt, um nach vereinbarter Waffenruhe weitere Gewalttätigkeiten zu verhindern.

In der UN-Charta ist das Instrumentarium nicht erwähnt, seine völkerrechtliche Grundlage bilden der allg. Friedenssicherungsauftrag der UN und das Recht des Sicherheitsrates, gemäß Art. 29 UN-Charta Nebenorgane einzusetzen. In Ermangelung einer allg. anerkannten → Definition und vor dem Hintergrund veränderter Funktionen v. a. nach dem Ost-West-Konflikt werden vier Dimensionen (auch «Generationen») des P. unterschieden: (1) Klassisches P., d. h. die Stationierung von UN-Militärbeobachtern und die Bildung von Pufferzonen v. a. in zwischenstaatl. Konflikten. Dies beruht auf mehreren, in der Praxis entwickelten, Prinzipien: → Konsens aller Beteiligten; Unparteilichkeit; Verzicht auf Gewaltanwendung; Waffenstillstand als Voraussetzung; Truppen neutraler Staaten. (2) Einsätze zur Friedenskonsolidierung in innerstaatl. Konflikten, in denen mit Hilfe zivilen Personals auch Kriegsfolgen beseitigt und Prozesse der → Demokratisierung begleitet werden. (3) Robustes P., also solche Einsätze, die vom Konsensprinzip abweichen und militärische Erzwingungsmaßnahmen beinhalten (*peace enforcement*). (4) Eine weitere Neuerung des P. stellen präventive Truppenstationierungen und rein zivile Wahlbeobachtermissionen dar.

→ Frieden; Intervention; Krieg.

Lit.: *Bardehle, P.* 1991: Internationale Konsensbildung: UN Peacekeeping als Musterfall für internationalen Konsens und seine

Entstehung, Baden-Baden. *Bertram, E.* 1995: Reinventing Governments. The Promise and Perils of United Nations Peacebuilding, in: JPR 39, 387–418. *Erhard, H.-G./Klingenburg, K.* 1996: UN-Friedenssicherung 1985–1995: Analysen und Bibliographie, Baden-Baden. *Freudenschuß, H.* 1993: Drei Generationen von Friedensoperationen der Vereinten Nationen: Stand und Ausblick, in: Österreichisches Jb. für Internationale Politik 10, 44–72. *Hufnagel, F.-E.* 1996: UN-Friedensoperationen der zweiten Generation, Bln. *James, A.* 1990: Peacekeeping in International Politics, L. *Kühne, W.* (Hrsg.) 1993: Blauhelme in einer turbulenten Welt, Baden-Baden.

Andrea Liese

Perestrojka (russ. für Umbau, Umgestaltung), (Selbst-)Bezeichnung für die Politik des innen- und außenpolit. Politikwechsels in der Sowjetunion nach 1985.

Angesichts der wirtschaftl. Stagnation Anfang der 1980er Jahre propagierte der neue Generalsekretär der KPdSU (1985–91) *M. Gorbatschow* zunächst eine Beschleunigung (*uskorenie*) des Wirtschaftswachstums. Als sich diese ohne grundlegende polit. → Reformen als undurchführbar erwies, folgte der (Teil-)Umbau (*perestrojka*) des polit. Systems, zu dem u. a. eine größere Transparenz (*glasnost*) des öff. Lebens zählte. Die durch diese Prozesse entfaltete Dynamik erwies sich als nicht mehr ausreichend steuerbar. Außenpolit. begünstigte die im Zuge des Neuen Denkens vorgenommene Aufgabe der *Breschnew*-Doktrin den Verlust des sowjetischen Hegemonialbereichs in Ostmittel- und Südosteuropa. Innenpolit. unterschätzte *Gorbatschow* die durch die Nationalitätenproblematik und die mangelnde → Autonomie der Unionsrepubliken in einigen Republiken (zunächst v. a. im Baltikum) freigesetzten zentrifugalen Tendenzen, so daß nach dem dilettantischen Putschversuch vom August 1991, der eigtl. den Bestand der Sowjetunion sichern sollte, die UdSSR bis Ende 1991 implodierte.

→ Systemwechsel.

Lit.: *Brown, A.* 2000: Der Gorbatschow-Faktor. Wandel einer Weltmacht, Ffm./Lpz. *Hough, J. F.* 1997: Democratization and Revolution in the USSR. 1985–1991, Washington, D. C. *Kotz, D. M./Weir, F.* 1997: Revolution from Above. The Demise of the Soviet System, L. u. a.

Klaus Ziemer

Performanz, Begriff aus der → Systemtheorie, bezeichnet die vom → Politischen System durchgesetzten Entscheidungen und materialen Leistungen. P. ist eine Beziehungsgröße zwischen eingesetzten → *Inputs* (dem in das polit. System eingebrachten Aufwand, Kosten) und → *Output* (die tatsächlich vollzogenen Maßnahmen).

Als Kriterien kommen v. a. Dauerhaftigkeit, Gewährleistung für die → Sicherheit der Mitglieder, → Legitimität, → Integration von Gruppen mit gegensätzlichen → Interessen, funktional-adaptive Entscheidungsprozesse, relativ effiziente und effektive → Staatstätigkeit, Verteilungsgerechtigkeit, Wahlfreiheit und -chancen (Optionalität) sowie Lernfähigkeit (Kreativität) in Betracht. Für demokratietheoretische Messungen sind ferner die Wettbewerbsintensität der polit. → Partizipation, die Offenheit des Prozesses der Rekrutierung von Amtsinhabern, die Begrenzungen der Exekutive (Machtkontrolle) und ermittelte Werte der polit. Kulturforschung heranzuziehen. Die P. dient dem polit. System als → *Feedback*, um zu entscheiden, ob die Steuerungsinstrumente zielwirksam eingesetzt wurden. Die Absicht ist, einen möglichst nicht normativ vorstrukturierten Maßstab zur *evaluation* (→ Evaluierung) des polit. Handelns zu gewinnen.

→ Input-output-Analyse.

Lit.: *Easton, D.* ^{3}1979: A Systems Analysis of Political Life, Chic. (zuerst 1965).

Arno Waschkuhn

Periodeneffekt → Generationseffekt; Persistenzthese

Peripherer Kapitalismus, Begriff zur Bezeichnung der spezifischen Struktur des → Kapitalismus in den Entwicklungsländern, im Ggs. zum metropolitanen Kapitalismus der Industrieländer.

1. Bei *D. Senghaas* (1974), Autor der Theorie des p. K., welche die Unterentwicklung als «ein sich historisch entfaltendes, integrales Moment des von kapitalistischen Metropolen dominierten internat. Wirtschaftssystems und damit der internat. Gesellschaft» begriff und demnach die Entwicklung der Industrieländer und die Unterentwicklung der Entwicklungsländer als komplementäre Prozesse erfaßte, hat der p.K. folgende defizitorientierte Merkmale: (1) relativ stagnierende → Produktivität im nicht-exportorientierten landwirtschaftl. Sektor (Unterversorgung); (2) Fehlen bzw. stagnative Entwicklung der Produktion von Massenkonsumgütern im Ggs. zu einer z. T. florierenden Produktion von Luxuskonsumgütern (Spiegel der Einkommensstruktur); (3) Fehlen bzw. stagnative Entwicklung eines eigenständigen Produktionsgütersektors (technologische Abhängigkeit); (4) als Resultat von (1) – (3): mangelnde Rückkopplung einer Herstellung von Produktionsgütern mit einer Produktion von Massenkonsumgütern unter Eingliederung des landwirtschaftl. Sektors. Als Strategie zur Überwindung des p. K. empfahl *Senghaas* die → Dissoziation.
2. *R. Prebisch* (1981) sah den p. K. stärker von ungenügender Kapitalakkumulation und -investition für produktive Zwecke als Folge interner polit. Machtkalküle in den Entwicklungsländern bestimmt. Die Versuche der Transformation der ökon. und sozialen Strukturen würden polit. abgeblockt. Zur Überwindung der für den p.K. typischen Akkumulations- und Distributionsprobleme sei deshalb die Transformation der internen Machtverhältnisse erforderlich. Da Dissoziationsstrategien letztendlich auch nicht ohne polit. Umwälzungen revolutionären Ausmaßes umzusetzen sind, gelangten beide Theoretiker des p. K. zu ziemlich identischen Schlußfolgerungen.

Lit.: *Nohlen, D.* 1999: Raúl Prébisch, in: E + Z 40 (11), 316–319. *Prébisch, R.* 1981: Capitalismo periférico. Crisis y transformación, Mexiko. *Senghaas, D.* (Hrsg.) 1974: Peripherer Kapitalismus, Ffm.

Dieter Nohlen

Peripherie → Zentrum-Peripherie-Modell

Persistenzthese (von lat. *persistere* = fortdauern), eine der Grundannahmen der polit. Sozialisationsforschung (→ Politische Sozialisation), die von der Dauerhaftigkeit von Basisorientierungen, polit. Einstellungen und Verhaltensweisen ausgeht. Strittig sind dabei die Fragen nach Art und Reichweite konstanter Einstellungen sowie nach dem Zeitraum, in dem sich diese herauskristallisieren.

1. Auf dem persönlichkeitstheoretischen → Paradigma, das die frühkindliche Herausbildung relativ beständiger Persönlichkeitszüge, zu denen polit. Grundeinstellungen gehören, annimmt, basiert die von *E. Greenstein* (1965) formulierte These des «frühen Lernens». Damit sind folgende Annahmen verbunden: (1) das Vorrangsprinzip der frühkindlichen Sozialisation, (2) die Kristallisationsthese, die davon ausgeht, daß sich die in der frühen Kindheit erworbenen Einstellungen etwa bis zum 13./14. Lebensjahr zu einem System aus polit. Grundüberzeugungen verfestigen, und (3) das Strukturierungsprinzip, das die Beeinflussung der Wahrnehmungen der polit. Umwelt im Erwachsenenalter durch die in der Kindheit internalisierten Grundüberzeugungen voraussetzt (vgl. *Hess/Torney* 1968).
2. Von einer formativen Phase im Jugendalter (ca. 14. bis 25. Lebensjahr) gehen die Generationentheoretischen Ansätze polit. Sozialisationsforschung aus. Die Herausbildung polit. Grundüberzeugungen in der Adoleszenz ermöglicht erst die Entstehung von durch gemeinsame Schlüsselerlebnisse verbundenen → Politischen Generationen, da sie im Ggs. zur frühkindlichen Sozialisation als bewußter, kognitiver Lernprozeß

und beeinflußt durch die soziale und polit. Umwelt des Jugendlichen erfolgen kann (vgl. *Fogt* 1982). Diese Annahmen bilden auch die Basis für die von *R. Inglehart* formulierte Variante des → Wertewandels, da eine dauerhafte Durchsetzung postmaterieller Werte in den Wohlstandsgenerationen westl. Industriegesellschaften die Persistenz der im Jugendalter erworbenen Einstellungen voraussetzt (→ Postmaterialismus).

3. Die These vom Vorrang der frühkindlichen Sozialisation ist heute nicht mehr haltbar; selbst ihren Befürwortern gelang der empirische Nachweis nicht (vgl. *Searing* u. a. 1973). Größere Plausibilität kann die generationentheoretische Variante der P. beanspruchen, zumal sie die Anbindung des Sozialisationsprozesses an die gesamtgesellschaftl. Entwicklung ermöglicht. Allerdings wird auch bei ihr die Vernachlässigung der sekundären Erwachsenensozialisation kritisiert (→ Lebenszykluseffekt).

Lit.: *Fogt, H.* 1982: Polit. Generationen, Opl. *Greenstein*, E. 1965: Children and Politics, New Haven. *Hess, R. D./Torney, J. V.* 1968: The Development of Political Attitudes in Children, NY. *Searing, D. D.* u. a. 1973: The Structuring Principle: Political Socialization and Belief Systems, in: APSR 67, 415–432; → Generation; Politische Sozialisation.

Rainer-Olaf Schultze

Personalisierte Verhältniswahl, kombiniertes → Wahlsystem, das den Entscheidungsmaßstab der → Mehrheit mit dem Repräsentationsprinzip der Verhältniswahl verbindet. Die p. V. ist demnach ein Verhältniswahlsystem, kein Mischsystem. Personalisiert ist sie insofern, als sie dem Wähler in Einerwahlkreisen die Auswahl zwischen Personen, die nach der Mehrheit gewählt werden, gestattet.

In der BRD, in der dieser Wahlsystemtypus zuerst angewandt wurde, hat der Wähler zwei Stimmen. Mit der Erststimme wählt er in Wahlkreisen, deren Zahl der Hälfte der Parlamentsmandate entspricht, einen Wahlkreiskandidaten, mit der Zweitstimme die (starre) Landesliste einer Partei. Die Verteilung der Gesamtzahl der Mandate erfolgt auf Bundesebene entspr. dem Gesamtstimmenanteil der Parteien unter Anwendung des → Verrechnungsverfahrens → *Hare-Niemayer*. Es gilt eine → Sperrklausel von fünf Prozent, die durch die → Grundmandatsklausel von drei Direktmandaten unterlaufen werden kann. Nachdem feststeht, wieviele Mandate eine Partei erhält, werden diese Mandate parteiintern unter erneuter Anwendung von *Hare-Niemayer* proportional den Landeslisten der Parteien zugeteilt. Von dieser Zahl werden die jeweils errungenen Direktmandate abgezogen; die restlichen Mandate fallen den Bewerbern auf den jeweiligen Landeslisten zu. Haben Parteien in den Wahlkreisen mehr Direktmandate erzielt, als ihnen proportional zustehen (sog. → Überhangmandate), so bleiben ihnen diese erhalten und werden nicht ausgeglichen. Demnach bestimmt der Wähler durch seine Erststimme die individuelle Zusammensetzung der Hälfte des Bundestages, jedoch ohne dadurch im Prinzip (sieht man von den in der BRD auf Bundesebene möglichen Überhangmandaten ab) die parteipolit. Zusammensetzung des Parlaments zu beeinflussen. Darin liegt das Typische der p. V. begründet, während in Details Variationen möglich sind, wie sie in der BRD in einigen Landtagswahlsystemen und internat. bei Einführungen der p. V. auftreten (etwa betreffend das Verhältnis von Direkt- und Listenmandaten, die Verteilung der Mandate auf nat. Ebene oder auf Mehrpersonenwahlkreise, Verrechnung oder Ausgleich von Überhangmandaten). Ein weiterer wichtiger (verfassungsrechtlicher) Gesichtspunkt ist, daß die p. V. als kombiniertes Wahlsystem weder eine reine Verhältniswahl ist noch als solche historisch intendiert war, so daß die strikte, dogmatische Anwendung des Proporzgebots fehlgeht. Die p. V. versucht, unterschiedlichen Funktionsanforderungen an Wahlsysteme einigermaßen ausgewogen gerecht zu werden, und kann diese Funktionsleistung nur erbringen, wenn eine einzige Zielsetzung nicht zum alleinigen Prinzip ihrer Funktionsweise erhoben wird.

Lit.: *Nohlen, D.* [3]2000: Wahlrecht und Parteiensystem, Opl. → Wahlsysteme.

Dieter Nohlen

Petitionen, historisch Bitten bzw. Bittschriften der Stände, später der → Parlamente gegenüber dem Monarchen; im demokratischen Verfassungsstaat ein → Grundrecht.

Es steht in D gem. Art. 17 GG jedem als einzelnem oder in Gemeinschaft zu. Adressat der Bitten oder Beschwerden sind → Parlamente und → Exekutiven, so daß P. Instrumente des bürgerlichen Rechtsschutzes wie der Initiative und Kontrolle gegenüber Gesetzgebung und Verwaltung sind. I. d. R. richten Parlamente Petitionsausschüsse ein (dem Bundestag ist dies im GG sogar vorgeschrieben), die – dem Zweck des → Ombudsmannes verwandt – die P. sachlich prüfen, Auskunft und Rat erteilen sowie ggf. die zuständigen Stellen um Änderung oder Revision ihrer Entscheidung ersuchen.

Suzanne S. Schüttemeyer

Pfadabhängigkeit (engl. *path dependence*), aus der Wirtschaftswiss. und der Technologieforschung in die Sozial- und v. a. die Politikwiss. übernommener Begriff zur Erklärung dauerhafter Institutionenstabilität und/oder begrenzter Handlungsspielräume und Veränderungsmöglichkeiten institutioneller Akteure entlang des durch die jeweiligen Entstehungsbedingungen vorgebenen Entwicklungsweges.

1. U. a. am Beispiel der (QWERTY-)Schreibmaschinentastatur ist gezeigt worden, daß einmal eingeführte Techniken selbst dann beibehalten werden, wenn effizientere technologische Lösungen zur Verfügung stehen, da die kurzfristigen Kosten jeglichen Neuanfanges erheblich sind und aufgrund der steigenden Innovationskosten der Nutzen, auf dem eingeschlagenen Pfad zu verbleiben, mit jedem weiteren Entwicklungsschritt zu wachsen verspricht (*increasing returns*; vgl. *David* 1985; *Arthur* 1994). Analoges gilt auch für den Institutionenwandel in der Politik (vgl. *North* 1990).

2. Gerichtet gegen ahistorisch-generelle Erklärungsansprüche in den Sozialwiss., etwa des → Behavioralismus auf der Mikroebene oder der → Systemtheorie und des → Funktionalismus auf der Makroebene, bildet die These von der P. ein wichtiges Element des politikwiss. → Neo-Institutionalismus und signalisiert nicht nur, aber insbes. in der US-amerikan. Sozialwiss. so etwas wie eine «historische Wende» (vgl. *Pierson* 2000). Die These von der P. unterstreicht u. a. folgende Tatbestände: (1) Die Kontextgebundenheit aller polit. Institutionen, ihrer Entstehung wie ihres Wandels. (2) Die Abhängigkeit des nachfolgenden polit. (Institutionen-)Wandels von den Ausgangs- und Entstehungsbedingungen und im Rahmen des dadurch vorgegebenen und begrenzten Pfades. Anpassungs- und Modernisierungsreformen sind damit die Regel, Strukturwandel die Ausnahme im Politikprozeß, zumal unter den Bedingungen «normaler Politik» (→ Paradigma). (3) Den Einfluß der hohen Innovationskosten und des polit.-institutionellen Nutzens als Erklärungsfaktor für das ausgeprägte Beharrungsvermögen der polit. Akteure – mit der Konsequenz, daß vielfach an weniger effizienten Lösungen festgehalten wird, und zwar auch dann, wenn diese von den Akteuren selbst als ineffizient angesehen werden. Ein bes. anschauliches Bsp. für institutionelle P. und damit Stabilität, aber auch Beharrungsvermögen und Lösungsineffizenz ist der dt. → Intrastaatliche Föderalismus, der durch das historisch überkommene Bundesratsprinzip und den daraus entstandenen Beteiligungsföderalismus der Landesregierungen (→ Politikverflechtung) bestimmt ist (vgl. *Lehmbruch* 2000; *Schultze* 2000).

3. Neu ist die These von der institutionellen P. allerdings nicht. Historisch-deskriptiv basierte Analysen der Vergleichenden Politikwiss. bzw. Polit. Soziologie haben stets die Bedeutung der «formativen Ereignisse» und der «kritischen Weggabelungen» für den Prozeß des polit.-sozialen Wandels herausgestrichen: Sie haben die verschiedenen Pfade kapitalistischer Entwicklung (vgl. *Moore*

1969; *Rüschemeyer* 1992), die Vielfalt in den Prozessen des → *Nation-building*, die unterschiedlichen Baupläne → Politisch-administrativer Systeme und ihre institutionelle Stabilität (vgl. *Evans* 1985), die Konstanz in den → *Cleavages* des → Wählerverhaltens und das «Einfrieren» der → Parteiensysteme (vgl. *Lipset/Rokkan* 1967) oder Wahlsysteme (*Nohlen* 1984) mit den jeweiligen Entstehungskontexten erklärt. Ihre polit. Aktualität gewinnt die These von der P. zu Beginn des 21. Jh. aus den tatsächlichen wie vermeintlichen Handlungsrestriktionen der Politik als Folge des globalen ökon.-technologischen Wandels und dem damit verbundenen Mangel an Reformprojekten bzw. Programmalternativen der polit. Akteure. Ihre aktuelle wiss. Relevanz steht im Zusammenhang mit der Kritik eines historisch-inspirierten Institutionalismus an dem Reduktionismus allgemeiner → Entwicklungstheorien (vgl. *Nohlen* 1999; *Pierson/Skocpol* 2000) oder auch modischer *Posthistoire*-Thesen (→ Postmoderne und Politik). Die These von der P. kann damit einen wichtigen Ausgangspunkt für historisch vergleichende Untersuchungen zur Frage von Stabilität und Wandel → Politischer (Gesamt- wie Teil-)Systeme und zu den Handlungs- und Reformspielräumen von Politik liefern, sofern solche Analysen nicht den Gefahren des Status-quo-Denkens erliegen und dadurch den Kräften eines interessengeleiteten polit. Attentismus Vorschub leisten.

→ Akteurzentrierter Institutionalismus; Föderalismus; Kontext; Institutionen/Institutionentheoretische Ansätze; Reform; Staatszentrierte Ansätze.

Lit.: *Arthur, W. B.* 1994: Increasing Returns and Path Dependence in the Economy, Ann Arbor. *David, P. A.* 1985: Clio and the Economics of QWERTY, in: AER 75, 332–337. *Evans, P. B. u. a.*(Hrsg.) 1985: Bringing the State Back In, Camb. *Hall, P. A.* 1999: The Political Economy in an Era of Interdependence, in: *Kitschelt, H. u. a.* (Hrsg.): Change and Continuity in Contemporary Capitalism, Camb., 135–163. *Lehmbruch, G.* 2000: Bundesstaatsreform als Sozialtechnologie: Pfadabhängigkeit und Veränderungsspielräume im deutschen Föderalismus, in: Jahrbuch des Föderalismus 2000, Baden-Baden, 71–93. *Levi, M.* 1997: A Model, a Method, and a Map. Rational Choice in Comparative and Historical Analysis, in: *Lichbach, M. I./Zuckerman, A. S.* (Hrsg.): Comparative Politics: Rationality, Culture, and Structure, Camb., 19–41. *Lipset, S. M./Rokkan,S.* 1967: Party Systems and Voter Alignments, NY. *Moore, B. jr.* 1969: Soziale Ursprünge von Diktatur und Demokratie, Ffm. (engl. 1966). *Nohlen, D.* 1984: Changes and Choices in Electoral Systems, in: *Lijphart, A./Grofman, B.* (Hrsg.): Choosing an Electoral System, NY. *Nohlen, D.* 1999: Sistema de gobierno, sistema electoral y sistema de partidos políticos, México. *North, D. C.* 1990: Institutions, Institutional Change and Economic Performance, Camb. *Pierson, P.* 1996: The Path to European Integration. A Historical Institutionalist Analysis, in: CPS 29, 123–163. *Pierson, P.* 2000: Increasing Returns, Path Dependency, and the Study of Politics, in: APSR 94, 251–267. *Pierson, P./Skocpol, T.* 2000: Historical Institutionalism in Contemporary Political Science, (Paper, prepared for preseantation at the APSA meetings/Washington, D. C.; http://pro.harvard.edu/abstracts/000/000008 PiersonPan.htm) *Rüschemeyer, D. u. a.* 1992: Capitalist Development and Democracy, Chic. *Schultze, R.-O.* 2000: Indirekte Entflechtung: Eine Strategie für die Föderalismusreform, in: ZParl 31, 681–698. *Sewell, W. H.* 1996: Three Temporalities. Toward an Eventful Sociology, in: *McDonald, T. J.* (Hrsg.): The Historic Turn in the Human Sciences, Ann Arbor, 245–280.

Rainer-Olaf Schultze

Pfadanalyse, ein multivariates statistisches Verfahren zur theoretisch angeleiteten Prüfung, Beschreibung und → Erklärung von Abhängigkeitsbeziehungen zwischen (a) einer zu erklärenden Variable (Ziel-Variable) und einer Reihe von erklärenden Variablen (Prädiktor-Variablen) und (b) zwischen den einzelnen erklärenden Variablen (auch Kausal- oder Dependenz-Analyse genannt, engl. *path analysis).*

Die P. beruht auf einer Reihe hintereinandergeschalteter → Regressionsanalysen. Sie unterscheidet sich von herkömmlichen Regressionsanalysen u. a. durch den potentiell größeren Komplexitätsgrad sowie durch die Möglichkeit, sowohl die von einer Variable ausgehenden direkten Effekte wie auch die indirekten (über andere dazwischengeschaltete Variablen wirkenden) Effekte zu identifizieren.

Die P. werden v. a. für folgende Zwecke verwendet: (1) Entwicklung und Prüfung komplexer probabilistischer Kausalmodelle mit mehreren unabhängigen und intervenierenden Variablen, die sowohl exogener (d. h. vorgegebener, im → Modell nicht weiter auf Bestimmungsfaktoren hin untersuchter) als auch endogener Natur (d. h. von modellimmanenten Bestimmungsfaktoren geprägt) sein können; (2) Identifizierung des Gesamteffekts, der von den einzelnen Prädiktor-Variablen auf direktem oder indirektem Wege ausgeht; (3) Tests auf sog. → Scheinkorrelationen und (4) Prüfung von Meßfehlern.

Der erste Schritt einer P. ist der Entwurf eines theoretisch begründeten Modells, in das – Verfügbarkeit entspr. Daten vorausgesetzt – alle in Frage kommenden Determinanten einer letztlich zu erklärenden Größe aufgenommen und in eine Kausalordnung gebracht werden. Im nächsten Schritt wird das Modell in eine Reihe von mathematischen Regressions-Gleichungen übersetzt. Im dritten Schritt werden die Gleichungen anhand des Datenmaterials der Variablen ausgerechnet. Man erhält somit Schätzungen der Stärke und der Richtung der direkten und indirekten Effekte, die von den einzelnen Variablen ausgehen, sowie ihrer Signifikanz. Mit diesen Größen wird im vierten Schritt geprüft, ob und in welchem Ausmaß sich die im Kausalmodell postulierten Beziehungen aufrechterhalten lassen. Variablen mit nichtsignifikanten Effekten werden im fünften Schritt i. d. R. fallengelassen, bei dem die erklärungskräftigen Variablen in einem erneuten Durchgang durch die ersten vier Stadien analysiert werden (ggf. unter begründeter Heranziehung zusätzlicher Wirkfaktoren).

P. haben in allen Bereichen der empirisch-analytischen Politikwiss. Verwendung gefunden. Sie eignen sich im Prinzip sehr gut für theorieorientierte empirische Forschung, weil sie den Forscher zwingen, komplexere und theoretisch begründete Hypothesen-Ketten und -Modelle zu entwickeln und zu testen.

→ Kausalität; Multivariate Statistik/Mehrvariablen-Analysen; Wahrscheinlichkeitsverteilungen.

Lit.: *Asher, H. B.* 1976: Causal Modeling, Beverly Hills/L. *Opp, K.-D./Schmidt, P.* 1976: Einführung in die Mehrvariablenanalyse, Rbk.

Manfred G. Schmidt

Phänomenologie/phänomenologische Methode, allg. die Lehre von den Erscheinungen. P. weist extrem unterschiedliche Sinnverständnisse auf: (1) Ausgehend von Erscheinungen als jeweils erfahrbarem Gegenständlichem, also empirischen Phänomenen, ist P. darauf gerichtet, das jeweils Gegebene zu beschreiben (deskriptive P.). Sie versteht sich als radikaler → Empirismus und fordert, «zu den Sachen selbst» vorzustoßen, d. h. sich von aller vorhergefaßten → Theorie zu lösen und unvoreingenommen die Phänomene als empirische Erscheinungen zu beschreiben. (2) Ausgehend von der Unterscheidung zwischen äußerlich zufälligen Eigenschaften und dem Wesen von Erscheinungen, versucht P., das verborgene Wesen, den Logos, die Vernunft etc. in Erscheinung treten zu lassen. Beispielhaft für dieses Verständnis ist *Hegels* «Phänomenologie des Geistes» (1806), die P. als Lehre der Äußerungsformen des absoluten Geistes in der dialektischen Aufwärtsbewegung des menschlichen Bewußtseins, darstellt.

1. Begründer der wesenswiss. (oder eidetischen) P. ist E. *Husserl,* dessen phänomenologische Methode (p. M.) auf drei Reduktionen beruht: (1) Die p. Reduktion, auch Epoché genannt. Sie erfordert eine dreifache «Einklammerung»: «erstens von allem Sub-

jektiven = es muß eine rein objektivistische, dem Gegenstand zugewandte Haltung eingenommen werden; zweitens von allem Theoretischen, wie Hypothesen, Beweisführungen, anderswo erworbenem Wissen, so daß nur das Gegebene zu Wort kommt; drittens von aller Tradition, d. h. allem, was von anderen über den Gegenstand gelehrt wurde» (*Bochenski* [5]1971: 23). (2) Die eidetische Reduktion, welche die Unterscheidung zwischen Tatsache und Wesen *(eidos)* zum Ausgangspunkt hat und durch welche die geistige Umstellung vom Tatsächlichen auf das Wesen erfolgt, z. B. vom individuellen Menschen zum Wesen Mensch. (3) Die transzendentale Reduktion, welche von der Unterscheidung zwischen Realem und Irrealem ausgeht, Grundlage einer reinen P., des reinen Bewußtseins, das von nichts Realem abhängig ist.

2. Das Merkmal der in den verschiedenen Einzelwiss. angewandten p. M. besteht darin, die intersubjektive → Lebenswelt des Menschen unmittelbar zu beschreiben und durch «ganzheitliche» Auslegung der alltäglichen Wirklichkeit zu verstehen. Dabei wird die Alltagserfahrung für die wiss. Arbeit fruchtbar gemacht.

Nach *H. Seiffert* ([9]1991) sind Vorgehensweise und wissenschaftstheoretische Standpunkte des Phänomenologen wie folgt gekennzeichnet: (1) Der Phänomenologe macht die erfahrbare Lebenssituation zum Ausgangspunkt seiner Beschreibungen. (2) Vornehmlich seine eigene Lebenswelt, seine Eindrücke, seine subjektiven Gefühle, kurz: seine Erfahrungen werden zur Grundlage wiss. Analysen. (3) Erfahrungen werden nicht systematisch verarbeitet (etwa statistisch ausgewertet), sondern fungieren als Beispiele, wobei ein einziges gut gewähltes Beispiel zur → Erklärung vollkommen ausreicht. (4) Kriterium der intersubjektiven Überprüfbarkeit p. Aussagen ist nicht ein empirisches Verfahren, sondern die Zustimmung aufgrund gleicher Erfahrungen der sachkundigen Zeitgenossen («ja, so ist es auch»-Eindruck). (5) Zwar verallgemeinert der Phänomenologe, da er davon ausgeht, daß seine Lebenserfahrung von anderen geteilt wird («Das und das ist so»), aber implizit sieht er die Gültigkeit seiner Aussagen raum-zeitlich begrenzt. Diese selten explizit gemachte Bedingtheit p. Aussagen liegt bereits im lebensweltlichen Ausgangspunkt der P. begründet.

3. In den Sozialwiss. hat v. a. *A. Schütz* ([2]1960, 1981; *Schütz/Luckmann* 1979/1981) *Husserls* P. konsequent anzuwenden versucht. Ausgehend von einem Begriff gesellschaftl. Wirklichkeit, für den soziales Handeln, subjektiv gemeinter Sinn, konstitutiv ist, werden die Beziehungen zwischen sozialwiss. → Methoden und Theorien und ihrem empirischen Fundament, der räumlich und zeitlich strukturierten Alltagswelt, unter Rückgriff auf *Husserl* phänomenologisch bestimmt. Gegenstand der sozialwiss. Analyse ist das «objektiv» Gegebene, das seinem Wesen nach die Lebenswelt ist, wie sie in verschiedenen Formen gesellschaftl. Interaktion von Menschen begriffen und gedeutet wird.

4. Die analytische Theorie (*Popper, Hempel* etc.) betrachtet die *Husserlsche* P. als «Weg in eine neue Art von spekulativer Metaphysik [...], die mit der Forderung der Wissenschaftlichkeit – v. a. auch mit dem von *Husserl* selbst erhobenen Anspruch auf Wissenschaftlichkeit – nicht im Einklang steht». Sie kritisiert, daß der p. M. «gerade dasjenige fehlt, was sie erst zu einer wissenschaftlichen machen würde: die intersubjektive Nachprüfbarkeit, die einwandfreie Kontrollierbarkeit dessen, was unter Berufung auf diese Methode behauptet wird» (*Stegmüller* 1969: 89).

Lit.: *Berger, P. L./Luckmann, T.* 1992: Die gesellschaftliche Konstruktion der Wirklichkeit – eine Theorie der Wissenssoziologie, Ffm. (zuerst 1969). *Bochenski, I. M.* [5]1971: Die zeitgenössischen Denkmethoden, Mchn. *Diemer, A.* 1956: E. Husserl. Versuch einer systematischen Darstellung seiner Phänomenologie, Meisenheim. *Merleau-Ponty, M.* 1966: Phänomenologie der Wahrnehmung, Bln. *Misch, G.* [3]1967: Lebensphilosophie und Phänomenologie, Darmst. (zuerst 1930) *Schütz, A.* [2]1960: Der sinnhafte Aufbau der sozialen Welt, Wien (zuerst 1932). *Schütz, A.* 1981: Theorie der Lebensformen, Ffm. *Schütz, A./Luckmann, T.* 1979: Strukturen der Lebenswelt; Bd. 1

(1984: Bd. 2), Ffm. *Seiffert, H.* [9]1991: Einführung in die Wissenschaftstheorie, 2 Bde., Mchn. *Stegmüller, W.* [4]1969: Hauptströmungen der Gegenwartsphilosophie, Bd. 1 (Bd. 2: 1975), Stg.

Dieter Nohlen

Phi-Koeffizient → Korrelationsrechnung

Phillips-Kurve, in der urspr. Form von *A. W. Phillips* empirisch festgestellter Zielkonflikt zwischen der Nominallohnsteigerungsrate und der Arbeitslosenquote. Der Begriff P.-K. bezieht sich heute meist auf die modifizierte P.-K., die einen inversen Zusammenhang zwischen der Inflationsrate und der → Arbeitslosenquote postuliert (fallender Kurvenverlauf).

Das stabile Austauschverhältnis führt zu einem wirtschaftspolit. Zielkonflikt: Preisniveaustabilität und Vollbeschäftigung sind zus. nicht erreichbar, die → Wirtschaftspolitik muß sich entscheiden, ob sie eine höhere → Arbeitslosigkeit zugunsten eines stabilen Geldwertes anstrebt oder umgekehrt. Die Gültigkeit des durch die P.-K. beschriebenen Zusammenhangs ist jedoch zweifelhaft. Bei Einbeziehen von Inflationserwartungen seitens der Sozialpartner (Reallohnsicherung in den Tarifverhandlungen) verläuft die P.-K. sowohl langfristig als auch kurzfristig senkrecht, d. h. die Arbeitslosenquote kann durch einen (einmaligen) Anstieg der Inflationsrate nicht gesenkt werden. Dies zeigen auch die empirischen Daten für die BRD, wenn man einen längeren Zeitraum (zwischen 1950 und 1990) betrachtet.

→ Arbeitsmarktpolitik; Inflation; Konjunktur/Konjunkturpolitik.

Lit.: *Jossa, B./Musella, M.* 1998: Inflation, Unemployment and Money, Cheltenham. *Patzig, W.* 1990: Stagflation und Phillips-Kurve, Tüb.

Katharina Holzinger

Piecemeal engineering → Kritischer Rationalismus; Szientismus

Planification, die in Frankreich 1946 eingeführte und insbes. während der 1950er und 1960er Jahre praktizierte Form → Politischer Planung, die wesentlich zum Ausbau und zur technologischen → Modernisierung der frz. Volkswirtschaft beitrug.

Im Mittelpunkt stand der vom Generalkommissariat für Planung erstellte und von der Nationalversammlung beschlossene Plan (Plan zur wirtschaftl., sozialen und kulturellen Entwicklung), dessen mehrjährige Vorgaben der Privatwirtschaft Orientierung boten und Empfehlungen enthielten (indikative Planung), deren Einhaltung positiv sanktioniert wurde (z. B. durch zinsgünstige Darlehen, Subventionen, Steuererleichterungen). Für den öff. Sektor stellten die jeweiligen Pläne dagegen verbindliche Vorgaben auf (imperative Planung), die der Privatwirtschaft weitere Orientierung und Anreize boten (z. B. Auftragsvergabe).

Lit.: → Politische Planung; Politische Steuerung.

Klaus Schubert

Planwirtschaft, auch als Zentralverwaltungswirtschaft (*W. Eucken*) oder Befehlswirtschaft bezeichnet, charakterisiert ein Wirtschaftssystem, bei dem eine zentrale Institution mit Hilfe eines verbindlichen Plans die gesamte Wirtschaftstätigkeit zu steuern versucht.

Wie bei dem Gegentypus, der dezentral gesteuerten → Marktwirtschaft, sind gedankliches Leitbild und reales System zu unterscheiden (→ *Mixed economy*). P. ist nicht zwingend mit Gesellschaftseigentum an Produktionsmitteln verbunden (z. B. → Nationalsozialismus), wie dies auch umgekehrt gilt (z. B. sozialistische Marktwirtschaft Jugoslawiens). Im wichtigsten Experimentierfall der realsozialistischen Systeme war allerdings P. mit dominierendem Staatseigentum gekoppelt und wurde zudem die Interdependenz von sozialistischer P. und sozialistischer Demokratie betont. Unter dem Machtaspekt bedeutet P. eine außerordentliche Machtkonzentration. Ökon. haben insbes. Informations- und Motivationsprobleme zu charakteristischen Funktionsmängeln der P. geführt, z. B. Inflexibilität, geringe → Produktivität, Versorgungsmängel, Innovationsträgheit.

→ Marxismus; Real existierender Sozialismus; Sozialismus.
Lit.: → Marktwirtschaft.

Uwe Andersen

Plebiszit (von lat. *plebs* = das gemeine Volk und *scitum* = Beschluß und frz. *plébiscite* = Volksbeschluß), Fachterminus für verschiedene Formen → Direkter bzw. Plebiszitärer Demokratie wie → Volksabstimmung (Volksentscheid), → Referendum.

Lit.: → Volksabstimmung.

Rainer-Olaf Schultze

Plebiszitäre Demokratie, Synomym für → Direkte Demokratie, in der das Volk (in Form der Versammlung aller Aktivbürger) direkt die polit. Entscheidungen fällt, etwa in den griech. Stadtstaaten der Antike (→ Polis), den Schweizer Landsgemeinden, den US-amerikan. *town meetings*. Ihre Voraussetzung ist (im Ggs. zur → Repräsentativen Demokratie) das begrenzte Territorium.

1. Nach *Max Weber* (1976: 156) «der wichtigste Typus der Führerdemokratie, ... ihrem genuinen Sinn nach eine Art der charismatischen Herrschaft, die sich unter der *Form* einer vom Willen der Beherrschten abgeleiteten und nur durch ihn fortbestehenden Legitimität verbirgt. Der Führer (Demagoge) herrscht tatsächlich kraft der Anhänglichkeit und des Vertrauens seiner polit. Gefolgschaft zu seiner *Person* als solcher». Der Begriff der p. D. steht hier für die plebiszitärdemokratische Führerbestellung als der einzigen Legitimierungsquelle offener oder verkappter Diktaturen oder die cäsaristische Wende bei der Führerauslese in Massendemokratien.

2. I. e. S. meint p. D. heute die Verwendung direkt-demokratischer Elemente in ansonsten repräsentativ-demokratischen Systemen, v. a.: Plebiszit; Referendum; → Volksbegehren; → Volksabstimmung; am stärksten gegenwärtig ausgebildet im → Politischen System der Schweiz (Referendumsdemokratie), am geringsten im brit. → Westminster-Modell repräsentativer → Demokratie. Der Trend geht allerdings durchweg in Richtung auf die Ausweitung der Elemente direkter Demokratie. In D finden Instrumente p. D. zunehmend Anwendung auf der Ebene der Länder- und Kommunalpolitik, auch innerparteilich bei Sach- und Personalentscheidungen; in der Bundespolitik sind Volksbegehren und Volksentscheid unverändert nur bei Entscheidungen zur Länderneugliederung (→ Bundesstaat; Föderalismus) möglich, da das Grundgesetz aufgrund der vom Parlamentarischen Rat negativ bewerteten Erfahrungen mit der direktdemokratischen → Partizipation in der Weimarer Republik rein repräsentativ ausgelegt wurde. Forderungen nach Ausweitung der plebiszitären Elemente werden i. d. R. mit dem Ziel erweiterter Partizipation und gesellschaftsverändernder Reformen verbunden. Wie die eher konservativen und retardierenden Resultate der Schweizer Referenden zeigen, können deren Wirkungen allerdings durchaus ambivalent ausfallen.

Lit.: *Budge, I.* 1996: The New Challenge of Direct Democracy, Camb. *Butler, D./Ranney, A.* (Hrsg.) 1994: Referendums around the World, Washington. *Fraenkel, E.* [7]1991: Deutschland und die westlichen Demokratien, Ffm. (zuerst 1964). *Jung, O.* 1989: Direkte Demokratie in der Weimarer Republik, Ffm. *Klages, A./Paulus, P.* 1996: Direkte Demokratie in Deutschland, Marburg. *Leibholz, G.* [3]1966: Die Repräsentation in der Demokratie, Gött./Karlsruhe (zuerst 1958). *Luthardt, W.* 1994: Direkte Demokratie. Ein Vergleich in Westeuropa, Baden-Baden. *Weber, M.* [5]1976: Wirtschaft und Gesellschaft, Studienausgabe, Tüb. (zuerst 1921). → Direkte Demokratie; Demokratie.

Rainer-Olaf Schultze

Plenum → Parlament

Pluralismus/Pluralismustheorien. Der Begriff P. kennzeichnet zum einen die Existenz gesellschaftl. Interessen- und Organisations- (Gruppen-, Verbands-) Vielfalt sowie deren Einwirkung auf die polit. Prozesse demokratisch verfaßter Gemeinwesen. Im Mittelpunkt entspr. pluralistischer (p.) Theorien standen und stehen neben der *policy*-bezogenen Analyse derartiger Einwirkungen die Folgen der – unterschiedlich bewerteten – ungleichen Durchsetzungsfähigkeit (→ Macht) solcher gesellschaftl. Interessen, und zwar einerseits für polit. → Partizipation, andererseits im Hinblick auf die nachweisbaren «Schieflagen» staatsinterventionistischen Handelns. Des weiteren beschreibt Pluralismus (P.) jene ethnisch-kulturelle Diversität, die infolge regionaler wie globaler Migrationsbewegungen effektiv voranschreitet (*Connolly* 1995: «Pluralisierung des P.»), sowie die daraus sich ergebenden Fragen nach Beschaffenheit und Reichweite einer *politics of inclusion*, die zwischen kultureller Fragmentierung und erzwungener Assimilation zu vermitteln trachtet. Im Mittelpunkt dazu entwickelter Konzeptionen stehen Fragen des Bürgerrechtserwerbs, der gezielten Gruppenförderung (*affirmative action*) sowie der polit. Systemgestaltung im Spannungsfeld zwischen majoritären und konsensuellen Lösungen (*consociational democracy*, → Konkordanzdemokratie).

Unter *politics of inclusion* ist, mit einem Wort *W. E. Gladstones*, die Akzeptierung des Anspruchs zu verstehen, «in den Bereich der Verfassung einzutreten», mit anderen Worten die Zuerkennung polit. Rechte. *Gladstones* (in einer Unterhausrede geäußerter) Satz von 1864 bezog sich noch auf die brit. Arbeiterschaft. Daran wird deutlich, daß es beim einen wie beim anderen Begriffsverständnis, trotz unterschiedlicher Akzentsetzungen, im Kern um das identische Ziel geht, die Einbeziehung möglichst sämtlicher vorhandener Interessen in die Inhalte polit. Gestaltung zu gewährleisten. Insoweit besteht Übereinstimmung, die jedoch über einen wesentlichen Unterschied nicht hinwegtäuschen darf: Bildet die Reduzierung der polit. Macht sozio-ökon. → Minderheiten Dreh- und Angelpunkt der einen Pluralismusdebatte, so ist es der anderen um die Begrenzung der entspr. Macht ethnisch-kultureller → Mehrheiten zu tun. Für beide gilt, daß sie lange Zeit durch zwei theoretische Hauptrichtungen geprägt wurden, eine liberale und eine radikale (i. S. des angelsächsischen Begriffs *radical* = auf einschneidende polit. und soziale Veränderungen gerichtet): Liberale P.-Theorien setzen auf den Wettbewerb sozialer Gruppen – bzw. Machtzentren – statt, wie in einer früheren historischen Phase, auf die Konkurrenz einzelner Individuen (*Th. J. Lowi*: «Interessengruppenliberalismus»). Allgemeingültige individuelle Rechte sowie unverrückbare Spielregeln der polit. Auseinandersetzung sollen diesen Wettbewerb gewährleisten. Der Maßstab heißt also formale Chancengleichheit.

In radikalen P.-Theorien schlägt sich demgegenüber die Auffassung nieder, daß die Beschränkung auf derartige Regelungen der einseitigen Interessendurchsetzung unzureichend kontrollierter Führungseliten, wirtschaftl. Machtgruppen sowie ethnisch-kultureller Mehrheiten strukturell Vorschub leiste. Daraus werden Forderungen abgeleitet nach der Schaffung umfassender wirtschaftl.-sozialer Mitwirkungs- und Kontrollrechte (→ Partizipation), größerer Verteilungsgerechtigkeit (→ Wohlfahrtsstaat) sowie gezielter Förderung ethnischer Minoritäten. Der Maßstab heißt folglich größtmögliche Annäherung an effektive Gleichheit polit. Ressourcen.

Nachstehend wird die Entwicklung p. Konzeptionen zunächst im Rahmen des polit.-sozialen, anschließend im Rahmen des ethnisch-kulturellen Begriffsverständnisses dargestellt.

1. Die Ursprünge p. Welt- und Gesellschaftsdeutung finden sich in der dt. und angelsäch-

sischen Philosophie und Staatsrechtslehre: (1) Gegen den vorherrschenden idealistischen Monismus (insbes. *Hegels*) gerichtet, der die Gesamtheit aller Seinserfahrungen auf ein universales Grundprinzip zurückführte, entwarf der amerikan. Philosoph *W. James* 1909 das Konzept eines pluralistischen «Multiversums». Danach existiert die Wirklichkeit «föderativ», weder als massives «Block-Universum» noch atomistisch zersplittert. Jede Erfahrung ist vielmehr mit anderen wechselseitig verschränkt. Einheit in der Vielheit bleibt damit nicht ausgeschlossen (vgl. *James* 1914).

(2) Im von oben geeinten D des ausgehenden 19. Jh. hatte der Jurist *O. von Gierke* schon vorher versucht, die für den monarchischen Obrigkeitsstaat typische Spannung zwischen Einheit und Freiheit zu überwinden durch die Genossenschaftsidee als Grundlage für «ein System sich mannigfach überkreuzender Verbände». Gemäß seinem Ziel, «den Staat in die bürgerliche Gesellschaft zurückzuverlegen», definierte *Gierke* menschliche → Genossenschaften – ob Staat, Kommunen oder Vereine – als wesensgleich und wies letzteren die Aufgabe zu, umfassende Staatseinheit mit «tätige[r] bürgerliche[r] Freiheit, mit der Selbstverwaltung zu vereinen» (*Gierke* 1954: 3, 654, 833).

(3) Die genossenschaftstheoretische Einstufung menschlicher Verbände kam der im engl. *Common Law* angelegten Verschränkung von Verbands- mit staatl. Strukturen, von öff. und priv. Recht, in einer Weise entgegen, die für rasche Rezeption sorgte. Sie verband sich dort mit dem Rechtsinstitut des *trust*, das die Entwicklung von Vereinigungen kraft Eigenrechts erlaubt und ein juristisches Dach geliefert hatte, unter dem sich Handelskompanien ebenso entfalten konnten wie philanthropische Vereine oder religiöse Sekten. Parallel dazu war *James'* Konzept einer föderativen Wirklichkeit, deren einzelnen Elementen weitgehende Autonomie zukam, dem Trachten nach einer Aufwertung der zunehmenden Vielfalt sozialer Verbände förderlich.

Konflikte nonkonformistischer Kirchen und → Gewerkschaften mit dem engl. Staat wirkten in dieselbe Richtung. Mit dem Erstarken der Gewerkschaften rückte neben der Frage ihrer sozialen Rechte außerdem diejenige ihrer kollektiven Pflichten auf die Tagesordnung. Das gleiche Problem stellte sich mit zunehmender wirtschaftl. Konzentration im Falle der großen Konzerne, nachdem die Einzelunternehmung als dominierende Unternehmensform durch die Kapitalgesellschaft abgelöst worden war (vgl. *Laski* 1921: 273 ff.).

(4) Der frühe P. zog aus diesen vielfältigen Entwicklungen die systematische Konsequenz. *J. N. Figgis* sprach den Kirchen und im weiteren jedem Verband eine Autonomie zu, die der Staat zu respektieren habe. *A. D. Lindsay* und *E. Barker* kontrastierten die liberale Entgegensetzung von Individuum und Staat mit der eingetretenen «Vergesellschaftung» des einzelnen. Beide wiesen auf die Notwendigkeit einer neuen Regierungstheorie hin, die den veränderten und wachsenden Regulierungsaufgaben des Staates entspreche. *H. J. Laski* war es, der zwischen 1915 und 1925 die neue Theorie am detailliertesten ausarbeitete und den staatl. Anspruch auf → Souveränität zunächst am radikalsten verwarf. Zwar endete sein erster theoretischer Anlauf, Staat und Gesellschaft durch Einführung eines «funktionellen Föderalismus» (die polit. Demokratie als Konsumenten-, die wirtschaftl. als Produzentenverband gedacht) zu demokratisieren, in der Sackgasse ständestaatl. Vorstellungen (vgl. *Laski* 1919: 273 ff.). Als wichtiger erwies sich jedoch, daß *Laski* nicht bei der Kritik am formalen Souveränitätsanspruch des Staates stehenblieb, sondern die Frage nach den gesellschaftl. Machtverhältnissen aufwarf: Wenn individuelle Anlagen sich erst in Gruppen und Verbänden verwirklichen können (die folglich der Freiheit ebenso bedürfen wie der einzelne) und wenn Individuen, Gruppen und Verbände zum Kräftespiel der Interessenartikulation und polit. Willensbildung beitragen – dann, so *Laski*, folgt daraus unausweichlich die Aufgabe, die egalitären Grundlagen dieses Prozesses erst herzustellen. Dazu entwickelte der frühe P. ein Konzept der Kontrolle wirtschaftl. Macht, bei dem das Industriekapital auf die Rolle einer unter mehreren Komponenten des Produktionsprozesses reduziert wurde. Entspr. seiner «beigesteuerte [n] Dienstleistung»

sollte ihm zwar eine angemessene Entlohnung zustehen, jedoch keine besondere Dispositionsbefugnis: «Die gegenwärtige Privateigentumsordnung schließt die derzeit angewendete Methode der Unternehmensführung in keiner Weise ein» (*Laski* 1977: 113). Dieses sozialistische Element bereitete die Hinwendung *Laskis* zum → Marxismus während der 1930er Jahre vor, ohne daß er seine p. Position damit aufgegeben hätte: Erst als klassenlose erschien ihm jetzt eine p. Gesellschaft möglich (vgl. *Laski* 1977: XII).

(5) Teilweise an *Laskis* radikale P.-Theorie knüpften seit den 1960er Jahren diejenigen Entwürfe an, die P. als demokratisches Partizipationskonzept auszugestalten suchten. Solche Ansätze interpretierten die moderne Kapitalgesellschaft (erst recht in der Form multinat. Konzerne) infolge ihrer Beschäftigtenzahl und Umsatzhöhe, der weitreichenden Auswirkungen ihrer Preis- und Investitionspolitik als polit. System *sui generis*. Sie forderten deshalb eine durchgreifende Binnendemokratisierung nicht nur der Verbände und Parteien, sondern auch großer Unternehmen durch Einführung der Angestellten- und Arbeiterselbstverwaltung, verbunden mit einer einschneidenden Stärkung der Verbraucherrechte und -verbände (vgl. *Nuscheler* 1980; *Dahl* 1982; *Eisfeld* 1996).

Die Entwicklung radikaler P.-Theorien aus der Kritik am «vermachteten» Oligopolkapitalismus fiel zusammen mit dem Hervorgehen verwandter Konzeptionen aus der Infragestellung der Herrschaftsstrukturen des real existierenden Monopolsozialismus. Die Forderung nach P. als «innerem Bedürfnis des Sozialismus» (*Lombardo-Radice*) prägte 1968 das kurzlebige reformkommunistische Experiment in der CSSR. «Sozialistischer P.» hieß auch das Ziel, das nach dem Sturz der *Caetano*-Diktatur zeitweise Eingang in die – 1976 verabschiedete, 1982 jedoch revidierte – portugiesische Verfassung fand (vgl. *Eisfeld* 1984). Das jugoslawische Konzept der «sozialistischen Selbstverwaltungsdemokratie» visierte eine derartige Perspektive seit 1950 am deutlichsten an. Die fortdauernde Einparteiherrschaft des Bundes der Kommunisten hatte es freilich längst diskreditiert, ehe die dezentralisierte jugoslawische Spielart des → Real existierenden Sozialismus blutig scheiterte.

Unabhängig davon bleibt für Theorie wie Praxis der → Demokratie die Schaffung größtmöglicher Ressourcengleichheit als Voraussetzung für wirksame polit. Beteiligung auf der Tagesordnung. Radikale P.-Theorien behalten ihre Bedeutung als Konzepte einer entfalteten partizipativen Demokratie – einer «demokratischen Transformation» (*Dahl* 1989) nicht allein durch Einbeziehung der sozio-ökonom. Ebene, sondern mehr und mehr auch transnat. Bereiche: In der Ära zunehmender Regionalisierung und → Globalisierung kommt Denkansätzen zur Inangriffnahme einer «kosmopolitischen Demokratie» (*Held* 1995) durch ein vielschichtiges Netz grenzüberschreitender Regulierungsbehörden, Gerichtsinstanzen, gewählter Körperschaften sowie Interessenverbände (*multilayered governance*) radikalpluralistischer Charakter zu.

(6) Fast zeitgleich mit *Laskis* Konzeption erfolgte in den USA die Formulierung einer liberalen P.-Theorie zur Analyse jener *pressure groups*, deren frühe Formen bereits *Tocquevilles* Aufmerksamkeit auf sich gezogen hatten. 1908 argumentierte *A. F. Bentley*, jegliches gesellschaftl. Handeln lasse sich einerseits als individuelle, andererseits als Gruppen- bzw. Verbandsaktivität darstellen. Die zweite Form der Darstellung sei dabei «die Hauptsache (…) zu Beginn, am Schluß und durchweg» (*Bentley* 1949: 215). Die Anwendung dieses Konzepts auf die Beschreibung polit. Prozesse des *bargaining*, des Aushandelns organisierter Interessen, wurde nach dem II. Weltkrieg insb. von *D. Truman* (1951) – der auch *E. Fraenkel* beeinflußte – sowie *E. Latham* ausgebaut und verfeinert. Im Mittelpunkt steht dabei die Vorstellung, die Solidaritäten des einzelnen überkreuzten sich in dem Maße, wie er in Privatleben und Beruf ganz unterschiedlichen Gruppen angehöre. Das Widerspiel dieser einander überlappenden Gruppenmitgliedschaften wirke sowohl systemintegrierend, wie es letztlich die Autonomie des Individuums gewährleiste.

R. A. Dahl fügte einen wichtigen Schlußstein in das Argumentationsgebäude: In den USA existiere «eine Menge unterschiedlicher Führungsgruppen, deren jede sich auf eine andere Kombination polit.», durch «unterschiedlichste Kategorien von Bürgern» mobilisierbarer Ressourcen gründe. Damit werde «dem theoretische[n] und praktische[n] Grundaxiom des P.» Genüge getan (*Dahl* 1963: 86, 228: ders. 1967: 23).

(7) Im Ggs. zur deskriptiven Akzentuierung der Gruppentheorie nahm in der BRD der → Neo-Pluralismus den normativen Anspruch des frühen P. wieder auf, kehrte ihn jedoch gegen den «totalitären» anstelle des souveränen Staates und konstruierte den Idealtyp einer «autonom-pluralistisch-soziale[n]-rechtsstaatliche[n] Demokratie diesseits der Mauer» als Gegenstück zu einer «heteronom-monistisch-totalitären Diktatur jenseits der Mauer» (*Fraenkel* 1964: 7). Für den Neo-P. stehen im Mittelpunkt die autonome Organisierbarkeit sozialer Interessen und die Bildung des → Gemeinwohls als Resultante aus dem Konflikt der organisierten Gruppen, soweit diese bei ihrer Auseinandersetzung sozial akzeptierte und rechtl. normierte Verfahrensregeln einhalten.

E. Fraenkel, der den Begriff Neo-P. prägte, merkte später selbstkritisch an, der Kalte Krieg habe, als er seinen Entwurf vorlegte, «auch das innenpolit. Denken der westl. Welt» beherrscht. Er schlug vor, den (Neo-) P. als «Staatstheorie des Reformismus» zu verstehen (*Fraenkel* 1969: 23). Andere Vertreter des neo-pluralistischen Ansatzes griffen den Hinweis auf: Die «Relevanz der sozioökon. Rahmenbedingungen p. Demokratien» müsse stärker beachtet, der Auseinandersetzung mit dem eigenen «schlecht proportionierten gesellschaftl. Machtsystem» mehr Aufmerksamkeit gewidmet werden (*Steffani* 1972: 33; *Sontheimer* 1972: 126). Auch der amerikan. Gruppentheorie wurde ihre Orientierung am gesellschaftl. und polit. *Status quo* vorgehalten. Die Konsistenz der Theorie wurde bestritten, ihrem «Interessengruppenliberalismus» zur Last gelegt, er konzentriere sich auf die Konflikte und Kompromisse der Führungen organisierter Gruppen, faktisch also herrschender → Eliten. *Dahl* selbst hatte bereits eingeräumt, das polit. System biete «ungewöhnliche Möglichkeiten» zum Auftürmen sozialer Macht-»Pyramiden» (*Dahl* 1963: 227). Nun zog er daraus die Konsequenz: Solange derartige Ungleichverteilungen bestünden, müsse «dem demokratischen P. eine Ausschöpfung der Möglichkeiten ausgedehnter Demokratie mißlingen». Wirtschaftsdemokratie könnte einen entscheidenden Schritt zur Verringerung sozioökon. Disparitäten bedeuten (*Dahl* 1982: 107, 199 ff.). Die gleichfalls normativ akzentuierte Position eines sozialstaatl., «öff.» P. entwickelte *W. A. Kelso*: Die Exekutive solle sich bei der Umverteilung polit. Macht zugunsten sozial benachteiligter Gruppen engagieren (*Kelso* 1978: 28 ff., 125).

Die urspr. scharfe Trennung zwischen liberal und radikal akzentuierten Ansätzen hat sich damit verwischt. Was liberale Demokratie bedeutet, welche Institutionen, welches Ausmaß an Partizipation sie erfordert, ist heute strittiger denn je.

2. Als Folge sowohl des faktischen Übergangs der BRD zu einer Einwanderungsgesellschaft (→ Migration) als auch, damit verschränkt, der Erweiterung und Vertiefung der Europäischen Union rückt zunehmend ein ethnisch-kulturelles neben ein polit.-soziales Begriffsverständnis (selbstredend keineswegs an seine Stelle). Die Diskussion reicht ebenso weit zurück wie die Versuche, polit.-sozialem und kulturellem P. konzeptionell gerecht zu werden. Sie hat ihre Ursprünge in der multiethnischen Gesellschaft der USA. Auch sie wendet sich im Namen der «Vielheit in der Einheit» gegen die theoretische und praktische Verabsolutierung eines einzigen (hier: kulturellen) Prinzips – gegen einen «monistischen Assimilationismus» (*Mintzel* 1997: 151).

(1) Ebenfalls durch *W. James* beeinflußt, entwarf *H. M. Kallen* zwischen 1915 und 1924 die Grundgedanken eines «nicht nur geographischen und administrativen, sondern auch kulturellen Bundesstaats», eines *Commonwealth* gleichberechtigter Kulturen – kurz, eines kulturellen P. (*Kallen* 1924: 11, 116). *Kallen* verurteilte den Konformitätsdruck des Einschmelzungsprozesses, dem Einwanderer mit dem Ziel ihrer «Amerikanisierung» unterworfen wurden, als undemokratisch: Erst die freie kulturelle Entfaltung ethnischer Gruppen sichere sowohl dem einzelnen seine vollständige Identität als

auch der Kultur der Gesamtbev. ihre aus heterogenen Quellen gespeiste Kreativität. *M. M. Gordon* erweiterte *Kallens* Ansatz: Auf Dauer erfordert kultureller P. ein bestimmtes Maß an strukturellem Pluralismus. Ethnische Gruppen müssen, mindestens in gewissem Umfang, innerhalb ders. Gesellschaft getrennt voneinander fortbestehen (vgl. *Gordon* 1964).

(2) Zur Untermauerung seines Konzepts berief sich *Kallen* vor wie nach dem II. Weltkrieg (vgl. *Kallen* 1956) auf das liberale Menschen- und Bürgerrechtsverständnis der amerikan. Revolution. Einen liberalen P. sah *Gordon* jedoch nur unter der Voraussetzung gewährleistet, daß die Politik Neutralität gegenüber ethnischen Gruppen übe, indem sie Diskriminierungen ebenso unterbinde wie auf eine gezielte Förderung verzichte (vgl. *Gordon* 1981). *Affirmative action*-Maßnahmen (z. B. Quoten) in Ausbildung und Beschäftigung, spezifische Lehrpläne, die Einführung mehrerer Amtssprachen oder die Berücksichtigung ethnischer Kriterien bei der Zusammensetzung polit. Gremien definierte *Gordon* als Merkmale eines radikalen (von ihm als *corporate* bezeichneten) Pluralismus.

Auch hier hat sich der Versuch einer reinlichen Scheidung zweier Modelle nicht durchgesetzt. Dies hat mit den anhaltenden Schwierigkeiten zu tun, zur Formulierung eines zeitgemäßen Liberalismusverständnisses zu gelangen, wie sie das Werk von *J. Rawls*, *R. Dworkin* oder *M. Walzer* offenbart. Eine wesentliche Rolle spielt aber auch das Bemühen um die Erarbeitung systematisch-theoretischer Grundlagen für praktische Kompromisse zwischen liberalen Prinzipien und der Forderung ethnischer Gruppen nach *politics of recognition*, d. h. polit. Akzeptanz ihrer kulturellen Verschiedenheiten (vgl. *Taylor* 1992; *Bellamy/Hollis* 1999). Nicht ausgeschlossen werden kann, daß bei der Suche nach einer «fairen» (*Rawls*) Austarierung beider Ebenen das p. Dilemma umgekehrter Diskriminierungen auftritt, substantielle Grundwerte eines liberalen Demokratieverständnisses mithin in Frage gestellt werden.

Auf der institutionellen Ebene läßt sich absehen, daß zur Milderung ethnisch-kultureller → Konfliktlinien konkordanzdemokratische Modelle an Bedeutung gewinnen dürften (→ Konkordanzdemokratie). Die Probleme derartiger Akkommodationsstrategien sind erheblich: Mangel an Flexibilität, herausragende Rolle der jeweiligen Führungsgruppen, Verkümmern der Oppositionsfunktion, ausgeprägtes Patronagesystem. Wie weit diese Mängel sich reduzieren lassen bzw. durch die erzielten Integrationsvorteile aufgewogen werden, läßt sich nicht generell beantworten. Jedenfalls bedeutet ethnisch-kulturelle «Pluralisierung des P.», daß die Integrationsanforderungen an demokratische polit. Systeme steigen werden.

Lit.: *Bellamy, R./Hollis, M.* (Hrsg.) 1999: Pluralism and Liberal Neutrality, L./Portland. *Bentley, A. F.* 1949: The Process of Government, Evanston. *Dahl, R. A.* 1963: Who Governs?, New Haven. *Dahl, R. A.* 1982: Dilemmas of Pluralist Democracy, New Haven. *Eisfeld, R.* 1996: The Emergence and Meaning of Socialist Pluralism, in: IPSR, 17, 267–280. *Fraenkel, E.* 1964: Der Pluralismus als Strukturelement der freiheitlich-rechtsstaaatlichen Demokratie, Mchn./Bln. *Gierke, O. v.* 1954: Das deutsche Genossenschaftsrecht, 1. Bd., Darmst. *Gordon, M. M.* 1981: Models of Pluralism, in: Annals AAPSS, 454, 178–188. *Held, D.* 1995: Democracy and the Global Order, Stanford. *James, W.* 1914: Das pluralistische Universum, Lpz. *Kallen, H. M.* 1924: Culture and Democracy in the United States, NY. *Kelso, W. A.* 1978: American Democratic Theory – Pluralism and its Critics, Westport. *Laski, H. J.* 1919: Authority in the Modern State, New Haven. *Laski, H. J.* 1977: A Grammar of Politics, L. *Lijphart, A.* 1984: Democracies: Patterns of Majoritarian and Consensus Government, New Haven/L. *McLennan, G.* 1995: Pluralism, Buckingham. *Mintzel, A.* 1997: Multikulturelle Gesellschaften in Europa und Nordamerika, Passau. *Steffani, W.* 1980: Pluralistische Demokratie, Opl. *Taylor, Ch.* 1992: Multiculturalism and the Politics of Recognition, Princeton. *Truman, D. B.* 1951: The Governmental Process, NY. → Anerkennungspolitik; Kommunitarismus.

Rainer Eisfeld

Pluralstimmrecht → Wahlrecht

Poisson'sche Verteilung → Wahrscheinlichkeitsverteilungen

Policy, politikwiss. Anglizismus, bezeichnet die inhaltliche bzw. materielle Dimension von Politik.

Der Fachterminus bildet zusammen mit der formalen (→ *Polity*) und prozessualen (→ *Politics*) Dimension die Trias der → Politikbegriffe. P. wird im deutschsprachigen Raum üblicherweise in sog. Bindestrich-Politiken abgehandelt (Verkehrs-, Umwelt-, Wirtschaftspolitik etc.) bzw. unter der Generalisierung → Staatstätigkeit subsumiert.

→ Politikfeldanalyse.
Lit.: → Policy analysis; Politikfeldanalyse.

Klaus Schubert

Policy analysis (auch: *policy studies, policy sciences*), im angelsächsischen Sprachraum Bezeichnung für die Analysen, die sich mit den Voraussetzungen, Inhalten und Folgen materieller Politiken beschäftigen (→ Politikfeldanalyse).

Wichtigstes Ziel der *p. a.* ist es, deskriptiv-analytisch gewonnenes Wissen über Politik für die praktische → Politikberatung zur Verfügung zu stellen, wobei in den letzten Jahren die partizipativ-demokratische Perspektive (*policy advocacy*) der *p. a.* wieder an Bedeutung gewinnt.

→ Politikfeldanalyse.

Klaus Schubert

Policy-cycle → Politikfeldanalyse

Policy implementation → Implementationsforschung

Policy-Forschung → Politikfeldanalyse

Policy-mix, aus dem Engl. übernommener Fachterminus, der allg. den Einsatz verschiedener polit. Instrumente zur besseren, schnelleren bzw. gezielteren Erreichung eines polit. Ziels bezeichnet und gelegentlich auch i. S. eines abgestimmten Verhaltens unterschiedlicher polit. Akteure zur Erreichung eines gemeinsamen Zieles verwendet wird.

Der Begriff wurde in der → Finanzpolitik geprägt und bezog sich urspr. auf die Anwendung geldpolit. Instrumente zur Wahrung des außenwirtschaftl. → Gleichgewichts und den Einsatz fiskalpolit. Instrumente zur Erreichung beschäftigungspolit. Ziele.

→ Konzertierung; *Policy*.

Klaus Schubert

Policy-Netzwerk, Begriff der → Politikfeld- wie der → Netzwerkanalyse, der zur Bezeichnung eines empirisch gegebenen Beziehungsmusters einflußreicher → Akteure eines Politikfeldes verwendet wird.

Dem Konzept liegt die Erfahrung zugrunde, daß sich innerhalb sachlich abgrenzbarer Politikfelder durch wiederholten Austausch von Informationen, Ressourcen etc., durch die Beachtung gemeinsamer Konventionen und Regeln sowie ggf. durch die Entwicklung eines gemeinsamen Problemverständnisses zwischen den Akteuren relativ stabile Beziehungsmuster herausbilden. Die beteiligten (üblicherweise organisationalen) Akteure werden den drei Bereichen Politik (Regierung, Parteien), Administration (Ministerien, Behörden) und → Interessengruppen (Verbände, Organisationen) zugeordnet. Das Ziel letzterer besteht v. a. darin, Zugang zu und Einfluß auf polit. Entscheidungsprozesse zu gewinnen. Die Tätigkeit von P.-N. ist daher häufig auf den Zuständigkeitsbereich einzelner Ministerien oder Parlamentsausschüsse beschränkt; allerdings sind sie auch im → Dritten Sektor, d. h. im Bereich gesellschaftl. Selbsthilfe und Selbstorganisation, zu finden. P.-N. können aus der Handlungsperspektive der beteiligten Akteure analysiert werden, sie werden aber auch als zentrales Element eines neuen Konzeptes → Politischer Steuerung verstanden.

→ Interessenvermittlung; Netzwerk.

Lit.: *Jansen, D./Schubert, K.* 1995: Netzwerke und Politikproduktion, Marburg. *Jordan, A. G./Schubert, K.* 1992: Policy Networks, EJPR 21 (1–2, Special Issue).

Klaus Schubert

Polis (griech.), bezeichnet seit dem 6. bis 5. Jh. v. Chr. die Stadt als ein von Befestigungsanlagen begrenztes Siedlungsgebiet ebenso wie deren → Bürgerschaft und → Verfassung (*politeia*).

Die *P.* ist im Ggs. zur Abstammungsgemeinschaft (*ethnos*) als polit. Gemeinwesen definiert. Sie kennzeichnet die Unterscheidung zwischen familialem, ökon. Bereich (*oikos*) und Politik, als Sphäre der allgemeinverbindlichen Regelung öff. Angelegenheiten und beruht auf der Selbstbestimmung wie Selbstregierung freier (ökon. unabhängiger) und gleicher Bürger (*polites*; ohne Frauen, ansässige Fremde – *metöken* – und Sklaven). Etymologisch wie inhaltlich ergeben sich vielfältige Bezüge zum modernen Begriff Politik (engl.: → *Politics*, → *Policy*, *polity*). In der → Politischen Philosophie bleibt *P.* Chiffre für gute, demokratische Formen der Regierung wie des pol. Zusammenlebens von der Stadt über den Staat bis zur globalen Ordnung (Kosmopolis).

→ Politie; Politik/Politikbegriffe.

Lit.: *Meier, C.* ³1995: Die Entstehung des Politischen bei den Griechen, Ffm. (zuerst 1980). *Walter, U.* 1993: An der Polis teilhaben. Bürgerstaat und Zugehörigkeit im Archaischen Griechenland, Stg.

Günter Rieger

Political correctness, eine von den Hochschulen Nordamerikas ausgehende, in sich heterogene Bewegung. Als späte Spielart der → Bürgerrechtsbewegung fordert sie, die Benachteiligung von → Minderheiten zu beseitigen, konzentriert sich dabei aber, orientiert an einem postmodernen Weltbild (→ Postmoderne), auf sprachlich-kulturelle Phänomene.

Die existierende Ordnung wird als Ausdruck europ. männlicher → Hegemonie begriffen; alle abweichenden Gruppen, definiert über beliebige Merkmale wie Geschlecht, Rasse, → Ethnie, sexuelle Orientierung, körperliche oder seelische Behinderungen usw., werden zu Opfern kultureller Unterdrückung stilisiert. «Anderssein» wird zum Wert an sich. Ziel ist deshalb nicht die gleichberechtigte → Integration in die Mehrheitsgesellschaft, sondern die im Rahmen sog. Identitätspolitik zu verwirklichende kulturelle Selbstbestimmung eines radikalen → Multikulturalismus.
Als polit. korrekt gelten individuelle Handlungen wie polit. Maßnahmen, die Diskriminierung vermeiden und die Selbstbehauptung von Minderheiten fördern. Im Kampf um die Curricula gilt es, den Kanon der *dead white males* (von *Platon* über *Shakespeare* bis *Freud*) durch Werke der afrikanischen, asiatischen usw. Kultur zu ergänzen. Mit Hilfe von *speech* und *conduct codes*, deren moralischer Rigorismus die puritanische Tradition Nordamerikas spiegelt, sind Sprache und Verhalten so zu normieren, daß Minderheiten vor Herabsetzung und Mißachtung geschützt werden: Schwarze sind als «*African-Americans*» anzusprechen, Behinderte werden zu «anders Befähigten», kleine Menschen gelten als «*vertically challenged*». Gefahren der *p. c.* liegen in der Einschränkung des → Grundrechts auf Meinungsfreiheit, den ambivalenten Wirkungen positiver Diskriminierung und einer sich beschleunigenden → Segregation, weil die Selbstdefinition als Opfer zunehmend Positionsvorteile im wohlfahrtsstaatl. Verteilungskampf verspricht.

Lit.: *Berman, P.* (Hrsg.) 1992: Debating P. C. The Controversy over Political Correctness on College Campuses, NY. *Choi, J. M./Murphy, J. W.* 1992: The Politics and Philosophy of Political Correctness, Westport. *Haselbach, D.* 1995: Political Correctness. Zur gegenwärtigen polit. Kultur in Nordamerika, in: NPL, Jg. 40, 116–133. *Hughes, R.* 1994: Nachrichten aus dem Jammertal. Wie sich die Amerikaner in political correctness verstrickt haben, Mchn. (engl. 1993). *Schenz, V.* 1994: Political Correctness. Eine Bewegung erobert Amerika, Ffm. u. a.

Günter Rieger

Political efficacy, subjektive polit. Kompetenz. In der US-amerikan. Wahlforschung von *Campbell* u. a. (1954) entwickelter Begriff, der auf das subjektive Gefühl des einzelnen, polit. Entscheidungen und Prozesse beeinflussen zu können, abhebt. Messungen mit Hilfe einer fünfteiligen Attitüdenskala.

Lit.: *Campbell, A.* u. a. 1954: The American Voter, NY. → Politische Kultur.

Dirk Berg-Schlosser

Political trust, in der anglo-amerikan. polit. Ideengeschichte und Theorie entwickelte Grundannahme, derzufolge ein demokratisches polit. Gemeinwesen ohne *trust*, d. h. ohne gegenseitiges polit. Vertrauen, nicht möglich sei.

Dieses wird institutionell konkretisiert, indem es gegen den prinzipiell möglichen Vertrauensbruch durch Mechanismen der Kontrolle, durch → *Checks and balances*, abgesichert wird. Des weiteren bedürfen die Repräsentationsbeziehungen in der Demokratie des *p. t.* der Bürger in die «regulativen Ideen» (*Fraenkel*) des Gemeinwesens sowie in die polit. → Akteure und Institutionen, und zwar sowohl i. S. eines generalisierten als auch eines aktuellen Vertrauens in die Handlungs- und Problemlösungsfähigkeit der Repräsentanten. Die Bestimmung des für eine stabile/durable Demokratie nötigen Ausmaßes von *p. t.* ist methodologisch und empirisch wie normativ schwierig und umstritten.

→ Sozialkapital.

Lit.: *Fraenkel, E.* [2]1991: Der Pluralismus als Strukturelement der freiheitlich-rechtsstaatlichen Demokratie, in: *ders.*: Deutschland und die westlichen Demokratien, Stg., 297–325 (zuerst 1964). → Sozialkapital.

Suzanne S. Schüttemeyer

Politics, politikwiss. Anglizismus, der darauf verweist, daß es neben der formalen (→ *Polity*) und inhaltlichen (→ *Policy*) eine prozessuale Dimension von Politik gibt, die im deutschsprachigen Raum meist synonym mit dem vieldeutigen Begriff Politik gesetzt wird.

P. bezeichnet damit den aktiven, mehr oder weniger konflikthaften Prozeß polit. Gestaltung, der v. a. in polit. Verhandlungen und Tauschprozessen ausgetragen wird und bei dem auf die unterschiedlichen, teilweise gleichgelagerten oder widerstreitenden, teilweise neutralen, teilweise koalierenden → Interessen, → Parteien und deren polit. Absichten, Forderungen, Ziele etc. Rücksicht genommen wird.

→ Politikfeldanalyse.

Lit.: → Policy analysis; Politikfeldanalyse.

Klaus Schubert

Politie, Begriff, der auf die «Politik» des *Aristoteles* zurückgeht. In seiner ersten Staatsformenlehre (Politik III) konzipiert *Aristoteles P. – politeia* meint → Verfassung als polit. Ordnung überhaupt, aber auch eine spezielle Verfassung – als diejenige unter den guten, am → Gemeinwohl orientierten → Staatsformen, in welcher die → Herrschaft (im Ggs. zum Königtum als der Alleinherrschaft und zur Aristokratie als der Herrschaft der Wenigen) auf viele verteilt ist.

I. S. dieser Politik als gemeinsamer Angelegenheit von vielen Freien und Gleichen stellt die *P.* das Vorbild für die → Republik als polit. Ordnungsmodell dar. In seiner zweiten

Staatsformenlehre (Politik IV) entwickelt *Aristoteles* die *P.* als Mischform aus → Demokratie (der armen Vielen) und → Oligarchie (der reichen Wenigen). Die *P.* als → Gemischte Verfassung entspringt einer abwägend-pragmatischen Denkweise, die Quantität und Qualität der Bürger ausgleicht, die vielen durchschnittl. Handlungskompetenzen zu einer relativ besten Gesamtqualität summiert und in einem starken Mittelstand den Garanten gegen Extremisierung und Destabilisierung des Staates ausmacht.

→ Gleichgewicht; Gewaltenteilung; Verfassungstheorie.

Lit.: *Aristoteles* [6]1989: Politik; übers. von *Gigon, O.*, Mchn.

Ulrich Weiß

Politik/Politikbegriffe, etymologisch aus dem Griech. stammend: Politik = *Tà politikà*, bezeichnet die auf die → Polis bezogenen öff. Angelegenheiten, die alle Bürger (= *polites*) betreffen und verpflichten, *politike téchne* die Kunst der Führung und Verwaltung der öff. Aufgaben im Interesse der → Gemeinschaft der Bürger/des → Gemeinwohls der Polis.

1. Der Politikbegriff (P.) der griech. Antike ist damit normativ und theoretisch, empirisch und praktisch zugleich. Er zielt auf die Verwirklichung der dem Wesen des Menschen angemessenen guten und gerechten polit. Ordnung, die apriorisch vorgegeben ist (→ Normative Theorien). Ausgehend von der polit. Theorie der Antike hat *D. Sternberger* (1984) drei Wurzeln der Politik unterschieden: (a) den aristotelischen P. der guten Ordnung (Politologik), (b) den P. des machiavellistischen Machtstaates (Dämonologik), (c) den eschatologischen P., der von der Vorstellung der «großen Veränderung» und des «letzten Konfliktes» bestimmt sei. Die Wurzel für den P. endzeitlicher Verheißung sieht *Sternberger* in der augustinischen Lehre vom Gottesstaat, seine moderne Fassung im → Marxismus; als neuzeitliches Pendant des aristotelischen Politikverständnisses begreift er den liberal-demokratischen Verfassungsstaat.

2. Anders als in der Antike bleibt in der Moderne hingegen offen bzw. strittig, was unter Politik konkret verstanden werden kann, was im öff. Interesse liegt, was allgemeinverbindlich von wem und wie zu entscheiden ist, denn Gegenstandsbereiche und Reichweite des Politischen sind in bes. Maße von Raum, Zeit und Kultur abhängig; zudem variieren Form (Institutionen, Normen, → *Polity*), Prozeß (→ *Politics*) und Inhalt (→ *Policy*) der Politik. Hieraus resultieren eine Vielzahl alltäglicher wie wiss. P. und verschiedenartigste wiss. Klassifikationsmöglichkeiten mit zahlreichen Überschneidungen. So können unterschieden werden (a) normative von deskriptiven P., (b) gouvernementale von emanzipatorischen P., (c) konflikt- von konsensorientierten P. (vgl. *von Alemann* 1994), (d) praktische von technischen P. bzw. (e) wertrationale von zweckrationalen P. (vgl. *Rohe/Dörner* 1995). Mit Blick auf die Pluralität des wiss. → Erkenntnisinteresses wird üblicherweise unterschieden (f) praktisches Erkenntnisinteresse und normativer P. von (g) technischem Erkenntnisinteresse und empirisch-analytischem/deskriptivem P. und (h) kritisch-dialektischem Erkenntnisinteresse und emanzipatorischem P. (→ Erkenntnisinteresse).

3. Im Verständnis der → Systemtheorie umfaßt der P. dreidimensional die Gesamtheit der polit. Institutionen, Prozesse wie inhaltlich-materiellen Entscheidungen; das → Politische System ist das Teilsystem der Gesellschaft, in dem die kollektiv verbindlichen Entscheidungen gefällt werden. Allerdings wird man den P. nicht nur rein instrumentell fassen können. In Anbetracht der Unmöglichkeit von Letztbegründungen und der Pluralität von Wert- und Ordnungsvorstellungen wird zwar die Einigung auf einen P. kaum erreichbar sein; insofern ist Politik die «Möglichkeit kollektiven Handelns bei nicht vorauszusetzendem Konsens» (*Scharpf* 1973: 33); dennoch greifen Politikverständnisse zu kurz, die etwa in Anlehnung an *Max Weber* (1971: 505 f.) Politik unabhängig von den Zwecken und nur von den Mitteln her als «Streben nach Machtanteil oder nach Beeinflussung der Machtverteilung» definie-

ren, denn das Spannungsverhältnis zwischen Normen und Zwecken der Politik auf der einen und den zu deren Realisierung einzusetzenden Mitteln der Politik auf der anderen Seite ist nicht einseitig aufhebbar. Politik ist folglich «öff. Konflikt von Interessen unter den Bedingungen von Macht *und* Konsensbedarf» (*von Alemann* 1994: 301). Dabei geht es inbes. um die Verständigung über solche prozeduralen, aber auch inhaltlichen Grundprämissen, die zumindest den → Diskurs über Weiterexistenz, Handlungsfähigkeit und Zusammenleben der Menschen ermöglichen, individuell, gemeinschaftlich, weltweit und unter Bedingungen, die die unveräußerlichen Rechte des Menschen garantieren.

Lit.: *Alemann, U. von* 1994: Politikbegriffe, in: *Kriz, J./Nohlen, D./Schultze, R.-O.* (Hrsg.): Politikwissenschaftliche Methoden, Mchn., 297–301. *Beck, U.* 1993: Die Erfindung des Politischen, Ffm. *Beyme, K. von* ³1997: Theorie der Politik im 20. Jahrhundert, Ffm. *Berg-Schlosser, D./Stammen, T.* ⁶1995: Einführung in die Politikwissenschaft, Mchn. (zuerst 1974). *Rohe, K.* ²1994: Politik. Begriffe und Wirklichkeiten, Stg. u. a. (zuerst 1978). *Rohe, K./Dörner, A.* 1995: Politikbegriffe, in: *Nohlen, D./Schultze, R.-O.* (Hrsg.): Politische Theorien, Mchn., 453–458. *Scharpf, F. W.* 1973: Planung als polit. Prozeß, Ffm. *Sternberger, D.* 1984: Drei Wurzeln der Politik, Ffm. (zuerst 1978). *Weber, M.* ³1971: Gesammelte polit. Schriften, Tüb. (zuerst 1921).

Rainer-Olaf Schultze

Politikberatung, in einem weiten Verständnis eine Rollendifferenzierung, in der dem Politiker ein (dem → Politisch-administrativen System externer) Berater gegenübertritt, von dem jener Entscheidungshilfe erwartet. Dabei kann es sich um einen Wirtschaftsmanager, Banker oder Journalisten ebenso handeln wie um einen Wissenschaftler. Im engeren Verständnis des Begriffs beschränkt sich P. auf die Mitwirkung von Wissenschaftlern und (noch enger) auf Sozialwissenschaftler an polit.- administrativer Entscheidungsfindung.

1. In der Diskussion um die Formen und Inhalte von P. durch Wiss. (um die Nutzung und Verwendung sozialwiss. Wissens in der polit.-administrativen Praxis) wird das Verhältnis zwischen Politik und Wiss. vielfach als das «zweier Welten» begriffen, die von unterschiedlichen «Logiken» und Wirkungsimperativen bestimmt sind (vgl. *Caplan* u. a. 1975, *Wingens* 1988: 71 ff.). Während polit.-administratives Entscheiden und Handeln – unter den Gegebenheiten einer demokratisch-pluralistischen Verfassungsordnung – einer wesentlich von Interessenberücksichtigung, Konsensfindung und letzten Endes vom Mehrheitswillen bestimmten Handlungslogik folgt, wird wiss. Arbeit wesentlich von einer auf «Wahrheitssuche» ausgerichteten Erkenntnislogik angeleitet. Die Entwicklung von Formen und Inhalten der P. durch Wiss. kann als Teil jenes säkularen Prozesses einer «intellektualistische(n) Rationalisierung durch Wiss. und wiss. orientierte Technik» (*Max Weber* 1922: 593 f.) betrachtet werden, in dessen Verlauf die polit., administrativen und gesellschaftl. Akteure angesichts ständig steigender Komplexität der von ihnen zu bewältigenden Probleme Veranlassung sehen, die Wiss. und die von ihr hervorgebrachten Informationen und Erkenntnisse als Entscheidungs- und Handlungshilfe heranzuziehen und zu nutzen.

2. Für die Analyse und Interpretation des spannungsvollen Verhältnisses, in dem Politik/Verwaltung und Wiss. über Formen und Inhalte der P. miteinander in Beziehung treten, werden in der sozialwiss. Diskussion eine Reihe unterschiedlicher Konzepte vertreten, in denen jeweils unterschiedliche Aspekte und Akzente dieses Spannungsverhältnisses hervorgehoben werden. Hatten in der sozialwiss. Debatte in den 1960er Jahren eher wissenschaftspolit.-normative Fragen (z. B. Autonomieverlust der Wiss. durch ihr Einlassen auf Politikberatung) im Vordergrund gestanden (vgl. *Lompe* 1966), wird das Praxis-Wiss.-Verhältnis in letzter Zeit v. a. unter dem empirischen Interesse an Formen und Inhalten der «Verwendung von (so-

zialwiss.) Wissen» in Politik und Verwaltung erörtert (*«knowledge utilization research»*, «Verwendungsforschung», vgl. zur bundesdt. Diskussion *Weiss* 1986, 1991; *Wittrock* 1991; *Wittrock u.* a. 1991; *Wingens* 1988; *Beck/Bonß* 1990).

(1) Die unterschiedlichen Zwecke, die polit.-administrative Entscheidungsträger mit der Heranziehung und Nutzung von sozialwiss. Beratungsleistungen verfolgen können, lassen sich grob entlang eines Kontinuums klassifizieren, an dessen einem Ende ein rationales, d.h. sich auf (wiss.) Information und Erkenntnis möglichst umfassend stützendes Politikmodell und an dessen anderem Ende ein polit., d.h. von Konsensfindung, Mehrheitswillen usw. gesteuertes Politikmodell stehen.

(a) Die weitestgehende Einlösung des «rationalen» Politikmodells liegt dann vor, wenn polit. Handlungsträger bereit und interessiert sind, sich für die polit.-administrative Entscheidungsfindung (sozial-)wiss. Erkenntnisverfahren und Erkenntnisse umfassend – von der Problemanalyse über die Entscheidung der Handlungsziele bis zur Auswahl der geeigneten Handlungsmittel – zu bedienen.

Am ausgeprägtesten fand das rationale Politikmodell bislang in dem (insbes. von *D. Campbell* [1988] verfochtenen) Konzept einer «experimentellen Politik» Ausdruck, das darauf abzielt, polit.-gesellschaftl. Konflikte und Kontroversen über die Veranstaltung sozialer Experimente und deren sozialwiss. Kontrolle und Auswertung rational entscheidbar zu machen (vgl. *Hellstern/Wollmann* 1983). Deutlich orientiert am rationalen Politikmodell ist ferner die Vorstellung, daß es Aufgabe sozialwiss. P. sei, gegenüber der strukturell bedingten Kurzatmigkeit und Kurzsichtigkeit der polit.-administrativen Praxis «einen unabhängigen Resonanzboden für die Reflexion künftiger Entwicklungen ab(zu)geben (und) Impulse für gesellschaftspolit. Innovationen (zu) dekodieren» (*Ritter* 1982: 460).

Für die Diffusions- und Transferprozesse, über die solches sozialwiss. generiertes Problem- und Gestaltungswissen von der polit.-administrativen Praxis wahrgenommen wird und in die Formulierung von Entscheidungsprämissen, Politikkonzepten usw. eingehen kann, wird in der *knowledge utilization*-Diskussion (freilich in einseitig wissenschaftszentrierter Betrachtungsweise) von einem Aufklärungsmodell (*enlightenment model*, vgl. *Weiss* 1986: 38) gesprochen. Danach vollzieht sich die Wissensnutzung durch die polit.-administrative Praxis nur ausnahmsweise in unmittelbarer instrumenteller P., in aller Regel aber in weit komplizierteren Lernprozessen (über Einzelgespräche, Fachzeitschriften, Medien usw.). Auf diesen verschlungenen Diffusionswegen kann die urspr. wiss. Information vielfältigen «Verwandlungen» (*knowledge conversion, Caplan* 1983), unterliegen, ja sie kann, wie in der dt. «Verwendungs»-Diskussion pointiert gesagt worden ist (vgl. *Beck/Bonß* 1984: 384), infolge einer allgemeinen «Soziologisierung» des Praxisalltagswissens (gewissermaßen als strategisch erfolgreichste Variante sozialwiss. P.) regelrecht «verschwinden» (zur Kritik an diesem gegenüber empirischer Überprüfung geradezu immunisierten Theorien vgl. *Wingens* 1988: 91). (b) Von einer eher instrumentellen Variante des rationalen Politikmodells kann gesprochen werden, wenn über ein bestimmtes Politikziel bereits polit., d.h. aufgrund der polit. Logik (Interessenberücksichtigung, Mehrheitsentscheidung usw.), entschieden ist und die P. für die Aufgabe herangezogen wird, für die Erreichung des (polit. vorentschiedenen) Zieles geeignete Handlungsmittel und -pfade (u.a. aufgrund wiss. gesicherten Kausalwissens bezüglich der relevanten Wirkungszusammenhänge) vorzuschlagen. Diese auch als *engineering* oder *problem-solving model (Weiss* 1986: 32ff.) bezeichnete Variante der P. kann der Verwaltung dazu dienen, eigenen fehlenden Sachverstand auszugleichen und die wiss. Beratung sozusagen als verlängerte Werkbank zu nutzen (vgl. *Ritter* 1982: 460). (c) Ist in ihren rationalen Varianten P. darauf gemünzt, den polit.-administrativen Entscheidungsprozeß inhaltlich zu informieren, kann die polit.-administrative Praxis mit der Einschaltung von P. auch handgreiflich taktische Zwecke verfolgen (zum *political* und *tactical model* vgl. *Weiss* 1986: 36ff.; *Bartholomai* 1977: 285f.). Insbes. kann z.B. die Vergabe einer sozialwiss. Untersuchung oder eines Gutachtens wesentlich darauf aus sein, eine bereits getroffene polit. Entscheidung zu legitimieren. Im polit.-taktischen Spiel kann die Beauftragung eines Gutachtens aber auch schlicht das Ziel verfolgen, Zeit zu gewinnen und eine Entscheidung auf die lange Bank zu schieben.

(2) Mit Anklängen an die Vorstellung vom Verhältnis zwischen Politik und Wiss. als zwei Welten mit unterschiedlichen Logiken wird (in Anknüpfung an *Habermas* 1968) vielfach zwischen einem dezisionistischen Entscheidungsmodell, wonach sich letzten Endes die polit. Logik geltend macht, und einem technokratischen Entscheidungsmodell unterschieden, wonach letztlich der technisch-wiss. Sachverstand entscheidend ist. Allerdings erscheinen diese – idealtypisch zugespitzten und einseitig praxiszentriert bzw. wissenschaftszentriert formulierten – Modelle als wenig geeignet, die hier interessierenden Praxis-Wiss.-Beziehungen unter den Gegebenheiten eines demokratisch-pluralistischen und polit.-administrativen Handlungssystems angemessen zu erfassen. Demgegenüber dürften Vorstellungen und Konzepte analytisch leistungsfähiger (aber auch normativ befriedigender) sein, die die Praxis-Wiss.-Beziehung eher als Dialog und wechselseitigen Lernprozeß (so das pragmatische Entscheidungsmodell, *Habermas* 1969), also als interaktiven Prozeß begreifen.

3. In der dt. Politik- und Verwaltungsgeschichte entwickelte sich P. zunächst in erster Linie über die Bildung von Beiräten (bei Ministerien usw.). So wurden ab 1871 bei Ministerien im Reich und in Preußen, insbes. im Bereich von Agrar-, Gesundheits- und Handelspolitik, Beiräte gebildet, denen neben Verbändevertretern auch Wissenschaftler angehörten; sie hatten die doppelte Funktion, der Bürokratie fachkundige Informationen zu liefern und außerdem der Interessenvermittlung zu dienen (vgl. *Friedrich* 1970). War die Heranziehung von (aus Interessenvertretern und Wissenschaftlern zusammengesetzten) Beiräten bis in die frühen 1960er Jahre in der BRD die vorherrschende Form der P., so vollzog sich im Laufe der 1960er Jahre in ihren Formen und ihrem Umfang eine tiefgreifende Veränderung. Diese stand – nach dem «Ende der Nachkriegszeit» – in offenkundigem Zusammenhang mit den wachsenden sozioökon. und infrastrukturellen Entwicklungsproblemen der BRD, für deren Meisterung in zunehmendem Maße auf wiss. Beratung gesetzt wurde. Schrittmacher hierfür waren die Wirtschaftspolitik (Einrichtung des Sachverständigenrates für die Begutachtung der gesamtwirtschaftl. Entwicklung, 1963) und die Bildungspolitik (Einrichtung des Wissenschaftsrats, 1957, und des Bildungsrats, 1965). Einen regelrechten Entwicklungsschub erfuhr die (sozialwiss.) P. seit den späten 1960er Jahren, als (zumal im Rahmen der von der sozial-liberalen Koalition proklamierten «Politik der inneren Reformen») in der Verwissenschaftlichung von Politik und Verwaltung, nicht zuletzt durch eine verstärkte Nutzung sozialwiss. Sachverstands, eine maßgebliche Voraussetzung für eine grundlegende Modernisierung des Regierungs- und Verwaltungsapparats gesehen wurde. An unterschiedlichen institutionellen Ansätzen und Ausprägungen von Verwissenschaftlichung und P. lassen sich u. a. unterscheiden (vgl. *Wollmann* 1989: 241 ff. mit Nachweisen):

(1) Schaffung von Planungs- und Informationseinheiten innerhalb der Bundesregierung (Bundeskanzleramt, Bundesministerien) mit dem Ziel, die Kapazität für Informationsverarbeitung auszubauen und verwaltungsinterne *(in-house)* Analyseeinheiten zu schaffen. (2) Schaffung bzw. Ausbau von (ministeriumsunterstellten) Forschungseinrichtungen (Bundesforschungsanstalten), z. B. Bundesinstitut für Berufsbildung (1970), Umweltbundesamt (1974). (3) Bildung einer Vielzahl von (Reform-)Gruppen und Kommissionen, in denen und für die Sozialwissenschaftler tätig wurden (insbes. Projektgruppe Regierungs- und Verwaltungsreform, Studienkommission für die Reform des Öff. Dienstrechts, Kommission für wirtschaftl. und sozialen Wandel, die allein 150 sozialwiss. Gutachten vergab). (4) Expansion der sog. Ressortforschungsförderung, vermittels derer Ministerien und andere Einrichtungen von Bund und Ländern (externe) Forschungsleistungen der (zuneh-

mend außeruniversitär-kommerziell organisierten, aber auch universitär verorteten) Sozial- und Politikforschung nachfragten. (5) Formen sozialwiss. Beratung des Parlaments, u. a.: Die Ausschüsse des Bundestages führen zum einen bei wichtigen Gesetzgebungsvorhaben vielfach öff. Anhörungen durch, zu denen – neben Vertretern der Verbände – i. d. R. auch Wissenschaftler geladen werden. Zum andern ist der Bundestag dazu übergegangen, zu komplexen Sachproblemen (Neue Informations- und Kommunikationstechniken, Chancen und Risiken der Gentechnologie usw.) Enquetekommissionen zu bilden, an denen auch Wissenschaftler mitwirken. Schließlich ist auf die inzwischen zahlreichen Regierungsberichte zu verweisen, die der Bundestag – regelmäßig oder ad hoc – zu ganzen Politikfeldern (Familienbericht, Raumordnungsbericht usw.) ebenso wie zu einzelnen Regelungen und Maßnahmen anfordert und an deren Erstellung (über Forschungsaufträge durch die zuständigen Ministerien) Wissenschaftler in erheblichem Umfange mitwirken.

4. Die P. erlebte in der BRD einen steilen Aufstieg und zugleich ihren bisherigen Höhepunkt in den frühen 1970er Jahren, also in einer Politikphase, in der wesentliche Teile der polit. und akademischen Elite tiefgreifende gesellschaftl. und soziale Reformen für machbar und den Beitrag der Sozialwiss. hierzu für relevant und erstrebenswert hielten. Die (vorübergehende) polit. Bereitschaft, für die Entscheidung kontroverser polit. und gesellschaftl. Fragen auf soziale Experimente und deren wiss. Kontrolle zu setzen, läßt sich als bemerkenswerte Annäherung an ein rationales Politikmodell (vgl. *Hellstern/Wollmann* 1983) bezeichnen. Zwar ist die damalige Reform- und Wissenschaftszuversicht, wenn nicht -gläubigkeit, inzwischen längst Ernüchterung und Skepsis gewichen, zumal (etwa im Verlauf und im Ergebnis der experimentellen Politik) die überlegene Bestimmungsmacht von interessenbestimmten Gruppen- und Mehrheitsentscheidungen gegenüber wiss. Information und Aufklärung sichtbar wurde. Ungeachtet dieser Enttäuschungen und Rückschläge weist das polit.-administrative System der BRD seit den 1970er Jahren indessen ein breites Repertoire an Formen und Inhalten der P. auf, das inzwischen in den erwähnten Institutionen fest verankert erscheint (vgl. *Wagner/Wollmann* 1986).

(1) Für Politik und Verwaltung weisen empirische Befunde und Beobachtungen darauf hin, daß die Verwaltungen und ihre Angehörigen inzwischen wesentlich offener, «rezeptiver» für sozialwiss. Informationen sind, als dies etwa vor 40 Jahren – vor dem Hintergrund des damals noch dominierenden Typs des klassischen Bürokraten (vgl. *Aberbach* u. a. 1981) – der Fall war. (In einer in den 1980er Jahren durchgeführten Befragung von Bonner Ministerialbeamten erklärten 80 %, daß sie Evaluierungsuntersuchungen für nützlich bzw. sehr nützlich halten, vgl. *Derlien/Mayntz* 1988). Dabei zeigte sich, daß die Verwaltungsangehörigen – trotz ungebrochenen Juristenmonopols im höheren Dienst der Ministerialbürokratie – gelernt haben, mit den methodischen Fragen beigezogener sozialwiss. Forschungsleistungen durchaus kompetent umzugehen und mit den (vor etlichen Jahren noch beredt beklagten, vgl. *Bartholomai* 1977) fachterminologischen Besonderheiten und Sprachgebräuchen sozialwiss. Forschung zurechtzukommen. Die Professionalisierung, die die Bürokratie in der Herbeiziehung und Nutzung von sozialwiss. Forschungs- und Beratungsleistungen zeigt, kommt auch darin zum Ausdruck, daß die zu beantwortenden Fragen und aufzuhellenden Problemfelder in den Ausschreibungen und Vergabeverträgen präzise benannt und nicht selten methodisch vorstrukturiert sind. Dabei überwiegt eher die instrumentelle Variante von P. (vgl. *Ritter* 1982), auch wenn in den vielfältigen Kontakten und Netzwerken, über die das polit.-administrative und das Wissenschaftssystem miteinander in Verbindung stehen, das pragmatische (dialogische) und Interaktions-Modell von P. verbreitet eingelöst scheint. Hierbei ist freilich daran zu erinnern, daß Formen der P. durch Wissenschaftler für die Bürokratie i. d. R. nur einen von mehreren Wegen der Informationsbeschaffung darstellen, zu denen insbes. auch die Kontakte mit Interessenverbänden und Praktikern aus dem betreffenden Handlungsfeld gehören (vgl. *Krautzberger/Wollmann* 1988: 186).

(2) Was die Sozialwiss. betrifft, so haben sich auch in ihr Anpassungsprozesse an die veränderten Gegebenheiten und die «Veralltäglichung» der P. vollzogen. Die reformpolit. Emphase, die in den frühen 1970er Jahren polit.-administrative Akteure und Sozialwissenschaftler geradezu in Reformkoalitionen vereinte, ist verflogen. Die Erbringung von beratungsorientierten Forschungsleistungen wurde inzwischen darin spezialisiert und gewissermaßen professionalisiert, daß als Auftragnehmer für die von Ministerien ausgeschriebenen und vergebenen Forschungsaufträge und Gutachten in erster Linie außeruniversitär-kommerziell organisierte und teilweise auch an Hochschulen gegründete, vielfach halbkommerziell geführte, auf Auftragsforschung spezialisierte Forschungseinrichtungen und -gruppen auftreten. Infolge ihrer zumindest teilweisen Abkoppelung aus dem eigentlichen Wissenschaftssystem, ihrer Auftrags- und Klientenabhängigkeit und der spezifischen zeitlichen, finanziellen usw. Zwänge scheint die Wissenschaftlichkeit solcher Forschung, sei es i. S. disziplinär wiss. Professionalität (z. B. methodische und konzeptionelle Standards), sei es i. S. wiss. Unbestechlichkeit und intellektueller Redlichkeit, auf die Probe gestellt. Die erstere Gefährdung kann in merklichem Umfange dadurch gebannt werden, daß die Forschungsergebnisse auch der Auftrags- und Beratungsforschung publiziert und damit der wissenschaftsinternen Kontrolle *(peers review)* ausgesetzt werden. Der letzteren Gefährdung kann am ehesten dadurch begegnet werden, daß sich die einzelnen Forschungseinrichtungen am Forschungsmarkt thematisch ebenso wie klientenbezogen nach Möglichkeit diversifizieren.

→ Begleitforschung; Dezisionismus; Entscheidungstheorie; Politikevaluierung; Politikfeldanalyse; Theorie und Praxis.

Lit.: *Aberbach, J. D.* u. a. 1981: Bureaucrats and Politicians in Western Dernocracies, Camb./Mass. *Bartholomai, R.* 1977: Ressortforschung, in: *Wissenschaftszentrum Berlin* (Hrsg.). *Beck, U./Bonß, W.* (Hrsg.) 1989: Weder Sozialtechnologie noch Aufklärung, Ffm. *Campbell, D.* 1968: Reforms as Experiments, in: American Psychologist, 409 ff. *Caplan, M.* 1975: The Use of Social Science Information by Federal Executives, in: *Lyons, G.* (Hrsg.): Social Research and Public Policies, Hanover. *Caplan, N./Morrison, S./Stambaugh, R.* 1975: The Use of Social Science Knowledge in Policy Decisions at the National Level, Ann Arbor. *Derlien, H. U./Mayntz, R.* 1987: Einstellungen der politisch-administrativen Elite des Bundes, Universität Bamberg. *Friedrich, Z.* 1970: Staatliche Verwaltung und Wissenschaft, Ffm. *Gellner, W.* 1995: Ideenagenturen für Politik und Öffentlichkeit: Think Tanks in den USA und in Deutschland, Opl. *Habermas, J.* 1968: Verwissenschaftlichte Politik und öffentliche Meinung, in: *ders.*: Technik und Wissenschaft als Ideologie, Ffm. *Hellstern, G.-M./Wollmann, H.* 1983: Experimentelle Politik – Reformstrohfeuer oder Lernstrategie?, Opl. *Krautzberger, M./Wollmann, H.* 1988: Verwendung sozialwissenschaftlichen Wissens im Gesetzgebungsverfahren, in: Zeitschrift für Rechtssoziologie, 170 ff. *Lompe, K.* 1966: Wissenschaftliche Beratung der Politik, Gött. *Ritter, E.-H.* 1982: Perspektiven für die wissenschaftliche Politikberatung, in: PVS, Sonderheft 13, 458 ff. *Wagner, P.* u. a. (Hrsg.) 1991: Social Sciences and Modern States, Camb. u. a. *Wagner, P./Wollmann, H.* 1986: Social scientists in policy research and consulting, in: ISSJ 1986, 601–617. *Weiss, C. H.* 1986: The Many Meanings of Research Utilization, in: *Bulmer, M.* (Hrsg.) 1986: Social Science and Social Policy, L. u. a. *Weiss, C. H.* 1991: Policy research, in: *Wagner, P.* u. a. (Hrsg.) 1991: 307–332. *Wingens, M.* 1988: Soziologisches Wissen und politische Praxis, Ffm./NY. *Wissenschaftszentrum Berlin* (Hrsg.) 1977: Interaktion von Wissenschaft und Politik, Ffm./NY. *Wittrock, B.* 1991: Social Knowledge and Public Policy, in: *Wagner, P.* u. a. (Hrsg.) 1991: 333–353. *Wittrock, B./Wagner, P./Wollmann, H.* 1991: Social Science and the Modern State: Policy Knowledge and Political Institutions in Western Europe and the United States, in: *Wagner, P.* u. a. (Hrsg.) 1991: 28–85. *Wollmann, H.* 1989: Policy Analysis in West Germany's Federal Government, in: Governance, 253 ff.

Hellmut Wollmann

Politikevaluierung (engl.: *policy evaluation*), ebenso wie Programmevaluierung (engl.: *program evaluation*) Analyseverfahren, das darauf gerichtet ist, die Zielerreichung und Wirkungen staatl. Politik bzw. polit.-administrativen Handelns zu erfassen und zu bewerten. Demnach kann Evaluierungsforschung als die systematische, sich sozialwiss. Methoden bedienende Konzipierung und Durchführung von Evaluierung bezeichnet und insofern als Variante angewandter Sozialforschung eingestuft werden. Zur Abgrenzung von konzeptionell und gegenständlich verwandten Fragestellungen und Ansätzen mag der in der *Policy*forschung gebräuchliche Politikzyklus (*policy cycle*): Politikformulierung, Politikimplementation/-realisierung, Politikbeendigung/Wirkungen dienen: Während die *Policy*forschung auf eine umfassende Analyse des *Policy*-Zyklus angelegt ist (und gewissermaßen als Oberbegriff gelten kann), hebt die Implementationsforschung in erster Linie auf den Realisierungsprozeß von Politik und dessen Verknüpfung mit der Politikformulierung ab (→ Politische Planung), während die Evaluationsforschung auf die Wirkungen und deren Bedingtheit durch die vorherigen *Policy*-Phasen fokussiert ist.

1. Je nach Durchführungsphase und Aufgabenstellung werden mehrere Untersuchungsvarianten und -typen unterschieden: *Ex-ante*-Evaluierung zielt darauf, die Wirkungen einer künftigen Politik/Programm/Maßnahme vorab abzuschätzen (*pre-assessment*). Evaluierbarkeitsabschätzung (*evaluability assessment*) soll vorab klären, ob die fragliche Politik/Programm/Maßnahme evaluierbar sei. Formative (oder – in neuerer Diktion – *on-going*) Evaluierung setzt während der Programm-/Maßnahmenrealisierung, nach Möglichkeit von deren Anfang an ein; sie dient der früh- und rechtzeitigen Rückkopplung (*feedback*) von (Zwischen-) Ergebnissen an die relevanten (polit., administrativen und gesellschaftl.) Akteure, um etwaige Korrekturen noch während der laufenden Programm-/Maßnahmenrealisierung zu ermöglichen. Der formativen Evaluierung steht die Begleitforschung nahe, innerhalb derer wiederum zwischen (a) einer (distanziert) analytischen, (b) einer (zusätzlich) kommunikativen und interaktiven (z. B. die Lernprozesse innerhalb und außerhalb des laufenden Realisierungsprozesses aktivierenden) und (c) einer sich in diesen aktiv einmischenden (intervenierenden) Begleitforschung unterschieden werden kann; die letztere weist Übergänge zur Aktionsforschung auf. Als *Monitoring* kann eine (laufende) Beobachtung bezeichnet werden, die die interessierenden Veränderungen und Wirkungen deskriptiv-analytisch zu erfassen sucht. *Ex-post-* oder *summative* Evaluierung wird erst nach Abschluß des polit. Programms/der Maßnahme durchgeführt. Hat sie v. a. die Aufgabe, den Zielerreichungsgrad zu ermitteln, ist vielfach von Erfolgskontrolle die Rede. Ist sie darauf gerichtet, die Wirkungen (intendierte Wirkungen des Handlungsprogramms = Ziele ebenso wie nicht-intendierte Wirkungen) zu erfassen und zu ermitteln, ob und inwieweit die beobachtbaren Veränderungen auf das Handlungsprogramm (kausal) zurückzuführen sind, wird von Wirkungsanalysen gesprochen werden. Konzeptionelle Verwandtschaft weist die mit der Wirksamkeit/tatsächlichen Geltung von Gesetzen befaßte (meist der Rechtssoziologie zugeschriebene) Rechtstatsachenforschung auf. Effektivitätsuntersuchungen fragen (im Wege eines Soll-Ist-Vergleichs) nach dem Zielerreichungsgrad *(Erfolgskontrolle)* eines Programms/einer Maßnahme. Demgegenüber sind Effizienz- (oder Wirtschaftlichkeits-)Analysen von Programmen/Maßnahmen darauf gerichtet, das Verhältnis von *input* (d. h. den aufgewandten organisatorischen, personellen, finanziellen usw. Ressourcen) und *output* (d. h. den erreichten Zielen, Handlungserträgen usw.), also (insoweit den Kosten-Nutzen-Analysen verwandt) die Relation von Kosten und Nutzen zu ermitteln – sei es, ob mit gegebenen Mitteln ein maximales Ergebnis erzielt worden ist (sog. Maximumsprinzip) oder ein be-

stimmtes Ergebnis mit einem möglichst geringen Aufwand und Mitteleinsatz erreicht worden ist (Minimumsprinzip).

2. Die P. erlebte in den 1960er Jahren (zunächst in den USA, dann in einer Reihe europ. Länder, darunter auch D) ihren Aufschwung und eine erste Welle (*Wagner/Wollmann* 1986, *Derlien* 1990), als diese Länder in eine Phase (sozialdemokratischer) interventions- und wohlfahrtsstaatl. Reformpolitik eintraten und hierbei die Vorstellung einer geplanten und rationalistischen Politik Geltung beanspruchte, in der der P. eine zentrale Erkenntnis- und Lernfunktion für Politik beigemessen wurde und dies in einem Schub experimenteller Politik, auch in der BRD, ihren beredten Ausdruck fand (*Hellstern/Wollmann* 1983). Rasch entwickelte sich die Evaluationsforschung zu einer regelrechten «Wachstumsindustrie» (*H. Freeman*). Hatte Evaluationsforschung in ihrer ersten Phase – als Reflex ihres reformpolit. Entstehungskontextes – v. a. die Verbesserung der Wirksamkeit (*output*) staatl. Politik im Auge, so nimmt sie in ihrer zweiten Welle seit den 1980er Jahren – unter den Vorzeichen der (neoliberalen) Wohlfahrtsstaatskritik und der Haushaltskonsolidierung – vornehmlich deren Kosten-*input*-Reduzierung in den Blick. Im Prozeß der Deutschen Einheit wurde das gesamte von der DDR hinterlassene Hochschul- und Forschungssystem Gegenstand einer umfassenden – über die Weiterführung oder Abwicklung von Forschungseinrichtungen und Wissenschaftlern entscheidenden – Evaluierung. In Widerspiegelung der Dringlichkeit der Politikfelder sind derzeit Schwerpunkte der P. in der → Arbeitsmarktpolitik, in der Hochschul- und Forschungspolitik und in der EU-Strukturfondsförderung (gemäß dem in deren Programm ausdrücklich festgelegten Evaluierungsauftrag) zu beobachten.

Als Spielart angewandter Sozialforschung macht die E. vom gesamten sozialwiss. Methodenrepertoire Gebrauch. Hierbei spiegelt sie die in den (v. a. US-amerikan.) Sozialwiss. ausgetragenen wissenschaftstheoretischen und methodischen Kontroversen in geradezu exemplarischer Weise wider. Waren Diskurs und Praxis der Evaluationsforschung in den 1960er und 70er Jahren vom neo-positivistisch-nomologischen Wissenschaftsmodell und dementsprechend von experimentellen, quasi-experimentellen und quantitativen Analyseverfahren und -methoden dominiert, so haben in den letzten Jahren ein post-positivistisches, konstruktivistisches und relativistisches Wissenschaftsverständnis und in dessen Gefolge qualitativ-hermeneutische Methoden wachsende Anhängerschaft gefunden (vgl. *Guba/Lincoln* 1989: *fourth generation evaluation*). Gegenwärtig finden in der Evaluationsforschung ein (dem Wissenschaftstheoretiker *I. Lakatos* folgendes) realistisches, am Objektivitätsanspruch und -streben der Wiss. grundsätzlich festhaltendes Wissenschaftsverständnis (*Pawson/Tilley* 1997) und ein (pragmatischer) Methodenpluralismus («Methodenmix», *Wollmann/Hellstern* 1977) offenkundig verbreitete Anerkennung und Gefolgschaft; dieser beruht auf der Einsicht, daß es den *einen* methodischen Königsweg nicht gibt, sondern eine dem jeweiligen Gegenstandsbereich, der Fragestellung und den verfügbaren finanziellen, zeitlichen usw. Ressourcen Rechnung tragende Methodenkombination, insb. aus qualitativen (v. a. Fallstudien) und quantitativen Methoden, anzuwenden ist.

3. Das rasche Vordringen der Evaluierungsfunktion schlug sich seit den 1960er Jahren einerseits im vehementen Auf- und Ausbau von mit der Durchführung, Vergabe und Auswertung von Evaluierungsuntersuchungen befaßten Verwaltungsteilen innerhalb der öff. → Verwaltung (*In-house*-Evaluierung) nieder (*Derlien* 1976). Andererseits gingen Politik und Verwaltung zunehmend dazu über, externe Forschungseinrichtungen (vielfach im Wege offener und beschränkter Ausschreibungen oder aber auch freihändiger Vergabe) mit der Durchführung von Evaluierungsuntersuchungen zu beauftragen (Auftragsforschung) und zu finanzieren (Ressortforschungsmittel).

Der größte Teil der Auftragsforschung wird vom Sektor der privatwirtschaftl. operierenden Forschungseinrichtungen, ein geringerer Teil von universitären Forschungseinrichtungen bzw. deren «An-»Instituten bearbeitet. Angesichts dessen, daß die Fragestellung von Evaluatonsforschung i. d. R. von der

auftraggebenden (und finanzierenden) Politik- und Verwaltungseinheit den Wissenschaftlern vorgegeben wird und die Auftragsfinanzierung eine Abhängigkeit der (zudem an weiteren Forschungsaufträgen interessierten) Forscher bedingen kann, wird – v. a. aus der Sicht der um die Unabhängigkeit wiss. Forschung und Erkenntnis besorgten Hochschul- und Grundlagenforscher – nicht selten die Gefahr einer Kolonialisierung der Wiss. durch Politik und Verwaltung und einer Verschiebung und Trübung des Erkenntnisfokus (*epistemic drift*, *A. Elzinga*) beschworen. Diese ist v. a. dann nicht von der Hand zu weisen, solange, wie dies noch immer verbreitet der Fall ist, die Ergebnisberichte von Evaluationsforschung unveröffentlicht und somit sowohl der inner-wiss. Kritik (*peer review*) als auch der öff. polit. Debatte entzogen bleiben.
Um diese methodischen und forschungsethischen Probleme sowie Fragen der Professionalisierung der P. als eines neuen (nicht zuletzt sozialwiss.) Berufsbildes kreisen derzeit die Diskussionen in einer sich nat. wie internat. konstituierenden Evaluierungsgemeinde (*evaluation community*) – eine Entwicklung, die in der Gründung (1994) der *European Evaluation Society* und von nat. Evaluierungsvereinigungen, u. a. (1998) der *Deutschen Gesellschaft für Evaluierung*, ihren Ausdruck fand.

4. In einem (befremdlichen) Widerspruch dazu, daß E. nunmehr seit über 30 Jahren in erheblichem Umfange unter Aufwendung hoher Finanz- und Forschungsressourcen betrieben wird, zeigt sich in der Politik- und Verwaltungspraxis – und dies wird von der sog. Verwendungsforschung (*knowledge utilization research*, vgl. *Weiss* 1991; *Wittrock* 1991; *Beck/Bonß* 1990; *Krautzberger/Wollmann* 1988), hinlänglich belegt –, daß eine unmittelbare (instrumentelle) Übernahme und Verwendung von Evaluierungsergebnissen – wie von sozialwiss. generiertem Wissen insgesamt – eher die Ausnahme als die Regel bildet. Vielmehr erweist sich die Verwendung (bestenfalls) als ein eher langsamer und verwickelter (auch über Interessenvertreter und Medien laufender und vermittelter) Interaktions- und Lernprozeß, in dem die Informationen, Konzepte und Argumente (*Weiss* 1991) in den polit. Willensbildungs- und Entscheidungsprozeß einsickern.

Lit.: *Beck, U./Bonß, W.* (Hrsg.) 1990: Verwendung, Verwandlung, Verwissenschaftlichung, Ffm. *Bussmann, W.* u. a. (Hrsg.) 1997: Einführung in die Politikevaluation, Basel/Ffm. *Derlien, H.-U.* 1976: Die Erfolgskontrolle staatlicher Planung, Baden-Baden. *Derlien, H.-U.* 1990: Genesis and Structure of Evaluation Efforts in Comparative Perspective, in: *Rist, R. C.* (Hrsg.) 1990: Program Evaluation and the Management of Government, New Brunswick/L., 147–176. *Guba, Y./Lincoln E.* 1989: Fourth Generation Evaluation, L. *Hellstern, G.-M./Wollmann, H.* (Hrsg.) 1983: Experimentelle Politik – Reformstrohfeuer oder Lernstrategie, Opl. *Hellstern, G.-M./Wollmann, H.* (Hrsg.), 1984: Handbuch zur Evaluierungsforschung, Bd. 1, Opl. *Krautzberger, M./Wollmann, H.* 1988: Verwendung sozialwissenschaftlichen Wissens in der Gesetzgebung, in: Zeitschrift für Rechtssoziologie, 177–192. *Pawson, R./Tilley, N.* 1997: Realistic Evaluation, L. u. a. *Stockmann, R.* (Hrsg.) 2000: Evaluationsforschung, Opl. *Vedung, E.* 1999: Evaluation im öffentlichen Sektor, Wien u. a. *Wagner, P./Wollmann, H.* 1986: Fluctuations in the Development of Evaluation Research, in: ISSJ, 205–218. *Weiss, C. H.* 1991: Policy Research, in: *Wagner, P. u. a.* (Hrsg.): Social Sciences and Modern States, Cam., 290–306. *Wittrock, B.* 1991: Social Knowledge and Public Policy, in: *Wagner, P.* u. a. (Hrsg.): Social Sciences and Modern States, Camb., 333–354. *Wollmann, H./Hellstern, G.-M.* 1977: Sozialwissenschaftliche Untersuchungsregeln und Wirkungsforschung, in: *Haungs, P.* (Hrsg.): Res Publica, Mchn., 415–466.

Hellmut Wollmann

Politikfeldanalyse, das dt. Pendant der angelsächsischen *policy analysis* (auch *policy studies* oder *policy science*, dt. auch Programmforschung). *Policy* umschreibt die inhaltlichen Aspekte von Politik und untersucht dabei v. a. die Frage nach den Gegenständen, Zielen und Wirkungen polit., i. d. R. staatl. Aktivitäten. Im Deutschen wird diese Bedeutung am ehesten in zusammengesetzten Ausdrücken wie Wohnungsbaupolitik, Gesundheitspolitik, Sozialpolitik deutlich, eben in Politikfeldern.

Die Politikwiss. in D wandte sich erst seit Anfang der 1970er Jahre verstärkt einzelnen Politikfeldern zu. Ihre Hinwendung zur P. ist Ausdruck des wachsenden Interesses an der inhaltlichen Dimension von Politik (*policy*; vgl. *Hartwich* 1985, *Windhoff-Héritier* 1987, *Schubert* 1991). P. beschäftigt sich mit dem Zustandekommen, der Art und Weise und den Wirkungen polit. Interventionen, d. h. mit gesellschaftl. Problembewältigung und ihren Instrumenten. Der polit. Prozeß wird dabei vorrangig als Prozeß der Problemverarbeitung durch das → Politische System oder präziser: das → Politisch-administrative System, Politik in einem funktionalen Sinn als *policy-making* aufgefaßt. Nach einer klassischen Formulierung geht es der P. darum herauszufinden, «what governments do, why they do it, and what difference it makes» (*Dye* 1978: 1). Damit sind die zentralen Elemente angesprochen: (a) das «Was» staatl. *policies*, d. h. deren Inhalt, (b) das «Warum», die Frage nach deren Gründen, Voraussetzungen und Einflußfaktoren und (c) das «Wozu», die Frage nach den Folgen und Wirkungen von *policies*.

Das primäre → Erkenntnisinteresse richtet sich auf die Grundlagen und Möglichkeiten staatl. Interventionen in Teilsysteme des gesamtgesellschaftl. Systems, wobei zwei Fragestellungen zu unterscheiden sind: Zum einen werden die Inhalte staatl. Politik und die Problembewältigung durch staatl. *policies* analysiert, sie können daher als abhängige → Variablen aufgefaßt werden. Sämtliche Einflußfaktoren auf diese Inhalte, also z. B. sozio-ökon. Faktoren, die polit. Machtverteilung (*politics*) oder institutionelle Arrangements (*polity*), können dann als unabhängige Variablen betrachtet werden. Sie interessieren nur insoweit, als sie die inhaltliche Ausgestaltung von *policies* beeinflussen. Zum anderen haben *policies* aber wiederum Folgen im gesamtgesellschaftl. System, d. h. sie können auch als unabhängige Variablen betrachtet werden, und es kommt dann darauf an, die durch sie beeinflußten Faktoren und ihre Veränderungen zu identifizieren (die natürlich auch wieder polit. sein können). Es wurde zu Recht darauf hingewiesen, daß man den polit. Prozeß als Problemverarbeitung analysieren kann, dies bedeutet aber nicht, daß er nach Anlaß und Ergebnis und auch im Verständnis der beteiligten Akteure lediglich ein Problemverarbeitungsprozeß ist (vgl. *Mayntz* 1982). Die Frage nach den Politikinhalten ist nur eine unter vielen möglichen und eben auch nur eine begrenzte, da klassische Probleme der Politikwiss. (z. B. Machtverteilung, demokratische Beteiligung) i. d. R. nicht an sich, sondern als Einflußfaktoren auf *policies*, d. h. als unabhängige Variablen, interessieren.

1. Entscheidende Anstöße hat die P. durch die reformorientierten politikwiss. → Ansätze der späten 1960er Jahre erhalten, die z. T. in Verbindung mit der «Projektgruppe Regierungs- und Verwaltungsreform» entwickelt wurden. P. steht daher in enger Verbindung mit der Entwicklung der wiss. Politikberatung. Eine erste theoretische Formulierung war das Konzept der «aktiven Politik» (vgl. *Mayntz/Scharpf* 1973). Die verschiedenen für die «Kommission für wirtschaftl. und sozialen Wandel» angefertigten Teilstudien sowie deren Abschlußbericht können als der erste umfassende Versuch einer Bestandsaufnahme der politikfeldorientierten Forschung angesehen werden. Diese ersten Bemühungen wurden v. a. aus der Sicht der materialistischen Staatstheorie stark kritisiert (vgl. *Blankenburg* u. a. 1974). Nicht zuletzt im Gefolge der Ernüchterung über die Probleme der Reformpolitik sowie in Auseinandersetzung mit der materialistischen Staatstheorie («Was kann der Staat?») und durch die Rezeption angelsächsischer Ansätze entwickelten sich in der BRD dann zunächst die Bereiche Implementationsforschung (vgl. *Wollmann* 1980) sowie Wirkungs- und Evaluationsforschung (*Hellstern/Wollmann* 1984). Im engen Zusammenhang damit und v. a. im Rahmen der Auftragsforschung für Bundes- und Landesministerien sind seit Anfang der 1970er Jahre verstärkte sozialwiss. Bemühungen in einer Reihe von materiellen Politikfeldern wie

Arbeitsmarkt, Gesundheits-, Regional-, Sozial-, Städte- und Wohnungsbau- sowie Umweltpolitik zu beobachten (vgl. *Hesse* 1982; *von Beyme/Schmidt* 1990). In diesen Bereichen hat sich gezeigt, daß die P. über die klassische Politikberatung hinausgeht, indem sie insbes. die Zusammenhänge zwischen sozio-ökon. und polit.-administrativen Faktoren und Politikinhalten thematisiert. Gleichzeitig etablierte sich die theoretisch ausgerichtete *policy-output*-Forschung in der BRD, die versucht, den Einfluß polit. Faktoren (z. B. Ideologie der Regierungspartei) auf Politikinhalte (z. B. Budgetgrößen) zu messen (vgl. *Schmidt* 1982), und auch der internat. Vergleich staatl. *policies* wurde durch theoretisch anspruchsvolle empirische Studien angeregt (*Schmidt* 1988; *Dierckes* u. a. 1987). P. ist heute ein zentrales Forschungsfeld der Politikwiss., dessen Erkenntnisse inzwischen auch im Rahmen der → Politischen Bildung eingesetzt werden (*Sarcinelli* 1990).

2. Die Vielfalt der unterschiedlichen Perspektiven, Fragestellungen und Erkenntnisinteressen, mit denen Ursachen, Inhalte und Folgen staatl. *policies* untersucht werden können, lassen sich anhand von vier möglichen Dimensionen veranschaulichen.

(1) Politikbereiche: Zunächst können Prozesse und Ergebnisse staatl. Problemverarbeitung aus dem Blickwinkel einzelner Politikbereiche analysiert werden. Ausgangspunkt ist hier die Frage, wie staatl. *policies* aussehen oder sinnvollerweise aussehen sollten, warum dies der Fall ist und welche Folgen sie haben. In Bereichen wie Wohnungsbaupolitik, Sozialpolitik, Gesundheitspolitik u. a. sind solche Fragen seit langem relevant, und es gibt daher «Fachleute», die für bestimmte Politikbereiche «zuständig» sind oder sich zumindest zuständig fühlen. Architekten, Ingenieure, Mediziner, aber auch Sozialwissenschaftler sowie v. a. Ökonomen haben eine lange Tradition als → Experten für *policies* und *policy-making* in bestimmten Politikfeldern. Oft wird diese materielle oder substantielle Analyse einzelner Politikbereiche mit der gesamten P. identifiziert. Diese umfaßt aber weitere wichtige Dimensionen.

(2) Perspektiven: Im Rahmen der P. gibt es unterschiedliche Standpunkte gegenüber dem Erkenntnisobjekt. Ganz grob können unterschieden werden: eine *ex-ante*-Perspektive, der es darauf ankommt, *policies* und den Prozeß ihres Zustandekommens und Wirkens zu verbessern, und eine *ex-post*-Perspektive, der es um die Analyse vollzogener Politik geht, d. h. um die Beschreibung und → Erklärung von Inhalten, Voraussetzungen und Folgen bestimmter *policies.* Während auf der einen Seite *analysis for policy* im Vordergrund steht, d. h. die Verbesserung zukünftiger *policies* durch die Anwendung wiss. Erkenntnisse und Methoden (*science for action*), ist die zweite Perspektive eher *analysis of policy*, mit Erklärung und Verallgemeinerung als vorrangigen Zielsetzungen *(science for knowledge).*

(3) Phasen: Eine weitere gebräuchliche Unterscheidung der P. differenziert zwischen verschiedenen Phasen oder Teilprozessen der polit.-administrativen Problemverarbeitung, wobei gewöhnlich Politikformulierung, -durchführung und -wirkung unterschieden werden.

(a) Politikformulierung: In dieser Phase, die wiederum in Problemdefinitionen, *agenda setting,* Zielbildung, Programmierung usw., unterteilt werden kann, werden aus artikulierten Problemen, Vorschlägen oder Forderungen staatl. Programme entwickelt. Von bes. Bedeutung ist in diesem Zusammenhang die Unterscheidung von Informationsgewinnung und -verarbeitung sowie Konfliktregelung und Konsensbildung.

(b) Politikdurchführung: Die Programme werden in der Phase der Politikdurchführung praktisch angewandt. Elemente dieser logisch und hierarchisch der Politikformulierung nachgeordneten Phase sind u. a. Programmkonkretisierung, Ressourcenbereitstellung, Mittelverteilung, Normenanwendung, Einzelfallentscheidung. Ihre Bedeutung besteht darin, daß polit. Handeln durch Zielvorgaben, Handlungsprogramme, Gesetze usw. nicht endgültig steuerbar ist und daher in dieser Phase polit. Programme und deren Intentionen verzögert, verändert oder sogar vereitelt werden können. Das Ergebnis dieser Phase wird i. d. R. als *output* bezeichnet.

(c) Politikwirkung: Die staatl. Aktivitäten

sollen Veränderungen im gesellschaftl. Umfeld, z.B. in Richtung auf Problemlösung oder -verarbeitung, bewirken. Hier kann man zwischen *impact,* d.h. den Wirkungen, die bei den Adressaten der jeweiligen *policy* zu beobachten sind, und *outcome,* d.h. den (umfassenderen) Auswirkungen staatl. Aktivitäten (z.B. auch unbeabsichtigte Folgen), unterscheiden.

(4) Faktoren: Der Prozeß der Problemverarbeitung durch das polit.-administrative System kann durch unterschiedliche Faktoren beeinflußt werden bzw. unterschiedliche Faktoren beeinflussen. Auf hohem Abstraktionsniveau kann man zwischen polit.-administrativen und externen Faktoren unterscheiden (*Feick/Jann* 1988).

Zu den ersteren gehören z.B. binnen-administrative Strukturen (z.B. zentrale oder dezentrale Entscheidung), aber auch klassische Elemente der Prozeß- oder der Ordnungsdimension von Politik. Bei den externen Faktoren ist einmal zu denken an allg. Merkmale des jeweiligen Systems, von denen angenommen werden kann, daß sie den Prozeß der Problemverarbeitung beeinflussen oder von diesem beeinflußt werden (wie z.B. sozioökon. Situation, Industrialisierungsgrad, Klassenstruktur usw.), zum anderen an Merkmale des Problems, das durch die jeweilige *policy* bearbeitet werden soll und von dem anzunehmen ist, daß es den Prozeß der Problembearbeitung vorstrukturiert. Die Frage der Einbeziehung erklärender bzw. erklärter Faktoren in die Analyse eines Politikfeldes ist daher eine Frage des Erkenntnisinteresses.

3. Insgesamt geht es im Rahmen der P. also um theoretisches und empirisches Wissen, sowohl über kausale Zusammenhänge und Beziehungen in der Vergangenheit als auch über daraus ableitbare vorhersehbare Entwicklungen in der Zukunft. Es geht sowohl um Wissen über und für spezielle Politikfelder, d.h. materielle oder substantielle Aspekte, als auch um generelles Wissen für alle oder eine Anzahl Politikfelder, d.h. Wissen über Strukturen und Prozesse (z.B. Gesetzgebung, Planung, Implementation). Zentral ist die Verschränkung von materiellen und strukturellen Aspekten. Vielfach greift P. über den engeren Bereich der Politikwiss. hinaus. Analytisch kann man zwei Orientierungen unterscheiden, eine weitere sozialwiss., der es allg. um die Nutzung sozialwiss. Erkenntnisse für staatl. *policies* geht, und eine engere politik- und verwaltungswiss., die speziell die Zusammenhänge zwischen Strukturen und Prozessen des polit.-administrativen Systems und den Inhalten staatl. Politik hinterfragt.

4. Um zu generalisierenden Aussagen zu gelangen, ist die Entwicklung von Konzepten notwendig, mit denen die Zusammenhänge zwischen externen Faktoren, strukturellen und prozessualen Merkmalen des polit.-administrativen Systems und Politikinhalten systematisch beschrieben werden können. Die Politikwiss. ist bisher auf diesem Gebiet nicht sehr weit vorangeschritten. Ein Beispiel ist die Diskussion über Konzepte und Elemente zur Systematisierung von Politikinhalten, die v.a. von *Lowi* (1972) inspiriert wurde, der distributive, redistributive, regulative und konstitutive *policies* unterscheidet. Die empirische Brauchbarkeit dieser Typologien ist sehr umstritten. Verhältnismäßig weit fortgeschritten ist die Diskussion über Steuerungsinstrumente im Rahmen unterschiedlicher Politikfelder; differenziert wird u.a. zwischen Regulierung (z.B. Ge- und Verbote, Anzeige- und Genehmigungspflichten), Finanzierung (Transfers, Anreize, Abgaben), Information (Öffentlichkeitsarbeit, Belohnung), Leistung (Bereitstellung von Gütern und Dienstleistungen) sowie prozeduraler oder struktureller Steuerung (→ Konzertierte Aktionen, Beteiligungen; vgl. *Mayntz* 1980: 66ff.). Schließlich werden auch Programme nach der Art der in ihnen vorherrschenden Steuerung unterschieden, z.B. Konditional-, Final-, Anreiz-, Leistungsprogramme usw., oder es wird versucht, deskriptive Schemata zur vergleichenden dimensionalen Analyse von Programmen zu entwickeln (vgl. *Jann* 1983: 120ff.). Methodologisch werden in der P. sämtliche Möglichkeiten der → Empirischen Sozialforschung, von Experimenten über statistische Analysen (insbes. Aggregatdaten) bis zu → Fallstudien, insbes. vergleichende Fallstudien, angewendet (*Mayntz* 1980). Insgesamt zeichnet sich der Bereich dadurch aus, daß er analytisch anspruchsvolle, d.h. insbes.

quantitative und vergleichende Techniken und Untersuchungsmethoden zur Analyse polit. Probleme verwendet, inter- oder zumindest multidisziplinär ausgerichtet und schließlich eher anwendungs- und problemorientiert ist, indem es zwar auch um die Generierung wiss. Theorien geht, der Beitrag der Wiss. zur Lösung aktuell anstehender Probleme aber i. d. R. im Vordergrund des Interesses steht.

→ Politikberatung; Politikevaluierung; Politisches System; Vergleichende Regierungslehre/Vergleichende Politische Systemlehre.

Lit.: *Beyme, K. von/Schmidt, M. G.* (Hrsg.) 1990: Politik in der Bundesrepublik, Opl. *Blankenburg, E./Schmid, G./Treiber, H.* 1974: Von der reaktiven zur aktiven Politik? Darstellung und Kritik des Policy-Science Ansatzes, in: *Grottian, P./Murswieck, A.* (Hrsg.): Handlungsspielräume der Staatsadministration, Hamb., 37–51. *Dierckes, M.* (Hrsg.) 1987: Comparative Policy Research, Aldershot. *Dye, T. R.* 1978: Policy Analysis. What Governments Do, Why They Do It, and What Difference it Makes, Alabama. *Derlien, H.-U.* (Hrsg.) 1991: Programmforschung in der öffentlichen Verwaltung, Mchn. *Feick, J./Jann, W.* 1988: Nations Matter – vom Eklektizismus zur Integration in der vergleichenden Policy-Forschung?, in: *Schmidt, M. G.* (Hrsg.), 196–220. *Grimm, D.* (Hrsg.) 1996: Staatsaufgaben, Ffm. *Hartwich, H.-H.* (Hrsg.) 1985: Policy-Forschung in der Bundesrepublik Deutschland, Opl. *Hellstern, G.-M./Wollmann, H.* (Hrsg.) 1984: Handbuch zur Evaluierungsforschung, Opl. *Héritier, A.* (Hrsg.) 1993: Policy-Analyse, Opl. *Hesse, J. J.* (Hrsg.) 1982: Politikwissenschaft und Verwaltungswissenschaft, Opl. *Jann, W.* 1983: Staatliche Programme und «Verwaltungskultur», Opl. *Lowi, T. J.* 1972: Four Systems of Policy, Politics and Choice, in: PAR, 298–310. *Mayntz, R.* (Hrsg.) 1980: Implementation politischer Programme, Königstein. *Mayntz, R.* 1982: Problemverarbeitung durch das politisch-administrative System, in: *Hesse, J. J.* (Hrsg.), 74–89. *Mayntz, R./Scharpf, F. W.* (Hrsg.) 1973: Planungsorganisation, Mchn. *Sarcinelli, U.* (Hrsg.) 1990: Demokratische Streitkultur. Theoretische Grundpositionen und Handlungsalternativen in Politikfeldern, Opl. *Schmidt, M. G.* 1982: Wohlfahrtsstaatliche Politik unter bürgerlichen und sozialdemokratischen Regierungen, Ffm./NY. *Schmidt, M. G.* (Hrsg.) 1988: Staatstätigkeit, Opl. *Schubert, K.* 1991: Politikfeldanalyse, Opl. *Wollmann, H.* (Hrsg.) 1980: Politik im Dickicht der Bürokratie, Opl. *Windhoff-Héritier, A.* 1983: Policy-Analyse, Ffm./NY.

Werner Jann

Politikstil/Politikstilanalyse, politikwiss. Fachtermini zur Bezeichnung dauerhafter polit. Handlungsmuster im Bereich der Politikformulierung und des Politikvollzugs sowie deren Analyse.

Mit dem Konzept der P. wird versucht, empirisch beobachtbare polit. Verhaltensweisen (z. B. nat. Regierungen, Systeme der Interessenvermittlung oder polit. Entscheidungsfindung) hinreichend genau zu erfassen und auf einen begrifflichen Nenner zu bringen, so daß neben der zeitlichen, räumlichen oder bereichsspezifischen Charakterisierung auch kausale Aussagen z. B. über den Einfluß spezifischer P. auf das materielle polit. Ergebnis (*policy output* bzw. *policy outcome*) gemacht werden können.
Ziel der Politikstilanalyse ist es, die hierzu notwendigen theoretischen Komponenten zu isolieren und die zur Bestimmung des jeweiligen P. maßgeblichen empirischen Faktoren und Zusammenhänge zu analysieren. Als wichtige Einflußfaktoren gelten z. B. die sozioökon. und institutionellen Rahmenbedingungen (*polity*) in den verschiedenen (zuvor als charakteristisch ermittelten) Politikfeldern (*policies*) sowie die Art und Weise, wie die entspr. Akteure diese nutzen (*politics*). Der Versuch, vier Formen polit. Führung (patriarchalisch, populistisch, technokratisch, partizipatorisch) als Grundkategorien der P. zu nutzen, wird inzwischen kaum mehr verfolgt. Auch Versuche mit verschiedenen Dichotomisierungen und Typologisierungen (z. B. aktive vs. reaktive Problemlösungsstrategie, kooperative vs. kompetitive

Konfliktregelung bzw. Mischformen hiervon) brachten bisher kaum den gewünschten Erkenntnisgewinn.

→ Politikfeldanalyse; Politische Kultur; Politikbegriffe.

Lit.: *Kempf, U.* u. a. 1991: Politik und Politikstile im kanadischen Bundesstaat, Opl. *Richardson, J. J.* 1982: Policy Styles in Western Europe, L.

Klaus Schubert

Politikverdrossenheit, Unzufriedenheit mit der Politik insges., die über die → Parteienverdrossenheit hinausgeht, wenngleich beide Begriffe häufig synonym verwendet werden und zwischen diesen auch ein enger Zusammenhang zu bestehen scheint (*Gothe* u. a. 1997: 168). Dabei handelt es sich um die Verdrossenheit über einzelne Politiker (etwa infolge von Korruptionsaffären), über → Parteien und Verfahren der → Politischen Willensbildung und Entscheidungsfindung sowie über die Leistung von Regierungen.

Die Politikwiss. bemüht sich durch die Ermittlung von Einstellungen und polit. Verhaltensweisen, Ausmaß und Ursachen von P. zu erhellen sowie zu eruieren, inwieweit sich P. auf die → Legitimität des polit. Systems auswirkt. Dabei zeigt sich für die BRD, daß Parteien- und Politik*er*verdrossenheit nicht automatisch in Demokratieverdrossenheit umschlägt.

Lit.: *Ehrhart, C./Sandschneider, E.* 1994: Politikverdrossenheit, in: ZParl 25 (3), 441–458. *Gothe, H.* u. a. 1997: Mythos und Realität: «Parteienverdrossenheit» in der Bundesrepublik Deutschland, in: *Schneider-Wilkes, R.* (Hrsg.) 1997: Demokratie in Gefahr? Zum Zustand der deutschen Republik, Münster, 153–171. *Küchler, M.* 1982: Staats-, Parteien- oder Politikverdrossenheit?, in: *Raschke, J.* (Hrsg.): Bürger und Parteien. Ansichten und Analysen einer schwierigen Beziehung, Bonn, 39–54.

Petra Bendel

Politikverflechtung, auf *F. W. Scharpf* (1976) zurückgehender Fachterminus der → Föderalismus-Forschung für ein → Politisches System, in dem alle wesentlichen polit. Entscheidungen nur im Verbund der verschiedenen Systemebenen und mittels Verhandlungslösungen unter den beteiligten Akteuren getroffen und in dem die meisten öff. Aufgaben nicht autonom und getrennt von Zentral- und Gliedstaaten ausgeführt, sondern überhaupt nur in der Zusammenarbeit der Gebietskörperschaften wahrgenommen werden können; horizontal durch die Kooperation der Länder untereinander, vertikal durch die Kooperation von Bund und Ländern, von EU, Bund, Ländern und Kommunen in Systemen der → Mehrebenen-Verflechtung.

1. Charakteristikum der P. ist folglich die institutionelle Fragmentierung des → Politisch-administrativen Systems bei gleichzeitiger Wiederverflechtung. Sie ist im Föderalismus der BRD bes. ausgeprägt, immer dichter und intensiver geworden und resultiert aus: (1) Verfassungsgrundsätzen, u. a.: Homogenitätsgebot (Art. 28GG); Bundesrecht bricht Landesrecht; Erfordernis der Bundestreue der Länder (Art. 37GG); Eingriffsrecht des Bundes bei (a) fehlender Landesregelung; (b) Beeinträchtigung von Gesamtstaats- bzw. anderer Länderinteressen; zur (c) Wahrung der Rechts- und Wirtschaftseinheit des Bundes. Das Prinzip von der «Einheitlichkeit der Lebensverhältnisse» (Art. 72GG) ist im Gefolge der Föderalismus-Reform von 1994 mit der Formel von der «Gleichwertigkeit» nur unwesentlich abgeschwächt worden. (2) Einer → Politischen Kultur, die konfliktfeindlich, *output*-definiert und etatistisch auf Aushandeln und Ausgleich der polit. Eliten ausgerichtet ist (→ Akkommodation). (3) Einem Regierungssystem, das auf funktionaler Aufgabenteilung und Gewaltenverschränkung basiert (→ Intrastaatlicher Föderalismus), mit: (a) Aufgabendifferenzierung nach Kompetenzarten, d. h. der Gesetzgebung weitgehend beim Bund und der

Verwaltung bei den Ländern (und Kommunen; → Auftragsverwaltung); (b) Mitwirkung der Länderregierungen an der Gesetzgebung des Bundes durch den Bundesrat (Einspruchs-, Zustimmungsgesetze); (c) Verbundsteuersystem seit der Einführung des «Großen Steuerverbundes» 1969 (vertikaler, horizontaler → Finanzausgleich, «goldener Zügel»); (d) → Beteiligungsföderalismus, v. a. durch die Mitfinanzierung von Aufgaben der Länder durch den Bund in der Form der → Gemeinschaftsaufgaben, der Finanzhilfen nach Art. 104 a GG, durch die Mitwirkung der Länder mittels des Bundesrates in der EU (doppelte P.); (e) Koordination von Fachpolitiken zwischen Bundes- und Länderexekutiven. (4) Sachlichen Anforderungen, die den Trend zur P. unterstrichen haben: (a) Unterschiede der Länder in Größe, Struktur (Flächen- und Stadtstaaten), Ressourcenausstattung und Finanzkraft, die (wenngleich in der Vergangenheit vergleichsweise gering) die polit. Akteure unter dem Einfluß einer auf gesellschaftl. Homogenität fixierten → Politischen Kultur zum Ausbau der Kooperation veranlaßten. Durch die Vereinigung haben die demographischen, sozio-ökon., kulturellen Asymmetrien an Bedeutung gewonnen. (b) Der Wandel der Staatsaufgaben wie der Funktionsverlust des National- bzw. Zentralstaates, durch die der Koordinationsbedarf wuchs. (5) Eigeninteresse der Akteure von Regierungen und Verwaltungen an Bestand wie Vertiefung der P., indem Bund wie Länder ihren Verlust an eigenständigen Kompetenzen durch die Mitwirkung auf der jeweils anderen polit. Systemebene kompensieren, Politikprogramme mit Hinweis auf die Beteiligung von Bund bzw. Land aufrechterhalten oder neu durchsetzen, polit. Erfolge vervielfacht, Mißerfolge auf den jeweils anderen abgeschoben werden können.

2. Die Wirkungen der P. in der BRD sind widersprüchlich: Sie erleichtert einerseits den Zugang zum polit. System, dämpft den Problemdruck, fördert → Koordination wie → Integration und veranlaßt die polit. Eliten zu einer Politik der Mitte und der Mäßigung. Andererseits führt sie durchweg zu suboptimalen Politikergebnissen, erlaubt bestenfalls Anpassungsreformen, aber keinen polit. Zielwechsel, benötigt langwierige Aushandlungsprozesse, unterstreicht den Einflußverlust der Parlamente (→ Exektivföderalismus) und trägt zu Innovationsstau, Partizipations- und Legitimationsdefiziten bei, u. a. als Folge der Selbstblockade des Parteienwettbewerbs, v. a., aber nicht nur, bei gegenläufigen Partei-/Koalitionsmehrheiten in Bundestag und Bundesrat. Zudem ist ein Entkommen aus der «Politikverflechtungsfalle» (*Scharpf*) nur schwer möglich. Nicht von ungefähr sind Versuche wirklicher Entflechtung oder die Länderneugliederung bislang von den polit. Akteuren nicht ernsthaft betrieben worden.

Lit.: *Benz, A.* u. a. 1992: Horizontale Politikverflechtung, Ffm. *Hrbek, R.* 1986: Doppelte Politikverflechtung: Deutscher Föderalismus und Europäische Integration, in: *Hrbek, R./Thaysen, U.* (Hrsg.): Die deutschen Länder und die Europäischen Gemeinschaften, Baden-Baden, 17–36. *Kilper, H./Lhotta, R.* 1996: Föderalismus in der Bundesrepublik Deutschland, Opl. *Lehmbruch, G.* [3]2000: Parteienwettbewerb im Bundesstaat, Stg. *Münch, U.* 1997: Sozialpolitik und Föderalismus, Opl. *Scharpf, F. W.* u. a. 1976: Politikverflechtung, Kronberg. *Scharpf, F. W.* 1994: Optionen des Föderalismus in Deutschland, Ffm./NY. *Schultze, R.-O.* 1993: Statt Subsidiarität und Entscheidungsautonomie – Politikverflechtung und kein Ende, in: Staatswissenschaften und Staatspraxis 4, 225–255. → Föderalismus.

Rainer-Olaf Schultze

Politikwissenschaft, (auch Politische Wissenschaft, Wissenschaft von der Politik), eine Disziplin der → Sozialwissenschaften (mitunter auch den → Geisteswissenschaften zugeordnet), befaßt sich mit dem Zusammenleben der Menschen als Bürger und mit der Frage, wie dieses Zusammenleben unter institutionellen (*polity*), prozeduralen (*politics*) und sachlich-materiellen Gesichtspunkten (*policy*) allgemeinverbindlich geregelt werden soll und geregelt ist. Erkenntnistheoretisch und methodisch folgt sie den allg. Entwicklungen in den Geistes- und Sozialwiss., in den gegenstandsbezogenen Theorien besitzt sie ihr eigenes Profil. Der Gegenstandsbereich der P. hat sich angesichts des Wandels dessen, was als polit. begriffen wird, ausgedehnt, und zugleich hat aus wissenschaftsinternen Gründen eine erhebliche Ausdifferenzierung stattgefunden. Die traditionelle Drei- oder Vierteilung in → Politische Philosophie/Ideengeschichte, → Theorie, → Vergleichende Regierungslehre/Vergleichende Politische Systemlehre und → Internationale Beziehungen/Außenpolitik dient weiterhin der Strukturierung des Faches in der Lehre, ist jedoch kaum noch forschungsrelevant. Der wiss. Diskurs findet in begrenzteren Forschungsfeldern statt, deren Einrichtung wiss. → Erkenntnisinteressen, polit. Veränderungen bzw. Nachfragen nach p. Beratung folgt: z. B. → Wahlforschung, Friedens- und Konfliktforschung, → Politikfeldanalyse, → Transitionsforschung, usw.

I. Die Politikwissenschaft ist aufgrund ihrer ideengeschichtlichen Traditionslinie «die älteste..., zugleich (aber auch) die jüngste der Wissenschaften von der Gesellschaft des Menschen» (*C. J. Friedrich* 1954).

1. Bei ihrer Wiedergründung in D nach dem Zweiten Weltkrieg knüpfte sie an die Herrschaftsvorstellungen und Ordnungskonzepte der politik-philosophischen Klassiker der Antike, der frühen Neuzeit und der → Aufklärung ebenso an wie an die Forschungs- und Lehrerfahrungen während der Weimarer Republik, etwa der Berliner Hochschule für Politik oder der → Kritischen Theorie der Frankfurter Schule, indes kaum oder gar nicht an die deutsche, seit dem 18. Jh. bestehende Traditionslinie der Staats-, Kameral- und Polizey-Wissenschaften (vgl. *Maier* 1966). Die Gründungsphase ist mit der *Ex-post*-Charakterisierung als Demokratiewiss. identisch. Sie erfaßt dabei die folgenden Aspekte: (1) die gemeinsame Überzeugung der meisten Gründungsväter, daß die erste Republik an den institutionellen Ungereimtheiten der Weimarer Verfassung, v. a. aber am fehlenden demokratischen Bewußtsein gescheitert sei. (2) Ihr Ziel sahen sie darin, das zu leisten, was die Weimarer Republik nicht vermocht hatte: «das Einüben einer demokratischen Gesinnung und demokratischer Verhaltensformen bei der Bevölkerung ...» (*Schwarz* 1962: 303), ihre Hauptaufgabe folglich in der polit. Bildung im allg. und in der Erziehung zur → Demokratie im besonderen. (3) Erreichbar schien ihnen dies nicht im Rahmen der traditionellen Fächer der Geschichts-, Rechts-, Wirtschaftswiss.; sie verfolgten mit der Konstituierung der «Wiss. von der Politik» als eigenständige Disziplin zugleich das Ziel, die P. institutionell (aber auch methodisch) als Integrationswiss. zu etablieren, wobei manche der Grün-dungsväter damit die Vorstellung eines p. *Studium generale* für die Studenten aller Fächer verbanden. (4) Dem Selbstverständnis von P. als Demokratiewiss. entsprach neben dem pädagogischen Ziel auch die Forschungsorientierung der 1950er und frühen 1960er Jahre; im Mittelpunkt stand innenpolit. die Analyse der «Demokratie als Herrschafts- und Lebensform» (*C. J. Friedrich*); den Schwerpunkt bildeten Fragen der → Politischen Willensbildung, der → Wahlforschung, der Parteien- und Parlamentarismusforschung, wie sie u. a. in Berlin unter *E. Fraenkel* und *O. Stammer*, von *W. Abendroth* und der Marburger Schule, von *D. Sternberger* und der Heidelberger Schule betrieben wurde, während die *von A. Bergstraesser* und *E. Voegelin* geprägte Freiburger Schule bzw. Münchner Schule die P. eher als Ordnungswiss. verstanden. Zwar gelangen nicht zuletzt aufgrund der Parallelität von demokratiewiss. Zielsetzung und alliierter *Reeducation*-Politik Einrichtung und Verankerung des Faches an den westdt. Universitäten. Die darüber hinausgehenden Vorstellungen waren jedoch irreal, der integrationswiss. Anspruch ebenso wie die polit.-pädagogische Absicht und das normative Ziel der Demokratiewissenschaft.

2. Spätestens seit der Mitte der 1960er Jahre setzte eine zweite Phase der Entwicklung der P. in der BRD ein. Sie war bestimmt von Professionalisierung und Proliferation (Ende der 1970er Jahre gab es etwa 300 Professuren), von fachlicher wie gegenstandsbezogener Ausdifferenzierung. An die Stelle der demokratiewiss. Orientierung trat die Pluralität der Theoriebegriffe und → Erkenntnisinteressen. Der Bereich traditioneller politik-philosophischer Ideengeschichte (u. a. *J. Gebhardt, U. Bermbach, I. Fetscher/H. Münkler*) verlor stark an Bedeutung und mit ihr der geisteswiss., hermeneutische Zugriff und das ordnungswiss.-normative Erkenntnisziel. Anstatt Ideengeschichte betrieb man Politische Theorie und Methodendiskurs (u. a. *K. von Beyme; W.-D. Narr; G. Göhler; M. T. Greven*), anstatt mit Institutionenkunde beschäftigte man sich mit Systemanalyse, Politischer Kultur, Entscheidungsprozessen und Verhaltensmustern. Das Erkenntnisprogramm war überwiegend sozialwiss., entweder szientifisch und → empirisch-analytisch, vielfach auch sozialtechnisch und auf → Politikberatung gerichtet, oder neo-marxistisch und gesellschafts-kritisch-dialektisch. Die große Mehrheit der nachrückenden Wissenschaftlergeneration, vielfach in den USA ausgebildet oder mit engen Kontakten zu den US-amerikan. *peers*, gründete ihre Forschungen dabei auf systemtheoretische und kybernetische Ansätze, auf → Strukturfunktionalismus und → Behavioralismus, wobei Schwerpunkte der Arbeitsfelder waren: (1) der Vergleich – auf der Makroebene der Systemvergleich, u. a. zwischen einzelnen → Politischen Systemen (u. a. *K. von Beyme, T. Ellwein, C. Böhret*) zwischen den Blöcken, im Kontext von Dekolonisation, Modernisierungs- und Entwicklungsforschung zwischen Erster und Dritter Welt (u. a. *D. Nohlen/F. Nuscheler, D. Senghaas*) – auf der Mesoebene der Vergleich der Institutionen und kollektiven Akteure, z. B. der Regierungen und Parlamente, der Parteien, Verbände und des → (Neo-)Korporatismus (u. a. *W. Steffani, G. Lehmbruch; U. von Alemann*), – auf der Mikroebene der Vergleich polit. Entscheidungsfindung und individuellen polit. Verhaltens, z. B. des Wählerverhaltens (u. a. *M. Kaase; F. U. Pappi; J. W. Falter*). (2) Policy-Analysen und Implementationsforschungen (u. a. *H. Wollmann; F. W. Scharpf; A. Héritier; M. G. Schmidt*), theoretisch eingebettet in den Widerstreit unterschiedlicher Planungs- und Steuerungstheorien, praktisch-polit. zwischen der *Ex-ante*-Orientierung aktiver Programmforschung und der *Ex-post*-Orientierung der Evaluierungsforschung, wissenschaftspolit. im Kontext der Debatten um die Funktion der P. im Spannungsfeld zwischen sozialtechnokratischer Beratungswiss. und emanzipatorischer → Oppositionswissenschaft. (3) Systemanalysen der → Internationalen Beziehungen und der Internationalen Organisationen und → Regime, Friedens- und Konfliktforschung (u. a. *E. Czempiel, V. Rittberger, B. Kohler-Koch*), die (neo-)realistisch orientierte Untersuchungen nationalstaatl. Außenpolitik in den Hintergrund drängten. Gerichtet gegen den *mainstream*, vertraten Minderheiten in der zweiten Generation der P. verstärkt fundamental- und systemkritische Positionen, die sich in ihren zwei Varianten speisten (1) aus der neo-konservativen Kritik am → Pluralismus und → Wohlfahrtsstaat (→ Regierbarkeit, *W. Hennis*), insbes. aber (2) aus der neo-marxistisch inspirierten Kapitalismuskritik. Bedeutung für den Forschungsprozeß des Faches erlangten dabei nicht die dogmatisch-abstrakten Theoriedebatten innerhalb des marxistischen Lagers, sondern die der Kritischen Theorie verpflichtete undogmatische, zudem empirische Kritik am Systemfunktionalismus (u. a. *C. Offe, F. Naschold*) oder auch dependenztheoretisch orientierte Positionen der Entwicklungsforschung (u. a. *H. Elsenhans*). Insgesamt war der Einfluß auf die Entwicklung des Faches, abgesehen von wenigen zeitlichen und örtlichen Konjunkturen, begrenzt und eher marginal. Sofern überhaupt ernsthaft unternommen, die Institutionalisierung einer systemkritisch-oppositionellen P. scheiterte (vgl. *Göhler/Zeuner* 1991). Allerdings beanspruchten die häufig sterilen Positionskämpfe zwischen den Protagonisten der metatheoretischen Trias um Erkenntnisziel, Methodik und Funktion der Disziplin die Energien während dieser Entwicklungsphase zeitweilig stark, behinderten die Forschungsarbeit

am konkreten Gegenstand und beeinträchtigten das Renommée des Faches in Politik und Gesellschaft.

3. Seit den 1980er Jahren befindet sich die Disziplin in einer Phase wiss. Normalgangs, die gleichwohl von Unsicherheiten und Widersprüchlichkeiten geprägt ist. (1) Einerseits führte die weiter fortschreitende konzeptionelle Ausdifferenzierung und thematische Spezialisierung nicht zur befürchteten Zersplitterung des Faches. Nach dem Ende der metatheoretischen Kontroversen stellte sich vielmehr eine gegenstandsbezogene, pragmatische Zusammenarbeit über die Schulgrenzen hinweg ein. Andererseits nahmen unter dem Einfluß postmodernen Denkens die Unsicherheiten über die Einflußmöglichkeiten p. Forschung auf die ohnehin zunehmend begrenzten Handlungsspielräume und Steuerungsmöglichkeiten der Politik zu. (2) Einerseits konnte die Disziplin im Gefolge der deutschen Vereinigung die «Chance zur Landnahme» (*Lehmbruch*) nutzen und expandierte an den Hochschulen in den Neuen Bundesländern. Andererseits bläst den Sozialwiss. und mit ihnen auch der P. der Wind ins Gesicht, und dies zu einem Zeitpunkt, wo an den westdt. Universitäten ein weitgehender Generationenwechsel unmittelbar bevorsteht. (3) Seit Ende der 1980er Jahre ist eine zunehmende Beschäftigung mit der Geschichte der P. zu beobachten. Dies verweist einerseits auf die Existenz einer Geschichte des Fachs, ist andererseits aber auch ein Beleg für die eigene Unsicherheit und macht das Bedürfnis nach Selbstvergewisserung deutlich.

II. Hinsichtlich des Erkenntnisgewinns, den die P. erbringt und vermittelt, ist die Kritik ein essentielles Moment des Forschungsfortschritts. Da Forschung sich nicht im luftleeren Raum vollzieht und nicht (wert)neutral ist, hat Kritik an der P. verschiedene Ausgangspunkte: Sie kann von außen, aus Gesellschaft und Politik, an sie herangetragen werden, und sie kann sich wissenschaftsintern herleiten, etwa in Form von Methoden-, Theorie- und Wissenschaftskritik.

1. Gesellschaften leisten sich nicht nur Wiss., sondern haben legitimerweise auch Leistungserwartungen an die Wissenschaften. Gerade die Geschichte der P. in D ist ein anschauliches Beispiel für diesen unabweisbaren Zusammenhang: das Wechselverhältnis von der Redemokratisierung und der Institutionalisierung der P. als Demokratiewiss., oder der Ausbau der empirischen Politik- und Sozialforschung in den 1960er und 70er Jahren in Reaktion auf die 1968er-Revolte und im Kontext keynesianischer Sozialstaatspolitiken.

Problematisch wird das Verhältnis von Gesellschaft und P., wenn sich die Funktionserwartungen an die Disziplin auf Politikberatungen reduzieren und/oder die Leistungserwartungen so hochgeschraubt werden, daß sie Wesen und Vermögen einer Wiss. wie der Politologie überfordern. An diesen Mißverständnissen ist die P. allerdings mitverantwortlich, wenn sie ihr Wissen der Praxis als Rezeptwissen anbietet, ohne die unterschiedlichen Erfolgskriterien von Wiss. und Politik zu berücksichtigen: hier die Annäherung an Wahrheit und Erkenntnisgewinn, dort Einflußnahme und Machtgewinn. Die Logik beider Bereiche ist verschieden. Übergroße Erwartungen zu wecken birgt existentielle Gefahren für das Fach in sich, ruft zumindest gesellschaftl. Infragestellung seiner Nützlichkeit hervor. Mußte die westdt. P. den Zusammenbruch der DDR voraussagen können? Die *ex post* häufig geäußerte diesbezügliche Erwartung an die Disziplin und die damit verknüpfte These ihres Scheiterns überschätzt das Leistungspotenzial der Wiss. von der Politik, deren Prognosefähigkeit je nach Phänomen differiert. Zufällige oder überraschende Ereignisse lassen sich nicht wiss. prognostizieren. Die Treffsicherheit bei Großprognosen ist nicht größer als die in der Meteorologie.

Auf die Gefahr, durch Politik und Gesellschaft überfordert zu werden, aufmerksam zu machen, heißt freilich nicht, einem Rückzug in einen wie immer auch gearteten wiss. Elfenbeinturm das Wort zu reden. P. ist eine handlungszentrierte Wissenschaft. Ihre Orientierung auf die Anwendung, auf die → Politikberatung, versteht sich vom Gegenstand her, den sie erforscht. Jeder Vergleich legt die Voraussetzung für eine Wahl zwischen Alternativen, ist seinerseits aber bereits häufig bestimmt durch *Ex ante*-Optionen, die das Forschungs*design* des Wissenschaftlers beeinflussen.

2. Wiss. Forschung verfolgt im wesentlichen eine doppelte Aufgabe: Zum einen geht es ihr um die Entdeckung des Neuen; dies ist ohne Intuition und Kreativität, ohne Originalität und Überwindung schulenhafter Dogmatik nicht möglich. Zum anderen zielt Forschung auf systematische Ergebnisse, auf → Erklärung und Theoriebildung. Dazu bedarf es allg. Regeln, fachwiss. Handlungsanleitungen, bis zu einem gewissen Grade auch standardisierter (technischer) Verfahrensweisen. Ohne methodisches Vorgehen sind wiss. Erkenntnisse nicht zu erreichen. Bezeichnet man die erkenntnistheoretischen Pole, findet Wiss. (und dies gilt auch für die P.) also statt zwischen den beiden Extrempositionen eines methodischen Anarchismus des *«anything goes» (Feyerabend)* auf der einen und eines methodologischen Rigorismus auf der anderen Seite, dem gemäß Wiss. sich allein aus der → Methode konstituiert, da nur die allg. Methodologie angeben könne, worin Erkenntnisfortschritt bestünde und woran man ihn erkennen könne *(Radnitzky)*. Forschungs- und insbes. Methodenkritik kann und sollte von beiden Polen aus geführt werden – nicht in der Absicht, der jeweils anderen Position (was indes häufig genug geschieht) die Wissenschaftlichkeit abzusprechen, sondern um wechselseitig die Gefahren klar herauszuarbeiten, die aus solchen wissenschaftstheoretischen Extrempositionen resultieren: Einerseits die Gefahr völliger Beliebigkeit; andererseits die Gefahr, daß die Methoden nicht mehr Hilfsmittel (die Methodologie nicht mehr nur Hilfswiss.) sind, sondern daß sich die Zweck-Mittel-Relation verkehrt; es nicht mehr um den Gegenstand als solchen, sondern nur noch um die Art und Weise seiner Bearbeitung geht, die Methodendiskussion sich also verselbständigt.

(1) P. Forschung, die nicht naturwiss.-induktiv vorgeht und nicht mit dem Wissenschaftsprogramm des → Behavioralismus arbeitet, wird oft (und vielfach zu Recht) ihre Methodenferne und/oder mangelnde Methodensicherheit vorgehalten. Zu nennen sind insbes. drei oft anzutreffende Schwächen: (a) Nur selten machen Forscher, die mit traditionell/nicht-statistischen Methoden arbeiten, sich und dem Leser klar, daß es sich bei der Analyse um → Deskription und Deutung, nicht aber um Erklärung handelt, so daß dem unterschwellig eintretenden Eindruck von kausaler Erklärung (→ Kausalität) nicht entgegengewirkt wird. (b) Vergleichende Untersuchungen arbeiten zumeist nur mit «indirekten»/«unechten» Vergleichen, indem zur Untermauerung der Einzelfallanalyse mehr oder weniger willkürlich bzw. unsystematisch Vergleichsbeispiele herangezogen werden. Nur selten handelt es sich hingegen in der komparativen Forschung um ein Vergleichen, das den mittlerweile komplexen Regeln und Verfahren der → Vergleichenden Methode folgt. Über die Unterschiede des Vergleichens wird in solchen Studien im übrigen i. d. R. nicht einmal informiert, geschweige denn darüber methodologisch reflektiert. (c) P. Forschern, die mit hermeneutischen Verfahren arbeiten (→ Hermeneutik), fehlt vielfach die genaue Kenntnis der von den Nachbardisziplinen entwickelten verschiedenen Methodiken (historische, phänomenologische, philologische Methode), oder aber sie gehen mit den Methoden nonchalanter um; jedenfalls bleiben p. Untersuchungen oft hinter den Standards der Nachbardisziplinen, etwa der Geschichtswiss., zurück. Dies leistet nicht nur der Unterstellung Vorschub, die P. sei eine Disziplin ohne eigene Methode (und damit i. S. des Methodenrigorismus gar keine eigenständige Wiss.); sondern es provoziert geradezu den Vorwurf, P. sei aufgrund geringeren Methodenbewußtseins und mangelnder Methodensicherheit nur zu zweitklassigen bzw. nachrangigen Forschungsergebnissen fähig. Allerdings sehen sich nicht selten Politikwissenschaftler, die mit den Methoden der → Empirischen Sozialforschung arbeiten, mit dem gleichen Vorwurf aus Soziologie oder Ökonomie konfrontiert.

(2) Die Gefahren des Methodenrigorismus kann man exemplarisch an der empirischen → Wahlforschung aufzeigen, die zweifellos die Teildisziplin der P. ist, die methodisch am weitesten entwickelt ist. Dies hat unzweifel-

haft Vorteile, etwa: (a) das hohe Maß an Standardisierung und Überprüfbarkeit des Untersuchungsganges; (b) die Verarbeitung großer Fallzahlen und Datenmengen mittels komplexer statistischer Verfahren, die gegebenenfalls Repräsentativität garantieren und bei entsprechender Operationalisierung intra- wie intersystemare Vergleichbarkeit ermöglichen; (c) das vergleichsweise hohe Maß an Anwendungsorientierung usw. Jedoch sind mit dem Methodenrigorismus im behavioralistischen *mainstream* empirischer Sozialforschung eine Reihe von Problemen und Fehlentwicklungen verbunden. Zu ihnen zählen u. a.: (a) die häufig anzutreffende Diskrepanz zwischen dem (hohen) methodisch-technischen Aufwand und der (geringen) Relevanz der erzielbaren Ergebnisse. Beispiele für derartige Mißverhältnisse gibt es in der empirischen Wahlforschung genügend, etwa die Anwendung des US-amerikan. Normalwahlkonzeptes auf die bundesrepublikanischen Wahlen oder wenn eine hochformalisierte, dem *Rational choice*-Ansatz folgende Analyse zu dem Ergebnis kommt, daß mit dem angewandten Modell zwar die Hypothese bestätigt, aber gerade zehn Prozent der statistischen Varianz erklärt werden könne. Eine reflektierte Interpretation wäre zu einer gleichartigen Tendenzaussage auch ohne statistische Überprüfung gelangt. Zum selbstkritischen Methodeneinsatz gehört also nicht nur die beständige Methodenkontrolle, sondern auch die Relevanzkontrolle, verbunden mit der Wahl der jeweils einfachsten Methode, gegebenenfalls auch mit dem Verzicht auf statistische Verfahren oder dem Einsatz von Denkmethoden und *common sense.* (b) Das Verhältnis zwischen Kosten und erzielbaren Ergebnissen. Empirische Untersuchungen sind teuer, und sie werden um so kostspieliger, je größer die Untersuchungseinheiten sind und je komplizierter die angewandten Methoden werden. Solche Untersuchungen können nur noch von wenigen, häufig auch nur mehr im Verbund und im Zusammenhang mit Analysen, die ganz anderen Zwekken dienen, durchgeführt werden. Die Zugangsmöglichkeiten sind folglich beschränkt; zudem ist die Gefahr der Abhängigkeit von Auftraggebern nicht von der Hand zu weisen. (c) Methodenkomplexität und Kontrolle. Infolge des zunehmend komplexeren Methodeneinsatzes wächst die Gefahr, daß die Untersuchungen der empirischen Wahlforscher vielfach nurmehr von einer kleinen Zahl sozialwiss.-statistischer Experten überprüft und kritisiert werden, von den Betroffenen, Wählern wie Gewählten, aber nur noch unhinterfragt akzeptiert werden können. Für eine Wiss. wie die P., die über Demokratie handelt, ist eine solche Entwicklung fatal. Hinzu kommen dann die Einseitigkeiten, die sich aus dem Erkenntnisziel behavioralistischer Wahlforschung ergeben: Ihr geht es primär um Theoriebildung und Methodentest, nur nachrangig um die Analyse einer konkreten Wahl oder um die wahlsoziologische und p. Interpretation der Folgen individuellen Wählerverhaltens für ein bestimmtes polit. System. Eine solche Orientierung ist sicherlich legitim; durch die Methodenzentriertheit gerät der eigentliche Gegenstand der Untersuchung aber nicht selten an den Rand oder auch ganz aus dem Blickfeld der Forschung.

(3) Eine erfolgversprechende p. Forschung wird sich nicht nur theoretisch um Erkenntnisse mittlerer Reichweite bemühen; sie wird auch methodisch einen Weg der Mitte zwischen den beiden skizzierten Polen gehen und sich von beiden Positionen wechselseitig inspirieren lassen. Sie wird dabei zu berücksichtigen haben: (a) Die Vielfalt der Gegenstände und Erkenntnisziele macht die Vielzahl der Methoden und technischen Verfahrensweisen notwendig. (b) Dies erfordert Methodenkenntnis und Methodensicherheit in einer Mehrzahl von Methoden. (c) Die Wahl der Methode hängt wesentlich ab von dem Zusammenhang zwischen Gegenstand – Theorie/Erkenntnisziel – Methode. (d) Die Wahl der Methode wie der einzelnen Untersuchungsschritte ist zu begründen. (e) Die Überprüfbarkeit muß gewährleistet sein. (f) Aus Kosten- und Kontrollgründen ist der jeweils einfachsten vertretbaren Methode und Analysetechnik der Vorzug vor komplexeren Verfahren zu geben. (g) Methodeneinsatz und Zeitaufwand sind in ein angemessenes Verhältnis zu bringen. (h) Methode ist und bleibt Hilfsmittel, Methodologie Hilfswissenschaft. Nicht die Methodendiskussion,

sondern Gegenstand und Erkenntnisziel sollten im Zentrum der Forschung stehen.

3. Erklärung und Theoriebildung als Zielsetzung p. Forschung hat den Gegenstand nicht aus den Augen zu verlieren, auf den die Bemühungen um wiss. Erkenntnis gerichtet sind. Die diffuse Verwendung des Begriffs Theorie leistet der impliziten Annahme Vorschub, (a) jeder untersuchte Zusammenhang, jeder Teilbereich der Politik sei in gleicher Weise theoriefähig, (b) die Bemühung um wiss. Erkenntnis im mit Theorie bezeichneten Forschungsfeld (etwa Parteitheorie, Transitionstheorie) sei bereits Theorie oder (c) bestimmte ordnende und systematisierende Verfahren seien oder erbrächten bereits Theorie. Unsere Überlegungen gelten v. a. einer angemessenen, realistischen Einschätzung der Theoriegeeignetheit der Politik. Wie häufig ist zu lesen: Die So-und-so-Theorie haben wir noch nicht – und solange wir sie nicht haben, ist alles Forschen irgendwie Stückwerk. Als würde es *die* Staatstheorie, *die* Parteitheorie, *die* Entwicklungstheorie, *die* Transitionstheorie jemals geben. Der Theoriehimmel bleibt dem Politikwissenschaftler verschlossen – weniger infolge mangelnder Theoriekapazität der Forscher als vielmehr aufgrund nur begrenzter Theorieträchtigkeit des Gegenstandes.

Eine Möglichkeit, das schwierige Verhältnis von Politik und Theorie zu steuern, besteht in der Differenzierung von Theorien entsprechend ihrer Reichweite und der Zuweisung eines Bereichs an die P., in welchem sie aufgrund der Voraussetzungen, die der Gegenstand mit sich bringt, und der methodologischen Begrenzungen am ehesten in der Lage ist, zugleich Allgemeinheit, empirische Überprüfbarkeit und Anwendbarkeit ihrer Theorien sicherzustellen. Gelegentlich ist die P. als Sozialwiss. der mittleren Ebene definiert worden. Und in der Tat scheinen Theorien mittlerer Reichweite als Zielsetzung den für die Disziplin konstitutiven Bedingungen wiss. Erkenntnis am besten zu entsprechen. Nun wird selbst in methodologischen Schriften der P. empfohlen, die Allgemeinheit einer Theorie als höherrangig einzustufen als die Genauigkeit und Zuverlässigkeit, mit der empirische Phänomene erfaßt werden. Höhere Allgemeinheit der Theorie wird mit Fortschritt in der Disziplin assoziiert. So nehmen Theoretisierungen nicht wunder, in denen die Fruchtbarkeit der Theorien, d. h. empirische Überprüfbarkeit und Nutzbarkeit, einem höheren Abstraktionsgrad bedenkenlos geopfert werden.

Die Gier nach Theorie höherer Allgemeinheit (und zu Lasten der Fruchtbarkeit) äußert und begründet sich in der P. in mannigfacher Weise: (a) in Unterbewertung, Vernachlässigung, ja Abqualifizierung deskriptiver Analysen, so als könne man auf empirisch-deskriptive Vorarbeiten gänzlich verzichten; (b) in vorschneller Generalisierung, unbedenklicher Extrapolation und Universalisierung; (c) in kontext-vernachlässigendem Reduktionismus, so als ließe sich das Verhältnis zweier Variablen an unterschiedlichen Orten und zu unterschiedlichen Zeiten in Form einer konstanten Beziehung ausdrücken, ohne daß Kontingenz von Bedeutung wäre; (d) in Proliferation empirisch nicht überprüfter Theorien, auch in der Weitergeltung von Theorien, die empirisch widerlegt wurden, aber nicht durch alternative bzw. bessere Theorien gleichen Abstraktionsniveaus ersetzt werden konnten; (e) in hektischer Reaktion auf allg. polit. Veränderungen (etwa Demokratisierung in Südeuropa, Lateinamerika, Osteuropa), die als global erklärungsbedürftig betrachtet werden; (f) in normativen Zielsetzungen der Forscher, die Allgemeingültigkeit erheischen; schließlich (g) in der Hierarchie der *scientific community*, derzufolge hoher Status und besondere Wertschätzung den unentwegten Theorieproduzenten zusteht. Wie prägend das theoriezentrierte Entwicklungsmuster der P. ist, zeigt sich in der Sozialisation junger Forscher: Kaum eine Dissertation, die im Titel nicht ihren (oft prekären) Beitrag zur Theorie ausweist und nur im Untertitel das (meist einzige) Land oder Phänomen, das untersucht wurde.

Beispiele für Theoretisierungen, in denen das Verhältnis von Allgemeinheit und Fruchtbarkeit suboptimal bleibt, finden sich in allen Forschungsrichtungen und -ansätzen. In der Tat fußt (a) induktive Theoriebildung in der P. i. d. R. nur auf wenigen, manchmal nur zwei Fällen. Das methodologische Problem der Konkordanz und Differenz wird so gelöst, daß *comparable cases* bevorzugt werden, was forschungsstrategisch Sinn machen kann, keinesfalls aber so weit gehen darf, die Differenzfälle vollends auszublenden, also nicht zur kritischen Prüfung heranzuziehen. Die wesentliche Funktion des Vergleichs, nämlich die Kontrollfunktion, wird nicht wahrgenommen. (b) Deduktive Theoriebildung unterstellt häufig unhinterfragt und zu Unrecht die Erklärungskraft einer Theorie jenseits des homogenen Materials, an dem sie gewonnen wurde. Die Extrapolation erfolgt nicht zu heuristischen Zwecken oder zum Zwecke der Überprüfung der Theorie, sondern im Sinne ihrer Universalisierung. Manchmal nimmt die universale Anwendung (und vermeintliche Verifikation) einer Theorie (bes. anschaulich in Schriften abhängiger junger Forscher zu beobachten) nachgerade skurrile Züge an. Forschung reduziert sich dann darauf, aufgrund der Theorie vorgegebene Ergebnisse ausfindig zu machen. Empirie wird nur selektiv zur Kenntnis genommen. (c) Theoriebildung, die sich am naturwiss. Aussagetypus orientiert, also Gesetzesaussagen anstrebt, reduziert den Informationsgehalt solcher Theorien möglicherweise auf Triviales. Ein anschauliches Beispiel liefert die Wahlsystemforschung, wo eine Gesetzesaussage getroffen wurde, die mit einfachen Worten lautet: Erreicht keine Drittpartei (neben zwei großen) in einem der Wahlkreise die relative Mehrheit der Stimmen, dann führt die relative Mehrheitswahl in Einerwahlkreisen zu einem Zweiparteiensystem. Diese Aussage ist in der Tat trivial und zudem so formuliert, daß sie gar nicht scheitern kann. Damit sind zwei Anforderungen empirisch analytischer Forschung nicht erfüllt: Hoher Informationsgehalt von Theorien und empirische Überprüfbarkeit, welche Falsifizierbarkeit einschließt. (d) Die Forscher statistisch-empirischer Methodologie (geneigt, Theoriebildung auf das zu beschränken, was quantifizierbar ist) untersuchen häufig am Kern des Problems vorbei – eine für sie spezifische Diskrepanz zwischen Gegenstand und Theorie, die nur vordergründig durch Zuschneidung des Gegenstandes auf das in ihrer Methodologie wiss. Machbare aufgehoben wird. Dieser Reduktionismus zieht nicht selten Bewertungsprobleme nach sich, wenn das statistisch-empirisch unbestrittene Ergebnis für den Zusammenhang, aus dem die Untersuchung herausgeschnitten wurde, aussagekräftig gemacht, interpretiert werden soll.

Selten war das Erwachen aus dem «Traum» universalistischer Theorien so «traumatisch» wie im Falle der Entwicklungstheorie. Das neue Bekenntnis zu Theorien mittlerer Reichweite ging jedoch einher mit einem Jammern darüber, daß die Entwicklungstheorie am Ende sei, worin das Mißverständnis nachwirkt, als sei nur *grand theory* Theorie. Politiktheoretische Bescheidenheit und angemessener Realismus lösen offensichtlich wenig Zuversicht in die wiss. Leistungen der Disziplin aus. Fahnenflucht bleibt nicht aus. Wer dem Charme der großen Theorie erlegen ist, sucht sich ein neues Forschungsfeld. Ob Lehren aus dem Theoriedesaster der *grand theory* gezogen werden, steht dahin. Bedingt durch die fortlaufend neuen Forschungsaufgaben, die sich der P. als gegenwarts-, ja aktualitätsbezogene Disziplin aufgrund des polit. Wandels stellen, sind Neigung und Möglichkeit eher gering, die Theorienproduktion von gestern angesichts von ihr abweichender Politikverläufe auf systematische Fehlerquellen hin zu untersuchen, beispielsweise auf Probleme der Begriffsbildung, der Hypothesen, der Methoden. Ebenso wichtig sind Überprüfungen gewisser Annahmen, die hochgradig relevant sind für die wiss. Aussagen, jedoch kaum explizit gemacht werden. Wir meinen Annahmen hinsichtlich der Offenheit oder Determiniertheit der polit. Situation mit den Polen unbegrenzter Handlungsoptionen der polit. Akteure und absoluter Determiniertheit des polit. Geschehens durch Strukturen, oder auch aller Akteure durch einen einzigen Akteur. Solche Annahmen lassen sich überprüfen, aus ihrer Angemessenheit oder ihrem Scheitern Lehren ziehen für spätere Untersuchungen und Theoriebildungen. Häufig geschieht nichts dergleichen, mit dem Wechsel des Forschungsgegenstandes wird auch das wiss. Erfahrungsmaterial abgelegt. So wird im Rhythmus, den die Politik bestimmt, nacheinander der Zusammenbruch der Demokratie, der Autoritarismus, die

Transition und die Konsolidierung der Demokratie untersucht. Sieht man auf die Beiträge einzelner Forscher, so greifen deren implizite Annahmen von Offenheit oder Determinismus häufig über die Zeiten und Forschungsgegenstände hinweg, ohne daß die Etappen zu ihrer kritischen Prüfung genutzt wurden. Man stößt aber auch auf jenes entsetzliche Hin- und Herschwanken von Forschern zwischen grenzenloser Offenheit als Annahme, die *ex ante* oder zeitlich mit dem untersuchten Ereignis besteht, und retrospektivem Determinismus, als sei nur der *historical outcome* möglich gewesen, auf den die Geschichte letztendlich zugelaufen ist.

4. Wiss. ist kein Prozeß, der wissenschaftsintern – wie häufig angenommen – rein begründungslogischen Bedingungen folgt. Er vollzieht sich auch nicht nur inkrementalistisch und kumulativ durch ein kontinuierliches *trial and error.* Die P. macht da keine Ausnahme. Sie ist vielmehr ebenso bestimmt von unterschiedlichen (nationalen) Wissenschaftsstilen, von Paradigmenkonkurrenz und Paradigmenwechsel, durch Schulenbildung, etc. Forschung ist aber zugleich ein höchst individueller Prozeß. Die konkrete Forschungsarbeit des Politikwissenschaftlers ist damit in starkem Maße definiert: (a) wissenschaftsextern durch die Anforderungen von Gesellschaft und Politik, (b) wissenschaftsintern durch die Sozialisationsmechanismen und – Instanzen der *academic community,* durch Metatheorie, Schulenbildung, Forschungsrichtungen und Forschungseinrichtungen, sowie (c) durch die Persönlichkeit und die Lebensumstände des einzelnen Forschers, die vielfach die eigentlich forschungsleitenden Impulse liefern.

Forschung muß sich in der Wissenschaftsöffentlichkeit durch Bewertung und Kritik bewähren; dies können nur die *peers* der *academic community.* Selbstrekrutierung und Selbstbewertung fördern allerdings auch die Schulenbildung, das Entstehen von subdisziplinären Netzwerken, von mehr oder minder geschlossenen Forschergruppen und Forschungsrichtungen, Zitierkartellen und ähnlichem mehr. Themen-, Theorien- und Methodenwahl, Fragestellung und Fokussierung konkreter Forschung, die akademische Karriere des einzelnen Forschers stehen zumeist im Kontext solcher kollektiven Bezugssysteme, wobei die Anpassungszwänge innerhalb des jeweiligen Netzwerkes durchaus groß sein und wissenschaftsferne wie sachfremde Determinanten eine bedeutsame Rolle spielen können. Dies mag einerseits die Kohärenz der Forschung fördern, macht es aber auch Außenseitern und Grenzgängern zwischen den Disziplinen, Schulen, Methoden und Forschungsrichtungen schwer. Schulenbildung und Gruppensolidarität behindern vielfach Interdisziplinarität und Originalität; sie verursachen nicht selten Sterilität im Forschungsprozeß und Dogmatik in den Ergebnissen.

Die Gründe solcher Schulenbildung sind vielfältig und komplex. Sie können wissenschaftsintern, also metatheoretisch, methodisch, subdisziplinär bestimmt, aber auch gegenstandsbezogen sein; sie hängen gleichwohl häufig auch mit wissenschaftsfernen Ursachen zusammen. In der Regel kommt beides zusammen. Generationenkonflikte und Karrierebedingungen spielen dabei für wiss. Revolten, Paradigmenstreit vielfach eine große Rolle. Solche Paradigmen- und Schulenstreits führen in den seltensten Fällen zur Ablösung einer Schule durch die andere, häufiger schon zur Spaltung bis hin zum unversöhnlichen Gegeneinander, das beträchtliche intellektuelle und kreative Kapazitäten bindet. Üblicherweise kommt es jedoch zur Ausdifferenzierung in neue Subdisziplinen, Forschungsrichtungen und zur wechselseitigen Akkommodation. Dies kann reichen bis hin zu institutionalisierten Proporzregelungen, etwa in Fachbereichen von Universitäten, in den fachwiss. Gremien und Organen, in der finanziellen Unterstützung von Forschungseinrichtungen und Forschungsvorhaben.

Für den Forscher selbst geht es mit seiner Arbeit um Selbstbehauptung und Anerkennung. Zudem ist Wiss. für ihn Beruf. Selbstbehauptung und Anerkennung des Forschers sind damit abhängig von der Aufnahme seiner Forschungsarbeiten und -ergebnisse durch Gesellschaft und Politik, sowie durch die wiss. Öffentlichkeit. Davon und von der individuellen Anpassungsfähigkeit in Kooptationsprozessen hängen ganz wesentlich die beruflichen Karrierechancen ab. Die Arbeit des Forschers ist aber nicht zuletzt privat definiert. Nicht nur, aber insbes. in den Geistes- und Sozialwiss. ist Forschung häufig der Reflex alltagsweltlicher Erfahrung des individuellen Forschers und zu einem Gutteil die Verarbeitung privater Problemlagen. Es genügt in diesem Zusammenhang der Hinweis auf die Biographien von *Hobbes* und *Marx*, von *Arendt* und *Sternberger*, von *Sacharow* und *Havel*, um zum Beispiel den großen Einfluß zu verdeutlichen, den die äußere wie innere Emigration und die damit verbundenen Lebensumstände für die Formulierung ihrer polit. Theorien gespielt haben. Die privaten Lebensumstände sind indes keineswegs nur in solchen Ausnahmesituationen und mit Blick auf den Entwurf von *grand theories* oder auf die paradigmatische Umorientierung von Belang. Die psychische Verfassung des Forschers beeinflußt seine Arbeit, die Wahl der Forschungsgegenstände, der Fragestellungen, seine Wertungen auch in der Normalität der wiss. Alltagsroutine.

Der Forscher lebt (um die von *Max Weber* auf den Politiker gemünzte Formulierung für den Wissenschaftler zu übernehmen) also nicht nur *für* die Forschung, sondern in aller Regel auch *von* der Forschung; Wiss. ist heute fast immer Beruf. Der Forscher lebt auch *in* der Wiss. mit allen ihren sachgerechten wie sachfremden normativen wie institutionellen Bedingungen. Diese vielfältigen Abhängigkeiten zu benennen, denen die konkrete Forschungsarbeit des Politikwissenschaftlers unterliegt, ist nicht populär und unterbleibt zumeist. Eine solche (Selbst-)Kritik ist jedoch in keinem Falle «Nestbeschmutzung», sondern sie gehört notwendigerweise zu einer realistischen Bestandsaufnahme des Forschungsprozesses.

Lit.: *Alemann, U. von/Forndran, E.* ⁵1995: Methodik der Politikwissenschaft, Stg usw. *Alemann, U. von* 1994: Grundlagen der Politikwissenschaft, Opl. *Benz, A./Seibel, W.* (Hrsg.) 1997: Theorienentwicklung in der Poltikwissenschaft, Baden-Baden. *Berg-Schlosser, D./Quenter, S.* (Hrsg.) 1999: Literaturführer Politikwissenschaft, Stg. *Berg-Schlosser, D./Stammen, Th.* ⁶1995: Einführung in die Politikwissenschaft, Mchn. *Beyme, K. von* (Hrsg.) 1986: Politikwissenschaft in der Bundesrepublik Deutschland, Opl. *Beyme, K. von* u. a. 1987: Politikwissenschaft. Eine Grundlegung, 3 Bde., Stg usw. *Beyme, K. von* ³1997: Theorie der Politik im 20. Jahrhundert, Ffm. *Blanke, B./Jürgens, U./Kastendiek, H.* 1975: Kritik der Polit. Wissenschaft, Bd. 1, Ffm. *Bleek, W.* 2001: Geschichte der Politikwissenschaft in Deutschland, Mchn. *Bracher, K. D.* u. a. 1982: Entwicklungslinien der Politikwissenschaft in der Bundesrepublik Deutschland, Melle. *Buchstein, H.* 1992: Politikwissenschaft und Demokratie, Baden-Baden. *Eisfeld, R.* 1991: Ausgebürgert und doch angebräunt. Deutsche Politikwissenschaft 1920–1945, Baden-Baden. *Fraenkel, E.* 1973: Die Wissenschaft von der Politik und die Gesellschaft, in: *ders.*: Reformismus und Pluralismus, Hamb., 337–353 (zuerst 1963). *Friedrich, C. J.* 1954: Grundsätzliches zur Geschichte der Wissenschaft, in: ZPol 1, 325–336. *Friedrich, C. J.* ²1966: Demokratie als Herrschafts- und Lebensform, Hdbg. (zuerst 1959). *Göhler, G./Zeuner, B.* (Hrsg.) 1991: Kontinuitäten und Brüche in der deutschen Politikwissenschaft, Baden-Baden. *Greven, M. Th./Schmalz-Bruns, R.* (Hrsg.) 1999: Politische Theorie heute, Baden-Baden. *Hartmann, J.* 1995: Politikwissenschaft, Dresden. *Kastendiek, H.* 1977: Die Entwicklung der westdeutschen Politikwissenschaft, Ffm. *Leggewie, C.* (Hrsg.) 1994: Wozu Politikwissenschaft?, Darmstadt. *Lehmbruch, G.* ⁴1997: Einführung in die Politikwissenschaft, Stg. u. a. *Lietzmann, H. J./Bleek, W. (Hrsg.)* 1996: Politikwissenschaft, Mchn./Wien. *Maier, H.* 1966: Die ältere deutsche Staats- und Verwaltungslehre (Polizeiwissenschaft), Neuwied/Bln. *Mohr, A.* 1988: Politikwissenschaft als Alternative, Bochum. *Mohr, A.* 1995: Politikwissenschaft als Universitätsdisziplin in Deutschland, in: *ders.* (Hrsg.): Grundzüge der Politikwissenschaft, Mchn., 1–63. *Schwarz, H. P.* 1962: Probleme der Kooperation von Politikwissenschaft und Soziologie in Westdeutschland, in: *Oberndörfer, D.* (Hrsg.): Wissenschaftliche Politik in Grundfragen ihrer Tradition und Theorie, Freib., 297–333.

Dieter Nohlen/Rainer-Olaf Schultze

Politikwissenschaft international. Die Politikwissenschaft (P.) weist weltweit nach Ländern und Regionen unterschiedliche Charakteristika auf. Inwieweit hierbei von unverwechselbaren nationalen «Stilen» i. S. von lat. *stilus:* Griffel, Schreibart, also relativ dauerhaften Charakteristika eines Autors, einer Epoche oder eines Faches gesprochen werden kann, ist sicherlich strittig. Dies um so mehr, als in der Gegenwart durch zunehmende transnat. und weltweite Interaktionen «*Galton's* Problem», Eigenständiges und durch gegenseitige Einwirkung Entstandenes trennen zu können, immer mehr zugenommen hat. Gleichwohl wurde im internat. Vergleich nat. P. der von *J. Galtung* (1988) in einer vergleichenden Untersuchung eingeführte Terminus des nat. Stils gebräuchlich.

Es handelt sich dabei um Charakterisierungen auf makrokultureller Ebene, die individuelle Abweichungen oder gewisse minoritäre, nicht unter solche Kennzeichnungen fallende «Schulen»-Bildungen keineswegs ausschließen. Als Einflußfaktoren sind hierbei in erster Linie gewisse fachübergreifende akademische Traditionen und intellektuelle Stile, die konkrete Entstehungsgeschichte und Ausprägung der P. und ihre Einbeziehung in das jeweilige Universitäts- und Ausbildungssystem auch mit seinen unmittelbar berufspraktischen Bezügen zu sehen. Letztere beziehen sich vorwiegend auf die aktuelle Situation, also die konkrete Herausbildung der P. in den «westlichen» Staaten nach dem II. Weltkrieg bzw., soweit sich hierbei bislang überhaupt eigenständige Charakterisierungen vornehmen lassen, auf die Periode der Dekolonisierung und z. T. Demokratisierung in der → Dritten Welt. Der letztgenannte Tatbestand verweist bereits auf ein grundlegendes allg. Charakteristikum der P., daß sie, zumindest in der Gegenwart, → Demokratiewissenschaft in einem doppelten Sinne ist. Zum einen befaßt sie sich sehr intensiv mit den Ausprägungen und Problemen zeitgenössischer Demokratien, zum anderen bedarf sie, um sich überhaupt eigenständig und in der nötigen kritischen Distanz zu ihrem Gegenstand entfalten zu können, eines demokratischen «Humus» rechtsstaatl. und freiheitlicher polit. Verhältnisse. Dies ist auch der Grund, warum im folgenden in erster Linie einige westl. nat. Stile behandelt werden.

1. Westl. Länder: (1) Deutschland: In seiner Diskussion unterschiedlicher allg. intellektueller Stile spricht *Galtung* etwas karikierend überspitzt von einer «teutonischen» Tradition. Diese kennzeichnet er als eine starke Neigung zur Theoriebildung bei schwacher empirischer Basis. Auf deduktive Weise (→ Deduktion) werden gigantische theoretische Pyramiden errichtet, die möglichst viel erklären sollen und einander weitgehend ausschließen: «In Deutschland wird Intersubjektivität (...) innerhalb einer pyramidenförmig gestalteten Meister-Jünger-Beziehung erreicht. Im wesentlichen bedeutet das, daß die Jünger zum Verständnis des Meisters gelangen und in diesem Prozeß seine Theorie akzeptieren, ohne sie grundsätzlich in Frage zu stellen (...) Intersubjektivität zwischen zwei Pyramiden ist nicht erwünscht; die theoretischen Konstruktionen sind unvergleichbar, und ihre Anhänger feiern ihre Unvergleichbarkeit, indem sie sich gegenseitig massiv bescheinigen, daß der andere nicht nur irre, sondern grundsätzlich irre (...) Der allgemeine Stil des Diskurses ist ernsthaft und humorlos; Witze gelten als frivol und zeigen den fehlenden Glauben an das, was man sagt» (1983: 322). Allerdings trägt der teutonische Intellektuelle «das Risiko, womöglich mit ansehen zu müssen, wie seine Pyramide in Stücke fällt (...) Keine Anekdote, keine Analogie, keine Euphonie und kein spielerisches Jonglieren mit Bedeutungen – nichts vermag das Desaster zu verschleiern, das eine teutonische Pyramide treffen kann; und stürzt sie ein, kann mit ihr der intellektuelle Einsatz eines ganzen Lebens verfallen» (327).

Bei aller Überspitzung dieser Darstellung, die *Galtung* insbes. auf die dt. Philosophie, Staatsrechtslehre, Geschichtswissenschaft usw., aber auch auf die Lehren von *Marx* und *Freud* bezieht, sind der dt. P. solche Züge sicher nicht ganz fremd. Dies gilt v. a. für ihre eher «normativ-ontologischen» oder «historisch-dialektischen» Ausrichtungen (vgl. *Berg-Schlosser/Stammen* 1992: 45 ff.), die in unterschiedlichen Phasen der Nachkriegszeit dominierten (vgl. *von Beyme* 1985; *Kastendiek* 1987). Dabei ist zu beachten, daß die P. in D in eine insgesamt stark staatsbezogene und «etatistische» → Politische Kultur eingebettet ist (vgl. *Rohe* 1993). Als nach dem Kriege neu etabliertes Fach ist ihr allerdings der berufliche Zugang ihrer Absolventen zum öff. Dienst, über den Schul- und Universitätsbereich hinaus, weitgehend versperrt geblieben. Dort dominieren nach wie vor Juristen. Hieraus resultierte so manche Frustration bei der Berufssuche und eine stärkere Orientierung auf «graue» Märkte. Erst mit einem gewissen Generationenwechsel, der weiteren Ausdifferenzierung des Faches, einer stärkeren Hinwendung zu empirisch orientierten Ansätzen und der Erschließung neuer Berufsfelder im Medien-, Parteien-, Verbändebereich usw. gegen Anfang der 1980er Jahre begann sich das zu ändern. Dies verweist aber auch auf die stärkere Internationalisierung des Faches und eine gewisse Abkehr von einem lange dominanten Stil.

(2) Frankreich: Der «gallische» Stil, in *Galtungs* Terminologie, hat mit dem teutonischen einen stark theoriebezogenen, deduktiven Charakter bei relativer Empirieferne gemein. Das deduktive Element bezieht sich dabei aber weniger auf das Errichten alles umfassender Theoriepyramiden als vielmehr auf die logisch und formal korrekte, nicht selten mathematisch oder juristisch geschulte Herleitung bestimmter Tatbestände und feststellbarer Invarianzen. Zur logischen Klarheit tritt, bei den exponierten Vertretern, auch der Anspruch auf sprachliche Eleganz. In *Galtungs* Worten: «Die Überzeugungskraft geht (...) weniger von der Implikation aus als von der *élégance*. Hinter dieser *élégance* steckt nicht nur die Beherrschung eines guten Stils, im Ggs. zu der dürren Prosa der deutschen Sozialwiss., die oft an Fadheit grenzt, sondern auch der Gebrauch von Bonmots, das Spiel mit Worten und ihren Bedeutungen, der Einsatz von Alliterationen und mannigfaltigen semantischen und sogar typographischen Kunstgriffen» (*Galtung* 1983: 316). Vertikale Intersubjektivität i. S. einer übergreifenden Schule wird dabei nicht hergestellt, aber auch horizontale Intersubjektivität, das kritische Prüfen nachvollziehbarer Hypothesen durch unabhängige Kollegen, findet kaum statt. Jeder ist vielmehr sein eigener (kleiner) «*maître-penseur*» und versucht sich eine gewisse Nische und Reputation im Wissenschafts- und Geistesleben zu sichern. Persönliche Arroganz und Eitelkeiten und ein gewisser Ethnozentrismus, aber auch starke Empfindlichkeiten sind dabei nicht selten. Für die frz. P. sieht *J. Leca*, (1991: 332) unter Berufung auf *Alexis de Tocqueville*, eine solche Einschätzung nach wie vor bestätigt: «Französische Intellektuelle haben einen Sinn für abstrakte Verallgemeinerungen, für die grandiose Hypothese, die unser Weltbild prägt, und einen literarischen Esprit, ihre Ideologieproduktion ist ihrer Wissensproduktion immer einen Schritt voraus.»

Ein solcher Stil und seine Attitüden werden verstärkt durch das rigorose zentralistische und etatische Ausbildungs- und Auslesesystem, das sehr stark auf mathematische Qualifikationen setzt. Die frz. P. hat es dabei verstanden, im Ggs. zu ihrem dt. Gegenstück, eine wichtige Schnittstelle für den Aufstieg in die Höhen der elitären *grandes écoles* und öff. *cadres* zu besetzen. Das *Institut des Sciences Politiques* in Paris ist eine wichtige Eingangsstufe für die *Ecole Nationale d'Administration* (ENA), deren Absolventen in öff. Verwaltung und Politik quer durch (fast) alle Parteien und sonstigen Gruppierungen eine herausragende Stelle («Enarchen») einnehmen. Die sich selbst reproduzierende Kraft dieses Systems und seines dominierenden Stils ist auch aus diesem Grunde ungleich stärker als in vielen anderen, in der neueren Zeit sich stärker angleichenden europ. Staaten. Erst die jüngere Generation beginnt, sich auch etwas angelsächsischen Einflüssen zu öffnen.

Vergleichbare Stilelemente finden sich in gewissen Varianten auch in anderen «romanischen» Ländern. Darüber hinaus ist die P. dort von den je spezifischen sozialen → *Cleavages* und polit. Entwicklungen geprägt (vgl. z. B. *Graziano* 1987; *Frognier/de Winter* 1991; *Vallès* 1991). Die große «Staatsnähe» wie in Frankreich fehlt ihnen jedoch.

(3) GB: Deutlich abgesetzt, sowohl vom teutonischen als auch vom gallischen, ist der «angelsächsische» Stil: «Britische Historiker und britische Anthropologen», so *Galtung*, «sind dafür bekannt und geachtet, daß sie mit außerordentlicher Kunstfertigkeit und Energie eine ungeheure Vielfalt von Details, von Daten aller Art zu Tage fördern – von denen manche äußerst schwierig zu beschaffen sind. Sie sind gewiß nicht dafür bekannt, daß sie umfassende, mitreißende Theorien und grandiose Perspektiven entwickeln (...) Man könnte sich sogar vorstellen, daß ein durchschnittl. sachsonischer Forscher vom Schwindel gepackt würde, wenn eine theoretische Pyramide auch nur fünf Zentimeter hoch über den Boden ragte (...)» (*Galtung* 1983: 313). Die brit. P. ist bis heute dieser deskriptiv-narrativen Tradition verhaftet und noch immer stark auf Daten, Fakten und penible Dokumentation ausgerichtet. Theoriebildung findet wenig statt. Einvernehmen wird über die Akzeptanz von Fakten hergestellt. Die Sprache bleibt dabei sachlich und nüchtern. Ein Praxisbezug wird aus gesammeltem Erfahrungswissen auf pragmatische Weise hergestellt. *J. Hayward* (1991: 320 f.) drückt dies wie folgt aus: «To arrive at their conclusions, British political scientists tend to rely on an inductive intellectual process of ‹muddling through›, with the criteria for selection emerging from the data observed through an iterative process (...) such a humdrum methodology provides the capacity to offer some hindsight, a little insight and almost no foresight.» Ein unmittelbarer Zugang zu Politik und Verwaltung, wie in Frankreich, besteht i. d. R. nicht. Diese rekrutieren sich in GB nach wie vor eher nach dem «*liberal arts*»-Prinzip der renommierten «*Oxbridge*»-(Oxford/Cambridge) Universitäten. Die brit. P. hat daran eher einen bescheidenen Anteil.

(4) USA: Die bedeutendere und heute rein quantitativ weltweit deutlich überwiegende Variante des «sachsonischen» nat. Stils ist in den USA anzutreffen. Aus einer Immigrantenkultur entstanden, hat der amerikan. Stil wesentliche angelsächsische Züge im Hinblick auf eine starke Datenorientierung behalten. Hinzu kamen allerdings auch einige europ.-kontinentale, v. a. auch dt.-jüdische Einflüsse insbes. als Folge der Emigration während des → Nationalsozialismus (vgl. *Somit/Tanenhaus* 1964; *Berndtson* 1987). Die Datenbasis ist aber, im Unterschied zur brit. Variante, heute meist eher statistischer als historischer Art. Der → Methodologische Individualismus, der auf die Analyse von Akteurshandeln auf der Mikro-Ebene polit. Systeme abstellt, überwiegt. Intersubjektive Übereinstimmung wird über die Akzeptanz von Daten und der verwendeten statistischen Verfahren erzeugt. Auch hierbei wird häufig sehr «pragmatisch» verfahren, und die einschränkenden Annahmen der zugrundeliegenden mathematischen Theoreme werden nicht selten mißachtet. Die Theoriebildung geht «semi-induktiv» vor bei relativ geringem Abstraktionsniveau. Irgendwelche Korrelationen werden mit theoretischen Erkenntnissen gleichgesetzt (vgl. *Blalock* 1984: 127 ff.). Hieraus ergibt sich bestenfalls eine Vielzahl von kontextabhängigen «Theorien mittlerer Reichweite» *(Merton)* oder, um *Galtungs* (1983: 313) Bild erneut zu verwenden, «eine Reihe kleiner, in der Landschaft verstreuter Pyramiden». Der Vorwurf der schieren Datenhuberei und theoretischen wie praktischen Irrelevanz blieb einem solchen Vorgehen nicht erspart.

In der amerikan. P. repräsentiert eine solche Ausrichtung am ehesten der behavioralistische *mainstream* (→ Behavioralismus). Neben der Umfrageforschung auf der Mikro-Ebene, die hierbei überwiegt, sind aber auch makro-quantitative statistische Verfahren, die länderübergreifend gewisse ausgewählte Indikatoren vergleichen, und auf das Individuum abstellende → *Rational-choice*-Ansätze im wesentlichen diesem Paradigma verhaftet. Auch sprachlich gibt es Tendenzen zu einem szientistischen Jargon und einer zunehmenden Abgehobenheit von der polit. Realität. In der inhaltlichen Ausrichtung ist auch der amerikan. P. ein gewisser Ethnozentrismus und Parochialismus nicht abzusprechen. Die Konzentration auf «*American studies*», amerikan. außenpolit. Beziehungen und die oft kritiklose Übertragung im amerikan. Kontext entwickelter Konzepte wie z. B. der → Parteiidentifikation überwiegen (vgl. *McKay* 1991). Wer sich mit einem anderen Land beschäftigt, gilt schon als «Komparatist» (vgl. *Sartori* 1994).

Dennoch ist der wissenschaftstheoretische Siegeszug eines → kritischen Rationalismus *Popper*scher, damit aber auch in erster Linie angelsächsischer und US-amerikan. Prägung heute in weiten Bereichen unumstritten. Dies gilt schon für die schiere Quantität des amerikan. Einflusses: Mehr als die Hälfte aller Politikwissenschaftler weltweit lebt in den USA. Aber auch qualitativ hat sich die angelsächsische P. in erheblichem Maße durchgesetzt. Alle führenden und international beachteten wiss. Journale sind, zum Leidwesen der Franzosen und mancher anderer, englischsprachig. Als positiv ist auch der relativ offene und pluralistische Stil der angelsächsischen wiss. Diskurse zu vermerken. Gegensätzliche Standpunkte und konstruktive Kritik werden leichter akzeptiert und nicht so schnell der persönlichen Bosheit oder intellektuellen Unfähigkeit des Gegenüber zugeschrieben. Der persönliche Umgang ist eher locker und entspannt. Um noch einmal *Galtung* (1983: 317) zu zitieren: «Die teutonischen und gallischen intellektuellen Diskurse sind ihrer Art nach stark darwinistische Kämpfe (...) die sachsonischen (...) Praktiken sind toleranter, demokratischer, weniger elitär.»

(5) Kleinere (nord-)europ. Staaten: Skandinavien, die Niederlande und der flämische Teil Belgiens stellen in manchen Augen «das Beste zweier Welten» dar: Einerseits der teutonischen, theoriebezogenen, eher an langfristigen strukturellen Prozessen interessierten und andererseits der sachsonischen, datenorientierten, quantifizierbaren und horizontal intersubjektiv überprüfbaren Politikwissenschaft. *Galtung* (1983: 333) konstatiert eine «relative Ausgeglichenheit des intellektuellen Stils bei den Nachfahren der Wikinger» und den Versuch, die sachsonische Praxis des Datensammelns und die teutonische Theoriekonstruktion in einer entwicklungsfähigen Methodologie zusammenzufügen. *Dag Anckar* (1991: 258) unterstreicht dies auch für die Politikwiss.: «The Nordic conception of the discipline is (...) still firmly anchored (...) in the belief that political science must be a science, based on the ambition to uncover invariances of political life and to build an empirical theory of politics.» *Stein Rokkan*, dem *K. W. Deutsch* «Belesenheit in Worten und in Zahlen» bescheinigte, verkörperte eine solche Synthese *par excellence*. Aber auch das Niveau anderer skandinavischer und z. T. niederländischer Hochschulen entspricht gefestigten historischen und theorieorientierten Traditionen bei kritisch geschärftem Methodenbewußtsein und empirischer Fundierung der entwickelten Thesen. In diesem Gefüge hat auch die Politikwiss. mittlerweile ihren festen und anerkannten Platz, und die Absolventen der bekannteren Institute haben i. d. R. gute Berufsaussichten in Lehre, Forschung und öff. Dienst. Auch der 1994 verstorbene norwegische Außenminister *Holst*, der zusammen mit seiner Frau, ebenfalls einer ausgewiesenen Politikwissenschaftlerin und Nahost-Expertin, entscheidenden Anteil am Zustandekommen des Gaza-Jericho-Abkommens zwischen Israel und der Palästinensischen Befreiungsorganisation hatte, ist ein gutes Beispiel für die erfolgreiche Praxisnähe einer theoriegeleiteten, empirisch verankerten Politikwissenschaft.

2. Nichtwestl. Länder: (1) Die Zusammenfassung des «Rests» der Welt in einer solchen Residualkategorie soll keine Geringschätzung bedeuten. Ohne Zweifel gibt es auch in den arabischen, afrikanischen, indischen, chinesischen usw. Kulturen eigenständige intellektuelle Traditionen. Einerseits sind diese aber bislang weniger wissenschaftsgeschichtl. und -theoretisch auch durch westl. Wissenschaftler «aufgearbeitet» worden, so daß die Leer- und Schwachstellen in dieser Hinsicht eher auf westl. Ignoranz beruhen. Andererseits, und dies gilt speziell für die P. in ihrer neuzeitlichen Ausprägung, setzt die kritisch-distanzierte Befassung mit polit. Fragen auch, wie eingangs betont, gewisse intellektuelle und existentielle Freiräume voraus, wie sie im wesentlichen nur offene Gesellschaften und demokratische polit. Systeme bieten. Die Deformierung durch die europ. Kolonialisierung der meisten Länder hat ebenfalls dazu beigetragen, daß sich erst in jüngster Zeit Ansätze für eine z. T. eigenständige P. zeigen. Generell sind im wesentlichen drei zentrale Einflüsse und Tendenzen zu beobachten: Zum einen spielt die Ausrichtung an Sprache, Kultur und akademischem Stil der

ehem. Kolonialmächte nach wie vor eine erhebliche Rolle. Als zweites Element trat, verstärkt in den letzten Jahrzehnten, der weltweit dominante Einfluß der US-amerikan. P. zutage, der auch durch entspr. Stipendien-, wiss. Kooperationsprogramme usw. eine starke Unterstützung erfuhr. Zum dritten und als Reaktion auf diese «hegemonialen» externen Einflüsse ist z. T. eine bewußte Abkehr von diesen, eine Rückbesinnung auf eigene «Wurzeln» und die Entwicklung bewußt «anti-imperialistischer» Gegenpositionen zu beobachten.

(2) Die P. in *Lateinamerika* folgt dabei stark dem romanischen bzw. «gallischen» Vorbild in Stil und Ausrichtung, ohne allerdings in den meisten Staaten einen ähnlich privilegierten Zugang zum Staatsdienst wie in Frankreich zu besitzen. Inhaltlich ist man stärker auf polit.-philosophische und z. T. verfassungsrechtliche Fragen hin orientiert. In der jüngeren Vergangenheit spielten aber auch eigenständigere, marxistisch beeinflußte Ansätze, wie in der Theorie der → *Dependencia,* eine Rolle. Der US-amerikan. Behavioralismus ist mittlerweile ebenfalls stärker auf dem Vormarsch. So bestehen z. T. unterschiedliche Inhalts- und Stilelemente mit jeweils eigenen externen «Referenzsystemen» nebeneinander, bei allerdings einem Überwiegen der romanischen Elemente bzw. eines gewissen synkretistischen «*latino*»-Stils.

(3) Die ehem. frz. und brit. Kolonien folgen ebenfalls relativ stark dem Vorbild ihrer früheren «Herren». Dies gilt insbes. für das frankophone Afrika, wo nach wie vor starke Bindungen der einheimischen «*évolués*» zur «*civilisation française*», aber auch der frz. Politik und Verwaltung bestehen. Die einheimische P. stand bis vor kurzem stark im Schatten der häufig → Autoritären Regime. Das intellektuelle Klima im anglophonen Afrika war meist etwas offener und in der Ausrichtung pluralistischer. An einigen Orten wie Dar es Salaam, Ibadan, Harare entwickelten sich zeitweise beachtenswerte Zentren mit z. T. marxistischen, aber auch eigenständigen Anklängen. Dort, wo Repression oder Bürgerkriege kaum eine akademische Existenz ermöglichten, fanden sich nicht wenige Politikwissenschaftler im Exil wieder oder hatten sich mit «neutralen», nicht das Regime des eigenen Landes berührenden Themen zu beschäftigen.

(4) Auch die indische P. folgt eher den «sachsonischen» Spuren, hat sich aber auf dem großen Subkontinent relativ breit entwikkeln können, wobei eine stärkere Ausrichtung auf die Verwaltungswiss. und Affinitäten zum öff. Dienst zu beobachten sind. Auch eigenständige Bezüge zur indischen Philosophie und Geschichte werden artikuliert, manchmal mit einer «Klassifikationswut», wie sie sich auch im «Kamasutra» finden läßt. Ostasien ist hingegen stärker buddhistisch und konfuzianisch geprägt. Traditionell herrschte eher ein «ganzheitliches», aber innere bipolare Spannungen wie zwischen *yin* und *yang* durchaus einbeziehendes Denken vor. Für Japan konstatiert *Galtung* einen an den Lehren großer Meister orientierten «nipponischen» Stil. Dabei geht es weniger um den Inhalt bestimmter Theorien als um das jeweilige soziale und biographische Umfeld. *Galtung* (1983: 311) nennt es ein «lexikalisch-enzyklopädisches Verfahren der intellektuellen Kommentierung». Originelle politikwiss. Denker sind bisher wenig hervorgetreten. In der Nachkriegszeit überwog in Japan und Südkorea die Anlehnung an die USA, mit noch einigen verbleibenden oder erneuerten Bezügen auch zum deutschsprachigen Raum.

3. Diese in Teilen sicherlich pointierten Charakterisierungen haben zumindest auf einige Stärken und Schwächen der jeweiligen P. und ihrer nat. Stile aufmerksam machen können. Ein übergreifendes Charakteristikum war dabei, neben der Spezifität der jeweiligen Stile, auch die stark ethnozentrische Ausrichtung der inhaltlichen Orientierung in den meisten Ländern. Die internat. Kontakte, auch über Organisationen wie das *European Consortium for Political Research,* die *International Political Science Association* usw., haben in den letzten Jahrzehnten zwar stark zugenommen, und gut ausgebildete Politikwissenschaftler sind mittlerweile in allen Kontinenten anzutreffen. Auch dominante Ansätze wie der US-amerikan. Behavioralismus haben mittlerweile in manchen Bereichen wie der Wahl- und Umfrageforschung ihre interkontinentalen «Brücken-

köpfe» gebildet, ob an den Universitäten von Aarhus, Essex, Mannheim oder von Seoul.

Ein gemeinsamer, länderübergreifender methodischer Kanon, wie in der Vergleichenden P., scheint dabei noch am ehesten geeignet, sich auf Politik als Wissenschaft verständigen zu können. In *G. Sartoris* (1967: 691) Worten: «The essence of political science (...) seems to us to lead back (...) to comparative politics». *Leonardo Morlino* (1991: 350) führt dazu aus: «The reason for this [emphasis] is simply that comparison seems the most coherent way of conducting political science in compliance with established canons: 1) procedure based on hypothesis and verification (which implies that theory plays an important part, but that empirical checks are equally vital), 2) reference to a larger number of cases affording better – if not unique – opportunities for explanation, and 3) greater opportunities to demonstrate the applicability of the analyses carried out.» (→ Vergleichende Methode)

Dennoch werden auch in Zukunft, wie in anderen Bereichen, bei aller Akkulturation und internat. Angleichung die jeweiligen kulturellen und nat. Eigenheiten ihren Stellenwert behalten und zumindest ihre eigenen «Farbtupfer» liefern. *Galtung* (1983: 337) sah dies ähnlich: «Manche (...) werden von den anderen lernen, was sie selbst nicht beherrschen, aber im großen und ganzen wird die Tugend des einen das Laster des anderen bleiben. Offensichtlich sind Kräfte am Werk, die stärker sind als die Lehrbücher der Methodologie mit ihren Ansprüchen auf universale Gültigkeit.»

→ Politikbegriffe; Politische Theorie; Politikstilanalyse; Politikwissenschaft; Politische Kulturforschung.

Lit.: *Anckar, D.* 1991: Nordic Political Science: Trends, Roles, Approaches, in: EJPR 20, 239–261. *Berg-Schlosser, D./Stammen, T.* [6]1995: Einführung in die Politikwissenschaft, Mchn. *Berndtson, E.* 1987: The Rise and Fall of American Political Science; Personalities, Quotations, Speculations, in: IPSR 8, 85–100. *Beyme, K. von* (Hrsg.) 1986: Politikwissenschaft in der Bundesrepublik Deutschland: Entwicklungsprobleme einer Disziplin, Opl. *Blalock, H. M. Jr.* 1984: Basic Dilemmas in the Social Sciences, Beverly Hills. *Falter, J. W.* 1982: Der Positivismusstreit in der amerikanischen Politikwissenschaft, Opl. *Frognier, A. P./Winter, L. de* 1991: The State of Political Science in Belgium, in: EJPR 20, 389–397. *Galtung, J.* 1983: Struktur, Kultur und intellektueller Stil, in: Leviathan 11, 304–338. *Graziano, L.* 1987: The Development and Institutionalization of Political Science in Italy, in: IPSR 8, 41–57. *Hayward, J.* 1991: Political Science in Britain, in: EJPR 20, 301–322. *Kastendiek, H.* 1987: Political Development and Political Science in West Germany, in: IPSR 8, 25–40. *Leca, J.* 1991: French Political Science: Some Problems and Difficulties in the Social Organization of the Discipline, in: EJPR 20, 323–340. *Lietzmann, H. J./Bleck, W.* (Hrsg.) 1996: Politikwissenschaft. Geschichte und Entwicklung in Deutschland und Europa, Mchn./Wien. *McKay, D.* 1991: Is European Political Science Inferior to or Different from American Political Science, in: EJPR 20, 459–466. *Morlino, L.* 1991: Political Science in Italy: Tradition and Empiricism, in: EJPR 20, 341–358. *Rohe, K.* 1993: The State Tradition in Germany: Continuities and Changes, in: *Berg-Schlosser, D./Rytlewsky, R.* (Hrsg.): Political Culture in Germany, L., 215–231. *Sartori, G.* 1967: La scienza politica, in: Il Politico 32, 688–701. *Sartori, G.* 1994: Compare Why and How, in: *Dogan, M./Kazancigil, A.* (Hrsg.): Comparing Nations: Concepts, Strategies, Substance, Ox., 14–34. *Somit, A./Tanenhaus, J.* 1964: American Political Science: A Profile of a Discipline, NY. *Vallès, J. M.* 1991: Political Science in Spain, 1960–1990, in: EJPR 20, 431–444. *Wittrock, B.* 1992: Discourse and Discipline: Political Science as Profile and Profession, in: *Dierkes, M./Biervert, B.* (Hrsg.): European Social Science in Transition, Ffm., 268–308.

Dirk Berg-Schlosser

Politisch-administratives System, aus der politikwiss. → Systemtheorie und anglo-amerikan. → *Policy*-Forschung entlehnter Begriff. Das P.-a. S. umfaßt die aus kontinentaleurop. Sicht traditionell getrennten Bereiche der polit. Entscheidungsträger (Parlament, Ausschüsse, Regierung), der ausführenden staatl. Organe (Ministerien, Staatsbürokratie) und der diese verbindenden und verbindlichen, institutionalisierten Verfahren oder gewohnheitsmäßig befolgten (Spiel-)Regeln.

Der Begriff subsumiert damit alle binnenstrukturellen Faktoren, die auf den polit. Problemverarbeitungsprozeß Einfluß haben. Das P.-a. S. konstituiert insofern ein eigenständiges Variablenbündel zwischen dem → *Input* (polit. → Partizipation) und dem → *Output* (polit. Ergebnis) polit. Prozesse.

→ Politikfeldanalyse; Politisches System.
Lit.: → Politikfeldanalyse; Politisches System.

Klaus Schubert

Politische Anthropologie, als Sammlung philosophisch begründeter Aussagen über die Natur des Menschen für die Politikwiss. immer da von Bedeutung, wo aus ihr mit normativem Anspruch auftretende Aussagen über das Wesen gesellschaftl. Ordnung abgeleitet werden sollen, wie etwa in der Naturrechtslehre. Dies ist insbes. dort der Fall, wo es um die Legitimation von → Herrschaft aus der Bestimmung ihrer Zwecke geht, weil die Definition der Herrschaftsaufgaben selbst von grundlegenden Annahmen über die Natur des Menschen abhängig ist.

Wird der Mensch wie in der → Politischen Ethik der klassischen Philosophie als ein primär von der Vernunft bestimmtes und zum guten, weil rational einsehbar richtigen Handeln fähiges Lebewesen bestimmt, das zur vollen Entfaltung seiner Potenzialitäten auf die Gesellschaft seiner Mitmenschen angewiesen ist, so wird es zur Aufgabe legitimer Herrschaft, eine polit. Ordnung zu schaffen und aufrechtzuerhalten, die ihm die Möglichkeit hierzu sichert und ihm so die Verwirklichung seiner naturgegebenen → Rationalität in der Praxis ermöglicht. Für eine p. A. dagegen, die von der Annahme ausgeht, der Mensch sei zu gutem und vernunftbestimmtem Handeln nicht nur prinzipiell, sondern jederzeit fähig und auch bereit, soweit er nicht durch äußeren Zwang oder gesellschaftl. Konventionen an der Aktualisierung seiner wahren Natur gehindert wird, ergeben sich zwei mögliche Schlußfolgerungen: Für die polit. Theorie des → Anarchismus wird aufgrund dieser Annahme jede staatl. Beschränkung der individuellen Handlungsfreiheit illegitim, so daß aus der anthropologischen Prämisse der urspr. Vollkommenheit menschlicher Natur die polit. Forderung nach herrschaftsfreier Selbstorganisation unmittelbar abgeleitet werden kann. Dagegen basiert marxistische Ethik auf dem Postulat, mit der radikalen Änderung der gesellschaftl. Lebensbedingungen des Menschen und seiner Aussöhnung mit der Natur könne ein Erziehungsprozeß eingeleitet werden, der allmählich einen moralischen Wandel bewirke und die Herrschaft von Menschen über Menschen unnötig mache.

Wird hingegen der Mensch, wie dies bei *Hobbes* geschieht, in erster Linie als ein Wesen definiert, das Schutz vor seinesgleichen benötigt, um überleben zu können, entsteht eine Theorie der bürgerlichen Herrschaft, in der die → Macht des Staates dazu dient, das Recht des einzelnen auf Sicherheit seines Lebens zu schützen. Im «possessiven Individualismus» (*Macpherson* 1962) eines *Locke,* der von der anthropologischen Grundkonzeption eines Menschen ausgeht, der sich selbst als Besitzer seiner eigenen Person und damit Eigentümer des Produkts seiner Arbeit bestimmt, entsteht die Herrschaftstheorie des → Liberalismus, derzufolge der Staat Leben, → Freiheit und Besitz autonomer Individuen zu schützen hat, ohne deren priv. Zwecke zu bestimmen. Die p. A. totalitärer Herrschaft, wie sie bei *Hegel* in ihren Grundzügen vorgezeichnet ist, geht von der Konzeption eines Menschen aus, dessen priv. Zwecke mit den allgemeinen Zwecken der Gesellschaft identisch sind, so daß die Freiheit des Individuums sich erst in der Freiheit eines Staates verwirklicht, dessen moralische und materielle Zwecke mit denjenigen seiner Bürger absolut gleich sind. Wo Rationalität primär als Zweckrationalität gesehen wird, die dem Menschen die Verwirklichung seines Glücks in individueller Freiheit der vernünftigen Planung ermöglicht, wie in der Frühneuzeit bei *Bacon,* sind die Grundlagen zu einer technokratischen Anthropologie geschaffen, für die der Zweck der Herrschaft mit dem Nutzen der Beherrschten identisch wird. Mangels einer inhaltlichen Definition dieses Nutzens wird dann die Ausübung der Herrschaft nur noch durch formale Verfahren legitimierbar (*Weber* 1972; *Luhmann* 1965).

→ Metatheorien; Politikwissenschaft; Politische Philosophie.

Lit.: *Arendt, H.* 1951: The Origins of Totalitarianism, Cleveland (dt. 1958). *Balandier, G.* 1967: Anthropologie politique, Paris. *Luhmann, N.* 1965: Grundrechte als Institution, Bln. *Macpherson, C. B.* 1962: The Political Theory of Possessive Individualism, Ox. (dt. 1967). *Popper, K. R.* 1945: The Open Society and its Enemies, L (dt. 1957/58). *Strauss, L.* 1953: Natural Right and History, Chic. (dt. 1956). *Weber, M.* [5]1972: Wirtschaft und Gesellschaft, Tüb. (zuerst 1921). *Weber-Schäfer, P.* [2]1992: Einführung in die antike politische Theorie, Darmst. (zuerst 1976). *Willms, B.* 1970: *Die* Antwort des Leviathan, Neuwied.

Peter Weber-Schäfer

Politische Apathie → Apathie

Politische Beteiligung → Partizipation

Politische Bildung, einerseits Sammelbegriff für ein schulisches oder außerschulisches institutionalisiertes oder freies, intentionales oder funktionales, aktives oder passives, verbales oder non-verbales Lernen und interaktionales Einwirken auf den (Mit-)Menschen, um polit. Verhalten, Entscheidungs- und Handlungsfähigkeit, Bereitschaft und Kompetenz, demokratische Spielregeln und Grundwerte, Problembewußtsein und Urteilsfähigkeit, das Denken in Alternativen zu vermitteln; andererseits – wie jede Art von Bildung – etwas Abgeleitetes und daher definitorisch kontrovers. Sie ist ein Sekundäreffekt aus der intentional-systematischen Beschäftigung mit → Politik und → Gesellschaft sowie eine funktionale Resultante aus dem polit.-gesellschaftl. Umfeld.

Neben der Politikwiss. als Bezugswiss. sind alle Sozial- und Humanwiss. beteiligt, die im konkreten Falle oft nur theoretisch voneinander geschieden werden können. Je nach Gegenstand und Problemstellung kommen sie anteilmäßig zur Geltung. Dies hat einen beachtlichen Methodenpluralismus zur Folge. Dessen theoretische und praktische Reichweite hängt von dem zugrundegelegten → Politikbegriff ab, der sich auf einer Skala zwischen einem eng legalistischen, auf die polit. → Institutionen bezogenen (statischen; *polity*) und einem auch die gesellschaftl. Bereiche einschließenden partizipativ-dynamischen Begriff von Politik (*politics*) bewegt und der sich insofern an die Systematik der Politikwiss. anlehnt, aber auch die übrigen Sozialwiss. mit einbezieht.

P. B. geht davon aus, daß jeder Mensch als ein *zoon politikon (Platon, Aristoteles)* in ein Geflecht von sozialen Beziehungen (z. B. Familie, Nachbarschaft, Gemeinde, Kirche, Schule, Betrieb, Vereine, Parteien, Berufsverbände usw.) in Staat und Gesellschaft eingebunden ist. Durch (polit.) Sozialisation und Erziehung, später durch Selbstentscheidung und Eigenaktivitäten wird das Individuum zur Einnahme einer bestimmten Position und Rolle im gesellschaftl. Gefüge veranlaßt.

1. In einer demokratischen Gesellschaft und einem demokratischen Staatswesen ist p. B. auf Inhalte gerichtet, die mit Begriffen wie → Freiheit, Menschenwürde, Mündigkeit, → Partizipation, → Solidarität usw. umschrieben werden können. Dies kann letztlich nur auf methodischem Wege gelingen. Daher stehen im Vordergrund der Methodenaneignung und -anwendung Selbständigkeit und Selbsttätigkeit. Sie werden erwor-

ben und verstärkt durch entdeckendes und forschendes Lernen anhand von problem-, handlungs- und entscheidungsorientierten Methoden wie Fallanalyse, Projekten, Regional-, Politik- und Sozialstudien, Plan-, Simulations- und Rollenspielen usw. sowie den damit verbundenen Sozialformen wie Einzel-, Partner- und Gruppenarbeit.

2. In der p. B. spiegeln sich zeitgemäße Strömungen der allg. Bildungspolitik. Deren Ziel liegt (1) in der nat. Enkulturation und Sozialisation der jungen Menschen, (2) in der Ausbildung von theoretischen und praktischen Fähigkeiten und Fertigkeiten, (3) in der Vorbereitung auf eine berufliche Laufbahn und gesellschaftl. Position, (4) in der Einübung von → Methoden und Verhaltensweisen sozialen Lernens und Lebens (z. B. Loyalität und Kritik, Anpassung und Widerstand, Individualität und Solidarität, Einzel- und Gruppenexistenz usw.). Die sich in dialektischen Begriffspaaren wie Freiheit und Gleichheit, priv. und öff. Tugenden, Akzeptanz und Distanz ausdrückenden normativen, von der jeweiligen Gesellschaft vorgegebenen Erziehungsziele beruhen auf polit.-ideologischen Vorentscheidungen. Sie drücken den Willen der tonangebenden Schicht(en) darüber aus, welche Werthaltungen, Informationen, Themen usw. der nachwachsenden Generation weitergegeben werden sollen. Eine gewisse Vereinheitlichung wird im kulturföderalen Bildungssystem Deutschlands durch die Ständige Konferenz der Kultusminister der Länder (KMK; seit 1949), die Bund-Länder-Kommission für Bildungsplanung und Forschungsförderung, den Wissenschaftsrat und den Bildungsrat sichergestellt. Bildung soll dazu beitragen, daß das Bildungssystem seine Qualifikations-, Allokations- und Sozialfunktion mit optimalem Nutzen und zu den geringsten Kosten unter den sich ständig verändernden Bedingungen effizient zu erfüllen vermag (marktgesteuertes Bildungssystem). Daneben steht das Modell zweckfreier Bildung. Konkret geht es um die formale Struktur (Aufbau, Gliederung, Dauer, Prüfungen, Abschlüsse, Berechtigungen) des Bildungswesens (Schule, Hochschule, Erwachsenenbildung, Fort- und Weiterbildung in staatl. und priv./freier Trägerschaft) sowie um seine materialen Inhalte (Curricula, Fächerkanon, Anforderungsprofile). Die Bildungsökonomie leistet dabei einen Beitrag zur Rationalisierung und Planung in der Bildung. Ihr geht es (1) um theoretische und empirische Forschungen über die wirtschaftl.-finanziellen, demographischen, gesellschaftl. Aspekte von Bildung und Ausbildung. Sie befaßt sich (2) unter Anwendung der Methoden und Erkenntnisse vornehmlich der Wirtschafts- und Sozialwiss. mit den einzel- und gesamtwirtschaftl. Voraussetzungen und der Rentabilität von Bildungsvorgängen ebenso wie mit den bildungsmäßigen Bedingungen wirtschaftl. Vorgänge. Forschungsschwerpunkte bilden Teilbereiche, die das Verhältnis (a) von Bildung und Wirtschaft (Bildung als Investition: Humankapitalkonzept), (b) von Bildungsaufwand und gesamtwirtschaftl. Wachstum (Kosten, Erträge und Verzinsung des eingesetzten Bildungskapitals) und (c) von finanziellem Aufwand und Effizienz der Bildungseinrichtungen (Wirtschaftlichkeit) analysieren. Bei der Bildungsplanung wird das klassische Verfahren des *social demand approach*, des *individual* oder *cultural demand approach* (Ermittlung der gesellschaftl. bestimmten Nachfrage nach Bildungsplätzen) und des *manpower approach* (Ermittlung des wirtschaftl. bestimmten Bedarfs an qualifizierten Absolventen des Bildungssystems) angewandt. Diese Verfahren werden durch den modernen Ansatz, der Bildung als Konsumgut faßt, ergänzt. Mit Hilfe ökon. Mikro- und Makroanalysen wird die Binnenstruktur des Bildungswesens untersucht.

3. Die Inhalte der p. B. hängen davon ab, welche der drei metatheoretischen Positionen – (1) normativ-ontologische, (2) empirisch-analytische, (3) dialektisch-kritische – man als Ausgangspunkt wählt. Sie führen zu einer Praxis P. B., die sich formal wie material orientiert (1) an einem konservativen, *status-quo*-bezogenen, obrigkeitlichen und staatszentrierten, (2) pragmatischen (systemtheoretischen; *Parsons, Luhmann), (3)* liberal-demokratischen, offenen, alle öff. Bereiche einbeziehenden (kritisch-analytischen; *Popper*) oder (4) an einem sozialistischen, systemverändernden, an sozialer Egalität interessierten (*Horkheimer, Adorno,*

Habermas) Gesellschaftsmodell. Alle Positionen lassen sich durch das Grundgesetz der BRD legitimieren. In der Praxis treten sie oft als (methodische) Mischformen auf, z. B. ist eine dialektisch kritische (Gesellschafts-) Analyse zugleich auf empirische wie hermeneutische Verfahren angewiesen, ebenso wie ein normativer Ansatz nicht ohne epistemologische und erfahrungsbezogene Anteile auskommt. Aus der Methodenanwendung sind je unterschiedliche Folgerungen zu ziehen.

4. Da p. B. keine bloß theoretische Veranstaltung darstellt, sondern innerhalb der → Zeit verläuft, deren konkrete Bedingungen sie erläutern, erkennen und/oder verändern will, korrelieren ihre Schwerpunkte, Perspektiven, Intentionen usw. mit dem «Zeitgeist» der konkreten Politik. Dies geschieht – je nach wissenschaftstheoretischer Position und angewandter Methodologie – entw. affirmativ-evolutionär zum Zwecke der Systemstabilisierung oder revolutionär-progressiv mit dem Ziel einer Systemvariation oder -transformation. Jeder Ansatz stellt in seiner Konsequenz für sich eine kritische Auseinandersetzung mit der gesellschaftl. und staatl. Umwelt dar. Infolge des polit. Wert-Aprioris p. B. wollen Forschungsmethoden Situationen und Probleme kritisch darauf befragen, inwieweit sie zu einer → Analyse der Wirklichkeit, ihrer Bewahrung oder Veränderung beitragen. Ihr gemeinsames (abgeleitetes) Ziel besteht deshalb in der polit. Urteils-, Willens- und Bewußtseinsbildung sowie in der Motivierung zur Handlungsbereitschaft, d. h. im kritischen Prüfen, Analysieren, Urteilen und Handeln aus Gründen. Keiner der Ansätze hat für sich genommen indes einen zureichenden Begriff von Praxis. → Hermeneutische Theorien bleiben auf der Ebene der Theorie, empiristische Theorien restringieren die Praxis methodologisch auf → Sozialtechnologie. Dagegen will die moderne → Aktionsforschung Forschen, Lernen und Handeln zusammenbringen, d. h. sie zielt auf gesellschaftl. Praxis. Angemessen dürfte ein Verfahren mittlerer Reichweite sein, das das Theorie-Praxis-Problem in seinen korrelativen Bezügen aufgreift. Dazu sind nötig: Kenntnisse (unterschieden als polit. Kern-, Grund- und Orientierungswissen), Strukturierungskategorien, Einsichten, Urteilsvermögen, Sinn für die Rangordnung der Werte, das Vor- und Mitdenken von (alternativen) Entscheidungen, die Berücksichtigung der Interessenperspektiven, die Orientierung am → Gemeinwohl, Grundüberzeugungen und eine realistische Einstellung gegen über den Formen von (konfliktorischer) Macht und Herrschaft.

5. P. B. ist inhaltlich und konzeptionell vielfältig. Sie wendet sich in D an den mündigen Bürger, der (in Verfolgung der Freiheitsgarantien der → Aufklärung, der Französischen Revolution und des Grundgesetzes der BRD) in positiv-kritischer Weise am demokratischen Aufbau von Staat und Gesellschaft teilnimmt, dabei seine Bedürfnisse und Interessen verfolgt, Konflikten nicht ausweicht, Mitbestimmungsmöglichkeiten wahrnimmt, sich gegen überflüssige, dysfunktionale Abhängigkeiten wehrt. Es geht weder um blinden → Dezisionismus (statt → Ideologiekritik) noch um einseitigen Aktionismus. Inwieweit p. B. gelingt, hängt von dem an sie gestellten Maßstab sowie von den Verhältnissen im Lande ab. Desiderata der Forschung zur p. B. liegen (1) in der verstärkt erforderlichen Anwendung (empirischer) sozialwiss. Methoden zur Erhellung der gesellschaftl. Realität, (2) im Entwurf von Strategien zur (mittelfristigen) Beseitigung öff. Defizite (z. B. radikale Tendenzen, Übermacht von Parteien und Verbänden, wirtschaftl. Ungleichgewichte in den Regionen usw.), (3) in Untersuchungen zu Einstellungen in und Verhaltensweisen von Personen gegenüber sozialen Problemen, (4) in der Überprüfung der wissenschaftstheoretischen Konzeptionen, einschließlich des Politikbegriffs (durch Rezeption der angelsächsischen Forschung) und des «interpretativen → Paradigmas», sowie (5) in Überlegungen zur Weiterentwicklung der Konzepte intentionaler P. B. anhand des beständigen Wandels in Staat und Gesellschaft (Paradigmaerweiterung bzw. -veränderung).

→ Metatheorien; Politische Kultur/Kulturforschung; Politische Sozialisation.

Lit.: *Anweiler*, O. (Hrsg.) 1992: Bildungspolitik in Deutschland 1945–1990, Opl. *Bun-*

deszentrale für politische Bildung (Hrsg.) 1990: Zur Theorie und Praxis der politischen Bildung, Bonn. *Deutscher Bundestag, Enquete-Kommission* (Hrsg.) 1990: Zukünftige Bildungspolitik. Bildung 2000, Bonn. *Eckhardt, W.* 1978: Bildungsökonomie, Bad Homburg. *Kuhn, H.- W./Massing, P.* (Hrsg.) [2]1993: Politische Bildung in Deutschland. Entwicklung – Stand – Perspektiven, Opl. *Rothe, K.* (Hrsg.) 1989: Unterricht und Didaktik der politischen Bildung in der Bundesrepublik, Opl. *Sander, W.* (Hrsg.) 1992: Konzepte der Politischen Didaktik, Hannover.

Wolfgang W. Mickel

Politische Dezentralisierung → Dezentralisierung

Politische Elite/Politische Klasse, Begriffe, die überwiegend synonym verwendet werden, wobei der Terminus der p. K. dem der p. E. in den 1990er Jahren den Rang abgelaufen hat. Mit p. E. verbindet sich nach wie vor stärker die elitentheoretische Diskussion. P. K. ist die zusammenfassende Bezeichnung für alle unmittelbar an der Staatsleitung beteiligten Personen und Gruppen, unabhängig davon, ob sie sich bei einzelnen Entscheidungen jeweils durchsetzen oder nicht.

Zur p. K. gehören damit auch Oppositionspolitiker, zudem Kabinettsmitglieder, Spitzenbeamte der Ministerialbürokratie, Abgeordnete, Mitglieder der zentralen Parteivorstände, Leiter der zentralen öff. Anstalten und Unternehmen etc. Während am Prozeß → Politischer Willensbildung sehr viele Individuen oder Gruppen teilnehmen, ist der Bereich staatl. Entscheidungen die typische Arena der polit. Klasse. Zu dieser Besonderheit ihrer polit. Funktion kommen bestimmte strukturelle Merkmale hinzu, die es erlauben, von einer gesellschaftl. → Klasse zu sprechen. So besitzen die Mitglieder der p. K. zumeist ein spezifisch polit. Kapital, erlangt durch längere polit. Karrieren, über das andere Berufe nicht verfügen; ferner ein spezielles Wissen über polit. relevante Organisationen und einflußreiche Personen; die Kenntnis vergangener und aktueller Problemlagen und der für ihre Behandlung wichtigen machtpolit. Durchsetzungschancen; sowie – im → Interventionsstaat bes. wichtig – die Vertrautheit mit öff. Finanzen und Subventionsquellen.

1. (1) Beide Begriffe tauchten in der Geschichte der sozialwiss. Theorie etwa zur gleichen Zeit, nämlich am Ende des 19. und zu Beginn des 20. Jh. auf. Sie dienten einerseits dem Versuch, in einer Epoche krisenhafter Umwälzungen – von der agrarisch-feudalen zur Industriegesellschaft, von der monarchischen zur parlamentarisch-demokratischen Herrschaftsordnung – die sich neu herausbildenden soziopolit. Machtverhältnisse begrifflich zu fassen. Andererseits sollte dem seinerzeit vorherrschenden → Evolutionismus *(Karl Marx, Herbert Spencer)* ein neues, realistischeres → Paradigma in Form einer zyklischen Theorie entgegengestellt werden. So betonte *V. Pareto* (1916), daß sich zu allen Zeiten und in jedem Zweig menschlicher Tätigkeiten eine «Elite» der Erfolgreichen herausbilde, wobei jeweils die Zusammenhänge zwischen Leistung, Reichtum und Macht zum Problem wurden. Im Bereich der politikwiss. Theorie hob als erster *G. Mosca* (1896) hervor, daß in allen Gesellschaften, unabhängig von ihrer staatl. Verfassung, immer wieder eine «polit. Klasse» *(classe dirigente)* entstehe; sie besetze alle Einflußpositionen, monopolisiere die → Macht, verliere aber jeweils an Einfluß, wenn sich neue Bedürfnisse der Staatsführung ergeben und neue Kräfte aufsteigen, die sich dann allerdings ihrerseits wieder zu einer polit. Führungsklasse verfestigen. Die Bedeutung des Begriffs der p. K. liege darin, «daß deren wechselnde Zusammensetzung über die polit. Struktur und den Kulturstand eines Volkes entscheidet» (*Mosca* 1950: 54).

(2) Den beiden ital. Klassikern der Elitentheorie ging es dabei vornehmlich darum, Macht nicht lediglich anhand der (verfassungs-)rechtlichen Kompetenzverteilungen, des jeweiligen Institutionengefüges oder der sozioökon. Klassenverhältnisse zu analysieren, sondern die Struktur, die Werthaltungen und das Handeln führender (individueller

und kollektiver) Akteure im Hinblick auf die Stabilität und Leistungsfähigkeit sozialer Systeme ins Zentrum sozialwiss. Theorie zu rücken. Allerdings setzte sich in einer zweiten Phase der Theorieentwicklung zunächst der Begriff der → Elite als generelles Konzept durch. Über mehrere Jahrzehnte hinweg wurde er zum Stimulus für eine Vielzahl politikwiss.-soziologischer Elitenuntersuchungen (*Putnam* 1976; *Herzog* 1982). Er geriet aber immer wieder auch in den Strudel ideologischer Auseinandersetzungen, insofern die Existenz von Eliten von vornherein als unvereinbar angesehen wurde mit den Postulaten einer egalitär und plebiszitär verstandenen → Demokratie (*Bottomore* 1969).

(3) Bes. einflußreich wurden die Untersuchungen von *Robert Michels* (1911), der anhand einer vergleichenden Analyse westeurop. Arbeiterorganisationen zu dem Ergebnis gelangte, daß sich in allen Großorganisationen, auch in solchen mit freiwilliger Mitgliedschaft und allg. Beteiligungsrechten, zwangsläufig eine → Oligarchie, d. h. die sich perpetuierende Herrschaft einer kleinen Führungsgruppe herausbilde. Das «Gesetz der Oligarchie» beruht danach nicht in erster Linie auf dem Machtstreben einzelner; sondern es ergibt sich aus den Funktionsbedingungen aller größeren Sozialverbände, der kontinuierlichen Organisierung und Mobilisierung der Mitglieder durch eine kleine, aufgabenspezialisierte Führungsgruppe, die sich dann allerdings gegenüber der Masse der Mitglieder immer wieder abzukapseln beginnt, sich bürokratisiert und tendenziell immobil wird.

Die Oligarchie-These hat sich in zahlreichen Untersuchungen über → Parteien, → Gewerkschaften und andere Großverbände als fruchtbar erwiesen. Sie hat aber auch alternative Theorien auf den Plan gerufen, unter ihnen Ansätze wie v. a. die der *«Stratarchie»* (*Eldersveld* 1964). Danach muß man innerhalb aller größeren Organisationen von der Existenz unterschiedlicher, auch gegensätzlicher Gruppierungen ausgehen, deren Repräsentanten ihrerseits in die Führungsgruppe drängen. Ihre Wahl oder → Kooptation mache die Führungselite zu einem Repräsentationsorgan innerorganisatorischer Interessengegensätze. Dies – und nicht die Existenz einer oligarchischen Leitung – sei für die Integration des Verbandes funktional unabdingbar; wobei allerdings immer die Möglichkeit besteht, daß sich die im Führungsbereich personell repräsentierten Interessengegensätze als Entscheidungsblockaden auswirken. In ähnlicher Weise wurde *Michels'* Oligarchie-Theorie durch die Entdeckung der «mittleren Führungsschicht» relativiert (*Marvick* 1968; *Reif* 1978). Diese Funktionärsschicht, die v. a. in den großen Parteien anzutreffen ist, ist nicht lediglich Sprachrohr der Mitgliederinteressen, auch nicht nur Führungsreservoir, sondern sie kann, aufgrund ihrer Unentbehrlichkeit, in der organisationsinternen Machtstratifikation einen beträchtlichen Einfluß und eine relative Autonomie zwischen Mitgliederschaft und Führungsspitze gewinnen. Damit zeigt sich, daß das dichotome Machtmodell, Elite – Masse oder Elite – Volk, das den Vorstellungen der Klassiker zugrunde lag und von dem auch noch die neueren basisdemokratischen Elite-Kritiker ausgehen, häufig unrealistisch ist, jedenfalls nicht zur Grundlage einer allg. Elitentheorie gemacht werden kann.

(4) In ähnlicher Weise wie *Michels'* organisationssoziolog. Oligarchie-Theorie wirkte sich – nun in bezug auf → Politische Systeme insgesamt – die Theorie der «Machtelite» von *C. Wright Mills* (1962) bahnbrechend auf die weitere Forschungsentwicklung aus. Sieht man von bestimmten demokratiekritischen Überzeichnungen der US-amerikan. Wirklichkeit jener Zeit ab und läßt man auch die noch rudimentären Forschungsmethoden von *Mills* außer Betracht (vgl. *Domhoff/Ballard* 1968), so wurde doch *Mills'* theoretische Konzeptualisierung der → Machtelite auch für Untersuchungen anderer moderner polit. Systeme, demokratischer wie totalitärer Art, fruchtbar. Denn nun wurden die modernen bürokratischen Institutionenkomplexe (bei *Mills:* der staatl. Verwaltungsapparat, die Großunternehmen und der Militärapparat), von denen die Klassiker noch nichts wissen konnten, zum Kern der Elitentheorie. Es sind diese hierarchischen Großorganisationen, die ihren jeweiligen Führungsspitzen als Machtbasis

dienen, wobei dann die Interessenkoordination zwischen ihnen (zusätzlich zu intensiven Inter-Eliten-Kooperationen) eine spezifische, alle anderen polit. Gruppierungen überragende Machtkonzentration bedingen kann.

(5) Spätere, nunmehr zeit- oder systemvergleichend angelegte Eliten-Untersuchungen haben v. a. die Kontextbedingungen als Erklärungsfaktoren für unterschiedliche Elitenstrukturen betont. Sie können unter bestimmten historisch-sozialen Bedingungen zur Herausbildung einer oligarchischen Machtelite führen, aber auch zum Elitenpluralismus, von dem man in demokratisch-repräsentativen Systemen gewöhnlich ausgehen muß. Zwar können bestimmte Elitenkoalitionen zu spezifischen Machtkonzentrationen führen, jedoch können umgekehrt auch die Gegensätze zwischen den verschiedenen soziopolit. Führungsgruppen so virulent sein, daß dadurch, wie z. B. in der Weimarer Republik, das polit. System paralysiert oder sogar ruiniert wird (*Dahrendorf* 1965). Welche Bedingungen im einzelnen eher zur Herausbildung einer oligarchischen Machtelite bzw. eher zugunsten einer pluralen, gesellschaftl. Interessengegensätze öff. machenden Elitenformation beitragen, ist in der modernen Elitentheorie noch nicht hinreichend geklärt. Wichtig für die Theorie des Elitenpluralismus ist die Erkenntnis, daß neben anderen Bedingungen, wie z. B. der Verfassungsordnung oder der → Politischen Kultur, die Art der Inter-Eliten-Beziehungen als wesentliche Bedingung für Stabilität und → Legitimität polit. Systeme angesehen werden muß (*Field/Higley* 1983; *Burton/Higley* 1987; *Keller* 1963; *Hoffmann-Lange* 1992). In konfessionell-ethnisch segmentierten Gesellschaften (z. B. Niederlande, Kanada) gilt die Inter-Eliten-Kooperation sogar als wichtigste Bestandsbedingung (*Lijphart* 1968; *Presthus* 1974).

(6) Neue Perspektiven für die Elitentheorie und -forschung haben sich angesichts der demokratischen Umwälzungen in der ehem. DDR und in Osteuropa ergeben. Schon in den Untersuchungen über das Entstehen totalitärer → Diktaturen wurde auf die bes. Rolle der verschiedenen soziopolit. Führungsgruppen aufmerksam gemacht, insbes. anhand des Konzepts der → Gegenelite (*Lasswell/Lerner* 1965). Auch für das Verständnis der demokratischen Revolutionen der Gegenwart ist die Analyse der Inter-Elitenkonflikte und des Elitenwandels unabdingbar (*O'Donnell* 1986; *Kraus* 1990; *Derlien/Szablowski* 1993; *Herzog* 1993). Jedoch steht die elitentheoretische Fundierung diesbezüglicher Transitionstheorien zur Zeit noch aus (→ Systemwechsel).

2. Bemerkenswert für die jüngste Theorieentwicklung ist die Wiederentdeckung des Begriffs der p. K. (*Klingemann* u. a. 1991; *Leif* u. a. 1992), und zwar von zwei Seiten her. (1) Von seiten der Parteienforschung wird auf die Entideologisierung der etablierten → Volksparteien, die Angleichung ihrer Organisationsformen und Rekrutierungsmuster, ihr Streben nach hinreichender Autonomie im intensiver werdenden polit. Willensbildungsprozeß sowie auf ihr gemeinsames Interesse an der Sicherung staatl. Subsistenzmittel hingewiesen. Dies bewirkt eine gewisse Interessengemeinschaft und Kooperation zwischen den Führungsgruppen der ansonsten gegnerischen Parteien. Dadurch besteht zumindest die Tendenz der «Klassen»-Bildung zwischen den polit. *professionals* (*von Beyme* 1995).

(2) Die neuere politikwiss. Staats- und Steuerungstheorie (*Ellwein, Scharpf, Deutsch, Etzioni* u. a.) führt zu der Schlußfolgerung, diejenigen Akteure, die im Parlament, in der Regierung und in der Ministerialbürokratie regelmäßig an den autoritativen Entscheidungen des Staates beteiligt sind, als Handlungskollektiv, und in diesem Sinne als p. K., systematisch zu betrachten (*Burdeau* 1975). Angesichts zunehmenden staatl. Interventions- und Steuerungsbedarfs ist es diese Entscheidungs- und Steuerungsfunktion, die die so definierte p. K. aus der Gesamtheit der an der polit. Willensbildung beteiligten soziopolit. Eliten heraushebt, ihnen also eine gesonderte Rolle und eine gemeinsame Verantwortung zukommen läßt (*Herzog* 1992). Zwar stehen die einzelnen Teile der p. K. untereinander im Wettbewerb um Wählerstimmen oder öff. Wertschätzung – Partei vs. Partei, Regierungsmehrheit vs. Opposition, Parlament vs. Regierung, Ministerium vs. Ministerium usw. In der modernen Welt werden die nat. und internat. Probleme je-

doch zunehmend komplexer und langfristiger, so daß deren Lösung alle Teile der p. K. vor dieselben Aufgaben der Problemerkennung und Problemlösung stellt. Darüber hinaus kommt ihnen in einer konfliktreicher werdenden Gesellschaft die Aufgabe zu, unterschiedliche, meist gegensätzliche Interessen nicht lediglich zu repräsentieren, sondern sie so weit wie möglich auszugleichen, um den friedlichen Zusammenhalt der Gesellschaft zu gewährleisten. Unter diesen Gesichtspunkten wird die Qualität der p. K., werden ihre polit.-professionelle Kompetenz, ihre demokratische Responsivität, aber auch ihre interne Kooperationsbereitschaft und ihre Fähigkeit zur Interessen-*Konversion* zu ausschlaggebenden Faktoren für die Effizienz und Legitimität der sozialstaatl. Demokratien der Gegenwart.

Lit.: *Beyme, K. von* ²1995: Die politische Klasse im Parteienstaat, Ffm. *Bottomore, T.* 1969: Elite und Gesellschaft, Mchn. *Burdeau, G.* 1975: Die politische Klasse, in: *Röhrich, W.* (Hrsg.): Demokratische Elitenherrschaft, Darm., 251–266. *Burton, M./Higley, J.* 1987: Elite Settlements, in: APSR 52, 295–307. *Dahrendorf, R.* 1965: Gesellschaft und Demokratie in Deutschland, Mchn. *Derlien, H.-U./Szablowski, G. J.* (Hrsg.) 1993: Regime Transitions, Elites, and Bureaucracies in Eastern Europe, in: Governance 6,3 (Special Issue). *Domhoff, G. W./Ballard, H. B.* (Hrsg.) 1968: C. Wright Mills and the Power Elite, Boston. *Eldersveld, S. J.* 1964: Political Parties, Chic. *Field, G. L./Higley, J.* 1983: Eliten und Liberalismus, Opl. *Herzog, D.* 1982: Politische Führungsgruppen, Opl. *Herzog, D.* 1992: Zur Funktion der politischen Klasse in der sozialstaatlichen Demokratie der Gegenwart, in: *Leif, T.* u. a. (Hrsg.): Die politische Klasse in Deutschland, Bonn/Bln., 126–149. *Hoffmann-Lange, U.* 1992: Eliten, Macht und Konflikt in der Bundesrepublik, Opl. *Keller, S.* 1963: Beyond the Ruling Class, NY. *Klingemann, H.-D.* u. a. (Hrsg.) 1991: Politische Klasse und politische Institutionen, Opl. *Kraus, P. A.* 1990: Elemente einer Theorie postautoritärer Demokratisierungsprozesse im südeuropäischen Kontext, in: PVS 31, 191- 213. *Lasswell, H. D./Lerner, D.* (Hrsg.) 1965: World Revolutionary Elites, Camb./Mass. *Leif, T.* u. a. (Hrsg.) 1992: Die politische Klasse in Deutschland, Bonn/Bln. *Lijphart, A.* 1968: The Politics of Accommodation, Berkeley. *Linz, J. J.* 1978: Crisis, Breakdown, and Reequalibration, in: *ders./Stepan, A.* (Hrsg.): The Breakdown of Democratic Regimes, Baltimore, 1–124. *Marvick, D.* 1968: The Middlemen of Politics, in: *Crotty, W. I.* (Hrsg.): Approaches to the Study of Party Organization, Boston, 341–347. *Michels, R.* ³1970: Zur Soziologie des Parteiwesens in der modernen Demokratie, Stg. (zuerst 1911, Zitat nach ²1925). *Mills, C. W.* 1962: Die amerikanische Elite, Hamb. (engl. 1956). *Mosca, G.* 1950: Die herrschende Klasse, Mchn. (ital. 1896). *O'-Donnell, G.* u. a. (Hrsg.) 1986: Transitions from Authoritarian Rule, 1986. *Pareto, V.* 1955: Allgemeine Soziologie, Tüb. (ital. 1916). *Presthus, R. P.* 1974: Elites in the Policy Process, Camb./Mass. *Putnam, R.* 1976: The Comparative Study of Political Elites, Englewood Cliffs. *Rebenstorf, H.* 1995: Die polit. Klasse, Ffm. u. a. *Reif, K.* (Hrsg.) 1978: Die mittlere Führungsschicht politischer Parteien in der Bundesrepublik Deutschland, Mhm. *Shils, E.* 1982: The Political Class in the Age of Mass Society, in: *Czudnowski, M.* (Hrsg.): Does Who Governs Matter?, DeKalb, Ill., 13–32.

Dietrich Herzog

Politische Entscheidung, Prozeß der Auswahl einer Handlung aus mehreren sich ausschließenden polit. Alternativen (→ *Choice*). Das Ergebnis ist der Entscheid, aus dem allerdings nicht notwendig eine bestimmte Handlung folgt (→ *Non-decisions*), z. B. bei Wahlen durch Stimmabgabe für eine der kandidierenden Parteien, durch ungültige Stimmabgabe oder durch bewußte Nichtwahl.

Bei p. E. geht es um die verbindliche Allokation von begehrten materiellen und immateriellen → Gütern für die Gesamtgesellschaft, wobei die Entscheidungsregeln variieren können. Zu unterscheiden sind: (a) vertikalhierarisches von konsens-abhängigem Entscheiden; (b) Einstimmigkeit von Mehrheitsentscheid (mit unterschiedlichen, qualifizierten, 3/4-, 2/3-, absoluter, relativer Mehrheit), (c) Proporz (bzw. minderheitsschützende Quoren, Sperrminoritäten) von Majorz/Mehrheit (→ Wahlsystem), (d) ein- von mehrstufigen Entscheidungsprozessen. Die Entscheidungsfindung ist dabei aus verschiedenen Gründen beschränkt: Entscheidungskosten, Informationsdefizite, Ungewißheit, Zeitdruck usw. führen dazu, daß immer nur begrenzt rationale Entscheidungen möglich sind (→ *Bounded rationality*).

→ Entscheidungstheorie.

Rainer-Olaf Schultze

Politische Ethik, formuliert und begründet moralische Normen, die eine praktische Orientierung für polit. Handeln sowie legitimierende Bedingungen für polit. → Institutionen liefern.

Im Verhältnis von Politik und Moral haben sich ideengeschichtlich zwei extreme Modelle herausgebildet: Die moralische Politik gehorcht der Bedingung: «Die wahre Politik kann also keinen Schritt tun, ohne vorher der Moral gehuldigt zu haben» (*Kant*: Zum ewigen Frieden, Anhang I) und ist Gegenstand der → Politischen Utopie, in welcher der gute Mensch, der gute Bürger und der gute Staat moralisch – und nicht nur unter äußeren Legalitätskriterien – zusammenstimmen. Das Gegenbild zeichnet die Politik als Spiel der un- bzw. amoralischen → Macht, das selbst moralische Normen für den Machterwerb und -erhalt instrumentalisiert. Während die strikte Trennung zwischen Politik und Moral die Frage einer p. E. gar nicht aufkommen läßt und die rein moralische Politik eine p. E. von maximaler Reichweite, doch ohne Politik – sofern das Politische mit dem interessengeleiteten Handeln realer Menschen zu tun hat – formuliert, entfaltet sich p. E. erst in der wechselseitigen spannungsvollen Bezogenheit von Moral und Politik. Zwei traditionelle Modelle sind auch heute von Bedeutung: Das erste («kantianische») Modell trennt prinzipiell zwischen moralischen Normen und der Faktizität des Handelns und faßt erstere als «regulative Prinzipien» (*Kant*) für letzteres. Materialiter bilden die Menschenrechtsnormen und das Menschenwürdeprinzip solche Prinzipien. In unterschiedlichem Maße juristisch positiviert, leiten sie polit. Handeln und polit. Institutionen, ohne selbst polit. begründet zu sein (ihre Begründung erfolgt naturrechtlich, theologisch oder metaphysisch). Das zweite («aristotelische») Modell begreift Politik moralisch-normativ, gewinnt jedoch die Normen hermeneutisch aus der Selbstinterpretation kultureller → Lebenswelten und ihrem konkreten Handlungszusammenhang. *Aristoteles*' These von der polit. Natur des Menschen und seine Auffassung von Ethik als Ethos, d. h. habitualisiertes Eingewöhnen in geltende und praktizierte Normen mittels Erziehung und Bildung, stehen dafür paradigmatisch. Der konkrete Erfahrungskontext einer solchen Ethik wurde mit unterschiedlichen Substraten verbunden: mit der → Polis (*Aristoteles*), → Nationalstaaten (*Hegel*) oder → Klassen (bei *Marx* und im → Marxismus), in den kommunitaristischen Strömungen der Gegenwart im Rückgriff auf die zivilgesellschaftl. US-amerikan. Tradition. Die heutige → Globalisierung und kulturelle Differenzierung stellen die p. E. vor neue Herausforderungen. Einerseits bedürfen die weltweiten sozialen, polit., ökolog. Probleme einer universalen → Verantwortungsethik, die auch künftige Generationen einschließt. Andererseits ist es fraglich, inwieweit der → Universalismus moralischer Normen, insbes. der → Menschenrechte, mit seinen geschichtl. und philosophischen Voraussetzungen interkulturell übertragbar ist. Ob eine pragmatische Rekonstruktion der p. E., wie sie von *J. Rawls* und *R. Rorty* mit Blick auf die Menschenrechte vorgeschlagen wird, zu mehr führt als zu einer neuen Konsensbildung in westlichen Gesellschaften, bleibt abzuwarten.

→ Ethik und Politik; Kommunitarismus; Normative Theorien; Vertragstheorien; Zivilgesellschaft.

Lit.: *Freund, L.* 1955: Politik und Ethik, Ffm. u. a. *Höffe, O.* 1979: Politik und Ethik,

Ffm. *Hösle, V.* 1997: Moral und Politik, Mchn. *Reding, M.* 1982: Polit. Ethik. Eine Einführung, Freib. *Shute, St./Hurley, S.* (Hrsg.) 1996: Die Idee der Menschenrechte, Ffm. (engl. 1993). *Strohm, Th./Wendland, H.-D.* (Hrsg.) 1969: Politik und Ethik, Darmst.

Ulrich Weiß

Politische Generation, jene Mitglieder einer Alterskohorte, die gleichgerichtete Erfahrungen gemeinsamer sozialer Lebensumstände gemacht und daraus übereinstimmende polit. Überzeugungen und Wertvorstellungen entwickelt haben.

Die generationsspezifischen Erfahrungen insbes. in der Prägephase des Individuums und die jeweils gleichen Lebensbedingungen schaffen Grundmuster polit. Orientierung, die relativ stabil, wenn auch nicht unveränderbar sind und spätere Einstellungen und ggf. auch Handlungen mitbestimmen. → Politische Sozialisation ist es also, die aus Mitgliedern von Alterskohorten P. G. werden läßt. Die aus der Zugehörigkeit zu einer P. G. erwachsenden Orientierungen und Verhalten werden ergänzt, überlagert und verändert durch sozialstrukturelle Merkmale (z. B. Schicht, Konfession).

→ Generation; Kohorte; Persistenzthese.
Lit.: → Generation.

Suzanne S. Schüttemeyer

Politische Geographie, befaßt sich erstens mit den durch das Handeln von Staat, supranat. polit. Organisationen, regionalen oder transnat. polit. Entscheidungsträgern geschaffenen physisch oder strukturell faßbaren, erdoberflächlichen Verbreitungs- und Verknüpfungsmustern in den Bereichen Wirtschaft, Gesellschaft, Politik, Verkehr, Siedlung und Infrastruktur. Sie untersucht zweitens die sie verursachenden Prozesse, analysiert die zugrundeliegenden steuernden Kräfte, Träger und Motive und versucht, die Steuerungskräfte aus ihrem handlungs-, entscheidungs- und/oder gesellschaftstheoretischen (ideologischen) Kontext heraus zu erklären. In diesem Sinne folgt die p. G. konsequent sozial-geographischer Betrachtungsweise (*Bartels* 1970: 33).

1. Diese sozialgeographisch begründete Auffassung von p. G. unterscheidet sich grundlegend von ihren Vorläufern:
(1) *Positivistischer* Ansatz (um 1900). Der Beginn der p. G. wird gemeinhin auf die Zeit des ausklingenden 19. Jh. gelegt. Als ihr Begründer gilt *F. Ratzel.* Als Biologe dem positivistischen und kausalistischen Denken und Theorieverständnis jener Zeit verhaftet, sah er die Aufgabe der p. G. in der Erforschung der organischen Beziehungen zwischen Staat und Boden (*Ratzel* 1903: IV). Im Unterschied zur Rechtswiss. verstand er Staat als Organismus, «in den ein bestimmter Teil der Erdoberfläche so mit eingeht, daß sich die Eigenschaften des Staates aus denen des Volkes und des Bodens zusammensetzen» (1897: 5). Daher richtet sich das Augenmerk seines geo-deterministischen Erklärungsansatzes auf die Grundelemente Lage, Raum und Grenzen sowie auf Wachstum und Bewegung und damit auf die physischen Grundlagen und ihre Auswirkungen auf das polit. Leben (vgl. *Schöller* 1957).
(2) *Geopolitischer* Ansatz (1920–1945). Auf *Ratzel* aufbauend, erweiterte der schwedische Staatswissenschaftler *R. Kjellén* (1905, 1917) den juristischen Staatsbegriff um geographische Kategorien und führte damit die geopolit. Betrachtungsweise in die p. G. ein. → Geopolitik, als «die Lehre über den Staat als geographischen Organismus» (*Kjellén* 1917: 46) wird, geo-deterministisch trivial verfremdet, zur praktischen Anwendung geographischer Erkenntnisse in der Politik. Im Dritten Reich entartet sie zur gedanklichen und kartographischen Begründungshilfe *Hitler*scher Rassen- und Großmachtpolitik. Frühe Wegbereiter dieser Entwicklung waren *H. Lautensach* (1928), *O. Maull* (1926), *E. Obst* (1928) und v. a. *K. Haushofer* (1931).
(3) *Neuorientierung* (1945–1965). Belastet

durch die geopolit. Vergangenheit vor 1945 griff die nachkriegsdeutsche Geographie polit.-geographische Themen nur zögernd auf. Einen ersten richtungsweisenden Versuch unternahm Ende der 1950er Jahre *Schöller* (1957:14): «Gewiß wird die Erforschung der physiogeographischen Grundlagen und Bedingungen mit ihren Möglichkeiten und Anreizen im Hinblick auf die Staatenwelt durchaus legitimes und notwendiges Forschungsproblem bleiben», doch das «über Analogie und Vergleich hinausgehende Suchen nach allg. Gesetzmäßigkeiten der räumlichen Bedingtheit des Staatslebens sollte ganz aufgegeben werden. Denn das Milieu des Staates und des polit. Lebens ist ja nicht die Naturlandschaft, sondern die vom Menschen geformte und organisierte Kulturlandschaft». In diesem Sinne sind «die polit. organisierten Räume genetisch, strukturell und funktional zu erforschen, in der Vereinigung ihrer charakteristischen polit.-geographischen Merkmale als Ganzheiten zu erfassen» (*Schöller* 1957: 14, 20).

(4) *Kulturgeographischer* Ansatz. (1960/70er Jahre). Mitte der 1960er Jahre gelingt es, das geopolit. Stigma abzuschütteln. In seiner «Staatengeographie», eine polit. Geographie in neuer Sicht, versucht *M. Schwind* (1970) der p. G. eine zeitgemäße Plattform zu geben: «Die Geographie der Staaten betrachtet das von naturwissenschaftlichen Kausalitäten bestimmte natürliche Milieu als das große Gegenüber des Menschen (...) Was sie untersuchen will, ist die geographische Umwelt als Herausforderung an den Staat und sind die Antworten, die der Staat aus den Erfordernissen der Zeit seiner Landschaft anheimgegeben hat» (*Schwind*, 1970: 415 ff.).

(5) *Sozialgeographischer* Ansatz (seit 1970er Jahre). Im sozialgeographischen Verständnis konsequent, formuliert *K. A. Boesler* (1974: 431): «Polit. Geographie ist aufzufassen als die Lehre von der raumwirksamen Staatstätigkeit und ihren Motivationskreisen. Ihre Objekte sind erdoberflächliche Verbreitungs- und Verknüpfungsmuster im Bereich staatl. Handelns und die polit. Entscheidungsfindungen über Ziele und Instrumente, die sie bedingen». Im Handbuch «Polit. Geographie» fordert *K. A. Boesler* (1983: 34), daß sich p. G. «als empirische Wissenschaft mit den räumlichen Grundlagen und Wirkungen polit. Strukturen und Prozesse» befaßt. Und in Anlehnung an die US-amerikan. p. G. (z. B. *Burnett/Taylor* 1981) fährt er fort: «Es genügt der heutigen polit. Geographie nicht mehr, sich auf die Darstellung und Erklärung räumlicher Verbreitungs- und Verknüpfungsmuster zu begrenzen. Sie geht einen Schritt weiter und fragt nach dem Zustandekommen dieser Prozesse, nach den Entscheidungsfindungen über Ziele und Instrumente» (ebd.: 34).

2. Innerhalb der deutschen p. G. sind nach 1945 methodisch und theoretisch folgende Richtungen zu unterscheiden:

(1) Bei der kulturgeographisch orientierten Staatengeographie (*Schwind* 1970, 1972) stehen drei Fragenkreise im Vordergrund: «die Klärung dessen, was sich als geographische Umwelt des Staates darbietet», die Feststellung, «über welche Kräfte und Organisationen der Staat verfügt, mit denen er Einfluß auf die geographische Umwelt ausüben kann»; die Erforschung, «in welcher Weise sich die vom Staat gegebenen Antworten auf die Herausforderungen der geographischen Umwelt landschaftlich, physiognomisch und funktional ausgewirkt haben» (*Schwind* 1970: 416).

(2) Insbes. aus der sozialgeographisch orientierten Forschung über raumwirksame Staatstätigkeit oder Bedeutung öff. Finanzen für die Regionalentwicklung leitet *Boesler* (1974: 454) systematisch Gegenstand, Aufgabe, Ziel und Methoden einer praxisrelevanten, zeitgemäßen p. G. ab. In dem Maße jedoch wie er ihren Forschungsgegenstand über den Bezugsrahmen «Staat» hinaus erweitert, bezieht er zur Erklärung räumlicher und/oder raumstruktureller Auswirkungen transnat. Verursachungskomplexe (und ihre Träger) mit ein. Damit rücken auch z. B. Weltwirtschaftssysteme, Welthandel, Energie-, Ressourcen-, Kapitaltransfer oder Entwicklungsländer/Unterentwicklung ins Kalkül der p. G. (*Boesler* 1983: 35). Insbes. die seit Beginn der 1970er Jahre verfolgte sozialgeographische Entwicklungsforschung hat in diesem Sinne und unter Einbezug polit-ökon. Entwicklungstheorien das polit.-geographische Forschungsfeld erweitert und bereichert (vgl. *Scholz* 1985).

(3) Mehrung internat. Konflikte, Politisierung der Umwelt, Entgrenzung und Globalisierung haben in jüngster Zeit der p. G. neue Impulse vermittelt. Eine «*kritische Geopolitik*» setzt sich diskursiv mit den polit. Akteuren, d. h. mit raum- und maßstabsbezogenen Wertungsmustern praxisbezogener polit. Argumentation auseinander. «Untersuchungsgegenstand sind (...) die Artikulationsformen territorialer Interessen im militärischen, ökon. und kulturellen Bereich, ihre Transformation zu sogenannten nat. Interessen und die damit einhergehende gesellschaftl. Verbindlichkeit» (*Oßenbrügge/Sandner* 1994: 683). Der u. a. von *Bryant/Bailey* (1997) begründete Ansatz einer → politischen Ökologie befaßt sich mit den polit. relevanten Folgen knapper werdender Ressourcen, mit zwischen- und innerstaatl. Kriegen sowie mit den konfligrierenden Interessen/-gruppen, konkurrierenden transnat. Finanzinstitutionen und Konzernen (*Krings* 2000: 57). Entgrenzung und Globalisierung stellen eine ganz aktuelle Herausforderung nicht einzig für die p. G., sondern für die Geographie an sich dar. Denn nicht nur die Kategorie «Raum» gewinnt an interdisziplinärer Aufmerksamkeit, sondern bisher gültige räumliche (p. g. relevante) Systeme, wie z. B. Standorte, Nationalstaat, Weltmodelle, Norden und Süden oder Zentrum und Peripherie werden obsolet. Sie bedürfen empirischer Neubestimmung und theoretischer Begründung (*Scholz*, 2000: 7f.)

Lit.: *Bartels, D.* (Hrsg.) 1970: Wirtschafts- und Sozialgeographie, Köln. *Boesler, K. A.* 1974: Gedanken zum Konzept der politischen Geographie, in: *Matznetter, J.* (Hrsg.) 1977: 423–459, *Boesler, K. A.* 1983: Politische Geographie, Stg. *Bryant, R. L./Bailey, S.* 1997: Third world political ecology. L. *Burnett, A. D./Taylor, P. J.* (Hrsg.) 1981: Political Studies from Spatial Perspectives, Chichester usw. *Hassinger, H.* 1932: Der Staat als Landschaftsgestalter, in Zschr. f. Geopolitik, 117–122 und 182–187. *Haushofer, K.* 1931: Geopolitik der Pan-Ideen, Bln. *Kjellén, R.* 1905: Geopolitische Betrachtungen über Skandinavien, in: Geogr. Zschr., 11. Jg., 657–671. *Kjellén, R.* 1917: Der Staat als Lebensform, Lpz. *Krings, Th.* 2000: Das politisch-ökologische Analysekonzept in der Umweltforschung, in: Geogr. Rdsch., 52, 11, 56–59. *Lautensach, H.* 1928: Wesen und Methoden der Geopolitik, Bln. *Maull, O.* 1926: Politische Geographie und Geopolitik, in: Geogr. Anzeiger, 245–253. *Obst, E.* 1928: Zur Neugliederung des Deutschen Reiches, in: Zschr f. Geopolitik, 27–40. *Oßenbrügge, J./Sandner, G.* 1994: Zum Status der Politischen Geographie in einer unübersichtlichen Welt, in: Geogr. Rdsch., 46. Jg., 676–684. *Ratzel, F.* 1897: Politische Geographie, Mchn./Lpz. *Ratzel, F.* 1903: Politische Geographie oder die Geographie der Staaten, des Verkehrs und des Krieges, Mchn./Bln. *Schöller, P.* 1957: Wege und Irrwege der Politischen Geographie und Geopolitik, in: Erdkunde, XI, 1–20. *Scholz, F.* (Hrsg.) 1985: Entwicklungsländer, Darmst. *Scholz, F.* 2000: Perspektiven des «Südens» im Zeitalter der Globalisierung, in: Geogr. Zschr., 88,1–20. *Schwind, M.* 1970: Die Aufgaben einer Politischen Geographie in neuer Sicht, in: *Matznetter, J.* (Hrsg.) 1977: 407–422. *Schwind, M.* 1972: Allgemeine Staatengeographie, Bln.

Fred Scholz/Gerhard Gad

Politische Gewalt → Gewalt

Politische Güter → Kollektivgüter

Politische Ideologie, das von der → Empirischen Sozialforschung entwickelte Konzept von p. I. begreift diese als Teilmenge von Überzeugungssystemen (*belief systems*), in denen kognitive und normative Elemente (inhaltliche → *Beliefs*) nach unterschiedlichen Kriterien zu einem Ganzen organisiert werden.

G. Sartori (1969) kombiniert vier Merkmale – offene oder geschlossene Verarbeitung von Umweltinformationen, starke oder schwache affektive Besetzung der kognitiven Überzeugungen – und definiert Ideologie durch geschlossene Elemente mit starker Affektbesetzung und «Pragmatismus» durch schwach affektiv besetzte offene Elemente.

P. E. Converse hingegen bestimmt p. I. als Überzeugungssysteme mit hoher Abstraktion und Interdependenz ihrer Elemente sowie großer Reichweite der Objektbereiche (z. B. das generalisierte → Rechts-Links-Schema). Die Kritik an diesen Konzepten von p. I. zielt auf ihre Nichtkompatibilität, auf Defizite in → Operationalisierung und Applikation, schließlich auf die problematische Abgrenzung gegenüber bloßen Schlagwörtern und Stereotypen. An dieser Stelle ist der neutrale Begriff von p. I. wieder mit dem kritischen Verständnis von Ideologie als einer Form des falschen Bewußtseins konfrontiert.

→ Empirische Sozialforschung; Ideologie/Ideologiekritik.

Lit.: *Converse, P. E.* 1964: The Nature of Belief Systems in Mass Politics, in: *Apter, D.* (Hrsg.): Ideology and Discontent, Glencoe/Ill., 206–261. *Sartori, G.* (1969): Politics, Ideology and Belief Systems, in: APSR 63, 398–411.

Ulrich Weiß

Politische Klasse → Politische Elite/Politische Klasse

Politische Kommunikation → Kommunikation; Medienpolitik

Politische Kontrolle → Parlamentarismus; Präsidentialismus; Accountability

Politische Kultur/Kulturforschung, Bezeichnung für die subjektive Dimension der gesellschaftl. Grundlagen → Politischer Systeme. P. K. bezieht sich auf unterschiedliche polit. Bewußtseinslagen, → Mentalitäten, «typische» bestimmten Gruppen oder ganzen Gesellschaften zugeschriebene Denk- und Verhaltensweisen. Sie umfaßt alle polit. relevanten individuellen Persönlichkeitsmerkmale, latente in Einstellungen und Werten verankerte Prädispositionen zu polit. Handeln, auch in ihren symbolhaften Ausprägungen, und konkretes polit. Verhalten.

Solche Prädispositionen zu polit. Handlungen können als Meinungen (→ *Beliefs*), Einstellungen (→ *Attitudes*) und → Werte (*values*) auf einer zentral-peripheren Achse liegend angesehen werden, wobei Werte die intensivsten und beständigsten und Meinungen die oberflächlichsten Prädispositionen darstellen. Eine weitere analytische Unterscheidung bezieht sich auf unterschiedliche Komponenten einer Einstellung. So kann man gefühlsmäßige (affektive), wissensmäßige (kognitive) und wertende (evaluative) Aspekte unterscheiden.

1. Der analytische Status des Konzepts ist, je nach wissenschaftstheoretischer Ausrichtung der Autoren, umstritten. Von behavioralistisch orientierten Theoretikern wird ihm ein eigenständiger erklärender Stellenwert zugeschrieben (→ Behavioralismus). Im Ggs. hierzu sehen orthodox-marxistische Autoren p. K. als bloß abgeleitetes, von den jeweiligen Produktionsverhältnissen determiniertes «Überbau»-Phänomen an. Neo-marxistische Autoren in der Nachfolge *Gramscis* betrachten allerdings auch jeweils anzutreffende «hegemoniale» Bewußtseinslagen als erklärungsbedürftig (→ Hegemonie). Eine dritte Gruppe von Autoren behandelt p. K. als intervenierende Variable. Hieraus kann sich dann auch wieder eine Rückkopplung auf den objektiven Sachverhalt ergeben.

P. K. erfasst als wesentliche Bestimmungsfaktoren Aspekte individueller → Politischer Sozialisation in Familie, Schule, Gruppen Gleichaltriger, sozialen Vereinigungen, Arbeitsorganisationen usw. Zu diesen individuellen Einflüssen kommt die konkrete ökon. Interessenlage einer Person im arbeitsteiligen Gefüge einer Gesellschaft hinzu. Darüber hinaus wirken auch kollektive Erfahrungen prägend auf p. K. ein. Beispiele hierfür sind starke gesellschaftl. Erschütterungen wie → Revolutionen, → Kriege, schwerwiegende polit. Krisen u. a., die oft noch nach → Generationen einstellungs- und verhaltenswirksam bleiben.

2. Im dt. Sprachraum wurde das Konzept der polit. Kultur zögerlich und teilweise mißverständlich rezipiert. Letzteres hängt mit dem

Abbildung 7: Komponenten der politischen Kultur nach der Differenzierung von Handlungsorientierungen

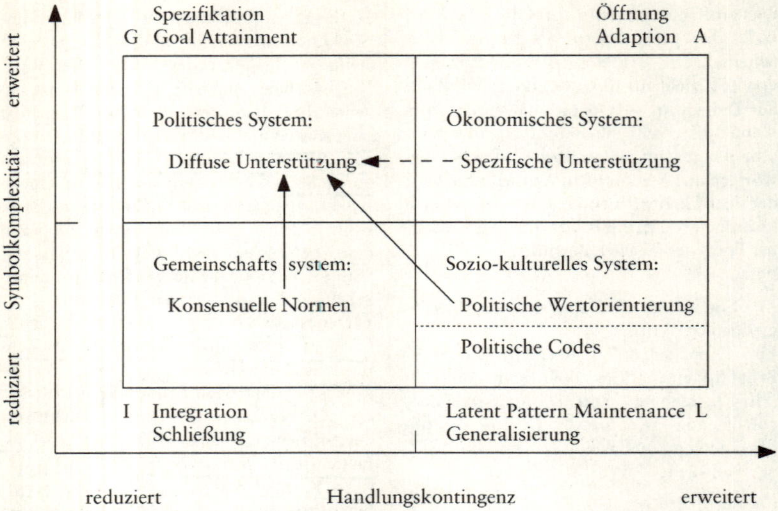

Quelle: Nach Pappi (1988: 283) und Münch (1982: 20).

umgangssprachlich sehr unterschiedlichen Gebrauch der Begriffe zusammen. Während *culture* im Englischen weitgehend deskriptiv gebraucht wird, wird der dt. Kultur-Begriff in der *Humboldt*schen Tradition meist in einem wertbezogenen, auf bestimmte Erscheinungsformen von Hochkultur in Kunst, Wiss. usw. gerichteten Sinne verstanden. Polit. Kultur wurde dann auch schnell als erstrebenswertes Ziel deklariert bzw. ihr Mangel beklagt. Zu dieser Rezeption des Begriffs hat in erheblichem Maße die stark normative Tradition der dt. Politikwiss. unterschiedlicher Ausrichtung beigetragen (vgl. *Berg-Schlosser/Schissler* 1987). Demgegenüber versteht sich der von *Almond* geprägte Begriff der *political culture* als im empirisch-analytischen Sinne wertfreies Konzept. Die Verquickung zweier so unterschiedlich aufgeladener Begriffe wie Politik und → Kultur in einem einheitlichen politikwiss. Terminus, der analytisch leistungsfähig bleiben soll, mag bedauert werden. Da der Begriff aber gegenüber möglichen anderen Formulierungen wie «System polit. relevanter Einstellungen und Werte» griffiger ist und mittlerweile ein gewisses Eigengewicht gewonnen hat, ist er wohl nicht mehr aus der Welt zu schaffen. Um so mehr sollte seine wiss. Verwendung auf die Einhaltung klarer → Definitionen bedacht sein.

3. Eine Möglichkeit, die unterschiedlichen Aspekte polit. Kultur umfassend, aber differenziert zu umreißen, die in letzter Zeit verstärkt Anwendung gefunden hat, besteht in der Zugrundelegung eines allgemeineren Systemmodells im *Parsons*chen Sinne (vgl. *Münch* 1982; *Pappi* 1986). Das urspr. → AGIL-Schema, das als zentrale Bereiche die Subsysteme der sozialen → Gemeinschaft, das sozio-kulturelle, das ökon. und das polit. System unterscheidet, läßt sich polit.- kulturell konkret füllen, es verdeutlicht aber auch die verschiedenen Schwerpunktsetzungen der unterschiedlichen Ansätze und Betrachtungsweisen. Einen ersten Überblick vermittelt Abbildung 7.

(1) Das Gemeinschaftssystem steckt den äußeren Rahmen der untersuchten Einheit ab, auf der Makroebene der polit. Systeme im internat. Vergleich heute i. d. R. auf der Basis der bestehenden nationalstaatl. Grenzen. Polit.-kulturell spiegelt sich dies in Ausdrucksformen sozialer und nat. → Identität. Diese bleiben häufig als gewachsene «soziale Haut» der Individuen selbstverständlich und unbewußt und werden erst bei der Konfrontation mit anderen Identitäten aktiviert. Auf der Makroebene spiegeln sich diese Identitäten in bestimmten Ritualen und Symbolen, wie z. B. polit. Gedenktagen, Fahnen, Hymnen usw., wider. Innerhalb der jeweils polit. konstituierten Gemeinschaften kann jedoch ein erhebliches Maß an sub-kultureller Fragmentierung und sozialer und polit. Heterogenität anzutreffen sein. Diese bezieht sich zum einen auf historisch gewachsene horizontale Spaltungen, wie z. B. das Nebeneinander von ethnisch-linguistischen, konfessionellen, rassischen und auch in der regionalen Verteilung deutlich abgesetzten Gruppen. Zum anderen ist in allen Gesellschaften auch ein hohes Ausmaß vertikaler sozialer → Differenzierung, häufig in Verbindung mit sozio-ökon. Ungleichheiten, anzutreffen, die zu einem separaten «Klassen»-Bewußtsein führen können. Aus beiden Aspekten und den resultierenden Identitäts- und Verteilungskonflikten ergibt sich nicht selten eine stark ausgeprägte soziale und polit. Dynamik, die in Extremfällen zu Bürgerkrieg, Sezession und Auflösung des Gemeinschaftssystems führen kann.

(2) Das sozio-kulturelle System enthält die Grundwerte jeder Gesellschaft, die ihren inneren und subjektiv weitgehend internalisierten Sinngehalt und seine Ausdeutungen ausmachen. Diese Sinngehalte sind häufig an religiöse Vorstellungen und ihre jeweiligen institutionellen Träger und Interpreten gekoppelt, sie werden aber auch im säkularen Diskurs von Philosophie, Wissenschaft und Kunst geprägt und entwickelt. In dieser Hinsicht ist die Unterscheidung der «Sozio-Kultur» auf der allg. Gesellschaftsebene und der «Deutungs-Kultur» ihrer Interpreten auf der Meta-Ebene von Bedeutung (vgl. *Rohe* 1987). Letztere kristallisiert sich nicht selten auch in gängigen intellektuellen *Codes* (vgl. *Luhmann* 1974). Aus diesen Grundwerten und ihrer Interpretation erwächst die Legitimationsbasis des polit. Systems i. e. S., z. B. eine stärker traditional-religiös oder eine demokratisch («rational-legal» im *Weber*schen Sinne) fundierte.

(3) Das ökon. System bezieht sich auf die materiellen Grundlagen und die wirtschaftl. Organisationsformen der jeweiligen Gesellschaft. Auch diese spiegeln sich kulturell in vielfältigen Einstellungen und Verhaltensweisen, z. B. einem bestimmten Arbeitsethos. Polit.-kulturell ist hierbei in erster Linie die Verknüpfung von ökon. Erwartungshaltungen und materiellen Befriedigungen mit konkreten Ansprüchen und Forderungen gegenüber dem polit. System von Bedeutung. *Easton (1965)* spricht in dieser Hinsicht von «spezifischen Unterstützungen», die gewährt werden, die aber auch in ökon. Krisenzeiten leicht ins Wanken geraten können, im Ggs. zu einer stabileren Verankerung «diffuser Unterstützungen» im sozio-kulturellen Wertesystem.

(4) Der Kern der jeweiligen polit. Kultur bezieht sich auf das polit. System. Neben seiner allg. Legitimationsbasis, aber auch den hierbei u. U. bestehenden Konflikten und Brüchen, beinhaltet dies generelle Spielregeln des Austragens sozialer und polit. Konflikte, z. B. auch antagonistischer oder konsensualer Art. Auch polit. relevante Autoritätsbeziehungen, die wieder auf die individuelle Sozialisation zurückwirken, unterschiedliche polit. Partizipationsformen usw. fallen in diesen Bereich. Letztlich bestimmen die jeweilige Steuerungskapazität des polit. Systems für die übrigen Subsysteme, die sich nach Politikfeldern (*policies*) ausdifferenzieren, und die Effektivität der jeweiligen Rückkopplungen zum subjektiven Empfinden der Betroffenen das langfristige Überleben oder Scheitern eines Systems.

Die hier nur grob umrissenen Felder einer solchen Matrix und das Ausmaß des Zusammenwirkens bzw. der Diskrepanzen bestimmter → Subsysteme müssen jeweils konkret historisch bestimmt und auf die wichtigsten Entwicklungsstränge der jeweiligen Gesellschaften, aber auch größerer sozialer und polit. Kulturkreise, z. B. einen westl.-europ., einen afrikanischen usw., bezogen werden. Im Einzelfall sind hier durchaus unterschiedliche Aspekte konkreter Gesellschaften und ihrer dominanten polit.-kulturellen Prägungen, z. B. stärker etatistische oder zivilgesellschaftl. Orientierungen, hervorzuheben (vgl. *Dyson* 1980). Ob hierfür die Annahme von bestimmten universalen, sozialanthropologischen Grundmustern (vgl. *Thompson* u. a. 1990) hilfreich ist, bleibt allerdings umstritten. In jedem Fall ist aber ein differenziertes methodisches Vorgehen für die Erfassung der unterschiedlichen Bereiche und Ebenen notwendig.

4. Eine nach unterschiedlichen Bereichen und Ebenen differenzierte Konzeptualisierung polit. Kultur verweist auch auf unterschiedliche Quellen und methodische Vorgehensweisen.

(1) Umfrageforschung: Auf der Ebene der «Sozio-Kultur» der einzelnen Individuen und Gruppen dominiert heute unangefochten die Umfrageforschung. Erst die → Demoskopie erlaubt im Detail quantifizierende Aussagen über die Verteilung polit. Orientierungen in großen Gesamtheiten. Auch gängige Klischees und Stereotype können so, soweit gegeben, auf ihren gerechtfertigten Kern zurückgeführt, durch entgegenstehende Befunde differenziert oder widerlegt werden. Die Demoskopie hat dabei in den letzten Jahrzehnten stark von der Entwicklung repräsentativer Stichprobenverfahren, standardisierter Analysetechniken, sozialpsychologisch fundierter Meßinstrumente wie Attitüdenskalen u. ä., v. a. aber von der spektakulären Entwicklung der Computertechnik, die erst die schnelle Verarbeitung großer Datenmengen ermöglicht hat, profitiert. Im Detail bestehen hierbei durchaus weiter technische und methodische Probleme, z. B. bei der Konstruktion der → Fragebogen, der Durchführung von → Interviews, der Datenaufbereitung und -auswertung usw., die der Gültigkeit und Verläßlichkeit der gewonnenen Aussagen gewisse Grenzen setzen, die aber bei seriöser Durchführung und (selbst-)kritischer Überprüfung der einzelnen Schritte im großen und ganzen als bewältigbar angesehen werden können.

Die Demoskopie, die ja immer auf der Mikroebene des Individuums ansetzt, hat aber auch immanente Grenzen, die nicht ohne weiteres überschritten werden können. So bereitet nicht nur die Übertragung der Befunde auf die Makroebene Schwierigkeiten, auch die abgefragten Tatbestände selbst müssen erst polit.-kulturell und interpretativ erschlossen werden, um der historischen Genese bestimmter Inhalte und den eingetretenen Prägungen im «kollektiven Gedächtnis» der Gesellschaft gerecht werden zu können. Da viele Umfragen, auch schon angesichts ihrer Auftraggeber aus Politik, Wirtschaft, Medien usw., in erster Linie auf konkrete tagespolit. Aspekte ausgerichtet sind, bleiben sie im polit.-kulturellen Sinne häufig sehr oberflächlich. Auch die Veränderungen im Zeitablauf können mit den jeweils vorgenommenen Schnappschüssen, deren Zeitpunkte oft disparat und willkürlich sind, nur unzureichend abgebildet werden. Die aufwendige → Panelanalyse, die diesem Dilemma zu entgehen sucht, ist relativ selten geblieben und weist hinsichtlich der Fluktuation und «Mortalität» der Befragten eigene Probleme auf (vgl. *Kaase* 1986). Bei aller Unentbehrlichkeit für differenziert quantifizierende Aussagen ist die Demoskopie daher auch immer auf andere, stärker historisch und qualitativ vorgehende Methoden zu beziehen. Einige Aspekte wie die «Deutungskultur» auf der Metaebene erschließen sich ihr gar nicht oder allen falls indirekt, so daß auch in dieser Hinsicht die gegenseitige Ergänzung der gewonnenen Befunde wie die Korrektur der Erhebungsweisen notwendig ist (→ Qualitative Methoden).

(2) Kulturelle Indikatoren: Ein ebenfalls quantifizierendes Verfahren, das aber auf unterschiedlichen Ebenen angewendet werden kann, ist die (heute auch computergestützte) → Inhaltsanalyse unterschiedlicher Quellen, die Aspekte polit. Kultur widerspiegeln. Hierzu gehört die Analyse unterschiedlicher Medien, die einerseits selbst durch ihre Inhalte zur polit. Sozialisation von Individuen und Gruppen beitragen, andererseits, in ihren Dokumentationen, Kommentaren usw. auch wichtige Interpretationen zur Erschließung bestimmter polit.-kultureller Aspekte enthalten. Dies gilt auch für die Analyse und Interpretation von anderen Dokumenten wie Parteiprogrammen, polit. Stellungnahmen von Verbänden und Grup-

pen, Parlamentsreden usw. (vgl. *Opp de Hipt* 1987). Solche Analysen sind zwar nur für die jeweils untersuchten Materialien aussagekräftig und nicht repräsentativ für die Gesamtgesellschaft, ihr jeweiliger Stellenwert läßt sich aber durch eine strukturelle Analyse der verschiedenen Organe im polit.-kulturellen Gefüge einer Gesellschaft, z. B. die Verbreitung bestimmter Medien, den Einfluß wichtiger Organisationen wie Kirchen, Gewerkschaften usw., näher eingrenzen (vgl. *Melischek* 1984).

(3) Semiologische Interpretationen: Die Analyse polit. Rituale und Symbole bezieht sich meist unmittelbar auf die Makroebene eines polit. Systems oder wichtiger Teilbereiche. Schon durch eine → Dichte Beschreibung (vgl. *Geertz* 1973) der Wirkung polit. bedeutsamer Zeremonien und Verhaltensweisen, z. B. anläßlich historischer Gedenktage, aber auch des Alltagsgebrauchs von Symbolen wie Flagge, Hymne u. ä. können wichtige Einblicke in das «kollektive Gedächtnis» einer Gesellschaft und seiner Bestimmungsfaktoren erzielt werden. Darüber hinaus muß auch der jeweilige Bedeutungsgehalt sinnvoll interpretiert und auf andere polit.-kulturelle Tatbestände bezogen werden. Solche Interpretationen mögen zwar im einzelnen voneinander abweichen, ihr kritischer Nachvollzug ist aber dennoch für eine Sensibilisierung des Forschers für zentrale Tatbestände und die Entwicklung eines entspr. «Fingerspitzengefühls» auch bei der Heranziehung anderer Methoden und Ergebnisse unerläßlich (vgl. *Elder/Cobb* 1983; *Bourdieu* 1984).

(4) Teilnehmende Beobachtung: Letzteres gilt auch für die teilnehmende Beobachtung als klassische Methode der im wesentlichen auf kleinräumliche und noch überschaubare Gruppen und Gesellschaften bezogenen Sozialanthropologie, ihre Anwendung ist aber durchaus auch im modernen Kontext komplexer Sozialgefüge, z. B. bei der Untersuchung bestimmter Sub-Milieus, neuartiger Erscheinungsformen wie → Soziale Bewegungen usw. sinnvoll. Aufschluß über Teilbereiche von polit. Kultur können auch Beobachtungen und Interpretationen anderer vermitteln, die sich z. B. in Biographien, literarischen Quellen, wichtigen intellektuellen Diskursen und Auseinandersetzungen finden lassen. Dies kann auch mit der Methode der «Objektiven Hermeneutik» (vgl. *Oevermann* 1979) erfolgen. In dieser Hinsicht ist ebenfalls die gegenseitige Ergänzung und Überprüfung solcher Befunde und Interpretationen von großer Bedeutung.

5. Die Erforschung der polit. Kultur(en) hat in den letzten Jahrzehnten einen bemerkenswerten Aufschwung genommen. Wie nicht anders zu erwarten, führte dies zu wissenschaftstheoretischen und methodischen Kontroversen. Insgesamt ist aber eine beachtliche Annäherung der zunächst sehr unterschiedlichen Grundpositionen, z. B. aus sozialanthropologischer, neo-marxistischer und behavioralistischer Sicht, zu verzeichnen. Der Stellenwert von Bewußtsein und Kultur, selbst wenn er letztendlich als ein vermittelter und abhängiger betrachtet wird, hat deutlich zugenommen. Untersuchungen von p. K. haben in den letzten Jahrzehnten insbes. im Bereich der empirischen Demokratieforschung, gerade auch bezogen auf den vielschichtigen und wechselhaften dt. Fall (vgl. z. B. *Berg-Schlosser/Rytlewski* 1993) und die Umbrüche nach 1989/90 (vgl. *Rose* u. a. 1998) eine Rolle gespielt. Dies betrifft auch die zunehmende Virulenz unterschiedlich kulturell geprägter Konfliktgruppen, z. B. in Osteuropa und in der → Dritten Welt, aber auch im zunehmend multikulturellen Gefüge westl. Gesellschaften. Im globalen Kontext standen Aspekte eines allg. Wertewandels (vgl. *Inglehart* 1990; 1997), aber auch die Möglichkeit eines «Kampfes der Kulturen» (*Huntington* 1996) im Vordergrund. Andere hoben hingegen die Bedeutung stärker zivilgesellschaftl. Verhaltensweisen und die Entwicklung von → Sozialkapital (vgl. *Putnam* 1993) hervor. Der P. K. bleibt so weltweit ein riesiges Feld zur Analyse und zum Verständnis derartiger Vorgänge, aber auch zur Vermittlung interkultureller Kommunikation.

→ Beobachtung; Politische Sozialisation; Vergleichende Methode; Vergleichende Regierungslehre/Vergleichende Politische Systemlehre.

Lit.: *Almond, G. A./Verba, S.* 1963: The Civic Culture, Princeton. *Almond, G. A./Verba, S.* (Hrsg.) 1980: The Civic Culture Revisited, Boston. *Baker, K. L.* u. a. 1981: Germany Transformed – Political Culture and the New Politics, Camb./Mass. *Berg-Schlosser, D.* 1972: Politische Kultur, Mchn. *Berg-Schlosser, D./Schissler J.* (Hrsg.) 1987: Politische Kultur in Deutschland, Bilanz und Perspektiven der Forschung (PVS Sonderheft 18), Opl. *Berg-Schlosser, D./Rytlewski, R. (Hrsg.) 1993:* The Political Culture of Germany, L. *Bourdieu, P.* 1984: Questions de Sociologie, Paris. *Dyson, K.* 1980: The State Tradition in Westem Europe, Ox. *Easton, D.* 1965: A Systems Analysis of Political Life, NY. *Elder, Ch. D./Cobb, R. W.* 1983: The Political Use of Symbols, NY. *Elkins, D. J./Simeon, R.* 1979: A Cause in Search of its Effects, or What Does Political Culture Explain?, in: CP 11, Nr. 2, 127–145. *Geertz, C.* 1973: The Interpretation of Culture, NY. *Huntington, S.* 1996: The Clash of Civilizations, NY. *Greiffenhagen, M./Greiffenhagen, S.* (Hrsg.) [2]2002: Handwörterbuch zur politischen Kultur der Bundesrepublik Deutschland, Wsb. *Inglehart, R.* 1990: Culture Shift in Advanced Industrial Society, Princeton. *Inglehart, R.* 1997: Modernization and Postmodernization, Princeton. *Inkeles, A./Levinson, D. J.* 1969: National Character: The Study of Modal Personality and Socio-Cultural System, in: *Lindsey, G.* (Hrsg.): Handbook of Social Psychology, Bd. 4, 418–506, Camb., Mass. *Kaase, M.* 1986: Das Mikro-Makro-Puzzle der empirischen Sozialforschung, in: KZfSS 38, 209–222. *Luhmann, N.* 1974: Der politische Code: ‹konservativ› und ‹progressiv› in systemtheoretischer Sicht, ZfP 21, 253–271. *Melischek, G.* u. a. (Hrsg.) 1984: Cultural Indicators, Wien. *Münch, R.* 1982: Basale Soziologie: Soziologie der Politik, Opl. *Oevermann, U.* u. a. 1979: Die Methodologie einer «objektiven Hermeneutik», in: *Soeffner, H. G.* (Hrsg.): Interpretative Verfahren in den Sozial- und Textwissenschaften, Stg., 352–434. *Opp de Hipt, M.* 1987: Denkbilder vom Staat in bundesrepublikanischen Parteiprogrammen, in: *Berg-Schlosser, D./Schissler, J.* (Hrsg.), 403–408. *Pappi, F. U.* 1986: Politische Kultur, in: *Kaase, M.* (Hrsg.): Politische Wissenschaft und Politische Ordnung, Opl, 279–291. *Putnam, R. D.* 1993: Making Democracy Work, Princeton. *Pye, L. W.* 1972: Culture and Political Science: Problems in the Evaluation of the Concept of Political Culture, in: Social Science Quarterly 53, 285–296. *Rohe, K.* 1987: Politische Kultur und der kulturelle Aspekt von politischer Wirklichkeit – Fragestellung politischer Kultur-Forschung, in: *Berg-Schlosser, D./Schissler, J.* (Hrsg.), 27–38. *Rose, R.* u. a. 1998: Democracy and its Alternatives, Camb. *Thompson, M.* u. a. 1990: Cultural Theory, Boulder. *Weber, M.* 1922: Wirtschaft und Gesellschaft, Tüb.

Dirk Berg-Schlosser

Politische Kybernetik, die Analyse polit. und sozialer Systeme und Prozesse in Anwendung kybernetischer Gesetzmäßigkeiten, d. h. Prinzipien sich selbst organisierender, regulierender und stabilisierender Systeme werden in Form kybernetischer → Modelle zur Erhellung polit. und politikwiss. Zusammenhänge herangezogen. Als *general system theory* kann sie zur Klärung polit. Fragestellungen allerdings nur in Ergänzung traditioneller politikwiss. Theorien, u. a. der → Demokratietheorie und → Kommunikationstheorie der Theorien → Politischer Planung und Entscheidung beitragen.

Schon *Platon* in *Der Staat* und *A. M. Ampère* (1834) in *Essai sur la philosophie des sciences* versuchten, Prinzipien kybernetischer Steuerung auf die Staatskunst zu übertragen. Für *K. W. Deutsch, W.-D. Narr* u. a. hat die Politikwiss. in den 1960er Jahren mit der Einführung kybernetischer Systemanalyse eine neue Qualität erlangt. Sie habe damit den «Rang einer deduktiv-empirischen Theorie» (*Narr* 1969) erreicht.

1. Als → Metatheorie hat es die K. mit realen und möglichen Systemen in den verschiedensten Bereichen zu tun. Da kybernetische Modellbeschreibung auf Strukturgleichheiten (Isomorphien) zwischen Systemen unterschiedlicher Provenienz zielt, können auf der Ebene kybernetischer Metatheorie verschiedene politikwiss. Konzeptionen und Ansätze

miteinander verbunden werden. Als Strukturwiss. befaßt sich die K. mit Beziehungsgefügen und -prozessen, wobei sie von der inhaltlichen Analyse abstrahiert (*Black-Box*-Methode). Die Gesetzmäßigkeiten der Steuerung und Regelung *(feedback)* sowie der Aufnahme und Verarbeitung von Informationen kennzeichnen ein solches kybernetisches Beziehungsgefüge (Regelungs- und Informationsnetzwerk). Ein *feedback* liegt dann vor, wenn die *Input*- und *Output*-Leistungen eines Systems so aufeinander wirken, daß die Ausgangsgrößen (*output*) auf die Eingangsgrößen (*input*) verändernd rückwirken (Rückkopplung): Wenn die Rückwirkungen die Sollwerte (Zielvorgaben) des Systems stabilisierend korrigieren, spricht man von einem negativen oder kompensierenden *feedback;* werden die Abweichungen von den Sollwerten verstärkt, liegt ein positives oder kumulatives *feedback* vor, was die Stabilität des Systems bis zu seiner Zerstörung gefährden kann. Steuerung bedeutet dagegen die einseitige Einwirkung eines Systems auf ein anderes, wodurch dessen Verhalten, Struktur, Organisation, Funktion oder Eigenschaften entspr. dem Programm oder Algorithmus des steuernden Systems festgelegt oder verändert werden. Die Zustände oder Störgrößen des zu steuernden Systems wirken auf das steuernde System nicht zurück (*feedback* beläuft sich auf Null).

2. In der Politikwiss. stellt sich konkret die Frage, inwieweit kybernetische Denkansätze die Möglichkeiten erweitern, Probleme zu lösen, bei denen traditionelle → Ansätze an ihre Grenzen gestoßen sind. Die gegenwärtig allg. Anerkennung von → Demokratie als Norm fordert zu der Frage nach der Überlebensfähigkeit demokratischer Strukturen angesichts zunehmenden Problemdrucks heraus. Sind die heutigen Formen von Demokratie genügend variabel und komplex, um einen gesellschaftl. Strukturaufbau zu garantieren, der dem steigenden Problemdruck gewachsen ist? Sind andererseits die in der Wiss. vorherrschenden demokratietheoretischen Ansätze komplex genug, um die Probleme, denen sich Demokratie in hochentwickelten → Industriegesellschaften zu stellen hat, entspr. analysieren und Lösungsmöglichkeiten anbieten zu können? *Deutsch* versucht mit seiner Theorie p. K., die Problemlösungskapazität traditioneller demokratietheoretischer Ansätze dadurch zu erhöhen, daß er die Prozesse der Informationsaufnahme und -verarbeitung in den Mittelpunkt seines Demokratieverständnisses rückt. Sie sollten so geregelt werden, daß ein System seine Lernfähigkeit erhält bzw. zu einem Verhalten gelangt, das von Außensteuerung über Anpassung zur autonomen Selbststeuerung und -regelung überleitet.

Die demokratische Norm der Selbstbestimmung korrespondiert dabei positiv mit der Fähigkeit des Systems zur inneren Umstrukturierung und Neu- bzw. Selbstorganisation. Mit Hilfe des kybernetischen Prinzips der negativen Rückkoppelung soll die jeweils systemimmanente Selbstkontrolle von Systemeinflüssen garantiert werden, so daß die Form der Entscheidungsfindung demokratisch, d. h. in Richtung schöpferischen Lernens, gelenkt werden kann. Demokratische Entscheidungen sollten so aussehen, daß sie die Basis dafür schaffen, daß auch in Zukunft Probleme autonom und selbstregulierend gelöst werden können, also das System als autonomes, sich selbst regulierendes und permanent lernendes System erhalten bleibt. Demokratiefähigkeit im kybernetischen Verständnis heißt, die Fähigkeit erhalten, Ziele neu zu suchen, innere Strukturen ändern zu können, ohne destabilisierende Wirkungen für das Systemganze fürchten zu müssen, und die permanente Selbstkontrolle über die Erzeugung von Bewußtsein über eine ständige Erweiterung der Informationsaufnahme- und -verarbeitungskapazität. Da *Deutsch* → Politisches System mit Regierungssystem gleichsetzt, von dem aus Gesellschaft letztendlich doch wieder gesteuert wird, schränkt er seinen Versuch, die Komplexität demokratietheoretischer Analyse zu erhöhen, z. T. wieder ein.

Dieses Defizit versucht *A. Etzioni* (1968) zu umgehen, indem er sein Demokratieverständnis nicht nur an den Informations-, Kommunikations- und Kontrollprozessen der Zentralinstanzen (Regierungssystem) festmacht, sondern die Gesamtgesellschaft einbezieht. Er entwickelt verschiedene Steuerungs- und Regelungskonzepte, die von der

reaktiven Anpassung bis zur polit. gesteuerten Selbsttransformation reichen. Die polit. gesteuerte Systemtransformation gilt als höchster Aktivierungsgrad einer Gesellschaft, da sie über Homöostase (Aufrechterhaltung des Systemgleichgewichts) und Ultrastabilität (Stabilisierung über Verhaltensänderung) hinaus zu einer neuen Identität des Systems führt. Hinter dem theoretischen Anspruch, die Analyse demokratischer Gesellschaftsstrukturen entspr. der Beschaffenheit hochindustrialisierter Gesellschaften komplexer anzusetzen, sinkt jedoch das methodologische Niveau. Ebenso ist das Problem der Verbindung von Theorie, Empirie- und Werteproblem unbefriedigend gelöst.
3. Bei der Anwendung kybernetischer Prinzipien und Methoden im Bereich → Politischer Planung tritt der Niveauunterschied zwischen theoretischem Anspruch und methodologischen Möglichkeiten weniger in Erscheinung. Kybernetische Planung zielt primär darauf, Planungsprozesse dynamischer zu gestalten. Aber hier soll mit Hilfe der Kybernetik Varietät und Komplexität von Planungsprozessen erhöht werden, um den wachsenden Problemdruck bereits antizipatorisch auffangen zu können. In Anlehnung an *D. Aderhold* (1973) bedeutet dynamische Planung im kybernetischen Verständnis Zielgerichtetheit i. S. möglicher Zielveränderung, Erfolgskontrolle über Rückkopplung, Verbindung von Identitätserhaltung und Flexibilität des Planungssystems entspr. den Anforderungen von innen und außen, Lernfähigkeit hinsichtlich der Veränderungsbedürftigkeit von Systemstrukturen und ein durch Rückkopplungsmechanismen garantiertes integriertes polit. Handeln. In Verbindung mit Methoden der elektronischen Datenverarbeitung, des kybernetischen Datenmanagements, der Simulation, der Netzplantechnik und anderen Methoden ist kybernetische Planung Bestandteil moderner Regierungstechniken.

4. Der Vorwurf der technokratischen Manipulierbarkeit von Gesellschaften mit Hilfe kybernetischer Planungsmethoden trifft dabei nur eine Seite der Möglichkeiten, die in der Anwendung kybernetischer Prinzipien auf gesellschaftspolit. Prozesse liegen. Dies zeigte u. a. die Diskussion um die Verwertbarkeit kybernetischer Erkenntnisse für Gesellschaftsplanung und -gestaltung in sozialistischen Ländern. Parallel zur Konzipierung der «wiss.-technischen Revolution» für sozialistische Gesellschaften Anfang der 1960er Jahre wurde eine intensive Diskussion darüber eingeleitet, inwieweit kybernetische Prinzipien und Erkenntnisse in den Bereichen gesellschaftspolit. Planung, Organisation und Leitung, bes. hinsichtlich der Formen von → Demokratischem Zentralismus, anwendbar sind. Je nachdem, ob der systemtheoretische Aspekt (DDR) oder der informationstheoretische Aspekt (ČSSR) mehr in den Vordergrund gestellt wurde, wurden die Diskussionen um p. K. stärker i. S. von Bestandserhaltung und Systemstabilisierung oder i. S. tiefgreifender struktureller Reformen geführt.

In der DDR war es *G. Klaus*, der den «Plan als kybernetische Kategorie» einführte. Er verwies auf die Notwendigkeit von Rückkopplungsmechanismen, die in das Planungssystem einzubauen seien, damit dieses mit Störungen selbständig umgehen könne, und von flexibler Anpassungsfähigkeit autonomer Teilbereiche und einer funktionierenden Selbstkontrolle dieser Teilsysteme, um dadurch die Funktionsfähigkeit des gesamten Planungssystems zu erhöhen. Dies war ein Reformansatz, der der Bestandserhaltung und Systemstabilisierung im *Parsons*schen Sinne entsprach. Ein tschechoslowakisches Autorenkollektiv (*Richta-Report* 1968) ging weit darüber hinaus. Es sah in den kybernetischen Regelungsprinzipien «heute die einzige überhaupt mögliche Basis moderner Leitung und Planung». Die «modernen Produktions- und Gesellschaftssysteme müssen zu einem Chaos werden ohne die Anwendung eines Systems selbsttätiger Prozesse». Als Beispiele für selbsttätige Regulatoren werden «Markt, Ware[nform], Geld, demokratische Prinzipien, Rechtsnormen, moralische Regeln» (ebd.) angeführt. Davon versprachen sich die Autoren eine Rationalisierung, aber auch Demokratisierung der ökon., polit. und der Informationssysteme. Hier ging es also um tiefgreifende Reformansätze, die auf strukturelle Veränderungen im System zielten. Daß in den 1970er Jahren der gesellschaftspolit. Diskussion um K. von seiten der Parteiideologen enge Grenzen gesetzt wurden, verweist auf die polit. Sprengkraft solcher Reformansätze. Eine der strukturellen Ursachen für den Zusammenbruch der sozialistischen Systeme in Osteuropa und der Sowjetunion lag u. a. im Mangel an selbstregulierenden Mechanismen im Planungssystem, an fehlenden Möglichkeiten der Selbstkontrolle (Krisenmanagement) und an der fehlenden → Autonomie der gesellschaftl. Teilbereiche, d. h. in der grundsätzlichen Reformunfähigkeit dieser Systeme.

5. Die Erkenntnis der p. K., daß ein System zu seinem Überleben einer permanenten, auf Selbststabilisierung gerichteten Veränderung bedarf, betrifft nicht nur einzelne Gesellschaften und ihre Teilbereiche, sondern auch das Weltsystem als Ganzes. Diese Erkenntnis führte *Mesarovic* und *Pestel* (in: *Global 2000*) in Anlehnung an *Forrester* u. a. dazu, über kybernetische Simulationsmodelle mögliche Verhaltensweisen von Systemen in gegenwärtigen und zukünftigen Krisensituationen auszuloten. Sie brachten die verschiedenen Bereiche der Ökologie und menschlichen Kultur in ein hierarchisch gegliedertes Interaktionssystem und untersuchten mögliche Entwicklungen, wobei sich als ideales Modell das eines «organischen Wachstums» herausstellte. Die Computersimulationen zeigten, daß zur Vermeidung regionaler und weltweiter Katastrophen die weltweite Zusammenarbeit von einem «Gesamtplan für langfristiges organisches Wachstum geleitet» (ebd.) werden müsse. In solchen Studien, Forschungsschwerpunkt der 1980er Jahre, dient die K. der Erfassung und Bewältigung regional und weltweit angelegter komplexer Probleme und der Prognostizierung globaler Entwicklungs- und Lösungsmöglichkeiten (*Brenner* 1987).

6. Die Kritik an der p. K. kommt primär von seiten der kritischen Politikwissenschaft. Sie setzt an dem formalen, ahistorischen Charakter des kybernetischen Modelldenkens an. Die Wirklichkeitsanalyse lasse sich nicht scharf von der Modellanalyse trennen (*Narr* 1972). Die Sollwerte und Systemgrenzen in einem polit. System seien nicht, wie beim biologischen Organismus oder im technischen Modell, eindeutig fixierbar. Die Zielvorgaben blieben deshalb allg. Natur, historisch kaum konkretisierbar, die Fähigkeit der Subsysteme zur Autonomie werde nicht realistisch eingeschätzt. In den Bereichen der polit. Planungs- und Kommunikationsprozesse sowie der Analyse globaler Zusammenhänge scheint sich der Ansatz p. K. jedoch zu bewähren. Eine umfassende Bewertung steht allerdings auch hier noch aus (*Luhmann* 1981).

→ Funktionalismus; Steuerungstheorien; Systemtheorie.

Lit.: *Aderhold, D.* 1973: Kybernetische Regierungstechnik in der Demokratie, Mchn./Wien. *Barney, O.* (Hrsg.) 1990: Global 2000. Der Bericht an den Präsidenten, Ffm. *Brenner, S. A.* (Hrsg.) 1987: The Globus Model, Ffm. *Deutsch, K. W.* 1973: Politische Kybernetik, Freib. *Easton, D.* 1967: A Systems Analysis of Political Life, NY. *Etzioni, A.* 1968: The Active Society, NY (dt. 1976). *Haufe, G.* 1980: Dialektik und Kybernetik in der DDR, Bln. *Klaus, G.* 1965: Kybernetik und Gesellschaft, Bln. (Ost). *Luhmann, N.* 1981: Politische Theorie und Wohlfahrtsstaat, Mchn. *Meadows, D. H./Dennis, L.* 1976: Das globale Gleichgewicht, Hamb. *Narr, W. D.* 1972: Theoriebegriffe und Systemtheorie, Stg. u. a. *Richta-Report* 1968: Politische Ökonomie des 20. Jahrhunderts, Prag.

Gerda Haufe

Politische Ökologie, politikwiss. Variante der → Ökologie; postuliert die Einheit von Mensch und natürlicher → Umwelt und stellt diese in Zusammenhang mit der Entwicklung des gesellschaftl. und polit. Systems.

P. Ö. führt die ökolog. Fehlentwicklungen v. a. auf das industriell-kapitalistische Gesellschaftssystem zurück und nimmt daher eine Gegenposition zur → Politischen Ökonomie ein. P. Ö. wurde nicht zum umfassenden theoretischen Konzept entwickelt, sondern blieb lediglich polit. Programm, das sich in den Sozialwiss. nicht durchsetzen konnte. In der Wahlsoziologie bezeichnet p. Ö. oder → Wahlökologie den mit der Wahlgeographie verwandten Ansatz, die Wechselwirkung zwischen dem polit., bes. dem → Wählerverhalten der Bürger und ihrer sozialstrukturellen Umwelt mit Hilfe von → Aggregatdaten herzuleiten.

→ Umwelt/Umweltpolitik; Wahlforschung.

Lit.: → Ökologie; Wahlforschung.

Tanja Zinterer

Politische Ökonomie (engl. *political economy*), Bezeichnung für die wiss. Analyse von Interdependenzen zwischen Wirtschaft und Politik, die sehr viele Strömungen umfaßt, so daß eine allg. Definition kaum möglich ist.

1. Der Begriff P. Ö. entstand Anfang des 17. Jh. und bezog sich urspr. sowohl auf die Wirtschaft und → Wirtschaftspolitik eines Staates als auch auf die theoretische Reflexion darüber. Die P. Ö. als wiss. Disziplin beginnt mit der Wirtschaftsliteratur in der Phase des → Merkantilismus, die Handlungsanweisungen für die praktische Wirtschaftspolitik der absolutistischen Fürsten formulierte. Durch → Zentralismus, Staatsmonopolismus und → Protektionismus wurde der → Staat zum beherrschenden wirtschaftl. Akteur.

2. Klassische P. Ö.: Als Reaktion auf den Merkantilismus wurden beginnend mit den frz. Physiokraten Forderungen nach wirtschaftl. Freiheit erhoben (*Laisser-faire*-Doktrin). Die von der schottischen Moralphilosophie beeinflußte klassische engl. Nationalökonomie (*J. S. Mill*; *A. Smith*; *D. Ricardo*) betrachtete zwar Staat und Wirtschaft als Einheit und befaßte sich auch mit ethischen Aspekten. Wesentlich war aber das Plädoyer für die wirtschaftspolit. Abstinenz des Staates: Durch die Konkurrenz in einem «System der natürlichen Freiheit» werden die auf ihr Eigeninteresse bedachten Individuen wie durch eine «unsichtbare Hand» zur größtmöglichen allg. Wohlfahrt gelenkt (*Smith*). Absolute und komparative Kostenvorteile der Produktion können nur in einem Freihandelssystem voll genutzt werden (*Ricardo*). Polit. Prozesse fanden in der klassischen P. Ö. demzufolge kaum Berücksichtigung. Die sozialpolit. Kritiker der klassischen Nationalökonomie, insbes. die dt. historische Schule und die sog. Kathedersozialisten bezeichneten ihre Schriften ebenfalls als Politische Ökonomie. In der → Neo-Klassik spielt der Begriff P. Ö. keine Rolle mehr.

3. Marxistische P. Ö. (Politökonomie): Eine erste systematische Theorie über die Interdependenz von Gesellschaft, Wirtschaft und Staat legten *K. Marx* und *F. Engels* vor (→ Marxismus). Das → Politische System wird als eine sich historisch wandelnde Form der Herrschaft über die → Produktionsmittel begriffen. Im → Kapitalismus dient der Staat den Kapitaleignern als Instrument zur Unterdrückung der → Arbeiterklasse. Die dem Kapitalismus inhärenten Kräfte der Selbstzerstörung (Konzentration, → Gesetz des tendenziellen Falls der Profitrate) führen aber letztlich zur Aufhebung der Ausbeutung der Arbeiterklasse und zur Auflösung des Staates. In der Zwischenstufe des → Sozialismus übernimmt der Staat als Instrument der herrschenden Arbeiterklasse die wirtschaftl. Versorgung der Bevölkerung.

4. Neo-marxistische P. Ö.: Während die realsozialistische P. Ö. des 20. Jh. die marxistische Analyse im wesentlichen beibehielt, vollzogen der Reformsozialismus und neomarxistische Ansätze westl. Prägung («Neue Linke», «*Radical Economics*») eine Abkehr vom Staat als zentraler Planungsinstanz, die eine an den Bedürfnissen der Bev. orientierte Versorgung mit → Gütern und → Dienstleistungen vorzunehmen hat. Im Zentrum der Analyse der Beziehungen zwischen Wirtschaft und Politik steht meist die Ungleichheit der Einkommens- und Vermögensverteilung im Kapitalismus, die als Ursache ungleicher polit. → Macht gesehen wird. Die neo-marxistische P. Ö. ist jedoch äußerst heterogen. Die Verflechtung von Politik und Wirtschaft ist auch Thema nicht-marxistischer, aber kritisch-unorthodoxer ökon. Theorien (*J. K. Galbraith*).

5. Neue P. Ö.: Aufgrund seiner Geschichte hat der Begriff P. Ö. eine antikapitalistische Konnotation, weshalb sich die Vertreter der → Ökonomischen Theorie der Politik von dieser Richtung mit dem Wort «Neu» abzugrenzen suchten. Dieser seit den 1950er Jahren entstandene Ansatz zur Analyse der Interdependenz von Wirtschaft und Politik bedient sich des Instrumentariums der mo-

dernen Wirtschaftstheorie, inbes. der Mikroökonomie und der → Spieltheorie. Ausgehend vom ökon. Verhaltensmodell und der Annahme der Nutzenmaximierung analysiert die → Neue Politische Ökonomie einerseits polit. Prozesse und → Institutionen an sich, andererseits auch deren Einfluß auf das Wirtschaftsgeschehen im Rahmen von polit.-ökon. Gesamtmodellen. Als «*Political Economy*» bezeichnen sich neuerdings auch einige nicht der Neuen P. Ö. i. e. S. zuzurechnende Ansätze der Wirtschafts- und Politikwiss., deren Gemeinsamkeit im Interesse am Zusammenspiel polit. und ökon. Institutionen und in den verwendeten Methoden liegt.

→ Keynesianismus; Liberalismus; Marktwirtschaft; Planwirtschaft; Rational choice-Theorien.

Lit.: *Abelshauser, W.* (Hrsg.) 1999: Politische Ökonomie, Gött. *Banks, J. F.* 1995: Modern Political Economy, Camb. *Bauer, W.* 1999: Lexikon der Politischen Ökonomie, Nürnberg. *Bernholz, P./Breyer, F.* 1984: Grundlagen der Polit. Ökonomie, Tüb. *Frey, B. S.* 1977: Moderne Politische Ökonomie, Mchn. *Zinn, K. G.* 1987: Polit. Ökonomie, Opl.

Katharina Holzinger

Politische Partei → Partei

Politische Partizipation → Partizipation

Politische Philosophie, thematisiert Wesen, Grund und Realisierungsformen des Politischen sowie dessen kategoriale Erschließungsweisen. Dies geschieht in systematischen Überlegungen und unter Rückgriff auf die polit. Ideengeschichte.

1. Stellenwert und Sachprofil der p. P. können reflexionslogisch im Verhältnis zur Politikwiss. auf zweierlei Weise bestimmt werden. (1) I. e. S. liefert sie eine wissenschaftstheoretische Analyse der empirischen Politikwissenschaft. (2) I. w. S. unternimmt sie eine philosophische, d. h. erkenntnistheoretische, ontologische und normative Reflexion. Fragen der → Politischen Ethik, der polit. Ordnung, der → Legitimität von → Herrschaft und der anthropologischen Voraussetzungen von Politik werden in unterschiedliche Welt- und Selbstverständnisse eingebunden (→ Normative Theorien). Dabei kommt der p. P. eine Reihe von Funktionen zu: Sie analysiert → Begriffe, baut Begründungen auf, öffnet Perspektiven auf die Wirklichkeit des Politischen in der Spannweite zwischen Faktizität und Norm, artikuliert begründete Kritik. Von der polit. → Religion unterscheidet sich die p. P. durch ihre skeptische, sich nicht an letzte Überzeugungen bindende Grundhaltung, vom → polit. Mythos durch ihren Denkstil kontrollierter rationaler Begrifflichkeit. Konkurrierend zur polit. Weltanschauung und → Ideologie sucht auch die p. P. das umgreifende Ganze zu denken, im Ggs. zu beiden freilich in undogmatischer Offenheit und mit der Reserve reflexiver Distanz. P. P. macht auch diese konkurrierenden Weisen umfassender Deutung zum Gegenstand, und sie thematisiert nicht zuletzt selbstbezüglich den Status einer → Politischen Theorie, die sich nicht in → Empirische Sozialforschung auflöst.

2. Es liegt zunächst nahe, p. P. als Teilgebiet der Philosophie zu betrachten, das deren Logik, → Methoden und Deutungspotenziale übernimmt. Diese werden in der polit. Ideengeschichte aufbewahrt, re- und dekonstruiert. Dabei werden die selbstkritische Denkbewegung der → Moderne, ihre «Wenden» (transzendentale, pragmatische, linguistische), ihre Zeitdiagnosen (z. B. vom Ende des Menschen, der Metaphysik, der Politik), ihre vielfältigen Weisen der Wiederaneignung traditioneller Sinnbestände aufgenommen. In diesem Zusammenhang, der auch die Weise des Denkens selbst betrifft (etwa in der kritischen Diagnose der Dominanz technisch-funktionaler → Rationalität), wird auch das Zentralthema der p. P. – das Politische – fragwürdig (normatives vs. deskriptives Politikverständnis, Politik als technische Funktionsweise des → Staates oder als Dimension menschlicher Existenz etc.).

3. Gegenüber der Anwendung allg. philosophischer Deutungsmuster auf das spezielle Feld der Politik ergibt sich ein ganz anderer

Zugang, wenn p. P. sich aus der Eigenart ihres Gegenstandes selbst bestimmt. Eine solche genuin p. P. läuft zwar Gefahr, als Moment polit. Strukturen und Prozesse in die Nähe zur Ideologie zu geraten. Sie eröffnet aber auch originäre Denkwege, indem sie die Ideengeschichte mit der soziopolit. Geschichte verbindet, zu Erfahrungen religiöser und existentieller Art in Beziehung setzt und in der Aufnahme von Traditionen des Erfahrungswissens, des Klugheits- und *Common-Sense*-Denkens eine spezifisch praktische, d. h. aus dem Handeln kommende und auf Handeln abzielende Rationalität wiederbelebt. Die Spannung zwischen den beiden Strategien der p. P. wird oftmals nicht nur bei ein und demselben Autor der Ideengeschichte wirksam; sie bildet geradezu einen Grundzug des polit. Denkens.

→ Normative Theorien; Ethik und Politik; Religion und Politik.

Lit.: *Brecht, A.* 1961: Polit. Theorie. Die Grundlagen polit. Denkens im 20. Jahrhundert, Tüb. *Ferry, L.* 1984–85: Philosophie politique, 3 Bde. (Bd. 2 zus. mit *A. Renaut*), Paris. *Gerhardt, V.* (Hrsg.) 1990: Der Begriff der Politik. Bedingungen und Gründe polit. Handelns, Stg. *Hartmann, K.* 1981: Polit. Philosophie, Freib. u. a. *Hennis, W.* 1963: Politik und praktische Philosophie, Neuwied u. a. *Kuhn, H.* 1967: Der Staat. Eine philosophische Darstellung, Mchn. *Strauss, L.* [2]1989: What is Political Philosophy?, Glencoe/Ill. (zuerst 1959). *Vollrath, E.* 1987: Grundlegung einer philosophischen Theorie des Politischen, Würzburg. → Normative Theorien.

Ulrich Weiß

Politische Planung, in seiner allgemeinsten Form der rationale Entwurf, der den Weg zu einem Ziel ebnet (lat. *planum* = eben). P. ist Sicherung vor ungewissen Zukünften (schon in der Bibel stellt sich das → Politische System auf sieben magere Jahre ein, indem es in sieben fetten Jahren vorsorgt), ist zukunftsbezogene Tätigkeit verschiedener Planungsträger zur effektiveren Durchsetzung ihrer Ziele. In diesem Sinne, als rationale Zukunftsorientierung, ist Planung praktisch identisch mit rationalem Verhalten; Unterschiede ergeben sich allenfalls durch den zeitlichen Horizont (länger) und durch die zu verarbeitende Komplexität (mehr Akteure und Interdependenzen).

1. Dem steht die Auffassung von p. P. als neuartigem Phänomen moderner Gesellschaften gegenüber. Grundlage ist die Übertragung des Konzepts der rationalen Zukunftsbewältigung auf den gesamten Bereich der Gesellschaftsentwicklung, d. h. die Idee der Gestaltbarkeit der → Gesellschaft und damit der Machbarkeit von Geschichte gemäß bestimmter Prinzipien auf bestimmte Ziele hin. P. P. ist damit sowohl ein Ergebnis der → Aufklärung, der Idee der Vervollkommnungspolitik des Menschen und seiner Welt, wie eine Folge der Verwissenschaftlichung, der Überzeugung, daß wiss. Prinzipien des Erkennens und Veränderns auf gesellschaftl. Phänomene übertragen werden können und es ermöglichen, in das historisch-gesellschaftl. Geschehen einzugreifen.

Historisch ist p. P. eng verbunden mit dem Konzept der sozialistischen Gesellschaftsplanung. *Saint-Simon* verband als erster die Idee umfassender, polit. geplanter Gestaltung der Gesellschaft mit der Schlüsselstellung der positiven Wissenschaften. Umfassend ausgestaltet wurde dieses Programm durch *Marx*, *Engels* und schließlich *Lenin*. Erkenntnistheoretische Voraussetzung bildete die Gesellschaftstheorie des historischen Materialismus und die auf ihm sowie auf den Erkenntnissen der marxistischen → Politischen Ökonomie beruhende Programmatik des wiss. Sozialismus. Kernstück der sozialistischen Gesellschaftsplanung ist die zentrale Wirtschaftsplanung, da mit der Aufhebung des Privateigentums an den Produktionsmitteln die Vollendung des sozialistischen Aufbaus auf der Entwicklung der sozialistischen Produktionsverhältnisse beruht. In Auseinandersetzung mit diesem Konzept wurden in der Wirtschaftswiss. von *W. Eucken* (1940) als Kernelement des ordnungspolit. Denkens der Freiburger Schule der dt. Nationalökonomie die Idealtypen «zentrale Verwaltungswirtschaft» und «dezentrale Verkehrswirtschaft» entwickelt. Die darauf aufbauenden klassischen Dichotomien → Marktwirtschaft/→ Planwirtschaft oder Individualismus/Kollektivismus haben nicht nur die wirtschaftl., sondern v. a. auch die polit. Diskussion strukturiert, d. h. sozialistische und sozialdemokratische Positionen waren eher für, liberale und konservative eher gegen polit. Planung.

2. Die weitgehende Identifizierung von p. P. mit Planwirtschaft wurde in der BRD erst gegen Ende der 1960er Jahre überwunden. Nach «fast militanter Tabuisierung des Planungsthemas in der Nachkriegszeit sowohl durch die Wiss. (neoliberale Wirtschaftstheorie) wie die polit. Praxis (Antikommunismus)» (*Ronge* in: *Ronge/Schmieg* 1973: 7) erfolgte Ende der 1960er Jahre ein Umschwung in der Planungsmentalität (*Kaiser* 1965; vgl. *Ronge/Schmieg* 1973), gefolgt von einer wahren Flut sozialwiss. Planungstheorie. Aus der Fülle der Planungsdiskussionen und v. a. Planungsdefinitionen dieser Zeit können grob vier Positionen unterschieden werden, die bis heute fortwirken:

(1) Aktive Politik: Ausgehend von der Überzeugung, daß die Eigendynamik sozioökon. Prozesse gesellschaftl. Probleme (von der Umweltverschmutzung über den Verkehrskollaps bis zur Massenarbeitslosigkeit) erzeugt, die das polit. System nicht ignorieren kann und die auch nicht durch reaktive Anpassung, sondern nur durch den Versuch einer aktiven Beeinflussung und Gestaltung dieser Prozesse bewältigt werden können, wird Politik als Prozeß der Problemverarbeitung aufgefaßt *(policy making)*. Eine solche Politik wird nur Erfolg haben, wenn sie in der Lage ist, Probleme zu antizipieren und längerfristige integrierte Problemlösungen zu konzipieren (*Böhret* 1970; *Scharpf* 1973; 1974; *Mayntz/Scharpf* 1973). Voraussetzung ist eine Stärkung der Informationsverarbeitungs- und v. a. der Konfliktregelungskapazität des → Politisch-administrativen Systems, die – ungeachtet aller externen Restriktionen – durch eine Verbesserung der personellen (Aus- und Fortbildung), finanziellen (mittelfristige Finanzplanung), organisatorischen (Reorganisation, Planungsstäbe) und informationellen Ressourcen (moderne Entscheidungs- und Planungsmethoden) sowie der Prozesse der Konfliktaustragung und Konsensbildung (u. a. Stärkung der politischen Führung, → Partizipation, Nutzung von Krisensituationen) erreichbar ist.

(2) Komplexitätsreduktion: Ausgangspunkt dieses v. a. von *N. Luhmann* (1971) vertretenen Ansatzes ist die Bestimmung von Komplexitätsreduktion und Herstellung bindender Entscheidungen als zentrale Funktionen des polit. Systems. Die Ausarbeitung und der Erlaß solcher Entscheidungen fällt innerhalb dieses Systems der → Verwaltung zu, während die Politik die für die Verwaltungsentscheidungen notwendige Legitimation beschaffen muß, und zwar als generelle, unstrukturierte, nicht auf eine bestimmte Entscheidung abhebende Zustimmung. Auf diese Weise wird die Verwaltung von polit. Funktionen entlastet und für eine Informationsverarbeitung nach «rein sachlichen, universell anwendbaren Kriterien» freigestellt. P. P. ist daher nur die Festlegung von Entscheidungsprämissen. Politik entscheidet, wenn sie plant und programmiert, über Entscheidungen, aber sie trifft diese Entscheidungen nicht.

(3) → Inkrementalismus: Ausgangspunkt ist hier die Auseinandersetzung mit einem rationalen oder «synoptischen» Modell der Entscheidungsfindung. Die Vorstellung, daß es in der Politik möglich sei, wie im rationalen Modell unterstellt, Ziele (Zwecke) des polit. Handelns umfassend und längerfristig festzulegen, dann sämtliche denkbaren Strategien (Mittel) zur Erreichung dieser Ziele zu ermitteln und zu bewerten und schließlich die für die Erreichung beste Strategie auszuwählen, wird als sowohl empirisch unhaltbar wie normativ unerwünscht abgelehnt. Als realistisch und einer pluralistischen Gesellschaft adäquat wird dagegen das inkrementalistische Modell des «Sich-Durchwurstelns» (*muddling through, Lindblom* 1959) angesehen, bei dem Entscheidungen sich am *Status quo* orientieren, nur jeweils kleine Verbesserungen angestrebt werden und eine Vielzahl von Entscheidungsträgern in einem Prozeß des Aushandelns polit. Zwecke an vorhandene Mittel anpassen. Nur durch diese Form der unkoordinierten, schrittweisen

polit. Problemlösung kann die Zustimmung der Betroffenen gewährleistet werden und werden die menschlichen und gesellschaftl. Möglichkeiten, Informationen aufzunehmen und zu verarbeiten, nicht überfordert. Auch Politik sollte nach dem Prinzip des *trial and error* verfahren, wie schon im Konzept des *piecemeal social engineering* und der → Offenen Gesellschaft ausgeführt (*Popper* 1957; *Tenbruck* 1972).

(4) Politökon. Planungstheorie: P. P. gilt hier ganz allg. als staatl. Aktivität neuer Qualität und/oder auf erweiterten Politikfeldern. Sie definiert sich weniger durch neue Methoden, Instrumente und Organisationsformen staatl. Handelns, als vielmehr durch die Übernahme von Aufgaben durch den Staat, die vorher mit nichtstaatl. Mechanismen erfolgten. Sie ist ein Moment der Veränderung des Verhältnisses von Staat und Gesellschaft, insbes. von Staat und Wirtschaft, und bezeichnet eine grundsätzliche Veränderung des gesellschaftl. Regulierungssystems. Diese auf der institutionellen Ebene des Staates sich vollziehende Entwicklung ist erklärbar durch Veränderungen der Produktion und der Produktionsveränderungen der spätkapitalistischen Gesellschaft, die wiederum die Erfolgsbedingungen p. P. systematisch begrenzen (*Hirsch* 1974; *Offe* 1972).

3. Generalisiert man, so waren es v. a. die Erfahrungen des II. Weltkrieges, die keynesianische Wirtschaftstheorie und Forderungen nach innenpolit. Reformen, die in den westl. → Industriegesellschaften die praktische Bedeutung der P. P. bestimmt haben. So ist z. B. in den USA schon seit dem *New Deal* eine stetige Zunahme staatl. Planungsbemühungen zu beobachten, charakterisiert durch Konzepte wie *Operations Research, Policy Science* und *Systems Analysis*. Die Entwicklung kumulierte Ende der 1960er mit dem anspruchsvollen Versuch, ausgehend vom Verteidigungsbereich und in enger Verbindung mit umfassenden innenpolit. Reformprogrammen der *«New Society»* in der gesamten amerikan. Bundesverwaltung das umfassende, integrierte *«Programming, Planning, Budgeting System»* (PPBS) einzuführen. Auch nach dem schnellen Scheitern dieses anspruchsvollen Konzepts blieben wichtige Elemente der angestrebten Rationalisierung von Politik erhalten und wurden nicht zuletzt auf die Problematik der Entwicklungsländer übertragen (vgl. *Wildavsky* 1973).

In D wurde diese Entwicklung mit einem gewissen Zeitverzug nachvollzogen. Angestoßen durch die Wirtschaftskrise 1966/67 und unterstützt durch den Eintritt der Sozialdemokraten in die Große Koalition wurde p. P. zum Schlüsselbegriff und zentralen Konzept systematischer gesellschaftspolit. Reformen, und zwar als methodisches und organisatorisches Instrument zur formellen und materiellen Rationalisierung des Prozesses der Entscheidungsvorbereitung (vgl. *Ehmke* 1971). Ergebnis war eine enge Verknüpfung mit den Bemühungen um eine umfassende Reform von Regierung und Verwaltung. Die internen Voraussetzungen und Möglichkeiten p. P. wurden die konzeptionelle Klammer der «Projektgruppe Regierungs- und Verwaltungsreform» und des dort entwickelten Konzepts der «aktiven Politik» (*Mayntz/Scharpf* 1973). Die «Planungseuphorie» dieser Zeit war gekennzeichnet durch übertriebene Erwartungen bezüglich der technischen Machbarkeit und der Leistungsfähigkeit der → Globalsteuerung, der mittelfristigen Finanzplanung, der Fachplanung einzelner Ressorts, der längerfristigen Aufgabenplanung mit Hilfe eines Frühkoordinierungssystems bis hin zu Vorstellungen einer umfassenden → Koordination von Fach- und Ressourcenplanungen in einer integrierten Entwicklungsplanung oder sogar einer staatl. Investitionslenkung.

4. Die durch die Ölpreiskrisen der 1970er Jahre beschleunigte Erkenntnis der begrenzten Steuerungsfähigkeit und «Ereignisbeherrschung» des polit.-administrativen Systems führte in der polit. Diskussion schnell zu einer erneuten Abkehr vom Konzept der p. P., auf Euphorie folgte Desillusionierung. Dennoch wird weiter polit. geplant. In der BRD wurden die Systeme der Finanzplanung (Haushaltsplan), der Raumplanung (Regionalpläne, Bauleitpläne) und insbes. die verschiedenen sektoralen Fachplanungen (z. B. Bundesverkehrswegeplan, Krankenhausbedarfsplanung, Schulplanung, Verteidigungsplanung) seit den 1970er Jahren ausgebaut und verfeinert. Nur der Versuch der ressortübergreifenden, Raum, Zeit und Ressourcen

integrierenden Entwicklungsplanung wurde nach ersten Anfängen in den Ländern (Großer-Hessen-Plan, Nordrhein-Westfalen-Programm 1975) praktisch aufgegeben, genauso wie die Erwartungen an die polit. Regulierung der wirtschaftl. Entwicklung mit der Abkehr von der keynesianischen Orthodoxie und dem Erstarken neoliberaler Wirtschaftstheorien erheblich reduziert wurden. Bemerkenswert ist, daß der Begriff P. P. sowohl aus der polit. wie der wiss. Diskussion seit dieser Zeit fast vollständig verschwunden ist. Ersetzt wurde er durch das Konzept der → Politischen Steuerung als absichtsvolle und i. S. der eigenen Ziele erfolgreichen Intervention bzw. als zielstrebige Selbstveränderung des Gemeinwesens (*Mayntz* 1987; *Scharpf* 1989). In der Politikwiss. haben insbes. die Korporatismus- (*Schmitter/Lehmbruch* 1979) und die Föderalismusforschung und -theorie (*Benz* u. a. 1992) zur Klärung der Voraussetzungen und Restriktionen staatl. Interventionen beigetragen (vgl. *Scharpf* 1991), während die *Policy*-Forschung Möglichkeiten und Grenzen staatl. Steuerung im Rahmen zunehmend detaillierter → Politikfeldanalysen, insbes. unter dem Blickwinkel der Implementations- und Evaluationsforschung untersucht hat.

5. Die steuerungstheoretische Erklärungskraft der *Policy*-Forschung ist in letzter Zeit verschiedentlich kritisiert worden, insbes. wurden ihr implizite rationalistische Annahmen, ein daraus folgendes mechanistisches Phasenmodell der Politikformulierung, -implementierung, -evaluierung und ein technokratisches Staatsverständnis vorgeworfen. Verarbeitet wurde diese Kritik durch eine Reihe von analytischen und konzeptionellen Neuorientierungen und durch die Einbeziehung neuerer Ansätze, von denen v. a. die *Policy*-Netzwerk-Analyse, der *Policy-Learning*-Ansatz, die internat. und sektorale → Politikverflechtung und die moderne Organisationstheorie zu erwähnen sind (vgl. *Héritier* 1993). In der grundsätzlichen Debatte über die Möglichkeiten polit. Steuerung gesellschaftl. Entwicklungen stehen sich weiterhin zwei theoretische Positionen gegenüber, die durch *Niklas Luhmann* und *Fritz W. Scharpf* (1989) repräsentiert werden. Während *Luhmann* behauptet, es sei wenig sinnvoll, im Hinblick auf Gesellschaften, polit. Systeme oder Wirtschaftssysteme die Frage der Steuerbarkeit zu stellen, da komplexe Systeme aufgrund des in ihnen vorherrschenden spezifischen binären *Codes* nur in der Lage seien, sich selbst zu steuern, hält *Scharpf* an der prinzipiellen Möglichkeit polit. Gestaltung gesellschaftl. Verhältnisse fest. Allerdings werden diese Steuerungserfolge erkauft durch die Enthierarchisierung der Beziehungen zwischen Staat und Gesellschaft. Wenn polit. Steuerung heute möglich ist, dann nicht durch einen singulären, hierarchisch übergeordneten Akteur «Staat», sondern vielmehr durch Verhandlungssysteme von kollektiven oder korporativen Akteuren. Aus dieser Sicht erfordert die Beantwortung der Frage nach den Möglichkeiten p. P., verstanden als Steuerungs- und Handlungsfähigkeit bezüglich zukünftig wünschbarer Zustände, den Verzicht auf das klassische Konzept des nach außen souveränen und nach innen hierarchisch integrierten Staats der frühen Neuzeit.

→ Handlungstheorien; Kritischer Rationalismus; Marxismus; Materialismus; Politikevaluierung; Rationalitätstheorien; Reform; Reformismus; Staatstheorie der Gegenwart; Staatszentrierte Ansätze; Steuerungstheorien.

Lit.: *Benz, A.* u. a. (Hrsg.) 1992: Horizontale Politikverflechtung, Ffm. *Böhret, C.* 1970: Entscheidungshilfen für die Regierung, Opl. *Böhret, C.* 1975: Grundriß der Planungspraxis, Opl. *Eucken, W.* 1940: Die Grundlagen der Nationalökonomie, Tüb. *Ehmke, H.* 1971: Planung im Regierungsbereich, in: Bulletin des Presse- und Informationsamtes der Bundesregierung, Nr. 187. *Héritier, A.* (Hrsg.) 1993: Policy-Analyse, Opl. *Hirsch, J.* 1974: Staatsapparat und Reproduktion des Kapitals, Ffm. *Kaiser, J. H.* (Hrsg.) 1965: Planung I. Recht und Politik der Planung in Wirtschaft und Gesellschaft, Baden-Baden. *Lindblom, C. E.* 1959: The Science of Muddling Through, in: PAR 19, 79–89. *Luhmann, N.* 1971: Politische Planung, Opl. *Luhmann, N.* 1989: Politische Steuerung: Ein Diskussionsbeitrag, in: PVS 31, 4–9. *Mayntz, R.* 1987: Politische Steuerung und gesellschaftliche Steuerungsprobleme, in: *Ellwein, T.* u. a. (Hrsg.): Jahrbuch zur Staats- und Verwaltungswissenschaft, Bd. 1, Baden-Baden, 89–110. *Mayntz, R./Scharpf, F. W.* (Hrsg.) 1973: Planungsorganisation, Mchn. *Offe, C.* 1972: Strukturprobleme des kapitalistischen Staates, Ffm. *Popper, K. R.* 1957: Die offene Gesellschaft und ihre Feinde, 2 Bde., Bern (engl. 1945). *Ronge, V./Schmieg, G.* (Hrsg.) 1971: Politische Planung in Theorie und Praxis, Mchn. *Schäfers, B.* (Hrsg.) 1973: Gesellschaftliche Planung, Stg. *Scharpf, F. W.* 1973: Planung als politischer Prozeß, Ffm. *Scharpf, F. W.* 1974: Probleme der politischen Aufgabenplanung, in: *Becker, U./Thieme, W.* (Hrsg.): Handbuch der Verwaltung, Heft 2.3, Köln/Bln., 1–20. *Scharpf, F. W.* 1989: Politische Steuerung und politische Institutionen, in: PVS 31, 10–22. *Scharpf, F. W.* 1991: Die Handlungsfähigkeit des Staates am Ende des zwanzigsten Jahrhunderts, in: PVS 32, 621–634. *Schatz, H.* 1974: Politische Planung im Regierungssystem der Bundesrepublik Deutschland, Gött. *Tenbruck, F. H.* 1972: Zur Kritik der planenden Vernunft, Freib./Mchn. *Schmitter, P./Lehmbruch, G.* (Hrsg.) 1989: Trends Towards Corporatist Intermediation, L. *Wildavsky, A.* 1973: If Planning is Everything, Maybe it's Nothing, in: Political Science 4, 127–153.

Werner Jann

Politische Psychologie, Teildisziplin an der Schnittstelle zwischen Psychologie, Soziologie, Verwaltungswiss., Ökonomie und → Politikwissenschaft, welche die Wechselwirkungen zwischen gesellschaftl. vermitteltem individuellen Verhalten und den von Menschen geschaffenen polit. Prozessen und gesellschaftl. Strukturen untersucht. Polit. Prozesse werden grundsätzlich als Ergebnis der sozialen Konstruktion von Wirklichkeit (*Berger/Luckmann* 1966) betrachtet, die unter Einbezug der historischen Perspektive und des «subjektiven Faktors» analysiert werden.

1. Bereits in der Philosophie der Antike wurden vereinzelt Themen bearbeitet, die wir heute dem Bereich der p. P. zuordnen würden. Allerdings drängte sich die Notwendigkeit einer systematischen Untersuchung der Wechselwirkungen zwischen Individualität einerseits und Kollektivität andererseits erst in der zweiten Hälfte des 19. Jh. auf. Durch die Ausdifferenzierung von Gesellschaft, bedingt u. a. durch den Einfluß der → Industrialisierung verbunden mit Verstädterung, dem Übergang von der Groß- zur Kleinfamilie oder Anfängen der → Demokratisierung, begannen alte Normen- und Wertesysteme, kurz: Traditionen, ihre sinnstiftenden und handlungsorientierenden Funktionen zu verlieren. Das hatte zur Folge, daß die → Gesellschaft und ihre Institutionen diese Funktionen übernehmen mußten und daß der einzelne den Wegfall der Kollektivität sowie die Diskrepanz zwischen Individualisierung und Massengesellschaft psycho-sozial verarbeiten mußte. Mit dieser Problematik befaßten sich z. B. *Gustave LeBon* in seiner Studie «La Psychologie des foules» (1895), *V. Pareto* in «Les Systèmes socialistes» (1902), der Elemente «nonlogischer Aktionen» untersuchte und eine Synthese zwischen Wertrelativismus und Sozialrelativismus herstellte, oder *Freud* in seinem Werk «Massenpsychologie und Ich-Analyse» (1921).

Allerdings liegt der eigentliche Beginn der p. P. in der Zeit zwischen den beiden Weltkriegen – bedingt durch Kriegserfahrung und Modernisierungsschub. In den USA waren seinerzeit der Verlust an polit. Loyalität und die Möglichkeiten der kontrollierenden Einflußnahme zentrale Gegenstände der Psychologie. *H. D. Lasswell* (1930) stellte in diesem Zusammenhang die Kontrolle der Kommunikation als wichtigste Kontrollmaßnahme heraus. Er gilt als der erste polit. Psychologe in den USA. In D entstand die p. P. einerseits als Ergebnis der Entwicklung von → Faschismus und → Nationalsozialismus, nämlich als Hilfsmittel, um die faschistische Massenmanipulation voranzutreiben. Andererseits entstand sie als kritische Reaktion auf diese neuen polit. Entwicklungen: so z. B. die Arbeiten zu «Studien über Autorität und Familie» (*Horkheimer* 1936) oder «The Authoritarian Personality. Studies in Prejudice» (*Adorno* u. a. 1950). Nach dem II. Weltkrieg war die Faschismusforschung der primäre Bereich der p. P. mit dem erkenntnisleitenden Interesse, Mechanismen des Faschismus aufzudecken, um Maßnahmen zu entwickeln, die eine Wiederholung der NS-Vergangenheit verhindern können.

2. P. P. ist mehr als die Untersuchung polit. Problemfelder mit den Mitteln der psychologischen Methode und Theorie. Ihr großer Verdienst liegt in der Berücksichtigung der kollektiven und individuellen Subjektivität bei der Erklärung sozialen und polit. Handelns. Genau hier unterscheidet sie sich einerseits von der Sozialpsychologie, die individuelles und Gruppenverhalten aufgrund von intrapersonellen Befindlichkeiten und Mikroprozessen erklärt, jedoch gesamtgesellschaftl. Einflußfaktoren ausklammert, und andererseits von der Politikwiss., die in ihrer Tradition den Einfluß des Subjekts unberücksichtigt läßt. Kurz: Das Feld der p. P. ist die Dialektik zwischen individuellen Mikro- und gesellschaftl. Makroprozessen.

Die p. P. ist in zweifacher Sicht eine wiss. Reaktion auf gesellschaftl. Krisen: Einerseits wurde aufgrund gesellschaftl. Ausdifferenzierung die Planung und Voraussagbarkeit von Verhalten für das → Politische System und dessen Akteure immer schwieriger, was die Erforschung von → Wählerverhalten, → Parteienverdrossenheit, sozialem und polit. Wandel, → Terrorismus oder Oppositionsbewegungen erforderte. In diesem Bereich sind polit. Psychologen auch politikberatend tätig. Andererseits etablierte sich die kritische Wiss. als «Wiss. von unten», deren Erkenntnisinteresse die Kritik am *Status quo* sowie am Handeln polit. Verantwortlicher ist. *M. Horkheimer* hat bereits 1932 die p. P. als Krisenwiss., heute noch zutreffend, folgendermaßen beschrieben: «Je weniger das Handeln aber der Einsicht in die Wirklichkeit entspringt, ja dieser Einsicht widerspricht, desto notwendiger ist es, die irrationalen, zwangsmäßig die Menschen bestimmenden Mächte psychologisch aufzudecken» (*Horkheimer* 1968, Bd. I: 20).

Das Themenspektrum der p. P. ist breit: so z. B. Faschismusforschung, der Umgang der Deutschen mit ihrer Vergangenheit, polit. Führer, polit. Beeinflussung und Manipulation, Medienforschung, Wahlforschung und Wählerverhalten, → Politische Kultur, Technologiefolgenabschätzung, Mensch und → Umwelt, psychologische Dimensionen der Kriegsursachenforschung, Militarismus, Angst und polit. Apathie. Darüber hinaus ist der Bereich der «Psychologie des Friedens» ein wichtiges Forschungsfeld. Arbeiten dazu wurden v. a. nach Kriegen (Weltkriege), während der Kriege (Vietnamkrieg) oder in Antizipation von Kriegen geschrieben: Während der 1980er Jahre entstanden viele Arbeiten zu Kriegsangst, atomarer Kriegsgefahr, Psychologie der Abschreckungslogik. Selbstredend stand auch die p. P. unter dem Zeichen des → Ost-West-Konflikts, weshalb → Internationale Beziehungen (*Birckenbach* 1988) und Feindbilder zwischen Staaten (*Frei* 1985) unter dem Blickwinkel der p. P. untersucht wurden. Nicht aber die Themen sind das Spezifische der p. P., sondern das o. g. Erkenntnisinteresse und die zugrundegelegte Methodologie.

3. Die Methodologie ist die der einzelnen wiss. → Methode übergeordnete Wissenschaftstheorie, aus welcher sich die Bevorzugung der einen oder anderen Methode in den meisten Fällen ableitet. Es gibt in der p. P. keine einheitliche Methodologie; hier unterscheiden sich die unterschiedlichen Schulen. Demzufolge ist auch innerhalb der p. P. die gesamte Bandbreite der üblichen sozialwiss. Methoden vorzufinden.

Gibt es in der Politikwiss. die traditionelle Trias der Metatheorien – normativ-ontologisch, empirisch-analytisch, kritisch-dialektisch –, so gibt es im Bereich der p. P. das «Traditionelle Wissenschaftsverständnis», die «Kritische Psychologie», die «Kritische Theorie des Subjekts» (*Moser* 1979). Die dem kritischen Rationalismus nahestehenden Vertreter des «Traditionellen Wissenschaftsverständnisses» (*W. Jacobsen, Th. Herrmann*) erkennen nur die Theorienformulierung und -überprüfung (Begründungszusammenhang) als wiss. an, nicht aber den Entdeckungs- und Verwertungszusammenhang, den sie als moralisierend und subjektivistisch bezeichnen. Diese Wissenschaftsauffassung provozierte die Kritik der Vertreter der «Kritischen Psychologie»: «Ein positivistisches Selbstverständnis der nomologischen Wiss. leistet vielmehr dem Ersatz aufgeklärten Handelns durch Technik Vorschub» (*Habermas* 1971: 350). Die «Kritische Psychologie» stellt im Ggs. dazu den Entdeckungs- und Verwertungszusammenhang in den Vordergrund. Ihre Vertreter (z. B. *K. H. Braun; K. Holzkamp*) kritisieren «unkritische» Forschung, da diese zur Entmündigung des Menschen und zur Aufrechterhaltung von Herrschaft beitrage. Vielmehr müsse die Wiss. normativ, d. h. herrschaftskritisch sein. Die Grundlage dafür ist die historisch-materialistische Gesellschaftstheorie. Die «Kritische Theorie des Subjekts» steht in der Tradition der «Frankfurter Schule» und geht über den Ansatz der «Kritischen Psychologie» hinaus, die aus dieser Sicht das Subjekt zugunsten der gesamtgesellschaftl. Analyse vernachlässige. Die Vertreter dieser Richtung (z. B. *K. Horn; A. Lorenzer*) verbinden Marxismus und Psychoanalyse, um der «Subjektivierung gesellschaftl. Probleme» gerecht zu werden, wobei beide Theorien in grundlegend kritisierter und damit auch abgeänderter Form in die «Kritische Theorie des Subjekts» eingearbeitet werden. Auch schließt diese Forschungsrichtung die ständige Selbstreflexion des Wissenschaftlers mit ein: seinen Handlungsbezug, seine Subjektivität, seine Ziele. Mit Nachdruck werden naturwiss. Methoden abgelehnt, da menschliches Bewußtsein und Handeln nur mittels der interpretativen Methode, der Hermeneutik, analysiert werden könnten.

Verbunden mit diesen unterschiedlichen Auffassungen gibt es in der p. P. auch den «Methodenstreit». Der amerikan. p. P. wird vorgeworfen, zu behavioristisch orientiert zu sein, weshalb diese sozialstrukturelle Einflußgrößen ausblende. Oder quantitativ angelegten Untersuchungen wird entgegengehalten, daß sie sich durch ihre «(1) Nähe zum Betrieb, (2) Verwandtschaft mit dem Geist der Administration, (3) Neigung zum Moralisieren und Anthropologisieren, (4) Geschichts-, Gesellschafts- und Subjektblindheit» auszeichnen (*König* 1988, 39). Diese Kritik findet ihr Pendant in der Gegenkritik, die den Hermeneutikern vorwirft, daß ihre Untersuchungen zu wenig wiss., zu subjektiv und damit nicht überprüfbar seien. Insgesamt unterscheidet sich die p. P. bezüglich des Methodenpluralismus und der damit zusammenhängenden Auseindersetzungen in nichts von anderen sozialwiss. Bereichen.

4. Die p. P. als transdisziplinärer Ansatz hat sich inzwischen zwar in Form von Sektionen in den entspr. Berufsvereinigungen oder im Rahmen der «*International Society of Political Psychology*» organisatorisch etabliert, aber sie wird nur an wenigen Fachbereichen gelehrt, da sie nach wie vor lediglich als Unterbereich der Psychologie bzw. der Politikwiss. betrachtet wird. Doch ihr Beitrag – insb. die Analyse des Subjekts – ist unverzichtbar, soll polit. Handeln nicht nur teilweise verstanden werden. Doch auch die p. P. ist gefordert, sich mit völlig neuen polit. Rahmenbedingungen und damit einer gründlichen Überarbeitung ihrer Theoriebildung zu befassen.

So ergeben sich neue Themen durch die Transformation des Ost-West-Konflikts und den damit verbundenen polit. und sozialen Wandel in den entspr. Regionen, der den Menschen die völlige Umorientierung und deren psycho-soziale Verarbeitung abverlangte und weiterhin abverlangt (*Maaz* 1990). Oder man betrachte weltweit neue (alte) ethnonat. Konflikte; die Bildung einer neuen Weltordnung, mit der ein neuer Chauvinismus und → Nationalismus entstehen mag; die Tatsache, daß → Kriege wieder führbar werden. Besondere Relevanz bekommt die p. P. erneut in einem ihrer angestammten Felder: der Antisemitismus- (*Rensmann* 1998), der Faschismus- und der Rechtsextremismusforschung (*Dollase* 1999). Diese Politik- und Problemfelder lassen sich nur analysieren unter Berücksichtigung der psycho-sozialen Einflußgrößen der Subjektivität von Kollektiven und konkreten Akteuren.

Lit.: *Adorno, T.* u. a. 1950: The Authoritarian Personality. (dt. 1973), NY. *Berger, P./Luckmann, Th.* 1966: Die gesellschaftliche Konstruktion der Wirklichkeit, Ffm. *Birckenbach, H.-M.* 1988: Die Überwindung von Feindschaft im Ost-West-Konflikt – zur politischen Psychologie einer Streitkultur. *Busch, H.-J.* 1999: Politische Psychologie, Gießen. *Dollase, R.* 1999: Politische Psychologie der Fremdenfeindlichkeit: Opfer, Täter, Mittäter, Weinheim. *Frei, D.* 1985: Feindbilder und Abrüstung. Die gegenseitige Einschätzung der UdSSR und der USA, Mchn. *Habermas, J.* 1971: Erkenntnis und Interesse, in: *Albert, H./Topitsch, E.* (Hrsg.): Werturteilsstreit, Darmst., 334–352. *Horkheimer, M.* 1968: Geschichte und Psychologie, in: *Horkheimer, M.*: Kritische Theorie. Eine Dokumentation (2 Bde.; hrsg. von A. Schmidt), Ffm. *Horkheimer, M.* (Hrsg.) 1936: Studien über Autorität und Familie, Paris. *Horn, K.* 1988: Gewalt – Aggression – Krieg. Studien zu einer psychoanalytisch orientierten Sozialpsychologie des Friedens, Baden-Baden. *Horn, K.* 1989: Politische Psychologie (hrsg. von H.-J. Busch), Ffm. *König, H.* (Hrsg.) 1988: Politische Psychologie heute (Leviathan-Sonderheft 9), Opl., 36–52. *Klingemann, H.-D./Kaase, M.* (Hrsg.): Politische Psychologie (PVS Sonderheft 12), Opl. *Lasswell, H. D.* (1930) 1966: Psychopathology and Politics. *Maaz, H.-J.* 1990: Der Gefühlsstau. Ein Psychogramm der DDR, Bln. *Moser, H.* (Hrsg.) 1979: Politische Psychologie, Weinheim/Basel, 19–52. *Moser, H.* 1999: Sozialisation und Identitäten – politische Kultur im Umbruch?, Norderstedt. *Lippert, E./Wakenhut, R.* (Hrsg.) 1983: Handwörterbuch der Politischen Psychologie, Opl. *Rensmann, L.* 1998: Kritische Theorie über den Antisemitismus, Bln.

Ulrike C. Wasmuth

Politische Rationalität → Ökonomische Theorie der Politik; Rationalismus

Politische Sozialisation (von lat. *socialis* = gesellig, bundesgenössisch), Sozialisation bezeichnet soziale Prozesse, durch die der Mensch die → Normen, → Werte, Regeln, Einstellungen, Denk- und Verhaltensmuster der Gruppe und Gesellschaft kennen- und übernehmen lernt, in die er hineingeboren wurde. Einerseits muß das Individuum Traditionen internalisieren, um überleben zu können, andererseits gibt es die Möglichkeit der individuellen Entäußerung (Externalisierung). Ziel einer gelungenen primären und sekundären Sozialisation sollte die ausbalancierte Ich-Identität sein, die in der Lage ist, sich sowohl anzupassen als auch sich und die eigenen Interessen einzubringen und durchzusetzen.

Die p. S. umfaßt einen wesentlichen Teilbereich dieses lebenslangen Lernprozesses: die Interaktion zwischen Individuum und dem Politischen des sozialen Lebens, wozu neben der polit. Organisation und Struktur des Staates auch polit. Einstellungs- und Verhaltensmuster der nächsten Bezugspersonen und -gruppen zählen. Es gibt unterschiedliche Aspekte p. S., was sich auch in der Schwerpunktsetzung entspr. Forschungsarbeiten niederschlägt, die Art und Funktion p. S., den Prozeß dieses lebenslangen Lernens oder die Orte, Akteure und Instanzen der p. S. untersuchen. Grund für eine Kontroverse war und ist die Rolle der Familie für die p. S. der Mitglieder einer Gesellschaft: Ging man früher von der «Allmacht der Familie» aus, so wurde diese Prämisse später, insbes. in den 1960er Jahren, relativiert. Die Erforschung polit. Soziologie birgt eine Verantwortung in sich: Ziel sollte der polit. mündige Mensch sein, der aufgrund von Ich-Stärke neben Anpassungs- auch polit. Innovationsleistungen übernehmen kann – eine grundlegende Voraussetzung für nicht nur formal-demokratische Strukturen einer Gesellschaft, eines Staates.

→ Familienpolitik; Internalisierung; Politische Kultur.

Lit.: *Almond, G./Verba, S.* 1980: The Civic Culture Revisited, Boston. *Claußen, B./Geißler, R.* (Hrsg.) 1994: Die Politisierung des Menschen. Instanzen der polit. Sozialisation. Ein Hdb., Opl. *Hurrelmann, K./Ulrich, D.* (Hrsg.) 1991: Neues Hdb. der Sozialisationsforschung, Weinheim. *Hyman, H.* 1959: Political Socialisation, NY.

Ulrike C. Wasmuth

Politische Soziologie, wiss. Teilgebiet zwischen Soziologie und → Politikwissenschaft. Sie befaßt sich mit der Beziehung zwischen → Staat und → Gesellschaft, wobei die klassische Frage die nach den gesellschaftl. Bedingungen polit. Ordnungen und polit. Handelns ist. Man kann aber auch umgekehrt nach den gesellschaftl. Folgen staatl. Regelungen fragen.

Der ersten Fragestellung ist z. B. die marxistische Soziologie zuzurechnen, die sich, wie bei *Marx* angelegt, mit der Ableitung staatl. Herrschaftsformen aus der Entwicklungslogik der Klassenverhältnisse beschäftigt. Zur umgekehrten Fragestellung gehören z. B. Sozialstaatsanalysen, die die Entstehung von Klassenlagen nicht nur als Folge von Marktkräften, sondern wesentlich auch als Folge staatl. geregelter Transferzahlungen verstehen (vgl. z. B. den Begriff der Versorgungsklasse). Eine dritte Fragestellung betrifft die Vermittlungsinstitutionen und -organisationen zwischen → Staat und Gesellschaft in der Form der → Parteien, der → Interessenverbände und der → Sozialen Bewegungen. Alle bisher aufgeführten Fragestellungen werden auch in der modernen P. S. mit den geisteswiss. Methoden der Bildung von → Idealtypen und des historischen und internat. Vergleichs komplexer Akteurs- und Institutionen-Konstellationen behandelt. Sie werden untersucht auf der Makroebene gesamtgesellschaftl. Zusammenhänge wie auf der Mesoebene mittlerer Aggregation und Abstraktion bzw. Reichweite. Die Fragestellungen der P. S. werden aber insbes. auch auf der Mikroebene individuellen Verhaltens analysiert. Tatsächlich spielte die P. S. u. a. für die Politikwiss. eine gewisse Vorreiterrolle bei der verhaltenswiss. Reorientierung in Bereichen wie der Wahlsoziologie. Auch in der Eliteforschung wurde sehr früh mit Umfragedaten gearbeitet, die mit quantitativen statistischen Methoden ausgewertet werden mußten.

Die Methoden der P. S. sind die der → Sozialwissenschaften im allg. und die der → Empirischen Sozialforschung im besonderen. Im Zusammenhang mit bestimmten inhaltlichen Fragen wurden dabei bestimmte methodische Schwerpunkte entwickelt: (a) Methoden der → Skalierung im Bereich der Erfassung polit. Einstellungen und polit. Verhaltens; (b) statistische Auswertungsmethoden wie → Regressionsanalysen, log-lineare Verfahren oder → Pfadanalysen zur Voraussage der Wahlentscheidung; (c) Methoden der → Netzwerkanalyse in der Eliteforschung.

→ Behavioralismus; Geisteswissenschaften; Messen/Messung; Wahlforschung.

Lit.: *Bartolini, S.* 2000: The Political Mobilization of the European Left, 1860–1980, Camb. *Dahrendorf, R.* 1965: Gesellschaft und Demokratie in Deutschland, Mchn. *Duverger, M.* 1959: Die politischen Parteien, Tüb. *Horowitz, I. L.* 1999: Behemoth: Main Currents in the History and Theory of Political Sociology, New Brunswick. *Inglehart, R.* 1989: Kultureller Umbruch. Wertwandel in der westlichen Welt, NY. *Kaase, M./Newton, K.* 1995: Beliefs in Government, Ox. *Kitschelt, H.* 1994: The Transformation of European Social Democracy, Camb. *Klingemann, H.-D./Fuchs, D.* (Hrsg.) 1995: Citizens and the State, Ox. *Knoke, D.* 1990: Political Networks, Camb. *Lipset, S. M.* ²1983: Political Man: The Social Bases of Politics, L. *Pappi, F. U./König, T./Knoke, D.* 1995: Entscheidungsprozesse in der Arbeits- und Sozialpolitik, Ffm./NY. *Putnam, R. D.* 1993: Making Democracy Work, Princeton. *Rokkan, S.* 2000: Staat, Nation und Demokratie in Europa. Die Theorie Stein Rokkans aus seinen gesammelten Werken rekonstruiert und eingeleitet von P. Flora, Ffm. *Skocpol, T.* 1979: States and Social Revolutions, Camb. *Van Deth, J./Scarbrough, E.* (Hrsg.) 1995: The Impact of Values, Ox.

Franz Urban Pappi

Politische Steuerung, allg. der auf sachlich-technische Dimensionen reduzierte Prozeß polit. Herrschaftsausübung; der Begriff der Steuerung konkurriert damit tendenziell mit dem Begriff → Regieren. In einer weiten → Definition bezieht sich p. S. auf die positive, (Daseins-)Risiken vermeidende oder kompensierende und Wohlstand mehrende Gestaltungsaufgabe moderner Staaten.

Aktiv kann p. S. dabei als zielgerichtete und zweckorientierte, d. h. polit.-absichtsvolle Gestaltung sozialer und wirtschaftl. Gegebenheiten definiert werden. Zur passiven Aufgabenbewältigung oder -abweisung werden auch Entlastungsstrategien, wie z. B. die Dezentralisierung polit. Aufgaben an untere staatl. Ebenen oder die → Privatisierung (mit dem Ziel die Ansprüche an den → Staat zu reduzieren), eingesetzt (→ Regierbarkeit).
Im Zentrum politikwiss. Forschung stehen der Staat bzw. die Regierungen, die aufgrund äußerer (z. B. sozialer, ökon.) Anlässe oder innerer (z. B. partei-, interessen-, machtpolit.) Kalküle polit. tätig werden. Bei der Vorbereitung und Ausführung polit. Entscheidungen üben die staatl. → Bürokratien wichtige Teilfunktionen p. S. aus. Weiterhin kommt den Verbänden und → Interessengruppen erhebliche Bedeutung zu, weil sie sowohl auf die polit. Agenda und die konkreten Inhalte der Regierungspolitik Einfluß nehmen als auch bei der Umsetzung polit. Maßnahmen (z. B. den Gesetzen und Verordnungen) in konkrete materielle Ergebnisse z. T. erheblichen Einfluß geltend machen. Systematisch ist daher zwischen der Steuerungsfähigkeit des zentralen polit. → Akteurs (i. d. R. Regierungen) und der Steuerbarkeit der Adressaten (z. B. den Interessengruppen) zu unterscheiden.

→ Politikfeldanalyse; Politische Planung; Selbststeuerung; Staatstheorie; Steuerungstheorien; Systemtheorie.

Lit.: *Görlitz, A./Burth, H.-P.* (Hrsg.) [2]1998: Politische Steuerung, Opl. *Héritier, A.* (Hrsg.): 1993: Policy-Analyse, Opl. *Mayntz, R.* 1987: Polit. Steuerung und gesellschaftliche Steuerungsprobleme. Anmerkungen zu einem theoretischen Paradigma, in: *Ellwein T.* u. a. (Hrsg.): Jb. zur Staats- und Verwaltungswissenschaft, Bd. 1, 89–110. *Scharpf, F. W.* 1989: Polit. Steuerung und Polit. Institutionen, in: PVS 30, 10–21. *Voigt, R.* (Hrsg.) 1995: Der kooperative Staat, Baden-Baden. *Willke, H.* 1992: Ironie des Staates, Ffm. *Willke, H.* 1997: Supervision des Staates, Ffm.

Klaus Schubert

Politische Symbolik → Symbolische Politik

Politische Theorie. I. Politikwiss. ist im Vergleich zu anderen Sozialwiss. relativ wenig theoriebeladen. Es ist kein Zufall, daß neue theoretische Ansätze in den 1960er Jahren aus den Nachbardisziplinen kamen: → Systemtheorie, → Kybernetik, → Hermeneutik, → Strukturalismus, → Funktionalismus sind nicht von Politologen entwickelt worden, sondern von ihnen nur mit einer gewissen Verspätung rezipiert worden. Nicht nur genetisch, sondern auch methodisch steht die Politikwiss. noch immer weitgehend zwischen stark generalisierenden Vorgehensweisen, wie sie in der Soziologie dominieren, und der individualisierenden Methode der Historiker oder der kasuistischen Methode der Juristen, die v. a. im *Policy*-Bereich sogar wieder an Gelände gewinnt. Als Formen der Abstraktion sind die selektive → Deskription neben der → Typologie und schließlich der Systemanalyse in der politikwiss. Forschung nebeneinander akzeptiert worden (*Apter* 1977: 27).

In immer neuen Wellen gab es im Fach Politikwiss. Bestrebungen, Politik zur Wiss. nach naturwiss. Vorbild zu erheben. Die → Differenzmethode des Vergleichs ist schon von *J. S. Mill* (1959: 256) im 19. Jh. als eine Methode des künstlichen Experiments aufgefaßt worden, das im Bereich sozialer Vorgänge wenig anwendbar ist. Die → Konkordanzmethode wird daher nicht zufällig viel häufiger angewandt, weil Experimente in der Politikwiss. allenfalls im Mikrobereich möglich sind. Die Bewegung für eine *New Science of Politics* in der Chicago-Schule, der → Behavioralismus, der → Kritische Rationalismus haben Impulse gegeben, aus der polit. Theoriebildung exakte wiss. → Theorie (T.) zu machen. Der Kritische Rationalismus will deduktiv vorgehen und sich hauptsächlich der Theorieüberprüfung widmen. Der rigorose Falsifikationismus hat sich jedoch vielfach als unfruchtbar erwiesen (→ Falsifikation). Der Behavioralismus – vielfach zu Unrecht mit dem, was salopp als

«Neo-Positivismus» bezeichnet wird, identifiziert – ist empirienäher und eher induktiv orientiert (*Falter* 1982: 185). Seine T. enden i. d. R. als Bereichstheorien. Zu T. über gesamte → Politische Systeme stoßen eher deduktiv-empirische Ansätze, funktionalistische T. oder die T. der dialektischen Schule mit zahlreichen Varianten vor.
Innerhalb des *mainstream* der Wissenschaftler, die sich empirisch-analytisch verstehen, gibt es zwei Haupttraditionen in bezug auf die angestrebte Ansatzhöhe, die man mit den beiden Soziologen *Emile Durkheim* und *Max Weber* veranschaulichen kann. Der erste → Ansatz führt eher zur Modellbildung mit starkem Interesse an → Prognosen, der zweite Ansatz eher zur Typologie, die mehr historische Komplexität in ihren theoretischen Aussagen bewahrt (*von Beyme* 1984). Da die metatheoretische Forschung stark ausdifferenziert ist und allenfalls von einigen Spezialisten in den Sozialwiss. verfolgt wird, gibt es unterschiedliche Mischungsverhältnisse der Ansätze in der polit. Theoriebildung. Ein Teil der Empiristen vertritt nach wie vor eine instrumentalistische Auffassung von T., in der T. als Werkzeuge der Erkenntnisse aufgefaßt werden, im Ggs. zur realistischen Theorieauffassung *Poppers* und seiner Schule.

II. Ansatzhöhe und → Methode sind anders als die zugrundegelegte T. instrumentell und können dem Gegenstand angemessen ausgewählt werden. Der Pluralismus der Methoden ist unverzichtbar. Anders als beim Pluralismus der T. und metatheoretischen Positionen kann der Pluralismus der Methoden auch innerhalb eines Versuchs der Theoriebildung zum Tragen kommen.

In der modernen sozialwiss. Theoriebildung wird zunehmend zwischen T. und Methode unterschieden, obwohl einige Denkansätze – wie der Funktionalismus oder die dialektischen T. – immer wieder dazu neigen, beides zu vermischen. T. und Methode sind aufeinander angewiesen. Eine T. ohne methodische Überprüfung und Erweiterung bleibt nutzlos, eine Methode ohne T., welche die Entscheidung über den sinnvollen Einsatz von Methoden lenkt, bleibt steril. Methoden wirken auf die Theoriebildung zurück, aber die beschränkte Anzahl der Methoden in der Politikwiss. hat eine gewisse Unabhängigkeit gegenüber der Vielzahl von T., deren Gültigkeit von relativ wenigen Methoden überprüft werden muß. T. müssen falsifizierbar sein, und sie sind mit ihrer Falsifikation erledigt. Methoden sind durch die Falsifikation von T., die sie hervorgebracht haben, vielleicht diskreditiert, aber keineswegs verworfen, da eine Methode nacheinander und nebeneinander gleichzeitig viele T. erzeugen kann (*N. Luhmann*).

III. Der Wandel von T. vollzieht sich nicht beliebig. Er ist auch von außerwiss. Faktoren beeinflußt. Die generellste Erklärung des Theoriewandels erklärt den Wandel mit dem Wandel des → Paradigmas, das der Wiss. zugrunde liegt. Paradigma wird von *Kuhn* (1976: 187) definiert als «das, was den Mitgliedern einer wiss. Gemeinschaft gemeinsam ist», eine «Konstellation von Meinungen, Wertungen und Methoden». Die Konflikte zwischen den metatheoretischen Positionen in den Sozialwiss. haben den Blick dafür geschärft, daß die Frage nach dem Fortschritt in der Wiss. nicht als Prozeß der Kumulation erfaßt werden kann, wie der Kritische Rationalismus mit seiner *Trial-and-error*-Methode nahelegt.

Die Dynamik des Theoriewandels ist für die Sozialwiss. bisher kaum erforscht worden. Soweit es um die ideologischen Grundlagen der Metatheorien ging, hat man versucht, Wellen der Theoriebildung auf der Grundlage von → Generationen herauszuarbeiten. Nach der Durchsetzung einer Lehre kommt es zur Entzweiung der Flügel und nach Entideologisierungsbestrebungen zu einer neuen Generationsrevolte (*Feuer* 1978). Für die wiss. Theoriebildung i. e. S. kann diese → Dialektik des Ideologiewandels wenig erklären, und sie ist auf sie bisher auch nicht systematisch angewandt worden. Die Politikwiss. ist zudem als Wiss. zu jung, um schon sinnvolle Generalisierungen zu ermöglichen. Die Darstellungen der Geschichte der Politikwiss. haben entw. mit den konkreten polit. Ereignissen in dem betreffenden Land argumentiert (*Kastendiek* 1977: 245) oder ziehen sich auf eine vage Generationenhypothese zurück.

T. S. Kuhn relativiert den wiss. Fortschrittsgedanken und versucht zu zeigen, daß die Entwicklung nicht rational und kumulativ vor sich geht, sondern in Revolutionen. Das eigentlich Studierenswerte an der Geschichte einer Wiss. ist danach weniger die Konkurrenz der T. als der Kampf der Paradigmen, wenn plötzlich – als Antwort auf Krisen, die von den herkömmlichen und etablierten T. nicht mehr geistig gemeistert werden können – eine neue Weltanschauung aufkommt. Mit dem älteren Falsifikationismus im Kritischen Rationalismus teilt *Kuhn* noch die Annahme, daß überholte T. gleichsam zu den Akten gelegt werden. Das siegreiche Paradigma versucht sich jedoch eher kraft wissenschaftspolit. Machtpositionen als durch bloße intellektuelle Überzeugungskraft als Sieger zu definieren und das unterlegene Paradigma zu eliminieren. Kritische Rationalisten, die den Pluralismusgedanken *Poppers* ernst nehmen, haben an diesem Punkt ihre Bedenken angemeldet und lassen einen Minderheitenschutz für die unterlegenen Paradigmen zu: «Um sich bewähren zu können, müssen Theorien zunächst bewahrt werden», und: «Durch das pluralistische Bewahrungsprinzip soll der Mord an vielversprechenden neugeborenen Ideen verhindert werden, um den vorläufig unterlegenen Standpunkten die Chance zu erhalten, den Wettbewerb schließlich doch noch zu gewinnen» (*Spinner* 1974: 91). In *P. Feyerabends* (1976) anarchistischer Erkenntnistheorie schließlich kommt es sogar zur Forderung nach Gleichberechtigung für jede *prima vista* absurd erscheinende Lehre, auch wenn sich die Mehrzahl der Konfliktgegner im Paradigmenstreit über die «Unwissenschaftlichkeit» einer T. einig zu sein scheint.

Der Paradigmenbegriff, der zu einer Erforschung der sozialen Grundlagen des Wissenschaftsfortschritts beitragen sollte, erscheint bisher allzu vieldeutig. Die Parallele zu *K. Mannheims* vager Kategorie der «Denkstile» drängt sich auf (*Ludz* 1978: 218). Das Verhältnis von Paradigma und T. bleibt weitgehend ungeklärt. Der Fall, daß eine T. das umfassende Phänomen darstellt, innerhalb dessen mehrere Paradigmen verschiedene Bilder für das Explanandum bereitstellen, ist nicht vorgesehen (*Hondrich/Matthes* 1978: 315). Es wird gerade in der Politikwiss. die polit. Dimension der sozialen in der Erforschung der Theoriedynamik hinzugefügt werden müssen.

Machiavelli und *Hobbes* haben *Aristoteles* nicht im gleichen Maß «überholt» wie *Kopernikus* das Ptolemäische Weltbild. Der Aristotelismus in der polit. T. hatte ein zähes Weiterleben, z. T. durch die Macht abgestützt. Auch die Konflikte der 1960er und 70er Jahre in der dt. Politikwiss. zeigten, daß ein Paradigmenwechsel administrativ behindert werden kann. Das Bündnis der alten Erzfeinde «Normativisten» und «Neo-Positivisten» unter dem Druck des Neo-Marxismus hat in den Fakultäten und in der Hochschulpolitik ein anscheinend unterliegendes Paradigma am Leben halten können.

Wenn die *Kuhn*sche These richtig ist, haben Theorievergleiche, um die sich die dt. Soziologie zunehmend bemüht, eigentlich keinen Sinn. Paradigmen stehen sich fremd und gesprächsunbereit gegenüber. *De facto* zeigt sich jedoch, daß die wirklich angewandten Methoden und ihre Ergebnisse viel mehr Übereinstimmungen – bis in die Relevanz- und Beurteilungskriterien hinein – aufweisen, als die von den Vordenkern der jeweiligen metatheoretischen Position proklamierten Grundsätze vermuten lassen. Nach ersten konfliktreichen Jahren, die der *Kuhn*schen These ähnlich sahen, ist zu bestreiten, daß sich die T. weiter gleichsam sozialdarwinistisch zueinander verhalten und die siegreiche nicht rastet, ehe alle anderen ausgerottet sind. Paradigmen bewegen sich nach Zeiten nutzloser Streitereien auch häufig aufeinander zu und befruchten einander trotz sattsamen Aneinandervorbeiredens wie im Positivismusstreit, in der *Habermas-Luhmann*-Debatte oder in der frz. Kontroverse zwischen Strukturalisten und Marxisten.

Stärker auf die Konstanten der Theoriebildung hebt ein Ansatz ab, der die alte soziologische Debatte um die Denkstile fortführt. *J. Galtung* (1983) etwa hat vier dominante intellektuelle Stile in den Sozialwiss. unterschieden. Um sie nicht allzu sehr mit einzelnen Ländern zu identifizieren, sind ihnen verfremdete Namen gegeben worden: «saxonisch», «teutonisch», «gallisch» und «nipponisch». Außer dem letzten Typ umfassen alle mehrere Länder. Der gallische Stil wird für die romanischen Länder schlechthin für typisch erklärt. Der teutonische Stil scheint nicht nur in den deutschsprachigen Ländern zu überwiegen, sondern breitete sich aufgrund kultureller Einflüsse seit dem 19. Jh. und marxistischer Denkweisen nach dem Krieg in ganz Osteuropa aus. *Galtung* sah in diesen Stilen → Idealtypen, nicht deskriptive empirische Kategorien. Die Typologie intellektueller Stile könnte als weitere Modifikation dieser These benutzt werden, weil sie Konstanten im Verhalten von Wissenschaftlern und in der Theoriebildung annimmt, die nur selten einem revolutionären Paradigmawandel ausgesetzt sind.

Wendet man *Galtungs* Typen auf die Politikwiss. an, so gibt es kein angelsächsisches Muster mit allen Aspekten, die *Galtung* erwähnt. Die USA und GB sind v. a. in der Interaktion von Sozialwiss., Gesellschaft und Politik ziemlich unterschiedlich. Trotz einer gewissen Neigung zur Vorherrschaft des deduktiven Denkens in D und in der damaligen Sowjetunion hatten beide Länder im Wissenschaftsstil im übrigen nur wenig gemeinsam. → Sozialismus und → Marktwirtschaft erklärten die Varianz. Auch die drei wichtigsten romanischen Länder, Frankreich, Italien und Spanien, zeigen starke Abweichungen aufgrund unterschiedlicher historischer Traditionen. Dennoch sind diese Idealtypen nicht wertlos bei der Suche nach dem Einfluß außerwiss. Faktoren, welche die Theorieentwicklung im Fach Politikwiss. in verschiedenen Systemen mitgeprägt haben. Die wichtigsten von ihnen sind: (a) der Einfluß langfristiger polit. Trends auf die Theoriebildung, v. a. in der Mobilisierungsphase der 1960er und 70er Jahre; (b) institutionelle Faktoren wie das Erziehungssystem, in dem die Disziplin verankert ist; (c) typische professionelle Hürden für Politologen in einzelnen Systemen und die Relevanz dieser Wiss. im polit. Prozeß; (d) das intellektuelle Klima verschiedener Länder.

Angesichts der Dominanz amerikan. sozialwiss. T. sollte man jedoch die Stile vorherrschender Theoriebildung nicht allzu wörtlich nehmen. In einigen Ländern sind sie allenfalls noch Enklaven der nat. Tradition im Meer einer szientistisch uniformierten Wissenschaftskultur, gegen die immer neue Wellen eines konservativen oder radikalen Normativismus viele Schlachten gewinnen, aber auf die Dauer jeden Krieg verlieren.

IV. Die polit. T. der Gegenwart wird die konsequente Fortführung der Ideen der klassischen → Moderne durch das postmoderne Denken verarbeiten müssen, v. a. im Bereich neuer radikalerer → Pluralismustheorien. → Postmoderne und → Autopoiesis schärfen den Blick für die Fragmentiertheit der Gesellschaft und für den Eigensinn, mit dem Teilbereiche sich der polit. Intervention entziehen. Die Geschichte des polit. Denkens im 20. Jh. scheint wie eine wachsende Bescheidenheit der Steuerungsansprüche des → Politischen Systems. Aber es spricht wenig dafür, daß die Entwicklung der polit. T. der Zukunft darin bestehen wird, die theoretische Entzauberung des Staates immer weiter zu treiben.

Polit. T. entwickeln sich nicht im luftleeren Raum. Sie sind Antworten auf soziale und polit. Probleme. Die Intentionen von postmodernem Denken und T. der selbststeuernden Systeme waren nach einer Phase der Planungs- und Lenkungseuphorie (→ Planung) auch in westl. Demokratien auf Demontage übertriebener Erwartungen gerichtet. Nur mit Demontage kann dauerhaft jedoch nicht polit. T. entwickelt werden. Die bisherige Nachmoderne erscheint in vieler Hinsicht als geistiges Produkt der Schönwetterperiode der 1980er Jahre, in denen sich die westl. Demokratien erstaunlich rasch vom Ölkrisenschock erholten, während der reale Sozialismus sein eigenes Grab zu schaufeln begann. Kommende Herausforderungen der realen Politik, Katastrophen, Migrationswellen ungekannten Ausmaßes, wirtschaftl. Einbrüche können rasch den Bedarf an → Steuerungstheorien wieder wecken. Selbst in das Arsenal des totgesagten Sozialismus wird wieder gegriffen werden, hoffentlich ohne den Ruf nach seinen autoritären Zügen.

Die nachmodernen Steuerungsskeptiker sind durch das bloße Aufkommen eines neuen Steuerungsbedarfs nicht falsifiziert, aber erfahrungsgemäß hört ihnen in einem solchen Augenblick niemand zu. Andere, stärker handlungsorientierte T. erleben ein *comeback* und werden sich bis zu einem gewissen Grade bewähren.

Es gibt auch aus wissenschaftstheoretischen Gründen wenig Veranlassung für Sozialwissenschaftler, die in ihrer Arbeit mit → Handlungstheorien eine Chance von Erkenntnisgewinn und praktischem gesellschaftl. Nutzen sehen, sich von einigen Theoretikern ins Bockshorn jagen zu lassen, die das Prinzip der selbststeuernden Systeme ontologisch überhöhen. Das nachmoderne Denken wird aus dem Selbstreflexivitätsgeschwätz erst heraustreten, wenn es seine Grundsätze nicht nur auf kritisierte Altmoderne, sondern wirklich auch auf sich selbst anwendet. Auch wenn *Luhmann* mit dem radikalen → Konstruktivismus nicht völlig einig ist, weil seine Systeme nicht nur als Konstrukte angesehen werden, hat er wenig Möglichkeiten, von den Prämissen seiner Lehre einen Schritt auf die alte Abbildtheorie zuzumachen. Theorien sind – nach einer unschönen engl. Übersetzung – niemals ein Abbild der wirklichen Welt (*v. Glasersfeld* 1987: 141), sondern nur «viabel». Sie können sich bewähren. Ihre Bewährung ist kein Beweis für ihre volle Wahrheit. Andere → Konstrukte können ebenfalls viabel sein. Für die Politikwiss., die schon in ihrer Entstehung eklektisch war, ist diese Botschaft leichter zu akzeptieren als für Disziplinen, die noch mit dem monistischen Anspruch: «eine Wissenschaft – eine Methode – eine richtige Theorie» groß geworden sind. Im Mikrobereich werden behavioralistische Ansätze ihren Zweck weiterhin erfüllen. Marktuntersuchungen und polit. Marktanalysen sichern die Viabilität des Ansatzes ohnehin, trotz – oder gerade wegen – seiner theoretischen Dürftigkeit. Der *mainstream* der Politikwiss. kann viable T. im Mesobereich der Kollektivakteure auch weiterhin produzieren. Folgte man *Luhmanns* rigoroser Ansicht, so ließe sich nur noch metatheoretische Evolutionstheorie treiben. Gewiß, eine nützliche Beschäftigung, aber nicht die einzig mögliche und ganz sicher nicht die viabelste i. S. von Anwendbarkeit und praktischem Erfolg. Die raschen Modetrends verbergen, daß sich ganz altmoderne Ansätze noch immer bewähren. Lebensweltliche Ansätze verdrängen daher nicht die behavioralistische *Survey*forschung. Kein Ansatz ist auf eine Mikroebene festgelegt. Theorien des → Wertewandels zeigten nicht weniger einen eschatologischen Zug als Theorien der → Lebenswelt, die von vornherein makroorientiert waren.

Zu den neueren Entwicklungen der polit. Theorie gehört die unerwartete Rückkehr der normativen Theorie der Politik. Der Neo-Kontraktualismus ist zivilgesellschaftl. geworden und verzichtet zunehmend auf ethische oder staatl. souveränitätstheoretische Stützungslehren. Der postmoderne Konstruktivismus erlaubt es, die Vertragstheorie als gedankenexperimentelles Testverfahren einzusetzen, ohne historische Realitätsannahmen oder metaphayische Rechtfertigungslehren zu bemühen. In Konzeptionen der deliberativen und reflexiven → Demokratie wird von einem individualistischen Ausgangspunkt die wechselseitige Anerkennung von Rechten und Pflichten der Bürger konstituiert. Die gegenseitige Verpflichtungsleistung ist dabei nicht nur prozedural-konventionalistisch abgesteckt. Seit *Rawls* sind minimale Vorstellungen einer materialen → Gerechtigkeit mit dem Vertragsgedanken verbunden. Empirie und «normativ-prozedurale(s) Ideal» nähern sich einander an, wenn die normativen Annahmen mit den Regeln der → *Rational-choice*-Theorie oder gar der → Spieltheorie zunehmend verbunden werden.

Vor einer zu geringen Distanz zwischen normativem Sollen und analytisch aufbereitetem Sein kann auch im Licht der Erfahrungen der Wissenschaftsgeschichte gewarnt werden. Empiriker beneiden zunehmend die

Langlebigkeit der normativen Theorie. Nachdem die empirisch-analytische Wissenschaftstheorie jahrzehntelang die These ausgegeben hatte, die → Politische Philosophie sei tot, entdeckte sie die immer auffälligere Kurzlebigkeit der empirischen Forschung. Immer rascher veralten die Ergebnisse der Forschung, und in noch rascher gewandelten Theorie- und Terminologiemoden wird selbst das noch nicht veraltete Wissen in die Flaschen neuer Begriffshülsen gefüllt.

Lit.: *Apter, D. E.* 1977: Introduction to Political Analysis, Camb./Mass. *Benz, A./Seibel, W.* 1997: Theorieentwicklung in der Politikwissenschaft, Baden-Baden. *Beyme, K. von* ³1997: Theorie der Politik im 20. Jahrhundert, Ffm. *Beyme, K. von* ⁸2000: Die politischen Theorien der Gegenwart, Mchn. *Beyme, K. von/Offe, C.* 1996: Politische Theorien in der Ära der Transformation (PVS-Sonderheft 26), Opl. *Falter, J. W.* 1982: Der «Positivismusstreit» in der amerikanischen Politikwissenschaft, Opl. *Falter, J. W.* u. a. 1990: Politische Theorie in den USA, Opl. *Feuer, L. S.* 1978: Die autoritäre Vermessenheit, Graz. *Feyerabend, P.* 1976: Wider den Methodenzwang, Ffm. *Galtung, J.* 1983: Struktur, Kultur und intellektueller Stil, in: Leviathan, 11, 303–338. *Glasersfeld, E. v.* 1987: Wissen, Sprache und Wirklichkeit, Braunschweig. *Greven, M. Th./Schmalz-Bruns, R.* (Hrsg) 1999: Politische Theorie – heute, Baden-Baden. *Gunnell, J. G.* 1986: Between Philosophy and Politics, Amherst. *Hondrich, K. O./Matthes, J.* (Hrsg.) 1978: Theorienvergleich in den Sozialwissenschaften, Darmst. *Johnson, N.* 1989: The Limits of Political Science, Ox. *Kastendiek, H.* 1977: Die Entwicklung der westdeutschen Politikwissenschaft, Ffm. *Kuhn, T. S.* ²1976: Die Struktur wissenschaftlicher Revolutionen, Ffm. *Ludz, P. C.* 1978: Thomas S. Kuhns Paradigmathese: eine ideologiekritische Untersuchung, in: Sozialphilosophie als Aufklärung. Festschrift für Ernst Topitsch, Tüb., 217–246. *Mill, J. S.* 1959: A System of Logic, L. *Peters, E. J.* 1990: The Tragedy of Political Theory, Princeton. *Spinner, H.* 1974: Pluralismus als Erkenntnismodell, Ffm. *Stammen, T.* 1976: Theoriedynamik in der Politikwissenschaft, Mchn. *Waschkuhn, A.* 1999: Kritischer Rationalismus, Mchn. *Wolin, S. S.* 1968: Paradigmas and Political Theory, in: *King, P./Parekh, B. C.* (Hrsg.): Politics and Experience, Camb./Mass., 125–152.

Klaus von Beyme

Politische Utopie, Begriff, der auf die 1516 veröffentlichte «Utopia» des *Thomas Morus* zurückgeht. Etymologisch setzt er sich aus den beiden griech. Wörtern *ou* = «nicht» und *tópos* = «Ort» zu sammen; er wäre also mit «Nirgendwo» zu übersetzen. Das ursprüngliche, von *Morus* geprägte Muster legt es nahe, unter Utopien die Fiktionen von Gesamtgesellschaften zu verstehen, die dem kritisierten soziopolit. Kontext, innerhalb dessen sie entstanden sind, als die bessere, ideal gute und vernünftige Alternative gegenübergestellt werden. Ausfluß der säkularisierten Vernunft, weichen sie nicht in die Vergangenheit oder in die Transzendenz aus, sondern sind entw. auf die jeweilige Gegenwart oder auf die Zukunft bezogen. Der Ausgangspunkt des utopischen Konstrukts ist nicht – wie beim subjektiven Naturrecht – die Vernunft des autonomen Individuums, sondern die des Kollektivs: Das Ganze ist dem einzelnen stets vor- und übergeordnet.

1. Auf den heutigen Leser hinterläßt die klassische Tradition einen zwiespältigen Eindruck. Einerseits haben die «Utopia» des *T. Morus* und der «Sonnenstaat» *T. Campanellas* (1602 bzw. 1623) eindrucksvolle Errungenschaften aufzuweisen, die bis auf den heutigen Tag nicht verwirklicht worden sind. Sie reichen von einem sechs- bzw. vierstündigen Arbeitstag, einer Welt ohne Arbeitslosigkeit, materielles Elend und Ausbeutung über das garantierte Recht auf geistig-kulturelle Bildung für alle bis hin zu humanen Arbeitsbedingungen und einer unentgeltlichen Kranken- und Altersversor-

gung. Andererseits gleicht der einzelne, eingebunden in das lückenlose Netzwerk sozialer und staatl. Kontrollen, einem «gläsernen Menschen». Persönliches Glück ist die Erfüllung dessen, was die staatl. Institutionen dem einzelnen vorschreiben.

Gleichwohl erhielt die p. U. erst in dem Augenblick eine negative Bedeutung, als sie seit der Mitte des 18. Jh. mit dem geschichtsphilosophisch begründeten Fortschrittsglauben eine Synthese einging. Dieser entscheidende Paradigmenwechsel hatte weitreichende Konsequenzen. Das kontemplative, von *Platon* geprägte Muster, dem eine rigide Antithetik zwischen «Sein» und «Sollen» in den klassischen p. U. der Renaissance bei *T. Morus* (1516), *T. Campanella* (1623), *J. V. Andreae* (1619) und *F. Bacon* (1620) entsprach, wird gleich in zweierlei Hinsicht unterlaufen. Einerseits findet bei *N. Restif de la Bretonne* (1781) und *J. G. Schnabel* (1731) eine Subjektivierung der Utopie insoweit statt, als die Entdecker des idealen Gemeinwesens zu dessen Begründern werden: Die konstruktive und planende Rationalität, bisher auf das immanente Funktionieren beschränkt, umfaßt jetzt den Gründungsakt und den damit verbundenen Zivilisationsprozeß im Kleinen. Andererseits ersetzten *Abbé Morelly* (1755) und *L. S. Mercier* (1790) die utopische Dimension des Raumes durch die der Zeit. Dieser Ablösung der Raum- durch die Zeitutopie lag die Prämisse zugrunde, daß die p. U. zum zukünftigen *telos* des historischen Prozesses avanciert. Die Erweiterung ihres Verwirklichungsmechanismus durch eine geschichtsphilosophisch begründete Fortschrittsperspektive veränderte den Geltungsbereich der p. U. grundlegend. Sie hörte auf, ein bloßes regulatives Prinzip zu sein, das die einzelnen zu größerer Vollkommenheit anhält. Vielmehr erhob sie den Anspruch, das in die Zukunft projizierte Ziel auch tatsächlich verwirklichen und eine konkrete polit. Transformationsstrategie angeben zu können.

Dies vorausgesetzt, wurde die p. U. in D spätestens seit 1847 zu einem polit. Kampfbegriff (vgl. *Affeldt-Schmidt* 1991). Das bürgerliche Lager setzte sie gleich mit Sozialreform, die sich ohne realistischen Bezug zur Wirklichkeit gegen die «natürlichen» Besitzverhältnisse der bürgerlichen Gesellschaft richtete. Allerdings erfährt die p. U. in Gestalt der «Staatsromane» in der zeitgenössischen Staatswiss. eine scheinbare Aufwertung. Den Verlust der Kritikfähigkeit gegenüber erkennbaren Fehlentwicklungen aufzuzeigen war für *R. von Mohl* (1855) der eigentliche Sinn der p. U. Doch auch die Autoren, die an *von Mohls* Paradigma anknüpften, wie *F. Kleinwächter* (1891), *E. H. Schmitt* (1904) und *A. Voigt* (1906), schwächten den Geltungsanspruch der p. U. als eines kritischen Korrektivs fortwährend ab, bis schließlich *A. von Kirchenheim* (1892) nicht mehr bereit war, ihr einen Wahrheitsgehalt zuzubilligen.

Demgegenüber ist die Stellung von *Marx* und *Engels* (vgl. *Marx/Engels* 1970) zur p. U. insofern differenzierter, als sie die Kritik der utopischen Sozialisten *Saint-Simon* (1966), *Ch. Fourier* (1808) und *R. Owen* (1842–1846) an den Grundlagen der bürgerlichen Gesellschaft rezipierten. Doch überall dort, wo das Fiktionale, der Zukunftsentwurf, zum Tragen kommt, ist ihre Kritik kaum weniger eindeutig als im bürgerlichen Lager. Bedeutsam sind für *Marx* und *Engels* zwei angebliche Schwachstellen der polit. Utopie. Einerseits propagierten sie eine Harmonisierung der Klassengegensätze, noch bevor sie sich im Zuge der Industrialisierung entfaltet hätten. Andererseits ignorierten sie in dem Maße die historische Mission des Proletariats bei der Umwälzung der bürgerlichen Gesellschaft, wie sie ihre Hoffnung auf die fortschrittlichen Teile des Bürgertums setzten.

Die rechte und die linke Kritik an der p. U. im 19. Jh. hat so nachhaltig gewirkt, daß ihr Begriff in die Umgangssprache eingegangen ist und utopisch i. S. von «übersteigert», «träumerisch», «unrealistisch», «realitätsblind» etc. verwendet wird.

2. Kontrovers sind nicht nur die Werturteile, die über die p. U. gefällt werden; es gibt auch in den Wiss. keinen Konsens, was man unter diesem Begriff zu verstehen hat. Im sozial- und politikwiss. Diskurs sind v. a. der intentionale, der totalitäre und der klassische Utopiebegriff schulebildend geworden. Die intentionale Konzeption geht in ihren Ursprüngen auf *G. Landauer* zurück (1907).

Für sie ist entscheidend, daß sie «von Haus aus nicht dem Bereich des Mitlebens, sondern des Individuallebens» (*Landauer* 1923: 12f.) angehört. Sie wirkt also i. d. R. auf der Ebene des individuellen Bewußtseins gesellschaftsauflösend und die alten Strukturen «zersetzend». Dies vorausgesetzt, sieht *Landauer* in ihr den entscheidenden sozialen Sprengsatz in Europa seit der Wiedertäuferbewegung im 16. Jahrhundert. Die Mechanismen der nun einsetzenden Emanzipationsbewegung suchte er dadurch zu kennzeichnen, daß er zwei idealtypische Pole konstruierte, zwischen denen die gesellschaftl. Entwicklung oszilliert. Den einen Pol bezeichnete er mit dem Begriff der «Topie». Er bezeichnet eine Gesellschaft von einer «gewissen autoritativen Stabilität» (ebd.). Den anderen Pol nannte er «Utopie»: sie ist möglich, weil es im Wirkungsbereich der «Topie» Potenziale gibt, die sie nicht zu absorbieren vermag. Als ein «Gemenge individueller Bestrebungen und Willenstendenzen, die immer heterogen und einzeln vorhanden sind» (ebd.: 13), sind die «Utopien» stets negatorisch auf die «Topien» gerichtet.

Das intentionale, weil von der individuellen Handlungsmotivation ausgehende Utopieverständnis ist von *K. Mannheim* (1952) und *E. Bloch* (1990) folgenreich weiterentwikkelt worden. *Mannheim* ordnet der «Topie» die die bestehenden Machtverhältnisse legitimierende «Ideologie» zu, während die «Utopie» durch die Funktion gekennzeichnet ist, die Strukturen der «Topie» zu sprengen. Auch *Bloch* sieht in der «Utopie» eine im Kern nach vorn gerichtete Intention, die sich in individuellen Träumen, Wünschen und Sehnsüchten Ausdruck verschafft und auf die Gestaltung der besseren Möglichkeit einer keineswegs von ökolog. Faktoren vollständig determinierten Zukunft drängt. Lassen *Landauer, Bloch* und *Mannheim* das Urmuster der p. U. mit den sozialrevolutionären Bestrebungen der Wiedertäufer und des Bauernkrieges beginnen, so führt *Popper* den totalitären Utopiebegriff auf *Platons* «Politeia» zurück. Dessen entscheidendes Gestaltungsprinzip sei der Holismus i. S. eines geschlossenen Systementwurfs, der sich mit dem geschichtsphilosophischen Historizismus und einer utopischen Sozialtechnik verbindet. Als «Methode des Planens im großen Stil» schafft sie irreversible Fakten. Zugleich ist die Anwendung des totalitären Terrors ihr notwendiges Korrelat, weil nur dann die Stetigkeit der utopischen Zielsetzung auf lange Zeit gesichert erscheint, wenn der Pluralismus konkurrierender Interessen ebenso zerstört wird wie alle anderen, aus dem sozialen Wandel folgenden Hindernisse, die der Verwirklichung des Endziels im Wege stehen.

Das Dilemma des intentionalen und des totalitären Utopiebegriffs liegt auf der Hand: Sie stehen unter dem Zwang, die utopische Fiktion auf ihr vorgegebene Größen wie «Revolution» oder «Totalitarismus» zurückführen zu müssen. Zwar können sie mit dem Utopischen konvergieren. Dennoch sind sie nicht mit ihm identisch. Wer sich also mit der p. U. in unverkürzter Weise einlassen will, kommt um die Rückbesinnung auf die klassische Tradition, die mit *Morus'* «Utopia» begann, nicht herum. Geht man von diesem Muster aus, so sind p. U., wie *N. Elias* (1985) betont, Fiktionen staatl. verfaßter oder staatsfreier Gesellschaften, die sich zu einem Wunsch- oder Furchtbild verdichten. Ihre Zielprojektionen zeichnen sich durch eine präzise Kritik bestehender Institutionen und sozio-polit. Verhältnisse aus, der sie eine rational nachvollziehbare Alternative gegenüberstellen. Mit dem Wegfall reduktionistischer Zuordnungen macht *Elias* den Weg frei für eine kritisch-hermeneutische Untersuchung seines Gegenstandes. Auch bietet das klassische Muster klare Kriterien, um ihn von metaphysischen und jenseitigen Visionen wie der des Paradieses oder des «Goldenen Zeitalters», aber auch von bloßen Traumassoziationen, chiliastischen Heilserwartungen, Mythen, religiösen Eschatologien ebenso abzugrenzen wie von *science fiction* oder sozialwiss. Prognostik, wie sie etwa vom Marxismus oder der Futurologie versucht worden sind.

3. Die p. U. prägte sowohl die Struktur der westl. Gesellschaften als auch die kommunistischen Herrschaftsordnungen. In *Campanellas* «Sonnenstaat» spielen Zeitmeßgeräte und Wetterfahnen eine große Rolle. Sie symbolisieren das reibungslose Funktionieren der einzelnen in den sozio-technischen Su-

perstrukturen der westl. Zivilisation. In den ehem. realsozialistischen Ländern fanden wir die Vorstellung der klassischen p. U. in der Nachfolge *Morus'* wieder, daß das ideale Gemeinwesen nur zu verwirklichen ist, wenn die Politik Vorrang hat gegenüber der Wirtschaft, die Bürokratie gegenüber den Rechten der einzelnen, die Planbarkeit gegenüber der individuellen Spontaneität und Kreativität, die Überwachung und Bevormundung gegenüber der persönlichen Autonomie und das Prinzip der Abschottung nach außen gegenüber dem Recht eines jeden einzelnen nach ungehinderter Bewegungsfreiheit.

Spätestens nach dem Zusammenbruch des realexistierenden Sozialismus in Europa ist vom Ende des utopischen Denkens die Rede. Diese These ist zutreffend, wenn man sie auf die autoritäre Linie der p. U. einschränkt. Die kommunistischen Herrschaftssysteme haben alle Realisierungsbedingungen ihrer eigenen Utopie erfüllt: von der Abschaffung des priv. Eigentums an den Produktions- und Arbeitsmitteln über die Erziehungsdiktatur bis hin zur Alleinherrschaft einer selbsternannten Elite. Dennoch brachen sie in sich zusammen, ohne daß es einer gewaltsamen Einwirkung von außen bedurft hätte. Daß die Gründe ihres Scheiterns v. a. in ihrem utopischen Antiindividualismus zu sehen sind, haben die klassischen «schwarzen Utopien» schon sehr früh erkannt. In *J. Samjatins* (1984) «Wir» gilt Individualität, die Spuren einer unverwechselbaren Persönlichkeit erkennen läßt, als Krankheit, der mit einer Gehirnoperation begegnet wird. In *Aldous Huxleys* (1985) «Schöne neue Welt» sorgen genetische Manipulationen dafür, daß dem Individuum jede Autonomie abgeht. Und in *George Orwells* «1984» (1948) wird die Zukunft des Individuums durch ein Antlitz symbolisiert, in das ein «Stiefel tritt – immer und immer wieder». Gleichwohl signalisiert die Gegenwart nicht das Ende der p. U. schlechthin. Doch die sog. postmateriellen Utopien bei *Skinner* (1983), *Huxley* (1985), *Le Guin* (1989) und *Callenbach* (1984) nach dem II. Weltkrieg verarbeiten den Realitätsschock der totalitären Systeme des Faschismus und Stalinismus und des erkennbaren Destruktionspotenzials der modernen Technik in einer Weise, die eine deutliche Distanzierung von den p. U., wie sie bis zum frühen 20. Jh. vorherrschten, erkennen lassen. Bei allen Unterschieden ihrer utopischen Gegenwelten haben sie eines gemeinsam: die Abkoppelung der p. U. von einem geschichtsphilosophischen Fortschrittsglauben, die radikale Dezentralisierung der polit. und wirtschaftl. Institutionen sowie die Versöhnung der Technik mit der Natur, der eine Ethik des Konsumverzichts entspricht. Zugleich erheben sie die Sicherung individueller Privatheit zu einem unverzichtbaren Strukturelement ihrer Entwürfe einer positiven Gegenwelt.

Aber auch die Politikwiss. hat allen Grund, am Muster der p. U. festzuhalten. Die Substitution der p. U. durch sozial- und wirtschaftswiss. Prognostik hat die szientifische Optik zu sehr auf die quantitativen Entwicklungstrends verkürzt und sie blind gemacht gegenüber den kaum noch zu überblickenden ökolog. Folgeproblemen. Ein neues Verhältnis zur Natur wird aber nur dann möglich sein, wenn die Sozialwiss. die Fähigkeit zurückerlangen, die Zukunft, die wir haben wollen, zum Gegenstand öff. Diskurse zu machen. Wer sie im Interesse der Erhaltung der natürlichen Lebensbedingungen der Menschheit anstrebt, kommt um die p. U. nicht herum. Sie stellt das Medium dar, das die Interessenkonflikte, die beim ökolog. Umbau der Industriegesellschaft, aber auch bei ihrer Unterlassung aufbrechen, antizipiert und so diskutierbar macht. Indem sie auf diese Weise dazu beitragen kann, daß der demokratische gesellschaftl. Grundkonsens nicht zerfällt, entlastet sie das polit.-administrative System von dem Zwang, die ökolog. Probleme so lange zu unterdrücken, bis sie unlösbar geworden sind (vgl. *Lutz* 1989).

Lit.: *Affeldt-Schmidt, B.* 1991: Fortschrittsutopien. Stg. *Bloch, E.* [3]1990: Das Prinzip Hoffnung, 3 Bde., Ffm. *Braun, B.* 1991: Die Utopie des Geistes, Idstein. *Elias, N.* 1985: Thomas Morus' Staatskritik, in: *Voßkamp, W.* (Hrsg.): Utopieforschung, Bd. 2, Ffm. *Holland-Cunz, B.* 1988: Utopien der neuen Frauenbewegung, Meitingen. *Huxley, A.* 1985: Schöne neue Welt, Ffm. (engl. 1932). *Huxley, A.* 1988: Island, L./Glasgow (zuerst

1962). *Jonas, H.* 1984: Das Prinzip Verantwortung, Ffm. *Kleinwächter, F.* 1891: Die Staatsromane, Wien. *Kirchenheim, A. von* 1892: Schlaraffia politica, Leizip. *Koselleck, R.* 1985: Die Verzeitlichung der Utopie, in: *Voßkamp, W.* (Hrsg.): Utopieforschung, Bd. 3, Ffm., 1–14. *Landauer, G.* ²1923: Die Revolution, Ffm. (zuerst 1907). *Le Guin, U.K.* 1989: Planet der Habenichtse, Mchn. (engl. 1966). *Lutz, B.* 1989: Das Ende der Wachstumsmechanik als gesellschaftliche Herausforderung, in: *Braun, H.J.* (Hrsg.) ²1989: Utopien – Die Möglichkeit des Unmöglichen, Zürich. *Mannheim, K.* ⁷1985: Ideologie und Utopie, Ffm. (zuerst 1929). *Marx, K./Engels, F.* 1970: Ausgewählte Schriften in zwei Bänden, Bln. *Mercier, L.-S.* 1982: Das Jahr 2440, Ffm. (frz. 1772). *Mohl, R. von* 1855: Die Staatsromane, in: ders.: Die Geschichte und Literatur der Staatswissenschaften, Bd. 1, Erlangen. *Morelly, Abbé* 1964: Gesetzbuch der natürlichen Gesellschaft oder der wahre Geist ihrer Gesetze, Bln. (frz. 1755). *Neusüß, A.* (Hrsg.) ³1986: Utopie. Begriff und Phänomen des Utopischen, Ffm. (zuerst 1968). *Orwell, G.* 1984: 1984, Ffm. usw. (engl. zuerst 1948). *Owen, R.* 1970: The Book of the New Moral World, NY (zuerst 1948). *Popper, K.R.* ⁷1992: Die offene Gesellschaft, Tüb. *Schmitt, E.H.* 1904: Der Idealstaat, Bln. *Saage, R.* 1991: Politische Utopien der Neuzeit, Darmst. *Saage, R.* (Hrsg.) 1992: Hat die politische Utopie eine Zukunft?, Darmst. *Samjatin, J.* 1984: Wir. Roman. Mit dem Essay über die Literatur und die Revolution, Köln. *Saint-Simon, C.-H. de* 1966: Œuvres, 4 Bde., Paris. *Schnabel, J.G.* 1979: Insel Felsenburg, Stg. (zuerst 1731). *Skinner, B.F.* 1983: Futurum zwei, Rbk. (engl. 1948). *Swoboda, H.* ³1987 (Hrsg.): Der Traum vom besten Staat. Texte aus Utopien von Platon bis Morris, Ffm. (zuerst 1972). *Voigt, A.* 1906: Die sozialen Utopien, Lpz. *Voßkamp, W.* (Hrsg.) 1985: Utopieforschung, 3 Bde., Ffm. *Winter, M.* 1993: Ende eines Traums, Stg./Weimar.

Richard Saage

Politische Verwaltung, im polit. Bereich bezeichnet Verwaltung einerseits die Behörden und öff. Organisationen (→ Bürokratie), die mit dem Vollzug von Gesetzen und polit. Entscheidungen betraut sind, andererseits diese Tätigkeit selbst. I.e.S. bezeichnet p.V. den Bereich der öff. Verwaltung, der mit der Entscheidungsvorbereitung und Programmentwicklung befaßt ist (Ministerialverwaltung).

Im → Rechtsstaat ist das Handeln der p.V. an → Verfassung und geltendes Recht gebunden. Im allg. wird unterschieden zwischen Ordnungsverwaltung (Konkretisierung und Kontrolle gesetzlicher Vorschriften, z.B. Strafrecht) und Leistungsverwaltung (Bereitstellung von Gütern und Diensten, die nicht priv. produziert werden, z.B. Sozialtransfers). Dazu tritt zunehmend die steuernde Verwaltung (Planungs- und Präventionsmaßnahmen). Die moderne → Verwaltung entspricht nicht mehr dem Bürokratiemodell von *Max Weber*, das von strenger Hierarchie, strikter → Arbeitsteilung, verbindlichen Rechten und Pflichten der Mitarbeiter und exakt festgelegten Verfahrensregeln ausgeht. Hoheitliches Handeln wird zunehmend durch das sog. kooperative Verwaltungshandeln ergänzt; neben die Hierarchie ist im Binnen- und Außenverhältnis die Verhandlung getreten. Verwaltung beschränkt sich nicht auf den reinen Vollzug von Gesetzen, über die → Politische Planung und Beratung in der Programmvorbereitung hat sie vielfachen Einfluß auf die Legislative. Da die Verwaltung bei der Gesetzeskonkretisierung über Ermessensspielräume verfügt, ist sie auch im Vollzug gestaltend, d.h. polit., tätig. Sie bedarf daher der Legitimation von oben (Kontrolle durch demokratisch gewählte Organe) und von unten (Bürgerbeteiligung im Verwaltungsverfahren).

→ Politische Steuerung.

Lit.: *Benz, A.* 1994: Kooperative Verwaltung, Baden-Baden. *Ellwein, T.* 1994: Das Dilemma der Verwaltung, Mhm. *Hill, H.* (Hrsg.) 1990: Verwaltungshandeln durch Verträge und Absprachen, Baden-Baden. *Seibel, W.* u.a. (Hrsg.) 1993: Verwaltungsrefom und Verwaltungspolitik im Prozeß der deutschen Einigung, Baden-Baden. *Windhoff-Héritier, A.* (Hrsg.) 1987: Verwaltung und ihre Umwelt, Opl.

Katharina Holzinger

Politische Werbung, in den USA geprägter Sammelbegriff für den gezielten Einsatz von Marketing-Instrumenten in Wahlkämpfen.

Zu den bevorzugten Instrumenten der p. W. gehören der Einsatz von Fernseh- und Hörfunkwerbung (Spot-Werbung), Anzeigen in Zeitungen und Zeitschriften, Aufkleber und Plakate. Zunehmend bedeutsam werden *direct-mail* sowie Fax-Kampagnen. Entspr. modernen Marketings werden die Prioritäten der p. W. zunehmend von professionellen Managern gesetzt, die Personen und Parteien als zu verkaufende Produkte verstehen. Demoskopische → Marktforschung und Marktbeobachtung treten dadurch konsequenterweise in zunehmendem Maße an die Stelle substantieller, aber nicht immer «verkaufbarer» polit. Inhalte. *Image*-Aufbau und *Image*-Pflege, Negativwerbung sowie reaktive Werbung prägen moderne polit. Marketinginstrumente genauso wie die aus den Interessen des Publikums abgeleitete Unterhaltungsorientierung.

→ Demoskopie; Kommunikation; Kommunikationstheorien der Politik; Massenmedien; Propaganda.

Lit.: *Kaid, L. L.* u. a. (Hrsg.) 1986: New Pespectives on Political Advertising, Carbondale. *Krempl, S.* 1996: Das Phänomen Berlusconi – Die Verstrickung von Politik, Medien, Wirtschaft und Werbung, Ffm. u. a. *O'Shaughnessy, N.* 1990: The Phenomenon of Political Marketing, L.

Winand Gellner

Politische Willensbildung, alltagssprachliche Bezeichnung für den Prozeß der polit. Meinungsbildung, also für die Dimensionen von Politik, die sich mit den Fragen befassen, (a) wie polit. (Grund-)Entscheidungen zustande kommen, (b) wo sie gefällt werden und (c) wer die Träger dieser p. W. sind.

Gegenstand ist mithin die Entscheidungsfindung auf der polit. wie gesellschaftl. Ebene, in den staatl. → Institutionen (→ Politisch-administratives System): Regierung, → Bürokratie, Parlament, Verfassungsgerichtsbarkeit, in und durch → Parteien, → Bürgerinitiativen, → Interessengruppen. Es geht sodann insbes. um die polit. → Partizipation des einzelnen als Wähler, durch konventionelles polit. Verhalten, das von der Teilnahme an polit. Gesprächen in der → Umwelt bis zur Mitarbeit und Kandidatur in den Parteien reicht, und schließlich um das Handeln der polit. und gesellschaftl. Eliten. In politikwiss. Sicht umfaßt p. W. den → *Input*-Bereich von Politik und die drei Funktionen der → Interessenartikulation, der → Interessenaggregation und der Rekrutierung des polit. Personals für Partei- und Staatsämter, die klarere analytische Abgrenzungen erlauben als die unscharfe Formel von der p. W., in der der → Politikbegriff zudem auf die Kategorie der → Macht reduziert ist. In der BRD besitzt die Formel von der p. W. Verfassungsrang: «Die Parteien wirken bei der polit. Willensbildung des Volkes mit» (GG Art. 21,1). Als analytische Kategorie für die Politikwiss. ist sie jedoch nur von begrenztem Wert, da sie (1) nicht eindeutig definiert ist, (2) weder theoretisch noch methodisch zugeordnet werden kann und (3) nur einen Aspekt des Politischen erfaßt.

→ Demokratie; Demokratietheorie.

Lit.: *Almond, G. A.* u. a. ²1996: Comparative Politics, Boston. *Berg-Schlosser, D./Stammen, T.* ⁶1995: Einführung in die Politikwissenschaft, Mchn. *Ellwein, T./Hesse, J. J.* ⁸1997: Das Regierungssystem der Bundesrepublik Deutschland, Köln u. a. *Hennis, W.* 1968: Politik als praktische Wissenschaft, Mchn.

Rainer-Olaf Schultze

Politische Wissenschaft → Politikwissenschaft

Politischer Markt, Übertragung des in der Wirtschaftswiss. ausgeformten →

Paradigmas des → Marktes auf die Politik.

In der die Diskussion anregenden klassischen Studie von *A. Downs* (1968) werden analog zur ökon. Marktanalyse die Wähler als Konsumenten betrachtet, die ihre Präferenzen nutzenmaximierend mit dem Stimmzettel umsetzen, und Politiker als Unternehmer, die nach dem Prinzip der → Stimmenmaximierung (Gewinnmaximierung) ihr polit. Angebot erstellen. In der Wirtschaftstheorie behandelte Probleme der Marktstruktur, z.B. Unvollkommenheiten des Marktes, fehlende Markttransparenz (Informationskosten) oder wenige Marktteilnehmer auf der anderen Seite (→ Oligopol) können auf den p.M. übertragen und in ihren Auswirkungen auf den polit. Wettbewerb analysiert werden. Die der → Ökonomischen Theorie der Politik bzw. → Neuen Politischen Ökonomie zugehörenden Ansätze mit ihrer Nutzung des methodischen Instrumentariums der Wirtschaftswiss. zur Analyse der Politik sind in ihrer Leistungsfähigkeit umstritten, wobei die Kritik sowohl bei der ökon. Marktanalyse als auch und vorrangig bei der Übertragung auf die Politik ansetzt.

Lit.: *Bernholz, P./Breyer, F.* ³1993/³94: Grundlagen der Polit. Ökonomie, 2 Bde., Tüb. *Downs, A.* 1968: Ökonomische Theorie der Demokratie, Tüb. *Olson, M.* ²1991: Aufstieg und Fall von Nationen, Tüb.

Uwe Andersen

Politischer Mythos, Bezeichnung für i.d.R. Großerzählungen, die für polit. konkretisierende Ausdeutungen offen sind, zugleich aber auch die Perzeption polit. Konstellationen und Entwicklungen steuern. Polit. M. überschneiden sich in Teilbereichen mit dem, was auch als → Ideologie bezeichnet werden kann. Sie unterscheiden sich von Ideologien jedoch durch ihre stark narrative Anlage und den Verzicht auf umfassende Weltdeutungen.

In Konkurrenz zum theoretischen Konzept des p. M. steht auch der Begriff der Geschichtspolitik, der jedoch, da sich p.M. nicht nur auf historische Ereignisse beziehen, deutlich enger gefaßt ist. Das begrifflich-theoretische Konzept der p. M. ist in den letzten zwei Jahrzehnten von Literatur- und Kultur-, aber auch Geschichts- und Politikwissenschaftlern entwickelt worden; es wird in der Politikwiss. v.a. von der qualitativ ausgerichteten Polit.-Kultur-Forschung (→ Politische Kultur) gepflegt.

Bei p. M. kann es sich um genuine Literatur handeln, wie etwa den in der Antike von den attischen Tragikern ausgedeuteten Epen der *Ilias* und *Thebais,* aber auch der für die römischen Herrschaftsansprüche bedeutsamen *Aeneis Vergils* sowie jener Texte, die in Europa zwischen dem 15. und 19. Jh. in den Rang von Nationalepen erhoben worden sind. Im Mittelpunkt p.M. können aber auch Kriege, insbes. entscheidende Schlachten, stehen, denen retrospektiv eine für die jeweilige Gemeinschaft herausragende Bedeutung attestiert wird (Amselfeld, Trafalgar, Waterloo, Sedan, Verdun, Somme, Stalingrad etc.). Schließlich können p. M. auch um Herrscher und Politiker zentriert sein, denen für die Gründung eines Staates bzw. polit. Verbandes oder dessen machtpolit. Konsolidierung große Bedeutung zugesprochen wird (*Arminius, Barbarossa, Friedrich d. Gr., Bismarck, Lasalle*). Neben diesen eher historisch geprägten M. haben sich im 19. und 20. Jh. auch zukunftsgerichtete p. M. entwickelt, die sich auf die → Revolution, den Fortschritt oder die kommunistische Gesellschaft bezogen und in denen starke Zukunftserwartungen zum Äquivalent geschichtl. Erinnerung wurden.

In beiden Zeitbezügen p.M. ist weder die Frage der historischen Wahrheit noch die der relativ gesicherten Erwartbarkeit des Vorausgesagten entscheidend, sondern die Bedeutsamkeit des je Erinnerten oder Erwarteten für die Gegenwart. In diesem Sinne haben p.M. generell die Funktion eines Wahrnehmungsfilters, der Störendes verdeckt, überlagert oder marginalisiert. Gleichzeitig dienen p.M. dazu, die Abfolge der Ereignisse in der Zeit zu gliedern, sie stellen Interpunktionen der Geschichte dar, durch die Wendepunkte, Neuanfänge und Durchbrüche markiert werden und die darin die je eigene Gegenwart als unmittelbare Vorgeschichte oder Weiterführung von etwas Besonderem auszeichnen. Damit verbunden ist zumeist eine Form von *Sakralisierung*, die durch vergangene Opfer oder heilsgeschichtl. Versprechen kommuniziert wird. In dieser dreifachen Funktion als Wahrnehmungsfilter, Geschichtsinterpunktion und Sakralisierung kollektiver Erinnerung und Erwartung sind p. M. Instanzen polit. Enkulturation.

P. M. gewinnen eine um so stärkere Orientierungsfunktion, je stärker sie in ein Konkurrenzverhältnis mit Gegenmythen eingebunden sind, auf die sie antworten oder deren Negation sie darstellen. Mythos und Gegenmythos können mit Nationen/Nationalstaaten verbunden sein, die konkurrierende Hegemonialansprüche geltend machen, wofür der dt.-frz. Gegensatz des 19. Jh., aber auch die mythenpolit. Konkurrenz zwischen den beiden dt. Staaten nach 1945 Beispiele sind. Zu denken wäre auch an die Inanspruchnahme alternativer Modernisierungsmodelle durch konkurrierende polit. Strömungen, in deren Verlauf die Modernisierungsmodelle zu p. M. im hier skizzierten Sinne umgestaltet werden: Ein Beispiel hierfür sind die Französische Revolution und die preußischen Reformen als konkurrierende Bezüge der Linken und der polit. Mitte in D Ende 19./Anfang 20. Jahrhunderts. Alternativ zur Steigerung mythenpolit. Loyalität durch Gegenmythen ist der integrale Gesamtmythos, der nicht zuletzt durch die Figur des Trickster (*Lévi-Strauss*), also die Verbindung von Entgegengesetztem in einer Person oder einem mythischen Dioskurenpaar, integriert wird. Beispiele hierfür sind der p. Mythos *Bismarck* (Verbindung von Adel und Bürgertum über väterliche und mütterliche Abstammung) oder die symbolpolit. Verbindung von König *Vittorio Emanuele* mit dem Freischarführer *Giuseppe Garibaldi* im Italien des späten 19./frühen 20. Jahrhunderts.

Die Vermittlung p. M. erfolgt auf drei Ebenen: der Ebene der (1) narrativen Extension, also der breiten, darstellerisch oft ausufernden, vom Schulbuchtext bis zu Roman, Lyrik und historiographischen Darstellungen reichenden Literatur; (2) ikonischen Verdichtung, also der bildlichen Darstellung von Personen oder Ereignissen, der Errichtung von Denkmälern, dem Prägen von Münzen (wobei das Medium Film narrative Extension und ikonische Verdichtung miteinander verbindet); (3) rituellen Inszenierung, also dem Fest, dem feierlichen Umzug, der Gedenkveranstaltung usw.

Auch und gerade in modernen Gesellschaften kommen p. M. drei zentrale Aufgaben für die Rahmung der polit. Ordnung und die Lenkung polit. Entscheidungsprozesse zu: die Reduktion von Komplexität, vermittels derer aus unübersehbaren Gemengelagen von Problemen polit. Alternativen entwikkelt und sinnfällig gemacht werden; die Reduktion von Kontingenz, durch die der Zufall in der zurückliegenden Geschichte getilgt und die Unausgemachtheit von Entscheidungssituationen mit Gewißheiten überzogen wird; schließlich die Konzentration von Loyalitäten, in denen sich die Menschen befinden, indem ein bestimmter Bezug zum allein bedeutsamen und verbindlichen gemacht wird. In dieser dreifachen Funktion sind p. M. nicht nur Strategeme von polit.-kulturellen → Eliten zwecks Erhalt und Verstetigung ihrer Macht, sondern zugleich Ermöglichungsbedingungen polit. Orientierung und polit. Handelns, Generatoren polit. Vertrauens und Ressourcen der → Mobilisierung.

Lit.: *Berding, H.* (Hrsg.) 1996: Mythos und Nation, Ffm. 1996. *Dörner, A.* 1996: Politischer Mythos und symbolische Politik. Der Hermannsmythos, Hamb. *Machtan, L.* 1994 (Hrsg.): Bismarck und der deutsche Nationalmythos, Bremen. *Münkler, H./Storch, W.* 1988: Siegfrieden. Politik mit einem deutschen Mythos, Bln. *Münkler, H.* 2000: Wirtschaftswunder oder antifaschistischer Widerstand – politische Gründungsmythen der Bundesrepublik Deutschland und der DDR; in: *Esser, H.* (Hrsg.), Der Wandel nach der Wende, Wsb. 2000, S. 41–65. *Parr, R.* 1992: «Zwei Seelen wohnen, ach!, in meiner Brust!» Strukturen und Funktionen der Mythisierung Bismarcks, Mchn. *Speth, R.* 2000: Nation und Revolution. Politische Mythen im 19. Jahrhundert, Opl. *Wülfing, W./Bruns. K./Parr, R.* 1991:

Historische Mythologie der Deutschen 1798–1918, Mchn.

Herfried Münkler

Politisches System, im allg. politikwiss. Verständnis ist das p. S. ein für die Analyse des Politischen grundlegender Terminus, der entspr. dem dreidimensionalen → Politikbegriff die Gesamtheit der polit. Institutionen (Strukturen), der polit. Prozesse und der Inhalte polit. Entscheidungen umfaßt.

1. Der Begriff des p. S. wurde in den 1950er Jahren in Abgrenzung zu den als zu formalistisch bzw. legalistisch empfundenen Leitbegriffen der klassischen vergleichenden Regierungslehre entwickelt und markierte im folgenden Jahrzehnt durch das Aufkommen von Struktur- und Funktionsanalysen des p. S. den Beginn der vergleichenden Analyse räumlich und zeitlich weit auseinanderliegender polit. Systeme.

Umrissen wird das allg. Verständnis von p. S. durch Abgrenzungen gegenüber anderen Phänomenen und Abstraktionen, etwa gegenüber → Staat, → Verfassung und Regierungssystem. Vom Staat verschieden ist das p. S. dadurch, daß der Staat eine viel abstraktere Kategorie ist, andere konstitutierende Bedingungen kennt (Territorium, Bev., Monopol physischer Gewaltanwendung etc.), auf (größere) Dauer angelegt ist und sich mit ihm umfassendere Fragen verbinden nach den (Staats-)Zielen und (Staats-)Funktionen, nach den Produktions- und Eigentumsverhältnissen bzw. nach dem gesellschaftl. System (Kapitalismus vs. Sozialismus). Der Begriff des p. S. ist enger festgelegt, u. a. auf Herrschaftsformen, Regimetypen (→ Demokratie, → Diktatur), polit. Systemtypen (→ Präsidentialismus, → Parlamentarismus), Machtverhältnisse (→ Parteien, → Regierung) und Formen gesellschaftl. und polit. → Repräsentation (→ Pluralismus, → Korporatismus) in einem Staat, sämtlich Phänomene, die dem Wandel unterliegen. Von Verfassung ist das p. S. verschieden, dadurch daß die institutionellen Einrichtungen und verfahrensmäßigen Regelungen, die eine zumeist geschriebene Verfassung vornimmt, zwar für den polit. Prozeß von Bedeutung sind, ihn aber weder vollends strukturieren noch real erfassen. Der Begriff Verfassung hebt auf das Juristisch-Normative, der Begriff p. S. auf das Empirisch-Tatsächliche ab (→ Verfassungswirklichkeit). Von Regierungssystem ist p. S. dadurch verschieden, daß nicht nur die polit. Institutionen, sondern auch Gegebenheiten und Entwicklungen des gesellschaftl. Umfeldes in den Blick genommen werden und der Wirkungszusammenhang zwischen dem Institutionengefüge, die Interaktion der Institutionen und der Gesellschaft mit erforscht wird. Die Vorstellung, daß es im p. S. zu einem Verhältnis gegenseitiger Abhängigkeit von Institutionensystem und gesellschaftl.-politischen Prozessen kommt, führt in Richtung auf eine Präzisierung des polit. Systembegriffs, wie sie von der Systemtheorie herbeigeführt wurde.

2. Im Verständnis der Systemtheorie ist das p. S. ganz allg. dasjenige gesellschaftl. Teilsystem, das für die Produktion kollektiv verbindlicher Entscheidungen zuständig ist. Der Systembegriff impliziert die Vorstellung einer zum Gleichgewicht tendierenden, intern in eine Vielzahl interdependenter Elemente, Rollen und Prozesse differenzierten Einheit, die von einer sozialen, kulturellen, ökon. und physischen Umwelt unterscheidbar, mit dieser aber durch wechselseitige Austauschprozesse verbunden ist.

D. Easton (^{2}1971, zuerst 1953) bestimmte das p. S. als Adressat gesellschaftl. Forderungen und Unterstützungsleistungen (*inputs*) einerseits und als Lieferant verbindlicher Entscheidungen und Maßnahmen (*outputs*) andererseits. *Input*- und *Output*-Funktionen sind in einem dynamischen Regelkreislauf miteinander verbunden. Im Anschluß an die allg. Systemtheorie von *T. Parsons* und an die polit. Kybernetik von *K. W. Deutsch* zielte das Modell *Eastons* auf die Frage, durch welche Organisations-, Differenzierungs-, Kommunikations- und Steuerungsprozesse ein p. S. die auf der *Input*-Seite entstehenden gesellschaftl. Forderungen in *Output*-Leistungen zu übersetzen vermag, die ihrerseits wiederum die gesellschaftl. Unterstützung des p. S. und damit dessen Fortbestand sichern. Die Bedingungen der Stabilität bzw.

Anpassungsfähigkeit p. S. sollten in das Zentrum der politikwiss. Theoriebildung gerückt werden (*Easton* 1971: 575).

Die vergleichende Forschung wurde freilich mehr durch das von *G. A. Almond* entwikkelte, teilweise auf *Easton* aufbauende Konzept des p. S. beeinflußt. Ebenfalls von einem Regelkreismodell ausgehend, zeichnet sich das *Almond*sche Konzept durch eine differenzierende Konkretisierung der das p. S. bestimmenden Funktionen und durch die Einführung des Begriffs der polit. Struktur aus. In Weiterentwicklung des urspr. Konzepts werden folgende Funktionen unterschieden: (1) die Prozeßfunktionen Interessenartikulation, Interessenaggregation, Politikformulierung (*policy-making*) sowie Politikimplementation und Anpassung; (2) die Systemfunktionen → Politische Sozialisation, Rekrutierung und Kommunikation und (3) die *Policy*-Funktionen Ressourcennutzung (*extraction*), effektive Regeldurchsetzung (*regulation*) und Verteilung (*distribution*). Die Systemfunktionen lassen sich wesentlich dem *Input*-Bereich zuordnen, die Prozeßfunktionen beziehen sich auf Abläufe innerhalb des p. S., also auf die Umsetzung von *inputs* in *outputs*, und die *Policy*-Funktionen konstituieren den eigentlichen *Output*-Bereich, die von p. S. ausgehenden «substantiellen» Einflüsse auf Gesellschaft, Wirtschaft und Kultur (*Almond* u. a. 1993: 11). Im urspr. Modell war der *output* mit der Unterscheidung von Regelsetzung, Anwendung und Auslegung (*Almond/Coleman* 1960: 17) noch stark an der klassischen Trias der → Gewaltenteilung (Legislative, Exekutive, Judikative) orientiert gewesen. Polit. Strukturen sind all jene Institutionen (Organisationen, Verfahrensordnungen, Normen und Rollensets), die einen Beitrag zur Erfüllung der einzelnen Funktionen bzw. Funktionsgruppen leisten. Das empirische Forschungsinteresse der dem Systembegriff verpflichteten Politikwiss. richtet sich zunächst auf die System- und Prozeßfunktionen, die dabei maßgeblichen Neuerungen, das Paradigma der polit. Entwicklung und das Konzept der → Politischen Kultur, nährten den nur bedingt gerechtfertigten Vorwurf, der Systemansatz erhebe in ethnozentrischer Weise spezifische polit.-strukturelle und kulturelle Merkmale westl. industriegesellschaftl. Demokratien (z. B. die Ausbildung von Mehrparteiensystemen und Verbändepluralismus, die Säkularisierung und Individualisierung von Wertvorstellungen) zum universalen Ziel polit.-gesellschaftl. → Entwicklung und damit zu einem normativen Maßstab der vergleichenden Forschung. Dieser Eindruck konnte auch deswegen entstehen, weil in der Praxis nur wenige Studien eine tatsächlich nach funktionalen Äquivalenten suchende, vergleichende Strukturanalyse räumlich oder zeitlich auseinanderliegender p. S. leisteten. Bis heute orientieren sich zahlreiche Untersuchungen am typischen Institutionensystem westl. Industriegesellschaften (z. B. Regierung, Parlament, kompetitive Wahlen, Parteiensystem, Interessengruppen) wie an einer *Check*liste und bringen wenig Gespür für die Bedeutung genuiner polit. Strukturen der jeweiligen Vergleichsgesellschaften auf.

Seit den 1970er Jahren kamen die *output*-bezogenen Funktionen in den Blickpunkt der Forschung, damit wurde auch ein – allerdings selten gesuchter – Anschluß der empirischen polit. Systemanalyse an die Steuerungsdebatten der neueren Systemtheorie möglich, die den Steuerungsoptimismus vieler Empiriker längst abgelegt hat. Die deskriptiven und analytischen Leistungen der mit dem Begriff des p. S. operierenden empirischen Forschung erscheinen zunehmend entkoppelt von den Entwicklungen in der Systemtheorie selbst, die ihrerseits nur wenig Interesse für die Erträge der vergleichenden Politikwiss. aufbringt.

Lit.: *Almond, G./Coleman, J. S.* (Hrsg.) 1960: The Politics of Developing Areas, Princeton. *Almond, G./Powell, G. B.* [2]1978: Comparative Politics. System, Process, and Politics, Boston u. a. *Almond, G. A.* u. a. 1993: Comparative Politics, NY. *Andersen, U./Woyke, W.* (Hrsg.) [4]2000: Handbuch des politischen Systems der Bundesrepublik Deutschland, Opl. *Berg-Schlosser, D./Müller-Rommel, F.* (Hrsg.) [3]1997: Vergleichende Politikwissenschaft, Opl. *Beyme, K. von* [9]1999: Das politische System der Bundesrepublik Deutschland, Opl./Wsb. *Deutsch, K. W.* 1963: The Nerves of Government, NY. *Easton, D.* [3]1979: A Systems Analysis of Political Life, NY u.a. (zuerst 1965). *Easton, D.* [2]1971: The Political System, NY (zuerst 1953). *Hartmann, J.* 2000: Westliche Regierungssysteme, Opl. *Hartmann, J.* 2001: Das politische System der Europäischen Union, Ffm./NY. *Hesse, J.J./Ellwein, T.* [8]1997: Das Regierungssystem der Bundesrepublik Deutschland, Wsb. *Ismayr, W.* (Hrsg.) 1997: Die politischen Systeme Westeuropas, Opl. *Parsons, T.* 1969: Politics and Social Structure, NY. *Lauth, H.-G.* (Hrsg.) 2002: Vergleichende Regierungslehre. Eine Einführung, Wsb. *Rudzio, W.* [4]1996: Das politische System der Bundesrepublik Deutschland, Opl. *Sontheimer, K./Bleek, W.* [10]1998: Grundzüge des politischen Systems der Bundesrepublik Deutschland, Mchn.

Dieter Nohlen/Bernhard Thibaut

Politisches Verhalten, alltagsweltlicher Begriff, der alle Formen von Verhalten und sozialem Handeln umfaßt, die auf polit. → Partizipation bzw. die Veränderung oder Erhaltung polit., aber auch sozialer Verhältnisse gerichtet sind.

→ Konventionelles Verhalten; Partizipation; Politische Beteiligung; Unkonventionelles Verhalten.

Lit.: → Partizipation.

Tanja Zinterer

Politisches Vertrauen → Political trust

Politologie → Politikwissenschaft

Polity, politikwiss. Anglizismus, der darauf verweist, daß es neben der prozessualen (→ *Politics*) und der inhaltlichen (→ *Policy*) eine formale Dimension von Politik gibt, die im deutschsprachigen Raum auch als institutionelle Ordnung → Politischer Systeme bezeichnet wird.

Mit dem Begriff P. werden also die konkreten normativen, strukturellen und verfassungsmäßig gewünschten Elemente von Politik erfaßt, die historisch gewachsen als Ergebnis «geronnener Politik» die polit. Prozesse kanalisieren und eine maßgebliche Voraussetzung für inhaltlich-polit. Handeln sind.

→ Politikfeldanalyse.

Lit.: Policy analysis; Politikfeldanalyse.

Klaus Schubert

Polyarchie (griech. für Vielherrschaft), in der griech. Antike hat die P. als (von der → Oligarchie, der Herrschaft weniger, unterschiedene) → Herrschaft kleinerer Machtzentren keinen festen Platz in der klassischen Verfassungstypologie (→ Staatsformen). *R.A. Dahl* (1971) führt den Begriff wieder ein, um in Abhebung vom demokratischen Idealsystem dessen unvollkommene Näherungen in der faktisch-empirischen Politik zu bezeichnen. Als «relativ (aber unvollständig) demokratisierte Regime» (*Dahl* 1971: 9) sind P. in zweierlei Richtung demokratisch verbesserbar: zum einen auf Liberalisierung und/oder öff. Diskussion und zum anderen auf Einbeziehung und/oder aktive → Partizipation der Bürger hin. *G. Sartori* schlägt zusätzlich eine normative Definition vor, die als selektive und «Verdienst-Polyarchie» die in der → Demokratietheorie vernachlässigte vertikale Dimensionierung durch eine qualitative Elite als Bezugsgruppe konkretisiert. Trotz (oder wegen) des differenzierten Bedeutungsfeldes hat sich der Begriff der P. nicht breiter durchgesetzt.

Lit.: *Dahl, R.A.* 1971: Polyarchy, New Haven. *Sartori, G.* 1992: Demokratietheorie, Darmst. (engl. 1987).

Ulrich Weiß

Polyzentrismus (aus griech. *pols* = viel, mehr und lat. *centrum* = Mittelpunkt), allg. Ausdruck für ein aus mehreren

Zentren bestehendes System; in der Politikwiss. urspr. Bezeichnung für die Aufweichung der ideologischen und machtpolit. Vorherrschaft der UdSSR im Ostblock nach 1956 und die damit einhergehende Anerkennung verschiedener Zentren des → Kommunismus (Jugoslawien, VR China).

Im Rahmen der entwicklungstheoretischen Debatte wird der Begriff benutzt zur Beschreibung der Emanzipation einiger kapitalistischer Staaten (BRD, Japan) von der Führungsmacht USA, die zur Etablierung mehrerer ökon. miteinander konkurrierender Zentren innerhalb des durch den machtpolit. Konflikt zwischen Ost und West bestimmten westl. Lagers führte. Systemtheoretisch wird der Begriff des P. genutzt zur Analyse der Bedingungen dezentraler → Steuerung moderner Gesellschaften, die aus mehreren funktional ausdifferenzierten Teilsystemen bestehen.

→ Bipolarität; Hegemonie; Multipolarität; Systemtheorie.
Lit.: → Bipolarität; Systemtheorie.

Lars Brozus

Populismus, mehrdeutig verwendeter Begriff extrem unterschiedlicher Bewertung. Er dient allg. als Bezeichnung für eine negativ bewertete Politik, die sich in der Gier nach Zustimmung von seiten des Volkes demagogischer Parolen bedient, dem Volke nach dem Munde redet, an Instinkte appelliert und einfache Lösungen propagiert sowie verantwortungsethische Gesichtspunkte weitestgehend außer acht läßt. Positiv bewertet eine Politik, die die Probleme der «kleinen Leute» ernst nimmt, sie artikuliert und sich in direkter Kommunikation mit dem Volk vollzieht.

P. wird auch als Mobilisierungs- und Konsenssicherungsstrategie polit. Eliten und einzelner Führungspersonen begriffen. «Zentraler Bestandteil dieser Strategie ist die Reklamation polit. relevanter Gewißheiten, existentieller Befindlichkeiten und Selbstverständlichkeiten nat., moralischer oder ökon. Art, von denen unterstellt wird, daß sie im unmittelbaren Alltagsbewußtsein der Masse der Bev. bereits unverfälscht zutage liegen und deshalb der öff.. Erörterung und Begründung nicht bedürfen. Typische Versatzstücke dieser Mobilisierungsstrategie sind die semantische Kodierung der ‹einfachen Leute› vs. ‹die bürokratischen oder verbandlichen Machtstrukturen›, ‹konkrete und verständliche› vs. ‹abstrakte und undurchsichtige› Aussagen sowie der unausgesetzte Appell an ‹*popular morality*›, ‹*our way of life*› und die ‹*instincts of ordinary people*›» (*Offe* 1996: 322).
In der → Dritten Welt, speziell Lateinamerika, bezeichnet P. eine soziopolit. Bewegung mit Massenbasis und Zentrierung auf polit. Personen (Personalismus). Populistische Bewegungen entstehen in Phasen raschen gesellschaftl. Wandels, in denen sich die bisherigen traditionellen und/oder autoritären Herrschaftsstrukturen auflösen bzw. zumindest in die Krise geraten. Ihre soziale Basis besteht aus Angehörigen bzw. Sektoren verschiedener unterer sozialer Schichten, deren Gewicht wechseln kann (städtisch vs. ländlich, Mittelschichten vs. Proletariat). Trägergruppen sind jedoch i. d. R. solche soziale Schichten, die durch die bestehende gesellschaftl. und polit. Ordnung benachteiligt sind, sowie Angehörige höherer Schichten, vielfach als Führer und Kader. Die Forderungen populistischer Bewegungen lassen sich auf → Nationalismus (deshalb häufig Nationalpopulismus), wirtschaftl. Entwicklung und eine ihrer (wachsenden) wirtschaftl. Bedeutung angemessene Beteiligung unterer Schichten an den polit. Entscheidungsprozessen reduzieren. Nach dem → Systemwechsel treten neopopulistische Führer in teils enger Verbindung mit dem → Neoliberalismus auf, um als Folge des Scheiterns staatszentrierter Entwicklungsmodelle und der bestehenden gesellschaftl. und polit. Institutionen einen grundlegenden sozialen Wandel in Zielrichtung sozialer → Gerechtigkeit herbeizuführen.

→ Rechtspopulismus.
Lit.: *Connif, M. L.* (Hrsg.) 1999: Populism in Latin America, Tuscaloosa/Alabama. *Du-*

biel, H. (Hrsg.) 1986: Populismus und Aufklärung, Ffm. *Hentschke, J. R.* 1998: Populismus. Bedeutungsebenen eines umstrittenen theoretischen Konzepts, Arbeitspapier Universität Münster. *Jessop, R. U. A.* 1988: Thatcherism. A Tale of Two Nations, Ox. *Offe, C.* 1996: Die Aufgabe von staatlichen Aufgaben: Thatcherismus und die populistische Kritik der Staatstätigkeit, in: *Grimm, D.* (Hrsg.): Staatsaufgaben, Ffm., 317–325. *Panizza, F.* (Hrsg.): 2000: Old and New Populism in Latin America, in: Bulletin of Latin American Research, Special Issue.

Dieter Nohlen

Position-Issue → Issue/Issueforschung

Post-Keynesianismus → Keynesianismus

Positive Koordination → Koordination

Positivismus (von spätlat. *positivus* = gesetzt, gegeben), mehrdeutiger Begriff, in den wissenschaftstheoretische, weltanschauliche und polit. Gesichtspunkte in unterschiedlichen Konstellationen zusammenfließen. P. wird dabei zur programmatischen Selbstzuschreibung und zum bekämpften Gegenbegriff. Als vager Bedeutungskern läßt sich ein erfahrungswiss. Bezug auf beobachtbare, positive Fakten festhalten.

Vier Felder sind zu unterscheiden: (1) Der klassische P. des 19. Jh. mit *A. Comte* als Begründer konzipiert im Hinblick auf die neue industrielle bzw. Arbeitsgesellschaft eine positive Politik als elitistische Utopie mit technokratischer Expertenherrschaft. Gemäß dem Dreistadiengesetz avanciert – nach Theologie und Metaphysik – im dritten geschichtl. Stadium die positive Wiss. (wozu die Sozialphysik bzw. Soziologie gehört) zur neuen spirituellen Macht und einer Art von säkularisiertem Christentum. (2) Der ab den 1920er Jahren wirksame Neo-Positivismus des Wiener Kreises schließt Metaphysik, Moral und Politik aus dem Bereich empirisch begründbarer, induktiv verallgemeinerter Wiss. aus. Als Theorie der Erfahrungswiss., welche sowohl auf formaler (Logik, Mathematik) als auch auf empirischer (Beobachtung, Experiment) Begründung fußt (daher auch «Logischer Empirismus»), hat der Neo-Positivismus den Sozialwiss. wesentliche Impulse gegeben. (3) In der Auseinandersetzung der → Kritischen Theorie mit dem Logischen Empirismus, dem → Kritischen Rationalismus und dem amerikan. → Pragmatismus wird P. zum kritisch-polemischen Abgrenzungsbegriff gegenüber einer undialektischen, instrumentellen und wertneutralen Sozialwiss. und ihren technokratischen Implikationen. Im Positivismusstreit der 1960er Jahre wird der Positivismusbegriff der Differenziertheit der Ansätze und den entscheidenden Trennlinien zwischen deskriptiv-analytischen und normativen sowie kritisch-emanzipatorischen Theoriekonzepten freilich nicht gerecht.

→ Empirisch-analytische Theorie.

Lit.: *Dahms, H.-J.* 1994: Positivismusstreit, Ffm. *Hanfling, O.* 1981: Logical Positivism, NY. *Kamitz, R.* 1973: Positivismus, Mchn. u. a. *Kolakowski, L.* 1971: Die Philosophie des Positivismus, Mchn. *Stockman, N.* 1983: Antipositivist Theories of the Sciences, Dordrecht.

Ulrich Weiß

Positivismusstreit → Positivismus

Positivsummenspiel → Spieltheorie

Postindustrielle Gesellschaft, von *D. Bell* in den 1960er Jahren entwickeltes Konzept zur Beschreibung und Analyse des Wandels der → Sozialstruktur. Danach unterscheidet sich die p. G. von der vorindustriellen und industriellen Gesellschaft durch ein neues Axial-Prinzip: Ökon. Wachstum in → Industriegesellschaften wird abgelöst von der zunehmenden Produktion, Zentralität und Kodifizierung theoretischen

Wissens in p. G. (→ Wissensgesellschaft). Die Organisation von Wiss. und Forschung wird zum Hauptproblem dieser Gesellschaften.

Der Wandel schlägt sich im wirtschaftl. Sektor in einer Verlagerung von einer güterproduzierenden zu einer Dienstleistungswirtschaft nieder; in der Berufsstruktur wird die Klasse der Inhaber professionalisierter und technisch qualifizierter Berufe vorrangig; die Steuerung des technischen Fortschritts, die Bewertung der Technologie und die Schaffung einer neuen «intellektuellen Technologie» bestimmen die Zukunftsorientierung. Nicht mehr Rohstoffe und Energie sind die Grundlage der Technologie, sondern Informationen (→ Dienstleistungsgesellschaft). Während *Bell* in der p. G. die Chance des Individuums sieht, seine Fähigkeiten zu entfalten, ist *A. Touraine* mit seinem Konzept der p. G. als programmierte Gesellschaft skeptischer. Nach ihm gewinnen die polit. Entscheidungen gegenüber den wirtschaftl. an Bedeutung. Herrschaft dringt in andere Lebensbereiche ein, wird subtiler. Die Verführung zur Konformität und Konsumbereitschaft, nicht zuletzt durch die mediale Aufbereitung von Information, Wissen und Unterhaltung, ist kennzeichnend – wie überhaupt sich die p. G. dadurch auszeichnet, daß sich für jedes Angebot eine Nachfrage erzeugen lasse. Dagegen sehen Vertreter der «beschleunigten G.» im Zeitalter von Globalisierung und Internet den Einfluß der Politik schwinden. Auch wenn die erweiterten Handlungsmöglichkeiten in der p. «Wissensgesellschaft» nicht gegen anonyme Kontroll- und Manipulationsapparate gefeit sind, lähmen sie die Macht des Staates und machen die p. G. zerbrechlicher.

→ Industrialisierung; Postmaterialismus; Postmoderne.

Lit.: *Bell, D.* 1996: Die nachindustrielle Gesellschaft, Ffm. (engl. 1973). *Glotz, P.* 1999: Die beschleunigte Gesellschaft. Kulturkämpfe im digitalen Kapitalismus. Mchn. *Inglehart, R.* 1995: Kultureller Umbruch, Ffm. (engl. 1990). *Stehr, N.* 2000: Die Zerbrechlichkeit moderner Gesellschaften. Weilerswist. *Touraine, A.* 1972: Die postindustrielle Gesellschaft, Ffm. (frz. 1969).

Hermann Strasser

Postfordismus → Fordismus/Postfordismus

Postmaterialismus, von dem Hauptvertreter der Theorie des → Wertewandels in → Postindustriellen Gesellschaften verwendeter Begriff zur Beschreibung einer Wertorientierung, die auf die Erfüllung materieller → Bedürfnisse (physiologische und Sicherheitsbedürfnisse) weniger Wert legt als auf soziale Bedürfnisse (Bedürfnis nach Zugehörigkeit und Achtung) und Selbstverwirklichung (*Inglehart* 1989).

In der → Wahlforschung wird auch oft die → Operationalisierung der materiellen und postmateriellen Wertorientierungen durch *R. Inglehart* übernommen. Diese Operationalisierung bezieht sich auf polit. Ziele, zwischen denen eine Rangordnung hergestellt werden muß. Befragte, die den Zielen «Schutz des Rechts auf freie Meinungsäußerung» und «Mehr Einfluß der Bürger auf die Entscheidungen der Regierung» höchste Priorität einräumen, gelten als postmateriell, Befragte, deren erste und zweite Priorität «Aufrechterhaltung von Ruhe und Ordnung in diesem Lande» und «Kampf gegen die steigenden Preise» ist, gelten als materiell. An dieser Art der Erfassung postmaterieller → Werte wurde zum einen die mangelnde begriffliche Unterscheidung von Bedürfnis und Wert sowie Wert und polit. Zielen kritisiert, zum anderen die Vermischung von ökon.-materialistischen vs. nicht-materialistischen und nicht-ökon. Werten (z. B. der Ggs. von autoritär und libertär). Bei *Inglehart* sind vom Konzept her z. B. libertäre Materialisten ausgeschlossen (*Klages*).

→ Postmaterielle Wertedimension.

Lit.: *Inglehart, R.* 1989: Kultureller Umbruch, Ffm./NY. *Klages, H.* u. a. 1992: Werte und Wandel, Ffm./NY.

Franz Urban Pappi

Postmaterielle Wertedimension, in der → Wahlforschung verwendet als Interpretationshilfe von mehrdimensionalen Analysen der polit. Einstellungen und Parteineigungen der Wähler. Einstellungen und Parteineigungen, die hoch korrelieren, werden räumlich eng zusammen plaziert.

Bei derartigen Analysen ergeben sich häufig Gruppierungen von ökolog. Parteien und postmaterialistischen → Werten auch unabhängig von einer allg. Links-Rechts-Dimension, auf der sozialistische und konservative → Parteien sich gegenüberstehen. Derartige Analysen werden als Evidenz für das Vorliegen einer von den Verteilungsfragen, über die die alte Linke und die alte Rechte unterschiedliche Vorstellungen haben, unabhängigen Wertedimension gewertet, die sich als Ggs. von postmaterialistischen und materialistischen Parteien auffassen läßt (→ Neue Politik).

Lit: → Postmaterialismus.

Franz Urban Pappi

Postmoderne und Politik. Der aus Literaturwiss. und Architektur stammende Begriff der Postmoderne (P.) bezeichnet als Epochenbegriff die Ablösung der klassischen → Industriegesellschaft und der sie prägenden sozioökon. wie kulturellen Selbstverständlichkeiten (→ Postindustrielle Gesellschaft; → Risikogesellschaft; → Wissensgesellschaft) sowie als Sammelbegriff eine auf diese Umbruchsituation bezogene philosophische Strömung.

Trotz Vielfalt und Divergenz der unter P. subsumierten Ansätze sind Gemeinsamkeiten festzustellen: Postmoderne Theorien diagnostizieren (1) der → Moderne inhärente Widersprüche und ihr daraus folgendes Selbstzerstörungspotenzial, erkennen (2) gerade im wiss., technischen und ökon. → Fortschritt und dem Universalitätsanspruch der → Aufklärung die Krisenursache, weisen deshalb (3) alle moralischen oder erkenntnistheoretischen «Metaerzählungen» zurück und betonen statt dessen (4) die Unvereinbarkeit (Inkommensurabilität) von Sprachspielen, Lebenswelten oder Kulturen und münden (5) in ein Lob des Partikularen und Paradoxen.

1. Die «postmoderne Gesellschaft» – so *A. Etzioni* bereits 1968 – ist eine Gesellschaft im Übergang, gekennzeichnet von gegenläufigen Entwicklungen wie «neuer Unübersichtlichkeit» (*Habermas* 1985) auf der Schwelle zwischen noch Altem und schon Neuem und im Spannungsfeld von Uniformierung und Pluralisierung, von «*reflexiver* Modernisierung und *Gegen*modernisierung» (*Beck* 1993: 100). In der Gleichzeitigkeit des Ungleichzeitigen spiegeln sich die Widersprüche der Gesellschaft im Umbruch. Die Vorsilbe *post* wird zum Schlüsselwort. Je nach Perspektive und mit unterschiedlichem Schwergewicht werden diese Umbruchprozesse als postmoderne, posttraditionale (*Giddens* 1993) und postindustrielle Gesellschaft (*Bell* 1975), als postfordistische Produktionsweise (*Hirsch/Roth* 1986) oder als postmaterialistische Einstellung (*Inglehart* 1977) analysiert.

(1) *D. Bell* (1975) prognostiziert unter Verwendung des von *D. Riesman* (1958) und *A. Touraine* (1972) eingeführten Begriffs die Entstehung der «postindustriellen Gesellschaft». Diese ist mit Blick auf Technologie, Wirtschaft und Berufsstruktur gekennzeichnet durch (a) den Übergang von der güterproduzierenden zur Dienstleistungsgesellschaft, (b) die Entstehung einer neuen Elite der akademisch und technisch qualifizierten Berufe, (c) den Primat des theoretischen Wissens als einziger Quelle von Innovationen und (d) die Überformung der natürlichen Umwelt durch eine technologisch künstliche Ordnung. Es geht also insbes. um die Konsequenzen des exponentiellen Wachstums theoretischen Wissens und der fast totalen Medialisierung unserer Erfahrung. Die Gesellschaft wird dabei nicht mehr als ein einziges in seinen Funktionen aufeinander abgestimmtes System gesehen, sondern zerfällt in unterschiedliche, jeweils eigenen Rationalitäten folgende Bereiche: die technisch-ökon., polit. und kulturelle Sphäre. Die Sphären geraten zudem in scheinbar unauf-

lösliche Konflikte: Während ein auf Expansion zielender Kapitalismus den hedonistischen, auf Freiheit, Genuß und Selbstverwirklichung ausgerichteten Konsumenten schafft, untergräbt er damit seine eigenen, in der protestantischen Ethik wurzelnden motivationalen Grundlagen.

(2) In seiner Schrift «Risikogesellschaft» (1986) kritisiert demgegenüber *U. Beck* v. a. die «industriegesellschaftl. Halbierung» der Moderne. Ausgehend von den Ambivalenzen einer auf technische und ökon. Rationalität verkürzten, alle traditionalen Differenzen einebnenden Moderne und der sie begleitenden, von ihr selbst hervorgebrachten neuen Gefährdungslagen, Fragmentierungen und Widersprüche, betont *Beck* (1986: 17), daß der «Machtgewinn des technisch-ökon. ‹Fortschritts› immer mehr... durch die Produktion von Risiken» überlagert werde. Diese übergreifen die traditionelle industriegesellschaftl. Spannungslinie zwischen Kapital und Arbeit wie nat. Grenzen und setzen dadurch eine neuartige soziale Dynamik in Gang. Daneben ergeben sich neuartige biographische und kulturelle Risiken aufgrund der fortschreitenden Individualisierung, die «das soziale Binnengefüge der Industriegesellschaft – soziale Klassen, Familienformen, Geschlechtslagen, Ehe, Elternschaft, Beruf – und die in sie eingelassenen Basisselbstverständlichkeiten» aufgelöst hat (ebd.: 115). An die Stelle der traditionellen Formen der Vergemeinschaftung der Industriegesellschaft treten neue, durch Lebensstil bzw. Erlebnisqualitäten (*Schulze* 2000) gekennzeichnete, den Anschein gesteigerter Wahlmöglichkeit und voluntaristischer Entscheidung tragende soziale Milieus, Subkulturen und neue soziale Bewegungen.

(3) Jenseits der allg. Diagnose von der Beschleunigung der Modernisierung und deren inhärenten Widersprüchen unterscheiden sich die Prognosen über Chancen, Möglichkeiten und Gefahren dieser Entwicklung jedoch grundlegend. In den gegensätzlichen normativ-polit. Projektionen der Sozialwissenschaftler spiegelt sich die Ambivalenz der Verhältnisse: (1) So wird der «nachmoderne Sozialcharakter (als) massenmedial außengelenkt (*Riesman*), subversiv-hedonistisch (*Bell*) oder narzißtisch (*Lasch*)» (*Fechner* 1990: 76 f.) kritisiert, aber auch (2) für seine postmateriellen Werthaltungen gelobt (*Inglehart* 1977). (3) Den einen eröffnet die kommende nach-moderne Gesellschaft (a) die Option einer über Demokratisierung und Partizipationssteigerung erreichbaren Utopie der «aktiven Gesellschaft» (*Etzioni* 1975) oder auch (b) die Hoffnung auf die «Gegengifte» (*Beck* 1988) einer jenseits der institutionalisierten Politik im gesellschaftl. Raum sich im mehr oder weniger evolutionären Prozeß eines Reflexivwerdens der Moderne formierenden «Subpolitik» (*Beck* 1993: 149 ff.). (4) Neokonservative und kulturkritische Soziologen dagegen erwarten die vollständige Kontrolle und Steuerung der technologischen Entwicklung mit Hilfe des theoretischen Wissens und glauben die Widersprüche zu anderen Bereichen des gesellschaftl. Lebens mit dem Rückgriff auf prämoderne Lösungsstrategien wie Religion (vgl. *Bell* 1991) und Gemeinschaft integrieren zu können. (5) Wieder andere entwerfen aus der Perspektive des *posthistoire* Verfallsszenarien. Sie sehen unter dem für die P. typischen zirkulären Zeitbegriff der Wiederkehr des immer Gleichen eine Agonie der Indifferenz heraufziehen. Ein Zustand der «Kristallisation» scheint erreicht, in dem alle kulturell angelegten Möglichkeiten ausgereizt sind und nichts Neues mehr zu erwarten ist (*Gehlen* ²1994).

2. In den verschiedenen Krisenszenarien postmoderner Gesellschaftsanalytiker drükken sich neben dem oft romantizistischen Unbehagen an moderner Zivilisation v. a. die Enttäuschung über die unerfüllten Versprechen der Aufklärung aus. Sie sind insofern die «jüngste Gestalt der Selbstkritik der Moderne, die die Erfolgsgeschichte der Moderne seit den Diskursen *Rousseaus* wie ein ständiger Schatten begleitet» (*Kersting* 1994: 322). Dies gilt nicht für die postmoderne Philosophie *J.-F. Lyotards*, wie er sie u. a. in der im Auftrag der Regierung von Québec 1979 angefertigten Studie «Das postmoderne Wissen» und in seinem Hauptwerk «Der Widerstreit» (1983) entfaltet. Zwar diagnostiziert *Lyotard* ganz i. S. *Bells* und *Touraines* eine «Grundlagenkrise» der modernen Gesellschaften; indem er methodisch an die Sprachspieltheorie des späten

Wittgenstein anknüpft und dessen Skepsis gegen Letztbegründungen teilt, geht er jedoch weit über die Selbstkritik der Moderne hinaus und unterstellt durch seinen «Unglauben gegenüber Metaerzählungen» das Ende des Aufklärungs- und Vernunftanspruchs der Moderne. Unter den Bedingungen der postindustriellen Gesellschaft beobachtet er «die Verwandlung der Sprache in eine produktive Ware» (*Lyotard* 1985: 84), die durch die «Hegemonie der Informatik» (*Lyotard* 1986: 24) auf ihre Informations- und Kommunikationsfunktion reduziert wird, während alle anderen, nichttechnischen Dimensionen von Sprache unterdrückt werden. Das wiss.-technische Wissen wird damit für postmoderne Gesellschaften dominant, und zugleich werden die Metaerzählungen der Aufklärung, die Emanzipation des Individuums, die Einheit des Subjekts und der Vernunft wie die Sinnhaftigkeit der Geschichte delegitimiert. Letztlich aber gilt dies auch für den Universalitätsanspruch von Wissenschaft. Denn sobald die Spielregeln der empirischen Wiss. auf sie selbst angewandt werden, erweist sich diese als von nicht-wiss. Vor-Wissen abhängig und verfällt dem Ideologieverdacht. Gegen eine ihrer Metaerzählungen beraubte Wiss., die Gefahr läuft, ihre Nützlichkeit nur noch über Effektivitätssteigerung im scheinbar sich selbst legitimierenden Zirkel von Institution, → Macht, → Staat, Wiss., Technologie und Sprache (vgl. *Willms* 1989: 340; *Lyotard* 1986: 190) nachweisen zu können, bringt *Lyotard* die Vielfalt der Sprachspiele und das darauf rekurrierende «postmoderne Wissen» als Aufmerksamkeit für die Instabilitäten, Widersprüche und Unvereinbarkeiten in Stellung.

In der Delegitimierung aller privilegierten Sprachspiele und in der Betonung von Diskontinuität, Inkommensurabilität und Kontingenz wie der nicht enden dürfenden spielerischen Prozesse der Verflüssigung aller substantiellen Wahrheiten und des daraus zu folgernden Vorrangs des Partikularen vor dem Universellen zeigen sich Gemeinsamkeiten (a) zur poststrukturalistischen Machtanalyse und Vernunftkritik *M. Foucaults* (1999) und deren Radikalisierung im Dekonstruktivismus *J. Derridas* (2000), (b) zur auf *Heidegger* rekurrierenden postmodernen Philosophie des Italieners *G. Vattimo* (1986) und (c) zum postmodernen → Pragmatismus des Amerikaners *R. Rorty* (1992). Deutlich wird zugleich die Nähe zur Fundamentalkritik an den Prämissen der modernen Wissenschaftstheorie durch *T. S. Kuhn* und *P. K. Feyerabend*. *Kuhn* verwirft den Gedanken an einen kumulativen Fortschritt in den Wiss. zugunsten einander ablösender, durch die «Inkommensurabilität der vor- und nachrevolutionären normalwiss. Traditionen» (*Kuhn* 1976: 159) gekennzeichneten → Paradigmen. *Feyerabend* (1980: 80) versucht durch seine, oft polemisch überzeichnete, Kritik des → Kritischen Rationalismus zu zeigen, «daß alle Methodologien, auch die einleuchtendsten, ihre Grenzen haben» und daß dem «Rationalisten», angesichts der Unmöglichkeit, die eigenen Prämissen rational auszuweisen, *«anything goes»* als «der ‹einzige› Grundsatz verbleibt» (ebd.: 103).

3. Auschwitz und Hiroshima sind für die P. zu Chiffren der vernichtenden Konsequenzen einer aus den Fugen geratenen Moderne geworden. Diese gelten nicht als Betriebsunfall, sondern als deren logische Konsequenz. Insofern können die Autoren der P. an *Horkheimers* und *Adornos* in der «Dialektik der Aufklärung» (1947) formulierte Kritik an dem Selbstzerstörungspotenzial einer auf die instrumentelle Vernunft verkürzten Moderne anknüpfen und daraus schließlich die Ablehnung aller die Moderne kennzeichnenden, als Verkörperung der Idee einer absoluten und damit totalitären Ordnung empfundenen Universalismen ableiten (vgl. *Bauman* 1992). Dies hat vielfältige Konsequenzen für das postmoderne polit. Denken (vgl. *von Beyme* 1989; 1991):

(1) Es ist nachhaltig charakterisiert durch (a) den «Kampf gegen die Technokratie», (b) die «Radikalisierung des Pluralismus» und (c) die «Skepsis gegenüber Mehrheiten und die Aufwertung der Minderheiten» (*von Beyme* 1989: 220). *Lyotards* «Patchwork der Minderheiten» (ebd.: 224) wird zur angestrebten Utopie; gegenüber der technischen Rationalität des Sachzwangs gewinnt der «Betroffenheits»-Diskurs an Bedeutung.

(2) Die von Frankreich ausgehende, anar-

chisch-revolutionäre postmoderne Diskussion bemüht sich, Widerstandspotenziale gegen die Eindimensionalität einer modernen, totaler sozialer Kontrolle ausgelieferten Gesellschaft aufzuspüren. Weder die großen Revolutionstheorien noch die modernen Legitimationstheorien können diesem Anspruch genügen. Sie bleiben selbst dem universalistischen Mythos der Moderne verhaftet, werden deshalb pauschal mit dem Totalitarismusvorwurf überzogen und geraten unter den Verdacht, reine Herrschaftsideologien zu sein. Pluralismus wird mit dem Verweis auf die Unvereinbarkeit von Sprachspielen radikalisiert, und Macht erscheint «im Spiel unbeweglich-beweglicher Beziehungen» (*von Beyme* 1991: 191) entsubstantialisiert. Widerstand, der für *Foucault* nie außerhalb der Macht zu denken ist, von dieser immer schon miterzeugt ist, kann für diese P. nur lokal und begrenzt sein. Er ereignet sich als eine «Politik der Intensitäten» im «Bremsen der Produktion, Konsumverweigerung, ... Happenings, Bewegungen zur sexuellen Befreiung, Fabrik- und Hausbesetzungen» (*Lyotard* 1978: 32).

(3) Diesem als «dekonstruktiv» oder «skeptisch» klassifizierten Postmodernismus wird von einigen Autoren *(D. Griffin; P. Rosenau)* ein vorrangig angloamerikan., als «konstruktiv» oder «affirmativ» bezeichneter Postmodernismus gegenübergestellt (vgl. *Eisfeld* 1994: 293). Er richtet seinen Fokus zwar auch auf die sozialen, kulturellen wie sexuellen Minderheiten, verzichtet aber auf den revolutionären Impetus. Auch die kommunitaristische Spielart der P. kann nicht auf universelle Werte zurückgreifen: Sprache, Selbst und Gemeinwesen erscheinen kontingent (vgl. *Rorty* 1992). Wertkonstituierende Gemeinschaften unterschiedlicher Größe und Kohärenz – die westl. Welt, die Nation, die Homosexuellen-*Peer-Group*, die Nachbarschaft, die Familie – bieten ihr einen letzten Rückzugspunkt im nachmetaphysischen Zeitalter. Die zufällige Sozialisation in einer Sprache und Lebensform liefert den einzigen ethischen Orientierungsrahmen (vgl. *Rorty* 1991: 211 ff.). In der Tradition des *Dewey*schen Pragmatismus und vor dem Hintergrund einer über 200jährigen liberal-demokratischen Tradition fällt es *Rorty* leicht, sich zu einem, auf jegliche weitergehende Begründung verzichtenden, *«postmodernist bourgeois liberalism»* (ebd.: 197) zu bekennen. Er proklamiert, sich allein auf seine Sozialisation berufend, den Vorrang des liberalen Gemeinwesens und hofft darauf, daß dieses ethnozentristische Bekenntnis, begleitet von einer aus dem Bewußtsein der Kontingenz und Geformtheit einer jeden Gemeinschaft resultierenden, ironischen Selbstdistanzierung die Empfindsamkeit der Menschen für Grausamkeit steigert und deren Sinn für Solidarität zunimmt. Die «Erschaffung eines immer größeren und bunteren *ethnos*» (*Rorty* 1992: 319) wäre die Folge.

Beide Spielarten des Postmodernismus sehen die Notwendigkeit, die Rolle des Intellektuellen und seine Möglichkeit von Gesellschaftskritik neu zu bestimmen. Den *clercs* wird eine neue Bescheidenheit verordnet (vgl. *Lyotard* 1985; *Walzer* 1991). Sie können nicht länger als Verkünder letzter Wahrheiten auftreten, ihre Aussagen gelten in den demokratischen Willensbildungsprozessen nur als Meinungen. Die Demokratie bedarf keiner philosophischen Begründung, bestenfalls einer philosophisch-literarischen Artikulation. Es gilt ein Vorrang der Demokratie vor der Philosophie (vgl. *Rorty* 1991: 175 ff.).

4. Politik und Politikwiss. stehen zusehends unter dem Eindruck postmodernen Denkens. Die Wirkungen sind durchaus ambivalent: Erstens führt die Skepsis der P. gegenüber jeglichen Metaerzählungen, die Abkehr von der Suche nach der großen Theorie zu einer neuen Bescheidenheit, die Wiss. wie Politik nur guttun kann.

(1) In der Politik ist die keynesianisch begründete Planungs- und Steuerungseuphorie der 1960/70er Jahre, sind die Hoffnungen, die manche in die sozialrevolutionären Wandlungsprozesse in der → Dritten Welt gesetzt hatten, nicht zuletzt unter dem Einfluß systemtheoretischer Positionen der → Autopoiesis von einem weit realistischeren Politikverständnis abgelöst worden.

(2) Das fragmentierte Denken der P. entspricht zudem viel eher den komplexen Bedingungen der polyzentrischen Welt des ausgehenden 20. Jh. und des 21. Jh. mit ihren

neuen und vielfältigen Unübersichtlichkeiten im internationalen System, mit den zunehmenden Fragmentierungen auch im Innern der Gesellschaften, in denen kein Teilsystem, auch die Politik nicht, Suprematie mehr für sich beanspruchen kann. Gefordert sind von Staat und Politik mit der Einsicht in die Begrenztheit der eigenen Möglichkeiten zugleich → Dezentralisierung und → Subsidiarität, die Zurückverlagerung staatl. Aktivitäten und Entscheidungen in die → Zivilgesellschaft und die Beschränkung auf Methoden der indirekten Steuerung, die auf die Bereitschaft der gesellschaftl. Akteure zur Selbstbindung, die auf Koordination und Konzertierung in und zwischen den Netzwerken und Verhandlungssystemen der Gesellschaften setzen. P. polit. Theorien können zu einer solchen Umorientierung der Politik manche Anregung liefern.

(3) Die P. hat zweifellos das Bewußtsein für Minderheiten und kommunitäre Vielfalt, für das Fremde gestärkt. Sie spiegelt damit zum einen die multikulturellen gesellschaftl. Verhältnisse vieler Länder wider und schafft zugleich Voraussetzungen für einen toleranteren Umgang miteinander; sie befördert zum anderen aber auch die Autonomieansprüche häufig selbstdefinierter Gemeinschaften, vielfach auf Kosten des Individuums und seiner unveräußerlichen Rechte.

(4) Die Betonung des → Pluralismus durch die P. ist indes gerade für Politik und Politikwiss. nichts Neues. Sieht man vom einheitswiss. Anspruch des Szientismus ab, ist das Bekenntnis zur Paradigmenvielfalt, zum Methoden- und Theorienpluralismus in der Politikwiss. schon immer vorhanden gewesen, ist die «Gleichzeitigkeit ungleichzeitiger Perspektiven» *(Naschold)* geradezu ihr Kennzeichen und ihr belebendes Element. Und (demokratische) Politik ist, seit mit Beginn der Neuzeit apriorische Ordnungsvorstellungen und Letztbegründungen sukzessive von → Vertragstheorie, → Volkssouveränität und aposteriorischem Politikverständnis abgelöst wurden, *per definitionem* konflikthaft und vom pluralistischen Meinungsstreit bestimmt. Insofern schärft das postmoderne Denken nur erneut den Blick für die Pluralismuserfahrungen der Moderne, vielfach verkürzt allerdings um die Erkenntnisse, die eine strukturell argumentierende, emanzipatorische Pluralismuskritik seit langem einsichtig gemacht hat.

Zweitens jedoch ist die P. nicht über die Philosophie der Dekonstruktion hinausgekommen.

(1) Durch ihren radikalen Pluralismus rechtfertigt die P. Sprachspiele fast jedweden gesellschaftspolit. und politiktheoretischen Anspruchs; postmodernes Denken spiegelt dadurch zum einen eine «Leichtigkeit des Seins» vor, die der Ernsthaftigkeit und Komplexität der ökolog. und sozialen Probleme, mit denen sich die Welt am Beginn des 21. Jh. auseinanderzusetzen hat, ganz sicher nicht angemessen ist. Darüber hinaus trägt es durch die Betonung der Beliebigkeit der Sprachspiele eher zum Unverständnis und zur Sprachlosigkeit zwischen den Paradigmen bei, als daß es Antworten auf die Frage anbieten könnte, ob und wie fragmentierte Gesellschaften ohne Zentrum und Normkonsens noch zusammengehalten werden können. So aktualisiert das postmoderne Problem einer «Gerechtigkeit ohne Konsens» (*Willms* 1989: 341) die Vorstellung eines Naturzustands, in dem das anarchische Chaos bunter Fragmentierung in den Krieg aller gegen alle umschlägt. Damit werden entw. «*die* Begründungs- und Erhaltungsleistungen des Leviathan im *Hobbes*schen Sinne … wieder aktuell» (ebd.: 352); oder aber es bedarf der prozeduralen wie der inhaltlichen Verständigung darüber, wie ein unverzichtbarer Minimalkonsens auszusehen habe und herzustellen sei. Denn auf Dauer ist Selbstverwirklichung nicht ohne Solidarität, Autonomie nicht ohne Integration, → Gemeinschaft nicht ohne Gesellschaft möglich.

(2) Man mag das von *J. Habermas* (1981) aus Sorge um das unvollendete Projekt der Moderne verhängte Pauschalurteil gegen die P. als alt-, neu-, oder jungkonservativ für überzogen halten; dennoch leistet postmodernes Denken gleich in mehrfacher Weise konservativen Positionen Vorschub. Dies betrifft die → Systemtheorie in ihrer autopoietischen Wende, die mit ihrer Annahme von der Selbstreferentialität der gesellschaftl. Subsysteme der Folgenlosigkeit polit. Handelns und neokonservativen Entpoliti-

sierungs- und Privatisierungsstrategien Vorschub leistet. Und es erlaubt die Rechtfertigung verschiedenster vormoderner Weltbilder und Ordnungsvorstellungen. Denn ist erst einmal der moderne «Versuch, geschichtl., partikulare Identität und ein mit ihr sich verbindendes Ethos zu überwinden durch ein abstrakt-universales Ethos, dessen Kern Diskursfähigkeit, Kompromißbereitschaft, Konsensfähigkeit und Toleranz ist» (*Spaemann* 1986: 39), für gescheitert erklärt, eröffnen sich neue Möglichkeiten, prämoderne teleologische Naturauffassungen oder religiöse Absolutheitsansprüche im Mantel eines «essentialistische(n) Postmodernismus» (*Welsch* 1993: 165) auftreten zu lassen.

(3) Zudem kann gerade ein polit. Denken, das die Sensibilität für das Ausgegrenzte, Abweichende und Unterdrückte fördern will, den universalen emanzipatorischen Anspruch auf die Erweiterung der menschlichen Freiheit nicht aufgeben. Zwar eröffnet die P. etwa dem → Feminismus neue Ansätze, die Herrschaft des patriarchalischen Diskurses zu entlarven und neue Widerstandspotenziale und Gestaltungsmöglichkeiten zu aktivieren; doch gilt: «if feminism disowns altogether the impulse to ‹enlighten›, it will be at a loss to speak the wish to make these possibilities real» (*Lovibond* 1989: 27).

(4) Ihr kritisches Potential kann – wie dies Beispiel zeigt – postmodernes Denken folglich nur innerhalb der Moderne entfalten – etwa i. S. einer «postmodernen Moderne» (*Welsch* 1993), in welcher Pluralität, gestützt von Dezentralisierung, Demokratisierung und Minderheitenpolitiken, selbst zum ethisch-polit. Wert wird. Eine solche, den sich wandelnden historischen Bedingungen angepaßte, radikale Rekonstruktion des unveräußerlichen emanzipatorischen Kerns der Aufklärung dürfte viel eher plausible und akzeptable Lösungen für die vielfältigen Herausforderungen einer in die Krise geratenen Moderne liefern als eine P., die zwar kritisch distanziert und voller (Selbst-)Ironie mit der Vielfalt sämtlich als unzulänglich dekonstruierter Antwortmöglichkeiten spielt, die aber entw. kaum praktisch verwertbare Lösungsvorstellungen anzubieten hat oder sich nicht auf gemeinsame Antworten verständigen kann.

→ Autopoiesis; Dekonstruktion; Erkenntnisinteresse; Fordismus; Kommunitarismus; Konstruktivismus; Kritische Theorie; Methode; Reform; Staatszentrierte Ansätze; Systemtheorie; Szientismus.

Lit.: *Bauman, Z.* 1992: Moderne und Ambivalenz. Das Ende der Eindeutigkeit, Hamb. (engl. 1991). *Beck, U.* 1986: Risikogesellschaft: Auf dem Weg in eine andere Moderne, Ffm. *Beck, U.* 1988: Gegengifte. Die organisierte Unverantwortlichkeit, Ffm. *Beck, U.* 1993: Die Erfindung des Politischen. Zu einer Theorie reflexiver Modernisierung, Ffm. *Bell, D.* 1975: Die nachindustrielle Gesellschaft, Ffm. (engl. 1973). *Bell, D.* ²1988: The End of Ideology, Camb./Mass. (zuerst 1961). *Bell, D.* 1991: Die kulturellen Widersprüche des Kapitalismus, Ffm/NY (engl. 1976). *Berger, P. A./Hradil, S.* (Hrsg.) 1990: Lebenslagen, Lebensläufe, Lebensstile, Soziale Welt, Sonderband 7. *Beyme, K. von* 1989: Postmoderne und politische Theorie, in: PVS 30, 209–229. *Beyme, K. von* ³1997: Theorie der Politik im 20. Jahrhundert, Ffm. (zuerst 1991). *Derrida, J.* ⁸2000: Die Schrift und die Differenz, Ffm. (frz. 1967). *Eisfeld, R.* 1994: Politik und Postmoderne, in: *Greven, M. Th.* u. a. (Hrsg.): Politikwissenschaft als kritische Theorie, Baden-Baden, 289–299. *Etzioni, A.* 1975: Die aktive Gesellschaft, Opl. (engl. 1968). *Fechner, F.* 1990: Politik und Postmoderne, Wien. *Feyerabend, P. K.* 1980: Erkenntnis für freie Menschen, Ffm. *Foucault, M.* ¹²1999: Wahnsinn und Gesellschaft, Ffm. (frz. 1961). *Gehlen, A.* ²1994: Über kulturelle Kristallisation, in: *Welsch, W.* (Hrsg.): Wege aus der Moderne, Weinheim, 133–143. *Giddens, A.* 1993: Tradition in der post-traditionalen Gesellschaft, in: Soziale Welt 44, 445–485. *Habermas, J.* 1981: Die Moderne – ein unvollendetes Projekt, Ffm., 444–464. *Habermas, J.* 1985: Die Neue Unübersichtlichkeit, Ffm. *Hirsch, J./Roth, R.* 1986: Das neue Gesicht des Kapitalismus, Hamb. *Horkheimer, M./Adorno, T. W.* 1971: Dialektik der Aufklärung, Ffm. (zuerst 1947). *Inglehart, R.* 1977: The Silent Revolution, Princeton. *Kersting, W.* 1994: Politikwissenschaft zwischen

Moderne und Postmoderne, in: *Kriz, J.* u. a. (Hrsg.): Politikwissenschaftliche Methoden, Lexikon der Politik Bd. 2, Mchn., 321–327. *Kuhn, T.S.* ^{2}1976: Die Struktur wissenschaftlicher Revolutionen, Ffm. (engl. 1962). *Lovibond, S.* 1989: Feminism and Postmodernism, in: NLR 178, 5–28. *Lyotard, J.-F.* 1981: Intensitäten, Bln. *Lyotard, J.-F.* 1985: Grabmal des Intellektuellen, Graz/Wien (frz. 1984). *Lyotard, J.-F.* ^{2}1989: Der Widerstreit, Mchn. (frz. 1983). *Lyotard, J.-F.* ^{3}1994: Das postmoderne Wissen, Graz u. a. (^{1}1986; frz. 1979). *Reese-Schäfer, W.* ^{2}1989: Lyotard zur Einführung, Hamb. (zuerst 1988). *Riesman, D.* 1958: Die einsame Masse, Hamb. (engl. 1950). *Rorty, R.* 1991: Objectivity, Relativism, and Truth. Philosophical Papers, Bd. 1, Camb. u. a. *Rorty, R.* ^{2}1993: Kontingenz, Ironie und Solidarität, Ffm. (engl. 1989). *Rosenau, P.M.* 1992: Post-Modernism and the Social Sciences, Princeton. *Schulze, G.* ^{8}2000: Die Erlebnisgesellschaft, Ffm. (zuerst 1992). *Spaemann, R.* 1986: Ende der Modernität?, in: *Koslowski, P.* u. a. (Hrsg.): Moderne oder Postmoderne? Zur Signatur des gegenwärtigen Zeitalters, Weinheim, 19–40. *Touraine, A.* 1972: Die postindustrielle Gesellschaft, Ffm. (frz. 1969). *Vattimo, G.* 1990: Das Ende der Moderne, Stg. (ital. 1985). *Welsch, W.* ^{4}1993: Unsere postmoderne Moderne, Weinheim (zuerst 1985). *Welsch, W.* (Hrsg.) ^{2}1994: Wege aus der Moderne. Schlüsseltexte der Postmoderne-Diskussion, Weinheim (zuerst 1988). *White, S.K.* 1991: Political Theory and Postmodernism, Camb. *Willms, B.* 1989: Postmoderne und Politik, in: Der Staat 28, 321–352.

Günter Rieger/Rainer-Olaf Schultze

Pouvoir constituant, constitué → Verfassung

Pouvoir neutre → Verfassung

Power → Macht

Präferenzstimmgebung → Stimmgebungsverfahren

Pragmatisches Modell → Modell

Pragmatismus, eine in den letzten Jahrzehnten des 19. Jh. in den USA entstandene Denkrichtung, die das menschliche Handeln zum Ausgangspunkt nimmt und entsprechend alle Bewußtseinsleistungen aus ihrem Beitrag zur kreativen Lösung von Handlungsproblemen versteht.

Der P. erreichte eine gewisse Hegemonie über das intellektuelle Leben der USA in der sog. *Progressive Era* (1896–1914) und der Zeit danach, wurde aber seit den 1930er Jahren und v. a. nach 1945 von anderen Tendenzen in der Philosophie, den Sozialwiss. und dem polit. Diskurs der Öff. weitgehend zurückgedrängt. V. a. in den Jahren um 1910 zog der amerikan. P. auch in Europa starke Aufmerksamkeit auf sich. Die Wiedergaben und Stellungnahmen waren allerdings reich an Mißverständnissen und von der Neigung charakterisiert, den P. durch rasche Zurückführung auf Spezifika eines angeblichen Nationalcharakters der Amerikaner abzuwerten.
Die alltagssprachliche Verwendung des Begriffs «pragmatisch» trug zu den verbreiteten Mißverständnissen mit Sicherheit bei. In dieser Verwendungsweise bedeutet der Begriff ein an unmittelbaren Erfordernissen orientiertes, von theoretischen oder moralischen Prinzipien absehendes, vorhandene Gegebenheiten schlicht in Rechnung stellendes «Durchwursteln» *(muddling through)*. Der Name des P. geht auf dieselbe griech. Wurzel zurück wie die Begriffe Praxis, praktisch etc. Der Begründer des P., *Ch. S. Peirce* (1839–1914), entschied sich für die Bezeichnung «P.» aus einer Auseinandersetzung mit *Kants* Gebrauch der Begriffe «pragmatisch» und «praktisch» heraus. Vorträge und Schriften von *Peirce* von etwa 1878 gelten heute als Gründungsdokumente des Pragmatismus. Bekannt wurden diese zunächst nur in engeren Kreisen von Intellektuellen in Cambridge, Massachusetts. Erst als über zwanzig Jahre später *W. James* (1842–1910) seine Vorlesungen über «P.» hielt, wurde breite Aufmerksamkeit erreicht.

Peirce selbst distanzierte sich freilich nach einiger Zeit von *James'* P. und nannte seine eigene Philosophie «Pragmatizismus». Neben *Peirce* und *James* werden üblicherweise zum engsten Kern des klassischen P. v.a. noch *J. Dewey* (1859–1952) und *G.H. Mead* (1863–1931) gerechnet. Die Differenzen zwischen allen diesen Denkern sind so unübersehbar und waren auch ihnen selbst so klar bewußt, daß ihre Subsumierbarkeit unter den Namen einer gemeinsamen Schule oder Bewegung immer wieder in Frage gestellt wurde. Es überwiegt aber die Auffassung, daß trotz aller Differenzen ein Kern gemeinsamer Konzeptionen es rechtfertigt, vom «P.» als einer bestimmten philosophischen Richtung zu sprechen.

Worin bestehen die Grundgedanken des Pragmatismus? Der systematische Ausgangspunkt von *Peirce* ist seine Kritik an *Descartes'* methodischem Prinzip radikalen Zweifels und dem daraus resultierenden Programm, aus der Selbstgewißheit des denkenden Ich das feste Fundament einer neuen Philosophie zu machen. Der Pragmatist zweifelt an der Sinnhaftigkeit des cartesianischen Zweifels – dies allerdings nicht i.S. einer Verteidigung der Unbezweifelbarkeit von Autoritäten gegen den emanzipatorischen Anspruch des denkenden Ich, sondern i.S. eines Plädoyers für den realen Zweifel, d.h. für die Verankerung des Erkennens in realen Problemsituationen. An die Stelle der Leitvorstellung vom einsam zweifelnden Ich tritt im P. die Idee einer kooperativen Wahrheitssuche zur Bewältigung realer Handlungsprobleme. Realer Zweifel entsteht im Handeln, das nach einem Modell zyklisch sich wiederholender Phasen gedacht wird. Danach ist alle Wahrnehmung der Welt und alles Handeln in ihr in unreflektiertem Glauben an selbstverständliche Gegebenheiten und erfolgreiche Gewohnheiten verankert. Immer wieder prallen diese Handlungsgewohnheiten aber von der Widerständigkeit der Welt ab und erweist sich die Welt als Quell der Erschütterung unreflektierter Erwartungen. Aus der so entstandenen Phase realen Zweifels heraus führt nur eine Rekonstruktion des unterbrochenen Zusammenhangs. Die Wahrnehmung muß neue oder andere Aspekte der Wirklichkeit erfassen; die Handlung muß an anderen Punkten der Welt ansetzen oder sich selbst umstrukturieren. Diese Rekonstruktion ist eine kreative Leistung des Handelnden. Gelingt es, durch die veränderte Wahrnehmung die Handlung umzuorientieren und damit wieder fortzufahren, dann ist etwas Neues in die Welt gekommen: eine neue Handlungsweise, die sich stabilisieren und selbst wieder zur unreflektierten Routine werden kann. Alles menschliche Handeln wird so im Blick der Pragmatisten in der Spannung zwischen unreflektierten Handlungsgewohnheiten und kreativen Leistungen gesehen. Das heißt zugleich auch, daß Kreativität hier als Leistung innerhalb von Situationen, die eine Lösung fordern, gesehen wird und nicht als ungezwungene Hervorbringung von Neuem ohne konstitutiven Hintergrund in unreflektierten Gewohnheiten.

Aus diesem Grundmodell des P., in dem Handeln und Erkenntnis miteinander in bestimmter Weise verknüpft werden, lassen sich andere zentrale Aussagen des P. entwickeln. Die Wirklichkeit hat nach der Metaphysik des P. keinen deterministischen Charakter: Sie erlaubt vielmehr und erfordert schöpferisches Handeln. Erkenntnis ist nach der Epistemologie des P. nicht Abbildung der Wirklichkeit, sondern ein Instrument zum erfolgreichen praktischen Umgang mit ihr. Der Sinn von → Begriffen liegt nach der Bedeutungstheorie des P. in den praktischen Konsequenzen, die ihre Verwendung oder ihre Differenz zu anderen Begriffen im Handeln ausmacht. Entspr. läßt sich nach der Wahrheitstheorie des P. die Wahrheit von Sätzen nur über den Prozeß der Einigung über den Erfolg eines auf ihnen basierten Handelns bestimmen und nicht etwa aufgrund ihrer Übereinstimmung mit einer nicht-interpretierten Wirklichkeit. V.a. die Loslösung einzelner Sätze, etwa von *W. James* zum Problem der Wahrheit, aus dem gesamten Gedankenkomplex des P. trug zu dem Mißverständnis bei, der P. sei vornehmlich eine Bewegung, die sich die Destruktion des Ideals wahrer Erkenntnis zum Ziel gesetzt habe.

Die Beiträge der einzelnen Hauptvertreter des P. liegen auf unterschiedlichen Themenfeldern. *Peirce* war hauptsächlich an der

Ausarbeitung einer allg. Theorie wiss. Erkennens und einer umfassenden Zeichentheorie (Semiotik) interessiert. Sein vielseitiges, aber schwer überblickbares Werk enthält wichtige Überlegungen zur Intersubjektivität des Zeichengebrauchs und zur Kreativität der Hypothesenerzeugung («Abduktion»). *W. James'* Schwerpunkt lag auf dem Gebiet der Psychologie. Diese war das Medium seiner Suche nach einem Ausweg aus dem Dilemma, das zwischen einem religiös begründeten Glauben an den freien Willen der moralisch handelnden Person einerseits und der von den Wiss. gebotenen Sicht der Welt als eines kausal geregelten Universums andererseits zu bestehen schien. Der Ausweg bestand darin, der menschlichen Fähigkeit zur willentlichen Aufmerksamkeit auf Vorstellungsgehalte und zur Wahl zwischen Handlungsalternativen selbst eine Funktion für das Überleben des menschlichen Organismus in seiner Umwelt zuzusprechen. Eine «funktionalistische» Psychologie konnte das Programm verfolgen, alle psychischen Leistungen aus ihrer Funktion für die aktive Bewältigung der Umwelt durch den Organismus zu begreifen. *J. Dewey*, dessen Denken sich anfangs unabhängig von den ersten Pragmatisten entwickelte, versuchte nach seiner Abwendung von einer Art Neohegelianismus zunehmend, die wissenschaftslogischen und die psychologischen Züge des P. bei *Peirce* und *James* zu verknüpfen und eine Philosophie zu entwickeln, die in allen klassischen philosophischen Themenfeldern (Metaphysik, Logik, Ethik, Ästhetik), v. a. aber auch auf dem Gebiet der polit. und Sozial-Philosophie die Motive des P. in breiter Ausarbeitung enthielt. Expliziter als für andere war für ihn eine radikale Version von Demokratie der normative Kern des Pragmatismus.

Deweys polit. Theorie setzt weder beim Staat noch beim Verhältnis zwischen Individuum und Staat ein, sondern beim kollektiven Handeln und seinen Wirkungen, welche vom handelnden Kollektiv reflexiv verarbeitet werden müssen. Dies geschieht in der «Öffentlichkeit», der Kommunikationsgemeinschaft aller von Handlungsfolgen Betroffenen. *Deweys* polit. Diagnose zielt auf die Gefährdung demokratischer Selbstverwaltung durch die öffentlichkeitszersetzenden Wirkungen von Urbanisierung, Expertisierung, Kommerzialisierung und Individualisierung. Sein Gegenprogramm betont die Revitalisierung des Gemeindelebens und umfassende Publizität polit. Vorgänge. *Mead*, ein Freund *Deweys*, arbeitete am stärksten die bei *James* angelegte Übersetzung der pragmatistischen Motive in das Programm einer biologisch fundierten empirischen Sozialwiss. aus. Sein entscheidender Beitrag zur Sozialtheorie liegt in seiner Theorie der Spezifik menschlicher Kommunikation und dem darauf aufbauenden Versuch, die Konstitution von Persönlichkeitsstrukturen in der Dynamik interpersonaler Beziehungen zum Thema zu machen. *Mead* bekämpfte die Annahme eines vorsozialen substantiellen Selbst und ersetzte sie durch eine Theorie der Identitätsbildung, in der sogar der Umgang einer Person mit sich selbst als Resultat sozialer Strukturen aufgefaßt wird. *Mead* verfolgte diesen Gedanken außerdem in Richtung auf Fragen der kognitiven Entwicklung, etwa der Konstitution permanenter Objekte in der Wahrnehmung und der Konstitution von Zeitstrukturen.

Die Wirkungsgeschichte des P. ist weit verzweigt. Zur Zeit seiner Entstehung repräsentierte er eine interdisziplinäre Revolte gegen ein in Amerika verbreitetes Syndrom utilitaristischer und empiristischer Annahmen. Ausdruck dieser Revolte waren die Chicagoer Schule der Soziologie, die institutionalistische Ökonomie, die funktionalistische Psychologie, der *«legal realism»* und eine kritische Neufassung der amerikan. Geschichtsschreibung. Alle diese Anstöße wurden auch während der Phase eines weitgehenden Vergessens pragmatistischer Motive fortgesetzt. Heute gibt es eine breite Renaissance dieses Denkens und vielfältige Formen produktiver Anknüpfung an den Pragmatismus («Neo-P.»). Die bei *Peirce* entwickelte Idee des «Diskurses» wurde zum Anstoß der «Diskursethik» und der «Theorie des kommunikativen Handelns» *(Apel, Habermas)*. Andere sehen in der pragmatistischen Kritik der Philosophie die Schaffung eines Freiraums für die gleichberechtigte Teilnahme aller an der Pluralität gesellschaftl. Diskussionen und Kämpfe *(Rorty)*. Schließlich gibt es Versuche, ausgehend vom pragmatistischen Verständnis menschlichen Handelns als eines kreativen, die Konsequenzen für Gesellschaftstheorie und ein heutiges angemessenes Verständnis von → Rationalität und Normativität zu ziehen.

→ Diskurstheorie kommunikativen Handelns; Handlungstheorien; Pluralismustheorie; Postmoderne und Politik; Rationalitätstheorien.

Lit.: *Apel, K.-O.* 1967: Einführung, in: *Peirce, C. S.* 1967: Schriften I u. II; Ffm., I: 13–153; II: 10–211. *Brent, J.* 1993: Charles Sanders Peirce. A Life, Bloomington, Ind. *Dewey, J.* 1927: The Public and Its Problems, NY. *Dickstein*, M. (Hrsg.) 1998: The Revival of Pragmatism. Durham, N. C. *Habermas, J.* 1981: Theorie des kommunikativen Handelns, Ffm. *James, W.* 1977: Der Pragmatismus, Hamb. (engl. 1907). *Joas, H.* 2000: Praktische Intersubjektivität. Die Entwicklung des Werkes von G. H. Mead, Ffm. *Joas, H.* 1992: Pragmatismus und Gesellschaftstheorie, Ffm. *Mead, G. H.* 1968: Geist, Identität und Gesellschaft, Ffm. (engl. 1934). *Mead, G. H.* 1980/83: Gesammelte Aufsätze, 2 Bde., Ffm. *Peirce, C. S.* 1967/70: Schriften I u. II, Ffm. *Rorty, R.* ²1993: Kontingenz, Ironie und Solidarität, Ffm. (¹1991; engl. 1989). *Thayer, H.* 1973: Meaning and Action. Indianapolis. *Westbrook, R.* 1991: John Dewey and American Democracy, Ithaca, NY. *White, M.* 1957: Social Thought in America, Boston.

Hans Joas

Präsidentialismus/Präsidentielles Regierungssystem, ebenso wie der → Parlamentarismus und das in der Schweiz beheimatete Direktorialsystem eine Ausprägungsform repräsentativer Demokratie (*Steffani* 1983). Ein p. R. zeichnet sich im Ggs. zu einem parlamentarischen System, in dem eine enge Verbindung zwischen der parlamentarischen Mehrheit und der → Regierung vorliegt (schließlich geht dort die Regierung aus dem Parlament hervor), durch eine relativ starke Trennung von Parlament und Regierung aus. Der Präsident, der die Funktionen des Regierungschefs und des Staatsoberhauptes in sich vereinigt, darf auf keinen Fall dem Parlament angehören. Die Regierung erhält ihre Legitimation durch die Volkswahl des Präsidenten. Ungeachtet der Mehrheitsverhältnisse im Parlament ist der Präsident für die Dauer seiner Amtszeit von ihm nicht absetzbar. Kennzeichen des P. sind mithin: weitgehende Trennung von → Legislative und → Exekutive; monistische Exekutive; Volkswahl des Präsidenten; keine Abberufbarkeit der Exekutive während der Amtsperiode; keine Auflösung des Parlaments durch den Präsidenten (vgl. *Loewenstein* ²1959; *Brunner* 1979).

1. Den Prototyp eines Präsidialsystems sieht die Vergleichende Regierungslehre im → Politischen System der USA verkörpert. Vielfach werden für den P. noch weitere Kriterien geltend gemacht, die unmittelbar den US-amerikan. Verhältnissen entlehnt sind. Dies gilt beispielsweise für die in den USA schwach ausgeprägte Fraktionsdisziplin. Bei der → Gesetzgebung bilden sich im Kongreß häufig «*Ad-hoc*-Mehrheiten». Der Präsident hat sich des öfteren mit der parlamentarischen Mehrheit einer Partei auseinanderzusetzen, der er nicht angehört. Er muß mit dem Parlament zusammenarbeiten, da er es nicht auflösen kann. Um Funktionsstörungen klein zu halten, ist das Präsidialsystem viel eher durch eine Koordinierung und Verschränkung der Gewalten geprägt (System der *checks and balances*) als durch eine strikte → Gewaltenteilung *(separation of powers)*.

Der Kongreß (Repräsentantenhaus und Senat) figuriert als Gegenspieler des vom Volke gewählten Präsidenten, der sein Amt nur durch ein *impeachment* verlieren kann. *R. Nixon* kam im Jahre 1974 dieser Staatsanklage durch Rücktritt zuvor. Der Kongreß ist ein «Arbeitsparlament», das eine Fülle von Ausschüssen hat. Gegenüber den vom Kongreß verabschiedeten Gesetzesbeschlüssen besitzt der Präsident ein Vetorecht. Weisen beide Häuser mit einer Zweidrittelmehrheit das Veto des Präsidenten zurück, ist das Gesetz zustande gekommen – eine seltene Konstellation. Der Präsident kann meistens ein ihm unliebsames Gesetz verhindern.

2. Der P. hat jedoch eine über die USA weit hinausgehende Verbreitung gefunden. In Lateinamerika ist der P. traditionellerweise der bevorzugte polit. Systemtyp. In anderen *areas* hat sich der P. nicht so verbreiten können wie das parlamentarische System. Im Zuge der Redemokratisierung der polit. Systeme Lateinamerikas in den 1980er Jahren wurden überall wieder präsidentielle Systeme eingeführt, obwohl in einigen Ländern Funktionsschwächen des P. aufgezeigt und Reformalternativen lebhaft diskutiert worden sind.

Der Übergang lateinamerikan. Präsidialdemokratien zu autoritären Militärdiktaturen (→ Autoritäre Regime) in den 1960er und 70er Jahren mag durch das präsidentielle Element erleichtert worden sein, ursächlich hervorgerufen wurde er dadurch jedoch nicht. Trotzdem ist von einigen Politikwissenschaftlern *(Linz, Lijphart)* den lateinamerikan. Ländern nach der → Demokratisierung ein Wechsel zum Parlamentarismus dringend angeraten worden (*Linz/Valenzuela* 1994). Die Aussichten dafür waren jedoch gering (s. *Nohlen/Fernández* 1991). Nur in Brasilien schien eine entspr. Reform möglich (s. *Lamounier/Nohlen* 1993), wurde aber per Referendum 1993 verworfen.

Die Gründe für das Festhalten am P. liegen in der lateinamerikan. → Politischen Kultur, Tradition, historischen Erfahrung, polit. Struktur. Vor diesem Hintergrund ist die Bilanz des P. nicht derart negativ, wie seine Kritiker behaupten. Schwerer wiegt das Argument, daß der Parlamentarismus keine höhere Funktionsfähigkeit verspricht (*Thibaut* 1996). Im Gegenteil: Angesichts der wenig strukturierten → Parteiensysteme, ihres Mangels an gesellschaftl. Verankerung und Repräsentativität, des geringen Ansehens der Parlamente nebst ihrer Neigung zu budgetpolit. Unverantwortlichkeit, des hohen Bedarfs an wirtschaftl. und sozialer Reformpolitik würde ein in der polit. Kultur kaum verankerter polit. Systemtyp unkalkulierbare Risiken hervorrufen. Im übrigen hat sich die Regierungsweise im P. gewandelt, etwa in Form der Bildung von → Koalitionen, die dem Präsidenten eine stabile Parlamentsmehrheit bescheren (*Nohlen/Fernández* 1998).

3. Die Anwendung der unter 1. genannten Merkmale des P. führt nicht immer zu eindeutigen Ergebnissen. Manche Staaten (Frankreich, Finnland, Portugal) scheinen Ausprägungen parlamentarisch-präsidentieller Mischsysteme darzustellen. In einem derartigen System gibt es neben dem vom Volk gewählten Staatspräsidenten einen Ministerpräsidenten, der sowohl vom Staatspräsidenten abhängig ist wie vom Parlament. Ob in diesen Staaten stärker die präsidentielle oder die parlamentarische Komponente in den Vordergrund tritt, hängt von zahlreichen – nicht nur institutionellen – Faktoren ab.

Auch die Weimarer Republik stellte ein «Mischsystem» dar. Dabei wurde *H. Preuß* von der Theorie *R. Redslobs* beeinflußt. Nach *Redslob,* der den brit. Parlamentarismus fehlerhaft rezipierte, handelt es sich um einen «echten» Parlamentarismus nur dann, wenn das Parlament einen Gegenspieler in Form des (volksgewählten) Präsidenten aufweise (*Redslob* 1918) – eine verfassungsrechtl. Konstruktion, die angesichts der historischen Vorbelastungen die Funktionsweise des Weimarer Parlamentarismus erschwerte.

Wer wie *W. Steffani* (1979: 38) ein einziges Merkmal als Unterscheidungskriterium zugrunde legt, kommt ohne «Mischformen» aus. Entw. sind es parlamentarische oder präsidentielle Regierungssysteme. Zentrales Kriterium ist für ihn die Abberufbarkeit der Regierung. Kann die Regierung vom Parlament nicht abgesetzt werden, so handelt es sich um P.; Frankreich gehört hiernach also zu den parlamentarischen Regierungssystemen. *Steffani* fügt dem primären Unterscheidungsmerkmal supplementäre an. In diesem Sinne zählt Frankreich zu den parlamentarischen Regierungssystemen mit Präsidialhegemonie.

In der Tat hat sich im Falle Frankreichs und auch Portugals gezeigt, daß der Charakter des polit. Systems vom → Parteiensystem und dessen Wandel abhängig ist. Als der frz. Präsident eine parlamentarische Mehrheit einbüßte und als in Portugal eine Partei über die parlamentarische Mehrheit verfügte, nahm das polit. System den Charakter eines parlamentarischen Systems an. Damit bestätigten sich die Analysen von *M. Duverger* (1980) und *R. Aron* (1981), die den Semipräsidentialismus nicht als eine Synthese von P. und Parlamentarismus verstehen, sondern als System alternativer Phasen, präsidentieller und parlamentarischer, je nach parteipolit. Bedingungen.

Lit.: *Aron, R.* 1981: Alternation in Government in the Industrialized Countries, in: Government and Opposition 27, 2, 3–21. *Brunner, G.* 1979: Vergleichende Regierungslehre, Paderborn. *Diamond, L./Linz, J. H./Lipset, S. M.* (Hrsg.) 1988/1989: Democracy in Developing Countries, 4 Bde., Boulder. *Duverger, M.* 1980: A New Political System Model: Semipresidential Government, in: EJPR 8, 165–178. *Fraenkel, E.* [3]1976: Das amerikanische Regierungssystem, Opl. *Haggard, S./McCubbins, M.D.* (Hrsg.) 2001: Presidents, Parliaments, and Policy, Camb. *Lamounier, B./Nohlen, D.* (Hrsg.) 1993: Presidencialismo ou parlamentarismo, São Paulo. *Lijphart, A.* (Hrsg.) 1992: Parliamentary versus Presidential Government, Ox. *Linz, J. J./Valenzuela, A.* (Hrsg.) 1994: The Failure of Presidential Democracy, 2 Bde., Baltimore/L. *Lipset, S. M./Nohlen, D./Sartori, G.* 1996: Apuntes para una reflexion sobre la democracia, San José. *Loewenstein, K.* [2]1969: Verfassungslehre, Tüb. *Mainwaring, S./Shugart, M. S.* (Hrsg.) 1997: Presidentialism and Democracy in Latin America, Camb. *Nohlen, D./Fernández, M.* (Hrsg.) 1991: Presidencialismo vs. parlamentarismo en América Latina, Caracas. *Nohlen, D./Fernández, M.* (Hrsg.) 1998: El presidencialismo renovado, Caracas. *Redslob, R.* 1918: Die parlamentarische Regierung in ihrer wahren und unechten Form, Tüb. *Rüb, F. W.* 2002: Schach dem Parlament, Wsb. *Shugart, M. S./Carey, J. M.* 1992: Presidents and Assemblies, Camb./NY. *Steffani, W.* 1979: Parlamentarische und präsidentielle Demokratie, Opl. *Thibaut, B.* 1996: Präsidentialismus und parlamentarische Demokratie in Lateinamerika, Opl.

Eckhard Jesse/Dieter Nohlen

PRE-Maße → Bivariate Statistik

Pressefreiheit → Freiheit; Grundrechte

Pressure group → Interessengruppen

Pretest, Vortest zur Überprüfung des Erhebungsinstruments (z. B. eines → Fragebogens) oder des Beobachtungsschemas (Konzept der → Hypothesen) hinsichtlich ihrer Einsatztauglichkeit für die eigentliche Erhebung.

Dabei werden bei einer kleinen, in etwa repräsentativen → Stichprobe v. a. Eindeutigkeit, Verständlichkeit und Diskriminationsfähigkeit der Fragen, deren Reihenfolge, mögliche Ausstrahlungseffekte, Filterfragen, Antwortkategorien, aber auch Verlauf der Probeinterviews, Antwortzeit, Verweigerung, Kommentare und Anregungen eruiert, um das Erhebungsinstrument entspr. zu optimieren. Möglich ist auch, während des P. alternative Fassungen des Untersuchungsinstruments zu verwenden.

→ Befragung; Erhebungstechniken.

Susanne Schäfer-Walkmann

Primaries → Vorwahlen

Prime-ministerial government, Erscheinungsform des → Westminster-Modells der parlamentarischen Demokratie, das u. a. geprägt wird von Kabinettsdominanz innerhalb der (gewaltenverschränkenden) Einheit von Parlamentsmehrheit und Regierung, der die → Opposition als ständige Regierungsalternative gegenübersteht.

Starken Premierministern bietet dieses System die Chance, die Position des Regierungschefs gegenüber der Ressortverantwortlichkeit der einzelnen Minister und den kollegialen Entscheidungsstrukturen des Kabinetts zur beherrschenden auszubauen. Insbes. in GB führte eine solche Praxis in den 1960er Jahren und wieder unter *M. That-*

cher in den 1980ern zu dem Befund, das *cabinet government* sei durch ein *p.-m. g.* ersetzt worden. Tatsächlich lassen sich (bei allg. Tendenzen der Personalisierung von Politik) innerhalb des Westminster-Modells Phasen ausgeprägter Kabinettsregierung von solchen deutlicher Premierministerregierung unterscheiden, wobei in jeder Phase je nach polit. Gegenstand und Situation Elemente beider Formen zu finden sind; insofern weist das *p.-m. g.* Ähnlichkeiten mit der dt. → Kanzlerdemokratie auf.

→ Parlamentarisches Regierungssystem.

Suzanne S. Schüttemeyer

Prisonner's dilemma → Gefangenendilemma

Private Güter, in der Terminologie der → Politischen Ökonomie werden solche Güter (und → Dienstleistungen) als priv. bezeichnet, für die das Ausschlußprinzip gilt, d. h. daß nur diejenigen in den Genuß des Gutes kommen, die einen entspr. Beitrag hierzu leisten (z. B. Lebensmittel, Kleidung).

Für p. G. (auch: Individualgüter) gelten die Marktmechanismen, d. h. ihr Preis variiert mit der angebotenen und nachgefragten Menge. Fragen der Produktion, der Verteilung und Verteilungsgerechtigkeit sowie das Verhältnis zwischen priv., meritorischen und öff. Gütern einer Gesellschaft ist Gegenstand zahlreicher wohlfahrtsökon. Theorien der Politik.

→ Gut/Güter; Meritorische Güter; Öffentliche Güter.
Lit.: → Gut/Güter; Meritorische Güter.

Klaus Schubert

Privatisierung, die Veräußerung und Umwandlung öff. Vermögens in priv. → Eigentum, z. B. durch die Überführung eines staatl. Betriebes in ein Privatunternehmen.

P. beruht auf der (wirtschaftsliberalen) Überzeugung, daß der Anteil des öff. Sektors und der öff. Verantwortung zugunsten der priv. Wirtschaft und der Marktorientierung zurückgedrängt werden müsse. P. ist daher zumeist Teil eines polit. Programms, das den «schlanken Staat» anstrebt, wirtschaftspolit. Deregulierung fordert und auf mehr priv. Verantwortung zielt. Eine wirtschaftspolit. Ausnahmesituation stellte die P. der staats- und volkseigenen Unternehmen der ehem. DDR durch die Treuhandanstalt (1990–1995) im Rahmen der dt. Wiedervereinigung dar.

→ Kapitalismus; Marktwirtschaft.

Klaus Schubert

Produktionsmittel, allg. die Gesamtheit aller sachlichen Voraussetzungen, die zur Herstellung von → Gütern und Waren, zur Produktion von Dienstleistungen erforderlich sind.

In der → Politischen Ökonomie des → Marxismus die Arbeitsmittel, mit deren Hilfe der Mensch die Gegenstände seiner → Arbeit verändert, und damit die Voraussetzung zur Gebrauchswertherstellung.

→ Mehrwert/Mehrwerttheorie; Produktionsverhältnisse; Produktionsweise.
Lit.: → Produktionsweise.

Rainer-Olaf Schultze

Produkt-Moment-Korrelation → Korrelationsrechnung

Produktionsverhältnisse, zentraler Begriff der *Marx*schen Gesellschaftsanalyse. Demnach gehen die Menschen in der gesellschaftl. Produktion ihres Lebens bestimmte, notwendige, von ihrem eigenen Willen unabhängige Verhältnisse ein, sog. P., die einer bestimmten Entwicklungsstufe der technisch-organisatorisch definierten → Produktivkräfte entsprechen (→ Marxismus).

Gemeint ist damit die Art und Weise, wie die Produktion und Verteilung des gesellschaftl. Reichtums organisiert ist, wer den juristischen und ökon. Besitz (der Verfügungsgewalt) über die Produktionsmittel innehat, ob und wie die Aneignung des gesellschaftl. Mehrprodukts funktioniert, z. B. durch Ausbeutung oder gemeinsame Verfügung. Die Gesamtheit dieser P. bildet die sozio-ökon. (nicht nur die ökon.) Struktur der Gesellschaft (→ Produktionsweise).

Lit.: → Produktionsweise.

Josef Esser

Produktionsweise, von *Karl Marx* verwendeter Begriff zur Charakterisierung historisch unterschiedlicher Verbindungen von gesellschaftl. erzeugten technisch-organisatorischen → Produktivkräften und gesellschaftl. erzeugten sozio-ökon. → Produktionsverhältnissen.

Man unterscheidet die antike, die feudale, die kapitalistische, die sozialistisch/kommunistische Produktionsweise. Eine historische Gesellschaftsformation kann durchaus aus mehreren sich verbindenden oder überlagernden P. bestehen, von denen sich aber eine im historischen Prozeß als herrschende und die Gesamtstruktur determinierende durchgesetzt hat, im Falle des → Kapitalismus z. B. die auf Mehrwertproduktion, Warentausch und Kapitalakkumulation basierende.

→ Klassengesellschaft; Marxismus; Mehrwert/Mehrwerttheorie.
Lit.: *Marx, K./Engels, F.* 1957 ff.: MEW, Bd. 4, Bd. 13; Bln. u. a.

Josef Esser

Produktivität, als Verhältnis von Einsatz (→ *Input*) und Ergebnis (→ *Output*) im Prozeß der Herstellung von → Gütern und → Dienstleistungen ein Ausdruck für wirtschaftl. Ergiebigkeit und damit ein wichtiges einzel- und gesamtwirtschaftl. Erfolgskriterium.

P. wird u. a. berechnet für den Einsatz der unterschiedlichen Produktionsfaktoren, z. B. Arbeits-, Kapitalproduktivität. Eine wichtige Ursache der Produktivitätssteigerung ist der technische → Fortschritt; im Betrieb sind dies darüber hinaus die Arbeitsorganisation, -bedingungen, -anreize. Auch Veränderungen der Wirtschaftsordnung (z. B. → Konzentration) können die P. beeinflussen.

→ Produktionsmittel; Produktionsverhältnisse; Produktivkräfte.
Lit.: → Marktwirtschaft; Produktionsweise.

Uwe Andersen

Produktivkräfte, allg. die Gesamtheit aller subjektiven und objektiven Elemente im Produktionsprozeß, insbes. die menschliche Arbeitskraft, die Arbeitsmittel (Werkzeuge, Maschinen), die Infrastruktur (Transport-, Kommunikationsmittel), die Gegenstände der → Arbeit (Rohstoffe, Bodenschätze).

Nach *Karl Marx* sind die P. «das Resultat der angewandten Energie der Menschen» und umfassen insbes. die Qualifikation der Arbeitskräfte als der Hauptproduktivkraft und die durch Wiss. und Technologie bestimmten → Produktionsmittel. Nach der marxistischen Theorie bestimmen die P. zus. mit den von ihr beeinflußten → Produktionsverhältnissen (insbes. Eigentumsverhältnisse) den Typus der → Produktionsweise (z. B. → Kapitalismus; → Marxismus). Die Entfaltung der P. als der materiellen Basis sei die Triebkraft der Menschheitsgeschichte, insbes. bei der Sprengung der zur Fessel gewordenen jeweiligen Produktionsverhältnisse Ausgangspunkt revolutionärer Veränderungen.

Lit.: → Marktwirtschaft; Produktionsweise.

Uwe Andersen

Professionalisierung (von engl. *professionalisation*), im allgemeinsten Verständnis die Veränderung von früher nebenberuflich und ehrenamtlich ausgeübten Tätigkeiten zu hauptberuflichen und materiell vergüteten Arbeitsverhältnissen.

Des weiteren die Spezialisierung und Verwissenschaftlichung von Berufspositionen. In der Politikwiss. bezeichnet P. zum einen den historischen Prozeß, in dem der frühere Typ des Honoratiorenpolitikers durch den des gegenwärtigen Berufspolitikers verdrängt wurde; zum anderen wird mit P. eine individuelle Entwicklung gekennzeichnet, insofern eine Person über eine polit. Karriere stufenweise vom einfachen Mitglied einer → Partei, einer kommunalen Vertretungskörperschaft o. ä. zu einem hauptamtl. Funktionär oder Mandatsträger (z. B. zu einem Bundestagsabgeordneten) wird.

→ Politische Elite; Politische Klasse.

Dietrich Herzog

Prognose/Prognosefähigkeit, betrifft die Frage, inwieweit von sozialwiss. → Theorien zutreffende Aussagen über zukünftige Zustände oder Entwicklungen sozialer Sachverhalte herzuleiten sind.

Die logische Struktur der P. gleicht der einer → Erklärung in umgekehrter Argumentationsrichtung: Ausgehend von der Kenntnis eines → Gesetzes (im Rahmen einer wiss. Theorie) und der Randbedingungen (das *Explanans* ist also gegeben) leitet man daraus das gesuchte *Explanandum* (den zu prognostizierenden Sachverhalt) ab. Zur Präzisierung und → Operationalisierung einer P. werden oft statistische → Modelle verwendet, die numerisch erfaßbare Größen zum Gegenstand haben (z. B. P. des Anteils von Wählern der Partei A in einer erhobenen → Stichprobe unter bestimmten Modellbedingungen). Dieser statistische Begriff der P. gehört in den Bereich der → Inferenzstatistik.

Jürgen Kriz

Proletariat, seit den Frühsozialisten (*Saint-Simon*), bes. dann aber von *Marx* und *Engels* Begriff für die → Klasse der Lohnarbeiter. P. wird häufig synonym mit dem Begriff → Arbeiterklasse angewandt, aber zuweilen weniger wertneutral und stärker politisiert gebraucht, da unter P. die kämpfende Klasse aufgefaßt wird.

Für die sozialistischen Theoretiker, die von einer dichotomischen Trennung der Gesellschaft im → Kapitalismus in zwei Klassen ausgehen, ist der Gegenbegriff zum P. die → Bourgeoisie. Nach *Marx* und *Engels* umfaßt P. diejenigen, die ihre Arbeitskraft an den Produktionsmittelbesitzer verkaufen. Diesem allein kommt der vom P. erwirtschaftete → Mehrwert zugute. Dadurch, daß der produzierende Arbeiter aufgrund der Besitzverhältnisse im Kapitalismus sich sein Produkt nicht anzueignen vermag, ist er entfremdet (→ Entfremdung). Spätestens im «Kommunistischen Manifest» (1848) wird bei *Marx* im Rahmen einer teleologischen Geschichtsauffassung das P. zum eigtl. Subjekt der Geschichte und zum Träger allg. menschlicher → Emanzipation. In der Arbeits- und Industriesoziologie wird der Begriff P. als zu allg. und damit ungenau kaum benutzt, hingegen werden verschiedene Typen von Lohnabhängigen unterschieden, z. B. Produktionsarbeiter, Ungelernte, Angelernte, Facharbeiter, Angestellte.

→ Arbeiterbewegung; Marxismus; Produktionsmittel; Sozialismus.

Lit.: *Thompson, E. P.* 1963: The Making of the English Working Class, L. *Vester, M.* 1970: Die Entstehung des Proletariats als Lernprozeß, Ffm. → Klassenkonflikt.

Peter Lösche

Propaganda (aus lat. *propagare* = ausbreiten, verlängern), urspr. religiöser Begriff, der im Zuge der Französischen Revolution polit. Bedeutung i. S. der expansiven Verbreitung polit. Ideen erhielt. Im modernen Sinne zur Werbung und Herrschaftssicherung eingesetzte Technik.

Entscheidend ist dabei die geschickte Auswahl und ggf. Manipulation der Nachricht, nicht ihr Wahrheitscharakter. Durch die Monopolisierung der P. in kommunistischen und faschistischen Regimen hat der Terminus einen stark pejorativen Charakter. Dennoch ist die gezielt einseitige Darstellung von Informationen eine gängige Praxis auch in Demokratien, hier jedoch i. d. R. plural. Der Begriff Öffentlichkeitsarbeit hat dabei den Begriff der P. ersetzt.

→ Politische Werbung; Öffentlichkeit; Totalitarismus.
Lit.: *Combs, J. E./Nimmo, D.* 1993: The New Propaganda. The Dictatorship of Palaver in Contemporary Politics, White Plains. *Diesener, G.* (Hrsg.) 1996: Propaganda in Deutschland – zur Geschichte der polit. Massenbeeinflussung im 20. Jahrhundert, Darmst. *Jowett, G. S./O'Donnell, V.* ²1992: Propaganda and Persuasion, Newbury Park.

Winand Gellner

Property tax, allg.: Steuer auf Eigentum oder Nutzung eines → Gutes (im Ggs. zu → Verbrauchs- oder Verkehrssteuern) und somit eine Sach- oder Realsteuer, die etwa auf Grund- oder Hausbesitz erhoben wird.

In vielen Ländern bilden solche → Steuern die Haupteinnahmequelle von Städten und → Gemeinden. Ein Grundproblem dieser Steuerart ist die Bewertung des zu besteuernden Besitzes, bei der oft zu Schätzungen gegriffen werden muß, wodurch die Steuergerechtigkeit gefährdet sein kann. Beispiele für eine *p. t.* sind in D die Gewerbe- und Grundsteuer.

→ Steuerstruktur.
Lit.: → Steuern.

Andreas Busch

Proporz/Proporzprinzip, zum einen Entscheidungsregel bei → Wahlen, derzufolge – im Ggs. zum Erfordernis der → Mehrheit – ein Anteil an Stimmen genügen kann, um an der Mandatsvergabe beteiligt zu sein. Mathematische Verfahren legen fest, welcher Stimmenanteil (welche Wahlzahl, Höchstzahl, Quota etc.) den Anspruch auf ein Mandat begründet. Zum anderen Repräsentationsprinzip, demzufolge die gewählte Repräsentativversammlung dem im Volke vertretenen polit. Meinungsbild und parteipolit. Spektrum möglichst spiegelbildlich entsprechen soll.

Die letztere Idee liegt mehr oder weniger den Verhältniswahlsystemen zugrunde, in Konkurrenz zum Kriterium der Funktionsfähigkeit der Repräsentativorgane, welches legitimerweise auch in Verhältniswahlsystemen Einschränkungen des Proporzprinzips ermöglicht. I. w. S. ist P. ein Vergabeprinzip öff. Ämter oder anderer Positionen in Politik (Parteien), Wirtschaft und Gesellschaft, das in den zu besetzenden Führungspositionen die (ggf.) anteilsmäßige Beteiligung verschiedener Gruppen gewährleistet, in die eine Population untergliedert werden kann (Parteien, innerparteiliche Gruppierungen, Ethnien, Konfessionen, Regionen, Geschlechter, Altersgruppen, Berufsgruppen, Interessenverbände etc.).

→ Repräsentation; Wahlsysteme.
Lit.: → Wahlsysteme.

Dieter Nohlen

Proporzdemokratie, Bezeichnung für solche → Demokratien, in denen alle wichtigen sozialen und polit. Kräfte einer Gesellschaft an der → Politischen Willensbildung des Staates paritätisch oder gemäß ihrer relativen Stärke bzw. Bedeutung beteiligt sind.

Entscheidungen werden i. d. R. nicht auf der Basis des → Mehrheitsprinzips gefällt, sondern auf dem Verhandlungswege durch Konsensbildung herbeizuführen versucht. Typische Beispiele für P. sind Österreich mit seinen langen Phasen großer Koalitionen auf Bundesebene (1945–67, 1987–2000) und dem institutionalisierten Parteienproporz in den österreichischen Länderregierungen oder die Schweizer → Konkordanzdemokratie. P. können insbes. in segmentierten Gesellschaften zur Überbrückung der soziokulturellen (ethnischen, sprachlichen, konfessionellen) → *Cleavages* wie sozio-ökon. oder auch regionaler Konflikte und damit zur polit. Systemstabilität beitragen, indem sie die bei strikter Anwendung des Mehrheitsprinzips drohende Gefahr dauerhafter Ausgrenzung der Minoritäten aus den Entscheidungsprozessen vermeiden. P. neigen aber auch zur gesellschaftl. → Versäulung, zur Zementierung des polit. *Status quo* und zur Ämterpatronage im Übermaß; sie gelten daher vielen (häufig aber zu Unrecht) als innovationsfeindlich.

→ Consociational democracy; Konkordanzdemokratie; Konsens; Verhandlungsdemokratie.

Lit.: *Lehmbruch, G.* 1967: Proporzdemokratie. Politisches System und politische Kultur in der Schweiz und Österreich, Tüb. → Konkordanzdemokratie.

Rainer-Olaf Schultze

Protektionismus, charakterisiert als Gegenbegriff zum → Freihandel den Versuch von Staaten, mit unterschiedlichen Begründungen – ökon. Schutz vor überlegenen Wettbewerbern oder sozialer und ökolog. «Schmutzkonkurrenz», polit. Sicherheitsüberlegungen – die inländischen Produzenten und Arbeitsplätze gegen die internat. Konkurrenz abzuschirmen, indem deren Zugang zum inländischen Markt erschwert wird.

Polit. geht der Druck zugunsten des P. häufig von internat. nicht mehr voll konkurrenzfähigen Branchen aus, und zwar sowohl von Arbeitgeberverbänden wie → Gewerkschaften. Die Instrumentenpalette des P. ist reichhaltig; sie umfaßt u. a. mengenbezogen Einfuhrverbote und -kontingente, preisbezogen Zölle und umgekehrt Subventionen für heimische Produkte sowie – mit wachsender Bedeutung in den Industrieländern – administrative Schutzpraktiken, wie technische Normen und komplizierte Zulassungsbestimmungen, bis hin zu Maßnahmen der → Währungspolitik (z. B. Abwertung).

→ Außenhandel/Außenhandelspolitik.

Lit.: → Außenhandel/Außenhandelspolitik.

Uwe Andersen

Protest/Protestbewegung → Soziale Bewegungen

Protokollfehler → Methodenprobleme in der empirischen Sozialforschung

Prozeßpolitik (auch: Ablaufpolitik), polit.-ökon. Fachterminus zur Bezeichnung staatl. Eingriffe in Wirtschaftsprozesse. Generelles Ziel staatl. P. ist es, ökon. Abläufe und Ergebnisse an polit. Vorgaben auszurichten.

Dies kann (1) notwendig werden, weil staatl. → Ordnungspolitik allein nicht zu einer hinreichenden Funktionsfähigkeit des Marktes führt (→ Marktversagen) und mittels P. Ergebnisse erzeugt werden sollen, die suggerieren, es handle sich um marktwirtschaftl. Wettbewerb. P. kann (2) auch als Instrument zur Erreichung ökon. vernünftiger oder zur Verhinderung polit. nicht akzeptabler Resultate eingesetzt werden, d. h. zur Korrektur des marktwirtschaftl. Wettbewerbs genutzt werden. P. ist Teil des im Stabilitäts- und Wachstumsgesetz von 1967 begründeten Konzeptes wirtschaftspolit. → Globalsteuerung, bei der «die kurzfristige Steuerung der Makrorelationen durch staatl. Eingriffe nach gesamtwirtschaftl. Zielen» erfolgen soll.

→ Politische Steuerung; Strukturpolitik.

Klaus Schubert

Prüfverfahren → Testtheorie

Public choice → Rational choice-Theorien; Neue Politische Ökonomie

Public goods → Öffentliche Güter

Public opinion research → Demoskopie

Public policy → Politikfeldanalyse

Punktschätzung → Schätzen

Quago/Quango, Akronyme der Begriffe *quasi-governmental organization* bzw. *quasi-non-governmental organization*, die in der anglo-amerikan. Politik- und Verwaltungswiss. Organisationen bezeichnen, die sich weder eindeutig dem staatl.-öff. noch eindeutig dem priv., wirtschaftl. Sektor zuordnen lassen.

Es handelt sich insofern um eine begriffliche Reaktion auf den zunehmend häufiger anzutreffenden, fließenden Übergang zwischen staatl. Verwaltungsorganisation und privatwirtschaftl. Unternehmensorganisation. Als Quago werden Organisationen bezeichnet, die zwar der Rechtsform nach dem staatl. Sektor zuzuordnen sind, faktisch jedoch nicht nach den Prinzipien der öff. Verwaltung arbeiten, sondern selbständig tätig sind (z.B. polit. Stiftungen). Quangos sind der Rechtsform nach nicht-staatl. Organisationen, die faktisch jedoch staatl. Aufgaben erfüllen bzw. von staatl. Institutionen weitgehend beeinflußt werden (z.B. die dt. Wohlfahrtsverbände, das Rote Kreuz).

→ Politische Verwaltung; Staat.

Klaus Schubert

Qualifizierte Mehrheit → Mehrheit/Mehrheitsprinzip

Qualitative Methoden, jene verfahrenstechnisch kontrollierten Wegweiser zur (sozialwiss.) Erkenntnis, die gemeinhin dem sog. interpretativen Paradigma zugerechnet werden. Sie zielen ab auf Typisches und auf Verallgemeinerbarkeit statt auf Häufigkeit und Repräsentativität. Der qualitative Forschungsprozeß verläuft dabei nicht linear, sondern zirkulär zwischen den Komponenten Beschreiben, Verstehen und Erklären. Er dient der Rekonstruktion gesellschaftl. Wirklichkeit, sofern sie sich objektivieren und dokumentieren läßt.

Solche Objekte findet der Forscher z.T. bereits vor, z.B. in Form von schriftlichen Äußerungen oder von anderen Artefakten (etwa unbewegten und bewegten Bildern) und sonstigen Quellen(überresten). Auch nicht vom Forscher initiierte mündliche Äußerungen (Gespräche, Diskussionen, Reden) gehören zu den sog. natürlichen → Daten. Sie müssen allerdings aufgezeichnet und transkribiert sein, um sie der → Analyse zu erschließen. Forschungsinteressen, die sich nicht anhand natürlicher Daten verfolgen lassen, erfordern künstliche, vom Forscher selber hergestellte oder zumindest initiierte Dokumentationen. Dazu gehören z.B. Beobachtungsprotokolle im weitesten Sinne sowie Aufzeichnungen von Forschungsgesprächen.

1. Feldforschung: Der Begriff der Feldforschung bezeichnet sowohl das Sammeln natürlicher als auch das Erzeugen künstlicher Daten – und zwar mittels nichtstandardisierter bzw. q. M. ebenso wie mittels standardisierter bzw. quantitativer Methoden. Grundsätzlich vereinfacht der Einsatz standardisierter Erhebungsverfahren die Produktion künstlicher Dokumentationen, weil dabei in Relation zu nichtstandardisierten Verfahren weniger Redundanz erzeugt wird und weil die Erhebungen schematischer abgewickelt werden können. Der Einsatz von q.M. in der → Empirischen Sozialforschung ist also v. a. dann sinnvoll, wenn Standardverfahren nicht oder nur ungenügend greifen; wenn also (a) unerforschte Phänomene zu entdecken und zu erkunden sind; (b) das Feld sich als sperrig gegenüber standardisierten Methoden erweist; (c) der Forscher geneigt ist, sich von den im Feld geltenden statt von seinen professionellen Relevanzsystemen leiten zu lassen; (d) das Erkenntnisinteresse sich auf typologische Konstruktionen (statt auf kategoriale Zuordnungen) oder (e) auf die essentiellen Bestandteile eines Phänomens oder (f) auf die empirisch begründete Bildung von Theorie (statt auf die Prüfung von → Hypothesen) richtet.

Die nichtstandardisierte, d.h. im engeren

Sinne ethnographische Feldforschung ist mithin eine spezielle, auf Rahmenbedingungen und konkrete Situationen hin offene Form der Datenerhebung, bei der im Ggs. zur → Demoskopie die Subjektivität des Forschers nicht durch technische Maßnahmen eliminiert, sondern reflexiv als Datum anerkannt und berücksichtigt wird. Varianten nichtstandardisierter sozialwiss. Feldforschung sind (a) die ethnographische Reportage, die typischerweise das «Abenteuer gleich um die Ecke» sucht, (b) die → Ethnomethodologie, die die Basisregeln von Alltagsroutinen aufdeckt, (c) der empirische → Konstruktivismus, der die soziale Erzeugung von Tatsachen rekonstruiert, (d) die wissenssoziologische Ethnographie, die die Herstellung von Wissen schlechthin beschreibt – mit ihren beiden phänomenologisch orientierten Unterformen: der Milieuanalyse, die stärker auf objektive Strukturdaten rekurriert, und der → Lebensweltanalyse, die stärker auf subjektive Erfahrungsqualitäten abhebt –, und (e) die Biographieforschung, die sich – unter Verwendung verschiedener Methoden – auf die Erhellung des Verhältnisses von idiosynkratischem Lebenssinn, Kohortenschicksal und sozialstrukturellen Rahmenbedingungen spezialisiert hat.

Gemeinsam ist diesen ethnographischen Varianten, daß der Forscher intensiv ins Feld hineingeht und dort so agiert, daß er es möglichst wenig verändert. Anders ist das (a) beim ethnomethodologischen Experiment, das versucht, Handlungsroutinen zu irritieren, um dadurch interaktive Basisregeln sichtbar zu machen, (b) in der → Aktionsforschung, die darauf abzielt, durch gesellschaftskritische Parteilichkeit zugunsten der je unter suchten Personen und Gruppen die Forschungsarbeit mit emanzipativen Anliegen zu verbinden, und (c) bei der institutionellen Analyse, die mit einer Mischung aus Elementen der Psychoanalyse, der Ethnomethodologie und der Aktionsforschung Emanzipationspotenziale ihrer Probanden für diese selber zugänglich und mithin handhabbar zu machen sucht. Symptomatisch für die Arbeitssituation aller ethnographisch orientierten Forscher ist, daß sie einerseits möglichst nahe an ihr Feld heran müssen, um es optimal explorieren zu können, daß sie aber andererseits ihr wiss. Bezugssystem nicht aufgeben dürfen, ohne Gefahr zu laufen, sich zu stark mit dem Forschungsgegenstand zu identifizieren und also nicht mehr «aus dem Feld» herausfinden zu können.

Ein anderes grundlegendes Dilemma qualitativer Sozialforschung besteht bislang darin, daß für die Bewilligung einer Forschungsgenehmigung bzw. von Forschungsmitteln normalerweise detaillierte Arbeits- und Zeitpläne für den nichtstandardisierten Untersuchungsprozeß erstellt werden müssen, dessen Verlauf sich nur schwer vorhersagen läßt. Diese gegenüber den Spezifika qualitativer Sozialforschung inadäquate Auflage korrespondiert mit einem der zentralen Mißverständnisse qualitativer Sozialforschung überhaupt, mit der Vorstellung, sie ließe sich darüber definieren, daß hier mit möglichst kleinen Datensätzen gearbeitet würde. Tatsächlich ist eher das Gegenteil der Fall: Auf das Forschungsinteresse bezogen, werden zunächst möglichst viele, möglichst mannigfaltige Daten zusammengetragen und analysiert. Auf der Basis dieser Datenauswertung werden dann gezielter, nämlich im Hinblick auf ihre mutmaßliche theoretische Relevanz, weitere Daten gesammelt und interpretiert, und zwar so lange, bis das an Typenbildung und Generalisierung statt an Repräsentativität und Wahrscheinlichkeit orientierte → Erkenntnisinteresse befriedigt ist. Datenerhebung, Datenauswertung und Theoriebildung finden also in einer zirkulären Bewegung statt, nicht etwa gleichzeitig, aber auch nicht in einer vorweg festgelegten, linearen Abfolge. Dieses Prinzip wird als *theoretical sampling* bezeichnet.

2. Datenerhebung: Die grundlegenden Techniken qualitativer Datenerhebung bestehen darin, das Geschehen zu beobachten, Dokumente zu beschaffen und mit den Leuten zu reden (teilnehmende Beobachtung). Dabei sollten möglichst vielfältige Methoden kombiniert werden. Prinzipiell gilt allerdings: Methoden haben keinen Eigenwert, d. h. die Wahl der Methode bzw. der Methodenkombination muß sich sowohl am jeweiligen Forschungsziel als auch an den Feldbedingungen orientieren; sie muß ggf. während des Forschungsprozesses modifiziert oder revidiert werden können. Die Beobachtung

gilt als die ethnographische Methode schlechthin. Sie dient dazu, Sinneseindrücke zu gewinnen, Erfahrungen zu machen, Phänomene zu registrieren. Fokussierungen der Beobachtung sollten sich theoriebildend während des Forschungsprozesses ergeben - und zwar tendenziell zunehmend: Die Beobachtungen werden trichterförmig präzisiert und systematisiert. Verfahrenstechnisch relevant ist (a) die Rolle des Beobachters (nichtteilnehmende vs. teilnehmende Beobachtung bzw. beobachtende Teilnahme), (b) die Technik des Beobachtens (strukturierte vs. unstrukturierte Beobachtung), (c) die Ethik des Beobachtens (verdeckte vs. offene Beobachtung) und (d) die Dokumentation des Beobachteten (systematisches Erstellen von Memos und Protokollen).

Die Dokumentenbeschaffung hat zwei Aspekte: Zum einen sind Dokumente Objektivationen, die Daten transportieren, welche – wie alle anderen Daten – einem systematischen Auswertungsprozeß unterzogen werden müssen (Dokumentenanalyse). Hierunter fallen insbes. Aufzeichnungen natürlicher kommunikativer Prozesse. Zum anderen dient die – hermeneutisch naive – Kenntnisnahme von Dokumenten aller Art der Beschaffung von forschungsrelevanten Informationen und damit der besseren Orientierung im Feld. Die Kenntnisnahme von Dokumenten kann also die weiteren Beobachtungen anleiten und Impulse für das Interviewverhalten des Forschers geben.

Interviews sind keineswegs im Hinblick auf alle Fragestellungen der Königsweg qualitativer Sozialforschung, da sie mit Blick auf bestimmte Fragestellungen zu unzulänglichen oder auch irreführenden Resultaten führen können, z.B. im Hinblick auf habitualisierte Fertigkeiten und Fähigkeiten, auf Vollzugsroutinen und auf quasi-automatische Verhaltensweisen. Aber sie erscheinen zumindest als Königsweg zur Rekonstruktion thematisch aussonderbarer, explizierbarer Wissensbestände – seien sie biographiespezifisch, berufsbezogen oder aufgrund eines anderen Sinnzusammenhanges fokussierbar. Dabei besteht das Grundprinzip qualitativer Interviewführung gegenüber quantitativen Befragungstechniken darin, so wenig direktiv wie irgend möglich zu verfahren, d. h., den Interviewten seine eigenen Relevanzen entwickeln und formulieren zu lassen.

Die wichtigsten nichtstandardisierten Gesprächsführungstechniken sind: (a) das Leitfadeninterview, das eine Art Übergang vom offenen Fragebogeninterview zum explorativen Gespräch darstellt; (b) das problemzentrierte Gespräch, das möglichst offen geführt wird, bei dem der Forscher aber den Partner zum Thema zurückführt, wenn er von dem vom Forscher als wesentlich Angesehenen abschweift; (c) das fokussierte Interview, das sich auf ein den Interviewpartnern gemeinsames Erlebnis bezieht; (d) das experimentell-provokative Interview, das an journalistische Fragetechniken anknüpft und ggf. auch Elemente von Verhörmethoden einbezieht, um den Gesprächspartner durch gezielte Unterstellungen zum Reden zu bringen; (e) die initiierte Gruppendiskussion, die vom Interviewer mehr oder weniger direktiv gehandhabt werden kann und deren typisches Forschungsziel die Rekonstruktion der informellen Gruppenmeinung ist; (f) das narrative Interview, das dem Interviewer besondere Zurückhaltung und zugleich hohe Aufmerksamkeit auferlegt, um dadurch beim Gesprächspartner (biographische) Erzählungen auszulösen; (g) die Kombination verschiedener Gesprächsführungstechniken, z. B. in mehreren Interviews mit zwischengeschalteten Auswertungsphasen. Zu verweisen ist schließlich (h) auf das Experteninterview, in dem – entspr. den je gegebenen situativen Randbedingungen – andere Gesprächsführungstechniken im Hinblick auf ein spezielles Frageinteresse und den bes. sensibel zu behandelnden Interviewpartner eingesetzt werden.

3. Datenauswertung. Genaugenommen beginnt, und das wird in der konventionellen Sozialforschung oft übersehen, die Datenauswertung mit der Herstellung künstlicher Dokumentationen, also mit der Transkription (= Verschriften) von Interviews und von Aufzeichnungen natürlicher Kommunikationsvorgänge: Beim Transkribieren wird zwangsläufig immer auch schon interpretiert. Da diese sozusagen naturwüchsige Interpretation nicht zu vermeiden ist, ist sie zumindest so gut wie möglich zu kontrollie-

ren und bei der weiteren Datenauswertung zu berücksichtigen. Die verschiedenen in der qualitativen Sozialforschung üblichen (schriftlichen) Transkriptionstechniken reichen vom schriftlichen Sekretariatstranskript bis zur hochelaborierten, konversationsanalytischen Feintranskription. Wegen des hohen Zeitaufwandes gilt für Transkriptionen das pragmatische Gebot, das Gesprochene nur so genau zu verschriften, wie es aufgrund des je gegebenen theoretischen Interesses notwendig erscheint. Unerläßlich ist jedoch, das Material nicht nur in Teilen, sondern insgesamt zu verschriften, da (a) nicht vor der systematischen und kontrollierten Auswertung entschieden werden kann, was sich als interpretationsbedürftig und -würdig erweisen wird, und (b) zumindest der Gesamttext den immer interpretativ zu berücksichtigenden Kontext für einzelne Textpassagen darstellt.

Ein Ziel qualitativer Verfahren der Datenauswertung liegt darin, Zweifel in den Prozeß des Verstehens von Texten einzubauen: Zweifel an den Vorurteilen des Interpreten, aber auch an subsumptiven Gewißheiten in Alltag und Wiss. oder an reduktionistischen → Erklärungen. Das Programm, rein theoretisch interessiert dort mit systematischen Skrupeln anzusetzen, wo interpretative Routinen herrschen, also dort den wiss. Deutungsprozeß aufzuklären und zu kontrollieren, wo herkömmlicherweise ganz selbstverständlich naive Auslegungsgewissheiten reproduziert werden, und damit durch den oberflächlichen Informationsgehalt des Textes zu darunterliegenden Sinn- und Bedeutungsschichten hindurchzustoßen, hat inzwischen jenseits der klassischen qualitativen → Inhaltsanalyse zu vielfältigen Verfahrensvorschlägen im Rahmen dessen geführt, was heute als sozialwiss. Hermeneutik bezeichnet werden kann.

4. Gemeinsam ist den ansonsten durchaus divergenten Richtungen der sozialwiss. Hermeneutik das Ziel, quasi- naturwüchsiges, alltägliches Verstehen methodisch und erkenntnistheoretisch zu problematisieren und damit wissenssoziologisch zu reflektieren. Symptomatisch für alle Interpretationsarbeit sozialwiss. Hermeneutik ist also, daß sie Anspruch auf → Objektivität erhebt, sowohl im Hinblick auf die Überprüfbarkeit als auch im Hinblick auf Richtung und Ziel des Verfahrens. Dementsprechend lassen sich diese Ansätze aufteilen in solche, die an den Strukturen des Kommunizierens selbst interessiert sind, und in solche des Interesses an den je kommunikativ präsentierten Sachverhalten. Den eher sprechstrukturell orientierten Hermeneutiken zuzuordnen sind (a) die Narrationsanalyse (Fragestellung: Wie bauen sich Erzählzwänge auf?), (b) die Konversationsanalyse (Welche Regeln sind beim Miteinander-Sprechen zu beachten?) und (c) die Gattungsanalyse (Welche Standardlösungen gibt es für typische Kommunikationsprobleme?). Eher fallstrukturell orientierte Hermeneutiken sind: (d) die rekonstruktive Hermeneutik (Wie konstruieren Akteure einen ihre Einzelhandlungen übergreifenden, einheitlichen Sinn?), (e) die objektive Hermeneutik (Was sind die – eine objektive Realität eigener Art repräsentierenden – latenten Sinnstrukturen eines Textes?), (f) die Deutungsmusteranalyse (Wie schlagen sich kollektive Weltdeutungsschemata latent in subjektiven Äußerungsformen nieder?) und (g) die dokumentarische Methode (Inwiefern dokumentiert eine subjektive Äußerungsform objektive Sinnstrukturen?). In den weiteren Kontext sozialwiss. Hermeneutik gehören darüber hinaus auch noch die auf *Foucault* zurückgehende Diskursanalyse, die auf *Max Weber* aufbauende typologische Analyse sowie die auf *Schapp* rekurrierende Geschichtenanalyse.

Die Methodik der qualitativen Sozialforschung zielt also mit ihren bes. Verfahren der Datenerhebung wie der Datenauswertung darauf, die wiss. Rekonstruktion alltäglicher Wirklichkeitskonstruktionen zu systematisieren und zu kontrollieren. Die q. M. sind dabei weniger als Rezepturen denn als Sensibilisierungen für typische Probleme – wie Adäquanz, Stimmigkeit, Zuverlässigkeit, Gültigkeit und Überprüfbarkeit – des Forschungsprozesses zu begreifen. In diesem Zusammenhang werden neuerdings zunehmend das Problem der Darstellung ethnographisch-hermeneutischer Prozeduren und damit zugleich die Frage diskutiert, in welchem Verhältnis Forschungsarbeit und Forschungsbericht überhaupt zueinander stehen können.

Lit.: *Flick, U.* u.a. 1991 (Hrsg.): Handbuch Qualitative Sozialforschung, Mchn. *Lamneck, S.* 1988/1989: Qualitative Sozialforschung, 2 Bde., Mchn. *Soeffner, H.-G.* 1989: Auslegung des Alltags – Der Alltag der Auslegung, Ffm. *Strauss, A. L.* 1991: Grundlagen qualitativer Sozialforschung, Mchn.

Ronald Hitzler/Anne Honer

Qualitative Politikforschung, die innerhalb der Politikwiss. betriebene qualitative Sozialforschung. Als deren typische – und im Rahmen politikwiss. Forschung eben auf Politik zu beziehende – Aufgabenstellungen sind zu nennen: detaillierte, möglichst unvoreingenommene Betrachtung der unterschiedlichsten Ausschnitte sozialer bzw. polit. Wirklichkeit, was zu → Dichten Beschreibungen dieser Wirklichkeitsausschnitte führt; Erfassung der Selbstsicht der beforschten Akteure durch ein sinnverstehendes Herantreten an den Untersuchungsgegenstand; Rekonstruktion der (kollektiven) Deutungsmuster, die sozialem bzw. polit. Handeln und seinen Konstrukten zugrunde liegen; → Analyse der alltagspraktischen Hervorbringung und Reproduktion sozialer bzw. polit. Wirklichkeit; Bildung von gegenstandsnahen → Typologien und → Modellen der erforschten Sachverhalte sowie ganzheitliche Interpretation solcher Ergebnisse von Exkursionen in die (polit.) → Lebenswelt.

Auf folgende bes. Merkmale der sich solcher Aufgaben annehmenden qualitativen Forschung ist hinzuweisen: Man nähert sich dem Untersuchungsgegenstand nicht mit bereits ausformulierten Theorien und festgelegten Hypothesen, sondern mit Fragestellungen, die es durch gegenstandsnah gebildete, empirisch gesättigte Theorien zu beantworten gilt; fest vorstrukturierte, hochgradig arbeitsteilige Forschungsdesigns lassen sich deshalb nicht anwenden; die Reaktionen der im Feld untersuchten Personen auf den Forscher werden nicht nur registriert, sondern möglichst auch als Erkenntnisquelle benutzt; die erhobenen → Daten werden nicht zuletzt anhand der Wissensbestände und Alltagstheorien der Beforschten interpretiert; und der Konstruktcharakter der erarbeiteten Kategorien und Modelle wird stets reflektiert.

1. Die seit den 1970er Jahren in Psychologie, Pädagogik und Soziologie Fuß fassende und derzeit einen großen Aufschwung nehmende qualitative Sozialforschung wurde zunächst als feuilletonistisch, unpräzise und unverzichtbaren wiss. Standards nicht genügend kritisiert. Getragen von den eine Renaissance erlebenden bzw. neuen sozialwiss. Ansätzen wie der verstehenden Soziologie, der Phänomenologie, dem Symbolischen Interaktionismus oder der → Ethnomethodologie wandten sich Vertreter qualitativer Untersuchungsdesigns in der Tat gegen das Selbstverständnis und den Normenkanon der die → Empirische Sozialforschung dominierenden, an naturwiss. Forschungslogik orientierten quantitativen Schule. Die klassische Debatte um verstehende → Geisteswissenschaften vs. erklärende Naturwiss. formte ebenso den Diskussionsverlauf wie die als Positivismusstreit bezeichnete Debatte zwischen Neomarxismus und → Kritischem Rationalismus. Bis hin zur heute üblichen Selbstbezeichnung als qualitative Forschung prägten diese Frontstellungen das Selbstverständnis und die Programmatik der nur scheinbar neuen Forschungsrichtung. Bei den frühen Soziologen und Politikwissenschaftlern bis hin zur Zwischenkriegszeit gab es bei empirischen Untersuchungen eine Entgegensetzung von qualitativer und quantitativer Forschung nicht. Erst seit sich nach dem II. Weltkrieg in den USA mit dem → Behavioralismus ein die Sozialwiss. dann international beherrschendes → Paradigma durchsetzte, das auf naturwiss. inspirierte Forschungslogik und auf die Methodik der Umfrageforschung, der quantitativen → Inhaltsanalyse und von Laborexperimenten setzte, das die vielfältigen, neu entwickelten statistischen Modelle nutzte und angesichts der Verfügbarkeit leistungsfähiger EDV-Anlagen Daten in großem Umfang systematisch

zu sammeln und hypothesenorientiert zu analysieren riet, rückten traditionelle Forschungsverfahren und die mit ihnen verbundenen theoretischen Orientierungen in den Windschatten methodologischer Aufmerksamkeit. Als später die – bisweilen mit qualitativer Orientierung einhergehende – neomarxistische Kritik die Selbstverständlichkeit dieses Paradigmas erschüttert hatte, gewann qualitative Forschung die Rolle eines sich mitunter analytische bzw. praktische Überlegenheit zuschreibenden Gegenentwurfs. Inzwischen ist jedoch weitreichende Übereinstimmung dahingehend entstanden, daß qualitative und quantitative Forschung keine einander ausschließenden Alternativen, sondern Endpunkte eines Kontinuums darstellen und komplementär sind. Im solche Konsensbildung begleitenden Klärungsprozeß entwickelte die qualitative Forschung in einer Vielzahl von Lehr- und Handbüchern ihre inzwischen hohen Standards und gut lehrbaren Methodenvarianten (*Flick* u. a. 1991).

2. Das Verhältnis von quantitativer und qualitativer Forschung ist folgendes: (Rein) quantitative Forschung ist angebracht, wenn (a) über einen Gegenstand viel Vorwissen in Gestalt klarer Theorien verfügbar ist und es (b) präzise Hypothesen zu prüfen gilt, wenn sich (c) theoretische Begriffe mit valider Operationalisierung verwenden lassen, wenn (d) mit einem standardisierten und bei → *Pretests* bewährten Erhebungsinstrument in einem (e) programmierten Forschungsprozeß (f) sich geplante Stichproben erheben und theoriegeleitet analysieren lassen. (Rein) qualitative Forschung ist hingegen nötig, wenn es (a) aufgrund von wenig verfügbarem Vorwissen Unbekanntes zu entdecken gilt, (b) sich selbst die zu beantwortenden Fragen erst schrittweise formulieren lassen, (c) zunächst mit rein klassifikatorischen oder komparativen Beobachtungsbegriffen gearbeitet werden muß, (d) weder ein Erhebungsinstrument vorweg ausgearbeitet noch (e) ein in einem Zug ablaufender Forschungsprozeß geplant werden kann, so daß man (f) seine Untersuchungseinheiten zunächst bloß willkürlich und anschließend allenfalls theoriegesteuert auszuwählen vermag und die – möglicherweise – angestrebte Theorie erst anhand der zur Interpretation anstehenden Befunde entwickeln kann. Halbwegs komplexe sozialwiss. Forschungsprojekte werden meist Merkmale beider Extremmöglichkeiten aufweisen und qualitatives Vorgehen in zweckdienlicher Weise mit quantitativem kombinieren.

→ Befragung, → Beobachtung und Dokumentenanalyse als Grundmethoden aller sozialwiss. Datenerhebung werden in folgenden qualitativen Varianten eingesetzt. Typische Formen der Befragung sind das anhand eines mehr oder minder detaillierten Leitfadens geführte semi-strukturierte Interview; das narrative Interview, in dem der Befragte durch eine erzählungsgenerierende Frage zum Erzählen einer thematisch interessierenden Geschichte angehalten wird, woran sich eine Phase des Nachfragens, Vertiefens und Klärens anschließt; das fokussierte Interview, das um einen zur Datengenerierung geeigneten Gesprächsgegenstand bzw. Gesprächsanreiz wie einen Artikel, einen Film, eine bestimmte Situation kreist; sowie das diskursive Interview, in dem der Befragte als Theoretiker und Experte seiner selbst angegangen wird. Ausschlaggebend für den Forschungsertrag ist bei diesen Methodenvarianten die – kaum an Mitarbeiter delegierbare – Interviewerleistung. I. d. R. werden die Interviews auf Band aufgezeichnet, vollständig oder teilweise verschriftet und sodann (qualitativen) Inhaltsanalysen unterzogen. Unter den Beobachtungsmethoden ist die offene bzw. verdeckte, naturgemäß wenig vorzustrukturierende teilnehmende Beobachtung von zentraler Bedeutung; Feldnotizen, Forschungstagebücher und Ton- bzw. Videoaufnahmen sind hier die wichtigsten Formen der Datenerfassung. Bei der qualitativen Inhaltsanalyse, die Interviewverschriftungen, alltagspraktisch produzierte Materialien aller Art, doch etwa auch Photographien oder Filme zum Gegenstand haben kann, werden Einzelworte, Textteile, Bildelemente oder Filmsequenzen nicht schon vorab bestimmten Kategorien zugeordnet, sondern werden die zur Informationsreduktion dienlichen Kategorien vom Untersuchungsmaterial selbst abgeleitet («offenes Kodieren»), anschließend vernetzt, auf Oberbegriffe gebracht, ggf. auch umorganisiert und jedenfalls als «Rohmaterial» für die erstrebte Theoriebildung genutzt. Kriterien wie Reliabilität und Validität sind natürlich auch für die q. P. maßgeblich. In der Praxis ist ihnen allerdings oft schwerer gerecht zu werden, bzw. ist ihr Vorliegen komplizierter zu überprüfen als bei quantitativer Forschung. Da im Rahmen q. P. typischerweise nicht mit Zufallsstichproben gearbeitet wird, gibt es auch keinerlei statistische Möglichkeiten, die Verallgemeinerbarkeit der gewonnenen Ergebnisse begründet zu behaupten. Allein durch Rückgriff auf mehr oder minder plausible Theorien läßt sich argumentieren, am untersuchten Material werde Grundsätzliches oder allgemein Vorfindbares sichtbar.

Zu den Methoden der Datenanalyse zählen zunächst einmal hermeneutische Verfahren, welche konkrete Arbeitsschritte der fallorientierten Strukturidentifikation und Typenbildung angeben. Analysestrategien wie die «objektive Hermeneutik» eignen sich wegen des erheblichen Arbeitsaufwands allerdings nur für relativ kleine Datenbestände. Die zumal im Rahmen qualitativer Interviewstudien anfallenden Textmassen lassen sich effizient eigentlich nur EDV-gestützt bearbeiten, wobei Programme wie WinMax ATLAS/ti, welche die Strategie der *grounded theory* (*Glaser/Strauss* 1967) in eine komfortable Benutzeroberfläche umsetzen, der qualitativen Inhaltsanalyse beste Dienste leisten. Für die Analyse nominal- und ordinalskalierter numerischer Daten, die bei theoriekonstruktiver Verwendung klassifikatorischer bzw. komparativer → Begriffe anfallen, steht ohnehin eine Vielzahl leistungstüchtiger statistischer Modelle zur Verfügung, die sich anhand von Statistiksoftware wie SPSS inzwischen auch auf PCs sehr einfach einsetzen lassen. Offensichtlich ist die Vorstellung falsch, qualitative Forschung und die Nutzung von EDV und Statistik schlössen einander aus.

Zu den wichtigen Einsatzmöglichkeiten qualitativer Forschung innerhalb der Politikwiss. gehören: Analyse der lebensweltlichen Erfahrung von Politik und polit. Alltagspraktiken; Untersuchung der alltäglichen Benutzung polit. Wissens und polit. Sprache, polit. Symbole und *Codes;* Erforschung des alltäglichen Funktionierens polit. Institutionen und Organisationen aller Art; Aufklärung der lokal-situativ geleisteten Konstruktion, Reproduktion, Destruktion oder Veränderung polit. Selbstverständlichkeiten und Strukturen.

→ Befragung; Behavioralismus; Demoskopie/Umfrageforschung; Lebensweltanalyse; Reliabilität; Qualitative Methoden; Validität.

Lit.: *Brüsemeister, Th.* 2000: Qualitative Forschung: ein Überblick. Wsb. *Flick,* U. u.a. (Hrsg.) 1991: Handbuch Qualitative Sozialforschung, Mchn. *Garz, D./Kraimer, K.* (Hrsg.) 1991: Qualitativ-empirische Sozialforschung. Konzepte, Methoden, Analysen, Opl. *Glaser, B.G./Strauss, A. L.* 1967: The Discovery of Grounded Theory. Strategies for Qualitative Research, Chic. *Kelle, Udo* 1997: Empirisch begründete Theoriebildung: zur Logik und Methodologie interpretativer Sozialforschung. Weinheim. *Lamnek, S.* [2]1993: Qualitative Sozialforschung, Bd. 1: Methodologie, Bd. 2: Methoden und Techniken, Weinheim (zuerst 1988/89). *Patzelt, W. J.* 1986: Sozialwissenschaftliche Forschungslogik, Mchn./Wien. *Patzelt, W. J.* 1991: Politikwissenschaft, in: *Flick* u.a., 53–55. *Silverman, David* 2000: Doing qualitative research: a practical handbook. L. *Spöhring, W.* 1989: Qualitative Sozialforschung, Stg.

Werner J. Patzelt

Quango → Quago/Quango

Quorum (von lat. *quorum* = «von denen»), durch Geschäftsordnung oder Gesetz vorgeschriebene Mindestzahl (1) an stimmberechtigten anwesenden Mitgliedern eines Gremiums zur Erreichung der Beschlußfähigkeit und (2) an Wahlbeteiligung oder abgegebenen Stimmen, um Verfahren oder Ergebnisse → Direkter Demokratie wie → Volksbegehren und Volksentscheid wirksam werden zu lassen.

Q. in dieser Form sollen Zufallsmehrheiten verhindern. Q. bezeichnet auch die Mindestzahl von Antragstellern zur Wahrnehmung von Rechten, insbes. parlamentarischen, z. B. Mißtrauensvotum, Gesetzentwürfe, → Interpellationen, Anfragen, Einsetzung von Untersuchungsausschüssen etc. Hier ist das Ziel, das → Parlament vor Überfrachtung zu schützen und seine Funktionsfähigkeit durch vorstrukturierende Gruppenbildung zu sichern. Q. können sich auch auf weitere Kriterien beziehen, so bei Entscheidungen, deren Gültigkeit neben einer qualifizierten Mehrheit noch andere Voraussetzungen quantitativer Natur erfordert wie beispielsweise im Nizza-Vertrag der EU das Bevölkerungsquorum (62 % der Unionsbev.).

Suzanne S. Schüttemeyer

Quote/Quotierung, neben dem statistischen Begriff (Verhältniszahl) eine Regel, nach der zu besetzende Stellen, Mandate in Vertretungskörperschaften oder Positionen in anderen Gremien nach einem festgelegten Schlüssel auf bestimmte Gruppen verteilt werden (z. B. ethnische oder religiöse Minderheiten, Frauen), deren für angemessen gehaltene Repräsentation damit gesichert werden soll.

Bei der Q. handelt es sich aber nicht um → Proporz, also keine anteilige polit. Repräsentation, sondern um eine Mindestrepräsentation der nach sozialstrukturellen oder anderen Merkmalen definierten Bevölkerungsgruppe. Auch die Verteilung knapper Ressourcen oder Güter kann nach Q. vorgenommen werden. In D bes. bekannt ist die Frauenquote, mit der zum einen die Benachteiligung von Frauen bei der Besetzung von polit. Ämtern und Mandaten beseitigt werden soll; die Grünen sehen paritätische Vertretung von Frauen und Männern vor, die SPD eine Frauenquote von 40 %. Zweitens soll mit der Frauenquote die Gleichstellung im Berufsleben erreicht werden. Sofern diese als positive Diskriminierung Eingang in Gleichstellungsgesetze gefunden hat, ist sie immer wieder – mit unterschiedlichem Ausgang – Gegenstand von Gerichtsverfahren.

→ *Affirmative action.*

Lit.: *Rössler, B.* 1992: Quotierung, Ffm.

Suzanne S. Schüttemeyer

Quoten-Auswahl → Auswahlverfahren

Random-Auswahl → Auswahlverfahren

Range → Univariate Statistik

Rangskala → Skalen

Rahmenpartei, Begriff aus der Parteienlehre, bezeichnet im Unterschied zur → Massenintegrationspartei oder zur → Kaderpartei eine polit. → Partei, die einen organisatorischen Rahmen für ganz verschiedene Ideologien und Plattformen in ihrem Innern darstellt.

Als Prototyp einer R. wird die ökolog. Partei der Grünen angesehen, in deren Schoß viele verschiedene Gruppierungen Platz finden, ohne durch die Partei gemaßregelt zu werden. Diese empirische Beobachtung galt zumindest für die Frühphase der Grünen. Professionelle Gruppen sorgen im Innern der R. für ein breites personelles und ideelles Spektrum auf dem Markt der Wählerstimmen.

→ Innerparteiliche Demokratie; Parteitypen.

Lit.: *Raschke, J.* 1993: Die Grünen, Köln. → Partei; Parteitypen.

Petra Bendel

Randgruppen, → Minderheiten, die vom Zugang zu wesentlichen sozialen → Gütern (Einkommen, Bildung, → Macht usw.) ausgeschlossen sind und aus Sicht der → Mehrheit in ihrem Lebensstil wie durch ihr abweichendes Verhalten (vgl. *Lamnek* 1990) nicht den herrschenden sozialen Normen entsprechen (Arme, Obdachlose, Straffällige, Prostituierte, Behinderte).

Im Ggs. zu kulturell bzw. subkulturell integrierten rassischen, ethnischen oder religiösen Minderheiten sind R. nicht konfliktfähig und nur bedingt organisationsfähig. (1) Ressourcenmangel, (2) erfolgreiche → Diskriminierung und Stigmatisierung durch gesellschaftl. Kontrollinstanzen (Polizei, Sozial-/Jugendämter usw.) und (3) die Spannung zwischen der benachteiligten → Lebenslage und einer Orientierung an den → Werten der Mehrheitsgesellschaft verhindern die Bildung dauerhafter Gruppen. Ein revolutionäres Potenzial i. S. *H. Marcuses* ist deshalb nicht gegeben. Vielmehr unterliegen R. der Fremdbestimmung seitens sozialstaatl. Betreuungsinstitutionen.

→ Armut; Konflikt/Konflikttheorien; Sozialstaat; Zweidrittelgesellschaft.

Lit.: *Schmid, C.* 1990: Die Randgruppe der Stadtstreicher, Wien u. a. *Girtler, R.* 1995: Randkulturen. Theorie der Unanständigkeit, Wien u. a. *Lamnek, S.* [4]1990: Theorien abweichende Verhaltens, Mchn. (zuerst 1979). *Marcuse, H.* 1970: Der eindimensionale Mensch, Neuwied (dt. zuerst 1967; engl. 1964).

Günther Rieger

Rassentrennung → Apartheid

Rassismus, eine Ideologie, die soziale Phänomene mit Hilfe pseudowiss. Analogieschlüsse aus der Biologie zu erklären sucht. Als Reaktion auf die egalitären Universalitätsansprüche der → Aufklärung betreibt der R. eine anscheinend unantastbare Rechtfertigung sozialer → Ungleichheit durch den Bezug auf naturwiss. Gewißheiten.

Kultur, sozialer Status, Begabung und Charakter gelten als von der erbbiologischen Ausstattung determiniert. Eine naturgegebene, hierarchisch-autoritäre Herrschaftsordnung und die daraus folgenden Handlungszwänge rechtfertigen auf individueller wie institutioneller Ebene die Diskriminierung, Ausgrenzung, Unterdrückung, Verfolgung und Vernichtung von Individuen und Gruppen. Hautfarbe, Blut und Gene stabilisieren die Abgrenzung zwischen *In-* und *Out-Group* und sichern die Vorrangstellung des Eigenen vor dem Fremden. Der zivilisatorische Fortschritt der → Moderne wird als dekadente, der natürlichen Ungleichheit der Menschen widersprechende Verfallsgeschichte interpretiert.

Biologismus als Kristallisationspunkt und Erkennungsmerkmal eines theoretischen R. und die Gemeinsamkeit diskriminierender Praxis verbinden ansonsten stark divergierende, gegeneinander wie in sich selbst inkonsistente Theorieansätze. Statisch kulturgeschichtl. und dynamisch darwinistische Argumentationsstrukturen fusionieren zu eklektischen Synthesen. Psychologische, soziale, kulturelle oder metaphysische Argumente werden herangezogen, um R. für Konzepte wie Volksgemeinschaft, Stamm, → Ethnizität oder → Nation zu öffnen. Fließende Übergänge ergeben sich zu anderen historistisch-relativistischen Strömungen, die Politik primär als zumeist aggressiven Prozeß der Grenzziehung, Abschließung und Unterscheidung von Freund und Feind *(C. Schmitt)* begreifen.

Polit., soziale und geistesgeschichtl. Entwicklungen seit dem 18. Jh. bedingen R. und führen zu unterschiedlichen Ausprägungen. Während in England und Frankreich R. in Auseinandersetzung mit dem polit. Nationsbegriff des Bürgertums entsteht, wird R. in D im Rahmen des völkischen Nationalstaatskonzepts als einheitsstiftender Faktor verwandt. Der dt. Sonderweg der Nationwerdung bietet in seinem Bestreben, die fehlende polit. und territoriale Einheit mit den vorpolit., naturalistischen Kategorien von Abstammungsgemeinschaft und Blutsbanden zu kompensieren, rassistischen Ideologien einen verhängnisvollen Anknüpfungspunkt.

1. Als rassistisch zu beschreibende Gruppenkonflikte lassen sich über die gesamte Menschheitsgeschichte nachweisen (vgl. *Geiss* 1988). R. als systematisches Lehrgebäude dagegen entwickelt sich seit dem ausgehenden 18. Jh. im kontinentalen Europa und der angelsächsischen Welt. Zwei mit der Neuzeit einsetzende Entwicklungen bilden den sozialgeschichtl. Hintergrund für seine Entstehung.

(1) Im Außenverhältnis bedarf die Ausbeu-

tung und Unterdrückung unterworfener Völker der Rechtfertigung. Der Erfolg einer aggressiven Kolonialpolitik verfestigt bei den Eroberern den Glauben an die Überlegenheit der eigenen Kultur. Insbes. die Sklaverei liefert in der Gleichsetzung «Neger» = Sklave das Anschauungsmaterial für die Inferioritätsthesen des R. (vgl. *Montagu* 1942).

(2) Im Inneren der sich bildenden → Nationalstaaten stehen im neuzeitlichen Kampf um Gleichheit ständische Strukturen zur Disposition. Bedroht durch den polit. Machtverlust im → Absolutismus und der vom aufstrebenden Bürgertum erfahrenen ökon. Konkurrenz, drängt der Adel auf die Restauration feudaler Privilegien. Comte *H. de Boulainvillier* (1658–1722) folgert in der von ihm begründeten «Frankenlegende» den Herrschaftsanspruch des frz. Adels aus dessen Abstammung von den germanisch-fränkischen Eroberern. Der ultraroyalistische Comte *F. de Montlosier* (1755–1838) erklärt die Umwälzungen der Revolution von 1789 als Revolte der gallischen Plebejer gegen die rechtmäßigen germanischen Herren, und für *A. Thierry* (1795–1856) ist «race qui divise la nation» ein Bollwerk gegen die Homogenisierungstendenzen des Nationalstaates (vgl. *zur Mühlen* 1977: 33 ff.).

Polit., soziale und ökon. Bedingungen reichen indes nicht aus, um die Entstehung rassistischer Lehrgebäude zu verstehen. Schon in der Rechtfertigung der Sklaverei durch *Aristoteles* («Politik» I, 5), im gegen die Juden gerichteten, inquisitorischen Anspruch der Spanier auf Reinhaltung des Blutes (*limpieza de sangre*; 1449) und in der Wiederbelebung der aristotelischen Argumentation durch *J. Ginés de Sepúlveda* (1550) zur Frage des Menschseins der Indianer läßt sich die Argumentationslogik späterer Rassentheorien nachzeichnen (vgl. *Hanke* 1975). Diese bleibt jedoch eingebunden in den Zusammenhang mythischer und religiöser Vorstellungen, es fehlt der für den R. typische Bezug auf eine naturwiss. begründete Biologie. Erst als religiöse Gewißheiten in Frage gestellt werden und die Trennung zwischen Körper und Seele in der Hinwendung zu einem materialistisch-naturwiss. Weltbild aufgehoben wird, sind die geistesgeschichtl. Voraussetzungen für den R. gegeben (vgl. *Voegelin* 1933). R. entpuppt sich als der restaurative Versuch, die vom naturwiss. Erkenntnisprogramm inspirierten universalistischen Freiheits- und Gleichheitsforderungen der Aufklärung durch den Rekurs auf ebenfalls universell gültige Naturgesetze zu negieren und durch ein System der natürlichen Ungleichheit zu ersetzen. Seit Ende des 18. Jh. wird mit Hilfe des – zunächst allein zur wiss. Systematisierung verwendeten – Begriffs der Rasse (vgl. *Conze/Sommer* 1984: 142–148) eine Ideologie der «Gegenaufklärung» errichtet, die sich «(schein-)rationaler Waffen (für irrationale Ziele) bedien(t) (...), um (...) glaubhaft und überzeugend zu wirken» (*zur Mühlen* 1977: 31).

2. Die Rassentheorie des Comte *J. A. de Gobineau* ist der erste systematische Versuch einer rassistischen Gesellschafts- und Geschichtstheorie. Als «Klassiker» des kulturgeschichtl. Stranges des R. entsteht sein Werk aus der Zusammenfassung bereits vorhandener rassistischer Ideen und Argumentationsmuster. In dem vierbändigen *Essai sur l'inégalité des races humaines* (1853/55) werden drei Hauptgedanken des R., (1) die apriorische Ungleichheit und Reinheit der Menschenrassen, (2) die daraus abzuleitende natürliche Hierarchisierung und (3) eine pessimistische Geschichtsbetrachtung, in einen systematischen Zusammenhang gebracht. Verbrämt mit pseudowiss. Erörterungen wiederholt *Gobineau* in der rassischen Dreiteilung der Menschheit den biblischen Mythos von *Yaphet, Sem* und *Cham*, den drei Söhnen *Noahs*. Allein die weiße Rasse ist aufgrund ihrer biologischen Ausstattung dazu bestimmt, eine Hochkultur hervorzubringen. Ihr nachgeordnet sind die gelbe und die schwarze Rasse, die, abgesehen von rudimentären musikalischen Talenten, als gänzlich kulturunfähig, mithin zur Sklaverei geboren, charakterisiert wird. Die Verbreitung kultureller Errungenschaften kann allein über die Unterwerfung der farbigen Rassen erfolgen. Rassenkampf wird zum bewegenden Prinzip der Geschichte. Staaten entstehen, wie später der darwinistisch orientierte *L. Gumplowicz* (1838–1909) ausführt, als Herrschaftsinstrument zur Machtsicherung der Sieger (*Conze/Som-*

mer 1984: 172). Die Schichtung der Gesellschaften spiegelt das naturgegebene Verhältnis von Herrschaft und Unterdrückung: «(J)ede Gesellschaftsordnung (gründet) sich auf drei ursprüngliche Klassen (...), von denen jede eine Rassenvarietät darstellt; den Adel, das (...) Abbild der siegreichen Rasse; das Bürgertum, zusammengesetzt aus Mischlingen, die der Hauptrasse nahestehen; das Volk (...) einer niedrigeren Rasse angehörend, die im Süden durch Mischung mit Negern, im Norden mit Finnen entstand» (zit. nach *Lukács* 1962: 588). Nach außen, gegenüber anderen Völkern und Nationen, rechtfertigt die *gobinistische* Argumentation einen ausbeuterischen → Imperialismus; nach innen zeigt sich eine ständisch organisierte und autoritär geführte Gesellschaft als natürliche Ordnung. *Gobineaus* normative Forderung der Wiederherstellung feudaler Strukturen widerspricht seinem aus den zeitgenössischen gesellschaftl. Umwälzungen gefolgerten Geschichtspessimismus. Er hält den Prozeß der Rassenmischung für unaufhaltsam und sieht die Menschen am Ende einer Verfallsgeschichte in einer rasse- und damit kulturlosen Uniformität dahinvegetieren. Rassenmischung wird mit *Gobineau* zum Synonym kulturellen Niedergangs. In D sind die Nachfolger *Gobineaus* v.a. in der sich seit 1894 zusammenfindenden *Gobineau*-Gesellschaft, in der Umgebung des Bayreuther *Wagner*-Zirkels und in dem 1902 gegründeten Alldeutschen Verband zu finden. Aus diesen Kreisen sorgt insbes. der Privatgelehrte *L. Schemann* (1852- 1938) durch die Übersetzung des *Essai* für die Popularisierung des *Gobineau*schen Gedankengutes (vgl. *Becker* 1990: 102- 125).

3. Die von *Ch. Darwin* (1809–1882) ausgelöste Revolutionierung der Biologie bietet in der Verarbeitung durch den Sozialdarwinismus die Rechtfertigung für einen entfesselten Kapitalismus und Imperialismus. Im Gefolge der Erkämpfung liberaler Freiheitsrechte durch das Bürgertum legitimiert er den *Status quo* der Klassenunterschiede – bei Ablehnung als kontraselektorisch wahrgenommener sozialpolit.-karitativer Maßnahmen – gegen die Forderung einer erstarkenden Arbeiterbewegung nach sozialer Gleichheit. Die Vorherrschaft der Stärkeren und die Ausrottung der rassisch Schwachen und Minderwertigen erscheinen im *struggle for life* gemäß dem Prinzip des *survival of the fittest* als natürliches Ergebnis von Evolutions- und Selektionsprozessen. Erhellend für die Kurzschlüssigkeit der Methode rassistischer Argumentation bleibt der von *Friedrich Engels* erläuterte Zusammenhang zwischen der Kontextgebundenheit der darwinistischen Biologie als «Übertragung der *Hobbes*schen Lehre vom *bellum omnium contra omnes* und der bürgerlichen ökon. von der Konkurrenz (...) aus der Gesellschaft in die belebte Natur» und der anschließend im Sozialdarwinismus durch die Rückübertragung eben dieser «Lehren aus der Naturgeschichte (...) in die Geschichte der Gesellschaft» postulierten «ewige(n) Naturgesetze der Gesellschaft» (*MEW* 20: 565).

Die Dynamisierung durch Evolution und Züchtung ermöglicht dem Sozialdarwinismus den Perspektivenwechsel von der rückwärtsgewandten Hoffnung des Adels auf eine Restaurierung eines vergangenen Goldenen Zeitalters zu einer dem Kapitalismus angemessenen Orientierung auf die Zukunft. Mit der Eugenik ist dem R. ein Weg aus dem *gobinistischen* Fatalismus einer unabänderlichen Verfallsgeschichte hin zu einem polit. Aktionsprogramm der züchterischen Veredelung und Reinhaltung der Rassen gewiesen. Die Eugenik wird zu einem zentralen Bestandteil aller folgenden Rassentheorien und findet durch *A. Ploetz* (1860–1940) u. a. als «Rassenhygiene» (vgl. *Becker* 1988) Eingang in die erbbiologische, anthropologische und medizinische Wiss. in D (vgl. *Weingart* 1992).

4. Der R. tritt in der Folgezeit nicht als konsistente Umsetzung einer der Hauptargumentationslinien auf, sondern präsentiert sich als rassentheoretischer Synkretismus, in dem (a) die statisch unabänderliche Höherwertigkeit der Arier i. S. *Gobineaus* mit (b) den prozessual dynamischen Selektions- und Züchtungsprinzipien der Sozialdarwinisten je nach ideologischer Opportunität kombiniert wird. So gelingt es *H. S. Chamberlain* (1899) mühelos, das sozialdarwinistische Rassenmodell an den chauvinistischen Na-

tionalismus in D anzupassen. Rasse erscheint als Resultat von Zuchtprozessen innerhalb geographisch, sozial und polit. geschlossener Räume und kann so zum nationenstiftenden Faktor erklärt werden. «Rassebewußtsein» als Hilfskonstruktion ersetzt den Mangel an phänotypischen Unterschieden. Biologische Merkmale sind nicht länger konstitutiv für eine Rasse; subjektive Gefühle der Zugehörigkeit und gesundes Volksempfinden werden entscheidend.

Für die Methode des R. ist charakteristisch, wie die durch aufwendige biologische und anthropologische Studien fragwürdig gewordene Klassifzierung der Menschen nach Rassen durch einen irrationalen Intuitionismus ersetzt und R. zunehmend als eine auf Argumente verzichtende, mystische Pseudoreligion inszeniert wird. Seinen Höhepunkt findet diese Entwicklung im Rassenantisemitismus. Religiös und soziokulturell motivierte Judenfeindschaft als Ausgrenzungsstrategie und Projektion gesellschaftl. Konflikte existierte lange vor den ersten Rassentheorien und fand ihren Ausdruck bereits in den Pogromen des Mittelalters. Erst eine rassistisch sich aufladende Sprachwiss. lieferte mit der Entdeckung der indogermanischen Sprachfamilie ein Differenzkriterium, das in Verbindung mit dem «arischen Mythos» (*Poliakov* 1993) in den letzten Jahrzehnten des 19. Jh. – vor dem Hintergrund von Judenemanzipation und Statusängsten – R. und Antijudaismus in den Schriften von *E. Dühring* (1881) u. a. zu dem in den Gaskammern von Auschwitz gipfelnden Rassenwahnsinn verschmelzen ließ. Die Rassentheorien, pseudowiss. verkleidet und mystisch-religiös überhöht, lieferten *Adolf Hitler* (1925/27) und dem Nazi-Ideologen *Alfred Rosenberg* (1930) alle Bausteine für eine Argumentation, die aus der Höherwertigkeit der nordischen Rasse, ihrer existentiellen Bedrohung durch den angeblich parasitären Charakter der jüdischen Rasse, der Gefährdung durch Vermischung mit fremdrassigen Elementen und erbbiologisch Minderwertigen und den Handlungsanweisungen der Eugenik schließlich die Vernichtung des Gegners im Rassenkampf (von den «Nürnberger Gesetzen» zum Holocaust) und die Auslöschung unwerten Lebens (Euthanasie) rechtfertigen zu können glaubte.

5. Mit dem Untergang des «Dritten Reiches» sind Rassentheorien aus der seriösen wiss. Diskussion verschwunden – ihre Anwendung ist tabuisiert. Anthropologie und Biologie haben die empirische Substanzlosigkeit rassenbiologischer Unterscheidungen erwiesen, und die Politikwiss. hat den ideologischen Hintergrund rassistischer Theorien entschleiert. R., Antisemitismus und Imperialismus wurden von *Hannah Arendt* (1986) in den weiteren Zusammenhang einer Kritik totalitärer Herrschaft gestellt. → Nationalsozialismus als Konglomerat dieser Elemente zeigt sich als Konsequenz einer in Machbarkeitswahn und «Wissenschaftsaberglauben» (ebd.: 269) verengten Moderne, die darauf abzielt, durch die «Exekution der objektiven Gesetze von Natur oder Geschichte» ein neues «Menschengeschlecht herzustellen» (ebd.: 706). *R. Miles* (1991) entlarvte in der Tradition der marxistischen Theorie R. als Verschleierung von Klassenkonflikten, kritisierte aber gleichzeitig die weitgehend unreflektierte, weil substantialistische Verwendung des Rassebegriffs im Rahmen dialektisch-materialistischer Theoriebildung. Rasse ist als analytischer Begriff der Sozialwiss. zu verwerfen und statt dessen durch das Konzept der «Rassisierung» zu ersetzen.

Dennoch muß für die Nachkriegszeit eine Rückkehr zu einem R. ohne Rassentheorie festgestellt werden: (1) Auf empirischer Ebene blieben zunächst sowohl im individuelle Freiheit betonenden Kapitalismus als auch in den auf Gleichheit ausgerichteten Volksdemokratien als rassistisch zu beschreibende Gruppenkonflikte in Form antisemitischer Ausschreitungen oder gesetzlicher Ausgrenzungen über *separate but equal*-Klauseln (in den USA bis 1954; Südafrika bis 1994) erhalten. Seit dem Ende der Ost-West-Konfrontation führen Orientierungslosigkeit und Sinnentleerung, geschürt durch materielle Existenzängste, in den postindustriellen Risikogesellschaften des Westens und den postkommunistischen Staaten Osteuropas zu xenophobischen Reaktionen und ethnozentristischen Abgrenzungen. Fremdenfeindlichkeit breitet sich aus, *political cor-*

rectness wird zum Instrument eines umgekehrten R., und «ethnische Säuberungen» erinnern an den Wahn der Rassenreinheit. *A. Memmi* (1987) begreift R. in diesem Zusammenhang als einen sich biologischer Argumente bedienenden Sonderfall der «Heterophobie». Das sozialpsychologische Konzept einer immer mit Angst verbundenen aggressiven Ablehnung des anderen erschließt die stets zu beobachtende Koinzidenz rassistischer Ausbrüche mit der als bedrohlich empfundenen Einebnung von Unterschieden und Entwurzelung von Individuen. Einstellungsuntersuchungen im Rahmen der Erforschung des polit. Extremismus erschließen den Zusammenhang rassistischer Positionen und rechtsextremen Verhaltens. R. als soziales und psychologisches Phänomen existiert unabhängig von Rassentheorien und bedarf seinerseits der Erklärung durch sozialwiss. Theorien (vgl. *Poliakov* 1984: 150–175).

(2) Auf theoretischer Ebene wird unter dem Schleier eines kulturellen Relativismus die rassistische Argumentation erneuert. Sensibilisiert durch die Befreiungsbewegungen der → Dritten Welt und die Anomieerscheinungen der individualistischen westl. Gesellschaften, erfolgt unter einem vorgeblich emanzipatorischen Anspruch der postmoderne Rückgriff auf den partikularen Charakter von Kultur, Ethnizität und Nation. Dabei wird übersehen, daß bei Vernachlässigung eines Minimalstandards universalistischer → Menschenrechte die Betonung des apriorischen Vorrangs partikularer Gemeinschaften vor individueller Freiheit zwangsläufig in Unfreiheit und Unterdrückung nach innen und aggressiver Abgrenzung nach außen mündet (vgl. *Finkielkraut* 1989). Instrumentalisiert durch die «Neue Rechte» (vgl. *Feit* 1987) werden die Konturen eines «differentialistische(n) Rassismus» (*Claussen* 1994: 18), der Rassenbiologie durch psychologische, kulturelle und ethnologische Argumente substituiert, erkennbar.

(3) Im wiss. Diskurs der sich etablierenden *Sociobiology* und *Biopolitics* (vgl. *Reynolds* 1987; *Flohr/Tönnesmann* 1983) besteht die Gefahr, über die Konstruktion von Gesetzmäßigkeiten in bezug auf Intelligenzunterschiede, Toleranzschwellen und angeborene Fremdenangst die sozialbiologistische Argumentation (*Marten* 1983), die Soziales aus der Natur ableitet, zu wiederholen. Dadurch wird zwar «nicht die rassische Zugehörigkeit, (wohl aber) (...) das rassistische Verhalten zu einem natürlichen Faktor» erklärt (*Balibar/Wallerstein* 1990: 30). Auch für diese dann zumindest in Teilen als neo-rassistisch zu bezeichnende Strömung gilt *Lukács'* Verdikt, daß «(d)er Biologismus (...) stets die Basis reaktionärer Weltanschauungstendenzen» ist (*Lukács* 1962: 577).

Lit.: *Arendt, H.* 1986: Elemente und Ursprünge totaler Herrschaft, Mchn./Zürich (engl. 1951; dt. zuerst 1955). *Balibar, E./Wallerstein, I.* 1990: Rasse, Klasse, Nation. Ambivalente Identitäten, Bln. *Becker, P. E.* 1988: Zur Geschichte der Rassenhygiene, Teil I, Stg. *Becker, P. E.* 1990: Sozialdarwinismus, Rassismus, Antisemitismus und Völkischer Gedanke. Wege ins Dritte Reich, Teil II, Stg./NY. *Chamberlain, H. S.* 1899: Die Grundlagen des 19. Jahrhunderts, Mchn. *Claussen, D.* 1994: Was heißt Rassismus?, Darmst. *Conze, W./Sommer, A.* 1984: Rasse, in: *Brunner, O.* u. a. (Hrsg.): Geschichtliche Grundbegriffe, Stg., 135–178. *Dittrich, E. J.* 1990: Das Weltbild des Rassismus, Ffm. *Dühring, E.* 1881: Die Judenfrage als Racen-, Sitten- und Culturfrage, Karlsruhe/Lpz. *Engels, F.* 1968: Dialektik der Natur. Notizen und Fragmente (1878 begonnen), in: MEW Bd. 20, 305–568. *Feit, M.* 1987: Die «Neue Rechte» in der Bundesrepublik. Organisation – Ideologie – Strategie, Ffm/NY. *Finkielkraut, A.* 1989: Die Niederlage des Denkens, Rbk. (frz. 1987). *Flohr, H./Tönnesmann, W.* (Hrsg.) 1983: Politik und Biologie, Bln. *Geiss, I.* 1988: Geschichte des Rassismus, Ffm. *Gobineau, J. A. Comte de* 1853/55: Essai sur l'Inégalité des Races Humaines, 4 Bde., Paris (dt. zuerst 1898 ff.). *Hanke, L.* ³1975: Aristotle and the American Indians. A Study in Race Prejudice in The Modern World, Bloomington/L. (zuerst 1959). *Hitler, A.* 1925/27: Mein Kampf, 2 Bde., Mchn. *Kappeler, M.* 1994: Rassismus, Ffm. *Koch, H. W.* 1973: Der Sozialdarwinismus, Mchn. *Lukács, G.* 1962: Die Zerstörung der Vernunft, Werke Bd. 9, Bln. *Marten, H. G.* 1983: Soziobiologismus, Ffm. *Memmi, A.* 1987: Rassismus, Ffm. *Miles, R.* 1991: Rassismus, Hamb. *Montagu, M. F. A.* 1942: Man's Most Dangerous Myth: The Fallacy of Race, NY. *Poliakov, L.* u. a. 1984: Über den Rassismus, Ffm. *Poliakov, L.* u. a. 1993: Der arische Mythos, Hamb. (frz. 1971). *Reynolds, V.* u. a. (Hrsg.) 1987: The Sociobiology of Ethnocentrism. Evolutionary Dimensions of Xenophobia, Discrimination, Racism and Nationalism, L./Sydney. *Rosenberg, A.* 1930: Der Mythus des 20. Jahrhunderts, Mchn. *Strauss, H. A./Kampe, N.* (Hrsg.) 1985: Antisemitismus, Ffm. *Voegelin, E.* 1933: Die Rassenidee in der Geistesgeschichte von Ray bis Carus, Bln. *Weingart, P.* u. a. (Hrsg.) 1992: Rasse, Blut und Gene. Geschichte der Eugenik und Rassenhygiene in Deutschland, Ffm. (zuerst 1988). *Zur Mühlen, P. von* 1977: Rassenideologien, Bonn.

Günter Rieger

Räte, Institutionen → Direkter Demokratie, können idealtypisch aufgrund bestimmter organisatorischer Elemente und gesellschaftl. Prinzipien folgendermaßen beschrieben werden:

(1) Die Urwählerschaft organisiert sich in Basisgruppen im Betrieb oder im Wohnbezirk. Da die Urwähler die Vermutung totaler Kompetenzzuständigkeit für sich haben, sollen alle relevanten Entscheidungen – soweit organisatorisch und funktional irgend möglich – in den Basisgruppen fallen. (2) Über den Basisgruppen erhebt sich pyramidenförmig und jeweils indirekt von unten nach oben gewählt (und jederzeit abwählbar) ein System von Delegiertenkörperschaften, nämlich Räte. (3) R. haben ein imperatives Mandat. Durch → Öffentlichkeit der Sitzungen und jederzeit möglichen Rückruf (→ *Recall*) unterliegen sie der permanenten Kontrolle der → Basis. Alle öff. Positionen, einschl. die der Verwaltung und Judikative, werden durch Wahl besetzt. Ämterrotation soll Machtkonzentration, Bürokratisierung und → Korruption verhindern. Auf diese Weise soll die → Identität von Wählern und Delegierten, Basis und R., hergestellt werden und erhalten bleiben. → Parteien und Verbände (→ Interessengruppen) erübrigen sich mithin als Institutionen, in denen partikulare (Klassen-)Interessen vertreten werden. (4) → Gewaltenteilung wird aufgehoben. Basisgruppen und R. üben legislative, exekutive und judikative Gewalt aus. Sie tagen «in Permanenz». Dadurch verlieren die bisherigen polit. Institutionen ihre Qualität als Herrschaftsinstrumente, und an die Stelle der → Herrschaft von Menschen über Menschen tritt die Verwaltung von Sachen (*Marx*). (5) Die R. arbeiten grundsätzlich ehrenamtlich. Die Verwirklichung der Prinzipien des «reinen» Rätesystems wäre mit der einer herrschaftsfreien, sozialistischen Gesellschaft identisch. Sie hätte ein Höchstmaß sozialer Homogenität zur Voraussetzung und zum Inhalt.

Nach ihrer Funktion können drei Erscheinungsformen von R. in der Geschichte unterschieden werden: (1) R. als spontan sich bildende revolutionäre Kampforgane unterprivilegierter Schichten oder → Klassen, zumeist der Arbeiterschaft, aber auch des Kleinbürgertums und der Bauern. (2) R. als Klassenorganisationen des → Proletariats im Übergang von der kapitalistischen zur sozialistischen Gesellschaft. (3) R. als wirtschaftl. und sozialpolit. Interessenvertretungen, zumeist der Arbeiterschaft, aber auch der Angestellten und Beamten gegenüber den Arbeitgebern.

→ Demokratie; Mandat; Repräsentation; Sozialismus; Urwahl.

Lit.: *Bermbach, U.* (Hrsg.) 1973: Theorie und Praxis der direkten Demokratie. Texte und Materialien, Opl. *Blidon, H.* 1984: Voraussetzungen und Anfänge der Räte- und Betriebsrätebildung in Deutschland, (Phil. Diss.) Bremen. *Faul, E.* (Hrsg.) 1970: Räte als polit. Organisationsprinzip, in: PVS Sonderheft 2: Probleme der Demokratie heute, 53–152. *Oertzen, P. von* 1963: Betriebsräte in der Novemberrevolution, Düss. *Tschudi, L.* 1952: Kritische Grundlegung der Idee der direkten Rätedemokratie im Marxismus, Basel.

Peter Lösche

Rating-Skalen → Skalierung

Rational choice-Theorien (engl. Theorien der rationalen Wahl), in den Sozialwiss. gebräuchlicher Begriff für eine Familie von → Theorien, die die polit., wirtschaftl. und gesellschaftl. Realität aus rationalen → Handlungen von Individuen unter → Kosten-Nutzen-Überlegungen erklären.

1. *R. c.*-T. können normativ, präskriptiv oder explanativ aufgefaßt werden. Eine normative Interpretation i. d. S., daß Individuen sich rational verhalten sollten, wird im Rahmen von *R. c.*-T. eher selten vertreten. *R. c.*-T. können aber so verstanden werden, daß sie eine Anweisung für die → Akteure bereitstellen, wie sie sich verhalten sollten, um ihre Ziele am besten zu erreichen. Als explanative Theorien versuchen sie, die Ergebnisse sozialen Handelns aus der Annahme zu erklären, daß die Akteure sich dem rationalen Handlungsmodell entspr. verhalten.
2. Die den *R. c.*-T. zugrundeliegende → Handlungstheorie geht davon aus, daß Individuen systematisch auf → Anreize reagieren, die sich aus ihren Präferenzen und externen Restriktionen ergeben. Unter den zur Auswahl stehenden Handlungsalternativen wählen sie diejenige Alternative, die den maximalen Nutzen verspricht. Nach dem Konzept der → *Bounded rationality* von *H. Simon* suchen die Individuen nur nach einer befriedigenden, statt nach einer optimalen Lösung. Bezüglich der Restriktionen sind *R. c.*-T., die von gegebenen, vom Handelnden nicht beeinflußbaren, ggf. mit Unsicherheit behafteten Einschränkungen ausgehen, zu unterscheiden von solchen, die auch die Einschränkungen durch rational handelnde Gegenspieler einbeziehen (→ Spieltheorie).
3. Der in den *R. c.*-T. überwiegend verwendete Rationalitätsbegriff ist formaler und subjektiver Natur. Er setzt voraus, daß die Individuen in der Lage sind, die Ergebnisse alternativer Handlungen zu bewerten und in eine widerspruchsfreie Rangordnung zu bringen. Ihre Präferenzordnung soll bei Entscheidungen unter Unsicherheit zudem im Einklang mit ihren Überzeugungen über die Zustände der Welt und der Erwartungsnutzentheorie stehen. Dieses Konzept hat den Vorteil, daß es weniger Voraussetzungen postuliert als andere Rationalitätsbegriffe (etwa von *Max Weber* oder *J. Habermas*). Daß in bestimmten Fällen auch diese Voraussetzungen systematisch nicht erfüllt sind, wurde inzwischen empirisch nachgewiesen (z. B. *D. Kahnemann* u. a. 1982). Der subjektive Charakter verhindert außerdem, daß Handlungen von außen als in der Substanz (nicht) rational gekennzeichnet werden können. Im Rahmen der *R. c.*-T. wurden deshalb substanzielle Erweiterungen des Rationalitätsbegriffs vorgenommen, die verlangen, daß die subjektiven Überzeugungen der Welt angemessen, also nicht aufgrund von kognitiven oder affektiven Prozessen verzerrt sind (z. B. *J. Elster* 1987).
4. Dem Prinzip des → Methodologischen Individualismus folgend führen *R. c.*-T. kollektive Ergebnisse auf rationale individuelle Handlungen zurück. Das zentrale Thema von *R. c.*-T. ist deshalb die Diskrepanz von individueller und kollektiver Rationalität. Daß individuell rationale Handlungen zu kollektiv suboptimalen Resultaten führen, ist Ergebnis vieler *R. c.*-T. (→ Arrow-Paradoxon, → Externalitäten, → Gefangenendilemma).
5. Zu den *R. c.*-T. zu rechnen ist die gesamte Wirtschaftswiss., die → Entscheidungstheorie, die Spieltheorie, die → Neue Politische Ökonomie, die ökon. Analyse des Rechts und der Familie sowie die in der amerikan. Politikwiss. als *Positive Political Theory* bezeichneten Ansätze.

→ Ökonomische Theorien der Politik.

Lit.: *Braun, D.* 1999: Theorien rationalen Handelns in der Politikwissenschaft, Opl. *Druwe, U./Kunz, V.* 1994: Rational Choice in der Politikwissenschaft, Opl. *Elster, J.* 1987: Subversion der Rationalität, Ffm. *Green, D. P./Shapiro, I.* 1999: Rational Choice, Mchn. *Kahnemann, D.* u. a. 1982: Judgement under Uncertainty. Heuristics and Biases, Camb. *Kunz, V.* 1997: Theorie rationalen Handelns, Opl. *Simon, H. A.* 1957: Models of Man: Social and Rational, N Y. *Simon, H. A.* 1993: Homo rationalis. Die Vernunft im menschlichen Leben, Ffm.

→ Entscheidungstheorien; Handlungstheorien; Spieltheorie.

Katharina Holzinger

Rationalismus/Rationalität, in der Antike meint *logos* im Kosmos, in der Psyche und im Politischen einen Teilbereich (das Rationale in Abgrenzung vom Irrationalen), dann hauptsächlich das Ganze als Gesamtordnung der Teile. Das ins Politische übertragene Ideal ist einerseits die Herrschaft der Vernunft über die Unvernunft (z.B. *Platons* Philosophenkönigtum, aber auch der sokratische Dialog mit seiner permanenten Forderung nach Begründung vertretener Meinungen), andererseits die vernünftige Harmonie der unterschiedlichen Teile, wobei das Unvernünftige in der Verselbständigung der Teile besteht. Hieraus entwickeln sich dauerhafte Kriterien für Rationalität (R.): (1) die Rückführung auf Gründe; (2) die Herstellung von Relationen und eines Ordnungsgefüges zwischen Verschiedenem; (3) eine Methode der geregelten Erzeugung begründeter Ordnungen.

1. Entspr. heftet sich R. (a) an Begründungsstrategien logischer, ontologischer, erkenntnistheoretischer, transzendentaler, pragmatisch-lebensweltlicher, diskurstheoretischer Art; (b) an Ordnungsrahmen: (ba) technische bzw. instrumentelle bzw. → Zweckrationalität als möglichst effektive Relation von Zwecken und Mitteln; (bb) → Wertrationalität als Ausrichtung an einem absoluten Wert; (bc) ökon. R. als optimales Kosten-Ertrags-Verhältnis; (bd) kommunikative R. von regelgeleiteten Diskursen mit dem Ziel der Verständigung; (c) an bestimmte Verfahren: wiss. Methodik, pragmatisch-operative Handlungssequenzen, formalisierte Prozeduren z.B. in Politik, Verwaltung und Rechtsprechung. R. steht dabei als kritische, ihre eigene Reichweite und Grenzen ermittelnde, gegen einen dogmatischen Rationalismus (im Extremfall mit Absolutbegründung, metaphysischer Gesamtordnung und Methodenmonismus).

2. Kultursoziologisch setzen sich in der → Moderne bestimmte Typen von R. gegen andere durch. Die von *Max Weber* beschriebene Rationalisierung bevorzugt die technische und ökon. Zweckrationalität. Andere Zeitdiagnosen (z.B. durch *C. Schmitt*, *M. Heidegger*, *M. Horkheimer*, *J. Habermas*) markieren ebenfalls, wenngleich kritischer, die Dominanz technischer Rationalität. Dieser Lage entspricht im 20. Jh. ein kontrovers-mehrdimensionales Feld: Gegentendenzen «irrationalistischer» Art (z.B. *O. Spengler*); die Rekonstruktion alternativer – etwa kommunikativer und praktischer – Rationalitätstypen; die → Dekonstruktion einer sich in großen, umfassenden Theoriekonstruktionen verabsolutierenden R. in der → Postmoderne, wobei die daraus resultierende Pluralität von R. die Frage nach der einheitlichen Vernunft in der Vielfalt aufwirft (vgl. *Apel/Kettner* 1996).

3. Auch die Theorie der Politik steht unter der Dominanz der wiss. Zugangsweise und ihrer technisch-funktionalen Rationalität. Demgegenüber sind Ansätze bemerkenswert, die entw. die Rehabilitierung einer vorwiss. praktischen R. oder Konzepte einer mehrfachen R. anstreben. Erwähnt seien in diesem Zusammenhang: (1) *M. Oakeshott* und seine Kritik an einem wiss.-zweckrationalen polit. Rationalismus, der praktisch nicht nur schädlich, sondern genau besehen unmöglich sei, weil er die aus der Praxis kommende Logik der Praxis schon vom Ansatz her verfehle. Ihn dennoch zu praktizieren sei ein ideologischer Irrweg. (2) *E. Vollraths* (1977) Projekt, seine an *Kant* orientierte «Rekonstruktion der politischen Urteilskraft» in ein neues – aus dem «Politischen», verstanden als Zusammenleben von Menschen in ihrer Pluralität, gewonnenes – Rationalitätskonzept des Politischen weiterzuentwickeln. (3) *H. F. Spinners* (1995) Vorschlag, die «prinzipielle» R. von allg., abstrakten, situationsunabhängigen und kontrafaktischen Konzepten zu ergänzen um eine «okkasionelle» R., die sich aus den Besonderheiten konkreter Fälle entwickelt.

→ Kritischer Rationalismus; Rational choice-Theorien; Rationalitätstheorien.

Lit.: *Apel, K.-O./Kettner, M.* (Hrsg.) 1996: Die eine Vernunft und die vielen Rationalitäten, Ffm. *Dennert, J.* 1970: Die ontologisch-aristotelische Politikwissenschaft und der Rationalismus. Eine Untersuchung des polit. Denkens Aristoteles', Descartes', Hobbes', Rousseaus und Kants, Bln. *Oakeshott, M.* 1966: Rationalismus in der Politik, Neuwied u.a. (engl. 1962). *Schnädelbach, H.* (Hrsg.) 1984: Rationalität. Philosophische Beiträge, Ffm. *Spinner, H. F.* ⁴1992: Rationalismus, Rationalisierung, Modernisierung, in: *Nohlen, D./Schultze, R.-O.* (Hrsg.): Politikwissenschaft, Mchn., 823–831. *Vollrath, E.* 1977: Die Rekonstruktion der polit. Urteilskraft, Stg. *Vollrath, E.* 1987: Grundlegung einer philosophischen Theorie des Politischen, Würzburg.

Ulrich Weiß

Rationalitätstheorien, normative oder rekonstruktive Bestimmungsversuche des «Rationalen» im menschlichen Gesamtverhalten, zumeist unter tendenziöser Abstufung der angenommenen Rationalitätseignung und -neigung auf den verschiedenen Stufen des Verhaltensrepertoires. In den vorherrschenden Rationalitätsauffassungen werden die handlungsentlasteten «symbolischen» oder diskursiven Verhaltensweisen des Denkens, Sprechens, Argumentierens, Kritisierens durch offene oder versteckte Rationalitätszuschreibungen deutlich bevorzugt, zu Lasten des vermeintlich gänzlich «irrationalen» Fühlens und Wollens sowie des mehr oder weniger «begrenzt» rationalen Handelns, Entscheidens usw. (vgl. *Simon* 1993).

1. Die in der philosophischen und erfahrungswiss. Fachliteratur als «Vernunftparadigmen» ausgearbeiteten Rationalitätsauffassungen zielen auf formal oder inhaltlich bestimmte Sachkonzepte ab, zu denen eigens darauf gerichtete methodische, sprachliche oder gegenständliche Zugänge hinführen sollen. Anstelle einer differentiellen R. ergeben sich daraus jedoch lediglich die üblichen Rationalitätstypologien. Deshalb wird als Neuansatz das Orientierungskonzept der «Doppelvernunft» vorgeschlagen, um den ganzen Rationalismus einer «Welt von Gegensätzen» (*Max Weber*; vgl. *Spinner* 1994b) erfassen zu können.

(1) Der von der analytischen Philosophie entwickelte semantische Ansatz zielt auf Begründungskonzepte der reflexiven Vernunft ab, um über die Semantik der Begründungsprädikate die dem rationalen Verhalten inhärenten oder attribuierten Gründe dafür zu erfassen, warum, wieso, wozu man sich gemäß welchen Normen rational verhält bzw. verhalten sollte. Rationalität liegt demnach allein in den «guten Gründen» für normativ gerechtfertigte Verhaltensweisen (bei *J. Habermas*) oder in den reflexiven Bezügen selbstreferentieller Systeme (bei *N. Luhmann*).

(2) Der auf die Universalpragmatik *(Habermas)* oder Transzendentalpragmatik *(K.-O. Apel)* zugeschnittene hermeneutische Ansatz in der diskursorientierten Sozialphilosophie erstrebt stark «versprachlichte» Verständigungskonzepte der konsensuellen Vernunft im Rahmen zwanglos-zwingender (zwanglos im Hinblick auf äußere Machteinflüsse, also herrschaftsfrei; zwingend durch die Kraft des besseren Arguments, also anerkennungspflichtig überzeugend) intersubjektiver Beziehungen sprach- und handlungsfähiger Subjekte. Maßgebend ist demnach der sprachlich vermittelte, argumentativ herbeigeführte intersubjektive Konsens unter kommunikationskompetenten Gesprächsteilnehmern in gleichberechtigter («unverzerrter») Kommunikation. Verortet wird diese «kommunikative Rationalität» als intersubjektiver Verständigungsprozeß nichtstrategischer Diskurse in der dafür konstitutiven alltäglichen Lebenswelt, wo die drei ansonsten ausdifferenzierten *Habermas*schen «Momente» moderner Rationalität (Bezugnahme auf die objektive Welt mit Wahrheitsanspruch, auf die soziale Welt mit Richtigkeitsanspruch und auf die subjektive Welt mit Wahrhaftigkeitsanspruch) noch eine Einheit bilden, im Zusammenhang mit der Alltagspraxis menschlichen Handelns und im Medium der natürlichen Sprache.

(3) Der in der Wissenschaftstheorie vorherrschende methodologische Ansatz bevorzugt heutzutage, nach der Wende vom tradierten epistemologischen Fundamentalismus zum neueren durchgängigen Fallibilismus, Kri-

tikkonzepte der methodischen Vernunft. Die Wissenschaftsrationalität im engeren Sinne liegt folglich in der Methodik zur Überprüfung hypothetischer Theorien (so bei *K. Popper*; vgl. *Agassi/Jarvie* 1987); die darüber weit hinausgehende Regelrationalität des «okzidentalen Rationalismus» der Wirtschaft, Technik, Bürokratie in der Herrschaft der Regel, des Gesetzes, der «Lebensmethodik» des modernen Fachmenschentums im Alltag von «Beruf & Betrieb» (nach *Max Weber*).

(4) Der in der neueren praktischen Philosophie aufkommende pragmatische Ansatz erstrebt praxisnahe Handlungskonzepte der pragmatischen Vernunft. Hier tritt an die Stelle des erkenntnistheoretischen Begründungsgedankens und der idealistischen Absolutheitsvorstellungen der lebenspraktische Bewährungsgedanke mit seinen «vorsichtigere(n) Thesen über Rolle und Status der Vernunft» (*Lenk* 1979: 37). Bei der pragmatischen Rationalität kommt es auf das flexible, so gut wie möglich «den Umständen entsprechende» richtige Handeln in realistischen Problemlagen an, mit Hauptaufmerksamkeit auf der Performanz der situationsgerechten, kontextbezogenen, pragmatisch eingebundenen Verhaltensweisen.

(5) Der in den Sozialwiss. vorherrschende ökon. Ansatz (im weiteren Sinne auch für nichtwirtschaftl. Verhalten, welches von der modernen «universellen Ökonomie» so weit wie möglich in ihren Erklärungsbereich einbezogen wird) erbringt die variantenreichen Erfolgskonzepte der instrumentellen Vernunft, die – mehr oder weniger zweckrational positive Zielgrößen maximierend oder optimierend, negativ bewertete Faktoren minimierend, Entscheidungen durch *rational choice* selektierend, und dergleichen – möglichst direkt auf das anvisierte Handlungsergebnis ausgerichtet sind. Diese vielkritisierte «instrumentelle Rationalität» macht den Erfolg zum maßgeblichen Rationalitätsfaktor und die ganz darauf abgestellte Auswahl der verfügbaren Mittel für gegebene Zwecke zum Instrument dafür, gemäß dem *Weber*schen Typ der Zweckrationalität (*Weber* 1976: 12).

(6) Der soziologische Ansatz favorisiert Wertekonzepte der substantiellen Vernunft, wie sie schon in *Max Webers* Religionssoziologie als ausgeprägt wertorientierter Handlungstyp mit eigenem, materiellem Rationalitätsgehalt als «Wertrationalität» beschrieben worden sind (*Weber* 1976: 12). Diese Rationalität liegt in den eigenwertigen, aus sich heraus für gut und legitim gehaltenen Zielsetzungen, die erfolgsunabhängig um ihrer selbst willen erstrebt werden.

(7) Der juristische Ansatz favorisiert anstelle des im modernen «Staat der Glaubensfreiheit» (*Pawlowski* 1992) inhaltlich nicht mehr konsensfähigen Wertepluralismus Verfahrenskonzepte der prozeduralen Vernunft als Rechts- und Rationalitätsformel, «die täglich konkret praktikabel ist und doch (...) alle Bestimmung der Zukunft überläßt» (*Luhmann* 1997: 7). Demnach sind geregelte, geordnete Verfahren die gute Sache moderner, zeitgemäßer Rationalität, welche sich nicht mehr auf die kaum noch rationalisierungsfähigen, entweder in den Weltanschauungsstreit hineingezogenen oder dem postmodernen Indifferentismus überlassenen Inhalte des menschlichen Glaubens, Wollens, Wissens, Wertens beziehen kann.

(8) Der psychologische Ansatz der Wissenspsychologie hat im Zuge neuerer Forschungen über menschliches Urteilen und dessen scheinbar «irrationale» Verzerrungseffekte (i. S. der *Bias*-Forschung) Problemlösungskonzepte der heuristischen Vernunft in die Diskussion gebracht (zusammenfassend *Nisbett/Ross* 1980; *Evans* 1993). Diese allgemeinmenschliche Rationalität des «intuitiven Wissenschaftlers» oder außerwiss. Laien beruht auf der Verwendung kognitiver Schemata («Urteilsheurismen») zur Gewinnung möglichst schneller, situationsgerechter, unmittelbar verwendbarer Urteile «aus dem Stand» in alltäglichen Erkenntnis- und Handlungssituationen, unter stark einschränkenden Randbedingungen (Unsicherheit, Unterinformation, Zeitdruck, Entscheidungszwang, etc.).

(9) Der biologische Ansatz der modernen Anthropologie, Ethnologie und Biologie, einschließlich der sozialwiss. gewendeten Soziobiologie, beschreibt Evolutionskonzepte der evolutionären Vernunft, die das individuelle, v. a. aber gattungsmäßige Verhalten angesichts wechselnder natürlicher und

sozialer Umweltbedingungen wenn nicht «intelligent», so doch zweckmäßig(er) machen, i. S. einer gattungsmäßigen Tendenz zur Vorteilsnahme im Überlebenskampf. Demnach liegt das «Vernünftige der Vernunft (...) in einer sach- und problemgemäß zweckmäßigen Verarbeitung und Reaktion auf richtige Daten» der umweltlichen Gegebenheiten und Herausforderungen, letztlich «also im Lebenserfolg» (*Riedl* 1988: 27). Dieser tritt in Gestalt lebensdienlicher, v. a. arterhaltender biologischer Zweckmäßigkeiten an die Stelle der willkürlich bestimmten «strategischen» Erfolgsorientierung bei der instrumentellen Vernunft.

(10) Der kognitionswiss. Ansatz der modernen «Wissenswiss.» (*Spinner* 1988) – von der Wissenschaftstheorie bis zur Gehirnforschung und Künstlichen Intelligenz, einschließlich aller anderen genannten Disziplinen, soweit sie auf Wissensfaktoren abstellen –, zielt auf Wissenskonzepte der kognitiven Vernunft ab, gemäß den jeweiligen «Wissensordnungen» (vgl. *Spinner* 1994a) für den individuellen und gesellschaftl. Informationsbestand. Idealtypisch rein oder realtypisch vermischt, geht es bei diesen Vernunftkonzepten immer um eine bestimmte «Sache», deren Inanspruchnahme Rationalität gewährleisten soll. Zumeist ist es letztlich nur ein Faktor, Ziel, Verfahren oder Umstand, der diese Einkomponenten-Rationalitäten bestimmt. Sie schlagen sich in der Fachliteratur nieder als idiosynkratische, größtenteils inkommensurable, bereichsspezifisch präformierte Rationalitätstypologien von ausufernder Anzahl, begrenzter Gültigkeit und mäßiger Fruchtbarkeit (ohne Vollständigkeitsanspruch aufgelistet in 22 Positionen bei *Lenk/Spinner* 1989: 3 ff.).

2. Läßt man die eindimensionale, unmittelbare Bestimmung dieser direkten Vernunft als eine «gute Sache» – d. h. als etwas allein vernunftbringendes Ausgewähltes, sei es versachlicht oder versprachlicht, substantialisiert oder prozeduralisiert, und wie auch immer aus dem gesamten menschlichen Vernunftpotential herausgehoben – fallen, aber eine kontingente statt konstitutive, empirische statt definitorische Verbindung von Vernunft und Wissen bestehen, dann ist der Weg frei für eine neue, «indirekte» Rationalitätsauffassung als Orientierungsrahmen für bestimmte Verhaltensweisen, mit dem gesamten Wissensbestand als Hilfsmittel für ein «qualifiziert orientiertes», d. h. rationales Sichverhalten in der Welt.

Die «direkten» Vernunftauffassungen bleiben einer Denkfigur verhaftet, die der Rationalität ein zweigliedriges Aktionsmodell unterlegt, in dem Mensch und Welt einander ohne Zwischenschaltung dritter Instanzen gegenüberstehen. Das ist in seiner einfachsten, bekanntesten Vorstellung ein Organismus in seiner Umwelt, welcher direkt darauf «rational reagiert», sei es durch passive Anpassung oder aktive Manipulation.

Zum individuellen Handeln gehören ein Akteur, der etwas tut, und eine Situation, in der es getan wird. Zum sozialen Handeln kommt ein anderer hinzu, auf dessen Verhalten die Aktion intentional «bezogen» ist. Zum rationalen Handeln gehört ein darüber hinausgehender Bezugsrahmen, an dem es sich orientiert, um die «guten Sachen» indirekter, aber rationaler zu erreichen (oder zu verfehlen). An die Stelle des von der direkten Vernunft kurzgeschlossenen Mensch/Welt-Modells setzt die indirekte Vernunft ein dreigliedriges Akteur/Orientierungsrahmen/Welt-Modell, in dem die Rationalitätsorientierung als verselbständigter «dritter Faktor» mit eigenständiger Verhaltenswirkung zwischengeschaltet ist (zum offenen Orientierungskonzept in Abhebung von tendenziell geschlossenen Identitätskonzepten vgl. *Spinner* 2001). Der Name des Dritten ist Rationalität. Auskonstruiert zum «Rationalitätsraum» der Doppelvernunft, umfaßt sie das Potential aller rationalen Orientierungsalternativen.

Ohne die R. der Doppelvernunft hier im einzelnen zu erläutern (vgl. *Spinner* 1994b), kann nun eine schrittweise Neubestimmung der differenzierten Rationalität einer «Welt von Gegensätzen» erfolgen: zunächst als qualifizierte Orientierungsmöglichkeit schlechthin; sodann in ihren beiden äußersten Ausprägungen als gegensätzliche Orientierungsrichtungen; schließlich durch die Vielfalt der «realisierten Rationalitäten» (d. h. aktuell in Anspruch genommenen Orientierungsalternativen) als mehr oder weniger typische Orientierungsmuster.

Die zur theoretischen Strukturanalyse und empirischen Überprüfung des pluralistischen Rationalismus unserer Kultur entwickelte differentielle R. geht von der Arbeitshypothese aus, daß uns die «ganze» Vernunft – verstanden als qualifizierte Orientierungsweise des menschlichen Gesamtverhaltens im «rationalen Raum» – nicht einfach, sondern doppelt gegeben ist: als Doppelvernunft.

Zum einen gibt es, nach dem *Weber*schen Vorbild des okzidentalen Rationalismus, die Standardauffassung der normgebundenen, regelgeleiteten «Grundsatzvernunft», deren Vorstellung von bleibender prinzipieller Rationalität sich niederschlägt in allg., abstrakten, antizipierten (d. h. im voraus aufgestellten) person- und situationsunabhängigen, kontrafaktisch stabilisierten Maßstäben für auf diese Art «rationales» Denken, Handeln, Fühlen, Entscheiden, usw. Das bedeutet Orientierung des Verhaltens an bestimmten Prinzipien (daher der Name), Normen, Regeln, Maximen, Methoden, Doktrinen und sonstigen *idées générales*, welche für alle Fälle gleicher Art gelten und zu allgemeinen Problemlösungen führen sollen. Daraus ergeben sich grundsatzrationale Erkenntnis- und Lebensstile, Gesellschaftsmodelle und Weltbildkonstruktionen, universalistische Wertvorstellungen und generalisierte Regelwerke (wie die «Herrschaft des Gesetzes» im Rechtsstaat), an denen wir uns orientieren.

Zum anderen gibt es die Alternativauffassung der «aus dem normativen Nichts» (*Schmitt* 1934: 42) geborenen, nicht in Prinzipien gefaßten und auf allg. Regeln verpflichteten «Gelegenheitsvernunft», deren wechselnde Okkasionelle Rationalität je nach Gegebenheiten und Gelegenheiten sich von Fall zu Fall erst bildet, also *hic et nunc* konstituiert. Das ergibt auf andere Art «rationale» Lösungen vorzugsweise für den Einzelfall, als «Maßnahmen ohne Maßstab», ohne diese zu verallgemeinern und auf alle einschlägigen Fälle zu übertragen. Diese gelegenheitsrationale Lösung liegt nicht in übergreifenden Zusammenhängen, allg. Ideen, invarianten Gesetzmäßigkeiten, sondern ergibt sich okkasionell (daher der Name), kontextuell, situativ aus der «Logik der Lage», der «Natur der Sache», der konkreten Situation, den Umständen, dem Augenblick. An die Stelle der Innehaltung fester Grundsätze i. S. *Max Webers* tritt die von *Bert Brecht* thematisierte Ausnützung der Besonderheiten (Fallstudien dazu in *Spinner* 1994 b).

Rationalität in dieser oder jener Ausprägung wird damit zum funktionalen Faktor der operativen Vernunft; in welcher Weise und in welchem Ausmaß kann allerdings nur die Erfahrung zeigen. Zur differentiellen R. muß deshalb überprüfend, ergänzend, erweiternd eine methodisch hochentwickelte, inhaltlich materialreiche empirische Rationalitätsforschung hinzukommen, um die Fülle der realisierten Rationalitäten («Rationalitätsprofile») zu erfassen, ohne die beiden verheerendsten Fehler der vorherrschenden Rationalitätsdiagnosen zu begehen: entweder mit Hilfe des rigorosen rationalitätstheoretischen Schnitts gängiger Vernunftdichotomien die eine Grundform zur allein anerkannten, zumeist okzidental verorteten Rationalitätsidee zu erheben und alles andere als riesigen «irrationalen Rest» abzuwerten. Oder i. S. des postmodernen Indifferentismus und kriterienlosen «radikalen Pluralismus» die Gemengelage der heutigen «Vernunftverwirrung» (*Lyotard* 1985: 32 ff.) zu nivellieren, als gäbe es keine rationalitätstheoretisch relevanten intra- und interkulturellen Qualitätsunterschiede zwischen den verschiedenen «Traditionen» (vgl. *Feyerabend* 1979; 1989).

3. In der → Postmoderne ist nicht die Vernunftlage «unübersichtlich» geworden (vgl. *Habermas* 1985), sondern die Rationalitätsfrage verworren. Trotz des Mangels an ausgearbeiteten R. und empirischen Rationalitätsuntersuchungen lassen sich immerhin einige Entwicklungstendenzen erkennen, die insgesamt genommen eher für einen partiellen Rationalitätswandel auf begrenzten Konfliktfeldern sprechen als für einen umfassenden «Abschied vom Prinzipiellen» (*Marquard* 1981) und für ein Ende aller «großen Theorien» (dazu kritisch *Spinner* 1992). Der bereichsweise heftigen Rebellion gegen die «alteurop.» Regelherrschaft in Kunst und Literatur (seit der Jahrhundertwende), in der Politik schon immer (als Ausfluß absolutistischer Souveränitätsvorstel-

lungen oder einer opportunistischen Staatsraison), verstärkt im 20. Jh. bei den sich als «Bewegungen» verstehenden Denkströmungen (Futurismus, Dadaismus, Surrealismus) und Gruppenbildungen (Kommunismus, Nationalsozialismus, Ökobewegung), unter häufigem Wechsel des Orientierungsrahmens bei der Jugend (vgl. *Spinner* 1992), steht die ungebrochene Vorherrschaft von hochgeneralisierten, mehr denn je expansionistischen Regelwerken des «okzidentalen Rationalismus» in der Wirtschaft, Wiss., Verwaltung, im Recht und Staat gegenüber, nunmehr im «planetarisch» (*Heidegger* 1954: 13 ff.) gewordenen Ausmaß des technologischen Zeitalters. Dadurch wird der Orientierungsspielraum zwischen Prinzipieller und Okkasioneller Rationalität voll ausgeschöpft, unter stärkerer Inanspruchnahme der als «Gegenrationalität» zur abendländischen Tradition und modernen Technikwelt verstandenen Gelegenheitsvernunft. Dazu kommt aber an beiden Rändern der Doppelvernunft die Gefahr des Abgleitens in nichtorientierte, jedenfalls nicht mehr rational qualifizierbare Verhaltensweisen alter und neuer Irrationalismen.

Der von *Max Weber* rekonstruierte «abendländische» Rationalisierungs- und Modernisierungsprozeß beschreibt diese Tendenz des praktischen Rationalismus in «Beruf & Betrieb» am Beispiel des Bürokratisierungsschubs der modernen Welt, zu dem am Ende des 20. Jh. der Technisierungsschub hinzugekommen ist. Der von den Vorläufern und Vertretern der Postmoderne beschworene «Bankrott der *idées générales*» (*Carl Schmitt*; vgl. dazu ausführlich *Spinner* 1994 b) auf vermeintlich allen Gebieten betrifft vielfältige Gegenbewegungen v. a. der literarisch-künstlerischen Moderne, vom Geniekult über den Dadaismus bis zum (ästhetisch begrenzten) Dekonstruktivismus und den (polit. gebremsten) Deregulierungsbestrebungen. Wo aber Tendenzen und Gegentendenzen aufeinandertreffen, kann über den Ausgang nicht am grünen Tisch der (Rationalitäts-)Theorien entschieden werden. Empirische Rationalitätsforschung auf allen Gebieten ist erforderlich, sinnvoll aber nur auf einer guten rationalitätstheoretischen Grundlage.

→ Aufklärung; Diskurstheorie kommunikativen Handelns; Evolutionstheorien; Handlungstheorien; Kritischer Rationalismus; Postmoderne und Politik; Pragmatismus/Neo-Pragmatismus; Rational choice-Theorien.

Lit.: *Agassi, J./Jarvie, I. C.* (Hrsg.) 1987: Rationality – The Critical View, Dordrecht usw. *Apel, K.-O.* 1984: Das Problem einer philosophischen Theorie der Rationalitätstypen, in: *Schnädelbach, H.* (Hrsg.): Rationalität, Ffm., 15–31. *Evans, S. B. T.* u. a. 1993: Human Reasoning, Hove/Hillsdale. *Feyerabend, P.* 1979: Erkenntnis für freie Menschen, Ffm. *Feyerabend, P.* 1989: Irrwege der Vernunft, Ffm. (engl. zuerst 1986). *Habermas, J.* 1985: Die Neue Unübersichtlichkeit, Ffm. *Habermas, J.* [3]1999: Theorie des kommunikativen Handelns, 2 Bde., Ffm. *Heidegger, M.* 1954: Vorträge und Aufsätze, Pfullingen. *Lenk, H.* 1979: Pragmatische Vernunft, Stg. *Lenk, H./Spinner, H. F.* 1989: Rationalitätstypen, Rationalitätskonzepte und Rationalitätstheorien im Überblick, in: *Stachowiak, H.* (Hrsg.): Pragmatik – Handbuch pragmatischen Denkens, Bd. III, Hamb., 1–31. *Luhmann, N.* [4]1997: Legitimation durch Verfahren, Ffm. *Lyotard, J.-F.* 1985: Grabmal des Intellektuellen, Graz/Wien. *Marquard, O.* 1981: Abschied vom Prinzipiellen, Stg. *Nisbett, R./Ross, L.* 1980: Human Inference, Englewood Cliffs, N. J. *Pawlowski, H.-M.* 1992: Recht und Moral im Staat der Glaubensfreiheit, Baden-Baden. *Riedl, R.* 1988: Biologie der Erkenntnis, Mchn. *Simon, H. A.* 1993: Homo rationalis. Die Vernunft im menschlichen Leben, Ffm./NY. *Spinner, H. F.* 1988: Die Besteigung des Informationsberges als neue Aufgabe der Philosophie im Verbund aller Wissenswissenschaften, in: Zeitschrift für allgemeine Wissenschaftstheorie 19, 328–347. *Spinner, H. F.* 1992: Die Rebellion gegen die Regelherrschaft des abendländischen Rationalismus und die wechselnden Orientierungsrahmen der Nachkriegsgenerationen, in: *Matthiessen, C.* (Hrsg.): Was macht das Denken nach der großen Theorie?, Wien, 59–86. *Spinner, H. F.* 1994 a: Die Wissensordnung, Opl. *Spinner, H. F.* 1994 b: Der ganze Rationalismus einer «Welt von Gegensätzen», Ffm. *Spinner H. F. 2001*: Der

Mensch als Orientierungswesen; in: *W. Eßbach* (Hrsg.), wir/ihr/sie – Identität und Alterität in Theorie und Methode, Würzburg: 39–68. *Schmitt, C.* ²1934: Politische Theologie, Bln. (zuerst 1922). *Weber, M.* ⁵1976: Wirtschaft und Gesellschaft, Tüb. (zuerst 1922).

Helmut F. Spinner

Ratsverfassung → Gemeindeverfassungen

Raumordnung (Raumordnungspolitik), die Planung der überörtlichen räumlichen Entwicklung unter Einbeziehung verschiedener Ressorts bzw. Fachplanungen (Verkehr, Wirtschaft, Landwirtschaft, Energie etc.) und Verwaltungsebenen (Bund, Länder, → Regionen, → Gemeinden). Ihre Aufgabe ist primär die Entwicklung einer räumlich-strukturellen Leitbildvorstellung.

Im Spannungsfeld von Theorie und Praxis wird der Begriff der R. häufig unscharf gebraucht. Es empfiehlt sich, zwischen R. und Raumordnungspolitik (Rp.) zu differenzieren. Im Ggs. zur R. ist Rp. die Entwicklung einer Strategie zum Ausgleich zwischen Ballungszentren und strukturschwachen ländlichen Gebieten. Obgleich tendenziell auf die Schaffung einheitlicher Lebensverhältnisse ausgerichtet, akzentuiert Rp. zumeist Wachstumseffekte. In den 1960er und 1970er Jahren war Rp. vorwiegend funktionell betrieben worden (Wohnen, Arbeiten, Freizeit). Seit Ende der 1970er Jahre nimmt Rp. auch ökolog. Belange in den Blick (Freiraum- und Ressourcensicherung). In D stellen das Raumordnungsgesetz von 1965 sowie eine Vielzahl von Landesplanungsgesetzen institutionalisierte Rp. dar. Gemessen am Programm der R. ergeben sich in der Realität im komplizierten Gefüge von → Politikverflechtung, eingeschränkten Kompetenzen zuständiger Behörden und unzureichenden Politikinstrumenten nur mäßige Gestaltungsmöglichkeiten.

→ Infrastrukturpolitik; Region/Regionalpolitik; Strukturpolitik; Theorie und Praxis; Wachstum/Wachstumspolitik.

Lit.: *Akademie für Raumforschung und Landesplanung* 1982: Grundriß der Raumordnung, Hannover. *Brösse, U.* 1982: Raumordnungspolitik, Bln. *Klemmer, P./Wahl, R.* ⁷1985 ff.: Raumordnung und Landesplanung, in: Staatslexikon, hrsg. von der Görres-Gesellschaft, Freib., Bd. 4, 649–660. *Väth, W.* 1980: Raumplanung, Hain.

Ulrike Rausch

Reagonomics → Angebotsorientierte Wirtschaftspolitik

Real existierender Sozialismus, Begriff zur (Selbst-)Kennzeichnung der polit. und sozioökon. Ordnung derjenigen Staaten, die in Europa, Asien und auf Kuba zwischen dem Ende des II. Weltkrieges und 1989/90 von einer Kommunistischen Partei regiert wurden und nach dem Selbstverständnis ihrer Führungen «sozialistisch» waren.

Diese Bezeichnung galt insbes. für die Staaten des sowjetischen Hegemonialbereichs. Sie war urspr. von den regierenden Kommunisten als Defensivbegriff eingeführt worden, um Kritik an den bestehenden sowjetsozialistischen Systemen abzuwehren. Insbes. linke Kritiker bzw. solche, die einem → Demokratischen Sozialismus nahestanden und sich z. B. daran stießen, daß die → Produktionsmittel verstaatlicht, aber nicht vergesellschaftet worden seien, daß also die früher bestehenden Herrschaftsverhältnisse in nur wenig veränderter Form weiterbestanden, sollten durch den Terminus des r. e. S. in den Bereich → Politischer Utopie verwiesen werden. Der Aufbau einer sozialistischen Ordnung habe in eher pragmatischer Weise von den konkret bestehenden Verhältnissen auszugehen. Diese urspr. normative Bedeutung des Begriffs wurde später auch im Westen in der Praxis durch eine wertfreie, deskriptive ersetzt.

→ Kommunismus; Marxismus; Sozialismus.

Lit.: *Meyer, G.* 1977: Bürokratischer Sozialismus: Eine Analyse des sowjetischen Herrschaftssystems, Stg. *Nowak, L.* 1991: Power and Civil Society: Towards a Dynamic Theory of Real Socialism, NY. u. a.

Klaus Ziemer

Realigning elections/Realignment, Fachterminus der US-amerikan. → Wahlforschung für solche Wahlen, bei denen es nach einer kurzfristigen Phase der Auflösung der über Sozialstruktur, → Milieus, → Parteiidentifikation vermittelten, langfristig stabilen Bindungen der Wählerschaft an die polit. Parteien (→ *Dealignment*) zur Herausbildung einer neuen dauerhaften Formierung in Wählerschaft und Parteiensystem kommt und unter Zweiparteiensystem-Bedingungen die bisherige Minderheitspartei zur Mehrheitspartei avanciert.

1. Von der US-amerikan. Forschung werden dabei folgende Phasen im Veränderungsprozeß des *r.* als typisch unterschieden: «(1) Eine soziale und/oder wirtschaftl. Krise entsteht. (2) Die Krise intensiviert die polit. Debatte, politisiert die Gesellschaft und (3) manifestiert sich bei Wahlen in relativ plötzlichen, starken und dauerhaften Transformationen der Koalitionsbasis des Parteiensystems. (4) Diese Änderung des Wahlverhaltens hat eine ungewöhnlich hohe Wechselfrequenz des polit. Personals in den Parteien und gewählten Körperschaften, sowie – in schwächerem Ausmaß – in der Bürokratie und den Gerichten zur Folge. Daraufhin implementieren die Regierungsinstitutionen neue *policies*, um die Krise entspr. den Interessen der neugebildeten Mehrheit zu lösen.» (*Trilling/Campbell* 1980: 4)

2. Das *Realignment*-Konzept des Wähler- und Parteiensystemwandels in liberalen Demokratien basiert auf dem von *V. O. Key* (1955) entwickelten Theorem der → Kritischen Wahlen; es geht aus von der → Persistenzthese der → Politischen Sozialisationsforschung und unterstellt in ihrer generationentheoretischen Variante die Dauerhaftigkeit der im historisch-sozialen Raum erworbenen polit. Einstellungen, Werte und Verhaltensmuster (→ Politische Generationen). Ihm liegt zudem ein Geschichtsverständnis zugrunde, das sowohl für die individuelle Ebene des Wählers als auch für den makropolit. Wandel auf der Ebene des → Parteiensystems von der im Grunde überzeitlichen, von zyklischen Regelmäßigkeiten bestimmten Abfolge gesellschaftl. und polit. Wandels ausgeht.

3. Am Beispiel der US-amerikan. Geschichte gewonnen, wurden Begriff und Konzept des *r.* auch zur Analyse von Wählerverhalten und Parteiensystementwicklung in den kontinental-europ. Ländern verwandt, wo das *Realignment*-Konzept die von *S. M. Lipset/S. Rokkan* (1967) formulierte These vom «Einfrieren» der westeurop. Parteiensysteme nach dem I. Weltkrieg teils ergänzt, ihr teils aber auch widerspricht. Beide Übertragungen des urspr. wahlhistorisch gedachten Konzeptes und die damit verbundene, auf (wahl-)soziologische Gesetzmäßigkeiten zielende Generalisierung sind indes ebenso strittig wie die Annahme vom zyklischen Geschichtsverlauf. Seit der sog. Partizipatorischen Revolution (*Kaase*) der späten 1960er Jahre wird die Frage von *Realignment*-Prozessen kontrovers diskutiert; u. a. zwischen den Vertretern der *Inglehart*schen → Postmaterialismus-These (→ Wertewandel) und den Anhängern der aus der Kapitalismus-Kritik stammenden Industriesystemkritik, die beide langfristige Umorientierungen unterstellen. Fraglich ist jedoch, ob sich aufgrund steigender Individualisierung und kosten-nutzen-orientierter → Partizipation in postmodernen Demokratien überhaupt noch dauerhafte Bindungen zwischen Wählern und Parteien herstellen können.

→ Konfliktlinien; Normalwahl; Wählerverhalten.

Lit.: *Bürklin, W.* 1984: Grüne Politik. Ideologische Zyklen, Wähler und Parteiensystem, Opl. *Burnham, W. D.* 1970: Critical Elections and the Mainsprings of American Politics, NY. *Burnham, W. D.* u. a. 1978: Partisan Realignment. A Systematic Perspective, in: *Silbey, J. H.* u. a. (Hrsg.): The History of American Electoral Behavior, Princeton, 45–77. *Campbell, B. A./Trilling, R. J.*

(Hrsg.) 1980: Realignment in American Politics. Toward a Theory, Austin/L. *Lipset, S. M./Rokkan, S.* (Hrsg.) 1967: Party Systems and Voter Alignments, NY. *Schultze, R.-O.* 1994: Aus Anlaß des Superwahljahres – Nachdenken über Konzepte und Ergebnissse der Wahlsoziologie, in: ZParl 25, 472–493. *Trilling, R. J./Campbell, B. A.* 1980: Toward a Theory of Realignment, in: *Campbell, B. A./Trilling, R. J.* (Hrsg.), 3–21.

Rainer-Olaf Schultze

Realistische Schule, einer der Hauptansätze in der Lehre der → Internationalen Beziehungen, welche in der → Macht bzw. im Kampf um → Machtverteilung den Kern, die Antriebskraft und die → Erklärung der Politik sieht.

1. Mit *Thukydides* und *Machiavelli* als Vordenker entstand als Reaktion auf die nationalsozialistische Expansionspolitik und in Absetzung von der bis dahin die internat. Beziehungen dominierenden → Idealistischen Schule der Realismus als umfassende Theorie internat. Politik (v. a. *Morgenthau* 1948). Demnach sind Staaten die einzig relevanten Akteure im internat. System. Aufgrund des anarchischen Charakters des Systems (verstanden als die Abwesenheit einer übergeordneten Zentralinstanz) muß eine am → Nationalen Interesse ausgerichtete → Außenpolitik immer Machterweiterung bzw. -erhalt zum Ziel haben. Daraus folgt, daß das Wesen internat. Politik ein anarchischer Wettbewerb ist, in dem sich keine universalen sittlichen Normen durchsetzen können. Vielmehr besteht ein Primat der Außenpolitik mit dem Ziel der Erhaltung der nat. → Souveränität.

2. Als Antwort auf Änderungen im internat. System und Kritik am Realismus entstanden in den 1970er Jahren verschiedene Varianten des → Neo-Realismus. Vorrangig ist dabei der strukturelle Neo-Realismus, der v. a. mit dem Namen *K. N. Waltz* (1979) verbunden ist. Er konstatiert eine erstaunlich große Ähnlichkeit der Verhaltensweisen von Staaten im Außenverhalten über Raum und Zeit, die angesichts der äußerst variablen Binnenstruktur der Staaten dazu führt, das internat. System als Ausgangspunkt der Theoriebildung zu wählen. Dieses System ist durch → Anarchie gekennzeichnet und zwingt die Akteure deshalb zur Selbsthilfe. Aufgrund des Fehlens einer funktionalen Differenzierung zwischen den → Nationalstaaten ist die Machtverteilung die einzig relevante Variable bei der Bestimmung des Systems. Hierauf beruhen u. a. folgende Hypothesen des strukturellen Neo-Realismus: (1) Das internat. System ist durch einen *Balance-of-power*-Prozeß gekennzeichnet, der Machtkonzentrationen verhindert. (2) Ein bipolares internat. System ist stabiler als ein multipolares. (3) Eine höhere Machtkonzentration erhöht die Wahrscheinlichkeit der Bereitstellung → Kollektiver Güter.

3. Eine andere Variante des Neo-Realismus ist die Theorie der Hegemoniezyklen, die auf der Beobachtung beruht, daß seit 1500 ca. alle 100 Jahre ein neuer Hegemon im internat. System auftritt (*Modelski* 1987). Erklärungen hierfür werden in gesellschaftl. Verkrustungen und zunehmender Konsumorientierung in den Hegemonialstaaten, aber auch in Verbindung mit den ökon. Kondratieffzyklen gesucht (→ Hegemonie). Eine weitere Variante des Neo-Realismus ist die Theorie der hegemonialen Stabilität, die als Voraussetzung von internat. Regimebildung (→ Regime) das Vorhandensein eines Hegemons ansieht (*Krasner* 1976; *Gilpin* 1987). Demnach kann sich eine liberale Weltwirtschaftsordnung nur dann durchsetzen, wenn zum einen internat. Normen und Regeln existieren, die protektionistisches Verhalten anprangern, und wenn zum anderen diese Normen und Regeln gleichzeitig von einer Hegemonialmacht mit Durchsetzungskraft versehen werden. Schließlich betont die heute vielleicht tragfähigste Variante des Neo-Realismus die Rolle des Staates als relativ autonome Einheit bei der Gestaltung des internat. Systems. Demnach kann der einzelne Staat seine eigenen Bestandsinteressen vor dem Hintergrund äußerer Zwänge und innerer Forderungen bei der Außenpolitikformulierung durchsetzen (*Krasner* 1978), und der internat. Staatengemeinschaft gelingt es immer wieder, sich gegenüber transnationalen Konkurrenten zu behaupten (*Thomson* 1994).

Lit.: *Gilpin, R.* 1987: The Political Economy of International Relations, Princeton. *Krasner, S. D. 1976:* State Power and the Structure of International Trade, in: WP 28, 317–347. *Krasner, S. D.* 1978: Defending the National Interest, Princeton. *Modelski, G.* 1987: Long Cycles in World Politics, Basingstoke u. a. *Morgenthau, H. J.* ⁵1973: Politics among Nations, NY. *Thomson, J. E.* 1994: Mercenaries, Pirates and Sovereigns, Princeton. *Waltz, K. N.* 1979: Theory of International Politics, NY.

Michael Zürn

Realpolitik, die pragmatische Gestaltung von Politik im Ggs. zu deren idealistischer Auffassung.

A. L. von Rochau prägte den Begriff der R. als Gegenposition zum ideologiegeleiteten Ansatz des dt. → Liberalismus in den Ereignissen von 1848/49. Die damit verbundene Aufforderung zur Ausrichtung von Politik an der Wirklichkeit führte zur Übertragung des Konzepts auf die Politik *Bismarcks* als «Politik des Möglichen». Für die Politikwiss. essentiell ist die Tatsache, daß im Begriff der R. der Ausgangspunkt für die (neo)realistische Schule der Lehre von den → Internationalen Beziehungen zu sehen ist. Der maßgeblich von *H. J. Morgenthau* formulierte, stark normativ orientierte Ansatz geht aus vom Primat der → Macht in der Politik, der als objektive Größe verstanden wird. Unter dieser Prämisse kam es in den 1950er Jahren zur Propagierung des staatszentrierten → Paradigmas in den internat. Beziehungen.

→ Außenpolitik; Staatstheorie.
Lit.: *Albrecht, U./Hummel, H.* 1990: «Macht», in: *Rittberger, V.* (Hrsg.): Theorien der Internationalen Beziehungen, Opl., 90–109. *Morgenthau, H. J.* ⁵1973: Politics among Nations, NY (zuerst 1948). *Rochau, A. L. von*, 1972: Grundsätze der Realpolitik, angewendet auf die staatlichen Zustände Deutschlands, Stg. (zuerst 1853).

Ulrike Rausch

Realtypus, eine gedankliche Konstruktion niedrigen Abstraktionsgrades, die im Ggs. zum → Idealtypus einen hohen Grad an Übereinstimmung zum analysierten Gegenstand oder Geschehen aufweist.

Der R. repräsentiert mehr oder weniger die Wirklichkeit, entspricht ggf. einem in der Wirklichkeit vorkommenden Muster von Merkmalsausprägungen (Variablen, Interaktionen). Insbes. die empirische Forschung, die zu prognostischen Aussagen gelangen will, ist auf R. und deren Isomorphie mit der Wirklichkeit angewiesen.

→ Typus.
Lit.: → Typus.

Dieter Nohlen

Recall (engl. für Abberufung), institutionelle Verfahrensregelung, die in Konzepten der → Direkten Demokratie, insbes. der Rätedemokratie, vorgesehen ist. Danach ist die Abwahl gewählter Repräsentanten aus Delegierten-Körperschaften (→ Räten) durch ihre (Ur-)Wähler jederzeit möglich.

R. soll die → Identität zwischen Wählern und Gewählten, Basis und Räten gewährleisten. Ähnliche institutionelle Regelungen sind das imperative Mandat und die Ämterrotation (→ Mandat). *R.* ist Bestandteil von nur wenigen demokratischen Verfassungen, z. B. in einigen Kantonen der Schweiz, aber auch in repräsentativdemokratischen Systemen wie manchen Einzelstaaten und Kommunen in den USA.
In der → Demoskopie bezeichnet *r.* das Verfahren, die in Umfragen erhobenen Rohdaten durch Gewichtung mit Hilfe von Kontroll- und → Rückerinnerungsfragen zu überprüfen.

→ Basisdemokratie; Identitäre Demokratie.

Tanja Zinterer

Recht und Politik. Für das moderne Rechtsdenken ist es selbstverständlich, daß R. u. P. in Wechselwirkung zueinander stehen und voneinander abhängig sind. Zwischen beiden besteht ein beständiger Konflikt oder doch ein Spannungsverhältnis, das zumal im demokratisch verfaßten → Staat den Ausgleich verlangt. Die Politik erzeugt das Recht, und sie ist ihrerseits dem Recht unterworfen.

1. Das ist eine moderne Betrachtungsweise. Die geschichtl. Entwicklung war anders. In der urspr., v. a. der christlich geprägten Vorstellung ist Recht die gottgegebene, jedenfalls vorgegebene Ordnung. Im göttlichen Schöpfungsplan ist schon die fertige Ordnung enthalten, und es kommt lediglich darauf an, sie innerhalb der staatl. Gemeinschaft, also mit den Mitteln der Politik, durchzusetzen. Noch heute wird solches «Naturrecht» anerkannt, also – wie es das Bundesverfassungsgericht in einer seiner ersten Entscheidungen formuliert hat – «die jedem geschriebenen Recht vorausliegenden überpositiven Rechtsgrundsätze» (BVerfGE 1, 14 [61]). Einen positiv-rechtlichen Ausdruck findet dies u. a. in der dt. Verfassung, in Artikel 1 Abs. 2 des Grundgesetzes, nach dem sich das dt. Volk «zu unverletzlichen und unveräußerlichen → Menschenrechten als Grundlage jeder menschlichen Gemeinschaft» «bekennt», sie also als vorgegeben und unabänderlich anerkennt.
Es handelt sich bei solchen vorgegebenen → Normen des Rechts um die fundamentalen Voraussetzungen menschenwürdiger Existenz, nicht aber um die in moderner Zeit immer dichter gewordenen Regelungen des Staat-Bürger-Verhältnisses oder der Rechtsbeziehungen der Menschen zueinander. Auch im Zeitalter des → Absolutismus hinderte die Bindung an vorgegebenes, sogar als von Gott verordnet verstandenes Recht die Herrscher nicht, die Elemente dieser Ordnung zu interpretieren, zumal wenn sie sich als «von Gottes Gnaden» eingesetzt empfanden. Unterhalb der fundamentalen Ordnungsprinzipien war es die zunächst nahezu unbeschränkte Willkür der in dem absolutistischen Herrscher konzentrierten Politik, die ohne rechtliche Kontrolle entw. mit unmittelbarer Gewalt oder mittels Rechtsnormen, die eine andere Form solcher Gewaltausübung darstellten, ihren Willen durchsetzte. Noch in jüngster Zeit sprach sich polit. Machtwille von der Bindung an das Recht frei. So wurde durch Reichstagsbeschluß im Jahre 1942 der «Führer» *Adolf Hitler* förmlich ermächtigt, die Deutschen zur Pflichterfüllung anzuhalten, «ohne an bestehende Rechtsvorschriften gebunden zu sein» (RGBl. I: 247; 26. 4. 1942).
Damit hängt jede Erörterung des Verhältnisses von R. u. P. zunächst von der Klärung der realen Machtverhältnisse im Staat ab. Nur wenn der Ausübung staatl. Herrschaft Schranken gesetzt sind, die sich auch in der Wirklichkeit durchsetzen können, kann der Konflikt zwischen R. u. P. entstehen, während sonst das Recht der Politik dienend untergeordnet ist und damit von ihrem Willen abhängt. Die Ordnung, die der Politik rechtliche Schranken setzt, kann als vorgegeben, durch lange Tradition oder durch die Anerkennung von beständiger Gerichtspraxis begründet sein. So sind auch Staaten, die – wie v. a. GB – keine geschriebene Verfassung kennen, keineswegs ohne rechtliche Bindungen, wenn dort auch dem durch den Volkswillen legitimierten Parlament weitgehend die letzte Entscheidung zuerkannt wird. Außerhalb des christlich geprägten Bereiches entstehen wieder Staaten, die sich an vorgegebenen, auf göttliche Entscheidung gegründeten fundamentalen Ordnungsvorstellungen orientieren und insoweit dem mittelalterlichen christlichen Staat ähneln.

2. Die in den rechtsstaatl. Demokratien häufigste Form der Beschränkung staatl. Herrschaft ist die Verfassung, deren Einhaltung rechtlicher Kontrolle entw. durch die allg. Gerichte oder durch bes. Verfassungsgerichte gesichert wird. Da es die Aufgabe einer modernen Verfassung ist, nicht nur die Instrumente zu bestimmen, mit deren Hilfe sich der Staatswille bildet, sondern auch in größerem oder geringerem Umfange polit. Zielvorstellungen und Wertentscheidungen vorab festzulegen sowie die Bereiche zu bestimmen, in denen der Staat die Freiheitssphäre des Bürgers zu respektieren hat, also in die er nicht oder nur unter bestimmten Voraussetzungen eindringen darf, werden Politikentscheidungen vorweggenommen und damit der Politik entzogen. Der Streit über die im Einzelfall oft schwierig zu bestimmende Grenze zwischen dem (verfas-

sungs-)rechtlich Festgelegten und dem der freien Politikgestaltung überlassenen Bereich bestimmt das Spannungsverhältnis zwischen Recht und Politik.

In der tagespolit. Diskussion wird sowohl eine «Politisierung der Justiz» wie eine «Juridifizierung der Politik» behauptet oder doch befürchtet. Damit ist gemeint, daß die polit. Gewalten unzulässigen Einfluß auf die Rechtsprechung ausübten – etwa bei der Besetzung hoher Richterposten – oder daß umgekehrt die Gerichte gesetzgeberische oder andere polit. Entscheidungen durch Richterspruch zu korrigieren versuchten. Während die Unabhängigkeit der Gerichte durch das Grundgesetz gewährleistet ist (Artikel 97), sichert das Prinzip der → Gewaltenteilung, das auch für das Verhältnis der rechtsprechenden zur gesetzgeberischen und zur vollziehenden Gewalt gilt, die polit. Organe vor unzulässigen Eingriffen durch die Gerichte. Jedoch ist v. a. das Verfassungsrecht, aber auch grundsätzlich jedes andere Rechtsgebiet polit. Recht in dem Sinne, daß von einer Auslegung und Anwendung bedeutsame Auswirkungen auf den polit. Prozeß entstehen können.

Dennoch ist es möglich, die Grenzen zwischen Politik und Recht so zu beachten, daß ernsthafte Konflikte vermieden werden können. Das Bundesverfassungsgericht hat das dem amerikan. Rechtsdenken entnommene Prinzip des *judicial self-restraint* dahin ausgelegt, daß es dem Gericht den Verzicht darauf auferlege, «Politik zu betreiben». Dies heißt – auch im umgekehrten Verhältnis der Politik zu den Organen der Rechtspflege –, daß beide Seiten ihre ihnen von der Verfassung eingeräumten Zuständigkeiten wahrnehmen, aber deren Grenzen beachten.

R. u. P. sind nicht identisch, sondern unterscheiden sich voneinander. Recht ist, wie *G. Leibholz* (1974: 379) festgestellt hat, statisch und rational, Politik dagegen dynamisch und irrational. Hieraus ergibt sich v. a. dann ein Konflikt, wenn das bestehende Recht als unbefriedigend oder ungerecht empfunden wird. Wird es zu häufig oder zu drastisch geändert, so vermindert sich seine Funktion, Lebenssachverhalte und soziale Konflikte auf friedlichem Wege zu ordnen. Dies setzt ein Mindestmaß an Beständigkeit und Berechenbarkeit voraus, die bei ständigen Rechtsänderungen gefährdet wird.

Andererseits muß das Recht immer neu den sich ändernden Verhältnissen und gewandelten Auffassungen angepaßt werden, die sich auch in veränderten polit. Mehrheiten ausdrücken. Das Recht soll, wie die Politik, die in der Gesellschaft bestehenden Interessen und Spannungen ausgleichen und der → Gerechtigkeit dienen. Ziel des polit. Ringens ist es, die Auffassungen der Mehrheit verbindlich zu machen, indem sie in Rechtsnormen umgesetzt werden. Insoweit stellt Recht keinen Ggs. zur Politik dar, sondern es ist das Gleiche in einem anderen Aggregatzustand: Recht ist «geronnene Politik» (*Grimm* 1969: 502). Am Ende jedes polit. Prozesses steht die Notwendigkeit einer abschließenden Antwort. Sie soll Klarheit über die künftige Entwicklung geben, dem Bürger die getroffene Entscheidung deutlich zu machen und auch den polit. Prozeß entlasten, damit dieser sich anderen Fragen zuwenden kann.

Jedoch gibt das so gefundene Recht stets nur eine vorläufige Antwort. Sie kann wiederum durch veränderte Verhältnisse oder Auffassungen in Frage gestellt werden. Der parlamentarisch-polit. Prozeß betrifft fast stets die Frage, ob und in welcher Weise geltendes Recht geändert oder aufgehoben werden soll. Recht ist daher Hauptgegenstand und Ergebnis von Politik. Umgekehrt unterliegt die Politik dem jeweils geltenden Recht. Sie ist schon an die einfachen Gesetze gebunden, solange sie nicht geändert worden sind. Dies gilt in erhöhtem Maße für die in der Verfassung enthaltenen Rechtsnormen, die wiederum das Ergebnis des in der Verfassunggebung ablaufenden polit. Prozesses sind. Das Verfassungsrecht zieht der Politik Grenzen und unterwirft sie der Herrschaft des Rechts. Sie legt das Verfahren fest, in dem polit. Entscheidungen in Recht umgesetzt werden, und trifft inhaltliche Leitentscheidungen.

Von ganz wesentlicher Bedeutung für die Qualität einer Verfassung ist es, daß sie einerseits in ihren Aussagen auch für die Politik verbindlich ist, andererseits aber dieser genügend Raum für einen nicht zu starr eingeengten Raum freier polit. Gestaltung nach den Prinzipien der Demokratie läßt, also in diesem Sinne eine offene Verfassung ist. Dies ist im dt. Grundgesetz in hervorragendem Maße gelungen.

Ein bes. Ausdruck für das Verhältnis von Politik und Recht ist die → Verfassungsgerichtsbarkeit, wie sie in D und in vielen anderen Staaten besteht. Die verfassungsgerichtlichen Entscheidungen haben oft erhebliche polit. Auswirkungen. Sie stellen aber selbst nicht Politik dar. Das Verfassungsgericht entscheidet nicht darüber, ob eine Regelung zweckmäßig und gerecht ist, also eine zutreffende polit. Antwort auf die Sachfrage gibt, sondern es prüft lediglich, ob sich die jeweilige polit. Entscheidung innerhalb des Rahmens der verfassungsmäßig festgelegten Rechtsordnung hält. Gelingt dies, indem das Verfassungsrecht durchgesetzt wird, aber der polit. Prozeß den ihm gebührenden Gestaltungsraum behält, so entsteht zwischen R. u. P. kein Konflikt, sondern beide werden miteinander versöhnt.

→ Emanzipation; Institutionen/Institutionentheoretische Ansätze; Rechtsstaat; Staatslehre.

Lit.: *Benda, E.* 1977: Das Bundesverfassungsgericht im Spannungsfeld von Politik und Recht, in: ZRP, 1–5. *Dichgans, H.* 1974: Recht und Politik in der Rechtsprechung des Bundesverfassungsgerichts, in: *Leibholz, G.* (Hrsg.): Menschenwürde und freiheitliche Rechtsordnung, Fs. für Willi Geiger zum 65. Geburtstag, Tüb., 945–962. *Geiger, W.* 1985: Das Bundesverfassungsgericht im Spannungsfeld zwischen Recht und Politik, in: Europäische Grundrechte-Zeitschrift, 401–407. *Grimm, D.* 1969: Recht und Politik, in: Juristische Schulung, 501–510. *Leibholz, G.* 1974: Das Bundesverfassungsgericht im Schnittpunkt von Politik und Recht, in: Deutsches Verwaltungsblatt, 369–379. *Mengel, H.-J.* 1989: Recht und Politik. Zur Theorie eines Spannungsverhältnisses im demokratischen Staat, in: APuZ B 13–14, 30–38. *Pardon, F.* 1983: Politik und Recht, in: *Achterberg, N.* (Hrsg.): Recht und Staat im sozialen Wandel, Fs. für H. U. Scupin zum 80. Geburtstag, Bln., 71–84. *Ryffel, H.* 1974: Rechtssoziologie, Neuwied/Bln., 131–145. *Scheuner, U.* 1962: Das Wesen des Staates und der Begriff des Politischen in der neueren Staatslehre, in: *Hesse, K.* (Hrsg.): Staatsverfassung und Kirchenordnung, Tüb., 225–260.

Ernst Benda

Rechts und Links, polit.-ideologische Richtungsbegriffe, die urspr. die Sitzordnung in den Ständeversammlungen, später in den → Parlamenten widerspiegelten, wobei vom Monarchen bzw. Parlamentspräsidenten rechts die höheren Stände, später die regierungsfreundlichen, den *Status quo* bewahrenden bzw. konservativen Kräfte, links die niederen Stände, später die oppositionellen, auf Veränderung zielenden, fortschrittlichen Kräfte, in der Mitte die Gemäßigten saßen bzw. sitzen.

1. Seit der → Fundamentaldemokratisierung polit. → Herrschaft verorten sich die polit.-ideologischen Familien in der europ. → Parteiensystem-/Parlamentstopographie von links nach rechts etwa wie folgt: (1) extreme, anarchistische Linke, (2) kommunistische, sozialistische Parteien, (3) sozialdemokratische Parteien, (4) links-/sozial-liberale Parteien, (5) christliche (Volks-)Parteien, (6) rechts-/neo-liberale Parteien, (7) konservative Parteien, (8) populistische Rechte; (9) extreme, totalitäre Rechte. Die seit den 1970er Jahren hinzugekommenen ökolog. Parteien gehören i. d. R. zum Spektrum der polit. Linken.

2. Die Etiketten sind zwar eingängig; ihre Aussagekraft ist indes gering, vielfach auch irreführend: (a) Sie sind nur eindimensional, die polit.-ideologische Ausrichtung der Parteien hingegen ist mehrdimensional und komplex. So steht in den industriellen Demokratien und → Wohlfahrtsstaaten bezogen auf den Sozialkonflikt zwischen Kapital und Arbeit die Linke i. d. R. für → Staatsinterventionismus, wohlfahrtsstaatl. Umverteilung und die Egalisierung der Lebensverhältnisse, die Rechte setzt i. d. R. auf den → Markt und möglichst geringe staatl. Eingriffe in die Wirtschaft. Bezogen auf Recht und Ordnung sind die Positionen auf der Rechten wie auf der Linken dagegen uneinheit-

lich, sind z. B. in D die neo-liberale Rechte wie die ökolog. Linke gegen den starken Staat, tritt die konservative Rechte vehement für dessen Auf- bzw. Ausbau ein, ist die Haltung der Sozialdemokratie widersprüchlich. (b) Analog zur meist mehrdimensionalen Konfliktstruktur moderner Gesellschaften (→ *Cleavage*) ist auch die Mitglieder- und Wählerbasis der Parteien keinesfalls mehr sozial homogen, sondern vielschichtig. Nicht von ungefähr haben sich die → Klassen-, Interessen-, → Massenintegrationsparteien zu → Volksparteien (*catch-all-parties*, seit 1945) und Kartellparteien (seit ca. 1970) gewandelt (vgl. *von Beyme* 2000). (c) Bereits zu Zeiten der industriegesellschaftl. Moderne strittig, ist mit dem zugrundeliegenden Fortschrittsbegriff auch die von ihm abgeleitete Gleichsetzung von progressiv, von sozialem Wandel und Entwicklung mit links, von rückschrittlich, bewahrend und *Status quo* mit rechts höchst fragwürdig, wenn nicht gar hinfällig geworden.

→ Links-Rechts-Skala; Mitte; Partei.

Lit.: *Beyme, K. von* 2000: Parteien im Wandel, Wsb. *Bobbio, N.* 1994: Rechts und Links, Bln. → Partei; Parteiensystem.

Rainer-Olaf Schultze

Rechts-Links-Skala → Links-Rechts-Skala

Rechtsextremismus → Extremismus

Rechtspopulismus, polit. Strömung in wohlhabenden europ. Ländern, deren Führer sich als Anwälte unterdrückter Interessen nicht von Minderheiten, sondern der «schweigenden Mehrheit» begreifen. Ihr bieten sie das Versprechen, die Verkrustungen des polit. Tagesgeschäftes aufzubrechen, die Alltagsthemen, Sorgen und Nöte der «schweigenden Mehrheit» zu artikulieren und die Koordinatensysteme des polit. Diskurses wieder zurechtzurükken, die aus der Sicht der nat. Erneuerer durch Moden «polit. Korrektheit» (→ *Political Correctness*) bzw. durch Wirklichkeitsverdrängung auf Kosten des eigenen Volkes aus dem Lot geraten sind.

1. Der Begriff des R. ist plakativ-polemisch, ohne viel Substanz. Es fällt den → Sozialwissenschaften konzeptionell schwer, demokratische Regierungsformen, zumal solche, die sich – und das ist die große Mehrheit – als repräsentative Demokratien verstehen, mit Erscheinungsformen des → Populismus zu versöhnen. Der historische Populismus war dort, wo er als Regierungsform erfolgreich wurde, extrem institutionenfeindlich. Der europ. R. lehnt hingegen die bestehenden Institutionen eines Landes nicht ab. Hier unterscheidet er sich deutlich vom → Rechtsextremismus, der demokratische Verfahren und Institutionen in Zweifel sieht, ja sie zur Wurzel allen Übels erklärt. Die Thesen des R. bleiben aber schillernd, weil sie ihre Legitimation z. T. auch aus dem Mißtrauen gegenüber Institutionen beziehen.
Hier greift der R. ein weitverbreitetes Unbehagen gegenüber staatl. Schlüsselinstitutionen auf. *R. Inglehart* (1998: 410) bemerkte dazu: «Das schwindende Vertrauen in die Regierung scheint ein Teilbereich eines breiter angelegten Abbröckelns des Respekts vor Autoritäten zu sein, der mit den Prozessen der Modernisierung und Postmodernisierung verbunden ist. Schneller Wandel führt zu starker Unsicherheit und führt zu einem autoritären Reflex, der zu fundamentalistischen und fremdenfeindlichen Reaktionen oder zur Verehrung starker Führer verleitet.» Der R. bietet scheinbare Sicherheiten, bietet Orientierung nicht zuletzt auch, weil er als Bewegung auftritt, die die Lösungen von Problemen «personalisiert». Rechtspopulisten beanspruchen für sich, alleine dem Volk «authentisch» «aufs Maul schauen zu können», wobei das Volk dann nicht selten mit dem «anständigen Bürger» gleichgesetzt wird.
Dieses «Interpretationsmonopol» des Volkswillens erlaubt es dem rechtspopulistischen Parteiführer, sich thematisch rasch an Stimmungen anzupassen. Der Populismus kann nur von der Spitze der «Stimmungsdemokratie» führen, er hat keine gefestigte detail-

lierte programmatische Substanz. Dies schließt nicht die Existenz von Parteiprogrammen aus. Sie stehen aber bei einer von der Parteiführung als erforderlich angesehenen Umorientierung zum Einfangen des letzten Stimmenumschwungs jederzeit zur Disposition. Die Illusion des Interpretationsmonopols des Volkswillens erlaubt den Rechtspopulisten nicht nur taktische Flexibilität, sie erweitert auch Handlungsspielräume bzw. erschwert es, populistische Positionen im polit. Meinungskampf zu verorten.

2. In einigen Politikfeldern legt sich aber auch der R. zumindest in der Tendenz fest, nämlich in solchen, die seine Volksnähe, seine grundsätzliche Bezogenheit auf den Erhalt der Substanz nat. Interessen demonstrieren sollen. Einige dieser Inhalte, die die Rechtspopulisten glauben nach ihrer Innenschau auf die Tagesordnung der Politik setzen zu müssen, sind durchaus besorgniserregend.

In der Schweiz und in Österreich hatten die Rechtspopulisten Probleme damit, sich von beschönigenden Äußerungen im Hinblick auf die Zeit des → Nationalsozialismus zu distanzieren. Der Kontext der Äußerungen und die konkreten Anlässe waren keineswegs ähnlich. In Österreich spielte beispielsweise eine Rolle, daß *J. Haider* auch eine Klientel vertritt, die für solche Äußerungen dankbar ist, in der Schweiz meinte *Ch. Blocher* sich wohl im Einklang mit Volkes Stimme auf dem Höhepunkt der Debatte über das Nazigold und die herrenlosen Vermögen von Holocaust-Opfern.

Auch ohne solche historischen Entgleisungen scheint für den R. der Einsatz für die «wahren Interessen» des eigenen Volkes nicht ohne die dezidierte Grenzziehung zu den «Anderen», den Fremden, den Ausländern, möglich. So fordert beispielsweise der Parteiführer der norwegischen Fortschrittspartei, *C. I. Hagen*, eine «homogene Bevölkerung», die nicht durch sprachlichen oder religiösen → Pluralismus verfällt. Zuwanderungskontrolle, Ablehnung des → Multikulturalismus nicht als Themen die polit. kontrovers zu diskutieren sind, wie dies konservative Parteien in Europa durchaus tun, sondern als Abwehrreflex einer bedrohten nat. Gemeinschaft beherrschen die Rhetorik des Rechtspopulismus. Das Urteil steht vor dem Argument, denn über Bedrohungen läßt sich nicht diskutieren. Bedrohungen sind abzuwehren.

Eine weitere dieser Bedrohungen scheinen aus der Perspektive des R. Europa bzw. Fortschritte der europ. Integration zu sein. Nur in Ländern wie der Schweiz oder Norwegen lassen sich mit einer Fundamentalopposition zur → EU polit. Punkte machen, ohne gleichzeitig in großem Stile und mit negativen innenpolit. Konsequenzen außenpolit. Porzellan zu zerschlagen. Der R. innerhalb der EU mutiert trotz aller Anti-EU-Rhetorik zum zahmeren Euroskeptizismus.

Mit diesen wenigen Hinweisen auf die gemeinsame Programmatik des europ. R. ist allerdings das entspr. Tableau bereits erschöpft. Zu wenig für eine gemeinsame polit. Stoßrichtung. Zudem geht es den Rechtspopulisten dort, wo sie sich im Bezug auf polit. Inhalte über Grenzen hinweg einig sind, immer nur um die Abwehr gegenüber Zumutungen an den *Status Quo*, die von außen kommen. Mehr als Inhalte ist den Rechtspopulisten in Europa das polemisch-provozierende Aufgreifen von Themen gemeinsam, für das sie ohne Umstand Patentlösungen produzieren. Dies erklärt aber gerade, weshalb der R. eher ein nat. als ein europ. Phänomen ist. Seine Mobilisierungskraft und Popularität schöpft er aus den Spezifika des Unwillens vor Ort, der zeit- und kontextgebunden ist. Nicht jedes Land hat zur gleichen Zeit die gleichen Probleme. Der Populismus kann nur einen Diskurs erfolgreich auswerten. Rechtspopulisten sind um so erfolgreicher, je mehr sie sich auf nat. Unzufriedenheit spezifisch und ganzheitlich einlassen. Ein internationalistischer Populismus ist eine *contradictio in adjecto*.

3. Die soziale Basis des R. ist relativ wenig schichtenspezifisch. Für sie viel entscheidender als das objektive Element sozialer Zugehörigkeit ist das subjektive des Umgangs mit → Sozialem Wandel. Die Soziologen *P. L. Berger* und *T. Luckmann* (1995: 66f.) haben darauf hingewiesen, daß es zwei extrem entgegengesetzte und einseitige Reaktionen auf die sich immer rascher beschleunigende → Modernisierung unserer Gesellschaften

gibt. «Man könnte sagen», so haben sie argumentiert, «wo die einen versuchen, die Lücken im Schutzzaun verzweifelt wieder zu schließen», versuchen «die anderen auch noch die restlichen Latten niederzureißen». Rechtspopulisten versuchen in polemischer und polit.-strategischer Absicht den Eindruck zu erwecken, als seien alle anderen Parteien die willigen Vollstrecker von Prozessen der Modernisierung und → Globalisierung, also v. a. damit beschäftigt, noch rascher, als dies bisher geschah, aus dem Schutzzaun um unsere Gemeinwesen (also z. B. aus unseren nat. Traditionen, Kulturen, Institutionen) Kleinholz zu machen. Sich selbst stilisieren die Rechtspopulisten als die wahren Hüter der Gesellschaft, als die Meisterarchitekten der Schutzzäune. Ja, sie suggerieren allen, die Angst vor Veränderungen haben, daß die Antwort auf alle Zukunftsfragen nur in einer Schutzzaunpolitik liegen könne. Fremde, die EU oder Minderheiten, die Rechte einfordern, sind aus dieser Sicht immer nur eine Bedrohung und nie eine Chance für eine Gesellschaft.

Lit.: *Berger, P. L./Luckmann, T.* 1995: Modernität, Pluralismus und Sinnkrise, Gütersloh. *Betz, H.-G./Immerfall, S.* (Hrsg.) 1998: The New Politics of the Right, NY/L. *Dekker, F.* 2000: Parteien unter Druck. Der neue Rechtspopulismus in den westlichen Demokratien, Opl. *Fach, W.* 1996: Volkes Stimmen. Populismus im Ländervergleich, in: Blätter 10, 1263–1269. *Heitmeyer, W.* 2000: Schattenseiten der Globalisierung, Ffm. *Inglehart, R.* 1998: Modernisierung und Postmodernisierung, Ffm./NY.

Roland Sturm

Rechtspositivismus → Positivismus

Rechtsprechende Gewalt, die neben der gesetzgebenden und vollziehenden Gewalt stehende, ausschließlich den Richtern anvertraute Staatsfunktion (→ Staat); sie zielt v. a. auf die Kontrolle der vollziehenden Gewalt ab und stellt so sicher, daß das von den Parlamenten gesetzte Recht verwirklicht wird.

1. Abgesehen von der → Verfassungsgerichtsbarkeit und den bes. Gerichtsbarkeiten für den gewerblichen Rechtsschutz (Bundespatentgericht in München) sowie für Soldaten, Richter und Beamte des Bundes (Bundesdisziplinargericht in Ffm.) sind in D fünf selbständige Gerichtszweige zu unterscheiden: die ordentliche Gerichtsbarkeit für die Zivil- und Strafrechtspflege sowie die Verwaltungs-, Finanz-, Arbeits- und Sozialgerichtsbarkeit. Für diese fünf Bereiche hat der Bund gemäß Art. 95 GG oberste Gerichtshöfe errichtet: den Bundesgerichtshof in Karlsruhe (1950), das Bundesverwaltungsgericht in Berlin (1953), den Bundesfinanzhof in München (1950) sowie das Bundesarbeits- und Bundessozialgericht in Kassel (beide 1954). Im Rahmen der Neuverteilung der obersten Bundesbehörden und -gerichte nach der Wiedervereinigung wird das Bundesverwaltungsgericht bis spätestens 2003 nach Leipzig, dem Sitz des früheren Reichsgerichts, umziehen. Das Bundesarbeitsgericht ist bereits nach Erfurt übergesiedelt. Jeder der fünf Gerichtszweige ist in mehrere Ebenen oder Instanzen gegliedert: die ordentlichen Gerichte in vier (Amtsgericht, Landgericht, Oberlandesgericht, Bundesgerichtshof), die Verwaltungs-, Arbeits- und Sozialgerichte in drei und die Finanzgerichte in zwei. Die Spruchkörper der Gerichte bestehen entw. aus Einzelrichtern oder Richterkollegien (Kammern, Senate). In den Kollegialgerichten sind häufig neben Berufsrichtern gleichberechtigt ehrenamtl. Richter tätig, v. a. die Laienrichter in der Strafgerichtsbarkeit (Schöffen): Durch sie soll das Staatsvolk in repräsentativer Auswahl an der Rechtsprechung mitwirken. In der Verwaltungs- und künftig auch in der Zivilgerichtsbarkeit wird auf der erstinstanzlichen Ebene das Kollegialprinzip zunehmend zugunsten einer erweiterten Zuständigkeit der Einzelrichter aufgegeben, um die Gerichte personell zu entlasten. Nach der 2002 in Kraft tretenden Zivilprozeßreform wird auch beim Landgericht die Zuständigkeit des Einzelrichters der Regelfall werden.

2. Unter den acht Bundesgerichten hat das (aus zwei Senaten zu je acht Richtern bestehende) Bundesverfassungsgericht als «Hüter der Verfassung» bes. Bedeutung: Es ist nicht

nur Gericht, sondern zugleich auch Verfassungsorgan; es besitzt umfassende Zuständigkeiten; seine Entscheidungen binden alle übrigen Verfassungsorgane des Bundes und der Länder sowie alle Gerichte und Behörden (§§ 1, 13, 31 Bundesverfassungsgerichtsgesetz). Umstritten ist die der öff. Kontrolle entzogene Wahl der sechzehn Richter des Gerichts; sie werden mit Zweidrittelmehrheit je zur Hälfte von Bundesrat und Bundestag (Wahlmännerausschuß) für eine höchstens zwölfjährige Amtszeit bestellt; Wiederwahl ist ausgeschlossen. Erörtert werden ferner Maßnahmen gegen die Überlastung des Gerichts; im Jahre 2000 wurden 4831 neue Verfahren anhängig, davon 4705 Verfassungsbeschwerden.

→ Gewaltenteilung.

Lit.: *Böckenförde, E.-W.* 1996: Die Überlastung des BVerfG, in: ZRP, 281–284. *Däubler-Gmelin, H.* 2000: Reform des Zivilprozesses, in: ZRP, 33–38. *Kirchhof, P.* 1996: Die Aufgaben des Bundesverfassungsgerichts in Zeiten des Umbruchs, in: NJW, 1497–1505. *Pieper, S. U.* 1998: Verfassungsrichterwahlen, Bln. *Schulte, M.* 1996: Zur Lage und Entwicklung der Verfassungsgerichtsbarkeit, in: Deutsches Verwaltungsblatt, 1009–1020.

Friedrich G. Schwegmann

Rechtsstaat, ein Begriff, der sich einer einfachen und formelhaften Umschreibung entzieht. Sein Ziel ist die Rechtsgebundenheit des → Staates. Da auf die Frage nach dem Verhältnis von → Recht und Politik stets nur eine zeitgebundene, nicht aber eine abschließende Antwort gegeben werden kann, bleibt der Rechtsstaatsbegriff für die jeweiligen gesellschaftspolit. Verhältnisse und Auffassungen offen. Die übliche Übersetzung des R. als *rule of law* benennt die Zielsetzung, erfaßt aber nicht die hierfür wesentlichen Begriffselemente.

Der heutige Rechtsstaatsbegriff kam erst im Frühliberalismus des 19. Jh. auf (*Welcker, von Mohl*). Das aufstrebende Bürgertum setzte ihn dem absolutistischen Polizeistaat entgegen (→ Liberalismus).

1. Zentraler Staatszweck des absolutistischen Staates war die Sorge für das Wohl der Untertanen. Sie umfaßte nicht nur den Schutz der öff. Sicherheit und Ordnung, sondern auch das körperliche und geistige Wohl des einzelnen. So wurde der einzelne zum Objekt staatl. Handelns, das seinem Wohle dienen sollte, aber hierfür schrankenlose Eingriffe erlaubte. Der liberale R. setzte gegen diesen Zwangswohlfahrtsstaat das Selbstbestimmungsrecht des Individuums: Der Mensch soll nicht dem von Gott eingesetzten Souverän nach Gutdünken unterworfen sein, sondern einer nicht willkürlichen natürlichen Gesetzlichkeit. Der Bürger beansprucht Autonomie, d. h. die Befreiung von staatl. Bevormundung; er will auch Freiräume für priv. Selbstverwirklichung haben. Ihm kommen von Natur aus → Grundrechte zu, mit denen er staatl. Eingriffe abwehren kann. Grundrechte sind die im polit. Kampf errungenen Freiheitsrechte. Wichtigste Grundrechte sind die Freiheit der Person, die Glaubens- und Bekenntnisfreiheit, Meinungsfreiheit, Vereins- und Versammlungsfreiheit sowie die Garantie des Privateigentums.

Mittel zur Sicherung der → Freiheit ist die Trennung und Balance der Gewalten (*Locke, Montesquieu;* → Gewaltenteilung), v. a. aber das allg. und auch den Staat bindende Gesetz. «Frei ist der Mensch erst, wenn er nicht mehr Menschen, sondern nur noch Gesetzen gehorchen muß» (*Cusanus*). Der Inhalt der Gesetze soll sich aus den Prinzipien der vernunftrechtlichen → Staatstheorie ergeben, die (ohne den Begriff zu verwenden) wesentliche Rechtsstaatselemente entwickelte, wie das Verständnis des Staates als «Vereinigung von Menschen unter Rechtsgesetzen» (*Kant*).

Ideengeschichtl. Ausgangspunkt des R. ist, auf dem Boden vernunftrechtlicher Staatstheorie, der Autonomieanspruch des Individuums, das nicht mehr Untertan, sondern Bürger sein will. Die Staatszwecke werden auf den öff. Bereich beschränkt; das Wohlergehen des einzelnen ist seine Sache, nicht die des Staates. Das Streben nach Ausdehnung der individuellen Freiheit und nach einer Limitierung der Staatszwecke entspricht den Bedürfnissen der im 19. Jh. aufkommenden arbeitsteiligen Wirtschaft und der Industrialisierung. Der R., der Ziel und Inhalt staatl. Betätigung beschreibt und begrenzt, ist in diesem urspr. Verständnis nicht nur eine besondere Staats- oder Regierungsform, sondern eine vom Absolutismus scharf abgegrenzte eigene Staatsgattung.

2. Die polit. durchgesetzten Freiheitsrechte, die auch in die Texte geschriebener → Verfassungen aufgenommen wurden, sollten nun auch für das Verhältnis zwischen Staat und Bürger im Alltag maßgeblich werden. Damit rückt die Rolle der öff. Verwaltung in den Mittelpunkt der Überlegungen: Es ist v.a. der administrative Bereich, in dem die erworbenen Freiheiten umgesetzt werden. Der Rechtsstaatsbegriff konzentriert – und verengt – sich dadurch auf die Gesetzmäßigkeit der Verwaltung. R. ist «der Staat des wohlgeordneten Verwaltungsrechts» (*Mayer*), «er bedeutet überhaupt nicht Ziel und Inhalt des Staates, sondern nur Art und Charakter, dieselben zu verwirklichen» (*Stahl*). In diesem verengten, formalen Verständnis ist der R. nicht mehr eine eigene Staatsgattung, sondern bezeichnet nur eine bes. Art, in welcher der Staat tätig wird. Der formelle Rechtsstaatsbegriff, der bis zum Ende der Weimarer Republik vorherrscht, wurzelt in dem Glauben an die Unfehlbarkeit der *volonté générale (Rousseau)*. Wenn der mehrheitliche Wille des zum Gesetzgeber gewordenen Volkes als richtig anzusehen ist, so genügt es, Form und Verfahren festzulegen, in denen dieser Wille umgesetzt wird. Unter dieser Voraussetzung ist jeder Rechtssatz unbeschadet seines Inhalts als verbindlich anzusehen. Der Konsens der Mehrheit führt zum Wertrelativismus, erhält aber die Einheit der Staatswillensbildung. Die sozial und weltanschaulich nicht mehr homogene Gesellschaft, die sich nicht mehr auf allseits für verbindlich gehaltene → Werte verständigen kann, nimmt Zuflucht zu der Verbindlichkeit des Mehrheitsentscheids ohne Rücksicht auf seine inhaltliche Richtigkeit. Damit wird der R. auf seine formalen Inhalte reduziert. Inhaltlich kann er dabei selbst totalitär werden. Die Erfahrungen der Weimarer Zeit und v.a. der nationalsozialistischen → Diktatur haben gezeigt, daß die Bindung der Staatstätigkeit an bestimmte Formen und Verfahren keine hinreichende Garantie für die Geltung und Durchsetzung des Rechts ist.

3. Das Rechtsstaatsverhältnis des dt. Grundgesetzes beschränkt sich nicht auf solche nur formalen Sicherungen, sondern enthält inhaltliche Aussagen über die Staatstätigkeit, die an oberste Rechtsgrundsätze gebunden wird. Im materialen R. wird auch der Staat selbst vom Recht beherrscht und so die Freiheit des einzelnen gesichert. Alle staatl. Gewalt ist an die Grundrechte gebunden, die auch gegenüber Entscheidungen der parlamentarischen Mehrheit durchgesetzt werden können. Grundrechte sind nicht nur eine Schranke gesetzlicher Entscheidung, sondern zugleich auch Zielbestimmungen aller Staatstätigkeit. Das materiale Grundprinzip des R. ist die Garantie der Menschenwürde, aus der sich wesentliche inhaltliche Festlegungen der Staatstätigkeit ergeben. Zu den Elementen des Rechtsstaatsprinzips in seinem heutigen materialen Verständnis gehören insbes.: die Bindung aller Staatstätigkeit an die Verfassung als die ranghöchste Norm (→ Verfassungsgerichtsbarkeit), Rechtsbindung der Gewalten in Gesetzgebung, Verwaltung und Rechtsprechung, die Trennung und Ausbalancierung der Gewalten (auch im Verhältnis des Bundes zu den Ländern; → Föderalismus), der Grundrechtsschutz als materiale Seite des R., die Garantie des effektiven Rechtsschutzes des einzelnen gegenüber jeglicher ihn betreffenden Staatstätigkeit. Zusammen mit den anderen tragenden Prinzipien der Verfassung führen diese Grundentscheidungen zu der Chance einer ausgeglichenen Ordnung zwischen dem Freiheitsanspruch des einzelnen und den Bedürfnissen der Gemeinschaft, deren Glied er ist.

Auch vom liberalen R. des 19. Jh. unterscheidet sich der heutige soziale Rechtsstaat. Die Forderung nach einer Begrenzung der Staatstätigkeit zugunsten der individuellen Freiheit beruhte auf der Vorstellung der Gleichheit freier Menschen, wie sie auch dem heutigen Verfassungsverständnis zu-

grunde liegt. Hinzugetreten ist aber die Überzeugung, daß die tatsächlichen Ungleichheiten bei der Verteilung von Lebenschancen und die gesellschaftl. Machtverhältnisse des regulierenden Staatseingriffs bedürfen, um die rechtlich allen garantierte → Gleichheit herzustellen. Freiheit kann nicht allein durch die bloße Abwesenheit von Staatseingriffen in geschützte Lebensbereiche des Bürgers bewirkt werden (*status negativus*); vielmehr ist der Staat zu sozialgestaltender Aktivität berechtigt und, soweit es um die elementaren Voraussetzungen menschenwürdiger Existenz geht, auch verpflichtet. Dies entspricht der Entwicklung zum Leistungs- und Wohlfahrtsstaat.
Die Ausweitung der Staatstätigkeit bewirkt aber auch immer erhöhte Anforderungen an seine Bürger, die durch steuerliche und andere Leistungen zunehmend belastet werden. Werden hier Grenzen des dem einzelnen Zumutbaren überschritten, so verringert sich der Freiheitsraum des Bürgers. Der überzogene → Wohlfahrtsstaat bedeutete eine Rückkehr zu dem Zustand der Unmündigkeit des einzelnen, dem entgegenzuwirken das Ringen um den R. zum Ziele hatte. Heute stellt sich daher die Aufgabe, den sozialen R. in seinen beiden Elementen zu erfüllen, also die Achtung und den Schutz der Freiheit des einzelnen mit der Sorge für das Wohl aller Bürger zum Ausgleich zu bringen. Weder ein Zwangswohlfahrtsstaat gleich welcher ideologischer Prägung noch ein dem liberalistischen Verständnis des 19. Jh. verhafteter «Nachtwächterstaat» wäre der soziale R., den das Grundgesetz heute fordert.

Lit.: *Baretta, A.* 1979: Zur Entwicklung des modernen Rechtsstaatsbegriffs, in: Liber amicorum *B. C. H. Aubin*, Straßburg, 1–14. *Benda, E.* [2]1994: Der soziale Rechtsstaat, in: *Benda, E./Maihofer, W./Vogel, H. J.*: Handbuch des Verfassungsrechts der Bundesrepublik Deutschland, Bln./NY, 719–798. *Böckenförde, E.-W.* 1969: Entstehung und Wandel des Rechtsstaatsbegriffs, in: Festschrift für *A. Arndt*, Ffm., 53–76. *Heller, H.* 1930: Rechtsstaat oder Diktatur?, Tüb. *Hesse, K.* 1962: Der Rechtsstaat im Verfassungssystem des Grundgesetzes, in: Festgabe für *R. Smend*, Tüb., 71–95. *Huber, H.* 1953: Niedergang des Rechts und Krise des Rechtsstaats, in: Demokratie und Rechtsstaat, Festgabe für *Z. Giacometti*, Zürich, 59–88. *Kägi, W.* 1953: Rechtsstaat und Demokratie, in: Demokratie und Rechtsstaat, Festgabe für *Z. Giacometti*, Zürich, 107–142. *Schambeck, H.* 1970: Vom Sinnwandel des Rechtsstaates, Bln. *Stern, K.* 1984: Das rechtsstaatliche Prinzip, in: Das Staatsrecht der Bundesrepublik Deutschland, Bd. 1, Mchn, 759–871.

Ernst Benda

Rechtswege-Staat (auch: Rechtsmittel-Staat), kritische Bezeichnung für Fehlentwicklungen im Gerichtswesen. Sie weist hin auf die wachsende Prozeßflut und -dauer, den aufwendigen, undurchschaubaren Justizapparat, die komplizierten Verfahrensregeln sowie auf eine zunehmende Dominanz der Rechtsprechung gegenüber den anderen Staatsorganen.

Da Rechtsschutzversicherungen den Zugang zu Gerichten «billig» machen und immer mehr Rechtsanwälte ihre Dienste anbieten (am 1. 1. 2001 waren es 110 367), die Gesetze durch steigende Regelungsdichte an Überzeugungskraft verlieren und in der Bev. die Konfliktbereitschaft wächst, nimmt die Zahl insbes. der Zivilverfahren stetig zu. Zugleich dauern die Prozesse oft länger, obwohl D mit etwa 21 000 Richtern (1998) weltweit die höchste Richterdichte aufweist.

→ Rechtsstaat; Verrechtlichung.

Friedrich G. Schwegmann

Redefreiheit → Freiheit; Grundrechte

Redeparlament → Arbeitsparlament

Redistributive Politik, auf *T. Lowi* zurückgehender politikwiss. Fachterminus für solche polit. Maßnahmen, bei denen (vergleichsweise genau) angegeben werden kann, welcher Bevölkerungsgruppe sie Nutzen verschafft und welche Gruppe die Kosten zu tragen hat. R.P. ist daher die zentrale Arena sozial- und wohlfahrtsstaatl. Politik.

Im Ggs. zur → Distributiven Politik wird mit einer Umverteilungspolitik eine spezifische Steuerungswirkung erzielt; sie beruht i.d.R. auf klaren polit.-ideologischen Grundsätzen und ist üblicherweise mit polit. Entscheidungs- und Durchsetzungskonflikten verbunden. Da einem → Akteur nur das gegeben werden kann, was einem anderen Akteur genommen wurde, ist Umverteilungspolitik aus systematisch-analytischer Sicht ein → Nullsummenspiel. Typisches Beispiel r.P. ist die progressive → Einkommenssteuer.

→ Policy; Politikfeldanalyse; Verteilung.
Lit.: → Distributive Politik.

Klaus Schubert

Referendum, aus dem Frz. übernommener, internat. gebräuchlichster Fachausdruck für → Volksabstimmung (Volksentscheid) über Gesetzesmaterien.

Zu unterscheiden sind: obligatorische R., die bei bestimmten Gesetzesmaterien aufgrund verfassungsrechtlicher oder gesetzlicher Vorgaben notwendig stattfinden müssen (z.B. Verfassungsänderungen), von fakultativen R., die erst als Folge eines erfolgreichen → Volksbegehrens (Volksinitiative) oder z.B. auf Initiative von Regierungen oder Parlamentsfraktionen durchgeführt werden; sodann: konsultative R. (Abstimmungen mit nur empfehlendem Charakter, Volksbefragungen) von R. mit rechtsverbindlicher Wirkung.

→ Direkte Demokratie; Plebiszitäre Demokratie.
Lit.: → Volksabstimmung.

Rainer-Olaf Schultze

Reform, bewußt und planvoll herbeigeführte Veränderung im polit. Institutionensystem (→ *Polity*) und/oder auf dem Felde der → Staatstätigkeit (→ *Policy*). Im Ggs. zur → Revolution vollzieht sich R. innerhalb des Rahmens und mit den vorgesehenen Mitteln der jeweils geltenden polit. und rechtl. Ordnung. In einem rein technischen Verständnis spielt die gesellschaftspolit. Zielrichtung der als R. bezeichneten Maßnahmen keine Rolle. In einem eher politiktheoretischen und normativen Sprachgebrauch ist der Begriff der R. hingegen für solche Veränderungen im gesellschaftl. Regel- und Institutionengefüge reserviert, die zu einer Umverteilung von → Macht in der Gesellschaft führen und erweiterte → Freiheit bzw. → Partizipation für die begünstigten gesellschaftl. Gruppen zur Folge haben.

1. In einem solchen Verständnis drückt sich in einer R. somit – sofern sie nicht von außen einer Gesellschaft auferlegt wurde – ein Kompromiß mächtigerer gesellschaftl. Kräfte (→ Klassen, Schichten, Berufsgruppen) mit und zugunsten bisher weniger einflußreicher oder privilegierter Kräfte aus. Der Weg zu diesem Kompromiß kann äußerst konfliktreich – im Einzelfall sogar gewaltsam – sein; der Kompromiß selbst führt zu jedenfalls vorläufigem Waffenstillstand im betroffenen Bereich; er ist auf Legitimierung durch Zustimmung (in der → Demokratie durch Mehrheitsentscheidung) angelegt. Die Dynamik von Reformprozessen entsteht aus gesellschaftl. Krisen bzw. Teilkrisen, die sich darin äußern, daß Regel- und Institutionengefüge aufgrund eingetretener Veränderungen funktionsunfähig und/oder von nennenswerten Gruppen nicht mehr akzeptiert werden. Eigentliche Auslöser der Krisen sind dabei i.d.R. ökon.-gesellschaftl. Wechselwirkungen, für die sich eine traditionelle Gesellschaftsverfassung als störend erweist und/oder die gesellschaftl. Teilgruppen dazu veranlassen, mit Erfolgsaussicht mehr gesellschaftl. Anerkennung bzw. mehr Beteiligung an → Macht und Gütern zu verlangen. Die polit. Strategie, die langfristig-planvoll auf R. setzt, um die Gesellschaft zu transformieren, heißt → Reformismus. Grundsätzlicher Gegner des Reformismus sind der → Kon-

servatismus und der → Kommunismus bzw. der – inzwischen fast überall gescheiterte – → Real existierende Sozialismus. Die Bemühung um Konservierung bestehender Macht- und Verteilungsstrukturen bei allenfalls technokratischen R. sind ebenso antireformerisch und antireformistisch wie die Umstülpung dieser Strukturen mit dem Effekt, daß die neuen Machthaber unablösbar werden. In der ersten Hälfte des 20. Jh.s findet sich der Typ der gewaltsam-pseudorevolutionären Massenmobilisierung zum Zweck der Gegenrevolution oder Prävention von Revolution, also zum Zweck der Erhaltung der bisherigen Machtverteilung – der → Faschismus; er existiert heute zumeist in der rudimentären Form schlichter → Diktatur (→ Totalitarismus).

2. Der grundsätzliche Kompromißcharakter von R. darf nicht zu einer Verharmlosung der mit ihnen verbundenen Konflikte und des Gewichts der durch sie bewirkten Änderungen (bzw. einer irreführenden Aufwertung angeblich «kompromißloser» revolutionärer Lösungen) führen. Die meisten gegenwärtigen Begriffsbestimmungen in D stimmen mehr oder minder darin überein, Reformprozesse seien grundsätzlich gewaltfrei, evolutionär, vollzögen sich innerhalb der Legitimationsgrundlagen der → Herrschaft und in der Moderne ausschließlich parlamentarisch. Richtig daran ist, daß die Reformkräfte in den entwickelten Demokratien, insbes. die unterschiedlichen Strömungen der → Sozialdemokratien, R. über parlamentarische Mehrheiten verwirklichen wollen. Das schließt aber Anstöße von oder Bündnisse mit außerparlamentarisch aktiven Bewegungen nicht aus. Darüber hinaus ist es eine Tatsache, daß auch in den westl. Demokratien und auch in der Moderne R. sehr häufig erst im Gefolge schwerer und keineswegs gewaltfreier sozialer Auseinandersetzungen vollzogen wurden – wie auch der Vollzug von Reformentscheidungen (z. B. die Gewährleistung der Aufhebung der Rassentrennung in den USA durch die Nationalgarde in den 1950/60er Jahren oder auch der Übergang Portugals zur Demokratie in den 1970er Jahren). Noch weniger gelten jene Merkmale durchgängig für die Geschichte oder für nicht demokratische Länder. Sieht man von den gewaltsam ausgetragenen Nationalitätenkonflikten ab, vollzogen sich die Transformationsprozesse im Gefolge des Zusammenbruchs des Real existierenden Sozialismus allerdings vergleichsweise gewaltfrei.

Die erwähnte Neigung zur Verharmlosung ist ein apologetischer Reflex auf die angeblich prinzipielle Alternative zwischen R. und Revolution, auf die Kommunisten und Neo-Marxisten beständig abhoben. Ihnen zufolge begnügt sich der Reformismus mit Kompromissen und somit mit nur einem Stück Machtzuwachs für die Unterprivilegierten, anstatt die ganze Macht zu fordern. Zwar ist es richtig, daß Revolutionen in der Geschichte – dort wo sie möglich und erfolgreich waren – meist die «Machtfrage im ganzen» für sich entscheiden konnten. Doch selbst in jenen Fällen, in denen die unmittelbar Herrschenden physisch vernichtet oder vertrieben wurden, blieb es bei dem Resultat, das schon *A. de Tocqueville* (1969: 179) notierte: daß nämlich, «so oft man die absolute Gewalt zu stürzen versuchte, man sich stets damit begnügte, den Kopf der Freiheit auf einen servilen Rumpf zu setzen». D. h.: Der unmittelbare Wechsel der Herrschaftsgrundlage ist nur ein erster Schritt; erst die Phase der R. nach einer Revolution entscheidet darüber, ob sich eine Gesellschaft grundlegend ändert oder nicht.

So ist die Wirkung der Frz. Revolution nicht nach den Parolen der Jakobiner, sondern nach den Reformen unter dem Direktorium und nach dem *Code Napoléon* zu bemessen. Die dt. November-Revolution, obwohl als solche erfolgreich, ist letztlich als gescheitert zu betrachten, da es trotz republikanischer Verfassung nicht gelang, die Demokratie wirklich durchzusetzen und die restaurativen Kräfte zu entmachten. Umgekehrt lehrt der Blick auf die Mehrzahl der europ. Länder, daß sich – beginnend mit der bezeichnenderweise so genannten *Glorious Revolution* - revolutionäre Veränderungen geradesogut durch evolutionär-reformerische Prozesse ohne die klassischen Charakteristika des gewaltsamen Umsturzes (diese Bedeutung erhält das Wort Revolution erst im 19. Jh.) vollziehen können. Die großen engl. Wahlrechtsreformen des 19. und frühen

20. Jh. (1832, 1867, 1884/85, 1918) ergeben insges. den gleichen radikalen Wechsel von der Feudalherrschaft zur bürgerlichen Demokratie, für den die Franzosen ein halbes Jh. mehr Zeit und drei formal erfolgreiche Revolutionen benötigten. Oder ein Bsp. aus der Gegenwart: Die portugiesische «Revolution der Nelken» führte zu dem gleichen Ergebnis, welches das Nachbarland Spanien wenig später auf formal nicht-revolutionärem Weg erreichte: zu einer offenbar funktionierenden Demokratie. Der revolutionäre Weg, sofern er als direkter und «kompromißloser» Ersatz für Reformprozesse und -kompromisse angesehen wird, ist somit ein bloßer Mythos (und somit auch keineswegs eine konzeptionelle Alternative zum Reformismus). Vielmehr führen Revolutionen selbstverständlich auch zu gesellschaftl. Kräftekompromissen, es sei denn, sie greifen zum Mittel der → Diktatur. Sie können R. nicht ersetzen, sondern sie bilden in vielen Fällen die Voraussetzung der Möglichkeit von R. – in jenen Fällen nämlich, in denen Herrschaftssysteme entw. strukturell zu R. unfähig sind oder in denen die herrschenden Gruppierungen ausdrücklich Agenten der Unterdrückung (z. B. Militärdiktaturen; → Autoritäre Regime) damit beauftragen, gesellschaftl. Veränderungen/R. gerade zu verhindern. Ein Indikator für die Möglichkeit von R. ist das Ausmaß der bestehenden Demokratie. Halb-Demokratien haben wenigstens potentiell die Chance, auf gesellschaftl.-ökon. Veränderungen und soziale Emanzipationsprozesse mit Reformen einzugehen («Reformen von oben»). Nur voll entwickelte Demokratien mit ausreichender Mitbestimmungs-Infrastruktur haben ausreichende Elastizität für soziale Emanzipationsprozesse und lassen die Möglichkeit konsequenter Reformpolitik zu. Der Reformist hat jedoch weder theoretische noch polit. Schwierigkeiten mit der Feststellung, daß in Ländern mit Gewaltherrschaft die gewaltsame («revolutionäre») Beseitigung dieser Herrschaft die unumgängliche Voraussetzung für R. überhaupt ist.

Ein konstitutiver Ggs. besteht somit nicht zwischen R. und Revolution, sondern zwischen R. und Diktatur (wobei allerdings Revolution und Diktatur im → Leninismus und in einigen anderen Revolutionstheorien untrennbar zusammengefügt werden). Hieraus folgt, daß Demokratie die geeignetste Gesellschaftsform ist, um jene Prozesse sich entfalten zu lassen und voranzutreiben. Denn einzig sie gewährt die strukturelle Elastizität, die das Machtgefüge braucht, um sich ökon. und sozialen Veränderungen anzupassen; und einzig sie bietet die Möglichkeit, erreichten Abbau von Herrschaft (die erwähnten «vorläufigen Waffenstillstände»), die durch R. erreicht wurden, institutionell «aufzubewahren» und so einzuleben, bis breiter → Konsens erreicht ist. Vermutlich ist Demokratie die einzige Form organisierter Herrschaft, die sukzessive Herrschaft abbauen kann, d. h. reformfähig ist. So sind R. und → Demokratisierung untrennbar miteinander verknüpft, meinen essentiell das gleiche.

3. Der Zusammenhang zwischen ökon. Entwicklung, sozialen Emanzipationsprozessen und polit. Reformforderung ist sehr kompliziert und bis heute im Grunde unerforscht. *Karl Marx* hat gezeigt, daß die Herausbildung der kapitalistischen → Produktionsweise dem sich herausbildenden → Bürgertum ein ökon. Gewicht gab, das den Wunsch nach paralleler gesellschaftl. Machtteilhabe und schließlich Reformforderungen bzw. Revolutionsbereitschaft hervorrief. Ähnliches gilt für die Entstehung des → Proletariats und die Bildung der → Arbeiterbewegung. Auch moderne Reformbewegungen haben häufiger letztlich ökon. Ursachen, als ihnen oft selbst bewußt ist. Bildungsreform und Studentenbewegung in den 1960er Jahren haben in nicht genau geklärter Weise etwas mit der in D gegenüber anderen Industriegesellschaften zurückgebliebenen Rekrutierung von akademisch Ausgebildeten zu tun, die dringend aufzuholen war («Bildungskatastrophe»). In vielem trug die gesamte folgende Reformperiode nur der Tatsache Rechnung, daß die Gesellschaftsordnung der Adenauerzeit mit ihren ständischen Elementen der sich herausbildenden Wirtschafts- und Konsumgesellschaft im Wege stand. Eine wesentliche Ursache für den Protest der Frauen gegen die traditionelle Rollenteilung lag in der Tatsache, daß viele Frauen mittlerweile im Berufsleben standen, eine Folge des Arbeitskräftemangels Ende

der 1950er Jahre. Jedoch – und das zeigt die relative Autonomie sozialer und polit. Prozesse – dehnte sich die Frauenbewegung auf nicht erwerbstätige Frauen aus und führte dazu, daß sie aus Emanzipationsgründen Berufstätigkeit anstrebten (→ Feminismus). Das Gros der damaligen R. entsprang der Interessenpolitik der Arbeiterbewegung bzw. jener sozialliberalen Koalition, die durch die SPD dominiert wurde. Es gab und gibt aber Reformforderungen, die weder aus ökon. Drängen noch aus sozialer Interessenpolitik ableitbar sind (z. B. zugunsten von Ausländern, die auch keine Wählerstimmen einbringen).

4. Das Verhältnis zwischen Theorie und Praxis der R. ist von einer eigentümlichen Widersprüchlichkeit bestimmt: Entw. sind die Reformerwartungen hoch, der vorhandene Handlungsspielraum für die Reformpolitik jedoch gering, da der Entwicklungsstand der Gesellschaft alle über seine tatsächlichen Möglichkeiten hinausgehenden Reformvorschläge und Wünsche auf Herrschaftsabbau oder Emanzipation nachhaltig begrenzt. Oder die Reformerwartungen und Handlungsspielräume der Politik werden theoretisch als gering veranschlagt, während der sich zur gleichen Zeit tatsächlich vollziehende sozio-polit. Wandel tiefgreifende, ja dramatische Strukturveränderungen in Gesellschaft und Politik zur Folge hat. So stieß die keynesianisch begründete polit. Planungs-, Steuerungs- und Reformeuphorie der 1960er/70er Jahre schnell an die Grenzen der gesellschaftl. Machbarkeit, was wiederum allenthalben, v. a. aber in der sozialwiss. Theoriebildung, Ernüchterung auslöste und über kurz oder lang zur gegensätzlichen Bewertung führte. Die sozialwiss. Theorie argumentiert seither und im Gefolge der Krise des → Wohlfahrtsstaates, mit der die Krise der allgemeinen Entwicklungstheorie einhergeht, eher «staatsskeptisch und steuerungsagnostisch» (*von Beyme* 1990: 458), während wir zugleich mit dem Zusammenbruch des Real existierenden Sozialismus in Europa einen «Sieg» der «Reform als politisches Prinzip» (*von Krockow* 1976) zu erleben glaubten. Zu konstatieren sind also «verkehrte Verhältnisse»:

(1) Einerseits vollziehen sich tiefgreifende Veränderungen, nicht nur im vormaligen «Ostblock», sondern weltweit, wächst mit den «neuen Unübersichtlichkeiten» *(Habermas)* die Komplexität der Beziehungen zwischen Gesellschaft und Politik, aber auch der Gestaltungsspielraum von demokratischer Politik. (a) Der → Systemwechsel in Osteuropa wird begleitet von einer umfänglichen sozialwiss. Transformationsforschung (vgl. *von Beyme* 1994; *Offe* 1994; *Merkel* 1996; *Przeworski* 1991), die anknüpfen kann an die Transitionsforschung insbes. zu den Reform- und Demokratisierungsprozessen in Südeuropa und Lateinamerika (vgl. *Nohlen* 1988; *O'Donnell/Schmitter* 1986; *Przeworski* 1986). Verglichen mit den gesamtgesellschaftl. Modernisierungsprozessen der Vergangenheit, etwa der Industrialisierung und Demokratisierung in der «Ersten Welt», bestand und besteht das besondere Problem der aktuellen R. in Osteuropa in dem Dilemma der Gleichzeitigkeit ökon. (zur Marktwirtschaft), polit. (zur liberalen Demokratie), territorialer Transformationen, die unterschiedlichen Kriterien folgen, neuartige Synchronisationsleistungen erfordern und die polit. Träger der R. vor ungeahnte Schwierigkeiten stellen. (b) Zugleich beobachten wir auch in der industrialisierten «Ersten Welt» nachhaltige Reformprozesse, mit denen die Politik auf die ökon. und technologischen Strukturveränderungen, auf den kulturellen und Wertewandel reagiert. Dabei handelt es sich keineswegs nur um sog. «Anpassungsreformen» des polit. Systems an den Wandel in den anderen Subsystemen der Gesellschaft; vielmehr greifen die polit. Akteure, die relative Autonomie des polit. Systems nutzend, i. S. eines aktiven Politikbegriffs durchaus steuernd in die Prozesse des gesellschaftl. Wandels ein.

(2) Andererseits stehen seit dem Paradigmenwandel in den Sozialwiss., insbes. in Europa, die Begrenzungen des Handlungsspielraumes der Politik und die Selbststeuerung der Gesellschaft im Mittelpunkt der Theoriediskussionen (vgl. *von Beyme* 2000). Zwar folgt nur eine Minderheit der systemtheoretischen Extremposition *Niklas Luhmanns* (1989; 2000) von der → Autopoiesis der Subsysteme, die Möglichkeit und Erfolg polit. Steuerung grundsätzlich

bezweifelt; doch werden Handlungsfähigkeit und Spielräume der Politik zu zielgerichteter gesellschaftl. R. unter dem Eindruck postmodernen Denkens allg. skeptisch beurteilt und als gering eingeschätzt, wobei die Begründungen vielfältig und theoretisch unterschiedlich hergeleitet sind (→ Postmoderne und Politik). Zu den häufigsten Argumenten zählen: (a) Fehlende → Souveränität und die → Globalisierung der Märkte nach außen, die Ausdifferenzierung und wechselseitige Durchdringung wie Abhängigkeit der gesellschaftl. Sphären im Innern begrenzen die Steuerungsmöglichkeiten der Politik (vgl. *Scharpf* 1989; 1991). (b) Durch die beständig steigenden Interventionen der Politik in die verschiedensten Teilbereiche der Gesellschaft beschwört sie selbst eine Vielzahl von nicht beabsichtigten Nebenwirkungen herauf, was nicht nur zu zahlreichen Zielkonflikten führen, sondern die Ergebnisse auch in ihr Gegenteil verkehren kann, so daß die Lösungen zusehends zu Problemen werden, was die Politik neuerlich zum Eingreifen zwingt. Die Politik löst damit den Teufelskreis der Revolution der steigenden Reformerwartungen selbst aus, ohne gegenüber den anderen Subsystemen und Kräften der Gesellschaft ausreichende Handhaben zu besitzen, um die eigenen Reformziele auch durchsetzen zu können. (c) Durch die Irreversibilität, mindestens aber die mehrere Generationen betreffende Langfristigkeit vieler polit. Entscheidungen wird nicht nur die Reform der R. vielfach praktisch unmöglich, sondern demokratische Politik schlechthin in Frage gestellt, da Demokratie notwendig Entscheidung auf Zeit bedeutet (vgl. *Guggenberger/Offe* 1984). (d) Die Widersprüchlichkeit in den Ergebnissen der Reformprozesse folgt für C. *Offe* (1986) aus den Modernisierungsprozessen selbst, nämlich aus dem für moderne Gesellschaften paradoxen Tatbestand, daß «die Modernisierung der Teile (...), auf Kosten der Modernität des Ganzen» gehe (ebd.: 157), d. h., daß aus zunehmender funktionaler Differenzierung, Spezialisierung, Kapazitätssteigerung und Optionserweiterung in den einzelnen Subsystemen eben gerade kein gesamtgesellschaftl. Modernitätsgewinn, sondern Defizite, v. a. aber wachsende Koordinations- und Kompatibilitätsprobleme resultieren.

(3) Welche Konsequenzen sind aus der offenkundigen Widersprüchlichkeit im Verhältnis zwischen → Theorie und Praxis polit. R. zu ziehen? Ganz sicher falsch wäre es, sich die *Luhmannschen* Positionen zu eigen zu machen und resignativ ganz auf jegliche Politik gesellschaftl. Veränderungen zu verzichten oder auch sich auf «Anpassungsreformen» im polit. System zu beschränken. Eine Politik gesellschaftl. R. bleibt möglich. (a) Sie hat sich allerdings zunächst und immer wieder neu über ihre Begrenztheiten klar zu werden. Die Kunst der Reformpolitik ist es, die vorhandenen Spielräume aufzufinden und mit Hilfe sozialer Koalitionen und polit. Mehrheiten zu erschließen – nicht aber die Spielräume durch das Pflegen von Absichten zu verscherzen, die sich zu erfüllen die Gesellschaft objektiv nicht oder noch nicht in der Lage ist. Unter den Bedingungen des ausgehenden 20. Jh.s folgt aus einem solchen realistischen Verständnis der Möglichkeiten einer Politik gesellschaftl. R. konkret: (b) Gefordert ist eine «staatliche Politik der Staatsentlastung» (*Offe* 1987: 317), um auf diese Weise dem offenkundigen Dilemma des Machtverlustes des Staates aufgrund seines Funktionszuwachses bzw. des Legitimationsverlustes der Politik infolge ihrer Aufgabensteigerung erfolgreich begegnen zu können (→ Unregierbarkeit). Dies bedeutet Dezentralisierung sowie die Zurückverlagerung von Staatstätigkeit in die Gesellschaft, und es ermöglicht der Politik die Konzentration auf die zentralen Reformaufgaben. (c) Die Politik gesellschaftl. R. wird dabei um so erfolgreicher sein, je besser sie in der Lage ist, die → Netzwerke und → Verhandlungssysteme von Staat und Gesellschaft von ihren Reformzielen zu überzeugen, dabei auf Verfahren der «dezentralen Kontextsteuerung» (*Willke* 1992) rekurriert und auf die Verbindung von «Politik und Nichtpolitik» (*Münch* 1994) setzt.

→ Marxismus; Politisches System; Sozialismus/Sozialdemokratie; Staatstheorien der Gegenwart; Staatszentrierte Ansätze; Steuerungstheorien; Systemtheorie; Systemwechsel.

Lit.: *Bernstein, E.* [4]1904: Zur Geschichte und Theorie des Sozialismus, 3 Bde., Bln. (zuerst 1901). *Bernstein, E.* 1909: Der Revisionismus in der Sozialdemokratie, Amsterdam. *Bernstein, E.* 1973: Die Voraussetzungen des Sozialismus und die Aufgaben der Sozialdemokratie, Bonn/Bad Godesberg (zuerst 1899). *Beyme, K. von* 1990: Die vergleichende Politikwissenschaft und der Paradigmenwechsel in der polit. Theorie, in: PVS 31, 457–474. *Beyme, K. von* 1994: Systemwechsel in Osteuropa, Ffm. *Beyme, K. von* [3]2000: Theorie der Politik im 20. Jahrhundert. Von der Moderne zur Postmoderne, Ffm. (zuerst 1991). *Bobbio, N.* u. a. 1993: What's Left? Prognosen zur Linken, Bln. *Dowe, D./Klotzbach, K.* (Hrsg.) [3]1990: Programmatische Dokumente der deutschen Sozialdemokratie, Bonn. *Eichler, W.* 1972: Zur Einführung in den Demokratischen Sozialismus, Bonn. *Eppler, E.* 1984: Grundwerte für ein neues Godesberger Programm. Die Texte der Grundwerte-Kommission, Hamb. *Eppler, E.* 1990: Plattform für eine neue Mehrheit, Bonn. *Eppler, E.* 1998: Die Wiederkehr der Politik, Ffm. *Glotz, P.* 1975: Der Weg der Sozialdemokratie, Wien u. a. *Glotz, P.* 1984: Die Arbeit der Zuspitzung, Bln. *Grebing, H.* 1977: Der Revisionismus, Mchn. *Groh, D.* 1973: Negative Integration und revolutionärer Attentismus, Ffm. *Guggenberger, B./Offe, C.* (Hrsg.) 1984: An den Grenzen der Mehrheitsdemokratie, Opl. *Heimann, H./Meyer, T.* (Hrsg.) 1978: Bernstein und der demokratische Sozialismus, Bln./Bonn. *Heimann, S.* 1993: Die Sozialdemokratie: Forschungsstand und offene Fragen, in: *Horkheimer, M./Adorno, T. W.* 1969: Dialektik der Aufklärung. Philosophische Fragmente, Ffm. (zuerst 1947). *Niedermayer, O./Stöss, R.* (Hrsg.): Stand und Perspektiven der Parteienforschung in Deutschland, Opl., 147–186. *Kallscheuer, O.* 1986: Marxismus und Sozialismus bis zum Ersten Weltkrieg, in: *Fetscher, I./Münkler, H.* (Hrsg.): Pipers Handbuch der Polit. Ideen, Bd. 4, Mchn./Zürich, 515–588. *Krockow, C. von* 1976: Reform als polit. Prinzip, Mchn. *Lehnert, D.* 1977: Reform und Revolution in den Strategiediskussionen der klassischen Sozialdemokratie, Bonn/Bad Godesberg. *Löwenthal, R.* 1974: Sozialismus und aktive Demokratie, Ffm. *Lührs, G.* u. a. (Hrsg.) 1975: Kritischer Rationalismus und Sozialdemokratie, Bln./Bonn. *Luhmann, N.* 1989: Politische Steuerung, in: PVS 30, 4–9. *Luhmann, N.* [8]2000: Soziale Systeme. Grundriß einer allg. Theorie, Ffm (zuerst 1984). *Merkel, W.* (Hrsg.) [2]1996: Systemwechsel, Opl. *Münch, R.* 1994: Politik und Nichtpolitik. Polit. Steuerung als schöpferischer Prozeß, in: KZfSS 46, 381–405. *Nohlen, D.* 1986: Mehr Demokratie in der Dritten Welt, in: APuZ 25/26, 3–18. *O'Donnell, G./Schmitter, P.* u. a. (Hrsg.) 1986: Transitions from Authoritarian Rule, 4 Bde., Baltimore. *Oertzen, P. von* u. a. (Hrsg.) 1976: Orientierungsrahmen '85. Texte und Diskussion, Bonn/Bad Godesberg. *Offe, C.* 1986: Die Utopie der Null-Option. Modernität und Modernisierung als polit. Gütekriterien, in: *Koslowski, P.* u. a. (Hrsg.): Moderne oder Postmoderne? Zur Signatur des gegenwärtigen Zeitalters, Weinheim, 143–172. *Offe, C.* 1987: Die Staatstheorie auf der Suche nach ihrem Gegenstand, in: Jb. zur Staats- und Verwaltungswissenschaft 1, 309–320. *Offe, C.* 1994: Der Tunnel am Ende des Lichts. Erkundungen der polit. Transformation im Neuen Osten, Ffm./NY. *Przeworski, A.* 1986: Some Problems in the Study of the Transition to Democracy, in: *O'Donnell, G./Schmitter, P.* u. a. (Hrsg.): Transitions from the Authoritarian Rule, Bd. 3, Baltimore, 47–63. *Przeworski, A.* 1991: Democracy and the Market, Camb. *Scharpf, F. W.* 1987: Sozialdemokratische Krisenpolitik in Europa, Ffm. *Scharpf, F. W.* 1989: Polit. Steuerung und Polit. Institutionen, in: PVS 30, 10–21. *Scharpf, F. W.* 1991: Die Handlungsfähigkeit des Staates am Ende des 20. Jahrhunderts, in: PVS 32, 621–634. *Schmidt, H.* 1981: Maximen polit. Handelns, Bonn. *Schumpeter, J. A.* [7]1993: Kapitalismus, Sozialismus und Demokratie, Mchn. (engl. zuerst 1942). *Sering, P.* (= *Löwenthal, R.*) 1977: Jenseits des Kapitalismus, Bln./Bonn (zuerst 1947). *Strassser, J.* 1977: Die Zukunft der Demokratie, Rbk. *Tocqueville, A. de* 1969: Der alte Staat und die Revolution, hrsg. von *Mayer, J. P.*, Mchn (frz. zuerst 1856). *Weber, M.* [3]1971: Politik als Beruf, in: ders.: Gesammelte polit. Schriften, Tüb., 505–560 (zuerst als Vortrag 1919; 1921). *Willke, H.* 1992: Ironie des Staates, Ffm.

Peter Glotz/Rainer-Olaf Schultze

Reformismus, allg. eine polit. Strategie, die darauf abzielt, die Gesellschaft durch → Reformen umzugestalten. Wenngleich es sich um eine richtungspolit. potentiell neutrale Strategie handelt, war und ist R. die polit. Strategie des → Demokratischen Sozialismus.

In der Praxis war R. bereits seit der Entstehung der → Gewerkschaften für einen Teil der → Arbeiterbewegung maßgeblich; theoretisch begründet wurde er innerhalb der dt. → Sozialdemokratie Ende des 19. Jh. von *E. Bernstein* in Auseinandersetzung mit der Heilsgewißheit der marxistischen Geschichtsphilosphie (→ Revisionismus). *Bernstein* ging es um die Legitimierung der Reformstrategie wie der Legitimierung der → Demokratie als Mittel und Ziel des → Sozialismus, verbunden mit der Ersetzung des Dogmas von der Notwendigkeit der → Verstaatlichung der → Produktionsmittel durch die Alternative des → Genossenschaftswesens und der Abkehr vom Dogma des revolutionären Umbruchs durch eine Strategie des allmählichen Übergangs in den Sozialismus. Innerparteilich setzte sich der *Bernstein*sche R. allerdings nicht durch. Die Partei verharrte im revolutionären Attentismus selbst während der Weimarer Republik, als mit → Macht konkret umzugehen war. Der Widerspruch zwischen → Theorie und Praxis lähmte die dt. Sozialdemokratie bis in die 1950er Jahre. Erst im Godesberger Programm von 1959 setzte sich der R. – vor dem Hintergrund der Erfahrungen des Scheiterns (D) bzw. der totalitären Wendung der sozialistischen → Revolution (Sowjetunion) und der «Hartnäckigkeit» des → Kapitalismus – mit seinem Bekenntnis zur → Demokratie, zur → Freiheit des Einzelnen und zur prinzipiellen Offenheit des geschichtl. Prozesses endgültig als Grundsatzposition des demokratischen Sozialismus durch. Dennoch kam es auch in der Folgezeit verschiedentlich zu kontroversen Theorie-Praxis-Debatten innerhalb des Lagers des demokratischen Sozialismus, internat. etwa im Zusammenhang mit den Auseinandersetzungen um den sog. → Dritten Weg, die Niederschlagung des «Prager Frühlings» oder um die sozialrevolutionären Entwicklungsstrategien in der → «Dritten Welt», in der BRD etwa parallel mit der Kanzlerschaft *W. Brandts* im Gefolge der radikal-demokratisch und/oder neomarxistisch orientierten Studentenbewegung der 1960/70er Jahre oder auch seit den 1980/90er Jahren und im Gefolge der von den Prozessen der → Globalisierung ausgelösten Debatten um die Handlungsspielräume und Steuerungsmöglichkeiten von Politik sowie um die Inhalte und Reichweite von polit. Reformprojekten.

→ Inkrementalismus; Kritischer Rationalismus; Marxismus; Staatszentrierte Ansätze; Steuerungstheorie.

Lit.: *Glotz, P./Schultze, R.-O.* 1995: Reformismus, in: *Nohlen, D./Schultze, R.-O.* (Hrsg.): Politische Theorien. (Lexikon der Politik Bd. 1), Mchn., 526–532; → Reform.

Rainer-Olaf Schultze/
Bernhard Thibaut

Regelkreis, in der Kybernetik ein Strukturschema von → Systemen, deren Elemente durch das Prinzip der Rückkopelung (→ Feedback) zu einem selbstregulierenden Wirkungskreis verbunden sind.

Der R. besteht aus der Regelstrecke bzw. dem zu regelnden Objekt und dem Regler, der die Aufgabe hat, eine Regelgröße als Ziel- oder Sollwert gegenüber störenden Einflüssen aufrechtzuerhalten. *K. W. Deutsch* macht in seiner → Politischen Kybernetik hiervon eher metaphorischen Gebrauch, indem er nach dem Toleranzspielraum für Widersprüche und Ambivalenzen in einem gegebenen → Politischen System fragt. Eine → Gesellschaft, die sich selbst steuern soll, muß in voller Stärke fortlaufend einen dreifachen Informationsfluß erfahren: Informationen über die Außenwelt, aus der Vergangenheit und über sich selbst und alle Einzelteile. Entscheidend ist die Lernfähigkeit des → Politisch-administrativen Systems für die Gesellschaft, d. h. eine interne Neuordnung auf dem Wege der Selbsttransformation durchzuführen und dennoch im wesentlichen seine → Identität und ein hohes Maß an gesamtgesellschaftl. Kontinuität zu bewahren. Wichtige Momente des R. sind im → AGIL-Schema von *T. Parsons* für die A-Funktion (→ Adaptation) reserviert.

Lit.: → Feedback.

Arno Waschkuhn

Regierbarkeit (von lat. *regere* = lenken, leiten, regeln; engl. *governability*), im allgemeinsten Verständnis: die Fähigkeit zu regieren, d. h. zielorientiert gesellschaftl. verbindliche Entscheidungen durchzusetzen, um dadurch die Handlungsfähigkeit des → Politischen Systems, nach innen wie außen, insbes. gegenüber Wirtschaft und Gesellschaft, und damit seine → Legitimität aufrechtzuerhalten; i. e. S. meint R. → Politische Steuerung, die Ausübung hoheitlicher (staatl.) Gewalt, die Funktionen des Regierens usw.

1. R. hängt von einer Vielzahl von Faktoren ab. Sie ist abhängig vom polit. Systemtyp, vom Verhältnis von Politik und Gesellschaft, von den materiellen wie immateriellen Ressourcen, die einem polit. System in konkreten Situationen zur Verfügung stehen. So sind R. und polit. Steuerung «in offenen, konkurrenzorientierten und verschiedene Machtzentren akzeptierenden pluralen Demokratien von offensichtlich anderer Qualität als in jenen Systemen, welche die Fügsamkeit ihrer Bürger rigide einfordern ... Faßt man die komplementären Begriffe ‹Unregierbarkeit› und ‹Schwerregierbarkeit› ins Auge, so ist eine gewisse ‹Schwerregierbarkeit› für Demokratien geradezu systemtypisch» (*Oberreuter* 1992: 849). Polit.-institutionell wird R. zudem bestimmt von (1) der Qualität und Effizienz der Ministerialbürokratie und des Öff. Dienstes, (2) der Neutralität des Beamtenapparates bzw. der Bereitschaft, polit. Entscheidungen administrativ umzusetzen, (3) der polit. Elitenbildung wie der Kapazität von → Parteien und → Parteiensystem usw.

2. Probleme des Regierens resultieren aber v. a. aus der wechselseitigen Durchdringung von Politik, Wirtschaft und Gesellschaft, zumal im → Wohlfahrtsstaat mit seiner primär *output*-definierten → Legitimität, die sich mißt an den materiellen Leistungen der → Staatstätigkeit, insbes. ihren konkreten Gleich- bzw. Ungleichverteilungen (→ Massenloyalität). Die Handlungsautonomie der Politik wird dabei beschränkt u. a. durch: (1) die Entgrenzung von Politik und die Souveränitätsverluste des → Nationalstaates als Folge von → Globalisierung und Kontinentalisierung; (2) Wachstum und Wandel der Staatsaufgaben, verbunden mit erhöhten Anspruchs- und Erwartungshaltungen der Bürger an staatl. Leistungen, mit der Konsequenz abnehmender Leistungsfähigkeit der Politik bei wachsender Staatstätigkeit (*government overload*); (3) Strukturprobleme der Demokratie, die u. a. aus Rekrutierungsproblemen, aus der Kurzfristigkeit polit. Perspektiven als Folge der Periodizität von Wahlen, aus der Vetomacht korporatistischer Interessenvermittlung, selektiver Organisations- und Konfliktfähigkeit von Interessen resultieren; (4) Wertewandel und direkt-demokratische → Partizipation im Kontext postmaterialistischer Befindlichkeit und postmoderner Beliebigkeit.

3. Welchen der Faktoren eine bes. Bedeutung für die Handlungs- und Leistungsdefizite der Politik zugemessen wird, unterscheidet sich je nach gesellschaftstheoretischem Standort (→ Unregierbarkeit; Staatsversagen). Unstrittig ist jedoch, daß die Politik als Folge ihrer Souveränitätsverluste im Innern wie nach außen mehr denn je in die Rolle des Verhandlungspartners gerät. Unter solchen Bedingungen wird hierarchisch-majoritäres Entscheiden entw. unmöglich oder es führt in die Irre; Voraussetzung für Handlungsfähigkeit und R. sind vielmehr (1) die Zurückverlagerung staatl. Aufgaben in die Gesellschaft, (2) Prozesse der → Dezentralisierung und indirekten Steuerung, (3) Netzwerkarrangements, Konsensbildung und Verhandlungslösungen.

Lit.: *Crozier, M.* u. a. 1975: The Crisis of Democracy, NY. *Hartwich, H.-H./Wewer,*

G. (Hrsg.) 1990ff.: Regieren in der Bundesrepublik Deutschland, 5 Bde., Opl. *Hennis, W.* u. a. 1977/79: Regierbarkeit, 2 Bde., Stg. *Lehner, F.* 1979: Grenzen des Regierens, Königstein. *Luhmann, N.* [8]2000: Soziale Systeme, Ffm. *Oberreuter, H.* [4]1992: Regierbarkeit, in: *Nohlen, D./Schultze, R.-O.* (Hrsg.): Politikwissenschaft, Mchn., 848–851. *Offe, C.* 1979: «Unregierbarkeit», in: *Habermas, J.* (Hrsg.): Stichworte zur «Geistigen Situation der Zeit», Bd. 1, Ffm., 294–318. *Offe, C.* 1987: Die Staatstheorie auf der Suche nach ihrem Gegenstand, in: Jb. für Staats- und Verwaltungswissenschaft 1, 309–320. *Schmidt, M. G.* 1992: Regieren in der Bundesrepublik Deutschland, Opl. *Willke, H.* 1992: Ironie des Staates, Ffm. *Willke, H.* 1997: Supervision des Staates, Ffm.

Rainer-Olaf Schultze

Regieren/Regierungsorganisation, polit. Koordination, Lenkung und Leitung; i. w. S. (an das engl. *government* angelehnt) durch die Gesamtheit der Staatsorgane, i. e. S. durch die polit. Spitze der → Exekutive, die Regierung.

Im → Parlamentarischen Regierungssystem (und mit funktionalen Äquivalenten prinzipiell ebenso im → Präsidentialismus) besteht die Regierungsorganisation aus dem aus Regierungschef und den Ministern gebildeten → Kabinett, der administrative Unterstützung leistenden und Öffentlichkeitsarbeit betreibenden Regierungszentrale (z. B. in D das Kanzleramt sowie das Presse- und Informationsamt der Bundesregierung) und der in Fachressorts gegliederten Ministerialbürokratie. In einem weiteren Kreis gehören zuweilen sog. Junior-Minister oder Parlamentarische Staatssekretäre ohne Sitz im Kabinett zur Regierung. Die Einsetzung von Ministern und die Einrichtung von Ministerien folgt (neben der automatischen Übernahme klassisch-traditioneller Ressorts wie Außen-, Innen-, Justiz- und Verteidigungspolitik, Haushalt, Finanzen, Soziales etc.) sachlichen Notwendigkeiten (z. B. der Ausweitung der Staatsaufgaben, der Entstehung neuer Problemlagen), strategischen Erwägungen der Integration bestimmter Interessen in den Reihen der Regierungspartei bzw. -koalition sowie der öffentlichkeitswirksamen Außendarstellung und mehrheitsbeschaffenden oder -sichernden Einbindung von Wählerschichten. Neben die förmliche Regierungsorganisation, in der nach dem Kanzler-, dem Ressort- und dem Kollegialprinzip entschieden wird, treten informelle Strukturen, durch die insbes. Fraktions- und Parteiführungen an den Regierungsentscheidungen beteiligt werden (in D z. B. als Koalitionsgespräche und sog. Elefantenrunden von Kanzler und Parteivorsitzenden).

→ Regierbarkeit.

Lit.: *Hartwich, H.-H./Wewer, G.* (Hrsg.) 1990/1991: Regieren in der Bundesrepublik, 2 Bde., Opl. *Padgett, S.* (Hrsg.) 1994: Adenauer to Kohl: The Development of the German Chancellorship, L. *Stammen, T.* (Hrsg.) 1967: Strukturwandel der modernen Regierung, Darmst.

Suzanne S. Schüttemeyer

Regierungslehre, Lehr- und Forschungsbereich innerhalb der Politikwiss., vielfach mit → Innenpolitik gleichgesetzt und der → Vergleichenden Regierungslehre (hinsichtlich Gegenstand und Methode) gegenübergestellt, d. h. Konzentration auf ein einziges → Politisches System, das dt., und Verzicht auf die → Vergleichende Methode.

Im dt. politikwiss. Schrifttum bildeten sich bereits in den 1960er Jahren zwei Aufgabenbereiche der R. heraus: (1) Analyse der polit. → Institutionen, durch welche Regierung im weitesten Sinne ausgeübt wird, also nicht nur die eigentliche Exekutive, sondern auch die anderen Verfassungsorgane und die gesellschaftl. Gruppierungen, soweit sie für das Entscheidungshandeln staatl. Organe von Bedeutung sind. Im Mittelpunkt steht die Organisation der Regierungsinstitutionen, das Regierungssystem, wobei – in Abgrenzung zur Staatsrechtslehre – weniger die verfassungsrechtlichen Bestimmungen als vielmehr Funktionsweise und folglich Fragen der Angemessenheit institutioneller

Strukturen thematisiert werden. (2) Analyse des → Regierens, des jeweiligen geschichtl. Bestands an Regierungsaufgaben und des Regierungshandelns, wobei R. und Verwaltungslehre einander sehr nahe rücken. In den 1980er Jahren wurden die beiden Aufgabenbereiche im Zuge der Durchsetzung des dreiteiligen Politikverständnisses der institutionellen, prozessualen und inhaltlichen Dimensionen zusammengefügt (s. etwa das Lehrbuch von *M. G. Schmidt* 1992).

Lit.: *Grimm, D.* (Hrsg.) 1996: Staatsaufgaben, Ffm. *Hartwig, H.-H./Wewer, G.* (Hrsg.) 1990: Regieren in der Bundesrepublik, Opl. *Hesse, J. J./Ellwein, T.* [8]1997: Das Regierungssystem der Bundesrepublik Deutschland, Opl. *Schmidt, M. G.* 1992: Regieren in der Bundesrepublik Deutschland, Opl.

Dieter Nohlen

Regierungssystem → Parlamentarisches Regierungssystem; Präsidentialismus/Präsidentielles Regierungssystem

Regime/Regimeanalyse, (von frz. *régime*) bezeichnet allg. eine Lebensweise, Ordnungs- oder Regierungsform, also ein institutionalisiertes Set von Prinzipien, Normen und Regeln, das die Umgangsweise der Akteure in einem gegebenen Handlungszusammenhang grundlegend regelt.

R. galt zunächst als ein neutraler Begriff. Das Dekret vom 4. August 1789 während der Französischen Revolution beinhaltete den Auftrag, ein *neues Regime* zu errichten, das das *ancien régime* ablösen kann. Im Laufe der Zeit erhielt der Begriff jedoch eine abschätzige Konnotation, zumindest wenn er i. S. einer Regierungsform verwendet wurde. Der Begriff bezeichnet dann → Autoritäre Regime oder Militärregime.

1. In seiner allg. Verwendung hat der Begriff Eingang in die Politikwiss. gefunden. Im Bereich der Analyse → Politischer Systeme werden beispielsweise unterschiedliche Formen der Interessenvermittlung als korporatistische oder pluralistische R. bezeichnet. Als theoretischer Begriff ist R. jedoch in den letzten zwei Jahrzehnten v. a. in die Analyse der → Internationalen Beziehungen eingegangen. Internat. R. sind institutionalisierte Formen der Kooperation zwischen Staaten und anderen internat. Akteuren, die aus Prinzipien, Normen, Regeln, Entscheidungsverfahren sowie Programmaktivitäten bestehen und das Verhalten internat. Akteure in einem Problemfeld dauerhaft steuern. Sie sind zu unterscheiden sowohl von → Internationalen Organisationen, die im Ggs. zu R. materielle Entitäten sind, als auch von konstitutiven und problemfeldübergreifenden Prinzipien der Staatengemeinschaft wie etwa → Souveränität.

2. Leitfragen der Regimeanalyse sind zum einen die Bedingungen der Entstehung und des Wandels von Regimen. Dabei gehen realistische Ansätze davon aus, daß die Existenz von R. von einem Hegemon (→ Hegemonie) im internat. System abhängt, der zur Regeldurchsetzung willens und fähig ist. Den Fortbestand von einmal errichteten internat. R. in Abwesenheit eines Hegemons erklären kontraktualistische Ansätze, die auf die Bereitstellung bestimmter Leistungen wie Erwartungsverläßlichkeit und reduzierte Transaktionskosten verweisen. Die rationalistische Regimetheorie hat zudem Typen von Interessenkonstellationen (Situationsstrukturen) und Konfliktgegenständen (Problemstrukturen) identifiziert, die die Möglichkeiten einer Regimebildung abstecken. Demgegenüber verweisen kognitive Ansätze insbes. auf die ideellen Überzeugungen und die Problemwahrnehmungen der beteiligten Akteure als zentrale Faktoren der Regimeentstehung. Zum zweiten zielt die Regimeanalyse auf die Ermittlung der spezifischen Wirkungsmechanismen von R. sowie der Zusammenhänge zwischen institutioneller Beschaffenheit und Effektivität (Zielerreichung) der Regelung. So ist es gelungen, eine Reihe von «Kausalpfaden» zu ermitteln, über die R. einen Einfluß entwickeln und die bei der institutionellen Ausgestaltung eines effektiven R. berücksichtigt werden sollten. Zum dritten hat die Regimeanalyse gefragt, ob und inwieweit internat. R. den anarchischen Grundcharakter des internat. Systems überwinden

helfen und eine zivilisierende Wirkung entfalten können.

→ Internationale Beziehungen; Realistische Schule.

Lit.: *Hasenclever, A.* u. a. 1997: Theories of International Regimes, Camb. *Keohane, R. O.* 1984: After Hegemony, Princeton. *Kitschelt, H.* 1992: Political Regime Change, in: APSR 86: 4, 1028–1034. *Young, O. R.* 1994: International Governance, Ithaca. *Zürn, M.* 1992: Interessen und Institutionen in der internationalen Politik, Opl.

Michael Zürn

Regimewechsel, auch → Systemwechsel, Bezeichnung für Prozesse des Übergangs zwischen verschiedenen Typen polit. Herrschaftsausübung, wobei insbes. der Ggs. zwischen → Demokratie einerseits und → Diktatur bzw. → Autoritärem Regime zugrunde gelegt wird.

1. Der Begriff → Regime wird in der → Vergleichenden Regierungslehre im Unterschied zur Lehre von den → Internationalen Beziehungen (→ Internationale Regime) weitgehend synonym für Regierungsform gebraucht und bezieht sich auf die formalen und faktischen Bedingungen des Zugangs zur und der Ausübung von Regierungsmacht sowie auf die Art und Weise des Umgangs mit der → Opposition. Als Teilphänomene der polit. → Entwicklung sind R. dadurch charakterisiert, daß es sich um relativ kurzfristig ablaufende Prozesse handelt, die vom evolutionären Wandel eines → Politischen Systems abgegrenzt werden können. Ein R. kann der Form nach sowie in bezug auf die Radikalität des damit einhergehenden Umbruchs der gesellschaftl. Ordnung Teil einer → Revolution sein, doch handelt es sich bei den meisten historischen Fällen um nichtrevolutionäre Prozesse.

2. In der Politikwiss. spielten R. als Forschungsgegenstand (→ Transitionsforschung) seit Beginn der 1970er Jahre eine bedeutende Rolle. Wesentliche Kennzeichen der Forschung zum R. waren stets ihr enger Bezug zu zeitgenössischen polit. Entwicklungen, die analytische Konzentration der meisten Untersuchungen auf Bestimmungsgründe, Entscheidungsspielräume und Konsequenzen des Handelns individueller und kollektiver polit. → Akteure sowie eine bei vielen Wissenschaftlern ausdrückliche Orientierung auf das normative Ziel hin, einen Beitrag zur Festigung und Verbreitung demokratischer Regime zu leisten.

3. Zu Transitionsforschung und Theoriebildung → Systemwechsel.

Lit.: → Systemwechsel.

Bernhard Thibaut

Region/Regionalismus. Unter Region (R.) versteht man eine nach bestimmten Kriterien als homogen abgrenzbare räumliche Einheit. Für eine wiss. Betrachtung können R. voluntaristisch (nach zielbezogenen Kriterien) oder historisch (nach sprachlich-kulturellen Gemeinsamkeiten, etwa ethnische, landsmannschaftliche) definiert werden (*Roemheld* u. a. 1987).

Der Regionsbegriff ist nicht an bestimmte geographische Maßstäbe gebunden: Er kann für kleine Räume (z. B. Gebiet eines Stadt-Umland-Verbandes) ebenso wie für internat. Zusammenschlüsse (Handelsblöcke) verwendet werden. Der aus politikwiss. Sicht spezifische *Input* von Raum bzw. R. wird dabei durch die Wirkung der Grenzen (Filter- und Umlenkfunktion), durch die katalysatorische Funktion des Raumes in der Organisation und Artikulation von → Interessen sowie durch regionsspezifische Zugangs- und Beteiligungshemmnisse zu polit. und wirtschaftl. Entscheidungszentren bestimmt (*Fürst* 1993). Obwohl die Grenzen immer durchlässiger und offener werden (großräumige Verflechtung der Wirtschaft, moderne Telekommunikationsmittel, höhere Mobilität von Kapital und hochqualifizierter Arbeit), konstatiert die Literatur eine Regionalismus-Bewegung.

Regionalismus (Rg.) bezeichnet eine polit. Bewegung, die auf der Basis regional abgrenzbarer Kulturbezüge, einer spezifischen polit. Regionalgeschichte und materiell-ökon. Interessenkonflikte mit anderen R. oder → Nationalstaaten entw. Protest gegen fremdbestimmte Benachteiligungen oder Autonomiebestrebungen gegenüber einer übergeordneten Entscheidungsebene ausdrücken will. Die Bewegung basiert auf identifizierten → Ungleichheiten, wird aber erst durch ideologische Aufladung des Regionsbezugs (Tradition, ethnische Gemeinsamkeiten u. a.) in Abgrenzung gegenüber einem als feindlich definierten Umfeld oder Zentrum virulent. Rg. ist inhaltlich unbestimmt und häufig nur eine Klammer für regional mobilisierte Protesthaltungen, in die sehr unterschiedliche Anlässe eingehen. Dem Begriff ist die Gefahr der Ideologisierung oder der Verwechslung von Protest-Ausdruck mit Protest-Ursachen u. a. immanent.

Nicht zum Rg. i. e. S. gehören zum einen Maßnahmen des Zentrums zur Dezentralisierung oder → *Devolution* von Entscheidungskompetenzen, zur Organisation dezentraler Selbsthilfe-Systeme oder zur Aufwertung und Integration regionaler Entscheidungsträger in Entscheidungsstrukturen des Zentrums. Dafür wird zunehmend der Begriff der Regionalisierung verwendet. Zudem hat der hier verwendete Regionalismus-Begriff nichts zu tun mit dem internat. Rg.: dem regionalen Zusammenschluß von Nationalstaaten (*Borrmann* u. a. 1993).

1. Theorien und Wirkungsgeschichte: Eine «Theorie des Rg.» oder der «R.» gibt es nicht. Die empirischen Erscheinungsformen von Rg. sind außerordentlich vielfältig (vgl. *Schultze/Sturm* 1992: 408, 410 f.). Die wiss. Auseinandersetzung mit Rg. hat weniger die Relevanz des Phänomens untersucht, als eher diese unterstellt (vgl. *Kreckel* u. a. 1986) und primär nach seiner Entstehung gefragt. Die Autoren greifen vielfach auf Theorieelemente aus anderen sozialwiss. Bezügen zurück, d. h. arbeiten die Bedeutung der Territorialkomponente für menschliches Verhalten, für die Organisation und Institutionalisierung neuer Entscheidungsstrukturen und für Formen der Konfliktregelung heraus (*Schultze/Sturm* 1992).

(1) Die Deutung wird einerseits aus Theorien der Subsystembildung, des *institution-building* oder der Systemdifferenzierung im Modernisierungsprozeß abgeleitet: (a) aus der Nationalstaaten-Bildung (Spannungsverhältnis von regionalen Einheiten zum Nationalstaat; *von Krosigk* 1980), (b) aus Theorien der Entstehung regionaler Benachteiligungen im Prozeß der Entwicklung moderner kapitalistischer Wirtschaftssysteme (Bedrohung der kulturellen → Identität im Modernisierungsprozeß, polit. Benachteiligung als Folge zentralisierter Willensbildung, ökon. Marginalisierung u. a.; vgl. *Kreckel* u. a. 1986). (c) Aber auch Theorien zur Organisation und Artikulation regionalen Protestes in bestimmten historischen Phasen sind relevant (→ Separatismus- und → Autonomie-Bestrebungen in Industriegesellschaften; vgl. *Gerdes* 1985). (d) Zudem gehen ethnopolit. Vorstellungen in die Diskussion ein (*Straka* 1970). Jedoch sind ethnische Gemeinsamkeiten eher katalysatorisch relevant («Protestsymbol»; vgl. *Berger* 1977): Sie sind als Ideologien leicht zu instrumentalisieren, wenn erkennbare regionale Benachteiligungen vorliegen (*Smith* 1981).

(2) Andererseits wurde Rg. – vorwiegend von Vertretern der Ökologiebewegung und «Neuen Linken» – als Emanzipationsprozeß begriffen: Suche nach regionaler Identität und Heimat, Organisation der eigenständigen Regionalentwicklung, «neue soziale Bewegungen» u. a. (vgl. *Gustafsson* 1976). Impulse erhielt die Diskussion auch aus der Entwicklungsländer-Forschung: (a) aus der Dependenz-/Zentrum-Peripherie-Diskussion (*Gottmann* 1980); (b) den Theorien der *spatial closure* und des *self-reliant development* (vgl. *Senghaas* 1977); (c) aus dependenztheoretisch orientierten Konzepten der regionalen Unterdrückung und Ausbeutung des internen → Kolonialismus (*Hechter* 1975; *Lafont* 1971). Teilweise entwickeln sich auch Forschungsfelder parallel und entdecken erst später ihre strukturellen Gemeinsamkeiten, z. B. die Föderalismusforschung (vgl. *Schultze* 1990).

2. Gegenwartsbezug: Rg. behält in modernen Industriegesellschaften Bedeutung, auch als Folge der internat. Verflechtungen in Politik und Wirtschaft, die für den Nationalstaat eher eine düstere Zukunft erwarten lassen: Das begünstigt regionale Identifikationsbestrebungen (*Lübbe* 1993). Allerdings wird Rg. überlagert und eingefangen von zentralstaatl. Ansätzen der Regionalisierung. Gründe dafür sind: (a) die Überforderung eines zentralisierten Einheitsstaates in einer sich pluralisierenden Gesellschaft mit wachsenden Konsensproblemen (Akzeptanzschwierigkeiten, Politikverdrossenheit u. a.): Moderne Industriestaaten stärken ihre regionalen Entscheidungsstrukturen (→ Dezentralisierung von Kompetenzen, Abbau von Zweckzuweisungen zugunsten erweiterter allg. Zuweisungen, Förderung regionaler Organisationsstrukturen etc.) und öffnen sich föderalen Organisationsformen; (b) die engere, aber relativ lockere Verflechtung von Wirtschaft und Politik im beschleunigten Strukturwandel: Solche «vernetzten» Systeme der Problembearbeitung lassen sich nicht mehr zentral, sondern lediglich dezentral (regional), problemnah und akteursbezogen gestalten. Beispiele sind die Förderung von regionalen *public-private partnerships*, Regionalkonferenzen u. a. (c) Die Wirkung der Europäischen Union: Sowohl die damit einhergehende Zentralisierung und institutionelle Distanzierung von (bisher) nat. Entscheidungskompetenz als auch das Interesse der Europäischen Kommission am direkten Durchgriff auf regionale Umsetzungsstellen ihrer Politikvorgaben (z. B. im Rahmen der Strukturfonds) stärken regionale Zusammenschlüsse, aber auch das Interesse der R., sich nat. und übernat. artikulieren zu können (*Riescher* 1991). (d) Der Wandel der gesellschaftl. Steuerungsmodi: Wir beobachten in Politik, Verwaltung und Wirtschaft einen Wandel von hierarchischer Intervention zu partizipativen und intrinsischen Steuerungsformen. Dieser wird verstärkt zum einen durch den wachsenden Bedarf nach (problembezogener) horizontaler Vernetzung einer zu stark fragmentierten wirtschaftl. wie polit. Entscheidungsstruktur («flache Hierarchien»). Zum anderen verlieren Großinstitutionen zunehmend die Unterstützung ihrer Mitgliederbasis: Das gilt nicht nur für → Parteien, → Gewerkschaften und Verbände im allg., sondern auch für Verwaltungen und Unternehmen (Demotivation der Mitarbeiter). Konkurrierend treten entw. regionale Selbsthilfeorganisationen (neue soziale Bewegungen) auf, oder die Organisationen werden gezwungen, sich stärker zu dezentralisieren, Hierarchien abzubauen, Teilfunktionen zu verselbständigen u. a.

3. Ausblick: Einerseits verliert der Raumbezug für polit. und soziales Handeln eher an Bedeutung: Funktionale Bezüge werden wichtiger und lassen sich mit Hilfe der modernen Telekommunikation raumunabhängiger gestalten (*Fürst* 1993). Zudem verlieren R. durch → Migrationen und Strukturwandel ihre historische Identität. Andererseits aber wird die R. zum einen gerade in Zeiten des Strukturumbruchs wiederentdeckt (vergleichbare frühere Bewegungen: Heimatbewegungen, Naturschutzbewegungen) und zum anderen als Organisationsprinzip zur Vernetzung fragmentierter Entscheidungsstrukturen von regionalen Akteuren wie von staatl. Akteuren aufgewertet (*Stern* 1992; *Häberle* 1993: 37f.). Die Aufwertung der territorialen Komponente im Staatsaufbau rechtfertigt sich insbes. demokratietheoretisch, wirtschaftl., integrationspolit. und verwaltungspolit. (*Häberle* 1993: 27ff.). Aber mit wachsender Vernetzung der Wirtschaft in die R. wird Rg. zunehmend auch inszeniert, um R. als Handlungsebene mit Leben zu füllen (Entwicklung von Regionalbewußtsein; Gestaltung einer *regional corporate identity*) und nach außen zu «vermarkten» (Regions-Image; Regional-Marketing).

→ Entwicklungstheorien; Föderalismus; Territorialität; Modernisierungstheorien; Nation; Nationalstaat; Nationalismus; Soziale Bewegungen.

Lit.: *Benz, A.* u. a. 1999: Regionalisierung Opl. *Berger, S.* 1977: Bretons and Jacobins. Reflections on French Regional Ethnicity, in: *Esman, M. J.* (Hrsg.): Ethnic Conflict in the Western World, Ithaca/L., 159–178. *Borrmann, A.* u. a. 1993: Regionalismustendenzen im Wandel, HWWA-Report Nr. 131, Hamb. *Fürst, D.* 1993: Raum – die politik wissenschaftliche Sicht, in: Staatswissenschaften und Staatspraxis 4, 293–315. *Gerdes, D.* 1985: Regionalismus als soziale Bewegung, Ffm./NY. *Gottmann, J.* (Hrsg.) 1980: Centre and Periphery. Spatial Variation in Politics, Beverly Hills/L. *Gustafsson, L.* (Hrsg.) 1976: Tintenfisch 10. Thema: Regionalismus, Bln. *Häberle, P.* 1993: Der Regionalismus als werdendes Strukturprinzip des Verfassungsstaates und als europarechtliche Maxime, in: AöR 118, 2–44. *Hechter, M.* 1975: Internal Colonialism, 1536–1966, Berkeley/LA. *Kreckel, R.* u. a. 1986: Regionalistische Bewegungen in Westeuropa, Opl. *Krosigk, F. von* 1980: Zwischen Folklore und Revolution: Regionalismus in Westeuropa, in: *Gerdes, D.* (Hrsg.): Aufstand der Provinz. Regionalismus in Westeuropa, Ffm./NY, 25- 48. *Lafont, R.* 1971: Décoloniser en France, Les Régions face à l'Europe, Paris. *Lübbe, H.* 1993: Abschied vom Superstaat. Vereinigte Staaten von Europa wird es nicht geben, Bln. *Nohlen, D./Schultze, R.-O.* (Hrsg.) 1985: Ungleiche Entwicklung und Regionalpolitik in Südeuropa, Bochum. *Roemheld, L.* u. a. 1987: Der Begriff «Region» im Spannungsfeld zwischen Regionalwissenschaft und Regionalpolitik – Versuch der Problematisierung eines ambivalenten Begriffs, in: *Duwe, K.* (Hrsg.): Regionalismus in Europa. Beiträge über kulturelle und sozio-ökonomische Hintergründe des politischen Regionalismus, Ffm. u. a., 72–86. *Riescher, G.* (Hrsg.) 1991: Regionalismus '90 – Zur Dialektik des westeuropäischen Einigungsprozesses, Mchn. *Schultze, R.-O.* 1990: Föderalismus als Alternative? Überlegungen zur territorialen Reorganisation politischer Herrschaft, in: ZParl 21, 475–490. *Schultze, R.-O./Sturm, R.* 1992: Regionalismus, in: *Schmidt, M. G.* (Hrsg.): Die westlichen Länder (Lexikon der Politik, Bd. 3), Mchn., 404–416. *Senghaas, D.* 1977: Weltwirtschaftsordnung und Entwicklungspolitik, Ffm. *Smith, A. D.* 1981: The Ethnic Revival. Camb. *Stern, D. I.* 1992: Do Regions Exist? Implications of Synergetics for Regional Geography, in: Environment and Planning A, 24, 1431–1448. *Straka, M.* (Hrsg.) 1970: Handbuch der europäischen Volksgruppen, Bd. 8: «Ethnos», Wien/Stg.

Dietrich Fürst

Regionalpolitik, umfaßt institutionelle Arrangements, Entscheidungsprozesse und Maßnahmen, deren Bezugsraum durch eine Region oder mehrere Regionen gebildet wird (Infrastrukturplanung, Wirtschaftsförderung etc.).

R. zielt häufig auf eine Minderung oder einen Ausgleich regionaler Disparitäten der Wirtschaftsentwicklung und/oder auf die Pflege der kulturellen Identität einer Region. In D ist sie ebenso wie in der EU durch ein hohes Maß an → Politikverflechtung charakterisiert.

→ Regional/Regionalismus.

Lit.: *Bruder, W./Ellwein, T.* (Hrsg.) 1980: Raumordnung und staatliche Steuerungsfähigkeit (PVS Sonderheft 10), Opl. *Fürst, D.* 1996: Regionalentwicklung: von staatlicher Intervention zu regionaler Selbststeuerung, in: *Selle, K.* (Hrsg.): Planung und Kommunikation, Wsb./Bln., 91–100. *Holtzmann, H.-D.* 1997: Regionalpolitik der Europäischen Union, Bln. *Kraft, A./Ulrich, G.* 1993: Chancen und Risiken regionaler Selbstorganisation, Opl.

Bernhard Thibaut

Regressionsanalyse, mathematisch-statistisches Verfahren, das die unterschiedlichen Ausprägungen einer sog. abhängigen bzw. → endogenen Variablen (z. B. rechtsradikale Einstellung) auf eine oder mehrere andere sog. unabhängige bzw. exogene (z. B. Bildung, Schicht, Lebenszufriedenheit) zurückzuführen und somit zu «erklären» versucht.

Ausgehend von der Formulierung eines funktionalen Zusammenhangs zwischen diesen Variablen werden dabei die Parameter dieser Funktionen aus den empirisch erhobenen Daten «bestimmt» – was angesichts der endlichen Datenmenge auf eine Schätzung dieser theoretischen Parameter hinausläuft. Sowohl der Typ des funktionalen Zusammenhanges (linear, exponential usw.) als auch die Unterscheidung in abhängig/unabhängig sind allerdings keine Ergebnisse der Regressionsrechnung, sondern aufgrund inhaltlicher Kenntnisse und Überlegungen zu treffende Entscheidungen, die als Prämissen in die Regressionsrechnung eingehen. Jeder R. haben somit inhaltliche Überlegungen vorauszugehen.

Als Funktionstyp bei den Regressionsmodellen wird häufig die elementarste Form, nämlich ein linearer Zusammenhang, gewählt. Im Falle von nur zwei Variablen – Y als abhängige und X als unabhängige – lautet der Ansatz somit:

$Y = f(X) = a + bX$

wobei a und b «Regressionskoeffizienten» heißen.

Da im konkreten Anwendungsfall die verfügbare Information (Daten) immer nur als eine räumlich/zeitlich/gegenständliche Realisation in bezug auf das theoretische Modell vorzustellen ist (Stichprobe-Grundgesamtheit Problematik) sind die Regressionskoeffizienten stets zu schätzen. Im Zwei-Variablen-Fall wird ein empirischer Y-Wert nur z. T. auf den Einfluß von X zurückgeführt, zum anderen Teil auf Einflüsse, die nicht weiter spezifiziert (und kontrolliert) werden können. Dieser Anteil wird mit U bezeichnet und heißt «Residualwert» (bzw. im Plural einfach «Residuen»). Damit ergibt sich für den empirischen Wert Ye:

$Ye = f(X,U) = a + bX + U$

Sofern man die Residuen als unsystematische «Störgrößen» interpretiert, ist es sinnvoll, die Regressionskoeffizienten so zu schätzen, daß deren Quadratsumme minimiert wird, d. h.:

$\Sigma U^2 = \Sigma(Ye - Y)^2 = \text{min!}$

In Worten: Die Quadratsumme aus den Differenzen zwischen den empirischen Y-Werten und den – aufgrund des Regressionsmodells – auf die unabhängige Variable X zurückführbaren Y-Werten soll minimiert werden. Dieses Vorgehen wird Methode der kleinsten Quadrate (bzw. *ordinary least squares*, OLS) genannt. Als Indikator für die Angemessenheit der Regressionsschätzung dient der «Determinationskoeffizient», R, der – mit 100 multipliziert – den Prozentsatz der Variabilität (Varianz) von Y angibt, welcher auf X «zurückgeht» bzw. «erklärt» ist (wobei beide Begriffe in statistischem Sinne zu verstehen sind).

Für standardisierte Variable (Mittelwert = 0; Standardabweichung = 1) ist der Regressionskoeffizient a = 0, und b ist identisch mit dem (Produkt-Moment-)Korrelationskoeffizienten bzw. der Kovarianz zwischen beiden Variablen.

Im multivariaten bzw. «multiplen» (linearen) Regressionsmodell, wo mehr als eine unabhängige Variable berücksichtigt wird, lautet der Ansatz in Erweiterung der obigen Ausführungen:

$Y = a + b_1X_1 + b_2X_2 + \ldots + b_nX_n$

wobei für die empirischen Werte Ye wieder der Residualwert U hinzugefügt wird. Die Regressionskoeffizienten können unter bestimmten Voraussetzungen (s. u.) wieder über OLS geschätzt werden. Dabei wird gleichzeitig der Einfluß jeder unabhängigen Variable auf die abhängige um jeweils den der anderen unabhängigen Variablen «bereinigt» (weshalb man auch von «partiellen Regressionskoeffizienten» spricht). Auch bei der multiplen Regression kann der Determinationskoeffizient als Kriterium für die Güte der Schätzung berechnet werden.

Da die Regressions-Koeffizienten $b_1 \ldots b_n$ angeben, um wieviel Einheiten sich Y ändert wenn sich die jeweilige X-Variable um 1 Einheit verändert (d. h. die Koeffizienten also von den Maß-Einheiten X abhängen), ist für einen besseren Vergleich der Einflußstärken zwischen den Variablen eine Standardisierung sinnvoll. Die Änderungen sind nun in (maßstabsunabhängigen) Standardabweichungen angegeben, und die entspr. Regressions-Koeffizienten heißen Beta-Koeffizienten (ß).

Die skizzierten Regressionsmodelle sind von einer Reihe von Voraussetzungen abhängig. So müssen die Variablen mindestens intervallskaliert sein, und der Einfluß der unabhängigen auf die abhängige Variable sollte sinnvoll als im wesentlichen linear angenommen werden können. Untereinander sollten die unabhängigen Variablen möglichst nicht oder nur geringfügig korrelieren (d. h. orthogonal und nicht multikollinear sein). Voraussetzung dafür, daß sich mit der OLS-Schätzung die besten linearen unverzerrten Schätzwerte (sog. BLUE) für die Regressionskoeffizienten erreichen lassen, ist ferner, daß die Residuen normalverteilt mit dem Erwartungswert 0 sind und für alle X die gleichen Varianzen haben (Homoskedastizität). Sie müssen auch unabhängig vom X-Wert sowie unabhängig voneinander sein (d. h. keine Auto-Korrelationen aufweisen). Insbes. mit Hilfe der Residualanalyse können die Modellverstöße geprüft und dann ggf. (zumindest teilweise) bereinigt werden, indem z. B. statt OLS verallgemeinerte Schätzmethoden gewählt werden (GLS = *generalized least squares,* WLS = *weighted least squares).* In der Praxis gibt es aber eine Reihe von nicht einfach zu lösenden Detailproblemen, die z. B. mit möglicher Multikollinearität zusammenhängen.

In jüngerer Zeit sind auch für nicht-metrische abhängige Variablen in erheblichem Ausmaß multivariate Modelle entwickelt worden, die den Regressionsmodellen für metrische Variable entsprechen bzw. auf diese zu rückgeführt werden können. Beim sog. verallgemeinerten linearen Modell (*generalized linear model,* GLM) wird eine Linkfunktion, f, eingeführt, welche die (mxn Datenmatrix) X mit Y verknüpft, d. h.

$Y = f(bx + U)$

wobei f eine Normalverteilung (Probit-Modell), logistische Verteilung (Logit-Modell) oder der Logarithmus (log-lineares Modell) sein kann, und auch für die Verteilung der U weitere Modellannahmen möglich sind (meist aus der Exponentialfamilie). Dies wird eben bes. dann interessant, wenn die abhängige Variable (Y) nicht metrisch, sondern nur polytom oder gar dichotom ist. Für die Modellierung und Berechnung solcher speziellen Probleme gibt es zwar inzwischen differenzierte EDV-Programme, jedoch ist für den Anwender die genaue Bedeutung der Operationen nur schwer durch- bzw. überschaubar, so daß mit extrem hohem mathematischen Aufwand nicht selten eine Plausibilitäts- Deutung der Ergebnisse erfolgt.

→ Methodenprobleme in der empirischen Sozialforschung; Multivariate Statistik; Mehrvariablen-Analysen; Schätzen, statistisches; Skalierung; Statistik; Wahrscheinlichkeitsverteilungen.

Lit.: *Andreß, H.-J.* 1986: GLIM – Verallgemeinerte Lineare Modelle, Braunschw. *Cameron, A. C.,* 1998: Regression analysis of count data, Camb. *Chatterjee, S./Price B.* [2]1995:. Praxis der Regressionsanalyse, Mchn. *Draper, N./Smith, H.* [3]1998: Applied Regression Analysis, NY. *Urban, D.* 1982: Regressionstheorie und Regressionstechnik, Stg.

Jürgen Kriz

Regressionsschätzung → Hochrechnung

Regulation (von lat. *regula* = Regel), im allg. politikwiss. Sprachgebrauch Fachterminus für die allg. verbindliche Regelung gesellschaftl. Probleme durch polit. Entscheidungen mittels Anreizen, Geboten, Verboten, Verordnungen, Gesetzen.

Polit.-ökon. Theorien öff. Handelns verstehen darunter den Eingriff des → Staates in die priv. Sphäre wirtschaftl. Profitstrebens. Ziel ist es, → Marktversagen auszugleichen. R. ist demnach der Teilbereich innerhalb der Politik, der Preise für öff. Güter fixiert (z. B. für Elektrizität), Standards für Produktionsprozesse festsetzt und generell Verbraucherschutzangelegenheiten regelt. Dies gilt inbes. für die USA. In Europa wurden diese Ziele häufig durch die Gründung öff. Unternehmen zu erreichen versucht (*Hancher/Moran* 1989). Begründet wird die → Intervention mit dem Ziel des Wettbewerbserhalts und der Verhinderung von Marktversagen aufgrund des Vorhandenseins natürlicher → Monopole, externer Effekte und Informationsdefizite (*Swann* 1989: 8–11). Regulierungsbestrebungen haben ihren Ursprung in den 1930er Jahren, als die Weltwirtschaftskrise die Gefahren eines *Laissez-faire*-Kapitalismus verdeutlichte (*Polanyi* 1944; *Shonfield* 1965). Seit den 1970er Jahren hat sich in den westl. Industrieländern eine Gegenbewegung entwickelt, die zu Deregulierungs- und Privatisierungsbestrebungen z. B. in der Stromerzeugung und im Telekommunikationsbereich geführt hat (*Swann* 1989). Innerhalb der Politkwiss. wird regulative Politik mittels der → *Policy-analysis* untersucht (*Lowi* 1964; 1972; *Héritier* 1993).

I. e. S. verwendet ist R. ein zentraler Begriff in den verschiedenen neo-marxistischen Regulationstheorien (*Jessop* 1990). Im Mittelpunkt dieser Theorien stehen die sozialen Beziehungen der kapitalistischen → Produktionweise, die sich in unterschiedlichen Formen bzw. Entwicklungsweisen reproduzieren. Die Entwicklung der kapitalistischen Wirtschaftsweise kann demnach in unterschiedliche Phasen eingeteilt werden. Die Grundlage für diese Einteilung bilden die jeweiligen Entwicklungsweisen. Diese entstehen durch die Koppelung eines Akkumulationsregimes mit der ihm entspr. Regulationsweise. Das Zustandekommen eines kohärenten Entwicklungsmodus ist aber kontingent, d. h. abhängig von sozialen Kämpfen (s. *Becker* 1989). R. sichert die Reproduktion des jeweiligen Akkumulationsregimes, der grundlegenden gesellschaftl. Beziehungen und die Kompatibilität dezentral getroffener Entscheidungen (*Hübner* 1990: 188 f.). Konkret besteht R. aus dem Zusammenwirken von Anpassungsmechanismen für eine historisch spezifische Konfiguration von Arbeitsbeziehungen, der Ausgestaltung des Wettbewerbs zwischen Unternehmen, der staatl. Intervention, und der Position des Landes in der internat. Wirtschaft (*Boyer* 1990: 37–42). Die Entwicklungsweise der Nachkriegszeit besteht aus einem intensiven Akkumulationsregime, das auf Massenkonsum beruht (→ Fordismus) und das durch eine monopolistische R. institutionell abgesichert wurde. Der Schwerpunkt empirischer Arbeiten der Regulationstheorien liegt in der Analyse der Krise dieses Entwicklungsmodus.

Lit.: *Becker, U.* 1989: Akkumulation, Regulation und Hegemonie. Logische Korrespondenz oder historische Konstellation? in: PVS 30, 230–253. *Boyer, R.* 1990: The Regulation School: A Critical Introduction, NY. *Hancher, L./Moran, M.* 1989: Organizing Regulatory Space, in: *dies.* (Hrsg.): Capitalism, Culture and Economic Regulation, Ox., 271–299. *Héritier, A.* 1993: Policy-Analyse. Kritik und Neuorientierung, Opl. *Hübner, K.* 1990: Theorie der Regulation. Eine kritische Rekonstruktion eines neuen Ansatzes der Polit. Ökonomie, Bln. *Jessop, B.* 1990: Regulation Theories in Retrospect and Prospect, in: Economy and Society 19, 2, 154–216. *Lowi, T.* 1964: American Business, Public Policy, Case Studies and Political Theory, in: WP 16, 677–715. *Lowi, T.* 1972: Four Systems of Policy, Politics and Choice, in: Public Administrative Review 32, 298–310. *Polanyi, K.* [2]1990: The Great Transformation, Ffm. (engl. 1944). Shonfield, A. 1968: Geplanter Kapitalismus, Köln (engl. 1965). *Swann, D.* 1989: The Regulatory Scene. An Overview, in: *Button, K./Swann, D.* (Hrsg.): The Age of Regulatory Reform, Ox., 1–23.

Sabine Dreher

Regulative Politik, diejenige Form staatl. → Intervention, die in wirtschaftl. und soziale Bereiche moderner Gesellschaften mittels Geboten, Verboten, Verordnungen, Normierungen etc. eingreift. R. P. stellt damit einen anderen Begriff für die allg. Ordnungstätigkeit des Staates dar.

I. e. S. bezeichnet r. P. die bürokratisch-rechtliche Kompensations- und Steuerungsleistungen des Staates, wie sie die → Neo-Klassik bei → Marktversagen (mangelndem Wettbewerb; Monopolbildung) und zur Schaffung marktähnlicher Bedingungen fordert. Dabei entstehen v. a. drei Probleme: (1) Die Spannung zwischen ökon. Zielsetzung und polit. Problemverarbeitung wirft Fragen nach der ökon. Funktionalität r. P. auf. (2) Der Anstieg und die i. d. R. zeitlich unbegrenzte Geltung regulativer Maßnahmen fördert → Verrechtlichung, Gesetzesflut etc. (3) Die Komplexität r. P. erhöht den Beratungsbedarf der polit. Administration und erw. damit den Einfluß der organisierten Interessen(-gruppen) – nicht organisierte oder nicht organisierbare → Interessen werden tendenziell ausgeschlossen.

→ Deregulierung; Policy; Policy analysis; Politikfeldanalyse.
Lit.: → Politikfeldanalyse.

Klaus Schubert

Reich der Freiheit/Notwendigkeit, Denkfigur bei *Marx*, die den Ggs. markiert zwischen einer Gesellschaft, die durch → Entfremdung, ökon. Abhängigkeit und Ausbeutung, gesellschaftl. Hierarchie und polit. → Herrschaft gekennzeichnet ist, und einer «wirklich freien Gesellschaft», die erst im → Kommunismus verwirklicht ist, und in der das Individuum frei ist, «morgens zu jagen, nachmittags zu fischen und nach dem Essen zu kritisieren».

Freilich setzt dieses R. d. F. einen hohen Stand technisch-organisatorischer Entwicklung (→ Produktivkräfte) voraus, wie sie im → Kapitalismus bereits verwirklicht sei, weil ohne sie nur der Mangel verallgemeinert würde. In aktuellen Utopiediskussionen ist umstritten, ob im R. d. F. die entfremdete Arbeit ganz aufhören kann oder als begrenzter Teilbereich weiter fortbestehen muß.

Josef Esser

Relative Deprivation → Deprivation

Relative Mehrheit → Mehrheit/Mehrheitsprinzip

Reliabilität, (von engl. *reliability* = Zuverlässigkeit), Maß für den Grad der Reproduzierbarkeit von empirisch gewonnenen Forschungsergebnissen unter (hinreichend) gleichen Bedingungen. R. gehört mit der → Validität (Gültigkeit) zu den wichtigsten Kriterien für adäquate Forschungsinstrumente.

Im Rahmen der (auch heute noch vorherrschenden) «klassischen» sozialwiss. → Testtheorie ist R. formal als Anteil der «wahren» Varianz an der Gesamtvarianz des Tests (bzw. Fragebogen usw.) definiert. Geschätzt wird dieses Verhältnis mit Hilfe von Korrelationskoeffizienten zwischen: (1) Testwiederholungen: Ein und ders. Test wird der Personengruppe in bestimmtem Zeitabstand zweimal (oder mehrmals) vorgelegt. Man spricht hier von Test-Retest-Reliabilität oder auch Stabilität. Ein Problem dabei sind Lern- und Erinnerungseffekte. (2) Parallel-Tests: Zu einem Test wird eine möglichst «gleichwertige» Parallel-Form entwickelt, und beide Formen werden einer Population vorgelegt; «gleichwertig» heißt dabei formal, daß beide Tests in Personensubgruppen gleiche Erwartungswerte und Varianzen haben. Praktisch ist es allerdings recht schwer, inhaltlich und formal zufriedenstellende Paralleltests zu entwickeln. (3) Test-Hälften: Ein Test wird nach seiner Bearbeitung durch eine Population in zwei Hälften zerlegt (z. B. gerade vs. ungerade Item-Nummern) – *de facto* hat man hier also zwei (halbe) Parallel-Tests. Praktisch ist dieser Ansatz wohl der am häufigsten praktizierte; man spricht von Testhalbierungs- oder *Split-half*-Reliabilität. Für die formalen Probleme sind im Rahmen der → Testtheorie Lösungsvorschläge erarbeitet worden.

Problematisch ist, daß R. in der Forschungspraxis recht unkritisch als «Güte»-Maß verwendet wird. Kritik gibt es aber u. a. aus dem Ansatz der «modernen» Testtheorie (*Fischer* 1974) an der o. a. Abhängigkeit der R. Messung von der Populations- Varianz. Zum anderen werden auch epistemologische Einwände vorgetragen, da mit der R.-Messung implizit eine ganz bestimmte Forschungsmethodologie verbunden ist, die im Lichte moderner systemtheoretischer Erkenntnisse zunehmend fragwürdiger wird (*Kriz* 1981, 1991). Der Aspekt der «Reproduzierbarkeit» kann sich natürlich nur auf «gleiche Bedingungen» beziehen und wirft somit das Problem phänomenologischer Äquivalenzklassen auf – d. h. die Definition jener Parameter, welche «gleich» sein müssen, und jener, die «irrelevant» erscheinen. Formal ist eine hohe R. nämlich Voraussetzung für eine hohe Validität – andererseits engt eine möglichst genaue Reproduzierbarkeit zwangsläufig den Grad variierender Situationen ein, d. h. die inhaltliche Gültigkeit i. S. eines möglichst großen Prognosebereichs sinkt. Ebenso fragwürdig ist eine unreflektierte Verwendung der *Inter-rater*-R. (Übereinstimmung zwischen Ratern oder Kodierern) z. B. bei → Beobachtungen oder → Inhaltsanalysen, weil hier eine methodisch erzwungene gleichartige Reaktion einseitig als «zuverlässig» erklärt wird und die Variabilität von Reaktionen als möglichst zu vermeidende «Fehler» und «Abweichungen». Möglicherweise aber spiegelt gerade die Variabilität viel zuverlässiger das Spektrum unterschiedlicher Wirklichkeitsdeutungen (z. B. unterschiedlicher sozialer Teilsysteme) und damit relevante Aspekte der sozialen Welt wider.

→ Methodenprobleme in der empirischen Sozialforschung.

Lit.: *Bain, L./Engelhardt, M.* [2]1991: Statistical Analysis of Reliability and Life Testing Models: Theory and Methods, NY. *Fischer, G.* 1974: Einführung in die Theorie psychologischer Tests, Bern. *Hujer, R.* 1997: Wirtschafts- und sozialwissenschaftliche Panel-Studien: Datenstrukturen und Analyseverfahren, Gött. *Jahn, I.* 1995: Studie zur Verbesserung der Validität und Reliabilität der amtlichen Todesursachenstatistik. Baden-Baden. *Kriz J.* 1981: Methodenkritik empirischer Sozialforschung, Stg. *Kriz, J.* 1991: Probleme systemisch-empirischer Forschung, in: System Familie 4, 236–242.

Jürgen Kriz

Religionsfreiheit → Freiheit; Grundrechte

Religion und Politik. In der das moderne Selbstverständnis kennzeichnenden polit.-sozialen Sprache umschreiben die generischen Abstraktionen Religion und Politik jeweils relativ eigenständige Sphären der menschlichen Sozialwelt. Gleich den Lebenssphären der Kultur, Wirtschaft oder Wiss. gelten sie als ein Produkt der sozialen Ausdifferenzierung der geschichtl.-gesellschaftl. Wirklichkeit, und sie werden dementsprechend in der begrifflichen Sprache der Sozialwiss. als Teilsysteme einer gesamtgesellschaftl. Totalität definiert, die auf eine ihnen eigentümliche Weise in ein Verhältnis wechselseitiger Einflußnahme treten.

1. Diese im modernen westl. Diskurs vorherrschende Konzeptualisierung einer Wechselbeziehung von Religion und Politik ist ihrerseits historisch-kulturell bedingtes Resultat des westl. Zivilisationsprozesses:

(1) In der Sprachwelt der großen nicht-europ. Zivilisationen gibt es keine der westl. Begrifflichkeit entsprechende Terminologie, noch lassen sich die im westl. Sprachgebrauch implizierten gesellschaftl. Sachverhalte unter den andersgearteten zivilisatorischen Bedingungen empirisch ausmachen. Ein den westl. Begriffen angepaßter Sprachgebrauch beruht entw. auf Neologismen oder adaptiert tradierte Begriffe, in denen stets der historische Bedeutungsgehalt mitschwingt. Eine Wechselbeziehung zwischen Religion und Politik ist im Ordnungsdenken der nicht-europ. Zivilisationsgesellschaften unbekannt.

(2) Die sprachlichen Termini Religion und Politik entstammen dem Erbe der antiken Zivilisation, ohne aber dort eine dem modernen Sprachgebrauch analoge funktionale Bedeutung zu entwickeln. Die griech. Poliskultur hat keinen Begriff von Religion, Politik i. S. der *tà politikà*, der gemeinsamen Angelegenheiten der Bürgerschaft, schließt die Dimension des spirituell-kultischen Lebens des Polisbürgers ein. Die Fragen von Frömmigkeit, Kult und Götterlehre werden auch von den Philosophen im Kontext des polit. Diskurses erörtert. Der von *Platon* (1990: 379 a) in der «Politeia» geprägte Begriff der Theologie definiert die für *Platons* Programm polit.-pädagogisch geeignete Götterlehre. Erst im Zuge des Verfalls der Poliskultur differenziert die kosmopolit. Stoa zwischen polit. Theologie, der Lehre von den Stadtgöttern, der physischen (natürlichen) Theologie, der Götterlehre der Philosophen und der mythischen Theologie, der Götterlehre der Dichter (*Varro* 1976: 18), ohne daß hieraus ein übergreifender Religionsbegriff entwickelt wird. Auch der für die westl. Begriffsgeschichte folgenreiche römische, ganz wesentlich von *Cicero* beeinflußte Religionsbegriff bezieht sich auf das für das öff. Leben konstitutive kultische Element der *res publica. Religio* umschreibt die für die individuelle und kollektive Existenz des Römers unabdingbare Haltung, welche die Weisungen der Götter gewissenhaft beachtet und den entspr. Kultvorschriften sorgfältig nach-

kommt. In der römischen wie auch in der griech. Gesellschaftsordnung ist das «religiöse» Element integraler Bestandteil der soziopolit. Ordnung und hiervon begrifflich nicht geschieden.

(3) Weder in der monotheistisch konzipierten alttestamentlichen Ordnungsidee des Gottesvolkes noch in der neutestamentlichen Vorstellung von der christlichen Gemeinde als sichtbarer Leib Christi werden Politik und Religion begrifflich und sachlich geschieden oder als unterschiedliche Lebenssphären erfahren. Prinzipiell gilt dies auch für die lateinische Christenheit im mittelalterlichen Reich, deren soziokulturelle Ordnung durch die Bipolarität von *sacerdotium* und *imperium,* das Zusammenspiel von Kaiser und Papst als den Repräsentanten der *Spiritualia* und *Temporalia,* bestimmt wurde, jedoch im Begriff der *Res publica Christiana* ihr einheitsstiftendes Ordnungsprinzip gefunden hatte.

(4) Erst der gewaltige Umbruch der europ. Welt in Gestalt der Fragmentarisierung des Christentums in eine Pluralität von Christentümern und der Herausbildung der neuartigen polit. Form des modernen → Staates nahm den *Spiritualia* und den *Temporalia* ihren gemeinsamen Bezugspunkt. Das neoklassische polit. Denken der Renaissance eines *Machiavelli* und der hieran anschließende christlich-republikanische Humanismus Mittel- und Westeuropas rezipierte die Idee der Religion in der urspr. römischen Bedeutung und sah in einem natürlichen konfessions- und kirchenneutralen Gottesbezug ein notwendiges Konstituens der *res publica.* Aber auf dem europ. Kontinent wurde die polit.-soziale Sprache zunehmend durch die soziale Wirklichkeit der beiden aufeinander bezogenen, ihrem Wesen nach aber als verschieden angesehenen institutionellen Ordnungen von Staat und Kirche bestimmt. Begrifflich wurden die pluralen Erscheinungsformen des Christentums als Religion gefaßt, während umgekehrt die Sphäre der *Temporalia* mit dem Phänomen der Staatlichkeit, → Herrschaft und → Macht identifiziert wurde und im Begriff der → Politik aufging. Aus der Anschauung der wechselseitigen Beziehung von kirchlich verfaßter Religionsgemeinschaft und staatl. Herrschaftsapparat im modernen Staat resultieren die Bedeutungsgehalte des modernen Begriffs von Religion und Politik (vgl. *Locke* 1963: passim).

2. So kontrovers auch die inhaltliche Bestimmung dieser Begriffe in den jeweiligen nationalen Kulturen im Verlauf des 19. und 20. Jh. sich im einzelnen gestaltet hat, so lassen sich doch die vorherrschenden Bedeutungsgehalte feststellen.

(1) Insbes. im europ. Diskurs wird das Verhältnis von Politik und Religion i. S. der Beziehung von (säkularem) Staat und (christlicher) Kirche abgehandelt. Sein Gegenstand ist die Beziehung von Staat und Kirche, das «Beziehungsfeld Staat – Gesellschaft – Kirche»: «Die Stellung und Funktion der Kirche in und gegenüber Staat und Gesellschaft, die Art und Weise und die Formen ihrer polit. organisierten Wirksamkeit, die daraus resultierenden Konflikt- und Kooperationsfelder» (*Böckenförde* 1990: 114), unter den Bedingungen einer säkularen und pluralistischen Gesellschaft und ihrer verfassungsstaatl. Ordnung. Ausgehend von dieser Grundsatzproblematik kommt das Spannungsfeld von Staat und Kirche in den mannigfachen historisch-polit. Erscheinungsweisen in den westl. demokratischen Politien unter typologischen Gesichtspunkten als «staatskirchliches Einheitssystem» oder «Trennungssystem» in den Blick (*Maier* 1992: 24). Die internat. sozialwiss. Forschung betrachtet die Verhältnisse von Staat und Kirche im wesentlichen unter dem Gesichtspunkt der Funktion von Kirchen und Religionsgemeinschaften, ihrer Mitglieder und Führungseliten im polit. Prozeß der demokratischen Politien, d. h. der «Einfluß von Religion und Kirche auf polit. Ordnungen (*Polity*-Aspekt), polit. Prozesse (*Politics*-Aspekt) und auf polit. Inhalte (*Policy*-Aspekt) – und ... umgekehrt die Beeinflussungen, Behinderungen und Privilegierungen von Kirchen und Religion durch polit. Entscheidungen und staatl. Maßnahmen» (*Abromeit/Wewer* 1989: 7). Dieser funktionalistisch ausgerichtete Ansatz beschränkt sich nicht mehr ausschließlich auf das Verhältnis von Staat und Kirche, sondern faßt es in allg. Kategorien, die in ihrer Entstehung auf die Soziologie des 19. Jh.,

v. a. diejenige *Emile Durkheims, Max Webers, Georg Simmels, Ernst Troeltschs* zurückgehen.

(2) Politik bezieht sich auf jenen gesellschaftl. Bereich, in welchem die fundamentalen Ordnungs- und Koordinationsprobleme in und zwischen sozialen Verbänden durch verbindliche kollektive Entscheidungen über die Allokation von Gütern, Ressourcen etc. unter dem Einsatz von Macht geregelt werden. Die Sphäre der Politik wird durch das Phänomen von Macht und Herrschaft markiert, und der Begriff der Politik ist folgerichtig macht- und herrschaftsbezogen. Der entspr. moderne Religionsbegriff ist erheblich vieldeutiger, er drückt i. d. R. einen normativ strukturierten Komplex von Ideen, Verhaltensweisen und -praktiken aus, deren gemeinsamer Bezug eine übernatürliche Wirklichkeit und ein hiermit verknüpftes Moment der Sakralisierung sozialer Sachverhalte ist und eine letztgültige und -verbindliche Sinngebung des individuellen und sozialen Lebens beansprucht. Erst unter dieser kategorialen Voraussetzung des modernen Politik- und Religionsbegriffes läßt sich empirisch und analytisch das Beziehungsfeld von Religion und Politik als Gegenstandsbereich sozialwiss. Forschung analytisch aufzeigen. Diese Wechselwirkung stellt sich dann einmal als die «Einwirkung der Religion auf die Politik» und umgekehrt der «Politik auf die Religion» dar. Dies impliziert ein «dialektisches» Verhältnis, in dem einerseits Religion in Beziehung zur Politik gesetzt wird und diese legitimiert, d. h. also in diesem Fall handelt es sich um die Einflußnahme der Gläubigen, ihrer Führer und Institutionen auf das Spiel der Macht. Im umgekehrten Fall wird die Religion zum Objekt der Machtausübung und zum Mittel der Politik (vgl. *Moyser* 1993: 9–11). Folgerichtig wird diese paradigmatische Wechselbeziehung von Politik und Religion aus der Säkularisierung der modernen Gesellschaft erklärt. Der Dualismus von Politik und Religion gilt als Ausdruck der → Modernisierung der westl. polit. Kultur. Das geschichtl. Gegenbild ist die traditionale Gesellschaft, in welcher die polit. und religiöse Sphäre sich wechselseitig durchdringen und letztlich einen «gemeinsamen Komplex von Glaubenshaltungen und Handlungen» formen (ebd.: 12). Erst die Annahme, daß der Modernisierungsprozeß tendenziell universal ist, erlaubt die kategoriale Bestimmung von Politik und Religion als eigenständige gesellschaftl. Teilsysteme und den hierin begründeten Anspruch einer Universalisierung der Kategorien von Religion und Politik, mit deren Hilfe die beiden sozialen Teilsysteme in ihrer wechselseitigen Einflußnahme untersucht werden können. Dieses Postulat einer kategorialen Universalisierung des westl. Selbstverständnisses bedarf umgekehrt des ahistorischen Konzeptes der traditionalen Gesellschaft, um zu erklären, warum die großen nichtwestl. Zivilisationen weder diese Begrifflichkeit noch die entspr. gesellschaftl. Sachverhalte in gleicher Weise ausgebildet haben. Insofern diese zwangsläufig dem globalen Modernisierungsprozeß unterliegen, also der traditionelle Gesellschaftszustand aufgelöst wird, gilt letztlich auch für nicht westl. Gesellschaften, im Analogieschluß auf den Westen, die moderne, durch den Dualismus von Politik und Religion geprägte Begrifflichkeit. Die unter dem Eindruck des Einflußverlustes der kirchlich organisierten Religionsgemeinschaften in Europa formulierte sozialwiss. Lehre behauptet die schon von *Max Weber* konstatierte Marginalisierung von Religion im sozio-polit. Leben der säkularisierten und hochdifferenzierten modernen Gesellschaft, die als *«anti-religious polity»* konzipiert wurde (vgl. *Medhurst* 1981: 115–134). Angesichts gegenteiliger empirischer Befunde zeichnet sich eine gewisse Revision des herrschenden Wissenschaftsparadigmas in Gestalt einer «zyklischen Theorie der Säkularisierung» ab: «der Prozeß, in dem die Gesellschaft sich dem Sinn für das Sakrale entfremdet, enthält bereits den Keim einer Revitalisierung und Erneuerung der Religion» (*Hadden/Shupe* 1988: XV). Die Schlußfolgerung heißt dann: «Eine Art postsäkulare Religion für eine post-säkulare Gesellschaft» (*Moyser* 1993: 16).

(3) Die hier formulierte Einsicht, daß auch die moderne Politik in sich ein wie auch immer zu definierendes religiöses Moment birgt, wurde im 20. Jh. auf unterschiedliche Weise in polit. und wiss. Diskursen themati-

siert und in mehrfacher Hinsicht begrifflich fixiert.

(a) Das Verhältnis von Politik und Religion in der polit. Theologie. Der kontroverse und in seinem Bedeutungsgehalt schillernde Begriff der polit. Theologie wird gleichermaßen «für das Ineinander von Religion und Politik, für die Theologisierung der Politik und Politisierung der Religion verwandt» (*Wiedenhofer* 1976: 11). Dies geschieht sowohl in affirmativer wie auch in kritischer Absicht. Als moderner Begriff bezieht sich polit. Theologie nicht auf die römische polit. Theologie, sondern wird von dem Staatsrechtler *Carl Schmitt* der antichristlichen und antikirchlichen Polemik *Bakunins* entnommen und zur Kennzeichnung seiner eigenen intellektuellen Position 1922 in die Debatte eingeführt. Dieser «juristische» Begriff der polit. Theologie (*Böckenförde* 1989: 150) zieht aus der begriffssoziologischen Feststellung, daß «alle prägnanten Begriffe der modernen Staatslehre ... säkularisierte theologische Begriffe» sind (*Schmitt* 1979: 49), die Schlußfolgerung, daß das metaphysische Weltbild einer Zeit strukturanalog zur vorherrschenden polit. Ordnungsform sei (ebd.: 59f.).

Dieser begriffsgeschichtl. und -soziologische Tatbestand bedeutete für *Schmitt* eine systematische Verknüpfung von Theologie und Jurisprudenz, die beide die geschichtl. höchstentwickelten Formen des okzidentalen Rationalismus darstellten; die «juridische Rationalität» der Kirche trifft sich mit der rationalen Idee des Staates im *Jus publicum Europaeum* (*Schmitt* 1984: 110). Die hierdurch gewonnene normative, d. h. letzthin offenbarungstheologische Position wendet *Schmitt* gegenwartskritisch und verbindet sie mit den Ideen der gegenrevolutionären Staatsphilosophie des 19. Jh., etwa eines *de Maistre, Bonald* oder *Cortés,* und deren Zeitkritik an den polit. kulturellen und gesellschaftl. Erscheinungsformen der modernen westl. Zivilisation, denen der gegenrevolutionäre Kampf des polit. Theologen *Schmitt* gilt.

Im Ggs. zu diesem polit.-ideologischen Kampfbegriff bestimmt der Begriff der «institutionellen» polit. Theologie (*Böckenförde* 1989: 151) deskriptiv die Gesamtheit der «Aussagen eines Gottesglaubens (einer inhaltlich näher bestimmten göttlichen Erfahrung) über den Status, die Legitimation, Aufgabe und eventuell Struktur der polit. Ordnung, einschließlich des Verhältnisses der polit. Ordnung zur Religion» (ebd.: 150f.). Die «institutionelle» polit. Theologie bezieht sich somit auf die moderne Interpretation des Ordnungsdenkens und der Ideenpolitik, vorzüglich des lateinisch-westl. und byzantinisch-östl. Christentums, deren Selbstverständnis diesen Begriff allerdings nicht kannte.

Hiervon zu unterscheiden ist der Begriff der «appellativen» polit. Theologie (ebd.: 153) in der neueren (seit 1965) binnenkirchlichen und -theologischen Diskussion. Diese polit. Theologie liefert eine theologisch angeleitete polit. Handlungslehre, die eine «Begründung und Ausformung des glaubensmotivierten polit.-sozialen Engagements der Christen» unter den Bedingungen der modernen Gesellschaft darstellt. In den Ländern der → Dritten Welt wird sie als «Theologie der Revolution» und «Theologie der Befreiung» bezeichnet. Ganz allgemein bringt die «appellative» polit. Theologie die polit. und ethischen Folgerungen aus dem christlichen Glauben für Politik, Gesellschaft und Wirtschaft zur Geltung. In einer wiss.-kritischen Bedeutung nennt schließlich in D der → Kritische Rationalismus alle «polit. Theorien nicht-liberaler Art», insbes. aber die «utopischen Einwürfe linker und rechter Provienienz» polit. Theologien, deren gemeinsames Merkmal in deren polit. destruktiver Irrationalität gesehen wird (*Wiedenhofer* 1976: 12).

(b) Der Begriff der polit./säkularen Religion thematisiert die Interpretation der modernen ideologisch-polit. Massenbewegungen des → Kommunismus, → Nationalsozialismus, → Faschismus und verwandter Bewegungen als in ihrem Kern religiös-polit. Phänomene. Der Begriff «polit. Religion» wurde von dem Politikwissenschaftler *E. Voegelin* (1938) eingeführt und vom frz. Sozialwissenschaftler *R. Aron* (1946) als *religion séculière* (säkulare Religion) in Umlauf gebracht. Ausgehend von einer anthropologisch begründeten Auffassung vom grundsätzlichen religiös-polit. Charakter allen menschlichen

Gemeinschaftslebens kennzeichnet *Voegelin* die modernen ideologischen Bewegungen als «innerweltliche Religionen», um sie von den geschichtl. Hochreligionen zu unterscheiden. Die «innerweltlichen Religionen», die er später als moderne Metamorphosen der antiken *Gnosis* beschreibt, setzen das Heil und die Erlösung des Menschen in eine geschichtsspekulativ begründete Transformation von Mensch und Gesellschaft (vgl. *Voegelin* 1959: 180–185). Im Anschluß an *Voegelin* und *Aron* entstand eine reiche wiss. Literatur zur Erforschung der polit. Religiosität der modernen totalitären Ideologien, wie die Arbeiten von *J. L. Talmon* (1962; 1960), *N.K. Cohn* (1959) und *L. Kolakowski* (1972; vgl. *Sironneau* 1982). So kontrovers der Begriff der polit. Religion im einzelnen diskutiert wurde, Einigkeit herrscht darüber, daß im Kontext der Säkularisierung eine der Moderne eigentümliche Resakralisierung oder Redivinisierung der innerweltlichen Realität sich vollzogen hat, in deren Zeitraum die sozio-polit. und historische Existenz des Menschen steht.

(c) Umschreibt der Begriff der polit. Religion das eigentümliche religiöse Element in modernen Ideologien, so bezieht sich der ihm verwandte Begriff der *Zivilreligion* (auch Ziviltheologie, Bürgerreligion und öff. Religion) generell auf die einem jeden, auch einem modernen Gemeinwesen inhärente religiöse Dimension. In Fortführung der republikanischen Denktradition von *Rousseau* zur Bezeichnung des für den Bestand einer Republik unabdingbaren religiösen Minimaldogmas eingeführt, wurde der Begriff der Zivilreligion von *R. N. Bellah* 1967 wiederbelebt zur Konzeptionalisierung der spezifisch sakralen Komponente einer jeden sinnstiftenden gesellschaftl. Symbolwelt: «Jede Gesellschaft gründet in einem Sinn für das Sakrale und bedarf eines übergeordneten Sinnzusammenhangs.» Deswegen habe «jede polit. Gesellschaft eine Art Zivilreligion» (*Bellah* 1974: 270, 254). *Bellah* ging aus von der eigentümlichen transkonfessionellen polit. Religiosität des US-amerikan. Selbstverständnisses und generalisierte die amerikan. Befunde. Der Begriff der Zivilreligion fungiert als analytisch-deskriptive Kategorie, die auf eine wie auch immer geartete religiöse Letztbegründung der Legitimität im gesellschaftl. Ordnungsgefüge verweist. In diesem Sinn deckt sich der Begriff mit *Voegelins* (1966: 342) Konzeption der Ziviltheologie, welche die gesellschaftl. verbindliche Ordnungsidee zum Ausdruck bringt.

(d) Demgegenüber wird das Konzept von anderen Autoren in seiner Bedeutung dahingehend eingeschränkt, daß es sich nur auf die spezifische Situation moderner säkularisierter (westl.) Politien bezieht. Unter diesem (oft von Theologen formulierten) Gesichtspunkt gilt die Zivilreligion «als allg. gewordene christlich bestimmte Religion des sittlichen Weltumgangs», welche «die Inhalte und Vorstellungen der kirchlich institutionalisierten Religion weitgehend entspezifiziert, neutralisiert, subjektiviert und privatisiert» (*Wagner* 1986: 585). Der polit. Bezug besteht darin, daß diese allg. als konsensfähig unterstellten religiösen Orientierungen und sittlichen Normen der Zivilreligion die legitimatorischen Voraussetzungen der liberalen Staatsordnung liefern, die diese selbst nicht legitimieren kann. «Zivilreligion (...) ist die Form, in der sich das politische System und dann auch der Staat selbst auf diese Voraussetzungen, von denen er lebt, ohne sie garantieren zu können, ausdrücklich zurückbezieht» (*Lübbe* 1981: 57).

Den in ihren jeweiligen Bedeutungsgehalten keineswegs immer in sich stimmigen Begriffsbildungen der polit. Theologie, polit. Religion und Zivilreligion ist die Intention gemeinsam, das Politische und Religiöse als untrennbar miteinander verflochtene Momente des menschlichen Gemeinschaftslebens unter den Bedingungen einer differenzierten und säkularisierten modernen Gesellschaft auf einen reflexiven Begriff zu bringen.

→ Ethik und Politik; Fundamentalismus; Kommunitarismus; Normative Theorien.

Lit.: *Abromeit, H./Wewer, G.* 1989: Die Kirchen und die Politik, Opl. *Aron, R.* 1946: L'âge des empires et l'avenir de la France, Paris. *Bellah, R. N.* 1967: Civil Religion in America, in: Daedalus 96, 1–21. *Bellah, R. N.* 1974: American Civil Religion in the 1970s, in: *Richey, R. E./Jones, D. D.* (Hrsg.): American Civil Religion, NY., 168–212.

Böckenförde, E.-W. 1989: Kirchlicher Auftrag und Politisches Handeln, Freib. *Böckenförde, E.-W.* 1990: Religionsfreiheit, Freib. *Cohn, N.* 1959: The Pursuit of the Millennium, L. *Fiorenza, F.* 1982: Religion und Politik, in: Christlicher Glaube in moderner Gesellschaft, Teilband 27, 59–101. *Gebhardt, J.* 1987: Politische Kultur und Zivilreligion, in: *Berg-Schlosser, D./Schissler, J.* (Hrsg.): Politische Kultur in Deutschland (PVS-Sonderheft 18), Opl., 49–60. *Hadden, J.K./Shupe, A.* 1986: Prophetic Religions and Politics: Religion and Political Order, Bd. I, NY. *Kleger, H./Müller, A.* 1986: Religion des Bürgers, Zivilreligion in Amerika und Europa, Mchn. *Kolakowski, L.* 1972: Der revolutionäre Geist, Stg. *Locke, J.* 1963: A Letter Concerning Toleration (zuerst 1689), in: Works VI (Nachdruck), Aachen (zuerst L. 1823), 5–58. *Lübbe, H.* 1981: Staat und Zivilreligion, in: *Achterberg, N.* u. a. (Hrsg.): Legitimation des modernen Staates, Wsb., 40–46. *Maier, H.* 1992: Nachdenken über das Christentum, Mchn. *Marty, E. M./Appleby, R. S.* (Hrsg.) 1991: The Fundamentalism Project, Bd. I, Chic./L. *Medhurst, K.* 1981: Religion and Politics: A Typology, in: Scottish Journal of Religious Studies, II, 2, 115–134. *Moyser, G.* 1991: Politics and Religion in the Modern World, in: *ders.* (Hrsg.): Politics and Religion in the Modern World, L./NY., 1–27. *Schmitt, C.* 1979: Politische Theologie, Bln. (zuerst 1922). *Sironneau, J.-P.* 1982: Sécularisation et religions politiques, Paris/NY. *Spinner-Halev, J.* 2000: Surviving Diversity: Religion and Democratic Citizenship, Baltimore u. a. *Talmon, J. L.* 1952: The Origins of Totalitarian Democracy, NY. *Talmon, J. L.* 1960: Political Messianism. NY. *Talmon, J. L.* 1981: The Myth of the Nation and the Vision of Revolution, L. *Taubes, J.* 1985: Der Fürst dieser Welt. Carl Schmitt und die Folgen, Mchn. *Varro, M. T.* 1976: Antiquitates rerum divinarum, Teil I, hrsg. von *Cardanns, B.*, Wsb. *Voegelin, E.* 1938: Die politischen Religionen, Stockholm. *Voegelin, E.* 1966: Anamnesis, Mchn. *Wagner, F.* 1986: Was ist Religion? Gütersloh. *Wiedenhofer, S.* 1976: Politische Theologie, Stg.

Jürgen Gebhardt

Rente, regelmäßig aufgrund von Rechtsansprüchen zu zahlender Geldbetrag, dem zeitlich keine unmittelbare Gegenleistung des Empfängers gegenübersteht.

Verschiedene Arten von R. ergeben sich v. a. aus der Unterschiedlichkeit der Rechtsansprüche hinsichtlich Höhe, Dauer und sachlicher Grundlage des Rentenbezugs (z. B. Altersrente, Invalidenrente, Witwen- und Waisenrente, betriebliche R., R. aufgrund einer Abtretung von Nutzungsrechten etc.). Im allg. Sprachgebrauch, der auch in der Politikwiss. überwiegt, bezieht sich der Begriff auf die Altersversorgung von Arbeitnehmern und Angestellten auf der Grundlage von Rechtsansprüchen an die → Sozialversicherung.

Lit: → Rentenpolitik.

Bernhard Thibaut

Rentenformel, Bezeichnung für die mathematische Gleichung, die in der gesetzlichen Rentenversicherung der BRD verwendet wird, um die Höhe des Rentenanspruchs der Versicherten zu ermitteln.

Die bis heute maßgeblichen Grundsätze der R. wurden im Zuge der großen Rentenreform von 1957 geschaffen; Detailänderungen, wie sie etwa in der Rentenreform von 1992 vorgenommen wurden, beinhalten in den meisten Fällen lediglich geringfügige Veränderungen des Rentenanspruchs. Der R. zufolge ergibt sich die Höhe der monatlichen Zugangsrente aus dem Produkt folgender drei Faktoren: (1) Summe der «persönlichen Entgeltpunkte» (diese ergeben sich aus der Höhe der geleisteten Beiträge im Verhältnis zu den Durchschnittsbeiträgen sowie aus der Zahl der Beitragsmonate) unter Berücksichtigung eines «Zugangsfaktors» (dieser beträgt 1,0 beim gesetzlich vorgesehenen Renteneintrittsalter und erniedrigt/erhöht sich für jeden Monat, den die Rente vorzeitig beansprucht/aufgeschoben wird, um 0,003); (2) «Rentenartfaktor» (bei Alters-, Erwerbsunfähigkeits- und Erziehungsrenten beträgt er 1,0); (3) «aktueller Rentenwert» (er setzt das Prinzip der → Dynamischen Rente um und ergibt sich aus der Veränderung der durchschnittl. Bruttolöhne, die korrigiert wird um Veränderungen der Nettoquoten von Arbeitsentgelten und Renten; insgesamt partizipieren die Rentenbezieher auf diese Weise an der allg. Lohnentwicklung unter Berücksichtigung von Veränderungen der Steuer- und Beitragsbelastung).

Lit.: → Rentenpolitik.

Bernhard Thibaut

Rentenpolitik, Teilbereich der → Sozialpolitik, der Entscheidungsprozesse, Regelungen und Maßnahmen umfaßt, welche die gesetzliche Altersversorgung betreffen.

Grundsätzlich lassen sich in der rentenpolit. Diskussion mehrere Modelle unterscheiden, die mit divergierenden Vorstellungen über die Funktion des Staates bei der Alterssicherung verbunden sind: (1) Einem liberalen Minimalkonzept zufolge ist es im wesentlichen Aufgabe der Bürger, durch priv. Vorsorge und Spartätigkeit für eine Sicherung ihrer Lebensgrundlagen im Alter Sorge zu tragen. Demnach kann sich die R. darauf beschränken, allenfalls gesetzliche Rahmenbedingungen der priv. Alterssicherung festzulegen. (2) Dem gegenüber steht ein wohlfahrtsstaatl. Konzept, das eine weitgehend egalitäre Altersversorgung auf der Basis gleicher Staatsbürgerrechte anstrebt, in Form einer Grundrente wie in GB nach dem urspr. *Beveridge*-Modell oder in Form einer großzügigen Bürgerrente wie etwa in Schweden. (3) Das für die R. der BRD maßgebliche Modell der Statussicherung knüpft Rentenansprüche an Pflichtbeiträge der Erwerbstätigen zur gesetzlichen Rentenversicherung, die eine weitgehende Aufrechterhaltung des im Berufsleben erzielten Lebensstandards ermöglichen sollen. In der BRD zählte die R. zu den Politikfeldern, die zwischen den großen Parteien kaum umstritten sind (Rentenkonsens). Die zunehmenden Strukturprobleme aufgrund demographischer, wirtschaftl. und gesellschaftl.-kultureller Veränderungen haben Debatten um eine grundlegende Rentenreform angefacht. Vertreter von Alternativkonzepten plädieren insbes. für eine Verschiebung zu mehr Eigenvorsorge in Verbindung mit einer allg. Grundversorgung auf niedrigem Niveau, um die Altersvorsorge auf mehrere Säulen zu stellen.

Lit.: *Burger, A.* 1996: Deregulierungspotentiale in der Gesetzlichen Rentenversicherung, Ffm. *Schmähl, W.* 1995: Umbau der sozialen Sicherung im Alter?, in: Staatswissenschaft und Staatspraxis 5, 331–365.

Bernhard Thibaut

Rentierstaat, Begriff der politikwiss. Entwicklungsforschung, der Staaten kennzeichnet, die aufgrund ihrer Verfügung über Bodenschätze wie Erdöl regelmäßig Einkünfte auf dem Weltmarkt erzielen, deren Höhe das produktive Leistungsvermögen der Volkswirtschaft weit überschreitet.

Im Rekurs auf den Rentenbegriff der klassischen → Politischen Ökonomie werden diese «überschüssigen» Einkünfte als «Renten» betrachtet, da sie sich aus Eigentumsrechten an dem Grund und Boden ergeben, der die Bodenschätze birgt. Aus der überwiegend externen Finanzierung des Staatshaushaltes (im Ggs. zum → Steuerstaat) ergeben sich weitere Charakteristika im Hinblick auf das Verhältnis zwischen Staat und Gesellschaft, insoweit die Renten verteilungspolit. zur Herrschaftssicherung eingesetzt werden (→ Allokation), und im Verhältnis zwischen Staat und internat. System, insoweit etwa → Außenpolitik und → Außenwirtschaftspolitik im wesentlichen an dem Ziel orientiert sind, die Renteneinkünfte möglichst dauerhaft zu sichern. Neuere Forschungsansätze zum R. subsumieren auch solche Staaten unter den Begriff, deren «Renten» sich nicht aus Verfügungsrechten über Bodenschätze ergeben, sondern aus anderen → Ressourcen, die i. e. S. nicht produktiv sind, wie etwa die strategisch wichtige Position innerhalb eines regionalen Konfliktherdes.

Lit.: *Boeckh, A./Pawelka, P.* (Hrsg.) 1997: Staat, Markt und Rente in der internationalen Politik, Opl.

Bernhard Thibaut

Replikation (von engl. *replicate* = wiederholen), Durchführung einer empirischen Studie, die möglichst weitgehend hinsichtlich Inhalt und Methodik mit einer früheren übereinstimmt, um so die Stabilität der Ergebnisse gegen Veränderung, aber auch gegenüber → Methodenartefakten abzusichern.

R. dienen auch dazu, Aussagen hinsichtlich der → Reliabilität und → Validität einer Untersuchung zu gewinnen. Allg., so der Vorwurf, finden in den Sozialwiss. eher zu wenige R. statt; die Wahrscheinlichkeit, daß Zufallseffekte als Ergebnisse publiziert werden und in → Theorien eingehen, ist damit recht hoch.

Jürgen Kriz

Repräsentation (von lat. *representare* = vergegenwärtigen, vertreten), nach *E. Fraenkel* (1991: 153) die «rechtlich autorisierte Ausübung von Herrschaftsfunktionen durch verfassungsmäßig bestellte, im Namen des Volkes, jedoch ohne dessen bindenden Auftrag handelnde Organe eines Staates oder sonstigen Trägers öff. Gewalt, die ihre Autorität mittelbar oder unmittelbar vom Volk ableiten und mit dem Anspruch legitimieren, dem Gesamtinteresse des Volkes zu dienen und dergestalt dessen wahren Willen zu vollziehen».

1. Der Begriff R. wird in vielen unterschiedlichen Verständnissen verwandt. Im allg. (und philosophischen) beinhaltet er das Sichvergegenwärtigen von Nichtgegenwärtigem. Entsprechend definiert *H. Pitkin* (1967: 8 f.) R. als «das Gegenwärtigmachen in einer bestimmten Weise von etwas, das nichtsdestoweniger im wörtlichen Sinne oder tatsächlich nicht gegenwärtig ist». Ähnlich meint auch *G. Leibholz* (1966): «Zum Wesen der R. gehört, daß etwas, was nicht präsent ist, gegenwärtig gemacht wird». Im staatsrechtlichen, polit. Sinne ist R. nicht nur ein symbolischer Akt, sondern ein Prinzip bzw. eine Technik, die Ausübung polit. → Macht auf die Zustimmung der Regierten zu gründen, und zwar in der Weise, daß Mandatsträger (Repräsentanten) «im voraus Auftrag und Vollmacht erhalten, gemeinschaftlich für ihre Auftraggeber zu handeln und sie durch ihre kollektive Entscheidung zu verpflichten» (*K. Loewenstein* 1969: 35). Das Volk entscheidet und regiert nicht selbst. Die R. erhält in der → Demokratie den Unterschied von Regierenden und Regierten aufrecht. Sie weist dem Volk zur unmittelbaren Entscheidung im Prinzip nur die Wahl zwischen Personen zu, die, wie das GG in Art. 38 formuliert, «an Aufträge und Weisungen nicht gebunden» sind. Nicht anders hatte *E. Burke* in seiner berühmten Rede an die Wähler von Bristol im Jahre 1774 betont, er werde und solle nicht nach ihren Wünschen und Willen im Parlament denken, reden und entscheiden, sondern nach seinem eigenen Wissen und Gewissen, und somit das Wesen der R. gegenüber bloßer Delegation abgegrenzt. Freilich mag in fehlender Nähe zum Volkswillen eine Gefahr für die → Repräsentative Demokratie liegen. Nach *J. J. Rousseau* verletzt die R. ohnehin die unveräußerliche und unteilbare Souveränität des Volkes und hebt die Freiheit der Bürger auf. *Rousseau* hat den Ggs. zwischen R. und Demokratie behauptet. Die Entwicklung des Parteiwesens, die die Mitwirkung der → Parteien an der → Politischen Willensbildung, die bei Wahlen die Entscheidung des Wählers auch in Sachfragen (Programmalternativen) ermöglicht, und die Bindung der Abgeordneten an Weisungen seiner Partei oder Fraktion (Fraktionszwang) sowie an Interessen seiner Wählerklientel begünstigt hat, wurde jedoch in der Parlamentarismuskritik eines *C. Schmitt* (1928) und in der Parteienstaatskritik eines *G. Leibholz* (1929) als der eigtl. Idee der R. zuwiderlaufend begriffen. *Schmitt* und *Leibholz* haben den Ggs. zwischen klassischem repräsentativem → Parlamentarismus und der parteienstaatlich verfaßten Demokratie als dem Surrogat der → Plebiszitären Demokratie im modernen Flächenstaat behauptet. Unbeschadet der radikaldemokratischen und ideengeschichtl. (normative Anbindung der repräsentativen Idee an eine bestimmte Epoche ihrer Entwicklung) Fundamentalkri-

tik ist die R. in der modernen Verfassungswelt eines der grundlegenden polit. Gestaltungsprinzipien.

2. Für die weitverzweigte Theoriedebatte über R. scheint es sinnvoll, fünf verschiedene Ansätze hervorzuheben: (1) Gerade in D ist eine phänomenologische Betrachtung, die nach dem «Wesen» von R. fragt, tief verwurzelt. *Leibholz* Schrift von 1929 «Das Wesen der Repräsentation» ist für dieses methodische Vorgehen typisch; aber auch *Fraenkel*, wie das Zitat oben zeigt, versucht die «wahren» Interessen zu ergründen, obwohl er sehr viel intensiver vergleichende Analysen der Verfassungswirklichkeit in seine Argumentation einbezieht. Eine solche, wie *Pitkin* kritisiert, mystifizierende Schau der R. zeigt sich bes. deutlich bei *S. Landshut* (1965: 495): «Weil alle Repräsentation sich von einer dem Repräsentanten vorgegebenen, verpflichtenden, (sittlichen) Idee des Ganzen herleitet, deshalb ist auch eine Mehrzahl von Repräsentanten möglich.» (2) Solche «aristokratischen» Funktionen von R. im Parlamentarismus fordern zur Kritik heraus. Am schärfsten wurde sie auf marxistischer Grundlage mit einem Schuß → Anarchismus von *Agnoli* (1968) in seiner bekannten Streitschrift «Die Transformation der Demokratie» formuliert. Die dort vorgenommene Identifizierung von → Kapitalismus, bürgerlicher Gesellschaft, R. und Parlamentarismus wischt grandios alle Widersprüche, Ungleichzeitigkeiten und Differenzierungen beiseite. (3) Eine pragmatisch-kritische Politiktheorie der R. (vgl. *Pitkin* 1967; *von Beyme* 1970; *Bermbach* 1971) sieht R. als eine Vertretungstheorie, nicht mehr und nicht weniger. (4) Ein polit.-soziologischer Ansatz zur R. hat sich insbes. in der US-amerikan. Forschung über *legislative behavior* entwickelt. Intensive Untersuchungen über Parlamentarierverhalten werden dort durch niedrige Parteibindung und Fraktionsdisziplin und häufige namentliche Abstimmungen (*roll calls*) zu polit. Entscheidungen erleichtert. Idealtypische Rollen des Repräsentanten als *trustee*, *delegate* oder als beide kombinierender *politico* sind konzipiert und analysiert worden (*Eulau/Wahlke* 1967). Vergleichbare Untersuchungen sind in der BRD äußerst selten. (5) Jüngere Analysen von gesell. → Korporatismus haben den Begriff der «funktionalen R.» wieder aktiviert. Bereits im 19. Jh. und wieder zwischen beiden Weltkriegen waren berufsständische Vertretungen oder Wirtschafts- und Sozialräte als Alternative oder Ergänzungen zum → Parlamentarismus diskutiert und gefordert worden. Der Begriff Funktionale R. sollte aber für tatsächlich verfaßte Vertretungsorgane (z. B. den ehem. bayrischen Senat) reserviert und nicht auf alle Formen der Interessenvertretung ausgedehnt werden (vgl. *von Alemann* 1981).

Lit.: *Agnoli, J./Brückner, P.* 1968: Die Transformation der Demokratie, Ffm. *Alemann, U. v.* 1981: Neokorporatismus, Ffm. *Bermbach, U.* 1971: Repräsentation, imperatives Mandat und Recall, in: *Beyme, K. von* (Hrsg.): Theory and Politics, Den Haag, 497–525. *Beyme, K. von* 1970: Die parlamentarischen Regierungssysteme in Europa, Mchn. *Eulau/Wahlcke* (Hrsg.) 1967: The Politics of Representation, Beverly Hills. *Fraenkel, E.* [7]1991: Die repräsentative und die plebiszitäre Komponente im demokratischen Verfassungsstaat, in: *ders.*: Deutschland und die westlichen Demokratien, Stg., 153–203 (zuerst 1964). *Guggenberger, G.* u. a. (Hrsg.): 1976: Parteienstaat und Abgeordnetenfreiheit, Mchn. *Hofmann, H.* 1974: Repräsentation. Studien zur Wort- und Begriffsgeschichte, Bln. *Landshut, S.* 1964: Der politische Begriff der Repräsentation, in: *Rausch, H.* (Hrsg.) 1968, 482–497. *Leibholz, G.* [3]1966: Das Wesen der Repräsentation und der Gestaltwandel der Demokratie im 20. Jahrhundert, Bln. *Loewenstein, K.* [2]1969: Verfassungslehre, Tüb. (engl. 1937). *Pitkin, H.* 1967: The Concept of Representation, Berkeley. *Rausch, H.* (Hrsg.) 1968: Zur Theorie und Geschichte der Repräsentation und Repräsentativverfassung, Darmst. *Schmitt, C.* 1954: Verfassungslehre, Bln. (zuerst 1928).

Ulrich von Alemann/Dieter Nohlen

Repräsentationsschluß, Bezeichnung für statistische Folgerungen, bei denen, von empirischen → Beobachtungen bzw. → Daten ausgehend, unter Beachtung bestimmter theoretischer Bedingungen auf «zugrundeliegende» Strukturen geschlossen wird. Es handelt sich also um einen Induktionsschluß – z. B. von dem Mittelwert einer → Stichprobe auf den Mittelwert der Grundgesamtheit.

Neben den beobachteten empirischen Werten sind für den R. auch bestimmte *A-priori*-Annahmen notwendig, was zur Unterscheidung verschiedenartiger Inferenz-Modelle führt (z. B. *BAYES*-Modell mit bekannten *A-priori*-Verteilungen, Fiduzialmodell von *R. A. Fisher*, *Likelihood*-Modell oder Konfidenz-Modell von *J. Neyman/E. S. Pearson*). Zahlreiche moderne Autoren neigen dazu, Repräsentationsschlüsse als Entscheidungsprobleme aufzufassen.

→ Induktion; Inferenzstatistik.

Jürgen Kriz

Repräsentative Demokratie, die im modernen Verfassungsstaat übliche Form der → Demokratie, in welcher das Volk nicht direkt die Herrschaft ausübt (→ Direkte Demokratie), sondern mittels repräsentativer Organe, die es verfassungsmäßig in allg. → Wahlen bestellt und periodisch erneuert.

Grundlegend für das hier vorliegende Demokratieverständnis ist das Konzept der → Repräsentation, dessen Kern die Herrschaft durch im Namen des Volkes (jedoch ohne dessen bindenden Auftrag) handelnde Organe darstellt. Für die r. D. typisch ist der Prozeß der → Politischen Willensbildung über → Parteien und Wahlen, in welchen Volksvertreter das (freie) → Mandat erlangen, in Sachfragen die Wähler bindende Entscheidungen zu treffen. Konzeptionell in einem Ggs., in der Verfassungswirklichkeit eher in einem Spannungsverhältnis dazu stehen Elemente direkter oder → Plebiszitärer Demokratie, der → Volksabstimmung (Plebiszit, Referendum, Volksbefragung etc.), die gleichwohl in den meisten r. D. existieren.

Lit.: → Repräsentation; Demokratie.

Dieter Nohlen

Repräsentative Wahlstatistik, ermittelt die tatsächliche → Wahlbeteiligung und die Stimmabgabe nach Alter und Geschlecht auf einer relativ breiten empirischen Grundlage.

In D erhielt von 1953–1990 bei den meisten Landtags- und bei jeder Bundestagswahl etwa jeder fünfzigste, nach statistischen Kriterien bestimmte Wahlberechtigte einen eigens gekennzeichneten Wahlzettel, der es ermöglicht, unmittelbar nach der Wahl die Altersgruppe und die Geschlechtszugehörigkeit der Wähler von bestimmten Parteien festzustellen. Angesichts der großen Stichprobe sind Genauigkeit und Zuverlässigkeit der Ergebnisse überdurchschnittlich groß. Bei der Bundestagswahl 1990 wurde die r. W. für die Wahlbeteiligung in 2710 von rd. 80000 Wahlbezirken (3,2 %) durchgeführt. Insgesamt wurden 3,5 % der rd. 60 Mio. Wahlberechtigten erfaßt. Die Erhebung der r. W. ist derzeit ausgesetzt, nachdem es bei den Bundestagswahlen 1994 zu Verfahrensproblemen gekommen war.
Problematisch bei diesem Stichprobenverfahren ist die Tatsache, daß die Briefwahl nicht miteinbezogen wird. Dieser «strukturell angelegte Fehler» kann zu leichten Verzerrungen im Ergebnis führen. Insgesamt kann die r. W. bisher lediglich Fragen nach der geschlechts- und altersspezifischen Wahlbeteiligung und nach dem Stimmen-*Splitting* beantworten. Somit nimmt die Frage «Wie ist gewählt worden?» in der r. W. den höchsten Stellenwert ein. «Warum ist wie gewählt worden?» kann nicht beantwortet werden. Es lassen sich mit der r. W. also keine Aussagen über die Motive des Wahlentscheids machen. Die Fülle der amtl. Wahlstatistiken, die von nicht repräsentativen, aber dennoch aussagefähigen, sporadischen Sonderauszählungen nach Alter und Geschlecht in der Weimarer Republik bis hin zu voluminösen Daten zum Wahlverhalten in der BRD seit 1953 reicht, eröffnet jedoch vielfältige Untersuchungsbereiche und Interpretationsmöglichkeiten, so z. B. über das spezifische Wahlverhalten von Frauen, von Jugendlichen, von Nichtwählern. Bislang haben die Ergebnisse von r. W. wegen ihres überwiegend deskriptiven Charakters die

Ansätze zu einer Theorie des Wahlverhaltens nicht wesentlich bereichert. Dennoch ist positiv zu verbuchen, daß in Form der vorhandenen Aggregatdaten eine umfangreiche, inhaltlich relevante Datenquelle bereitsteht, welche insbes. Erkenntnisse über Wandlungsprozesse im Wahlverhalten über einen längeren Zeitraum liefern kann.

→ Splitting; Wahlforschung.

Lit.: *Müller-Rommel, F.* 1984: Wahlanalysen auf Aggregatdatenbasis. Die Verwendung von repräsentativen Statistiken 1953–1980, in: *Holler, M. J.* (Hrsg.): Wahlanalyse, Mchn., 53–73. *Rattinger, H.* 1992: Das Wahlverhalten bei der ersten gesamtdeutschen Bundestagswahl nach Alter und Geschlecht, in: ZParl 23, 266–280. *Roth, D.* 1998: Empirische Wahlforschung, Opl.

Ferdinand Müller-Rommel

Repräsentativsystem → Repräsentation

Reproduktion, in der Marxschen Kritik der → Politischen Ökonomie gebräuchlich für die Notwendigkeit, die jeweils gegebene gesellschaftl. → Produktionsweise durch und in der Arbeit der Menschen wiederherzustellen.

Einfache R. meint die Wiederherstellung des gegebenen Zustands. Der → Kapitalismus kann nur auf der Basis erweiterter R. existieren und funktionieren: Denn die dort in den Gesellschaftsstrukturen enthaltene Verwertungslogik zwingt dazu, nicht nur die vorhandenen Kapitalien (→ Produktionsmittel und Arbeitskräfte), sondern auch die → Akkumulation des Mehrwerts permanent zu erneuern.

Josef Esser

Republik (von lat. *res publica* = die öff. Angelegenheiten; die Sache des Volkes), hat sich in der Gegenwart im allg. Verständnis zu einem unscharfen, inhaltsleeren Ersatzwort für → Staat entwickelt. In historischer Perspektive können prinzipiell drei sich wechselseitig ergänzende wie überschneidende Begriffsbestimmungen unterschieden werden:

(1) R. bezeichnet einen Staat, in dem die → Herrschaft im Ggs. zur erblichen → Monarchie von mehreren (sei es als → Aristokratie oder → Demokratie) in zeitlich befristeten Wahlämtern ausgeübt wird. (2) R. gilt als eine auf das → Gemeinwohl gerichtete, rechtlich verfaßte → Staatsform. Diese zielt auf den Schutz der Bürgerrechte im Rahmen einer gewaltenteilig-repräsentativen → Verfassung. Gegenbegriffe sind → Despotie und → Anarchie. (3) R. kann die Bedeutung der → Volkssouveränität in den Vordergrund stellen und die Notwendigkeit von → Partizipation wie Bürgertugend betonen. Der demokratische → Republikanismus richtet sich gegen Monarchie wie Aristokratie und hält eine liberale, auf Grundrechtssicherung fixierte Staatsauffassung für defizitär.
Der Begriff R. läßt heute kaum Aussagen zum Herrschaftstyp zu. Präsidentielle wie parlamentarische → Demokratien, sozialstische Volksrepubliken und islamische Republiken verwenden ihn zur Selbstbeschreibung. Allein die auf *Machiavelli* zurückgehende, negative Abgrenzung bleibt eindeutig: Republiken sind Nicht-Monarchien. Gleichzeitig wird sowohl in der dt. Diskussion um eine offene R. (*D. Oberndörfer*) und die Notwendigkeit von → Verfassungspatriotismus als auch in der nordamerikan. Liberalismus-Kommunitarismus-Kontroverse weiterhin ein normatives Republikverständnis eingefordert, für das aber Bürgerbeteiligung und die Garantie individueller → Grundrechte in einem Komplementaritätsverhältnis stehen.

→ Kommunitarismus; Liberalismus; Repräsentation; Offene Gesellschaft/Geschlossene Gesellschaft.

Lit.: *Königsberger, H. G.* (Hrsg.) 1988: Republiken und Republikanismus im Europa der Frühen Neuzeit, Mchn. *Mager, W.* 1984: Republik in: *Brunner, O.* u. a. (Hrsg.): Geschichtliche Grundbegriffe, Stg., 549–651. *Oberndörfer, D.* 1991: Die offene Republik, Freib. u. a.

Günter Rieger

Republikanismus, Parteibezeichnung für demokratische wie sozialrevolutionäre Bewegungen des Vormärz. Zentrale Forderung der Republikaner war die Abschaffung der → Monarchie zugunsten der idealisierten demokratischen → Republik. Im Selbstverständnis seiner Anhänger transportierte der polit. Kampfbegriff des R. die Verheißung der Französischen Revolution auf → Freiheit, → Gleichheit und Brüderlichkeit. Dagegen identifizierten seine Gegner aus → Liberalismus und → Konservatismus R. mit deren Umschlag in den «republikanischen Terror».

I. w. S. steht R. für ein theoretisches Konzept, das unter Rückgriff auf normativ überhöhte Vorstellungen der griech. → Polis wie des republikanischen Rom ein freies, dem → Gemeinwohl verpflichtetes Gemeinwesen wesentlich auf Bürgertugend und Patriotismus gründet. Diese freistaatl.-normative Aufladung des Republikbegriffs nimmt ihren Ausgang im Bürgerhumanismus der frühneuzeitlichen oberital. Stadtstaaten, setzt sich (1) als kontinentaleurop. Traditionslinie in der → Identitären Demokratie *Rousseaus* sowie in den sozialromantischen Vorstellungen der Frühsozialisten fort und erlangt (2) als angelsächsischer R. bzw. atlantischer R. (*Pocock* 1975; 1993) z. B. in den Schriften *T. Jeffersons* Bedeutung für die Gründung der USA.
Gegenwärtig erlebt der R. in den USA im Kontext der Krisendiagnose des → Kommunitarismus eine Renaissance. Erneut wird die Revitalisierung republikanischer Ideale als Gegengift zu gesellschaftl. Verfall und polit. Korruption propagiert. Der vermeintlichen Überbetonung individueller Freiheitsrechte im Liberalismus wird die Bedeutung gemeinschaftlicher → Werte mit dem Appell, das Gemeinwohl höher zu stellen als Privatinteressen, entgegengesetzt. Die republikanische Konzeption positiver Freiheit soll sich in der Beteiligung an der Selbstregierung der polit. → Gemeinschaft verwirklichen. Es gilt deshalb, die → Partizipation der Bürger an polit. Entscheidungen zu steigern, ihr Engagement für soziale Belange zu wecken und die entspr. Bürgertugenden mit den Mitteln der → Politischen Bildung zu fördern. Allerdings bleibt dieser *new republicanism* mit spezifischen Problemen behaftet: (1) ist der → Pluralismus moderner → Gesellschaften nicht mit der Vorstellung einer homogenen, sittlich integrierten → Republik zu vereinbaren; (2) werden Minderheitenrechte allzu leicht vom Konsens der → Mehrheit gefährdet; (3) können wohlmeinende öff. Bildung und soziale Kontrolle durchaus in Erziehungsdiktatur und Tugendterror umschlagen; (4) ist republikanischer Patriotismus nicht frei von Tendenzen in Richtung → Nationalismus.

Lit.: *Königsberger, H. G.* (Hrsg.) 1988: Republiken und Republikanismus im Europa der frühen Neuzeit, Mchn. *Langewiesche, D.* 1993: Republik und Republikaner. Von der historischen Entwertung eines polit. Begriffs, Essen. *Pocock, J. G. A.* 1975: The Machiavellian Moment. Florentine Political Thought and the Atlantic Republican Tradition, Princeton. *Pocock, J. G. A.* 1993: Die andere Bürgergesellschaft. Zur Dialektik von Tugend und Korruption, Ffm./NY. *Sandel, M. J.* 1995: Liberalismus oder Republikanismus. Von der Notwendigkeit der Bürgertugend, Wien.

Günter Rieger

Residualkategorie, «Restkategorie», im Rahmen einer Untersuchung nicht berücksichtigter und erfaßter Teil eines Gegenstandsbereiches, weil dieser aufgrund der → Theorie, der Problemeinschätzung oder der operationalisierten Fragestellung als unwichtig oder nebensächlich eingestuft wurde.

Im Zuge einer → Klassifikation empirischer Objekte diejenige Kategorie, die alle «restlichen» Objekte enthält, welche nicht in die inhaltlich spezifizierten Kategorien fallen. Für Prozentuierungen ist die Berücksichtigung einer R. sehr wesentlich, weil sonst durch Aufnahme oder Fortlassen einzelner Kategorien erhebliche Veränderungen in den Relationen der anderen Kategorien im Vergleich zweier (oder mehrerer) Verteilungen entstehen. Im Zusammenhang mit Regressionsmodellen sind R. jene Einflüsse, die nicht weiter spezifiziert (bzw. kontrolliert) werden und deren Quadratsumme im Zuge der Schätzung minimiert wird.

→ Regressionsanalyse.

Jürgen Kriz

Responsivität, allg. Antwort-, Reaktionsbereitschaft, Zugänglichkeit; aus der anglo-amerikan. → Demokratietheorie stammender Begriff, um die Beziehungen zwischen Repräsentanten und Repräsentierten zu erfassen.

R. bedeutet danach die Rückkopplung des polit. Handelns in → Legislative und → Exekutive an die Interessen und Forderungen der Wähler, die Übereinstimmung der Repräsentanten in ihren Entscheidungen mit den Präferenzen der von ihnen Repräsentierten. Das Ausmaß dieser Rückkopplung kann normativ nicht genau bestimmt werden: Vollständige R. (abgesehen von der Unmöglichkeit, die jeweils Repräsentierten und deren Willen genau zu erfassen) verhindert polit.-programmatische Kontinuität, thematische Führung und die Umsetzung langfristiger polit. Konzeptionen; gar keine R. riskiert schließlich den Verlust polit. → Legitimität. Laut *Pitkin* muß für eine optimale Repräsentationsleistung der polit. Akteure das Abweichen ihrer Entscheidungen und Prioritäten von jenen ihrer Wähler die Ausnahme sein.

→ Repräsentation.

Lit.: *Pitkin, H. F.* 1967: The Concept of Representation, Berkeley u. a.

Suzanne S. Schüttemeyer

Ressort/Ressortprinzip, in der Politik bzw. Politikwiss. Synonym für Ministerium. Das Prinzip bezeichnet eine spezifische Kompetenz- und Verantwortungsverteilung innerhalb der Regierung.

Danach leitet jeder Minister seinen Geschäftsbereich selbständig und in eigener Verantwortung, was im Grundsatz die parlamentarische → Ministerverantwortlichkeit ausmacht, nicht jedoch notwendigerweise mit der Absetzbarkeit einzelner Minister durch das Parlament verknüpft ist. In D legt Art. 65 GG eine Kombination von → Kanzlerprinzip (bzw. Richtlinienkompetenz), Kollegialprinzip (→ Kollegialsystem) und R. fest; in der polit. Praxis sind – abhängig von Führungsstil und Agenda, von Fähigkeiten und Charakteren der Akteure – unterschiedliche Mischungsverhältnisse zwischen diesen Formen der Gewichtsverteilung innerhalb einer Regierung anzutreffen.

→ Regieren/Regierungsorganisation.

Suzanne S. Schüttemeyer

Ressourcen, die Gesamtheit aller Faktoren, die der ökon. Entwicklung eines Gemeinwesens zugute kommen, insbes. Bodenschätze, aber auch Kapital, Arbeitskräftereservoir oder allg. Bildungsniveau.

In der Rohstoffwirtschaft bezeichnen R. das Ausgangsmaterial für die industrielle Produktion, also unbearbeitete Grundstoffe (Kupfererz, Kakaobohne) sowie Produkte, die bereits erste Bearbeitungsstadien durchlaufen haben (Roheisen, Sojaöl). Seit der Havanna Charter von 1948 hat sich das letztgenannte erweiterte Begriffsverständnis von (Rohstoff-) R. eingebürgert. Die traditionelle Unterscheidung von regenerierbaren, organischen R. und nicht-regenerierbaren, mineralischen R. ist durch den wachsenden Anteil von Substituten bzw. durch die Einsetzung organischer R. als industrielle R. verwischt worden.

→ Rohstoffpolitik.

Ulrike Rausch

Restauration (von lat. *restauratio* = Wiederherstellung), [1] geschichtswiss. die Bezeichnung (a) des Vorgangs und der Periode der Wiedereinsetzung der *Stuart*-Dynastie in die Rechte der engl. Krone 1660–1688 und (b) der Epoche der versuchten Wiederherstellung der vorrevolutionären herrschaftlichen Verhältnisse Europas nach der endgültigen Niederringung *Napoléons I.* zwischen 1815 und 1830.

[2] Politikwiss. i. w. S. die Benennung aller Versuche, revolutionäre Umwälzungen → Politischer Systeme rückgängig zu machen. Die Notwendigkeit jeglicher R., diejenigen polit. Elemente auszuschalten bzw. umzugestalten, welche die vorausgegangene → Revolution erst ermöglichten, und die mit jeder Revolution verbundenen gesellschaftl.-kulturellen Umwälzungen lassen den Erfolg jeder R. zweifelhaft erscheinen und haben zu einem weitgehenden Ausscheiden des Begriffs aus der politikwiss. Debatte geführt.

Wolfgang Weber

Revisionismus, allg. Bezeichnung für Bemühungen, überlieferte bzw. vorherrschende theoretische oder historisch-polit. Auffassungen in Frage zu stellen. I. e. S. ist R. urspr. eine Selbstbezeichnung einer theoretischen Strömung innerhalb der dt. → Sozialdemokratie Ende des 19. und Anfang des 20. Jh., die Grundpositionen des → Marxismus in Frage stellte (einer «Revision» unterzog).

Der R. behauptete bzw. prognostizierte die schrittweise Durchdringung des → Kapitalismus mit Elementen einer sozialistischen Wirtschaftsorganisation und plädierte für eine reformistische polit. Strategie der → Arbeiterbewegung. Begründer und Hauptvertreter des R. war *E. Bernstein.* Im Kontext erbitterter Strategiekonflikte innerhalb der kommunistischen Bewegung in einzelnen Ländern und auf internat. Ebene wurde R. in der ersten Hälfte des 20. Jh. im Sprachgebrauch der orthodoxen Linken überwiegend als abwertender Kampfbegriff gegen polit. Gegner in den eigenen Reihen eingesetzt. Einige aus der Studentenbewegung hervorgegangene Gruppierungen der Neuen Linken erhoben in den 1960er und 70er Jahren den Vorwurf des R. insbes. gegen die sozialdemokratischen → Parteien sowie gegen die Staats- und Parteiführungen realsozialistischer Länder.

→ Reformismus.

Lit.: *Bernstein, E.* 1990: Texte zum Revisionismus, Bonn. *Papcke, S.* 1977: Der Revisionismusstreit und die polit. Theorie der Reform, Stg.

Bernhard Thibaut

Revolution/Revolutionstheorien (von lat. *revolutio* = Zurückwälzen, Umdrehung, Umwälzung), die grundlegende und dauerhafte strukturelle Veränderung eines oder mehrerer Systeme. Entspr. gibt es ökon., technische, soziale, polit., wiss. Revolutionen.

1. Unter polit. R. wird – im Ggs. zu Staatsstreich oder Revolte – eine grundlegende Umgestaltung der polit. Institutionen mit einem Austausch der → Eliten verstanden. Die statt eines allmählichen Übergangs vergleichsweise abrupte Veränderung kann friedlich oder gewaltsam erfolgen. Zum Erfolg ist ab einem bestimmten Stadium eine breite Bevölkerungskoalition nötig. Die empirisch-sozialwiss. Revolutionsforschung hat neben diesen Kriterien Verlaufsmuster herausgearbeitet und die → Kausalität von R. nach exogenen (z. B. → Kriege, wirtschaftl. Abhängigkeiten) und endogenen Faktoren (verbreitete Unzufriedenheit, Modernisierungsprozesse und ihre Folgen, → Wertewandel, → Ideologien) ausdifferenziert. Ein enges Set kausaler Faktoren wird dagegen von der marxistischen Erklärung von R. aus ökon. Bedingungen bevorzugt. Aus der Perspektive effektiven Handelns ist neben den Trägern (nach denen man bürgerliche, bäuerliche, proletarische etc. R. unterscheidet) v. a. der Aspekt der Organisation und Ressourcenmobilisierung einer revolutionären Bewegung von Bedeutung. Die vorwiss. Erfahrung, daß revolutionäres Handeln («subjektiver Faktor») ohne prozeßhafte Vorbedingungen («objektiver Faktor») ein erfolgloser Aktionismus bleibt, geht in das zentrale Problem der Revolutionstheorie (Rt.) ein, handlungs- und prozeßorientierte,

individualistische und strukturalistische Ansätze miteinander zu verbinden.

2. Dem steigenden Einfluß des philosophischen und ideologischen Moments in den großen R. der europ. Neuzeit (engl. R. von 1689, US-amerikan. R. von 1776, frz. R. von 1789, russ. Oktober-Revolution von 1917) entspr. die Einbeziehung geisteswiss. Methoden. Vor dem Hintergrund einer als → Fortschritt begriffenen Geschichte und des neuzeitlichen Bewußtseins eines radikalen Neuanfangs wird ein zugespitztes Revolutionsverständnis in einem zweifachen Sinnrahmen deutlich. (1) Zum einen erfolgt zumindest dem Selbstverständnis und Anspruch nach eine Ausweitung zum Welthaften; R. wird zur Welt-Revolution. Das gilt für die demokratische (erstmals in der Französischen R.) wie auch für die marxistisch-proletarische R.: Beide verstehen sich als weltgeschichtl. Tat, deren regional begrenzter Vollzug stellvertretend für die gesamte Menschheit erfolgt. (2) Der zweite Aspekt greift das in der astronomischen Bedeutung von R. als Planetenumdrehung präsente Moment natürlicher Gesetzlichkeit auf. In der R. trifft sich das menschliche Handeln – R. geschehen nicht einfach, sie müssen gemacht werden – mit der geschichtl. Notwendigkeit. Die Identität von → Theorie und Praxis, Freiheit und Notwendigkeit, an die sich der Anfang einer neuen nachrevolutionären Geschichte heftet, hat sich – zuletzt in der russ. Oktober-Revolution – als Mythos und Utopie herausgestellt. Sie ist gleichwohl praktisch kaum zu unterschätzen, indem → Gewalt und → Terror als Mittel der geschichtl. Notwendigkeit und «Geburtshelfer» (*Marx*: Das Kapital, MEW 23, 779) des neuen Anfangs gerechtfertigt werden.

3. Eine sich selbstkritisch reflektierende → Moderne revidiert dieses Bild der großen R. auf zweierlei Weise: (1) Die empirische Revolutionsforschung beschreibt «neue» R. (in den Entwicklungsländern, in Osteuropa, im islamischen Bereich), bei denen der universalistische Fortschrittsanspruch und seine philosophische Fundierung wenig aussagekräftig wäre. (2) Sodann gehört die Feststellung der Unmöglichkeit der echten R. zur Zeitdiagnose der rezenten Moderne (von der Dialektik der Aufklärung [*Adorno/Horkheimer*] der → Kritischen Theorie bis zur postmodernen Skepsis gegenüber den Großen Theorien). Anspruch und Selbstbewußtsein der großen R. werden dekonstruiert, ihre Folgelasten – v. a. der Opferaspekt – kritisch erinnert. Es ergeben sich Möglichkeiten einer Kooperation zwischen empirisch-sozialwiss. und rekonstruktiv-hermeneutischer Forschung, die für den Begriff der R. eine größere dimensionale und inhaltliche Komplexität erwarten lassen.

→ Dekonstruktion; Marxismus; Politische Utopie; Postmoderne und Politik; Reform; Soziale Bewegungen.

Lit.: *Arendt, H.* ⁴1994: Über die Revolution, Mchn. (engl. 1963). *Beyme, K. von* (Hrsg.) 1973: Empirische Revolutionsforschung, Opl. *Dunn, J.* 1974: Moderne Revolutionen, Stg. (engl. 1972). *Goldstone, J. A.* (Hrsg.) 1986: Revolutions. Theoretical, Comparative, and Historical Studies, San Diego. *Griewank, K.* ²1969: Der neuzeitliche Revolutionsbegriff, Ffm. *Huntington, S.P.* 1968: Political Order in Changing Societies, New Haven. *Johnson, C.* 1971: Revolutionstheorie, Köln u.a. (engl. 1966). *Koselleck, R.* u.a. 1984: Revolution, in: *Brunner, O.* u.a. (Hrsg.): Geschichtliche Grundbegriffe, Bd. 5, Stg., 653–788. *Lenk, K.* 1973: Theorie der Revolution, Mchn. *Schieder, T.* 1972: Revolution, in: *Kernig, C.D.* (Hrsg.): Sowjetsystem und demokratische Gesellschaft, Bd. V, Freib. u.a., Sp. 692–721. *Tilly, C.* 1993: Die europäischen Revolutionen, Mchn. *Zimmermann, E.* 1990: Protest, Revolt and Revolution, Boulder.

Ulrich Weiß

Revolutionärer Attentismus → Reformismus

Richtlinienkompetenz, im → Politischen System der BRD verfassungsrechtlich durch Art. 65 GG abgesicherte Kompetenz des Bundeskanzlers, die allg. Richtlinien der Regierungspolitik zu bestimmen.

Zusammen mit dem → Konstruktiven Mißtrauensvotum begründet die R. die herausgehobene Position des Kanzlers, dessen Stellung innerhalb des Kabinetts ansatzweise mit der des brit. Premierministers im → Westminster-Modell vergleichbar ist (→ Kanzlerdemokratie). Ein gewisses institutionelles Gegengewicht innerhalb der Regierung schafft (1) das → Ressortprinzip, demzufolge die Bundesminister den Geschäftsbereich ihrer Ministerien in eigener Verantwortung und verbindlich führen, und (2) das Kabinettsprinzip bzw. → Kollegialsystem, in dem die Regierung als ganze (ggf. durch Mehrheitsbeschluß) die Entscheidungen trifft und nach außen gemeinsam die Verantwortung dafür trägt. Die Handhabung und Mischung von R., Ressort- und Kabinettsprinzip macht den jeweiligen Regierungsstil eines Kanzlers aus. In der polit. Realität hängt sein Einfluß auf die Regierungsarbeit v. a. vom Machtgefüge zwischen den Koalitionsfraktionen und seiner Position innerhalb seiner Partei bzw. Fraktion ab.

Rainer-Olaf Schultze/ Suzanne S. Schüttemeyer

Richtungsgewerkschaft → Gewerkschaften

R-Koeffizient → Korrelationsrechnung

Rohstoffpolitik, Gesamtheit aller Maßnahmen, die auf die Regulierung der internat. Rohstoffmärkte zum Zweck ihrer Stabilisierung abzielt.

Die → Interessen rohstoffimportierender (Versorgungssicherheit) und -exportierender Länder (stabile Preise) treffen entlang der vielfachen Fronten des → Nord-Süd-Konflikts aufeinander, da die Mehrheit der Industrieländer rohstoffarm ist, während viele Entwicklungsländer in ihrem Rohstoffreichtum ihr größtes Kapital sehen. Unverändert bestimmt die Nachfragestruktur der Industrieländer den Welthandel. Gleichzeitig ist der Anteil von Rohstoffen am Weltexport kontinuierlich gesunken. Der integrale Konnex von Rohstoff-Ressourcen und wirtschaftl. Sicherheit läßt sich zurückverfolgen bis in das frühe Ägypten und reicht in der jüngsten Gegenwart bis zu den Erdölkrisen der 1970er Jahre und dem Golfkrieg. Viele Industrieländer haben ihre Rohstoffabhängigkeit u. a. durch den strategischen Einsatz von Entwicklungshilfe zu mindern gesucht. Die rohstoffreichen Entwicklungsländer auf der anderen Seite haben über Rohstoffabkommen mit Verbraucherländern (Quotierung/Kontingentierung, langfristige Abnahmegarantien bzw. Schaffung von Marktausgleichslagern, sog. *bufferstocks*) bzw. Rohstoffkartelle (Kontrolle der Preise durch die Produzenten nach dem Vorbild der OPEC) danach gestrebt, das Preisniveau bzw. die Vermarktung bestimmter Rohstoffe zu beeinflussen.

→ Entwicklungspolitik; Ressourcen.

Lit.: *Köhler, A.* 1988: Rohstoffe, in: Staatslexikon. Recht – Wirtschaft – Gesellschaft, hrsg. von der Görres-Gesellschaft, Bd. 4, Freib., 929–938. *Maull, H. W.* 1988: Strategische Rohstoffe, Mchn. *Michaelis, H.* 1995: Die Ressourcenfrage und die Zukunft der Weltenergieversorgung, in: *Kaiser, K./ Schwarz, H.-P.* (Hrsg.): Die neue Weltpolitik, Baden-Baden, 222–235. *Pelikan, H.-M.* 1990: Internationale Rohstoffabkommen, Baden-Baden.

Ulrike Rausch

Roll call vote, namentliche Abstimmung im US-amerikan. Kongreß und in den Parlamenten der Einzelstaaten, bei der die Abgeordneten und Senatoren von einer «Rolle» abgelesen und zur Abstimmung gerufen werden, *call to the vote*, wobei die Entscheidung jedes einzelnen aufgezeichnet, im Repräsentantenhaus sogar auf Bildschirmen sichtbar wird.

Im Kongreß wird dieses Verfahren nicht angewendet bei nicht-kontroversen Beschlüssen; ansonsten ist es die Regel. Durchschnittl. gibt es pro Jahr 600 *r. c. v.* in beiden Häusern. Damit wird es der → Öffentlichkeit möglich, Abstimmungsverhalten individuell zuzurechnen. Dies erhöht die Abhängigkeit des Abgeordneten von seinen Wählern und von ihn unterstützenden → Interessengruppen. Weil sich Motive für das Stimmverhalten daraus nicht erschließen, werden Kompromisse bzw. gemeinwohlorientierte Entscheidungen erschwert. Der Politikwiss. erlauben *r. c. v.*, die Abstimmungskohäsion von → Fraktionen und parteiübergreifenden Gruppierungen zuverlässig zu messen.

Lit. *Jäger, W./Welz, W.* (Hrsg.) 1995: Regierungssystem der USA, Mchn./Wien. *Thaysen, U.* u. a. (Hrsg.) 1988: US-Kongreß und deutscher Bundestag, Opl.

Suzanne S. Schüttemeyer

Rolle/Rollentheorie, Begriff, der der Welt des Theaters entlehnt ist, in der der Schauspieler eine bestimmte Person verkörpert, zum Träger einer R. wird. Der alltägliche Sprachgebrauch deutet darauf hin, daß durch die soziale R. eine Vermittlung von Individuum und → Gesellschaft hergestellt wird: Der einzelne fungiert als Träger und Gestalter gesellschaftl. definierter Aufgaben und Verhaltensweisen. Dies hat sich in der Trennung des strukturellen vom prozessualen Rollenbegriff niedergeschlagen, die auch zur Unterscheidung zwischen (1) struktur-funktionaler und (2) interaktionistischer Rollentheorie (Rt.) führte.

(1) Die struktur-funktionale Rt. geht von der Annahme aus, daß die soziale R. unabhängig vom tatsächlichen Rollenhandeln des Rollenträgers oder, soziologisch genauer, Positionsinhabers zu begreifen ist. Unter R. wird in diesem Sinne die Summe der Erwartungen verstanden, die von Gruppen oder einer ganzen Gesellschaft auf das Verhalten des Inhabers einer sozialen Position gerichtet sind. Dieser Tradition war lange Zeit auch die dt. Diskussion verhaftet, die von *R. Dahrendorf* (1970) in Gestalt des → Homo sociologicus, der den Menschen als Rollenträger vorstellt, entfacht wurde. Bei *Dahrendorf* liegt die Betonung allerdings auf dem Phänomen des Rollenkonflikts und der erklärenden Variable der Bezugsgruppe. Erwartungen werden von den Bezugsgruppen jeweils auf ein Rollensegment des Rollenträgers bezogen. Bezugsgruppen zeichnen sich dadurch aus, daß sie über Druck-, d. h. Sanktionsmittel verfügen, deren Einsatz zu Intra- und Interrollenkonflikten führen können (→ Konflikt).

(2) Die interaktionistische Rt. geht nicht von Inhalt und Form der R. aus, sondern stellt den Ablauf des Rollenhandelns, das Rollenspiel und die Rollenperformanz in den Vordergrund der Betrachtung. An die Stelle von *T. Parsons'* institutionalisierten Erwartungen und *R. Dahrendorfs* Sanktionen tritt hier die interpretierende und aushandelnde Gestaltung der Beziehungen zwischen handelnden Menschen. In der US-amerikan. Version der interaktionistischen Rt. wurde das Herrschaftsproblem meist ebenso ausgespart wie die Bedeutung der Naturbeherrschung durch produktive Arbeit für die Organisation menschlicher Beziehungen. Gerade durch diese Kritik haben dt. Autoren wie *T. Luckmann*, *U. Gerhardt* und *H. Joas* dazu beigetragen, daß der gesellschaftspolit. und forschungsstrategische Stellenwert der Rt. weiter erhellt und das Rollenkonzept auf Forschungsfelder wie die Geschlechterdifferenzierung angewandt wurde.

Lit.: *Alfermann, D.* 1996: Geschlechterrollen und geschlechtstypisches Verhalten, Stg. *Berger, P. L./Luckmann, T.* 1969: Die gesellschaftliche Konstruktion der Wirklichkeit, Ffm. *Claessens, D.* [2]1970: Rolle und Macht, Mchn. *Dahrendorf, R.* [9]1970: Homo Sociologicus, Köln/Opl. *Eisermann, G.* 1991: Rolle und Maske, Tüb. *Gerhardt, U.* 1971: Rollenanalyse als kritische Soziologie, Neuwied. *Goffmann, E.* (1959) [4]1991: Wir alle spielen Theater: Die Selbstdarstellung im Alltag, Mchn. *Haug, F.* 1994: Kritik der Rollentheorie. Argument-Sonderband, Hamb. *Joas, H.* 1975: Die gegenwärtige Lage der soziologischen Rollentheorie, Ffm. *Linton, R.* 1967: Rolle und Status, in: *Hartmann, H.* (Hrsg.): Moderne amerikan. Soziologie, Stg., 251–254. *Luhmann, N.* 1985: Die Form «Person», in: *ders.*: Soziologische Aufklärung 6. Die Soziologie und der Mensch., Opl., 142–154. *Parsons, T.* 1951: The Social System, Glencoe. *Tenbruck, F. H.* 1961: Zur deutschen Rezeption der Rollentheorie, in:

KZfSS 13, 1–40. *Turner, R.* 1962: Role-Taking: Process versus Conformity, in: *Rose, A. M.* (Hrsg.): Human Behavior and Social Processes, L., 20–40.

Hermann Strasser

Romanische Mehrheitswahl, Variante der absoluten → Mehrheitswahl, bei der im Falle, daß im ersten Wahlgang kein Kandidat die absolute Mehrheit der abgegebenen gültigen Stimmen erreicht, in einer Wiederholungswahl (= zweiter Wahlgang) die relative Mehrheit der Stimmen genügt.

Lit.: → Wahlsystem

Dieter Nohlen

Rotation/Rotationsprinzip, in der Politik Prinzip der in regelmäßigem Turnus erfolgenden Neubesetzung eines polit. Amtes (Ämterrotation). I. e. S. die Ersetzung eines gewählten Amtsinhabers oder Mandatsträgers durch einen gewählten Nachrücker während der Amts- oder Legislaturperiode.

In der Sozialforschung Fachausdruck für den planmäßig erfolgenden Austausch oder Ersatz eines Teils eines *Panels.* In der → Faktorenanalyse Fachbegriff für eine Methode der «Festlegung eines Koordinatensystems» (*W. Fuchs-Heinritz*) und der Drehung der Faktorachsen (recht- oder schiefwinkelige R.), wodurch eine bestimmte Konstellation mathematisch extrahierter Faktoren beschrieben werden kann.

Manfred G. Schmidt

Rule (engl. = Regel), jedes soziale Verhalten und polit. Handeln ist regelgeleitet, d. h. Interaktionen und Austauschprozesse sind auf wertgestützte soziale und polit. → Normen angewiesen, die durch Machtkämpfe um Anerkennung oder durch Verhandlungen bzw. Neuverhandlungen generiert werden und auf Institutionalisierungs- bzw. Entinstitutionalisierungsprozesse zielen.

Diese Prozesse sind in reziproker Weise bezogen auf sozialdominante Bedürfnisse, → Interessen, Wünsche, Präferenzen und Meinungen individueller und kollektiver Akteure. Handlungskompetenz und Regelverständnis (*rule understanding*) sind als polit. Verursachungskapazitäten von → Partizipation und Vertrauen qua demokratische Elementarformen polit. Praxis zu betrachten. *G. A. Almond* benennt im Rahmen der → Vergleichenden Analyse polit. Systeme *rule making*, *rule application* und *rule adjudication* als universale *Output*-Funktionen des → Politischen Systems, die ziemlich genau den herkömmlichen Kategorien der horizontalen → Gewaltenteilung entsprechen (→ Legislative, → Exekutive, → Judikative).

→ Input-output-Analyse; Vergleichende Regierungslehre; Verhandlungssysteme.

Lit.: *Almond, G./Coleman, J. S.* (Hrsg.) ^{6}1970: The Politics of the Developing Areas, Princeton (zuerst 1960). *Almond, G. A./ Powell, G. B.* 1966: Comparative Politics: A Developmental Approach, Boston.

Arno Waschkuhn

Runder Tisch, Gleichrangigkeit der Teilnehmer symbolisierender Begriff für ein Beratungsforum, mit dem Konflikte durch Kooperation und Konsens ausgetragen werden sollen und das ansonsten in den staatl. Institutionen nicht vertretene Gruppen mit in der jeweiligen Verfassung nicht vorgesehenen Kompetenzen und Verfahren an polit. Entscheidungen beteiligt.

R. T. wurden von der Opposition, von Bürgerrechtsbewegungen und Kirchen während des Zusammenbruchs des → Real existierenden Sozialismus (aber auch z. B. in Südafrika) als Instrument zur (zunächst) informellen Machtteilhabe genutzt. In der DDR erwirkte der zentrale R. T. u. a. die Auflösung der Stasi und erarbeitete einen Verfassungsentwurf. Der rasche Verfall staatlicher Autorität führte zur Formalisierung seiner Beteiligung durch die Entsendung von Ministern ohne Geschäftsbereich in die Regierung *Modrow*. Als bes. Verdienst der Runden Tische wird gewertet, daß sie als «Institutionen der Transformation mehr oder minder geschlossener polit. Systeme zu offenen Gesellschaften» (*Thaysen* 1990: 175) die Friedlichkeit des Übergangs bewerkstelligten.

Lit.: *Thaysen, U.* 1990: Der Runde Tisch. Oder: Wo blieb das Volk?, Opl.

Suzanne S. Schüttemeyer

Rückerinnerungsfrage, in Individualdatenerhebungen die Frage zur Ermittlung des → Wählerverhaltens nach der Stimmabgabe bei der letzten vergleichbaren Wahl.

Die Ergebnisse der R. sollen im Vergleich mit den Resultaten der Wahlabsichtsfrage Auskunft über Konstanz und Wechsel im Wählerverhalten geben (→ *Recall*). Zudem dient die R. zur Überprüfung der Repräsentativität einer Umfrage, indem ihre Ergebnisse mit der wirklichen Stimmenverteilung der betreffenden Wahl verglichen werden. Weichen die Ergebnisse der R. stark vom tatsächlichen Wahlergebnis ab, wird auf eine gleichartige Abweichung bei der Wahlabsichtsfrage geschlossen. Deshalb werden die Rohdaten zumeist durch Gewichtung (→ Hochrechnung) «korrigiert», zumal viele Befragte zusammen mit ihrer bekundeten Wahlabsicht auch ihre Rückerinnerung an früheres Wahlverhalten ändern (→ Kognitive Dissonanz). Daher kann auch die R. ähnlich wie die Wahlabsichtsfrage nur als bedingt zuverlässige Methode zur Ermittlung des tatsächlichen Wählerverhaltens gelten.

→ Empirische Sozialforschung; Wahlforschung.
Lit.: → Wahlforschung; Wählerverhalten.

Tanja Zinterer

Rüstungskontrolle (engl. *arms control*), Ende der 1950er/Anfang der 1960er Jahre in den USA entwickeltes Konzept, das zwar in einer langen historischen Tradition von Versuchen zur Beschränkung militärischer Macht steht, jedoch eine Abkehr darstellt von der bis dahin vorherrschenden Ausprägung dieser Tradition, der → Abrüstung.

Anders als in der Tradition der Abrüstung wird Rüstung aus der Sicht der Rüstungskontrolltheorie nicht an sich als negativ beurteilt, sondern vielmehr als friedenserhaltend bewertet, sofern die nukleare → Abschreckung dadurch stabiler wird. Darin, nicht aber im Abbau militärischer Potenziale liegt der vorrangige Bezugspunkt der Rüstungskontrolle, die in erster Linie als Mittel verstanden wird, die Sicherheit vor einem Nuklearkrieg zu erhöhen. Die Konzeption der R. geht von der Existenz des Sicherheitsdilemmas autonom handelnder Staaten in einem anarchischen internat. System aus, will dieses aber durch stabilitätsorientierte Rüstungssteuerung mildern: durch Verträge und Abkommen, durch informelle Übereinkünfte, aber auch durch einseitige rüstungspolit. Entscheidungen, die an Stabilitätskriterien orientiert sind. Dazu gehören v. a. die Krisenstabilität und die Stabilität in der Rüstungskonkurrenz. R. und Strategie werden insofern als Einheit gesehen, als Stabilitätskriterien bereits bei der Formulierung von Strategien und der Rüstungsbeschaffung maßgebend sein sollten.

→ Frieden; Internationale Beziehungen; Krieg; Realistische Schule.
Lit.: *Bull, H.* 1982: Die klassische Konzeption der Rüstungskontrolle. Ein Rückblick nach zwanzig Jahren, in: *Nerlich, U.* (Hrsg.): Sowjetische Macht und westliche Verhandlungspolitik im Wandel militärischer Kräfteverhältnisse, Baden-Baden, 481–490. *Kahl, M.* 1994: Abschreckung und Kriegführung. Amerikan. Nuklearstrategie, Waffenentwicklung und nukleare Rüstungskontrolle von Kennedy bis Bush, Bochum. *Krell, G.* 1982: Zur Theorie und Praxis der Rüstungskontrolle, in: *Hessische Stiftung Friedens- und Konfliktforschung* (Hrsg.): Europa zwischen Konfrontation und Kooperation. Entspannungspolitik für die achtziger Jahre, Ffm./NY, 105–142. *Morgan, P.* 1986: Ele-

ments of a General Theory of Arms Control, in: *Viotti, P. R.* (Hrsg.): Conflict and Arms Control: An Uncertain Agenda, Boulder/L., 283–310. *Müller, E.* 1985: Rüstungspolitik und Rüstungsdynamik: Fall USA. Zur Analyse der Rüstungsmotive einer Weltmacht und zur Theorie moderner Rüstungsdynamik, Baden-Baden. *Wilzewski, J.* 1988: Das gefährdete Gleichgewicht. Strategische Rüstungskontrolle und die Ambivalenz der Abschreckung, Ffm./NY.

Peter Rudolf

Rüstungspolitik, Gesamtheit aller polit. Entscheidungen und Maßnahmen, bei denen es um die Beschaffung von Gütern und Dienstleistungen (Forschung und Entwicklung eingeschlossen) zu militärischen Zwecken geht.

Die Forschung zur R. folgt zwei grundlegenden Fragestellungen: zum einen der Frage nach den externen und internen Einflußfaktoren von Rüstung (Rüstungskonkurrenz vs. Rüstungsdynamik), deren Gewichtung und Interaktion; zum anderen der Frage nach den ökon. Auswirkungen von Rüstungsausgaben und den Konsequenzen von Waffensystemen für die strategische Stabilität.

→ Abrüstung; Militärpolitik; Rüstungskontrolle.
Lit.: → Militärpolitik; Rüstungskontrolle.

Peter Rudolf

Sainte Laguë-Verfahren → Höchstzahlverfahren, Verrechnungsverfahren

Samisdat (= Selbstverlag), aus dem Russischen stammender Begriff, der zunächst diejenigen Schrifterzeugnisse (Bücher, Zeitschriften, Broschüren etc.) bezeichnet, die ohne die Genehmigung der Zensur hergestellt und vertrieben werden.

Der Begriff, der später auch auf Länder außerhalb der Sowjetunion übertragen wurde, umfaßt damit die explizite polit. Oppositionsliteratur, i. w. S. aber auch die ganze «zweite Kultur» einer unterdrückten Kunst- und Literaturszene.

Klaus Ziemer

Sample (engl. = Stichprobe), in der empirischen Forschung eine nach inhaltlichen und methodischen Gesichtspunkten erfolgte Zusammenstellung von Untersuchungsobjekten (meist Personen), die dabei als Auswahl einen weit größeren Untersuchungsbereich repräsentieren.

In der → Umfrageforschung wird z. B. häufig aus der (erwachsenen) Gesamtbev. (sog. → Grundgesamtheit) ein S. von etwa 800–2000 Personen befragt. Aussagen über prozentuale Verteilungen (z. B. Anteil P von Anhängern einer bestimmten Partei) können bei N = 2000 mit einer Abweichung von höchstens 2,2 % getroffen werden – bei einer Sicherheit von 95 % (Abschätz-Formel: $2\times(P^*(100\text{-}P)/N)^{0,5}$, z. B. $2\times(50^*50/2000)^{0,5}$ = 2,2). Es sind aber auch andere Grundgesamtheiten relevant, z. B. «alle Abiturienten 1997», «alle SPD-Mitglieder» etc. Da eine reine Zufallsauswahl (z. B. aus der Einwohnermeldekartei) viel zu aufwendig und teuer wäre, werden S. meist über repräsentative Quoten relevanter → Variablen (z. B. Geschlecht, Alter, Wohnort) zusammengestellt.

→ Demoskopie; Stichprobe.

Jürgen Kriz

Schattenwirtschaft, auch «informelle Ökonomie», «Parallelwirtschaft», «zweite Ökonomie» genannt, bezeichnet die Gesamtheit der privatwirtschaftl. Aktivitäten, die im Unterschied zur Wirtschaftstätigkeit im offiziellen (öff. und priv.) Wirtschaftssektor nicht oder nur teilweise in die Sozialproduktrechnung eingehen und für die nicht oder nur teilweise Steuern abgeführt werden, obwohl sie zur gesamtwirtschaftl. Wertschöpfung gehören und *de jure* steuerpflichtig sind.

I. e. S. umfaßt die S. die Wirtschaftstätigkeiten, die nach allg. üblichen Maßstäben in die Sozialproduktrechnung eingehen sollten, jedoch bei der Messung übergangen werden. Der weiter definierte Begriff der S. fügt dieser Komponente die wirtschaftl. Wertschöpfung hinzu, die durch althergebrachte Selbstversorgung und kollektive Selbsthilfe entsteht. Bisweilen wird auch die kriminelle Untergrundwirtschaft zur Schattenwirtschaft i. w. S. gezählt.

Lit.: *Busch, A.* 2001: Schattenwirtschaft, in: *Nohlen, D.* (Hrsg.): Kleines Lexikon der Politik, Mchn., 442–444. *Tanzi, V.* 2000: Policies, Institutions and the Dark Side of Economics, Cheltenham/Northhampton.

Manfred G. Schmidt

Schätzen (S., statistisches), Bezeichnung für eine Gruppe von Verfahren, die es ermöglichen, von Kennwerten auf der Basis der → Daten einer → Stichprobe bestimmte Aussagen über die unbekannten Parameter (z. B. Mittelwert oder Varianz) der → Grundgesamtheit zu machen. Es handelt sich also um ein Inferenzproblem, das als logische Umkehrung der → Prognose verstanden werden kann, bei welcher von der bekannten Verteilung einer → Grundgesamtheit und ihren Parametern direkt mögliche Realisationen entspr. Kennwerte in Zufallsstichproben prognostiziert werden können.

Die Schätzung von Parametern kann einmal auf einen einzelnen Schätzwert abzielen; man spricht dann von Punktschätzung. Andererseits kann ein Intervall gefragt sein, das den (festen, aber) unbekannten Parameter mit einer bestimmten Wahrscheinlichkeit überdeckt – dies ist dann eine Intervallschätzung. Beiden liegt als Verbindung zwischen Stichprobe und Grundgesamtheit eine sog. Schätzfunktion zugrunde; dies ist eine Stichprobenfunktion, welche die folgenden Gütekriterien erfüllen sollte: (1) Konsistenz: Die Schätzfunktion soll mit zunehmender Stichprobengröße stochastisch gegen den wahren Parameter konvergieren. Dies wiederum heißt, daß die Wahrscheinlichkeit, daß die Differenz von Schätzwert und wahrem Wert größer als eine beliebig kleine positive Zahl ist, mit zunehmender Stichprobengröße gegen Null geht. (2) Erwartungstreue: Der Erwartungswert der Schätzfunktion soll der wahre Parameter sein. So ist z. B. der Stichprobenmittelwert M eine erwartungstreue Schätzung für den Parameter μ, hingegen ist die Stichprobenvarianz s^2 keine erwartungstreue Schätzung für σ^2, sondern nur $s^2n/(n-1)$ ist erwartungstreu. Manche Schätzfunktionen werden erst für $n \to \infty$ erwartungstreu (das gilt z. B. für s^2, denn $n/(n-1)$ wird 1, wenn $n \to \infty$ geht); man spricht dann von asymptotischer Erwartungstreue. (3) Effizienz: Die Schätzfunktion soll eine endliche Varianz besitzen, welche in der Klasse anderer erwartungstreuer Schätzfunktionen die kleinste ist. (4) Suffizienz: Die Schätzfunktion soll aus der Stichprobe die gesamte Information über den wahren Parameter ausschöpfen.

Es gibt zwar noch weitere Kriterien für Schätzfunktionen (z. B. Asymptotische Normalität), die aber kaum praktische Bedeutung haben; zudem heißen Schätzfunktionen, welche die vier genannten Kriterien erfüllen, «beste» Schätzfunktionen.

Bei der Punktschätzung gibt es eine ganze Reihe von Alternativen, wie Schätzfunktionen mit wünschenswerten Eigenschaften erhalten werden können. Die drei gängigsten sind die *Maximum-Likelihood*-Methode, die Chiquadrat-Minimum-Methode und die Methode der kleinsten Quadrate. Unter bestimmten, faktisch nicht selten auftretenden Bedingungen liefern alle drei die gleichen Ergebnisse.

Während die erste eine sehr weitgreifende (in der Praxis aber oft schwer handhabbare) Konzeption ist und die wahren Parameter der Grundgesamtheit zu finden sucht, welche unter den Bedingungen der beobachteten Stichprobenrealisationen maximale Wahrscheinlichkeit besitzen, benutzt die zweite das → Chi-Quadrat-Modell und wird daher bes. bei diskreten Verteilungen angewandt; die letzte wiederum wird bes. im Zusammenhang mit Regressionsmodellen verwendet. Die Parameter des Regressionsmodells werden dabei so geschätzt, daß die

Summe der quadrierten Abweichungen der beobachteten Werte von diesen Parametern minimiert wird.
Bei der Intervallschätzung gibt es ebenfalls mehrere unterschiedliche Modellvorstellungen, in der Praxis überwiegt aber die Konzeption der Konfidenzintervalle. Ein solches Konfidenzintervall wird in Abhängigkeit von den beobachteten Stichprobenwerten so berechnet, daß es den wahren Parameter mit der Wahrscheinlichkeit $1 - \alpha$ überdeckt. $1 - \alpha$ heißt in diesem Zusammenhang Konfidenzkoeffizient. So ist z. B. bei dem Stichproben Mittelwert M und bekannter Varianz σ^2 der Grundgesamtheit das Intervall $[M - 1{,}96\ \sigma/\sqrt{n},\ M + 1{,}96\ \sigma/\sqrt{n}]$ ein solches Konfidenzintervall für μ auf dem Konfidenzniveau $\alpha = 0{,}05$, das dieses μ mit einer Wahrscheinlichkeit von $1 - \alpha = 0{,}95$ überdeckt. Im Ggs. zu dem ähnlichen (und bei Schätzung von μ durch M numerisch gleichen) Prognoseintervall für M bei $1 - \alpha = 0{,}95$, nämlich:
$[\mu - 1{,}96\ \sigma/\sqrt{n}\ \mu + 1{,}96\ \sigma/\sqrt{n}]$,
ist das Konfidenzintervall zufällig (da von der Stichprobenrealisation abhängig) und μ fest, während das Prognoseintervall fest und M eine Zufallsvariable ist.

→ Auswahlverfahren; Hochrechnung; Hypothese, Inferenzstatistik; Soziale Indikatoren; Statistik.

Lit.: *Schaich, E.* [2]1990: Schätz- und Testmethoden für Sozialwissenschaftler, Mchn. *Schlittgen, R.* 1996: Statistische Inferenz. Mchn.

Jürgen Kriz

Scheinkorrelation (engl. *spurious correlation*), in der Statistik Bezeichnung für eine Beziehung zwischen zwei → Variablen (→ Korrelation), die durch die gemeinsame Abhängigkeit von einer dritten, intervenierenden Variablen zustande kommt.

Das Schulbeispiel für eine S. ist der Zusammenhang zwischen der abnehmenden Zahl der Störche und dem Rückgang der Geburtenrate, bei dem z. B. die zunehmende → Industrialisierung und/oder Urbanisierung als Drittvariablen nicht berücksichtigt sind. Eine signifikante Korrelation ist somit eine nur notwendige, aber nicht hinreichende Bedingung für die Annahme von Kausalbeziehungen; theoretische Überlegungen sind für Kausalitätsschlüsse unabdingbar (→ Kausalität).

→ Korrelationsrechnung; Statistik.

Rainer-Olaf Schultze

Schicht/Schichtungstheorie, ein aus der Geologie übernommener Begriff zur Kennzeichnung der vertikalen Gliederung einer Gesellschaft (→ Sozialstruktur).

1. So wie soziale → Ungleichheit eine Möglichkeit ist (neben Alter, Geschlecht, Bildung, Nationalität, Einkommen), eine Gesellschaft zu strukturieren, stellen auch soziale Grupp(ierung)en im allg. und Schichten und → Klassen im bes. derartige Strukturformen dar. Diese Strukturformen variieren in dem Maße, in dem sie sich formieren. So besteht eine soziale S., wie jede Gruppe, in dem Sinne, als in ihr mehr Beziehungen unter Schichtangehörigen stattfinden als zwischen jenen Personen, die dieser S. nicht angehören. Denn gleich und gleich gesellt sich gern, jedenfalls häufiger als ungleich. In der Form von S. (und Klassen) wirkt Ungleichheit bes. ausgrenzend, während → Gleichheit Grenzen verschwinden läßt, d. h. einschließt. Unter sozialer Ungleichheit sind daher die «Vor- und Nachteile (zu) verstehen, die mit gesellschaftl. hervorgebrachten, relativ dauerhaften Lebensbedingungen sozialer Gruppen verbunden sind» (*Hradil* 1987: 51).
Definition, → Operationalisierung und Messung dieser Vor- und Nachteile haben zu einem weiteren und einem engeren Schichtbegriff geführt. I. w. S. bestehen S. aus Personen mit gemeinsamen Statusmerkmalen, wobei der Status ein- oder mehrdimensional indiziert sein kann (z. B. Berufsprestige, Einkommen, Bildung). In diesem Fall kann man von einem objektiven Index-Schichtkonzept sprechen, das in den USA u. a. von *L. Warner* in seinen Yankee-City-Studien der 1940er Jahre und nach dem II. Weltkrieg

auch in D verwendet wurde (*Warner* 1963). Der engere Schichtbegriff bezieht sich auf mehr oder weniger klar abgrenzbare Statusgruppen, deren Statusdimensionen allerdings deutliche Gliederungsspuren in den Beziehungen hinterlassen (z. B. Heiratskreise, Interessen, Mobilitätsstreben). Dieses subjektive Interaktionsschichtkonzept ist nicht nur von *Max Webers* Ständebegriff und *Warners* Prestigekonzept der sozialen Einschätzung mit Hilfe der Methode der *evaluated participation* beeinflußt worden, sondern auch von *T. Geigers* (1932) Versuch, objektiven «Lagen» subjektive «Mentalitäten» zuzuordnen.

2. Dogmengeschichtl. stammt der Schichtbegriff aus den USA, z. T. über die amerikan. Rezeption des *Weber*schen Ständebegriffs und mit deutlicher Gradationskonnotation. *Social class* wird eindeutig im Schicht- und nicht im Klassensinne verstanden. Der Klassenbegriff ist europ. Ursprungs, historisch bedingt (→ Feudalismus, → Arbeiterbewegung usw.) und mit deutlicher Konfliktkonnotation (vgl. für einen Überlick *Bendix/Lipset* 1966). Die Entwicklung in der Schichtungsforschung kann man als eine von ein- zu mehrdimensionalen Schichtmodellen und innerhalb der eindimensionalen Studien als eine von Prestige-Interaktionsschichten zu Prestige-Merkmalsschichten beschreiben (*Hradil* 1987: 81 f.). Das Schichtkonzept war (z. B. im Ggs. zum Klassenkonzept *Marx*scher Prägung) angetreten, um Denk- und Verhaltensweisen sowie soziokulturelle im Ggs. zu ökon. Ungleichheitsformen handlungstheoretisch und nicht funktionalistisch zu begründen. Im Laufe der Zeit wurde das Konzept, nicht zuletzt aus forschungsökon. Gründen, ökonomisiert und nicht an Beziehungsgeflechten, sondern an den Menschen als Merkmalsträgern ausgerichtet. Prestige-Schichtmodelle, die lange Zeit dominierten, sehen im Prestige eine wertende Synthese einzelner Merkmale, die den individuellen Erfolg und die gemeinsamen Werte in der Gesellschaft abbilden. Schichtzugehörigkeit wird als das Ergebnis der persönlichen Leistungsfähigkeit und -willigkeit der Gesellschaftsmitglieder angesehen. In diesem Selbstverständnis der Gesellschaft ist bereits die Rechtfertigung – nicht selten auch die → Erklärung – bestehender Ungleichheit enthalten. Das Berufsprestige wird so zum praktischen wie wiss. Maßstab für soziale Auf- und Abstiege, so wie die Berufsstruktur zum «Rückgrat der industriellen Gesellschaft» avanciert (vgl. *Blau/Duncan* 1967; *Mayer* 1975; *Wegener* 1988).

3. Die Vertreter der funktionalistischen Schichtungstheorie (*K. Davis/W. Moore*; *T. Parsons*) argumentieren daher, daß Schichtung aus der arbeitsteiligen Organisation der Gesellschaft folgt (→ Arbeitsteilung). Da nicht alle Tätigkeiten gleich wichtig sind, müssen sie ungleich belohnt werden. Auf diese Weise löst die Gesellschaft zugleich das Motivations- und das Effizienzproblem: Zunächst erhalten die Individuen durch unterschiedliche Belohnungen materieller und symbolischer Art einen Anreiz, die für wichtige Aufgaben in der Gesellschaft erforderlichen Qualifikationen zu erwerben und im Beruf entspr. Leistungen zu erbringen (vgl. *Wiehn* 1974; *Strasser* 1985). Damit soll gleichzeitig erreicht werden, daß die besten Leute auf die wichtigsten Positionen gelangen. Schwerwiegende Einwände (Transparenz, Wettbewerb usw.) haben die sozialwiss. Bedeutung dieser Theorie zurückgedrängt, dennoch scheinen ihre ideologischen Komponenten in öff. Diskussionen immer wieder fröhliche Urstände zu feiern. Am Schichtkonzept, das für *Hradil* (1987: 86) noch 1987 «die am weitesten verbreitete Vorstellung von der Sozialstruktur moderner Gesellschaften» war, hat sich die nachfolgende Diskussion um soziale Lagen und → Milieus entzündet. Ein Abschied von S. und Klasse hat aber noch nicht stattgefunden (*Geißler* 1996; *Strasser* 1987).

Lit.: *Bendix, R./Lipset, S. M* (Hrsg.) [2]1966: Class, Status, and Power, NY. *Blau, P. M./Duncan, O. D.* 1967: The American Occupational Structure, NY. *Geiger, T.* 1972: Die soziale Schichtung des deutschen Volkes, Darmst. (zuerst 1932). *Geißler, R.* 1996: Kein Abschied von Klasse und Schicht, in: KZfSS 48, 319–338. *Hradil, S.* 1987: Sozialstrukturanalyse in einer fortgeschrittenen Gesellschaft, Opl. *Mayer, K. U.* 1975: Ungleichheit und Mobilität im sozialen Bewußtsein, Opl. *Strasser, H.* 1987: Diesseits von Stand und Klasse: Prinzipien einer Theorie der sozialen Ungleichheit, in: *Giesen, B./Haferkamp, H.* (Hrsg.): Soziologie der sozialen Ungleichheit, Opl., 50–92. *Strasser, H./Goldthorpe, J. H.* (Hrsg.) 1985: Die Analyse sozialer Ungleichheit, Opl., 155–172. *Warner, W. L.* (Hrsg.) 1963: Yankee City (ein Band, verkürzte Ausg.), NY. *Weber, M.* [5]1976: Wirtschaft und Gesellschaft, Tüb. (zuerst 1921). *Wegener, B.* 1988: Kritik des Prestige, Opl. *Wiehn, E.* [2]1974: Theorien der sozialen Schichtung, Mchn.

Hermann Strasser

Schlichtung, Verfahren zur Regulierung oder Entschärfung von Konflikten durch vermittelnde Personen oder Institutionen, die in den betreffenden Streit nicht selbst involviert sind.

1. In der internat. Politik bezieht sich der Begriff auf eine Form der Vermittlung in zwischenstaatl. Konflikten, die im Rahmen des UN-Systems (z. B. Internationaler Gerichtshof in Den Haag) oder regionaler Staatenorganisationen (OSZE, OAU, OAS) erfolgen kann oder aber durch Drittstaaten geleistet wird, an die sich die Konfliktparteien direkt wenden. In den meisten Fällen beschränken sich Vermittlungsverfahren in den → Internationalen Beziehungen auf die verschiedenen Formen der Verhandlungsmoderation (→ Mediation); als S. im strengen Sinn gelten Verfahren, bei denen die Schlichtungsinstanz regulierend in den Konflikt eingreift und selbst einen Kompromißvorschlag erarbeitet. In allen Fällen hängt der Erfolg letztlich von der Zustimmungsbereitschaft der am Konflikt beteiligten Staaten ab, da das Völkerrecht diesbezüglich keine effektiven Sanktionsmechanismen kennt.
2. In den → Arbeitsbeziehungen bezeichnet S. das Hinzuziehen von Vermittlern in → Tarifkonflikten, die zum Arbeitskampf zu eskalieren drohen oder bereits eskaliert sind. Das Schlichtungswesen geht historisch auf die Durchsetzung der → Koalitionsfreiheit und die sich daraus ergebende Institutionalisierung von Tarifverhandlungen zurück. Das in der Weimarer Republik geltende Institut der Zwangsschlichtung, das eine für beide Tarifpartner verbindliche Regelung des jeweiligen Konflikts durch den Staat vorsah, wurde in der BRD ausdrücklich nicht wieder eingeführt. Die Tarifpartner sind gehalten, sich auf einen Schlichter zu einigen, der zunächst weitere Verhandlungen moderiert und sodann ggf. den Konfliktpartnern einen Lösungsvorschlag unterbreitet. Sowohl das Aufschieben von Kampfmaßnahmen als auch die eventuelle Zustimmung der Parteien zum Vorschlag des Schlichters beruhen dabei auf dem Prinzip der Freiwilligkeit und können von keiner dritten Instanz erzwungen werden.

Lit.: *Behning, B.* 1994: Die Schlichtung in der kollektiven Arbeitsverfassung der Bundesrepublik Deutschland, Ffm./Bln. *Berkovitch, J.* (ed.) 1996: Resolving International Disputes, Boulder. *Keller, B.* [7]1997: Einführung in die Arbeitspolitik, Mchn.

Bernhard Thibaut

Schließende Statistik → Statistik; Inferenzstatistik; Hochrechnung

Schweigespirale, von *E. Noelle-Neumann* entwickelte → Hypothese, nach der durch Artikulation von Billigung und Mißbilligung in der → Öffentlichen Meinung ein Klima entstehen kann, in dem eine tatsächlich oder vermeintlich vorherrschende Position dadurch immer stärker wird, daß sich die Unterlegenen oder als unterlegen Fühlenden aus dem öff. Diskurs zurückziehen und zu schweigen beginnen, was wiederum die andere Seite stärkt und zu weiterer offensiver Artikulation ermutigt.

Die S. stand im Zentrum einer umfassenden Theorie öff. Meinung, die auf Laborexperimenten und Umfragen sowie der Wahl(kampf)beobachtung 1976 beruhte. Darin wird das Individuum aufgrund von Isolationsfurcht als anpassungsbereit gesehen und die öff. Meinung als «soziale Haut» von

Individuum und Gesellschaft herausgearbeitet, der irrationale, geradezu schicksalhafte Elemente zueigen seien.

Lit.: *Noelle-Neumann, E.* 1980: Die Schweigespirale. Öffentliche Meinung – unsere soziale Haut, Mchn.

Suzanne S. Schüttemeyer

Schwellenländer, seit Mitte der 1980er Jahre verwendeter Begriff, mit dem Entwicklungsländer bezeichnet werden, die einen relativ erfolgreichen Prozeß nachholender industrieller Entwicklung durchlaufen (von daher auch *Newly Industrialized Countries*, NICs, genannt) und an der Schwelle zum Industrieland stehen.

Der Begriff öffnete den Blick auf die Heterogenität der Entwicklungsländer und vollzog die durch unterschiedliche Ressourcenausstattung und entwicklungsstrategische Orientierungen bedingten Hierarchisierungstendenzen innerhalb der → Dritten Welt nach. Aufgrund variierender Listen von → Indikatoren (primär ökon., aber auch dynamischer nationalwirtschaftl. und weltwirtschaftl. Veränderungen wurden zur Gruppe der S. unterschiedliche und unterschiedlich viele (zwischen sieben und mehr als 40) Länder gezählt. Zur unumstrittenen Kerngruppe gehörten Argentinien, Brasilien, Mexiko sowie die vier «ostasiatischen Tiger» Südkorea, Taiwan, Hongkong und Singapur. Oft genannt wurden auch südeurop. Länder (Griechenland, Jugoslawien, Malta, Zypern, Portugal und Spanien), die in den 1980er Jahren keine Berücksichtigung mehr fanden. In diesen Jahren kam es zur weiteren Differenzierung zwischen den (von der → Verschuldungskrise) hart betroffenen lateinamerikan. S., die wirtschaftl. stagnierten (sog. S. auf Dauer), und den dynamischen Wachstumsökonomien ostasiatischer S., die den Status von *Newly Industrialized Countries* erlangten. Für diese Region wird auch zwischen S. der ersten und S. der zweiten Generation (Malaysia, Thailand, Indonesien) unterschieden. Die Asienkrise in der zweiten Hälfte der 1990er Jahre hat freilich die Abstände zwischen den ostasiatischen S. und den westl. Industrieländern v. a. in anderen als ökon. Hinsichten wieder verdeutlicht.

→ Industrialisierung.

Lit.: *Bürklin, W.* 1994: Die vier kleinen Tiger, Ffm. *Menzel. U./Senghaas, D.* 1985: Indikatoren zur Bestimmung von Schwellenländern, in: *Nuscheler, F.* (Hrsg.): Dritte Welt-Forschung, Opl., 75–96.

Dieter Nohlen

Segmented pluralism, Begriff aus der → Vergleichenden Regierungslehre zur Bezeichnung von → Gesellschaften und → Politischen Systemen, in denen der → Pluralismus religiöser, ethnischer und sozio-kultureller Herkunft nicht durch zahlreiche Überlappungen (*cross-cutting-cleavages*), u. a. auch mit sozio-ökonom. → Interessen, zu integrativen Ausdrucksformen findet, sondern auch durch vertikale → Versäulung nach den genannten Merkmalen gesellschaftl. und polit. segmentiert ist.

Operationalisiert wird der *s. p.* an der Struktur der → Parteien und des → Parteiensystems, insbes. am Grad der → Fragmentierung und der Polarisierung. *S. p.* bildete den empirischen Tatbestand für die Entwicklung der Konkordanzdemokratie (*consociational democracy*), einer die → Subkulturen überspannenden Elitenkooperation ihrer jeweiligen polit. Führungen.
In der *policy*-Forschung wird der Begriff auch für die empirisch regelmäßig zu beobachtende Situation verwandt, daß die → Interessengruppen innerhalb der pluralistischen Interessenvermittlungssysteme nur sehr begrenzt untereinander konkurrieren. Eine wichtige Ursache hierfür ist, daß sich innerhalb einzelner Politikfelder oft vergleichsweise stabile Beziehungsmuster zwischen (etablierten) Interessengruppen und den entspr. polit. und bürokratischen Adressaten herausgebildet haben, d. h. die Zugänge zu den polit.-administrativen Entscheidungsarenen oft eingeschränkt sind.

→ Konkordanzdemokratie; Pluralismus; Segmentierung.

Lit.: *Freeman, J. L.* 1964: The Political Process, NY. *Lijphart, A.* 1968: The Politics of Accomodation, Berkeley/LA. *Lowi, T.* 1972: Four Systems of Policy, Politics and Choice, in: Public Administration Review 32, 298–310.

Dieter Nohlen/Klaus Schubert

Segmentierung (von lat. *segmentum* = Abschnitt), in den Sozialwiss. verschieden gebrauchter Begriff, allg. für Prozeß und Ergebnis der Differenzierung in strukturell gleiche bzw. gleichartige, relativ autonome Einheiten einer Gesamtheit, z. B. der → Gesellschaft, des → Marktes.

In der Soziologie wird S. zur Charakterisierung einer Gesellschaft verwandt, die sich aus mehreren ethnischen, religiösen, sprachlichen usw. Gruppen zusammensetzt, die in sich homogen sind und zwischen denen es, wenn überhaupt, nur geringen Austausch gibt. Mit Blick auf den Arbeitsmarkt wird nach dem sog. Drei-Segmente-Modell unterschieden zwischen betrieblich-internem, externem, d. h. berufs- bzw. fachspezifischem und offenem Arbeitsmarkt. Im Zusammenhang struktureller → Arbeitslosigkeit bedeutet Arbeitsplatzsegmentation das Vorhandensein abgeschotteter Teilarbeitsmärkte, die für Arbeitssuchende aus bestimmten gesellschaftl. Gruppen oder auch aus bestimmten Berufsgruppen nicht zugänglich sind. Politikwiss. meint S. die bereichsspezifische Konzentration → Politischer Steuerung auf bestimmte Sektoren, die wechselseitige Abschottung von Fachministerien, so daß politikfeldübergreifende Entscheidungen bzw. Lösungen kaum oder nur schwer und unter Effizienzverlusten zu bewerkstelligen sind.

→ Fragmentierung.

Rainer-Olaf Schultze

Segregation, allg. Bezeichnung für die freiwillige oder erzwungene Absonderung von Individuen und Gruppen von anderen aufgrund äußerer Merkmale wie Hautfarbe, Geschlecht oder ethnische Herkunft bzw. sozialer Charakteristika wie die Zugehörigkeit zu bestimmten → Milieus.

Die extremste Form der S. ist die gesetzlich vorgeschriebene Aufteilung der Bev. nach dem Wohnort (→ Apartheid). Meist geschieht S. jedoch informell und ist auch in modernen Industriegesellschaften eine sichtbare Folge sozialer → Ungleichheit. Problematisch sind insbes. die Ghettobildung in Großstädten, die Absonderung von Immigranten, die Trennung der Lebensbereiche von Jung und Alt sowie die berufliche S., etwa die Konzentration von Frauen auf schlechtbezahlte Dienstleistungsberufe.

Tanja Zinterer

Sekundäranalyse, neuerliche Analyse bereits durchgeführter Untersuchungen, wobei häufig mit neuen Fragestellungen an das anderweitig erhobene Datenmaterial herangegangen wird.

S. gestatten die Überprüfung, Erweiterung, → Falsifikation von Untersuchungsergebnissen ohne neuerliche Feldarbeit.

Rainer-Olaf Schultze

Sekundärgruppe, im Ggs. zu Primärgruppe urspr. für Gruppen, die für die → Sozialisation sekundär sind, später allg. für relativ große Gruppen eher unpersönlichen Charakters.

Manchmal auch als Synonym für Sozialkategorien oder Bevölkerungsgruppen verwendet, im Ggs. zu Kleingruppen, in denen die Mitglieder auch affektive Beziehungen zueinander haben, wie in der Familie oder engen Freundesgruppen.

Franz Urban Pappi

Selbstbestimmungsrecht, der Anspruch von Individuen, Gruppen oder → Nationen, eigene Angelegenheiten eigenverantwortlich, ohne äußeren Zwang zu regeln.

(1) Dem individuellen S. liegt die Idee der → Freiheit und → Gleichheit aller Menschen zugrunde. Entspr. garantieren die in liberalen → Verfassungen verankerten → Grundrechte einen von staatl. Einmischung freien Bereich, in dem der einzelne → Staatsbürger allein oder im Zusammenwirken mit anderen seine → Interessen verfolgen kann. (2) → Kommunitarismus und → Multikulturalismus postulieren ein kollektives S. kultureller, religiöser oder ethnischer → Gemeinschaften als Voraussetzung für individuelle Selbstbestimmung. Solche Gruppenrechte stehen aber unvermeidlich in einem Spannungsverhältnis zu individuellem S. und staatl. → Souveränität. (3) Das S. der Völker beinhaltet, ausgehend von der Idee der → Volkssouveränität, die Vorstellung, daß jedes Volk ein Recht hat, seine eigenen kulturellen, wirtschaftl. und polit. Verhältnisse ohne Einmischung von außen zu gestalten. Ein entspr. S. der Nationen wurde nach dem I. Weltkrieg durch die Vierzehn-Punkte-Erklärung des amerikan. Präsidenten *W. Wilson* (1918) für eine neue europ. Friedensordnung propagiert und nach dem II. Weltkrieg von den Kolonien im Rahmen ihrer Unabhängigkeitskämpfe eingefordert. Das S. gehört heute zu den allg. anerkannten Grundsätzen des Völkerrechts. Als problematisch gilt weiterhin: (a) wer sich als Volk qualifiziert (Sezession), (b) welche Rechte nat. → Minderheiten einzuräumen sind (föderale Selbstbestimmung; begrenzte → Autonomie) und (c) wie die → Menschenrechte als Ausdruck individueller S. zu schützen sind.

→ Internationale Beziehungen; Nationalitätenfrage; Republikanismus.

Lit.: *Gerhardt, V.* 1999: Selbstbestimmung. Das Prinzip der Individualität, Stg. *Kymlicka, W.* 1995: Multicultural Citizenship. A Liberal Theory of Minority Rights, Ox. *Tomuschat, C.* (Hrsg.) 1993: Modern Law of Self-Determination, Dordrecht u. a.

Günter Rieger

Selbsthilfe, allg. die individuelle oder gemeinschaftliche Bearbeitung oder Lösung von Problemen durch die Betroffenen. I. d. R. handelt es sich um die Versorgung mit → Gütern oder Dienstleistungen, die aus Sicht der zur S. greifenden Personen bzw. Gruppen auf dem Markt oder vom Staat nicht in ausreichender Menge oder Qualität zu akzeptablen Preisen angeboten werden.

Neben dem Motiv, eine Unterversorgung mit den entspr. Gütern oder Dienstleistungen abzubauen, wird S. auch unter den Gesichtspunkten der Eigenwertigkeit solidarischer Problembewältigung sowie der Effektivität und Nachhaltigkeit der Problemlösungen begründet und propagiert (bei bestimmten Ansätzen der Sozialarbeit oder der Psychotherapie sowie in Teilbereichen der Entwicklungspolitik, etwa Armutsbekämpfung).

Lit.: *Braun, J./Kettler, U.* u. a. (Hrsg.) 1996: Selbsthilfe und Selbsthilfeunterstützung in der Bundesrepublik Deutschland, Lpz. *Leffler-Franke, U.* 1994: Stärkung von Partizipation und Selbsthilfe im Zusammenhang mit Strukturanpassungsmaßnahmen in Afrika, Bln.

Bernhard Thibaut

Selbstreferentielles System, mehrdeutiger Begriff der → Systemtheorie zur Bezeichnung von Systemen, die über die Fähigkeit verfügen, Beziehungen zu sich selbst herzustellen und diese gegenüber Beziehungen zu ihrer Umwelt zu differenzieren.

Nach *N. Luhmann* (1984: 59) kann ein System dann als selbstreferentiell bezeichnet werden, «wenn es die Elemente, aus denen es besteht, als Funktionseinheiten selbst konstituiert und in allen Beziehungen zwischen diesen Elementen eine Verweisung auf diese Selbstkonstitution mitlaufen läßt», d. h. auch, daß «auf diese Weise die Selbstkonstitution laufend reproduziert» wird. Je nach zugrundeliegendem Systemverständnis können verschiedene Ebenen der Selbstreferentialität unterschieden werden, z. B. die

Selbstbeobachtung, die Selbstbeschreibung, die Selbstorganisation, die → Selbststeuerung, die Selbstreflexion, die Selbstproduktion und → Autopoiese. *Luhmann* trennt zwischen Selbstreferenz und Autopoiese und unterscheidet drei Subkategorien der Selbstreferenz, die basale Selbstreferenz, die Reflexivität (oder prozessuale Selbstreferenz) und die Reflexion. Mit der Entwicklung des theoretischen Konstruktes s. S. ist insofern eine Entkoppelung von theoretisch-abstrakter und empirisch-praktischer Sozialforschung verbunden, als ein s. S. *per definitionem* externen Steuerungseinflüssen entzogen ist, es sei denn, die Umwelt- und Ressourcenabhängigkeit aller Subsysteme wird von außen dazu genutzt, das System zu zerstören.

Lit.: *Luhmann, N.* [8]2000: Soziale Systeme, Ffm. (zuerst 1984). → Systemtheorie.

Klaus Schubert

Selbststeuerung, Begriff aus den systemtheoretischen Steuerungstheorien. Soziale (Teil-)Systeme sind in unterschiedlichem Maße von Außenbezügen und Umweltbedingungen abhängig, d. h. sie müssen bei äußeren Veränderungen in der Lage sein, entspr. Anpassungsleistungen zu vollbringen. Sie können jedoch auch versuchen, Einfluß auf ihren äußeren Bezugs- und Handlungsrahmen auszuüben. Der polit.-soziolog. Begriff der S. umfaßt beide Reaktionsmöglichkeiten.

Die zunehmende Bedeutung von Prozessen der S. ist charakteristisch für pluralistisch-offene Gesellschaften und deren hohe Anforderungen an demokratischer Teilhabe. Die Forderung nach S. verweist daher oft auf Vermittlungsprobleme zwischen (zentraler) polit.-staatl. Steuerung und situativen, örtlich unterschiedlichen Interessen Betroffener. Der Begriff spielt im Gegensatzpaar Fremdsteuerung – Selbststeuerung auch in der Entwicklungspolitik eine wichtige Rolle.

→ Politische Steuerung; Selbstreferentielles System.

Lit.: → Politische Steuerung; Systemtheorie.

Klaus Schubert

Selbstverwaltung, allg. die selbständige Regelung gemeinschaftlicher Angelegenheiten durch die Mitglieder eines organisierten wirtschaftl., polit. oder gesellschaftl. Gebildes.

In der Politik bezeichnet S. insbes. die institutionell garantierte Kompetenz staatl. anerkannter Körperschaften (z. B. der → Gemeinden), innerhalb eines rechtlich umgrenzten Bereiches öff. Belange eigenverantwortlich zu regeln. Sie stellt eine Machtbeschränkung höherer Ebenen der Staatsorganisation dar und beruht in demokratietheoretischer Perspektive auf dem Postulat einer möglichst unmittelbaren Beteiligung der Bürger an der → Verwaltung ihrer öff. Angelegenheiten, das jedoch i. d. R. nicht i. S. → Direkter Demokratie umgesetzt wird.

Bernhard Thibaut

Selektive Wahrnehmung, Begriff aus der → Politischen Psychologie; bezeichnet das Phänomen, daß jeder Mensch nur einen Ausschnitt der Vielfalt an Umweltreizen, denen er kontinuierlich ausgesetzt ist, wahrnehmen kann.

Welcher Art die Selektion ist, hängt in starkem Maße von seinen sozialen und kulturellen Erfahrungen ab. Informationen, die sich mit der sozialen Umwelt, den → Interessen und → Werten des Individuums in Einklang befinden, werden bevorzugt aufgenommen, während Informationen, die diesen Verhaltensmerkmalen widersprechen, unterdrückt oder verdrängt werden (→ Kognitive Dissonanz). Politikwiss. ist die s. W. insbes. für die → Politische Sozialisations- und die → Politische Kulturforschung sowie mit Blick auf die Wirkung von → Kommunikation (→ Medienpolitik) und die wahlsoziolog. und kommunikationstheoretischen Erklärungen polit. Einstellungswandels von Bedeutung.

Lit.: → Politische Psychologie.

Rainer-Olaf Schultze

Selektiver Anreiz → Anreiz

Self-destroying prophecy (engl. = sich selbst zerstörende bzw. widerlegende Vorhersage), eine → Prognose, bei der das vorhergesagte Ergebnis deswegen nicht zutrifft, weil sie bekannt wurde.

Ursache hierfür ist, daß sich Prognosen i. d. R. auf jene sozialen Strukturen auswirken, auf die sie sich als Gegenstandsbereich selbst beziehen und so ihre eigene Geltung beeinflussen können. Prognosen haben somit unabhängig von ihrer Richtigkeit zu dem Zeitpunkt, an dem sie aufgestellt werden, soziale Konsequenzen, die ggf. mit dem Prognosebereich interferieren. Statt linear-kausaler Wirkungsmodelle bedarf es deshalb solcher → Modelle, welche die Rückkopplungseffekte berücksichtigen.

Jürgen Kriz

Self-fulfilling prophecy (engl. = sich selbst bestätigende Vorhersage), eine → Prognose, bei der (im Ggs. zur → *Self-destroying prophecy*) das Ergebnis teilweise oder ganz durch die Veröffentlichung dieser Prognose erst hervorgerufen wird.

Eine *s.-f. p.* könnte daher ggf. gezielt zur Erreichung eines bestimmten Effektes eingesetzt werden, da sie dessen korrekte Vorhersage auch dann nachträglich scheinbar «beweist», wenn von falschen Prämissen ausgegangen wurde.

Jürgen Kriz

Self-reliance, Entwicklungskonzept, das – ausgehend vom Vertrauen auf die eigenen Kräfte – auf die eigenen → Ressourcen zur Befriedigung der menschlichen → Grundbedürfnisse setzt und dies per Massenmobilisierung, Konzentration auf den Binnenmarkt und → Partizipation der Bev. an den polit. Entscheidungen auf den verschiedenen Ebenen zu erreichen trachtet.

S.-r. ist verbunden mit der Suche nach einem eigenen, den jeweiligen Traditionen und Bedingungen eines Entwicklungslandes angepaßten Entwicklungsweg und ist als Alternative zu wachstums- und weltmarktorientierten Entwicklungsstrategien begriffen worden.

Lit.: *Galtung, J.* 1983: Self-Reliance, Mchn. *Khan, K. M.* (Hrsg.) 1980: Self-Reliance als nationale und kollektive Entwicklungsstrategie, Mchn.

Dieter Nohlen

Semi-präsidentielles Regierungssystem, von *M. Duverger* 1970 zur Kennzeichnung des frz. Regierungssystems der V. Republik (wieder) eingeführter, später konzeptionell erweiterter und empirisch auf Österreich, Island, Irland, Finnland und Portugal sowie die Weimarer Republik ausgedehnter Begriff für einen Regierungssystemtypus.

Danach muß die Verfassung eines s.-p. R. drei Elemente enthalten: (1) Direktwahl des Präsidenten; (2) bed. Zuständigkeiten des Präsidenten; (3) Abhängigkeit des Regierungschefs (mit seiner Regierung) vom Vertrauen des Parlaments. Nach *Duverger* kann das s.-p. R. im Ergebnis als parlamentarisches, präsidentielles oder ausgeglichenes System wirken. Durch das Auftreten von → *Cohabitation*, also gestärkter Macht von Parlament bzw. Regierungsmehrheit im zunächst von einem machtvollen Präsidenten geprägten Frankreich, ist deutlich geworden, daß es keine genuine Praxisform des s.-p. R. gibt. Insbes. hieran entzündet sich die Kritik, die die typologische Eigenständigkeit des s.-p. R. bestreitet. Methodologisch-systematisch wird außerdem argumentiert, daß Typologien durch die Einführung eines primären Unterscheidungskriteriums zwischen → Parlamentarischem und präsidentiellem Regierungssystem, nämlich die Abberufbarkeit der Regierung durch das Parlament, an Erklärungskraft gewinnen.

→ Präsidentialismus/Präsidentielles Regierungssystem.

Lit.: → Präsidentialismus/Präsidentielles Regierungssystem.

Suzanne S. Schüttemeyer

Senat → Bikameralismus; Föderalismus, Senatsprinzip

Senatsprinzip, Prinzip zur Gestaltung der → Repräsentation der Gliedstaaten auf Bundesebene in einer der Kammern, dem Senat, und der Mitwirkung der Gliedstaaten an den polit. Entscheidungen im Bund. Das S. steht im Ggs. zum → Bundesratsprinzip.

Es weist folgende Merkmale auf: (1) Jeder Einzelstaat hat gleichviele Sitze im Senat, ungeachtet seiner Größe, Einwohnerzahl etc. (2) Die Senatsmitglieder werden in den Einzelstaaten direkt vom Volk gewählt oder vom Landesparlament entsandt und dürfen weder diesem noch einer Landesregierung angehören. (3) Die Senatsmitglieder haben ein freies Mandat, unterliegen also keinen Weisungen seitens ihres Gliedstaates. (4) Der Senat ist mit der Volksvertretungskammer, dem Abgeordneten- oder Repräsentantenhaus voll gleichberechtigt im bundespolit. Entscheidungsprozeß. Die aus diesen Charakteristika folgende Verdoppelung der parlamentarischen Vertretung kann nur gerechtfertigt werden durch das zugrundeliegende, letztlich immer noch andersartige föderale Legitimationsprinzip.

→ Föderalismus.

Suzanne S. Schüttemeyer

Senioritätsprinzip, im Unterschied zum Leistungsprinzip Auswahl für Funktionen und Positionen sowie Beförderung in einer Organisation nach dem Grundsatz des Alters bzw. des Dienstalters; im parlamentarischen Sprachgebrauch Vergabe interner Ämter und Leitungsaufgaben gemäß Zugehörigkeitsdauer zum Parlament.

Gerechtfertigt wird das S. mit dem Argument größerer Erfahrung in den Strukturen und Verfahren der Institution und folglich besserer Aufgabenerfüllung. Zwischen 1910 und Mitte der 1970er Jahre wurden im US-Kongreß die (Vorsitzenden-)Positionen in Ausschüssen und Unterausschüssen fast ausschließlich nach der *seniority rule* vergeben, d. h. wer einmal Mitglied eines Ausschusses geworden war, hatte das Recht, wieder für diesen nominiert zu werden und dort automatisch nach Dienstalter zu avancieren, also für Unterausschußvorsitze und schließlich ggf. für den Ausschußvorsitz von seiner Fraktion benannt zu werden. Heute spielt das S. eine immer geringere Rolle, und danach vergebene Positionen haben an Bedeutung verloren.

→ Anciennität.

Lit.: *Jäger, W./Welz, W.* (Hrsg.) 1995: Regierungssystem der USA, Mchn./Wien. *Thaysen, U.* u. a. (Hrsg.) 1988: US-Kongreß und deutscher Bundestag, Opl.

Suzanne S. Schüttemeyer

Separatismus (von lat. *separatus* = gesondert, getrennt, einzeln), das Streben subnat. Einheiten nach Gebietsabtrennung, staatl. Selbständigkeit oder Eingliederung in ein anderes → Politisches System.

Als Begründungsmuster lassen sich v. a. historische und ethnische Konfliktlinien (→ *Cleavage*) korrelierend mit polit., kulturellen und ökon. Benachteiligungen erkennen. Die Handlungsformen separatistischer Bewegungen reichen von verbalen Artikulationsformen, der Organisation von Protestaktionen und der Gründung polit. Parteien bis hin zu → Gewalt und Terror, ihre Forderungen richten sich an die nationalstaatl. Ebene, während die (Gewalt-)Aktionen auch die weniger radikalen Bevölkerungsgruppen der Region treffen. Hier konkurrieren separatistische Bestrebungen häufig mit weniger radikalen Formen der → Selbstverwaltung wie → Autonomie und → Föderalismus. In dezentralisierten und stärker noch in föderativen Systemen Westeuropas bieten sich institutionalisierte Lösungsmöglichkeiten an, so z. B. die «Paketverhandlungen» in

Südtirol, Volksabstimmungen zur Loslösung des frz.-sprachigen Teils des Schweizer Jura vom Kanton Bern oder das Sonderstatut für Korsika. Problematische Ausnahmen sind die Forderungen der ETA im Baskenland und der IRA in Nordirland. Im Transformations- und Zerfallsprozeß der mittel- und osteurop. Staaten dagegen entluden sich die separatistischen Forderungen wie z. B. in Jugoslawien und Teilen der GUS (Tschetschenien, Georgien-Ossetien, Aserbaidschan-Nagornyi Karabach) in → Bürgerkriegen, die in ihrer radikalsten Erscheinungsform in der Vertreibung und/oder der brutalen Vernichtung anderer ethnischer Gruppen gipfelten.

→ Ethnie/Ethnische Konflikte; Nationalstaat; Nationalismus; Nationalitätenfrage; Territorialität.

Lit.: *Buchanan, A.* 1991: Secession, Boulder. *Waldmann, P.* 1989: Ethnischer Radikalismus, Opl.

Gisela Riescher

Sicherheit (von lat. *securus*: *se(d) cura* = ohne Sorge) die Abwesenheit bzw. Vermeidung von Unsicherheit, d. h. von Bedrohung und Gefährdung sowie der Furcht vor diesen Unsicherheiten. Demnach hat S. eine objektive und eine subjektive Komponente.

1. Voraussetzung für eine staatsrechtl. Definition von äußerer wie → Innerer S. ist die Anerkennung des staatl. → Gewaltmonopols. I. S. der Bewahrung bzw. Wiederherstellung staatl. S. wird nicht auf die Selbstreinigungskraft des Systems vertraut, sondern auf die Ordnungsfunktion des → Staates. Das Gewaltmonopol beinhaltet Prävention wie Reaktion. Das Konzept der inneren bzw. öff. S. ergibt sich aus dem der → Streitbaren Demokratie, d. h. dem Schutz des → Politischen Systems vor inneren Feinden. Dieser Reflex schließt den Schutz vor Kriminalität wie auch vor polit. → Extremismus ein. In der Anfangsphase der BRD nach 1949 standen der Schutz der → Demokratie vor totalitären Bedrohungen von rechts wie links und die Verortung ihrer Wehrhaftigkeit in der Bev. im Vordergrund. Auf dem Hintergrund von → Terrorismus und Radikalenerlaß fand in den 1970er Jahren erstmals eine sozialwiss. Debatte darüber statt, ob «Wehrhaftigkeit nach innen» (*Jaschke*) nicht Ausdruck der Schwäche der → Politischen Kultur in der BRD sei. Seit den 1980er Jahren trat zunehmend das grundsätzliche Spannungsverhältnis zwischen → Datenschutz und innerer. S. in den Blick (Volkszählung, Großer Lauschangriff).

2. Das Verständnis von äußerer bzw. → Nationaler Sicherheit als Schutz vor Bedrohung von außen war lange Zeit ausschließlich militärisch geprägt. Durch die Ereignisse der Jahre 1989/90 mußte ein wiedervereinigtes D seine Sicherheitsinteressen im Rahmen eines völlig veränderten globalen Umfeldes neu definieren. Während einerseits durch den Zerfall der Sowjetunion neue militärische Bedrohungsszenarien entstanden sind, wird andererseits nicht-militärischen Entwicklungen wie globalen Verteilungskämpfen oder den Einwanderungsströmen aus Entwicklungsländern mehr Bedeutung im Hinblick auf die äußere S. beigemessen als früher. Angesichts der allg. Umbruchssituation erhielt eine Debatte neue Nahrung, die bereits seit den 1970er Jahren v. a. im Rahmen der Friedensforschung geführt worden war. In zunehmendem Maße kann äußere S. nicht mehr nur im Hinblick auf → Militärpolitik definiert werden, sondern betrifft immer stärker auch den Bereich der → Lebensqualität als Gewährleistung polit. wie wirtschaftl. Stabilität und den Schutz des Lebensraumes (→ Sicherheitspolitik).

3. Neben der klassischen Antinomie von innerer und äußerer S. ist das Konzept der S. auch auf den Bereich der → Sozialpolitik übertragen worden. Soziale S. meint nicht allein die soziale Absicherung im Falle von Krankheit, Unfall, Invalidität oder Alter, sondern generell die Gesamtheit aller Maßnahmen zur Verwirklichung von → Sozialer S. und der Sicherung des Existenzminimums für jedermann, insbes. Rentenversicherung und Krankenversicherung. Allerdings ist der → Wohlfahrtsstaat seit den 1980er Jahren mit einer steigenden → Sozialleistungsquote, erschwerten arbeitsmarktpolit. Bedingungen sowie dem Mißverhältis von Erwerbstätigen

und Pensionsberechtigten bzw. Pflegebedürftigen konfrontiert. Vor diesem Hintergrund haben sich die dt. Vereinigung und die damit verbundenen finanziellen, ökon. und demographischen Auswirkungen auf das System der sozialen S. als zusätzliche Belastung erwiesen.

Lit.: *Blankenburg, E.* (Hrsg.) 1980: Politik der inneren Sicherheit, Ffm. *Glatzer, W./Noll, H.-H.* (Hrsg.) 1992: Lebensverhältnisse in Deutschland: Ungleichheit und Angleichung, Ffm. *Hyde-Price, A.* 1993: Uncertainties of Security Policy, in: *Smith, G.* u. a. (Hrsg.): Developments in German Politics, Houndmills, 153–171. *Jaschke, H.-G.* 1991: Streitbare Demokratie und innere Sicherheit, Opl. *Katzenstein, P. J.* (Hrsg.) 1996: The Culture of National Security. NY. *Schmähl, W.* (Hrsg.) 1992: Sozialpolitik im Prozeß der deutschen Vereinigung, Ffm.

Ulrike Rausch

Sicherheitspolitik, alle von souveränen → Nationalstaaten (→ Souveränität) verfolgten Maßnahmen zur Wahrung ihrer äußeren → Sicherheit.

Ziel ist es, die polit. und wirtschaftl. Unversehrtheit einer Gesellschaft gegenüber Drohungen und/oder Angriffen aus der internat. Umwelt zu garantieren. Dazu dienen neben der klassischen Abschreckungs- und Bündnispolitik auch die Rüstungskontroll- und Abrüstungspolitik. Nach dem Ende des → Ost-West-Konflikts gewinnen nicht-militärische Aspekte → Nationaler Sicherheit zunehmend an Bedeutung, insbes. Aspekte der ökon. und ökolog. Sicherheit. Während die sicherheitspolit. Konzeptionen in Europa bis zum Ende des Ost-West-Konflikts 1991 v. a. auf → Abrüstungsbemühungen im Rahmen der Blockkonfrontation ausgerichtet waren, konzentrieren sie sich nun auf eine neue Sicherheitsarchitektur für Europa, die sowohl den Sicherheitsinteressen der mitteleurop. Staaten als auch denen Rußlands Rechnung zu tragen sucht. Gleichzeitig hat die multilaterale Abrüstung Auftrieb erhalten, wie die Chemiewaffen-Konvention (1993), der umfassende nukleare Teststopp-Vertrag (1996) und das Verbot von Landminen (1997) zeigen.

Lit.: *Lipschutz, R. D.* (Hrsg.) 1995: On Security, NY. *Nolan, J. E.* (Hrsg.) 1994: Global Engagement: Cooperation and Security in the 21st Century, Washington. *Schoch, B./Solms, F./Mutz, R.* 1996: Friedensgutachten 1996, Münster (jährlich). *Stockholm Peace Research Institute* (SIPRI) 1995: SIPRI Yearbook 1995. Armaments, Disarmament and International Security, Ox./NY (jährlich).

Jürgen Wilzewski

Signifikanz, im Zusammenhang mit statistischen Tests die Bezeichnung für ein Kriterium, mit dem zwischen zwei Hypothesen entschieden wird. Üblicherweise bezieht sich dieses Kriterium auf die Ablehnung der Nullhypothese, daß kein Zusammenhang bzw. kein Effekt etc. in den → Daten besteht, sondern alles per Zufall entstanden sein könnte.

Als Signifikanz-Niveaus sind Werte von 0,05, 0,01 und 0,001 üblich; dies bedeutet, daß der untersuchte Effekt nur in höchstens 5 % (bzw. 1 % oder 0,1 %) der Fälle auftritt, falls alles Zufall wäre. Kleine Effekte werden aber z. B. auch bei großen Stichproben signifikant – so daß S. nicht mit inhaltlicher Relevanz verwechselt werden darf.

→ Daten; Signifikanztests; Stichprobe; Testtheorie.

Jürgen Kriz

Signifikanztests (engl. *test of significance*), Bezeichnung für eine große Gruppe im Detail sehr unterschiedlicher → Modelle, die auf der Basis bestimmter Modellannahmen ein (teilformalisiertes) Vorgehen erlauben, wie aufgrund empirischer → Daten Entscheidungen über (theoretisch-statistisch formulierte) Hypothesen gefällt werden können. Solche → Hypothesen betreffen die Werte von Parametern und/oder die Verteilung von einer oder mehreren Variablen in der Grundgesamtheit. Da statistisch-theoretische Hypothesen grundsätzlich nicht durch (endliche) Beobachtungen «widerlegt» werden können, geht es darum, «vernünftige» Verwerfungsregeln zu konstruieren.

Die Vorgehensweisen und Modellvorstellungen sind im Rahmen statistischer Testtheorien formuliert. Man spricht daher auch von «statistischen Tests», um sie gegenüber den Konzepten der inhaltlich-sozialwiss. → Testtheorie abzugrenzen, die – ebenfalls auf der Basis hochelaborierter formaler Modelle – die Grundregeln für die Konstruktion von Befragungs- und Erhebungsinstrumenten zusammenfassen (z. B. Fragebögen, Beobachtungsschemata oder psychologische Tests im weitesten Sinne).

Von den unterschiedlichen statistischen Testtheorien sind für die gegenwärtige sozialwiss. Forschungspraxis das Konzept des S. von R. A. *Fischer* und die Testtheorie von *Neyman/Pearson* zweifellos am bedeutsamsten. Beim ersten Konzept wird nur über das Zutreffen oder Nichtzutreffen einer Hypothese entschieden, während das zweite von rivalisierenden Hypothesen ausgeht, wobei der Gütefunktion (s. u.) des Tests eine wichtige Rolle zukommt. Ein anderes Konzept ist z. B. die *Likelihood*-Quotienten-Testtheorie, derzufolge man sich für jene der konkurrierenden Hypothesen entscheidet, bei der die beobachteten Daten vergleichsweise am wahrscheinlichsten auftreten würden.

Das Detailverständnis dieser Modelle und ihrer genauen Unterschiede erfordert komplizierte Überlegungen und Formalismen. Daher sollen hier nur einige zentrale, praktisch relevante Grundgedanken vereinfachend an einem Beispiel erläutert werden: Die den Sozialwissenschaftler interessierenden Effekte – z. B. die Erwartung einer geringeren mittleren Fehlerrate μ_1, aufgrund eines Legastheniker-Trainings als in einer (sonst vergleichbaren) Population ohne dieses Training (mit μ_2,) – können immer nur an Stichproben beobachtet werden. Festgestellte Unterschiede zwischen einer Gruppe A ohne und einer (vergleichbaren) Gruppe B mit Training i. S. der Erwartungen (also $M_A > M_B$) können daher einerseits so erklärt werden, daß die erwarteten Effekte tatsächlich wirksam waren, d. h., daß $M_A > M_B$ eine Realisation aus der Grundgesamtheit mit $\mu_A > \mu_B$ ist, wobei eben $\mu_A > \mu_B$ wegen des Trainings gilt. Andererseits könnte aber auch das Training «in Wahrheit» völlig belanglos sein, d.h., es gilt $\mu_A = \mu_B$ bzw. $\mu_A - \mu_B = 0$, und $M_A > M_B$ hat sich eben als eine Realisation aus dieser Grundgesamtheit ergeben. Zwischen diesen Alternativen kann offenbar nicht mit Sicherheit entschieden werden. Es kann aber der Arbeitshypothese H_A: $\mu_A > \mu_B$ die Nullhypothese H_0: $\mu_A = \mu_B$ gegenübergestellt und mit Hilfe eines statistischen Tests eine (mit Unsicherheit behaftete) Entscheidung gefällt werden.

Dazu benötigt man die Wahrscheinlichkeitsverteilung für alle möglichen Stichprobenwerte d ($d = M_A - M_B$), die aus der Grundgesamtheit mit Δ ($\Delta = \mu_A - \mu_B = 0$) gezogen werden können, die sog. Stichprobenverteilung (die natürlich auch von den Stichprobengrößen n_A und n_B und den Varianzen σ_A^2 und σ_B^2 abhängt). Man kann zeigen, daß diese Verteilung hier eine Normalverteilung mit $(0, \sigma_d)$ ist, wobei

$\sigma_d = \sqrt{\sigma_A^2/n_A + \sigma_B^2/n_B}$.

Nun wird eine Sicherheitswahrscheinlichkeit (auch: Signifikanzniveau) α gewählt – üblicherweise 5 %, 1 % oder 0,1 % und in der Stichprobenverteilung der sog. Ablehnungsbereich bestimmt, in den d mit der Wahrscheinlichkeit α fällt, falls H_0 richtig ist, d. h., falls d eine Realisation aus $\Delta = 0$ ist. Da H_A eine gerichtete (oder: einseitige) Hypothese ist, interessiert als Ablehnungsbereich nur die Seite $d > 0$ – hier umfaßt der Ablehnungsbereich dann die α-extremsten Werte für d. Im üblichen Anwendungsfall werden allerdings σ_A^2 und σ_B^2 nicht bekannt sein. Sofern man annimmt, daß $\sigma_A^2 = \sigma_B^2$ ist, wird $\sigma_A^2/n_A + \sigma_B^2/n_B = \sigma_2 (1/n_A + 1/n_B)$ und σ_2 wird als gewogenes Mittel der beiden

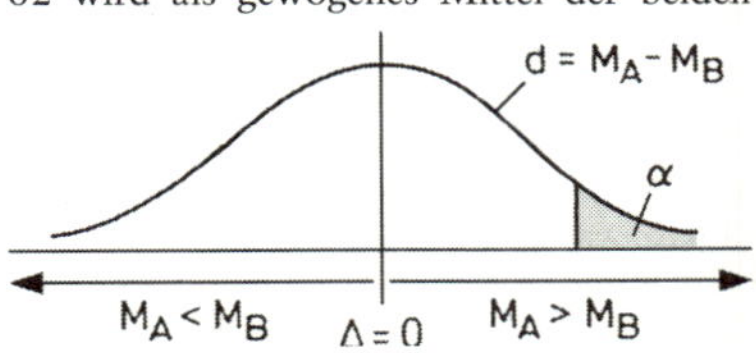

Stichprobenvarianzen geschätzt – mit den Freiheitsgraden als Gewichten.
Durch die Schätzung von σ^2 kommt natürlich eine weitere Unsicherheit ins Spiel, so daß d nicht mehr einer Normalverteilung folgt, sondern einer t-Verteilung. Für n_A und n_B jeweils > 30 fällt dieser Unterschied numerisch allerdings kaum noch ins Gewicht, so daß dann statt der t-Verteilung die Normalverteilung dienen kann. Für unser Beispiel käme man aus diesen Überlegungen nun zu der Entscheidungsregel: «Verwerfe H_0, wenn gilt: $d \geq \sigma_\alpha \cdot t_{(\alpha, n_1 + n_2 - 2)} \approx \sigma_d \cdot 1{,}65$.» Kann man H_0 aufgrund dieser Regel verwerfen, sagt man, der Unterschied $d = M_A - M_B$ sei auf dem α-Niveau signifikant (hier also auf dem 0,05- bzw. 5 %-Niveau, bzw. man schreibt: $\alpha \leq 0{,}05$). Wenn wir keine gerichtete Hypothese über den Unterschied von μ_A und μ_B gehabt hätten (d. h. statt $\mu_A > \mu_B$ nur $\mu_A \neq \mu_B$), so wäre dies eine «zweiseitige Fragestellung», und der Ablehnungsbereich beträfe dann die (α/2-extremsten Fälle auf jeder Seite. Es sei betont, daß α und die Richtung der Hypothesen selbstverständlich vor der Erhebung – zumindest vor der Inspektion der Daten – festzulegen sind. Hinterher gelten die wahrscheinlichkeitstheoretischen Grundlagen für das Entscheidungsmodell nicht mehr.
Da es sich bei der Beibehaltung oder Ablehnung von H_0 um eine Entscheidung unter Unsicherheit handelt, lassen sich vier Möglichkeiten unterscheiden:

		objektiv richtig ist H_0	objektiv richtig ist H_A
man entscheidet sich für	H_0	richtig entschieden 1-α	β Fehler 2. Art
	H_A	α Fehler 1. Art	richtig entschieden 1-β

Interessant sind die beiden Möglichkeiten einer Fehlentscheidung: Die Wahrscheinlichkeit, bei diesem Vorgehen H_0 zu verwerfen, obwohl sie eigentlich richtig ist, ist α. Diese Fehlentscheidung wird als «Fehler 1. Art» bezeichnet; α wird vom Forscher gewählt. Die Wahrscheinlichkeit, bei diesem Vorgehen H_0 beizubehalten, obwohl in Wirklichkeit H_A richtig ist («Fehler 2. Art»), ist β, eine Größe, die einerseits davon abhängt, wie weit die falsch postulierte H_0 von der Realität H_A abweicht, andererseits von der Stichprobengröße n und natürlich auch von α. Diese Parameter gehen in die sog. Gütefunktion (Macht, *Power*, Trennschärfefunktion) des statistischen Tests ein, die die Wahrscheinlichkeit H_0 abzulehnen als Funktion von dem wahren Parameter Δ angibt. Zur Gütefunktion komplementär verhält sich die Operationscharakteristik (OC-Kurve) eines Tests, die in Abhängigkeit von Δ die Wahrscheinlichkeit für die Nichtablehnung von H_0 angibt. Beide Funktionen werden insbes. dann wichtig, wenn als H_A nicht eine Bereichshypothese ($\Delta \geq 0$), sondern ebenfalls eine Punkthypothese genommen wird, etwa $\Delta = 7$ (wozu es offenbar erheblicher inhaltlicher Fortschritte der sozialwiss. Theorie bedarf, um einen solchen «Effekt» von 7 als sinnvolle Hypothese zu formulieren). Nun könnte zwar statt dessen H_0 als Bereichshypothese genommen werden, etwa $\Delta < 7$ (was in der Praxis nicht selten ist) – H_0 und H_A werden dann eigentlich logisch nur vertauscht; interessant wird aber der Fall, wo sich zwei Punkthypothesen gegenüberstehen, etwa H_0: $\Delta = 2$ und H_A: $\Delta = 7$. Unabhängig ob das Entscheidungsverfahren dann zugunsten H_0 oder H_A ausgeht – der wahre Wert könnte z. B. $\Delta = 6$ sein, und beide wären falsch. Es ist wohl offensichtlich, daß hier die elementare Logik des S. nun endgültig verlassen wird und statt dessen die differenziertere statistische Testtheorie beginnt.
Wichtig ist zu beachten, daß mit dem o. a. Entscheidungsverfahren nichts über die «Wahrscheinlichkeit einer richtigen H_0» oder einer «richtigen H_A» ausgesagt werden kann noch über die «Wahrscheinlichkeit richtiger Entscheidungen» überhaupt – alles unzulässig verkürzte Formulierungen, die so oder ähnlich vielfach in der Lit., selbst in neueren Methodenbüchern, zu finden sind. So ist z. B. $1 - \alpha$ nicht die Wahrscheinlichkeit, daß H_0 richtig ist, sondern daß H_0 bei diesem Vorgehen beibehalten wird, falls(!) H_0 richtig ist.

Tabelle 11: Überblick über wichtige Signifikanztests

Stichproben	Skala		
	Nominal	Ordinal	Intervall normalvert. Daten
1	Chi-Quadrat-Test (Vergleich beobachteter und erwarteter Häufigkeit)	Iterationstest (Zufälligkeit einer Abfolge von Alternativdaten)	t-Test (für Mittelwerte) Chi-Quadrat-Test (für Varianzen) Standardnormalverteilung (u. a. für Korrelationen)
2 unabhängig	Vier-Felder-Chi-Quadrat-Test Fisher-Yates-Test (Hypergeometrische Verteilung)	Median-Test (zentrale Tendenz, gruppierte Daten) U-Test (zentrale Tendenz, echte Rangdaten) Moses-Test (Dispersion, echte Rangdaten) Kolmogoroff-Smirnoff (Omnibustest, gruppierte Daten) Iterationstest (Omnibustest, echte Rangdaten)	t-Test (für Mittelwerte) F-Test (für Varianzen)
2 abhängig	McNemar-Test	Vorzeichentest (zentrale Tendenz) Wilcoxon-Test (zentrale Tendenz, echte Rangdaten)	t-Test Paardifferenzentest
mehrere unabhängig	Chi-Quadrat-Test	Erweiterter Mediantest (gruppierte Daten) H-Test (zentrale Tendenz, echte Rangdaten)	Einfache Varianzanalyse
mehrere abhängig	Cochran-Q-Test	Friedmann-Test	Mehrfache Varianzanalyse Bartlett-Test (für Varianzen)

Zentrale Grundfragen und -begriffe wurden hier am Beispiel des t-Tests erläutert; statistische Tests aber wurden für sehr viele Fragestellungen entwickelt. So ist es z. B. sinnvoll, auch die obige Annahme $\sigma_A^2 = \sigma_B^2$ zu testen. Sofern diese Hypothese richtig ist, folgt der Quotient aus beiden Stichprobenvarianzen, also S_A^2/S_B^2, einer F-Verteilung. Das *mutatis mutandis* zu den obigen Überlegungen konstruierte Entscheidungsverfahren heißt F-Test (ein Test, der z. B. auch für die Varianzanalyse zentral ist, da hier ebenfalls Quotienten unabhängiger Stichproben-Varianzen unter der obigen H_0 zu prüfen sind). Beide Beispiele haben gemeinsam, daß Parameterhypothesen (nämlich über Δ bzw. σ^2)

geprüft wurden. Erfordern solche Parametertests als Voraussetzung eine bestimmte Verteilung (i. d. R.: Normalverteilung) der betrachteten Variablen (z. B. das obige d), so spricht man von verteilungsgebundenen S., andernfalls von verteilungsfreien oder nichtparametrischen Signifikanztests. Statt einer Parameterhypothese kann aber auch eine Verteilungshypothese geprüft werden (z. B. daß die theoretische Verteilung der Fehler im o. a. Beispiel eine Normalverteilung sei), solche Tests heißen dann Verteilungstests. Hier geht es offenbar darum, wie gut sich die Verteilung der empirischen → Daten der hypothetisch formulierten anpaßt – man spricht daher auch von Anpassungstests bzw. *Goodness-of-Fit*-Tests. Verteilungstests sind logischerweise immer nichtparametrisch. Einer der am häufigsten verwendeten Anpassungstests ist der Chi-Quadrat-Test, mit dem die Anpassung einer empirisch beobachteten an eine theoretische Häufigkeitsverteilung getestet wird. Ein anderer, extrem einfach durchzuführender S. ist der *Kolmogoroff-Smirnoff*-Test, mit dem die Hypothese H geprüft wird, daß zwei Variable dies. Verteilungsfunktion aufweisen.

Insgesamt gibt es eine sehr große Anzahl nichtparametrischer S. für sehr viele unterschiedliche Aspekte. Sie haben für die Sozialwiss. deshalb eine große Bedeutung, weil sie nicht nur verteilungsfrei – und damit voraussetzungsärmer – sind, sondern auch fast alle ein geringes Meßniveau der Daten erfordern.

Für die Forschungspraxis gilt zu beachten, daß die S. häufig in fragwürdigen Zusammenhängen eingesetzt werden, zumal durch die *scientific community* nicht selten der Eindruck verstärkt wird, die Bedeutsamkeit eines Forschungsergebnisses sei über S. nachzuweisen, oder – noch schlimmer – substantielle Bedeutsamkeit sei bereits mit statistisch signifikanten Ergebnissen belegt. Ob es z. B. Sinn macht, S. im Rahmen von explorativen Studien zur Absicherung gegenüber Zufallseffekten einzusetzen, ist heftig umstritten. Ebenso hat in vielen wiss. Zeitschriften trotz vehementer Kritik aus der Reihe der Statistiker die Unsitte um sich gegriffen, mit variablen Signifikanzniveaus zu arbeiten (unterstützt durch den *Output* entspr. Computerprogramme). Gerade für den Einsatz von S. ist daher eine stärkere Auseinandersetzung mit Argumenten der Methodenkritik zu fordern.

→ Befragung; Demoskopie/Umfrageforschung; Statistik; Wahrscheinlichkeitsverteilungen.

Lit.: *Lehmann E. L*, [2]1994: Testing statistical Hypotheses, N. Y. *Lienert, G. A.* [3]1986: Verteilungsfreie Methoden in der Biostatistik, 3 Bde., Meisenheim. *Schaich, E.* [2]1990; Schätz- und Testmethoden für Sozialwissenschaftler, Mchn. *Schlittgen, R.* 1995: Statistische Inferenz, Mchn. *Witte, E. H.* 1980: Signifikanztests und statistische Inferenz, Stg.

Jürgen Kriz

Simulation/Simulationsstudie, die Nachahmung realer polit., ökon. oder sozialer Prozesse mit Hilfe von → Modellen, die Erkenntnisse über die inneren Abläufe des analysierten → Systems sowie über dessen Austausch mit seiner Umwelt liefern soll.

Eine Simulationsstudie wird typischerweise in fünf Schritten durchgeführt (*Bellers/Woyke* 1989: 200 f.): (1) dem Vereinen theoretischer Kenntnisse zu einem Gesamtbild hypothetischer Zusammenhänge, (2) dem Erstellen einer Datenbasis, die neben Zeitreihen- und Querschnittsdaten z. B. formalisierte Entscheidungsverfahren der untersuchten Akteure enthält, (3) dem Bilden eines Computer-Modells, etwa aus mathematischen Gleichungen und logischen Entscheidungsketten, (4) dem wiederholten Überprüfen der Eigenschaften des Modells und (5) den eigentlichen Studien am Modell, wobei exogene Größen oder Parameter geändert und die Auswirkungen auf die anderen Größen beobachtet werden. Je mehr Variablen und Daten verwendet und produziert werden, um so notwendiger wird die Verwendung computergestützter Verfahren. In der Politikwiss. werden Simulationen vergleichsweise selten durchgeführt; wenn, dann insbes. zur Verdeutlichung innenpolit. Konflikte, z. B. in der Sozialpolitik, oder internat. → Interdependenzen, z. B. in der Umweltpolitik. Der Unsicherheitsfaktor der Ergebnisse ist hoch, bes. bei Simulationen, die Zukunftsprognosen liefern sollen. Entscheidend für die Aussagekraft ist jedoch nicht die Detailgenauigkeit der Ergebnisse, sondern die Möglichkeit, Entwicklungslinien aufzuzeigen und Handlungsalternativen zu entwickeln.

→ Politisches System; Systemtheorie.

Lit.: *Bellers, J./Woyke, W.* 1989: Analyse internationaler Beziehungen, Opl. *Böhret, K.* (Hrsg.) 1972: Simulation innenpolitischer Konflikte, Opl. *Coplin, W. D.* (Hrsg.) 1968: Simulation in the Study of Politics, Chic. *Gordon, G.* [2]1978: System Simulation, Englewood Cliffs. *Widmaier, U.* 1983: Politische Leistungen, Politische Unterstützung und Politische Stabilität: Ein Simulationsmodell zur Analyse langfristiger politischer Entwicklungen, in: PVS Sonderheft 14, Opl.

Ralf Borchard/Tanja Zinterer

Single transferable vote (engl. für System übertragbarer Einzelstimmgebung, Abk. STV), ein → Wahlsystem, das dem Wähler gestattet, die Wahlbewerber nach seinen polit. Präferenzen zu reihen, indem er angibt, in welcher Reihenfolge er sie gewählt sehen möchte.

Die Stimmen der Gewählten, welche die erforderliche Wahlzahl (*STV-Quota*: Stimmen geteilt durch Mandate +1, +1) überschreiten, werden ebenso bei der weiteren Mandatsvergabe berücksichtigt wie die Stimmen derjenigen Kandidaten, die nacheinander aus dem Übertragungsprozeß von Stimmen in Mandate ausscheiden, weil sie die geringsten Chancen haben, die Wahlzahl noch zu erreichen. STV ist die im engl.-sprachigen Raum meist angewandte Form der Verhältniswahl als Entscheidungsprinzip (→ Proporz/Proporzprinzip).

Lit.: → Wahlsysteme.

Dieter Nohlen

Sinnverstehen → Phänomenologie

Skalen, in der empirischen Forschung Bezeichnung für unterschiedliche Informationsniveaus in → Daten aufgrund der durchgeführten Messungen; i. w. S. werden auch Erhebungsinstrumente, die Daten mit bestimmten Meßniveaus liefern, als S. bezeichnet.

Die unterschiedlichen Struktureigenschaften empirischer Gegenstände führen damit auch zur Unterscheidung in Skalentypen (bzw. Skalenniveaus), die angeben, welche Operationen für die jeweils vorliegenden Zahlen erlaubt bzw. sinnvoll sind. Davon wiederum hängt wesentlich die Wahl der Parameter, der wählbaren Signifikanztests etc. ab – kurz: die gesamte statistische Modellbildung für eine Fragestellung. Ein Skalentyp ist durch bestimmte Transformationen definiert, die auf die Zahlen ausgeübt werden können, ohne daß sich die jeweils betrachtbaren Beziehungen zwischen ihnen und die erlaubten statistischen Operationen ändern. Als wichtigste Skalentypen werden unterschieden: Nominal-Skalen (benennende und unterscheidende Funktion der Zahlen), Ordinal-Skalen (ordnende Funktion der Zahlen) Intervall-Skalen (die Größe von Zahlenunterschieden ist empirisch sinnvoll) und Verhältnis-Skalen (das Verhältnis zwischen den Zahlen ist empirisch sinnvoll). Während sozialwiss. Messung fast nur zu topologischen S. führt (Nominal-Skalen und Ordinal-Skalen), erfordern viele statistische Modelle metrische S. (Intervall-Skalen und Verhältnis-Skalen); dieses Problem führt oft zu einem Mißbrauch der Statistik (→ Skalierung).

Lit.: → Skalierung

Jürgen Kriz

Skalierung, Sammelbezeichnung für statistische → Modelle, die es erlauben, eine Menge von sozialwiss. Objekten (z. B. Einstellungsfragen und/oder die Personen, welche diese Fragen beantworten) auf eine formale (meist metrische) Struktur abzubilden. Es geht also darum, den Objekten auf einer inhaltlich klar definierten Dimension Werte in Form von Zahlen zuzuordnen (z. B.

Tabelle 12: Eigenschaften verschiedener Skalentypen

	Nominal-Skala	Ordinal-Skala	Intervall-Skala	Verhältnis-Skala
andere Bezeichnungen	topologische Skalen homograde Statistik «qualitativ»		metrische Skalen heterograde Statistik «quantitativ»	
definierte Relationen	= ≠	= ≠ < >	= ≠ < > + −	= ≠ < > + − * /
zulässige Transformationen	jede eindeutige	jede monotone	$x' = bx + a$ $(b \neq 0)$	$x' = bx$ $(b \neq 0)$
Interpretationen	gleich – ungleich	kleiner – größer	Differenzen haben empirischen Sinn	Verhältnisse haben empirischen Sinn
Beispiele	Hausnummern Modalwert	Windstärke Median	Temperatur °C arithmetisches Mittel	Größe geometrisches Mittel

die Position von bestimmten Straftaten auf der Einschätzungs-Dimension «Verwerflichkeit») bzw. bei der Multidimensionalen S. die (allg.) Ähnlichkeitsbeziehungen in einem vieldimensionalen Raum zu beschreiben.

Angewandte Statistik geht von → Daten in Form von Zahlen aus, welche die relevanten Aspekte der empirisch erhobenen Phänomene möglichst ohne Informationsverlust widerspiegeln sollten. Die Zahlen dürfen also nicht ohne weiteres i. S. der Schulmathematik interpretiert werden, da eben nur jene Beziehungen zwischen ihnen betrachtet werden können, welche die empirischen Beziehungen repräsentieren. Präziser formuliert werden in einer Erhebung die empirischen «Objekte» (Personen, polit. Einstellungen, Meinungen usw.) $O_1 \dots O_n$ hinsichtlich der empirischen Relationen zwischen ihnen $R_1 \dots R_m$ registriert – das Ganze heißt ein Empirisches Relationales System (ERS). Da die notwendige Informationsreduktion in der gewünschten Präzision oft nur mit Hilfe statistischer Verarbeitungsmodelle erreicht werden kann, wird dem ERS ein sog. Numerisches Relationales System (NRS) – bestehend aus Zahlen $Z_1 \dots Z_p$ und den (numerischen) Relationen zwischen ihnen $S_1 \dots S_m$ – so zugeordnet, daß möglichst alle Informationen erhalten bleiben, d. h., daß die Abbildung zwischen ERS und NRS umkehrbar eindeutig (n = p, Isomorphie) oder zumindest eindeutig (n » p, Homomorphie) ist (letzteres z. B. dann, wenn 30 Schüler in ihren Mathematikleistungen so auf die 6 Noten abgebildet werden, daß jedem Schüler eindeutig eine Note, aber nicht jeder Note eindeutig ein Schüler zugeordnet werden kann). Nennt man diese Abbildungsfunktion f, so heißt das geordnete Tripel (ERS, NRS, f) eine Skala.

Die betrachtbaren Beziehungen zwischen den Zahlen – und damit die erlaubten Operationen – richten sich nach den Eigenschaften des empirischen Relativs und sind keineswegs für alle empirischen Fragestellungen gleich oder auch nur gleichartig. So ist z. B. unmittelbar einleuchtend, daß zwar eine Gruppe mit 80 Mitgliedern «viermal so viele» hat wie eine andere mit 20; wenn eine Gruppe aber aus einem Ort stammt, dessen Postleitzahl zufällig viermal so groß ist wie die des Wohnortes der anderen Gruppe, so kommt dem Verhältnis 1 : 4 hierbei kein empirischer Sinn zu. Man unterscheidet daher verschiedene Skalen-Typen, die angeben, welche «Bedeutung» die Zahlen haben und welche Operationen für die jeweils vorliegenden Zahlen erlaubt sind. Üblicherweise reicht es aus, zwischen vier großen Klassen solcher Skalen zu unterscheiden.

Der oben beschriebene Vorgang der isomorphen bzw. homomorphen Abbildung heißt Messen. Oft wird aber das ERS gar nicht explizit und getrennt vom NRS erhoben, sondern die Erhebung wird gleich so gestaltet, daß man zu Relationen numerischer Art kommt – etwa wenn man auf einem → Fragebogen die einzelnen Statements mit «Stimmt genau = 3» bis «Stimmt überhaupt nicht = –3» bezeichnet und Zahlen (bzw. Kreuze in die Zahlenfelder) notieren läßt. Ein anderes Beispiel wäre die Ordnung von polit. Parteien hinsichtlich bestimmter Aspekte (z. B. wie stark man ihnen die Lösung wirtschaftl. Probleme zutraut), wobei nacheinander jeweils zwei Parteien miteinander verglichen werden und angegeben werden muß, welcher hinsichtlich dieses Aspektes der Vorzug gegeben wird (Paarvergleich).

Solche und viele andere Vorgehensweisen zur Konstruktion von NRS nennt man Skalierung. Wie im Beispiel deutlich wurde, setzt die Gewinnung von Zahlen mittels der S. ein Skalierungsmodell voraus, das den meßtheoretischen Zusammenhang zwischen ERS und ZRS formuliert. Eine wichtige inhaltliche Unterscheidung ist dabei, ob (a) bei der S. Skalen Werte für die Befragten (aber nicht für die Fragen bzw. Items) erhalten werden sollen oder (b) für die Fragen bzw. Items (und nicht für die Personen) oder (c) für beide. Eine andere Unterteilung der S.-Modelle differenziert zwischen eindimensionaler und mehrdimensionaler Skalierung.

1. Eindimensionale Skalierung. Die wichtigsten klassischen Ansätze sind:

(1) *Thurstone*-Skala; eine Einstellungsskala, die auf dem Modell gleich erscheinender Abstände beruht. Dabei werden verschiedene Aussagen (*Items*) zu einem Problembereich (Einstellungen zu einem Attribut) von «Experten» Zahlen von –5 bis +5 so zugeordnet, daß eine größere Zahl eine «günstigere» Einstellung ausdrückt. Aus diesen Expertenurteilen werden nun jene *Items*, welche die geringste Streuung bei den Rangplazierungen haben, für die endgültige Skala ausgewählt. Die Einstellung einer Person wird dann aus den Mittelwerten bzw. Medianen der Skalenwerte aus den akzeptierten *Items* berechnet – die damit behauptete Intervallskalenqualität dieser S. ist aber umstritten.

(2) *Likert*-Skala (Methode der summierten Beurteilungen); ein Ansatz, der die Einstellungen von Personen zu einem bestimmten Problem verdeutlichen soll. Dabei werden üblicherweise fünf Antwortkategorien («Ich stimme stark zu» bis «ich lehne stark ab») Zahlen von 1–5 zugeordnet. Aus der Summe dieser Punktewerte über alle *Items* wird der *Score* für eine Person gebildet. Auch hier wird oft einfach Intervallskalenqualität unterstellt – das Meßniveau ist aber mehr als fraglich, auch wenn über statistische Prozeduren eine Auswahl an *Items* getroffen wird (z. B. nach der Trennschärfe).

(3) *Guttman*-Skala (auch: Skalogrammanalyse); hier werden die Personen und (Einstellungs-)*Items* auf einem gemeinsamen Kontinuum bzw. auf derselben Dimension zugeordnet. Eine Person mit einer bestimmten Position X auf diesem Kontinuum sollte daher alle *Items* $I < X$ lösen (oder positiv beantworten), alle *Items* $I > X$ hingegen nicht lösen (bzw. ablehnen). *Items*, die (für eine bestimmte Personengruppe) diese Bedingungen (ggf.: nur hinreichend) erfüllen, werden für eine Skala ausgewählt; die Annahme eines Kontinuums ist hierbei gerechtfertigt, weil sich auf diesem Wege eine klare Rangordnung aufstellen läßt. Aufgrund der restriktiven Annahmen lassen sich aber faktisch schwer saubere *Guttman*-Skalen finden.

(4) Skalierung aufgrund von Paarvergleichen; wie im o. a. Beispiel werden von einer Menge aus N «Objekten» alle möglichen $N(N-1)/2$ Paare verglichen. Dieser Ansatz wurde bereits 1927 von *Thurstone* entwickelt und diente auch als Grundlage für spätere Varianten (z. B. *Torgersons* Ansatz der «nachträglich bestimmten Abstände»). Unter der (Zusatz-)Annahme bestimmter Wahrscheinlichkeits- und Reaktionsverteilungen führt dieser Ansatz eher zu Intervallskalen als die Ansätze (1)–(3).

In jüngerer Zeit wurden – insbes. im Rahmen der sozialwiss. Testtheorie – probabilistische Ansätze entwickelt, bei denen zwischen theoretischen (latenten) Eigenschaften und ihren konkret beobachtbaren empirischen Realisationen unterschieden wird. Eine Person löst dann (real) eben nicht sicher alle *Items* mit I < X wie im *Guttman*-Ansatz bei Verwendung der *Guttman*-Skala (3) postuliert wird, sondern sie löst diese *Items* nur mit einer bestimmten Wahrscheinlichkeit. Diese Wahrscheinlichkeitsfunktion wird als Itemcharakteristik (IC) bezeichnet, wobei sich viele dieser Skalierungs-Modelle primär in der Form unterscheiden. Wichtige Modelle sind das Modell von *Rasch* (bzw. dessen Entfaltung durch *Fischer* – auch die Erweiterung zum multidimensionalen *Rasch*-Modell), die logistische Skalenanalyse von *Birnbaum*, die *latent structure analysis* von *Lazarsfeld und* die Skalenanalyse von *Mokken*.

2. Multidimensionale Skalierung (MDS): Im Ggs. zur eindimensionalen S., wo es um Abstände der Objekte auf einer inhaltlich klar definierten Dimension geht, ergibt sich die Struktur der Objekte bei der MDS als (allg.) Ähnlichkeitsbeziehungen in einem vieldimensionalen Raum. Dabei kann die inhaltliche Bedeutung der Dimensionen, welche der «Ähnlichkeit» zugrunde liegen, durchaus zu nächst unklar sein, um dann erst mittels Interpretation der Konfiguration (bzw. der statistisch ermittelten Dimensionen) erschlossen zu werden. Wegen dieser Aufgabenstellung hat die MDS Ähnlichkeit mit Modellen der Faktorenanalyse und der Clusteranalyse. Die große Anzahl unterschiedlicher Ansätze in der MDS geht darauf zurück, daß man (1) verschiedene Möglichkeiten hat, die Distanz («[Un-]Ähnlichkeit») zwischen zwei Objekten formal zu fassen, nämlich (a) mit verschiedenen metrischen Modellen (*Euklidische* Distanz, *City-Block*-Modell und andere *Minkowski*-Metriken) oder (b) mit verschiedenen topologischen Modellen, die nur Ranginformation auswerten; daß man (2) zwischen aggregierten und nicht-aggregierten Daten unterscheiden kann; und daß man (3) unterschiedliche Ansätze hat, um die kleinste Anzahl der notwendigen Dimensionen für eine gegebene Punktekonfiguration zu finden. Da der MDS meist hochelaborierte Meß- und Berechnungsmodelle zugrunde liegen, wurden für viele Ansätze Computerprogramme entwickelt.

→ Deskriptive Statistik; Erhebungstechniken; Messen; Operationalisierung; Signifikanztests; Soziale Indikatoren; Statistik.

Lit.: *Ahrens, H.J.* 1974: Multidimensionale Skalierung, Weinheim. *Allmendinger, J./Schmidt, P./Wegener, B.* 1983: ZUMA-Handbuch sozialwissenschaftlicher Skalen, Bonn: Informationszentrum Sozialwissenschaften. *Denz, H.* 1982: Analyse latenter Strukturen, Mchn. *Fischer, G.* 1974: Einführung in die Theorie psychologischer Tests, Bern. *Guttman, L.* 1950: The Problems of Attitude and Opinion Measurement, in: *Stouffer, S.A.* u. a. (Hrsg.): Measurement and Prediction, Princeton. *Guttman, L.* 1968: A General Nonmetric Technique for Finding the Smallest Coordinate Space for a Configuration of Points, in: Psychometrica 33, 465–506. *Hansohm, J.* 1987: Die Behandlung qualitativer Datenstrukturen in quantitativen Analysemethoden durch das Prinzip der optimalen Skalierung, Ffm. *Kühn, W.* 1976: Multidimensionale Skalierung, Mchn. *Petermann, F.* (Hrsg.) 1980: Einstellungsmessung, Einstellungsforschung, Gött./Mhm. *Wegener, B.* (Hrsg.) 1982: Social Attitudes and Psychophysical Measurement, Hillsdale, N.J. *Young, F.W.* 1987: Multidimensional scaling: History, Theory, and Applications, Hillsdale, N.J.

Jürgen Kriz

Solidarität, wechselseitige Verpflichtung, als Mitglieder von Gruppen oder Organisationen füreinander einzustehen und sich gegenseitig zu helfen. S. entspringt gemeinsamen Interessen und Überzeugungen und beruht auf einem Zugehörigkeitsgefühl. Daß aus Bindungen Verpflichtungen erwachsen, die begründungsbedürftig und -fähig sind, bildet den Kern des Solidaritätsproblems.

1. Die Bestimmung der Gemeinschaften, die S. einfordern und leisten, die unterschiedlichen Formen und Intensitäten der S., ebenso

wie die Begründung der wechselseitigen Rechte und Pflichten, sind dagegen historisch, theoretisch und methodisch äußerst variabel. Sie machen S. zu einem «Konglomerat mehrerer, sämtlich mit dem Wort Solidarität bezeichneter Begriffe» (*Weisser* 1978: 245). So wird S. einmal auf gesellschaftl. → Klassen bezogen, dann wieder auf Versicherungsgemeinschaften, die → Nation, die → Dritte Welt oder die Gemeinschaft aller Menschen als Schöpfung Gottes; einmal mit dem Merkmal der Freiwilligkeit verbunden, dann wieder mit der Notwendigkeit des Zwangs zur S.; einmal als Mittel, dann wieder als Selbstwert verstanden; einmal als Chiffre für → Interdependenzen, dann als ihre normative Konsequenz formuliert; einmal als Rechtfertigung für Umverteilung, ein anderes Mal als Aufforderung zur Mäßigung von Ansprüchen herangezogen.

Entgegen dem Versuch, S. als universelles Prinzip der gegenseitigen Hilfe für alle Geschichtsperioden und Gesellschaften, ja sogar im Tierreich nachzuweisen (*Kropotkin* 1902), ist die enge Verbindung des Begriffes mit den gesellschaftl. Veränderungen, Krisen und Bewegungen des 19. Jh. festzuhalten. «Solidarität antwortet auf Fragen sozialer Integration und Ungleichheit, die sich im Befreiungsschub der Industrialisierung neu stellen» (*Hondrich/Arzberger-Koch* 1992: 11). S. als vielgestaltige Praxis fand sich in den Selbsthilfeeinrichtungen der Arbeiter (Hilfskassen), ihren Organisationen (→ Gewerkschaften, Arbeitervereine, → Sozialdemokratie) und in ihren kollektiven Kampfformen (Streiks, Boykotts etc.), ebenso in der Ausbreitung der → Genossenschaften. Solidarisches Handeln als kollektive Abwehrmaßnahme forderten auch die Arbeitgeberverbände von den Unternehmen. S. als Idee vereinte gesellschaftl. Utopien, Leitbilder und Ordnungsentwürfe, die sich als bewußtes Gegenmodell zu uneingeschränkt individualistischen und kollektivistischen Gesinnungspositionen und als eigenständige «dritte» Position verstanden (*Engelhardt* 1981: 59).

2. Eine zentrale Rolle spielt der Begriff S. in der katholischen Soziallehre, die sich in einer doppelten Frontstellung zum → Liberalismus und → Sozialismus entfaltete. Die Überwindung der → Sozialen Frage sollte sich nicht in der kritischen Auseinandersetzung mit den vorherrschenden Doktrinen erschöpfen, sondern verlangte nach einer eigenen Grundlegung, die dem Sozialkatholizismus und seinen Verbänden Orientierungen bieten konnte. Ein solches System entwickelte *H. Pesch* (1924) mit seinem Solidarismus, der in der Wortwahl an frz. Vorläufer *(Ch. Gide, L. Bourgeois)* anknüpfte und sich zugleich von utilitaristischen und sozialistischen Begründungen abgrenzte. *Pesch* unterschied die allg. menschliche S. von derjenigen der Staatsgenossen und der Berufsgenossen. Abgelehnt wird eine auf den → Klassenkampf ausgerichtete Solidarität. Sie wird vielmehr in der katholischen Soziallehre naturrechtlich begründet. Einzelwohl und → Gemeinwohl sind aufeinander bezogen. Das Solidaritätsprinzip ist gleichzeitig ein Seins- und ein Sollensprinzip. Daß aus der «Gemeinverstrickung» (*Nell-Breuning* 1980: 47) die Gemeinverpflichtung folgt, ist nach modernem Wissenschaftsverständnis ein → Naturalistischer Fehlschluß (*Dölken* 1992: 71).

Für *E. Durkheim* (1893) ist S. als soziale Tatsache ein Gegenstand der Soziologie und ein Argument gegen den Sozialdarwinismus. *Durkheim* wollte zeigen, daß mit der gesellschaftl. Entwicklung zur Individualisierung und Spezialisierung die S. nicht verschwindet, wohl aber ihre Grundlagen und Formen verändert. Die ältere, auf Ähnlichkeit der Bewußtseinszustände beruhende mechanische S. wird durch die in der sozialen Arbeitsteilung begründete organische S. überlagert und zurückgedrängt. Die organische S. ist nicht mit der Vertragssolidarität von Marktteilnehmern gleichzusetzen, sondern basiert auf der Funktionalität beruflicher Leistungen für die Gesellschaft und der Entwicklung einer Moral der Zusammenarbeit. Dem soziologischen Forschungsprogramm *Durkheims* entspr. läßt sich S. als gesellschaftl. Phänomen nur auf der Ebene der Gesellschaft erklären und nicht durch Rekurs auf individuelles Handeln.

3. Ordnungspolit. besteht die Wirkung der von der S. ausgehenden Theorien und Leitbilder darin, eine gesellschaftl. Steuerungs-

form zu modellieren, die als Kontrast, Korrektur und Ergänzung der Marktsteuerung wirkt. Der empirische und theoretische Nachweis, daß S. in arbeitsteiligen und marktgesteuerten → Industriegesellschaften ein weit verbreitetes und unverzichtbares Element bildet, eröffnet dem ordnungstheoretischen Diskurs einen Zugang zur Vielfalt von Motiven und Koordinationsformen. Daß diese Chance nicht breiter genutzt wurde, ist nicht alleine auf die Eleganz und Suggestivkraft marktliberaler Ordnungstheorie zurückzuführen, sondern auch auf theoretische Defizite des Solidaritätskonzeptes. So verfügen weder der katholische Solidarismus noch *Durkheims* Theorie über ein hinreichend differenziertes Verständnis gesellschaftl. Organisationen und sozialer Konflikte und beide überbewerteten die harmonisierende und integrierende Wirkung beruflicher Bindungen. Zudem tendierten sie dazu, auf der Folie einer Karikatur des Individualismus und Liberalismus zu argumentieren, die allenfalls den Pamphleten der Epigonen der Klassiker gerecht wurde, nicht aber einem *Adam Smith* in seiner *«Theory of Moral Sentiments»* (1759; vgl. *Kaufmann/Krüsselberg* 1984).

4. Auf die polit. und gesellschaftl. Bewegungen und Programme hatte die Diskussion um die S. eine breite Wirkung. Für die sozialpolit. Reformer bot S. einen Anknüpfungspunkt für institutionelle Neuerungen, die z. T. an historisch gewachsene Solidareinrichtungen anknüpften, diese aber zu staatl. organisierten Solidargemeinschaften folgenreich veränderten. Die Ablösung der auf genossenschaftl. Basis funktionierenden Selbsthilfeeinrichtungen durch die Sozialversicherung in D und ihr Weiterbestand in anderen Ländern ist einer der Gründe für historische Unterschiede in der Entwicklung der → Wohlfahrtsstaaten. Für den Katholizismus bedeutete S. eine Rechtfertigung staatl. sozialpolit. Interventionen, freilich unter Beachtung des zweiten Sozialprinzips, der → Subsidiarität. Sie erschienen als zwei Seiten einer Medaille. In der Arbeiterbewegung gehörte S. weiterhin zum Vokabular revolutionärer Gruppierungen, wurde aber zunehmend mit revisionistischen und reformistischen Inhalten verbunden. Mit dem Fortschreiten sozialpolit. Reformen und der Bewältigung sozialer Risiken wird S. zum Organisationsproblem bei der Verarbeitung gesellschaftl. Risiken. In der Parteiprogrammatik von CDU und SPD hat S. in ihrem spannungsreichen Verhältnis zu → Freiheit und → Gerechtigkeit als Grundwert ihren festen Platz.

5. Die Soziogenese von Solidareinrichtungen und die Erklärung neuer Formen sind Gegenstand der aktuellen Forschung zur S., ebenso die Präzisierung von S. als spezifischer Steuerungsform. Die der S. zugrundeliegenden Interdependenzen lassen sich mit Hilfe der ökon. Theorie der externen Effekte präziser erfassen. Sie lösen Kollektivierungsprozesse aus, deren Effektivität und Effizienz historisch variieren (vgl. *de Swaan* 1993). Dabei zielen individualistische, am Modell rationaler Wahlhandlungen *(rational choice)* orientierte Ansätze in zwei Richtungen. In der Nachfolge und in Anlehnung an *Mancur Olsons* Theorie der «Logik kollektiven Handelns» (1965) betrachten sie solidarisches Handeln rationaler Akteure als voraussetzungsvolle Aktivität, die mit einem hohen Risiko des Scheiterns behaftet ist. Dabei spielt die Größe des Kollektivs eine zentrale Rolle (vgl. *Offe* 1985). In dieser Tradition werden die Grenzen der S. markiert. Sie weist auch darauf hin, daß dort, wo die Solidarisierung von Verteilungskoalitionen gelingt, negative Wirkungen auf die Gesamtwohlfahrt zu erwarten sind. Die zweite Richtung knüpft an *Adam Smith' «sympathy»* als Empathie an und prüft die Voraussetzungen, unter denen Individuen fremde Interessen in ihr Kalkül aufnehmen (vgl. *Kaufmann/Krüsselberg* 1984). Spieltheoretisch argumentierende Analysen strategischen Verhaltens charakterisieren S. als Handlungstyp des «konditionalen Altruismus» (*Elster* 1984: 22) in Abgrenzung zum Egoismus und unbedingten Altruismus. In der Institutionenökonomik und der → Neuen Politischen Ökonomie (vgl. *Kirsch* 1993) werden die Voraussetzungen von Märkten und die Entstehung von Normen ebenso analysiert wie die Funktionsweisen nichtmarktförmiger Steuerung. Steuerung über S. läßt sich nur bedingt polit. beeinflussen über die Herstellung von Bedingungen, die solidarisches Handeln möglich machen, und

die Beachtung solidaritätsmindernder Nebenwirkungen von Institutionen.
6. Der Solidarismus als Doktrin ist antiquiert, der Begriff kaum noch bekannt. S. als Problemstellung dagegen erlebt eine sozialwiss. Renaissance. Die Gründe sind vielfältig: Die herkömmlichen Formen, S. in der → Sozialpolitik zu organisieren, offenbaren ihre Grenzen und lösen die Suche nach neuen Kombinationen aus; der Zusammenbruch des staatl. verwalteten Sozialismus und der Triumphalismus überzogener Marktmodelle haben die Fragen nach dem Zusammenhalt von Gesellschaften und ihrer moralischen Qualität nicht gelöst; die Unterschiede in den Lebenslagen innerhalb von Gesellschaften und zwischen Gesellschaften haben sich vergrößert; Einsichten in die wechselseitigen Abhängigkeiten könnten die Herausbildung eines sozialen Bewußtseins fördern. Die Situation im beginnenden 21. Jh. weist Parallelen zum 19. Jh. insofern auf, als der Verlust von S. vielfach beklagt wird. Soziologische Untersuchungen dagegen zeigen, daß S. «in modernen Gesellschaften weniger verfällt als vielmehr erschaffen wird» (*Hondrich/Arzberger-Koch* 1992: 7). *F. Ewald* (1993) sieht S. als eine elementare Form des Umgangs mit Risiken als sozialen Übeln und knüpft dabei an die vertragstheoretischen Konstruktionen der frz. Solidaristen an. Wenn das soziale Übel das Gegenstück zum kollektiven Wohlergehen darstellt, gleichzeitig aber immer weniger dem individuellen Fehlverhalten zurechenbar ist, kann ihm nicht mit dem Konstrukt der individuellen Haftung begegnet werden, sondern nur durch Solidarität. Die → Globalisierung der sozialen Übel erfordert Formen der globalen S., die erst in Konturen erkennbar sind (vgl. *Schütz* 1994).

→ Demokratie; Gleichheit; Ökonomische Theorien der Politik; Soziallehren.

Lit.: *Bayertz, K.* (Hrsg.) 1998: Solidariät, Ffm. *Bourgeois, L.* 1896: Solidarité, Paris. *Dölken, C.* 1992: Katholische Sozialtheorie und liberale Ökonomik, Tüb. *Durkheim, E.* ²1988: Über soziale Arbeitsteilung, Ffm. (frz. 1893). *Elster, J.* 1984: Ulysses and the Sirens, Camb. *Engelhardt, W. W.* 1981: Selbstverantwortung, Solidarität, Subsidiarität und andere Sinnstrukturen der industriellen Gesellschaft, in: *Herder-Dorneich, P.* (Hrsg.): Dynamische Theorie der Sozialpolitik, Bln., 55–78. *Ewald, F.* 1993: Der Vorsorgestaat, Ffm. (frz. 1986). *Gide, C.* 1893: L'idée de la solidarité en tant que programme économique, Paris. *Hondrich, K. O./Arzberger-Koch, C.* 1992: Solidarität in der modernen Gesellschaft, Ffm. *Kaufmann, F.-X./Krüsselberg, H.-G.* (Hrsg.) 1984: Markt, Staat und Solidarität bei Adam Smith, Ffm. *Kirsch, G.* 1993: Neue Politische Ökonomie, Düss. (zuerst 1974). *Kropotkin, P.* 1975: Gegenseitige Hilfe in der Tier- und Menschenwelt, Ffm. (zuerst 1902). *Nell-Breuning, O.* 1980: Gerechtigkeit und Freiheit, Wien. *Offe, C.* 1985: Solidaritätsprobleme in der Arbeitsmarkt- und Sozialpolitik, in: *Ortmann, F./Sachße, C.* (Hrsg.): Arbeitsmarkt, Sozialpolitik, Selbsthilfe: Perspektiven «neuer» Sozialstaatlichkeit, Kassel, 37–59. *Olson, M.* ²1985: Die Logik des kollektiven Handelns, Tüb. (zuerst 1968; engl. 1965). *Pesch, H.* ⁴1924: Lehrbuch der Nationalökonomie, Bd. 1, Freib. *Rauscher, A.* 1988: Solidarismus, in: ders.: Kirche in der Welt, Bd. 1, Würzburg, 128–149. *Rauscher, A.* 1988: Solidarität, in: Staatslexikon, Bd. 4, Freib., 1191–1194. *Schmid, M.* 1989: Arbeitsteilung und Solidarität, in: KZfSS 41, 619–643. *Schütz, R.* 1994: Solidarität im Wirtschaftsvölkerrecht, Bln. *Smith, A.* 1994: Theorie der ethischen Gefühle, Hamb. *Swaan, A. de* 1993: Der sorgende Staat, Ffm. *Ulrich, H. G.* 1993: Solidarität, in: *Enderle, G.* u. a. (Hrsg.): Lexikon der Wirtschaftsethik, Freib., 959–963. *Weisser, G.* 1978: Solidarität, in: *ders.*: Beiträge zur Gesellschaftspolitik, Gött., 244–257.

Manfred Groser

Souveränität, in Politikwiss., Staatslehre und Völkerrecht verstanden als den modernen → Staat nach innen und außen konstituierender Herrschaftsanspruch wie auch als eine der wesentlichen Begründungen für sein Herrschaftsmonopol. Der moderne, territorial definierte souveräne Staat ist demnach in seinem Handeln ein unabhängiges, gegenüber anderen Staaten prinzipiell gleiches und freies Subjekt wie auch der wesentliche Akteur im internat. System.

1. Der Souveränitätsbegriff bzw. das Souveränitätspostulat spielte im 19. Jh. bei der Entstehung und Konzeptionierung des modernen → Nationalstaates wie auch des Internat. Systems eine legitimierende wie strukturierende Rolle. Er sicherte das nat. wie auch das gouvernementalistische Verständnis von Staat und Politik nicht nur gegenüber Kritikern wie z. B. den Internationalisten aus der → Arbeiterbewegung ab, sondern er legitimierte und legalisierte auch die auf allein nationalstaatl. Interessenmaximierung ausgerichtete Außen-«Macht»-Politik, wie sie z. B. im → Kolonialismus, in innereurop. Konkurrenzkonflikten und in faschistischen Hegemonialmodellen zum Ausdruck kam.
Mit der Problematisierung derartiger Politikmuster, z. B. nach den beiden Weltkriegen, sowohl durch Vertreter wertorientierter Politik (z. B. aus den Friedens-, Europa- und Demokratiebewegungen) als auch aus Kosten-Nutzen-Überlegungen nationenübergreifender «Welt-» bzw. Europapolitik verlor der Souveränitätsbegriff für die modernen Staatstheoretiker nicht nur seine konstitutive Bedeutung, sondern er wurde im Zusammenhang mit der Kritik am modernen Staat wie auch an Staatenordnungen zunehmend kritisiert, neu bestimmt und dabei erheblich eingeschränkt (*limited sovereignty*).

2. Die Debatte über die S. des modernen Staates, wie sie z. B. in der Frage, wieviel Staat eine Gesellschaft benötige bzw. wie eine neue Regional- oder auch Weltordnung aussehen müsse, zum Ausdruck kommt, ist insbes. durch den Ggs. von «Realisten» und «Idealisten» geprägt.
Nach Auffassung der realistischen Denkschulen, für die S. einen Schlüsselbegriff darstellt, erlaubt S. dem modernen Staat nicht nur den Aufbau von Machtpotenzialen zur Durchsetzung seiner Interessen, sondern erzwingt dieses auch, weil nur darüber im internat. System seine Existenz garantiert wird. Aufgrund der Unabhängigkeitsqualität von S. ist es für den Staat auch legitim, seine Interessen insbes. nach außen auch unter gewaltsamem Einsatz seiner Machtmittel auf Kosten anderer Staaten durchzusetzen. Funktionalistische Denkschulen haben diese Position zusätzlich damit begründet, daß S. und nur S. dem Staat diejenige Handlungsfähigkeit gibt, die für die Wahrnehmung von zentralen Aufgaben wie Wohlfahrt und Sicherheit notwendig ist.
Idealistische Denkschulen halten den souveränen Staat zwar für notwendig, formulieren aber so viele Einschränkungen von S., daß diese ihren Absolutheitsanspruch wie ihren Schlüsselcharakter einbüßt. Mit dem Hinweis, daß die Staatsbürger den «Souverän» darstellen, von dem Politik auszugehen habe, bzw. dem daraus folgenden Demokratiegebot wird die S. des Staates nach innen inhaltlich wie prozessual beschränkt und stellenweise sogar ein Rückzug des Staates aus der Gesellschaft gefordert. Mit der Einführung von universell gültigen Werten und globalen oder «Menschheits»-Interessen wird nationalstaatl. fokussierte und gewaltorientierte Interessenpolitik nicht nur ausgeschlossen, sondern gleichzeitig eine Global- und Wertverantwortung für den Staat definiert, die der realistischen Interpretation von S. auch nach außen den Boden entzieht.

3. Bei der Herausbildung des modernen Staates hat S. vier historische Funktionen gehabt. (1) Beim Übergang vom mittelalterlichen zum absolutistischen Staat dient der Souveränitätsbegriff auf der einen Seite der Abwehr der Ansprüche von «außen», wie jenen von Kirche und Reich, und «innen», wie jenen von Adel, Ständen und freien Städten. S. legitimierte nach *J. Bodin* (1576) die rechtliche wie faktische Konzentration der territorial definierten Staatsgewalt in der Hand des Monarchen. (2) Der bürgerliche Staat benutzt, etwa in Anlehnung an die klassischen → Vertragstheorien eines *Hobbes* (1651) oder *Rousseau* (1762), in der Debatte über den «Staatsvertrag» S. nicht nur zur Entmachtung des Fürsten, sondern auch zur Einführung des Nationalprinzips, mit dem Konsens- und Identitätsbedürfnisse des Nationalstaates abgedeckt werden. (3) In dem Maße, wie der sich selbst absolut

setzende → Nationalismus mit seiner Regional- bzw. Weltmachtpolitik die Eigenständigkeit, Entwicklung und Entfaltung anderer Staaten bedroht, wird S. zur Schutzklausel der schwächeren gegenüber den stärkeren Staaten, erhält S. eine zentrale Funktion für den Prozeß der → Dekolonisation und wird über S. die Abwehr von wirtschaftl. Abhängigkeit, polit. Fremdbestimmung und sozio-kultureller Identitätsbedrohung legitimiert. Und im Rahmen der sich herausbildenden Völkerrechtsordnung wie auch der entstehenden multi-, inter- und supranationalen Organisationen (Völkerbund/UN, WTO, EU, OAS, OAU, ASEAN usw.) führt das Gleichheitsgebot von S. im bewußten Ggs. zu den realen Machtverhältnissen zum konsensualen Entscheidungsprozeß, zum Verbot von Einmischung in «innere» Angelegenheiten und zur Forderung nach «gleichen» Zugangs- und Beteiligungsrechten (z. B. im → Nord-Süd-Konflikt). (4) Angesichts der Krise des Nationalstaates (Weltkriege, nukleare Abschreckung, grenzüberschreitende Umweltproblematik usw.), der Herausbildung von integrierten Regionalordnungen (Europäische Union) und der Debatte über die «Neue Weltordnung» bzw. → *Global governance* wird über die Kritik an dem National- und Gewaltprinzip des klassischen Souveränitätsbegriffes ein neues regionalistisches bzw. universalistisches Verantwortungsdenken entwickelt, das traditionelle S. sowohl nach innen (Intervention bei Verletzung von → Menschenrechten usw.) als auch nach außen (*peace-establishment* usw.) zunehmend internat. überspielt.

4. Im Ggs. zum traditionellen Völkerrecht gilt für die → Internationalen Beziehungen der Souveränitätsbegriff heute als ordnungs- wie realpolit. überholt. Die mit S. verbundene Verabsolutierung nationalstaatl. Interessen kollidiert mit dem generellen wie speziellen Weltgesellschaftspostulat bzw. der Forderung, daß die strukturellen (Rüstungswettlauf, Unterentwicklung, Domination, ökolog. Bedrohung usw.) wie aktuellen (Regionalkonflikte, → Protektionismus, → Rezession, → Verschuldung usw.) Probleme gerade wegen der S. von Nationalstaaten nicht oder nur unzureichend gelöst werden können. Nationalstaatl. S. wird darüber hinaus auch als Fiktion verstanden, die in ihrer Absolutheit nie real existiert hat. Wirtschaftl., militärische und polit. Interdependenzen haben neben dem Einfluß nichtstaatl. (→ Multinationale Konzerne usw.) bzw. supranat. (NATO, EU, IWF usw.) Akteure den Nationalstaat in ein → Netzwerk von Abhängigkeiten eingebettet, weshalb die Analyse nicht mehr von S. oder «Unabhängigkeit», sondern nur von mehr oder weniger großen Handlungsspielräumen in den verschiedenen Politikbereichen ausgehen sollte, innerhalb derer der Nationalstaat die Inhalte, Formen und Reichweite seiner Politik unter entspr. Rücksicht auf die inneren Akzeptanz- bzw. Konsensgebote definieren kann.

5. Während der Souveränitätsbegriff bei der Genese des modernen Territorial- und später Nationalstaates eine konstitutive Rolle gespielt hat, wird in der heutigen politikwiss. wie auch polit. Debatte v. a. auf seine Problematik hingewiesen. Für den innerstaatl. Aspekt haben die Debatte über Revitalisierung von → Föderalismus, → Zivilgesellschaft und über Ausmaß und Qualität staatl. Steuerung gesellschaftl. Prozesse die Bedeutung des souveränen Staates mit seinem Machtanspruch nach innen relativiert. Die neueren Analysen über polit. → Identität und demokratische Kultur wie auch die Erfahrungen, die neu entstandene Staaten mit Re-Nationalisierung ihrer Politik haben (Ostmitteleuropa, Balkan, GUS-Mitgliedstaaten), machen deutlich, daß die Verknüpfung des Souveränitätsbegriffes mit dem Nationalprinzip weder zwingend notwendig noch insgesamt sinnvoll ist. Am gewichtigsten ist aber die Kritik an der Außendimension von S., wo inzwischen auch (Neo-) Realisten für internat. Ordnungseingriff, eingeschränkte S. und Supranationalität plädieren und wo Vertreter des Weltgesellschaftsansatzes das Souveränitätsprinzip durch ein globales Verantwortungsprinzip ersetzen wollen, das den souveränen Nationalstaat in eine föderativ organisierte und auf einem Weltgesellschaftsvertrag beruhende Neue Weltordnung überführt.

→ Herrschaft; Macht; Nationalstaat; Staatsraison; Staatstheorie der Gegenwart; Staatszentrierte Ansätze.

Lit.: *Czempiel, E. O.* (Hrsg.) 1969: Die anachronistische Souveränität, PVS-Sonderheft 1, Opl. *Heller, H.* 1927: Die Souveränität, Bln. *Hofmann, H. H.* (Hrsg.) 1967: Die Entstehung des modernen Staates, Köln. *Telo, M.* (Hrsg.) 2001: The European Union and New Regionalism, Aldershot.

Reimund Seidelmann

Sozial-industrieller Komplex, Konzept zur Charakterisierung eines Wirtschaftsbereichs, dessen Entstehung und Dynamik eng mit einer Ausdehnung der → Staatstätigkeit im Bereich der → Sozialpolitik verknüpft ist, die ihrerseits auf spezifische Merkmale und Krisentendenzen der kapitalistischen Wirtschaftsweise (z. B. Monopolbildung, Sozialisierung von Produktionskosten) zurückgeführt wird.

Das Konzept wurde im Rahmen krisentheoretischer Ansätze zur Analyse des → Wohlfahrtsstaates in den 1970er Jahren in Anlehnung an den Begriff des → Militärisch-industriellen Komplexes entwickelt. Charakteristisch für die Struktur und Dynamik des S. ist demnach v. a. eine Interessenkonvergenz zwischen → Staat (insbes. der → Sozialadministration) und Wirtschaftsunternehmen, die in Bereichen wie der Gesundheits- und Bildungsversorgung, dem Wohnungs- und Städtebau als Anbieter von → Gütern und → Dienstleistungen auftreten. Das Interesse der Unternehmen an der Erschließung und Gestaltung neuer Märkte (die aufgrund der spezifischen Nachfragestruktur ggf. starke Wettbewerbsverzerrungen zu Gunsten der Anbieter aufweisen) trifft sich mit dem Interesse des Staates an einem möglichst ungebrochenen Wirtschaftswachstum zur Sicherung der eigenen finanziellen Basis und an den von der Sozialpolitik erwarteten Legitimitätsgewinnen; hinzu kommen Eigeninteressen der → Bürokratie in den jeweiligen Politikfeldern, die ebenfalls expansiv wirken. Aufgrund der starken staatstheoretischen Konnotationen des Konzepts und der Schwierigkeiten, es in kohärenter Weise für empirische Analysen zu operationalisieren, wird der S. in der neueren Staatstätigkeitsforschung kaum noch thematisiert.

→ Krise/Krisentheoretische Ansätze.

Lit.: *Jänicke, M.* 1978: Wie das Industriesystem von seinen Mißständen profitiert, Opl. *O'Connor, J.* 1974: Die Finanzkrise des Staates, Ffm. *Ueltzhöffer, J.* 1976: Produktionsstruktur und öffentlicher Sektor, in: *Murswieck, A.* (Hrsg.): Staatliche Politik im Sozialsektor, Mchn., 92–125.

Bernhard Thibaut

Sozialabgaben, Pflichtbeiträge zur → Sozialversicherung, die in der BRD als gesetzlich festgelegter Prozentsatz des Bruttolohnes anteilig von Arbeitnehmern und Arbeitgebern zu entrichten sind.

In Staaten, in denen ein großer Teil der → Sozialen Sicherheit über S. finanziert wird, sind die Arbeitskosten unter sonst gleichen Bedingungen höher als in Staaten, deren soziale Sicherungssysteme im wesentlichen über Steuern finanziert werden. Zunehmende Leistungsansprüche an die Sozialversicherung (hohe → Arbeitslosigkeit, steigende Zahl von Rentenempfängern) lassen auch die S. steigen. Die Begrenzung bzw. Senkung der S., die in ihrer aktuellen Höhe aus unterschiedlichen polit. Richtungen als Belastungsfaktor der internat. Wettbewerbsfähigkeit, als Hindernis für beschäftigungswirksames Wirtschaftswachstum (→ Globalisierung) und/oder als konjunkturfeindliche Einschränkung der Massenkaufkraft kritisiert werden, bildet einen Schwerpunkt der Debatten um den Um- bzw. Abbau des → Wohlfahrtsstaates in D.

Lit.: → Sozialpolitik

Bernhard Thibaut

Sozialadministration, öff. → Verwaltung im Bereich der → Sozialpolitik. In D zählen dazu entspr. der vertikalen Gliederung der Staatsorganisation alle Verwaltungseinheiten des Bundes, der Länder und der → Gemeinden, die mit sozialpolit. Vollzugs- und Planungsaufgaben betraut sind, sowie die → Selbstverwaltung der Sozialversicherungsträger.

Schwerpunktmäßig ist die S. auf der Ebene der Gemeinden angesiedelt (z. B. Gesundheits-, Jugend- und Sozialämter). Die Verwaltungsapparate der nicht-staatl. Träger der Sozialpolitik werden nicht der S. i. e. S. zugerechnet.

Lit.: *Kühn, D.* 1985: Kommunale Sozialverwaltung, Bielefeld.

Bernhard Thibaut

Sozialdemokratie → Sozialismus/Sozialdemokratie

Sozialdumping, das Unterschreiten internat. → Sozialstandards über ein Maß hinaus, das durch unterschiedliche Entwicklungsstände verschiedener Länder bedingt ist, um auf dem Weltmarkt Wettbewerbsvorteile zu erzielen.

Dieter Nohlen

Soziale Bewegungen, auf gewisse Dauer gestellte Versuche von netzwerkförmig verbundenen Gruppen und Organisationen, sozialen Wandel durch Protest herbeizuführen, zu verhindern oder rückgängig zu machen. Im Unterschied zu diffusen geistigen Strömungen (z. B. Romantik) oder kurzlebigen Phänomenen kollektiven Verhaltens (z. B. Panik) haben s. B. eine organisatorische Basis und können auch → Parteien und → Interessengruppen einschließen; sie sind jedoch in ihrer Gesamtheit nicht als Organisationen anzusprechen. Im Unterschied zu diesen fehlen s. B. verbindliche Kriterien zur Regelung von Mitgliedschaft, interner Kompetenzaufteilung und Entscheidungsfindung. S. B. sind zudem von thematisch engen Protesten (etwa gegen einzelne Politiker oder ein bestimmtes Bauvorhaben) abzugrenzen, welche als Protestkampagnen bezeichnet werden können.

1. Obgleich Aufruhr, Revolten und andere Formen kollektiven Protests auch im Mittelalter und weiter zurückliegenden Epochen zu verzeichnen sind, gibt es gute Gründe, s. B. ausschließlich der → Moderne zuzurechnen. Zielten frühere Formen des Protests gegen die Obrigkeit auf die Wiederherstellung einer als verletzt angesehenen traditionellen bzw. göttlichen Ordnung, so entsteht erst mit der Moderne die Vorstellung, → Gesellschaft könne gemäß eigenen Entwürfen bewußt gestaltet werden. Diese Idee des gezielten Eingriffs in eine soziale Ordnung ist ein Konstitutionsmerkmal sozialer Bewegungen (vgl. *Rucht* 1994). Manche Sozialhistoriker setzen den Durchbruch s. B. als einer bes. Form kollektiven Verhaltens erst mit der Wende zum 19. Jh. an (vgl. *Tilly* 1986). Jedenfalls gewinnt der Terminus s. B. im 19. Jh. an Breitenwirkung (vgl. *Pankoke* 1970; *Rammstedt* 1978). Verwendet wird er einerseits als polit. Kampfbegriff. Gruppierungen bezeichnen sich als Bewegung, um den Aspekt von Massenhaftigkeit, Kraft und Dynamik hervorzuheben. Andererseits dient der Bewegungsbegriff auch als analytische Kategorie. Zunächst wurde er, etwa bei *Marx,* in doppelter Bedeutung gebraucht: zur Bezeichnung der Entwicklung von Gesellschaft, aber auch eines bestimmten sozialen Akteurs, der Gesellschaft «bewegt». Im Verlauf der zweiten Hälfte des 19. Jh. verlagerte sich der Wortsinn weitgehend auf die zweite Bedeutung. Zugleich bestand die Neigung, soziale Bewegung mit sozialistischer Bewegung bzw. Arbeiterbewegung gleichzusetzen. Diese Assoziation verlor sich mit dem Aufkommen weiterer Bewegungen (darunter Frauenbewegung, Jugendbewegung, Lebensreformbewegung und faschistische Bewegung).

2. In Europa blieb die Theoriebildung zu s. B. auf die Frage gesamtgesellschaftl. Wandels bezogen. Daneben spielte auch der Aspekt der Oligarchisierung bzw. Institutionalisierung von Bewegungen eine Rolle, wie ihn *R. Michels* (1911) am Beispiel der dt. → Sozialdemokratie nachgezeichnet hatte. Al-

lerdings überließ man bis in die 1970er Jahre das Feld weitgehend den Historikern, während sich in den USA bereits seit den 1920er Jahren Soziologen und Politikwissenschaftler intensiv mit s. B. beschäftigten. Jedoch blieb der Bezug zu sozialem Wandel unterbelichtet. Anfänglich stark beeinflußt von der um die Jahrhundertwende blühenden europ. Massenpsychologie wurden s. B. als eine Variante kollektiven Verhaltens betrachtet. Zunächst entfaltete sich eine symbolisch-interaktionistische Richtung (*Park/Burgess* 1924; *Blumer* 1951), später ergänzt durch eine von *T. Parsons* geprägte strukturell-funktionale Richtung (*Smelser* 1962). Diese Theorien hatten sich noch nicht ganz von älteren Vorurteilen befreit, indem sie kollektives Verhalten als überwiegend irrational und unorganisiert ansahen, oft auch als eine Form abweichenden Verhaltens stigmatisierten. Erst mit dem Konzept der Ressourcenmobilisierung wurden die strategischen und organisatorischen Momente sozialer Bewegungen, teilweise in Analogie zum Unternehmertum, ausdrücklich gewürdigt (*McCarthy* u. a. 1977; *Zald/McCarthy* 1980).

3. Ab den späten 1970er Jahren begann eine stärkere Ausdifferenzierung der Bewegungsforschung. In Europa führten die sog. Neuen Sozialen Bewegungen (darunter Ökologie-, Frauen-, Friedens- und Dritte-Welt-Bewegungen) zu einem Boom der sozialwiss. Bewegungsdebatte (*Touraine* 1978; *Offe* 1985; *Melucci* 1989), die sich allmählich thematisch öffnete und auch allg. Theorien s. B. einbezog (*Raschke* 1985; *Neidhardt/Rucht* 1993). Daneben sind neuere sozialpsychologische Theorien sozialer Bewegungen und Theorien rationaler Wahl zu nennen, die Bewegungen als Aggregat von individuellen Handlungen verstehen (*Klandermans* 1984). In den USA, wo i. d. R. nicht zwischen «alten» und «neuen» s. B. unterschieden wird, treten neben das Konzept der Ressourcenmobilisierung und Theorien rationaler Wahl zwei weitere Analyse-Konzepte: (1) die Systematisierung polit. Gelegenheitsstrukturen als den bewegungsexternen Einflußfaktoren auf Mobilisierung, Strategie, Struktur und Wirkung von s. B. (*Tarrow* 1983). Dazu gehören auch die sog. *political process*-Konzepte, die v. a. die Interaktionsdynamik zwischen Bewegungen und ihren Gegenspielern einbeziehen (*Tilly* 1978; *McAdam* 1982). (2) Die sog. *framing*-Konzepte, die im Anschluß an ältere Annahmen des → Symbolischen Interaktionismus und die Arbeiten von *E. Goffman* entwickelt wurden (vgl. *Snow* u. a. 1986; *Gamson* 1988). Sie betonen und analysieren die Deutungsstrategien und -muster, mit denen Protestgruppen und s. B. versuchen, ihren Problemwahrnehmungen und Lösungsvorschlägen öff. Resonanz zu verschaffen. Inzwischen haben sich die Diskussionen auf beiden Seiten des Atlantiks wechselseitig beeinflußt und verschränkt, so daß kaum mehr von getrennten Theorieentwicklungen auszugehen ist, wie die Publikationen von *McAdam* u. a. (1988), *Klandermans* u. a. (1988), *Dalton/Kuechler* (1990), *Rucht* (1991) und *della Porta/Diani* (1999) zeigen. Äußeres Merkmal der neueren Bewegungsdebatte ist eine gewisse Institutionalisierung in Form von eigenen Zeitschriften, Buchreihen und ersten Forschungseinrichtungen.

4. Studentenbewegung, Neue Linke und die nachfolgenden neuen s. B. haben in den westl. Industrieländern eine aktivistische Protestkultur begründet, die sich vom Organisations- und Politikverständnis der Arbeiterbewegung abhebt (*Brand* 1985; *Raschke* 1985). Inzwischen haben diese Bewegungen auch in weiten Teilen der → Dritten Welt Fuß gefaßt. In einzelnen Themenfeldern (v. a. Frauen, → Menschenrechte und → Ökologie) kommt es zu grenzüberschreitenden Kooperationen und zur Ausbildung internat. Bündnisse und Protestorganisationen. Die mit den neuen Bewegungen verbundene Protestkultur, welche auch vermehrt Aktionen des → Zivilen Ungehorsams einschließt, hat sich inzwischen weitgehend konventionalisiert. Empirische Forschungen zeigen, daß konventionelle und unkonventionelle Formen polit. → Partizipation ohnehin häufig von gleichen Personen angewandt werden (*Barnes/Kaase* 1979). Weiterhin wird von einer Institutionalisierung der neuen s. B. im Sinne einer Verfestigung ihrer infrastrukturellen Basis gesprochen (*Roth* 1994), wenngleich die Bewegungen damit (noch) nicht der etablierten Politik zuzurechnen sind. An die Stelle der vormals gerade in der BRD aus-

geprägten Kluft zwischen neuen s. B. und etablierter Politik ist ein pragmatischer Umgang miteinander getreten, was wiederum Widerspruch im radikalen Spektrum der Bewegungen provoziert. Ausdruck der Konventionalisierungstendenz ist auch die Tatsache, daß Teile der neuen s. B. in nicht unerheblichem Ausmaß einerseits durch staatl. Gelder (Arbeitsbeschaffungsmaßnahmen, kommunale Förderprogramme usw.) unterstützt werden und andererseits einzelne Forderungen der Bewegungen zum Allgemeingut von Parteien geworden sind.

5. Neben → Parteien und Verbänden bilden s. B. einen festen Bestandteil des heutigen Systems polit. Interessenvermittlung (*Rucht* 1993). Die normative Ladung des Bewegungsbegriffs, sowohl seine negative Besetzung etwa im Rückblick auf den → Faschismus als auch seine emphatische Koppelung an → Emanzipation und Fortschritt, weicht im wiss. und polit. Kontext zunehmend einer nüchternen Betrachtung. Im allg. werden s. B. weder als Relikt früherer Epochen wahrgenommen, noch gelten sie *per se* als ein dysfunktionales Element demokratischer Politik. Anzeichen einer nachlassenden Bindekraft etablierter Organisationen und einer wachsenden → Parteienverdrossenheit legen die Vermutung nahe, daß die Bewegungsform künftig sogar an Attraktivität gewinnen wird, weil sie ein flexibles Engagement und variable Aktionsformen ermöglicht, weniger hierarchisch geprägt ist und auf keiner festen Mitgliederrolle basiert. Vorerst bleibt allerdings offen, in welchem Maß s. B. einen Beitrag zu einer weiteren demokratischen Öffnung liefern können oder aber in die entgegengesetzte Richtung wirken. Das Wiedererstarken des Rechtsradikalismus in vielen Ländern Europas, einschließlich der BRD, die Tendenzen der gewaltsamen Renationalisierung der Politik im Gefolge des Zusammenbruchs des real existierenden Sozialismus, aber auch die Renaissance fundamentalistischer Bewegungen in westl. Industrieländern und Regionen der → Dritten Welt geben Anlaß zur Skepsis.

→ Feminismus; Handlungstheorien; Interesse; Marxismus; Rational choice-Theorien.

Lit.: *Barnes, S./Kaase, M.* u. a. 1979: Political Action: Mass Participation in Five Western Democracies, Beverly Hills/L. *Blumer, H.* ²1951: Elementary Collective Behavior, in: *McClung Lee, A.* (Hrsg.): New Outline of the Principles of Sociology, NY (zuerst 1939), 167–222. *Brand, K.-W.* (Hrsg.) 1985: Neue soziale Bewegungen in Westeuropa und den USA, Ffm. *Dalton, R. J./Kuechler, M.* (Hrsg.) 1990: Challenging the Political Order, Cam. *della Porta, D./Diani, M.* 1999: Social Movements: An Introduction, Ox. *Gamson, W. A.* 1988: Political Discourse and Collective Action, in: *Klandermans, B.* u. a. (Hrsg.): Organizing for Change: Social Movement Organizations Across Cultures, Greenwich, Conn., 129–244. *Gerdes, D.* 1985: Regionalismus als soziale Bewegung., Ffm. *Klandermans, B.* 1984: Mobilization and Participation, in: ASR 49, 583–600. *Klandermans, B.* u. a. (Hrsg.) 1988: From Structure Action: Comparing Social Movement Research Across Cultures, Greenwich, Conn. *McAdam, D.* 1982: Political Process and the Development of Black Insurgency, 1930–1970, Chic./L. *McAdam, D.* u. a. 1988: Social Movements, in: *Smelser, N. J.* (Hrsg.): Handbook of Sociology, Newbury Park, 695–737. *McCarthy, J. D.* u. a. 1977: Ressource Mobilization and Social Movements, in: AJS 82, 1212–1241. *Melucci, A.* 1989: Nomads of the Present: Social Movements and Individual Needs in Contemporay Society, L. *Michels, R.* 1970: Zur Soziologie des Parteiwesens in den modernen Demokratien, Stg. (zuerst 1911). *Neidhardt, F./Rucht, D.* 1993: Auf dem Weg in die «Bewegungsgesellschaft»? Über die Stabilisierbarkeit sozialer Bewegungen, in: Soziale Welt 44, 305–326. *Offe, C.* 1985: New Social Movements: Challenging the Boundaries of Institutional Politics, in: Social Research 52, 817- 868. *Pankoke, E.* 1970: Sociale Bewegung – Sociale Frage – Sociale Politik, Stg. *Park, R. E./Burgess E. W.* ²1924: Introduction to the Science of Sociology, Chic. (zuerst 1921). *Rammstedt, O.* 1978: Soziale Bewegung, Ffm. *Raschke, J.* 1985: Soziale Bewegungen. Ein historisch-systematischer Grundriß, Ffm. *Roth, R.* 1994: Demokratie von unten, Köln. *Rucht, D.* (Hrsg.) 1991: Research on Social Movements: The State of the Art in Western Europe and the USA, Ffm./Boulder. *Rucht, D.* 1993: Parteien, Verbände und Bewegungen als Systeme politischer Interessenvermittlung, in: *Niedermayer, O./Stöss, R.* (Hrsg.): Stand und Perspektiven der Parteienforschung, Opl., 251–275. *Rucht, D.* 1994: Modernisierung und neue soziale Bewegungen, Ffm. *Smelser, N.* 1962: Theory of Collective Behavior, NY. *Snow, D. A.* u. a. 1986: Frame Alignment Processes, Micromobilization, and Movement Participation, in: ASR 51, 464–481. *Tarrow, S.* 1983: Struggling to Reform: Social Movements and Policy Change During Cycles of Protest, Western Societies Program. Occasional Paper No. 15, Cornell University. *Tilly, C.* 1978: From Mobilization to Revolution, NY. *Tilly, C.* 1986: European Violence and Collective Action since 1700, in: Social Research 53, 159–184. *Touraine, A.* 1978: La voix et le regard, Paris. *Zald, M. N./McCarthy, J. D.* 1980: Social Movement Industries: Competition and Cooperation Among Movement Organizations, in: *Kriesberg, L.* (Hrsg.): Research in Social Movement, Conflicts and Change 3, Greenwich, Conn., 1–20.

Dieter Rucht

Soziale Frage, allg. Bezeichnung für ein gesellschafts- bzw. sozialpolit. Reformproblem, das sich daraus ergibt, daß eine kraß ungleiche Verteilung von wirtschaftl., sozialen und polit. Rechten, Verfügungsmöglichkeiten und Einflußchancen sowie massive existentielle Risiken für erhebliche Teile der Gesellschaft als Bedrohung für die soziale Integration und die Stabilität der staatl. Ordnung wahrgenommen oder als unvereinbar mit geltenden Normen sozialer → Gerechtigkeit begriffen werden.

1. Der Begriff bezog sich im 19. Jh. im wesentlichen auf die mit Bevölkerungswachstum, → Industrialisierung und → Urbanisierung verbundenen Tendenzen zur → Verelendung bzw. Proletarisierung breiter Bevölkerungsschichten und die daraus resultierenden sozialen und polit. Konflikte (Arbeiterfrage, Agrarfrage, Handwerkerfrage). In der Perspektive der → Arbeiterbewegung war die s. F. im Kern ein Ergebnis des für den → Kapitalismus grundlegenden Ggs. zwischen Arbeit und Kapital. Mit der organisatorischen Formierung der Arbeiterschaft in → Gewerkschaften und sozialistischen bzw. sozialdemokratischen → Parteien sowie mit der Ausdehnung des → Wahlrechts gewann die s. F. polit. Brisanz und begründete in autoritären Systemen wie demokratischen Verfassungsstaaten die moderne staatl. → Sozialpolitik. Der Auf- und Ausbau sozialer Sicherungssysteme und die polit. Regulierung der → Arbeitsbeziehungen zielten auf eine Entschärfung des Konflikt- und Destabilisierungspotenzials der s. F., ohne die Grundprinzipien der bürgerlich-kapitalistischen Gesellschaftsordnung in Frage zu stellen. Die sozialpolit. Mäßigung und arbeitspolit. Institutionalisierung des → Klassenkonflikts im Zusammenhang mit der → Demokratisierung der → Politischen Systeme sowie nicht zuletzt die deutliche Anhebung des allg. Wohlstandsniveaus im Zuge der wirtschaftl. Entwicklung trugen dazu bei, daß die s. F. als Arbeiterfrage in den marktwirtschaftl. Industrieländern spätestens in der zweiten Hälfte des 20. Jh. als gelöst gelten konnte.

2. In den 1970er Jahren wurden in D unter dem Stichwort der «Neuen Sozialen Frage» neuartige Phänomene der Ungleichverteilung wirtschaftl., sozialer und polit. Chancen diskutiert und von liberalen, konservativen und progressiven Kritikern der Sozialpolitik als eine Folge der spezifischen Lösung der «alten» s. F. interpretiert. Thematisiert wurden insbes. die aus der tendenziell korporatistischen Organisation polit. Entscheidungsprozesse im → Wohlfahrtsstaat resultierenden Gefahren einer strukturellen Benachteiligung von nicht bzw. schwach organisierten und wenig konfliktfähigen gesellschaftl. Gruppen (z. B. alte bzw. erwerbsunfähige Menschen, Mütter mit ihren Kindern) gegenüber etablierten → Interessengruppen.

3. Ungeachtet der z. T. anhaltenden Brisanz der Probleme, die ergänzt werden durch die seit den 1980er Jahren forcierte Pluralisierung individueller Lebenslagen und Bedin-

gungen sozialer Sicherheit, blieben die praktischen sozialpolit. Folgen der Debatte um die neue s. F. begrenzt. Hingegen drängen unter dem Eindruck von Massenarbeitslosigkeit und → Armut auch unter Erwerbstätigen (*working poor*) in einer Reihe von Industrieländern wieder Phänomene sozialer Ausgrenzung an die Oberfläche, welche die nachhaltige Bewältigung der alten s. F. zweifelhaft erscheinen lassen und als Gefährdung der gesellschaftl. Integrationsfähigkeit und polit. Stabilität wahrgenommen werden.

Lit.: *Brakelmann, G.* [5]1975: Die soziale Frage des neunzehnten Jahrhunderts, Bielefeld. *Geißler, H.* 1976: Die neue soziale Frage, Freib. *Lambert, H.* [4]1996: Lehrbuch der Sozialpolitik, Bln. u. a. *Tönnies, F.* 1907: Die Entwicklung der sozialen Frage, Lpz. *Wehler, H.-U.* 1987/1995: Deutsche Gesellschaftsgeschichte, Bd. 2 (1815–1849) und 3 (1849–1914), Mchn.

Bernhard Thibaut

Soziale Indikatoren, monetäre und nichtmonetäre beobachtbare bzw. meßbare Variablen, die als «Anzeiger» für nicht direkt beobachtbare theoretische → Konstrukte dienen, die sich auf die ganze → Gesellschaft beziehen oder relevante Ausschnitte gesellschaftspolit. Aspekte betreffen.

1. Die sozialwiss. Theoriebildung arbeitet mit → Begriffen, die eine idealtypische Struktur besitzen und insoweit (nur) in einer theoretischen Welt Geltung haben. Um die theoretischen Konstrukte empirisch erfassen zu können, ist ihre → Operationalisierung erforderlich, d. h. eine Formulierung der theoretischen Referenz zu den Konstrukten in der Weise, daß eine empirische Ausfüllung möglich wird. Diese Operationalisierung erfolgt mittels adäquater und valider Indikatoren, die durch → Daten gemessen werden können. Dabei wird eine (überprüfbare) → Hypothese der Indikatoren zugrunde gelegt, die unbeobachtbare Eigenschaften eines Phänomens mit beobachtbaren Eigenschaften dieses oder auch anderer Phänomene in einen logischen Zusammenhang bringt. Ein Indikator ist also mehr, als er unmittelbar mißt; er weist auf etwas anderes hin, was er selbst nicht oder nur partiell ist.

Mit Hilfe von → Indikatoren sollen Daten in die Sprache der Theorie übersetzt werden (*Bunge* 1983: 89). Ob dies gelingt, hängt im wesentlichen davon ab, inwieweit das Adäquationsproblem durch die Indikatoren-Hypothese bewältigt wird. Der Zusammenhang zwischen Theorie, Konstrukten und Indikatoren ist in Abb. 8 schematisch dargestellt.

2. Ein s. I. muß Realstatus haben, denn die Statistik kann lediglich das in der realen Welt gattungsmäßig Bestimmte zählen oder messen. Es besteht also eine logische Diskrepanz zwischen den idealtypischen Begriffen der Theorie und den Meß- und Zählbegriffen der Statistik, mit deren Hilfe man empirisch fundierte Erkenntnisse über theoretische Konzepte zu gewinnen sucht. Um diese Diskrepanz zwischen s. I. und theoretischen Konstrukten zu minimieren, ist eine begriffliche Adäquation erforderlich, die das «eigentlich Gemeinte» der Theoriebegriffe mit den empirisch faßbaren statistischen Einheiten, Merkmalen und Modalitäten s. I. einander möglichst nahe bringt. Je besser diese Adäquation gelingt, um so besser kann dann auch die «semantische Rekolorierung» der Daten erfolgen.

Um Aussagen über die empirische Relevanz theoretischer Konstrukte gewinnen zu können, ist die Verwendung von Indikatoren ggf. eine notwendige, nicht aber auch eine hinreichende Bedingung. Denn Indikatoren können mehrdeutig sein, d. h. nicht nur auf ein einziges Konstrukt hinweisen, sondern auch auf andere Konstrukte, die in der Indikator- Hypothese unberücksichtigt bleiben. So kann z. B. der Indikator «Säuglingssterblichkeitsziffer» auf Ernährungsdefizite hinweisen, aber auch auf mangelndes Wissen der Eltern, auf religiöse Traditionen usw. Es muß also inhaltlich jeweils geklärt werden, ob theoretische Konstrukte durch einen Indikator beschrieben werden können (eindimensionale theoretische Konstrukte), oder ob die Komplexität der Konstrukte eine mehrdimensionale Beschreibung durch ein Indikatoren-Bündel erforderlich macht. Ob ein Indikator über den Zustand des Indikan-

Abbildung 8: Theorie, Konstrukte, Indikatoren

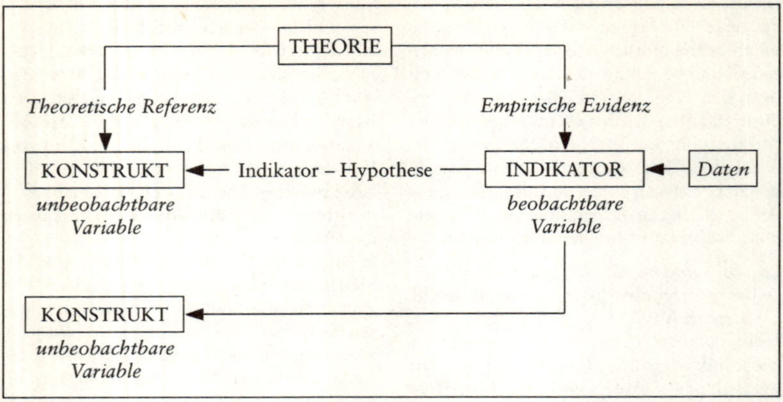

dums etwas auszusagen vermag, läßt sich nur aufgrund fundierter theoretischer Überlegungen beurteilen.

Soziale Indikatoren sollen valide (gültig) und reliabel (verläßlich) sein. Valide ist ein Indikator dann, wenn er tatsächlich das wiedergibt, was bei seiner Interpretation implizit angenommen wird; als verläßlich gilt ein Indikator, wenn bei wiederholten Messungen oder Beobachtungen identischer Tatbestände stabile Ergebnisse erzielt werden. Validität bezeichnet also die materielle Genauigkeit eines Indikators, Reliabilität seine formale Genauigkeit.

Output-orientierte s. I. erfassen direkt die Ergebnisse sozialer Leistungen (z. B. Alphabetisierungsquote); *Input*-Indikatoren messen hingegen die Einsätze, die zur Erstellung sozialer Leistungen erforderlich sind (z. B. Zahl der Schüler je Lehrer). Deskriptive s. I. beschreiben eine oder mehrere Dimensionen eines Sachverhaltes, ohne Wertungen zu enthalten. Demgegenüber sind normative s. I. dadurch charakterisiert, daß sie die Abweichung des Ist-Zustandes von einem bestimmten gewünschten Soll-Zustand anzeigen, wobei die zugrundeliegenden Normen explizit ausgewiesen sein sollten. Während objektive Indikatoren über Tatsachen Auskunft geben, sollen subjektive Indikatoren eine Einschätzung der Zufriedenheit oder Unzufriedenheit der von bestimmten Sachverhalten unmittelbar Betroffenen vermitteln.

3. Durch Aggregation lassen sich die in den s. I. enthaltenen Informationen weiter bündeln. Die Frage nach der Zweckmäßigkeit und dem optimalen Grad der Aggregation läßt sich nur im Hinblick auf den intendierten Verwendungszweck zusammengefaßter s. I. beantworten. Bei der Aggregation s. I. zu Indizes sind mehrere methodische Entscheidungen zu treffen: (1) über die Auswahl der Einzel-Indikatoren, (2) hinsichtlich der anzuwendenden Aggregationsformel bzw. der Mittelwertbildung, (3) über die Standardisierung der Daten, (4) über das Gewichtungsverfahren der Einzelwerte. Für internat. Vergleiche haben verschiedene aggregierte Indikatoren an Bedeutung gewonnen: der *Level of Living Index (Drewnowski* 1972), der *Physical Quality of Life Index/PQLI (Morris/Liser* 1977) sowie der → *Human Development Index/HDI (UNDP* 1991) und der *Gender-related Development Index/GDI* (*UNDP* 2000). In den HDI gehen die als soziale Leitindikatoren verstandenen Größen Lebenserwartung bei der Geburt, Alphabetisierungsquote, kombinierte Schulbesuchsquote sowie das zu Kaufkraftparitäten berechnete Pro-Kopf-BIP ein.

Sollen Indikatorensysteme – über Zwecke der Deskription gesellschaftl. Sachverhalte hinausgehend – einer analytischen Auswertung zugänglich sein, dann sind sie in integrierte Indikatorenmodelle zu überführen, d. h., es muß eine konsistente Modellierung der theoretischen Zusammenhänge zwischen den Konstrukten und den ausgewählten beobachtbaren Variablen erfolgen. Soziale-Indikatoren-Systeme für intertemporale und/oder internat. Vergleiche sollen folgenden Anforderungen genügen: Unabhängigkeit vom jeweiligen Wirtschafts- und Gesellschaftssystem, keine Ethnozentriertheit, *Output*-Orientierung, Sensitivität für Verteilungsaspekte, einfache Erhebungsmöglichkeit und Verständlichkeit.

Das Konzept der s. I. wurde hauptsächlich in den USA vor dem Hintergrund der Erkenntnis entwickelt, daß eine systematische Gesellschaftspolitik vor einem eklatanten Defizit an aufbereiteten, regelmäßig erhobenen und auf gesellschaftspolit. Ziele hin orientierten Informationen stand (*Leipert/Simonis* 1992: 922). Seit Mitte der 1960er Jahre kam es zu einem erheblichen Aufschwung der Sozialindikatorenforschung mit dem Ziel, ein erweitertes und verbessertes soziales Informationssystem zu erstellen. Ein wesentlicher Anlaß hierzu waren die methodischen Schwierigkeiten, die sich bei den Versuchen gezeigt hatten, die herkömmliche Volkswirtschaftl. Gesamtrechnung – über die rein ökon. Berichterstattung hin ausgehend – für Zwecke einer umfassenden monetären Wohlstandsmessung auszugestalten (z. B. *Measure of Economic Welfare* von *Nordhaus/Tobin* 1973).

4. Die Sozialindikatorenforschung befaßt sich mit dem Problem, die bestmöglichen Indikatoren zu bestimmen, d. h. diejenigen, die das zu repräsentierende soziale Phänomen am besten erfassen (Beispiel: die Lebenserwartung gilt als besserer Indikator für den Gesundheitsstatus der Bev. als die Zahl der E. pro Arzt). In den westl. Industrieländern sind die drei wesentlichsten Aspekte, mit denen sich die Sozialindikatorenforschung bislang befaßt hat (*Glatzer/Zapf* 1984): (1) die Messung von Lebensqualität und Wohlfahrt, (2) die Erfassung von Indikatoren für → Sozialen Wandel und gesellschaftl. Entwicklung sowie (3) Möglichkeiten der → Prognose von Entwicklung bzw. antizipierender → Planung von Interventionen auf der Basis komplexer → Modelle, um sozialpolit. Maßnahmen besser begründbar und ihre Auswirkungen überprüfbar zu machen. In den Entwicklungsländern beschäftigt sich die Sozialindikatorenforschung hauptsächlich mit Fragen der Messung wohldefinierter Teilaspekte des Entwicklungsprozesses (z. B. Indikatoren der materiellen Grundbedürfnisbefriedigung). Auf supra- und internat. Ebene sind drei Systeme s. I. von Bedeutung: (1) das seit 1977 bestehende System der EG, das sich – in enger Anlehnung an Gliederungen konventioneller Wirtschafts- und Sozialstatistiken – aus Sozialkonten sowie objektiven und subjektiven Indikatoren zusammensetzt (*EUROSTAT* 1977); (2) das Maßzahlensystem des *Social Indicator Development Programme* der OECD, das auf der Basis einer für alle Mitgliedsländer gemeinsam formulierten Liste sozialer Ziele und gesellschaftl. Anliegen entwickelt wurde (*OECD* 1973), sowie (3) das Indikatoren-System der UNO, das vorrangig der Dauerbeobachtung des sozialen Wandels dienen soll, aber gleichzeitig als Bezugsrahmen für die Integration und Koordinierung aller Bevölkerungs- und Sozialstatistiken konzipiert ist (*United Nations* 1989).

Die Bedeutung, die s. I. sowie der Sozialberichterstattung für die Beurteilung gesellschaftl. Entwicklungsprozesse zukommt, ist in den letzten Jahrzehnten erheblich gestiegen. Gemessen an den anfänglich geäußerten Ansprüchen und Zielen hat die Sozialindikatorenforschung bislang jedoch nur einen relativ geringen Teil der Erwartungen erfüllt. Einerseits ist deutlich geworden, daß Informationen als solche anstehende soziale Probleme nicht lösen; andererseits hat die erweiterte und verbesserte gesellschaftl. Information im Zuge der S. I.-Bewegung aber die Entstehung eines Bewußtseins für bestimmte gesellschaftl. Probleme gefördert.

→ Empirische Sozialforschung; Entwicklungstheorien; Methodenprobleme in der empirischen Sozialforschung.

Lit.: *Bunge, M.* 1983: Treatise on Basic Philosophy, Bd. 6: Epistemology and Methodology II, Dordrecht u. a. *Drewnowski, J.* 1972: Social Indicators and Welfare Measurement: Remarks on Methodology, in:

JDevSt 8 (3), 77–90. *EUROSTAT* (Hrsg.) 1977: Sozialindikatoren für die Europäische Gemeinschaft 1960–1975, Luxemburg. *Glatzer, W./Zapf, W.* 1984: Lebensqualität in der Bundesrepublik, Ffm. *Hoffmann-Nowotny, H-J.* (Hrsg.) 1980: Soziale Indikatoren im internationalen Vergleich, Ffm. *Leipert, C./Simonis, U. E.* [4]1992: Sozialindikatorenforschung, in: *Nohlen, D./Schultze, R.-O.* (Hrsg.): Politikwissenschaft, Mchn./Zürich, 922–924. *Morris, M. D./Liser, F. B.* 1977: The PQLI: Measuring Progress in Meeting Human Basic Needs, Washington, D. C. *Nohlen, D./Nuscheler, F.* 1992: Indikatoren von Unterentwicklung und Entwicklung, in: *Nohlen, D./Nuscheler, F,* (Hrsg.): Handbuch der Dritten Welt, Bd. 1, Bonn, 76–108. *Nordhaus, W. D./Tobin, J.* 1973: Is Growth Obsolete?, in: *Moss, M.* (Hrsg.): The Measurement of Economic and Social Performance, NY/L., 509–532. *OECD* (Hrsg.) 1973: List of Social Concerns Common to Most OECD Countries. The OECD Social Indicator Development Programme, Paris. *Statistisches Bundesamt* (Hrsg.) 2000: Datenreport 1999, Bonn. *UNDP* 2000: Human Development Report 2000, NY/Ox. *United Nations* 1989: Handbook on Social Indicators, NY.

Hartmut Sangmeister

Soziale Marktwirtschaft, Bezeichnung für die Wirtschaftsordnung der BRD, wobei Leitbild und Realität zu unterscheiden sind. *A. Müller-Armack,* der Schöpfer des werbewirksamen Begriffs, hat den dynamischen, offenen Charakter der s. M. betont und sie als eine neuartige Synthese bezeichnet, «deren Ziel es ist, auf der Basis der Wettbewerbswirtschaft die freie Initiative mit einem gerade durch die marktwirtschaftl. Leistung gesicherten sozialen Fortschritt zu verbinden» (1976: 249).

Das Adjektiv «sozial», von linken Kritikern nur als dekoratives Feigenblatt, von liberalen Kritikern wie *F. A. von Hayek* dagegen als mögliches Einfallstor für staatl. Interventionismus angesehen, wird inhaltlich dreifach bestimmt: (1) Die durch → Marktwirtschaft ermöglichte Steuerung der Produktion durch den Verbraucher sei ebenso eine soziale Leistung wie (2) die durch den Wettbewerb erzwungene Produktivitätssteigerung und (3) die Korrektur der Einkommensverteilung auf dem sozial blinden Markt durch die staatl. → Sozialpolitik. Letztere soll aber weder die Funktionsfähigkeit einer Wettbewerbswirtschaft gefährden noch die Eigenverantwortung der Bürger lähmen – «Versorgungsstaat» –, wobei die konkrete Grenzziehung aber offen und umstritten bleibt.

Das Leitbild der s. M. ist stark vom → Ordoliberalismus beeinflußt worden, unterscheidet sich von diesem aber neben der stärkeren Betonung der → Sozialpolitik durch größeren Pragmatismus – letzteres ist seine Stärke und Schwäche zugleich. Die polit. v. a. von *L. Erhard* gegen anfänglichen Widerstand insbes. der ein neo-sozialistisches Leitbild verfechtenden SPD durchgesetzte s. M. ist nach durchgängiger Rechtsprechung des Bundesverfassungsgerichts eine nach dem GG zulässige, aber nicht allein mögliche Wirtschaftsordnung. Neuere Diskussionen beziehen sich verstärkt auf die Konkretisierung und Interdependenz von Wirtschafts-, Sozial- und Staatsordnung, die Einbeziehung der → Ökologie – «Öko-soziale Marktwirtschaft» (*U. Jens*) – sowie auf Einfluß und Übertragbarkeit des Leitbildes (insbes. EU, Entwicklungsländer, Weltwirtschaftsordnung).

→ Interventionsstaat; Keynesianismus; Neo-Klassik/Neo-klassische Theorie; Neo-Liberalismus.

Lit.: *Andersen, U.* [4]2000: Soziale Marktwirtschaft/Wirtschaftspolitik, in: *Andersen, U./Woyke, W.* (Hrsg.): Hdwb. des polit. Systems der Bundesrepublik Deutschland, Opl., 529–538. *Grosser, D.* u. a. [2]1990: Soziale Marktwirtschaft. Stg. u. a. *Hampe P./Weber, J.* (Hrsg.) 1999: 50 Jahre Soziale Mark(t)wirtschaft, Mchn. *Jens, U.* (Hrsg.) 1991: Der Umbau. Von der Kommandowirtschaft zur Öko-sozialen Marktwirtschaft, Baden-Baden. *Lampert, H.* [13]1997: Die Wirtschafts- und Sozialordnung der Bundesrepublik Deutschland, Geschichte und Staat, Bd. 278, Mchn. *Müller-Armack, A.* [2]1976: Wirtschaftsordnung und Wirtschaftspolitik, Bern u. a. *Rauhut, S.* 2000: Soziale Marktwirtschaft und parlamentarische Demokratie, Bln. *Thieme, J.* [2]1994: Soziale Marktwirtschaft., Mchn.

Uwe Andersen

Soziale Sicherheit, durch gesellschaftl. und polit. → Institutionen garantierter Schutz des einzelnen gegen Lebensrisiken, von denen potentiell alle oder ein beträchtlicher Teil der Mitglieder eines Gemeinwesens betroffen sind und die daher im Regelfall als nicht individuell zurechenbar gelten.

Moderne Institutionen der s. S. bieten v. a. einen Schutz gegen Risiken, deren Auftreten für die Betroffenen direkt oder indirekt mit dem Ausfall von Einkommen aus aktiver Erwerbstätigkeit verbunden ist: Krankheit, Alter, Invalidität bzw. Berufsunfähigkeit, Hinterbliebenenschaft, Mutterschaft und → Arbeitslosigkeit. Hinzu kommen Familienleistungen (Kindergeld) sowie verrechtlichte Formen der sozialen Fürsorge (→ Sozialhilfe). Umfang (abgedeckte Risiken), Reichweite (erfaßte Bev.), Organisationsprinzipien und Finanzierungsmodus sowie das Leistungsniveau sozialer Sicherungssysteme variieren stark zwischen einzelnen Ländern und Ländergruppen. Die systematische Beschreibung und Erklärung von Strukturen und Entwicklungstendenzen der s. S. bildet einen Schwerpunkt der internat. vergleichenden → Politikfeldanalyse.

→ Sicherheit; Wohlfahrtsstaat.
Lit.: → Sozialpolitik, Wohlfahrtsstaat.

Bernhard Thibaut

Sozialer Rechtsstaat, die Erweiterung des bürgerlich-liberalen Rechtsstaatsbegriffs des 19. Jh. um das Gebot der sozialen → Gerechtigkeit (Art. 20, 28 GG).

Der → Minimalstaat des 19. Jh. überließ das Individuum in seiner jeweiligen wirtschaftl.-sozialen Lage weitgehend sich selbst. In der hochentwickelten Industriegesellschaft des 20. Jh. hat sich dies völlig geändert: Die Bedeutung des → Staates für das wirtschaftl., soziale, kulturelle Leben und damit die Abhängigkeit des einzelnen von staatl. Leistungen ist außerordentlich gewachsen. Der Staat des GG ist ein planender, lenkender, leistender, verteilender Staat (→ Interventionsstaat; → Wohlfahrtsstaat); das läßt das Problem der → Freiheit vor staatl. Eingriffen heute in den Hintergrund und die Frage der → Gleichheit i. S. von gerechter sozialer Zuordnung staatl. Gewährungen zunehmend in den Vordergrund treten. Die Garantie der Berufsfreiheit und des Eigentums nützen z. B. nur demjenigen, der einen Beruf ausübt und Eigentum besitzt. Hier kann eine aktive sozialstaatl. ausgerichtete Politik die tatsächlichen Voraussetzungen dafür schaffen, daß von den grundrechtlichen Freiheiten überhaupt erst Gebrauch gemacht werden kann. Allerdings müssen die Leistungen, die der Staat gewährt, i. d. R. von anderen aufgebracht werden. Ein Spannungsverhältnis zwischen Freiheit und Gleichheit ist also nicht zu leugnen; es ist im Einzelfall durch Abwägung zu lösen.

→ Rechtsstaat; Sozialpolitik; Sozialrecht; Sozialstaat.
Lit.: *Badura, P.* 1989: Der Sozialstaat, in: DÖV 42, 491–499. *Benda, E.* [2]1994: Der soziale Rechtsstaat, in: *Benda, E.* u. a. (Hrsg.): Hdb. des Verfassungsrechts der Bundesrepublik Deutschland, Bln. u. a., 719–797. *Forsthoff, E.* 1954: Begriff und Wesen des sozialen Rechtsstaats, in: Veröffentlichungen der Vereinigung der Deutschen Staatsrechtslehrer 12, 8–36.

Friedrich G. Schwegmann

Sozialer Tausch, theoretisches Konstrukt der → Neuen Politischen Ökonomie zur Erklärung sozialer Strukturen und Prozesse.

Grundlage ist die Annahme, daß der Kern sozialer Beziehungen im Austausch materieller und immaterieller Güter bzw. Dienstleistungen liegt und der s. T. eine Brückenfunktion übernimmt, indem er das Individuum und individuelles Handeln mit der sozialen Umwelt verbindet. Voraussetzung ist ein Mindestmaß an Verschiedenheit und → Arbeitsteilung zwischen den Mitgliedern der betreffenden Gesellschaft. Während der s. T. dem Rationalitätsprinzip unterliegt (d. h. Individuen versuchen in Tauschhandlungen ihren Nutzen zu maximieren bzw. ihre Kosten zu minimieren), konstituieren soziale Strukturen die maßgeblichen Rahmenbedingungen für Tauschprozesse. Aus polit.-ökon. Sicht sind soziale Strukturen und Prozesse daher gleichermaßen Resultat und Voraussetzung des sozialen Transfers.

→ Handlung; Ökonomische Theorien der Politik; Tausch.

Lit.: *Lehner, F.* 1973: Politisches Verhalten als sozialer Tausch, Ffm./Bern.

Klaus Schubert

Sozialer Wandel/Theorien des sozialen Wandels, soziologischer Grundbegriff, meint allg. die Veränderung gesellschaftl. Verhältnisse und Strukturen als Folge → Endogener Wandlungskräfte oder → Exogener Einwirkungen. Spezifische Definitionen ergeben sich daraus, wie eng oder weit der Gegenstandsbereich gezogen ist, auf den sich Analysen und → Theorien des s. W. beziehen.

So kann s. W. meinen die Veränderung (1) zwischenmenschlicher Beziehungen, (2) in der Struktur einer Gesellschaft, (3) in der institutionellen Struktur eines sozialen Systems, (4) im Personal der Führungspositionen in Herrschaftsverbänden, (5) im gesamtgesellschaftl. Wertsystem.

Im Vordergrund der Analyse s. W. steht die langfristige Entwicklung von gesellschaftl. Ordnungen und Systemen, z. B. die Entstehung des Industriekapitalismus, des Privateigentums, des Nationalstaates, des modernen Japan, der bürgerlichen Kernfamilie, der bürokratischen Organisationen und des postmaterialistischen Wertsystems. Diese Auflistung langfristiger Trends zeigt jedoch, daß s. W. weniger einen spezifischen soziologischen Gegenstandsbereich meint, als alle sozialen Phänomene unter dem Gesichtspunkt ihrer Veränderbarkeit, insbes. auch in ihrer Abhängigkeit von langfristigen Strukturentwicklungen, zu untersuchen.

1. Zentrale Aufgabe der Analyse s. W. ist es, seine allg. und grundlegenden Determinanten zu erforschen, die geeignet sind, Formen und Folgen spezieller Wandelerscheinungen zu erklären. Je grundlegender Theorien s. W. konzeptualisiert sind, desto stärker müssen sie durch historisches und vergleichendes Material in synchronischer und diachronischer Hinsicht fundiert sein.

Untersuchungen des s. W. der bundesdt. Gesellschaft von 1960 bis 1990, die zu dem Ergebnis kommen, diese sei nunmehr eine «Risikogesellschaft» (*Beck* 1986) oder eine «Erlebnisgesellschaft» (*Schulze* 1992), da Individualisierung und → Globalisierung risikoträchtige Entwicklungen darstellen bzw. zunehmende Handlungsspielräume die früheren Restriktionen durch Wahlfreiheit ersetzen, werfen die Frage auf, ob die unterstellten Entwicklungen nicht auf einer zu kurzfristigen, zu wenig auf historischem Material basierenden Betrachtung beruhen. Natürlich gibt es heute Risiken, die es früher nicht gab, aber diese neuen Risiken gestatten es kaum, die Gegenwartsgesellschaft unter diesem Vorzeichen auf den Begriff zu bringen. Die einschlägige Literatur ist voll von Versuchen, mit Hilfe von Begriffen wie Experten-, Dienstleistungs-, Wissens-, technologische, beschleunigte, Spaß-, Zweitwagen-, Privatfernsehen-, postmoderne und postindustrielle Gesellschaft die Gegenwartsgesellschaft zu hypostasieren, d. h. *pars pro toto* zu überdehnen (vgl. *Pongs* 1999, 2000; *Strasser/Randall* 1979: 14–15).

Die → Erklärung s. W. ist um so solider, je besser kurzfristige und partielle Phänomene auf langfristige und grundlegendere Determinanten theoretisch reduziert und aus ihnen abgeleitet werden können. Die meisten klassischen Theorien s. W. beginnen mit dem 18. oder 19. Jh. und versuchen, von diesem Ausgangspunkt die Entwicklung zumeist nur der westl. Gesellschaften zu erklären. Oft besteht die angebotene Erklärung des Wandels in der Angabe eines einzelnen Faktors:

Innovation (*Hagen* 1962, *Lerner* 1958), →

Modernisierung (*Lerner, Eisenstadt* 1970), → Gemeinschaft vs. Gesellschaft (*Tönnies* 1887), → Konflikt (*Dahrendorf* 1965), Industrialisierung (*Rübbert* 1970), Eigentumsrechte (*North/Thomas* 1973), Kolonialisierung (*Wallerstein* 1981). Auch bei der Mehrzahl der Theorien langfristigen s. W. handelt es sich demnach nicht um allg. Theorien, sondern um Industrialisierungs- und Modernisierungstheorien, die im wesentlichen nur die Entwicklung der neuzeitlichen Gesellschaft bzw. des modernen Westens im Blick haben. Zeitlich vorgelagerte oder andere Kulturkreise kommen nur als schemenhafter Hintergrund zur Geltung. Die Erklärungen gehen dann dahin, z. B. Änderungen der Eigentumsrechte (*North/Thomas* 1973) oder internat. Machtverschiebungen (*Wallerstein* 1981) für den Aufstieg der westl. Welt verantwortlich zu machen.

Wie begrenzt derartige Erklärungen sind, kann man ermessen, wenn man die Frage stellt, warum Änderungen der Eigentumsrechte (der Machtverteilung, der Innovationsrate) im Zeitpunkt x am Ort y, warum nicht an einem anderen Ort zu einer anderen Zeit erfolgten. Sind nicht die Faktoren, die z. B. eine Änderung der Eigentumsrechte herbeigeführt haben, konstitutiv für das zu erklärende Phänomen? Dann sind die veränderten Eigentumsrechte nur die Erscheinungsweise der Industriellen Revolution, nicht aber ihre Ursachen. Einer kritischen Voraussetzungsanalyse sind derartige Theorien gewöhnlich nicht gewachsen. Die in den geläufigen Theorien bemühten Erklärungsfaktoren des s. W. sind eher die Erscheinungsweisen gesellschaftl. Veränderungen, nicht deren Determinanten.

2. Auch wenn eine allg. Theorie s. W. äußerst komplex zu sein hätte und bisher fehlt (*Kellenbenz* u. a. 1978: 1; *Etzioni* 1964: 75), so ist der Gegenstandsbereich einer derartigen Supertheorie doch definierbar. Sie müßte die Menschheitsgeschichte seit der Steinzeit, aus ihr die Ursachen der Neolithisierung (Orte und Zeitpunkte), aus ihr wiederum die Ursachen der Bildung der antiken Hochkulturen (Orte und Zeitpunkte), aus den beiden letzten Prozessen die ungleichgewichtige Entwicklung der Kontinente im Mittelalter, aus ihnen wiederum die Entwicklung der neuzeitlichen Hochkulturen und daraus schließlich die Industrialisierung und die gegenwärtigen Globalisierungstendenzen erklären.

Dieser globale s. W. ist im wesentlichen durch die drei Revolutionen, nämlich jene der Neolithisierung, der Industrialisierung und der Digitalisierung, gekennzeichnet. Letztere vollzieht nicht nur den Paradigmenwechsel vom Geld- zum Wissenskapital, sie kündet auch von einer Reindividualisierung des Alltags, in dem nicht industrielle Apparate, sondern die selbstbestimmte Bewegung des Mausklicks die eigenen Bedürfnisse und die eigene Zeit durchsetzen kann (vgl. *Glotz* 1999). Die Erklärung dieser Revolutionen müßte den Stoff beinhalten, auf dessen Grundlage man z. B. erst die Entwicklung des antiken Hellas, Frankreichs im 18. oder Japans im 20. Jh. erklären könnte. So ist die Erklärung der Industrialisierung Japans nur möglich, wenn man über eine systematische Theorie der Industrialisierung verfügt. Diese ist nur denkbar, wenn man eine systematische Theorie agrarökon. Entwicklung besitzt, was wiederum eine Theorie der Neolithisierung voraussetzt. Solange diese Supertheorie aber nicht vorliegt, wird man zwischen Ursachen und Wirkungen, Determinanten und Erscheinungsformen auch kurzfristiger und regionaler Entwicklungen nur unzureichend unterscheiden können. Unter diesem Makel leiden auch die traditionellen Wandeltheorien, die man je nach dem Ort der Ursache(n) in endogene (z. B. die Konflikttheorien) und exogene (z. B. die Kulturkontakttheorie) sowie je nach Wandelebene in mikro- (z. B. die behavioristisch orientierte Austauschtheorie) und makrosoziale (z. B. die funktionalistische Theorie) Betrachtungsweisen einteilen kann (vgl. *Schmid* 1982; *Wiswede/Kutsch* 1978; *Strasser/Randall* 1979). Der Einwand, die Konzeption einer Supertheorie sei angesichts der Weitläufigkeit des Gegenstandsbereichs und der forschungspraktischen Grenzen nicht auf solide Grundlagen zu stellen, ist erkenntnistheoretisch nicht akzeptabel, da die Systematik einer Theorie nicht von der Extension des Gegenstandsbereichs abhängt, sondern zunächst von der Stringenz der Annahmen und der Argumentation.

3. Die existierenden Theorien s. W. lassen sich drei Gruppen zuordnen, und zwar nach dem Ausmaß, in dem sie subjektive und objektive Faktoren s. W. sowie deren Interdependenzen thematisieren. Objektive Theorien sind solche, die s. W. aus Veränderungen von sozialen, geographischen und ökon. Umgebungsbedingungen erklären. So erklärt der → Historische Materialismus s. W. im allg. und die neuzeitliche Gesellschaftsentwicklung im besonderen aus der Dialektik von Produktivkräften (insbes. Technologien) und Produktionsverhältnissen (insbes. Eigentumsrechte). Der neoklassische Institutionalismus und die Theorie der *Property Rights* erklären die neuzeitliche Gesellschaftsentwicklung aus der Individualisierung und Spezifizierung von Eigentumsrechten, von denen Anreize zu unternehmerischen Innovationen ausgehen (*North/Thomas* 1973; *North* 1988; *Olson* 1985).

Subjektive Theorien thematisieren Veränderungen von Informationen, Normen, Mentalitäten und Denkweisen als Faktoren s. W., wobei diese Veränderungen subjektiv oder objektiv bedingt sein können. *McClelland* (1966) erklärt s. W. monokausal aus der Leistungsmotivation der Völker, deren Intensität den Aufstieg und Niedergang von Hochkulturen bestimmt. Die Probleme der Entwicklungsländer werden aus niedriger und der Aufstieg des Westens wird aus hoher Leistungsmotivation abgeleitet. *Max Weber* (1988) erklärte den Aufstieg des Westens im wesentlichen aus dem okzidentalen Rationalismus, aus der methodisch rationalen Lebensführung, die aus der protestantischen Ethik resultierte. Religiöse Entwicklungen verändern somit die motivationale und kognitive Strukturen der neuzeitlichen Populationen. Psychologische Voraussetzungen s. W. werden auch von Mentalitäten-Historikern und Modernisierungstheoretikern ins Feld geführt (*Gurjewitsch* 1982; *Hagen* 1962; *Lerner* 1958; *Inkeles* 1983).

Interdependenzen von subjektiven und objektiven Faktoren finden sich in der Zivilisationstheorie von *N. Elias:* Die Entstehung der höfischen Kultur und später des Nationalstaates bewirkt eine Zivilisierung des menschlichen Verhaltens i. S. einer Umformung psychischer Strukturen. Ein weiterer Ansatz, psychologische Faktoren s. W. zu ermitteln, ergibt sich aus der Anwendung der Theorie *J. Piagets.* Die Entwicklung formallogischen Denkens wird in Abhängigkeit von kulturellen Modernisierungen gesehen (*Oesterdiekhoff* 1992).

Dem Historischen Materialismus kommt insofern eine große Bedeutung zu, als auf seiner Grundlage Weltgeschichte nicht nur gedacht, sondern auch praktiziert wurde. Osteuropa und große Teile Asiens wurden nach seiner *Façon* polit. gestaltet. Ferner bestimmen die von ihm angeleiteten Dependenz- oder Weltsystemtheorien das polit. Selbstverständnis vieler → Eliten in den Entwicklungsländern. Die Theorie der Eigentumsrechte im Verbund mit ordnungspolit. Theorien prägte hingegen das Selbstverständnis der westl. Entscheidungsträger. Sie standen nicht zuletzt Pate bei den ordnungspolit. Reformen des Westens zu Beginn der 1980er Jahre und bei der der Transformation Osteuropas. Der Religionssoziologie *Webers* gebührt das Prädikat einer außerordentlich einflußreichen soziologischen Theorie, die die Konzeption der Modernisierungstheorien und damit indirekt die einflußreiche amerikan. Entwicklungspolitik der Nachkriegszeit bestimmte. Die Dependenztheorien der 1970er Jahre verdrängten den Einfluß der z. T. psychologisch fundierten Modernisierungstheorien. Heute läßt sich allerdings ein Verlust von Vertrauen in die Dependenztheorien feststellen – schon wegen der neuen Industrieländer in Fernost –, so daß der Streit zwischen (liberalen) Modernisierungstheorien und (kritischen) Herrschaftssoziologien erneut aufflammt.

Die Bedeutung der marxistisch orientierten Wandeltheorien wird weiter abnehmen und polit. Entscheidungsträger in ihrem Handeln immer weniger bestimmen. Die Theorie der Eigentumsrechte, die ordnungspolit. Theorien und die Theorie der *public choice* werden zu den wichtigen Erklärungsansätzen des s. W. avancieren und bei den Reformen des Ostens und der Entwicklungsländer analytisch Pate stehen. Einschränkend ist zu sagen, daß diese Theorieansätze zwar gute Hilfestellung bei entwicklungspolit. Planungen leisten, aber für die Erklärung der historischen Genese der gesellschaftl. Ungleichgewichte im Weltmaßstab nur wenig beisteuern können. Eine wiss. Weiterentwicklung von Theorien s. W., einschließlich der Modernisierungstheorien, wird nur möglich sein, wenn die neolithische und industrielle Revolution der Gesellschaftsgeschichte systematisch erforscht werden. Dies erfordert interdisziplinäre → Methoden und → Ansätze, von der Kulturanthropologie und Soziologie über die Politikwiss., Agrarökonomie bis zur Geographie und Geschichtswissenschaft.

→ Evolutionstheorien; Industriegesellschaft; Kapitalismus; Ökonomische Theorien der Politik; Postmoderne und Politik; Soziologische Theorien der Politik.

Lit.: *Beck, U.* [14]1998: Risikogesellschaft, Ffm. (zuerst 1986). *Dahrendorf, R.* 1965: Gesellschaft und Freiheit, Mchn. *Eisenstadt, S. N.* (Hrsg.) 1970: Readings in Social Evolution and Development, Ox. *Elias, N.* 1976: Über den Prozeß der Zivilisation, 2 Bde., Ffm. (zuerst 1939). *Etzioni, A.* (Hrsg.) 1964: Social Change, NY. *Glotz, P.* 1999: Die beschleunigte Gesellschaft. Kulturkämpfe im digitalen Kapitalismus, Mchn. *Gurjewitsch, A.:* 1982: Das Weltbild des mittelalterlichen Menschen, Mchn. *Hagen, E. E.:* On the Theory of Social Change, Homewood, Ill. *Inkeles, A.* 1983: Psychological Modernity, NY. *Kellenbenz, H.* u. a. (Hrsg.) 1978: Wirtschaftliches Wachstum im Spiegel der Wirtschaftsgeschichte, Darmst. *Lerner, D.* 1958: The Passing of Traditional Society, Glencoe, Ill. *McClelland, D.* 1966: Die Leistungsgesellschaft, Stg. *North, D. C./Thomas, R. P.* 1973: The Rise of the Western World, Camb. *North, D. C.* 1988: Theorie des institutionellen Wandels, Tüb. *Oesterdiekhoff, G. W.* 1992: Traditionales Denken und Modernisierung. Jean Piaget und die Theorie der sozialen Evolution, Opl. *Olson, M.* 1985: Aufstieg und Niedergang von Nationen, Tüb. (engl. 1981). *Parsons, T.* [4]1968: The Social System, Glencoe, Ill. (zuerst 1951). *Pongs, A.* 1999 (Bd. 1), 2000 (Bd. 2): In welcher Gesellschaft leben wir eigentlich?, Mchn. *Rübbert, R.* 1970: Geschichte der Industrialisierung, Düss. *Schmid, M.* 1982: Theorie des sozialen Wandels, Opl. *Schulze, G.* [8]2000: Erlebnisgesellschaft, Ffm. *Strasser, H./Randall, S.* 1979: Einführung in die Theorien des sozialen Wandels, Darmst. *Tönnies, F.* [3]1991: Gemeinschaft und Gesellschaft, Darmst. (Nachdruck von [8]1935, zuerst 1887). *Wallerstein, I.* 1981: Das moderne Weltsystem, Ffm. *Weber, M.* [9]1988: Gesammelte Aufsätze zur Religionssoziologie, 3 Bde., Tüb. (zuerst 1920). *Wiswede, G./Kutsch, T.* 1978: Sozialer Wandel, Darmst. *Zapf, W.* (Hrsg.) 1969: Theorien des sozialen Wandels, Köln.

Hermann Strasser

Soziales Kapital → Sozialkapital

Sozialhilfe, in der BRD das unterste Auffangnetz im System → Sozialer Sicherheit. Sie soll Menschen, die ihren Lebensunterhalt nicht durch Erwerbstätigkeit, mit Hilfe sonstiger Transfereinkommen oder durch Unterstützung seitens ihrer Familienangehörigen (→ Subsidiarität) bestreiten können, die «Führung eines Lebens ermöglichen, das der Würde des Menschen entspricht» (§ 1 Abs. 2 BSHG).

Merkmale der S. sind: Orientierung an individuellen Bedarfslagen nach Maßgabe des → Fürsorgeprinzips; Finanzierung und Verwaltung durch die → Gemeinden; Bedürftigkeitsprüfung und Verpflichtung des Sozialhilfeempfängers, sich auf dem Arbeitsmarkt vermitteln zu lassen. Die Leistungen der S. gliedern sich in laufende Hilfe zum Lebensunterhalt und in Hilfe in bes. Lebenslagen. Die Höhe der S.-Sätze wurde bis 1990 auf der Grundlage eines Warenkorbs ermittelt, seither mit Hilfe der Einkommensstatistik auf der Grundlage des Verbrauchs unterer Einkommensgruppen, wobei der niedrigste örtliche Tariflohn nicht überschritten werden soll (Lohnabstandsgebot).

Lit: → Sozialpolitik.

Bernhard Thibaut

Sozialintegration, in der Diskussion um funktionalistische Theorien des → Sozialen Wandels geprägter Begriff für die Problematik geordneter oder konfliktgeladenener Beziehungen individueller und kollektiver → Akteure innerhalb eines gesellschaftl. Handlungszusammenhangs im Unterschied zu Prozessen und Problemen der Integration verschiedener Teilsysteme eines sozialen Systems.

Im Rahmen einer Erklärung gesellschaftl. Stabilität und gesellschaftl. Wandels bezeichnet S. das Problem der Unterschiedlichkeit handlungsleitender Wertorientierungen von Individuen und Sozialgruppen, die sich aus der Unterschiedlichkeit ihres Verhältnisses zu den zentralen Institutionen einer Gesellschaft ergeben können. Bei der Systemintegration steht hingegen die Frage nach der Vereinbarkeit der Operationsweise verschiedener gesellschaftl. Teilsysteme und nach deren Beitrag für den Erhalt des Gesamtsystems im Mittelpunkt der Betrachtung.

Lit.: *Lockwood, D.* 1979: Soziale Integration und Systemintegration, in: *Zapf, W.* (Hrsg.): Theorien des sozialen Wandels, Königstein/Ts., 124–137.

Bernhard Thibaut

Sozialisation → Politische Sozialisation

Sozialisierung, die Überführung von Privateigentum an Grund und Boden, Produktionsmitteln und Dienstleistungsbetrieben (in Bereichen wie Verkehr, Kommunikation etc.) in staatl. (→ Verstaatlichung) oder genossenschaftliche (→ Vergesellschaftung) Formen des Gemeineigentums.

Ziel der S. ist, die Wirtschaft gänzlich oder teilweise (etwa in Schlüsselindustrien) der Verfügungsgewalt des priv. Kapitals und der Steuerung durch den → Markt zu entziehen sowie an der Befriedigung des gesellschaftl. Bedarfs zu orientieren.

→ Genossenschaften; Mitbestimmung; Privatisierung; Verstaatlichung; Wirtschaftsdemokratie.

Lit.: → Vergesellschaftung.

Dieter Nohlen

Sozialismus/Sozialdemokratie, kennzeichnen große polit. Strömungen (→ Ideologien) des 19. und 20. Jh.; ihr Kern liegt in der Neugestaltung der Wirtschaftsordnung durch Überwindung kapitalistischer Eigentums-, Ausbeutungs- und Klassenverhältnisse zugunsten einer gesellschaftlich rational gesteuerten und egalitär geordneten Ökonomie als Grundlage einer umfassend gedachten gesellschaftl. und polit. → Emanzipation. Mit den anderen großen Ideologien → Liberalismus und → Konservatismus bestehen enge Entstehungs-, Konkurrenz- und Wirkungszusammenhänge, z. T. auch (eng begrenzte) sachliche Ähnlichkeiten (mit konservativer Kapitalismuskritik bzw. liberaler Staatskritik).

1. S. tritt in drei hauptsächlichen Dimensionen in Erscheinung: (1) als Idee bzw. als theoretische Konzeption, (2) als programmatisch angeleitetes polit. Handeln in Gestalt einer Bewegung oder Parteiorganisation und (3) als realisierte gesellschaftl. und polit. Struktur eines sozialistischen Systems. Für alle drei Dimensionen ist die Frage nach gesellschaftl. Entstehungsgrundlagen, sozialer Trägergruppe(n), Konkurrenz- und Wirkungsbedingungen, Ausprägungsvielfalt, innersozialistischer Rivalität, Spaltung usw. bedeutsam.
Als Entwicklungsperioden werden im allgemeinen abgegrenzt: (1) der «Frühsozialismus» (auch «utopischer» S. genannt) bis ca. 1848; (2) die Herausbildung organisierter Arbeiterbewegungen in Europa, der Aufbau und das Wachstum sozialdemokratischer/sozialistischer Parteien bis zum I. Weltkrieg; (3) die Zeit der Spaltung zwischen Sozialdemokratien und → Kommunistischen Parteien nach 1917/18 bis 1945, verknüpft mit der ersten bolschewistischen Systemumwälzung in der UdSSR; (4) die Zeit des globalisierten Systemgegensatzes im → Ost-West-Konflikt nach 1945 mit starker Aus-

breitung realer Systemstrukturen mit Sozialismusanspruch. Die neueste Periode (5) nach dem Zusammenbruch des sowjetischen Sozialismusmodells 1989/91 ist hinsichtlich der Auswirkungen auf Ideologiemuster und Theoriekonzepte des (demokratischen) Sozialismus nur ansatzweise reflektiert.

2. Auch wenn kommunistisch-egalitäre Ideen eine jahrtausendealte Tradition aufweisen (vgl. *Droz* 1974), ist die Entstehung und Entwicklung des S. mit der kapitalistisch-industriellen Umwälzung seit Mitte des 18. Jh. eng verknüpft; trotz mancher Ähnlichkeiten mit frühneuzeitlichen Utopien (z. B. *Morus*) tritt bei *Babeuf, Buonarotti, Fourier, Owen, Saint-Simon* und *Proudhon* die aufklärungsphilosophische Grundlage in der Form rationalistisch konstruierter egalitärer Funktionsordnungen deutlich hervor. In dem Maße, in dem die kapitalistisch-industrielle Transformation sozialhistorisch und gesellschaftstheoretisch als sozialökonom., sozio-kultureller und polit. Gesamtprozeß aufgearbeitet wird, wird S. in umfassender Weise als konzeptioneller Rahmen einer subkulturellen Gegenbewegung proletarisierter Unterklassen gedeutet (vgl. *Kernig* 1979).

Der Übergang vom Arbeiterprotest zu organisierter Arbeiterbewegung (um und nach 1848, bes. seit den 1860er Jahren) erfolgte nicht ausschließlich im sozialistischen Ideenkontext; vielmehr konkurrierten unterschiedliche Strömungen und Strategien in verschiedenen Ländern mit unterschiedlichen Ausgangslagen, Rahmenbedingungen, Erfolgen und Entwicklungstrends, neben sozialistischen Organisationen/Arbeiterparteien insb. → Anarchismus, revolutionärer Syndikalismus, Berufsgewerkschaften, liberale Bildungsvereine, → Genossenschaften, christliche Sozialreformansätze und → Gewerkschaften. Sozialhistoriker und Politikwissenschaftler versuchten in unzähligen Studien, die komplexe Herausbildung der jeweiligen nat. spezifischen Strategien und Ideologienmuster zu beschreiben und zu erklären (z. B. Schwäche des Liberalismus und frühe Entstehung einer s. Arbeiterpartei in D mit zwei an *Marx* bzw. *Lassalle* orientierten Flügeln; lange Dominanz der *Trade Unions* in England, auch in der *Labour Party* nach 1900); syndikalistische Akzentuierung in Frankreich, späte, reformsozialistische Parteientwicklung; geringe Bedeutung sozialistischer Gruppen/Parteien in den USA; starkes Gewicht christlich-katholischer Orientierungen in einigen Ländern und Regionen wie Italien, Frankreich, Belgien, Ruhrgebiet; ländliche Herrschafts- und Kulturprägung im «volkstümlichen» S. Rußlands (vgl. *Abendroth* 1965; *Droz* 1974 ff.; *Kocka* 1983). Anders als die kurzlebige I. Internationale war die II. Internationale (nach 1890), stark geprägt von der dt. Sozialdemokratie (SPD), in ihrem Vereinheitlichungsversuch vorübergehend erfolgreicher und verbunden mit einem starken Aufschwung des parteipolit. S. 1890–1914 (vgl. *Braunthal* 1974 ff.).

Auch wenn der → Marxismus in der dt. Sozialdemokratie deutlich stärkeres Gewicht hatte als in anderen Ländern (außer später in Rußland), so gilt doch die dt. Revisionismusdebatte als exemplarisch für den Riß in der sozialistischen Bewegung (ablesbar an der Vielzahl ausländischer Beiträge zu diesem Thema). Während → «Revisionismus» eine theorieimmanente Neubesinnung nahelegt (so auch der Ausgangspunkt *E. Bernsteins*), verbindet sich damit in der historischen Wirkung doch die Gesamtdynamik sozialdemokratischer Abwendung vom Marxismus. Theoretisch liegt der Kern des *Bernstein*schen Ansatzes bei der (empirischen) Analyse der ökonom. Entwicklungstendenzen (Relativierung von Krisenzyklus, Konzentration, Proletarisierung), Einschränkungen der Geschichts-, Entwicklungs- und Revolutionstheorie, daraus folgend einer Neubewertung reformistischer Transformationsschritte, des entspr. (auch staatl.) Handlungsrahmens und der subjektiven Handlungsbedingungen sowie der Möglichkeit ethischer Begründungszugänge (*Kant*-Rezeption). Die Forschung hat (1) die Diskussionsstruktur aufgearbeitet, insb. die Rolle *Kautskys*, aber auch *Luxemburgs, Vollmar/Auers* usw.; (2) Erklärungen für Auftreten und Erfolg des S. gesucht (Entwicklung zur Massenpartei, Einfluß der Gewerkschaften, Parlamentsfraktionen in Reich und Einzelstaaten, Differenzierungen in der Arbeiterschaft, ausländische Einflüsse, z. B. *Fabier*; aber auch gegenwirkende Faktoren, bes. die manifeste Klassenpolitik des Reiches; vgl. *Ritter* 1964); (3) das Verhältnis zu anderen Konflikt- und Spaltungsdimensionen analysiert und (4) die Zusammenhänge langfristiger Diskussionslinien und theoretischer Traditionsbildung aufgehellt (*Friedemann* 1978). Daß die spätere Spaltung der SPD durch den Revisionismus mitmotiviert war, sich aber real an kriegsbezogenen Konflikten ab 1914 auf der radikalen Linken vollzogen hat (Spartakus, USPD), nimmt in der Literatur breiten Raum ein.

3. Weder im Rückblick noch in der Gegenwartsbilanz ergibt sich ein eindeutiger Begriff und Konsens von Sozialismus-Konzeptionen; im Gegenteil, die Richtungsdifferenzierung ist ausgeprägter denn je. Die Differenzierungsmuster haben sich in historischen Stufen entwickelt und verschoben:

(1) Nach dem Frühsozialismus wurde das Debattendreieck zunächst durch anarchistische, marxistische und lassalleanische Positionen bestimmt. (2) Nach 1890 gruppierten sich um den Kernkonflikt von Reformismus/Revisionismus und marxistischer Orthodoxie Positionen der radikalen (parteirevolutionären) Linken sowie des (Anarcho-) Syndikalismus, im weiteren Umkreis fanden sich aber auch eher randständige Schattierungen wie ein (konservativer) «Staats-S.», «religiöser S.» «liberaler S.» (*F. Oppenheimer*), schließlich ein (kantianischer) «ethischer S.» (*L. Nelson*); der I. Weltkrieg begünstigte durch «kriegssozialistische», gemeinschafts- und organismusideologische Tendenzen die Inflationierung der Sozialismusrhetorik, an die auch der «Nationalsozialismus» anknüpfte. (3) Mit der russ. Revolution 1917 kam es endgültig zur grundlegenden Spaltung zwischen kommunistischen (marxistisch-leninistischen) Parteien und (westl.) Sozialdemokratie, eine bis in die 1950er Jahre strukturbestimmende Richtungspolarisierung, die unmittelbar nach 1945 vorübergehend gelockert und ergänzt wurde (religiöser/christlicher S., liberaler S.). (4) Im Systemgegensatz nach 1945 weltweit verfestigt, hat der Konflikt um die Sozialismusvorstellung eine wesentlich differenziertere Struktur angenommen. Mindestens sechs Grundrichtungen müssen unterschieden (und in sich weiter aufgeschlüsselt) werden: (a) westl. Sozialdemokratie/demokratischer Sozialismus; (b) sowjet. marxistisch-leninistische Orthodoxie; (c) chinesischer Entwicklungssozialismus (zwischen maoistischen und «revisionistischen» Kommunismusvarianten oszillierend); (d) reformkommunistische Konzeptionen (Jugoslawien, «Prager Frühling» Eurokommunismus); (e) S. in Ländern der Dritten Welt (z. B. Algerien, Tansania, Irak, Angola) als häufig ausgeprägt kulturspezifisches Konzept postkolonialer Entwicklungsstrategie, nat. Gemeinschaftsbildung und polit.-institutioneller Modernisierung; (f) neo-marxistische Strömungen der westl. intellektuellen Neuen Linken im Umkreis von Kritischer Theorie, (jugoslawischer) «Praxis»-Gruppe, *Gramsci*-Rezeption, Existentialismus, kritischer Soziologie etwa eines *C. Wright Mills* und neo-anarchistischen bzw. -libertären Strömungen in und nach der Studentenbewegung. In dieser auch machtpolit. durchgeformten Richtungskonstellation ist S. Gegenstand theoretischer, aber mehr noch polit.-praktischer Kontroversen und z. T. existentieller Machtkämpfe. Bes. strittig sind Revisionismusdebatte und Spaltung, die Deutung der sozialdemokratisch beschränkten Revolution in D 1918/19 und der parteidiktatorisch verformten russ. Revolution von 1917, die Politik von Sozialdemokraten und Kommunisten gegenüber dem → Faschismus, die Konflikte der Neuordnungsphase 1945–49 und insgesamt die stalinistische Perversion (→ Stalinismus) einerseits, die wohlfahrtskapitalistische Anpassung andererseits. Zu den Richtungskontroversen querliegende Diskussionsrichtungen und Themen betreffen z. B. historisch-strukturelle Bedingungsgefüge für die Entwicklungschancen bestimmter Sozialismus-Modelle (z. B. *Wittfogels* Thesen zur «asiatischen Produktionsweise»), S. als Entwicklungskonzeption für «nachholende Entwicklung», Systemvarianten und Leistungspotenziale ökonom. Steuerung im S., polit. Systemstrukturen zwischen Herrschaftszentralismus, Bürokratie, Parteistrukturen, Partizipationsansprüchen und Demokratieprinzipien (*Bermbach/Nuscheler* 1973); die mit S. nach wie vor verbundene geschichtsphilosophische Entwicklungsvorstellung findet z. T.

eine utopie-theoretische, z. T. eine grundsätzlich ideologiekritische Deutung. Von prinzipieller Bedeutung bezüglich der philosophischen/wissenschaftstheoretischen/methodologischen Grundlagen der Sozialismusdiskussion erweist sich immer wieder der Disput über die hegelianische/marxsche und die kantische Tradition.

4. Der weltpolit. Systemgegensatz nach 1945 steckte die Handlungsbedingungen sozialdemokratischer Parteien auch über Europa hinaus ab. Für das Bild der Sozialdemokratie sind seitdem bestimmend: endgültige Abwendung von allen sozialistisch-revolutionären Traditionen zugunsten des evolutionären → Reformismus; weltanschaulicher Begründungspluralismus unter weitgehender Zurückdrängung marxistischer Theorie und scharfer Abgrenzung gegenüber kommunistischen Positionen; demokratisch-freiheitliche Prinzipienorientierung, verbunden mit Totalitarismuskritik gegenüber kommunistischen Parteien; Wirtschaftskonzeptionen eines «Dritten Weges» (gemischte Wirtschaftssysteme, Gemeinwirtschaft, Wirtschaftsdemokratie) zunächst als realpolit. Kompromiß, aber zunehmend aus Überzeugung in die Funktionstüchtigkeit eines wohlfahrtsstaatlich modifizierten, keynesianisch-rational gesteuerten → Kapitalismus; endgültige Abwendung von Traditionen und Konzepten einer Klassenpartei zugunsten einer unideologischen, regierungsfähigen linken → Volkspartei; das Godesberger Programm der SPD steht exemplarisch für dieses Selbstverständnis weit über die BRD hinaus (*Lösche/Walter* 1992).

5. Seit Beginn der 1980er Jahre sah sich die westl. Sozialdemokratie mit der Prognose vom «Ende des sozialdemokratischen Jahrhunderts» (*R. Dahrendorf*) konfrontiert. Sozialstrukturelle Verschiebungen (Individualisierung neuer Mittelschichten), Grenzen staatl. Wirtschaftssteuerung und sozialstaatl. Umverteilung sowie neue sozio-polit. Konfliktlinien (Ökologie) sprechen auf dem Hintergrund limitierten Wachstums, technologischer Umwälzungen und ökonom. → Globalisierung in der Tat gegen eine Fortschreibung sozialdemokratischer Stabilitäts- oder Fortschrittsannahmen (zur Diskussion vgl. *Scharpf* 1987; *Merkel* 1993). Inzwischen wurden diese Entwicklungen, die gleichwohl weiterwirken werden, allerdings durch spektakuläre weltpolit. Ereignisse überlagert.

Der Zusammenbruch des sowjetkommunistischen Herrschaftsmodells in der ehem. UdSSR, in Osteuropa und der DDR 1989/91 markiert mit dem Ende des Ost-West-Systemgegensatzes einen tiefen historischen Einschnitt. Damit sind drei verschiedenartige Implikationen des angeblich «real existierenden Sozialismus» entfallen: die vermeintliche Existenz einer realisierten Variante sozialistischer Wirtschafts- und Gesellschaftsordnung; die diktatorische Perversion und Diskreditierung der Sozialismus-Idee; und die disparaten Hoffnungen auf «reformsozialistische» Entwicklungen auf der alten Basis. Traditionell kommunistische Strategien, aber auch i. w. S. sozialistische Konzepte mit dem Ziel einer umfassenden Umwälzung der Wirtschaftsordnung sind damit weltweit auf lange Sicht unmöglich geworden. Westl. Sozialdemokratische Parteien, die im Sowjetsozialismus ohnehin nicht ihr Vorbild sahen, dürften davon mittelfristig nicht ernsthaft betroffen sein. Allerdings hat auch die Hoffnung getrogen, sozialdemokratische «dritte Wege» könnten in Osteuropa und Rußland unmittelbar bes. attraktiv sein; angesichts der polarisierten Systemumstellungen war eine so differenzierte Position offenbar im polit. Organisierungs- und Kommunikationsprozeß nicht vermittlungsfähig. Nachdem die hohen Erwartungen an System- und Wohlstandsimporte enttäuscht wurden, wächst aber offenbar das Bedürfnis nach sozialen Auffangnetzen im Reformprozeß (vgl. die z. T. mehrfachen «neo»-reformsozialistischen Wahlerfolge in Polen, Ungarn und baltischen Staaten), so daß sozialdemokratische Entwicklungen denkbar werden (vgl. *von Beyme* 1994). Der pragmatische, von externen Bedingungen abhängige Handlungsdruck wird indessen weiterhin so stark sein, daß neue theoretisch-programmatische Konzeptionen zunächst kaum zu erwarten sind.

Die Frage nach polit. Kontrollen und sozialen Sicherungen gegenüber künftigen Kapitalismusentwicklungen wird sich gleichwohl in Ost und West auf mittlere Sicht theoretisch und praktisch erneut stellen. Dies signalisieren auch die aus den USA kommenden Ansätze zum → Kommunitarismus und zum Problem der Gerechtigkeit. Parteien und Theoretiker des → demokratischen Sozialismus werden klären müssen, ob weiterhin umfassende Ordnungskonzepte des «Sozialismus» für Wirtschaft und Gesellschaft formuliert werden können oder ob die künftige Sozialdemokratie gemäß der Gesamttendenz der letzten Jahrzehnte im wesentlichen auf die Organisierung sozialer Solidarität als Systemkorrektiv ausgerichtet sein wird. Mit dem in den späten 1990er Jahren (exemplarisch von *Blairs New Labour*) erneut propagierten → «Dritten Weg» reagiert eine letztlich sozialliberale Sozialdemokratie auch darauf, daß der globalisierte Kapitalismus nur noch begrenzt nationalstaatlich reguliert werden kann. Relevante Steuerungsebenen wie die → Europäische Union oder transnat. Regulierungsregimes hingegen eignen sich nur wenig für eine Programmierung in parteipolit. Bahnen, zumal auch organisatorische Strukturzusammenhänge sozialdemokratischer Tradition (gewerkschaftliches Umfeld, Kommunikationsmilieus etc.) auf diesen Ebenen jenseits des Nationalstaates kaum wirksam sind.

Lit.: *Abendroth, W.* 1965: Sozialgeschichte der europäischen Arbeiterbewegung, Ffm. *Bermbach, U./Nuscheler, F.* (Hrsg.) 1973: Sozialistischer Pluralismus, Hamb. *Beyme, K. von* 1994: Systemwechsel in Osteuropa, Ffm. *Bobbio, N.* u.a. 1993: *What's Left?* Prognosen zur Linken, Bln. *Braunthal, J.* 1974 ff.: Geschichte der Internationale, 3 Bde., Hannover. *Dowe, D./Klotzbach, K.* (Hrsg.) 1990: Programmatische Dokumente der dt. Sozialdemokratie, Bonn. *Droz, J.* (Hrsg.) 1974 ff.: Geschichte des Sozialismus, versch. Bde., Ffm. u.a. *Friedemann, P.* (Hrsg.) 1978: Materialien zum politischen Richtungsstreit in der deutschen Sozialdemokratie 1890–1917, 2 Bde., Ffm. u.a. *Giddens, A.* 1999: Der dritte Weg. Die Erneuerung der sozialen Demokratie, Ffm. *Grebing, H.* 1977: Der Revisionismus, Mchn. *Groth, D.* 1973: Negative Integration und revolutionärer Attentismus, Ffm./Bln. *Heimann, S.* 1993: Die Sozialdemokratie: Forschungsstand und offene Fragen, in: *Niedermayer, O./Stöss, R.* (Hrsg.): Stand und Perspektiven der Parteienforschung in Deutschland, Opl., 147–186. *Kernig, C.D.* 1979: Sozialismus. Ein Handbuch. Bd. 1: Von den Anfängen bis zum Kommunistischen Manifest, Stg. *Kocka, J.* (Hrsg.) 1983: Europäische Arbeiterbewegungen im 19. Jahrhundert, Gött. *Lehnert, D.* 1983: Sozialdemokratie zwischen Protestbewegung und Regierungspartei 1848–1983, Ffm. *Lösche, P./Walter, F.* 1992: Die SPD. Klassenpartei – Volkspartei – Quotenpartei, Darmst. *Merkel, W.* 1993: Ende der Sozialdemokratie? Machtressourcen und Regierungspolitik im westeuropäischen Vergleich, Ffm. *Meyer, T.* 1977: Bernsteins konstruktiver Sozialismus, Bln./Bonn-Bad Godesberg. *Meyer, T.* (Hrsg.) 1980: Demokratischer Sozialismus, Mchn. *Mommsen, H.* (Hrsg.) 1974: Sozialdemokratie zwischen Klassenbewegung und Volkspartei, Ffm. *Müller, J. B.* 1992: Die politischen Ideenkreise der Gegenwart, Bln. *Paterson, W.E./Thomas, A.* (Hrsg.) 1986: The Future of Social Democracy: Problems and Prospects of Social Democratic Parties in Western Europe, Ox. *Polanyi, K.* 1978: The Great Transformation, Ffm. (engl. 1944). *Przeworski, A.* 1985: Capitalism and Social Democracy, Camb. *Reese-Schäfer, W.* 2001: Kommunitarismus, Ffm. *Ritter, G.A.* ²1964: Die Arbeiterbewegung im Wilhelminischen Reich, Bln. *Rovan, J.* 1980: Geschichte der deutschen Sozialdemokratie, Ffm. *Sandkühler, H.D./Vega, R. de la* (Hrsg.) 1970: Marxismus und Ethik. Texte zum neukantianischen Sozialismus, Ffm. *Scharpf, F.* 1987: Sozialdemokratische Krisenpolitik in Europa. Das «Modell Deutschland» im Vergleich, Ffm./NY. *Schmidt, M.G.* 1982: Wohlfahrtsstaatl. Politik unter bürgerlichen und sozialdemokratischen Regierungen, Ffm./NY. *Schneider, M.* 1992: Das Ende eines Jahrhundertmythos. Eine Bilanz des Sozialismus, Köln/Bln. *Schorske, C.E.* 1981: Die große Spaltung. Die deutsche Sozialdemokratie 1905–1917, Bln. (engl. 1955). *Senghaas, D.* 1980: Sozialismus. Eine entwicklungsgeschichtliche und entwicklungstheoretische Betrachtung, in: Leviathan 8, 10–40. *Stein-*

berg, *H. J.* [5]1979: Sozialismus und deutsche Sozialdemokratie, Bonn-Bad Godesberg. *Theimer, W.* 1988: Geschichte des Sozialismus, Tüb. *Thompson, E. P.* 1968: The Making of the English Working Class, Harmondsworth. *Vester, M.* 1970: Entstehung des Proletariats als Lernprozeß, Ffm.

Theo Schiller

Sozialkapital, nach der geläufigen Definition von *R. D. Putnam* «die Merkmale einer sozialen Organisation wie Vertrauen, Werte und Netzwerke» (1993: 167), kurz Bürgertugenden (*civic virtues*), die sich in sozialem Engagement, in der Mitgliedschaft in Vereinen und Verbänden, in ehrenamtl. Aktivitäten niederschlagen.

Seit das Konzept Mitte der 1980er Jahre zunächst bei *P. Bourdieu* (1985) auftauchte, hat es eine steile Karriere gemacht. *Bourdieu* unterschied drei Typen von Kapital, das die sozialen Akteure zu kontrollieren und zu akkumulieren trachten: das ökon. Kapital, das kulturelle Kapital (durch Schulbildung und Entwicklung des «guten Geschmacks» aneignungsfähig) und das soziale Kapital, worunter er das verstand, was man gemeinhin mit Beziehungen bezeichnet, die ein Akteur in gegebener Situation zu seinen Gunsten spielen lassen kann. Während *Bourdieu* sich auf die analytische Unterscheidung beschränkte, stellte der an *Bourdieu* anknüpfende *J. S. Coleman* in der Weise einen Zusammenhang zwischen den Kapitalformen her, daß er das S. zu einer unabhängigen Variablen für die anderen Kapitalformen erklärte. Das S. manifestiere sich «in the structure of relations between actors and among actors», sei eine informelle soziale Ressource und verringere die → Transaktionskosten. Man könne es als ein → Öffentliches Gut bezeichnen, dessen sich – im Ggs. zum ökon. Kapital – niemand bemächtigen, aus dem jedoch jeder einzelne Nutzen ziehen könne, auch wenn einzelne Akteure nicht in gleicher Weise zu seiner Entstehung beigetragen hätten. Ein höheres S. wirke sich günstig auf die Bildung der anderen Kapitalformen, v. a. des → Humankapitals aus. Von dieser Hypothese ausgehend entwickelte *Coleman* sozialtechnologische Überlegungen zur Steigerung des S. und verwies insbes. auf Primärinstitutionen wie die Familie, die Schöpfer und Träger des S. seien.

Putnam brachte das Konzept des S. stärker mit der Idee institutioneller Voraussetzungen für eine aktive und partizipative → Demokratie in Verbindung. Ihm zufolge sind die Effektivität von Gesellschaften und das Funktionieren einer Demokratie von der Höhe des S. abhängig. In seiner vielbeachteten Italienstudie erklärt er die Differenz im Entwicklungstand zwischen Nord- und Süditalien durch den Unterschied in den zivilen Tugenden beider Landesteile. Im S. vergegenwärtigen sich die Traditionen einer zivilen Gemeinschaft, die das Ergebnis eines langen historischen Prozesses sei. Es kristallisiere sich im sozialen Vertrauen, in den auf Gegenseitigkeit beruhenden Werthaltungen und den → Netzwerken zivilen Engagements. Das S. könne zunehmen, aber auch abschmelzen. In seinen Studien zu den USA stellte *Putnam* (1995) einen empirisch überzeugend belegten Rückgang des S. fest.

Im letzten Jahrzehnt hat das Konzept in vielfältige Erklärungszusammenhänge Eingang gefunden. Nicht nur die vielfach diagnostizierte Abnahme der Effektivität des Regierens (auf der Systemebene) wird auf den Schwund des S. zurückgeführt, sondern auch die wachsende → Politikverdrossenheit (auf der individuellen Ebene). Diese und andere etablierte kausale Annahmen auf und zwischen den genannten Ebenen sowie hinsichtlich einzelner Aspekte von S. sind indes keineswegs eindeutig; auch sind sie kaum in identischer Form in verschiedenen Kontexten zu belegen. So ergibt sich, daß sich mit der Verwendung des Konzepts die eigentlichen Forschungsfragen erst stellen, wenn sie sich nicht auf die triviale Aussage beschränken soll, daß ein Mehr an Bürgertugenden eine florierendere Demokratie ermöglicht.

Lit.: *Bourdieu, P.* 1984: Questions de sociologie, Paris. *Coleman, J. S.* 1988: Social Capital in the Creation of Human Capital, in: The American Journal of Sociology 94, 95–120. *Fukuyama, F.* 1996: Trust, NY/L.

Hartmann, M./Offe, C. (Hrsg.) 2001: Vertrauen, Ffm./NY. *Haug, S.* 1997: Soziales Kapital, Arbeitspapier 15 des Mannheimer Zentrums für Europäische Sozialforschung, Mchn. *Putnam, R. D.* 1993: Making Democracy Work: Civic Traditions in Modern Italy, Princeton. *Putnam, R. D.* 1995: Bowling Alone: America's Declining Social Capital, in: JoD 6, 65–78. *Putnam, R. D.* (Hrsg.) 2001: Gesellschaft und Gemeinsinn, Gütersloh. *Seligman, A. B.* 1997: The Problem of Trust, Princeton.

Dieter Nohlen

Sozialkosten, in den Wirtschaftswiss. Bezeichnung für den Teil der betrieblichen Arbeitskosten, der den Unternehmen im Zusammenhang mit der gesetzlich geregelten Beteiligung an den Beiträgen zur → Sozialversicherung, durch tarifvertragliche Vereinbarungen (z. B. in bezug auf Lohnfortzahlung im Krankheitsfall) oder durch innerbetriebliche Regelungen über zusätzliche Sozialleistungen (z. B. Betriebskrankenkassen, Werkswohnungen etc.) entsteht.

In den Sozialwiss. werden als S. auch solche Kosten bezeichnet, die der Gesellschaft dadurch entstehen, daß einzelne oder Unternehmen für die aus ihren Handlungen resultierenden gesamtwirtschaftl. Schäden oder Verluste nicht aufkommen, insofern diese nicht Bestandteil einer betriebswirtschaftl. Kostenrechnung sind oder ihnen nicht auf der Grundlage des Verursacherprinzips angelastet werden können.

Bernhard Thibaut

Soziallehren, im Kern Aussagen zum Verhältnis von Individuum, → Gesellschaft und → Staat und → Normen zum individuellen Verhalten und zur Gestaltung von Strukturen. Sie gehen von Menschenbildern aus und bieten Orientierungshilfen auf der Basis gesellschaftl. Ordnungsprinzipien. In diesem Begriff sind rein humanitäre S., die sich auf die Grundwerte der Menschenwürde, der Freiheit und der Gerechtigkeit berufen, ebenso enthalten wie jene, denen das christliche Menschenbild zugrunde liegt.

Historisch ist der Begriff eng mit der katholischen S. und dem päpstlichen Lehramt, insbes. den Sozialenzykliken, verknüpft. Diese Verbindlichkeit wie auch die naturrechtlich-philosophische Geschlossenheit fehlt der evangelischen S., die erst nach dem II. Weltkrieg an die Seite der evangelischen Sozialethik trat.

1. Obwohl die Kirche seit ihren Anfängen zur sittlichen Gestaltung des sozialen Lebens Stellung bezog und in der Scholastik *(Thomas von Aquin)* die naturrechtlichen Grundlagen ihres Menschen- und Gesellschaftsbildes entwickelte, ist ihre S. i. e. S. ein Produkt des 19. Jh. mit seinen sozialen Spannungen und den konkurrierenden → Ideologien des → Liberalismus und → Sozialismus. Dabei war der dt. Sozialkatholizismus wegweisend, dessen Grundpositionen der Bejahung des Privateigentums in Sozialbindung, der → Koalitionsfreiheit und der sozialpolit. Interventionspflicht des Staates in die erste päpstliche Sozialenzyklika *«Rerum novarum»* (1891) eingingen. Voraussetzung für seine Wirksamkeit war die Überwindung sozialromantischer Vorstellungen einer Rückkehr zur ständischen Ordnung *(F. von Baader)* und die Akzeptanz einer sozialreformerisch gestaltbaren Industriewirtschaft *(W. E. von Ketteler, A. Kolping, F. Hitze)*. Dieser Sozialrealismus ist trotz gelegentlicher Rückfälle in ständisches Denken (*«Quadragesimo anno»* 1931) für die katholische S. prägend geblieben. Er verdankt sich einer engen Wechselbeziehung zwischen Enzykliken, katholischer Sozialwiss. und polit. und sozialem Katholizismus. Die führenden Wissenschaftler im deutschsprachigen Raum *(H. Pesch, G. Gundlach, W. Weber, J. Messner, O. von Nell-Breuning)* waren nationalökon. geschult und warnten beharrlich vor einer Vernachlässigung wirtschaftl. Zusammenhänge und einem naiven Sozialmoralismus. Nach katholischer Auffassung ist trotz des Sündenfalls eine Einsicht in die von Gott gegebene Ordnung möglich und damit auch

eine Erkenntnis der Natur des Menschen, aus der seine Stellung in der Gesellschaft folgt. In Abgrenzung zu individualistischen und kollektivistischen Sozialtheorien ist der Ausgangspunkt der Mensch als ergänzungsbedürftige und -fähige Person, die der Gesellschaft bedarf, aber nicht in ihr aufgeht. Daraus folgen die Prinzipien der → Subsidiarität, der → Solidarität und des → Gemeinwohls. In den Sozialenzykliken zeigt sich die aus Menschenbild und Sozialprinzipien folgende Kontinuität in der katholischen S. ebenso wie ihr jeweiliger Gegenwartsbezug. Die evangelische S. bezieht ihre Maßstäbe zur Beurteilung sozialer Ordnungen aus der Bibel, wobei in vielen Einzelfragen Übereinstimmung zwischen den beiden Soziallehren besteht.

2. Der sozialkritische wie sozialtherapeutische Auftrag der Kirche wurde von Katholiken und Protestanten lange Zeit unterschiedlich gedeutet, woraus sich bei der evangelischen Kirche eine größere Zurückhaltung bei der Beurteilung sozialer Fragen und wirtschaftl. und polit. Ordnungen ergab. Unter dem Leitbild der verantwortlichen Gesellschaft ist hier eine Annäherung erfolgt, zumal auch gesellschaftspolit. Abstinenz nicht vor dem Vorwurf schützt, den *Status quo* zu erhalten. Die Auseinandersetzung um die Theologie der Befreiung zeigt, daß auch die katholische S. nicht immun gegen solche Angriffe ist. Vertreter der katholischen S. bedauern, daß diese in Lateinamerika weitgehend unbekannt ist und die Theologie der Befreiung in dieses Vakuum eintreten konnte. Die Zusammenarbeit von Katholiken und Marxisten an der Basis warf Abgrenzungsprobleme auf, wie sie bereits in der dt. Gewerkschaftsfrage um 1900 aktuell waren.

Die Umsetzung der katholischen S. in der gesellschaftl. und polit. Praxis ist u.a. abhängig von ihrer Akzeptanz bei Nicht-Katholiken, dem Gewicht des Katholizismus in der Gesellschaft und der Fähigkeit, humanwiss. Erkenntnisse und praktische Erfahrungen für die Anwendung der Grundsätze nutzbar zu machen. Günstige Voraussetzungen fand die katholische S. in der Blütezeit des Sozialkatholizismus um die Jahrhundertwende («Volksverein für das katholische Deutschland»). Sie beeinflußte die Sozialreformen des ausgehenden 19. Jh. und durch die Regierungsbeteiligung des Zentrums die Sozialpolitik der Weimarer Republik. Nach dem II. Weltkrieg prägte sie die Programmatik der CDU, zumal sie sich in den praktischen Fragen in Übereinstimmung mit der Konzeption der → Sozialen Marktwirtschaft befand und ihre erkenntnistheoretisch begründete Kritik des → Neoliberalismus nur enge Fachkreise erreichte. Ihr Einfluß schwand bereits gegen Ende der *Adenauer*-Ära und verringerte sich weiter mit der Auflösung der katholischen Milieus. Auch wo die katholische S. neue Probleme aufgriff – wie mit dem Hinweis auf die Benachteiligung nicht organisierter Interessen in der Enzyklika *«Octogesima adveniens»* (1971)–, war ihre Urheberschaft in der polit. Auseinandersetzung um die Neue Soziale Frage kaum präsent. Im Bereich der evangelischen Kirche Deutschlands (EKD) sind die Stellungnahmen der Kammer der EKD für soziale Ordnung bedeutsam, die einen weiten Bogen von Grundsatzfragen der sozialen Sicherung bis zur Alterssicherung und der Langzeitarbeitslosigkeit aufspannen (*Strohm* 1988).

3. Ein starker Gegenwartsbezug kennzeichnet die päpstlichen Enzykliken ebenso wie die Stellungnahmen der wiss. Vertreter der katholischen S. (*Glatzel/Kleindienst* 1993). Die Anwendung der Sozialprinzipien auf sich wandelnde Problemlagen zeigt sich u. a. in der Hinwendung zu den Problemen der Entwicklungsländer in *«Mater et magistra»* (1961) und *«Populorum progressio»* (internat. Solidarität und Weltgemeinwohl, 1967) und in der Situationsbestimmung nach dem Zusammenbruch des Sozialismus in *«Centesimus annus»* (1991). Dabei werden die Kritik am individualistischen Liberalismus und ungebändigten Kapitalismus erneuert und der Konsumismus und die Umweltzerstörung als Gefahren beschworen.

4. Der Zusammenbruch des Sozialismus ist nach der katholischen S. nicht alleine in der Untauglichkeit des Wirtschaftssystems begründet, sondern v. a. in der geistigen Leere und Orientierungslosigkeit. Die Probleme des beginnenden 21. Jh. stellen sich für sie als drei Fragen: «Ist nach dem Zusammenbruch

des realen Sozialismus der Kapitalismus das einzig mögliche Wirtschaftssystem? Ist nach dem Ende des Totalitarismus die westl. Demokratie das einzige Leitbild der polit. Ordnung? Wenn der reale Sozialismus eine tiefe geistige Leere hinterlassen hat, ist der Westen imstande, diese Leere auszufüllen?» (*Schasching* 1993: XLI). Ob das gestiegene Interesse an ethischen und moralischen Fragen sich auf die Orientierungshilfen der Kirchen richtet, ist dennoch fraglich und hängt auch davon ab, ob es gelingt, geeignete Vermittlungsformen zu finden. Zu den Fragen der Solidarität und der sozialen Gerechtigkeit (*Kramer* 1992) hat die katholische S. durch das → Naturrecht und die evangelische S. durch das Evangelium einen direkteren Zugang als der Liberalismus, der zur Begründung des Sozialen auf vertragstheoretische Konstruktionen zurückgreifen muß.

→ Ethik und Politik; Religion und Politik; Vertragstheorien.

Lit.: *Bundesverband der Katholischen Arbeitnehmer-Bewegung Deutschland – KAB* (Hrsg.) 1992: Texte zur katholischen Soziallehre, Bornheim. *Dölken, C.* 1992: Katholische Sozialtheorie und liberale Ökonomik, Tüb. *Glatzel, N./Kleindienst, E.* (Hrsg.) 1993: Die personale Struktur des gesellschaftl. Lebens, Bln. *Honecker, M.* u. a. (Hrsg.) 2001: Evangelisches Soziallexikon, Stg. *Kirchenamt der Evangelischen Kirche in Deutschland; Sekretariat der Deutschen Bischofskonferenz* (Hrsg.) 1997: Für eine Zukunft in Solidarität und Gerechtigkeit, Hannover. *Kirchenzentrale der Evangelischen Kirche in Deutschland* (Hrsg.) 1991/1992: Die Denkschriften der Evangelischen Kirche in Deutschland, Bd. 2/1–3: Soziale Ordnung, Wirtschaft, Staat, Gütersloh. *Klose, A.* 1979: Die Katholische Soziallehre, Graz. *Korft, W.* u. a. (Hrsg.) 1999: Handbuch der Wirtschaftsethik, Bd. 1, Gütersloh. *Kramer, R.* 1992: Soziale Gerechtigkeit – Inhalt und Grenzen, Bln. *Nell-Breuning, O. von/Lutz, H.* 1967: Katholische und evangelische Soziallehre. Ein Vergleich, Recklinghausen. *Ockenfels, W.* 1992: Kleine Katholische Soziallehre, Trier. *Rauscher, A.* 1988: Kirche in der Welt, 2 Bde., Würzburg. *Schasching, J.* 1992: Einführung, in: *KAB* (Hrsg.): Texte zur Katholischen Soziallehre, Bornheim, XXXI–XLV. *Strohm, T.* 1988: Positionen und Stellungnahmen der Evangelischen Kirche zu sozialpolitischen Aufgaben, in: APuZ B 21–22/88, 11–23. *Troeltsch, E.* 1922: Die Soziallehren der christlichen Kirchen und Gruppen, Tüb.

Manfred Groser

Sozialleistungen, Sammelbezeichnung für Geld-, Sach- und Dienstleistungen, die im Rahmen eines Systems → Sozialer Sicherheit erbracht werden.

Umfang und Struktur der S. ergeben sich in D aus den im Sozialbudget ausgewiesenen Positionen. Sie gliedern sich in direkte und indirekte Leistungen: (1) Die direkten S. umfassen insbes. die Leistungen der → Sozialversicherung (Altersrenten von Arbeitnehmern und Angestellten, Invaliden- und Hinterbliebenenrenten, Leistungen der gesetzlichen Unfall-, Kranken- und Pflegeversicherungen), das Kinder- und das Erziehungsgeld, Leistungen der Arbeitsförderung (→ Arbeitsmarktpolitik), die Altershilfe für Landwirte, die Pensionen, Familienzuschläge und Beihilfe für Beamte, die gesetzlichen, tariflichen und betrieblich vereinbarten Arbeitgeberleistungen (z. B. Lohnfortzahlung im Krankheitsfall, Betriebsrenten) sowie verschiedene Formen der sozialen Hilfe wie → Sozialhilfe, Wohngeld, Jugendhilfe und Ausbildungsförderung. (2) Indirekte S. sind v. a. steuerliche Regelungen mit sozialpolit. Bezug wie etwa Entlastungen beim Erwerb von Wohneigentum. Ein wichtiger Indikator zur vergleichenden Einschätzung der Höhe der S. in verschiedenen Ländern oder in einem Land zu verschiedenen Zeitpunkten ist die → Sozialleistungsquote.

→ Sozialpolitik; Wohlfahrtsstaat.

Lit.: → Sozialpolitik.

Bernhard Thibaut

Sozialleistungsquote, in der Politikwiss. gebräuchliche Bezeichnung für den prozentualen Anteil der gesamten Sozialausgaben (i. S. des Sozialbudgets) am BIP eines Landes.

In den Wirtschaftswiss. wird diese Maßzahl als Sozialquote bezeichnet. Für historisch und internat. vergleichende Analysen der → Sozialpolitik ist die S. einer der Hauptindikatoren zur Einschätzung des Umfangs der sozialpolit. Staatstätigkeit und zur Prüfung von Hypothesen, die sich auf Entwicklungstendenzen des → Wohlfahrtsstaates beziehen.

→ Wohlfahrtsstaat.

Bernhard Thibaut

Sozialmoralisches Milieu, in der historischen → Wahlforschung von *M. R. Lepsius* (1973: 68) verwendeter Begriff zur «Bezeichnung für soziale Einheiten, die durch eine Koinzidenz mehrerer Strukturdimensionen wie Religion, regionale Tradition, wirtschaftl. Lage, kulturelle Orientierung, schichtspezifische Zusammensetzung der intermediären Gruppen gebildet werden».

Für die dt. Parteien bis zum Ende der Weimarer Republik ist die enge Verbindung mit geschlossenen Sozialmilieus charakteristisch gewesen, was sich zu Lasten einer stärkeren gesamtgesellschaftl. → Integration ausgewirkt hat. Gegenüber dem stärker auf sozialstrukturell abgrenzbare Bevölkerungsgruppen und ihre Konfliktlinien abzielenden *Cleavage*-Konzept (→ *Cleavage*) wird bei s. M. der Aspekt der gemeinsamen kulturellen Deutung in Form von Gesinnungsgemeinschaften als gleichberechtigt mit der sozial-strukturellen Dimension betont.

Lit.: *Lepsius, M. R.* 1973: Parteiensystem und Sozialstruktur: Zum Problem der Demokratisierung der deutschen Gesellschaft, in: *Ritter, G. A.* (Hrsg.): Deutsche Parteien vor 1918, Köln, 56–80.

Franz Urban Pappi

Sozialplanung, i. w. S. Synonym für Gesellschaftsplanung. S. bezeichnet dann den Versuch, im Rahmen umfassender → Politischer Planung diejenigen Maßnahmen und Handlungsabfolgen zu ermitteln, die am besten geeignet sind, bestimmte gesellschaftspolit. Ziele zu verwirklichen.

I. e. S. bezeichnet S. die vorausschauende gedankliche Vorwegnahme polit. und administrativer Maßnahmen in der → Sozialpolitik. Hierbei umfaßt S. die Abschätzung des künftigen polit. Handlungsbedarfs in den einzelnen Teilbereichen der sozialen Sicherung (z. B. Jugendhilfe, Altenpflege) sowie die Ermittlung effektiver und effizienter (eventuell innovativer) Mittel, um vorgegebene sozialpolit. Ziele (z. B. nachhaltiger Abbau der → Armut, Eindämmung des Drogenkonsums) zu erreichen. Träger der S. können sowohl Behörden der → Sozialadministration als auch sozialwiss. Forschungsinstitute sein, die im Auftrag der Verwaltung tätig werden.

→ Soziale Sicherheit.
Lit.: → Sozialpolitik.

Bernhard Thibaut

Sozialpolitik, Verfahrensordnungen, Entscheidungsprozesse und Maßnahmen, die darauf ausgerichtet sind, wirtschaftl. bzw. soziale Notlagen von Einzelpersonen oder Personengruppen zu vermeiden oder unmittelbar zu beheben, die soziale bzw. wirtschaftl. Situation von als benachteiligt geltenden gesellschaftl. Gruppen nachhaltig zu verbessern sowie Konflikte über die Konkretisierung und Realisierung allg. gesellschaftspolit. Ziele wie → Gerechtigkeit oder → Gleichheit verbindlich zu regeln.

Bezugsbereiche, Handlungsebenen, Ziele und Leitprinzipien der S. sind dem historischen Wandel unterworfen und variieren erheblich zwischen verschiedenen Gesellschaften. Wenngleich i. d. R. der → Nationalstaat wichtigster Träger der S. ist (S. als Staatstätigkeit), findet sozialpolit. Handeln auch auf suprastaatl. bzw. intergouvernementaler Ebene (z. B. in der → Europäischen Union) sowie im vorstaatl. Raum im Rahmen der → Arbeitsbeziehungen, auf betrieblicher Ebene und im Bereich der freien Wohlfahrtspflege statt.

1. Im Mittelpunkt staatl. S. steht die Gewährleistung → Sozialer Sicherheit i. S. des institutionalisierten Schutzes vor Existenzrisiken, die unmittelbar oder mittelbar aus dem Verlust bzw. der Nichtverfügbarkeit von Einkommen aus aktiver Erwerbstätigkeit erwachsen, insbes. aufgrund von Krankheit, Unfall/Invalidität, Alter, → Arbeitslosigkeit, Mutterschaft oder einer Überlastung subsidiärer Unterstützungsnetze. Zur S. im weiteren Sinn zählen darüber hinaus regulierende und gestaltende Eingriffe des Staates in die Arbeitswelt (→ Betriebsverfassung, Arbeitnehmerschutz, → Arbeitsmarktpolitik) sowie die → Bildungspolitik und die → Wohnungspolitik.

2. Bezüglich der möglichen Gestaltungsprinzipien sozialer Sicherungssysteme kann man grundlegend zwischen → Fürsorgeprinzip, → Versorgungsprinzip und dem Prinzip der → Sozialversicherung unterscheiden. Wenngleich in der S. der meisten Länder alle drei Prinzipien eine gewisse Rolle spielen, sind häufig eindeutige Schwerpunktsetzungen zu erkennen, die es gestatten, von Typen oder Modellen der S. zu sprechen: von einem liberalen → Typus dort, wo die S. auf der Grundlage des Fürsorgeprinzips nur in Ausnahmenfällen eine Veränderung der marktförmigen Zuweisung von Lebenschancen anstrebt (z. B. USA); vom → Modell der Staatsbürgerversorgung dort, wo → Sozialleistungen auf der Grundlage gleicher Rechte aller Bürger eines Landes gewährt werden und der Staat ein mehr oder weniger großzügig bemessenes Mindestniveau der Lebenshaltung garantiert und Umverteilungsziele verfolgt (z. B. Schweden); vom konservativ oder zentristisch titulierten Modell dort, wo die S. über Sozialversicherungen darauf abzielt, den sozialen Status der aktiv Erwerbstätigen und ihrer Angehörigen im Risikofall zu sichern, ohne größere Umverteilungen anzustreben (z. B. BRD).

3. Die Entstehung und Ausformung moderner S. geht auf die → Soziale Frage des 19. Jh. und die mit der gesellschaftl. → Modernisierung verbundenen Prozesse der Schwächung oder sogar Auflösung traditioneller Institutionen und Mechanismen des sozialen Schutzes zurück. Ein wesentlicher Motor der Entwicklung vom liberalen → Nachtwächterstaat zum Interventions- und → Wohlfahrtsstaat war auch die → Demokratisierung der → Politischen Systeme. Heutzutage stellt die S. in praktisch allen Industrie-, aber auch in vielen Entwicklungsländern, gemessen am Anteil der für sozialpolit. Zwecke verwendeten Mittel an den → Staatsfinanzen oder am → Sozialprodukt, das bedeutendste → Politikfeld dar. Ihre Entwicklung wurde lange Zeit durch einen säkularen Wachstumstrend bestimmt. Seit den 1980er Jahren steht sie zunehmend unter dem Eindruck der – von Gegnern zu allen Zeiten vehement geäußerten – Kritik, die eine bürokratische Hypertrophie der S. beklagt, die Wettbewerbsfähigkeit von Betrieben und Volkswirtschaften im Kontext der → Globalisierung massiv gefährdet sieht und mit Verweis auf die Pluralisierung von Lebenslagen und Lebensverläufen zunehmende funktionale Defizite der hergebrachten Formen der S. konstatiert.

→ Sozialhilfe; Sozialleistungen.

Lit.: *Alber, J.* ²1987: Vom Armenhaus zum Wohlfahrtsstaat, Ffm. *Alber, J.* 1989: Der Sozialstaat in Deutschland 1945–1982, Ffm. *Bäcker, G.* u. a. 1998: Sozialpolitik und soziale Lage in der Bundesrepublik Deutschland, 2 Bde., Köln. *Grieswelle, D.* 1996: Sozialpolitik der Zukunft, Mchn. *Jessop, B.* 1999: The Changing Governance of Welfare: Recent Trends in its Primary Functions, Scale and Modes of Coordination, in: Social Policy & Administration, 33, 348–359. *Lambert, H.* ⁴1996: Lehrbuch der Sozialpolitik, Bln. u. a. *Leibfried, S./Pierson, P.* (Hrsg.) 1998: Standort Europa. Sozialpolitik zwischen Nationalstaat und Europäischer Integration, Ffm. *Reidegeld, E.* 1996: Staatliche Sozialpolitik in Deutschland, Opl. *Nullmeier, F.* 2000: Politische Theorie des Sozialstaats, Ffm. *Nullmeier, F./Rüb, F.* 1994: Die Transformation der Sozialpolitik, Ffm. *Schmid, J.* 1996: Wohlfahrtsstaaten im Vergleich, Opl. *Schmidt, M. G.* ²1998: Sozialpolitik in Deutschland, Opl. *Sottoli, S.* 1999: Sozialpolitik und entwicklungspolitischer Wandel in Lateinamerika, Opl. → Wohlfahrtsstaat.

Bernhard Thibaut

Sozialprodukte, aus der volkswirtschaftl. Gesamtrechnung stammende Meßgrößen der gesamtwirtschaftl. Produktion von → Gütern und Dienstleistungen einer Volkswirtschaft in einer Periode.

Zu unterscheiden sind zum einen die Messung nach dem Inlandskonzept (Inlandsprodukt; BIP) und nach dem Inländerkonzept (Sozialprodukt), zum anderen die Messung des Bruttoprodukts und des Nettoprodukts (bei letzterem werden die Abschreibungen abgezogen, um den Kapitalstock konstant zu halten). S. können auf drei Arten berechnet werden, wobei die Ergebnisse definitionsgemäß identisch sind: nach der Entstehung der Produktion, nach der Verteilung der → Einkommen und nach der Verwendung der Einkommen. Von der Verwendungsseite ergibt sich beispielsweise das Bruttosozialprodukt aus der Summe von Konsumausgaben der priv. Haushalte, Staatskonsum, priv. und staatl. Bruttoinvestitionen (Gebäude, Ausrüstungen und Veränderung der Lagerhaltung) sowie der Differenz zwischen Export und Import von Waren und Dienstleistungen. Das (um den Preisanstieg bereinigte) reale → Wachstum des S. («Wirtschaftswachstum») wird oft als Ziel und Erfolgsmaßstab staatl. → Wirtschaftspolitik sowie als Wohlfahrtsindikator verwendet. Dies kann kritisiert werden: zum einen erfaßt das S. nur über → Märkte abgewickelte Transaktionen, aber nicht unentgeltliche Tätigkeiten (Hausarbeit, Erziehungsarbeit oder Eigenarbeit), die für die Wohlfahrt – zudem von Land zu Land unterschiedlich – wichtig sind; zum anderen werden Umweltschäden nicht berücksichtigt und die Kosten zu ihrer Behebung («defensive Kosten») paradoxerweise als weiteres Wirtschaftswachstum verbucht.

→ Staatstätigkeit; Wohlfahrtsstaat.

Lit.: *Leipert, C.* 1989: Die heimlichen Kosten des Fortschritts: wie Umweltzerstörung das Wirtschaftswachstum fördert, Ffm. *Reich, U.-P/Braakmann, A.* 1995: Das Sozialprodukt einer Volkswirtschaft: Grundsätze, Berechnung, Bedeutung, Stg.

Andreas Busch

Sozialrecht, Gebiet des Rechts, das die → Sozialleistungen zum Gegenstand hat (formeller Begriff). Herkömmlich wird es unterteilt in → Sozialversicherung, soziale Entschädigung und → Sozialhilfe.

Richtungsweisend für das heutige S. war die Ende des 19. Jh. beginnende *Bismarck*sche Sozialgesetzgebung, durch die große Bevölkerungsteile Schutz gegen Risiken wie Unfall, Krankheit oder Invalidität erhielten. Seit 1976 ist die Gesetzgebung bestrebt, das in zahlreichen Einzelgesetzen normierte S. in übersichtlicher Form in einem Sozialgesetzbuch (SGB) zusammenzufassen. Das Recht des Sozialgesetzbuchs soll zur Verwirklichung sozialer Gerechtigkeit und → Sozialer Sicherheit Sozialleistungen gestalten (§ 1 Abs. 1 SGB I). Zehn Bücher sind in Kraft. SGB I (Allgemeine Regeln) und SGB X (Verwaltungsverfahren) enthalten allg., für sämtliche Zweige des S. geltende Normen. SGB IV (Allgemeine Regeln der Sozialversicherung) hat ausschließlich für die soziale Vorsorge Bedeutung. Einzelne Zweige sozialer Vorsorge sind in SGB V (Krankenversicherung), SGB VI (Rentenversicherung), SGB VII (Unfallversicherung) und SGB XI (Pflegeversicherung) geregelt. Die weiteren Bücher haben Arbeitsförderung (SGB III), Kinder- und Jugendhilfe (SGB VIII) sowie Rehabilitation und Teilhabe behinderter Menschen (SGB IX) zum Gegenstand. Außerhalb des SGB bestehen zahlreiche sozialrechtl. Einzelgesetze (z. B. Wohngeldgesetz, Arbeitsförderungsgesetz, Bundessozialhilfegesetz, BaföG). Rechtsschutz wird entw. über die Sozialgerichte oder durch Gerichte der allg. Verwaltungsgerichtsbarkeit gewährleistet.

→ Rechtsstaat; Sozialpolitik; Wohlfahrtsstaat.

Lit.: *Bley, H./Kreikeboom, R.* [7]1993: Sozialrecht, Neuwied u. a. *Eichenhofer, E.* [2]2000: Sozialrecht, Tüb. *Erlenkämper, A./Fichte W.* [3]1996: Sozialrecht: Allgemeiner Teil, Anspruchsvoraussetzungen und Rechtsgrundlagen des Besonderen Sozialrechts, Köln u. a. *Gitter, W.* [4]2001: Sozialrecht. Ein Studienbuch, Mchn.

Christine Fischer

Sozialstaat, polit. Organisations- und Herrschaftsform, in der dem → Staat über die klassischen Funktionen der Gewährleistung äußerer und innerer → Sicherheit sowie bürgerlicher Freiheitsrechte hinausgehend die Aufgabe zugewiesen ist, regulierend und korrigierend in wirtschaftl. und gesellschaftl. Abläufe einzugreifen, um anerkannten Grundsätzen einer erstrebenswerten Sozialordnung Geltung zu verschaffen.

Der Ursprung des Sozialstaatsgedankens liegt in den Auseinandersetzungen um die → Soziale Frage des 19. Jh., zentrale Handlungsfelder des S. sind die Bekämpfung von → Armut und die Schaffung von → Sozialer Sicherheit sowie, in Abhängigkeit von jeweils herrschenden Leitvorstellungen von → Freiheit und → Gerechtigkeit, der Abbau sozialer → Ungleichheit. In der deutschsprachigen vergleichenden Politikwiss. wird S. als Synonym für → Wohlfahrtsstaat gebraucht.

Lit.: *Alber, J.* 1989: Der Sozialstaat in der Bundesrepublik Deutschland, Ffm./NY. *Kleinhenz, G./Lampert, H.* (Hrsg.) 1997: Sozialstaat Deutschland, Stg. *Knappe, E./Winkler, A.* (Hrsg.) 1997: Sozialstaat im Umbruch, Ffm./NY. *Kraus, K./Geisen, Th.* (Hrsg.) 2001: Der Sozialstaat in Europa, Wsb. *Ritter, G.* [2]1991: Der Sozialstaat: Entstehung und Entwicklung im internationalen Vergleich, Mchn.

Bernhard Thibaut

Sozialstandards, Regeln des internat. Arbeitsrechts zur Gewährleistung eines Arbeitsmarktverhaltens von Arbeitgebern und Arbeitnehmern, das den bestehenden Konventionen und Empfehlungen der Internationalen Arbeitsorganisation (ILO) entspricht.

Die ILO-Konventionen betreffen u. a. Arbeitszeit, Unfallschutz, Sozialversicherung, Frauenarbeit, das Verbot von Zwangs- und Kinderarbeit. Im Zuge der → Globalisierung sind die S. stärker zum Konfliktgegenstand zwischen Industrie- und Entwicklungsländern geworden. Ihre Einhaltung verhindert einen verschärften Lohnwettbewerb und → Sozialdumping. Die ILO erwartet von ihnen eine allg. Anhebung des Lebensstandards der Bev. und eine aufwärts gerichtete Tendenz zur weltweiten Angleichung von Löhnen und Gehältern. In den Entwicklungsländern hingegen wird vielfach in den S. eine Beschränkung der Beschäftigungsmöglichkeiten und eine Behinderung ihrer Wettbewerbsfähigkeit auf dem Weltmarkt gesehen, indem ihr natürlicher Wettbewerbsvorteil zunichte gemacht wird.

Dieter Nohlen

Sozialstruktur, Aufbau einer Gesellschaft bzw. eines sozialen Systems. Wie die Struktur ein wiss. Instrument ist, um Aufbau und Zusammensetzung eines Phänomens zu analysieren, sprechen Soziologen von der Struktur einer Gesellschaft oder der S., um die Gesellschaft in ihre relevanten Bestandteile zu zerlegen sowie die Wechselbeziehungen und Wirkungszusammenhänge zwischen ihnen zu untersuchen.

Es gibt eine weite und eine enge Definition von S. und Anwendung der Sozialstrukturanalyse: I. w. S. werden alle möglichen Dimensionen herangezogen, die eine Gesellschaft zu «strukturieren» vermögen (z. B. Klassen, Schichten, Einkommen, Alter, Geschlecht, Bildung, aber auch das Familien-, polit. und soziale Sicherheitssystem). I. e. S. hat die S. mit den «vertikalen» Ungleichheiten zu tun (→ Klassen, → Schichten, Einkommen, Vermögen).
Theorien der S. – von *Marx*, *Durkheim* und *Weber* bis *Bell*, *Hradil*, *Beck* und *Fürstenberg* – heben meist ein bestimmtes Strukturmerkmal, das frühere oder moderne Gesellschaften prägt, hervor.
Die Sozialstrukturanalyse umfaßt daher die gesamte Bandbreite von der Demographie über die traditionelle Klassen-, Schichtungs- und Mobilitätsforschung bis zur modernen Lebensstilanalyse. Gelegentlich wird die Analyse → Sozialer Ungleichheit mit der Sozialstrukturanalyse gleichgesetzt. Ungleichheit ist aber nur eine Möglichkeit, wie man

eine Gesellschaft gliedern kann. S. ist immer relativ, eine Sache des Grades, weil alle Arten von Strukturen in dem Maße variieren, in dem sie sich formieren. Das Konzept der S. geht von einer in der Gesellschaft mehr oder weniger vorfindbaren «objektiven» Ordnung aus, deren Bestandteile durch einen Wirkungszusammenhang und als relativ dauerhafte gesellschaftl. Phänomene charakterisiert sind.

Lit.: *Band, H./Müller, H.-P.* 1998: Lebensbedingungen, Lebensformen und Lebensstile, in: *Schäfers, B./Zapf, W.* (Hrsg.): Handwörterbuch zur Gesellschaft Deutschlands, Opl., 419–426. *Berger, P. A.* 1996: Individualisierung: Statusunsicherheit und Erfahrungsvielfalt, Opl. *Geiger, T.* 1972: Die soziale Schichtung des deutschen Volkes, Darmst. (zuerst 1932). *Geißler, R.* 1996: Kein Abschied von Klasse und Schicht. Ideologische Gefahren der deutschen Sozialstrukturanalyse, in: KZfSS 48, 319–338. *Geißler, R.* ²1996: Die Sozialstruktur Deutschlands, Opl. *Hradil, S.* 1987: Sozialstrukturanalyse in einer fortgeschrittenen Gesellschaft, Opl. *Kerbo, H./Strasser, H.* 2000: Modern Germany, NY. *Strasser, H./Dederichs, A. M.* 2000: Die Restrukturierung der Klassengesellschaft: Elemente einer zeitgenössischen Ungleichheitstheorie, in: Berliner Journal für Soziologie 10, 79–98.

Hermann Strasser

Sozialutopien → Politische Utopie

Sozialversicherung, Institution des sozialen Schutzes gegen Risiken, die mit einer Gefährdung der Existenzgrundlagen des einzelnen oder der Gemeinschaft verbunden sind, insbes. mit dem Verlust von Einkommen aus aktiver Erwerbstätigkeit aufgrund von Krankheit, Alter, Unfall, Invalidität, Mutterschaft, Pflegebedürftigkeit oder → Arbeitslosigkeit.

Anders als bei der freiwilligen Individualversicherung besteht in der S. für bestimmte Gruppen von Erwerbstätigen, die i. d. R. einen großen Teil der Bev. ausmachen, ein gesetzlich geregelter Versicherungszwang. Ebenfalls abweichend vom Prinzip der Individualversicherung ist für die S. das Solidaritätsprinzip maßgeblich: Die Versichertengemeinschaft steht insges. und ohne Vorbehalt für den Risikoschutz der einzelnen Versicherten und meist auch ihrer Angehörigen ein. Leistungsansprüche werden durch Versicherungsbeiträge erworben, die i. d. R. als gesetzlich festgelegter Prozentsatz des Arbeitslohns anteilig von den versicherten Arbeitnehmern, von den Arbeitgebern und in einigen Ländern auch vom Staat zu entrichten sind. Die Höhe der jeweiligen Beitragsanteile variiert zwischen Ländern und mitunter auch zwischen verschiedenen Zweigen der Sozialversicherung. In den meisten Ländern ist die historisch in Selbsthilfeeinrichtungen der → Arbeiterbewegung wurzelnde S. ein wesentlicher Bestandteil des Systems der → Sozialen Sicherheit, in D steht sie seit den Anfängen der modernen → Sozialpolitik Ende des 19. Jh. im Zentrum des Systems.

Lit.: → Sozialpolitik.

Bernhard Thibaut

Sozialwissenschaften, Sammelbegriff für verschiedene Einzelwiss. und Teildisziplinen von Wiss., «die den gesellschaftl. Zusammenhang behandeln, in den die Menschen hineingestellt sind» (*Mackenzie* 1966: 15). Im einzelnen sind Gegenstand der S. «die menschliche Gesellschaft, gesellschaftl. Gruppen, einzelne Individuen in ihrer Beziehung zu anderen oder Einrichtungen und Institutionen von Gesellschaften sowie materielle und kulturelle Güter als Ausdruck des Zusammenlebens von Menschen» (*Bayer/Stölting* ²1992: 302).

1. Über die klassifikatorische Zuordnung von Einzelwiss. zu den S. herrscht keine Einigkeit. Sie ist zudem, wie die junge Geschichte der Ende des 19. Jh. entstandenen S. zeigt, dem Wandel unterworfen. Heute gehören zu den S. vornehmlich Soziologie, Po-

litikwiss., Kultur- und Sozialanthropologie und Ethnologie, i. w. S. auch Wirtschaftswiss., Erziehungswiss. und Psychologie (was jedoch kontrovers ist), und schließlich all jene Teildisziplinen von Einzelwiss., die bereits in ihrer Bezeichnung auf den, den S. eigenen Gegenstand verweisen: Sozialgeschichte, Sozialökonomie, Sozialgeographie usw. Repräsentativ für einen gegenstandsbezogenen weiten Begriff von S. sind die Enzyklopädien der S., u. a. die von *D. L. Sills* (1968) herausgegebene *International Encyclopedia of the Social Sciences* in 16 Bänden und das von *E. von Beckerath* u. a. (1956–65) herausgegebene Handwörterbuch der Sozialwissenschaften in zwölf Bänden. Ihren kleinsten gemeinsamen Nenner haben die zu den S. zu rechnenden Disziplinen «in der Annahme einer wie immer interpretierten Gesellschaftlichkeit oder Sozialität der menschlichen Existenz, auf deren Erforschung die einzelwiss. Aktivität letztlich zielt» (*Tjaden* 1978: 240).

2. Noch weniger als der Gegenstand sind → Theorie und → Methode geeignet, S. klar zu definieren. Eindeutige Abgrenzungen zu anderen klassifikatorischen Begriffen von Wiss., etwa den Kulturwiss. oder den Geisteswiss., ergeben sich nicht. Weiche Kriterien lassen Unterscheidungen danach zu, ob mehr das Gesellschaftliche oder das Individuelle in der Hervorbringung kultureller Schöpfungen betont wird und ob diese mehr unter (sozialwiss.) systematischen oder (kulturwiss.) individualisierenden Gesichtspunkten betrachtet bzw. erforscht werden. Es läßt sich verneinen, daß für die S. erkenntnistheoretisch ein Verhältnis zu den Naturwiss. besteht, wie es für die Geisteswiss. behauptet und am Ggs. zwischen idiographischer und nomothetischer Orientierung oder zwischen → Verstehen und Erklären festgemacht wurde. Andererseits kann die methodisch und theoriebegrifflich an den Naturwiss. orientierte Forschung in den S. diese nicht ausschließlich für sich reklamieren.

Zwar betont *W. G. Runciman* (1967: 13), daß es nur Sinn habe, von S. zu sprechen, «wenn man einen bestimmten Bereich menschlichen Verhaltens isoliert und eine Theorie (oder ein Modell in allg. Wenn-dann Form) zu seiner Erklärung entwickelt». Es ist jedoch notwendig geblieben, das szientistische, empirisch-nomologische Verständnis von S. in expliziter Form als empirische S. kenntlich zu machen. Das behavioristische Selbstmißverständnis von S. hat sich nicht durchgesetzt. So sehen *N. Groeben/W. Westmeyer* (1973: 22f.) die Anwendung der Bezeichnung S. für die Psychologie durch drei Dimensionen gerechtfertigt: 1. «Die erste Dimension ist die, die schon bei *Aristoteles* in der Rede vom Menschen als *zoon politikon* auftritt: die unhintergehbare soziale Einbettung des Menschen, ohne deren Berücksichtigung Deskription und Theorie in bezug auf das Objekt *homo sapiens* niemals vollständig ist.» 2. «Die zweite Dimension ist die historisch-genetische Komplexität jedes einzelnen Objekts sowie von Objektclustern und -klassen in der Psychologie (…). Dabei ist die historisch-genetische Komplexität des Menschen hauptsächlich geprägt durch seine Sozialität.» 3. «Die dabei noch unberücksichtigte Tatsache, daß diese Komplexität selbst vom Menschen als Handlungs- und Erkenntnissubjekt verursacht ist, stellt die dritte Dimension der Sozialwissenschaftlichkeit dar: die Reflexivität der Erkenntnissituation (…).» Dieses handlungstheoretische Verständnis, das von dem in der Psychologie dominierenden behavioristisch-naturwiss. abweicht, zeigt die Möglichkeit unterschiedlicher Selbstzurechnung und Begründung von Sozialwiss. in den Sozialwissenschaften.

Eine solche Gegensätzlichkeit in der erfahrungswiss. Analyse prägt auch die anderen, den S. zugerechneten Einzelwiss. und kann als das konstitutive Merkmal der S. bezeichnet werden: Im Unterschied zu den Naturwiss. gibt es in den S. als Folge unterschiedlicher Erkenntnisinteressen kein universelles → Paradigma und in der historischen Abfolge auch keine Ablösung konkurrierender Paradigmen (*von Wright* 1974: 176f.). Die gegebene Theorien- und Methodenpluralität ist Chance und Dilemma zugleich: Sie eröffnet die Chance eines kreativen Spannungsverhältnisses konkurrierender Theorien und Methoden; sie führt durch gegenseitige Abschottung in das Dilemma eines metatheoretisch-dogmatisch verkürzten Diskurses.

3. Die Bezeichnung der → Politikwissenschaft als S. hat im wesentlichen zwei Verständnisweisen: Die eine ist auf den Gegenstand der Disziplin bezogen, die andere auf ihre methodische und theoretische Ausrichtung.

(1) Im erstgenannten Verständnis wird die Politikwiss. eingereiht in die Gruppe von Wiss., die den Sozialwiss. zugerechnet werden. Als Einzelwiss. erforscht die Politikwiss. einen Teilbereich des gesellschaftl. Zusammenhangs menschlicher Existenz, dessen Ausgrenzung selbst Aufgabe der Disziplin ist und bisher zu keinem Konsens geführt hat, da mit einer präzisen inhaltlichen Festlegung, welche die so oft beklagte Suche der Disziplin nach ihrem Gegenstand beenden könnte, metatheoretische Implikationen verbunden sind.

(2) Im methodisch-theoretischen Verständnis von Politikwiss. als S. geht es um das Selbstverständnis der Disziplin im Spannungsfeld von geistesgeschichtl. Tradition und naturwiss. Neuerung. Politikwiss. als (moderne) S. versteht sich als empirische Wissenschaft i. S. des → Behavioralismus und der → Empirisch-analytischen Theorie. Ausgehend von «der grundlegenden Unterscheidung zwischen dem philosophischen und dem empirischen Studium der Politik» wird die Theorie der Politikwiss. als S. gleichgesetzt mit einem Gebäude aus Sätzen der «Wenn-dann»-Form, die «den naturwiss. Theorien zumindest analog» sind, im Ggs. zu Sätzen der → Politischen Philosophie, die «in gewissem Sinn präskriptive oder ethische Sätze» (*Runciman* 1967: 10) sind. Die Bezeichnung der Disziplin als S. verpflichtet sie damit auf bestimmte methodische Verfahrensweisen und Theorietypen, da von «Sozialwissenschaft zu sprechen nur dann Sinn hat, wenn man einen bestimmten Bereich menschlichen Verhaltens isoliert und eine Theorie (oder ein Modell in allg. ‹Wenn-dann›-Form) zu seiner Erklärung entwikkelt» (ebd.: 13). Im methodisch-theoretischen Verständnis dient die Bezeichnung folglich der Ausdifferenzierung unterschiedlicher Selbstverständnisse des Faches. Sie reflektiert damit den Tatbestand, daß die Politikwiss. als Einzelwiss. aufgrund der vorherrschenden Pluralität von Methoden und Theoriebegriffen keiner speziellen Wissenschaftstheorie zugeordnet werden kann. Die Bezeichnung drückt schließlich jenseits der im Gegenstand begründeten Zuordnung der Politikwiss. zu den S. eine in der methodischen Vorgehensweise verankerte Beziehung zu anderen Wissenschaften aus, die im Grunde über die S. hinausreicht, da sie den Wissenschaftsdualismus zu überwinden trachtet.

→ Empirische Sozialforschung; Erkenntnisinteresse; Methode; Politikbegriff; Politikfeldanalyse; Politikwissenschaft.

Lit.: *Bayer, O./Stölting, E.* ²1992: Sozialwissenschaften, in: *Seiffert, H./Radnitzky, G.* (Hrsg.): Handlexikon zur Wissenschaftstheorie, Mchn., 302–313. *Beckerath, E. von* u. a. (Hrsg.) 1956–65: Handwörterbuch der Sozialwissenschaften, 12 Bde. plus Registerbd., Gött. *Bernsdorf, W./Eisermann, G.* (Hrsg.) 1955: Die Einheit der Sozialwissenschaften, Stg. *Fürstenberg, F.* 1984: Sozialwissenschaften, in: *Mickel, W. W.* (Hrsg.): Handlexikon zur Politikwissenschaft, Mchn, 480–484. *Groeben, N./Westmeyer, H.* 1975: Kriterien psychologischer Forschung, Mchn. *Habermas, J.* ³1973: Zur Logik der Sozialwissenschaften, Ffm. *Hondrich, K. O./Matthes, J.* (Hrsg.) 1978: Theorienvergleich in den Sozialwissenschaften, Darmst. *Kammler, H.* 1977: Logik der Politikwissenschaft, Wsb. *Lenk, K.* 1975: Politische Wissenschaft. Ein Grundriß, Stg. u. a. *Massing, O.* 1974: Politische Soziologie. Paradigma einer kritischen Politikwissenschaft, Ffm. *Runciman, W. G.* 1967: Sozialwissenschaft und politische Theorie, Ffm. *Sills, D. L.* (Hrsg.) 1968: International Encyclopedia of the Social Sciences, 16 Bde. plus Indexbd., NY. *Tjaden, K. H.* ⁴1978: Gesellschaftswissenschaften, in: *Wulf, C.* (Hrsg.): Wörterbuch der Erziehung, Mchn., 241–245. *Topitsch, E.* (Hrsg.) 1965: Logik der Sozialwissenschaften, Köln. *Wright, G. H. von* 1972: Erklären und Verstehen, Ffm. → Methode; Politikwissenschaft; Theorie.

Dieter Nohlen

Soziokultur, in den 1970er Jahren in die kulturpol. Diskussion in D. eingeführter Terminus zur Bezeichnung des vom traditionellen Kulturbetrieb (Museen, Theater, Konzerte) abgehobenen und alternativ dazu gesellschaftspolit.-emanzipatorisch verstandenen Kulturgeschehens i. S. einer «Kultur für alle» und «von unten».

In den Programmschriften der neuen S. von *H. Glaser/K. H. Stahl* (1974) und *H. Hoffmann* (1974) wurde unter Kritik am «affirmativen Charakter der Kultur» (*H. Marcuse*) eine engagiert gesellschaftskritische Neukonzeption der → Kultur gefordert, welche die traditionelle Trennung von Kultur und → Gesellschaft überwindet. In neuen Formen und Inhalten von Kultur wie freien Kulturgruppen, soziokulturellen Zentren, Kulturläden, Straßentheater, Kulturarbeit mit Kindern, Jugendlichen, Senioren, Ausländern und Marginalisierten versteht sich Soziokulturpolitik als Gesellschaftspolitik, als ein höchst «ausdifferenziertes Praxisfeld im Überschneidungsbereich von Kultur-, Bildungs- und Sozialarbeit außerhalb der etablierten Kunst- und Kultureinrichtungen» (*B. Wagner*). Im Laufe der erfolgreichen Etablierung der S., öff. insbes. auf der kommunalen Ebene gefördert, die mit ihrer Professionalisierung und Institutionalisierung verbunden war, hat sich die emanzipatorische Zielsetzung abgeschwächt. Die knappen Kassen der Kommunen zwingen zu Marktanpassung und Entpolitisierung, d. h. zu mehr unterhaltenden denn gesellschaftskritischen Kulturangeboten.

Lit.: *Glaser, H./Stahl, K. H.* 1974: Die Wiedergewinnung des Ästhetischen. Perspektiven und Modelle einer neuen Soziokultur, Mchn. *Hoffmann, H.* (Hrsg.) 1974: Perspektiven kommunaler Kulturpolitik, Ffm. *Hoffmann, H.* ²1991: Kultur für alle, Ffm. *Knoblich, T. J.* 2001: Das Prinzip Soziokultur, in: ApuZ B 11, 7–14. *Schulze, G.* ⁸2000: Die Erlebnisgesellschaft, Ffm./NY. *Sievers, N./Wagner, B.* (Hrsg.) 1992: Bestandsaufnahme Soziokultur, Stg.

Dieter Nohlen

Soziologische Theorien der Politik. Das Verständnis der Soziologie von Politik wurde und wird durch die Unschärfe der Abgrenzungen der beiden Disziplinen Soziologie und → Politikwissenschaft bestimmt. In einem umfassenden Versuch, diese Disziplinen auch in Abgrenzung voneinander zu definieren, kennzeichnet eine Art Generalanspruch sowohl die eine als auch die andere Disziplin (vgl. *Mackenzie* 1972; *Lazarsfeld* 1973). In dieser Konkurrenz der theoretischen Ansprüche wird die Tradition der Politikwiss. auf *Aristoteles* zurückgeführt – Politikwiss. als eine «herrschaftliche» Wiss., jedenfalls als eine Art Urmutter der → Sozialwissenschaften (*Mackenzie* 1972: 7–9). Der in der Tradition der Soziologie wiederum formulierte Theorieanspruch schließt letztendlich jede Theoriebildung im Rahmen der Politikwiss. mit ein (vgl. *Lazarsfeld* 1973: 63–65).

Damit ist ein Grundakkord formuliert. Politik als umfassendes gesellschaftl. Phänomen ist sowohl Gegenstand soziologischer Betrachtung, weil die Soziologie als – ihrem Selbstverständnis nach – umfassende Sozialwiss. natürlich die Politik als empirische und auch als theoretische Fragestellung nicht vernachlässigen kann; andererseits ist die Politikwiss. darauf bedacht, sich in ihrem sozialwiss. Selbstverständnis nicht bloß zur Ausstülpung der Soziologie verengen zu lassen. In diesem Sinne können soziologische Theorien als umfassende, sozialwiss., jedenfalls nicht nur spezifisch politikwiss. Theorien der Politik verstanden werden.

1. Unabhängig von der Rückführung polit. Theorie auf die Antike setzt eine systematische Bildung von wiss. Disziplinen, die für sich Begriff und Inhalt der Sozialwiss. in Anspruch nehmen, im späten 18. Jh. ein. Dabei kann von einer engl. und frz. Tradition auf der einen, von einer dt. Tradition auf der anderen Seite ausgegangen werden. Die dt. Tradition ist, i. S. des Begriffes Staatswiss. (Kameralistik, Polizeywiss.), von vornherein stärker auf Politik i. e. S. konzentriert; die engl. und frz. Tradition ist umfassender, we-

niger staatsbezogen, in diesem Sinne zunächst weniger polit. i. e. S.
Die westeurop. Tradition, die sich auch in Nordamerika als dominant erweist, ist sehr stark mit der Entwicklung der Wirtschaftswiss. verbunden – das tentativ staatsfreie Verständnis von Gesellschaft, das sich bei *Adam Smith* (1776) äußert, reflektiert das ebenso tentativ staatsfreie Gesellschaftsverständnis der westeurop. Soziologie dieser Anfangszeit.
Das Interesse der dt. Tradition am Staat und seiner Theorie ist somit ein bes. die Politik betonender Ansatz. *Hegel* und *Marx* stehen in dieser Tradition. Noch Ende des 20. Jh. läßt sich beobachten, daß die Staatstheorie als umfassende sozialwiss. Theoriebildung weitgehend eine kontinentaleurop., v. a. dt. Entwicklung ist; während insbes. die angloamerikan. Entwicklung mit der Systemtheorie eine den konkreten und historischen Staat negierende Form der Megatheorie betont.
Die von *R. K. Merton* und anderen vertretene Auffassung, die Soziologie müsse sich in ihrer Theoriebildung auf «Theorien der mittleren Reichweite» beschränken (vgl. *Lazarsfeld* 1973: 64), zeigt die nach wie vor aktuelle Skepsis der v. a. angloamerikan. Tradition gegenüber der Versuchung, allzu rasch die Ebene der Analyse zugunsten der Ebene der → Theorie zu verlassen. Die eindeutig der makrosoziologischen Theoriebildung zuzurechnende Frankfurter Schule, also die → Kritische Theorie, steht demgegenüber für die Fortführung des staatsbezogenen Ansatzes in der Mitte und im späten 20. Jahrhundert. Die Kritische Theorie, in Fortführung der dt. Tradition, geht nach wie vor von einem staatsbezogenen Politikbegriff aus. Im modernen Staat mit seiner wachsenden → Staatstätigkeit werden die Verflechtungen zwischen ökon. und polit. Bereichen immer untrennbarer; die polit. Ordnung verlangt, als Dauerproblem, v. a. nach Legitimation (vgl. *Habermas* 1973).

Demgegenüber vertritt die → Systemtheorie die stärker vom Staat abgehobene Auffassung von Politik. Legitimation ist für sie weniger ein Problem des Staates und eines engen Politikbegriffs; Legitimation ist mehr ein Prozeß, ein Verfahren; Politik ist demgemäß tendenziell vom Staat emanzipiert zu sehen (*Luhmann* 1984).
Folgt man der Dreiteilung polit. Theorien in normative, in empirisch-analytische und in dialektisch-kritische Theorien, so ist der Einfluß der Soziologie auf die Theorien der zweiten und der dritten Gruppe deutlich. Die der angloamerikan. (urspr. allg. westeurop.) Tradition hat stärker auf die empirisch-analytischen Theorien, die v. a. deutsche Tradition auf die dialektisch-kritischen Theorien Einfluß (*von Beyme* [8]2000: 15–60). Die empirisch-analytischen Theorien von Politik werden insbes. durch die sozialwiss. Methodologie und das dahinterstehende Verständnis von Soziologie beeinflußt, die dialektisch-kritischen Theorien v. a. vom Marxismus und dem ihn kennzeichnenden umfassenden Verständnis von Politik.

2. Die Wirkung der soziologischen Theorien von Politik steht in engem Zusammenhang mit den Entwicklungen der Ideen, die neuzeitliche polit. Bewegungen begleiten und indizieren. Der Liberalismus als Ausdruck polit. Interessen des Bürgertums basiert auf einem Politikverständnis, das auf die größtmögliche polit., ökon. und kulturelle Freiheit des Individuums abgestellt ist. Dieser Interessenlage kommt die Soziologie des 19. Jh., wie z. B. *A. Comte* vertritt, sehr entgegen. Die «industrielle Gesellschaft», im Mittelpunkt des gesellschaftl. Verständnisses von *Comte*, sieht nicht im Staat oder im Herrscher die Dynamik polit. Veränderungen angelegt, sondern in der wiss. Organisation von Arbeit und Wirtschaft (vgl. *Aron* 1979: 78–86). Das polit. Verständnis bei *Comte* ist dem Fortschritt verpflichtet: Gesellschaftl. Triebkräfte, von neuen wiss. Erkenntnissen freigesetzt, treiben die Politik voran. Diese ist nicht eine eigenständige Größe, die die Gesellschaft steuert; sie ist vielmehr eine abhängige Variable gesellschaftl. Dynamik.
Dem polit. Fortschrittsoptimismus des Liberalismus entspricht die Fortschrittsskepsis des → Konservativismus. Insbes. die modernen Elitentheoretiker unterstreichen ahistorische, bleibende Elemente der Politik: *G. Mosca, V. Pareto* und *R. Michels* gehen von einer weitgehenden Immunität des Prin-

zips einer Minderheitsherrschaft gegenüber gesellschaftl. Veränderungen aus. Politik wird in diesem Verständnis in sich ruhend und von der gesellschaftl. Dynamik letztendlich abgekoppelt gedeutet (vgl. *Bachrach* 1970).

Das Politikverständnis des (marxistischen) → Sozialismus gleicht einer Synthese des liberalen und des konservativen Ansatzes. Einerseits ist Politik, durchaus wie im liberalen Verständnis, die Resultante sozialer Entwicklungen; andererseits sind die die Geschichte durchziehenden Elemente der Klassenherrschaft, des Klassenkampfes und der Revolution einer ahistorischen Struktur vergleichbar und in diesem Sinne konservativ (*von Beyme* [8]2000: 43–60).

Die Wirkung dieser auch unmittelbar mit Politik verbundenen, sozialwiss. Zugänge zur Politik läßt sich nur i. S. einer wechselseitigen Beeinflussung beschreiben. Am besten kann dies am Beispiel der liberale und konservative Ansätze verbindenden → Demokratietheorie *J. Schumpeters* aufgezeigt werden: *Schumpeter* übernimmt in «Kapitalismus, Sozialismus und Demokratie» (1942) das konservative, ahistorische Verständnis einer unveränderbaren Minderheitsherrschaft und verbindet es mit der Dynamik des Marktprinzips (vgl. *Schumpeter* 1993).

3. I. S. der «Theorien der mittleren Reichweite» konzentrierte sich die Soziologie weniger auf theoretische Aussagen zur Politik schlechthin und mehr auf Aussagen über bestimmte Strukturelemente und Funktionen der Politik. Ein bes. Augenmerk wird dabei der Funktion des Konflikts gewidmet: → Konflikt ist nicht nur ein jeder bekannten gesellschaftl. Formation immanentes Phänomen, Konflikt dient auch und v. a. zur Legitimation polit. Herrschaft, insbes. auch der Legitimation von → Demokratie (vgl. *Lipset* 1960).

Der Konflikt als Definitionsmerkmal von Politik führt auch zur Ausdifferenzierung von (polit.) Rollen. Diese sind das Wesensmerkmal repräsentativer Demokratie. Sowohl in Form der Rolle von Politikern als auch von Bürokraten macht die Ausdifferenzierung polit. Rollen Demokratie überhaupt erst möglich (*Parsons* 1972: 130–135).

Die Ausdifferenzierung der Gesellschaft nicht nur in individuell zu besetzende Rollen, sondern in Differenz markierende Gruppierungen – in Klassen und (oder) Schichten – ist ebenfalls ein Beitrag der Soziologie zu polit. Theorien i. S. der «Theorien der mittleren Reichweite». Diese Theorien, die allerdings schon in Richtung «Megatheorien» weiterentwickelt vorstellbar sind, versuchen die meßbare Ungleichheit in der Gesellschaft in den Mittelpunkt zu rücken. Diese Differenz wird zur Grundlage der Erklärung von Politik (*von Beyme* [8]2000).

Das soziologische Verständnis von Politik hat auf die Gegenwart insbes. methodologischen Einfluß. Die empirische Politikforschung, insbes. in Form der → Wahlforschung, ist allein schon aus Gründen der Methodik mit der Soziologie eng verbunden. In die Fragestellungen sowohl der quantitativen als auch der qualitativen Forschung fließen daher unvermeidlich bestimmte axiomatische Verständnisse von Politik ein, wie sie die Soziologie entwickelt hat. Deswegen ist die Grenzziehung zwischen einer soziologischen Theorie der Politik und einem v. a. empirisch-analytischen Verständnis innerhalb der Politikwiss. letztendlich nicht möglich – wie dies auch der Begriff «Soziologie der Politik» zeigt.

4. Die zukünftige Bedeutung der soziologischen Theorien der Politik ist auf einer methodischen und auf einer substantiellen Ebene zu erwarten. Ohne daß diese beiden Ebenen voneinander streng zu trennen sind, öffnet sich durch diese Unterscheidung ein jeweils anderer Blickwinkel.

Methodisch erfordert der aktuelle und zukünftige Einfluß soziologischer Theorien der Politik eine in Zukunft unverändert wichtige Erinnerung an den empirischen Kern eines wiss. Politikverständnisses. Die Versuchung, Politik mit dem Wahren, Schönen und Guten gleichzusetzen, wird eine praxisorientierte Politikwiss. immer begleiten. Die Soziologie als Hüterin der sozialwiss. Methodenlehre hilft in ihrem Politikverständnis mit, der Ideologisierung der Politikwiss. zu wehren.

Substantiell kann die Bedeutung der soziologischen Theorien der Politik wohl am besten am Beispiel der aktuellen Demokratietheorie verdeutlicht werden. *R. Dahls* (1989) Theorie der *citizenship* bedeutet die Neuaufnahme des Problems von Gleichheit und Differenz unter demokratietheoretischen Aspekten. Die Einsicht, daß das herrschende Verständnis von Demokratie – gerade auch in der Tradition *Schumpeters* – auf einem vorwiss. *Apriori* beruht, nämlich auf der Fiktion des «Volkes», zwingt die Demokratietheorie, aus der soziologischen Theorie stammende Kategorien wie Schichtung oder Klasse, zunehmend aber auch *gender* oder Lebensstil zur Schärfung des analytischen Blicks einzusetzen.

Stärker als die Politikwiss. neigt die Soziologie der Gegenwart dazu, bei der Betrachtung und Analyse von Politik sich auf die Metaebene zu begeben: Politik als Funktion; Politik als Ergebnis einer «Erfindung»; Politik als ein Vorgang, der sich gleichsam selbst «entkernt» (*Beck* 1993). Soziologische Theorien der Politik neigen stärker dazu, Politik nicht auf konkrete Machtverhältnisse, Politik vielmehr auf Funktionen und Strukturen zurückzuführen.

→ Demokratietheorien; Marxismus; Politische Elite/Klasse; Politische Soziologie; Staatszentrierte Ansätze.

Lit.: *Aron, R.* 1979: Hauptströmungen des klassischen soziologischen Denkens, Rbk. (frz. 1967). *Bachrach, P.* 1970: Die Theorie demokratischer Elitenherrschaft, Ffm. (engl. 1967). *Beck, U.* 1993: Die Erfindung des Politischen. Zur Theorie einer reflexiven Modernisierung, Ffm. *Beyme, K. von* [8]2000: Die politischen Theorien der Gegenwart, Opl. (zuerst 1972). *Dahl, R.* 1989: Democracy and its Critics, New Haven. *Habermas, J.* 1973: Legitimationsprobleme im Spätkapitalismus, Ffm. *Lazarsfeld, P. F.* 1973: Soziologie. Hauptströmungen der sozialwissenschaftlichen Forschung, Ffm. *Lipset, S. M.* 1960: Political Man. The Social Bases of Politics, NY. *Luhmann, N.* [8]2000: Soziale Systeme, Ffm. (zuerst 1984). *Mackenzie, W. J. M.* 1972: Politikwissenschaft. Hauptströmungen der sozialwissenschaftlichen Forschung, Ffm. (engl. 1971). *Morel, J.* u.a. 1992: Soziologische Theorien. Abriß der Ansätze ihrer Hauptvertreter, Mchn. *Parsons, T.* 1972: Das System moderner Gesellschaften, Weinheim. *Nash, K./Scott, A.* (Hrsg.) 2000: A Companion to Political Sociology, Ox. *Schumpeter, J. A.* [7]1993: Kapitalismus, Sozialismus und Demokratie, Tüb. (engl. 1942). *Smith, A.* [6]1993: Der Wohlstand der Nationen, Mchn. *Treibel, A.* 1993: Einführung in die soziologischen Theorien der Gegenwart, Opl.

Anton Pelinka

Soziometrie, ein von *J. L. Moreno* (1934) entwickeltes Modell, das auf die Erfassung von sozialen Strukturen – bes. in Kleingruppen – abzielt. Dabei werden die Gruppenmitglieder über ihre faktischen und/oder erwünschten Interaktionen zu anderen Mitgliedern befragt (z. B.: «Mit wem würden Sie am liebsten arbeiten?»).

Für eine ausgewogene soziometrische Analyse sollten möglichst viele Dimensionen der Interaktion berücksichtigt werden – die im einzelnen sehr unterschiedliche Muster zeigen können (so wird der «Streber» zwar gern als Partner in leistungsbezogenen Situationen, selten hingegen in freien sozialen Aktivitäten gewählt). Man kann auch fragen, wie die Personen glauben, eingeschätzt zu werden (sog. *sociometric perception*).

Konkret haben die Personen in einer Wahlsituation die Möglichkeiten einer positiven – häufig auch einer negativen – Wahl (letzteres ist aber umstritten). Die S. soll dabei Informationen liefern über: (1) die Struktur einer Gruppe; (2) Stellung von einzelnen Mitgliedern in der Gruppe; (3) die informelle Struktur von Gruppen. Die Ergebnisse des Modells werden oft in graphischer Form als Soziogramm dargestellt. Solche Soziogramme sind allerdings auf recht unterschiedliche Weise darstellbar und werden für größere Gruppen – wie die Abb. 9 und 10 zeigen – schnell unübersichtlich.

Daher wird die erhobene Information oft mittels graphentheoretischer Analyse weiterverrechnet, um auf quantitativem Wege die Beziehungen der Mitglieder einer Gruppe und deren Binnenstruktur zu ermitteln und abzubilden. Dabei versteht man unter einem Graph die Abbildung einer Struktur

Abbildung 9: Beispiel eines geschichteten Soziogramms

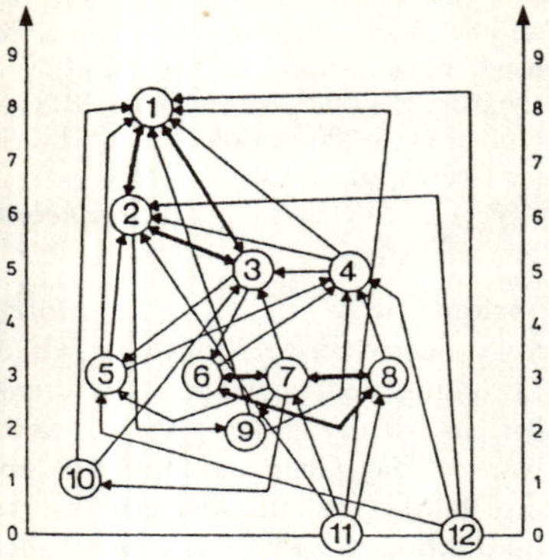

Abbildung 10: Beispiel eines Kreis- oder Zielscheibensoziogramms

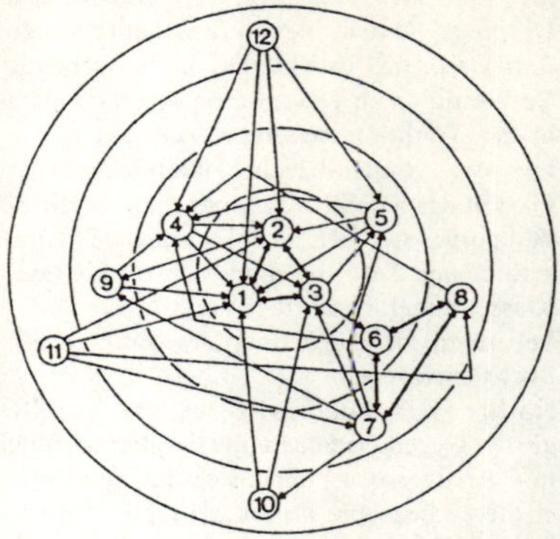

in Form von «Knoten» (Punkten) als Elementen und «Kanten» (Linien oder Pfeile) als Darstellung der Relationen zwischen diesen Elementen.

Diese lassen sich auch in Form einer Matrix schreiben, wobei Verbindungen zwischen Knoten als «1» und fehlende Verbindungen (hier: Wahlen) als «0» eingetragen werden. Mit Hilfe solcher Matrizen lassen sich die Graphen hinsichtlich zahlreicher Fragestellungen bequem analysieren und zu Aspekten wie Weglänge-Matrizen, Distanz-Matrizen, Erreichbarkeits-Matrizen oder Verbundenheits-Matrizen weiter verrechnen.

Darüber hinaus gibt es von zahlreichen Autoren sehr viele Vorschläge für Indizes, die aber im einzelnen wenig allg. Aufmerksamkeit – i. S. eines allg. akzeptierten Maßes – erhalten haben.

Lit.: *Ardelt, E./Laireiter A.* [5]1999: Das Soziogramm, in: *Roth, E.* (Hrsg.): Sozialwissenschaftliche Methoden, Mchn. *Buer, F.* 1999: Morenos therapeutische Philosophie: zu den Grundideen von Psychodrama und Soziometrie, Opl. *Dollarse, R.* 1976: Soziometrische Techniken, Weinheim. *Moreno, J. L.* 1934: Who Shall Survive?, Washington D. C. *Fox, J.* 1989: Psychodrama und Soziometrie: essentielle Schriften von J. L. Moreno, Köln

Jürgen Kriz

Spannweite → Univariate Statistik

Spätkapitalismus, Entwicklungsstadium des → Kapitalismus nach *W. Sombart*, der die Unterscheidung zwischen Früh-, Hoch- und Spätkapitalismus verwendet. Wurde von *C. Offe* und *J. Habermas* im Rahmen ihrer polit. Krisen- bzw. Legitimationskrisentheorie weiterentwickelt.

Im Zuge des fortschreitenden Kapitalismus und als Folge seiner zunehmenden Krisenanfälligkeit hat sich zu dessen Aufrechterhaltung und sozial-konsensualer Stabilisierung tendenziell eine staatl. Generalkompetenz herausgebildet, die sich nicht nur über repressive Eingriffe hinaus in Versuchen ökon. Steuerung und → Politischer Planung (Systemintegration) sowie sozialer Daseinsvorsorge (→ Sozialintegration) niederschlägt, sondern auch die von *Marx* behaupteteten grundlegenden Gesetzmäßigkeiten wie Wertgesetz, Kapitalakkumulation und tendenziellen Fall der Profitrate *qua* Politisierung außer Kraft setzt. Nur eine Theorie polit. → Krisen kann über die Bestandsfähigkeit des S. Auskunft geben.

→ Gesetz des tendenziellen Falls der Profitrate; Marxismus.

Lit.: *Habermas, J.* 1973: Legitimationsprobleme im Spätkapitalismus, Ffm. *Offe, C.* 1972: Strukturproblme des kapitalistischen Staates, Ffm. *Sombart, W.* 1928: Der moderne Kapitalismus, Mchn./Lpz.

Josef Esser

Spearmans Rho → Korrelationsrechnung

Sperrklausel, im → Wahlsystem eine (gesetzliche) Bestimmung, welche die Beteiligung einer Partei an der Mandatsvergabe vom Erreichen eines bestimmten prozentualen Anteils an den insgesamt gültig abgegebenen Stimmen abhängig macht.

S. gehören zu den wirksamsten Instrumenten zur Steuerung der polit. → Repräsentation und der Struktur des → Parteiensystems. Sie wirken der Parteienzersplitterung entgegen. Wähler antizipieren ihre Wirkung bereits in ihrem → Wählerverhalten, indem sie nützliche Stimmen abgeben, d. h. Parteien wählen, die aller Voraussicht nach die S. überspringen können. Als gesetzlich fixierte (künstliche) Hürden stehen S. im Ggs. zu (natürlichen) Hürden, die sich als Folge der Wahlkreiseinteilung ergeben und ebenso wirksam sein können. D. h., die beiden Hürden sind funktional äquivalent und können sich gegenseitig substituieren, weshalb sie gelegentlich zu einem einzigen Konzept von S. zusammengefügt werden (*effective threshold*). Dies ist insofern nicht ganz unproblematisch, als die Wirkungen beider Hürden recht unterschiedlich sind: Natürliche Hürden vergrößern die Disproportion zwischen Stimmen und Mandaten unter allen Parteien zugunsten der größten; künstliche Hürden verteilen die Mandate unter den Parteien, welche die S. überspringen konnten, einigermaßen proportional. Häufig werden Wahlkreisgrößen und S. als einander ergänzend begriffen, etwa wenn innerhalb der Wahlkreise S. errichtet werden (die freilich oft nicht wirksam werden, da die Wahlkreise häufig so klein sind, daß sie höhere Hürden darstellen). Zu unterscheiden sind neben der Anwendungsebene (Staatsebene, regionale Ebene, Wahlkreisebene) die Anwendungsphase (erstes, zweites oder weiteres Zuteilungsverfahren), die Höhe (Variationsbreite gegenwärtig zwischen 1,5 % und 12 %) und deren Staffelung nach Wahlbündnissen (etwa 5 % für Parteien, 8 % für Bündnisse von zwei, 10 % für solche von drei Parteien etc.). Die sog. Grundmandatsklausel bei → Personalisierter Verhältniswahl, welche die Beteiligung an der Mandatsvergabe nach → Proporz von der Erreichung einer bestimmten Zahl von Direktmandaten (nach Mehrheitswahl) abhängig macht, erhöht die Hürden nicht, sondern ist geeignet, die S. zu unterlaufen.

→ Wahlkreis/Wahlkreiseinteilung.

Lit.: *Nohlen, D.* [3]2000: Wahlrecht und Parteiensystem, Opl. → Wahlsysteme.

Dieter Nohlen

Spieltheorie (engl. *game theory*), mathematisch formulierte → Theorie sozialer Interaktion. Die Bezeichnung leitet sich von der ersten Anwendung her, den Gesellschaftsspielen. Die Anwendung der S. auf wirtschafts- und sozialwissenschaftl. Gegenstände erfolgte erstmals durch *von Neumann/Morgenstern* (1944). Die S. ist ein Teilgebiet der → Entscheidungstheorie. Sie verwendet die Annahme individuell-rationalen Verhaltens der Entscheider sowie die moderne kardinale Nutzentheorie. Anders als die Entscheidungstheorie befaßt sie sich aber mit strategischen Situationen, in denen das Ergebnis nicht nur von der eigenen Entscheidung und einer nicht beeinflußbaren Umwelt abhängt, sondern auch vom Verhalten rational handelnder Gegenspieler.

1. Die S. umfaßt drei Teilgebiete, die sich in den Annahmen und Darstellungsformen unterscheiden. Während die nicht-kooperative S. lediglich individuelles Rationalverhalten zugrunde legt, geht die kooperative S. außerdem davon aus, daß zwischen den Spielern verbindliche Abmachungen getroffen

werden können. Die evolutionäre S. beschäftigt sich mit dem quasi-rationalen Verhalten von Individuen, die keine Vernunftfähigkeit besitzen. Für die Darstellung nicht-kooperativer statischer Spiele wird im allg. die strategische, Matrix- oder Normalform eingesetzt, für nicht-kooperative dynamische Spiele die extensive Form, für kooperative Spiele die Koalitionsform. Nach der Zahl der Spieler klassifiziert die S. Zwei- und Mehrpersonenspiele, nach der strategischen Struktur → Nullsummen- und Nicht-Nullsummenspiele, nach dem Zeithorizont der Spieler einmalige und wiederholte Spiele und nach ihrem Informationsstand Spiele unter vollständiger bzw. unvollständiger Information. Für alle Klassen von Spielen ermittelt sie Lösungskonzepte, d. h. Anweisungen, welche Strategien rationale Spieler wählen sollten. Eine Lösung ist ein sog. Gleichgewicht, ein stabiler Zustand, von dem abzuweichen für keinen Spieler lohnt. Das grundlegende nicht-kooperative Lösungskonzept ist das sog. → *Nash*-Gleichgewicht, in dem die Strategien der Spieler gegenseitig beste Antworten sind. Jedes Spiel mit einer endlichen Menge von Strategien hat mindestens ein *Nash*-Gleichgewicht in reinen oder randomisierten Strategien. Auch einfache Spiele können jedoch mehrere Gleichgewichte haben. Wichtig für die Lösung von Spielen sind die Informationsstände. Als gemeinsames Wissen (*common knowledge*) wird im allg. vorausgesetzt, daß alle Spieler die Regeln des Spiels kennen und wissen, daß alle Spieler sich rational verhalten und daß alle dies wissen, usw. Unvollständige Information liegt vor, wenn die Spieler nicht alle Informationen über die Zugmöglichkeiten und Auszahlungen der anderen haben. Bei einem Spiel mit unvollkommener Information sind die Spieler nicht über alle vorausgegangenen Züge informiert.

2. Nicht-kooperative Spiele, in denen zwei oder mehr Spieler unabhängig voneinander entscheiden und ggf. simultan ziehen, werden meist in Matrixform dargestellt. In der Spielmatrix sind jeweils die Auszahlungen der Spieler für alle möglichen Strategienkombinationen angegeben. Beim Nullsummenspiel ist die Summe der Auszahlungen an alle Spieler für jedes Spielergebnis gleich Null. Nullsummenspiele und die strategisch äquivalenten Konstantsummenspiele sind strikt kompetitiv, die Spieler haben vollkommen entgegengesetzte Interessen. Strategisch interessanter sind die Nicht-Nullsummenspiele, bei denen die Spieler teils gleichgerichtete, teils entgegengesetzte Interessen haben (*mixed motive games*). In den → Sozialwissenschaften bes. bekannt geworden ist das → Gefangenendilemma, durch das sich zahlreiche soziale Kooperationsprobleme abbilden lassen. Das Dilemma der Spieler besteht darin, daß ihr individuell rationales Verhalten zu einem Spielausgang führt, der kollektiv nicht rational ist. Ohne die Möglichkeit, einen durchsetzbaren Vertrag abzuschließen, bzw. ohne eine exogene Macht wird das kollektiv rationale Ergebnis nicht erreicht, da stets ein Anreiz besteht, von der kooperativen Strategie abzuweichen, um sich einseitig besserzustellen (Defektionsproblem). Das für die → Politikwissenschaft ebenfalls bedeutsame → *Battle-of-the-Sexes* gehört in die Klasse der Koordinationsspiele. Hier bevorzugen zwar beide Spieler eine Situation, in der sie sich koordinieren, also dies. Strategie spielen, gegenüber einer Situation der Nicht-Koordination. Sie sind sich jedoch nicht einig, welche der beiden koordinierten Lösungen die bessere ist.

Hat ein Spiel eine sequentielle Struktur, ziehen die Spieler also nacheinander, wird es in der extensiven Form dargestellt. Ein Spielbaum gibt an, in welcher Reihenfolge die Spieler welche Züge zur Verfügung haben. Er besteht aus den Entscheidungsknoten für jeden Spieler, den verbindenden Ästen, den Endknoten mit den dazugehörigen Auszahlungen und enthält Angaben zum Informationsstand der Spieler. Ein solches Spiel wird durch Rückwärtsinduktion gelöst. Man betrachtet zunächst den Spieler, der zuletzt am Zug ist und überlegt, welche Strategie er an jedem Entscheidungsknoten wählen würde. In langfristigen sozialen Beziehungen wird häufig dasselbe Spiel immer wieder gespielt. Bei wiederholten Spielen geht es um die Frage, ob die Aussicht auf die gemeinsame Zukunft und die Möglichkeit von Vergeltung die gegenwärtigen Handlungen beeinflussen kann. Die S. unterscheidet zwischen endlich wiederholten Spielen und unendlich wiederholten Spielen. Allg. kann bei unendlich wiederholten Spielen eine unendlich große Zahl von Gleichgewichten realisiert werden (sog. *Folk*-Theoreme). Beim Gefangenendilemma gibt es neben dem Ergebnis, daß kein Spieler je kooperiert, noch weitere Gleichgewichte. So kann etwa *Tit-for-Tat* (beginne kooperativ und reagiere dann auf die Strategie des Gegenspielers jeweils mit ders. Strategie) eine Gleichgewichtsstrategie sein. In einer von *Axelrod* (1984) durchgeführten Computersimulation des unendlich wiederholten Gefangendilemmas erwies sich *Tit-for-Tat* sogar als die erfolgreichste Strategie. Bei endlich wiederholten Spielen wird das Gleichgewicht des Stufenspiels immer wieder gespielt, falls das Stufenspiel genau ein Gleichgewicht hat. Beim Gefangenendilemma bleibt es bei der allseitigen Defektion, bei Spielen mit zwei Gleichgewichten sind kooperative Lösungen möglich.

3. Während in der nicht-kooperativen S. die Stabilität der Lösung endogen, durch die Anreize der Spieler, sichergestellt wird, ist Grundlage der kooperativen S. die Annahme, daß exogene Mechanismen existieren, die die Durchsetzbarkeit von Verträgen gewährleisten. Im Zwei-Personen-Spiel geht es um die Einigung auf eine Lösung des Spiels (Verhandlungsspiele), im n-Personen-Spiel um den Zusammenschluß mehrerer Spieler zu einer Gewinnkoalition (Koalitionsspiele). Bei der Koalitionstheorie geht man davon aus, daß der Nutzen zwischen den Parteien übertragbar ist.

Bei den Verhandlungsspielen verhandeln zwei Spieler über einen teilbaren Gegenstand. Gegenüber dem *Status quo* ist ein Kooperationsgewinn möglich. Verhandlungsspiele sind also *mixed-motive games*. Das Problem besteht in der Aufteilung des Kooperationsgewinns. Das bedeutendste Lösungskonzept ist die axiomatisch fundierte *Nash*-Lösung: Sie halbiert bei gleichem Verlauf der Nutzenfunktionen und gleicher Verhandlungsmacht der Spieler den Kooperationsgewinn. Die *Nash*-Lösung hat inzwischen eine nicht-kooperative Rechtfertigung erfahren, insofern strategische Verhandlungsmodelle unter bestimmten Bedingungen zur selben Lösung führen. Sie ist die einzige spieltheoretische Verhandlungslösung, die im → Experiment bestätigt wird – vermutlich weil sie den Gerechtigkeitsvorstellungen realer Akteure entspricht.

Bei kooperativen Spielen mit mehr als zwei Spielern wird die Koalitionsbildung untersucht: Eine Koalition ist eine Teilmenge der Menge der Spieler. Sie ist effektiv für bestimmte Ergebnisse, wenn sie aufgrund der Spielregeln in der Lage ist, diese Ergebnisse durchzusetzen. Lösungskonzepte für Koalitionsspiele wählen entw. Werte oder eine Menge von Auszahlungsvektoren aus, für die bestimmte Stabilitäts- bzw. Rationalitätsbedingungen erfüllt sind. Der prominenteste Mengenansatz ist der Kern. Er enthält alle Koalitionen, die von keiner anderen Koalition blockiert werden können. Er kann ein oder mehrere Elemente enthalten oder leer sein. Beispielsweise hat ein Abstimmungsspiel von drei Personen über die Aufteilung eines Geldbetrags einen leeren Kern: Es gibt zyklische Mehrheiten. Der bedeutendste Wertansatz ist der *Shapley*-Wert, der den durchschnittl. Wert eines neu hinzukommenden Spielers für eine Koalition angibt. Der darauf beruhende *Shapley-Shubik*-Machtindex ist ein Maß für die Abstimmungsstärke eines Mitglieds in einem Gremium mit Stimmengewichtung. Er mißt die *A-priori*-Wahrscheinlichkeit, mit der ein Mitglied sich in der Abstimmung durchsetzen kann.

4. Aus der Anwendung der nicht-kooperativen S. auf die Biologie ist die evolutionäre S. entstanden. Den Spielern wird keine Rationalität unterstellt; die Auszahlung wird nicht als Erwartungsnutzen interpretiert, sondern als erwartete Zahl der Nachkommen (*Fitness*). In einer Population, in der die Spieler zufällig aufeinandertreffen, entsteht quasirationales Verhalten, weil die Spieler, die überlegene Strategien spielen, sich vermehren und in der Population durchsetzen. Ein evolutionsstabiles Gleichgewicht ist ein symmetrisches randomisiertes Gleichgewicht, bei dem die Spieler mit derselben Wahrscheinlichkeitsverteilung die gleichen Strategien spielen. Sozialwissenschaftl. Anwendungsmöglichkeiten sind kulturelle Evolution oder Situationen, bei denen von eingeschränkter Rationalität auszugehen ist.

5. Politikwissenschaftl. Anwendungen der S. sind inzwischen breit gestreut. So werden Matrixspiele zur Modellierung bestimmter strategischer Konstellationen heute in allen Teilgebieten der Politikwiss. eingesetzt (*Scharpf* 2000). Beispiele sind die Analyse von → Öffentlichen Gütern (*Ostrom* 1990), der polit. Logik großer technologischer Projekte (*Keck* 1993) oder der Frage der Harmonisierung von Standards in internat. Märkten. Bes. im Bereich der → Internationalen Beziehungen hat die S. eine lange Geschichte (*Zürn* 1992). Die nicht-kooperative Spieltheorie wurde außerdem zur Analyse des polit. Wettbewerbs, von strategischem Verhalten in Wahlen und Abstimmungen und von formalisierten polit. Verfahren wie Gesetzgebungsprozessen eingesetzt (*Morrow* 1994). Zur Modellierung von Koalitionsbildung und Entscheidungen in Parlamenten und Mehrkammernsystemen werden bevorzugt die der kooperativen Theorie zuzurechnenden räumlichen Modelle eingesetzt (*Ordeshook* 1992). Ein jüngeres Anwendungsgebiet sind Mehrebenenspiele (*two-level games, nested games*), die die Verflechtung mehrerer polit. Ebenen erfassen (*Tsebelis* 1990). Außerdem wurden Verhandlungen zwischen polit. und wirtschaftl. Akteuren aller Art modelliert (z. B. *Rabe* 2000).

→ Methodologischer Individualismus; Neue Politische Ökonomie; Rational choice-Theorien.

Lit.: *Amann, E.* 1999: Evolutionäre Spieltheorie, Hdbg. *Axelrod, R.* 1984: The Evolution of Cooperation, NY. *Holler, M. J./Illing, G.* 1993: Einführung in die Spieltheorie, Bln. u. a. *Keck, O.* 1993: Information, Macht und gesellschaftliche Rationalität, Baden-Baden. *Morrow, J. D.* 1994: Game Theory for Political Scientists, Princeton. *Neumann, J. von/Morgenstern, O.* 1944: Theory of Games and Economic Behaviour, Princeton. *Ordeshook, P. C.* 1992: A Political Theory Primer, NY u. a. *Ostrom, E.* 1990: Governing the Commons, Camb. *Rabe, B.* 2000: Implementation von Arbeitsmarktpolitik durch Verhandlungen, Bln. *Rieck, C.* 1993: Spieltheorie. Einführung für Wirtschafts- und Sozialwissenschaftler, Wsb. *Scharpf, F. W.* 2000: Interaktionsformen, Opl. *Shubik, M.* 1982: Game Theory in the Social Sciences, Camb./Mass. *Tsebelis, G.* 1990: Nested Games, Berkeley, Cal. *Zürn, M.* 1992: Interessen und Institutionen in der Internationalen Politik, Opl.

Katharina Holzinger

Spill-over-Effekte → Externalitäten

Spin-off-Effekte, allg. unintendierte Nebenprodukte oder Folgewirkungen von sozialen, wirtschaftl. und technolog. Entwicklungen.

Gelegentlich Bezeichnung für den Technologietransfer aus bestimmten Forschungsgebieten in andere Anwendungsbereiche und den damit verbundenen wirtschaftl. Nutzen.

Katharina Holzinger

Splitting, (1) allg. die Möglichkeit des Wählers, mit seiner Stimmabgabe bei einer, mehreren oder allen Wahlentscheidungen Kandidaten/Parteien unterschiedlicher polit. Ausrichtung zu unterstützen.

(a) Als *split ticket* wird von der US-amerikan. → Wahlforschung die wechselnde Parteipräferenz des Wählers bei der auf einen Wahltag konzentrierten und auf einem Stimmzettel gemeinsam durchgeführten → Wahl/Abstimmung zu verschiedenen exekutiven und legislativen Organen und Referenda bezeichnet. Das *s.* steht im Ggs. zum *straight-ticket voting*, wo der Wähler die Aufteilung seiner Stimmen unterläßt und entspr. für eine → Partei bzw. deren Kandidaten votiert. Die Untersuchung des *s.* bei US-Wahlen, dessen Zunahme seit den 1960er Jahren mit der Abnahme der → Parteiidentifikation korreliert, stellt eine der Möglichkeiten der empirischen Überprüfung des von der → *Michigan School* der US-amerikan. → Wahlsoziologie formulierten Konzeptes der → Normalwahl dar, da das *s.* Rückschlüsse auf das Verhältnis von strukturellen und polit.-konjunkturellen

oder polit.-situativen Einflußfaktoren im → Wahlverhalten zuläßt.
(b) Eine andere Funktion hat das *s.* im Zwei- (oder Mehr-)stimmensystem wie etwa bei Bundestagswahlen in D; hier bezeichnet es das im System der → Personalisierten Verhältniswahl mögliche, parteipolit. unterschiedliche Wahlverhalten bei der Wahl ein und desselben repräsentativen Organs. In Anlehnung an die Idee des Panaschierens wird dem Wähler ermöglicht, die Erststimme einem Wahlkreiskandidaten zu geben, der nicht zu der Partei gehört, die mit der Zweitstimme gewählt wird (→ Stimmgebungsverfahren). Wie aus der → Repräsentativen Wahlstatistik hervorgeht, wird das *s.* häufig aufgrund wahltaktischer Überlegungen praktiziert und kann somit Einfluß auf die parteipolit. Zusammensetzung von Koalitionsregierungen nehmen, weil meist mit der Erststimme für eine der großen Parteien, mit der Zweitstimme jedoch für den kleineren Koalitionspartner votiert wird (sog. «Leihstimmen»). Das empirische *s.* dient in Wiss. und Politik als Beleg für demokratietheoretisch höchst kontroverse Positionen. Während z. B. die einen, in Anlehnung an die → Ökonomischen Theorien der Politik, im *s.* einen bewußten Akt des rationalen Wählers sehen, verweisen andere auf die demoskopisch ermittelte Unsicherheit in der Wählerschaft über Funktion und Bedeutung von Erst- und Zweitstimme, sprechen von der Überforderung des Wählers und sehen die partizipationsskeptische Position der elitären Demokratietheorie bestätigt.
(2) Vorgesehene Form der gemeinsamen Besteuerung des Einkommens von Ehegatten («Ehegattensplitting») im dt. Steuerrecht. Dabei wird auf der Grundlage der amtl. Einkommensteuer-Tabelle die Höhe der → Steuer von der Hälfte des zu versteuernden Einkommens errechnet und anschließend verdoppelt, was wegen der Steuerprogression zu einem Vorteil gegenüber einer getrennten Veranlagung der Ehegatten führt.

Lit.: *Lijphart, A.* 1994: Electoral Systems and Party Systems, Ox. *Nohlen, D.* ³2000: Wahlrecht und Parteiensystem, Opl. *Schreiber, W.* ⁶1998: Hdb. des Wahlrechts zum Deutschen Bundestag, Köln u. a. *Schultze, R.-O.* 2000: Wählerverhalten bei Bundestagswahlen, in: *Andersen, U.* (Hrsg.): Wahlen in Deutschland, Schwalbach, 34–56.

Rainer-Olaf Schultze

Sprache und Politik. Daß Politik etwas mit Sprache und Sprechen zu tun habe, ist eine alte Erkenntnis der polit. Theorie – nicht nur des abendländisch-europ. Kulturbereichs; bereits im alten China wußte *Konfutse,* daß «die Richtigstellung der Begriffe» eine der wesentlichsten Voraussetzungen guter Regierung ist. Der Herrscher möge nicht dulden, «daß in seinen Worten irgend etwas in Unordnung sei. Das ist es, worauf es ankommt.» (*Konfutse* 1979: 131). Entspr. sagt die Formel «Sprache und Politik» Grundlegendes über Politik aus; sie ist indes in *zwei* Richtungen zu lesen: einmal als «*Sprache* und Politik», zum andern als «*Politik* und Sprache». Die Kopula «und» schafft jeweils grundlegend verschiedene sachliche Bezüge, die erst integriert ein Gesamtbild der komplexen Zuordnung von Politik und Sprache erlauben.

1. S. u. P.: Seit den antiken Anfängen polit. Theorie bei *Platon* und *Aristoteles* gilt das menschliche Vermögen *(energeia)* des Miteinander-reden-Könnens *(zoon logon echon)* als die anthropologische Bedingung der Möglichkeit von Politik als Form menschlicher Praxis *(zoon politikon)* überhaupt. Es gibt demnach, griech. Erfahrung entsprechend, keine Politik ohne Reden *(aneu logou).* Gleich zu Anfang seiner «Politik» hat *Aristoteles* diese begründende Zuordnung von Sprache/Sprechen und Politik zeitlosgültig so formuliert: «Der Mensch ist (...) das einzige Lebewesen, das Sprache besitzt (...) Die Sprache dient dazu, das Nützliche und Schädliche mitzuteilen und so auch das Gerechte und Ungerechte. Dies ist nämlich im Ggs. zu den anderen Lebewesen dem Menschen eigentümlich, daß er allein die Wahrnehmung des Guten und Schlechten, des Gerechten und Ungerechten und so wei-

ter besitzt. Die Gemeinschaft in diesen Dingen schafft das Haus und die Polis.» (*Aristoteles:* «Politik», 1253 a, 9–20).

Hiermit ist die sprachlich-kommunikative Grundverfassung aller Politik angesprochen, wie sie seither im Kontext → Politischer Theorie – implizit oder explizit – stets bestimmend geblieben ist. Wo immer von polit. Ordnungsentwürfen oder Gemeinwesenbildungen die Rede ist, ist Sprache unter den beteiligten Menschen substantiell im Spiel – und zwar auf verschiedenen, aber gleichermaßen konstitutiven Ebenen der Politik. Sie dient primär der Selbstinterpretation und Selbstintegration durch Symbolisierung sich konstituierender Gemeinwesen etwa in Gründungsmythen oder dergleichen. Die Selbsterhellung der Gesellschaft durch sprachliche und nichtsprachliche Symbole ist ein integraler Bestandteil der sozialen Realität, «durch eine solche Symbolisierung erfahren die Menschen die Gesellschaft, deren Glieder sie sind, als mehr als eine bloße Zufälligkeit oder Annehmlichkeit; sie erfahren sie als Teil ihres Wesens (...) Jede menschliche Gesellschaft gelangt (...) zu einem Verständnis ihrer selbst durch eine Vielfalt von Symbolen, manchmal höchst differenzierten *Sprachsymbolen*» (*Voegelin* 1959: 49–50). Sie dient zum zweiten im Prozeß der sprachlich-kommunikativen Begründung und Ausgestaltung von polit. Institutionen als Regelsystemen polit. Handelns und Entscheidens in der Kontinuität der Zeit. Und sie fungiert schließlich als die polit. Ordnungskrisen begleitende, systematische polit. Reflexion, wie sie speziell in der Sprache der polit. Theorie und Philosophie kontinuierlich geleistet wird – als kritischer Beitrag zum polit. Diskurs konkret-geschichtl. Erfahrungszusammenhänge. In jedem dieser qualitativ unterschiedlichen, aber untereinander intervenierenden polit. Diskurse wird Sprache für Politik konstitutiv, ist Sprache die Bedingung der Möglichkeit von Politik.

2. P. u. S.: Diese sprachliche Grundverfassung von Politik ist zugleich die notwendige Bedingung und Voraussetzung der Möglichkeit für die Beziehung *Politik* und Sprache; nur auf der Basis dieser konstitutiven Sprachlichkeit von Politik wird die vielfältige Indienstnahme oder Instrumentalisierung von Sprache zu polit. Zwecken, wie der polit. Alltag sie aufweist und wie sie ebenfalls seit der Antike in Sophistik und Rhetorik theoretisch reflektiert und praktisch geübt worden ist, möglich. Hier eröffnet sich ein weites Feld vielfältiger Formen – positiver oder negativer oder auch ambivalenter Art –, Sprache und Sprechen für polit. Zwecke einzusetzen: in Reden und Texten verschiedenster Art, in Programmen und Gesetzen, in Agitationen, Abstimmungen, Wahlen etc. Aus der Universalität der Möglichkeiten sozialer Interaktion mittels Sprache ergibt sich die Pluralität polit. Funktionen von Sprache in historisch-polit. Handlungskontexten und institutionellen Arrangements. Am konkretesten und unmittelbarsten wohl auf der Ebene der einzelnen Politikfelder (→ *Policy*), deren konkrete Probleme nur über sprachlich-kommunikative Prozesse artikuliert, aggregiert und auf die Agendaliste der Politik gebracht werden können, um dann behandelt und entschieden zu werden; sodann auf der Ebene der polit. Willens- und Entscheidungsbildungsprozesse *(Politics)* in der programmatischen, polemischen und argumentativen Auseinandersetzung von rivalisierenden und konkurrierenden Personen, Gruppen und Parteien; schließlich aber auch noch polit. höchst bedeutsam auf der Ebene der Verfassungs- und polit. Ordnungsstrukturen *(Polity)* im Kontext der Institutionalisierung von Regierungssystemen und parlamentarischen Beratungs- und Entscheidungsformen (Redeordnungen) – etwa im Verfahren der Gesetzgebung – durch Geschäftsordnungen oder sprachliche Regelsysteme verschiedenster Art mit ihren oft weit in die Geschichte zurückreichenden Traditionen – man denke nur an die *procedures* des engl. → Parlamentarismus mit ihren Wurzeln im Mittelalter *(modus tenendi parliamentum)*.

Dabei berücksichtigt die Politik bei der Instrumentalisierung von Sprache für ihre Zwecke durchaus die kulturspezifischen Ausformungen und Leistungsdifferenzierungen der Sprache in Mündlichkeit und Schriftlichkeit, Oralität und Litteralität mit ihren unterschiedlichen Auswirkungen auf Herrschaftsordnung und Herrschaftskontrolle und -kritik. Man kann hier durchaus von einer Dialektik zwischen Mündlichkeit und Schriftlichkeit in der polit. Verwendung von Sprache ausgehen.

3. Bemerkenswerterweise ist die Zuordnung von Politik und Sprache sowohl in der Richtung «*Sprache* und Politik» als auch in der Richtung «*Politik* und Sprache» bisher nur sehr unzureichend erforscht; die zweite Richtung zwar mehr als die erste, jedoch i. d. R. ohne angemessene Berücksichtigung der konstitutiven sprachlichen Verfassung als Bedingung der Möglichkeit, Sprache für polit. Zwecke zu instrumentalisieren. Speziell die Politikwiss. hat sich – trotz gelegentlich gegebenen Wissens um die konstitutive Sprachlichkeit von Politik – nach wie vor unzureichend um diesen Forschungsgegenstand gekümmert, der – in die beiden markierten Richtungen gelesen und verfolgt – sowohl für die Theorie der Politik als auch für die empirische Analyse polit. Prozesse und institutioneller Strukturen interessante Erkenntnisse über Politik vermuten läßt.

→ Diskurstheorie politischen Handelns; Kommunikationstheorien der Politik; Politische Theorie; Theorie.

Lit.: *Aristoteles* [6]1989: Politik, Mchn. *Bergsdorf, W.* 1981: Herrschaft und Sprache, Tüb. *Hofmann, W.* 1995: Repräsentative Diskurse, Baden-Baden. *Kirchner, A.* 2000: Die sprachliche Dimension des Politischen, Würzburg. *Kopperschmidt, J.* (Hrsg.) 1995: Politik und Rhetorik – Funktionsmodelle Politischer Rede, Opl. *Stammen, T.* 1969: Politik und Sprache – Probleme ihrer Zuordnung, Mchn. (unveröffentlichte Habil. Schrift). *Stammen, T.* 1991: Grundlagen der Politik, in: *ders.* u. a.: Grundwissen Politik, Bonn, 15–47. *Sternberger, D.* 1991: Politik und Sprache, Ffm. *Thumfart, A.* 1996: Staatsdiskurs und Selbstbewußtsein. Sprachlich-rhetorische Formen ihrer Institutionalisierung, Chur. *Ueding, G.* u. a. (Hrsg.) 1992: Historisches Wörterbuch der Rhetorik, (bisher 5 Bde.), Tüb. *Ueding, G./Vogel, R.* (Hrsg.) 1998: Von der Kunst der Rede und Beredsamkeit, Tüb. *Voegelin, E.* 1959: Die neue Wissenschaft der Politik, Mchn.

Theo Stammen

Spurious correlation → Scheinkorrelation

Staat (von lat. *status* = Stand, Zustand, Verfassung; frz. *état*; engl. *state*), i. w. S. die Gesamtheit der öff. Institutionen, die das Zusammenleben der Menschen in einem Gemeinwesen gewährleistet bzw. gewährleisten soll; traditionellerweise definiert durch drei Elemente: (1) → Staatsgebiet, (2) Staatsvolk (→ Staatsbürgerschaft) und (3) Staatsgewalt. Die → Staatsgewalt wird dabei rechtsförmig ausgeübt durch den (4) Staatsapparat, wobei der Staatsapparat (bzw. das → Politisch-administrative System) in eine Mehr- bzw. Vielzahl von Institutionen ausdifferenziert ist.

Der S. als Organisationsform des Politischen kann höchst unterschiedlich aufgebaut und strukturiert sein (→ Staatsformen). Zu unterscheiden ist insbes. (1) zwischen → Autokratie und → Konstitutionalismus, also zwischen S. mit absoluter, nicht begrenzter → Macht und solchen S., in denen die polit. Macht durch → Verfassung, → Rechtsstaat und → Gewaltenteilung (in Exekutive, Legislative und Judikative) begrenzt ist; (2) zwischen → Einheits- bzw. Zentralstaat und föderal gegliedertem → Bundesstaat oder auch → Staatenbund und → Staatenverbund; (3) zwischen Typen (v. a. im polit.-administrativen System der Exekutive bzw. der Regierung i. e. S.), die sich aus dem Wandel der Staatsaufgaben ergeben.

1. Systemtheoretisch formuliert ist der S. das (Sub-)System der → Gesellschaft, in dem (1) die gesamtgesellschaftl. verbindlichen Entscheidungen gefällt werden, das (2) als öff. → Verwaltung die Entscheidungen implementiert und administriert und (3) als Rechtssystem die Konflikte reguliert, die aus den getroffenen Entscheidungen folgen (vgl. *Willke* 1996: 686 ff.; → Politisches System). Zur Durchsetzung seiner Entscheidungen verfügt der S. im Staatsgebiet nach innen über das → Gewaltmonopol gegenüber allen Bürgern und über die Kontrolle über alle anderen Verbände sowie über die → Souverä-

nität nach außen. Allerdings sind die verschiedenen Sphären der Gesellschaft in der → Moderne funktional oder dialektisch aufeinander bezogen, nicht jedoch hierarchisch über- bzw. untergeordnet. Gewaltmonopol und Souveränität sind zudem vielfach beschränkt, fragmentiert, ausgehöhlt und/oder durch → Interdependenzen aufgehoben.

In einer modernen, systemtheoretisch inspirierten Sicht folgt die → Staatstätigkeit weder einem oder mehreren abstrakten Staatszwecken, noch ist der S. gar Selbstzweck. Die Staatsaufgaben sind vielmehr von Raum und Zeit abhängig; sie können zugeschrieben, gefordert oder induktiv ermittelt, nicht jedoch staatstheoretisch abgeleitet werden; über sie wird polit. entschieden (vgl. *Kaufmann* 1996: 15 ff.). Dennoch lassen sich zentrale Staatsaufgaben benennen: (1) die Gewährleistung innerer und äußerer → Sicherheit, Schutz individueller Bürgerrechte, Friedensstiftung (Rechtsstaat); (2) die Gewährleistung der polit. Beteiligung und kulturellen Integration der Bürger; (3) die Setzung der ökon. Rahmenbedingungen für die friedliche Konkurrenz der Wirtschaftssubjekte, einschl. der Bereitstellung der erforderlichen Infrastruktur und der Wettbewerbsgarantie (→ Minimalstaat; Ordoliberalismus); (4) die Schaffung der sozialen Voraussetzungen individueller Freiheit durch sozialstaatl. Sicherungssysteme (soziale Inklusion; → Wohlfahrtsstaat); (5) die Erhaltung der natürlichen Lebensgrundlagen und nachhaltige Entwicklung (→ *Sustainable development*); (6) die Schaffung einer wissensbasierten Infrastruktur zur Vermeidung nicht mehr kontrollierbarer (technologischer) Risiken (vgl. *Willke* 1996: 702 ff.).

2. S. und Gesellschaft sind heute weder klar voneinander abgegrenzt (sondern von vielfach komplexen Interdependenzen charakterisiert und durch → Netzwerke und → Verhandlungssysteme miteinander vermittelt), noch ist der S. im Innern homogen und allein von hierarchischem Entscheiden bestimmt (sondern entspr. der Aufgabenfülle stark spezialisiert und horizontal wie vertikal fragmentiert). Dies hat Konsequenzen für die Handlungsmöglichkeiten des Staates. Mit der beständigen Erweiterung der Staatstätigkeit drohen Überforderung, → Unregierbarkeit, → Staatsversagen und Machtverlust durch Funktionszuwachs. Interne Differenzierung, Entgrenzung und Verflechtung beschränken die Handlungsspielräume und verändern die Aufgabenstellungen. An die Stelle → Politischer Steuerung durch autoritatives Entscheiden treten zunehmend Aufgaben der → Koordination, Moderation und Integration durch indirekte und dezentrale Kontextsteuerung.

→ Allgemeine Staatslehre; Staatstheorie; Staatstheorie der Gegenwart; Staatszentrierte Ansätze.

Lit.: *Bärsch, C.-E.* 1974: Der Staatsbegriff in der neueren deutschen Staatslehre und seine theoretischen Implikationen, Bln. *Beyme, K. von* [7]1992: Die politischen Theorien der Gegenwart, Opl. *Grimm, D.* (Hrsg.) 1996: Staatsaufgaben, Ffm. (zuerst 1994). *Kaufmann, F.-X.* 1996: Diskurse über Staatsaufgaben, in: *Grimm, D.* (Hrsg.): 15–41. *Scharpf, F. W.* 1991: Die Handlungsfähigkeit des Staates am Ende des zwanzigsten Jahrhunderts, in: PVS 32, 621–634. *Weber, M.* [5]1988: Gesammelte polit. Schriften, Tüb. (zuerst 1921). *Weber, M.* [5]1972: Wirtschaft und Gesellschaft, Tüb. (zuerst 1921). *Willke, H.* 1992: Ironie des Staates, Ffm. *Willke, H.* 1996: Die Steuerungsfunktion des Staates aus systemtheoretischer Sicht, in: *Grimm, D.* (Hrsg.): 685–711. *Willke, H.* 1997: Supervision des Staates, Ffm. → Staatstheorie; Staatszentrierte Ansätze.

Rainer-Olaf Schultze

Staatenbund (Konföderation), völkerrechtlicher Zusammenschluß von Staaten, in dem – im Ggs. zum → Bundesstaat (Föderation) – die Mitgliedstaaten ihre Souveränität behalten und in dem die gemeinsamen Organe nur wenige, zudem eng begrenzte Aufgaben wahrnehmen.

Exekutive oder parlamentarische Organe des S. besitzen i. d. R. keine direkte Hoheitsgewalt über die Bürger der Mitgliedstaaten; unmittelbare Rechtssetzung ist die Ausnahme, so daß die Umsetzung in einzelstaatl. Recht erforderlich bleibt. Die Mitglieder der gemeinsamen Institutionen sind häufig Delegierte aus den Einzelstaaten und an Auftrag und Weisung gebunden. Beispiele für S. sind der Deutsche Bund 1815–1866, die Schweiz 1815–1848, die US-amerikan. *Confederacy* 1776–1788, der Zusammenschluß der Nachfolgestaaten der Sowjetunion in der GUS, aber auch NATO und UN. In der Realität sind Bundesstaat und S. allerdings nicht eindeutig abzugrenzen. Deutscher Bund, Schweiz, USA entwickelten sich zu Bundesstaaten; Bundesstaaten (wie Kanada) können aufgrund ausgeprägter Formen des → Interstaatlichen Föderalismus Züge der Konföderation annehmen, andere Zusammenschlüsse, wie z. B. die EU, Elemente von S. und Bundesstaat aufweisen, die zudem der dynamischen Veränderung unterliegen, sich also vom S. zum → Staatenverbund wandeln.

→ Föderalismus; Intergouvernementale Beziehungen.
Lit.: → Föderalismus; Souveränität; Staat.

Rainer-Olaf Schultze

Staatenverbund, vom Bundesverfassungsgericht (BVerfG 1994) im Urteil zum Vertrag von Maastricht geprägter Begriff zur Charakterisierung der eigentümlichen Staatlichkeit der Europäischen Union, die von konkurrierenden Rechts- bzw. → Souveränitäts-/→ Legitimitätsansprüchen und von höchst unterschiedlichen Formen der → Mehrebenen-Verflechtung (→ Politikverflechtung) bestimmt ist, was ihren Charakter *sui generis* als S. ausmache, womit sie weder → Bundesstaat noch → Staatenbund sei.

Das Gericht begründet seine Auffassung v. a. mit den Inkompatibilitäten zwischen einer supranat. EU-Rechtsverfassung, insbes. dem Suprematsanpruch des EU-Rechts und des Europäischen Gerichtshofes (EuGH) einerseits und fehlender demokratischer Legitimation andererseits, denn die Demokratie-Prinzipien seien unverändert nationalstaatl. verfasst, zudem könne sich die EU auf kein einheitliches europ. Staatsvolk stützen, so daß ein gemeinschaftlicher demokratischer polit. Diskurs, der «eine(r) ständige(n), freie(n) Auseinandersetzung zwischen sich begegnenden sozialen Kräften, Interessen und Ideen» bedürfe, nicht gewährleistet sei, womit die zentrale legitimatorische Grundlage eines demokratischen Bundesstaates fehle. Dem BVerfG zufolge konstituiert der Maastricht-Vertrag vielmehr eine immer engere Union staatl. organisierter Völker, einen Verbund gemeinsam handelnder Mitgliedsstaaten. Das Theorem des S. ist folglich auch vor dem Hintergrund der offenkundigen Konkurrenzsituation von BVerfG und EuGH zu sehen, denn die These, «daß sich der europ. Zusammenschluß (...) als ein Bund staatlich organisierter Völker darstelle, ist eine rechtlich-konzeptionelle Rekonstruktion, die den Ausbau supranat. Kompetenzen beschränkt, ein Verfassungsgebot der Verteidigung nat. Rechtstraditionen und Interessen statuiert und deshalb eine mit dem EuGH konkurrierende Prüfungskompetenz des BVerfG begründet» (*Joerges* 1996: 86).

Lit.: *BVerfG* 1994: Urteil zum Maastricht-Vertrag, in: Entscheidungen des BVerfG 89, 155–213. *Bryde, B.-O.* 1994: Die bundesrepublikanische Volksdemokratie als Irrweg der Demokratietheorie, in: Staatswissenschaft und Staatspraxis 5, 305–330. *Joerges, C.* 1996: Das Recht im Prozeß der europäischen Integration, in: *Jachtenfuchs, M./Kohler-Koch, B.* (Hrsg.): Europäische Integration, Opl., 73–108. *Hommelhoff, R./Kirchhoff, P.* (Hrsg.) 1994: Der Staatenverbund der Europäischen Union, Hdbg. *Schneider, H.* 1995: Die europäische Union als Staatenverbund oder als multinationale «Civitas Europea», in: *Randelzhofer, A.* (Hrsg.): Gedächtnisschrift für Eberhard Grabitz, Mchn., 677–723. → Föderalismus; Politikverflechtung.

Rainer-Olaf Schultze

Staatsangehörigkeit → Staatsbürgerschaft

Staatsapparat, i. e. S. Bezeichnung für sämtliche polit.-administrativen, auch polizeilichen Institutionen eines Staates (v. a. diejenigen der Exekutive, im Ggs. zu den Institutionen der → Politischen Willensbildung).

In der marxistischen → Staatstheorie alle staatl. Institutionen (Regierung, Parlament, Gerichtsbarkeit), aber auch nicht- und quasi-staatl. Einrichtungen (v. a. im Bereich des Erziehungswesens, der Medien, der Kirchen), die der polit. und ideologischen → Sozialisation der Bürger in die bestehenden Herrschaftsverhältnisse dienen (*Althusser* 1973).

→ Basis-Überbau; Bürokratie; Hegemonie; Polit.-administratives System, Verwaltung.
Lit.: *Althusser, L.* 1973: Marxismus und Ideologie, Bln. → Staat; Staatstheorie.

Rainer-Olaf Schultze

Staatsausgaben → Staatsfinanzen

Staatsbürgerschaft, i. S. der Staatsangehörigkeit (engl. *nationality*) die rechtliche Mitgliedschaft in einem Staat. Im liberalen Verfassungsstaat bezeichnet S. die zivilen, polit. und sozialen → Bürgerrechte (→ *Citizenship*).

Grundsätzlich wird S. durch Geburt oder auf dem Weg der Einbürgerung erworben. Bei der Zuschreibung durch Geburt ist entw. das Territorial- (*ius soli*) oder das Abstammungsprinzip (*ius sanguinis*) oder eine Kombination aus beiden ausschlaggebend. Unter den Bedingungen weltweiter → Migration, ethnisch und kulturell pluraler Gesellschaften und nationalstaatl. Souveränitätsverlust wird die völkerrechtlich gewollte, eindeutige Zuordnung zwischen Individuum und Staat in Frage gestellt (Staatenlosigkeit; doppelte Staatsbürgerschaft), wird der Zusammenhang zwischen staatsbürgerlichen Rechten und möglichen Bürgerpflichten problematisiert (→ Kommunitarismus) und wird erörtert, inwieweit gleiche S. mit (ethnischen, kulturellen, religiösen) Gruppenrechten vereinbar ist (→ Multikulturalismus).

Lit.: → Bürgerschaft.

Günter Rieger

Staatsfinanzen, die Gesamtheit der Einnahmen und Ausgaben öff. → Haushalte. Dabei sind verschiedene Abgrenzungen möglich. So werden unter den Staatsfinanzen i. e. S. meist die Einnahmen und Ausgaben der → Gebietskörperschaften (d. h. des Zentralstaats und – im → Föderalismus – der Gliedstaaten sowie Gemeinden, Gemeinde- und Zweckverbände), Sondervermögen und Nebenhaushalte verstanden.

Zu den Staatsfinanzen i. w. S. zählen zusätzlich die Haushalte der → Sozialversicherungen sowie die öff. Unternehmen. Die S. bilden nach Auffassung von *R. Goldscheid* das «Gerippe des Staates» und somit einen bes. geeigneten Ansatzpunkt zur Analyse staatl. und gesellschaftl. Machtverhältnisse.

→ Finanzverfassung; Haushalt; Haushaltspolitik; Steuern.
Lit.: *Goldscheid, R./Schumpeter, J.* 1976: Die Finanzkrise des Steuerstaats. Beiträge zur politischen Ökonomie der Staatsfinanzen, Ffm.

Andreas Busch

Staatsform(en), Institutionen-Aufbau, Struktur und Handlungsmuster polit. → Herrschaft, deren Vielfalt sehr unterschiedlich klassifiziert werden kann. Die → Vergleichende Regierungslehre unterscheidet u. a. nach:

(1) Zahl und Zweck von Herrschaft: nach der Zahl zwischen der Herrschaft (a) einer Person, (b) weniger, (c) vieler bzw. der Mehrzahl, nach dem Zweck (in Anlehnung an *Aristoteles*) zwischen der am → Gemeinwohl orientierten «guten» und der am Eigennutz ausgerichteten «entarteten» Herrschaftsform. Aus der Kombination ergibt sich folgende Typologie guter und schlechter Herrschaftsformen: (a) Monarchie – Tyrannis, (b) Aristokratie – Oligarchie; (c) im Aristotelischen Begriffsverständnis: Politie – → Demokratie, im modernen Begriffsverständnis: Demokratie – Ochlokratie.
(2) Staatsform i. e. S.: zwischen → Monarchie und Republik, im traditionalen Begriffs-

verständnis zwischen (a) der von Gott abgeleiteten (meist erblichen und absoluten oder höchstens ständisch-feudalistisch begrenzten) Einherrschaft des Monarchen und (b) der sich auf → Vereinbarung gründenden Herrschaft der Bürger bzw. vielen in der Republik, im modernen Verständnis seit der → Parlamentarisierung und → Demokratisierung von Herrschaft (ab dem 17./18. Jh.) reduziert auf die Unterscheidung zwischen dem Monarchen als (c) erblichem und dem Präsidenten der Republik als (d) gewähltem → Staatsoberhaupt.

(3) Form und Begrenzung der Herrschaftsausübung: (a) zwischen → Autokratie und Konstitutionalismus, also zwischen Herrschaftssystemen mit absoluter, nicht begrenzter → Macht des oder der Herrschaftsträger (u.a. absolute Monarchie, die vielfältigen Erscheinungsformen der → Diktatur, des sich polit.-ideologisch begründenden → Totalitarismus) und solchen Formen der Herrschaft, in denen die polit. Macht durch Vereinbarung und Verfassung begrenzt ist, insbes. durch → Grundrechte, → Rechtsstaat, bürgerliche → Freiheiten, durch umfassende → Partizipationsrechte des Bürgers sowie durch → Gewaltenteilung und andere Formen der → *Checks and balances* im → Politisch-administrativen System; (b) zwischen monistischer Herrschaft, z.B. in der Form → Identitärer Demokratie, und pluralistischer Herrschaft in der Form der → Polyarchie.

(4) Innerem Aufbau und Ausdifferenzierung: (a) horizontal entsprechend dem Grad von Gewaltenteilung bzw. Gewaltenverschränkung zwischen → Präsidentialismus – → Parlamentarischem Regierungssystem – → Westminster-Modell; (b) vertikal zwischen Zentralismus/→ Einheitsstaat mit seinen Varianten und → Föderalismus/→ Bundesstaat mit seinen Varianten des → Intra-/→ Interstaatlichen Föderalismus, der → Politikverflechtung.

(5) Entscheidungsmuster und Politikstil: zwischen (a) hierarchisch-majoritärem Entscheiden, u.a. in der Form der → Konkurrenzdemokratie, und (b) konsensorientiertem Aushandeln und indirekter Steuerung, u.a. in der Form von → Konkordanz-/→ Proporzdemokratie und durch vertikale wie horizontale → Verhandlungssysteme innerhalb des polit. Systems wie zwischen Politik und Gesellschaft (→ Korporatismus).

Lit.: *Aristoteles* [6]1989: Politik, Mchn. *Dahl, R.A.* 1971: Polyarchy. Participation and Opposition, New Haven/L. *Jesse, E.* [2]1993: Typologie polit. Systeme der Gegenwart, in: *Stammen, T.* u.a.: Grundwissen Politik, Bonn, 165–227. *Loewenstein, K.* [2]1969: Verfassungslehre, Tüb. (engl. 1957). → Vergleichende Regierungslehre.

Rainer-Olaf Schultze

Staatsgebiet, das Gebiet, das durch Grenzen von denen anderer Staaten abgeschlossen ist und auf dem der → Staat das «Monopol legitimer physischer Gewaltsamkeit» (*Max Weber*) mit Erfolg geltend machen kann.

Über das S. besitzt der Staat die Gebietshoheit, durch die alle in S. befindlichen Personen und Sachen seiner → Staatsgewalt unterworfen sind (→ Gewaltmonopol). Zu S. gehören neben dem Territorium der darüberliegende Luftraum, die Küsten- und Territorialgewässer, die 12- (bzw. 200-) Seemeilen-Zone.

→ Territorialität.
Lit.: → Staat; Staatstheorie.

Rainer-Olaf Schultze

Staatsgewalt, die Anordnungs-, Befehls- und Zwangsgewalt des → Staates und seiner Organe gegenüber allen auf seinem → Staatsgebiet lebenden Menschen (Staatsbürger oder Fremde), die sich gründet auf das → Gewaltmonopol des Staates im Innern und auf seine → Souveränität nach außen.

Der Staat kann seine Machtmittel allerdings legitimerweise nicht willkürlich und schrankenlos einsetzen; sie bleiben gebunden an die unveräußerlichen → Menschen- bzw. Grundrechte sowie an Recht und Gesetz (→ Rechtsstaat). Die Rechtfertigung von S. ist unterschiedlich (→ Herrschaft; Legitimität);

in den modernen Demokratien geht S. von der → Volkssouveränität aus; sie ist damit dem direkt- und/oder repräsentativdemokratisch ermittelten Volkswillen unterworfen und im Verfassungsstaat zudem durch die → Gewaltenteilung in legislative, exekutive und judikative Gewalt ausdifferenziert und dadurch zugleich wechselseitig be- und verschränkt (→ *Checks and Balances*).

Lit.: Staat; Staatstheorie.

Rainer-Olaf Schultze

Staatshaushalt → Haushalt; Staatsfinanzen

Staatsinterventionismus, Theorie oder Praxis globaler oder selektiver Eingriffe des Staates (oder einzelner mit Hoheitsgewalt betrauter → Institutionen) in gesellschaftl. und wirtschaftl. Ordnungen und Abläufe, die mit Anspruch auf gesamtgesellschaftl. verbindliche Geltung erfolgen (→ Interventionsstaat).

1. Zu den Mitteln des S. gehören v. a. Gebot und Verbot, Befehl und Überzeugung, Anreiz und Abschreckung, Verweigerung oder Bereitstellung materieller oder immaterieller Ressourcen. Einsatz finden diese Mittel auf dem Weg direkter oder indirekt-prozeduraler Steuerung oder per Delegation auf Verbände oder Kammern, so häufig in der Schweiz («Parastaat»). Mit dem S. werden i. d. R. bestimmte Zwecke angestrebt, wie Festlegung und Überwachung von Regeln, Schutz vor Willkür oder Mehrung der Wohlfahrt. Die fachwiss. und die polit. Debatte über den S. in den westl. Ländern wird bis auf den heutigen Tag vom Schulenstreit zwischen der (1) liberalen Lehre, (2) der radikalen Theorie und (3) der konservativen Sichtweise des Staatseingriffs geprägt.

2. Kennzeichen der liberalen Theorie – ein Hauptvertreter ist *Adam Smith* (1723–90) – ist die kritisch-abwertende Einstellung zum S., sofern dieser über die Gewährleistung innerstaatl. Friedens und Eigentumsschutzes, militärischer Verteidigung und Bereitstellung bestimmter allg. Produktionsvoraussetzungen, v. a. eines Wegenetzes und der Elementarbildung der Arbeitskräfte, hinausreicht. Kritisch bewertet wird der S. auch von Vertretern der radikalen Theorie, zu deren Gründern v. a. *Karl Marx* (1818–83) und *Friedrich Engels* (1820–95) gehören. Von ihnen erhielt der S., der auf kapitalismusimmanenter Grundlage erfolgte, im Prinzip schlechte Noten; beförderte er jedoch die Produktivkraftentfaltung und führte er insoweit schneller den Zeitpunkt herbei, an dem die «kapitalistische Hülle» (*Marx*) gesprengt würde, fiel das Urteil milder aus. Die klassisch-konservative Theorie des S., (allen voran *Lorenz von Stein* (1815–90) in Weiterführung von *Hegel* (1770–1831), betont demgegenüber die Notwendigkeit des sozialpolit. gezielten Staatseingriffs. Für sie ist derjenige S., mit dem die → Soziale Frage eingedämmt oder bewältigt wird, eine Politik, die dem Gesamtwohl und dem Wohl der Regierenden dient und zugleich die einzige Möglichkeit, den infolge von Industrialisierung und Klassenspaltung anschwellenden sozialrevolutionären Bestrebungen zuvorzukommen. Der Träger des konservativ-reformerischen Staatseingriffs muß freilich, so *Lorenz von Stein*, stark und unabhängig genug sein, um als Schiedsrichter im → Klassenkonflikt handeln zu können. Diese Funktion werde am besten von einem aufgeklärtabsolutistischen sozialen Königtum erfüllt.

3. Der Schulenstreit zwischen den liberalen, radikalen und konservativen Lehren lebt in abgewandelter Form in den Theorien des S. im 20. Jh. weiter. Die liberale Tradition dominiert v. a. in wirtschaftswiss. oder der → Neuen Politischen Ökonomie verpflichteten Ansätzen. Die radikale Richtung wird hauptsächlich vom → Neo-Marxismus und von gesellschaftskritischen Theorien weitergeführt, so in der polit. Krisentheorie von *C. Offe* und *J. Habermas*. Und die konservative Sichtweise hat zu einem beträchtlichen Teil moderne sozialpolitikfreundliche Theorien geprägt, so einen beträchtlichen Teil der vergleichenden Wohlfahrtsstaatsforschung.

→ Krise; Politische Steuerung; Wohlfahrtsstaat.

Lit.: *Castles, F. G.* (Hrsg.) 1989: The Comparative History of Public Policy, Camb.

Maier, H. 1966: Die ältere deutsche Staats- und Verwaltungslehre, Mchn. *Marx, K./Engels, F.* 1970: Ausgewählte Schriften in zwei Bänden, Bln. *Offe, C.* 1972: Polit. Herrschaft und Klassenstrukturen. Zur Analyse spätkapitalistischer Gesellschaften, in: *Kress, G./Senghaas, D.* (Hrsg.): Politikwissenschaft, 135–164. *Smith, A.* [6]1993: Der Wohlstand der Nationen. Eine Untersuchung seiner Natur und seiner Ursachen, Mchn. (engl. 1776). *Stein, L. von* 1972: Gesellschaft – Staat – Recht, hrsg. von *E. Forsthoff*, Darmst.

Manfred G. Schmidt

Staatslehre → Allgemeine Staatslehre

Staatsklasse, von *H. Elsenhans* (1981: 122) geprägte Bezeichnung für die Führungsgruppe in den → Staatsapparaten der post-kolonialen Staaten der → Dritten Welt, v. a. in Afrika.

Zur S. gehört, wer «kraft Amtes an der Aneignung von Mehrprodukt als Einkommen des Apparats, an der Verteilung von solchem Mehrprodukt auf Konsum und Investition, an Investititionsentscheidungen und an der Lenkung von Arbeit teilnimmt bzw. andere leitende Aufgaben im Staatsapparat, den staatl. Betrieben und den in den Staat integrierten polit. und gesellschaftl. Organisationen wahrnimmt». Der Begriff der S. verweist damit auf die zentrale Bedeutung des Staatsapparates im Entwicklungsprozeß der Dritten Welt, wobei nicht Marktkonkurrenz, sondern primär polit. Überlegungen, Legitimationszwänge sowie insbes. die Selbstprivilegierung der Staatsklassen-Mitglieder über die Aneignung und Verteilung des gesellschaftl. Mehrproduktes bestimmen.

→ Rentierstaat; Staat.

Lit.: *Elsenhans, H.* [2]1984: Abhängiger Kapitalismus oder bürokratische Entwicklungsgesellschaft. Versuch über den Staat in der Dritten Welt, Ffm./NY (zuerst 1981).

Rainer-Olaf Schultze

Staatsmonopolistischer Kapitalismus → STAMOKAP

Staatsnation → Nation; Nationalstaat

Staatsoberhaupt, der (im Falle eines Kollegialorgans die) Inhaber des höchsten Staatsamtes, in der → Monarchie der Monarch, in der → Republik der Präsident der Republik, in der BRD der Bundespräsident etc.

(1) Je nach → Staatsform unterscheidet sich die Bestellungsweise: (a) In der → Monarchie ist i. d. R. das S. durch Erbfolge und auf Lebenszeit bestellt, im → Absolutismus als Inhaber sämtlicher Herrschaftsgewalt, in der konstitutionellen Monarchie durch → Gewaltenteilung und die Parlamentarisierung der Regierung zumeist auf repräsentative Aufgaben beschränkt. (b) In der → Republik wird der (Staats-, Bundes-) Präsident i. d. R. durch Wahl bestellt, direkt durch Volkswahl (u. a. in Frankreich, Österreich, in den USA trotz des zwischengeschalteten Instituts des → *Electoral College*), indirekt durch das Parlament oder bes. Wahlorgane, in der BRD z. B. durch die Bundesversammlung (zusammengesetzt aus den Mitgliedern des Bundestages und einer gleichen Anzahl von Mitgliedern, die proportional zur Bevölkerungszahl von den Landtagen der Bundesländer gewählt werden).

(2) Funktionen und Macht des S. unterscheiden sich nach polit. Systemtyp, also zwischen Präsidial-/Semipräsidial-System und Parlamentarischem System. (a) In → Parlamentarischen Regierungssystemen (auch dem der BRD) sind die Aufgaben beschränkt auf (1) Repräsentationsfunktionen nach innen und außen, (2) Staatsnotar-Funktionen, d. h. die i. d. R. formelle Unterzeichnung von Gesetzesbeschlüssen, Ernennungen von Regierungen, Ministern, Beamten, Richtern usw., (3) die Prärogative der Parlamentsauflösung und der Ausschreibung von Neuwahlen, im → Westminster-Modell in Abhängigkeit von den Vorstellungen des Premierministers und der Parlamentsmehrheit, in der BRD gebunden an fehlende Mehrheiten bei

der Kanzlerwahl oder eine gescheiterte Vertrauensabstimmung des Kanzlers. (b) Im → Präsidentialismus kommen Funktionen realer Macht hinzu. Der S. ist nicht allein oberster Repräsentant des Staates, sondern auch Chef der Exekutive, Oberbefehlshaber der Streitkräfte, im System der «einköpfigen Exekutive» (wie im US-amerikan. Präsidialsystem) zudem Regierungschef. Im «zweiköpfigen System» des Semi-Präsidentialismus (wie u. a. in Frankreich) amtiert neben dem Präsidenten der Republik ein von diesem wie dem Parlament doppelt abhängiger Premierminister mit spezieller (formeller wie informeller) Aufteilung der Exekutivfunktionen zwischen beiden, aber auch der Möglichkeit der → *Cohabitation*, sofern Präsident und Premierminister unterschiedlichen polit. Lagern angehören.

Lit.: *Hartmann, J./Kempf, U.* 1989: Staatsoberhäupter in westlichen Demokratien, Opl. *Kaltefleiter, W.* 1970: Die Funktion des Staatsoberhauptes in der parlamentarischen Demokratie, Köln.

Rainer-Olaf Schultze

Staatsquote, Maß für den Umfang der → Staatstätigkeit, ermittelt über den prozentualen Anteil der Ausgaben des öff. Sektors am → Sozialprodukt.

Die offizielle Berechnung der Staatsausgaben in der volkswirtschaftl. Gesamtrechnung kann zwischen einzelnen Ländern erheblich variieren, je nachdem, ob lediglich die in den Haushalten der Gebietskörperschaften (Zentralstaat; regionale Einheiten; → Gemeinden) ausgewiesenen Ausgaben zugrunde gelegt oder auch die Ausgaben parastaatl. Einrichtungen hinzugerechnet werden, wie in der BRD z. B. die → Sozialversicherungen. Internat. Vergleiche der S., die für zahlreiche Fragestellungen der vergleichenden Politikwiss. von Bedeutung sind, bedürfen daher einer Vereinheitlichung der Daten.

→ Finanzpolitik; Gesetz der wachsenden Staatsausgaben; Haushalt/Haushaltspolitik; Steuern.

Lit.: *Kohl, J.* 1985: Staatsausgaben in Westeuropa, Ffm. *Müller, K.* 1990: Staatsausgaben und wirtschaftliche Entwicklung, Ffm.

Bernhard Thibaut

Staatsraison (aus ital. *ragione di stato*), in der ital. Renaissance (v. a. *Machiavelli*) erstmals auf den Begriff gebrachtes, grundsätzliches Orientierungs- und Handlungsprinzip, welches die Erhaltung des → Staates bzw. der staatl. Autorität und/oder sogar deren Steigerung zur entscheidenden polit. Maxime erklärt.

Da im äußersten, letztlich vom Inhaber der Staatsgewalt selbst zu definierenden Fall gegen bestehendes Recht und generelle moralische Norm anwendbar, diente das Argument der S. historisch nicht nur der Absicherung des Aufstiegs des → Absolutismus, sondern auch der vordergründigen Legitimierung zahlreicher Verfassungs- und Völkerrechtsverletzungen, im dt. Fall zuletzt der Verbrechen des → Nationalsozialismus und des SED-Regimes. Das systematisch-polit. Problem der heute wegen dieses historischen Mißbrauchs kaum noch öff. diskutierten S. liegt mithin in deren notwendiger, aber schwieriger theoretischer und praktischer Verknüpfung mit dem Gemeinwohlprinzip.

→ Faschismus; Gemeinwohl; Rechtsstaat; Souveränität.

Lit.: *Münkler, H.* 1987: Im Namen des Staates. Die Begründung der Staatsraison in der Frühen Neuzeit, Ffm. *Nitschke, P.* 1995: Staatsraison, in: *Nohlen, D./Schultze, R.-O.* (Hrsg.): Politische Theorien (Lexikon der Politik, Bd. 1), Mchn., 602–604. *Stolleis, M.* 1990: Staat und Staatsräson in der frühen Neuzeit, Ffm.

Wolfgang Weber

Staatstätigkeit, allg. das Tun und Lassen staatl. → Institutionen; i. e. S. die Politik (im Begriffsverständnis von → *Policy*) des Staates oder einzelner Staatsorgane, insbes. das Handeln, das auf gesamtgesellschaftl. verbindliche Entscheidungen ausgerichtet ist.

S. bezieht sich v.a. auf das Tun und Lassen von Regierungen oder «Mitregenten» wie dasjenige eines autonomen Verfassungsgerichts und einer autonomen → Zentralbank. Synonyme sind staatl. Politik, staatl. Steuerung, mitunter auch Regierungspolitik, Regierungspraxis, materielle Politik (im Plural materielle Politiken) und Policy, so die eingedeutschte Fassung des engl. Begriffs *public policy*.

→ Politische Steuerung; Regierbarkeit.

Lit.: *Müller, V.* 1991: Staatstätigkeit in den Staatstheorien des 19. Jahrhunderts, Opl. *Schmidt, M. G.* (Hrsg.) 1988: Staatstätigkeit, Opl.

Manfred G. Schmidt

Staatstheorie(n), Theorien, die Entstehung, inneren Aufbau, Sinn, Zweck, Funktionen, Rechtfertigung und Kritik des → Staates zum Gegenstand haben. Dabei geht es immer auch um Analyse und Bestimmung des Verhältnisses von Staat/Politik und Gesellschaft.

1. Allg. Staatszwecklehren stehen machtzentrierten bzw. instrumentellen S. gegenüber. (1) Erstere sind normativ, gehen von apriorischen Vorstellungen von der guten Ordnung aus und zielen darauf, die dem Wesen des Menschen angemessene Staatsform zu bestimmen, etwa die polit. Theorien der griech. Antike, christliche Gottesstaatslehren oder auch rationalistische Staats- und Gesellschaftslehren, normative → Demokratietheorien. (2) Im Gefolge von *Machiavelli*, *Bodin*, *Hobbes* und von *Max Weber* klassisch auf den Begriff gebracht, definieren die überwiegende Zahl der Staatstheoretiker der → Moderne hingegen den Staat aposteriorisch und empirisch sowie technisch und instrumentell über die Macht- und Herrschaftsmittel, über die er verfügt bzw. verfügen muß, um nach innen sein → Gewaltmonopol und nach außen seine → Souveränität auch tatsächlich ausüben zu können. Beides ist zumindest in der Theorie nur ihm spezifisch und unterscheidet ihn damit von allen anderen Verbänden.

2. S. sind heute durchweg systemtheoretisch inspiriert und zumeist als Teil- bzw. Bereichstheorien konzipiert (→ Politisches System). (1) Dies gilt auch für die modernen Varianten der → Staatsformenlehren wie für die institutionellen Theorien, die sich mit den Binnenstrukturen des Staates und den Handlungs- und Entscheidungsmustern in und zwischen den staatl. → Institutionen beschäftigen, ja selbst für (neo-)marxistische S.; zu nennen sind u.a.: Theorien des (demokratischen) Verfassungsstaates, des Staates in → Autoritären Regimen und im → Totalitarismus/Faschismus, des Staates im Entwicklungsprozeß, im Prozeß der Nationenbildung; Verwaltungs-, Organisations- und Planungstheorien des Staates; Theorien des → Staatsversagens, der → Unregierbarkeit, des Staates als Beschaffer von → Massenloyalität. (2) S. befassen sich zudem schwerpunktmäßig mit Analyse und Bestimmung der Staatsaufgaben, wobei idealtypisch zu unterscheiden sind Theorien des → Minimalstaates (→ Ordoliberalismus; Rechtsstaat, Sicherheitsstaat) von solchen des aktiven Staates (→ Staatsinterventionismus; Sozial- und → Wohlfahrtsstaat); die Vielzahl der einzelnen Teiltheorien folgt dabei der kontextabhängigen und sich folglich wandelnden Aufgabenstellung des Staates, die nicht abstrakt definiert werden kann oder gar vorgegeben ist, sondern über die polit. entschieden wird.

3. Mit Blick auf das Verhältnis von Staat und Gesellschaft können unterschieden werden: (1) Theorien, die vom Primat des Staates gegenüber der Gesellschaft ausgehen, von solchen, in denen der Staat *vice versa* in der Gesellschaft aufgeht; (2) Theorien struktureller Abhängigkeit des Staates von gesellschaftl. → Interessen, etwa die verschiedenen Varianten marxistischer S., die den Staat in Abhängigkeit von den Klassenverhältnissen und als Instrument der jeweils dominanten Klasse begreifen (→ Marxismus; STAMOKAP); (3) Theorien, die von der Interdependenz von Staat und Gesellschaft und einem mehr oder minder hohen Maß an → Autonomie des Staates ausgehen, seien sie (neo-)pluralistischer, (neo-)korporatistischer, (neo-)marxistischer Provenienz. Dazu gehören auch Ansätze, die das Verhältnis von Staat und Gesellschaft als Ergebnis von Pro-

zessen des sozialen → Tausches interpretieren, wobei die Akteure des → Polit.-administrativen Systems ihre Staatstätigkeit zugunsten bestimmter gesellschaftl. Interessen(gruppen) gegen deren polit. Unterstützung eintauschen; (4) Theorien, die (der → Systemtheorie *N. Luhmanns* [1984] verpflichtet) von der Autopoiesis der einzelnen Systeme der Gesellschaft ausgehen, welche voneinander abgeschottet sind, selbstreferentiell je eigenen Logiken folgen und von anderen Systemen nicht direkt gesteuert werden können. In einer solchen Sicht sind die Handlungsmöglichkeiten des Staates, seiner Subsysteme und Akteure weitgehend auf indirekte Steuerungsformen wie dezentrale Kontextsteuerung, Koordination und Moderation beschränkt. Die S. der Gegenwart haben sich mit diesem Tatbestand ebenso auseinandersetzen wie mit der sich wandelnden «Architektur der Staatlichkeit», wie sie sich aus den Globalisierungs- und kontinentalen Integrationsprozessen ergibt.

→ Allgemeine Staatslehre; Staatsformenlehre; Staatsraison; Staatstheorie der Gegenwart; Staatszentrierte Ansätze.

Lit.: *Kriele, M.* [4]1990: Einführung in die Staatslehre, Opl. *Luhmann, N.* 1984: Soziale Systeme, Ffm. *Offe, C.* 1987: Die Staatstheorie auf der Suche nach ihrem Gegenstand. Beobachtungen zur aktuellen Diskussion, in: Jb. zur Staats- und Verwaltungswissenschaft 1, 309–320. *Ronge, V./Esser, J.* [4]1992: Staatstheorie, in: *Nohlen, D./Schultze, R.-O.* (Hrsg.): Politikwissenschaft, Mchn./Zürich, 973–982. *Willke, H.* 1983: Entzauberung des Staates. Überlegungen zu einer sozietalen Steuerungstheorie, Königstein/Ts. *Willke, H.* 1997: Supervision des Staates, Ffm. → Staat; Staatstheorie der Gegenwart; Staatszentrierte Ansätze.

Rainer-Olaf Schultze

Staatstheorie der Gegenwart. Der Staat als territorial gebundene, allein zu allg. verbindlicher Entscheidung und zwangsweisem Vollzug legtimierte Einrichtung ist Gegenstand von mehr als einer Disziplin. Wirtschafts-, Rechts- und Verwaltungswiss. beanspruchen ebenso Zuständigkeit für ihn wie → Politische Soziologie und Philosophie. Die politikwiss. Staatstheorie der Gegenwart, um die es nachfolgend allein geht, läßt sich danach unterscheiden, ob sie sich vorrangig mit Fragen der Strukturanalyse *(polity)*, der Prozeßanalyse *(politics)* oder der Funktionsanalyse des Staates *(policy)* befaßt. Struktur und Funktion stehen dabei in der Literatur im Vordergrund. Die theoretische Verallgemeinerung polit. Prozeßabläufe (etwa in der Theorie polit. Krisen) tritt demgegenüber relativ zurück.

1. *Strukturanalyse.* (1) Nach dem II. Weltkrieg thematisiert die Staatstheorie – in der Tradition klassischer → Staatsformenlehre seit *Aristoteles* – den Staat in aller Regel als Verfassungs- und Regierungssystem. Hier wirkt sich zugleich die starke Rolle des Staatsrechts als Vorläuferdisziplin der Politikwiss. aus. Im Vordergrund steht die typologische Betrachtung nach dem Klassifikationsschema der geteilten oder konzentrierten Machtausübung, was horizontale wie vertikale → Gewaltenteilung einschließt (*Loewenstein* 1969).
(2) Einen bes. Akzent erhält die Staatstheorie der Nachkriegszeit durch die Auseinandersetzung mit dem «totalen/totalitären Staat». Dieser wurde als neue Staatsform (*Arendt* 1962; *Friedrich* 1957) verstanden, die nach Form und Inhalt die radikale Antithese zum demokratischen Verfassungsstaat darstellt. Er wurde zugleich institutionell und prozessual definiert: als Informations- und Organisationsmonopol einer Einheitspartei mit unbeschränktem Repressionsapparat und als permanente Revolution (*S. Neumann* 1965) i. S. der terroristischen Verwirklichung eines ideologisch-irrealen Weltbildes. Das Selbstverständnis der pluralistisch-liberalen Demokratie ließ sich demgegenüber markant profilieren. Nicht zufällig schrieb *Friedrich* sowohl ein Standardwerk zum demokratischen Verfassungsstaat als auch zum totalitären Gegenmodell (*C. J. Friedrich* 1954; 1957). Mit dem Zusammenbruch des Kom-

munismus hat diese typologische Entgegensetzung ihre Bedeutung verloren. In die Krise geraten war sie längst zuvor. Zum einen war die terroristische Dynamik des kommunistischen Systems – i. S. des dynamischen Begriffselements totalitärer Herrschaft – nach *Stalins* Tod zunehmend erloschen. Zum anderen zeigte sich der aufkommende → Funktionalismus an der Divergenz der Staatsformen weniger interessiert als an der häufigen Konvergenz der Staatsfunktionen und *Policies*.

(3) V. a. aber schwindet im Laufe der 1960er Jahre die Bereitschaft, das westl.-parlamentarische Regierungssystem nur im Kontrast zur totalitären Herrschaft zu würdigen. *H. Marcuse* (1967) konstatiert eher eine «negative Konvergenz» der westl. und der östl. → Industriegesellschaften, die er als technologisch entwickelte Systeme «von Herrschaft und Gleichschaltung» begreift. Der Idealanalyse folgte die kritische Realanalyse des liberalen Systems. Demokratie als Herrschaftsform, bürgerlicher Staat und Klassenherrschaft, der «Staat in der kapitalistischen Gesellschaft» (*Miliband* 1972), so lauteten die neuen Themen. Sie wurden zwar stark bestimmt von Autoren der neuen Linken. Aber auch *N. Luhmann* bezweifelt Grundprämissen demokratischer Legitimation mit der Auffassung, daß parlamentarische Politik eher der Verwaltung den Rücken frei zu halten habe, als diese zu instrumentalisieren. Seine Feststellung, daß der Wahlausgang nahezu folgenlos bleibt (*Luhmann* 1989: 162), radikalisiert sich bei *N. Poulantzas* zu der These einer regelrechten Umkehrung des demokratischen Willensbildungsprozesses durch die am Machtwechsel beteiligten Parteien: Diese wandelten «sich zu bloßen Kanälen der Popularisierung und Propagierung einer staatl. Politik, die zum großen Teil außerhalb von ihnen entschieden wird» (*Poulantzas* 1978: 211).

(4) In ein freundlicheres Licht gerät das liberale System wieder in den letzten Jahren (markant bei *Habermas* 1993), nicht zuletzt im Zeichen einer Wiederentdeckung der → Zivilgesellschaft, eines Hoffnungsträgers, der die erwähnte Kritik jedoch nicht unbedingt gegenstandslos macht. Interessant für die strukturelle *Polity*-Analyse ist die Wiederentdeckung der → Institutionen (*March/Olsen* 1989; vgl. *Göhler* 1987). Nicht so sehr Beschreibung und statischer Vergleich der zentralen Verfassungsorgane sind das Thema, vielmehr die Entstehungs- und Wandlungsbedingungen polit. Institutionen im Gesellschaftsprozeß. Zugleich wird der Institutionenbegriff auf die organisierten Systeme im Vorfeld des Staates und das strukturelle Unterholz der *Policies* ausgedehnt. Hier kommt es auch zu einer Wiederannäherung von Institutionenforschung und *Policy*-Analyse. Auch bei der Suche nach Erfolgsbedingungen von *Policies* werden zunehmend institutionelle Charakteristika (wie Offenheit, Flexibilität, Dezentralität oder Integration) thematisiert.

2. *Funktionsanalyse*. (1) Vor dieser Neubelebung der institutionellen Analyse hatte die Strukturbetrachtung des Staates zunächst einmal lange an Bedeutung verloren. Stark in den Vordergrund gerückt war hingegen die Funktionsanalyse von Staat und Politik. Einer der Gründe hierfür ist der Aufstieg der → Systemtheorie. *D. Easton* (1971), der den Begriff des polit. Systems – in kritischer Wendung gegen den herkömmlichen Staatsbegriff – einführt, tut dies geradezu mit dem Anspruch der Erneuerung der polit. Theorie. Pate stand hierbei die soziologische Systemtheorie insbes. von *T. Parsons*.

(2) Ein anderer Motor der Funktionsanalyse polit. Systeme war der internat. Politikvergleich der 1960er Jahre. Im Ost-West-Vergleich zeigte die Strukturbetrachtung des Staates eine immer geringere Erklärungskraft: Die Divergenzen der Herrschaftsformen, der Eigentumsverhältnisse, der Ideologien oder Rekrutierungsmuster machten Angleichungen im Bereich von *Policies* nur schwer verständlich. Hingegen ergaben sich plausible Erklärungsmuster, wenn von den Strukturdivergenzen abgesehen und das funktionelle Leistungspensum polit. Systeme im Prozeß sozio-ökon. Entwicklung ins Blickfeld gerückt wurde. Die vergleichende Entwicklungsländerforschung verstärkte diese Sichtweise. Die Bestimmung der Rolle des polit. Systems in den verschiedenen Stadien wirtschaftl. Wachstums (*Rostow* 1967) – mit typischen Herausforderungen wie Industrialisierung oder Urbanisierung – ergab

eine neue Sicht. Verbreitet wird nun ein *developmental approach* von Staat und Politik praktiziert (*Almond/Powell* 1966; *Pye* 1966; *Binder* u.a. 1971). Die Rede ist auch von polit. → Modernisierung, so in *S. P. Huntingtons* (1970) Buch mit dem bezeichnenden Titel *Political Order in Changing Societies*. Nicht die institutionelle Form, sondern die Kapazitäten des polit. Systems stehen im Vordergrund. Sie wachsen schubhaft über typische Entwicklungskrisen – ein aus der Entwicklungspsychologie übernommener Begriff. Die Rede ist z. B. von Integrations-, Legitimations-, Partizipations- oder Distributionskrisen, deren positive Bewältigung dann als polit. (Kapazitäts-)Entwicklung verbucht wird. Der Entwicklung polit. Kapazitäten steht – heute sehr aktuell – die Möglichkeit des polit. Verfalls *(political decay)* gegenüber.

(3) Auch bei *J. Habermas* und *C. Offe* findet der systemtheoretische Funktionalismus Widerhall. Hier geht es um die Funktionsbestimmung des Staates in der sich entwickelnden kapitalistischen Industriegesellschaft. Bei *Offe* ist das → Politisch-administrative System durch die Funktionserfordernisse aus dem normativen und dem ökon. System bestimmt. Muß im ersteren Fall → Massenloyalität durch Wohlfahrtsleistungen erzielt werden, so geht es im zweiten Falle um die Abschöpfung fiskalischer Erträge im Austausch gegen wirtschaftspolit. Steuerungsleistungen. Ein funktionierendes ökon. System ist aus dieser Sicht zugleich die entscheidende präpolit. Determinante von Massenloyalität. Zwischen den beiden Hauptfunktionen entstehen Widersprüche, die *Offe* (1973) krisentheoretisch deutet. In diesem analytischen Zusammenhang steht auch *J. Habermas'* (1973) Begriff der Legitimationskrise, der in den 1970er Jahren die dt. politikwiss. Theoriedebatte maßgeblich beeinflußte.

(4) Aber auch die polit-ökon. marxistische Staatstheorie, die neben der Herrschaftsfunktion des bürgerlichen Staates v.a. dessen unerläßliche Krisenintervention betont, entwickelte eine funktionalistische Variante des → Staatsinterventionismus. Es ist der Krisenmechanismus des Auseinanderfallens von Produktion und Konsumtion, der den Staat auf immer höherem Niveau zu Intervention zwingt, bei dem er nicht zuletzt als «ideeller Gesamtkapitalist» das Gesamtinteresse des Kapitals gegen die Einzelkapitale durchsetzt. Die zunehmende Monopolisierung der Industrie, die wachsende Weltmarktverflechtung oder das gewerkschaftlich durchgesetzte Wohlfahrtsniveau, Produktions- wie Reproduktionsbedingungen der kapitalistischen Gesellschaft, erzwingen ein Krisenmanagement auf immer höherem Niveau – ein implizites und sicher etwas unfreiwilliges Modell polit. Entwicklung.

3. *«Entzauberung des Staates» oder Restriktionsanalyse.* Von «Krisen des Krisenmanagement» spricht *C. Offe* schon 1973 und artikuliert damit die Vorstellung einer inversen Entwicklung von Interventionspensum und Interventionskapazität des polit.-administrativen Systems. Es ist dies die Abkehr von Planungs- und Steuerungsmodellen, wie sie zuvor, z. B. als kybernetisches Modell des polit. Systems von *K. W. Deutsch* (1966), vorgelegt worden waren.

Kritik an einer nur noch «symbolischen Politik» (*Edelman* 1990) oder an systematischen staatl. Entscheidungsverzichten (→ *Non-decisions; Bachrach/Baratz* 1977) war dem vorausgegangen. Von der Legitimationskrise über die Diagnose der → Unregierbarkeit und der Krise regulativer Politik bis zur Entzauberung des Staates (*Willke* 1983) findet sich diese Betonung restringierter Handlungsfähigkeit des polit.-administrativen Systems in den 1970er und den frühen 80er Jahren variantenreich in fast allen theoretischen Lagern. Als → Staatsversagen wird dabei nicht nur die Interventionsschwäche (und Sündenbockrolle) demokratisch legitimierter Politik gegenüber den bürokratisch-industriellen Politiknetzwerken, sondern auch die damit verbundene symptombezogene Problembearbeitung gesehen (*Jänicke* 1990). Aus ihr erwächst ein kostenträchtiger sozial-industrieller Komplex (*O'Connor* 1974), der die Probleme des Industrialismus zur Geschäftsgrundlage hat und diese tendenziell eher stabilisiert als ursächlich beseitigt. Zwar spricht auch die OECD inzwischen in Publikationen von *government failure* oder *intervention failure* (OECD 1992). Aber die Theoriedebatte hat längst eine Wendung genommen, die durch

Formeln wie Modernisierung der Staatsorganisation (*Hesse/Benz* 1990) oder Modernisierung der Demokratie (*Zilleßen* 1993) bestimmt ist.

4. *Modernisierung des Staates.* In der Tat scheint es, als habe die multiple Krise des Staates seit den 1970er Jahren mit ihren ungelösten Fundamentalproblemen der Finanzen, der Beschäftigung oder der Umweltverhältnisse und den daraus abgeleiteten Legitimationsproblemen einen Schub polit. Modernisierung ausgelöst. Auch wenn sich diese bisher kaum sichtbar in verbesserten Problemlösungen und verminderter Politikverdrossenheit niederschlägt, ist ein Strukturwandel des polit. Systems der entwickelten Industrieländer doch unübersehbar. Es handelt sich dabei sowohl um einen Wandel der Interventionsmuster, die sich von der – meist unrealistischen – administrativen Feinsteuerung zur dezentralen Kontextsteuerung (*Willke* 1992), zur Steuerung durch Verfahrensregeln, Informations*inputs* oder Dialogstrategien weiterentwickeln, als auch um einen Wandel der Legitimationsmuster. Neben den hierarchischen Staat mit Mehrheitslegitimation ist der kooperative Staat (*Ritter* 1979) mit Konsenslegitimation getreten. Den in dieser neuen Doppelstruktur agierenden → Verhandlungssystemen schreibt *Scharpf* ein eigenständiges Wohlfahrtspotenzial zu (*Scharpf* 1991). Ohne Zweifel haben Verhandlungen im Schatten der Hierarchie die Flexibilität und Wirksamkeit von – nunmehr ausgehandelten – Interventionen vielfach erhöht. Verhandlungssysteme haben nicht nur in der internat. Politik, sondern auch in der → Regionalpolitik, in der → Industriepolitik und nicht zuletzt in der → Umweltpolitik große Bedeutung erlangt. Zugleich stellt sich aber die Frage der Sicherung von demokratischer → Partizipation, Chancengleichheit, Transparenz, Rechtsstaatlichkeit oder Gerechtigkeit (*Habermas* 1997) in den Verhandlungssystemen. Für *J. Habermas* werfen auch sie Legitimationsprobleme auf, wenn sie «ohne effektive Anbindung an den parlamentarischen Komplex und die Öffentlichkeit» (ebd.: 427) agieren. Nach *F. W. Scharpf* ist es Aufgabe der Theorie, die institutionellen Bedingungen zu klären, unter denen das Wohlfahrtspotenzial kooperativer Mechanismen angemessen ausgeschöpft werden kann. Dies gilt auch für die vielfältigen neuen Mechanismen der → Dezentralisierung, die die moderne Staatstheorie ebenso wie die konkrete Reformpolitik i. d. R. positiv thematisiert, die aber neue Herausforderungen an die Integrationskapazität des Staates stellen. Und schließlich bedarf auch das wachsende Potenzial selbstregulativer und zivilgesellschaftl. Handlungsformen der theoretischen Funktionsbestimmung (z. B. einer solchen, die der Überforderung auch dieser Regulationsebene rechtzeitig begegnet). Insgesamt gleicht die neu entstandene Struktur noch einem System aus Verlegenheitslösungen auf der Suche nach einer tragfähigen Form.

5. *Defizite der Staatstheorie.* Eines der Probleme moderner polit. Theorie scheint in der unübersehbaren Vielfalt vorhandener Empirie zu liegen, die in harter Arbeit zu verallgemeinern wäre. Wandlungsprozesse des Staates werden von der Empirie meist eher und genauer registriert als von der Theorie. Statt dessen herrscht ein verbreitetes *top-down theorizing* vor (*Galston* 1993) mit einer übergroßen Neigung zur ideengeschichtl. Betrachtung. Hilfreich erscheinen v. a. Theorien mittlerer Reichweite über den aktuellen Entwicklungsstand der als Staat bezeichneten polit. Strukturen. Theorien polit. Entwicklung bieten hier möglicherweise noch unausgeschöpfte Potenziale der Einbindung aktueller Staatsanalysen in ein historisch und internat. vergleichendes Konzept. Auch die normativ-konstruktive Seite der Theoriebildung: die Verfassungsfrage im weiteren Verständnis und die Entwicklung leistungsfähigerer Partizipations- und Regulationsmodelle im Lichte absehbarer Handlungserfordernisse bleiben Aufgabenfelder von hoher Bedeutung.

→ Krise; Kritische Theorie; Macht; Machttheoretische Ansätze; Staatszentrierte Ansätze; Systemtheorie; Totalitarismus; Verfassungslehren; Wohlfahrtsstaat.

Lit.: *Almond, G. A./Powell, G. B.* 1966: Comparative Politics, Boston. *Arendt, H.* 1962: Elemente und Ursprünge totaler Herrschaft, Ffm. (engl. 1951). *Bachrach, P./Baratz, *M. S.* 1977: Macht und Armut, Ffm. (engl. 1970). *Beyme, K. von* [8]2000: Die politischen Theorien der Gegenwart, Opl. (zuerst 1972). *Binder, L.* u. a. 1971: Crises and Sequences in Political Development, Princeton, N. J. *Connolly, W. E.* 1988: Political Theory and Modernity, Ox. *Deutsch, K. W.* [3]1973: Politische Kybernetik, Freib. *Easton, D.* [2]1971: The Political, NY (zuerst 1953). *Edelman, M.* 1990: Politik als Ritual, Ffm. (engl. 1971). *Friedrich, C. J.* 1954: Der Verfassungsstaat der Neuzeit, Bln. u. a. (engl. 1950). *Friedrich, C. J.* 1957: Totalitäre Diktatur, Stg. *Galston, W.* 1993: Political Theory in the 1980s: Perplexity Amidst Diversity, in: *Finifter, A. W.* (Hrsg.): Political Science: The State of the Discipline II, Washington, D. C., 27–53. *Göhler, G.* 1987: Grundfragen der Theorie politischer Institutionen, Opl. *Habermas, J.* 1973: Legitimationsprobleme. *Habermas, J.* [5]1997: Faktizität und Geltung, Ffm. (zuerst 1992). *Held, D.* (Hrsg.) 1991: Political Theory Today, Stanford. *Hesse, J. J./Benz A.* 1990: Die Modernisierung der Staatsorganisation, Baden-Baden. *Huntington, S. P.* [4]1970: Political Order in Changing Societies, New Haven/L. (zuerst 1968). *Jänicke, M.* 1990: State Failure, Ox. (dt. zuerst 1986). *Loewenstein, K.* [2]1969: Verfassungslehre, Tüb. (zuerst 1959). *Luhmann, N.* [2]1989: Legitimation durch Verfahren, Ffm. (zuerst 1969). *March, J. G./Olsen, J. P.* 1989: Rediscovering Institutions, NY u. a. *Marcuse, H.* 1967: Der eindimensionale Mensch, Neuwied/Bln (engl. zuerst 1964). *Miliband, R.* 1972: Der Staat in der kapitalistischen Gesellschaft, Ffm. (engl. 1969). *Neumann, S.* [2]1965: Permanent Revolution, NY (zuerst 1942). *O'Connor, J.* 1974: Die Finanzkrise des Staates, Ffm. (engl. 1973). *OECD* 1992: Market and Government Failures in Environmental Management. The Case of Transport, Paris. *Offe, C.* 1973: Krisen des Krisenmanagement, in: *Jänicke, M.* (Hrsg.): Herrschaft und Krise, Opl., 197–223. *Poulantzas, N.* 1978: Staatstheorie, Hamb. *Pye, L. W.* 1966: Aspects of Political Development, Boston, *Ritter, E. H.* 1979: Der kooperative Staat, in: AöR 104, 388–413. *Rostow, W. W.* [2]1967: Stadien wirtschaftlichen Wachstums, Gött. (engl. zuerst 1960). *Scharpf, F. W.* 1991: Die Handlungsfähigkeit des Staates am Ende des zwanzigsten Jahrhunderts, in: PVS 32, 621–634. *Willke, H.* 1983: Entzauberung des Staates, Königstein. *Willke, H.* 1992: Ironie des Staates, Ffm. *Zilleßen, H.* 1993: Die Modernisierung der Demokratie im Zeichen der Umweltproblematik, in: *Zilleßen, H.* u. a. (Hrsg.): Die Modernisierung der Demokratie, Opl., 17–39.

Martin Jänicke

Staatsversagen, unscharfer, zudem uneinheitlich verwandter Begriff für strukturelle Handlungs- und Leistungsdefizite des Staates.

Politikwiss. ist S. bestimmt worden als die strukturell verursachte unzulängliche «Versorgung eines Landes mit öffentlichen Gütern, (da) deren Preis zu hoch und deren Qualität zu niedrig ist», sowie als die «gleichfalls nicht zufällige Unfähigkeit, Entscheidungen zu fällen, deren Notwendigkeit weithin unbestritten ist» (*Jänicke* 1986: 11). Die Begründungen für S. fallen je nach den zugrundegelegten Theorien des → Staatsinterventionimus unterschiedlich aus: Während → Neo-Konservatismus und → Neo-Liberalismus S. als → Unregierbarkeit definieren, als Überlastung (*government overload*) mit der Anspruchsinflation im Sozial- und Leistungsstaat begründen und daraus die Forderungen nach → Deregulierung, Abbau von → Staatstätigkeit – v. a. die Notwendigkeit des Rückzugs des Staates aus der Wirtschaft – ableiten, führen sozialdemokratische und neo-marxistische Theoretiker das S. kapitalismuskritisch auf die nur selektiven Handlungsmöglichkeiten des Staates zurück, die begrenzt seien durch den unaufhebbaren Widerspruch zwischen den Imperativen der Kapitalverwertung einerseits und der Notwendigkeit der Sicherung demokratischer → Massenloyalität andererseits.

→ Kapitalismus; Marktversagen; Interventionsstaat; Staatstheorie der Gegenwart; Markt und Politik/Staat.

Lit.: *Decker, F.* 1994: Umweltschutz und Staatsversagen, Opl. *Jänicke, M.* 1986: Staatsversagen. Die Ohnmacht der Politik in der Industriegesellschaft, Mchn. → Staatstheorie(n).

Rainer-Olaf Schultze

Staatszentrierte Ansätze. Das Verhältnis von Staat und Gesellschaft zu bestimmen steht von jeher im Zentrum gesellschafts- und politikwiss. Theoriebildung und Analyse. Man könnte also meinen, daß sich die → Staatstheorie auf vergleichsweise sicherem Terrain bewegt. Doch tatsächlich gibt es keine konsistente Theorie des modernen Staates, sondern bestenfalls eine Mehrzahl von mehr oder weniger in sich stimmigen, normativ bzw. metatheoretisch kontroversen staatstheoretischen Ansätzen, von denen wiederum eine Vielzahl von Teiltheorien abgeleitet ist. Status und Relevanz der Ansätze sind zudem in starkem Maße historisch kontingent; ihr Stellenwert variiert infolgedessen je nach gesellschaftl. und wissenschaftsinternen Kontextbedingungen.

1. Versucht man die vielfältigen Einschätzungen des Verhältnisses von Staat und Gesellschaft zu systematisieren, bietet es sich mit *R. Benjamin* und *R. Duvall* (1985: 22 ff.) an, die Ansätze nach dem Grad der wechselseitigen Durchdringung und dem Ausmaß staatl. Einwirkung auf die Gesellschaft und ihre Sphären zu klassifizieren. *Benjamin* und *Duvall* machen fünf verschiedene Typen aus, die den kapitalistischen Staat konzeptualisieren: (1) als «unit of action or as unit of decisional authority»; (2) als «the organizing principles that give (...) an underlying structural coherence (...) to the myriad and diverse agencies and institutions of governance»; (3) als «structural principles that define and constitute social relations of political power and control in society»; (4) als «the enduring structure of governance and rule in society»; (5) als «the dominant normative order in society». Unterschieden wird damit auch zwischen akteurs- bzw. handlungszentrierten Ansätzen, die den Staat primär als Regierung sehen (Ansatztyp 1), und strukturorientierten Konzepten (Ansatztypen 2–5). Untersuchungen des Ansatztyps (2) konzentrieren sich dabei auf die Binnenstrukturen des → Politisch-administrativen Systems, analysieren den Staat als institutionelle Matrix in seiner komplexen horizontalen wie vertikalen Konfiguration. Der Außenbezug bildet den Kern in Untersuchungen des Ansatztyps (3); er geht aus von den Macht-(und Klassen-)Strukturen in der Gesellschaft und analysiert den Staat als Ausdruck dieser Herrschaftsverhältnisse. Die Typen (4) und (5) nehmen beides in den Blick: Untersuchungen des Ansatztyps (4) heben also nicht nur auf die Strukturanalyse des polit.-administrativen Systems ab; sie gehen zugleich davon aus, daß der Staat mittels rechtlicher und administrativer Regelungen die Struktur der gesellschaftl. Konflikte definiert, und sie fragen folglich, wie und zu wessen Gunsten der Staat die Konfliktaustragung in der Gesellschaft organisiert, mit welchen Institutionen, welchen Mitteln und in welchem Umfang er in die Sozialverhältnisse interveniert. Ansatztyp (5) gründet sich auf *Gramscis* Hegemonie-Konzept; in dieser Sicht sind Staat und Gesellschaft nicht mehr unterscheidbar ineinander verwoben, und die jeweilige Gesellschaftsformation wird mindestens so sehr durch die (rechtliche, kulturelle, soziale) normative Ordnung bestimmt wie durch die Machtverhältnisse in der Ökonomie. Untersuchungen dieses Ansatztyps richten ihren Fokus darauf, wie die polit. relevanten Normen, Sitten und Gebräuche in der Gesellschaft aussehen, wie der Staat kulturelle und ideologische Dominanz zum Zwecke der Hegemonie welcher gesellschaftl. Verhältnisse und Kräfte organisiert bzw. wie die solcherart konstituierte Herrschaft destruiert werden kann.

2. Nach dem II. Weltkrige dominierten zunächst handlungsorientierte Ansätze, die dann seit den 1960er Jahren zunehmend von strukturalistischer Kritik herausgefordert wurden. Seit der gesellschaftl. Zeitenwende und dem sozialwiss. Paradigmenwandel in den 1970er Jahren sind die Kontroversen wesentlich bestimmt von den Gegensätzen zwischen den Vertretern staatszentrierter und gesellschaftszentrierter Ansätze; sie ste-

hen zudem im Zeichen der politiktheoretischen Debatten zwischen → Moderne und → Postmoderne.

(1) Im Zentrum politikwiss. Forschung fortgeschrittener → Industriegesellschaften standen nach dem II. Weltkrieg Analysen, die den Staat entsprechend dem Ansatztyp (1) überwiegend als Regierung begriffen. Das Politikverständnis war pluralismustheoretisch begründet, der Staat galt weithin als neutrale Instanz der Konfliktregelung und Politikdurchführung. Politikwiss. war primär handlungs- und akteurszentriert: Es ging um Willensbildungs- und Entscheidungsprozesse; den *output* des Polit.-administrativen Systems sah man im *mainstream* der Politikwiss. als Ergebnis der Konflikte und Machtverhältnisse in der polit. Gesellschaft an. *T. J. Lowi* (1992) hat am Beispiel des US-amerikan. Falles plausibel gemacht, wie sehr eine solche Sichtweise seit dem *New Deal Roosevelts* im Interesse des aktiven Staates lag, zumal jedes staatl. → Regime sich eine Politikwiss. zu schaffen versuche, die im Einklang mit den eigenen Strukturprinzipien stehe. Der Paradigmenwandel in der Disziplin vollzieht sich parallel bzw. in Abhängigkeit vom Regimewechsel des Staates: Dies betrifft die disziplinäre Ausdifferenzierung, Fokus und Fragestellungen, aber auch die Methodologie. Aufgrund der Übereinstimmung, ja vielfach symbiotischen Beziehung avancierten nicht von ungefähr (in der Sprache *Lowis* 1992) *public opinion, public policy, public choice* (also Forschungen über → Partizipation, Wahlen und andere Formen der öff. Meinungsbildung, → Politikfeldanalysen, aus den Wirtschaftswiss. entlehnte Analysen des *Rational choice*-Ansatzes) zu den dominanten Subdisziplinen in der US-amerikan. Politikwiss. – sämtlich dem gleichen szientistischen Wissenschaftsprogramm und sozial-technologischen *Credo* verpflichtet, primär induktiv und quantifizierend vorgehend, mikroskopisch angelegt und folglich jeweils die kleinstmögliche Untersuchungseinheit in den Blick nehmend. Die Konsonanz reicht(e) bis in den Bereich der Sprache: Im (US-amerikan.) Staat dominier(t)en seit dem Regimewechsel zum *New Deal* Logik und Sprache des Ökonomischen den Diskurs der Politik; in der Politikwiss. setzten sich zusehends Ansätze, Methoden und Begrifflichkeiten der verhaltensorientierten Sozialwiss. sowie insbes. der Wirtschaftswiss. durch.

Ähnliches gilt trotz der so andersartigen Voraussetzungen auch für die Nachkriegsgeschichte der dt. Politikwissenschaft. *K. Rohe* (1994: 118) hat z. B. darauf hingewiesen, daß die Politikwiss. «recht eigentlich groß geworden (sei) als eine Wiss. von der polit. Gesellschaft, nicht als Wiss. vom Staate». Sieht man von wenigen Ausnahme-Persönlichkeiten ab, die eher die Regel bestätigen, überließ man in der Nachkriegspolitikwiss. lange Zeit weite Bereiche der Staatsanalyse den Nachbardisziplinen, u. a. den Rechts- und Staatswiss. die Felder der Verfassungspolitik wie der Verwaltungs- und Bürokratieforschung und der Wirtschaftswiss. das Feld der Polit. Ökonomie sowie die Analyse polit. Planung. «Im Unterschied zur Rechtswiss., die herkömmlicherweise dazu neigte, das Politische zu verstaatlichen», besaß die Politikwiss. die Tendenz, «das Politische ein wenig zu ‹entstaatlichen›» (ebd.). So war die dt. Politikwiss. zunächst ganz überwiegend entw. Institutionenkunde oder Politische Soziologie, die den Staat als institutionelle Matrix ansah, in der die mit dem Instrumentarium der empirischen Sozialforschung zu analysierenden Kräfte der Gesellschaft durch → Repräsentation abgebildet werden, dort um die Durchsetzung der allgemeinverbindlichen polit. Entscheidungen ringen, die dann vom Staat als Bürokratie und von der Judikative rechtsförmig, aber auch im Auftrag und weitgehend neutral implementiert bzw. kontrolliert werden.

(2) Auch die strukturalistischen Ansätze, die im Kontext der Pluralismuskritik seit Ende der 1960er Jahre an Einfluß gewannen, argumentierten aus gesellschaftszentrierter Perspektive. Auch sie betrachteten das polit.-administrative System als Ausdruck der Kräfteverhältnisse in der Gesellschaft, unterschieden sich von den pluralistischen Ansätzen aber v. a. in ihrer Betonung der gesellschaftsstrukturellen Determinanten staatl. Handlungsmuster. Insbes. die verschiedenen Varianten neo-marxistischer Provenienz, v. a. des Ansatztyps (3), argumentierten dabei weithin spiegelbildlich: Betonten die ak-

teurszentrierten Untersuchungen des Ansatztyps (1) die Offenheit polit. Entscheidungen, kritisierten die Strukturalisten die Handlungsrestriktionen und die Einseitigkeiten im *policy output* des Staates; die Autonomie staatl. Handelns sah man als gering, bestenfalls als relativ, auf jeden Fall jedoch als selektiv an. Konzentrierten sich die Analysen des Ansatztyps (1), methodisch fast durchweg induktiv und quantitativ vorgehend, auf die Untersuchung manifesten Akteurshandelns, gingen die strukturalistischen Ansätze meist qualitativ, deduktiv und außerordentlich abstrakt vor; Beleg dafür waren nicht nur die sterilen Staatsableitungsdebatten innerhalb der neo-marxistischen Ansätze. Allerdings wuchs auch im neo-marxistischen staatstheoretischen Diskurs, zumal in Analysen des Ansatztyps (5), die Einsicht in die Möglichkeit relativer Autonomie staatl. Handelns. Insbes. im Bereich der Politikfeldforschung näherten sich damit die Positionen neo-korporativer und neo-marxistischer Herkunft, was Analyse und Bewertung der Handlungsspielräume des Staates anlangt, wechselseitig an. Mancher konvergenztheoretisch interessierte Autor sah denn auch in der *policy*-Forschung das Forschungsfeld, auf dem Behavioralisten und Institutionalisten wie Neo-Pluralisten, Neo-Korporatisten und Neo-Marxisten ihre tiefgreifenden methodischen wie metatheoretischen Gegensätze am ehesten überbrücken und mindestens zu einer gemeinsamen Forschungsperspektive zusammenfinden könnten. Indes, ehe man sich auf *eine* gesellschaftszentrierte Sichtweise verständigt hatte, sah man sich aus systemtheoretischer Perspektive von den Vertretern der → Autopoiesis wie aus empirisch-analytischer Perspektive von den Vertretern staatszentrierter Ansätze herausgefordert.

(3) Der Paradigmenwandel hin zur staatszentrierten Perspektive ging seit Ende der 1970er Jahre von der nordamerikan. Sozialwiss. aus. Er war Reaktion auf den Politikwandel in Nordamerika, v. a. aber wissenschaftsinterne Revolte, und zwar gerichtet sowohl gegen den behavioralistischen *mainstream* als auch gegen die neo-marxistische Kritik und die polit.-ökon. Einseitigkeiten der Staatstheorie. Zwar boten die *policy*-Forschung, etwa die Analysen zum militärisch-industriellen Komplex der USA, durchaus Anknüpfungspunkte, doch reichte die Umorientierung (in den USA u. a. mit den Namen *Krasner, Nordlinger, Skocpol*, in Kanada u. a. mit den Namen *Cairns, Doern, Pal* verbunden) weit über eine immanente Weiterentwicklung hinaus. Sie kam mit ihren Veränderungen in Perspektive, Fokus, Fragestellungen und Methodik dem gleich, was man mit *T. S. Kuhn* (1976) als wiss. Revolution zu charakterisieren pflegt. Den gesellschaftszentrierten Ansätzen hielt man vor, daß sie im Staat nur den polit. Überbau und die Ergebnisse der Politik allein als abhängige Variablen der gesellschaftl. Konflikte und Kräfteverhältnisse sehen würden. An den neo-marxistischen Ansätzen der Staatsanalyse z. B. kritisierten die Vertreter des staatszentrierten Paradigmas deren einseitig instrumentalistische und/oder funktionalistische Sichtweise des Staates als Ausdruck der Klassenverhältnisse, wodurch viele Möglichkeiten autonomen staatl. Handelns bereits *per definitionem* ausgeblendet würden. Man selbst hingegen wandte sich der Untersuchung dieser staatl. Handlungsautonomie zu. *T. Skocpol* (1985: 28, 21) z. B. definierte den Staat sowohl (aus der Perspektive der Gesellschaft) als «organizations through which official collectivities may pursue distinctive goals, realizing them more or less effectively» als auch (aus der Perspektive des Staates) als «configurations of organization and action that influence the meanings and methods of policies for all groups and classes in society (...) (and that) affect political culture, encourage some kinds of group formation and collective political actions (but not others), and make possible the raising of certain political issues (but not others)». Das Polit.-administrative System zeichnet dabei dreierlei aus: (a) Es ist charakterisiert durch das Interesse an sich selbst und folgt seiner eigenen Logik. (b) Es ist in der Lage, aus sich selbst heraus und unabhängig von Restriktionen gesellschaftl. Zielvorgaben zu formulieren und durchzusetzen. (c) Es ist bestimmt von internen Konflikten, horizontalen wie vertikalen, wobei die Autonomiepotenziale der staatl. Subsysteme der Veränderung in der Zeit unterliegen und zudem über die ver-

schiedenen Politikfelder ungleich verteilt sein können. Die Grenzen der Politik sind also weit gezogen, denn: «capitalism in general has no politics, only (extremely flexible) outer limits for the kinds of supports for property ownership and controls of the labour force it can tolerate» (*Skocpol*, zit. n. *Pal* 1990: 27 f.). Innerhalb dieser Grenzmarkierungen besitzen Staat und Parteien ihre eigenen Strukturen und ihre eigenständigen Geschichten, die in die Gesellschaft hineinwirken und die diese prägen. Das Entscheidende an der staatszentrierten Perspektive sind folglich das hohe Maß an Autonomie und Steuerungskapazität, das der Politik im allg. und den Akteuren des polit.-administrativen Systems im bes. zuerkannt wird.

Der Fokus der Untersuchungen richtet sich dabei zum einen nach innen und zielt ähnlich wie in Ansatztyp (2) auf die Analyse der Binnenstrukturen des Staates mit seinen vertikalen wie sektoralen Konflikten. Zum zweiten geht es – analog zum Ansatztyp (4) – um die Rolle des Staates in der Gesellschaft, insbes. um die Art und Weise, wie die staatl. Institutionen und Akteure absichtlich und/oder unabsichtlich die gesellschaftl. Kräfte und deren Ziele, Forderungen wie polit. Handlungsmöglichkeiten beeinflussen. In beiden Fällen ist der Blick eher makroskopisch, wobei es nicht um *grand theory,* sondern um historisch gesättigte Analysen mittlerer Reichweite geht, die nach Struktur und Funktion, Zielsetzungen und Handlungsmustern von Institutionen und kollektiven Akteuren im Prozeß des gesellschaftl. Wandels fragen. Wird vergleichend verfahren, spielen deshalb in den Untersuchungen des staatszentrierten Paradigmas auch nicht von ungefähr diachrone Vergleiche eine herausgehobene Rolle.

3. Die aktuelle Theoriediskussion scheint damit auf den ersten Blick von Ungleichzeitigkeiten und Widersprüchlichkeiten bestimmt: In der US-amerikan. Sozialwiss. wandte man sich gegen das gesellschaftszentrierte Paradigma, indem man den Perspektivwechsel hin zur staatszentrierten Sichtweise des Verhältnisses von Staat und Gesellschaft vollzog. In Europa stehen zum Ende des 20. Jh. die Begrenzungen der Handlungsspielräume der Politik und die Selbststeuerung der Gesellschaft im Zentrum der sozialwiss. Theoriediskussion. Berücksichtigt man die Unterschiede in den historischen Traditionen und Wissenschaftsstilen sowie die stets größere Staatszentriertheit der Gesellschaftstheorie in Europa, v. a. aber den Tatbestand, daß in der Vergangenheit der Staat als Gegenstand der US-amerikan. Politik- bzw. Sozialwiss. so gut wie keine Rolle spielte, kann dies nicht überraschen. Stellt man zudem die aktuellen soziopolit. Kontextunterschiede in Rechnung, wird verständlich, warum einerseits die sozialwiss. Theorie in Kontinentaleuropa und D eher «staatsskeptisch und steuerungsagnostisch» (*von Beyme* 1990: 458) argumentiert(e), andererseits in den USA in Politik wie Wiss. *«Bringing the State Back In»* zum Programm avancierte.

Es soll hier keinem künstlichen Brückenschlag das Wort geredet werden – dazu sind Ausgangspositionen und Forschungsinteresse (hier: allgemeine Theorie der Gesellschaft, dort: historisch gesättigte Analysen mittlerer Reichweite) viel zu unterschiedlich; läßt man indes die Extreme außer acht (hier: die Annahme völliger Autopoiesis der gesellschaftl. Teilsysteme, dort: das Primat des Politischen) und entkleidet man insbes. die Systemtheorie ihrer Geheimsprache, dann zeigen sich mehr Gemeinsamkeiten in Analyse wie Bewertung, als auf den ersten Blick zu vermuten ist – Gemeinsamkeiten, an die staatszentrierte Analysen anknüpfen können:

(1) In der polyzentrischen Welt kann kein gesellschaftl. Teilsystem, auch nicht der Staat, Suprematie für sich beanspruchen. Politik und Gesellschaft sind vielmehr funktional differenziert und folgen eigenen Logiken. Gleichzeitig sind sie inner- wie transgesellschaftl. über komplexe Netzwerke vielfältig miteinander verflochten. Dies garantiert den gesellschaftl. Teilsystemen ihre operative Autonomie, schließt aber klare Zuordnungen und Hierarchien aus und hat Konsequenzen für die Beziehungen zwischen Staat und Gesellschaft: Direkte, zentralistische, autoritative Eingriffe in die Gesellschaft stellen keine erfolgversprechenden Handlungsoptionen der Politik mehr dar. Die Politik ist vielmehr in weiten Bereichen der Gesell-

schaft auf die Möglichkeiten indirekter, dezentraler, diskursiver Steuerung beschränkt und auf die Bereitschaft der gesellschaftl. Akteure zur Selbstbindung angewiesen.

(2) Auch im Innern ist der Staat nicht homogen oder hierarchisch, sondern gleichfalls fragmentiert und vernetzt. Dies betrifft zum einen die traditionellen horizontalen wie vertikalen Gewalten- und/oder Funktionsteilungen, zum zweiten die interbürokratischen und intersektoralen Konflikte im polit.-administrativen System des ausdifferenzierten Wohlfahrtsstaates, die zudem durch die jeweiligen Vernetzungen mit den (kollektiven) Akteuren in den gesellschaftl. Subsystemen akzentuiert werden. Im Innern stellt sich der Staat in den kapitalistischen Demokratien damit als hochkomplexe Matrix von Institutionen dar, die von unterschiedlichen Aufgabenstellungen und Funktionserwartungen bestimmt sind, die verschiedenen Logiken und Rationalitäten (v. a. polit. und bürokratischer) folgen und die widerstreitende Interessen ausdrücken bzw. haben.

(3) Und dennoch verfügt der Staat trotz aller Handlungsrestriktionen auch weiterhin über ein beachtliches Maß an relativer Autonomie und Steuerungsfähigkeit, die sich aus seiner Besonderheit herleiten: (a) Er ist unverändert der einzige legitime Ort, an dem gesamtgesellschaftl. verbindliche Entscheidungen fallen können, und die einzige Instanz, die die Definitionsgewalt zur Bestimmung des öff. Interesses besitzt (vgl. *Willke* 1992: 264). (b) Er ist das einzige System, das sich territorial definiert und dessen Funktionen und Leistungen stets auch auf die räumliche Abgrenzung bezogen sind und sich aus ihr ergeben. Der territoriale Bezug von Politik wird dabei durch vertikale Untergliederung und transnat. Integration zwar kompliziert, aber nicht grundsätzlich in Frage gestellt. (c) Er ist weder allein Ausdruck der Machtverhältnisse in der Ökonomie, noch gründet sich seine Existenz und Stärke bzw. Schwäche auf nur eine Machtressource. Das polit. System kann seine Macht vielmehr auf eine Mehrzahl von Machtquellen stützen: neben ökon. auch kulturelle/ideologische, militärische und polit. Ressourcen, die zwar voneinander unterschieden werden, höchst ungleiche Bedeutung haben können und zudem miteinander in Beziehung stehen, jedoch nicht monokausal auf eine zurückzuführen sind. Das Interesse des Staates an sich selbst gründet sich damit auf ein mindestens dreidimensionales Bestandsinteresse: das Interesse an der Erhaltung der Territorialität, an der Vielfalt von Machtressourcen, das kollektive wie individuelle Eigeninteresse der Institutionen und Akteure am Fortbestand ihrer Funktionen und Positionen (vgl. *Pal* 1990: 25 f.).

(4) Die Beziehungen zwischen Staat und Gesellschaft sind damit von einer Reihe von strukturellen Widersprüchen bestimmt. (a) Einerseits wird die Politik ihren (wie auch immer einschränkend zu fassenden) Anspruch aufrechterhalten müssen, die letzte Entscheidungsinstanz gesellschaftl. Zielfindung und Steuerung zu sein. Dies betrifft alle anderen gesellschaftl. Subsysteme, v. a. das Verhältnis von Politik und Ökonomie. Andererseits sind der Politik, und dies gilt vorrangig für Demokratien, enge Grenzen der Handlungsautonomie und Steuerungskapazität gezogen. Die Politik steht folglich ständig in der Gefahr, sich selbst zu dementieren. (b) Einerseits beharren die gesellschaftl. Teilsysteme auf ihrer Autonomie und Selbststeuerung, und sie sind vielfach auch in der Lage, staatl. Steuerungseingriffe, die ihrem Eigeninteresse widersprechen, abzuwehren oder leerlaufen zu lassen. Andererseits wälzen die gesellschaftl. Akteure nur allzu gern Aufgaben auf das polit. System ab, oder sie rufen gar bei erstbester Gelegenheit nach staatl. Intervention und/oder staatl. Schutz vor konfligierenden gesellschaftl. Teilinteressen. (c) Einerseits nimmt im Wohlfahrtsstaat die Politisierung der Gesellschaft beträchtlich zu; es gibt kaum einen Bereich der Gesellschaft, in den die Politik nicht reglementierend und steuernd eingreift oder einzugreifen versucht. Andererseits wächst die «embeddedness of the state» *(Cairns* 1986), d. h., es vervielfachen sich Einbindung wie Abhängigkeit des Staates und seiner Institutionen in die bzw. von der Gesellschaft, und es vergrößert sich dadurch die Notwendigkeit zu neo-korporativen Arrangements. Gleichzeitig werden damit staatl. Handlungsspielräume geschaffen wie begrenzt. (d) Die ständige Erweiterung der Staatstätigkeit

geht – wie *C. Offe* (1987: 311) und andere gezeigt haben – mit dem Verlust an Steuerungsfähigkeit des Staates einher. «Je umfangreicher die staatl. erhobenen Ansprüche auf Ordnung und Regelung gesellschaftl. Sachverhalte werden und je größer der dafür benötigte Einsatz von Ressourcen wird, desto aussichtsloser wird gleichzeitig der Anspruch auf souveränes und ‹bindendes› wie der auf ‹rationales› Entscheiden.» Machtverlust durch Funktionszuwachs charakterisiert einen der Hauptwidersprüche, mit denen die Politik in fortgeschrittenen kapitalistischen Demokratien konfrontiert ist.

(5) Der Strukturwandel im Verhältnis von Staat und Gesellschaft hat nachhaltige Konsequenzen: Der Staat gerät heute mehr denn je in die Position des Verhandlungspartners. An die Stelle direkter Staatsinterventionen und autoritativen Entscheidens wird aufgrund der Notwendigkeit zur Koordination zusehends das treten, was *H. Willke* (1992) mit dem Begriff der «dezentralen Kontextsteuerung» umschrieben hat. Aus dem Dilemma des Legitimitätsverlustes durch Aufgabensteigerung wird sich die Politik auf Dauer nur durch eine «staatliche Politik der Staatsentlastung» (*Offe* 1987: 317) befreien können; zum einen durch die Beschränkung auf die zentralen Staatsfunktionen, zum zweiten durch die Verlagerung von Staatsaufgaben, und zwar sowohl vertikal durch Dezentralisierung als auch horizontal durch Zurückverlagerung in die Gesellschaft, d. h. durch die Beauftragung gesellschaftl. Verbände und Akteure.

(6) Für die Politikwiss. hat die Beschäftigung mit dem Staat aufgrund der Wandlungen im Verhältnis von Staat und Gesellschaft wieder an Bedeutung gewonnen. Die Veränderungen haben allerdings auch Konsequenzen für Aufgabenstellung, Fokus und Methodik staatszentrierter Forschungen. *Benjamin* und *Duvall* folgend dürften v. a. solche Analysen Erfolg versprechen, die von den Ansatztypen (b) und (d) ausgehen und in Untersuchungen des Ansatztyps (b) nach der «Vergesellschaftung» des Staates, in Untersuchungen des Ansatztyps (d) nach der «Politisierung» und «Verstaatlichung» der Zivilgesellschaft fragen. Mit *F. W. Scharpf* (1991: 621 ff.) ist dabei zu fordern, daß sich die Politikwiss. auch in ihren innenpolit. Forschungen endgültig von der Normenvorstellung hierarchischen Staatshandelns verabschiedet und «unter einer Design-Perspektive (...) nicht nur das Nebeneinander von hierarchischer Steuerung und horizontaler Selbstkoordination zur Kenntnis nehmen», sondern «ihre empirische wie theoretische Arbeit in erster Linie auf die noch kaum thematisierten Wechselbeziehungen zwischen hierarchischen und nicht hierarchischen Politikformen konzentrieren» müßte (ebd.: 628). Dies legt Netzwerkanalysen insbes. auf dem Felde der *Policy*-Forschung und auf einer mittleren Abstraktionsebene nahe, die die notwendige Verbindung von Struktur- und Handlungsanalyse erlauben; denn ohne akteurszentrierte Untersuchungen ist empirische Überprüfung nicht möglich. Auf der Basis solcher historisch gesättigter Analysen geht es dann theoretisch v. a. um den Zusammenhang zwischen dem Wandel von Staatsfunktionen und den Veränderungen von Handlungsspielräumen wie Handlungsmustern staatl. Akteure.

→ Erkenntnisinteresse; Macht; Paradigma; Rational choice-Theorien; Steuerungstheorien; Systemtheorie; Szientismus.

Lit.: *Almond, G. A.* 1988: The Return to the State, in: APSR 82, 853–874. *Barrow, C. W.* 1993: Critical Theories of the State. Marxist, Neo-Marxist, Post-Marxist, Madison. *Benjamin, R./Duvall, R.* 1985: The Capitalist State in Context, in: *Benjamin, R./Elkin, S. L.* (Hrsg.): The Democratic State, Lawrence. *Beyme, K. von* 1990: Die vergleichende Politikwissenschaft und der Paradigmenwechsel in der politischen Theorie, in: PVS 31, 457–474. *Beyme, K. von* [3]1997: Theorie der Politik im 20. Jahrhundert, Ffm. *Cairns, A.* 1986: The Embedded State: State-Society Relations in Canada, in: *Banting, K.* (Hrsg.): State and Society: Canada in Comparative Perspective, Tor., 53–86. *Kuhn, T. S.* [2]1976: Die Struktur wissenschaftlicher Revolutionen, Ffm. (engl. 1962; [2]1970). *Lowi, T. J.* 1992: The State in Political Science: How We Become What We Study, in: APSR 86, 1–7. *Luhmann, N.* 1984: Staat und Politik. Zur Semantik der Selbstbeschreibung politischer Systeme, in:

Bermbach, U. (Hrsg.): Politische Theoriegeschichte (PVS Sonderheft 15), Opl., 99–125. *Luhmann, N.* 2000: Die Politik der Gesellschaft, Ffm. *Nordlinger, E. A.* 1981: On the Autonomy of the Democratic State, Camb./Mass. *Nozick, R.* 1979: Anarchie, Staat, Utopia, Mchn. (engl. 1974). *Offe, C.* 1987: Die Staatstheorie auf der Suche nach ihrem Gegenstand. Beobachtungen zur aktuellen Diskussion, in: Jahrbuch zur Staats- und Verwaltungswissenschaft 1, 309–320. *Pal, L. A.* 1990: From Society to State, in: *Gagnon, A. G./Bickerton, J. P.* (Hrsg.): Canadian Politics. An Introduction to the Discipline, Peterborough, Ont., 17–41. *Rohe, K.* 1978: Politik. Begriffe und Wirklichkeiten, Stg. u. a. *Ronge, V.* 1992: Staatstheorie, in: *Nohlen, D./Schultze, R.-O.* (Hrsg.) [4]1992: Politikwissenschaft, 973–977 (zuerst 1985). *Scharpf, F. W.* 1991: Die Handlungsfähigkeit des Staates am Ende des zwanzigsten Jahrhunderts, in: PVS 32, 621–634. *Schuppert, G. F.* 1989: Zur Neubelebung der Staatsdiskussion: Entzauberung des Staates oder «Bringing the State Back In», in: Der Staat 28, 91–104. *Skocpol, T.* 1985: Bringing the State Back In, in: *Evans, P. B.* u. a.: Bringing the State Back In, Camb. u. a., 3–37. *Voigt, R.* (Hrsg.) 1993: Abschied vom Staat – Rückkehr zum Staat?, Baden-Baden. *Willke, H.* 1983: Entzauberung des Staates, Königstein/Ts. *Willke, H.* 1992: Ironie des Staates, Ffm.

Rainer-Olaf Schultze

Stabilitätspolitik, Bezeichnung für staatl. Bemühungen, die → Konjunktur so zu beeinflussen, daß ein gesamtwirtschaftl. → Gleichgewicht realisiert wird und die Ziele des → Magischen Vielecks erreicht werden.

Die S. orientiert sich an den gesamtwirtschaftl. Größen (→ Globalsteuerung) und stützt sich instrumentell auf die → Geld-, die → Fiskal-, die → Außenwirtschafts- und die Einkommenspolitik, wobei die Zuordnung zu unterschiedlichen wirtschaftspolit. Akteuren einen komplexen wirtschaftspolit. Entscheidungsprozeß bedingt. In der BRD wurde das 1967 verabschiedete Stabilitäts- und Wachstumsgesetz (StWG) als «Magna Charta der modernen Konjunkturpolitik» (*F. Neumark*) mit großen Vorschußlorbeeren bedacht. Die Neuerungen lagen v. a. bei institutionellen Vorkehrungen für eine bessere → Koordination der Fiskalpolitik durch die verschiedenen staatl. Akteure im föderalistischen Staat (z. B. Konjunkturrat für die öff. Hand, später auch Finanzplanungsrat), bei einer Erweiterung des fiskalpolit. Instrumentariums und bei dem Versuch der Einbindung der Verbände als wichtigste Akteure der Einkommenspolitik (→ Konzertierte Aktion). Die Erfahrungen mit dem StWG haben zu einer starken Ernüchterung und teilweise anderen Akzenten geführt (→ Monetarismus). Als Schwachstellen sind hervorzuheben: Unsicherheiten bei der zeitgerechten Konjunkturdiagnose und den Wirkungen eingesetzter Instrumente (Wissenslücke); polit. Blockaden beim Einsatz der Instrumente (Entscheidungslücke); interessenbedingte Abstimmungsdefizite zwischen den wirtschaftspolit. Akteuren (Koordinierungslücke), wobei offene Flanken v. a. die internat. Verflechtung und die von den Tarifparteien dominierte Einkommenspolitik bilden.

→ Keynesianismus; Wirtschaftspolitik.
Lit.: → Konjunktur/Konjunkturpolitik.

Uwe Andersen

Stadt → Gemeinde/Gemeindepolitik

Stagflation, aus der Kombination von Stagnation und → Inflation gebildeter Begriff der → Wirtschaftspolitik. Er beschreibt eine konjunkturell zwiespältige Lage, die durch starke Preissteigerungen trotz hoher → Arbeitslosigkeit charakterisiert ist.

S. wird auch als «englische Krankheit» bezeichnet, da sie nach dem II. Weltkrieg häufiger ein Merkmal der Wirtschaftsentwicklung in GB war.

→ Konjunktur/Konjunkturpolitik.
Lit.: → Geld- und Kreditpolitik.

Uwe Andersen

Stalinismus, polit. Doktrin, durch die *J. W. Stalin* (KP-Chef der Sowjetunion von 1922 bis 1953) Aussagen von *Marx* und *Lenin* als Marxismus-Leninismus zu einer dogmatisierten Lehre kodifizierte, in der die Herrschaft der KP und *Stalins* persönlich festgeschrieben wurde.

Entgegen den Aussagen von *Marx* und *Engels* wurde der Aufbau einer sozialistischen Ordnung nicht nur in einem industriell rückständigen Land wie Rußland für möglich erklärt, sondern auch, daß dieser Aufbau nur in einem einzigen Land (ohne Weltrevolution) möglich sei. Unter S. wird auch das durch willkürlichen Terror größten Ausmaßes (viele Millionen Todesopfer) gegen Individuen wie Gruppen (z. B. Kulaken, nichtruss. Nationalitäten) gekennzeichnete polit. Regime *Stalins* verstanden. Die nach dem Tode *Stalins* von *Chruschtschow* 1956 eingeleitete Entstalinisierung blieb Stückwerk. Als stalinistisch werden heute diejenigen kommunistischen Parteien bezeichnet, die *Stalins* Ideologie und Programmatik verteidigen und fortführen wollen.

→ Diktatur des Proletariats; Historischer Materialismus; Leninismus; Marxismus; Real existierender Sozialismus; Totalitarismus.

Lit.: *Neugebauer, W.* (Hrsg.) 1994: Von der Utopie zum Terror: Stalinismus-Analysen, Wien. *Plaggenborg, S.* (Hrsg.) 1998: Stalinismus, Bln.

Klaus Ziemer

Stammwähler, in der → Wahlforschung Fachausdruck für denjenigen stimmberechtigten Wähler, der an mindestens zwei aufeinanderfolgenden und vergleichbaren → Wahlen meist infolge stabiler → Parteiidentifikation für «seine Stammpartei» votiert.

Der S. grenzt sich ab vom → Wechselwähler, der häufig infolge lockerer bzw. fehlender Parteibindung für verschiedene → Parteien stimmt, und vom → Nichtwähler, der ständig, sporadisch, zufällig oder systematisch die Teilnahme an einer oder mehreren Wahlen verweigert. Differenziert wird zum einen zwischen der Stammwählerschaft i. e. S., die für eine Partei die «absolut sichere» Kernwählerschaft bildet, und dem erheblich größeren Potenzial der S. i. w. S., das empirisch hauptsächlich anhand dauerhaft starker Parteisympathie erfaßt werden kann. Alle polit. Parteien sehen sich dem Problem einer schrumpfenden Basis ihrer Stammwählerschaft gegenüber, u. a. weil sich die klassische Klientel verringert (z. B. die gewerkschaftlich organisierte Industriearbeiterschaft – SPD oder die konfessionell-katholisch gebundene Wählerschaft – CDU), aber auch infolge nachlassender Milieubindungen gerade junger Wähler an die jeweilige Stammpartei.

Lit.: *Schultze, R.-O.* 2000: Wählerverhalten bei Bundestagswahlen, in: Politische Bildung 33 Jg., H.3, 34–56. → Wahlverhalten; Wechselwähler.

Rainer-Olaf Schultze

STAMOKAP, von marxistisch-leninistisch orientierten Parteien in Frankreich und der ehem. DDR in den 1960er Jahren entwickelte → Staatstheorie für den heutigen sog. staatsmonopolistischen → Kapitalismus.

Der S. bildet die letzte Etappe des von Krisen und Zusammenbruch bedrohten → Monopolkapitalismus. Er konnte sich bisher vor dem Zusammenbruch retten, weil eine Verschmelzung von priv. Monopol- und öff. Staatsmacht stattgefunden hat, die eine fortwährende krisenregulative staatl. Interventionstätigkeit und umfassende gesellschaftl. Durchdringung des Profitsystems und die Monopolprofite sichert. Da dieser Staat-Monopol-Komplex zum Ausbeuter des ganzen Volkes wird, gilt es revolutionsstrategisch, ein antimonopolistisches Bündnis aller demokratischen Kräfte des Volkes unter der Führung der Kommunistischen Partei für eine «antimonopolistische Demokratie» zu schmieden.

→ Krise; Marxismus.

Josef Esser

Standardabweichung → Univariate Statistik

Standardisierte Fragen → Fragebogen

Standortpolitik, im polit.-ökon. Sinne staatl. Maßnahmen, die geeignet erscheinen, die Ansiedlung neuer Unternehmen zu fördern bzw. die Attraktivität der vorhandenen Standorte zu erhalten und ggf. zu verbessern.

Die zunehmende Bedeutung polit. Maßnahmen zur Verbesserung von Standortqualitäten reflektiert einerseits den enormen internat., regionalen und kommunalen Wettbewerb um Unternehmen als Anbieter von Arbeitsplätzen und Einkommen, als Steuerzahler etc. Andererseits wird angesichts des Mangels an neuen (volks-)wirtschaftl. Modellen und Leitbildern deutlich, daß Innovationsdynamik und permanenter Strukturwandel moderner Gesellschaften zunehmend als eine polit.-ökon. Aufgabe angesehen werden, die «von unten nach oben» zu leisten ist.
Betriebswirtschaftl. bezeichnet S. diejenigen Ziel- und Mittelentscheidungen über den geographischen Ort, an dem ein Unternehmen Produktionsfaktoren einsetzt, um Leistungen zu erstellen. Die für eine Standortwahl bedeutsamen Faktoren variieren je nachdem, ob die Unternehmensleistungen material-, arbeits- oder absatzorientiert, auf bes. infrastrukturelle Einrichtungen (z. B. Technologien, Energie, Verkehr) angewiesen oder von bestimmten Abgaben-, Steuer- bzw. Subventionsvorteilen abhängig sind.

→ Staatstätigkeit; Wirtschaftspolitik.
Lit.: *Dierkes, M./Zimmermann, K.* (Hrsg.) 1990: Wirtschaftsstandort Bundesrepublik. Leistungsfähigkeit und Zukunftsperspektiven, Ffm./NY. *Klemmer, P./Schubert, K.* (Hrsg.) 1992: Polit. Maßnahmen zur Verbesserung von Standortqualitäten, Bln.

Klaus Schubert

Starre Liste, eine Listenform, bei der ausschließlich den Parteien die Reihung der Kandidaten obliegt und der Wähler an den Listenvorschlag der Partei seiner Wahl gebunden ist.

→ Wahlbewerbung

Dieter Nohlen

Statistik, bezeichnet in den Sozialwiss. ein System von Modellvorstellungen und den damit verbundenen (weitgehend mathematisch-algorithmischen) Vorgehensweisen (→ Methoden), mit deren Hilfe man die angefallenen Daten → empirischer Sozialforschung systematisch zusammenstellen, analysieren und auf wesentliche Informationskerne reduzieren kann.

Hierzu gehören auch formalisierte Vorgehensweisen beim Entscheiden zwischen alternativen → Hypothesen, beim Prognostizieren von Effekten und Trends sowie beim Schätzen von bestimmten Kennwerten in den Grundgesamtheiten, welche den erhobenen Daten zugrunde liegen (z. B. Aussagen über die Bev. eines Landes auf der Basis von nur 1000 durchgeführten Interviews).
1. In elementarster Form – dem systematischen Sammeln und Zusammenstellen von Information – läßt sich statistisches Tun als sog. praktische oder materielle S. schon seit vielen tausend Jahren belegen: In Ägypten wurden im Alten Reich (2650–2190 v. Chr.) alle zwei Jahre Gold und Felder gezählt, Volkszählungen für die Zeit um 2000 v. Chr. sind nachgewiesen. In China (um 2300 v. Chr.) und im Persischen Großreich (um 500 v. Chr.) wurden ebenfalls statistische Zahlen ermittelt; im Römischen Reich gab es ab 433 v. Chr. regelmäßig Volkszählungen, unter *Augustus* (63 v. – 14 n. Chr.) sogar eine Dokumentation der Land- und Seestreitkräfte, Staatsfinanzen usw. als *breviarium augusti*.
Integrierte S. für ganze → Nationalstaaten, Volkswirtschaften usw. und die Gründung nat. statistischer Ämter erfolgten in Europa weitgehend erst im 19. Jh. und z. B. in Australien, Ägypten oder den USA erst im 20. Jahrhundert. Früher und weitgehend unabhängig von dieser praktischen S. entwik-

kelte sich die sog. Universitäts-S., eine systematische, vergleichende Staaten-Beschreibung, deren Blüte im 17. und 18. Jh. lag. Sie wurde abgelöst durch die – ebenfalls seit dem 17. Jh. entwickelte – Politische Arithmetik, deren Ziel weniger eine Beschreibung war, sondern es ging darum, auf analytische Weise Gesetzmäßigkeiten in gesellschaftl. und wirtschaftl. Erscheinungen zu finden. Durch *Quetelet* mit der Wahrscheinlichkeitstheorie (*Pascal, Bernoulli, Gauß* u. a.) verbunden, entwickelte sich im 19. Jh. die neuere S., die im 20. Jh. durch Ausarbeitung der Konzepte von Schätzung, Hypothesentests und Entscheidungstheorie (*Fisher, Neyman/Pearson, Wald* u. a.) und die axiomatisierte Fassung der Wahrscheinlichkeitstheorie durch *Kolmogoroff* wesentlich erweitert wurde.

2. (Mathematische) S. geht grundsätzlich von Zahlen aus, zwischen denen genau festgelegte numerische Beziehungen gelten. Von diesen Relationen hängt ab, welche Operationen ausgeführt werden dürfen und welche nicht. Abfolgen solcher Operationen werden nach unterschiedlichen Kriterien zu Methoden zusammengefaßt. Gegenstand von Substanzwiss. – also auch der Human- und Sozialwiss. – sind aber empirische Sachverhalte, die i. d. R. systematisch mit den Mitteln empirischer Forschung erhoben wurden. Mit Ausnahmen handelt es sich dabei also keineswegs um Zahlen oder definierte numerische Relationen. Die Frage, welche Funktion Zahlen in den Human- und Sozialwiss. haben, ist somit keineswegs trivial. Sie läßt sich hier aber grob dahingehend beantworten, daß zunächst über den Vorgang des Messens die empirische Information in numerische Information abgebildet wird. Vorteile der Verwendung von Zahlensystemen und S. gegenüber anderen Möglichkeiten (z. B. der Verwendung sprachlich-metaphorischer Systeme) sind insbes.: (1) Eindeutigkeit – mathematische Symbole und Operationen lassen sich im Ggs. zu Begriffen der natürlichen Sprachen völlig eindeutig definieren; (2) Nachvollziehbarkeit – die Operationen im mathematisch-statistischen Reduktionsprozeß sind explizit, nachvollziehbar und damit objektiviert; (3) Kommunizierbarkeit – die Bedeutung mathematischer Symbole ist definiert und damit die Verständigung nicht wie bei Sprache an räumlich/zeitlich sich verändernde (Sub-) Kulturen gebunden; (4) Optimierbarkeit – die formalen Operationen bei der Informationsreduktion lassen sich im Hinblick auf bestimmte, explizierbare Optimierungskriterien auswählen (z. B. erwartungstreue Schätzung, Fehlerminimierung usw.).

3. Je nach inhaltlicher Fragestellung und abhängig von der Struktur des empirischen Relativs ergeben sich unterschiedliche Einteilungen der statistischen Modelle. Eine wesentliche Strukturierung hängt damit zusammen, daß durch die Messung den Zahlen im numerischen Relativ – völlig unberührt von irgendwelchen axiomatischen Eigenschaften der Zahlen – genau nur jene Bedeutung zukommt, die sich aus dem jeweils abgebildeten empirischen Relativ (d. h. den empirischen Beziehungen) herleitet. Im Hinblick darauf, welche Information die Zahlen repräsentieren, unterscheidet man vier Skalenniveaus: (1) Nominalskalen: Zahlen werden nur hinsichtlich «=» und «≠» unterschieden (d. h. rein benennende Funktion der Zahlen; z. B. Hundemarken, Postleitzahlen); (2) Ordinalskalen: zusätzlich hat hier die Relation «<» und «>» empirischen Sinn (d. h. [rang-]ordnende Funktion der Zahlen; z. B. «1.», «2.» u. «3.» im Wettlauf, Rangreihe «Berufs-Prestige«); (3) Intervallskalen: zusätzlich hat hier die Größe von Differenzen (und damit das Intervall zwischen Zahlen) einen empirischen Sinn (z. B. Temperatur in Celsius/Fahrenheit); (4) Verhältnisskalen: auch das Verhältnis zweier Zahlen hat empirischen Sinn (und, wie man zeigen kann: ein absoluter Nullpunkt) – z. B. Größe, Gewicht.

Obwohl dies eine recht grobe Einteilung ist (man hat auch differenzierte Skalensysteme entwickelt), reicht für die meisten Probleme die Unterscheidung in diese vier Gruppen. Oft werden sogar die letzten beiden als metrische (bzw. quantitative) Skalen zusammengefaßt und den ersten beiden als topologische (bzw. qualitative) gegenübergestellt. Mit dem Skalenniveau ist bestimmt, welche numerischen Operationen ausgeführt werden dürfen, d. h., welche statistischen Modelle für ein bestimmtes Datenmaterial überhaupt in Frage kommen: So ist z. B. die Berechnung von Mittelwerten bei Ordinalskalenniveau sinnlos. Ein Problem für die Sozialwiss. ergibt sich daraus, daß die meisten klassischen – und auch heute noch sehr häufig verwendeten – statistischen Modelle mindestens Intervallskalenqualität voraussetzen, während die Daten i. d. R. höchstens Ordinalskalenqualität aufweisen. Allerdings ist hier bes. im letzten Jahrzehnt durch viele elaborierte Modelle für qualitative Daten eine Veränderung eingetreten.

4. Auch hinsichtlich der Fragestellung gibt es zunächst eine recht grobe Klassifizierung der statistischen Modelle: Geht es um Zusammenfassung, Darstellung und Beschreibung von Phänomenen, spricht man von beschreibender oder deskriptiver Statistik. Geht es darum, Prognosen zu erstellen, Werte zu schätzen und Entscheidungen zwischen Hypothesen zu fällen, so spricht man von Inferenzstatistik oder schließender Statistik.

Die → Deskriptive S. ist dienlich, wenn man noch keine Entscheidungen fällen oder bestimmte Werte schätzen will, sondern sich zunächst einmal einen Überblick über einen begrenzten Gegenstandsbereich verschaffen will. Hier benutzt man S. dazu, um das Material anschaulicher zu strukturieren sowie bestimmte Aspekte und Effekte deutlicher hervortreten zu lassen. Dies ist die wesentliche Aufgabe der beschreibenden S.; in Form der amtl. S. ist sie auch der breiten Bev. bekannt. Dazu gehört: (1) Auflisten und Strukturieren von Daten in Form von Tabellen sowie deren graphische Darstellung; (2) Beschreibung von einzelnen Daten-Verteilungen durch bestimmte Kennwerte – bes. hinsichtlich der Lage der meisten Werte (Median für Ordinal- und Mittelwert für Intervallskalen) und der Dispersion (Varianz für Intervallskalen); (3) Beschreibung des Zusammenhanges zwischen zwei Variablen durch Korrelationsmaße; (4) Reduktion komplexerer Zusammenhänge und ihre Darstellung – z. B. mittels → Clusteranalyse oder → Faktorenanalyse.

Die Inferenz-Statistik sieht im Ordnen und Umstrukturieren der Daten mittels der Deskriptivstatistik nur einen ersten Schritt, und die eigtl. Fragestellung zielt weiter: Die an einer begrenzten Personenzahl und unter speziellen Bedingungen erhobenen Daten werden nun als Stichprobe aus einer (realen oder theoretischen) Grundgesamtheit aufgefaßt. Mit dem Repräsentationsschluß wird dann – von diesen empirischen Beobachtungen bzw. Daten ausgehend – unter Beachtung bestimmter theoretischer Bedingungen auf zugrundeliegende Strukturen geschlossen. Es handelt sich also um einen Induktionsschluß, der für die theoretische Statistik insofern ein Randproblem darstellt, als hier die abstrakten Prinzipien der Wahrscheinlichkeit mit der Welt der empirischen Tatsachen verbunden werden müssen. Es gibt unterschiedliche Modellvorstellungen, wie ein Repräsentationsschluß faktisch möglich gemacht werden kann. Beim *Bayes*-Modell werden die *A-priori*-Verteilungen als bekannt vorausgesetzt, beim Fiduzialmodell von *R. A. Fisher* ist die sog. Fiduzialwahrscheinlichkeit eine Aussage über einen festen, aber unbekannten Zustand, beim *Likelihood*-Modell wird ein Plausibilitätsmaß für die unbekannten Parameter berechnet und beim Konfidenz-Modell von *Neyman/Pearson geht* es um Zufallsintervalle, die den unbekannten festen Parameter mit einer bestimmten Wahrscheinlichkeit überdecken. Zahlreiche moderne Autoren neigen dazu, Repräsentationsschlüsse als Entscheidungsprobleme aufzufassen und so eine unmittelbare Verbindung zur Theorie statistischer Tests herzustellen. Hier steht die Prüfung von Hypothesen im Zentrum. Neben den «klassischen» Tests, die erhebliche Voraussetzungen an das Datenmaterial hinsichtlich Skalenqualität und Verteilungsform stellen, wurden nach dem II. Weltkrieg und verstärkt wieder in den letzten Jahren eine größere Anzahl sog. nichtparametrischer Tests und Modelle für nominale und ordinale Daten entwickelt.

Neben Schätzen und Testen ist der dritte wesentliche Bereich der Inferenzstatistik die Regressionsrechnung. Diese ist eng verwandt mit der → Korrelationsrechnung; ihr Hauptanliegen ist die Prognose von Werten auf einer Variablen aufgrund der Kenntnis von Werten auf anderen Variablen. Dazu bedarf es der Aufstellung eines Regressionsmodells in Form eines funktionalen Zusammenhanges zwischen allen Variablen. Im elementarsten – aber auch häufigsten Fall – ist dies eine lineare Funktion, ansonsten führt dies zum Problem der nicht-linearen Regression. Der Typ dieser Funktion bedarf dabei immer einer inhaltlichen Begründung, erst dann ist es sinnvoll, die Koeffizienten dieser Funktion zu bestimmen. Eine andere Erweiterung des Grundkonzeptes liegt darin, zur Schätzung viele Variablen heranzuziehen; diese multiple Regression ist wesentliche Grundlage komplexer sozialwiss. Prognosen und anderer darauf aufbauender bzw. davon abgeleiteter Modelle. Ähnlich in der Fragestellung, aber mathematisch oft sehr unterschiedlich, ist das Problem, die gegenseitigen Beziehungen zwischen Variablen-Netzen durch Koeffizienten darzustellen. Dies führt zu Modellen der Kausalanalyse. In den letzten Jahren sind immer mehr komplexe (und als Computerprogramm verfügbare) Modelle in den Vordergrund gerückt, die einerseits nur kategoriales Datenniveau erfordern und andererseits zusätzliche wünschenswerte Eigenschaften aufweisen, wie z. B. die Berücksichtigung von Rückwirkungen in einem vernetzten Variablensystem, die vorherige Festlegung bestimmter Effektgrößen oder die Unterscheidung zwischen theoretischen und empirischen Variablen.

→ Multivariate Statistik; Schätzen, statistisches; Skalierung; Testtheorie; Wahrscheinlichkeitsverteilungen.

Lit.: *Benninghaus, H.* 1990: Einführung in die sozialwiss. Datenanalyse, Hamb. *Bohley, A.* 1985: Statistik, Mchn. *Bortz, J.* [4]1993: Statistik für Sozialwiss., Bln. *Hartung, J.* u. a. 1985: Statistik, Mchn. *Kriz, J.* [5]1983: Statistik in den Sozialwiss., Opl. *Patzelt, W. J.* 1985: Einführung in die sozialwiss. Statistik, Mchn. *Polasek, W.* 1997: Schließende Statistik, Hdbg. *Sachs, L.* 1984: Angewandte Statistik, Bln. *Wagschal, U.* 1999: Statistik für Politikwissenschaftler, Mchn.

Jürgen Kriz

Steuern, Zwangsabgaben, die (heute zumeist in Geldform) von natürlichen und juristischen Personen erhoben werden und einem ertragsberechtigten Gemeinwesen zufließen, um dessen allg. Finanzbedarf zu decken, sowie das polit. Handeln, das die damit in Zusammenhang stehenden Sachverhalte zu regeln trachtet.

1. S. sind (wie Beiträge und Gebühren) Teil der öff. Abgaben, werden aber – anders als diese – ohne spezifische Gegenleistung erhoben («Nonaffektationsprinzip»). Gängig sind Klassifikationen nach S. auf Einkommens-, Gewinn- bzw. Vermögensentstehung, -bestand und -verwendung; direkten und indirekten S.; Personen- und Sachsteuern sowie laufenden und einmaligen S. Es kann auch nach dem Steuergläubiger unterschieden werden, so in D nach Bundes-, Landes-, Gemeinde- und Gemeinschaftssteuern.

2. S. greifen in priv. Vermögensrechte ein und sind daher zu rechtfertigen. Im 17. und 18. Jh. begründeten die Nutzentheorien Steuerzahlungen an den → Staat vertragstheoretisch als Preis des Schutzes seiner Person und seiner → Güter (*Hobbes, Montesquieu*), während im 19. Jh. die Opfertheorien sie mit der überragenden Bedeutung des Staates rechtfertigten (*Mill, Schmoller*). Im ausgehenden 20. Jh. wiesen polit. Steuerrevolten – z. B. Frankreich, Kalifornien, Dänemark (USA; → Steuerprotest) – darauf hin, daß die Akzeptanz der Erhebung von S. auch im modernen Staat nicht vorausgesetzt werden kann. Abgabenquoten von z. T. über 50 % haben Diskussionen über die «Grenzen der Besteuerung» ausgelöst (→ Staatsquote).

3. Während früher Einnahmen aus Staatsanstalten und Staatsgütern eine große Rolle spielten, ist der moderne Staat marktwirtschaftl. Prägung «Steuerstaat» in dem Sinne, daß er seine Einkünfte in ganz überwiegendem Maße aus S. bezieht. Die → Verteilung der daraus resultierenden Lasten ist Gegenstand erheblicher polit. Kontroversen, die nach Ansicht der Finanzsoziologie (*Schumpeter/Goldscheid* 1976) einen hervorragenden Ansatzpunkt zur Analyse des «sozialen Getriebes» bieten. Auch historisch hängen S. eng mit der polit. Entwicklung zusammen: Die engl. → *Magna Charta* (1215) sicherte zu, daß keine S. ohne gemeinsame Beratung des Königreiches erhoben werden und stärkte so die Rolle des → Parlaments; die Revolte

der nordamerikan. Kolonien gegen das brit. Mutterland stand unter dem Motto *«no taxation without representation»*. Noch heute gilt das Budgetrecht als das vornehmste Recht jedes Parlamentes. In der modernen Industriegesellschaft dienen S. auch anderen Zwecken als der Alimentation des Staates. Sie sind häufig zum zentralen Lenkungsinstrument aktiver staatl. → Wirtschafts- und Gesellschaftspolitik geworden (→ Steuerung). Steuerpolitik kann sich demzufolge auch von z. B. volkswirtschaftl., sozial- oder umweltpolit. Gesichtspunkten leiten lassen und durch steuerliche Anreize bzw. Belastungen eine Vielzahl polit. Ziele zu erreichen trachten.

→ Haushalt; Haushaltspolitik; Finanzverfassung.

Lit.: *Goldscheid, R./Schumpeter, J.* 1976: Die Finanzkrise des Steuerstaats. Beiträge zur polit. Ökonomie der Staatsfinanzen, Ffm. *Kirchhof, P.* 1990: Staatliche Einnahmen, in: *Isensee, J./Kirchhof, P.* (Hrsg.): Hdb. des Staatsrechts der Bundesrepublik Deutschland, Bd. IV, Hdbg., 87–233. *Neumark, F.* 1988: Steuern, in: HdWW, Bd. 7, 295–309. *Schmidt, M. G.* 1990: Staatsfinanzen, in: *Beyme, K. von/Schmidt, M. G.* (Hrsg.): Politik in der Bundesrepublik Deutschland, Opl., 36–73. *Vogel, K.* 1987: Der Finanz- und Steuerstaat, in: *Isensee, J./Kirchhof, P.* (Hrsg.): Hdb. des Staatsrechts der Bundesrepublik Deutschland, Bd. I, Hdbg., 1151–1186. *Wöhe, G.* 1989: Steuern, in: *Chmielewicz, K./Eichhorn, P.* (Hrsg.): Handwörterbuch der öffentlichen Betriebswirtschaft, Stg., 1494–1518.

Andreas Busch

Steuerprotest (engl. *tax protest movement; tax revolt*), in Ländern mit internat. vergleichsweise niedriger durchschnittl. Belastung durch → Steuern und → Sozialabgaben öff. organisierte Ablehnung eines zu raschen Ausbaus des Steuer- und → Sozialstaates (z. B. Dänemark, USA).

Die Bürger verwahren sich mit Nachdruck etwa gegen die Höhe der Besteuerung oder die → Steuerstruktur bzw. sprechen sich für eine substantielle Verringerung der Abgabenlast aus, da sie das herrschende Leitbild wirtschaftspolit. Zurückhaltung des → Staates verletzt sehen.

→ Wachstumstheorien; Wirtschaftspolitik.

Susanne Schäfer-Walkmann

Steuerstruktur, die Zusammensetzung des Steueraufkommens durch Einkünfte aus verschiedenen Steuerarten. Um einen Überblick über die Vielzahl der → Steuern zu erlangen, wird im allg. wie folgt klassifiziert:

(a) nach dem Steuerschuldner (Haushalts- und Unternehmenssteuern); (b) nach dem Steuerobjekt (→ Einkommen-, Vermögen-, → Verbrauchs-, Verkehrsteuern; (c) nach der Einheit der Steuerbemessungsgrundlage (Mengen-, Wertsteuer); (d) nach dem Ansatzpunkt der Besteuerung im Wirtschaftskreislauf (Steuern auf die Einkommensentstehung und -verwendung; → Umsatzsteuer); (e) nach der Berücksichtigung persönlicher Umstände des Steuerpflichtigen (Personal- und Realsteuern) und (f) nach dem Ertragsberechtigten (Bundes-, Länder-, Gemeindesteuern; → Finanzverfassung). Gängig ist auch die Untergliederung in direkte (bei Unternehmen und Haushalten auf das Einkommen erhobene) und indirekte Steuern.
Sowohl im internat. Vergleich als auch über die Zeit gibt es erhebliche Unterschiede in der S.: So betrug in der BRD der Anteil der Lohnsteuer an den Gesamtsteuereinnahmen 1950 lediglich 8,6 %, 1994 hingegen 33,9 %. Der Anteil der speziellen Verbrauchssteuern sank im selben Zeitraum von 17,1 % auf 3,6 %. Administrative und polit. Präferenzen können einen Einfluß auf die S. haben.

Andreas Busch

Steuerung → Politische Steuerung

Steuerungstheorien. Politikwiss. S. beschäftigen sich mit der «konzeptionell orientierten Gestaltung der gesellschaftl. Umwelt durch polit. Instanzen» (*Mayntz* 1987: 92). Planungstheorien können als Untergruppe von S. angesehen werden, wenn man unter Planung den Versuch polit. Akteure versteht, ihre Konzepte mit Hilfe rationalen Mitteleinsatzes und optimierender Lösungsstrategien umzusetzen. Über Steuerung sollen die Präferenzordnungen frei entscheidender Akteure oder Akteursgruppen so beeinflußt werden, daß das Resultat des kollektiven Handelns dem zugrundeliegenden Steuerungskonzept entspricht. Weder Planung noch Steuerung implizieren dabei von vornherein eine erfolgreiche Gestaltung. Der Steuerungsbegriff betont lediglich den Versuch der aktiven polit. Beeinflussung von Handlungssystemen und deutet bereits auf die autonome Dynamik der Steuerungsobjekte hin, die diesen Versuch vereiteln können.

Die steuerungs- und planungstheoretischen Diskussionen haben sich mit der Frage beschäftigt, in welchem Umfang und in welcher Tiefe die Politik gesellschaftl. Abläufe beeinflussen kann, welche polit. und gesellschaftl Voraussetzungen für erfolgreiche → Politische Steuerung gegeben sein müssen und welche Rolle den Steuerungsobjekten im Steuerungsprozeß zukommt. Theorien über staatl. Steuerung konnten erst dann die Aufmerksamkeit der Wiss. erreichen, als der über rechtl. Regelungen normierende und über die Ordnungsverwaltung kontrollierende Staat vom modernen → Wohlfahrtsstaat abgelöst wurde. Dieser sollte die sozialen Folgekosten des kapitalistischen Produktionsprozesses kompensieren und die ökon. Krisentendenzen korrigieren. Innerhalb des Staates drückt sich dieser Wechsel in der wachsenden Bedeutung der Leistungsverwaltung aus.

1. Die S. lassen sich in systematischer Absicht unterteilen in einerseits Theorien, die Steuerung unter dem Primat der Politik betrachten und dabei die Rückkoppelung durch die Adressaten nicht beachten, und andererseits Theorien, die die «Eigenarten des jeweiligen Interventionsfeldes», die «Interessen der betroffenen Akteure als notwendige Wirkungbedingung der eigenen Intervention» des Staates betonen (*Kaufmann* 1991: 23). Betrachtet man die S. aus einer chronologischen Perspektive, läßt sich – dies wird im folgenden dargestellt werden – eine Tendenz des abnehmenden Optimismus gegenüber staatl. Steuerung und Planung feststellen:

(1) Planungseuphorie: In den 1920er und 30er Jahren, in denen die Kombination von Wirtschaftskrisen und der Alternative der sozialistischen → Planwirtschaft eine große Herausforderung für die westl. Regierungen darstellte, finden sich Diskussionsstränge, die vom Primat der Politik gegenüber der Wirtschaft ausgehen, polit. Planung als wesentliche Voraussetzung für eine bessere gesellschaftl. Ordnung herausstellen und stark normativ geprägt sind. Aus dem sozialistischen Gedankengut heraus wird die Planwirtschaft nicht nur zum praktischen Experiment in der Sowjetunion, sondern auch Bestandteil zahlreicher Diskussionen über die Transformation einer kapitalistischen zu einer sozialistischen Gesellschaft. Auch in der → Sozialdemokratie findet die Vorstellung Eingang, über die → Verstaatlichung priv. Unternehmen die Basis für eine Kontrollstruktur zu schaffen, mit der erfolgreiche Planung möglich wäre und mit der man die Krisentendenzen des Kapitalismus dauerhaft würde beseitigen können. Als konservativer Denker kommt *C. Schmitt* in den 1920er und 30er Jahren zu einer ähnlichen Hervorhebung der Planung im Staat: Sein Anliegen ist allerdings die Wiederherstellung des Primats der Politik an sich. Die miteinander konfligierenden und egoistischen gesellschaftl. Interessen, die durch die alles beherrschende ökon. → Rationalität auch in die Politik eindringen, drohen die Entscheidungshoheit der Politik zu blockieren. *Schmitts* Theorie des «starken Staates» umfaßte zwei Elemente: die Abkopplung vom Parteienpluralismus durch die «Dezision» einerseits und den planwirtschaftl. handelnden Staat andererseits. Über den Plan, der bei *Schmitt* (1963) ein Synonym für rationa-

le Mittelwahl ist, seien die unternehmerischen Gesamtinteressen am besten zu vertreten und durchzusetzen.

Gegen die jeweiligen autoritären Implikationen sozialistischer und konservativer Planungstheorien wendeten sich in den 1940er und 50er Jahren *H. Freyer* und *K. Mannheim*. Für beide Wissenschaftler bleibt staatl. Planung wünschenswerte und notwendige Zukunftsgestaltung. Sie teilen ebenfalls die Skepsis gegenüber den Auswirkungen kapitalistischen Wirtschaftens für die allg. Wohlfahrt, weisen aber bereits auf ein Element hin, das in den späteren S. immer wieder aufgegriffen werden wird, nämlich auf die Notwendigkeit, Akzeptanz für die Steuerung in der Bev. zu finden. Für *Freyer* (1987) können die polit. Pläne nur aufgrund gesicherter Herrschaft erfolgreich durchgeführt werden. Herrschaft läßt sich aber nur sichern, wenn sie den Betroffenen selbst die Chance der Teilhabe gibt. *Mannheim* (1958, 1970) warnt vor der Verselbständigung des Staates in der Planung und fordert «Sozialtechniken», die eine demokratische Kontrolle der Planung möglich machen (vgl. *von Beyme* 1991). Mit diesem Ansatz beginnen sich die S. bereits von der einseitigen, auf den Primat der Politik festgelegten Ausrichtung zu lösen, ohne dabei allerdings den Primat selbst zu hinterfragen.

(2) Planungsoptimismus: Seit Anfang der 1960er Jahre entwickelte sich zunächst in den USA (vgl. *Bell* 1967), später auch in der BRD für etwa ein Jahrzehnt eine erneute Planungsdiskussion, in der der Glaube an die Notwendigkeit und Möglichkeit polit. Steuerung zum Nutzen der Gesellschaft weiterhin ungebrochen ist, man aber viel mehr auf die technische Machbarkeit, auf das *engineering*, achtet. Zunehmend wird dabei angesichts offensichtlicher Diskrepanzen von wirtschaftl. und gesellschaftl. Herausforderungen und polit.-administrativen Reaktionsmöglichkeiten dem polit. Gestaltungsprozeß selbst Aufmerksamkeit gewidmet. Polit. Macht als Durchsetzungsmedium staatl. Steuerung verliert in diesen Theorien an Ansehen. In der Technokratiediskussion, insbes. *H. Schelskys* «technischem Staat» (1965), versucht man der im *Schmitt*schen → Dezisionismus angelegten Irrationalität polit. Entscheidungen durch die Bindung an den wiss.-technologischen Sachverstand zu begegnen. Erst hierdurch sei die für den Erfolg notwendige Rationalität polit. Planung gegeben. Die kybernetischen Theorien von *K. W. Deutsch* (1973) und *A. Etzioni* (1975) beschäftigen sich weniger mit der Herausforderung durch Wirtschaftskrisen als mit den notwendigen Voraussetzungen einer stabilen Demokratie. Dem → Politischen System wird dabei die Aufgabe gestellt – und dies findet man auch in der → Systemtheorie der 1980er Jahre wieder –, die Lernkapazitäten der Gesellschaft zu steigern und gesellschaftl. Gruppen an die Selbstbestimmung heranzuführen. Polit. Steuerung kann nur erfolgreich sein, wenn die eigenen Ziele weitgehend mit den Zielen anderer Systeme übereinstimmen. Insbes. *Etzioni* weist auf die notwendige Einheit von Kontrolle einerseits und Konsensbildung andererseits hin. Wichtig ist dabei allerdings auch die Fähigkeit polit. Systeme, eigene pathologische Lernprozesse zu vermeiden und innere Strukturen zu ändern.

Im Zuge der sozialdemokratischen Reformen, die in der BRD ab 1969 einsetzten, begann eine Gruppe von *Policy*-Forschern in genau diesem Sinne nach politikimmanenten institutionellen Voraussetzungen einer aktiven Steuerung von Wirtschaft und Gesellschaft zu suchen (*Mayntz/Scharpf* 1975; *Scharpf* 1973). Vor dem Hintergrund einer keynesianischen → Wirtschaftspolitik und einer vorausschauend und langfristig angelegten → Strukturpolitik, die sich mit dem bisherigen inkrementalistischen und spontanen Vorgehen der Minsterialbürokratie nicht verwirklichen ließ, gehörten die Identifizierung der internen polit. Hindernisse bei der Verwirklichung der Reformprogramme und die Bereitstellung von Lösungsansätzen zu den wichtigen Beiträgen dieser Tradition (beispielhaft: die Analyse der → Politikverflechtung; *Scharpf* u. a. 1976). Über die Reorganisation der Verwaltung (wie die Einrichtung von Planungsabteilungen oder die Überwindung negativer → Koordination) meinte man, die personalen und technisch-instrumentalen Voraussetzungen für eine vorausschauende staatl. Politik erreichen zu können.

(3) Skepsis: Die Implementationsanalysen zur «aktiven Politik» bilden gleichsam den Abschluß der S., die vom Primat der Politik ausgehen und dabei jeweils die Perspektive des Gesetzgebers und polit. Planers einnehmen, den Adressaten polit. Steuerung aber nur den Status eines Objekts zuerkennen.

(a) Mit dem Bericht des *Club of Rome*, der 1973 einsetzenden Ölpreiskrise, Enttäuschungen bei den administrativen und gesellschaftspolit. → Reformen sowie nachlassendem sozialdemokratischen Reformeifer bei gleichzeitiger Verknappung öff. → Ressourcen beginnt sich insges. eine skeptischere Haltung gegenüber den Möglichkeiten polit. Steuerung zu etablieren. In einer immer komplexeren und «turbulenten» Umwelt erscheinen langfristige und umfassende Steuerungsabsichten zunehmend als illusorisch. In den Implementationsanalysen beginnt man jetzt das realistisch Machbare herauszuarbeiten. V. a. aber gewinnt der Adressat der Steuerung an Kontur: Mitte der 1970er Jahre findet ein Paradigmawechsel in der S. statt, bei dem der Primat der Politik noch nicht vollständig verlassen wird, man sich aber bereits bewußt ist, daß der Erfolg polit. Steuerung und Planung in der Interaktion zwischen Politik und gesellschaftl. Akteuren entschieden wird. Entschlossen wird jetzt die Wende von einer hierarchischen Denkweise über die Gestaltungsmöglichkeiten der Politik hin zum «kooperativen Staat» (*Ritter* 1979) in Angriff genommen.

(b) *Charles E. Lindblom* war einer der ersten, der die synoptische, also umfassende und zukunftsorientierte Planung in komplexen demokratischen Gesellschaften für unrealistisch hielt und polit. Steuerung eher durch eine strategische Planung gekennzeichnet sah, d. h. durch polit. Handeln, das in kleinen Schritten über *Trial-and-Error*-Verfahren in dauernder Interaktion mit den Adressaten polit. Steuerung stattfindet (*Lindblom* 1980). Die → Implementationsforschung war bei ihren Nachforschungen über Reformmöglichkeiten ebenfalls zu dem Ergebnis gelangt, daß Politikverflechtungen, Blockademacht der Adressaten oder fehlende Konsistenz und Kohärenz polit. Programme eine hierarchische Kontrolle durch die Politik in vielen Fällen vereiteln (*Mayntz* 1980). Das Forschungsinteresse begann sich infolgedessen auf die Ebene der Adressaten, die Interessen der betroffenen Akteure und den Vermittlungsprozeß zwischen lokalen und polit. Interessen zu verschieben. Polit. Steuerung wurde zum *seamless web*, zu einem evolutionären Prozeß, in dem Entstehungsort und Durchführung von Programmen nicht mehr eindeutig einem Zentrum zuzuordnen sind.

(c) Ebenfalls Mitte der 1970er Jahre begann sich ein dritter skeptischer Argumentationsstrang der S. – die Korporatismustheorien – herauszubilden, der die Skepsis gegenüber den Erfolgsaussichten einseitig hoheitlichen Handelns teilt, ohne allerdings den Primat der Politik aufgeben zu wollen (vgl. *Schmitter/Lehmbruch* 1979). Die Bedeutung des Veto-Potenzials gesellschaftl. organisierter Interessen wird als Störfaktor polit. Durchsetzungsfähigkeit erkannt, man meint aber, polit. Ziele nach wie vor erfolgreich umsetzen zu können, wenn eine dauerhafte Einbindung wirtschaftl. Großorganisationen in polit. Verhandlungsarenen erreicht werden kann. Die Ermittlung der Bedingungen einer solchen Einbindung, z. B. die Konsenskultur in kleinen Ländern (*Katzenstein* 1986), sozialdemokratische Regierungen an der Macht und zentralisierte Wirtschaftsorganisationen (*Schmidt* 1982), gehörte zum Kern des korporatistischen Forschungsprogramms.

(4) Pessimismus: Der Wechsel zum kooperativen Staat in den skeptischen S. reflektierte die Überzeugung, daß polit. Steuerung und Planung nicht in technokratischen oder bürokratisch-rationalistischen Konzepten beschrieben werden konnte. Polit. Steuerung schien nach wie vor möglich, sie mußte aber der Eigendynamik des Wirkungsfeldes und den Eigeninteressen gesellschaftl. Akteure Rechnung tragen. Zu einer grundsätzlich negativen Einschätzung staatl. Steuerungsmöglichkeiten in modernen Gesellschaften kommen dagegen eine Reihe ganz unterschiedlicher Ansätze, die ebenfalls in den 1970er Jahren formuliert wurden.

(a) Zu nennen sind hier die sog. → Krisentheorien, die einmal an die *Schmitt*schen Gedanken vom starken Staat anschließen (vgl. *Hennis* u. a. 1977), zum anderen von neomarxistischen Theoremen ausgehen (vgl.

Offe 1980; *Habermas* 1973). Im Blickpunkt steht jeweils der → Wohlfahrtsstaat, dessen Entwicklung als Ursache eines zunehmenden polit. Steuerungsverlustes bei steigender Politikverdrossenheit und Wirtschaftskrisen angesehen wird. Krisentheoretiker beider Richtungen sind sich einig, daß die Steuerungsfähigkeit des modernen nat. Wohlfahrtsstaates mit den Herausforderungen einer wachsenden, weltweiten Verflechtung auf ökon., militärischem und polit. Gebiet, regelmäßig auftretenden Wirtschaftskrisen und den gestiegenen Erwartungen an staatl. Steuerungsleistungen nicht Schritt halten kann. Staatl. Planungsversuche erzeugen angesichts der unüberschaubaren Komplexität differenzierter Gesellschaften mehr Probleme, als sie lösen können, da sich nichtintendierte negative Folgewirkungen nicht vermeiden lassen. In gewisser Hinsicht ist der (keynesianische) Wohlfahrtsstaat Opfer seines eigenen Erfolgs geworden (vgl. *Offe* 1980). In Zeiten wirtschaftl. Wachstums sind die Steuerungsbereiche ständig ausgeweitet und damit das Erwartungsniveau der Bev. angehoben worden. In der Wirtschaftskrise fehlen der Politik nun die geeigneten Mittel, um diese Erwartungen weiterhin befriedigen zu können. → Legitimitätskrisen sind damit nicht zu vermeiden. Die Theorien der → Unregierbarkeit beklagen den hiermit verbundenen Autoritäts- und Ansehensverlust, der es dem Staat nicht mehr erlaube, als der Garant der sittlichen Ordnung aufzutreten. Die Überforderung zwinge ihn, die gesellschaftl. Interessengruppen in polit. Entscheidung und Implementation miteinzubeziehen. Souveränitätsverluste seien somit unausweichlich. Lösungen werden einerseits im Abbau des Sozialstaates und zum anderen in der Selbstdisziplinierung der Bürger gesucht. *C. Offe* und *J. Habermas* setzen bei der Betrachtung der Legitimitätskrise an der marxistischen These an, daß zunehmende → Vergesellschaftung und priv. Verfügungsgewalt über Produktions- und Investitionsmittel zu zyklischen ökon. Krisen führen müssen. Die polit. Bearbeitung dieser ökon. Krisen kann nur unvollkommen gelingen, da jede polit. Planung ihre Grenze im Investitionsmonopol der Unternehmen findet. Da sich «politisch-administrative Rationalitätskrisen» (*Habermas* 1973) so nicht vermeiden lassen und die Erwartungen der Bürger an die staatl. Leistungen nicht befriedigt werden, kann auch die zum polit. Handeln erforderliche Massenloyalität nicht gesichert werden. Legitimitäts- und soziale Integrationskrisen sind damit die Folge moderner Wohlfahrtsstaaten.

Die Krisentheorien der 1970er Jahre und die skeptischen Analysen der Implementationstheorie haben sicherlich mit dazu beigetragen, daß die Politik den Pfad des vorausschauenden keynesianischen Wohlfahrtsstaats verlassen hat und über → Privatisierung, → Deregulierung, Kompetenzabgabe, Delegation und Abbau von Sozialstaatsverpflichtungen versuchte, den Umfang der Erwartungen an polit. Leistungen und somit den Legitimitätszwang zu reduzieren. Polit. Planung hat seitdem in der Politik und in der Wirtschaft an Ansehen eingebüßt.

(b) Die S. der 1980er Jahre haben den pessimistischen Ton der Krisentheorien der 1970er Jahre z. T. beibehalten. Am deutlichsten ist dies in der Systemtheorie *N. Luhmanns* (1981, 1989). Hier wird der Verlust des Steuerungszentrums für die Politik in modernen Gesellschaften allerdings nicht, wie in den konservativen Theorien, bedauert, sondern als begrüßenswerte Entwicklung verstanden, denn für *Luhmann* trägt die funktionale → Differenzierung der Gesellschaft in autonome, von der Politik nicht steuerbare Teilsysteme gerade zur Rationalitätssteigerung der gesamten gesellschaftl. Entwicklung bei. Die sich nach eigenen Regeln vollziehende Leistungsproduktion in Teilsystemen ermöglicht in dieser Sicht eine wesentlich bessere Bearbeitung gesellschaftl. Probleme und Krisen. Die polit. Steuerungsfähigkeit sei einerseits durch die am eigenen Kommunkationszusammenhang orientierten Selektionsmechanismen beschränkt, die die Übernahme gesellschaftl. Verantwortung nur bedingt möglich mache, zum anderen sei die Politik aufgrund der natürlichen Autonomiesicherung und operationalen Geschlossenheit von Teilsystemen gar nicht in der Lage, konzeptionell gestaltend in die teilsystemischen Abläufe einzugreifen. Für *H. Willke* (1992) ist es dann auch notwendig, den bisherigen Steuerungsstaat auf einen therapeutischen Staat umzustellen, der wie ein Supervisor die selbstorganisierten Abläufe der Teilsysteme überwacht und, falls nötig, ermahnend und therapierend versucht, Störungen in der Selbstorganisation zu beheben (→ Supervision).

(c) Dieser systemtheoretischen Sichtweise stellt *F. W. Scharpf* (1989) aus einer akteurtheoretischen Sicht den Einwand entgegen, daß sich auch Teilsysteme durchaus erfolgreich steuern lassen, wenn man den Organisationscharakter moderner Gesellschaften berücksichtigt. Wenn es der Politik gelingt, Organisationen in Teilsystemen, die ihre Mitglieder zu kollektiv einheitlichem Handeln bewegen können, in ihrem Sinne zu beeinflussen (also etwa über Tauschgeschäfte, *divide-et-impera*-Strategien, Anreize), wäre erfolgreiche Steuerungstätigkeit der Politik auch in modernen Gesellschaften noch möglich (vgl. *Mayntz* 1987; *Schimank* 1992).

2. Obwohl viele der neueren steuerungstheoretischen Beiträge von *Luhmanns* Systemtheorie geprägt sind, hat sich in den 1990er Jahren doch ein relativierender Standpunkt durchgesetzt, der weder als optimistisch noch als pessimistisch bezeichnet werden kann. Der Primat der Politik ist einheitlich zugunsten des analytischen Rahmens eines kooperativen Staates aufgegeben worden: Polit. Steuerung – so läßt sich der heutige Konsens formulieren – kann erfolgreich sein, aber nur dann, wenn sie in der Lage ist, sich mit geeigneten Strategien in einer Umwelt durchzusetzen, in der eine Vielzahl von Akteuren mit Eigeninteressen und erheblicher Vetomacht agieren. Die paradigmatische Wende, die seit den Anfängen der Planungseuphorie bis heute stattgefunden hat, beinhaltet die Aufgabe einer normativen Überhöhung und Überforderung des Staates. An deren Stelle ist das Bild eines Staates getreten, der zwar nach wie vor eine größere Machtfülle als jeder einzelne gesellschaftl. Akteur besitzt, aber dennoch gezwungen ist, in Konsensbildungsprozesse zu treten. Gleichzeitig sind hiermit die Gesichtspunkte von Akzeptanz und → Legitimität, wie sie von *H. Freyer, K. Mannheim* und *A. Etzioni* ausgearbeitet wurden, wieder aufgegriffen worden. Die neuere Forschung konzentriert sich so im wesentlichen auf die Konfliktregulierungs- und Konsensbildungsprozesse in Netzwerken (*Marin/Mayntz* 1991), Politik-Arenen (*Windhoff-Héritier* 1987) und → Verhandlungssystemen (*Scharpf* 1991). Theorien und Methoden, die in der Lage sind, die Interaktion und Entscheidungen in solchen intermediären Arenen zu beschreiben, gewinnen dementsprechend an Bedeutung, u. a. die → Spieltheorie (*Tsebelis* 1990), die → Netzwerkanalyse (*Laumann/Knoke* 1987), die sog. Dritte-Sektor-Forschung (*Anheier/Seibel* 1992), *Rational choice*-Ansätze (*Alt/Shepsle* 1990) und Entscheidungs- und Verhandlungstheorien (*March/Olsen* 1989; *Benz u. a.* 1992).

→ Föderalismus; Handlungstheorien; Korporatismus; Pluralismus; Politische Kybernetik; Reformismus; Staatsintervention; Staatstheorie der Gegenwart; Staatszentrierte Ansätze; Systemtheorie; Wohlfahrtsstaat.

Lit.: *Anheier, H. K./Seibel, W.* (Hrsg.) 1990: The Third Sector, Bln. *Alt J. E./Shepsle, K. A.* (Hrsg.) 1990: Perspectives on Positive Political Economy, Camb. *Bell, D.* 1967: Notes on Post-industrial Society, in: PI 6, 24–35. *Benz, A.* u. a. 1992: Horizontale Politikverflechtung, Ffm./NY. *Beyme, K. von* [3]1997: Theorie der Politik im 20. Jahrhundert, Ffm. *Deutsch, K. W.* [3]1973: Politische Kybernetik, Freib. *Etzioni, A.* 1975: Die aktive Gesellschaft, Opl. *Freyer, H.* 1987: Herrschaft, Planung und Technik, Weinheim. *Habermas, J.* 1973: Legitimationsprobleme, Ffm. *Hennis, W.* u. a. (Hrsg.) 1977: Regierbarkeit, 2 Bde., Stg. *Katzenstein, P. J.* 1985: Small States in World Markets, Ithaca/L. *Kaufmann, F.-X.* 1991: Diskurse über Staatsaufgaben, MPIFG Discussion Paper 91/4, Köln. *Laumann, E. O./Knoke, D.* 1987: The Organizational State, Wisconsin. *Lindblom, C. E.* 1980: Jenseits von Markt und Staat, Stg. (engl. 1977), NY. *Luhmann, N.* 1981: Politische Theorie im Wohlfahrtsstaat, Mchn./Wien. *Luhmann, N.* 1989: Politische Steuerung, in: PVS 30, 4–9. *Mannheim, K.* 1958: Mensch und Gesellschaft im Zeitalter des Umbaus, Darmst. (zuerst 1935). *Mannheim, K.* 1970: Freiheit und geplante Demokratie,

Opl. (zuerst 1951). *March, J. G./Olsen, J. P.* 1989: Rediscovering Institutions, NY. *Marin, B./Mayntz, R.* (Hrsg.) 1991: Policy Networks, Ffm./Boulder. *Mayntz, R.* (Hrsg.) 1980: Implementation politischer Programme, Königstein/Ts., *Mayntz, R.* 1987: Politische Steuerung und gesellschaftliche Steuerungsprobleme, in: *Ellwein, T.* u. a. (Hrsg.): Jahrbuch zur Staats- und Verwaltungswissenschaft, Bd. 1, Baden-Baden, 89–110. *Mayntz, R./Scharpf, F. W.* 1975: Policy-Making in the German Federal Bureaucracy, Amsterdam. *Offe, C.* 1980: Unregierbarkeit. Zur Renaissance konservativer Krisentheorien, in: *Habermas, J.* (Hrsg.): Stichworte zur geistigen Situation der Zeit, Ffm., 294–318. *Ritter, E.-H.* 1979: Der kooperative Staat, in: AöR 104, 389–413. *Scharpf, F. W.* 1973: Planung als politischer Prozeß, Ffm. *Scharpf, F. W.* u. a. 1976: Politikverflechtung, Kronberg. *Scharpf, F. W.* 1989: Politische Steuerung und Politische Institutionen, in: PVS 30, 10–21. *Scharpf, F. W.* 1991: Die Handlungsfähigkeit des Staates am Ende des zwanzigsten Jahrhunderts, in: PVS 32, 621–634. *Schelsky, H.* 1965: Auf der Suche nach der Wirklichkeit, Düss. *Schimank, U.* 1992: Determinanten sozialer Steuerung – akteurtheoretisch betrachtet, in: *Bußhoff, H.* (Hrsg.): Steuerbarkeit und Steuerungsfähigkeit, Baden-Baden, 165–192. *Schmidt, M. G.* 1982: Wohlfahrtsstaatliche Politik unter bürgerlichen und sozialdemokratischen Regierungen, Ffm. *Schmitt, C.* 1963: Der Begriff des Politischen, Bln. (zuerst 1927). *Schmitter, P.C./Lehmbruch, G.* (Hrsg.) 1979: Trends toward Corporatist Intermediation, Beverly Hills/L. *Tsebelis, G.* 1990: Nested Games. Rational Choice in Comparative Politics, Berkeley u. a. *Willke, H.* 1992: Ironie des Staates, Ffm. *Windhoff-Héritier, A.* 1987: Policy Analyse, Ffm./NY.

Dietmar Braun

Stichprobe, Teilerhebung, für die die Untersuchungsobjekte nach vorher festgelegten Regeln (Auswahlplan) aus der → Grundgesamtheit ausgewählt werden. Synonym mit S. wird der Begriff *sample* verwandt. Einheiten, auf die sich der Auswahlplan bezieht (Auswahleinheiten), können vielfältiger Natur sein, z. B. Einzelpersonen, Personengruppen (etwa Haushalte), Organisationen, kulturelle Artefakte (wie Kunstgegenstände, Schriftstücke), ökolog. Einheiten (wie Städte, Wohngebiete), Situationen, Ereignisse.

1. Das Ziel einer Auswahl kann darin bestehen, von den Werten der Stichprobe (z. B. Anteils- und Mittelwerte, Streuungsmaße) auf die Parameter der Grundgesamtheit zu schließen (Repräsentationsschluß; statistische Schätzverfahren). Auswahlen können aber auch dazu dienen, → Hypothesen über die Grundgesamtheit anhand von Stichprobenbefunden zu überprüfen (Inklusionsschluß; statistische Testverfahren).

Von der (angestrebten) Grundgesamtheit ist strenggenommen die Erhebungsgrundgesamtheit zu unterscheiden. Sie besteht aus der Gesamtheit aller Objekte oder «Einheiten», auf die der Auswahlplan angewendet werden kann (im allg. eine symbolische Repräsentation der eigentlichen Objekte; z. B. Karteikarte oder Adresseneintrag in einer Liste statt Person oder Haushalt). Aus der Erhebungsgrundgesamtheit wird faktisch die S. entnommen. In dem Maße, wie sie von der angestrebten Grundgesamtheit der Untersuchungsobjekte abweicht (z. B. bei unvollständiger oder fehlender Kartei), leidet die Repräsentativität der Untersuchung; denn das *sample* ist repräsentativ immer nur im Hinblick auf die Erhebungsgrundgesamtheit.

Teilerhebungen sind i. d. R. kostengünstiger, organisatorisch weniger aufwendig und können in kürzerer Zeit sowie (wegen der Möglichkeit gründlicher Kontrollen) in besserer Qualität durchgeführt werden als Vollerhebungen. Aufgrund der kleineren Zahl von (Untersuchungs-)Einheiten bei einem *sample* ist zudem die Erhebung differenzierterer Daten möglich, so daß im Endeffekt die Aussagen der Untersuchung umfassender und zuverlässiger ausfallen als bei Vollerhebungen.

2. Im Auswahlplan für ein *sample* sind vier grundlegende Entscheidungen zu treffen, und zwar über: (1) den Umfang der S., (2)

die Auswahleinheit, (3) das Auswahlprinzip (zufalls- oder nicht zufallsgesteuert), (4) das geeignete Auswahlverfahren. Ziel der → Auswahlverfahren ist es, ein *sample* so zusammenzustellen, daß es ein repräsentatives Abbild der Grundgesamtheit darstellt. Bei nicht zufallsgesteuerten Auswahlen geschieht dies, indem anhand vorgegebener Kriterien ein verkleinertes Modell der Grundgesamtheit bewußt konstruiert wird; die Repräsentativität ist damit zunächst auch nur hinsichtlich dieser auswahlleitenden Kriterien (z. B. Quotierungsmerkmale bei der Quotenauswahl) sichergestellt. Bei zufallsgesteuerten Auswahlen dagegen soll die Repräsentativität durch das Zufallsprinzip – durch Ausschalten jeglicher Einflußnahme der an der Auswahl und Untersuchung beteiligten Personen auf die Bestimmung der einzelnen in die S. kommenden Einheiten – hergestellt werden. Das Zufallssample stellt im Rahmen von Zufallsschwankungsbereichen ein «verkleinertes Abbild» der Grundgesamtheit hinsichtlich beliebiger Merkmale und Merkmalskombinationen dar; die Repräsentativität ist also nicht auf bestimmte auswahlleitende Merkmale beschränkt: Auch die Statistiken des *samples* sind im Rahmen von Zufallsschwankungsbereichen repräsentativ für die Grundgesamtheit.

3. Mit Hilfe mathematischer Wahrscheinlichkeitsmodelle ist berechenbar, innerhalb welcher Fehlergrenzen bei vorgegebener Sicherheitswahrscheinlichkeit die in der S. ermittelten Werte den Parametern der Grundgesamtheit nahekommen. Das in diesem Zusammenhang am häufigsten verwendete Wahrscheinlichkeitsmodell ist das der sog. Normalverteilung oder *Gauß*schen Fehlerkurve. Ihre Bedeutung liegt zum einen darin, daß die meisten speziellen → Wahrscheinlichkeitsverteilungen für $n \to \infty$ in die Normalverteilung übergehen; zum anderen sind aber auch einige bes. wichtige Stichprobenmaßzahlen bei «großen» *samples* (Faustregel: $n > 30$) zumindest angenähert normalverteilt. Man kann sich das durch die Vorstellung veranschaulichen, daß aus einer gegebenen Grundgesamtheit eine lange Serie von Zufallsstichproben gleichen Umfangs (z. B. $n = 50$) unabhängig voneinander gezogen und für jedes *sample* das arithmetische Mittel eines Merkmals berechnet würde. Da die Zusammensetzung jedes *samples* vom Zufall gesteuert wird, werden die berechneten Mittelwerte der einzelnen S. nicht genau übereinstimmen, sondern mehr oder weniger voneinander abweichen. Jedoch kann gezeigt werden, daß für den Fall unendlich vieler solcher S. aus ders. Grundgesamtheit die *sample*-Mittelwerte nicht unsystematisch variieren, sondern eine Normalverteilung aufweisen. Und zwar konzentrieren sich die einzelnen Mittelwerte um einen Schwerpunkt (Erwartungswert), der dem arithmetischen Mittel des betreffenden Merkmals in der Grundgesamtheit entspricht. Auch ihre Variation ist aus der Variation des betreffenden Merkmals in der Grundgesamtheit herleitbar:

Es gilt $\sigma_x = \sigma_x \sqrt{n}$ (Standardfehler der Stichprobenmittelwerte = Standardabweichung des Merkmals in der Grundgesamtheit, dividiert durch die Wurzel aus dem Stichprobenumfang). Weiter gilt für normalverteilte Zufallsvariablen: Innerhalb des Intervalls $\mu \pm s$ (Erwartungswert ± Standardabweichung) liegen 68,3 %, innerhalb des Intervalls $\mu \pm 2\sigma$ bereits 95,4 % aller Fälle. Übertragen auf die Mittelwerte der Zufallssamples heißt das z. B.: 95,4 % der (unendlich vielen) S. weisen ein arithmetisches Mittel auf, das um nicht mehr als zwei Standardfehler ($s_{\bar{x}}$, s. o.) vom Mittelwert des Merkmals in der Grundgesamtheit abweicht. Oder: Der berechnete Mittelwert einer einzigen S. ($\bar{x}$) liegt mit einer Wahrscheinlichkeit von 95,4 % innerhalb des genannten Intervalls.

Schätzungen der – im Normalfall ja unbekannten – Parameter der Grundgesamtheit sind möglich. Wir geben also ein Intervall an (Sicherheits- oder Vertrauensbereich, Konfidenzintervall), innerhalb dessen wir den Parameter der Grundgesamtheit mit einer bestimmten Wahrscheinlichkeit (Sicherheits- oder Vertrauensniveau) vermuten. Dabei nehmen wir ein bestimmtes Risiko in Kauf, daß im konkreten Fall der gesuchte Wert dennoch außerhalb des angegebenen Intervalls liegt (Fehlerrisiko, Irrtumswahrscheinlichkeit, Signifikanzniveau). Sicherheitsniveau und Konfidenzintervall hängen eng zusammen: Je höher bei gegebener Stichproben-

größe das Sicherheitsniveau sein soll, desto weiter muß das Vertrauensintervall gefaßt werden, d. h., desto unpräziser wird die Aussage. Je präziser die Aussage (je enger das Vertrauensintervall) sein soll, desto geringer wird das Sicherheitsniveau, d. h., desto größer wird das Fehlerrisiko.
Allerdings kann bei gegebenem Sicherheitsniveau durch Erhöhung des Stichprobenumfangs die Aussage präzisiert, das Vertrauensintervall also enger gefaßt werden, da der Standardfehler der Stichprobenmaßzahl sich proportional zum Faktor $1/\sqrt{n}$ verhält. Wird beispielsweise der *sample*-Umfang vervielfacht, halbiert sich die Variation der Stichprobenmaßzahl. Aus der Beziehung $\sigma_{\bar{x}} = \sigma_x/\sqrt{n}$ ist weiter zu ersehen, daß der Standardfehler der Stichprobenmaßzahl direkt von der Variation des gemessenen Merkmals abhängt: Je geringer die Standardabweichung des Merkmals in der Grundgesamtheit, desto geringer auch der Standardfehler. Bei Vorgabe eines gewünschten Sicherheitsniveaus und eines gewünschten Vertrauensintervalls kann deshalb aus dieser Beziehung auch der benötigte *sample*-Umfang bestimmt werden.

→ Demoskopie/Umfrageforschung; Deskriptive Statistik; Inferenzstatistik; Testtheorie; Wahrscheinlichkeitsverteilung.

Lit.: *ADM, Arbeitskreis deutscher Marktforschungsinstitute* 1979: Muster-Stichproben-Pläne für Bevölkerungs-Stichproben in der Bundesrepublik und West-Berlin, Mchn. *Kreienbrock, L.* 1989: Einführung in die Stichprobenverfahren. Lehr- und Übungsbuch der angewandten Statistik, Mchn. *Pokropp, F.* 1980: Stichproben: Theorie und Verfahren, Königstein/Ts. *Sahner, H.* 1971: Schließende Statistik, Stg. *Tiede, M./Voß, W.* 1982: Stichproben und statistische Inferenz, 2 Bde., Bochum.

Helmut Kromrey

Stichprobenverteilung → Inferenzstatistik; Wahrscheinlichkeitsverteilung

Stichwahl → Mehrheit (Mehrheitsprinzip)

Stimmbezirk → Wahlkreise/Wahlkreiseinteilung

Stimmenmaximierung, aus der → Ökonomischen Theorie der Politik abgeleitetes Prinzip polit. Handelns, das vorrangig oder ausschließlich der Erzielung des höchstmöglichen Stimmengewinns dient.

In diesem von *A. Downs* (1968) aufgestellten → Modell wird der demokratische Wahlprozeß verstanden als ein komplexes Tauschsystem zwischen → Volksparteien und Wählern. Analog dem Gewinnstreben eines Unternehmens treten Volksparteien auf dem polit. → Markt als Nutzenmaximierer auf, die den Erhalt ihrer → Macht mittels einer maximalen Wählerzahl anstreben und damit die konsequente Vertretung der Wählerinteressen als nachrangig betrachten. Insbes. Volksparteien richten daher ihr programmatisches und polit. Verhalten i. S. des → Kosten-Nutzen-Kalküls an den Bedürfnissen des → Medianwählers aus und produzieren weitgehend allg. gehaltene polit. Programme, um damit den individuellen Nutzen möglichst vieler, ebenfalls rational entscheidender Wähler (Verbraucher) zu mehren und durch S. ihre polit. Macht zu halten bzw. auszudehnen.

→ Parteiensystem; *Rational choice*-Theorien; Wählerverhalten.

Lit.: *Downs, A.* 1968: Ökonomische Theorie der Demokratie, Tüb. (engl. 1957). *Mintzel, A.* 1984: Die Volkspartei, Opl.

Susanne Schäfer-Walkmann

Stimmen-Splitting → Splitting

Stimmenverrechnung → Verrechnungsverfahren

Stimmgebungsverfahren, in → Wahlsystemen die Art und Weise, wie der Wähler seine polit. Präferenzen zum Ausdruck bringen kann.

Bei Einzelstimmgebung verfügt er über (nur) eine einzige Stimme, bei Mehrstimmgebung über zwei oder mehr Stimmen, ggf. über so viele, wie Mandate im → Wahlkreis zu vergeben sind. Bei der Präferenzstimmgebung kreuzt er einen Kandidaten auf einer Parteiliste an, die als Vorzugsstimme gilt und darüber entscheidet, welcher Kandidat einer Liste gewählt ist. Bei der Alternativstimmgebung gibt der Wähler an, welche Partei/welchen Kandidaten er für den Fall bevorzugt, daß seine Erstpräferenz nicht genug Stimmen erhält, um gewählt werden zu können. Das Kumulieren gestattet dem Wähler, mehrere Stimmen auf einen Kandidaten einer Parteiliste zu häufen, das Panaschieren die Auswahl unter den Kandidaten mehrerer Parteien. S. sind mit den Regelungen der → Wahlbewerbung eng verbunden: die Einzelstimmgebung mit Einzelkandidatur und der starren Liste, die Mehrstimmgebung mit der lose gebundenen Liste und das Kumulieren mit der freien Liste. Beim Zweistimmensystem (der personalisierten Verhältniswahl) kann der Wähler eine Personalstimme und eine Listenstimme abgeben mit der Besonderheit, daß er sein Votum splitten kann, also die Personalstimme an den Kandidaten einer Partei vergibt, die er nicht auch mit seiner Listenstimme wählt.

Lit.: → Wahlsysteme.

Dieter Nohlen

Stimmrecht → Wahlrecht

Stratified sample → Auswahlverfahren

Streik (von engl. *to strike work* = Arbeitsniederlegung), die gemeinsame und planmäßig durchgeführte Arbeitseinstellung einer größeren Zahl von Arbeitnehmern (ungeachtet, ob sie gewerkschaftlich organisiert sind oder nicht) innerhalb eines Berufs oder Betriebs zur Durchsetzung eines bestimmten Ziels mit dem Willen zur Fortsetzung des Arbeitsverhältnisses nach Beendigung des Streiks.

S. gehört (neben → Aussperrung und Boykott) zu den Arbeitskampfmaßnahmen. S. und Unterstützung für einen voraussehbaren S. waren der Anlaß zum ersten solidarischen Zusammenschluß von Arbeitern, zur Bildung der ersten → Gewerkschaften.

1. In gesellschaftspolit. Interpretationen und Theorien wird der S. verschieden beurteilt: (1) Für *Marx* und *Engels* war der S. sowohl ein Mittel zur Behauptung der → Arbeiterklasse und ihrer Interessen im → Kapitalismus als auch eine revolutionäre Schule zur Vorbereitung auf die vollständige → Emanzipation der Arbeiterklasse und der Menschheit überhaupt. (2) *F. Lassalle* hat dem S. (wie auch den Gewerkschaften) wenig Bedeutung beigemessen, da wegen des ehernen Lohngesetzes die Verbesserung der wirtschaftl. Lage der Arbeiter objektiv nicht möglich sei. (3) Für Anarchisten und Syndikalisten ist der S. Ausdruck der sozialen Revolte (→ Anarchismus; → Syndikalismus). (4) In der dt. → Sozialdemokratie war der S. als Mittel, höhere Löhne und bessere Arbeitsbedingungen zu erkämpfen, immer unumstritten. (5) In der katholischen → Soziallehre wird prinzipiell der wirtschaftl. S. als legitimes Mittel der Arbeitnehmer anerkannt. (6) Im orthodoxen → Marxismus-Leninismus ist S. als Arbeitsniederlegung begriffen worden, die nur im Kapitalismus möglich sei, da es sich beim S. um eine Form des proletarischen Klassenkampfes gegen kapitalistische Ausbeutung und Unterdrükkung handle (→ Klassenkonflikt; Proletariat).

2. Es können verschiedene Typen von S. unterschieden werden. So der Sympathie- und Solidaritätsstreik, der Warn- bzw. Demonstrationsstreik, der Proteststreik und der aktive Kampfstreik, aber auch der «Bummelstreik» und der Dienst nach Vorschrift. Während S., die sich auf die konkreten Beziehungen zwischen Arbeitnehmern und ihrem Arbeitgeber beziehen, prinzipiell zulässig sind, ist die Berechtigung von polit. S., also solchen Arbeitskampfmaßnahmen, die polit. Ziele haben, umstritten.

3. Das Recht, Gewerkschaften zu bilden, und das Streikrecht können als Prinzipien des → Sozialstaates angesehen werden. Dem gewerkschaftlichen S. steht als wichtigstes Arbeitskampfmittel der Arbeitgeber die → Aussperrung gegenüber, die in westl. Demo-

kratien unterschiedlich als legitim oder illegitim angesehen wird.

→ Arbeitsbeziehungen; Tarifkonflikt.

Lit.: *Bieback, K.-J./Zechlin, L.* (Hrsg.) 1989: Ende des Arbeitskampfes? Technikentwicklung und Streik, Hamb. *Clarke, R. O.* 1987: Industrial Conflict: Prospectives and Trends, in: *Blanpain, R.* (Hrsg.): Comparative Labour Law and Industrial Relations, Deventer, 383–399. *Boll, F.* 1992: Arbeitskämpfe und Gewerkschaften in Deutschland, England und Frankreich: ihre Entwicklung vom 19. zum 20. Jahrhundert, Bonn. *Schneider, D.* (Hrsg.) 1971: Zur Theorie und Praxis des Streiks, Ffm. → Arbeitsbeziehungen.

Peter Lösche

Streitbare Demokratie (auch wehrhafte Demokratie), auf *K. Loewenstein* zurückgehende Bezeichnung für eine → Demokratie, die sich aktiv, kämpferisch mittels einer Vielzahl institutioneller Vorkehrungen gegen Bestandsgefährdungen zur Wehr setzt, die von antidemokratischen, system-oppositionellen Kräften ausgehen können.

Anders als in der Weimarer Republik sind in der BRD die Kernelemente der freiheitlich-demokratischen Grundordnung (→ FDGO), v. a. die in Art. 1 GG genannten Grundrechte, die in Art. 20 GG festgeschriebene Ordnung der BRD als demokratischem → Bundes-, → Rechts- und → Sozialstaat, Wahlen und Abstimmungen, Pluralismus und Gewaltenteilung, unter den Schutz der «Ewigkeitsgarantie» des Art. 79 GG gestellt und können legal auch mit verfassungsändernder 2/3-Mehrheit nicht verändert bzw. beseitigt werden. Zu den Instrumenten der s. D. zum Schutze der demokratischen Ordnung gehören u. a.: (1) die Verwirkung von Grundrechten, (2) die Einschränkung und das Verbot des Vereins- und Versammlungsrechtes, (3) das Parteienverbot, (4) die strafrechtliche Verfolgung, (5) die bes. Treuepflicht der Beamten und Angestellten des Öff. Dienstes (Überprüfung der Verfassungstreue durch den sog. Radikalenerlaß bei Einstellung), (6) die Notstandsverfassung. Über die Rechtmäßigkeit der Abwehrmaßnahmen entscheidet (letztinstanzlich) das Bundesverfassungsgericht. Der extensive Gebrauch, insbes. die Handhabung der Einstellungspraxis im Öff. Dienst, hat vielfach berechtigte Kritik herausgefordert. Dies ändert indes nichts an der Richtigkeit der Intention s. D., denjenigen rechts- bzw. linksextremistischen Kräften mit demokratischen Mitteln und rechtsstaatlichen Verfahren aktiv entgegenzutreten, die die Demokratie unter Mißbrauch ihrer freiheitlichen Möglichkeiten zu beseitigen versuchen.

→ Demokratie; Demokratietheorien.

Lit.: *Backes, U./Jesse, E.* 1996: Die streitbare Demokratie in der Krise, in: Jb. Extremismus & Demokratie 8, 13–35. *Jesse, E.* [2]1981: Streitbare Demokratie, Bln.

Rainer-Olaf Schultze

Streuung → Häufigkeitsverteilung

Streuungsmaße → Univariate Statistik

Struktur (Strukturanalyse) (von lat. *structura* = Aufbau, Bauwerk), Element der Gliederung, des Aufbaus oder der Anordnung eines → Systems in Beziehung zu anderen Systemelementen, wobei Struktur, → Funktion und Prozeß für eine angemessene Strukturanalyse aufeinander zu beziehen sind.

Im prominent von *T. Parsons* vertretenen → Strukturfunktionalismus stellt Struktur einen Schlüsselbegriff dar, der nicht klar definiert ist und sich z. B. auch auf Institutionen beziehen kann. Strukturen haben generell eine starke Tendenz zur Selbsterhaltung. In *N. Luhmanns* Theorie → Selbstreferentieller Systeme fungiert die Struktur als Einschränkung der im System zugelassenen Relationen, ihre → Funktion besteht darin, die autopoietische Reproduktion trotz Unvorhersehbarkeit zu ermöglichen. Soziale Systeme müssen Strukturformen entwickeln, die in der Lage sind, Handlungsereignisse in der Zeitdimension miteinander zu verknüpfen und innerhalb des Systems für Anschlußfähigkeit zu sorgen. Struktur ist mithin ein Komplementärbegriff zur Ereignishaftigkeit der Elemente. Entscheidungstheoretisch sind v. a. Sinnstrukturen zur Umformung von → Kontingenz nötig, die als reflexive Erwartungsstrukturen auch einen Möglichkeitsspielraum für neue Arrangements zulassen.

→ Entscheidungstheorie.
Lit.: → Strukturfunktionalismus; Systemtheorie.

Arno Waschkuhn

Strukturalismus. Für das Verständnis des interdisziplinären Geflechts von → Theorien, → Methoden und Forschungsansätzen, das sich seit den 1960er Jahren in den frz. *sciences humaines* unter dem Sammelbegriff des S. herausgebildet hat, ist die metaphorische Bedeutung von Struktur als Bau, Gebäude, Bauweise, Gefüge von Teilen nur bedingt brauchbar. Struktur ist vielmehr eine theoretisch hochelaborierte begriffliche Form, bei deren Entwicklung der Linguistik *(F. de Saussure)* und ihrem Konzept von Sprache (*langue*, in Unterscheidung von der *parole* als einzelnem Sprechakt) wegweisende Bedeutung zukommt. Sprache wird begriffen als ein autonom organisiertes System von Zeichen, deren Wert weder durch die Lautgestalt (d. h. phonetisch) noch durch Sinn und Bedeutung mit Bezug auf einen Gegenstand (d. h. semantisch) definiert wird, sondern allein im Verhältnis zu den anderen Zeichen (d. h. relational, funktional oder eben struktural). Mit dieser semiotischen Wendung ist die Zäsur zum S. als einem neuen → Paradigma gesetzt (*Wahl* 1973: 326).

1. Der S. entdeckt neben den dual aufeinander bezogenen und gegeneinander abgrenzbaren Ordnungen des Realen und des Imaginären eine dritte Ordnung des Symbolischen. Diese Struktur bildet einen strukturellen bzw. topologischen Raum (der nicht mit physischer Ausdehnung zu verwechseln ist). In ihm sind Plätze definiert, deren Kombinatorik ein strukturelles Sinnkriterium darstellt. Dieser relationale Sinn liegt möglichen Besetzungen durch Platzhalter realer oder fiktiver Art voraus. Strukturen sind unbewußt: Sie drücken sich in realen und imaginären Ordnungen aus und entziehen sich diesen doch auch, bleiben somit ein ständiges Problem, das nur hypothetische Thematisierungen zuläßt. Strukturen sind Virtualitäten: ein Fundus koexistierender Möglichkeiten, die durch selektive Kombinationen von Elementen jeweilige Aktualisierungen produzieren. «Jede Struktur ist eine Vielzahl von virtueller Koexistenz» (*Deleuze* 1992: 28). Ergänzend zu diesem diachronen Aspekt (Zeit als Bewegung von der Virtualität zur Aktualität) gewinnt die Struktur eine synchrone Dynamik im Moment des Seriellen: Die strukturelle → Differenzierung erfolgt nicht als Fixierung von Differenzen, sondern die Differenzierungen variieren in einer Serie von Abwandlungen, Übertragungen, Verschiebungen. Wie der Joker im Kartenspiel, so erlaubt ein je leeres Feld bzw. blinder Fleck – «Kein Strukturalismus ohne diesen Nullpunkt» (*Deleuze* 1992: 45) – im strukturalen Raum je neue Besetzungen und eine variable Kombinatorik des strukturellen Spiels. In all dem bleibt der theoretische Status von «Struktur» problematisch: Das Spektrum der Möglichkeiten reicht vom bloß methodologischen Instrumentarium über ein realistisches Verständnis bis hin zur Struktur als einem ontologischen Prinzip. Die selbstbezügliche Dynamisierung des S. führt schließlich zum Neo- und Post-Strukturalismus (vgl. v. a. *J. Derrida*), der die «Strukturalität der Struktur» (*Derrida* 1972: 422) vor ihrer Fixierung als metaphysisches Zentrum zu bewahren sucht, indem er sie durch «Dekonstruktion» flüssig und beweglich hält.

2. Für die sozialwiss. und -philosophische Theorie ist der S. in mehrfachem Sinne relevant. (1) Als Forschungsprogramm ermöglicht er neue Sichtweisen auf soziale und polit. Gegenstandsfelder. So führt *C. Lévi-Strauss* die Arbeitsweise des linguistischen S. in die Ethnologie ein und entfaltet daraus eine strukturale Anthropologie. Deren Strukturen sind Systeme von invarianten Re-

lationen, wie sie etwa in Verwandtschaftsbeziehungen und Heiratsregeln, aber auch in Mythen und in der Logik des primitiven Denkens zum Ausdruck kommen. *L. Althusser* und seine Schule transformieren *Marx'* Humanismus produktiv arbeitender menschlicher Subjekte und seine Differenzierung in ökon. Basis und ideologischen Überbau in ein umfassendes strukturelles Konzept gesellschaftl. Produktionsverhältnisse als der «wahren Subjekte» (*Althusser/Balibar* 1972: Bd. II, 242), denen gegenüber die konkreten Individuen nur Funktionäre und Platzhalter sind. Eine geschichtl. und sozialkritische Dimension wird von *M. Foucault* erschlossen, der nach der «genealogischen» und «archäologischen» Analyse des Strukturellen in diskursiven Ordnungen (z. B. der Humanwiss. und der Medizin) eine Theorie der → Macht als alternativloser → Totalität der «Dispositive der Macht» (Wissen, Sexualität, Arbeit) entwickelt. (2) Politikphilosophisch formuliert der S. eine skeptische Gegenposition zu all jenen geschichtsphilosophischen, handlungstheoretischen, ethischen, staatstheoretischen Ansätzen, die sich einem konstitutiven Punkt einer tätigen Subjektivität verschrieben haben. Dies gilt insbes. für den Fixpunkt der modernen → Politischen Theorie schlechthin, den Menschen, der als Grundwert fungiert und dem Staat seine funktionale Definition aufprägt. In Differenz zur neuzeitlichen anthropologischen Wende, wie sie im Bogen von *Descartes'* Prinzip des *Ego cogito* bis hin zu *Marx'* Humanismus reicht, spricht der S. mit *Foucault* vom Verschwinden des Menschen, mit *L. Althusser* vom Humanismus als einer Ideologie.

(3) Problematisch bleibt das Verhältnis von Struktur und menschlichem Handeln zwischen theoretischer Aporie und utopischer Identität: Einerseits ist nicht ersichtlich, wie das geschichtl. Spiel der Strukturen von menschlicher Praxis änderbar sein könnte. Andererseits bleibt der aus dieser Perspektive der Zerstreuung des Subjekts und seiner Handlungsorientierungen noch mögliche Praxisbegriff als «Punkt permanenter Revolution oder permanenter Übertragung» (*Deleuze* 1992: 59) inhaltlich unbestimmt und problematisch beliebig.

3. Ein anderes Verständnis liegt dem auf *J. D. Sneed* zurückgehenden S. in der gegenwärtigen Wissenschaftstheorie zugrunde. Systematisch anknüpfend an die von *R. Carnap* eingeführte linguistische Unterscheidung von Beobachtungs- und theoretischer Sprache und deren Probleme (Theoriebestimmtheit von wiss. Empirie), wird ein theoriebezügliches Kriterium für Theoretizität entwickelt. «T-theoretisch» ist eine Größe dann, wenn sie unter Rückgriff auf eine Theorie T berechenbar ist. Die «Struktur» einer Theorie wird als mathematisch axiomatisierter mengentheoretisch darstellbarer formaler Kern gefaßt, der zusammen mit einer Menge «intendierter Anwendungen» die empirische Theorie ergibt. Die Struktur wird differenziert in einen «Strukturrahmen» mathematischer Gebilde sowie einen «Strukturkern»; letzterer enthält eine Menge «potentieller Modelle» (was etwa den Grundbegriffen der Theorie entspricht), eine Menge von Modellen und der Querverbindung beider (was etwa den Hypothesen und Axiomen der Theorie entspricht). Eine Erweiterung des Strukturkerns wird angestrebt. Auf diese Weise können Beziehungen zwischen begrifflich verschiedenen Theorien hergestellt und die Dynamik von Theorien beschrieben werden. Dieser S. führt zu einem *non statement view*, der Theorie nicht mehr als System von Sätzen *(statement view)* und damit als Abbildung einer Wirklichkeit begreift, sondern als begriffliches Gerüst und Instrumentarium. Zwar bezieht sich *Sneed* in seiner Rekonstruktion auf physikalische Theorien, deren Bestimmung von Theoretizität eine theorienabhängige Meßbarkeit impliziert. Doch lassen sich auch qualitative Begriffe und Theorien strukturalisieren. Eine interdisziplinäre Anwendung zeichnet sich ab.

→ Macht; Machttheoretische Ansätze; Marxismus; Systemtheorie.

Lit.: *Althusser, L.* 1968: Für Marx, Ffm. (frz. 1965). *Althusser, L./Balibar, E.* 1972: Das Kapital lesen, 2 Bde., Rbk. (frz. 1968). *Balzer, W.* u. a. 1987: An Architectonic for Science. The Structuralist Program, Dordrecht. *Deleuze, G.* 1992: Woran erkennt man den Strukturalismus?, Bln. (frz. 1973). *Derrida,*

J. 1972: Die Schrift und die Differenz, Ffm. (frz. 1967). *Diederich, W.* 1981: Strukturalistische Rekonstruktionen, Braunschweig/Wsb. *Dosse, F.* 1999: Geschichte des Strukturalismus, 2 Bde., Ffm. (frz. 1991). *Frank, M.* 1984: Was ist Neostrukturalismus?, Ffm. *Foucault, M.* 1974: Die Ordnung der Dinge, Ffm. (frz. 1966). *Foucault, M.* 1974: Von der Subversion des Wissens, Mchn. *Foucault, M.* 1983: Sexualität und Wahrheit, Ffm. (frz. 1976). *Hund, W. A.* (Hrsg.) 1973: Strukturalismus, Darmst./Neuwied. *Lévi-Strauss, C.* 1978: Strukturale Anthropologie, Ffm. (frz. 1958). *Lévi-Strauss, C.* 1973: Das wilde Denken, Ffm. (frz. 1962). *Sneed, J. D.* 1971: The Logical Structure of Mathematical Physics, Dordrecht. *Piaget, J.* 1973: Der Strukturalismus, Olten (frz. 1968). *Schiwy, G.* 1969: Der französische Strukturalismus, Rbk. *Schiwy, G.* 1973: Neue Aspekte des Strukturalismus, Mchn. *Sebag, L.* 1967: Marxismus und Strukturalismus, Ffm. (frz. 1964). *Stegmüller, W.* 1973: Probleme und Resultate der Wissenschaftstheorie und Analytischen Philosophie, Bd. II: Theorie und Erfahrung. Zweiter Halbband: Theoriestrukturen und Theoriendynamik, Bln. u. a. *Wahl, F.* (Hrsg.) 1973: Einführung in den Strukturalismus, Ffm. (frz. 1968).

Ulrich Weiß

Strukturelle Asymmetrie, Ungleichverteilung strukturbegründender Ressourcen bezogen auf die imaginäre Mitte eines linearen Kontinuums. S. A. durchziehen alle Bereiche gesellschaftl. Wirklichkeit.

(1) In der Produktionssphäre kann es bei der Begünstigung einer Seite des Verhältnisses von Arbeit und Kapital zu einseitigen Übergewichten bei gesellschaftl. Auseinandersetzungen kommen. S. A. in der Distributionssphäre bewirken Ungleichheiten in der Einkommensverteilung. (2) Vorgeprägte Muster der Regierungskoalitionen bzw. die langjährige Dominanz bestimmter Parteien als Regierungsparteien sind Konsequenzen asymmetrischer → Parteiensysteme. S. A. können zu Instabilitäten → Politischer Systeme (Ausbeutung, Repression etc. als negative Konsequenzen) beitragen; sie können aber auch polit. Stabilität (Kontinuität, Überschaubarkeit etc. als positive Konsequenzen) bewirken. Typisch hierfür war die kanadische Nachkriegspolitik, die aufgrund der territorial verfestigten Konflikte zwischen anglo- und frankophoner Nation sowie zwischen → Zentrum und Peripherie stets von starken Asymmetrien, aber auch von stabilen Regierungsverhältnissen in Bund wie Provinzen bestimmt gewesen ist.

Rainer-Olaf Schultze

Strukturelle Gewalt, von *J. Galtung* (1971) in die kritische Friedensforschung eingebrachter Begriff, den er zunächst recht weit faßte und abstrakt definierte: S. G. ist die «vermeidbare Beeinträchtigung grundlegender menschlicher Bedürfnisse oder, allgemeiner ausgedrückt, des Lebens, die den realen Grad der Bedürfnisbefriedigung unter das herabsetzt, was potentiell möglich ist».

Um Mißverständnissen zu begegnen, hat *Galtung* den Begriff gegen personale, direkte und intendierte → Gewalt abgegrenzt sowie ebenfalls von institutioneller Gewalt unterschieden, was jedoch nicht heißt, daß der Begriff sich in den jeweiligen Gegenbegriffen erschöpft. Der Begriff «verlagert den Fokus von der Person auf die soziale und/oder globale Struktur» (*Galtung* 1997: 477), die *Galtung* unter der Wertprämisse der Gleichheit in den Interaktionsbeziehungen analysiert. S. G. drückt sich folglich in einer Interaktionsstruktur aus, die (innergesellschaftl.) von einem Oben und Unten bzw. (zwischen den Nationen) wie im → Imperialismus einer Zentrum-Peripherie-Beziehung gekennzeichnet ist, Strukturen, die nach *Galtung* vermeidbar sind, zu deren Vermeidung aber u. a. aufgrund des Mangels an Bewußtsein von dieser Situation nichts getan werde. Versuchen präziserer → Explikation des Begriffs arbeitet *Galtung* indes selbst entgegen, indem bei ihm die Inhalte fließend bleiben und nur in seinen Wertprämissen Halt gewinnen:

S. G. ist schlecht, gehört bewußt gemacht und überwunden.

→ Gewalt.

Lit.: *Galtung, J.* 1971: Gewalt, Frieden und Friedensforschung, in: *Senghaas, D.* (Hrsg.): Kritische Friedensforschung, Ffm., 55–104. *Galtung, J.* 1997: Strukturelle Gewalt, in: *Albrecht, U./Volger, H.* (Hrsg.): Lexikon der internationalen Politik, Mchn., 475–479. *Senghaas, D.* (Hrsg.) 1972: Imperialismus und strukturelle Gewalt, Ffm.

Dieter Nohlen

Strukturelle Heterogenität, Schlüsselbegriff der → *Dependencia* und der Theorie des → Peripheren Kapitalismus. Meint allg. die beobachtbaren Disparitäten in den Ökonomien von Entwicklungsländern, die festgemacht werden an sektoralen Ungleichgewichten bzw. sektoral unterschiedlichen Entwicklungsniveaus, an Ungleichgewichten der Produktionsfaktoren, an sektoralen und innersektoralen Differenzen der Produktivität.

In Theoriediskursen, die an *K. Marx* anknüpfen, das Nebeneinander unterschiedlicher Produktionsverhältnisse oder, noch weitgehender, unterschiedlicher Produktionsweisen. I. d. R. wird s. H. als innergesellschaftl. Auswirkung der strukturellen → Abhängigkeit der Peripherieländer vom kapitalistischen Zentrum (→ Zentrum-Peripherie-Modell) und somit als nur den Entwicklungsländern eigenes Konzept sozioökon. Analyse betrachtet. Es dient zur → Erklärung der Unterentwicklung bzw. Entwicklung der Unterentwicklung.

Lit.: *Nohlen, D./Sturm, R.* ²1982: Über das Konzept der strukturellen Heterogenität, in: *Nohlen, D./Nuscheler, F.* (Hrsg.): Hdb. der Dritten Welt, Bd. 1, Hamb., 92–119.

Dieter Nohlen

Strukturell-funktionale Methode → Funktionalismus; Strukturfunktionalismus

Strukturfunktionalismus, ein v. a. von *T. Parsons* und in moderater Weise von *R. K. Merton* komplex entfalteter Grundansatz zur → Erklärung von sozialer und polit. Realität mit sozialwiss. Universalanspruch, der insbes. von *N. Luhmann* relativiert und sodann radikalisiert wurde (→ Funktional-strukturelle Methode).

Jede Handlung wird auf ihren strukturellen Stellenwert im und ihren funktionalen Beitrag für das jeweilige → Subsystem und für die Gesamtgesellschaft analysiert. *Parsons* verwendet in seiner Theorieentwicklung einen voluntaristischen Handlungsbegriff und gelangt über das Orientierungshandeln zum verallgemeinerten Systemhandeln, um dann evolutionäre Universalien zu formulieren und generalisierte Interaktionsmedien (Geld, → Macht, Einfluß, → Werte) für den kommunikativen Prozeßablauf einzusetzen. Die institutionelle Integration von Handlungselementen als Rollenmuster sowie eines Grundbestandes gemeinsamer Wertmuster mit der Struktur einer internalisierten Bedürfnisdisposition der gesellschaftskonstituierenden personalen Akteure ist für *Parsons* das zentrale Phänomen und dynamische Theorem jedes sozialen Systems. Mit Ausnahme des flüchtigsten Interaktionsprozesses bemißt sich hiernach die Stabilität von Systemen. Für das → Paradigma evolutionären Wandels ist der systemische Prozeß der Steigerung adaptiver Kapazitäten (*adaptive upgrading*) entscheidend, der durch → Differenzierung (funktionale Spezifikation) und → Integration verursacht wird und auf einem jeweils neuen Systemniveau zu befestigen ist.

→ Evolution/Evolutionstheorien; Funktion/Funktionalismus; Handlung; Systemtheorie.

Lit.: *Merton, R. K.* 1995: Soziologische Theorie und soziale Struktur, Bln. u. a. *Parsons, T.* ⁴1968: The Social System, NY u. a. (zuerst 1951). *Parsons, T.* 1969: Politics and Social Structure, NY. *Parsons, T.* 1972: Das System moderner Gesellschaften, Mchn. *Parsons, T.* 1975: Gesellschaften, Ffm. *Parsons, T.* 1976: Zur Theorie sozialer Systeme, hrsg.

von *S. Jensen*, Opl. *Parsons, T.* 1977: Social Systems and the Evolution of Action Theory, NY. *Parsons, T.* 1978: Action Theory and the Human Condition, NY u. a. *Parsons, T.* 1986: Aktor, Situation und normative Muster, Ffm. *Robertson, R./Tyrner, B. S.* (Hrsg.) 1991: Talcott Parsons: Theorist of Modernity, L. *Schluchter, W.* (Hrsg.) 1980: Verhalten, Handeln und System, Ffm. *Wenzel, H.* 1990: Die Ordnung des Handelns, Ffm.

Arno Waschkuhn

Strukturgleichungsmodelle, Analyseverfahren, die aufgrund bestimmter Modellvorstellungen ein komplexes Beziehungsgefüge zwischen einer größeren Zahl sozialwiss. Variablen analysieren. Man spricht daher auch von Kausalmodellen bzw. Kausalanalyse. Kern dieser Modelle sind Strukturgleichungen, in denen die Beziehungen formal präzisiert werden und die neben den gemessenen Variablen auch Annahmen über Meßfehler und Residualvariablen (im Modell nicht explizit enthaltene Wirkungen) spezifizieren.

Dabei wird unterschieden zwischen exogenen Variablen, die selbst nicht (im Rahmen des Modells) für erklärungsbedürftig gehalten werden und immer nur als unabhängige Variable auf den rechten Seiten der Gleichungen auftreten, und endogenen, zu erklärenden, abhängigen Variablen, die in mindestens einer Regressionsgleichung links stehen. In der Vergangenheit war die → Pfadanalyse über längere Zeit ein bedeutendes S., dem die Annahme unkorrelierter Fehlerterme und eine hierarchische Modellstruktur zugrunde liegen. Mit letzterem ist gemeint, daß Wirkungsannahmen zwischen den Variablen (als Pfeile darstellbar) nur in eine Richtung weisen; in diesen Modellen gibt es also weder direkte noch indirekte Rückwirkungen.

Neben Erweiterungen im Rahmen der → Ökonometrie (z. B. *two stage least square regression)* haben in jüngerer Zeit bes. solche Modelle Beachtung gefunden, die einerseits präzise Schätzungen auch für komplexe Kovarianzmatrizen und andererseits eine Trennung (bzw. Spezifizierung) zwischen theoretischen Konstrukten und den empirischen Daten – als Realisationen dieser Konstrukte – ermöglichen. Ein solches Verfahren ist z. B. LISREL (*Linear Structural Relationship; Jöreskog* 1973), das wegen der gut verbreiteten EDV-Programme in den Sozialwiss. sehr beliebt ist. Da hier erhebliche Voraussetzungen an die Metrik der Daten gemacht werden (Intervallskalenqualität), setzt sich für die multivariate Analyse von diskreten Daten immer mehr der GSK-Ansatz durch (bereits 1969 von *Grizzle, Starmer* und *Koch* vorgeschlagen, für den inzwischen ein von *Kritzer* entwickeltes Programm unter dem Namen NONMET vorliegt). Allerdings ist der GSK-Ansatz asymmetrisch und thematisiert nur die Abhängigkeit einer Variablen von einer Reihe von exogenen Variablen, weshalb er statt als nicht-metrische Variante der S. auch als nicht-metrische Regressionsanalyse angesehen werden kann. Durch mathematische Verallgemeinerungen sind die Zusammenhänge zwischen vormals unterschiedlichen Verfahren wie S., Regressions-, Kontingenztafel-, Varianzanalysen usw. deutlich bzw. die klaren Abgrenzungen obsolet geworden.

→ Regressionsanalyse; Varianzanalyse.

Lit.: *Arminger, G./Müller, F.* 1990: Lineare Modelle zur Analyse von Paneldaten, Opl. *Bishop, Y. M. M.* u. a. 1975: Discrete Multivariate Analysis: Theory and Practice, Camb./Mass. *Byrne, B. M.* 1989: A Primer of LISREL, NY. *Goldberger, A./Duncan, O. D.* (Hrsg.) 1973: Structural Equation Models in the Social Sciences, NY. *Jöreskog, K. G.* 1973: A General Method for Estimating a Linear Structural Equation System, in: *Goldberger, A. S./Duncan, O. D.* (Hrsg.), 85–112. *Kockelkorn, U.* 2000: Lineare statistische Methoden, Mchn. *Pfeifer, A./Schmidt, P.* 1987: LISREL, Stg. *Rochelt, H.* 1983: Planung und Auswertung von Untersuchungen im Rahmen des allgemeinen linearen Modells, Hdbg.

Jürgen Kriz

Strukturpolitik, Gesamtheit aller Maßnahmen staatl. → Akteure, die auf eine

Beeinflussung und Veränderung gegebener Wirtschaftsstrukturen abzielen.

Die angestrebte Veränderung, Modernisierung oder Anpassung kann sich beziehen auf: (1) einzelne Branchen und Industrien (sektorale S. bzw. → Industriepolitik), (2) bestimmte Regionen (regionale S. bzw. → Regionalpolitik, → Standortpolitik); sie kann zielen auf: (3) die Verbesserung der Infrastruktur (Telekommunikation, Verkehr), (4) zukunftsorientiert auf die Verbesserung von Forschung, Bildung und Ausbildung. Die wichtigsten Instrumente sind gezielte Auftragsvergabe der öff. Hand, Steuererleichterungen, → Subventionen, Ge- und Verbote, die finanzielle Förderung von Forschung und Bildung. Zu unterscheiden sind: (a) Entwicklungsziele, die auf eine Verringerung der regionalen oder sektoralen Disparitäten gerichtet sind; (b) Umverteilungsziele, die durch Unterstützung armer Regionen (z. B. mittels horizontaler oder vertikaler Transferleistungen) angestrebt werden und (c) Kompensationsziele, die durch (i. d. R. finanziellen) Ausgleich für polit. induzierte Benachteiligungen bestimmter Regionen oder Sektoren erreicht werden. Aus neoklassischer Sicht erzeugt aktive S. Wettbewerbsverzerrungen und behindert insbes. die Mobilität der Produktionsfaktoren. Diesen ordnungspolit. Bedenken stehen polit.-praktische Erwägungen gegenüber, die davon ausgehen, daß entwickelte Regionen über (Informations- und Transaktions-)Vorteile verfügen, die ohne strukturpolit. Maßnahmen zu weiteren Benachteiligungen der weniger entwickelten Regionen führen würden. Darüber hinaus sind strukturpolit. Maßnahmen gelegentlich auch als polit. Kosten von Einigungs- und Entscheidungsprozessen (z. B. auf der Ebene der EU) zu betrachten, bei denen die Zustimmung abweichender Interessen, Regionen oder Länder ausgeglichen werden muß.

→ Infrastrukturpolitik; Mehrebenen-Verflechtung; Neo-Klassik; Staatstätigkeit; Wirtschaftspolitik.

Lit.: *Czada, R.* 1990: Wirtschaftsstrukturpolitik: Institutionen, Strategien, Konfliktlinien, in: *Beyme, K. von/Schmidt, M. G.* (Hrsg.): Politik in der Bundesrepublik Deutschland, Opl., 283–308. *Hödl, E./Weida, A.* 1997: Die Strukturpolitik der Europäischen Union, Ffm.

Klaus Schubert

STV → Single transferable vote

Stückwerkstechnologie → Kritischer Rationalismus; Szientismus

Subject culture, Typ → Politischer Kultur, in dem «Untertanen», d. h. lediglich auf die *Output*-Strukturen (→ Input-Output-Analyse) eines → Politischen Systems hin orientierte Personen, überwiegen («Obrigkeitsstaatsdenken»).

Lit.: → Civic culture.

Dirk Berg-Schlosser

Subjektivität → Objektivität

Subkultur, allg. Bezeichnung für die Kultur(en) von Teilgruppen einer Gesellschaft, welche sich i. d. R. in Gesellschaften ausbreiten, die gekennzeichnet sind von hoher → Arbeitsteilung, unterschiedlichen sozialen und ethnischen Gruppen, sozio-kultureller Pluralität der Lebensstile.

Als zugehörig zu einer S. wird eine Gruppe bezeichnet, die sich durch ein eigenes Normen- und Wertesystem von der Gesamtgesellschaft abzugrenzen versucht, was oft mit Attributen (Kleidung) und Symbolen (z. B. Irokesenschnitt) nach außen getragen wird. Eigene Handlungsformen und Selektionsprozesse sind die Folge und ermöglichen den Mitgliedern die Identifikation mit der Gruppe und mit dem neuen kulturellen Bezugssystem. Es gibt unterschiedliche S., die sich aufgrund von z. B. Lebensstilen, Religion, sozialer Schichtung oder polit. Einstellungen herausbilden. Sie können förderlich für die Gesamtgesellschaft sein, da sie Motor sozialen Wandels sind, sie können aber auch eine

Gefährdung des *Status quo* von → Macht und → Herrschaft darstellen, da sie durch ihr öff. Auftreten, Handeln oder nur durch ihre Existenz das traditionelle → Normen- und → Wertesystem der Gesellschaft in Frage stellen. Dann ergeben sich Spannungen, die u. U. zu gesellschaftl. Sanktionen (soziale Ausgrenzung bis hin zu Verboten) führen können.

→ Abweichendes Verhalten; Politische Kultur.

Ulrike Wasmuth

Subpolitik, von *U. Beck* (1993) eingeführter Begriff zur Beschreibung der veränderten Rolle und Gestalt der Politik in einer der Dynamik reflexiver → Modernisierung folgenden → Risikogesellschaft.

Klassische polit. Institutionen (→ Parlament, → Parteien, → Gewerkschaften usw.) verlieren an Einfluß, weil sie aufgrund durchgesetzter sozialer wie polit. Rechte an Handlungsspielraum einbüßen und gleichzeitig die subpolit. Bereiche der Ökonomie und Technik, wegen der von ihnen ausgehenden Gefährdungslagen, eine eminent polit. Bedeutung erlangen. Der von *Beck* empirisch-analytisch wie normativ verwandte Begriff verortet die Chancen gesellschaftl. Gestaltung außerhalb bzw. unterhalb des → Politischen Systems in den Bereichen wiss.-technisch-ökon. Modernisierung und identifiziert → Bürgerinitiativen, Selbsthilfegruppen usw. als neue Akteure.

Lit.: → Risikogesellschaft.

Günter Rieger

Subsidiarität/Subsidiaritätsprinzip, bezieht sich auf das Verhältnis zwischen Individuum, Familie, intermediären Organisationen und Gesamtgesellschaft bzw. Staat unter dem Aspekt der Abgrenzung von Zuständigkeiten und Hilfen (lat. *subsiduum* = Hilfeleistung, Verpflichtung). Lehren der S. versuchen, Regeln dafür festzulegen, was in die Verantwortung der jeweils kleineren Handlungseinheit gehört und dieser nicht genommen werden soll und wo die Verantwortung der umfassenderen Einheit (Verbände, Staat, supranat. Gemeinschaften) beginnt. Der Beistand der jeweils größeren Einheit soll hilfreich sein, d. h. die kleinere Einheit in ihrer Entwicklung fördern und unterstützen, aber nicht entmündigen und in ihrer Anstrengung erlahmen lassen.

1. Als «allgemeines Klugheitsprinzip» (*Lecheler* 1993: 42) ist das Subsidiaritätsprinzip dem «sozialethischen Erbe der Menschheit» (*Roos* 1993: 1046) zuzurechnen und älter als seine ideengeschichtl. philosophischen Wurzeln in der liberalen → Staatstheorie und in der katholischen → Soziallehre, die bes. eng mit dem Begriff verbunden ist. Frühe Formulierungen des Grundsatzes finden sich im Alten Testament ebenso wie bei *Aristoteles, Montesquieu, A. de Tocqueville* oder *A. Lincoln.* Daß der Grundsatz ebenso zustimmungsfähig wie in der Auslegung und Anwendung kontrovers ist, erklärt sich aus seinen konkretisierungsbedürftigen und wandelbaren zentralen Elementen: Pflichten, Hilfebedarf und -möglichkeiten. So verwundert es nicht, daß historisch einmal der Abwehrcharakter des Subsidiaritätsprinzips gegen kollektivistische Übergriffe und Versuchungen betont wurde (negative Seite), dann wieder die Hilfeverpflichtung und gesellschaftl. Vorleistung (positive Seite).

2. (1) Ein subsidiäres Staatsverständnis ist grundlegend für die liberale Staatstheorie. Danach darf der Staat die Freiheit der Bürger nur im Maße des unbedingt Notwendigen beschränken. Das Prinzip der S. wirkt demnach bei der Rechtfertigung der staatl. Existenz ebenso wie bei der Zuweisung der staatl. Kompetenz und der Begrenzung der Kompetenzausübung (*Lecheler* 1993: 35). Die Aktualität des subsidiären Staatsverständnisses zeigt sich darin, daß die Diskussion über das Subsidiaritätsprinzip in der *Europäischen Union* sich in eben diesen Kategorien vollzieht, nur unter Einbeziehung der überstaatl. und der föderalen bzw. regionalen Dimension. Die gesellschaftl. Dynamik wird in der liberalen Staatstheorie in der

Lehre von den variablen Staatszwecken eingefangen und mit dem Subsidiaritätsprinzip verbunden. Zwar soll der Staat überall dort helfen, wo Individuen und gesellschaftl. Einrichtungen die Aufgaben nicht selbst bewältigen, aber unter dem freiheitssichernden «Funktionsvorbehalt der Subsidiarität» (*Isensee* 1968: 60). Ergänzend formuliert die (neo-)liberale Wirtschaftstheorie eine Effizienzvermutung zugunsten individualistisch-dezentraler Sozialsysteme. Staatl. Eingriffe lassen sich nicht einfach mit Marktversagen begründen, vielmehr müssen die durch → Staatsversagen bedingten Kosten in einer vergleichenden Institutionenökonomik berücksichtigt werden (*Dölken* 1992).

(2) In der katholischen Soziallehre gründet die sozialethische Norm des Subsidiaritätsprinzips in ihrem Verständnis von der menschlichen Person als Ursprung und Ziel gesellschaftl. Lebens. Zu seiner Vervollkommnung ist der Mensch auf die Gesellschaft verwiesen und zur → Solidarität mit anderen Menschen fähig. Die Solidarität wiederum ist subsidiär und soll die Entfaltung der Person fördern und nicht hindern. Die klassische Formulierung hat dieser sozialphilosophische Grundsatz in der päpstlichen Enzyklika «*Quadragesimo anno*» von 1931 gefunden: «wie dasjenige, was der Einzelmensch aus eigener Initiative und mit seinen eigenen Kräften leisten kann, ihm nicht entzogen und der Gesellschaftstätigkeit zugewiesen werden kann, so verstößt es gegen die Gerechtigkeit, das, was die kleineren und untergeordneten Gemeinwesen leisten und zum guten Ende führen können, für die weitere und übergeordnete Gemeinschaft in Anspruch zu nehmen; zugleich ist es überaus nachteilig und verwirrt die ganze Gesellschaftsordnung. Jedwede Gesellschaftstätigkeit ist ja ihrem Wesen und Begriff nach subsidiär; sie soll die Glieder des Sozialkörpers unterstützen, darf sie aber niemals zerschlagen oder aufsaugen» (Bundesverband der Katholischen Arbeitnehmer-Bewegung Deutschlands – KAB 1992: 91). Im dt. Sprachraum hat *O. von Nell-Breuning* (1957) zur Klärung des Begriffes beigetragen und vor Fehlinterpretationen und Einseitigkeiten gewarnt. Die ausschließlich negative Deutung als Abwehrprinzip korrigierend, verwies er auf die unentbehrlichen Vorleistungen der Gesellschaft.

3. (1) Gegenüber der breiten sozialphilosophischen Grundlegung im → Liberalismus und in der katholischen Soziallehre zeigte sich in der dt. Nachkriegsgeschichte eine folgenreiche Verengung der Diskussion auf die Grenzziehung zwischen freier und öff. Wohlfahrtspflege nach dem Sozial- und Jugendhilferecht, die heute noch bestehende Vorbehalte gegen das Prinzip erklären mag. Das Bundessozialhilfegesetz räumt den Verbänden der freien Wohlfahrtspflege eine Vorrangstellung ein, deren Verfassungsmäßigkeit vom Bundesverfassungsgericht 1967 bestätigt wurde (*Schellhorn* 1981: 65). In der Rechtswiss. besteht weitgehend Konsens darüber, daß das Prinzip der S. eine bedeutsame Rolle im einfachen Recht und in der Rechtspolitik spielt, aber kein Verfassungsrechtssatz ist (*Lecheler* 1993: 49). In der Diskussion um die Krise des Wohlfahrtsstaates kam es zu einer Wiederbelebung des Subsidiaritätsprinzips. Das Stichwort von der «Neuen Subsidiarität» (*Heinze* 1986) erweiterte den Kreis seiner Befürworter durch Vertreter des linken und alternativen Spektrums und verwies auf die neuen Formen solidarischen Zusammenwirkens in Selbsthilfegruppen (*Asam/Heck* 1985) und kleinen Netzen vor dem Hintergrund der Grenzen rechtlich und monetär vermittelter → Sozialpolitik. Im Konzept des «subsidiären Sozialstaates» (*Spieker* 1986) liegt die Legitimation des Sozialstaates in der gleichzeitigen Bejahung und Begrenzung der Sozialleistungen. Aus der Funktion des Sozialstaates, Subsiduum der Person zu sein, ergeben sich differenzierte Lösungsvorschläge für das Abgaben- und Leistungssystem und die Forderung nach einem Ethos des Sozialstaatsbürgers.

(2) Im Prozeß der europ. Einigung erlebte der Subsidiaritätsgedanke eine Renaissance, die in der rechtlichen Festlegung durch Art. 3 b Abs. 2 des Maastrichter Vertrages über die *Europäische Union* kulminierte: «In den Bereichen, die nicht in ihre ausschließliche Zuständigkeit fallen, wird die Gemeinschaft nach dem Subsidiaritätsprinzip nur tätig, sofern und soweit die Ziele der in Betracht gezogenen Maßnahmen auf der Ebene der Mitgliedstaaten nicht ausreichend

erreicht werden können und daher wegen ihres Umfangs oder ihrer Wirkungen besser auf Gemeinschaftsebene erreicht werden können» (*Lecheler* 1993: 14). Gegenüber Zweifeln am Rechtscharakter des Subsidiaritätsprinzips ist auf seine verfassungsstrukturelle Bedeutung und seine Lenkungs- und Steuerungsfunktion zu verweisen, die durch die Unbestimmtheit der Rechtsbegriffe und die Notwendigkeit der Konkretisierung für die einzelnen Politikbereiche nicht gemindert wird (*Kahl* 1993). Da die S. eine Kompetenzverteilungs- und -ausübungsregel darstellt, kommt der Frage, wer die Befugnisse der zentralen Einheit definiert, entscheidende Bedeutung zu. Als Strukturprinzip bindet die S. die Gemeinschaftsorgane und stellt sie unter einen Begründungszwang für ihr Tätigwerden, läßt ihnen aber gleichzeitig einen weiteren Beurteilungsspielraum. Daran knüpfen sich entgegengesetzte Befürchtungen: Es könnte sich bei der Begrenzung zentripetaler und unitaristischer Tendenzen der → Integration als wirkungslos erweisen oder zum Blockadeinstrument und Ersatz für verlorengegangene Vetorechte werden. Zur Beurteilung der Erforderlichkeit und Effizienz von Maßnahmen auf verschiedene Ebenen und in unterschiedlichen Politikbereichen leisten Politikwiss. und Ökonomie Entscheidungshilfen (*Policy*-Analyse, Föderalismustheorie, Verfassungstheorie, Institutionentheorie). Dabei ist auch innerhalb der Politikfelder, z. B. der Umweltpolitik, zu differenzieren, welche Probleme grenzüberschreitenden Charakter haben und die Gemeinschaft als die geeignete Aktionsebene erscheinen lassen.

4. Die Wiederbelebung des Subsidiaritätsprinzips in der Sozialstaatsdiskussion und in der Europapolitik ist Ausdruck eines wachsenden Interesses an ordnungspolit. Grundsatzfragen zu den Zielen staatl. und suprastaatl. Handelns und den Folgerungen für die Gestaltung von Institutionen. Vorausgegangen war die Erfahrung der Grenzen staatl. Handelns und der Notwendigkeit, im gesellschaftl. Wandel die Verantwortlichkeit von Individuen, Gesellschaft und Staat neu zu bestimmen. Das Subsidiaritätsprinzip kann nur die Blickrichtung vorgeben und keine Detaillösungen liefern. Die moderne Institutionenanalyse kann das Anliegen der S. aufgreifen und zu einer empirisch gehaltvollen und hinreichend komplexen Theorie institutioneller Reformen weiterentwickeln. Die Gefahr der S. liegt in der mißbräuchlichen Dogmatisierung als starre Zuständigkeitsregel oder nicht mehr überprüfte Effizienzvermutung. Ohne konzeptionelle Differenzierung und enge Verbindung zu den Erfahrungswiss. droht das Subsidiaritätsprinzip zum Schlagwort abzusinken, mit dem Ansprüche an öff. Aufgabenerfüllung pauschal abgewiesen oder beliebige Entscheidungen durch Rückgriff auf Prinzipien aufgewertet werden.

→ Föderalismus; Gewaltenteilung; Institutionen/Institutionalistische Ansätze; Verfassungslehren.

Lit.: *Asam, W./Heck, M.* (Hrsg.) 1985: Subsidiarität und Selbsthilfe, Mchn. *Bundesverband der Katholischen Arbeitnehmer-Bewegung Deutschlands – KAB* (Hrsg.) 1992: Texte zur katholischen Soziallehre, Bornheim. *Dölken, C.* 1992: Katholische Sozialtheorie und liberale Ökonomik, Tüb. *Heinze, R. G.* (Hrsg.): Neue Subsidiarität: Leitidee für eine zukünftige Sozialpolitik?, Opl. *Hilz, W.* 1999: Bedeutung und Instrumentalisierung des Subsidiaritätsprinzips für den europäischen Integrationsprozeß, in: ApuZ B 21–22, 28–38. *Hrbek, R.* (Hrsg.) 1995: Das Subsidiaritätsprinzip in der Europäischen Union, Baden-Baden. *Isensee, J.* 1968: Subsidiaritätsprinzip und Verfassungsrecht, Bln. *Kahl, W.* 1993: Möglichkeiten und Grenzen des Subsidiaritätsprinzips nach Art. 3 b EG-Vertrag, in: AöR 118, 414–446. *Lecheler, H.* 1993: Das Subsidiaritätsprinzip. Strukturprinzip einer europäischen Union, Bln. *Nell-Breuning, O. von* 1957: Solidarität und Subsidiarität im Raume von Sozialpolitik und Sozialreform, in: *Boettcher, E.* (Hrsg.): Sozialpolitik und Sozialreform, Tüb., 213–226. *Pieper, U.* 1993: Subsidiaritätsprinzip – Strukturprinzip der Europäischen Union, in: Deutsches Verwaltungsblatt, 705–712. *Roos, L.* 1993: Subsidiarität, in: Lexikon der Wirtschaftsethik, hrsg. von *Enderle, G.* u. a., Freiburg, 1045–1049. *Schellhorn, W.* u. a. [10]1981: Das Bundessozialhilfegesetz. Ein Kommentar für Ausbildung, Praxis und Wissenschaft, Neuwied. *Schultze, R.-O.* 1993: Statt Subsidiarität und Entscheidungsautonomie – Politikverflechtung und kein Ende, in: Staatswissenschaft und Staatspraxis 4, 225–255. *Spieker, M.* 1986: Legitimationsprobleme des Sozialstaats, Bern. *Waschkuhn, A.* 1995: Was ist Subsidiarität?, Opl.

Manfred Groser

Subsystem, Unter- oder Teilsystem eines übergreifenden Systems oder Systemzusammenhangs in unbegrenzter Zahl (Myriade von Subsubsystemen etc.), begründet durch das Prinzip der funktionalen → Differenzierung.

Ein S. ist daher stets inhaltlich gesondert und hat stets eine bestimmte → Funktion zu erfüllen (→ AGIL-Schema). Die drei wichtigsten auf die → Gesellschaft bezogenen S. sind das ökon., kulturelle und politische. Jedes dieser S. erfüllt spezifische Gebote zur Aufrechterhaltung der Zwecke des Gesamtsystems und hat sich qua Komplexitätssteigerung ausdifferenziert, um durch → Arbeitsteilung für die zu erfüllenden Funktionen besser gerüstet zu sein. Besitzen die S. die Fähigkeit, ihre Austauschprozesse mit ihren jeweiligen → Umwelten nach eigenen Prinzipien zu regeln, spricht man von relativer → Autonomie. Die problematisch werdende gesamtgesellschaftl. → Integration wird sozialkommunikativ durch die Interpenetration von S. gestiftet. Es gibt jedoch Funktionseinheiten sozialer Systeme, die nicht durch Differenzierung entstanden sind. So ist der moderne Verfassungsstaat nicht einfach eine Entfaltung polit. Machtlogik, sondern verdankt seine Entstehung und Durchsetzung ebenso (wenn nicht wesentlich stärker) einem breiten polit.-kulturellen und ideengeschichtl. Diskurs. Ob die analytische Unterscheidung von S. durchgängig faktische Realitätsentsprechungen hat, ist in der sozialwiss. Forschungspraxis noch immer eine durchaus offene Frage.

→ Funktion/Funktionalismus; Politisches System; Systemtheorie.

Arno Waschkuhn

Subventionen (von lat. *subvenire* = zu Hilfe kommen), finanzielle Vergünstigungen aus öff. Haushalten für priv. Unternehmen oder Haushalte, entw. in Form von Finanzhilfen (direkte S.) oder Steuervergünstigungen (indirekte S.).

S. zielen auf Beeinflussung des Verhaltens der Subventionsempfänger und sind somit Teil des Repertoires wirtschaftspolit. Steuerungsmaßnahmen. Zu unterscheiden sind Anschubsubventionen von (ordnungspolit. bedenklicheren) Erhaltungssubventionen. Nach dem Subventionsbericht der Bundesregierung waren im Jahr 1995 Hauptempfänger von S. die Bereiche Wohnungswesen, regionale Strukturmaßnahmen, Land- und Forstwirtschaft sowie Bergbau.

→ Kapitalismus; Staatsinterventionismus; Staatstätigkeit; Steuern; Wirtschaftspolitik.

Lit.: *Boss, A./Rossenschon, A.* 1997: Subventionen in der Bundesrepublik Deutschland, Kiel. *Färber, G.* 1995: Binnenmarktgerechte Subventionspolitik in der Europäischen Gemeinschaft, Ffm. *Färber, G.* 2001: Subventionen, in: *Nohlen, D.* (Hrsg.) Kleines Lexikon der Politik, Mchn. *Trojanus, K.* 1995: Konzeption, Formen und Wirkungen der Subventionen zur Förderung der Transformation in Ostdeutschland, Mchn.

Andreas Busch

Süddeutsche Ratsverfassung → Gemeindeverfassungen

Supervision (von lat. *supravidere* = von oben betrachten, überblicken), bedeutet im → Systemischen Denken so viel wie: auf die Metaebene gehen, eine Außenperspektive einnehmen. In der S. werden bei der Betrachtung von Interaktionsprozessen in Systemen Strukturmuster und Spielregeln von den an der S. Beteiligten erarbeitet und zur Erreichung der jeweiligen Zielfunktionen alternative Optionen entwickelt.

S. gewinnt in spezifischen Kontexten ein je eigenes Verständnis. Im Produktionsbereich bedeutet S. Inspektion zwecks Garantie einwandfreier Produkte. Im sozialarbeiterischen und psychotherapeutischen Feld wird S. die Mehrfachfunktion von professioneller Kontrolle, Hilfestellung und Weiterbildung zugeschrieben. Verschiedene Ansätze des → Konstruktivismus (*H. von Foerster*, *E. von Glasersfeld*) betonen die interdependente Beziehung zwischen Beobachtersystem und beobachtetem System und die gemeinsame Konstruktion institutioneller und persönlicher Wirklichkeiten. Daraus folgt u. a., daß Innen- und Außenperspektive nicht auf das supervidierte oder das supervidierende System festgelegt sind. S. wird vielmehr als institutionalisierter Perspektivenwechsel bei der Betrachtung von Interaktionsprozessen verstanden. Zielfunktionen systemischer S. sind u. a.: lösungsorientierte Beratung, professionelle Reflexionshilfe, Aktivierung der systemeigenen Ressourcen, Erweiterung der Handlungsmöglichkeiten, Stärkung der Eigenverantwortlichkeit.

Lit.: → Systemisches Denken.

Andrea Ebbecke-Nohlen

Supply side economics → Angebotsorientierte Wirtschaftspolitik

Support (engl. für Unterstützung), Begriff aus der → Systemtheorie und der → Politischen-Kultur-Forschung, mit dem die Unterstützung der Bürger in verschiedenen Dimensionen und gegenüber verschiedenen Objekten erfaßt und für die Analyse von Systemstabilität nutzbar gemacht werden soll.

S. in seiner «spezifischen» Form wird polit. Amtsinhabern für konkrete Leistungen gewährt. «*Diffuse*» *s.* ist unabhängig von den täglichen Leistungen des → Politischen Systems; hier wird dem Gemeinwesen und seinen tragenden Ideen, den Institutionen und Akteuren eine Art symbolische Zufriedenheit und generalisierte Unterstützung entgegengebracht. Da die verschiedenen Formen von *s.* empirisch schwer voneinander abzugrenzen sind, gibt es bisher nur plausible, nicht aber bewiesene Annahmen über das für Systemstabilität notwendige Ausmaß an *s.* und über den Zusammenhang von diffuser und spezifischer Unterstützung und hier bes. darüber, wie lange konkrete Leistungen des Systems, also auch spezifischer *s.* ausbleiben können, ohne daß diffuser *s.* und damit polit. → Legitimität im Grundsatz gefährdet wird.

Lit.: → Politisches System; Systemtheorie.

Suzanne S. Schüttemeyer

Supranationale Organisationen → Internationale Organisationen

Surplus-majority-coalition, Begriff aus der Koalitionstheorie, auch als «überdimensionierte Koalition» bezeichnet, bei der mehr Mitglieder als für die Mehrheitsbildung nötig in das Regierungsbündnis aufgenommen werden.

Hierunter fallen aus Notstandssituationen oder wegen Konkordanzerfordernissen gebildete → Allparteienregierungen ebenso wie → Koalitionen, die für angestrebte Verfassungsänderungen eine qualifizierte Mehrheit benötigen (z. B. die Große Koalition in der BRD zwischen 1966 und 1969) oder durch Hineinnahme zusätzlicher Partner eine breite Akzeptanz für bestimmte Maßnahmen oder ein bestimmtes öff. Politik-Image erzielen wollen. Strategisch kann eine *s.-m.-c.* mit mehreren kleinen Mitgliedern einer großen Partei nützen, um nicht von einem einzigen Partner abhängig zu sein oder um Verhandlungsspielräume der Regierungsmitglieder gegenüber der eigenen Fraktion bzw. Partei zu erhalten.

Lit.: → Koalition.

Suzanne S. Schüttemeyer

Survey research → Demoskopie

Sustainable development (engl. für verschiedene Übersetzungen: dauerhafte, nachhaltige, langfristig tragfähige, zukunftsfähige Entwicklung), meint die (nach der Definition des → *Brundtland*-Berichts von 1987: XV) Entwicklung, «die den Bedürfnissen der heutigen Generation entspricht, ohne die Möglichkeiten künftiger Generationen zu gefährden, ihre eigenen Bedürfnisse zu befriedigen und ihren eigenen Lebensstil zu wählen».

Das Konzept des *s. d.*, das sich – fußend auf dem Bericht des *Club of Rome* (Grenzen des Wachstums) von 1972 und verschiedenen alternativen Entwicklungsansätzen (Ecodevelopment-Ansatz, Cocoyoc-Erklärung von UNEP und UNCTAD 1974, *Dag-Hammarskjöld*-Bericht 1975) – schrittweise herausgebildet hat, impliziert eine Kritik an dem bisherigen wachstumszentrierten, ressourcenverschlingenden und -vernichtenden Entwicklungsmodell in den Industrieländern und an der Strategie nachholender Entwicklung in den Entwicklungsländern, verweist auf die Globalität des Zusammenhangs von Wachstum, Unterentwicklung und Über- bzw. Fehlentwicklung, Ressourcenverbrauch und Umweltbelastung und bereitet den Weg für globale Umweltbilanzen. Innerhalb des Konzepts kann zwischen zwei Strömungen unterschieden werden: (1) ökolog. Modernisierung, die zur Lösung der Umweltprobleme auf technische Innovationen, Entwicklung von Ersatzstoffen, *recycling* und präventive Umweltmaßnahmen setzt und folglich eine langfristige Kompatibilität von kontinuierlichem Wachstum sowie Ressourcen- und Umweltschonung unterstellt; (2) ökolog. Strukturwandel. Diese Strömung postuliert tiefgreifende strukturelle Veränderungen von Wirtschaft, Gesellschaft und Verhaltensmustern in den Industrieländern als zwingende Voraussetzung für eine weltweite dauerhafte Entwicklung. Sie betont eine Über- oder Fehlentwicklung in den Industrieländern («verschwenderischen oligarchischen Überkonsum») und debattiert Grenzen des maximalen Lebensstandards (*ceiling*), die nicht überschritten werden dürfen. Zwar drückt sich in der wachsenden Popularität des Konzepts *s. d.* eine zunehmende weltweite Sensibilisierung gegenüber dem Problem der Umweltzerstörung aufgrund bisheriger Entwicklungsstile aus. Klare, konsensfähige Strategieempfehlungen konnten bislang aus dem Konzept jedoch noch nicht abgeleitet werden. Die Interessendivergenzen der Länder (auch innerhalb der Gruppen der Industrie- und Entwicklungsländer) ließen auf den Weltumweltkonferenzen von Rio (1992), Berlin (1996) und Kyoto (1997) in den konkreten Agenden gemessen am Konzept des *s. d.* nur unbefriedigende Ergebnisse zu.

Lit.: *Brundtland-Bericht* 1987: Weltkommission für Umwelt und Entwicklung: Unsere gemeinsame Zukunft, Greven. *Harborth, H.-J.* [3]1992: Sustainable Development – dauerhafte Entwicklung, in: *Nohlen, D./Nuscheler, F.* (Hrsg.): Hdb. der Dritten Welt, Bd. 1, Bonn, 231–249.

Dieter Nohlen

Swing, in der → Wahlforschung die durchschnittl. Veränderung der Differenz an prozentualen Stimmenanteilen zwischen Parteien, in GB zwischen den zwei großen Parteien. Der *s.* gibt den Mittelwert der Summe aus der prozentualen Stimmabnahme der einen und des (dieser mehr oder weniger entspr.) Zuwachses der anderen Partei an.

Zu unterscheiden ist zwischen dem nat. und dem Wahlkreis-*Swing*. Der *s.* ist ein sehr grober Begriff und vornehmlich am (brit.) Zweiparteiensystem orientiert. Er macht im Saldo Richtung und Größe der Veränderungen im Wahlergebnis deutlich, vermag aber weder die Stimmenrelationen der Parteien noch den tatsächlichen Fluß der Wählerbewegung (→ Wählerwanderungsbilanz) anzugeben.

Lit.: → Wahlsysteme.

Dieter Nohlen

Symbolische Politik, urspr. von *M. Edelman* (1990) geprägter Begriff, der die symbolische Inszenierung von Politik in den → Massenmedien charakterisiert. Darunter ist zu verstehen, daß die Politik sich an den dramaturgischen Bedingungen der Medien orientiert und diese zur Gewinnung von Glaubwürdigkeit nutzt.

Das schließt nicht aus, daß die an sich systemnotwendige s. P. zur polit. Täuschung genutzt wird. Die s. P. findet naturgemäß in durchweg stillschweigender Übereinstimmung zwischen Politikern und Journalisten in den Medien statt. Der routinemäßige Gebrauch von symbolischen Handlungen, um den Bürgern tatsächliches polit. Handeln zu suggerieren, stößt lediglich dann auf Probleme, wenn die eingeübten symbolischen Interaktionsmuster an Glaubwürdigkeit verlieren. Typisches Beispiel für s. P. ist der Auftritt von Politikern an Brennpunkten des öff. Interesses. Das von den Medien dokumentierte Handeln des Politikers vor Ort soll den Mediennutzern den Eindruck vermitteln, die Politik kümmere sich um die öff. Belange. Ob sie dies tatsächlich tut, darüber gibt s. P. letztlich keine Auskunft. Vom Begriff der s. P. abzugrenzen ist der Begriff der polit. Symbolik, womit die gezielte Verwendung von Symbolen, wie z. B. der Nationalflagge, gemeint ist.

→ Medienpolitik; Öffentlichkeit; Politische Werbung.

Lit.: *Edelman, M.* 1990: Politik als Ritual. Die symbolische Funktion staatlicher Institutionen und polit. Handelns, Ffm. u. a. (engl. 1964). *Elias, N.* 1991: The Symbol Theory, L. u. a. *Sarcinelli, U.* 1987: Symbolische Politik. Zur Bedeutung symbolischen Handelns in der Wahlkampfkommunikation der Bundesrepublik Deutschland, Opl.

Winand Gellner

Syndikalismus (aus frz. *syndicat* = Berufsgenossenschaft, Gewerkschaft), historisch eine staatsoppositionelle, antikapitalistische, proletarische Bewegung mit gewissen Affinitäten zum → Anarchismus, die eine herrschaftsfreie Gesellschaft anstrebte und sich dabei industrieller Kampfformen (v. a. des Generalstreiks) bediente.

Das Syndikat, die Einheitsbetriebsorganisation, und die → Gewerkschaften bilden im Selbstverständnis der Syndikalisten ihre Organisationsform, der → Föderalismus ihr Organisationsprinzip. Syndikalisten gehen von dem im → Kapitalismus unüberbrückbaren und nur durch die → Revolution aufhebbaren Ggs. von → Proletariat und → Bourgeoisie aus. Sie sehen im Staat eine über der Gesellschaft verselbständigte Institution, die in der Revolution zu zerschlagen ist. Allg. kann der S. als spontane Revolte der Arbeiterschaft gegen die zunehmende → Entfremdung des Lohnarbeiters im Betrieb gesehen werden.

→ Arbeiterbewegung; Sozialismus.

Lit.: *Bock, H. M.* 1969: Syndikalismus und Linkskommunismus von 1918–1923, Meisenheim am Glan. *Röhrich, W.* 1977: Revolutionärer Syndikalismus, Darmst. → Gewerkschaften.

Peter Lösche

System (Systemanalyse) (von griech. *sýstēma* = Zusammengesetztes, Zusammengestelltes), allg. (gegenständliches) Gebilde oder (gedankliches) Konstrukt, eine Einheit (oder Ganzheit) bestehend aus verschiedenen Elementen und Prozessen, die untereinander in gewisser Beziehung und Wechselwirkung stehen.

1. In der → Systemtheorie eine aus einzelnen Teilen (Teilsystemen) bestehende Einheit, die über eine eigenständige innere Struktur (Aufbau oder Anordnung der Elemente oder → Subsysteme) verfügt, die einen bestimmten Grad der Geschlossenheit gegenüber der Umwelt aufweist und auf ein Systemgleichgewicht (Homöostase) orientiert ist, d. h. kreativ die Selbsterhaltung zu gewährleisten sucht. Unterschieden wird: (1) Zwischen geschlossenen, mechanischen S. (Maschine) und offenen (lebenden) S., die dynamisch reagieren auf Einwirkungen, eine mehr oder weniger große Anpassungsfähigkeit aufweisen und dem dauernden Wandel unterworfen sind. Auch angesichts unterschiedlicher Ausgangsbedingungen können offene S. gleiche Ziele verfolgen. (2) Zwischen kon-

kreten S., die wirklich sind, und abstrakten S., die bestimmte Eigenschaften und Prozesse von S. herausgreifen und diese modellhaft zu untersuchen gestatten. (3) Zwischen konkreten und abstrakten S. einerseits und theoretischen bzw. konzeptionellen S. andererseits, wobei letztere vor der Kenntnisnahme empirischer → Daten konstruiert werden.

2. Systemanalyse, die Untersuchung der Struktur und Funktionen von Systemen. Ihre Anlage ist abhängig von der jeweils zugrundeliegenden Systemtheorie. So steht z. B. in der *General Systems Theory* die Organisationsstruktur des Systems im Zentrum der Analyse, in der kybernetischen Systemtheorie Regelung und Rückkopplung. In der polit. Systemtheorie von *D. Easton* ([3]1979) zielt die Systemanalyse auf die Frage, durch welche Organisations-, Differenzierungs-, Kommunikations- und Steuerungsprozesse ein → Politisches System die auf der *Input*-Seite entstehenden gesellschaftl. Forderungen in *Output*-Leistungen zu übersetzen vermag, die ihrerseits wiederum die gesellschaftl. Unterstützung des polit. Systems und damit dessen Fortbestand sichern.

→ Funktion/Funktionalismus; Politisches System.

Lit.: *Easton, D.* [3]1979: The Political System, NY (zuerst 1953). *Krauch, H./Seiffert, H.* [2]1992: Systemanalyse, in: *Seiffert, H./Radnitzky, G.* (Hrsg.): Handlexikon der Wissenschaftstheorie, Mchn., 338–343. *Luhmann, N.* 1984: Soziale Systeme, Ffm. *Maturana, H.* (Hrsg.) 1982: Erkennen. Die Organisation und Verkörperung von Wirklichkeit, Braunschweig. *Narr, W.-D.* [2]1971: Theoriebegriffe und Systemtheorie, Stg. u. a. *Oberndörfer, D.* (Hrsg.) 1971: Systemtheorie, Systemanalyse und Entwicklungsländerforschung, Bln. *Willke, H.* [4]1993: Systemtheorie, Stg./NY (zuerst 1982).

Dieter Nohlen

Systematisch (Systematische Ansätze/Theorie), in der Alltagssprache geordnet, planmäßig, nach Art eines → Systems ein Problem darstellen, untersuchen, bei der Lösung eines Problems vorgehen usw.

1. Der Begriff versteht sich im Ggs. zu historisch, weshalb systematisch auch häufig mit nicht-historisch oder ahistorisch synonym verwandt wird. Ein historisches Darstellen, Untersuchen, Vorgehen usw. stellt den historisch-genetischen Aspekt, die historische Entwicklung des Untersuchungsobjekts in den Mittelpunkt. Der Ggs. von s. und historisch macht sich auch am Zeitaspekt fest. S. Ansätze haben ihren Ausgangspunkt in der jeweiligen Gegenwart und in jeweils aktuellen Problemzusammenhängen, während historische Ansätze sich auf die Geschichte und darauf beziehen, die Vergangenheit unter Anwendung der → Historischen Methode zu verstehen bzw. interpretierend historisch zu rekonstruieren. Gelegentlich verweist die Verwendung des Begriffspaares auch auf ein Verständnis von s. als systematisch-verallgemeinernd-nomothetisch-nomologisch und historisch als historisch-individualisierend-idiographisch, etwa wenn zwischen s. → Sozialwissenschaften und «historischen» Kulturwiss., d. h. Gruppen von Wiss. anhand der jeweils in ihnen dominierenden Ansätze differenziert wird. S. ist im übrigen nicht zu verwechseln mit systemisch, also mit den der → Systemtheorie entspr. Sichtweisen von Struktur, Funktion, Umwelt usw. gesellschaftl. Erscheinungen.

2. S. Theorie ist eine Theorieart, die von deskriptiver Theorie und deduktiver Theorie unterschieden wird. Bei der systematischen Theorie «werden empirische Regelmäßigkeiten in den Rahmen allgemeiner, relativ abstrakter Annahmen inkorporiert» (*Lehmbruch* [3]1970: 56). Wissenschaftslogisch handelt es sich folglich um eine Kombination von → Induktion und → Deduktion. In unterschiedlichen Kontexten beobachtete Einzelphänomene werden theoretischen Aussagen, die deduktiv abgeleitet oder erfahrungswiss. gewonnen wurden, zugeordnet und bestätigt. Bei Falsifikation, also wenn ein theoretisch angenommenes oder empirisch angestrebtes Ergebnis durch die → Analyse nicht bestätigt wird, wird der empirische Befund zu einer anderen, bisher nicht berücksichtigten Teiltheorie in Bezug gesetzt, in die er stimmig eingefügt werden kann.

Ein Beispiel liefert die → Wahlforschung. Die Beziehung zwischen Gesellschaftsstruktur, individueller Soziallage und Wählerverhalten ist in der Geschichte der Wahlanalyse in vielfältiger Form mittels Induktion, Deduktion und der s. Kombination beider zu bestimmen versucht worden. Nach marxistischer Gesellschaftsanalyse stünde zu erwarten, daß sich der Wähler entsprechend seiner «objektiven Klassenlage» im Produktionsprozeß für bürgerliche oder Arbeiterparteien entscheidet. Das empirische Wahlverhalten eines großen Teils der Wähler kann dieser gesellschaftstheoretischen Grundannahme bis heute zugeordnet werden. Wie das in allen westl. industriellen Demokratien auftretende Phänomen des *working class conservatism* zeigt, ist dieser Zusammenhang zwischen objektiver Klassenlage und individuellem Wahlverhalten bei einem unterschiedlich großen Rest bürgerlicher wie Arbeiterwählerschaft stets nicht gegeben gewesen. Neben den beiden Möglichkeiten, die Gültigkeit des theoretisch angenommenen Zusammenhangs aufrechtzuerhalten (Veränderung der zentralen Randbedingung des Klassenbewußtseins durch Aufhebung der ideologischen → Hegemonie oder durch die Veränderung des hier angewandten Klassenbegriffs in der marxistischen Theorie), wird als Folge der Teil-Falsifikation im Rahmen einer s. Theorie der unterstellte Zusammenhang einer alternativen theoretischen Aussage zugeordnet, etwa der bürgerlichen.

Lit.: *Lehmbruch, G.* ³1970: Einführung in die Politikwissenschaft, Stg. usw.

Dieter Nohlen/Rainer-Olaf Schultze

Systemintegration → Sozialintegration

Systemische Wettbewerbsfähigkeit, in → Steuerungstheorie und → Entwicklungstheorie analytischer Ansatz für die Gestaltung der Bestimmungsfaktoren von Wettbewerbsfähigkeit als Voraussetzung selektiver Weltmarktintegration der Entwicklungsländer, dem strategischen Ziel nachholender → Entwicklung.

Die Kernthesen des Konzeptes der s. W. lauten: (1) Dauerhafte industrielle Wettbewerbsfähigkeit entsteht nicht allein durch die Schaffung marktkonformer Anreizstrukturen und makroökon. Stabilisierung; eine stabilitätsorientierte Makropolitik ist zwar eine notwendige, jedoch keine hinreichende Voraussetzung für erfolgreiche industrielle Entwicklung. (2) Diese baut auf der Schaffung eines Umfeldes auf, das die Anstrengungen der einzelnen Unternehmen oder Gruppen von Unternehmen unterstützt und multipliziert. Nur jene Unternehmen können im globalen Wettbewerb erfolgreich bestehen, die von kollektiven Lernprozessen profitieren. (3) Die Schaffung eines leistungsfähigen Umfelds ist eine Aufgabe, die nicht allein dem → Staat zukommt, sondern bei deren Erfüllung verschiedene – auch nichtstaatl. → Akteure (z. B. → Unternehmensverbände, → Gewerkschaften) eine wichtige Rolle spielen. Angesichts der neuen technolog. und weltwirtschaftl. Anforderungen verlangt s. W. einen Staat, der als Impulsgeber, Moderator und Kommunikator zwischen Unternehmen, deren Verbänden, Gewerkschaften und Wissenschaft agiert.

S. W. entsteht durch ein Wechselspiel zwischen Elementen und Faktoren auf vier unterschiedlichen Ebenen: auf der Metaebene der gesellschaftl. Strukturbildung und Strategiefähigkeit polit. Akteure; auf der Makroebene der Sicherung makroökon. Rahmenbedingungen durch Geld-, Budget-, Steuer-, Währungs-, Außenhandels und Wettbewerbspolitik; auf der Mesoebene gezielter, selektive Politiken (Infrastruktur-, Bildungs- und Technologiepolitik) zur Schaffung eines leistungsfähigen institutionellen Umfelds, das die Herausbildung spezifischer Wettbewerbsvorteile unterstützt; auf der Mikroebene der Qualifikation der Beschäftigten und der Kompetenz des Managements sowie der Integration in technolog. Netzwerke, die entscheidend sind für die Wettbewerbsfähigkeit eines Unternehmens.

→ Globalisierung

Lit.: *Bradford, C. I. Jr.* (Hrsg.) 1994: The New Paradigm of Systemic Competitiveness, Paris. *Eßer, K.* u. a. 1994: Systemische Wettbewerbsfähigkeit, Bln.

Hartmut Sangmeister

Systemisches Denken, ein allg. wiss. → Paradigma, das heterogene Denkansätze aus verschiedenen Theorien umfaßt, so daß keine allg. anerkannte griffige Definition existiert, bestehende Definitionen jeweils ihre Herkunft aus einer oder einigen dieser Theorien widerspiegeln. Gemeinsam ist den verschiedenen Denkansätzen der nicht-reduktionistische Umgang mit Komplexität.

Ein Teil der Theorien, aus denen sich s. D. speist und in denen sich s. D. artikuliert, sind auch in der → Politikwissenschaft von (gewiß unterschiedlicher) Relevanz: → Autopoesis, → Chaostheorie, → Konstruktivismus, → Kommunikationstheorie, Kybernetik (→ Politische Kybernetik), → Systemtheorie. Im Mittelpunkt der Erkenntnis stehen die Wechselwirkungen in komplexen Systemen. Dabei ersetzen Konzepte nicht-linearer, rekursiver Vernetzung und multifaktorieller Zusammenhänge lineares Kausalitätsdenken (→ Kausalität). S. D. fokussiert darauf, wie individuelle und kollektive Akteure über → Handlungen und → Sprache Wirklichkeiten erzeugen und diese über spezifische Muster und Interaktionsprozesse aufrechterhalten. Erkennen wird als beobachterabhängig verstanden, zudem als rekursiver Prozeß von Kognition und Kommunikation.

In der Politikwiss. gewinnt das Adjektiv systemisch, das eben nicht identisch mit systemtheoretisch ist und immer in Gefahr steht, von Lektoren in systematisch korrigiert zu werden, erst allmählich Bedeutung. Heimisch geworden ist es v. a. im steuerungstheoretischen Diskurs (*Willke* ²1997). Unter systemischer Interaktion versteht *A. Etzioni* (1975) einen Kommunikationsprozeß, der nicht von individuellen Akteuren getragen wird oder symbolischer Natur ist, sondern der über den institutionellen und organisatorischen Apparat der korporativen Akteure (→ Unternehmerverbände, → Gewerkschaften, Vereine, → Nichtregierungsorganisationen, etc.) vonstatten geht. Systemische → Identität meint die Operationsweise eines sozialen Systems, die Strukturregeln und Muster der in ihnen ablaufenden Kommunikation. In der → Entwicklungstheorie bezeichnet → systemische Wettbewerbsfähigkeit ein mehrdimensionales Steuerungskonzept, ein Wechselspiel von Elementen und Faktoren auf vier analytischen Ebenen.

Systemische Praxis versteht sich lösungsorientiert und intendiert bei konkreten gesellschaftl. Problemlagen die Veränderung der Strukturregeln und Muster, in denen sich in sozialen Systemen die Kommunikation vollzieht, sowie die Erweiterung von Handlungsoptionen (*von Foerster* 1985), «die Anreicherung der Situationsdynamik mit weiteren Alternativen» (*Willke* 1997: 14). Sie setzt dabei im Zeichen steuerungstheoretischer Bescheidenheit auf das Prinzip der Selbstorganisation von Systemen, auf Ressourcen und Kompetenzen von Individuen und kollektiven Akteuren.

→ Politische Steuerung.

Lit.: *Etzioni, A.* 1975: Die aktive Gesellschaft, Opl. (engl. 1968). *Foerster, H. von* ²1985: Das Konstruieren einer Wirklichkeit, in: *Watzlawick, P.* (Hrsg.): Die erfundene Wirklichkeit, Mchn./Zürich, 39–60. *Glasersfeld, E. von* 1998: Radikaler Konstruktivismus, Ffm. *Willke, H.* ²1997: Systemtheorie III: Steuerungstheorie, Stg.

Andrea Ebbecke-Nohlen/
Dieter Nohlen

Systemkrise, von der → Systemtheorie inspirierte Bezeichnung für einen zerfalls- oder umbruchartigen sozialen, wirtschaftl. oder polit. Wandel.

1. Mit der Auffassung des Wirkungsbereiches einer → Krise als → System verbindet sich die Überzeugung, daß die Krise nicht auf einfache Ursachen und insbes. nicht auf isolierbare Handlungen von Individuen zurückgeführt werden kann, sondern aus der Interdependenz des Systems mit einer sich ändernden Umwelt sowie aus den komplexen Wechselbeziehungen seiner Teilsysteme erwächst und als kumulativer Prozeß von Funktionsstörungen zu analysieren ist, die sich in einem Regelkreislauf verstärken und die Integration des Systems bedrohen.

2. Der Begriff der S. impliziert gleichermaßen die Auffassung, daß Maßnahmen zur Krisenbewältigung i. d. R. weder an einer einzelnen Ursache ansetzen noch von einer hierarchisch herausgehobenen (internen oder externen) Steuerungsinstanz aus erfolgen können. Erklärungen von S. bzw. von Prozessen des Systemzerfalls oder → Systemwechsels, die aus einer S. hervorgehen, setzen häufig an den Postulaten der funktionalen → Differenzierung und der relativen → Autonomie der Teilsysteme an, so etwa Analysen des Zusammenbruchs der realsozialistischen Systeme, die darauf abheben, daß in den betreffenden Gesellschaften die Politik mit ihrem umfassenden hierarchischen Steuerungsanspruch die anderen gesellschaftl. Teilsysteme, insbes. die Wirtschaft, durch massives und permanentes «Hineinregieren» daran hindere, die für den Zusammenhalt des Gesamtsystems auf die Dauer erforderlichen Leistungen zu erbringen.

Lit.: *Bühl,* W. [2]1988: Krisentheorien, Darmst. *Willke, H.* [3]1993: Systemtheorie, Stg.

Bernhard Thibaut

Systemtheorie, ist ein verhältnismäßig junger Ansatz der → Politischen Theorie. Ihre Wurzeln liegen in Entwicklungen verschiedener Disziplinen in den 1940er und 1950er Jahren. Dazu gehören die Erforschung von Informations- und Steuerungsprozessen in Maschinen und Elektrorechnern, die *N. Wiener* (1961) unter dem Sammelbegriff der Kybernetik zusammengefaßt hat. Weiterhin ist die biologische Theorie lebender → Systeme hinzuzuzählen. *L. von Bertalanffy* (1971) hat daraus eine allgemeine S. entwickelt. In die Politikwiss. wurde die S. von *D. Easton* (1965) und *K. W. Deutsch* (1963) in den 1950er und 60er Jahren eingebracht. Sie sind dabei insbes. von der Kybernetik als Theorie selbstregulativer Systeme ausgegangen. Selbstregulative Systeme stehen mit ihrer Umwelt in einem Austausch des *inputs* und *outputs* von Informationen. Das Anliegen der S. ist die Theoriekonstruktion, um mit ihrer Hilfe der politikwiss. Forschung einen Bezugsrahmen zu schaffen.

Den umgekehrten Weg von den klassischen Problemstellungen der Politikwiss. und der empirischen Forschung zu deren Reformulierung in der Sprache der S. hat der amerikan. Forschungsansatz der *Comparative Politics* eingeschlagen. Wichtige Beiträge dazu kamen von *G. A. Almond, G. B. Powell Jr.* (1966) und *S. N. Eisenstadt* (1963). Der Ansatz der *Comparative Politics* hat in den 1960er und 70er Jahren ein breitangelegtes Forschungsprogramm verfolgt und in dieser Zeit eine beherrschende Stellung eingenommen. In den 1980er Jahren ist die Begeisterung für das Forschungsprogramm wieder zurückgegangen. Ansätze des → Marxismus, der → Weltsystemanalyse und der → Konflikttheorie haben in dieser Zeit statt dessen wachsende Beachtung gefunden.

Neben den politikwiss. sind weiterhin Beiträge der soziologischen S. zur Analyse der Politik zu beachten, etwa *T. Parsons'* und *N. Luhmanns* soziologische Theorien des Politischen. Während *Parsons'* Beitrag v. a. in die Ansätze der politikwiss. S. von *Easton* und *Deutsch* sowie in die Forschungsrichtung der *Comparative Politics* Eingang gefunden und mit ihnen in den 1980er Jahren in der amerikan. Politikwiss. wieder an Einfluß verloren hat, ist die S. *Luhmanns* in D in den 1980er Jahren zum meistbeachteten Theorieprogramm in Soziologie und Politikwiss. zugleich geworden. Mit der Aufmerksamkeit für *Luhmann* ist in D auch das Interesse an *Parsons* wieder größer geworden.

1. *Easton* hat eine *Input-Output*-Theorie des → Politischen Systems entworfen. Das polit. System ist ein Teilsystem der → Gesellschaft, das aus all jenen sozialen Interaktionen besteht, durch die eine autoritative (bindende) → Allokation von Werten in der Gesellschaft erfolgt. Mit der inner- und außergesellschaftl. Umwelt ist das polit. System durch den *input* von Forderungen *(demands)* und Unterstützung *(support)* sowie den *output* von Entscheidungen und Hand-

lungen verknüpft. *Input* und *output* sind durch eine Rückkoppelungsschleife miteinander verbunden. Um sich in ihrer Umwelt zu erhalten, müssen polit. Systeme die Fähigkeit entwickeln, Forderungen aufzunehmen und zu *outputs* zu verarbeiten, die wiederum die Bereitschaft zur Unterstützung des polit. Systems als weiteren *input* erhöhen. Forderungen an das polit. System zielen auf die autoritative Allokation von Werten im Hinblick auf eine bestimmte Sachlage ab. Polit. Forderungen resultieren aus Interessen, Wünschen, Präferenzen oder Meinungen, die außerhalb und innerhalb des polit. Systems artikuliert werden. Interessen, Wünsche, Präferenzen oder Meinungen müssen in polit. Forderungen konvertiert werden, um als *input* in das polit. System Prozesse der polit. Entscheidungsbildung in Gang zu setzen. Ist das polit. System einer großen Zahl oder einer großen Komplexität von Forderungen ausgesetzt, dann steht es unter Streß, den es durch bes. Anstrengungen in der Einlaßkontrolle oder der Verarbeitung von Forderungen zu *outputs* bewältigen muß.

Easton unterscheidet zwei Mechanismen der Konversion von Wünschen in polit. Forderungen, strukturelle Mechanismen und kulturelle Mechanismen: Strukturelle Mechanismen ergeben sich aus der Anordnung polit. Rollen im polit. System. Polit. Rollenträger sind Torwächter *(gatekeepers)*. Sie greifen Wünsche auf und machen sie zu polit. Forderungen. Ein hoher Zentralisierungsgrad verstärkt z. B. die Entscheidungsfähigkeit, schwächt aber die Aufnahmekapazität. Weitergehende Dezentralisierung ergibt hohe Aufnahmekapazität bei geringerer Entscheidungsfähigkeit. Kulturelle Mechanismen resultieren aus den im polit. System institutionalisierten Werten und Normen sowie den vorherrschenden Einstellungen. Die Betonung von Freiheiten der öff. Meinungsbildung und die hohe Bewertung der offenen Artikulation von Forderungen bedingt ein hohes Maß der Konversion von Wünschen in polit. Forderungen. Entspricht dem umfangreichen *input* an Forderungen keine gleichrangige Entscheidungsfähigkeit, dann wird das polit. System von Forderungen überflutet, die es nicht mit dem Effekt der positiven Rückkoppelung an die polit. Unterstützung verarbeiten kann.

Den zwei Mechanismen der Konversion von Wünschen in Forderungen treten zwei Mechanismen der Verarbeitung von polit. Forderungen gegenüber: Kommunikationskanäle und Reduktionsprozesse. Kommunikationskanäle entscheiden darüber, in welchem Umfang Forderungen im polit. System zur Sprache gebracht werden können. Ihre Umsetzung in Entscheidungen geschieht in Reduktionsprozessen. Sie sortieren die nicht entscheidbaren Forderungen aus und führen die entscheidbaren der schließlichen Entscheidung zu. Innersystemische Barrieren lassen z. B. eine mehr oder weniger große Zahl von Debatten ohne Ergebnis versanden. Eine weitere Form der Verarbeitung von Forderungen ist ihre Absorption durch breiter angelegte polit. Sachthemen *(issues)*. Partikulare Forderungen werden dabei zu allgemeineren Sachthemen gemacht. Dem *input* an Forderungen muß ein gleichwertiger *input* an Unterstützung entsprechen, wenn sich das polit. System in seiner Umwelt erhalten will. Polit. Unterstützung kann spezifischer und diffuser Art sein. Spezifische Unterstützung resultiert aus der Befriedigung von Wünschen durch polit. *output*. Je mehr die Zahl und Komplexität von Wünschen die Entscheidungskapazität des polit. Systems übersteigt, um so mehr benötigt es diffuse, *output*-unabhängige Unterstützung auf der Basis von → Solidarität, Loyalität, → Legimität oder gemeinsamen Interessen. Diffuse Unterstützung kann sich auf die polit. Gemeinschaft als arbeitsteiliges Netzwerk aller polit. Gruppierungen beziehen. Das Gefühl der Solidarität aller Demokraten ist z. B. eine wesentliche Voraussetzung der Stabilität von Demokratien. Dies ist die allgemeinste Basis der Stabilität polit Systeme. Die Grundlagen für die Unterstützung von Regimen und/oder Autoritäten bilden der Legitimitätsglaube oder gemeinsame → Interessen. Der Legitimitätsglaube kann ideologischer, struktureller oder persönlicher Art sein. Ideologische Legitimität gründet in moralischen Überzeugungen über die Richtigkeit eines Regimes, strukturelle Legitimität im Glauben an die Richtigkeit der Herrschaftsstruktur und der Normen der Herrschaftsausübung, persönliche Legitimität im Glauben an die persönlichen Qualitäten der Herrschenden. Die Erosion von Unterstützung unterwirft das polit. System einem Streß, den es durch die neue Generierung von Unterstützung bewältigen muß.

2. Die von *Parsons* ausgearbeitete soziologische S. ordnet das polit. System einer spezifischen Funktion im System der Gesellschaft zu. *Parsons* wählt einen analytischen und konstruktivistischen Zugriff auf die Gesellschaft. D. h., er geht von einer bestimmten Konstruktion des gesellschaftl. Ganzen, seiner inneren Differenzierung in Teilsysteme und seiner äußeren Einbettung in das allg. Handlungssystem und das System der *conditio humana* aus. Folgende vier Funktionen werden definiert: (A) *Adaptation:* Anpassung an die Umwelt durch Öffnung des Spielraums möglicher Ereignisse, d. h. Erhöhung ihrer Zahl; (G) *Goal attainment:* Zielsetzung und Zielverwirklichung durch Spezifikation des Spielraumes möglicher Ereignisse, d. h. Selektion eines Ereignisses unter einer Vielzahl möglicher Ereignisse; (I) *Integration:* Integration des Systems durch Schließung des Handlungsspielraumes, d. h. Einfügen der Ereignisse in eine Ordnung, die sie untereinander verbindet und so die Zahl ihrer Kombinationen begrenzt; (L) *Latent pattern maintenance:* Erhaltung latenter Strukturen durch Generalisierung des Handlungsspielraumes, d. h. Subsumtion der zugelassenen Ereignisse unter einen allg. Bezugsrahmen.

Durch die Spezialisierung von Prozessen auf diese Funktionen entstehen Systeme. Der geordnete, sich wiederholende und stets erwartbare Ablauf dieser Prozesse ergibt die Struktur eines Systems. Prozesse verbinden Elemente miteinander. Die Funktion der Verbindung der Elemente untereinander wird durch Medien erfüllt. Gleichartige und gleichgerichtete, miteinander vernetzte und auf die Erfüllung einer spezifischen Funktion ausgerichtete Elemente, Prozesse, Medien und Strukturen formen zusammen ein analytisch abgrenzbares System. Die Phänomene der realen Welt setzen sich stets aus mehreren Aspekten zusammen, die Teil unterschiedlicher Systemprozesse sind. Ihr Auseinanderschneiden in Systeme ist allein Konstrukt der wiss. Analyse zur geordneten Erfassung der Welt, weil Erkenntnis zwangsläufig die Schaffung einer Ordnung im Chaos von Beobachtungen der Welt bedeutet. Der Realitätsgehalt der wiss. Konstruktionen bemißt sich letzten Endes an ihrer Fruchtbarkeit in der Integration verstreuter Spezialerkenntnisse und in der Generierung einer Vielzahl von → Hypothesen, die der Kritik und empirischen Testversuchen standhalten.

Dabei werden verschiedene Ebenen der Anwendung des Vierfunktionenschemas unterschieden. Die erste Ebene ist die *conditio humana,* die sich in (A) das physikalisch-chemische System mit dem Medium der empirischen Ordnungsbildung, (G) das organische System mit dem Medium Gesundheit, (I) das Handlungssystem mit dem Medium Sinn und (L) das telische System mit dem Medium der transzendentalen Ordnungsbildung gliedert. Die zweite Ebene ist das Handlungssystem, das sich in (A) das Verhaltenssystem mit dem Medium Intelligenz, (G) das Persönlichkeitssystem mit dem Medium der Handlungskapazität, (I) das soziale System mit dem Medium Affekt und (L) das kulturelle System mit dem Medium Definition der Situation differenziert. Die dritte Ebene ist das soziale System, das sich in (A) das ökon. System mit dem Medium Geld, (G) das polit. System mit dem Medium der polit. Macht, (I) das Gemeinschaftssystem mit dem Medium Einfluß und (L) das sozial-kulturelle System mit dem Medium der Wertbindungen aufteilt.

In *Parsons'* Perspektive zeichnet sich die Entwicklung der modernen Gesellschaften dadurch aus, daß neben der adaptiven Höherentwicklung durch Wissenssysteme und Technologien, der Inklusion der Gruppen in eine umfassende Bürgergemeinschaft und der Generalisierung der Werte eine funktionale → Differenzierung in Teilsysteme erfolgt, die auf die Erfüllung spezifischer Funktionen spezialisiert sind. Das gelingt durch die Einrichtung von Institutionen als Regelsysteme und korrespondierende Kommunikationsmedien, die das Handeln auf die Erfüllung der entsprechenden Funktionen ausrichten.

Die Ausdifferenzierung des polit. Systems

gründet auf der Institutionalisierung einer demokratischen Verfassung und der Herausbildung von polit. Macht zu einem generalisierten Medium der Kommunikation. Die demokratische Verfassung befreit den Erwerb und die Ausübung von polit. Macht von vorgängigen Bindungen an Dynastien, Stände, → Klassen, → Schichten, religiöse oder ethnische → Gemeinschaften sowie von religiöser Vormundschaft oder Geldbesitz. Freie, geheime und gleiche → Wahlen bedeuten die von all diesen Bindungen freie Übertragung polit. Macht auf Personen, die miteinander um polit. Mandate konkurrieren. Die übertragene polit. Macht kann zur Durchsetzung beliebiger Entscheidungen verwendet werden, die im demokratischen Verfahren selektiert werden.

Das polit. System besteht aus all jenen sozialen Interaktionen, die auf die Selektion, Durchführung und Durchsetzung kollektiv bindender Entscheidungen ausgerichtet sind. Als real ausdifferenziertes System kann es seine Grenzen jedoch nur erhalten, wenn die polit. Interaktionen nach den Regeln ablaufen, die das polit. (demokratische) Entscheidungsverfahren ordnen. Die Einhaltung dieser Regeln kann nicht nur polit. gesichert werden. Allein ihre Durchsetzung gegen Widerstand kann durch polit. Macht erfolgen (G). Ihre Legitimität ist jedoch ebenso eine Voraussetzung ihrer Einhaltung: Sie kann nur durch Einbettung in den kulturellen Werthorizont der Gesellschaft und die Aktivierung von Wertbindungen erzeugt werden (L). Außerdem bedürfen die Regeln der gefühlsmäßigen Unterstützung durch die Bürger und die gesellschaftl. Gruppen (I) sowie der tatsächlichen Durchführung in der Nutzung finanzieller Ressourcen (A). Die Grenzerhaltung des polit. Systems muß von innen und außen zugleich produziert werden. So beruht die funktionale Ausdifferenzierung des polit. Systems auf einem Zusammenwirken polit. und nichtpolit. Faktoren.

Das Zusammenwirken mehrerer Systeme setzt sich auch in der Funktionserfüllung des polit. Systems für die Gesellschaft und in seiner Leistungserstellung für die anderen Teilsysteme fort. Beide sind auf die Zufuhr von Leistungen der anderen Teilsysteme angewiesen und bedeuten eine Abgabe der spezifisch polit. Leistungen an die nichtpolit. Teilsysteme.

Die Entwicklung der modernen Gesellschaften ist dadurch gekennzeichnet, daß die polit. Aufgaben immer umfangreicher und komplexer werden. Polit. Systeme sind deshalb zur Steigerung ihrer Leistungsfähigkeit auf eine expansive Machtschöpfung angewiesen. Im Rahmen der *Parsons*schen Perspektive ist dabei entscheidend, daß diese Machtschöpfung nicht aus vorhandener Macht und nicht allein in den Grenzen des polit. Systems erfolgen kann. Sie erfordert vielmehr die Generierung von polit. Macht durch die Mobilisierung von Einfluß, Wertbindungen und Geld. Ebenso verlangt die Übertragung der polit. Steuerungsleistungen auf die nichtpolit. Systeme der Gesellschaft neben der Anwendung polit. Macht zur Durchsetzung von Entscheidungen gegen Widerstand auch den Einsatz von Wertbindungen zur Herstellung ihrer Legitimität, von Einfluß zur Erhöhung ihrer bindenden Kraft und zur Sicherung von Kooperation und von Geld zur finanziellen Umsetzung.

In dem Maße, in dem polit. Macht nicht ein für allemal in einer Machtstruktur der Gesellschaft festgefügt ist, sondern in demokratischen Systemen frei von Wählern auf Mandatsträger übertragen und von diesen wieder in polit. Programme investiert wird, nimmt sie nach *Parsons* die Form eines symbolischen und generalisierten Kommunikationsmediums an, das ähnliche Eigenschaften wie das Geld aufweist. Polit. Macht symbolisiert die mit ihr durchsetzbaren polit. Entscheidungen. Sie ist unabhängig von Person, Ort und Zeit einsetzbar und in diesem Sinne ein generalisiertes Medium. Ihr Erwerb und Gebrauch wird von der polit. Ordnung geregelt. Sie kann durch Mandatsübertragung weitergereicht werden. Sie zirkuliert über die Grenzen des polit. Systems hinaus und transportiert die polit. Faktor*inputs* in die nichtpolit. Systeme hinein sowie die nichtpolit. Produkt*outputs* aus den nichtpolit. Systemen heraus. Sie unterliegt nicht zwangsläufig der Summenkonstanz. Polit. Macht kann sich als mehr oder weniger effektiv erweisen, gemessen an der Folgebereitschaft der Adressaten eines Machteinsatzes. In einem Wertschöpfungsprozeß kann das polit. System die Menge der im Umlauf befindlichen polit. Macht durch Vermehrung von polit. Partizipation und polit. Mandaten und Zufuhr von Einfluß, Wertbindungen und Geld sowie zugleich die Menge der polit. Leistungen in Gestalt kollektiv bindender Entscheidungen vergrößern. Zwischen beiden kann aber auch ein Mißverhältnis entstehen, so daß Prozesse der Inflation und Deflation auftreten. Eine Inflation polit. Macht äußert sich darin, daß für die bindende Durchsetzung einer polit. Entscheidung zum Zeitpunkt t_2 eine größere Machtmenge erforderlich ist als zum Zeitpunkt t_1. Bei einer Deflation ist eine geringere Machtmenge aufzubringen. Bei einer Inflation wächst die mobilisierte polit. Macht, ohne daß die Entscheidungsleistungen im gleichen Maße zunehmen. Bei einer Deflation steht immer weniger polit. Macht zur Verfügung, so daß auch der Umfang der Entscheidungsleistungen zurückgeht. Eine anhaltende Inflation untergräbt das Vertrauen in das polit. System, dem dann in wachsendem Maße Machtressourcen entzogen werden, so daß die Inflation in eine Deflation mit geringer polit. Leistungsfähigkeit umschlägt.

3. *N. Luhmann* will seine Theorie eine Abstraktionsstufe höher anlegen als *Parsons*. Während *Parsons* mit dem System beginnt und nach den zu seiner Erhaltung zu erfüllenden Funktionen und den dafür erforderlichen Strukturen fragt, setzt *Luhmann* mit der Weltkomplexität ein und will wissen, welche Funktion Systeme in dieser Welt überhaupt haben. Seine Antwort lautet: Sie reduzieren Weltkomplexität. Diese Prämisse hat natürlich Konsequenzen für alle weiteren Theorieschritte: Systeme werden stets als Mechanismen der Reduktion von Weltkomplexität begriffen. Aus der Vielzahl möglicher Ereignisse selektieren sie eine überschaubare und handhabbare Zahl und verweisen die anderen Möglichkeiten in den Hintergrund.

Die Differenzsetzung zwischen System und Umwelt ist demnach für *Luhmann* der Anfang und die Hauptaufgabe aller Systeme. Die Umwelt ist stets komplexer als die Systeme und aufgrund dieser Überkomplexität eine Gefahr für ihre Existenz. Die Ereignisse der Umwelt sind potentielle Störungen des Systems, die es abwehren oder absorbieren und in systemeigene Elemente transformieren muß. Zur theoretischen Fundierung dieser Perspektive hat *Luhmann* seit Anfang der 1980er Jahre die von *F. Varela* und *H. Maturana* (1980) in der Biologie entwickelte Theorie der *Autopoiesis* lebender Systeme, die Formanalyse des Mathematikers *G. Spencer Brown* (1971) sowie die konstruktivistische Erkenntnistheorie u. a. in den Versionen von *E. von Glasersfeld* (1987) und *H. von Förster* (1985) aufgegriffen. Autopoietische Systeme verstehen es, ihre Elemente immer wieder selbst zu reproduzieren, indem sie die Ereignisse ihrer Umwelt nach einem eigenen *Code* beobachten und als Ressourcen den eigenen, reproduktiven Operationen zuführen.

Die Systeme sind operativ geschlossen, weil ihre Operationen nur aufgreifen, was sich in den eigenen *Code* fügt. Alles andere bleibt draußen vor den Toren des Systems. Durch ihre operative Geschlossenheit können sie beliebige Umweltkomplexität tolerieren und sind in diesem Sinne offen für die Umwelt. In *Luhmanns* Begriffen arbeiten autopoietische Systeme tautologisch, weil sie nur sehen, was sie sehen, bzw. nur das sehen, was ihr *Code* erlaubt. Sie operieren paradox, weil sie sich auf eine Umwelt und doch keine Umwelt beziehen, d. h. auf eine Umwelt Bezug nehmen, die sie schon nach ihrem eigenen *Code* zur Systemwelt gemacht haben. Sie schauen auf die Umwelt und erkennen doch nur Systemwelt. Systeme haben die Möglichkeit der «Enttautologisierung» und «Entparadoxierung», indem sie Beobachtungen zweiter Ordnung einrichten. Sie können dann beobachten, wie und mit welchen Beschränkungen sie die Umwelt beobachten. Dies ist ihre Selbstbeobachtung. Möglicherweise können sie dann erfassen, welche Beschränkungen ihrer Beobachtungen erster Ordnung artifizieller und welche notwendiger Natur sind. Systeme gewinnen ihre Einheit durch die Etablierung einer Differenz zwischen sich und der Umwelt. Dies ist die Einheit der Differenz von System und Umwelt. Durch Selbstbeobachtung wird im System eine neue Differenz zwischen System und Umwelt geschaffen. Es handelt sich dabei um ein *re-entry*, ein Wiedereintreten der Differenz in die Differenz.

Ein Verständnis von *Luhmanns* Theorie des polit. Systems läßt sich durch die Verknüpfung der Theorie autopoietischer Systeme mit der Gesellschaftstheorie gewinnen. Das Herzstück der Gesellschaftstheorie bildet die These, daß die Entwicklung der Gesellschaften von der segmentären Differenzierung einfacher Gesellschaften in Familien und Sippen zur hierarchischen Differenzierung traditionaler Gesellschaften in Stände und von dort zur funktionalen Differenzierung moderner Gesellschaften in funktional spezialisierte Teilsysteme fortschreite. Moderne Gesellschaften verfügen weder über eine Spitze noch über ein Zentrum, von denen aus sie als Ganze geordnet und gesteuert werden können. Die Besonderheit von *Luhmanns* Theorie der funktionalen Differenzierung besteht darin, daß sie die gesellschaftl. Teilsysteme als autopoietisch operierende versteht. Sie alle bilden sich als Reduktionen von Weltkomplexität und sind fortlaufend damit beschäftigt, ihre Grenzen gegen eine überkomplexe Umwelt zu erhalten. Das gelingt ihnen durch die Ausrichtung des Handelns auf einen feststehenden binären *Code,* ihre Regelung durch ein Programm, das durch Lernprozesse verändert werden kann, und durch das Prozessieren ihrer Elemente mit Hilfe eines generalisierten Kommunikationsmediums. Die Elemente aller gesellschaftl. Teilsysteme sind Kommunikationen, die sich durch eigene *Codes,* Programme und Medien voneinander differenzieren und einander im System-Umwelt-Verhältnis begegnen.

Der *Code* des polit. Systems unterscheidet das Innehaben oder Nichtinnehaben polit. Macht; das Programm wird durch die Verfahrensregeln des polit. Entscheidens gestaltet; das Medium ist polit. Macht. Als *Subcode* des polit. Systems dienen auch die Entgegensetzungen von «konservativ» und «progressiv», «Regierung» und «Opposition». Das polit. System gliedert sich selbst in die Teilsysteme des Publikums mit der Ausrichtung der polit. Kommunikation auf die → Öffentliche Meinung, der Politik mit der Ausrichtung der polit. Kommunikation auf die Karriere des polit. Personals und der Verwaltung, unter Einschluß von Gesetzgebung, Regierung und Verwaltung i. e. S., mit der Ausrichtung der polit. Kommunikation auf das Recht.

Das polit. System muß sich in einer gesellschaftsinternen Umwelt erhalten, die durch andere Teilsysteme konstituiert wird: z. B. durch die Wirtschaft mit dem *Code* der Unterscheidung des Zahlens und Nichtzahlens, dem Programm des freien Eigentums und dem Medium Geld; durch das Recht mit dem *Code* der Unterscheidung von Recht und Unrecht, dem Programm der Rechtsprechung und dem Medium Recht; durch die Wiss. mit dem *Code* der Unterscheidung von Wahrheit und Unwahrheit, dem Programm des wiss. Diskurses und dem Medium Wahrheit. Weitere Systeme sind das Erziehungssystem, das Gesundheitssystem, die Religion oder die Moral, die allerdings nicht vollständig mit eigenen *Codes,* Programmen und Medien ausdifferenziert sind.

Alle gesellschaftl. Systeme erfüllen eine Grundfunktion für die Gesellschaft: Weltkomplexität auf ein bearbeitbares Maß zu reduzieren. Sie erledigen dies für die Gesellschaft anhand der Spezialisierung auf bes. Funktionen: Das polit. System produziert kollektiv bindende Entscheidungen, das Wirtschaftssystem bearbeitet Knappheit, das Rechtssystem reguliert Konflikte, das Wissenschaftssystem akkumuliert Wissen. Zwischen den Teilsystemen gibt es auch einen Leistungsaustausch, der jedoch nach den Regeln der *Autopoiesis* abläuft. Die Produkte der anderen Teilsysteme erscheinen für ein Teilsystem als Umweltereignisse, die es nach eigenem *Code* wahrnimmt und aus einer potentiellen Störung in eine Ressource des Systems transformiert. Die Systeme müssen füreinander ausreichend «Resonanz» entwickeln, um zur eigenen Erhaltung auf die Impulse ihrer Außenwelt reagieren zu können. Eine stabilere Form der wechselseitigen Resonanz wird durch die strukturelle Kopplung der Systeme aneinander erreicht. In diesem Fall haben die Systeme durch wechselseitige Justierung gelernt, jeweils adäquat füreinander Ereignisse zu produzieren und dies als Ressourcen zu verarbeiten.

In *Luhmanns* Perspektive wird in polit. Kommunikationen jedes Ereignis in der nichtpolit. Umwelt auf die Frage des Innehabens oder Nichtinnehabens von polit. Macht projiziert. Ein Konjunktureinbruch der Wirtschaft, ein Ansteigen der Kriminalität oder das Absterben von Wäldern sind Ereignisse anderer Systeme, die innerhalb des polit. Systems nur unter dem Gesichtspunkt kommuniziert werden können, ob sie das Innehaben polit. Macht in einer Behörde, im Parlament oder in der Regierung positiv oder negativ beeinflussen. Umgekehrt können polit. Entscheidungen in den nichtpolit. Systemen nur unter dem Gesichtspunkt thematisiert werden, ob sie die Preise erhöhen oder erniedrigen (Wirtschaft), in das Rechtssystem passen oder nicht (Recht), in ihrem Aussagegehalt wahr sind oder unwahr (Wiss.).

Probleme der Abstimmung der Systeme untereinander ergeben sich aus zu viel oder zu wenig Resonanz, aus Überforderungen oder Unterforderungen, einem Mißverhältnis zwischen artifiziellen und notwendigen Beschränkungen des Beobachtens der Umwelt durch das System. Zeitdiagnostisch sieht *Luhmann* eine tendenzielle Überforderung des polit. Systems durch die Eigendynamik des ständigen Ausbaus von Leistungen des → Wohlfahrtsstaates aufgrund der fortschreitenden polit. Inklusion der Bürger in die Gewährung von Rechten und durch den Umweltdiskurs.

Die entscheidende Frage an *Luhmanns* Theorie ist nicht, ob moderne polit. Systeme autopoietisch operieren oder nicht, sondern welche Defizite sie aufweisen, wenn sie dies tun, und ob sie notwendigerweise so arbeiten müssen. Auf jeden Fall ist damit das Problem benannt, dessen Lösung die S. in der nächsten Zukunft beschäftigen wird. Für ihren Zugriff auf die Politik zu Beginn des 21. Jh. wird entscheidend sein, wie sie das Problem löst. Davon wird es abhängen, ob sie mehr die Selbstbescheidung der Politik oder mehr den Ausbau ihrer Resonanzfähigkeit bzw. ihrer Vernetzung mit ihrer Umwelt empfiehlt. Insofern gilt es, *Luhmanns* systemtheoretische Sicht auf die moderne Politik von ihren artifziellen Beschränkungen zu befreien. Solche Befreiungsversuche werden inzwischen auch von seinen Schülern unternommen. So hat *Helmut Willke* (1992) in seiner Theorie der dezentralen Kontextsteuerung argumentiert, daß die Entwicklung der funktional differenzierten Gesellschaft den Staat in zunehmendem Maße auf eine Supervisionsrolle beschränkt, weil er nicht mehr unmittelbar steuernd in die autopoietisch operierenden Teilsysteme eingreifen kann. Statt dessen sollen die Teilsysteme – moderiert durch das polit. System – in einem neuen Lernschritt die Weltsicht aller anderen Teilsysteme internalisieren und befähigt werden, ihre Operationen so zu organisieren, daß ihre externen Effekte von den Subsystemen in ihrer Umwelt noch verkraftet werden können. Damit nähert sich *Willke* wieder dem *Parsonsschen* Modell der Systemintegration durch Interpenetration, ohne allerdings zuzugestehen, daß dafür das Konzept der *Autopoiesis* aufgegeben werden muß.

→ Autopoiesis; Demokratie; Demokratietheorie; Funktion/Funktionalismus; Herrschaft; Konstruktivismus; Legitimität; Macht; Machttheoretische Ansätze; Politische Kybernetik; Postmoderne und Politik; Reform; Reformismus.

Lit.: *Almond, G. A./Powell, G. B., Jr.* 1966: Comparative Politics, Boston. *Bertalanffy, L. von* 1971: General Systems Theory, L. *Deutsch, K. W.* ³1973: Politische Kybernetik, Freib. *Easton, D.* ³1979: A Systems Analysis of Political Life, NY/Chic. (zuerst 1965). *Eisenstadt, S. N.* 1963: The Political Systems of Empires, NY. *Förster, H. von* 1985: Sicht und Einsicht, Braunschweig. *Glasersfeld, E. von* 1987: Wissen, Sprache und Wirklichkeit, Braunschweig. *Luhmann, N.* ³1972: Soziologische Aufklärung I, Opl. (zuerst 1970). *Luhmann, N.* 1975: Macht, Stg. *Luhmann, N.* 1981: Politische Theorie im Wohlfahrtsstaat, Mchn./Wien. *Luhmann, N.* 1984: Soziale Systeme, Ffm. *Luhmann, N.* 1986: Ökologische Kommunikation, Opl. *Luhmann, N.* 1987: Soziologische Aufklärung 4, Opl. *Luhmann, N.* ²1989: Legitimation durch Verfahren, Ffm. *Luhmann, N.* 1990: Soziologische Aufklärung 5, Opl. *Luhmann, N.* 1991: Soziologie des Risikos. Bln./NY. *Luhmann, N.* 1993: Das Recht der Gesellschaft, Ffm. *Luhmann, N.* 2000: Politik der Gesellschaft. Ffm. *Maturana, H. R./Varela, F. J.* 1980: Autopoiesis and Cognition, Dordrecht. *Mayntz, R.* u. a.

1988: Differenzierung und Verselbständigung. Zur Entwicklung gesellschaftlicher Teilsysteme, Ffm. *Münch, R.* ²1988: Theorie des Handelns, Ffm. (zuerst 1982). *Münch, R.* ²1992: Dialektik der Kommunikationsgesellschaft, Ffm. (zuerst 1991). *Parsons, T.* 1969: Politics and Social Structure, NY. *Spencer Brown, G.* 1971: Laws of Form, L. *Waschkuhn, A.* 1987: Politische Systemtheorie, Opl. *Wiener, N.* ²1961: Cybernetics, Camb./Mass. (zuerst 1948). *Willke, H.* 1983: Entzauberung des Staates, Königstein/Ts. *Willke, H.* 1992: Ironie des Staates, Ffm. *Willke, H.* 1997: Supervision des Staates, Ffm.

Richard Münch

Systemvergleich, allg. der Vergleich → Politischer Systeme, wie er insbes. im Rahmen der → Vergleichenden Regierungslehre/Vergleichenden Politischen Systemlehre betrieben wird und durch die → Systemtheorie und → Strukturfunktionalismus auf eine neue wiss. Grundlage gestellt wurde.

In einem spezifischen Verständnis der Vergleich polit. Systeme unterschiedlicher Gesellschaftssysteme im Zeichen der Systemkonkurrenz (zwischen Kapitalismus und Sozialismus), insbes. des empirischen Leistungsvergleichs (des *outputs*) anhand meßbarer → Indikatoren in der Produktions-, Distributions- und Legitimationssphäre. Indem im S. die Systeme vor dem revolutionären Umbruch von 1989/90 jeweils am eigenen ideologisch-programmatischen Anspruch gemessen wurden, wurden freilich entscheidende Differenzen der Systeme (im → Real existierenden Sozialismus mangelnde Interessenartikulation, staatl. Repression etc.) nicht mehr gebührend wahrgenommen. Grundlegend war die Annahme, die Legitimation sozialistischer Systeme erfolge nicht mehr und ausschließlich geschichtsphilosophisch durch die kommunistische Zukunft, sondern durch wirtschaftl. und soziale Leistung, die einen Vergleich mit den westl. Systemen aushielte.

→ Staatstheorien der Gegenwart; Systemwechsel.

Lit.: *Beyme, K. von* ²1977: Ökonomie und Politik im Sozialismus, Ein Vergleich der Entwicklung in den sozialistischen Ländern, Mchn. *Glaeßner, G.-J.* ⁴1992: Systemvergleich, in: *Nohlen, D./Schultze, R.-O.* (Hrsg.): Politikwissenschaft, Mchn., 1014–1016.

Dieter Nohlen

Systemwechsel, allg. der Prozeß des Übergangs von einem Regimetyp zu einem anderen, insbes. jener von einer → Diktatur, von einem → Autoritären Regime oder vom → Totalitarismus (als Regimetyp) zur → Demokratie.
In der Literatur sind für denselben Vorgang auch die Begriffe Transition, Regimewechsel, Transformation und → Demokratisierung gebräuchlich, wobei letzterer eindeutig die Entwicklungsrichtung angibt. Für den *vice versa*-Prozeß hingegen ist der Terminus Zusammenbruch der Demokratie (*breakdown of democracy*) geläufig. Historisch-konkret werden unter S. primär die demokratischen Transitionen in Südeuropa, Lateinamerika, Afrika und Asien im letzten Viertel des 20. Jh. verstanden, die auch unter dem *label* der «dritten Welle der Demokratisierung» (*Huntington* 1991) geführt werden. Der S. ist vollzogen, wenn die Institutionen der repräsentativen Demokratie errichtet sind und das → Politische System in freien Wahlen und pluralistischem Parteienwettbewerb, also entspr. den Minimalkriterien des Demokratiebegriffs von *R. Dahl* (1971), funktioniert.

1. In den 1970er Jahren gelang die Rückkehr zur Demokratie in den → OECD-Ländern Griechenland, Portugal und Spanien. Seit Ende der 1970er Jahre, aber hauptsächlich in den 1980er Jahren, wurden in Lateinamerika bis auf Kuba die autoritären Regime überwunden. Seit Ende der 1980er Jahre brach sich in Mittel-, Ost- und Südosteuropa

(kurz Osteuropa) die Demokratie Bahn. Etliche Fälle von S. konnten auch in Afrika und in Asien beobachtet werden. Nicht alle der für die Jahre zwischen 1974 und 1998 gezählten 78 S. sind jedoch in die Errichtung einer Demokratie gemündet.

Der S. war in den meisten Fällen gekennzeichnet durch eine beachtliche Uniformität in der Zielvorstellung polit. Entwicklung: die Etablierung einer pluralistischen Demokratie. In diesen Fällen vollzog er sich über allg. → Wahlen und einen offenen Parteienwettbewerb um die Besetzung der öffentl. Ämter. Nicht überall wurde der Übergang zur Demokratie angestrebt, mitunter gelang er einfach nicht. In Afrika und Asien blieb es häufig bei Wahlen, die manipuliert wurden und der Verschleierung weiterbestehender oder neuer autoritärer Herrschaftsverhältnisse dienten. Auch Lateinamerika blieb von Involutionen nicht verschont. In Peru wurde 1992 durch Selbstputsch des Präsidenten *Fujimori* ein neoautoritäres Regime etabliert, das zwar in Wahlen bestätigt wurde, nicht aber als Demokratie. Ganz unterschiedlich waren die wirtschaftl., sozialen und polit. Ausgangsbedingungen und Begleitprozesse; v. a. umfaßte der S. nach Ländergruppen unterschiedlich viele Dimensionen. In Südeuropa betraf er eigentlich nur die polit.-institutionelle Ebene mitsamt der Wiederherstellung der Rechtsstaatlichkeit. Die damit erreichte Annäherung an und letztlich Integration in die → Europäische Union verschaffte den Ländern die von der Demokratisierung erhofften wirtschaftl. Vorteile. In Lateinamerika wurde der S. auf der polit.-institutionellen Ebene von der Notwendigkeit begleitet, einen Wechsel in der Entwicklungsstrategie vorzunehmen. Im Jahrzehnt der → Verschuldungskrise hatte die seit den 1930er Jahren verfolgte Entwicklungsstrategie importsubstituierender Industrialisierung sich endgültig erschöpft. Die jungen Demokratien standen unter dem Druck, das makroökon. Gleichgewicht wiederzugewinnen, und setzten auf → Strukturanpassung und → Neoliberalismus. Eine weitere, kaum zur Kenntnis genommene Dimension bestand und besteht hier in der Reform des Staates, seines Verhältnisses zur Gesellschaft, in der Überwindung vormoderner Strukturen und Verhaltensmuster von Paternalismus und → Klientelismus. In Osteuropa umfaßte der S. konsubstantiell die polit. und die sozioökonom. Ebene. Nicht nur das polit. System, sondern auch das durch spezifische Produktions- und Eigentumsverhältnisse bestimmte Gesellschaftssystem hatte transformiert zu werden. Hier war der Doppelcharakter des S. für jedermann sichtbar. Für Afrika und Asien ergab sich hinsichtlich der Dimensionen des Transformationsprozesses regional keine Uniformität, vielmehr verteilten sich die vorher genannten Modelle auf einzelne Länder.

2. Die Politikwiss. hat in dem sich rasch etablierenden Forschungszweig der Transitionsforschung zunächst eine Phasenunterteilung des Prozesses in Liberalisierung, Demokratisierung (Transition) und Konsolidierung vorgenommen und die jeweiligen spezifischen polit. Bedingungen und Kräftekonstellationen untersucht. Verschiedene Transitionstypen wurden an der Sequenz von Liberalisierung und Demokratisierung, v. a. aber am Kriterium des Kräfteverhältnisses zwischen Regimeeliten und Reformkräften im Transitionsprozeß entwickelt: S. als Ergebnis (a) einer Steuerung von oben, durch die alten polit. Eliten, (b) eines Kompromisses zwischen alten und neuen polit. Eliten, und (c) der Implosion des autoritären Regimes und der Ersetzung der alten polit. Eliten durch jene der demokratischen Opposition (*Huntington* 1991, *von Beyme* 1994). Hinsichtlich der Erklärung der S. erlangten akteurszentrierte Ansätze bes. Aufmerksamkeit, letztendlich auch deshalb, weil sich die in der Theorie polit. Entwicklung als Vorbedingungen (*prerequisites*) für Demokratie genannten sozio-ökonom. Verhältnisse nirgends eingestellt hatten (Ausnahme: Spanien). Dominant waren die internen Akteure; nur für Afrika und auch für Osteuropa (dort jedoch in der bisherigen Forschung kaum thematisiert) erlangten die externen Faktoren Gewicht, freilich stets vermittelt über interne Akteure (*Hartmann* 1999). Allg. wurde der → Zivilgesellschaft große Bedeutung für den S. zugewiesen, v. a. im Zusammenhang mit Fragen der → Menschenrechte, mit denen die autoritären Regime seit der Menschenrechtspolitik des US-

Präsidenten *J. Carter* konfrontiert wurden. Im Transitionsprozeß selbst, v. a. dort, wo er verhandelt wurde, übernahmen die Parteien wieder die Führerschaft. Schon früh wurde die Relevanz des Typs autoritären Regimes für den S. erkannt (*Nohlen* 1982). Die wirtschaftl. Depression (→ Verschuldungskrise) ist ein weiterer struktureller Faktor, dessen Bedeutung insofern hoch zu veranschlagen ist, als allg. festgestellt werden kann, daß ökonom. Krisen S. in jedweder Richtung begünstigen (*Linz/Stepan* 1996). Große Aufmerksamkeit wurde auch den institutionellen Wahlentscheidungen (*institutional choices*) der polit. Akteure in den Alternativen von → Präsidentialismus und → Parlamentarismus einerseits und Mehrheitswahl und Verhältniswahl (→ Wahlsysteme) andererseits zuteil, insofern als gemutmaßt wurde, von ihnen würde die Konsolidierung der jungen Demokratien abhängen. Die Erwartung einflußreicher → Politikberatung wurde – von wenigen Ausnahmen (u. a. Republik Südafrika) abgesehen – enttäuscht. In der Praxis waren die institutionellen Entscheidungen häufig von eben jenen Kräftekonstellationen und Machtperspektiven der polit. Akteure abhängig, die sich im Transitionstypus widerspiegelten (vgl. *Nohlen/Kasapovic* 1996). Im übrigen wurde sehr viel taxonomisch, d. h. an Begriffssystemen und Klassifizierungskriterien gearbeitet; die vergleichende empirische Analyse, welche die Komplexität und Individualität der Fälle berücksichtigt, kam vielfach zu kurz.

3. War der S. in der Phase der Transition von viel Euphorie begleitet, so stellten sich anschließend bald Skepsis und auf Distanz zu den jungen Entwicklungen gehende Kritik ein. Es wurde wahrgenommen, daß hinsichtlich der Konsolidierung der Demokratie wieder jene strukturellen wirtschaftl., sozialen und soziokulturellen Hemmnisse zählen, die der Verwirklichung der Demokratie in einem nun weiter gefaßten Verständnis (*Lauga* 1998) im Wege stehen. Dabei wurden gelegentlich normative Maßstäbe an die jungen Demokratien angelegt, denen selbst Industriestaaten kaum genügen.

In dem konzeptionell noch wenig geordneten Gelände lassen sich grob zwei Ansätze unterscheiden: Der erste bezieht sich praktisch auf alle S., differenziert also nicht zwischen nicht-demokratischen und demokratischen Systemen und versieht den Begriff Demokratie mit verschiedenen Adjektiven (etwa delegative oder defekte Demokratie), um die nicht-demokratischen Systeme zugleich mit jenen, die Mängel in der Qualität demokratischen Regierens aufweisen, typologisch zu erfassen (vgl. *Linz* 2000: XL). Dabei werden sowohl institutionelle Strukturprobleme thematisiert (etwa mangelnde horizontale Gewaltenkontrolle und *accountability* von Regierung und Verwaltung) als auch die den jungen Demokratien als inhärent betrachtete mangelnde Rechtsstaatlichkeit. Insgesamt wird die Qualität der Demokratie in Frage gestellt und damit in Formulierungen wie «ohne Rechtsstaat keine Demokratie», mit denen gewiß auch etwas Richtiges ausgesagt wird, die Demokratie selbst. Dies bewirkt letztendlich die Hinzufügung von Adjektiven. Der zweite Ansatz unterscheidet zwischen nicht-demokratischen und demokratischen Systemen; er anerkennt letztere als Demokratien ohne Adjektiv, wenn sie die *Dahl*schen Minimalkriterien erfüllen (also Wahlergebnisse vorweisen, die rechtsstaatl. zustande gekommen sind), und thematisiert die Qualität des Regierens unter den spezifischen Bedingungen der Entwicklungsländer. Er verkennt nicht institutionelle Strukturprobleme in den jungen Demokratien, sieht manche Probleme jedoch entwicklungsgeschichtl. bedingt (etwa das Nachhinken in der Durchsetzung des Rechtsstaats), und betont die Tatsache, daß die polit.-institutionelle Entwicklung meist weiter vorangeschritten ist als die sozioökon. Entwicklung und die → Politische Kultur. Verwaltung, Justiz, Militär, Polizei reagieren kaum auf die polit. Vorgaben der demokratischen Regierungen, ihnen fehlt es häufig an einem positiven Verhältnis zu liberalen Werten. Rechtsstaatl. Anspruch und Rechtswirklichkeit klaffen weit auseinander. Aufgrund dieser und anderer Qualitätsmängel des «anomischen Staates» (*P. Waldmann*) erblickt der zweite Ansatz deshalb das Konsolidierungsproblem primär in der Konfrontation der Demokratie mit demokratiewidrigen Umweltbedingungen. Als wichtiges weiteres Konsolidierungshemmnis sieht er die mangelnde soziale Entwicklung und den damit einhergehenden Legitimitätsverlust demokratischer Institutionen an.

Lit.: *Beyme, K. von* 1994: Systemwechsel in Osteuropa, Ffm. *Beyme, K. von/Nohlen, D.* [4]1996: Systemwechsel, in: *Nohlen, D.* (Hrsg.): Wörterbuch Staat und Politik, Mchn., 765–776. *Dahl, R. A.* 1971: Polyarchie. Participation and Opposition, New Haven. *Diamond, L.* u. a. (Hrsg.): Consolidating the Third Wave Democracies, Baltimore/L. *Hartmann, Ch.* 1999: Externe Faktoren im Demokratisierungsprozeß, Opl. *Huntington, S. P.* 1991: The Third Wave. Democratization in the Late Twentieth Century, Norman/L. *Lauga, M.* 1998: Demokratietheorie in Lateinamerika, Opl. *Linz, J. J.* 2000: Totalitäre und autoritäre Regime, Bln. *Linz, J. J./Stepan, A.* 1996: Problems of Democratic Transition and Consolidation, Baltimore. *Merkel, W.* 1999: Systemtransformation, Opl. *Merkel, W.* u. a. (Hrsg.) 1994–2000: Systemwechsel, 5 Bde., Opl. *Nohlen, D.* 1982: Regimewechsel in Lateinamerika, in: *Lindenberg, K.* (Hrsg.): Lateinamerika, Bonn, 63–86. *Nohlen, D./Kasapovic, M.* 1996: Wahlsysteme und Systemwechsel in Osteuropa, Opl. *O'Donnell, G.* u. a. (Hrsg.) 1986: Transitions from Authoritarian Rule, Baltimore/L. *Whitehead, L.* 1996: Comparative Politics: Democratization Studies, in: *Goodin, R. E./Klingemann, H. D.* (Hrsg.): A New Handbook of Political Science, Ox. u. a., 353–371.

Dieter Nohlen

Szientismus, Wortschöpfung, die ihre Entstehung dem ideenpolit. Kulturkampf im Frankreich der Dritten Republik zum Ausgang des 19. Jh. verdankt. Im Konflikt um die geistig-kulturelle Ordnung der Republik forderte der republikanisch gestimmte frz. Positivismus die Allianz von Katholiken und sog. geistig-moralischen Monarchisten heraus, indem er die moderne Wiss. zur Alternative zum Christentum erhob und ein entsprechendes wiss. angeleitetes ordnungspolit. Programm vorlegte. S. ist seinem Ursprung nach ein Kampfbegriff, der anfangs von Vertretern der positivistischen Position (*Taine* 1870; *Le Dantec* 1907) zur Kennzeichnung ihrer auf der alleinigen Autorität der positiven Wiss. gegründeten Weltanschauung geprägt wurde. Frühzeitig jedoch wendeten Gegner des → Positivismus aus verschiedenen Lagern den Begriff S. in kritischer Absicht gegen seine Urheber und verliehen ihm jene antiszientistischen pejorativen Bedeutungsgehalte, für die der Begriff in der Gegenwart steht.

Entspr. seiner Herkunft und seiner Funktion als Antibegriff ist der S. nicht eindeutig begrifflich definiert, sondern enthält verschiedene, aufeinander bezogene Bedeutungen, die sich wahlweise auf die Auffassung von der Rolle der Wiss. ganz allg. in der modernen → Gesellschaft, die theoretische Fundierung der Humanwiss. oder die hiermit zusammenhängende Frage nach den Standards der Methodologie in diesen Wiss. beziehen.

1. Weltanschaulicher Szientismus. Global definiert bedeutet S. i. S. des Positivismus und Neopositivismus «the belief that science, especially natural science, is much the most valuable part of human learning – much the most valuable part because it is much the most authoritative, or serious, or beneficial. Other beliefs related to this one may also be regarded as scientistic, e. g. the belief that science is the only valuable part of human learning, or the view that it is always good for subjects that do not belong to science to be placed on a scientific footing» (*Sorell* 1991: 1). Diesem Ideenkomplex liegt die Wissenschaftskonzeption des wiss. Empirismus zugrunde, die besagt: «(1) science is unified; (2) there are no limits to science; (3) science has been enormously successful at prediction, explanation and control; (4) the methods of science confer objectivity on scientific results; and (5) science has been beneficial for human beings» (ebd.: 4.). Diese Wiss. beinhaltet drei Hauptdogmen, welche nach Meinung der Kritiker kennzeichnend für das «szientistische Glaubensbekenntnis sind», nämlich die Annahme, 1.

«daß die mathematisierte Wiss. der Naturerscheinungen das Modell darstelle, dem sich alle anderen Wiss. anzugleichen haben; 2. daß alle Seinsbereiche den Methoden der Erscheinungswiss zugänglich seien; 3. daß alles Sein, sofern es den Erscheinungswiss. nicht zugänglich ist, irrelevant – oder schärfer formuliert – nichts als Illusion sei» (*Voegelin* 1952: 341). Der weltanschauliche S. leitet aus dieser Idee der *unified science* die Folgerung ab, Sach-, Orientierungs- und Handlungswissen sei in eins zu setzen, so daß die persönliche und soziale Existenz des Menschen dem objektivierenden, erklärenden und experimentalwiss. Zugriff unterworfen werden kann, und somit die Ordnungsprobleme des menschlichen Daseins durch eine Humanwiss. wiss. gelöst werden könnten, die analog zu den auf naturwiss. Wissen beruhenden angewandten technischen Wiss. konstruiert ist. Die szientistische Annahme, «daß menschliche Beziehungen und menschliche Gesellschaften ausschließlich nach wiss. Resultaten, Methoden, Effizienzkriterien oder nach wissenschaftstheoretischen Begründungs- und Argumentationsnormen organisiert werden könnten oder sollten» (*Lenk* 1989: 357), verknüpft die Erkenntnisfortschritte in Wiss. der Erscheinungswelt und den hierauf beruhenden Fortschritt in der Naturbeherrschung mit der geschichtsspekulativen Idee eines allg. Zivilisationsfortschritts derart, daß vom naturwiss. auf den zivilisatorischen Fortschritt geschlossen werden kann i. S. einer zunehmenden Unterwerfung der gesellschaftl. Realität unter die instrumentell konzipierte wiss. Vernunft und einer bewußten Leitung des sozialen Geschehens durch soziale Technologien. Dieses Programm des weltanschaulichen S. zielt auf «das Ideal einer kollektiven Menschheit, die sich in ihrem Fortschritt selbst bestimmt, als das oberste Ziel der menschlichen Tätigkeit und als das endgültige Muster, nach dem die Gesetze des Verhaltens beurteilt werden sollten» (*Hobhouse* 1904: 108).

Historisch ist der weltanschauliche S. Produkt der modernen Wiss., insofern er deren säkulares Weltbild *(Tenbruck)* verabsolutiert und behauptet, im Ggs. zu den metaphysisch oder religiös begründeten Weltbildern die wahre Ordnung der Dinge entdeckt zu haben, und verspricht, die hierin implizierte Verheißung einer Verwirklichung von Ordnung in der Welt zu realisieren. Der solchermaßen definierte weltanschauliche S. bestimmt seit dem 19. Jh. sowohl egalitär wie auch elitär ausgerichtete polit. Ideensysteme, die sich zur Vergewisserung ihrer Welt-, Gesellschafts- und Geschichtserklärung auf die Autorität der Wiss. berufen. Der gemeinsame Bezugspunkt der Varianten des weltanschaulichen S. ist die auf das 17. Jh. und u. a. *Hobbes* zurückgehende Konstruktion einer positiven Wiss. von der Gesellschaft und Geschichte, für die ab 1790 der in Frankreich geprägte Begriff der Sozialwiss. in Umlauf kommt und durch *Saint-Simon, Comte, Mill, Spencer* u. a. fortentwikkelt wird, wobei *Comte* zusätzlich die Bezeichnung Soziologie zur Verdeutlichung dessen, was Sozialwiss. heißt, einführte. Der Intention ihrer Urheber nach beinhaltet die Konzeption der Sozialwiss. eine Modernisierung der überkommenen moralischen und polit. Wiss., denn sie beanspruchte, alle «metaphysischen» Komponenten zu eliminieren und hierdurch das System des positiven Wissens in Gestalt einer exakten Wiss. der Gesellschaft zu vervollständigen; diese übernimmt den Anspruch der alten polit. Wiss. auf eine ordnungspolit. Leitfunktion und verschärft ihn im Geiste des weltanschaulichen Szientismus. Infolge einer zunehmenden weltanschaulichen Neutralisierung von Bezeichnungen wie Sozialwiss. und Soziologie kommt es zu neuen Begriffsbildungen wie Physikalische Gesellschaftslehre *(Neurath)* oder *Science and Technology of Behaviour (Skinner)*, um die Intentionen des weltanschaulichen S. zum Ausdruck zu bringen. In den verschiedenen Wissenschaftskulturen gestaltet sich das Konkurrenzverhältnis von althergebrachter Moral- und Politikwiss. einerseits und moderner Sozialwiss. andererseits auf unterschiedliche Weise. In D behaupteten sich die modernen alternativen Konzeptionen von Staats-, Kultur- und Geisteswiss., allesamt antipositivistisch ausgerichtet. Mehr als in Frankreich koexistierten bis ins 20. Jh. die beiden Wissenschaftskonzeptionen im angelsächsischen Sprachraum, wo eine Bewegung zur Verwissenschaftlichung des Studiums der Politik und Gesellschaft einsetzte, die sich vom nach wie vor präsenten weltanschaulichen S. absetzte und auf einen methodologischen S. zielte.

2. Der methodologische Szientismus. Der methodologische S. macht sich die Idee von der Einheit der Wiss. zu eigen und folgert daraus, daß exaktwiss. Methoden (naturwiss. und quasi naturwiss. Art) in den Humanwiss. anzuwenden sind und die Konstruktion einer homologischen Humanwiss. erlauben. Der konsequente methodologische S. geht von einer in der Wissenschaftslehre als Metawiss. formulierten Logik der Wiss. aus, welche den Entstehungs- und Wirkungszusammenhang vom Begründungszusammenhang wiss. Aussagen trennt. Im Lichte der Wissenschaftslogik ist eine objektbereichbezogene methodologische Autonomie von Einzelwiss. nicht gegeben, denn «die Konstruktionsprobleme der Wissenschaften sind weitgehend unabhängig von den spezifischen Gegebenheiten in ihren Gegenstandsbereichen» (*Albert* 1973: 59), im Unterschied zu speziellen Forschungsmethoden. Insofern unterscheidet sich die Logik der Sozialwiss., d.h. die Gesamtheit der «Wissenschaft vom Menschen und seiner gesellschaftl. geschichtl. Lebenswirklichkeit» (ebd.: 64), nicht von der Logik der Naturwissenschaften. Alle wiss. Aussagen lassen sich «als Aussagen über menschliches Verhalten interpretieren», insofern die «sozialen Beziehungen zwischen Menschen» den Objektbereich der Sozialwiss. darstellen (ebd.: 64). Der methodologische S. strebt also nach wiss. Aussagen über menschliches Verhalten dergestalt, daß über die Beschreibung der Phänomene hinaus nach allg. Hypothesen (Gesetzen) gesucht wird, «mit deren Hilfe sich die sozialen Phänomene erklären und voraussagen» lassen. Diese Hypothesen sollten weiterhin zu umfassenden Systemen (Theorien) vereinigt werden, «die die Erklärung größerer Komplexe sozialer Tatbestände ermöglichen» (ebd.: 74). Die Formulierung des wiss. Aussagesystems selbst ist werturteilsfrei. Das Problem des Werturteils in der Wiss. besteht in der Wertentscheidung für die positive Wissenschaft.

Entspr. seiner wissenschaftstheoretischen Prämisse postuliert der methodologische S. die Einheit von wiss. Objektbereich, wiss. Sprache, Methode und Theorie. Die Abgrenzung der Einzelwiss. vom sozialen Leben ist vom wiss. Standpunkt aus gesehen hinfällig, denn sie geht auf historisch-praktische Zufälligkeiten zurück. Das hieraus resultierende Programm einer Vereinheitlichung der Sozialwiss. auf der Grundlage der Wissenschaftslogik verweist auf die historische Herkunft des methodologischen S. aus dem weltanschaulichen S.: Die Einheit der Sozialwissenschaften wird definiert als eine «Soziologie im allgemeinsten Sinn des Wortes» (ebd.: 86). Die vom konsequenten methodologischen S. konstruierte Wiss. des sozialen Lebens erhebt die Soziologie zur Schlüsselwiss. von «der Gesellschaft», definiert als «gesetzmäßiger Zusammenhang sozialer Zustandsgrößen» (*Tenbruck* 1984: 183). Die Folge des methodischen S. für die übrigen historisch-sozialen Wiss. und insbes. die polit. Wiss. besteht in deren Reduktion auf Teilbereichswissenschaften. Die Politikwiss. wird auf die sozialwiss. Teilbereichswiss. vom polit. System als eines Subsystems der als soziales System definierten Gesellschaft beschränkt, deren wiss. Aussagen sich ausschließlich auf «the authorative allocation of values as it is influenced by tbe distribution and use of power» (*Easton* 1953: 46) beziehen. Der Objektbereich des Politischen wird eliminiert, und folgerichtig geht die Theorie der Politik in der Theorie der Gesellschaft auf.

→ Behavioralismus; Erkenntnisinteresse; Geisteswissenschaften; Metatheorien; Objektivität; Parteilichkeit; Paradigma; Sozialwissenschaften; Theorie und Praxis.

Lit.: *Albert, H.* ³1973: Probleme der Wissenschaftslehre in der Sozialforschung, in: *König, R.* (Hrsg.): Handbuch der empirischen Sozialforschung, Stg., 57–92. *Andresky, S.* 1972: Social Sciences as Sorcery, L. *Easton, D.* 1953: The Political System, NY. *Hayek, F. A.* 1959: Mißbrauch und Verfall der Vernunft, Ffm. *Hobhouse, L. T.* 1904: Democracy and Reaction, L. *Le Dantec, F.* 1907: De l'homme à la science, Paris. *Lenk, H.* 1989: Szientismus, in: *Seiffert, H./Radnitzky, G.* (Hrsg.): Handlexikon zur Wissenschaftstheorie, Mchn., 352–358. *Sorell, T.* 1991: Scientism, L. *Taine, H.* 1970: De l'intelligence, Paris. *Tenbruck, F. H.* 1984: Die unbewältigten Sozialwissenschaften, Graz. *Topitsch, E.* (Hrsg.) [10]1980: Logik der Sozialwissenschaften, Köln. *Voegelin, E.* 1951: Wissenschaft als Aberglaube, in: Wort und Wahrheit 5, 341–361.

Jürgen Gebhardt

Tabellenanalyse → Bivariate Statistik; Kontingenztafelanalyse

Tarifäre Handelshemmnisse → Handelshemmnisse

Tarifautonomie, die durch Verfassung und einfache Gesetzgebung gewährleisteten staatsfreien Räume der Tarifpartner (→ Gewerkschaften, Unternehmen, bzw. → Unternehmerverbände) zur rechtlich verbindlichen Regelung der → Arbeitsbeziehungen.

T. ist Ausdruck gesellschaftl. Selbstbestimmung und gelungener Institutionalisierung des Klassenkonflikts. T. und → Mitbestimmung bilden gemeinsam das duale System der Arbeitsbeziehungen in D. 1. Historisch haben sich T. und Mitbestimmung voneinander unabhängig entwickelt, stehen jedoch in einer engen Wechselbeziehung, die sich zunehmend als Spannungsfeld zwischen flächendeckenden Tarifverträgen und betrieblichen Differenzierungen darstellt (*Leminsky* 1997). Wesentliche Elemente der T. sind die Arbeitskampffreiheit (→ Streik und Aussperrung) und die Abwesenheit einer staatl. Zwangsschlichtung. Das für den Verhandlungsprozeß bedeutsame Schlichtungsverfahren wird durch freiwillige Vereinbarungen normiert. Für die Arbeitnehmer erfüllt die T. Schutz-, Verteilungs- und Partizipationsfunktionen, für die Arbeitgeber Kartell-, Ordnungs- und Befriedungsfunktionen, für den Staat Entlastungs- und Legitimationsfunktionen (*Müller-Jentsch* 1997). Die Möglichkeit, Tarifverträge durch den Bundesarbeitsminister für allgemeinverbindlich zu erklären, ist nur für wenige Branchen (Bauwirtschaft und Einzelhandel) von praktischer Bedeutung.

2. Die wiss. Beschäftigung mit der T./Tarifpolitik in D hat zunehmend Anschluß an die ursprünglich angelsächsisch dominierte und interdisziplinär orientierte Forschung zum *collective bargaining* und zu den Arbeitsbeziehungen gefunden. T. wird als integraler Bestandteil des Politikfeldes Arbeitspolitik (*Keller* 1997) im Zusammenhang mit Mitbestimmung und → Arbeitsmarktpolitik unter veränderten wirtschaftl. und gesellschaftl. Bedingungen thematisiert. Ein zentrales Thema ist die Zukunft des Flächentarifvertrages, dessen Grundlagen durch technologische, organisatorische und verbandliche Entwicklungen bedroht erscheinen (*Hartwich* 1997). Einwänden, der Flächentarifvertrag sei zu unflexibel und erweise sich als Anpassungshindernis und Standortnachteil, ist entgegenzuhalten, daß die tarifpolit. Praxis sich als durchaus innovationsfähig erwiesen hat. Die Notwendigkeit dieser Innovationen ergab sich aus den Erfordernissen der Flexibilität und der Ausweitung der Regelungsinhalte (qualitative Tarifpolitik, z. B. Arbeitszeitregelungen, Altersteilzeit), die eine engere Verknüpfung zwischen T. und Mitbestimmung erzwingen.
Trotz der bestehenden Tendenzen zur Verbetrieblichung der Arbeitsbeziehungen werden die Löhne in den meisten Ländern der EU durch Flächentarife geregelt, mit GB als gewichtiger Ausnahme und einem Bedeutungsverlust branchenbezogener Tarifverträge in Frankreich. In mehreren EU-Staaten gibt es sog. soziale Bündnisse von Staat, Gewerkschaften und Arbeitgebern, in denen unter Wahrung der T. die Verbesserung der Wettbewerbsfähigkeit und der Beschäftigung angestrebt wird. Analysen dieser Bündnisse knüpfen an die Korporatismusdiskussion (*Streeck* 1999) und spieltheoretische Kooperationsmodelle an (*Schaper* 2000).

Lit.: *Hartwich, H.-H.* 1997: Der Flächentarifvertrag, in: Gegenwartskunde 46, 101–134. *Keller, B.* [5]1997: Einführung in die Arbeitspolitik, Mchn. *Leminsky, G.* 1997: Mitbestimmung und Tarifautonomie, Gütersloh. *Müller-Jentsch, W.* [2]1997: Soziologie der Industriellen Beziehungen, Ffm. *Schaper, K.* 2000: Das Bündnis für Arbeit in spieltheoretischer und keynesianischer Sicht, in: *Jens, U./Romahn, H.* (Hrsg.): Sozialpolitik und Sozialökonomik, Marburg, 309–328. *Schlachter, M.* (Hrsg.) 1998: Tarifautonomie für ein neues Jahrhundert, Mchn. *Streeck, W.* 1999: Korporatismus in Deutschland, Ffm.

Manfred Groser

Tarifkonflikt, Bezeichnung für den Interessenkonflikt zwischen → Gewerkschaften einerseits und → Arbeitgeberverbänden bzw. einzelnen Arbeitgebern andererseits um die rechtliche und materielle Gestaltung der Arbeitsbedingungen.

T. werden in D im Rahmen der → Tarifautonomie und nach Maßgabe des Tarifvertragsgesetzes in Tarifverhandlungen zwischen den Konfliktparteien ggf. mit Hilfe von → Schlichtung und Arbeitskampfmaßnahmen (→ Streik, Aussperrung) ausgetragen und in Tarifverträgen reguliert.

Bernhard Thibaut

Tarifpolitik → Tarifautonomie

Tarifvertrag, die schriftliche, rechtsverbindliche Vereinbarung, in der die wechselseitigen Rechte und Pflichten der Tarifpartner (schuldrechtlicher Teil) sowie arbeitsrechtliche Normen, insbes. im Hinblick auf Löhne und Gehälter, Arbeitszeit, Arbeitsschutz und Urlaubsanspruch, festgelegt sind (normativer Teil).

Als allgemeinverbindlich erklärte T. werden im Tarifvertragsregister beim Bundesministerium für Arbeit und Sozialordnung eingetragen. Sie haben eine (eventuell nach Teilregelungen variable) bestimmte Geltungsdauer, während der die Tarifparteien zur Einhaltung des Arbeitsfriedens verpflichtet sind. Der räumliche Geltungsbereich erstreckt sich auf die satzungsmäßige Zuständigkeit der beteiligten Tarifparteien. Charakteristisch für das dt. Tarifvertragswesen ist der sog. Flächentarifvertrag, der innerhalb großer Branchen und Regionen gleiche Grundbedingungen etabliert, die nicht unterschritten werden dürfen. Lange als Stütze einer stabilen wirtschaftl. Entwicklung gepriesen, wird der Flächentarifvertrag zunehmend kritisiert, da er in der bisherigen Form wenig Freiraum für betriebsnahe Regelungen biete und v. a. kleinen und mittleren Unternehmen zu hohe Belastungen aufbürde. Schritte in Richtung einer Flexibilisierung des Flächentarifs wurden in vielen Fällen bereits unternommen.

Lit.: *Däubler, W.* [3]1993: Tarifvertragsrecht, Baden-Baden. *Keller, B.* [5]1997: Einführung in die Arbeitspolitik, Mchn. *Schlachter, M.* (Hrsg.) 1998: Tarifautonomie für ein neues Jahrhundert, Mchn.

Bernhard Thibaut

Tausch/Tauschtheorien, allg. das freiwillige Hingeben und Annehmen von materiellen oder immateriellen Gütern oder Leistungen. Mit Tauschprozessen werden sowohl polit. und soziale als auch ökon. Kalküle verfolgt; sie begründen, festigen oder verändern polit., soziale und ökon. Strukturen.

1. Nach *P. Ekeh* (1974) können vier, mit zunehmendem Solidaritätsgehalt verbundene Tauschformen und zwei Tauschprinzipien unterschieden werden: Dem Tauschprinzip «paarige Gegenseitigkeit» folgt (1) der begrenzte, exklusive T. (A <–> B; Robinson-Freitag-T.) und (2) der begrenzte, inklusive T. (A <–> B; B <–> C; C <–> … etc.; Einzel-T.). Dem Tauschprinzip «Netzwerk-Gegenseitigkeit» folgt (3) der Ketten-T. (A –> B –> C –> …. –> A) und (4) der Gemein- oder Generalisierte T., d. h. alle Tauschmitglieder erbringen Leistungen an alle, erhalten allerdings auch von allen (oder in aller Namen) etwas.
2. Polit. Tausch i. e. S. bezeichnet das Geben und Nehmen von Leistungen und Gegenleistungen, wie z. B. die Erfüllung der Forderungen bestimmter → Interessengruppen durch die Regierung gegen die (mehr oder weniger) geschlossene Abgabe der Wählerstimmen dieser Gruppe für die an der Regierung beteiligten Parteien. Polit. Tauschbezie-

hungen können auch zwischen Parteien (z. B. → Koalitionen) oder Interessengruppen (z. B. Arbeitgeber/Gewerkschaften) bestehen. Zu unterscheiden sind (1) der implizite T., d. h. die gegenseitige Anpassung der eigenen Vorstellungen und Forderungen ohne ausdrückliche Vereinbarung; (2) der explizite T., wie er sich aus Verhandlungssituationen und i. d. R. schriftlich fixierten Absprachen ergibt, und (3) der generalisierte T., d. h. die auf Dauer angelegte, institutionalisierte Kooperation von → Akteuren (ehemals die korporatistischen Beziehungen zwischen Staat, Arbeitgebern und → Gewerkschaften), deren divergierende Interessen zugunsten gemeinsamer oder übergeordneter Ziele miteinander verbunden werden, wobei der T. von Leistung und Gegenleistung durchaus zeitlich auseinanderfallen kann und z. B. auch die Möglichkeit der Verrechnung von Vor- und Nachteilen einer Entscheidung in der folgenden Entscheidung erfolgen kann.

→ Bargaining; Korporatismus; Neue Politische Ökonomie; Sozialer Tausch.

Lit.: *Clausen, L.* 1978: Tausch, Mchn. *Ekeh, P.* 1974: Social Exchange Theory – The Two Traditions, L. *Lehmbruch, G.* 1988: Der Neo-Korporatismus der Bundesrepublik im internationalen Vergleich und die «Konzertierte Aktion im Gesundheitswesen», in: *Gäfgen, G.* (Hrsg.): Neokorporatimus und Gesundheitswesen. *Lehner, F.* 1973: Polit. Verhalten als sozialer Tausch, Ffm./Bern.

Klaus Schubert

Tax revolt → Steuerprotest

Taxonomie, ein begriffliches System bzw. Begriffsschema, das – ähnlich einer → Klassifikation – der Ordnung und Präzisierung von → Begriffen dient und Wissen in eine Form bringt, die es handhabbar macht. Begriff und Bedeutung von T. sind jedoch nach Disziplinen verschieden.

In den Erziehungswiss. sind T. formale, hierarchisch nach Schwierigkeit geordnete Kategorisierungssysteme von Lernzielen kognitiver und emotionaler Natur (Kenntnis von Sachverhalten, Begriffen, → Methoden; → Verstehen von Symbolen für Beziehungen, Verstehen von Strukturen). Lernzieltaxonomien beinhalten normative Entwürfe und werden folglich wiss. kontrovers diskutiert. In den Sozialwiss. wird T. vielfach abwertend benutzt für Begriffssysteme, die den Anspruch erheben, ein theoretisches (d. h. → Erklärungs-)System darzustellen. Sie bestehen aus → Definitionen von Begriffen, die aufeinander bezogen bzw. logisch interdependent sind.

Dieter Nohlen

Tau (Kendall) → Korrelationsrechnung

Technikfolgenabschätzung (adaptiert aus engl. *technology assessment* = Technik-/Technologiebewertung), Fachterminus für den Versuch, Informationen über technische Systeme und deren Wirkungen sowie deren Weiterentwicklung und mögliche Folgen derart wiss. fundiert zu ermitteln und aufzubereiten, daß etwaige Risiken rechtzeitig erkannt, Konsequenzen analysiert und bewertet sowie die als notwendig erachteten Entscheidungen getroffen werden können.

Ziel von T. ist es, polit. und sozial akzeptable Wege zur Sicherung und Verbesserung der Lebensqualität und des Lebensstandards zu ermitteln und zu nutzen. T. hat insofern immer eine positive, auf das technisch-ökon. Machbare, und eine normative, auf das polit. und sozial Wünschbare gerichtete Komponente. Sie ist Teil einer praxisorientierten Politikwiss., die sich bemüht, «Wissen aus der Politik für die Politik bereitzustellen», und wurde 1993 in Form eines Büros für T. beim Deutschen Bundestag auf Dauer eingerichtet. Ein wesentliches Kriterium aller Formen der T. ist, ob lediglich darüber geforscht und verhandelt wird, wie eine technische Option umzusetzen ist oder ob auch die «Null-Option», d. h. der Verzicht auf die technische Neuerung, mitdiskutiert werden kann. Aufgrund der Erfahrung, daß letzteres zumeist ausgeklammert bleibt, beurteilen v. a. → Bürgerinitiativen den Nutzen vom T. als Instrument vorausschauend-aktiver Politik i. d. R. skeptisch.

→ Politikfeldanalyse; Technologiepolitik; Umweltpolitik.

Lit.: *Böhret, C./Franz, P.* 1982: Technikfolgenabschätzung, Ffm./NY. *Böhret, C./Franz, P.* 1987: Die Institutionalisierung der Technikfolgenabschätzung im polit. System der Bundesrepublik Deutschland, in: *Lompe, K.* (Hrsg.): Techniktheorie – Technikforschung – Technikgestaltung, Opl., 268–288. *Böhret, C.* 1990: Folgen. Entwurf für eine aktive Politik gegen schleichende Katastrophen, Opl. *Umweltbundesamt* 1983: Technologien auf dem Prüfstand. Die Rolle der Technikfolgenabschätzung im Entscheidungsprozeß, Köln u. a.

Klaus Schubert

Technokratie (aus griech. *téchnē* = Kunstfertigkeit und *kratein* = herrschen), allg. Bezeichnung für eine Herrschaftsform, in der nicht gewählte Repräsentanten, sondern wiss. ausgebildete Fachleute, → Experten, insbes. Techniker und Ingenieure, *de facto* die Entscheidungen treffen.

T. besagt die Vorrangstellung oder → Herrschaft der Technik, Wiss., technisch-wiss. → Rationalität über andere Subsysteme der Gesellschaft, der Politik, Wirtschaft etc.; die Verlagerung des Machtzentrums von verantwortlichen Verfassungsinstitutionen (→ Parlamenten, Regierungen) auf bes. Gremien wie Beraterstäbe, Sonderkommissionen usw.; in bezug auf die allg. «Verwissenschaftlichung» staatl. Entscheidungsprozesse.

→ Elite/Eliten; Politische Elite/Politische Klasse; Sozialtechnologie; Szientismus.

Lit.: *Bell, D.* 1973: The Coming of Post-Industrial Society, NY. *Habermas, J.* 1968: Technik und Wissenschaft als «Ideologie», Ffm. *Koch, C./Senghaas, D.* (Hrsg.) 1970: Texte zur Technokratiediskussion, Ffm. *Simonis, G./Martinsen, R./Saretzki, Th.* (Hrsg.) 2001: Politik und Technik. Analysen zum Verhältnis von technologischem, politischem und staatlichem Wandel am Anfang des 21. Jahrhunderts, Wiesb.

Dietrich Herzog

Technologiepolitik, Gesamtheit aller staatl. Maßnahmen, die auf die Entwicklung, Verbreitung, Anwendung und die Beherrschung der Folgen neuer Technologien gerichtet sind. Technologien sind Methoden und Verfahren sowie die Entwicklung des notwendigen Wissens zum Aufbau von (umfassenden) Systemen oder (einzelnen) Produktionsprozessen, die auf die Verwirklichung vorgegebener Ziele ausgerichtet sind.

Die wichtigsten Ziele der klassischen T. betreffen die Erhöhung des materiellen Wohlstandes und die Stärkung der regionalen oder nat. Wettbewerbsfähigkeit. Die Ende der 1980er Jahre propagierte moderne T. soll darüber hinaus auch der Sicherung der Sozial- und Umweltverträglichkeit sowie der Verbraucherfreundlichkeit dienen. Die moderne T. hat sich damit aus dem engeren Bezug zur → Wirtschaftspolitik gelöst und zu einem eigenständigen → Politikfeld entwikkelt.

Die polit.-administrativen (horizontalen) Zuständigkeiten in der T. sind üblicherweise auf unterschiedliche Ressorts verteilt. Darüber hinaus sind an technologiepolit. Entscheidungen i. d. R. eine Vielzahl von Akteuren mit häufig divergierenden Interessen und Zeithorizonten beteiligt. Fragmentierung und Blockaden in verflochtenen Entscheidungssituationen führten bisher dazu, daß das Steuerungspotenzial klassischer nat. T. (finanzielle Förderung von Spitzentechnologien und deren Anwendung; regulative Maßnahmen) deutlich abgenommen hat. Zudem bleiben (vertikal) weder Förderung noch Lenkung technologiepolit. Entwicklungen und Anwendungen auf die Bundes- bzw. Landesebene begrenzbar, sondern vollziehen sich zunehmend auf europ. (EU) und internat. Ebene (OECD).

→ Forschung und Entwicklung; Industriepolitik.

Lit.: *Aichholzer, G./Schienstock, G.* (Hrsg.) 1994: Technology Policy. Toward an Integration of Social and Ecological Concerns, Bln./NY. *Martinsen, R.* (Hrsg.) 1997: Politik und Biotechnologie. Die Zumutung der Zukunft, Baden-Baden. *Martinsen, R./Simonis, G.* (Hrsg.) 1995: Paradigmenwechsel in der Technologiepolitik?, Opl. *Rosenberg, N.* u. a. (Hrsg.) 1992: Technology and the Wealth of Nations, Stanford.

Klaus Schubert

Teilnehmende Beobachtung → Beobachtung

Teleologische Erklärung → Erklärung; Befragung

Terms of trade, Fachterminus für die Austauschverhältnisse im → Außenhandel, dessen Maßstab i. d. R. der Quotient aus dem Import- und Exportpreisindex eines Landes oder von Ländergruppen darstellt (*commodity terms of trade*). Die → Indizes basieren jeweils auf den Preisen frei Grenze, d. h. bei den Importen auf dem Preis einschl. Versicherungs- und Transportkosten bis zur Grenze (*c. i. f. = cost, insurance, freight*), bei den Exporten auf dem Preis *f. o. b.* (*free on board*, d. h. einschl. der Transportkosten bis zur Grenze).

Von den *commodity terms of trade* zu unterscheiden sind die *single* bzw. *double factoral terms of trade*, bei denen bei einem bzw. bei zwei Ländern (Ländergruppen) die *commodity terms of trade* mit einem Produktivitätsindex der exportierten Waren multipliziert werden, womit man den Einfluß der Produktivitätsveränderungen auf das Austauschverhältnis kontrolliert. Wegen der schwierigen Datenlage bei der Produktivitätsmessung finden die *factoral terms of trade* wenig Anwendung. Bei den *income terms of trade* wird der Index der Exportpreise mit einem Index des Exportvolumens gewichtet, wodurch Veränderungen bei den Mengenrelationen in die Berechnung einbezogen wurden.

Mit dieser Berechnung wird versucht, die Wohlfahrtssteigerung bzw. -minderung durch den Außenhandel zu messen. In der entwicklungspolit. Diskussion hat diese Frage insbes. durch Arbeiten von *R. Prébisch* und der CEPAL (→ *Cepalismo*) an Bedeutung gewonnen, in denen der Nachweis versucht wurde, daß infolge von unterschiedlichen Einkommenselastizitäten bei Rohstoffen bzw. Nahrungsmitteln und Industriegütern sowie infolge einer unterschiedlichen Verteilung von Produktivitätszuwächsen in Industrie- und Entwicklungsländern die rohstoff- und nahrungsmittelexportierenden Länder durch den Außenhandel systematisch benachteiligt werden. Diese These hat in den 1970er Jahren bei den UNCTAD-Forderungen nach einer «Neuen Weltwirtschaftsordnung» eine wesentliche Rolle gespielt. Nach heutigem Kenntnisstand läßt sich festhalten, daß die *terms of trade* weder unzweideutig über die Nutzenverteilung beim Außenhandel Auskunft geben noch verallgemeinerbare Aussagen über den Zusammenhang von Nord-Süd-Handel und Unterentwicklung in der → Dritten Welt zulassen.

→ Dependencia; Internationale Arbeitsteilung; Weltsystem-Ansatz.

Lit.: *Kappel, R.* 1994: Terms of Trade in der entwicklungspolitischen Diskussion, in: Peripherie 53, 54–74. *Prebisch, R.* 1968: Für eine bessere Zukunft der Entwicklungsländer, Bln. *Sieber, H.* 1968: Die realen Austauschverhältnisse zwischen Entwicklungsländern und Industriestaaten, Tüb. u. a.

Andreas Boeckh

Territorialität, ein Konzept, das staatl. → Souveränität Grund und Boden als Legitimationsbasis zuordnet.

I. S. des → Internationalen Rechts wird ein → Staat definiert durch die Existenz eines → Staatsgebiets, eines Staatsvolks und eigener Staatsgewalt. In der Gegenwart hat sich das vom Prinzip der T. abgeleitete Selbstverständnis des → Nationalstaats in der Ausweitung seiner → Souveränität in die Meere und den Weltraum manifestiert. Im Zeitalter der → Globalisierung scheint einerseits der Primat der Geographie (→ Zentrum-Peripherie-Modell) geschwächt: T. wird relativiert durch die Übertragung staatl. Souveränität auf supranat. Organisationen und die Transformation internat. → Grenzen. Andererseits sprechen separatistische Bewegungen sowie die aggressiven Nationalismen in Osteuropa für eine Aufwertung des territorialen Prinzips.

→ Gebiet; Neuer Regionalismus; Separatismus; Transnationale Politik; Weltraumpolitik.

Ulrike Rausch

Terrorismus (von lat. *terror* = Schrekken, Angst und Schrecken auslösendes Geschehen), häufig mit Terror synonym verwendeter Begriff; gemeinsames Merkmal ist die Anwendung von → Gewalt (Folter, Mord, gewaltsamer Widerstand) außerhalb des legalen oder als legitim erachteten Rahmens und die Verbreitung von Angst und Schrecken zu polit. Zwecken.

Dabei kann man unterscheiden zwischen Terror von seiten des Staates bzw. eines Terrorregimes, historisch erstmals so bezeichnet wurde die Schreckensherrschaft der Jakobiner (*régime de terreur* von Juli 1793 bis Juli 1794), und T. von seiten polit. Gruppen mit sozialrevolutionärer, anarchistischer, linksextremer, ethnisch-separatistischer oder nationalistisch-rechtsextremer/faschistischer Zielsetzung. Im Mittelpunkt der Forschung stehen die Ursachen/Motive des T. (z. B. soziale Ungleichheit, ethnische Dominanzverhältnisse, bestehende polit. Systemstrukturen) und seine Funktion (z. B. durch medienwirksame Aktionen einer Sache öff. Aufmerksamkeit verleihen, sie auf der polit. Tagesordnung halten). Infolge der Tatsache, daß T. gegen Terrorregime gerichtet sein kann (Terroristen als Freiheitskämpfer), ist die Frage seiner → Legitimität insgesamt offen. Im Unterschied zu T. werden im internat. T. Staaten als terroristische Akteure bzw. Initiatoren gewalttätiger Aktionen betrachtet, wie Sanktionen der Vereinten Nationen gegen des internat. T. geziehene Länder belegen.

Lit.: *Hirschmann, K./Gerhard, P.* (Hrsg.) 2000: Terrorismus als weltweites Phänomen, Bln. *Hirschmann, K.* 2001: Das Phänomen ‹Terrorismus›, in: *Bundesakademie für Sicherheitspolitik* (Hrsg.): Sicherheitspolitik in neuen Dimensionen, Hamb., 453–482. *Laqueur, W.* 1977: Terrorismus, Kronberg/Ts. *Waldmann, P.* 1989: Ethnischer Radikalismus, Opl. *Waldmann, P.* 1998: Terrorismus, Mchn.

Dieter Nohlen

Testtheorie, sozialwissenschaftliche, Bezeichnung für ein konzeptionell-methodisches System, das als Grundlage für die Konstruktion von Instrumenten dient, mit denen → Daten über Eigenschaften, Einstellungen, Meinungen, Fähigkeiten, Entwicklungsstand, Kenntnisse, u. dergleichen von Menschen erhoben werden können. Diese Instrumente bestehen meist aus einer Reihe von Fragen, Aufgaben oder Aussagen (aber auch von Beobachtungskategorien) – allg.: *Items* –, die eine Person beantworten, lösen oder beurteilen soll. Der Begriff «Test» für solche Erhebungsinstrumente wurde aus der Psychologie übernommen, wird aber üblicherweise (und auch im folgenden) in einem sehr weiten Sinne verstanden. Indem die s. T. die Konstruktion solcher Tests zum Gegenstand hat, steht sie in Abgrenzung zur statistischen Testtheorie, welche die Grundlagen für Signifikanztests und damit das Entscheiden über → Hypothesen auf der Basis bereits erhobener Daten thematisiert.

Es ist üblich, zwischen der klassischen Testtheorie, die der ganz überwiegenden Mehrheit heute verwandter und sogar auch der neu konstruierten Tests zugrunde liegt, und der modernen Testtheorie zu unterscheiden. Bei beiden geht es im Kern um die Beziehung zwischen den eigentlich zu messenden bzw. testenden Eigenschaften und Fähigkeiten, d. h. den wahren Werten der *latent traits* (= verborgener und zugrundeliegender Eigenschaften), und den konkret beobachteten Antworten und gelösten Aufgaben. Doch wird diese Beziehung in beiden Ansätzen (oder besser: Klassen von Ansätzen) recht unterschiedlich konzeptualisiert:

1. Klassische Testtheorie: Diese geht von der Ausgleichs- und Fehlerrechnung der Physik aus, d. h., jede konkret beobachtete Testleistung X wird aus zwei additiven Komponenten zusammengesetzt gedacht: dem «wahren» Wert T und einem Fehler- oder *Errorterm* E, also X = T + E. Über die Meßfehler E werden nun spezifische Annahmen getroffen, nämlich insbes., daß ihr Erwartungs- bzw. Mittelwert O ist und daß sie sowohl von den T als auch von den E anderer *Items* unabhängig sind (d. h. in allen Subpopulationen nicht miteinander korrelieren). Ferner müssen die Meßwerte stochastisch voneinander unabhängig sein, d. h., die Beantwortung eines *Items* darf weder von der Beantwortung anderer *Items* durch dies. Person noch von den Antworten anderer Personen abhängen. Vor dem Hintergrund dieser allg. Annahmen werden die folgenden Gütekriterien formuliert:

(1) Objektivität: Die Ergebnisse eines Tests sollen ausschließlich die zu messenden Eigenschaften der individuellen Person repräsentieren und insbes. unabhängig von Versuchsleitern, unterschiedlichen Interpretationen und situativen Bedingungen sein. Obwohl solche Probleme nicht vollständig in den Griff zu bekommen sind (z. B. aufgrund der Erwartungs- und Versuchsleitereffekte), ist daher die Testvorgabe in aller Regel schriftlich, die Auswertung erfolgt streng operationalisiert und standardisiert.

(2) Reliabilität (Zuverlässigkeit): Dies ist ein Maß für den Anteil der «wahren» Varianz an der Gesamtvarianz. Geschätzt wird dieses Verhältnis mit Hilfe von Korrelationen zwischen: (a) Testwiederholungen: Ein und ders. Test wird der Personengruppe in bestimmtem Zeitabstand zweimal (oder mehrmals) vorgelegt. Man spricht hier von Test-Retest-Reliabilität oder auch Stabilität. Ein Problem dabei sind Lern- und Erinnerungseffekte; (b) Parallel-Tests: Zu einem Test wird eine möglichst «gleichwertige» Parallelform entwickelt, und beide Formen werden einer Population vorgelegt; «gleichwertig» heißt dabei formal, daß beide Tests in Personensubgruppen gleiche Erwartungswerte und Varianzen haben. Praktisch ist es allerdings recht schwer, inhaltlich und formal zufriedenstellende Parallel-Tests zu entwickeln; (c) Test-Hälften: Ein Test wird nach seiner Bearbeitung durch eine Population in zwei Hälften zerlegt (z. B. gerade vs. ungerade *Item*-Nummern) – *de facto* hat man hier also zwei (halbe) Parallel-Tests. Praktisch ist dieser Ansatz wohl der am häufigsten praktizierte; man spricht von Testhalbierungs- oder *split-half*-Reliabilität. Da die Aufteilung der *Items* auf die beiden Testhälften inhaltlich beliebig erfolgen kann, numerisch und inhaltlich aber meist unterschiedliche Resultate liefert, ist diese Vorgehensweise nicht unumstritten. Einen Sonderfall stellt *Cronbach's alpha* dar, das formal den Mittelwert aller möglichen *split-half*-Reliabilitäts-Koeffizienten bedeutet. Bei n *Items* ergibt sich dieser zu:

$$\text{Alpha} = \frac{n}{n-1}\left(1-\frac{\text{Summe der Itemvarianzen}}{\text{Varianz des Gesamtwertes}}\right) = \frac{K}{n-1}\left(1-\frac{\Sigma\sigma_{xi}^2}{\sigma_x^2}\right)$$

Andere Schätzungen der Reliabilität auf der Basis von Testteilungen sind z. B. durch die *Kuder-Richardson*-Formeln gegeben. Man spricht im Falle dieser Testteilungs-Reliabilität auch von interner Konsistenz. Ferner muß beachtet werden, daß die Reliabilität von der Anzahl der *Items* abhängt. Denn wenn der Erwartungswert von E null sein soll, nimmt der Anteil «wahrer» Varianz, und damit die Reliabilität, mit der Zahl an *Items* zu. Ist r_1 die Reliabilität eines Tests, so erhöht sich diese bei Testverlängerung um den Faktor m nach der sog. *Spearman-Brown*-Formel zu r_2:

$$r_2 = \frac{mr_1}{1 + (m-1)\,r_1}$$

(3) Validität: Dies ist ein Maß dafür, daß der

Test das mißt, was er inhaltlich erfassen soll (so ist z. B. die Anzahl der Anschläge beim Schreibmaschineschreiben ein recht reliables, aber nicht sehr valides Maß für Intelligenz). Im Detail gibt es hierzu eine große Anzahl von Konzepten der Validität.

(4) Praktikabilität oder Nützlichkeit: Hierbei geht es insbes. um Gesichtspunkte der Ökonomie im konkreten Einsatz. So wird man z. B. einen Test A mit einer Reliabilität von r =.85 einem anderen, B, mit r =.90 vorziehen, wenn A wesentlich weniger *Items* enthält. Da Reliabilität und Validität in der klassischen Testtheorie abhängig sind von der Vergleichspopulation (d. h. unter sonst gleichen Bedingungen mit zunehmender Homogenität sinken), kann die Nützlichkeit eben auch nur in bezug auf die konkret zu untersuchende Gruppe beurteilt werden.

2. Moderne Testtheorie: Wie bereits gesagt, ist die Bezeichnung «modern» nur z. T. zutreffend, da die überwiegende Mehrzahl gängiger und auch neu entwickelter Tests auf der klassischen Testtheorie beruht. Der Grund liegt wohl darin, daß einige Probleme der klassischen in der modernen Testtheorie zwar formal elegant gelöst wurden, aber einerseits der Aufwand für die Anwendung dieser Meßmodelle erheblich größer ist und andererseits inhaltliche Vorstellungen und formale Modell-Anforderungen in bezug auf die Beobachtung eines empirischen Gegenstandes oft kaum zur Deckung zu bringen sind.

Zentraler Begriff in der modernen Testtheorie ist die «*Item*charakteristik», eine Funktion, die angibt, mit welcher Wahrscheinlichkeit das *Item* relativ zur Position der Personen auf der zu messenden Dimension gelöst wird (bzw. Zustimmung erfährt). In der Skalogramm-Analyse von *Guttman* nimmt diese Wahrscheinlichkeit nur die Werte 0 und 1 an, d. h., die *Items* können für alle Personen in eine eindeutige Reihenfolge gebracht werden, so daß jede Person alle *Items* bis zu einem bestimmten Schwierigkeitsgrad löst und alle schwierigeren nicht – eine für die Praxis meist unrealistische Annahme. In der latenten Strukturanalyse von *Lazarsfeld* und im Testmodell von *Rasch* sind daher «echte» Wahrscheinlichkeitsfunktionen zugrunde gelegt, z. B. beim *Rasch*-Modell mit dichotomen Aufgaben die logistische Funktion $\exp(P_j)/(1 + \exp(P_j))$, d. h., die Wahrscheinlichkeit, ein *Item* zu lösen, steigt zunehmend mit der zu messenden Fähigkeit P_j der Personen. Beide Modelle gehören zu den sog. *latent-trait*-Modellen, bei denen zwischen der theoretischen oder «latenten» Dimension und empirisch beobachtbaren Phänomenen streng getrennt wird (eine methodologische Konzeption, die z. B. auch den Strukturgleichungsmodellen mit latenten Variablen wie LISREL zugrunde liegt).

Der Vorteil des *Rasch*-Modells liegt darin, daß gezeigt werden kann, daß die Modellkonzeption notwendig und hinreichend für «spezifische Objektivität» ist. Damit ist gemeint, daß der Vergleich der Fähigkeiten zweier Personen, Pi und Pj, unabhängig von den anderen Personen (sog. Populationsunabhängigkeit) und von den gewählten *Items* ist (die allerdings aus dem inhaltlich definierten *Itempool* stammen müssen). Die o. a. Reliabilitätsprobleme sind hier somit durch den Modellansatz gelöst, gleichzeitig wird das Modell empirisch überprüfbar (z. B. ob eben die Messung der Fähigkeiten tatsächlich von den gewählten *Items* unabhängig ist). Obwohl für einige Testbereiche brauchbare *Rasch*-Skalen entwickelt werden konnten, hat die Prüfung allerdings in vielen anderen praktischen Fällen ergeben, daß die inhaltlich gewünschten *Items* nicht «*Rasch*-skalierbar» sind, d. h., daß das Modell für diese Fragestellungen zu hohe formal-strukturelle Voraussetzungen erfordert.

Das *Rasch*-Modell wurde insbes. durch *G. Fischer* im dt. Sprachraum eingeführt und durch ihn und seine Gruppe weiterentwikkelt – am wichtigsten ist wohl die Verallgemeinerung des dichotomen zum linearen logistischen Modell (einschließlich der Entwicklung und Verbreitung entspr. Computerprogramme). Dabei werden in der *Item*charakteristik die Personenparameter durch Linearkombinationen von Wirkungen ersetzt, was allerdings neben erhöhtem formalem Aufwand auch inhaltliche Probleme in der Überprüfung des Modells aufwirft, weil die grundsätzliche Modellstruktur nun mehrdeutig konkretisiert werden kann.

→ Objektivität; Reliabilität; Skalierung.

Lit.: *Feger, H./Bredenkamp, J.* (Hrsg.) 1983: Messen und Testen, Gött. *Fischer, G.* 1974: Einführung in die Theorie psychologischer Tests, Bern. *Lazarsfeld, P. F.* 1959: Latent Structure Analysis, in: *Koch, S.* (Hrsg.): Psychology: A Study of Science, NY, Bd. 3, 476–543. *Rost, J.* 1988: Quantitative und qualitative probabilistische Testtheorie, Bern. *Wottawa, H.* 1980: Grundriß der Testtheorie, Mchn.

Jürgen Kriz

Tetrachorische Korrelation → Korrelationsrechnung

Thatcherismus → Angebotsorientierte Wirtschaftspolitik

Theokratie (aus griech. *theokratía* = Gottesherrschaft), diejenigen Herrschaftsformen, die ihre → Legitimität, Struktur und Zwecke allein religiös begründen und demzufolge keine oder zumindest keine strikte Trennung zwischen Kirche und → Staat (aner-)kennen.

Träger der Staatsgewalt können dabei eine einzelne, in dieser oder jener Weise als sakral angesehene Person (Sakralmonarchie bzw. -autokratie) oder eine Personengruppe (Priester; Hierokratie) sein, auch plebiszitäre Formen erscheinen möglich. Im christlich-europ. Kulturkreis muß noch der Vatikanstaat als T. gelten. Religiös und theoretisch fortgeschrittene T. bilden derzeit die z. T. noch fundamentalistisch (bewußt antiwestl.) radikalisierten Systeme des Islam, die ungeachtet ihrer aktuellen Erfolge (Iran) jedoch einem erheblichen Modernisierungsdruck unterliegen.

→ Fundamentalismus; Herrschaft; Staatsformen.

Wolfgang Weber

Theorie, (aus griech. *theōrein* bzw. *theōría*) bedeutet Anschauen oder Betrachten, Überlegung oder Erkenntnis. Die Frage, was Theorie ist, läßt sich jedoch nicht einfach beantworten. Häufig wird sie gar nicht erst gestellt. Der Begriff T. ist stets eingebunden in ein spezifisches erkenntnistheoretisches Vorverständnis. Daraus resultiert eine komplexe Begriffswelt, in der verschiedene Theorieverständnisse miteinander konkurrieren. Diese Heterogenität ist jedoch dem wiss. Erkenntnisgewinn keineswegs abträglich. Sie reflektiert vielmehr die Vielfalt sozialer, historischer, kultureller, biographischer u. a. Faktoren, die im Wissenschaftsprozeß zu berücksichtigen sind und sich in unterschiedlichen Theoriebegriffen niederschlagen. Wollte man einen einzigen Theoriebegriff etablieren, so wäre dies nur bei Geltung eines spezifischen Wissenschaftsverständnisses möglich, bzw. einer Metatheorie, also einer T. über T., in der gesetzt wird, was unter T. zu verstehen ist. In dieser Spannung zwischen Beliebigkeit und Monismus findet (implizit oder explizit) individuell die Festlegung des jeweils verwandten Theoriebegriffs statt.

1. Wir unterscheiden zunächst zwischen (1) T. i. S. eines in sich geschlossenen Lehrgebäudes, «die weder an einzelnen Lehrmeinungen noch an Lehrmeinungen Einzelner interessiert ist, sondern an einem einheitlichen Ganzen von systematischer und theoretischer Schlüssigkeit», so wie es sich *T. Parsons* (1949: V; zit. n. *Berger/Luckmann* 1993: 19) zum Programm machte, und (2) T. im begrifflichen Verständnis eines Pluraletantums, in welchem nach der ersten Alternative verfahren wird, also einzelne T. im Lichte etwa des Epochenwandels und über diesen hinweg in Konfrontation zueinander auf ihre Plausibilität und Haltbarkeit hin überprüft werden, wie bei *K. von Beyme* ([3]1997).
Unterschieden werden kann weiterhin zwischen zwei Grundverständnissen, die sich dichotomisch erschließen: (3) T. steht im Ggs. zur Praxis, dem auf die Veränderung des Be-

stehenden zielenden Handeln, und meint die Anschauung bestehender Sachverhalte und die Reflexion darüber. Alles, was nicht praktische Tätigkeit einschließt, kann in diesem Verständnis bereits T. sein. (4) T. steht im Ggs. zur Empirie und meint alle jene Erkenntnisse, die durch Überlegung und Denken, also deduktiv, und nicht direkt durch Erfahrung, Übung, → Experiment gewonnen wurden. T. grenzt sich jedoch nicht nur gegensätzlich von Praxis (bzw. von Alltagswelt; vgl. *A. Schütz*) und Empirie (bzw. von Geschichte; vgl. *Max Weber*) ab, sondern steht auch in einem Verhältnis zu ihnen, was von bes. Bedeutung für die Politikwiss. ist. Selbst hochabstrakte T. gehen letztlich auf praktische Erfahrungen zurück. Und keine T. erschöpft sich in der Betrachtung von Wirklichkeit, sondern jede T. zielt auf deren Veränderung oder hat mindestens praktische Auswirkungen, seien sie beabsichtigt oder unbeabsichtigt. Für die Geltung von T. ist die Empirie von erheblichem Belang. Dies gilt v.a. für empirisch-analytische Wissenschaftsverständnisse (logischer → Empirismus, → Kritischer Rationalismus), für welche die empirische Überprüfung von T. (bzw. von Hypothesen = noch nicht empirisch bestätigter T.) das entscheidende Kriterium ihrer Geltung darstellt. Andererseits ist jede Empirie (Beobachtung, Datenerhebung) bereits «theorieimprägniert».

Eine für die Politikwiss. äußerst wichtige Unterscheidung ist die zwischen normativen und empirischen Theorien: (5) Normative T. beinhalten Reflexionen und treffen Feststellungen über das, was sein soll. Sie begründen Wertmaßstäbe, Werturteile und Handlungsanleitungen. Ihre Methode ist entw. deduktiv oder geisteswiss.-hermeneutisch. (6) Empirische T. treffen Feststellungen über das, was ist, über gesellschaftl. und polit. Tatbestände, Institutionen und Handlungen. Ihre Methode ist induktiv, entw. historisch-genetisch oder empirisch-analytisch.

2. Diese verschiedenen Verständnisse von T. hat *W.-D. Narr* (1969) am Beginn der stürmischen Entwicklung der Politikwiss. in D in einem systematischen Aufriß erfaßt, wobei auch für ihn die Unterscheidung zwischen polit. Ideengeschichte/normativer T. und empirischer T. zentral ist. Für diesen Aufriß formulierte *Narr* (1969: 25 ff.) Gesichtspunkte, «die bei jeder Theoriebildung, wie bei jeder Analyse und Kritik von T. zu beachten sind: (1) Jede T. befindet sich in einem ganz bestimmten Bezug zur Realität. Was von ihr als Realität begriffen, analysiert bzw. ausgelassen wird, stellt ein Beurteilungskriterium für jede T. dar, wie dies umgekehrt von der T. her gesehen für die jeweilige Realität gilt (...) (2) Mit dem Realitätsbezug steht die Kontrolle von T. in engem Zusammenhang. Welche Kontrollen für die Richtigkeit der einzelnen T. läßt sie zu? Kann sie von gewonnenen Daten, die in der Realität gegen sie sprechen, schon ganz falsifiziert gelten, oder gibt es Elemente in der T., die über die Faktizitätskontrolle hinausreichen? Hat man es gar mit einer T. zu tun, die infolge eines ganz bestimmten normativen Vorverständnisses eine solche Faktenkontrolle überhaupt ausschließt (...) (3) Jede T. befindet sich nicht nur in einem bestimmten Bezug zur Wirklichkeit (...), sondern auch in einem bestimmten Verhältnis zur menschlichen Tätigkeit (zur Praxis). Dieser Bezug impliziert nicht nur eine Perspektive, sondern in der Perspektive ein bestimmtes Interesse der Erkenntnis im Hinblick auf Praxis. (4) Hiermit ist die Werthaftigkeit von T. direkt angesprochen. Wert hat in diesem Zusammenhang nichts mit moralischen, sittlichen Werten zu tun, sondern mit der Frage, ob es denn so etwas wie ein subjektiv motiviertes, aber im Vorgang selbst nicht beeinflußtes wiss. Erkennen geben könne. Ist das Interesse an der Erkenntnis und der T. nur für die Auswahl des Gegenstandes zuständig und läßt sich der analytische und theoretische Vorgang im übrigen völlig objektivieren, oder ist das Interesse konstitutiv auch für den übrigen Erkenntnisvorgang bei allen objektivierenden Kontrollen im einzelnen? Wie immer die Frage im speziellen auch beantwortet wird, wichtig ist, daß jede T. angibt, von welchem Interesse sie motiviert ist und wie sie zu der Frage im besonderen steht (...) (5) Realität-Praxis-Wertbezug bringen T., wenn sie nicht aufgedeckt und theoretisch selbst reflektiert werden, in die Nähe der Ideologie. Jede T. muß daraufhin untersucht werden, inwiefern sie zur Ideologie abrutschen, inwieweit sie für ideologische Zwecke

ausgenutzt werden könnte (...) (6) Obwohl T. immer auf Realität bezogen ist und einen Teil von ihr erfaßt (bzw. erfassen soll), ist sie doch nicht zu verwechseln mit einer ‹Weltanschauung›, die von Intuition und Glauben lebt und in der Nähe der Ideologie angesiedelt ist. Auf jeden Fall aber muß T. sich ihrer Perversionen bewußt sein» (ebd.: 32f.).

3. Empirisch-analytisches Theorieverständnis: Wiss. geht über die beschreibende Darstellung von einzelnen Sachverhalten hinaus. Sie zielt auf die Untersuchung von Zusammenhängen und auf die Formulierung verallgemeinerungsfähiger theoretischer Aussagen über diese Zusammenhänge. Im empirisch-analytischen Verständnis kann T. «eine generalisierte Proposition genannt werden, die behauptet, daß zwei oder mehr Dinge, Aktivitäten oder Ereignisse unter bestimmten Bedingungen sich miteinander verändern» (*von Beyme* ^{3}2000: 11). Solche T. weisen damit drei Elemente auf: (1) Sie sind Systeme begründeter Aussagen (bzw. generalisierter Hypothesen) über bestimmte Tatsachen, Handlungen, ihre Beziehungen zu- und miteinander sowie über die diesen zugrundeliegenden Ursachen, Strukturen, Gesetzmäßigkeiten. (2) Sie enthalten Angaben über die Voraussetzungen/Randbedingungen, unter denen die Aussagen gelten sollen. (3) Sie beanspruchen Erklärungscharakter und Prognosefähigkeit; d.h. wiss. T. müssen die Sachverhalte ihres jeweiligen Objektbereiches sowohl erklären können, als auch Aussagen über Veränderungen gestatten und Hypothesen über neue, noch nicht bekannte Sachverhalte erlauben.

In diesem empirisch-analytischen Sprachgebrauch ist die Abgrenzung zwischen Hypothese und T. fließend. Eine häufig bestätigte Hypothese wird dabei auch als Gesetz bezeichnet, wobei es (anders als in den Naturwiss.) in den Sozialwiss. nur um probabilistische Erklärungen gehen kann; d.h.: Unter den bestimmten Bedingungen X hat Faktor (Sachverhalt/Handlung) A wahrscheinlich bzw. bis zu einer bestimmten Wahrscheinlichkeit die Wirkung B. T. sind in diesem Verständnis ein *set* miteinander verknüpfter Hypothesen. Der kritische Rationalismus kennt dabei keine Bestätigung von Hypothesen/Theorien; sein Verfahren ist die Falsifizierung. T. gelten nur solange (als bestätigt), wie sie nicht widerlegt worden sind. In der wiss. Alltagsarbeit ist die Praxis allerdings meist laxer und auf die Bestätigung der aufgestellten Hypothesen und T. gerichtet, da die zur Überprüfung gebildeten Hypothesen zumeist bereits empirisches Wissen enthalten, zumindest plausible Ursache-Wirkungs-Beziehungen annehmen oder im Prozeß der Falsifizierung wahrscheinlichkeitstheoretisch umformuliert werden.

4. Relevanz und Funktionen: T. sind die Hauptträger alltäglicher und wiss. Erkenntnisse. In T. und Methoden konstituiert sich Wissenschaft. T. sollen Erklärungen leisten, und in diesem instrumentellen Verständnis sind sie zugleich Mittel der Erkenntnis (*Max Weber* 1968: 220f.). Im Wissenschaftsprozeß erfüllen T. im einzelnen folgende Funktionen: (1) T. steuern die Forschungsarbeit (vgl. *Patzelt* 1992: 88f.); sie stellen (a) die Begriffe, Argumentationsmuster und Instrumente bereit, mit deren Hilfe man den Objektbereich der Untersuchung beschreiben und über ihn kommunizieren kann; (b) sie lenken die Auswahl der Forschungsgegenstände, beeinflussen das Forschungsinteresse und die Fragestellungen, haben Konsequenzen für die Methodenwahl, die Datenauswahl und die Interpretation der Untersuchungsergebnisse; (c) sie ermöglichen die Systematisierung der Forschungsarbeit. (2) Je nach Theorietyp, der verwendet wird, gehen Untersuchungen unterschiedlich vor, und zielen T. auf unterschiedliche Erkenntnisse und Ergebnisse: (a) Deskriptiver T. geht es zunächst um die Ermittlung, Beschreibung und Ordnung gesellschaftl.-polit. Sachverhalte. Diese werden dann zu relativ einfachen Generalisierungen verarbeitet, als solche der empirischen Überprüfung unterzogen und, sofern (fallanalytisch oder vergleichend) hinlänglich bestätigt, als theoretische Aussage formuliert. Deskriptive T. gehen zumeist, wie empirische Theoriebildung, induktiv vor, indem Einzelaussagen in der Wenn/Dann-Form empirisch überprüft und dann mit anderen Aussagen zu T. mit stets komplexeren Zusammenhängen und umfassenderen Objektbereichen vernetzt werden. Sie unterliegen folglich dem Induktionsproblem, da von Einzeltatbeständen

auf allg. Sätze geschlossen wird. (b) Im Falle systematischer T. steht nicht eine Eigenschaft der T. im Blickpunkt, sondern das Verfahren der Inbeziehungsetzung von Einzelphänomen und bestehenden Theorien. Und zwar wird versucht, individuell beobachtete Tatbestände in möglicherweise deduktiv entwickelte theoretische Aussagesysteme zu inkorporieren bzw. diese Möglichkeit zu überprüfen. (c) Funktionale T. entwickeln Erklärungen mit Hilfe bestimmter Schlüsselbegriffe wie Struktur und Funktion sowie des jeweiligen Zusammenhanges einzelner Elemente und ihrer Funktionen untereinander und im Verhältnis zum System als Ganzem. (d) (Historisch-)Genetische T. fragen danach, wie und warum sich ein Sachverhalt/eine Institution/eine Handlung in einem gegebenen Zeitraum von einem Ausgangszustand in einen neuen Zustand verändert hat. Geht der Anspruch über die Deskription historischer Darstellung hinaus, zielen historisch-genetische Erklärungen auf die Formulierung von allg. Aussagen über die Entwicklungsbedingungen des untersuchten Sachverhalts, z. B. generalisierte Aussagen über den Wandel von Parteien und → Parteiensystemen im Prozeß der → Industrialisierung von Gesellschaften wie der Demokratisierung polit. Herrschaft, bis hin zu generellen Entwicklungstheorien, z. B. Theorien des → Sozialen Wandels, der → Modernisierung.

5. Abstraktionshöhe, Reichweite, Leistungsfähigkeit: Das Erkenntnisideal der Wiss. verlangt möglichst allg., d. h. auch allgemeingültige Theorien. Allerdings unterliegt die Theoriebildung gerade in den Sozialwiss. einer Reihe von Begrenzungen hinsichtlich Abstraktionsniveau, Komplexitätsgrad und Reichweite, die den Geltungsbereich einschränken. Zu unterscheiden sind: (1) nach dem Abstraktionsgrad: (a) einzelne Generalisierungen, z. B. in der Wahlsoziologie die Hypothesen zum Zusammenhang zwischen → Sozialstruktur und Parteipräferenz des Wählers; (b) Teiltheorien, z. B. T. des → Wählerverhaltens; (c) allg. T., z. B. T. über das gesamte polit. System; (2) nach der Reichweite: (a) universelle T., deren Erklärung Raum und Zeit übergreifend angelegt ist; (b) T. mittlerer Reichweite, die durch Raum und Zeit begrenzte Erklärungen anstreben; (3) nach dem Gegenstandsbereich: (a) Mikro-T., z. B. T. des Wählerverhaltens; (b) Meso-T., z. B. T. polit. Partizipation; (c) Makro-T., z. B. Demokratietheorie.

Die Suche nach der Großen T., also z. B. die Formulierung einer allg. T. polit. Handelns, oder auch einer *General Systems Theory*, die Raum und Zeit übergreifend universale Gültigkeit beansprucht, ist Gegenstandsbereichen und Erkenntniszielen in den Sozialwiss. nur wenig angemessen, da solche allg. T. aufgrund der unumgänglichen Abstraktheit kaum praktisch verwertbare Ergebnisse und anwendungsorientierte Erklärungen liefern können. Bereits *Max Weber* betonte 1904 zur Leistungsfähigkeit sozialwiss. Gesetze: «je allgemeiner, d. h. abstrakter, desto weniger leisten sie für die Bedürfnisse der kausalen Zurechnung *individueller* Erscheinungen» (*Weber* 1968: 221). Ihm zufolge sind «die allgemeinsten, weil die inhaltsleersten, regelmäßig auch die wertlosesten» Gesetze (ebd.: 222). Je größer der gewählte Objektbereich und je allgemeiner die angestrebte Erklärung, desto vielfältiger und komplexer werden zudem die Randbedingungen, die in Rechnung zu stellen sind. Diese Erklärungen werden folglich um so abstrakter ausfallen und die T. werden um so weniger historisch gesättigt und empirisch gehaltvoll sein können.

Für den Gegenstandsbereich des Politischen gilt dieser Zusammenhang zudem in bes. Maße. Empirisch-analytische T. enden i. d. R. als Bereichstheorien. Versuche zu allg. Theoriebildung, z. B. T. über das gesamte polit. System, entstammen eher deduktiven Ansätzen und sind eher funktionalistische oder auch normative T. sowie T., die dem kritisch-dialektischen Wissenschaftsbegriff verpflichtet sind. Im Rahmen der Komparatistik (→ Vergleichende Methode) geht es weniger um abstrakte Modellbildung (→ Modell) und Prognose (in unserem gewählten Beispiel des Wählerverhaltens etwa um aus den ökon. T. der Politik abgeleitete Modelle rationaler Wählerentscheidung und Parteienkonkurrenz), sondern zumeist um Typenbildung und → Typologien, die in ihren Aussagen historisch gesättigter sind.

Raum und Zeit übergreifende Theoriebildung, etwa T. polit. Partizipation in Antike und Moderne, in Industriegesellschaften und in → Dritter Welt, in → Demokratie und → Diktatur, bleibt zwar auch in der Politikwiss. grundsätzlich möglich; sie wird aber eine Vielzahl von Parametern zu berücksichtigen haben, die sich aus den (synchron wie diachron) unterschiedlichen Kontexten ergeben; dies schränkt die Aussagemöglichkeiten so ein, daß die Erklärungskraft fragwürdig und der Informationsgehalt auf Triviales reduziert wird. In der Politikwiss. herrscht mehr und mehr Konsens darüber, daß ihr Theoriebildung auf mittlerer Ebene am angemessensten ist – und zwar in Hinsicht auf (1) den Gegenstandsbereich, (2) den Abstraktionsgrad wie (3) die Reichweite und den Kontextbezug.

6. Theoriendynamik: Wiss. findet weder im luftleeren Raum statt, noch geht der wiss. «Fortschritt» inkrementalistisch und kumulativ oder geradlinig vonstatten. Dies gilt für Natur- wie Geistes- und Sozialwiss., wenn auch in Teilaspekten unterschiedlich, und hat Konsequenzen für die (polit.) Theorienbildung und Theoriendynamik. Politische T. sind in bes. Weise stets auch Antworten auf konkrete soziale und polit. Problemlagen. Sie sind kontextdefiniert und interessengeleitet: «In ihnen reflektiert sich das Welt- und Selbstverständnis von Kollektiven», und sie «dienen mittelbar der Interpretation von gesellschaftl. Interessenlagen, Aspirations- und Erwartungshorizonten» (*Habermas* 1981, Bd. 1: 201). Hieraus resultiert die (diachrone wie synchrone) Vielfalt der politikwiss. Positionen, Methoden und Theorien. Der Theorienpluralismus bezieht sich dabei nicht allein auf die Ebene der Meta-, Wissenschafts- bzw. Erkenntnistheorie, sondern er gilt für die Theoriebildung schlechthin; dies schließt die Entwicklung der Politikwiss. zur Normalwiss. i. S. *T. S. Kuhns* (1976) aus. Dennoch ist *Kuhns* Paradigma wiss. Revolutionen nützlich zum Verständnis der Theoriendynamik auch in der Politikwissenschaft:

(1) Mit ihm gelingt es, Ähnlichkeiten und Unterschiede im Wissenschaftsprozeß von Natur- und Sozialwiss. plausibel zu machen. Nicht Abfolge und Ablösung eines Paradigma durch ein anderes, wie von *Kuhn* für die Naturwiss. gezeigt, sondern Pluralität und Konkurrenz der politiktheoretischen Entwürfe sind dabei Kennzeichen und belebendes Element im Forschungsprozeß der Politikwissenschaft.

(2) Wiss. Alltagsarbeit vollzieht sich indes häufig in Analogie zum Wissenschaftsprozeß in den normalwiss. Naturwissenschaften. Sie besteht auch in der Politikwiss., v. a. wenn empirisch-analytisch vorgegangen wird, im Rätsel- oder Problemlösen und im Ausfüllen von Leerstellen innerhalb der bestehenden Theorien, in deren Ausdifferenzierung, usw. Häufen sich jedoch die Anomalien innerhalb des gewählten Paradigmas, erfolgt häufig die Hinwendung zu bereits vorhandenen, nicht selten lange verschütteten, konkurrierenden T. und/oder die Suche nach neuen Theorien.

(3) Für die politiktheoretischen Gesamtentwürfe, also für polit. T. i. S. eines in sich geschlossenen einheitlichen Ganzen, gilt dabei seit *Platons* «Politeia» der «Zusammenhang zwischen zeitkritischer Krisenerfahrung und polit. Ordnungsreflexion» (*Stammen* 1991: 29) in ganz besonderem Maße. Die von *de Tocqueville* in seinem Hauptwerk «Über die Demokratie in Amerika» (1835) gewählte Eingangsformulierung: «Eine völlig neue Welt bedarf einer neuen polit. Wissenschaft» (*de Tocqueville* 1987: 9) könnte in gleicher oder ähnlicher Weise von *Machiavelli, Hobbes, Locke* oder *Marx* stammen, denn auch deren polit. T. wurden vor dem Hintergrund tiefgreifender sozialer Umbrüche als Krisentheorien formuliert und sind einerseits in praktischer, gesellschaftsverändernder Absicht konzipiert, zielen aber andererseits in ihrem Erklärungsanspruch selbstverständlich über den konkreten Zeitbezug hinaus (vgl. *Wolin* 1968).

(4) Polit. T. sind entscheidend geprägt durch den gesellschaftsgeschichtl. Kontext, in dem sie formuliert wurden und den sie zu verändern trachten. Dies gilt nicht allein für die Klassiker und für die großen Theorieentwürfe der → Politischen Philosophie, sondern auch für die Hypothesenbildung, für Teil- und Bereichstheorien der Politikwissenschaft. Die sich in der jüngsten Zeit mehrfach wandelnden Einschätzungen des Staates und der Handlungsspielräume der Politik

verdeutlichen dies (→ Staatszentrierte Ansätze). Während in Nordamerika das jahrzehntelang in der Politikwiss. unumstrittene gesellschaftszentrierte Politikverständnis grundsätzlich herausgefordert und *«Bringing the State Back In»* (1985) zum Forschungsprogramm wurde, argumentierte in Europa die Sozialwiss. zur selben Zeit nach einer Phase der Planungs- und Steuerungseuphorie wie im Zusammenhang mit der *Luhmann*schen autopoietischen Wende der → Systemtheorie eher staatsskeptisch und schätzte sie die Handlungsspielräume und Reformchancen der Politik eher gering ein. Im Kontext postmodernen polit. Denkens setzte man seither auf die vielfältigen Kräfte der → Zivilgesellschaft und wandte sich deren Analyse verstärkt zu. Hier zeigt sich nicht nur, wie die polit. Theoriebildung die gesellschaftl. und polit. Anforderungen widerspiegelt und wie interessengeleitet sie ist. Deutlich wird auch, daß T. Konjunkturen haben und häufig von der Wiss. liegengelassen werden, sobald sie von Politik und Gesellschaft nicht mehr nachgefragt werden, was natürlich nichts über die Erklärungskraft der T. aussagt und auch nicht bedeutet, daß sie wegen fehlender Aktualität als falsifiziert zu gelten habe. Die historische Erfahrung spricht vielmehr dafür, daß sie unter veränderten Kontextbedingungen wieder aufgegriffen und an die gewandelten historischen Verhältnisse angepaßt neuerlich Aktualität und Bedeutung erlangen werden.

→ Funktionalismus; Metatheorien; Normative Theorie; Paradigma; Politikwissenschaft; Politische Theorie; Soziologische Theorien der Politik; Systemtheorie; Theorie und Praxis.

Lit.: *Benz, A./Seibel, W.* (Hrsg.) 1997: Theorieentwicklung in der Politikwissenschaft – eine Zwischenbilanz, Baden-Baden. *Berger, P. L./Luckmann, T.* 1993: Die gesellschaftliche Konstruktion der Wirklichkeit, Ffm. ([1]1969; engl. 1966). *Beyme, K. von* [3]1997: Theorie der Politik im 20. Jahrhundert, Ffm. *Beyme, K. von* [8]2000: Die politischen Theorien der Gegenwart, Wsb. (zuerst 1972). *Blondel, J.* 1978: Thinking Politically, Harmondsworth (zuerst 1976). *Evans, P. B.* u. a. 1985: Bringing the State Back In, Camb. u. a. *Göhler, G.* (Hrsg.) 1978: Politische Theorie, Stg. *Habermas, J.* 1981: Theorie des kommunikativen Handelns, 2 Bde., Ffm., Bd. 1, 152–203. *Kuhn, T. S.* [2]1976: Die Struktur wissenschaftlicher Revolutionen, Ffm. (engl. 1962; [2]1970). *Lehmbruch, G.* [3]1970: Einführung in die Politikwissenschaft, Stg. u. a. *Narr, W.-D.* 1969: Theoriebegriffe und Systemtheorie (*Narr/Naschold*, Einführung in die moderne politische Theorie, Bd. 1), Stg. u. a. *Patzelt, W. J.* 1992: Einführung in die Politikwissenschaft, Passau. *Parsons, T.* [2]1949: The Structure of Social Action: A Study in Social Theory with Special Reference to a Group of Recent European Writers, Glencoe, Ill. (zuerst 1937). *Seiffert, H.* 1991/92: Einführung in die Wissenschaftstheorie, 3 Bde., Mchn. (zuerst 1969/70). *Stammen, T.* 1991: Grundlagen der Politik, in: Grundwissen Politik, Bonn, 15–47. *Tocqueville, A. de* 1987: Über die Demokratie in Amerika, Zürich. *Weber, M.* [4]1968: Die «Objektivität» sozialwissenschaftlicher Erkenntnis (zuerst 1904), in: *ders.:* Soziologie, Weltgeschichtliche Analysen, Politik, Stg., 186–262. *Wolin, S. S.* 1968: Paradigms and Political Theories, in: *King, P./Parekh, B. C.* (Hrsg.): Politics and Experience, Camb., 125–152.

Dieter Nohlen/Rainer-Olaf Schultze

Theorie des kommunikativen Handelns → Diskurstheorie

Theorien großer, mittlerer Reichweite → Theorie

Theoriesprache, in sich zusammenhängende bzw. aufeinander bezogene wiss. Terminologie, deren Kategorien und Begriffe auf Theorien oder theoretischen Ansätzen gründen und durch präzise Inhalte und Bedeutungen festgelegt sind.

Theoriesprachliche Ausdrücke lassen sich von umgangs- und objektsprachlichen Ausdrücken unterscheiden. In der T. werden Begriffe nicht nur anders definiert; vielmehr ist ihr Bedeutungsinhalt ausschließlich theoretischer Herkunft, bleibt theorieabhängig und ist standardisiert. So haben etwa die → Systemtheorie, die → Konflikttheorie, die → Handlungstheorie, die → Spieltheorie etc. ihre eigenen Sprachen und theoretischen Konzepte. Das spezifische Vokabular hat Konsequenzen für die → Analyse und den Erkenntnisprozeß, zumal wenn T. Erklärungsmodelle logischen Typus repräsentieren, die rein theoretischer Natur sind und sich den Zugang zur Empirie erst verschaffen müssen, also in ihren Erklärungsmöglichkeiten und Grenzen erst noch zu erforschen sind (→ Taxonomie).

Dieter Nohlen

Theorie und Praxis, ein Problem, mit dem wie kaum eine andere Disziplin die Politikwiss. substantiell konfrontiert ist. Als Erkenntnisbemühung sowie deren systematische Darstellung – als → Theorie (T.) also – hat sie menschliches Handeln – Praxis (P.) – zum Gegenstand. Als Tätigkeit wiss. Denkens und Forschens bildet sie zugleich einen Teil jener P., was für ihr Selbstverständnis nicht folgenlos bleiben kann.

I. Die Begriffe von T. u. P. sowie der Problemgehalt ihres Verhältnisses definieren sich relativ zu einem sich ändernden historischen Verstehenszusammenhang; vor diesem Hintergrund erfahren sie unterschiedliche systematische Ausprägungen.

1. In der klassischen griech. Philosophie *(Aristoteles)* steht P. für den menschlichen Selbstvollzug, der Grund *(arche)* wie Ziel *(telos)* in sich selbst trägt. In der P. vollzieht der Mensch zugleich die Grundstruktur des Seins, in die er eingelassen ist und in der er seinen spezifischen Aufenthalt sucht. T. wird als höchste Form von P. begriffen. Sie genügt sich selbst, da das Denken im Vollzug seiner selbst ganz bei sich ist. In der T. als geistiger Betrachtung dessen, was ist, verwirklicht der Mensch seine Teilhabe *(methexis)* am göttlichen Kosmos, die von der intuitiven Einsicht in metaphysische Grundgegebenheiten bis zur logisch-begrifflichen Wiss. reicht. Das Theorie-Praxis-Verhältnis ist praktisch, d. h. mit Bezug auf die menschlichen Angelegenheiten, problematisch: Die T. stellt einerseits ein kritisches Potenzial bereit, um einer faktisch defizitären P. das durch Einsicht erschlossene Muster gelingender P. vorzuhalten – so *Platons Politeia* als ideelles Urbild eines guten Gemeinwesens. Andererseits muß sich die polit. T. ihrem Gegenstand, dem zufälligen und unvollkommenen menschlichen Handeln, anpassen und findet dann – bescheidener als die reine T. *qua* Schau des Göttlichen – zu einem das Menschenmögliche und Realisierbare berücksichtigenden Erfahrungswissen – so der spätere *Platon* und *Aristoteles*. Die Problematik wird im mittelalterlichen Denken aufgenommen, wobei der christlich-religiös interpretierten *vita contemplativa* eine höhere Wertigkeit gegenüber der das polit. Handeln beinhaltenden *vita activa* zugewiesen wird.

2. In der Neuzeit verschiebt sich das Verständnis von T. und P. sowie ihres Zusammenhangs von Grund auf. Praxis wird zusehends begriffen als technische Tätigkeit, deren artifizielle Produkte die Welt verändern und sie durch Berechnung und technische Reproduktion beherrschbar machen. T. im neuen Verständnis orientiert sich an der technischen P. als Vor- wie Maßgabe. Modellhaft repräsentiert in den neuen, sich von Theologie und Metaphysik emanzipierenden mathematischen Erfahrungswiss. wird T. zum zweckrationalen Instrument, um die technische P. effektiv zu machen. Das Programm, in der wiss.-technischen Zivilisation der Neuzeit konkret in Angriff genommen, wurde im frühen 17. Jh. als utopisches Projekt von *Francis Bacon* und dessen Motto *«scientia propter potentiam»*, Wissen um der Macht willen, formuliert und beherrscht die großen technischen und sozialen Fortschrittsutopien einer Beherrschung von Natur und Gesellschaft durch den Menschen. Spätestens diese Projekte einer wiss.-technischen Moderne belegen, daß die Verschiebung der alten T. zur neuen Wiss. und der P. zur Technik nicht nur die Reduktion ist, als die sie aus der Sicht ihrer klassischen Herkunft erscheint. Vielmehr geht es immer noch um einen menschlichen Sinnzusam-

menhang von T. u. Praxis. *Marx* Fassung produktiver Arbeit als menschlicher Selbstverwirklichung ist ein Beispiel dafür.

II. Vor dem Hintergrund der philosophischen Transformation des Theorie Praxis-Verständnisses ergeben sich vielfältige systematische Ausdifferenzierungen und Konkretisierungen, die eng mit einigen methodisch bedeutsamen Leitperspektiven zusammenhängen:

1. Mittel/Zweck-Differenzierung. Die neuzeitlich dominante instrumentelle Funktion der T. gilt neben den technisch orientierten Naturwiss. auch für die Sozialwissenschaften. Sie organisieren auf methodisch kontrollierte Weise Erinnerungsbestände, analysieren Situationen und prognostizieren Entwicklungen und Handlungsfolgen. Diese funktionalen Leistungen können Handeln effektiver machen. Bes. Bedeutung kommt dabei der Planung und den ihr zuarbeitenden Disziplinen zu, wie → Politischer Kybernetik, *Operations Research*, Praxeologie *(Kotarbinski)* sowie neopragmatischen Theorien und Theoriemodellen *(Stachowiak, Rescher)*.

2. Theoretische Norm/praktisches Faktum. Diese Differenzierung greift überall dort, wo eine praktisch vorhandene Faktizität an einer theoretisch formulierten Norm bewertet und die Praktikabilität der Norm thematisiert wird. Von bes. Interesse ist dabei die praktische Relevanz moralischer Normen. Einen maßgeblichen Standard hat *Kants* Reflexion «Über den Gemeinspruch: Das mag in der Theorie richtig sein, taugt aber nicht für die Praxis» (1793) gesetzt. I. S. des Primats der moralischen T. über die faktische P. soll aus der Norm eines unbedingten Sollens – dem kategorischen Imperativ – zumindest die Möglichkeit von deren praktischer Befolgung verbürgt werden. Dies gelingt freilich nur, indem *Kant* auf die metaphysische Überzeugung von einer Welt vernünftiger Wesen rekurriert und sowohl das Gesetz des jeweiligen «guten Willens» des handelnden Menschen als auch das Naturgesetz unter «eine allg. (der Natur sowohl als dem freien Willen) gesetzgebende Vernunft» stellt. Diese metaphysisch unterlegte Übereinstimmung von T. u. P. gilt nur für den «guten Willen» als die Möglichkeit moralischen Handelns. Daß daraus die Wirklichkeit konkreten Tuns wird, kann das Vernunftgesetz nicht garantieren. Der Übergang in die Faktizität gelebten Handelns bleibt problematisch offen. Aus diesem Grunde muß *Kant* subjektiv das Vermögen einer «Urteilskraft», objektiv die «Natur» bzw. «Vorsehung» bemühen, um aus einer unter dieser Perspektive interpretierten Geschichte die Realisierung der gesollten Einheit von T. u. P. zumindest wahrscheinlich zu machen. Ideelle oder empirische Prämissen sind auch noch bei Modellen im Spiel, die das moralische Subjekt *Kants* in eine dialog- bzw. diskurstheoretische Begründung von → Ethik und Politik zu transformieren suchen – so etwa in *Apels* Transzendentalpragmatik, die mit der Idee einer «idealen Kommunikationsgemeinschaft» operiert.

3. Identitär-dialektische Aufhebung in der marxistischen Theorie. Wo Planungsrationalität und normative Theoriemodelle an der prinzipiellen Differenz von T. u. P. festhalten, dort propagiert die marxistische Ideologie ihre Identität. Das utopisch Projektierte wie normativ Gesollte werden in eine vollständige Wirklichkeit aufgehoben. Im Ansatz konzipiert bei *Marx* als Aufhebung der Philosophie in eine neue menschliche P., fixiert sich das Thema im orthodoxen Historischen Materialismus des 20. Jh. in der programmatischen Formel von der «Einheit von T. u. Praxis». Als wiss. Weltanschauung orientiert sich der Historische Materialismus an einer dialektischen Gesetzlichkeit der Geschichte, die in der völligen Beherrschung der Natur durch eine herrschaftsfreie Gesellschaft resultiert. Das Gesetz ist dabei prozessuales Verlaufsschema und parteilich engagierte Handlungsaufforderung zugleich. Die Einheit von T. u. P. ist dann erreicht, wenn geschichtl. Prozeß und praktische Aktion zur Deckung kommen und aus der sowohl normativ als auch prognostisch formulierten klassenlosen Gesellschaft die Realität faktisch vollzogener P. wird. Das Mißlingen der Identität von T. u. P. im realen Sozialismus und ihre Diskreditierung als ideologische Formel stärken

undogmatische dialektische Theorieverständnisse, die – wie in der → Kritischen Theorie – Einheit nicht mit Identität verwechseln, auf der wechselseitigen Bezogenheit und Eigenständigkeit von T. u. P. beharren und normative bzw. utopische Überschüsse der T. über die P. nicht negieren.

4. Methodische Theorienpragmatik. In methodischer Hinsicht ist die Theorie-Praxis-Frage ein Spezialfall des Theorie-Empirie-Problems. Dabei ergibt sich die sozialwiss. Besonderheit, daß die methodische Arbeit der Konstruktion, Evaluierung und Revision von T. als soziale Tätigkeit zum empirischen Gegenstandsbereich der T. gehört. Die Einbettung der T. in eine soziale P. läßt sich unter drei Aspekten betrachten: (a) als → Verwertungszusammenhang der theoretischen Arbeit auf gesellschaftl. und polit. relevante Ziele hin; (b) als → Entstehungszusammenhang der Bildung von T. aus sozialen Bedingungen heraus; (c) als → Begründungszusammenhang, welcher die logische Struktur sowie die Geltung von Theorien betrifft. In das Grundmuster dieser drei Aspekte können unterschiedliche Modelle einer Theorienpragmatik – d. h. des Zusammenhangs von T. und menschlichem Handeln – eingetragen werden. Auf den Verwertungs- und Entstehungszusammenhang bezieht sich eine Reihe von ideologiekritischen Ansätzen, welche Formen von T. auf deren zumeist unreflektierte Herkunft und Zweckgebundenheit aus einer praktischen Basis untersuchen. T. ist dann der Reflex dieser (psychischen, sozialen, polit.) Basis und → Ideologiekritik eine selbstreflexive T. unter praktischen Prämissen. Ein methodischer Zusammenhang zwischen dem Verwertungs- und Entstehungsaspekt einerseits und dem Begründungsaspekt andererseits wurde in den operativen Wissenschaftstheorien von *P. W. Bridgman* und *H. Dingler* rekonstruiert, wo – mit primärem Blick auf die Naturwiss. – die Basierung theoretischer Konzepte auf der Vornahme von technischen Handlungen (insbes. von experimentellen Meßoperationen) herausgearbeitet wurde. Dieser Zusammenhang ist heute Gegenstand von unterschiedlichen Forschungsprogrammen im Feld einer pragmatischen Wissenschaftstheorie (*Rapoport, Stachowiak, Rescher,* die Deutschen Konstruktivisten), die auch die Sozial- und Kulturwiss. mit einbeziehen und sich in der gemeinsamen Einsicht in die methodische Bedeutsamkeit der praktischen Voraussetzungen von T. mit einer Phänomenologie der wiss.-technischen Lebenswelt treffen. Im Rahmen eines vorwiss. Theorieverständnisses ist an die wohl erste Theorienpragmatik zu erinnern: die aristotelische *phronesis* als Konzept einer spezifisch praktischen Rationalität, die aus dem Gang der P. ein vorwiss. Erfahrungswissen von hoher praktischer Relevanz gewinnt. Die aristotelische Gedankenlinie findet sich wieder in Theorien praktischer Klugheit und in der Tradition des *Common sense*-Denkens. In diesem Kontext wurzelt auch das ganz alltäglich verstandene Theorie-Praxis-Problem: Wer so handelt, wie er empfindet, denkt und sich darstellt, der wird als glaubwürdiger und authentischer beurteilt als jemand, bei dem beides auseinanderfällt oder sich gar widerspricht.

→ Dialektik; Konstruktivismus; Phänomenologie/Phänomenologische Methode.

Lit.: *Apel, K.-O.* [2]1981: Transformation der Philosophie, Bd. 2: Das Apriori der Kommunikationsgemeinschaft, Ffm. *Arendt, H.* 1960: Vita activa oder Vom tätigen Leben, Mchn. *Ball, T.* (Hrsg.) 1977: Political Theory and Praxis, Minneapolis. *Bien, G.* 1968/69: Das Theorie-Praxis-Problem und die politische Philosophie bei Platon und Aristoteles, in: Philosophisches Jahrbuch 76, 264–314. *Böhler, D.* 1971: Metakritik der Marxschen Ideologiekritik, Ffm. *Habermas, J.* [4]1971: Theorie und Praxis, Ffm. *Hennis, W.* 1963: Politik und praktische Philosophie, Neuwied/Bln. *Horkheimer, M.* 1988: Traditionelle und kritische Theorie, in: Gesammelte Schriften, Bd. 4: Schriften 1936–1941, Ffm., 12–56 (zuerst 1937). *Lobkowicz, N.* 1967: Theory and Practice: History of a Concept from Aristotle to Marx, Notre Dame/L. *Lobkowicz, N.* 1972: Theorie und Praxis, in: *Kernig, C. D.* (Hrsg.): Sowjetsystem und demokratische Gesellschaft, Bd. 6, Sp. 411–450. *Lorenzen, P.* 1987: Lehrbuch der konstruktiven Wissenschaftstheorie, Mhm./Wien/Zürich. *Maier, H./Ritter, K./Matz, U.* (Hrsg.) 1971: Politik und Wissenschaft, Mchn. *Rapoport, A.* 1953: Philosophie heute und morgen. Einführung ins operationale Denken, Darmst. *Rescher, N.* 1977: Methodological Pragmatism, Ox. *Stachowiak, H.* (Hrsg.) 1986ff.: Pragmatik, Hamb. (insbes. Bd. II: Der Aufstieg pragmatischen Denkens im 19. und 20. Jahrhundert, und Bd. III: Allgemeine philosophische Pragmatik). *Vollrath, E.* 1987: Grundlegung einer philosophischen Theorie des Politischen, Würzburg.

Ulrich Weiß

Thurstone-Methode → Skalierung

Toleranz (von lat.: *tolerantia* = geduldiges Aushalten), das Geltenlassen abweichender, fremder und andersartiger Meinungen, Ideen, Einstellungen, Wertvorstellungen, religiösen Überzeugungen und Gewohnheiten.

Obwohl der Begriff von außerordentlicher ideengeschichtl. und historisch-polit. Bedeutung für die Entwicklung der liberalen Demokratie ist, entschwand er fast gänzlich aus dem Vokabular der → Politikwissenschaft. Er ging auf in dem Begriff des → Pluralismus, dessen unverzichtbare Voraussetzung er bildet. Erst im Zuge gesellschaftl. Entwicklungen, die Nationalstaaten zu multiethnischen Gebilden verwandeln, und durch die wiss. und polit. Reflexion dieses Wandels in der Debatte über den → Multikulturalismus, ist T. wieder zu einem *topos* geworden. Der Grund dafür liegt in der Infragestellung der T. als grundlegendem Wert im → Neo-Pluralismus, in den Gefahren, die darin für den Pluralismus gesehen werden, und in Überlegungen, daß T. angesichts dieser Gefahren ihre Grenzen hat.
T. respektiert fremde Werte, ist aber kein relativistisches Prinzip. Wer T. übt, kann eigene Prinzipien und Überzeugungen haben, die er bevorzugt gegenüber den Prinzipien und Überzeugungen anderer, denen gegenüber er tolerant ist, auch wenn er sie für falsch hält. T. ist jedoch nicht unendlich. Sie erlaubt den «zivilisierten» Streit der Überzeugungen, in dem eine Partei ohne Preisgabe des eigenen Geltungsanspruchs die anderen Parteien als Mitstreiter um authentische Wahrheiten anerkennen kann. In multikulturellen Gesellschaften kann die rechtsstaatl. Verfassung nur Lebensformen tolerieren, die sich im Medium solcher nicht-fundamentalistischer Überlieferungen artikulieren (*Habermas* 1997: 177). *G. Sartori* (2001) hat drei Momente genannt, wie die Grenzen der T. zu bestimmen sind: (1) Es müssen Gründe dafür genannt werden können, was nicht toleriert wird, d. h. die T. verbietet den Dogmatismus; (2) die Verhaltensweisen dürfen dem nicht schaden, von dem T. erwartet wird; (3) da T. ein Prinzip und eine Haltung auf Gegenseitigkeit ist, darf derjenige, der T. gegenüber dem anderen übt, T. von dem anderen erwarten.

Lit.: *Edwards, D./Mendus, S.* (Hrsg.) 1987: On Toleration, Ox. *Habermas, J.* 1997: Anerkennungskämpfe im demokratischen Rechtsstaat, Ffm. *Horton, J./Mendus, S.* (Hrsg.) 1985: Aspects of Toleration, L. *King, P.* 1999: Toleration, Newsbury Park/Essex. *Mendus, S.* (Hrsg.) 1988: Justifying Toleration, Camb. *Popper, K. R.* [7]1992: Die offene Gesellschaft und ihre Feinde, Stg. *Walzer, M.* 1998: Über Toleranz. Von der Zivilisierung der Differenz, Hamb. → Neo-Pluralismus.

Dieter Nohlen

Top down-Ansatz, bezeichnet eine systemlogische Perspektive von oben nach unten, d. h. einen Blick auf polit. Zusammenhänge aus einer hervorgehobenen bzw. übergeordneten (Macht-) Position oder einer Position distanzierter (z. B. wiss.) Beobachtung.

Wissenschaftslogisch ist diese Perspektive regelmäßig mit deduktiven Verfahren verbunden; handlungslogisch zielt sie auf die gouvernementale Ebene und verweist i. d. R. auf die Effizienz polit. Handelns; ideologisch betont sie das Allgemeine und beruft sich üblicherweise auf das → Gemeinwohl.

→ Bottom up-Ansatz; Deduktion/Deduktive Methode.

Klaus Schubert

Topik, methodisch gesehen eine systematisierte Theorie der Fundstellen *(topoi)* für überzeugende Argumente und Beweisstücke zu einem vorgegebenen konkreten Einzelproblem. In den logischen Schriften des *Aristoteles* zuerst formuliert und in der Inventionslehre der klassischen Rhetorik weiterentwickelt.

Im Ggs. zur deduktiven Logik des analytischen Beweisverfahrens, deren Anwendungsgebiet vorwiegend in den theoretischen Wiss. gesehen wird, ist die topische Logik in der klassischen Tradition den handlungsorientierten praktischen Wiss. und damit insbes. der Politikwiss. zugeordnet. Als inventorische Kunstlehre soll sie die Möglichkeit schaffen, aus plausiblen und daher konsensfähigen Prämissen, den sog. «Gemeinplätzen» *(koinoi topoi, commonplaces)*, einleuchtende und überzeugende, wenn auch nicht im strengen Sinne bewiesene Schlußfolgerungen auf kontingente Einzelsachverhalte zu ziehen. Als formallogische Kategorie werden ihr seit dem 19. Jh. (*Mill* 1843) die → Induktion als Schluß vom Besonderen auf das Allgemeine und später die Abduktion (*Peirce* 1931/35) als hypothetischer Schluß aus wahrscheinlichen Prämissen zugeordnet, der nachträglich durch induktive Erhärtung und deduktive Überprüfung verifiziert werden soll. Innerhalb der Politikwiss. als praktischer Wiss. von kontingenten Einzelprozessen stellt T. einerseits eine → Methode bereit, begründete Schlüsse ohne Anspruch auf letzte Gewißheit zu ziehen, andererseits stellt sie als Logik der praktischen, d. h. handlungsorientierten Wiss. (*Hennis* 1977, *Kuhn* 1965, *Oberndörfer* 1962) die Technik dar, unter mehreren möglichen und teilweise richtigen Lösungsvorschlägen den am besten begründeten herauszufinden. Für die → Normativen Theorien der Politik bietet sie einen Weg, die allg. Aussagen der Axiomatik in konkrete Handlungsanweisungen für den Einzelfall umzusetzen. Letztlich appelliert T. somit nicht an die Wahrheit der → Theorie, sondern an die Wahrscheinlichkeit der Alltagsvernunft.

Lit.: *Hennis, W.* ²1977: Politik und Praktische Philosophie, Stg. *Kuhn, H.* 1965: Aristoteles und die Methode der Politischen Wissenschaft, in: ZfP, N. F. 12, 101–120. *Mill, J. St.* 1843: A System of Logic, L. *Oberndörfer, D.* (Hrsg.) 1962: Wissenschaftliche Politik, Freib. *Peirce, C. S.* 1931/1935: Collected Papers, Camb./Mass. *Sebeok, T. A./Umiker- Sebeok, J.* 1980: You Know My Method, Bloomington (dt. Ffm. 1982). *Weber-Schäfer, P.* 1999: Rhetorik und Topik in der Politik, in: Politisches Denken, Jahrbuch 1999, 11–23.

Peter Weber-Schäfer

Totalität, ein Grundpostulat dialektischen Wissenschaftsverständnisses; es fordert, stets den historischen und gesellschaftl. Gesamtzusammenhang des Erkenntnisobjekts und des Wissenschaftlers kritisch zu berücksichtigen.

Die Forderung entspringt dem spezifischen → Erkenntnisinteresse der dialektischen Theorie, die eine praktische Orientierung im sozialen und polit. Handeln erstrebt und die Bedingungen des «guten» und «richtigen», «wahren» und «vernünftigen» Zusammenlebens untersucht.

1. Schon *Platon* hat in seinen Frühdialogen den Nachweis erstrebt, daß sich ein gutes und gerechtes Leben, Voraussetzung der Glückseligkeit, nur führen läßt, wenn man allg. Interessen realisiert und sich um Tugendhaftigkeit oder Tüchtigkeit bemüht. Tugend oder Tüchtigkeit *(areté)* sei aber nur als Einheit aller ihrer einzelnen Momente möglich, als Ganzes aus Tapferkeit, Besonnenheit *(sophrosyne)*, Gerechtigkeit und Frömmigkeit. Keine dieser Formen könne für sich, ohne alle andern sein, die sich zu einem organischen Ganzen komplettieren, das entw. als T. aller Momente oder gar nicht existiere.

2. In der Neuzeit erneuerte *Hegel* den Anspruch des dialektischen Denkens auf Totalitätserkenntnis. Diese Erneuerung hatte erkenntnistheoretische und praktische Gründe. In seiner theoretischen Philosophie trat *Hegel* der empiristischen *(Locke, Hume)* und der transzendentalen *(Kant)* Erkenntnistheorie entgegen, die das Denken auf die Erfahrungswelt verpflichtet hatte. Um dem

epistemologischen Skeptizismus zu entrinnen, begriff *Hegel* das menschliche Erkennen als Form oder Moment der Selbsterkenntnis des Geistes, d. h. letztlich Gottes, der darin seine Schöpfung in sich reflektiert. Weil diese Schöpfung einen wohlgeordneten Kosmos bilde, verlange diese Selbstanschauung Gottes, daß jedes einzelne Moment in seiner Stellung innerhalb des Ganzen begriffen wird. In seiner praktischen Philosophie suchte *Hegel* nach Wegen aus der «Zerrissenheit» des menschlichen Lebens. Geleitet vom antiken Menschenbild, wonach der einzelne seinen Zweck, sein *telos,* d. h. seine Selbstverwirklichung, nur im Verbund mit seinesgleichen und als Glied eines Volkes erreichen kann, wollte er dem neuzeitlichen Besitzindividualismus und Egoismus entrinnen, der sich im gesellschaftl. Leben in einem sinnlos erscheinenden «Wimmeln von Willkür» (Rechtsphilosophie, § 189, Zusatz) niederschlug. Zu diesem Zweck trat er dem Individualismus der Aufklärungsphilosophie entgegen und begriff die Einzelindividuen zwar einerseits als für sich vollständige Totalitäten, zugleich jedoch als untergeordnete Momente höherstufiger Kollektivsubjekte (Familien, Stände, Staaten usw.), die eine höhere Form der → Rationalität realisieren. Der einzelne gewinnt sein Selbstgefühl, erfährt seine eigene Bedeutung und seinen Lebenssinn erst durch seine Partizipation am und seine Stellung im sozialen Ganzen.

3. In kritischer Abstoßung vom → Idealismus und latenten → Konservatismus *Hegels* entwickelte *Marx* auf der Grundlage seines → Materialismus eine neue Konzeption der Dialektik, die eine theoretische Reproduktion der T. der sozialhistorischen Erscheinungsformen ermöglichen sollte. Ausgehend von der Erfahrung einer fortschreitenden Subsumtion immer weiterer Bereiche des gesellschaftl. Lebens unter die spezifische Form der kapitalistischen Warenproduktion, begriff *Marx* die kapitalistische Produktionsweise als einen umfassenden Verdinglichungszusammenhang, in dem sich «der stumme Zwang der ökon. Verhältnisse» (MEW 23: 765) zur Durchsetzung bringt.

4. Im Anschluß an die *Marx*sche Theorie befaßte sich die an *Hegel* orientierte marxistische Tradition *(Lukács, Korsch, Horkheimer, Adorno)* mit dem Problem einer Totalitätserkenntnis. In Fortführung der → Kritischen Theorie der Frankfurter Schule setzte sich insbes. *Habermas* mit dem empirisch-analytisch orientierten Wissenschaftsverständnis (→ Kritischer Rationalismus) und der Systemtheorie auseinander. Konsequenz der positivistisch beschränkten Sozialwiss., die den gesamten Bereich normativer Fragen aus der Wiss. verbanne und sich darauf beschränke, → nomologisches Wissen aufzustapeln, ist für ihn eine technokratisch orientierte Sachzwang-Ideologie oder eine dezisionistische Machtstaatstheorie, die den Prozeß der Verselbständigung der Administration gegenüber der öff. Willensbildung legitimiert. Praktisches Interesse der kritischen Theorie von *Habermas* ist es, den Gesamtbereich lebenspraktisch relevanter Entscheidungen zurückzuholen in den öff. und diskursiven Willensbildungsprozeß mündiger Bürger. Aufgabe der Theorie hierbei sei es, praktische Orientierung zu vermitteln. Weil sie sich leiten lasse von einem emanzipatorischen Erkenntnisinteresse (*Habermas* 1965), könne sich die kritische Sozialwiss. nicht darauf beschränken, «technische Empfehlungen» hinsichtlich vorgegebener Zielsetzungen zu geben. Vielmehr müsse sie diese Zielsetzungen selbst reflektieren und somit die Gesamtheit aller konstitutiven Faktoren thematisieren. Sowohl der erkenntnistheoretische Standort wie die praktischen Interessen begründen daher nach dialektischer Wissenschaftsauffassung die Notwendigkeit, den Gesamtzusammenhang der historischen und gesellschaftl. Bedingungen zu berücksichtigen.

→ Metatheorien; Politikbegriffe; Politische Philosophie/Politische Ideengeschichte.

Lit.: *Adorno, T. W. u.* a. 1969: Der Positivismusstreit in der deutschen Soziologie, Darmst./Neuwied. *Habermas, J.* 1963 a: Analytische Wissenschaftstheorie und Dialektik, in: *Adorno, T. W.* u. a. 1969, 155–192. *Habermas, J.* 1963 b: Dogmatismus, Vernunft und Entscheidung, in: *ders.*: Theorie und Praxis, Ffm. (Neuausgabe 1971), 307–335. *Habermas, J.* [9]1978: Erkenntnis und Interesse, in: *ders.*: Technik und Wissenschaft als ‹Ideologie›, Ffm., 146–168 (zuerst 1965). *Horkheimer, M.* 1977: Traditionelle und kritische Theorie, in: *ders.:* Kritische Theorie, Studienausgabe, Ffm., 521–584 (zuerst 1937). *Korsch, K.* 1966: Marxismus und Philosophie, Ffm./Wien. *Lukács, G.* 1970: Geschichte und Klassenbewußtsein, Darmst./Neuwied (zuerst 1923).

Klaus Roth

Transaktionskosten, Begriff der Wirtschaftswiss., der die Kosten des Übergangs von Gütern und Forderungen (einer Transaktion) von einem Wirtschaftssubjekt zu einem anderen bei Markttransaktionen bezeichnet (→ Tausch).

Zu den T. zählen die entstehenden Kosten der Vertragsvorbereitung, des Vertragsabschlusses, der Durchsetzung von Vertragsansprüchen, Transport-, Zahlungs- und Wartezeitkosten. Sie werden in der neueren → Gleichgewichtstheorie, der Geldtheorie und der Theorie der Eigentumsrechte i. d. R. berücksichtigt (→ *Coase*-Theorem). Politikwiss. interessant sind T., weil sie einen Beitrag zur Erklärung der Entstehung und Entwicklung von → Institutionen leisten können. Die Rechts- und Eigentumsordnung kann grundsätzlich als Instrument zur Verringerung von T. aufgefaßt werden – eine Funktion, die von konkreten Ausgestaltungen dieser Ordnung mehr oder weniger gut erfüllt wird.

→ Eigentum; Neue Politische Ökonomie; Ökonomische Theorien der Politik.

Lit.: *Coase, R.* 1960: The Problem of Social Cost, in: Journal of Law and Economics 3, 1–44. *Coase, R.* [6]1995: The Firm, the Market and the Law, Chic. ([1]1988). *Williamson, O. E.* 1990: Die ökonomischen Institutionen des Kapitalismus, Tüb. (engl. 1985).

Katharina Holzinger

Transitionsforschung, Zweig der → Vergleichenden Regierungslehre (Systemforschung), der sich mit dem → Systemwechsel von → Autoritären Regimen zu → Demokratien beschäftigt.

Der Forschungszweig ist mit der «dritten Welle der Demokratisierung» (*S. P. Huntington*), die 1974 mit der «Nelkenrevolution» in Portugal einsetzte und Anfang der 1990er Jahre auslief, rasch aufgeblüht. Der Terminus T. blieb freilich für die Forschungen zur → Demokratisierung nicht exklusiv. Transition konkurriert u. a. mit den i. d. R. synonym verwendeten Konzepten Systemwechsel, Regimewechsel, Transformation. Versuche, diese Konzepte sinnvoll systematisch gegeneinander abzugrenzen, scheiterten nicht nur an der pluralen Sprachpraxis der «Transitologen», sondern auch an der Vielfalt der Perspektiven, unter denen der Prozeß beobachtet wurde. Im Kern blieb T. auf den Wandel oder Wechsel des → Politischen Systems konzentriert, d. h. auf dessen Demokratisierung. Dabei wurde den polit. Akteuren größte Aufmerksamkeit zuteil. Transitionstheorien thematisieren (1) das Ablauf- bzw. Phasenmuster des Transitionsprozesse, (2) die daran maßgeblich beteiligten polit. Akteure und deren Strategien, (3) das Muster der Konfliktlösung, das die polit. Öffnung ermöglichte bzw. die Dynamik der Demokratisierung auslöste, (4) die sich aus dem Transitionstyp für die weitere Demokratieentwicklung sich ergebenden (erschwerenden) Bedingungen. Die Konzentration auf den polit. institutionellen Bereich und die polit. Akteure schloß nicht aus, daß strukturelle Faktoren und die Transformationen in den Bereichen von Wirtschaft und Gesellschaft mit berücksichtigt und v. a. mit Blick auf Sequenzverhältnisse Zusammenhänge zwischen einzelnen Teilsystemen beobachtet wurden. Sie traten indes in der auf die T. folgenden Konsolidierungsforschung stärker in den Mittelpunkt, wodurch wieder an frühere Forschungslinien angeknüpft werden konnte, in welchen die Demokratieentwicklung primär von strukturellen Faktoren abhängig gesehen wurde. Siehe → Systemwechsel

Lit.: *Hopfmann, H./Wolf, M.* 2001: Transformationstheorie: Stand, Defizite, Perspektiven, Münster. → Systemwechsel.

Dieter Nohlen

Transnationale Konzerne, multinat. Unternehmen, die Transaktionen von globalem Ausmaß abwickeln. Zumeist synonym gebraucht mit multinat. oder internat. Konzernen, betont der Terminus der t. K. (*transnational corporations* im UN-Sprachgebrauch) den nicht-territorialen Charakter weltweit agierender Unternehmen.

Dem Konzept der → Transnationalen Politik zufolge stellen t. K. von allen transnat. Organisationen die größte Herausforderung sowohl für die nationalstaatl. → Souveränität als auch für → Internationale Organisationen dar. Im Zuge der wachsenden Vernetzung globaler Strukturen haben sich Organisationen mit sozialen (*nonprofit organizations*) und wirtschaftl. → Interessen stärker durchgesetzt als solche mit polit. Zielsetzungen. Mit ihrem unaufhaltsamen Aufstieg sind t. K. dabei zum Zugpferd für andere transnat. Akteure geworden, die ihrem Beispiel folgten: → Gewerkschaften, Banken oder auch PR-Firmen. T. K. verfolgen weltweit eine von den jeweiligen Staaten unabhängige Unternehmensstrategie. Ihr Erfolg erklärt sich aus einem Bündel von Ursachen. Die Verlagerung der Produktion ins Ausland wird den t. K. oftmals durch Investitionsanreize der Gastländer erleichtert. Gleichzeitig verleiht die Finanzkraft der zentralistisch organisierten Unternehmen ihnen eine entspr. *bargaining power*, die nat. Regierungen zu spüren bekommen. Der quasi-souveräne Charakter von t. K. hat zum Versuch internat. Reglementierung geführt (Kontrolle über ausländische Investitionen bzw. Ausfuhr von Technologie), der wettbewerbsrechtlich umstritten ist.

→ Globalisierung; Internationale Beziehungen/Internationale Politik.

Lit.: *Archer, C.* [2]1995: International Organizations, L. (zuerst 1983). *Bennett, A. L.* [6]1995: International Organizations: Principles and Issues, Englewood Cliffs (zuerst 1977). *Holsti, K. J.* [7]1995: International Politics: A Framework for Analysis, Englewood Cliffs (zuerst 1967). *Huntington, S. P.* 1973: Transnational Organizations in World Politics, in: WP 25, 3, 333–368.

Ulrike Rausch

Transnationale Organisationen, nichtstaatl. Organisationen, die über eine Mehrzahl von Ländern verteilt materielle oder immaterielle Güter produzieren und Verteilungs- bzw. Dienstleistungen erbringen. Als Minimalkriterium einer t. O. gilt zumeist, daß in ihr mindestens drei verschiedene Länder vertreten sein müssen und mindestens einer der Vertreter kein Beauftragter der Regierung sein darf.

T. O. werden danach unterschieden, ob ihre Tätigkeiten darauf ausgerichtet sind, materielle Gewinne zu erzielen oder aber eher gemeinnützig bzw. nicht profitorientiert zu wirken. Zur ersten Gruppe gehören die sog. → Transnationalen Konzerne und → Multinationalen Konzerne. Beispiele für die zweite Gruppe sind die Katholische Kirche oder internat. operierende → Nicht-Regierungsorganisationen wie *Greenpeace* oder *Amnesty International*. Gerade im Zusammenhang mit der sich verstärkenden → Globalisierung werden t. O. als relevante Akteure in den → Internationalen Beziehungen betrachtet, die über Prozesse → Transnationaler Politik an Gewicht gewinnen können.

→ Transnationale Konzerne.

Lit.: → Internationale Organisationen; Transnationale Konzerne; Transnationale Politik.

Marianne Beisheim

Transnationale Politik, in den → Internationalen Beziehungen die grenzüberschreitende Politik vornehmlich nichtstaatl. Akteure.

Der Terminus der t. P. wurde zu Beginn der 1970er Jahre maßgeblich von *Kaiser* und *Nye/Keohane* geprägt. Ansatzpunkt war die Kluft zwischen den Realitäten internat. Politik und den Erklärungsmodellen der Lehre von den internat. Beziehungen. Vor dem

Hintergrund der Lokalisierung von → Außenpolitik bzw. der Internationalisierung von → Innenpolitik (*intermestic politics*) mußte das Nationalstaats-Paradigma revidiert werden.

1. *K. Kaiser* unterstrich die Existenz der transnat. Gesellschaft als Vorbedingung für t. Politik. Die transnat. Gesellschaft entsteht durch Interaktion zwischen mehreren Gesellschaften in bestimmten Sachbereichen. Diese Interaktion ist rein funktionell und in ihrem Spannungsverhältnis zur nationalstaatl. → Souveränität zu sehen. T. P. wird vor diesem Hintergrund definiert als «jene polit. Prozesse zwischen nationalstaatl. Regierungen und/oder zwischen transnat. Gesellschaft und Regierung(en), deren Anstoß von Interaktionen in der transnat. Gesellschaft gegeben wurde» (*Kaiser* 1969: 95). I. S. gesellschaftl. Interaktion hatte es t. P., so *Kaiser*, schon früher gegeben, doch waren die horizontale (Transport- und Nachrichtenwesen) und vertikale Kommunikation (Durchdringung der Gesellschaft durch die Politik) im 20. Jh. bes. förderlich.

2. *J. S. Nye* und *R. O. Keohane* definierten t. P. hingegen enger als «contacts, coalitions, and interactions across state boundaries that are not controlled by the central foreign policy organs of governments» (*Nye/Keohane* 1971: 331). Dieser Ansatz unterscheidet t. P. als grenzüberschreitendes Engagement nicht-staatl. → Akteure (Katholische Kirche, revolutionäre Bewegungen) von internat. Politik als zwischenstaatl. Politik im Rahmen von → Internationalen Organisationen (NATO, EU). *Nye* und *Keohane* konzentrierten sich v. a. auf die Aktivitäten transnat. Organisationen (→ Transnationale Konzerne, internat. → Gewerkschaften) und auf *transgovernmental relations*, die grenzüberschreitende Zusammenarbeit zwischen gouvernementalen Akteuren unterhalb der nationalstaatl. Ebene (Ministerien).

3. Beiden Ansätzen gemein war die Untersuchung der Reaktion des → Nationalstaats auf t. P. und das Phänomen der → Interdependenz. Während *Kaiser* drei Typen nationalstaatl. Reaktion unterschied: nat. Reaktion, Abkapselung und mulitlaterale Regularisierung, insistierten *Nye* und *Keohane* darauf, daß allenfalls die dritte Variante wirklich eine Option für den modernen → Staat darstellen könne. Gleichzeitig unterstrichen sie, daß Nationalstaaten beim Versuch, im Rahmen von t. P. eine aktive Rolle zu spielen, nur um so stärker in transnat. Interaktionen involviert würden.

4. Das Verdienst des Konzepts der t. P. besteht v. a. darin, den Kontrollverlust nationalstaatl. Politik und seine Ursachen in einem konsistenten Modell nachgewiesen zu haben. Gleichzeitig liegt ein grundlegender Mangel des Theorems darin, das internat. Engagement gliedstaatl. Regierungen (im Ggs. zu transgouvernementalen Interaktionen) nicht einzubeziehen.

→ Grenze(n); Territorialität.

Lit.: *Bühl, W. L.* 1978: Transnationale Politik: Internationale Beziehungen zwischen Hegemonie und Interdependenz, Stg. *Duchacek, I. D.* u. a. (Hrsg.) 1988: Perforated Sovereignties and International Relations, NY. *Kaiser, K.* 1969: Transnationale Politik, in: *Czempiel, E.-O.* (Hrsg.): Die anachronistische Souveränität, Opl., 80–109. *Keohane, R. O./Nye, J. S. Jr.* (Hrsg.) 1971: Transnational Relations and World Politics: Introduction; Conclusion, in: IO 25 (3), 329–349; 721–748. *Rausch, U.* 2000: Grenzüberschreitende Kooperationen, Opl. *Risse-Kappen, T.* (Hrsg.) 1999: Bringing Transnational Relations Back In, Camb. *Rudolph, S. H.* (Hrsg.) 1997: Transnational Religion and Fading States, Boulder/Col.

Ulrike Rausch

Tree analysis → Kontrastgruppenanalyse

Trial and error-Methode → Kritischer Rationalismus

Tribalismus, bezeichnet das Denken und Handeln in Stammeskategorien.

Insbes. auf Afrika bezogen war T. zunächst ein wiss. Konzept, von dem ausgehend die ges. soziopol. Realität (→ Parteien, Regierungsbildung, → Korruption, soziale und polit. → Konflikte) südlich der Sahara interpretiert wurde. Mit der Infragestellung des Stammesbegriffs aufgrund von Definitionsproblemen (Kriterien wie → Autonomie, Subsistenzwirtschaft, relative Egalität treffen seit der Kolonialzeit nicht mehr oder nur teilweise zu; auch bezieht sich der Begriff eher auf agrarische als städtische und auf kleine, überschaubare Gruppen; er schließt Veränderbarkeit aus usw.), verlor das T.-Konzept an Erklärungswert. Während der Begriff in Afrika auch in wiss. Diskussionen noch verwendet wird, ist die internat. Forschung seit den 1970er Jahren dazu übergegangen, Stamm durch den Begriff ethnische Gruppe bzw. T. durch den Begriff Ethnizität zu ersetzen (→ Ethnie).

Im polit. Diskurs wird der T.-Begriff zum einen in den westl. Massenmedien als einfache Erklärung für komplexe Zusammenhänge verwendet, wobei auf seit der Kolonialzeit bestehende Vorurteile gebaut wird (Stamm = Primitivität). Zum anderen benutzen afrik. Regime den T.-Vorwurf als Machterhaltungsstrategie: Oppositionelle Kräfte werden ‹tribalisiert›, sobald sie eine ethnische Verankerung erkennen lassen, und der vermeintlichen Verfolgung des nat. Interesses durch die Herrschenden gegenübergestellt, die sich nur in den seltensten Fällen auf eine tatsächlich multi-ethnische oder nicht-ethnisch determinierte Koalition stützen können.

Lit.: *Ekeh, P. P.* 1990: Social Anthropology and Two Contrasting Uses of Tribalism in Africa, in: Comparative Studies in Society and History 32:4, 660–700; *Lentz, C.* 1994: ‹Tribalismus› und Ethnizität in Afrika: ein Forschungsüberblick, Bln.

Christof Hartmann

Trickle-down-Effekt, in der liberalen Wirtschaftstheorie die Annahme, daß die durch Kapitaltransfer (öff. Investitionen, priv. Direktinvestitionen) in Gebieten relativer (wirtschaftl.) Unterentwicklung ausgelösten Ergebnisse von Wachstumsprozessen «durchsickern».

Der Durchsickereffekt soll nicht nur die Erwerbsbev. in den modernen Sektoren und (Wachstumspol-)Regionen, sondern auch die traditionalen erfassen und nicht allein Wohlfahrtsgewinne für die oberen sozialen Schichten bewirken, sondern auch die Lebensverhältnisse der Masse der Bev. verbessern.

→ Wachstumstheorien.

Dieter Nohlen

Trichtern → Fragebogen

Tripartismus (von lat. *tripartitus* = dreigeteilt, dreifach), politikwiss. Bezeichnung für solche polit. Arrangements, in denen drei polit. Kräfte zusammenarbeiten, die ansonsten antagonistische, zumindest aber divergierende Interessen verfolgen.

Speziell werden mit T. neo-korporatistische Arrangements bezeichnet, in denen die drei zentralen polit.-ökon. Akteure (→ Staat, Arbeitgeberorganisationen und → Gewerkschaften) in ein konsensuales → Verhandlungssystem eingebunden sind. Leitgedanke ist dabei, die zentralen (v. a. wirtschafts-) polit. Entscheidungen auf einer rationalen Grundlage zu treffen – d.h. auf der Basis gemeinsam anerkannter, empirischer Daten und Gutachten untereinander auszuhandeln –, konsensual zu treffen und in den jeweils kontrollierten Politikbereichen umzusetzen. In diesem Sinne ist der T. ein zentrales Koordinations- und Steuerungsinstrument keynesianischer Wirtschaftspolitik, wie es beispielsweise in der BRD die «Konzertierte Aktion» darstellte oder, institutionell besser verankert, die «Paritätische Kommission für Lohn- und Preisfragen» in Österreich.

→ Keynesianismus; Korporatismus.

Lit.: *Chaloupek, G./Teufelsbauer, W.* 1987: Gesamtwirtschaftliche Planung in Westeuropa, Ffm. *Lehmbruch, G./Schmitter, P. C.* (Hrsg.) 1982: Patterns of Corporatist Policy Making, L. u. a. *Naphtali, F.* ²1966: Wirtschaftsdemokratie, Ffm. *Schmitter, P. C./Lehmbruch, G.* (Hrsg.) 1979: Trends toward Corporatist Intermediation, L. u. a.

Klaus Schubert

Trittbrettfahrer → Free rider

Two-step flow (*of communication*), These vom Zweistufenfluß der → Kommunikation, die auf der Annahme beruht, daß der Informationsfluß von den → Massenmedien zu dem einzelnen Rezipienten nicht direkt, sondern über die Vermittlung von sachkundigen und anerkannten Personen (→ *Opinion leader*) erfolgt.

Die Massenmedien lösen demnach keine Prozesse des individuellen Meinungs- und Einstellungswandels aus, sondern nehmen höchstens Verstärkerfunktionen wahr (→ Selektive Wahrnehmung). Die These vom *t.-s. f.*, die auf die ersten empirischen Untersuchungen zum → Wählerverhalten in den 1940er Jahren durch *Lazarsfeld* u. a. zurückgeht, ist allerdings seit längerer Zeit nicht mehr haltbar, da durch die Etablierung des Fernsehens als dominierende Informationsquelle und die Lockerung der sozialen und kulturellen → Milieus die direkte Wirkung der → Massenmedien auf die polit. Meinungsbildung des Wahlbürgers erheblich gewachsen ist. Neuere empirische Untersuchungen haben ergeben, daß das Meinungsklima, das durch die Medien vermittelt wird, polit. Einstellungen und Verhaltensweisen nicht nur verstärkt, sondern auch unmittelbar und ohne Vermittlung durch Meinungsführer verändert.

→ Öffentliche Meinung; Kommunikationstheorien der Politik; Massenmedien.

Lit.: *Schultze, R.-O.* [4]1992: Two-step flow (of Communication), in: *Nohlen, D./Schultze, R.-O.* (Hrsg.): Politikwissenschaft, Mchn./Zürich, 1039–1040. → Kommunikationstheorien der Politik.

Tanja Zinterer

Typologie, (von griech. *typos* = Gepräge, Schlag, und *logos* = Wiss., Lehre), eine auf der Grundlage von Typen (→ Typus) angelegte systematische Ordnung von Phänomenen.

Die Bildung von T. ist wissenschaftslogisch mit derjenigen von → Klassifikationen identisch, wobei in der Forschungspraxis Konstruktionen auf der Basis klassifikatorischer und komparativer Typusbegriffe ebenso vorzufinden sind wie die Verwendung von → Idealtypen. Im Unterschied zur Klassifikation ist für die T. die Typenbildung unter Beschränkung auf nur ein einziges Kriterium selten. Die Merkmale verhelfen auch zu keiner ähnlich scharfen Trennung wie der zwischen Klassen.

So wird etwa in der Typologie der Parteiensysteme von *G. Sartori* das grundlegende Kriterium der Zahl der Parteien abwechselnd durch weitere Unterscheidungsmerkmale ergänzt. Letztendlich steht nicht mehr die Bildung von Klassen, sondern die Herausarbeitung der Eigenschaften *(properties)* von Typen im Mittelpunkt (*Sartori* 1976: 125 ff.). Bei *K. von Beyme* (1984: 311 f.) wird deutlich, (a) wie sehr T. an den raschen Wandel der Phänomene anzupassen sind (s. Tab. 12), (b) daß Typen, um fruchtbar zu sein, realistisch zu sein haben und (c) daß die Unterscheidung zwischen verschiedenen Typen wiss. dann sinnvoll ist, wenn sie wiss. Probleme einer Lösung näher bringt.

Im idealtypischen Zugriff wird teilweise sogar auf die Stabilität des Kriteriums vollends verzichtet. Beispielsweise wird in der Typologie → Autoritärer Regime von *J. Linz* (1992: 62 ff.), die insgesamt sieben Typen kennt, im ersten Typ nach den sozialen Kräften gefragt, welche die Staatsgewalt hervorbringen, im zweiten nach der Art der Interessenrepräsentation und auf den Zwangscharakter des Konfliktschlichtungsmusters abgehoben. Im dritten Typ geht es um die Beteiligung und die Beteiligungsformen der Masse der Bev., im vierten um die Funktion des Regimetyps im Entwicklungsprozeß. Für den fünften Typ wird die Frage der rassischen Diskriminierung zum Kriterium, für den sechsten und siebten Typ schließlich die historische Verortung des Regimes in der Zeit, und zwar im Verhältnis zum → Totalitarismus (vortotalitär oder posttotalitär). Für hochaggregierte polit. Begriffe besteht i. d. R. eine Vielzahl von Dimensionen, für die auf der konkreten Phänomenebene unterschiedliche bzw. unterschiedlich starke Ausprägungen vorliegen. Deren klassifika-

Tabelle 13: Typologien von Parteiensystemen

Parteiensysteme nach *Sartori*	Parteiensysteme in westlichen Demokratien nach *von Beyme*
1. Einparteiensysteme	1. Gemäßigter Pluralismus
2. Hegemonialsysteme	a) mit alternierenden Flügelparteien möglichst ohne Koalition
3. Prädominanzsysteme	
4. Zweiparteiensysteme	b) mit alternierenden Flügelparteien und dauerhaftem Koalitionspartner
5. Begrenzter Pluralismus	
6. Extremer Pluralismus	c) mit Koalitionen der Mitte oder großen Koalitionen
7. Atomisierte Systeme	2. Polarisierter Fundamentalismus
	a) mit Fundamentalopposition, die die Mitte zerreibt
	b) Abschwächende zentrifugale Wirkungen der Fundamentalopposition
	3. System einer hegemonialen Partei im polarisierten Pluralismus

torische Erfassung nach dem Entweder-oder- bzw. nach dem Mehr-oder-weniger-Prinzip würde den Gegenstandsbereich im Vergleich zum idealtypischen Zugriff vollständiger in seiner Vielfalt widerspiegeln, freilich um den Preis aufwendiger quantifizierender Verfahren der Informationsverarbeitung. Mit dem typologisierenden Verfahren wird demnach auch versucht, vielfältige Realität auf ein analytisch sinnvolles, d. h. für theoretische Aussagen nützliches und hinreichendes Maß zu reduzieren. Einen mittleren Weg zeigt die Untersuchung von *A. Lijphart* (1984) zu den westl. Demokratien auf. *Lijphart* extrahiert aus den insgesamt neun Indikatoren, die er zur Erfassung der zuvor idealtypisch definierten Typen Konkordanzdemokratie und Konsensdemokratie anwendet, mit Hilfe von Techniken der Datenanalyse zwei grundlegende Demokratiestruktur-Faktoren: (1) den Mehrheits-Konsensus-Faktor und (2) den Föderalismus-Unitarismus-Faktor. Die Kreuzung beider Faktoren ergibt vier Grundtypen demokratischer Systeme: (1) föderalistische Konsensdemokratie, (2) föderalistische Mehrheitsdemokratie, (3) unitarische Konsensdemokratie und (4) unitarische Mehrheitsdemokratie.

Der theoretische Stellenwert von T. ist geringer, als ihre Gebräuchlichkeit in der Politikwiss. suggeriert. Sie dienen hauptsächlich der Beschreibung und Ordnung von Beobachtungen, nicht der Erklärung. Trotzdem werden sie oftmals als Theorien ausgegeben oder mißverstanden. *D. E. Apter/C. F. Andrain* (1972: 26) stellten fest: «The greater the reliance on typologies, the less theoretically sophisticated is the field of study.» Dagegen läßt sich einwenden, daß dort, wo wir Phänomene nicht erklären können, wir diese wenigstens zu klassifizieren versuchen, und T., wenn sie wiss. sinnvoll sein sollen, zumindest problem-adäquate Unterscheidungen vornehmen, die wiss. weiterführen können. Wie theoretisch ergiebig T. in der Politikwiss. sind, hängt somit entscheidend davon ab, in welcher Art und Weise sie konstruiert und wozu sie eingesetzt werden.

→ Definition; Geisteswissenschaften; Methode; Vergleichende Methode.

Lit.: → Typus.

Dieter Nohlen

Typus, eine Verallgemeinerung, in der Phänomene zu einer Art Gattung zusammengefaßt werden, die hinsichtlich bestimmter empirischer Merkmale, Strukturen oder Prozesse Ähnlichkeiten aufweisen bzw. in den hervorgehobenen, weil für relevant gehaltenen Merkmalen übereinstimmen. T. sind ggf. komplexe Ordnungsbegriffe, die ihrerseits zwecks genauerer Erfassung der empirischen Erscheinungen in Subtypen aufgegliedert werden.

T., mit deren Hilfe → Typologien konstruiert werden, spielen in der Politikwiss. eine bedeutende Rolle. Von seiten der Historiographie wird die Konstruktion und Verwendung von T. als Charakteristikum sozialwiss. Analyse herausgestellt (*Schieder* 1967; *Zittel* 1967). Ihr wissenschaftslogischer Status ist jedoch keineswegs unumstritten: «Ein T. [ist] nach neopositivistischer Auffassung eine logische Wahrheit, keine empirisch gehaltvolle Aussage, die empirisch überprüft werden kann. Die Neopositivisten [...] sehen ihre Aufgabe vornehmlich darin, die logische Struktur von Typusbegriffen zu klären [...] Im Lager der geisteswiss. Methodologen [... sind Typusbegriffe] ‹Realdefinitionen›, also empirisch gehaltvolle Aussagen, meistens sogar empirische Aussagen mit Wahrheitswert» (*Neuhauser* 1967: 119f.). Der Sozialwissenschaftler konstruiert aus seinen Beobachtungen der sozialen Wirklichkeit typische Arten des Verhaltens oder Handelns. Als Beispiel einer solchen Konstruktion mag der → *Homo oeconomicus* dienen, ein Mensch, dessen Handeln ausschließlich von ökon. Zweckmäßigkeitsgesichtspunkten geleitet ist, von Nutzenmaximierung und Mittelminimierung. Aber auch gesellschaftl. und historische Phänomene wie → Feudalismus, → Revolution, → Bürokratie werden typisiert. Stabile Verhaltens- oder Handlungsmuster in der Zeit sind kennzeichnend für Strukturtypen, etwa Familientypen (etwa die Kernfamilie) oder Gesellschaftstypen (etwa Feudalismus).

In typisierenden Verfahren werden unterschiedliche Typusbegriffe verwandt. *C. G. Hempel* (1965) hat drei Hauptarten unterschieden: klassifikatorische Typen, Extremtypen und Idealtypen.

1. Klassifikatorische T. ermöglichen die vollständige Einteilung von Objekten eines Gegenstandsbereichs bzw. von sozialen Phänomenen nach ihren Eigenschaften in zwei oder mehrere disjunkte Klassen (d. h. Klassen ohne gemeinsame Merkmale) (→ Klassifikation). Beispiele für klassifikatorische T. sind etwa Einteilungen der Menschen nach ihrer Nationalität oder der Parteiensysteme nach der Anzahl der Parteien (Einparteisysteme, Zweiparteiensysteme, Vielparteiensysteme). Alle Einzelfälle sind nach dem Prinzip des Entweder-Oder den verschiedenen T. zuzuordnen, die möglichst trennscharf (d. h. disjunkt) zu definieren sind. Die klassifikatorischen T. sind freilich nicht «typisch» für Verständnis und Funktion der T., sondern für Klassifikationen.

2. Komparative T. sind Ordnungsbegriffe, die statt bloßer Klassen die Bildung reihenartig geordneter Klassen ermöglichen. «Mit einem komparativen Begriff sprechen wir einem Gegenstand eine Eigenschaft nicht schlechthin zu oder ab, wie mit einem klassifikatorischen Begriff, sondern wir sprechen sie ihm in mehr oder minder großem Maße zu, und zwar dadurch, daß er bezüglich der Eigenschaft mit anderen Objekten verglichen wird» (*von Kutschera* 1972: 20). Die Begriffe werden so konstruiert, daß Abstufungen möglich sind und die untersuchten Objekte den gebildeten T. mehr oder weniger entsprechen (Beispiel aus der Parteiforschung: Mitgliederpartei, Wählerpartei).

Diese Art T. wird Differenztypus genannt: Er hebt die hypothetischen Eigenschaften eines Untersuchungsobjektes hervor, welche sich am meisten von anderen hypothetischen Eigenschaften des gleichen Untersuchungsobjekts unterscheiden. Der Extremtyp stellt die reinste Form des Differenztyps dar, er wird daher auch als reiner T. (nicht zu verwechseln mit Idealtyp) bezeichnet. Extremtypen implizieren eine bimodale Verteilung; «sie dienen als begriffliche Bezugspunkte oder ‹Pole›, zwischen denen alle in der Wirklichkeit vorkommenden Phänomene in einer Reihe eingeordnet werden können» (*Hempel* 1965: 87). Komparative Typusbegriffe gestatten ein quantitatives Vergleichen, sie ermöglichen es, feinere Unterscheidungen als klassifikatorische Begriffe sowie genauere Beschreibungen und Gesetzmäßigkeiten zu formulieren, zumal in Verbindung mit metrischen Begriffen (vgl. *von Kutschera* 1972: 20ff.).

Der Gegenbegriff zum Differenztypus, der Durchschnittstypus, spielt in typologischen Verfahren eine geringere Rolle. Beim Durchschnittstypus werden diejenigen Eigenschaften herausgestellt, die mit allen anderen Mitgliedern ders. Gattung am häufigsten geteilt werden (Beispiel: die durchschnittl. dt. Familie).

3. Bei der begrifflichen Bestimmung von Idealtypen knüpfte *Max Weber* an die Kontroversen des Neo-Idealismus und Neo-Kantianismus an, um ein den Geisteswiss. eigenes objektives methodologisches Verfahren zu entwickeln. Nach *Weber* muß die Soziologie «reine (Ideal-)Typen von Gebilden jener Art entwerfen, welche je in sich die konsequente Einheit möglichst vollständiger Sinnadäquanz zeigen, eben deshalb aber in dieser absolut idealen *reinen* Form vielleicht ebensowenig je in der Realität auftreten, wie eine physikalische Reaktion [...] Nur vom reinen (Ideal-)Typus her ist soziologische Kasuistik möglich» ([4]1973: 560). Für *Weber* soll der Idealtypus folgende Funktionen erfüllen: Er soll (1) einen Zusammenhang rein konstruieren, (2) ausdrücklich als Konstruktion angesehen werden, (3) keine Hypothese zur Überprüfung empirischer Sachverhalte sein, wohl aber *qua* Empirie zu neuen Hypothesen anregen, (4) die Wirklichkeit mit dem Idealtypus systematisch konfrontieren und (5) die erklärende mit der verstehenden Methode vermitteln. Der Idealtypus ist also eine durch Selektion entstandene begriffliche und sachliche Abstraktion von Merkmalen und Werten aus einem komplexen Sachverhalt, die ein Modell ergibt, mit dem analoge Fälle analysiert werden können. Für *Weber* ist der Idealtypus eine rationale Konstruktion, mit der «Abweichungen» des Verhaltens von Personen und Organisationen identifiziert werden können. Die eher deduktive Bildung von Idealtypen ist u. a. deswegen kritisiert worden, weil die Gründe für das selektive Vorgehen – welches der objektiven Analyse dienen sollte – einer intersubjektiven Überprüfung nicht immer zugänglich sind und auch die noch so detailgenaue Beschreibung des Einzelfalles vorgängig durch die Selektion beeinflußt wird.

4. Im Ggs. zum Idealtypus ist der Realtypus keine reine von der Empirie abgehobene begriffliche Konstruktion. Der Realtypus spiegelt die allg. Struktur von empirischen und theoretischen Sachverhalten wider. Mit diesem Muster lassen sich dann Einzelfälle in der Wirklichkeit analysieren.

Lit.: *Apter, D. E./Andrain, C. F.* (Hrsg.) 1972: Contemporary Analytical Theory, Englewood Cliffs. *Beyme, K. von* [2]1984: Parteien in westlichen Demokratien, Mchn. *Fijalkowski, J.* 1967: Methodologische Grundorientierung soziologischer Forschung, in: *Thiel, M.* (Hrsg.): Enzyklopädie der geisteswissenschaftlichen Arbeitsmethoden, 8. Lieferung: Methoden der Sozialwissenschaften, Mchn./Wien, 131–162. *Hempel, C. G.* [9]1976: Typologische Methoden in den Sozialwissenschaften, in: *Topitsch, E.* (Hrsg.): Logik der Sozialwissenschaften, Köln, 85–103. *Kempski, J. von* 1964: Zur Logik der Ordnungsbegriffe, besonders in den Sozialwissenschaften, in: *Albert, H.* (Hrsg.): Theorie und Realität, Tüb., 209–232. *Kutschera, F. von* 1972: Wissenschaftstheorie, 2 Bde., Mchn. *Lijphart, A.* 1984: Democracies, New Haven. *Linz, J. J.* [4]1992: Autoritäre Regime, in: *Nohlen, D./Schultze, R.-O.* (Hrsg.): Politikwissenschaft, Mchn., 62–65. *Neuhauser, G.* 1967: Grundfragen wirtschaftswissenschaftlicher Methodik, in: *Thiel, M.* (Hrsg.): Enzyklopädie der geisteswissenschaftlichen Arbeitsmethoden, 8. Lieferung: Methoden der Sozialwissenschaften, Mchn./Wien, 95–130, *Sartori, G.* 1976: Parties and Party Systems, Camb. *Sartori, G.* [2]1992: La política. Logica y método en las ciencias sociales, Mexiko. *Schieder, T.* 1967: Der Typus in der Geschichtswissenschaft, in: *Schmidt, R. H.* (Hrsg.): Methoden der Politologie, Darmst., 108–123. *Weber, M.* [4]1973: Gesammelte Aufsätze zur Wissenschaftslehre, Tüb. *Zittel, B.* 1967: Der Typus in der Geschichtswissenschaft, in: *Schmidt, R. H.* (Hrsg.): Methoden der Politologie, Darmst., 124–137.

Dieter Nohlen

Tyrannis (griech. für Willkür-, Schrekkensherrschaft), in der auf *Aristoteles* zurückgehenden Lehre von den → Staatsformen der griech. Antike die ungesetzliche Entartungs- bzw. Zerfallsform der Einpersonen-Herrschaft (im Ggs. zur → Monarchie).

Der Begriff wird i. w. S. zur Charakterisierung aller Formen unrechtmäßiger, gewalttätiger oder selbstsüchtiger Herrschaft zum Schaden der Allgemeinheit verwandt, unabhängig davon, ob es sich um die Alleinherrschaft eines Tyrannen oder um die unkontrollierte Machtausübung bzw. Willkürherrschaft einer Gruppe, Klasse, Minderheit oder auch Mehrheit handelt, wie u. a. in *de Tocquevilles* Warnung vor den Gefahren der «Tyrannei der Mehrheit», der in der → Demokratie entgegenzuwirken sei.

→ Despotie; Diktatur; Totalitarismus; Staatsform(en).

Lit.: *Mandt, H.* 1990: Tyrannis, Despotie, in: *Brunner, O.* u. a. (Hrsg.): Geschichtliche Grundbegriffe, Stg., Bd. 6, 651–706.

Rainer-Olaf Schultze

Überbau → Basis-Überbau

Überflußgesellschaft (von engl. *affluent society*), von *J. K. Galbraith* geprägter Begriff für eine moderne Industriegesellschaft, in der die wachsende Produktion privatwirtschaftl. erzeugter Güter als das wesentliche Kriterium sozialen Erfolgs gilt.

Der abnehmende → Grenznutzen der wachsenden Gütermenge führt dazu, daß das Interesse an der Gütervermehrung nicht mehr aus den → Bedürfnissen der Verbraucher entsteht. Soll die Produktion weiter steigen, müssen Bedürfnisse konstruiert werden (z. B. durch Werbung). Nach *Galbraith* gefährdet diese Art des wirtschaftl. Denkens und Handelns den Fortbestand, die Sicherheit und die Zufriedenheit der Gesellschaft. Nach *H. Marcuse* wird das bessere Leben gar mit einer umfassenden Kontrolle über das Leben bezahlt. Die Bedürfnisstruktur jedes einzelnen werde okkupiert und verfälscht, zu einem «grundsätzlichen Konsumzwang» umgemünzt. Gedanklich und praktisch erfährt die Ü. in den Konzepten der Konsum-, → Dienstleistungs- und → Erlebnisgesellschaft ihre Fortsetzung. In der Wissensökonomie des digitalen Zeitalters, nicht zuletzt in der *new economy*, scheint das o. g. Ertragsgesetz durch «steigende Skalenerträge» außer Kraft gesetzt zu sein und das Wachstum nur durch den Gesamtmarkt begrenzt zu werden.

Lit.: *Galbraith, J. K.* 1959: Gesellschaft im Überfluß, Mchn. u. a. (engl. 1958). *Marcuse, H.* 1970: Der eindimensionale Mensch. Studien zur Ideologie der fortgeschrittenen Industriegesellschaft, Neuwied. *Schulze, G.* [8]2000: Die Erlebnisgesellschaft, Ffm. (zuerst 1992).

Hermann Strasser

Übergangsgesellschaft, in der → Aufklärung entstandener Begriff, eng verbunden mit geschichtsphilosophischen Vorstellungen, die Geschichte als Fortschrittsprozeß mit einem angebbaren Endziel auffassen (→ Teleologie) und folglich die gegenwärtigen gesellschaftl. Zustände als Ü. betrachten.

Beispielhaft dafür ist das Denken in Dreistadiengesetzen (*R. J. Turgot* 1727–1781; *Saint-Simon* 1760–1825; *A. Comte* 1798–1857), im Marxismus die Übergangsperiode der → Diktatur des Proletariats, in Theorien wirtschaftl. Entwicklung die Übergangsphase vor der vollen wirtschaftl. Reife. «In jedem Denken, das die Kategorie Ü. anwendet, kommt ein deterministisches Element zum Vorschein. Gegenwart und Zukunft werden als ein Gesamtzusammenhang gesichtet, der einer übergreifenden Gesetzlichkeit gehorcht, die ihrerseits in die Wirklichkeit selbst hineinverlegt wird» (*Klages* 1992: 1043).

Lit.: *Klages, H.* [4]1992: Übergangsgesellschaft, in: *Nohlen, D./Schultze, R.-O.* (Hrsg.): Politikwissenschaft, Mchn., 1042–1043.

Dieter Nohlen

Überhangmandate, Mandate, die eine Partei im → Wahlsystem der → Personalisierten Verhältniswahl in den Einerwahlkreisen (nach Erststimmen) gewonnen hat und welche die Zahl der Mandate übersteigen, die derselben Partei in der Verrechnung nach → Proporz (nach Zweitstimmen) zustehen.

Nach dem Bundeswahlgesetz bleiben diese Mandate den sie begünstigenden Parteien ohne Mandatsausgleich erhalten. Auf Länderebene ist in den Fällen personalisierter Verhältniswahl ein Mandatsausgleich vorgesehen. Beide Verfahrensweisen sind legitim und unterliegen polit. Maßstäben. Folgerichtig hat das Bundesverfassungsgericht 1997 die Klage der durch die Ü. benachteiligten Opposition, als 1994 zwölf von 16 Ü. an die CDU fielen und diese erstmals für die Regierungsführung von Bedeutung wurden, zurückgewiesen.

Lit.: *Nohlen, D.* ³2000: Wahlrecht und Parteiensystem, Opl.

Dieter Nohlen

Umfrageforschung, derjenige Teilbereich der → Empirischen Sozialforschung, in dem Individuen zu beliebigen Themengebieten befragt werden. Meist werden unter U. standardisierte, auf → Stichproben beruhende mündliche (auch telefonische) → Befragungen verstanden.

Die U. wurde zunächst in den USA entwikkelt und angewandt; seit den 1970er Jahren ist sie der bei weitem verbreitetste Zweig der empirischen Sozialforschung. Insbes. zur Erhebung von → Wählerverhalten und polit. Meinungen und Einstellungen ist die U. unverzichtbar. Durch ihren verschwenderischen Einsatz in allen Bereichen und ihren häufigen Mißbrauch durch Manipulation der Ergebnisse oder laienhafte Datenerhebung ist die U. jedoch umstritten. Aufgrund der Methodenprobleme der (standardisierten) Befragung wird von Kritikern die → Validität von Umfrageergebnissen generell angezweifelt. Zudem wird v. a. der Einfluß der U. auf die → Öffentliche Meinung als problematisch angesehen, da dies die Ergebnisse von Wahlen beeinflussen (→ *Bandwagon effect*), aber auch die polit. Verantwortlichen in ihren Entscheidungen beeinträchtigen könne (*Noelle-Neumann* 1989). Verteidiger der U. verweisen auf ihre methodische Ausgereiftheit, die zumindest bei ernsthaft durchgeführten Studien Methodenfehler weitgehend ausschließe, und betonen zudem die Inklusionsleistung der U., da nur durch sie die Bev. moderner Flächenstaaten in den polit. Meinungsbildungsprozeß einbezogen werden könne, sowie ihre Unverzichtbarkeit als Informationsquelle über die Akzeptanz polit. Entscheidungen (*Cantril* 1991).

→ Befragung; Demoskopie; Methodenprobleme in der empirischen Sozialforschung, Wahlforschung.

Lit.: *Cantril, A. H.* 1991: The Opinion Connection, Washington. *Noelle-Neumann, E.* 1989: Öffentliche Meinung. Die Entwicklung der Schweigespirale, Ffm. → Demoskopie/Umfrageforschung.

Tanja Zinterer

Umsatzsteuer (Mehrwertsteuer; *Value Added Tax*), bei Gewerbebetrieben, selbständig beruflich Tätigen, priv. Unternehmen aller Wirtschaftsstufen sowie Betrieben gewerblicher Art von öff.-rechtlichen Körperschaften erhobene Steuer auf (a) Lieferungen und sonstige Leistungen, die ein Unternehmer im Rahmen seines Unternehmens gegen Entgelt im Inland ausführt, (b) den Eigenverbrauch des Unternehmers, (c) den Import von Gegenständen (Einfuhrumsatzsteuer).

Unterschieden werden kann nach Abgrenzung der Bemessungsgrundlage zwischen Brutto- und Nettosteuern; im ersten Fall wird der (Brutto-)Umsatz (Verkäufe von Waren und Dienstleistungen) oder Produktionswert belastet, letztere sind Abgaben an der Bruttowertschöpfung (d. h. Produktionswert minus Vorleistungen) bzw. Nettowertschöpfung (d. h. Löhne, Gehälter, Mieten, Zinsen, Pachten plus Betriebsgewinn). In D handelt es sich bei der U. um eine Mehrwertsteuer mit Vorsteuerabzug (Allphasennetto-Umsatzsteuer), die zugleich Verkehrssteuer (an jeden Umsatz anknüpfend) und → Verbrauchsteuer ist. Das mittels U. erzielte Steueraufkommen steht Bund und Ländern gemeinsam zu und wird gemäß eines zustimmungspflichtigen Bundesgesetzes aufgeteilt;

ab 1995 beträgt der Anteil des Bundes 56%, der der Länder 44%.

→ Finanzverfassung; Steuern; Steuerstruktur.
Lit.: → Steuern.

Susanne Schäfer-Walkmann

Umwelt (Umweltpolitik), mehrdeutig, alltagsweltlich wie wiss., zudem von Natur- wie Sozialwiss., verwendeter Begriff, der i. d. R. relational bestimmt wird. I. w. S. kann als U. alles verstanden werden, was außerhalb der Grenzen eines Systems bzw. einer Untersuchungseinheit liegt (in der → Ökologie etwa ein Organismus, eine Population, eine Biozönose, ein Ökosystem) und mit diesem(r) in einer näher zu bestimmenden Art und Weise in Beziehung steht, wobei allerdings die Übergänge zwischen System und U. fließend sind.

1. (1) Systemtheoretisch sind alle Strukturen und Prozesse, Verhaltenserwartungen, Handlungen und Entscheidungen sozialer Systeme, von ganz einfachen Interaktionen (z. B. in der Familie) bis zur Weltgesellschaft, stets in bezug auf ihre U. definiert, ist der Bestand eines (Sub-)Systems abhängig von seiner Fähigkeit sich an die U. anzupassen (ohne dabei seine Existenzgrundlage aufzugeben) oder diese zu verändern. Jedes System ist dabei zugleich auch U. anderer Systeme (→ Systemtheorie). Zu unterscheiden sind weiterhin: (2) U. i. S. von Umfeld, d. h. die Bedingungen, Strukturen, Akteure, die auf die Wahrnehmungen einer Person und/oder eines Sozialverbandes einwirken und deren Handlungsmöglichkeiten beeinflußen und begrenzen. (3) In der Lehre von *J. von Uexküll*, der den Begriff zu Beginn des 20 Jh. in die wiss. Biologie einführte, meint U. die Gesamtheit derjenigen Reize, die von einem Organismus artspezifisch wahrgenommen werden können («Merkwelt»). Nicht zuletzt wegen der Bindung an die individuellen Wahrnehmungen wurde *Uexkülls* Begriff vielfach als psychologisch bzw. subjektivistisch verkürzt kritisiert. (4) Die neuere → Ökologie definiert U. demgegenüber als Summe aller Faktoren, die direkt oder indirekt auf Organismen einwirken. Dabei wird zwischen (a) «natürlichen» und (b) anthropogenen Faktoren unterschieden. (a) Erstere werden traditionell in abiotische (z. B. klimatische oder stoffliche) und biotische (Nahrung, Konkurrenten, Parasiten) eingeteilt. Die Wirkung dieser Faktoren kann isoliert, medienbezogen (z. B. Boden, Wasser, Luft) oder in ihrem jeweiligen gesamten Wirkungszusammenhang betrachtet werden (systemischer Umweltbegriff). Jenseits der überlebensnotwendigen physiologischen oder ökolog. U. wird insbes. in der Humanökologie auch von psychischer und sozialer Umwelt gesprochen. (b) In der Debatte um die ökolog. Krise wird der Begriff der U. meist anthropozentrisch gebraucht, i. d. R. ist die U. des Menschen gemeint. Positionen einer bio- oder ökozentrischen Ethik, die diese Zentralstellung der menschlichen Gattung zurückweisen, ziehen es deshalb oft aus normativen Gründen vor, nicht von U., sondern von natürlicher Mitwelt zu sprechen.

2. Mit Blick auf die Umweltpolitik (Up.) können gleichfalls unterschiedliche Begriffsverständnisse unterschieden werden: (1) I. e. S. geht es der Up. um Schutz, Erhaltung und ggf. auch Wiederherstellung von benutzten ökolog. Ressourcen und belasteten ökolog. Absorptionskapazitäten. (2) I. w. S. versteht man unter Up., daß die polit. Gestaltung des Verhältnisses einer Gesellschaft zu ihrer U. insges. auf die Tagesordnung gesetzt wird. Im ersteren Fall wird Up. im wesentlichen gleichbedeutend mit Umweltschutzpolitik gebraucht, wobei je nach Umweltbegriff zwischen medialem oder systemarem Umweltschutz unterschieden wird. Im zweiten Fall reicht der Anspruch über die Schutz- und Sicherungsfunktion hinaus und bezieht tendenziell alle gesellschaftl. Aktivitäten mit ein, wenn und insoweit diese ökolog. Implikationen haben können. Neben der inhaltlichen Reichweite wird auch die jeweils handlungsleitende zeitliche Perspektive zu grundlegenden begrifflichen Unterscheidungen herangezogen (nachsorgende vs. präventive Up.). (3) Wie der Umweltbezug so kann auch der jeweils zugrundeliegende → Politikbegriff enger oder wei-

ter gefaßt werden. Beschränkt man sich auf einen primär exekutiv und administrativ verstandenen *policy*-Aspekt, wird Up. definiert als Gesamtheit der staatl. Maßnahmen, die zum Schutz der U. oder zur Verbesserung ihrer Qualität ergriffen werden. Ein weiter gefaßter Begriff von Up. ergibt sich, wenn alle drei Politikdimensionen systematisch mit in die Untersuchung dieses Politikfeldes einbezogen werden. Unter dem *politics*-Aspekt wird Up. als konflikthafter Prozeß zwischen unterschiedlichen polit. Akteuren (traditionelle Interessen vs. Interessen von Umweltinitiativen, -bewegungen, -verbänden und -parteien) untersucht. Unter dem *polity*-Aspekt rückt die Frage nach den institutionellen Strukturen einer langfristig ökolog. aufrecht erhaltbaren Politik- und Gesellschaftsordnung ins Blickfeld (die konstitutionelle Ordnung eines «Umweltstaates» oder die institutionellen Rahmenbedingungen einer nachhaltigen wirtschaftl. Entwicklung; → *Sustainable development*).

Lit.: *Brundtland, G. H./Hauff, V.* (Hrsg.) 1987: Unsere gemeinsame Zukunft (Weltkommission für Umwelt und Entwicklung), Greven. *Heinelt, H.* u. a. 2000: Prozedurale Umweltpolitik der EU, Opl. *Huber, J.* 2001: Allgemeine Umweltsoziologie, Wsb. *Jänikke, M./Weidner, H.* (Hrsg) 1997: National Environmental Policies, Bln. *Jänicke, M.* u. a. 2000: Lern- und Arbeitsbuch Umweltpolitik, Bln. *Prittwitz, V. von* (Hrsg.) 1993: Umweltpolitik als Modernisierungsprozeß., Opl. *Simonis, U. E.* (Hrsg.) 1996: Weltumweltpolitik, Bln.

Thomas Saretzki

Umweltverträglichkeitsprüfung, in der → Umweltpolitik Bezeichnung für ein rechtlich geregeltes Verfahren zur frühzeitigen und umfassenden Ermittlung, Beschreibung und Bewertung der Auswirkungen eines Vorhabens auf die Umwelt.

Der Begriff wird auf das Verfahren des *Environmental Impact Assessment* zurückgeführt, das in den USA 1969 als Instrument des vorsorgenden Umweltschutzes implementiert wurde. Nach dem 1990 zur Umsetzung einer Richtlinie der EU verabschiedeten Gesetz über die Durchführung der U. umfaßt diese die Prüfung der möglichen Auswirkungen eines Vorhabens auf sämtliche Umweltbereiche: Menschen, Tiere und Pflanzen, Boden, Wasser, Luft, Klima und Landschaft, einschl. der jeweiligen Wechselwirkungen sowie Kultur- und sonstige Sachgüter. Die U. soll unter Einbeziehung der Öffentlichkeit durchgeführt werden.

→ Umwelt/Umweltpolitik.

Thomas Saretzki

UN → Vereinte Nationen

Unabhängige Variable → Variable

Ungleiche Entwicklung, Konzept aus der Analyse und Kritik des → Kapitalismus und des kapitalistischen → Weltsystems; besagt soviel wie, daß der Kapitalismus sich ungleich entwickelt, und ist inzwischen politikwiss. gebräuchlich ohne die urspr. mit ihm verbundenen Konnotationen.

(1) In *Lenins* → Imperialismus-Theorie wurde mit dem Konzept die These verknüpft, daß Rückständigkeit ein entscheidender Kausalfaktor des Wandels sei, in der Absicht, das → Entwicklungsgesetz des → Historischen Materialismus den realen Verhältnissen (Revolution im rückständigen Rußland) anzupassen. (2) In der → *Dependencia* meint u. E. die Gleichzeitigkeit von Unterentwicklung und Entwicklung sowie das dialektische Verhältnis historisch gewachsener und sich vertiefender Entwicklungsunterschiede im Rahmen des → Zentrum-Peripherie-Modells. (3) In der Entwicklungsökonomie wird u. E. als unabwendbare Folge und unabdingbare Voraussetzung wirtschaftl. Wachstums begriffen. (4) In Theorien des → Nationalismus bzw. neonat. Bewegungen in Einheitsstaaten wird das Konzept der u. E. als Motivation und Mobilisierungsinstrument nat. Besonderheiten der Peripherie gegen den Entwicklungsvor-

sprung und die Dominanz des Zentrums angesehen.

Lit.: *Amin, S.* 1975: Die ungleiche Entwicklung, Hamb. *Frank, A. G.* 1968: Kapitalismus und Unterentwicklung in Lateinamerika, Ffm. *Hirschman, A.* 1958: The Strategy of Economic Development, New Haven. *Nairn, T.* 1977: The Breack-up of Britain, L. *Nohlen, D./Schultze, R.-O.* (Hrsg.) 1985: Ungleiche Entwicklung und Regionalpolitik in Südeuropa, Bochum.

Dieter Nohlen

Ungleicher Tausch → Tausch

Ungleichheit, allg. die Verschiedenheit in bestimmten Merkmalen (Ggs.: → Gleichheit), wobei zu unterscheiden ist zwischen natürlicher (naturgegebener) U., die aus der Verschiedenheit der Menschen hinsichtlich ihrer Ausstattung mit Ressourcen von Geburt an resultiert, und sozialer U., die aus den gesellschaftl. Bedingungen folgt, denen der Mensch unterworfen ist.

Hinsichtlich der gesellschaftl. bedingten U. ist insbes. die relativ dauerhafte U. an Teilhabe und Teilhabechancen gesellschaftl. Gruppen, Schichten, Klassen an Herstellung, Verteilung und Konsum materieller und immaterieller Güter aufgrund wirtschaftl. U., die durch die polit. U. der Partizipationschancen vielfach noch akzentuiert wird, hervorzuheben. Polit. bedeutsam können sowohl allokative bzw. distributive U., d. h. Verteilungsungleichheit, als auch relationale U. sein, also solche U., die sich aus der Unmöglichkeit gleicher Kommunikationschancen und Interaktionsmuster aufgrund der Begrenzungen sozialer Lagen und kultureller Milieus ergeben.

Lit.: *Kreckel, R.* 1997: Polit. Soziologie der sozialen Ungleichheit, Ffm. *Hradil, S.* [7]1994: Soziale Ungleichheit in Deutschland, Opl. *Strasser, H./Goldthorpe, J. H.* (Hrsg.) 1985: Die Analyse sozialer Ungleichheit, Opl.

Rainer-Olaf Schultze

Unimodale Verteilung, im Ggs. zu → Bi- oder Multimodaler die eingipflige → Häufigkeitsverteilung.

Die wichtigste unimodale theoretische Verteilung stellt die *Gauß*sche Glockenkurve oder Normalverteilung dar.

→ Deskriptive Statistik; Inferenzstatistik; Univariate Statistik; Wahrscheinlichkeitsverteilungen.

Rainer-Olaf Schultze

Univariate Statistik, Verfahren der deskriptiven Statistik deren Ziel es ist, die für eine große Zahl von Untersuchungseinheiten erhobenen Daten in geordneter und übersichtlicher Form zu präsentieren und/oder typische Eigenschaften der Verteilung eines Merkmals hervorzuheben. Die wesentlichen Instrumente hierzu sind Häufigkeitsverteilungen sowie Lage- und Streuungsmaße.

1. Häufigkeitsverteilungen: Ein einfaches Verfahren zur übersichtlichen Zusammenfassung relevanter Informationen ist die Erstellung von Häufigkeitsverteilungen. Dabei wird ausgezählt, wie oft die einzelnen Werte einer Variablen (Merkmalsausprägungen in der Menge der Untersuchungsobjekte aufgetreten sind (= absolute Häufigkeit). Die Häufigkeit des Vorkommens einer Merkmalsausprägung kann auch zur Gesamtzahl der untersuchten Fälle in Beziehung gesetzt werden (= relative Häufigkeit); dies geschieht überwiegend durch Berechnung von Prozentanteilen. Ist die Zahl unterscheidbarer Werte derart groß, daß auf diese Weise eine übersichtliche Darstellung nicht mehr möglich ist, werden vor der Zuordnung von Häufigkeiten benachbarte Werte zu Klassen zusammengefaßt (Klassierung, Gruppierung). Üblicherweise werden Häufigkeitsverteilungen in tabellarischer Form (mit den für den Leser notwendigen Erläuterungen) aufbereitet. Das folgende Beispiel illustriert eine solche Häufigkeitstabelle (s. S. 992).
Ein anderes Verfahren, Häufigkeitsverteilungen darzustellen, sind grafische Darstel-

Tabelle 14: Schichtung des Bruttoerwerbs- und Bruttovermögenseinkommens in der Bundesrepublik Deutschland 1978

Monatliches Haushaltseinkommen von ... bis unter ... DM	Haushalte		davon: Selbständige		davon: Rentner, Versorgungsempfänger	
	in 1000	%	in 1000	%	in 1000	%
unter 1 000	6 765	29,1	–	–	5953	78,7
1000– 2 000	3 088	13,3	9	0,4	1243	16,4
2000– 3 000	3 194	13,7	84	4,1	262	3,5
3000– 4 000	2 808	12,1	232	11,3	70	0,9
4000– 5 000	2 498	10,7	263	12,8	14	0,2
5000– 7 000	2 561	11,0	458	22,2	14	0,2
7000–10 000	1 530	6,5	511	24,8	4	0,1
10 000 oder mehr	831	3,6	503	24,4	–	–
	23 275	100,0	2060	100,0	7560	100,0

Quelle: *Bedau, K.-D.* 1979: Das Einkommen sozialer Gruppen in der Bundesrepublik Deutschland 1970 bis 1978, in: WSI-Mitteilungen, 32, 12, 645.

lungen, unter denen Stab- und Kreissegmentdiagramme wegen ihrer Anschaulichkeit bes. beliebt sind. Bei Stabdiagrammen repräsentiert die Höhe gezeichneter Stäbe, im zweiten Fall die Größe von Ausschnitten aus einer Kreisfläche die Stärke des Auftretens einzelner Merkmalsausprägungen, wie Abbildung 11 zeigt.

2. Lagemaße: Bei der statistischen Aufbereitung von Daten in Form univariater Häufigkeitsverteilungen bleibt noch ein relativ großer Teil der in den ursprünglichen Beobachtungswerten vorhandenen Informationen erhalten. In manchen Fällen reicht die damit erzielte Informationsverdichtung jedoch nicht aus (z. B. beim Vergleich von Daten über eine größere Zahl von Beobachtungszeitpunkten hinweg). Für derartige Zwecke benötigt man einen einzigen Wert, der das «Charakteristische» (das «Typische») einer Verteilung, d. h. ihre «zentrale Tendenz» repräsentieren soll. In solchen Maßen der zentralen Tendenz (gebräuchlicherweise auch als Lagemaße, Mittelwerte oder umgangssprachlich als «Durchschnitt» bezeichnet) wird die gesamte Datenmenge einer Variablen (z. B. die Bruttoerwerbs und -vermögenseinkommen der 23,275 Mio. Haushalte im obigen Beispiel) in nur einer Zahl zusammengefaßt; d. h. die Gesamtheit der Einzelinformationen wird zu einer einzigen statistischen Kennziffer verdichtet. Unter den Lagemaßen sind die (im eigentlichen Sinne) lagetypischen von den rechnerischen Mittelwerten zu unterscheiden. Die lagetypischen Werte (z. B. Modus, Quantile, Median) erhält man durch Ordnen bzw. Gruppieren der beobachteten Ausprägungen einer Variablen, die rechnerischen Lagemaße (von besonderer Bedeutung: das arithmetische Mittel) durch algebraische Berechnung.

Wichtig ist in jedem Fall, (a) daß der Mittelwertbildung eine homogene statistische Masse zugrunde gelegt wird, (b) daß die zu beschreibende Reihe von Werten ein Mindestmaß an Veränderlichkeit (an Variation) zeigt; andernfalls wäre die Berechnung eines Mittelwertes überflüssig, (c) daß die zu beschreibende Reihe eine gewisse Konzentration innerhalb der beobachteten Elemente aufweist; andernfalls hätte die Verteilung keine «zentrale Tendenz», würde ein berechneter Mittelwert nichts Typisches über die Verteilung aussagen.

(1) Modus: Unter den lagetypischen Mittelwerten ist der Modus (Modalwert, häufigster Wert) am einfachsten zu finden: Es wird eine Häufigkeitsverteilung (s. o.) der beobachteten Werte erstellt und diejenige Variablenausprägung bestimmt, für die die empi-

Abbildung 11: Wahlen zum Deutschen Bundestag (ohne Berlin)

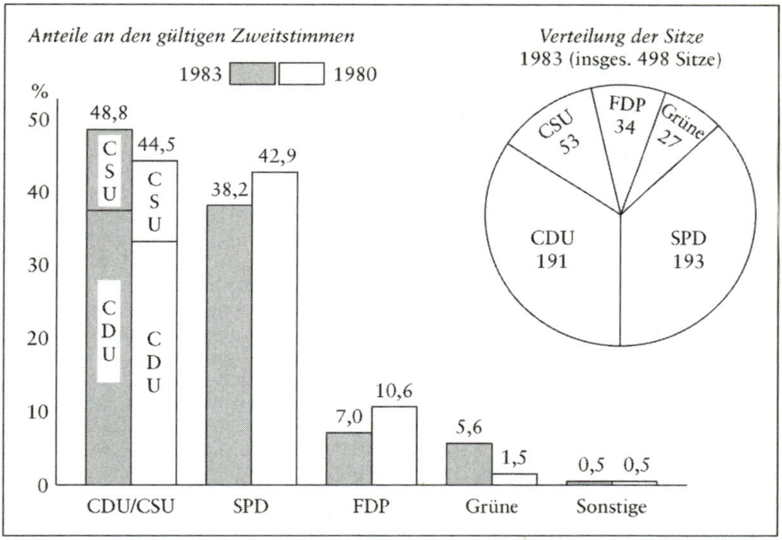

rische Häufigkeit maximal ist. Der Modus ist also definiert als die am häufigsten vorkommende Ausprägung einer Variablen:
Formel: $\overline{x}_M = x_j$ mit max. f_j
Entspr. dieser Definition ist der Modus dann nicht eindeutig bestimmbar, wenn zwei oder mehrere Merkmalsausprägungen mit gleicher Häufigkeit an der Spitze liegen. Der Modus kann für Daten jeden Meßniveaus bestimmt werden. Seine Aussagekraft ist jedoch nicht sehr hoch. Die Berechnung des Modus ist außerdem dann wenig sinnvoll, wenn sehr viele unterschiedliche Werte auftreten, so daß die Häufigkeiten (f_j) pro Wert (x_j) nur gering sind.
(2) Quantile: Praktisch bedeutsamer sind unter den lagetypischen Maßen die Quantile. Sie zerlegen eine Reihe von ihrer Größe nach geordneten einzelnen Werten x_i in Abschnitte, in bestimmte Mengenverhältnisse (Perzentile zerlegen die Reihe in hundert Abschnitte, Dezile in zehn Abschnitte usw.). Für die Ermittlung von Quantilen ist das Sortieren der einzelnen Beobachtungswerte entspr. ihrer Größe (ihrer Rangordnung) notwendig. Daraus folgt, daß zur Bestimmung von Quantilen die Daten mindestens ordinales Maßniveau aufweisen müssen. Bes. gebräuchlich unter den Quantilen sind die Quartile, die die geordnete Reihe der Beobachtungswerte in vier Abschnitte zerlegen. Das 1. Quartil (Q_1) ist demnach derjenige gemessene Wert, der die Reihe der geordneten Merkmalswerte im Verhältnis 1:3 teilt (d.h. der Wert, der von einem Viertel der gemessenen Werte nicht über- und von drei Viertel der gemessenen Werte nicht unterschritten wird). Entspr. zerlegt das 2. Quartil (Q_2; üblicherweise als Median oder Zentralwert x_z bezeichnet) die Reihe im Verhältnis 2:2 und das 3. Quartil (Q_3) im Verhältnis 3:1.
(3) Median: Der in der angewandten Statistik bedeutendste Quantilswert ist der Median (das 2. Quartil). Er wird auch als Zentralwert (x_z) bezeichnet und ist derjenige Merkmalswert, der in der Mitte einer ihrer Größe nach geordneten Reihe von Beobachtungswerten liegt. Der Median ist also im wörtlichen Sinne ein Mittelwert. Für seine numerische Bestimmung gilt:
Formel: $\overline{x}_Z = x_{(n+1)/2}$, falls n – d.h. die Anzahl der Beobachtungswerte – ungerade ist;

Formel: $\bar{x}_Z = 0{,}5 \cdot (x_{n/2} + x_{n/2+1})$, falls n gerade ist.

Der Median hat folgende Eigenschaften: (a) Er läßt die extremen Werte einer Verteilung unberücksichtigt. (b) Er stellt bei einer ungeraden Zahl von Beobachtungsfällen immer einen Wert dar, der in der Reihe der Beobachtungswerte tatsächlich vorkommt; bei gerader Zahl von Fällen kann er eine hypothetische Ausprägung (Mittel zweier benachbarter Beobachtungswerte) annehmen. (c) Die Summe der Abweichungen der Beobachtungswerte vom Median ist (ohne Berücksichtigung der Vorzeichen) kleiner als die Summe der Abweichungen von irgendeinem anderen Wert. (d) Der Median charakterisiert die Verteilung in untypischer Weise, wenn die Reihe der Beobachtungswerte nicht in der Mitte konzentriert ist. (e) Der gemeinsame Median zweier statistischer Mengen kann nicht durch Zusammenfassen der entspr. Mediane beider Beobachtungsreihen (als «gewogener Median») ermittelt werden; vielmehr müssen die Elemente beider Mengen zunächst erneut geordnet werden.

(4) Arithmetisches Mittel: Wenn in der Umgangssprache vom «Mittelwert» oder «Durchschnitt» die Rede ist, wird üblicherweise das arithmetische Mittel gemeint. Das arithmetische Mittel (1) ist definiert als der Schwerpunkt einer Verteilung: Die Summe aller Abweichungen von x (mit Berücksichtigung der Vorzeichen) ist gleich Null; d. h. die Summe der Abweichungen $x_i - x$ für $x_i > x$ ist genauso groß wie die Summe aller Abweichungen $x - x_i$ für $x_i < x$. Im Falle von Einzel-Beobachtungswerten gewinnt man das arithmetische Mittel dadurch, daß sämtliche Einzelwerte addiert und durch die Zahl der Fälle dividiert werden:

Formel: $\bar{x} = \frac{1}{n} \cdot \Sigma x_i$.

Bei $\bar{x}$ handelt es sich also um einen rechnerischen Mittelwert. Liegt eine Häufigkeitsverteilung für Einzelwerte vor, so kann die Berechnung da durch vereinfacht werden, daß zunächst die jeweiligen Ausprägungen (x_j) mit der zugehörigen Häufigkeit (f_j) multipliziert, diese Zwischenresultate über alle Merkmalsausprägungen addiert und dann durch die Zahl der Fälle dividiert werden:

Formel: $\bar{x} = \frac{1}{n} \cdot \Sigma x_j f_j$.

Die gleiche Formel ist bei klassierten (zu Intervallen, zu Klassen zusammengefaßten) Werten anzuwenden. Für x_j ist in diesem Fall die Klassenmitte (der Mittelpunkt des Werte-Intervalls) einzusetzen. Bei der Gegenüberstellung von Median (Zentralwert) und arithmetischem Mittel (Verteilungsschwerpunkt) lassen sich folgende Unterschiede erkennen: (a) Bei der Bestimmung des Medians besteht die Aufgabe darin, denjenigen Wert in einer nach ihrer Größe geordneten Reihe von Beobachtungswerten zu finden, der die Reihe genau in der Hälfte trennt. (b) Bei der Berechnung des arithmetischen Mittels lautet die Aufgabe, denjenigen Wert zu finden, von dem aus die Summe der Abweichungen nach oben und nach unten gleich groß ist. Das arithmetische Mittel ist also durch eine Forderung definiert, die sich auf Abweichungen, auf Differenzen zwischen Merkmals werten bezieht. Daraus ergibt sich, daß diese Maßzahl nur für Daten berechnet werden darf, die mindestens intervallskaliert sind.

Das arithmetische Mittel hat folgende Vorzüge: (a) Es ist (im Unterschied zu den lagetypischen Mittelwerten) immer eindeutig bestimmt. (b) Die Summe der quadrierten Abweichungen $\Sigma(x_i - \bar{x})^2$ ergibt ein Minimum. (c) Multipliziert man das arithmetische Mittel mit der Anzahl der Einzelwerte, so erhält man deren Summe: $n \cdot \bar{x} = \Sigma x_i$. Dadurch ist es möglich, ein gemeinsames arithmetisches Mittel («gewogenes Mittel») aus den Mittel werten zweier Beobachtungsreihen zu berechnen:

$\bar{x}_{(1+2)} = (\bar{x}_1 \cdot n_1 + \bar{x}_2 \cdot n_2)/(n_1 + n_2)$.

Die Nachteile des arithmetischen Mittels sind: (a) Durch die Einbeziehung aller Einzelwerte erhalten die extremen Werte einer Verteilung ein hohes Gewicht. (b) Das arithmetische Mittel kann auf einem Punkt liegen, für den nur wenige oder gar keine Beobachtungswerte existieren. (c) Bei gruppierten (klassierten) Werten ist das arithmetische Mittel nicht zu berechnen, wenn offene Klassenanfangs- oder -endintervalle definiert sind und nicht durch zusätzliche Informationen ein Klassenmittelpunkt geschätzt werden kann. (d) Bei gruppierten (klassierten) Werten ist das arithmetische Mittel in jedem Fall nur ein Schätzwert, da der Klassenmittelwert immer unter der (i. d. R. unrealistischen) Annahme bestimmt wird, daß die einzelnen zu einem Intervall zusammengefaßten Beobachtungswerte über das gesamte Intervall gleichverteilt sind.

3. Streuungsmaße: Univariate Verteilungen unterscheiden sich jedoch nicht nur hinsichtlich ihres Mittelwerts, sondern auch nach dem Grad der Unterschiedlichkeit der Merkmalsausprägungen (Streuung, Variation). So können in der einen Verteilung die einzelnen Beobachtungswerte nur jeweils geringfügig vom Mittelwert abweichen, während in einer anderen Verteilung die Unterschiede erheblich größer sein mögen. Beispielsweise wird das Alter der einzelnen Schüler in einer Grundschulklasse erheblich geringere Unterschiede aufweisen als das Alter der Belegschaftsmitglieder eines Unternehmens. Zur Kennzeichnung solcher Unterschiede stellt die Statistik Streuungsmaße zur Verfügung. Während mit den Lagemaßen die Frage «Welches ist der typische Wert einer univariaten Verteilung?» beantwortet werden soll, geht es bei den Streuungsmaßen um die Frage: «Wie typisch ist der errechnete Mittelwert für die Gesamtreihe der Beobachtungswerte?» Die einfache Überlegung ist in diesem Zusammenhang: Je geringer die Streuung der Beobachtungswerte, um so «typischer» ist der Mittelwert, d. h. um so treffender charakterisiert er die Verteilung. Streuungsmaße können insofern als «Gütemaße» für Mittelwerte verstanden werden.

Die deskriptive Statistik kennt unterschiedliche Modelle, um die Streuung (Dispersion, Variation, Variabilität) der Merkmalswerte innerhalb einer Beobachtungsreihe abzubilden. Es existieren: (a) Maßzahlen, die die Differenzen aller Einzelwerte untereinander berücksichtigen; sie sind sehr rechenaufwendig und haben in der angewandten Statistik geringe Bedeutung; (b) Maßzahlen, die die Abweichungen einzelner Positionswerte voneinander angeben (Spannweite, Quantilsabstände); (c) Maßzahlen, die auf der Basis der Differenzen zwischen den Einzelwerten und einem Mittelwert berechnet werden (mittlere lineare Abweichung, Varianz, Standardabweichung).

(1) Spannweite: Sie ist – als das einfachste Streuungsmaß – definiert als Spanne zwischen den beiden extremen Ausprägungen der gesamten Reihe (auch Variationsbreite oder *Range* genannt):

Formel: Spannweite = $x_i(\max) - x_i(\min)$.

Die wesentlichen Nachteile dieses Koeffizienten sind: (a) Die Lage der extremen Werte einer Reihe kann für die Streuung innerhalb der gesamten Reihe völlig nichtssagend sein. (b) Die Angabe in absoluten Werten macht einen Vergleich zwischen Meßreihen verschiedener Merkmale schwer. (c) Trotz des geringen Informationswerts setzt die Berechnung intervallskalierte Daten voraus.

(2) Quartils- und Semiquartilsabstand: Der zuerst genannte Nachteil der Spannweite wird bei einem anderen, ebenfalls lagetypischen Streuungsmaß vermieden, dem Quartilsabstand. Dieser ist definiert durch die Differenz zwischen dem 1. und dem 3. Quartil.

Formel: $Q = Q_3 - Q_1$.

Der Quartilsabstand sagt also aus, wie groß das Werteintervall ist, das 50 % aller Beobachtungsfälle umfaßt, und zwar unter der zusätzlichen Bedingung, daß die jeweils 25 % niedrigsten und die 25 % höchsten Beobachtungswerte unberücksichtigt bleiben. Auch für den Quartilsabstand bleibt als Nachteil festzuhalten, daß der Vergleich zwischen verschiedenen Meßreihen dadurch erschwert wird, daß die Angabe des Abstands in absoluten Werten erfolgt. Für seine Berechnung sind – da eine Differenz zwischen zwei Skalenpunkten bestimmt wird – ebenfalls intervallskalierte Daten Voraussetzung. Die Charakterisierung der Streuung ist jedoch auch bei ordinalskalierten Meßwerten möglich, wenn man statt der Differenz die jeweiligen Werte von Q_1 und Q_3 explizit angibt. Zusammen mit dem Median ($\bar{x}_z$) ergeben diese Kennwerte bereits wesentliche und anschauliche Informationen über eine Verteilung. Von verschiedenen Statistikern wird anstelle des Quartilsabstands der Semiquartilsabstand empfohlen:

Formel: $Q_{1/2} = (Q_3 - Q_1)/2$.

(3) Mittlere lineare Abweichung: Von den Streuungsmaßzahlen, die auf der Überlegung beruhen, daß die Differenz zwischen den Meßwerten und einem Mittelwert als Basis zur Kennzeichnung der Variation die-

nen kann, ist die mittlere lineare Abweichung «d» (engl. *mean deviation)* am einfachsten zu berechnen. Sie ist definiert als das arithmetische Mittel der Abweichungen der Reihenwerte vom Mittelwert (üblicherweise vom arithmetischen Mittel) ohne Berücksichtigung der Vorzeichen:

Formel: $d = \frac{1}{n} \cdot \Sigma \, |x_i - \bar{x}|$.

Die mittlere lineare Abweichung wird – obwohl sie anschaulich interpretierbar ist – in der Praxis selten benutzt.

(4) Varianz und Standardabweichung: Große Bedeutung hat dagegen ein sehr ähnlich konstruiertes Streuungsmaß, die mittlere quadratische Abweichung (vom arithmetischen Mittel), gebräuchlicherweise Varianz (s^2) genannt. Im Unterschied zur mittleren linearen Abweichung wird nicht der Durchschnitt aller Absolutbeträge der Differenzen zwischen den Einzelbeobachtungswerten und dem arithmetischen Mittel, sondern der Durchschnitt der quadrierten Differenzen (Abweichungsquadrate) berechnet. Das hat zur Folge, daß größere Abweichungen vom Mittelwert erheblich stärker ins Gewicht fallen als kleinere Abweichungen. Der Unterschied zur mittleren linearen Abweichung besteht also in der Gewichtung der Abweichungen. Die Berechnung der Varianz auf der Basis von Einzelwerten geschieht wie folgt:

Formel: $s^2 = \frac{1}{n} \cdot \Sigma \, (x_i - \bar{x})^2$.

Sofern eine Häufigkeitsverteilung für geordnete Einzelwerte vorliegt, empfiehlt sich die Anwendung der Formel:

$s^2 = \frac{1}{n} \cdot \Sigma f_j (x_j - \bar{x})^2$.

Die gleiche Formel ist bei klassierten (zu Intervallen zusammengefaßten) Werten anzuwenden. x_j sind in diesem Falle die Klassenmitten. Fast ebenso verbreitet ist die – in Einheiten des gemessenen Merkmals interpretierbare – positive Quadratwurzel aus der Varianz, die Standardabweichung.

Formel: $s = +\sqrt{s^2}$.

Besondere – theoretische wie praktische – Bedeutung haben Varianz und Standardabweichung in der schließenden Statistik gewonnen. Sofern diese Streuungsmaße dort auf der Basis von Stichprobenwerten zu bestimmen sind, geschieht die Berechnung allerdings pro Freiheitsgrad, d. h. der Faktor $1/n$ in obigen Formeln wird ersetzt durch $1/(n-1)$. Trotz ihrer geringeren Anschaulichkeit wird der Standardabweichung auch in der deskriptiven Statistik überwiegend der Vorzug vor der mittleren linearen Abweichung gegeben.

→ Auswahlverfahren; Bivariate Statistik; Deskriptive Statistik; Inferenzstatistik; Multivariate Statistik.

Lit.: *Benninghaus, H.* [7]1992: Deskriptive Statistik, Stg. *Benninghaus, H.* 1990: Einführung in die sozialwissenschaftliche Datenanalyse, Mchn./Wien. *Bortz, J.* 1979: Lehrbuch der Statistik, Bln./Hdbg. *Ferschl, F.* 1978: Deskriptive Statistik, Würzburg/Wien. *Kriz, J.* [5]1983: Statistik in den Sozialwissenschaften, Opl. *Kromrey, H.* [5]1991: Empirische Sozialforschung. Modelle und Methoden der Datenerhebung und Datenauswertung, Opl.

Helmut Kromrey

Universalismus, philosophische, theologische, anthropologische, kulturelle, ethische und polit. → Theorien, die nicht exklusiv sind, sondern für alle Menschen Gültigkeit beanspruchen.

Aus der Perspektive anderer Kulturen werden universalistische Standards oftmals dem Ideologieverdacht des Eurozentrismus und kulturellen Kolonialismus ausgesetzt. Eine kritische Selbstthematisierung der westl. → Moderne legt zudem die kulturellen, klassen- und geschlechtsspezifischen Defizite des U. offen. Gleichwohl stellt der U. der → Menschenrechte die einzige erkennbare Chance dar, die künftige Politik der Weltgesellschaft einer normativen Verbindlichkeit zu unterwerfen. Die Fortentwicklung des U. ohne dessen metaphysische Implikationen durch Rekonstruktionen vertrags-, diskurs- und systemtheoretischer Art versucht dafür ein theoretisches Fundament zu erarbeiten.

→ Diskurstheorie; Ideologie; Systemtheorie; Vertragstheorien.

Ulrich Weiß

Unkonventionelles Verhalten, in der Partizipationsforschung Bezeichnung von Beteiligungsformen außerhalb der vom jeweiligen → Politischen System bereitgestellten institutionalisierten Möglichkeiten.

Solche «unverfaßte» Handlungen werden unabhängig von ihrem Legalitäts- und ihrem Legitimitätsstatus als Formen unkonventioneller polit. Beteiligung bezeichnet (*Barnes/Kaase* 1979). So können Demonstrationen z. B. in einem Land legal sein, aber von der Bev. als illegitime Pressionsversuche verstanden werden. Andere Formen unkonventionellen polit. Verhaltens sind Boykotte, Blockaden, Hausbesetzungen bis hin zu Formen polit. → Gewalt.

→ Alternativbewegungen; Konventionelles Verhalten; Partizipation.

Lit.: *Barnes, S. H./Kaase, M.* u. a. 1979: Political Action. Mass Participation in Five Western Democracies, Beverley Hills.

Franz Urban Pappi

Unmittelbare Demokratie → Direkte Demokratie

Unregierbarkeit, leicht mißzuverstehender, zudem häufig als polit. Schlagwort mißbrauchter Begriff, mit dem nicht etwa die generelle Handlungsunfähigkeit von Regierungen gemeint ist; der Begriff der U. bezeichnet vielmehr die strukturell begrenzte Handlungsautonomie der Politik in der wohfahrtsstaatl.-pluralistischen Demokratie, die die Möglichkeiten → Politischer Steuerung nachhaltig beschränkt.

Die Begründungen fallen je nach gesellschaftstheoretischer Position unterschiedlich aus: (1) → Neo-Konservatismus und → Neo-Liberalismus machen die Anspruchsinflation im → Wohlfahrtsstaat dafür verantwortlich, die zur Überlastung des Staates (*government overload*) und zur U. führe; sie betonen zudem die wachsenden nicht-intendierten Folgen sozialstaatl. Politik. (2) Sozialdemokratische und neo-marxistische Theorien verweisen auf die nur selektiven Handlungsspielräume von Politik, die sie kapitalismuskritisch aus dem Widersprüchen zwischen den Imperativen der Kapitalverwertung und der Notwendigkeit der Sicherung demokratischer → Massenloyalität herleiten und folglich der Politik «eine staatl. Politik der Staatsentlastung anempfehlen» (vgl. *Offe* 1987). (3) Von *N. Luhmann* (1984) inspirierte systemtheoretische Erklärungen bezweifeln grundsätzlich jegliche Erfolgsaussichten direkter → Politischer Steuerung der Gesellschaft, da diese an der von → Autopoiesis und Selbstreferentialität begründeten Subsystemautonomie ohnehin scheitern würde; sie propagieren statt dessen Methoden «dezentraler Kontextsteuerung» und sehen die Rolle der Politik in der → Supervision (*Willke* 1992; 1997).

→ Interventionsstaat; Regierbarkeit; Staatsversagen.

Lit.: → Regierbarkeit

Rainer-Olaf Schultze

Unternehmerverbände, als eine Teilmenge von Interessenverbänden polit. Organisationen, denen sich ihre Mitglieder primär aufgrund von Interessen anschließen – in diesem Fall solche von Unternehmern bzw. Unternehmen (→ Interessengruppen).

Interessen ermöglichen als Medium der Kommunikation kollektive Aktionen und stellen die Grundlage der Organisationsbildung dar (*Weber* 1991). Dabei definieren, aggregieren und repräsentieren U. Interessen ihrer Mitglieder etwa in bezug auf → Gewerkschaften, das → Politische System oder «die» Wirtschaft selbst. Nach den unterschiedlichen Bezugssystemen von Interessen differenzieren sich auch die U. aus, und zwar in (*Buchholz* 1970): (1) Arbeitgeberverbände. In den westl. Industriegesellschaften schließen Arbeitgeberverbände und Gewerkschaften kollektiv-bindende Regelungen (Tarifverträge) ab. Gegenstand dieser Regelungen sind u. a. Löhne und Gehälter, Arbeitszeiten, Arbeitsbedingungen. Darüber hinaus nehmen Arbeitgeberverbände die sozialpolit. Interessen ihrer Mitglieder gegenüber staatl. und halbstaatl. Organisationen wahr. Sie entsenden Vertreter in Konsultativ- und Lenkungsgremien bei staatl. und halbstaatl. Organisationen etwa der Bundesanstalt für Arbeit, den Berufsgenossenschaften etc. (2) Wirtschaftsverbände. Sie vertreten die wirtschaftspolit. Interessen ihrer Mitglieder auf der Ebene von → Bundesländern, den Bundesministerien und bei transnat. Einrichtungen wie etwa der → EU, sowie gegenüber Lieferanten und Abnehmern, Verbrauchern und halbstaatl. Organisationen. (3) Kammern (Industrie- und Handelskammern, Handwerkskammer). Kammern sind die lokalen bzw. regionalen, einzelne Branchen bzw. Gewerbe übergreifenden Organisationen. Sie nehmen die Interessen einer lokal- bzw. regional spezifizierten Wirtschaft wahr und übernehmen in begrenztem Maße und in unterschiedlichen Aufgabenfeldern – etwa im Bereich der beruflichen Erstausbildung und Weiterbildung – originär staatl. Funktionen. Im Ggs. zu den o. g. Unternehmerverbänden ist die Mitgliedschaft in einer Kammer für die Unternehmen ab einer bestimmten Größe obligatorisch. Kammern treten als Sprecher der regionalen Wirtschaft auf. Da in den Organisationen des Handwerks, den Handelskammern, neben den Unternehmen auch die Arbeitnehmer organisiert sind, ist es kontrovers, inwieweit es sich bei diesen Organisationen um unternehmerische Interessenorganisationen handelt.

1. U. sind ein Produkt der modernen Industriegesellschaft. Die vormodernen Gesellschaften des Okzidents kannten Gilden, Zünfte und andere Korporationen, die aber zunächst infolge der Autonomisierung des polit. Systems Mitte des 18. Jh. ausgeschaltet wurden. U. entstehen primär aufgrund der Umstellung der Steuerung des polit. Systems durch Parteienkonkurrenz sowie durch die Differenzierung der Wirtschaft in verschiedenartige Märkte und die Ausdifferenzierung eines Systems der → Arbeitsbeziehungen (*Müller-Jentsch* 1997), in dessen Rahmen die Regeln für den Verkauf und Einsatz von Arbeitskräften durch die Tarifparteien, Gewerkschaften und Arbeitgeberverbände selbst gesetzt werden (*Dunlop* 1958; → Tarifautonomie). Zu Beginn des 21. Jh. sind Erosionstendenzen bei den U. und den Gewerkschaften zu verzeichnen (Mitgliederschwund/Tarifflucht; *Weber* 1997).

Historische Analysen zeigen, daß die Population von U. beginnend mit der 2. Hälfte des 18. Jh. zyklisch verlaufende Gründungswellen aufweist – vor und nach dem I. Weltkrieg, in den 1930er Jahren, Ende der 1940er und Anfang der 50er Jahre (*Berghan* 1988). Im Zuge der historischen Entwicklung variieren nicht nur die Anzahl der Organisationen, ihre Politik und Aufgaben, sondern auch die organisatorische Struktur innerhalb der und zwischen den Interessengruppen. Die U. werden umfassender und bilden komplexe, hierarchisch integrierte Verbandssyteme – z. T. unter Assistenz der Politik etwa in der nationalsozialistischen Zeit (*Grant/Neckers/van Waarden* 1991).

2. Im Zuge der Neokorporatismusforschung, die einerseits *policy*-orientiert war (*Lehmbruch* 1979), andererseits die polit. und ökonom. Bedingungen der Organisation von Wirtschaftsinteressen untersuchte (*Schmitter/Streeck* 1981), wurde deutlich, daß die Entwicklung von U. bzw. ganzer Systeme von Interessenorganisationen sowohl zwischen einzelnen Ländern als auch zwischen unterschiedlichen Wirtschaftssektoren erheblich variiert. Dabei erwiesen sich der Grad der Zentralität der polit. Organisationen, der territorialen Differenzierung, die Verhandlungsarenen, die Struktur der Märkte und die Population der Unternehmen als zentrale Einflußvariablen auf die Organisationsstruktur der Verbandssysteme (*Weber* 1987). Komparative Analysen von Arbeitgeberverbänden und Gewerkschaften verdeutlichen Differenzen in der Organisation: Nicht nur weisen Arbeitgeberverbände eine höhere Anzahl und einen höheren Organisationsgrad auf, sondern auch einen Modus innerorganisatorischer Differenzierung – im Ggs. zu der interorganisatorischen Differenzierung bei Gewerkschaften (*Offe/Wiesenthal* 1985; *Streeck* 1989).

Die Frage nach der «Herrschaft der Verbände» d. h. nach ihrem polit. Einfluß, wie sie lange Zeit die (*Pressure group*-)Forschung dominierte, läßt sich – dies zeigen neuere Analysen von polit. → Netzwerken – nicht mehr generalisierend beantworten. U. üben sowohl *Pressure*-Funktionen als auch staatsentlastende, selbstregulative Funktionen aus – etwa in der Berufsbildungspolitik oder Industriepolitik (*Streeck* u. a. 1987; *Weber* 1987; *Hilbert* u. a. 1990).

Lit.: *Berghan, V. R. 1988*: Corporatism in Germany in Historical Perspective, in: *Cox, A./O'Sullivan, N.* (Hrsg.): The Corporate State, Camb., 104–122. *Buchholz, E.* 1970: Interesse, Gruppen, Interessengruppen, Tüb. *Dunlop, J. T.* 1958: Industrial Relations Systems, NY. *Grant, W./Neckers, J./Waarden, F. van* (Hrsg.): Organizing Business for War, Ox., 104–134. *Hilbert, J./Südmersen, H./Weber, H.* 1990: Berufsbildungspolitik, Geschichte, Organisation, Neuordnung, Opl. *Lehmbruch, G.* 1979: Consociational Democracy, Class Conflict and the New Corporatism, in: *Schmitter/Lehmbruch* (Hrsg.), 1979, 53–62. *Müller-Jentsch*, W. 1997: Soziologie der industriellen Beziehungen, Ffm./NY. *Offe C./Wiesenthal, H.* 1985: Two Logics of Collective Action, in: *Offe, C.* (Hrsg.): Disorganized Capitalism, Ox./NY, 170–220. *Schmitter, P. C.* 1979: Still the Century of Corporatism?, in: *Schmitter/Lehmbruch* (Hrsg.), 1979, 7–52. *Schmitter, P. C./Lehmbruch, G.* (Hrsg.) 1979: Trends towards Corporatist Intermediation, Beverly Hills/L. *Schmitter, P. C./Streeck, W.* 1981: The Organization of Business Interests, Discussion Papers, WZB UM/LMP 81–13, Bln. *Streeck, W.* 1989: Interest Heterogeneity and Organizing Capacity, Discussion Papers, WZB, FS I, 89–4, Bln. *Weber, H.* 1987: Unternehmerverbände zwischen Markt, Staat und Gewerkschaften, Ffm./NY. *Weber, H.* 1991: Selbststeuerung der Verbände?, in: *Hartwich, H. H./Wewer, G.* (Hrsg.): Regieren in der Bundesrepublik, Bd. III, Systemsteuerung und Staatskunst, Opl., 175–190. *Weber. H.* 1997: The German Associations: Structure and Erosion? in: *Bennett, Robert J.* (Hrsg.), Trade Associations in Britain and Germany, York, 46–51.

Hajo Weber

Untersuchungsausschuß → Ausschüsse

Urwahl, unmittelbare (direkte) Bestellung von Personen in Ämter und Repräsentativkörperschaften (→ Parlamente) durch die wahlberechtigten polit. Aktivbürger, im Ggs. zu indirekten Formen polit. Teilhabe mittels der Bestellung sog. → Wahlmänner (→ Wahlrecht).

Susanne Schäfer-Walkmann

Utilitarismus (von lat. *utilis* = nützlich), Nützlichkeitslehre, die sowohl eine ethische als auch eine erklärende → Theorie sozialen Handelns meint.

(1) Der ethische U. identifiziert das moralisch Gute mit dem Nützlichen und knüpft es an die Konsequenzen von Handlungen. Das Utilitätsprinzip, das den Nutzen zum Kriterium moralischer Richtigkeit erhebt, wird in unterschiedlicher Reichweite auf das Wohlergehen und Glück des Einzelmenschen und einer sozialen Gesamtheit bezogen. Höchstes Gut ist im letzteren Sinne das aus einem «hedonistischen Kalkül» gewonnene «größte Glück der größten Zahl» (*J. Bentham*). In der v. a. im angloamerikan. Bereich erfolgenden Ausarbeitung des Ansatzes ist von bes. Bedeutung: die Suche nach qualitativ differenzierenden Kriterien für Wohlergehen und Glück; eine vorgeschlagene Negativfassung der utilitären Orientierung an der Vermeidung von Leid (negativer U.); die Einbindung der utilitären Werturteile individueller Akteure in einen sozialen Praxiszusammenhang; die Unterscheidung zwischen einem Handlungs-Utilitarismus, der das Utilitätsprinzip auf jede individuelle Handlung, ihre konkrete Situation und Konsequenzen anwendet, und einem Regel-Utilitarismus, der auf generelle Regelbefolgung mit Bezug auf standardisierte Situationen setzt. Politiktheoretisch hat das Utilitätsprinzip eine lange Tradition im klassischen Gemeinwohldenken; die Leitvorstellung des gemeinsam Nützlichen verschiebt sich neuzeitlich in die Lehre von der → Staatsraison als Eigeninteresse des Staates.

(2) In neuerer Zeit entwickelt ein ethisch neutraler handlungstheoretischer U. im → *Rational choice*-Ansatz und in der → Neuen Politischen Ökonomie eine utilitaristische Politiktheorie. Im Rahmen eines Nutzenop-

timierungskalküls werden polit. Handlungsweisen und staatl. Institutionen als rationale Erfordernisse abgeleitet, was i. d. R. in vertragstheoretischen Konstruktionen geschieht (*R. Nozick*, *J. Buchanan*, z. T. *J. Rawls*).

→ Vertragstheorien.

Lit.: *Ebenstein, A. O.* 1991: The Greatest Happiness Principle. An Examination of Utilitarianism, NY. *Glover, J.* (Hrsg.) 1990: Utilitarianism and Its Critics, NY u. a. *Höffe, O.* (Hrsg.) 1975: Einführung in die utilitaristische Ethik. Klassische und zeitgenössische Texte, Mchn. *Smart, J. J. C./Williams, B.* 1973: Utilitarianism: For and Against, Camb. *Urmson, J. O.* 1968: Utilitarianism: I. The Philosophy; *Parsons, T.* 1968: Utilitarianism: II. Sociological Theory, beide in: IESS 15, 224–236.

Ulrich Weiß

Utopie → Politische Utopie

Valenz-Issue → Issue/Issueforschung

Validität (von engl. *validity* = Gültigkeit), Maß für den Grad der Übereinstimmung von empirisch gewonnenen Ergebnissen mit dem in der inhaltlichen Aussage Gemeinten.

Zählt man z. B. die Jahre, die seit dem Amtsantritt einer Regierung vergangen sind, so kann man ihr Alter in Jahren vollkommen valide angeben. Will man jedoch etwa die Verbreitung konservativer polit. Einstellungen in der Wahlbev. untersuchen, so erweist es sich als erheblich schwieriger, dieses theoretische (latente) Merkmal gültig zu messen. Zunächst bedarf es der definitorischen Fassung der Variablen → Konservatismus. Das Merkmal muß sodann messbar gemacht werden, indem möglichst mehrere Indikatoren angegeben und die → Skalen ihrer Werte (*values*) festgelegt werden (→ Operationalisierung).

Das Problem der Gültigkeit der Messung liegt nun einerseits darin, daß man angemessene → Indikatoren finden muß (V. der Indikatoren). Andererseits müssen aber auch die bei den untersuchten Personen gemessenen numerischen Unterschiede auf der Konservatismusskala tatsächlich existierende Unterschiede wiedergeben, und zwar sowohl bezüglich der Rangfolge als auch hinsichtlich der Größe der Unterschiede (Differenzen) zwischen den Skalenwerten der einzelnen Personen (V. der Messungen; *Friedrichs* 1990: 101).

Es gibt verschiedene Aspekte zur Beurteilung der Gültigkeit (Validierung):

1. Prognostische V. (Vorhersagegültigkeit): Man sagt z. B. aufgrund von freien Gesprächen über polit. Sachverhalte die Meßwerte von Personen auf der Konservatismusskala voraus. Treffen die Voraussagen zu, so betrachtet man die Skala als gültig.
2. Externe V. (*concurrent validity*): Man benutzt zur Validierung ein externes Kriterium, von dem man weiß, daß es i. d. R. mit der gemessenen Variablen eng zusammenhängt. So gilt als gesichert, daß in D praktizierende Katholiken polit. konservativer sind als passive Katholiken und Nichtkatholiken. Die Konservatismusskala müßte also, wenn sie valide ist, bei den praktizierenden Katholiken die höchsten Werte erreichen.
3. Extremgruppen-Validität. Die Skala wird zwischen zwei Gruppen verglichen, von denen man annimmt, daß sie sich extrem voneinander unterscheiden. Die Skalenwerte der beiden Gruppen müßten deutlich differieren, wenn die Skala valide ist.
4. Konstrukt-Validität. Man prüft, ob die Ergebnisse statistischer Tests, die mit der verwendeten Skala durchgeführt werden, mit bereits bestätigten Hypothesen anderer Untersuchungen zu vereinbaren sind, oder auch, ob sie in einer plausiblen Beziehung zu anderen Hypothesen der eigenen Theorie stehen.

Ganz allg. ermöglicht die Verwendung mehrerer Indikatoren und deren Zusammenfassung zu einer Skala (unidimensionale Skalierung) eher eine valide Messung einer theoretischen Variablen, als wenn man nur auf einen einzelnen Indikator zurückgreift (*Gorden* 1977). Messen alle Indikatoren dasselbe Merkmal zumindest teilweise, so müssen sie verhältnismäßig hoch korrelieren. Streng genommen ist es methodisch unzulässig, mit Daten aus derselben Stichprobe eine Skala zu validieren und inhaltliche Analysen unter

Verwendung dieser Skala durchzuführen. Anspruchsvolle Validitätstests werden in der polit. Einstellungsforschung jedoch nur äußerst selten vorgenommen. Ein solches Verfahren ist die Kreuzvalidierung. In zwei unabhängig voneinander gewonnenen Datensätzen (Stichproben) werden zunächst aus einer größeren Zahl von Indikatoren für z. B. konservative polit. Einstellungen diejenigen herausgefiltert, die am höchsten mit einem Satz von Variablen, die ebenfalls Konservatismus an zeigen (z. B. Bereitschaft, CDU zu wählen), multipel korrelieren. Sodann werden die Gruppen der jeweils besten Indikatoren aus dem einen *sample* in der jeweils anderen Stichprobe in derselben Zusammensetzung erneut getestet. Die sich ergebende (Aggregat-)Korrelation ist ein Maß für die V. der Skala (*Cureton* 1968: 106).
Eine Messung kann i. d. R. nur dann gültig sein, wenn sie zuverlässig, also exakt ist. Zuverlässigkeit (Reliabilität) ist notwendige, aber nicht hin reichende Bedingung der V. (*Kriz* 1981: 48). Auch wenn man davon überzeugt ist, ein Merkmal gültig erfaßt zu haben, kann ein statistischer Test logischerweise nur den Zusammenhang zwischen diesem Merkmal in seiner operationalen Definition und einer anderen Variablen prüfen. Hypothesen, die theoretische Variablen wie Konservatismus oder polit. Interesse enthalten, sind also niemals direkt testbar (*Blalock* 1972: 11).

→ Methodenprobleme in der empirischen Sozialforschung; Operationalisierung; Reliabilität; Skalierung; Testtheorie.

Lit.: *Blalock, H. M.* ²1982: Social Statistics, NY. *Cureton, E, E. 1968:* Psychometrics, in: *Sills, D. L.* (Hrsg.): International Encyclopedia of the Social Sciences, Bd. 13, 95–112. *Friedrichs, J.* ¹⁵1998: Methoden empirischer Sozialforschung, Opl. *Gorden, R. L.* 1977: Unidimensional Scaling of Social Variables. Concepts and Procedures, NY/L. *Kriz, J.* 1981: Methodenkritik empirischer Sozialforschung, Stg.

Raymund Werle

Values, Bezeichnung für die Werte (engl. *v.*), die als Zahlen die empirisch erfaßten Ausprägungen einer → Variablen repräsentieren.

So kann den unterschiedlichen Berufen hinsichtlich ihres Prestiges eine Zahl auf einer Status-Skala zugeordnet werden, ebenso der Bildung entspr. dem Schulabschluß, und beide können (mit anderen) zu → Indikatoren wie Statusinkonsistenz rechnerisch verknüpft werden, womit dieser theoretischen Variablen ebenfalls *v.* zugeordnet werden. Die formal-strukturell unterschiedliche Bedeutung der *v.* (und die damit verbundenen Unterschiede in den möglichen statistischen Operationen) ergibt sich aus den Eigenschaften der betreffenden → Skala.

Jürgen Kriz

Variable, in der empirischen Forschung Bezeichnung für die betrachteten Eigenschaften eines Gegenstandsbereichs.

Oft muß auf latente V., die inhaltlich bedeutsam, aber nicht direkt beobachtbar sind, anhand von manifesten V., die man empirisch beobachten kann, geschlossen werden. In mathematischen (Auswertungs-)Modellen wird zwischen stetigen und diskreten V. unterschieden. Stetige V. sind solche, die jeden beliebigen Wert in einem wohldefinierten Bereich annehmen können (z. B. die V. «Alter» mit dem genauen Lebensalter, das aber üblicherweise nach Jahren kategorisiert erhoben wird). Diskrete V. sind solche, die nur ganz bestimmte Werte (Zustände) annehmen können, im einfachsten Fall nur 2 Zustände (sog. dichotome V. – z. B. «Geschlecht» mit den Ausprägungen «männlich» und «weiblich»). Jede V. kann dichotomisiert werden in: «hat die Eigenschaft A» bzw. «hat A nicht».

→ Beobachtung; Modell.

Jürgen Kriz

Varianz, statistische Maßzahl für die Variabilität (Dispersion, Streuung) einer Verteilung von Meßwerten X_1 … X_N um ihren arithmetischen Mittelwert (M); abgekürzt mit s^2 und definiert als $\Sigma(Xi\text{-}M)^2/N$.

Eine große V. bedeutet also, daß die Meßwerte sehr unterschiedlich sind. Im Kontext der → Inferenzstatistik steht im Nenner allerdings N-1 statt N, da die Stichproben-Varianz keine erwartungstreue Schätzung der V. in der Grundgesamtheit ist, sondern um (N-1)/N zu klein wäre. Die positive Quadratwurzel aus der V. heißt Standardabweichung. Ein zentrales Anliegen empirischer (Sozial-)Wiss. ist es, die Variabilität beobachteter Phänomene (z. B. Ausmaß der Zufriedenheit mit bestimmten Maßnahmen der Legislative) zu erfassen, zu erklären und zu prognostizieren. Hierzu dient z. B. die → Varianzanalyse, die eine statistische Analyse unterschiedlicher Einflußfaktoren auf diese Variabilität ermöglicht.

Jürgen Kriz

Varianzanalyse, statistisches → Modell und damit verbundenes Verfahren, das die Unterschiedlichkeit (Varianz) von beobachteten → Daten auf eine oder mehrere unabhängige Einflußgrößen («Faktoren» bzw. «Ursachen») zurückführt und Aussagen über die Bedeutsamkeit von deren Anteilen an der Gesamtvarianz erlaubt.

Ein zentrales Anliegen empirischer (Sozial-) Wiss. ist es, die Variabilität beobachteter Phänomene (z. B. Ausmaß des «Arbeitsausfalls durch Krankheit») zu erfassen, zu erklären und zu prognostizieren. Hierzu ist es üblich, in experimentellen oder quasi-experimentellen Forschungsplänen aufgrund theoretischer/empirischer Kenntnisse bestimmte Einflußgrößen (sog. unabhängige → Variablen) auf diese Phänomene (als sog. abhängige Variablen) zu untersuchen – z. B. den Einfluß von Mitbestimmung und Entlohnungsformen auf den Arbeitsausfall. Sofern man nun Gruppen (real oder statistisch) zusammenstellen kann, die sich nur durch verschiedene Ausprägungen der (in diesem Beispiel zwei) unabhängigen Variablen unterscheiden (was konkret aber erhebliche Probleme der Forschungsplanung aufwirft), kann der Einfluß auf den Arbeitsausfall sowohl für die Variablen einzeln als auch in ihrer Wechselwirkung analysiert werden. Dies ist eine typische Fragestellung der Varianzanalyse (V.), bei der statistisch die Gesamtvarianz in bestimmte Varianzanteile zerlegt und dann mit Hilfe der F-Verteilung die Signifikanz der Einflüsse geprüft wird. Die zu erklärende Zielvariable (Arbeitsausfall) muß dabei mindestens intervallskaliert sein, denn deren Varianz (bzw. Varianzanteile für Untergruppen) liegt der Analyse zugrunde. Die unabhängigen Variablen (Mitbestimmung und Entlohnungsformen) sind gruppiert (praktisch mit nur jeweils wenigen Klassen) und können daher auch niedrigeres Skalenniveau aufweisen. Die Klassen der unabhängigen Variablen bilden dann eine Kontingenztabelle, in deren Zellen aber nicht Häufigkeiten, sondern die Meßwerte der metrischen Variablen (hier Arbeitsausfall) stehen.

Da sich die Gesamtvarianz über alle Daten ($1/N\ \Sigma(X_i–M)^2$) additiv aus unterschiedlichen Komponenten zusammensetzt, können daraus Schätzungen der Gesamtvarianz erfolgen, die dann miteinander i. S. der Signifikanztests gegen Zufälligkeit abgesichert werden. Je nach der Anzahl der unabhängigen Variablen spricht man von einfacher, zweifacher, dreifacher etc. Varianzanalyse. Gegenüber dem üblichen (klassischen) Ansatz mit nur einer metrischen abhängigen Variablen lassen sich auch V. für mehrere abhängige Variablen durchführen; man spricht im letzteren Fall von multivariater V. (MANOVA = *Multivariate Analysis Of Variance*) im Ggs. zur univariaten V. (ANOVA). Selbstverständlich ist die eben skizzierte Vorgehensweise nur sinnvoll, wenn die inhaltlichen Voraussetzungen für die Anwendung des statistischen Modells geprüft sind und die formalen Voraussetzungen des Modells adäquat der empirischen Struktur der Daten entsprechen. Zu diesen Überlegungen gehören neben den erwähnten Skaleneigenschaften der Daten insbes. die Annahmen, daß die Fehler (a) normalverteilt, (b) im Mittel Null sind und (c) in allen Gruppen bzw. Komponenten gleiche Varianzen aufweisen und unkorreliert sind.

Die V. gewann ihre Bedeutung insbes. dadurch, daß sie schon sehr früh entwickelt wurde (in den 1920er Jahren durch *R. A. Fisher)* und so die Überlegungen zur Gestaltung von Untersuchungsplänen (insbes. experimentellen *designs)* wesentlich beeinflußt hat. Inzwischen kann die V. als ein spezielles Beispiel im Rahmen der in der jüngeren Zeit sehr allg. entwickelten → Regressionsanalyse bzw. allg. linearer Ansätze gesehen werden. In deren Kontext sind sogar für die Erweiterungen der o. a. Beschränkungen Lösungen entwickelt worden (z. B. für nicht unkorrelierte Fehlerterme oder nicht-metrische Ziel-Variablen etc.). Unter Praktikern hat sich die V. als «eigenständiges» Modell allerdings gehalten und findet unter diesem Namen in Lehrbüchern und Statistik-EDV-Programmen auch weiterhin Beachtung.

→ Deskriptive Statistik; Inferenzstatistik; Korrelationsrechnung; Skalierung.

Lit.: *Bray, J. H./Maxwell, S. E.* 1986: Multivariate Analysis of Variance, Beverly Hills. *Glaser, W. R.* 1978: Varianzanalyse, Stg. *Hartung, J./Elpelt, B./Voet, B.* 1997: Modellkatalog Varianzanalyse, Mchn.

Jürgen Kriz

Verantwortungsethik, im Ggs. zur → Gesinnungsethik eine Ethik polit. Handelns, die bei polit. Entscheidungen vorhersehbare Folgekosten wie mögliche Nebeneffekte berücksichtigt und bereit ist, die Verantwortung für die Konsequenzen ihrer Politik zu tragen, ohne sich durch die Berufung auf höhere Mächte, das Schicksal oder den Gang der Geschichte zu entlasten.

Mit Hilfe des Gegensatzpaares Gesinnungsethik/V. skizziert *Max Weber* den Idealtyp des demokratischen, von den Postulaten der Leidenschaft, des Augenmaßes und der Verantwortlichkeit bestimmten Politikers. Gesinnungsethik und V. sind dabei keine absoluten Gegensätze. Vielmehr müssen sie sich in der Person des Politikers ergänzen, denn ohne Wertentscheidung (Bergpredigt; → Menschenrechte; → Demokratie; soziale → Gleichheit) entartet V. zu gesinnungsloser → Realpolitik und zynischem Durchwursteln (*muddling through*). Ohne einen verantwortungsbewußten → Pragmatismus bleibt Gesinnungsethik hilflos oder wird totalitär.

Lit.: → Gesinnungsethik.

Günter Rieger

Verbände → Interessengruppen

Verbändestaat, Schlagwort, das Mitte der 1950er Jahre auf die Existenz- und Wirkungsberechtigung von → Interessengruppen hinwies und gleichzeitig vor der desintegrierenden Kraft einseitiger und egoistischer Interessenpolitik warnte.

Insofern diente es in der frühen BRD sowohl zur ersten politikwiss. Klärung eines zentralen Elements pluralistischer Grundordnungen als auch zur öff. Verbreitung dieses Grundverständnisses. Der Begriff V. wurde Ende der 1970er Jahre im Rahmen der Debatte über die → Regierbarkeit moderner Staaten wieder aufgegriffen und zur Erklärung mangelnder staatl. Handlungs- und Durchsetzungsfähigkeit gegenüber sozioökon. Interessen verwendet. In diesem Kontext diente er der konservativen Kritik an der sozial-liberalen Reformpolitik (Gewerkschaftsstaat).

→ Korporatismus; Pluralismus.

Lit.: *Eschenburg, T.* 1955: Herrschaft der Verbände?, Stg. *Hennis, W.* u. a. 1979: Regierbarkeit, 2 Bde., Stg.

Klaus Schubert

Verbandsklage, juristischer Fachterminus für die verwaltungsgerichtliche Klage eines Verbandes (im Ggs. zur Klage eines Individuums), mit der keine eigenen Rechte, sondern die der Mitglieder oder der Allgemeinheit geltend gemacht werden sollen.

Da üblicherweise nur Klage erhoben werden darf, wenn individuelle Interessen verletzt wurden, sind V. nur in gesetzlich bestimmten Ausnahmen zulässig. Maßgeblich für die Einführung war die Verabschiedung des

«Gesetzes zur Regelung des Rechts der Allgemeinen Geschäftsbedingungen» vom 9.12. 1976 (in Kraft seit 1.4. 1977), das z. B. Verbraucherverbänden erlaubt, Allg. Geschäftsbedingungen inhaltlich überprüfen zu lassen, d. h. (zivil-)rechtlich auf Unterlassung oder Widerruf ihrer Verwendung zu klagen. Analog dazu existieren in einigen Landesnaturschutzgesetzen (z. B. Berlin, Bremen, Hessen) Regelungen, die es Naturschutzverbänden erlauben, (verwaltungs-)rechtlich behördliche Maßnahmen (z. B. Planfeststellung) überprüfen zu lassen, wenn die entspr. Entscheidungen gegen schutzwürdige Belange verstoßen. Die V. ist insofern rechtspolit. umstritten, als klagebefugten Verbänden damit ein erheblicher polit. Einfluß eingeräumt und von diesen faktisch ein (ansonsten nur Gerichten zustehendes) Vorprüfungsrecht wahrgenommen wird.

Klaus Schubert

Verbraucherpolitik/Verbraucherschutz, die Gesamtheit aller polit. und verbandlichen Aktivitäten sowie staatl. Maßnahmen, die dazu dienen, die Marktposition der Konsumenten zu stärken und die priv. Endabnehmer gegenüber den Produzenten, Händlern und Dienstleistungsanbietern zu schützen.

1. V. orientiert sich damit pragmatisch an der Notwendigkeit des Verbraucherschutzes, nicht am idealistischen Konzept der Konsumentensouveränität. Letztere ist Kernelement liberaler Wirtschaftstheorien, die dem Verbraucher eine zentrale (Markt-)Stellung einräumen und dessen (Kauf-)Entscheidung als letztlich ausschlaggebend für Produktion, Umsatz und Erlös eines Produktes ansehen. Sie erblicken in der Freiheit der Auswahl (d. h. der Nachfrage) den wesentlichen Faktor für die Steigerung ökon. Effizienz, der zusammen mit der Freiheit des Wirtschaftens (d. h. dem Angebot) eine optimale Allokation knapper Ressourcen gewährleiste (→ Marktwirtschaft). Seit *Adam Smith* (1776) bilden diese ökon. Freiheiten die Grundlage zur Verwirklichung der allg. bürgerlichen Freiheiten – Verbraucher und Bürger gelten somit gleichermaßen als Souverän der freien Wirtschaft und der liberalen → Demokratie.

2. Faktisch ist die Marktmacht des Verbrauchers dagegen äußerst schwach. Charakteristisch für den ökon. → Tausch sind die Atomisierung der Nachfrageseite und zunehmende Konzentrationsprozesse auf der Anbieterseite; beide sind durch intransparente Marktbeziehungen und eine abnehmende Lebensdauer der Produkte und Dienstleistungen verbunden. Die wichtigsten Problemfelder der V. sind daher: (1) Qualität und Objektivität von Verbraucherinformation und Werbung; (2) Intensität des Wettbewerbs; (3) Preisgestaltung und Vertragsbedingungen; (4) Qualität und Sicherheit der Produkte; (5) Produkthaftung und (6) Regelung der Konsumentenkredite, Rechtsberatung und Durchsetzung von Verbraucherrechten.

3. V. ist v. a. regulative Politik, deren Grundlagen in D das Gesetz gegen unlauteren Wettbewerb (UWG), das Gesetz gegen Wettbewerbsbeschränkungen (GWB), das Verbraucherkreditgesetz, das Eichgesetz etc. bilden. Die Interessen der Verbraucher werden v. a. durch die Arbeitsgemeinschaften der Verbraucherverbände (AgV) vertreten, die insofern eine advokatorische V. betreiben, als sie von unmittelbarer, persönlicher Mitgliedschaft und den damit verbundenen verbraucherpolit. Mobilisierungs- und Durchsetzungsmöglichkeiten (wie z. B. im US-amerikan. *consumerism*) absehen und die abstrakt nur schwer organisierbaren Interessen der Verbraucher stellvertretend wahrnehmen. Mit Einführung des europ. Binnenmarktes und der Ausweitung des internat. Freihandels sind die Chancen zur Durchsetzung von Verbraucherinteressen nicht in gleichem Maße wie die Notwendigkeit aktiver V. gestiegen.

Lit.: *Kuhlbaum, E.* 1990: Verbraucherpolitik, Mchn. *Mitropoulos, S.* 1997: Verbraucherpolitik in der Marktwirtschaft, Bln. *Schubert, K.* 1989: Interessenvermittlung und staatliche Regulation, Opl. *Smith, A.* [6]1993: Der Wohlstand der Nationen, Mchn. (engl. 1776).

Klaus Schubert

Verbrauchsteuer, an die Verwendung des → Einkommens und Vermögens durch Ver-/Gebrauch von → Gütern und Dienstleistungen anknüpfende Besteuerung derjenigen Einkommensteile, die im Rahmen der → Einkommensteuer nicht erfaßt werden; üblicherweise mittels indirekter Besteuerung bei den Unternehmen erhoben (Produktionsbesteuerung) und durch die Preisbildung an den Verbraucher weitergegeben.

Allg. V. umfassen alle, spezielle V. lediglich einzelne Güter. Eine allg. V. wird in D in Form der → Umsatzsteuer erhoben, allerdings mit Ausnahmen, etwa der Nichtbesteuerung von Mietumsätzen oder des reduzierten Steuersatzes bei Nahrungsmitteln und Büchern. Bei den speziellen V. spielen Mineralöl-, Bier-, Kaffee-, Tabaksteuer, Branntweinabgabe und Zölle hinsichtlich des Steueraufkommens die größte Rolle. Von → Gemeinden oder Kreisen können außerdem z.B. Hunde-, Schankerlaubnis-, Vergnügungs-, Jagd- und Fischereisteuer erhoben werden. In der Europäischen Union wird eine Harmonisierung der V. bei Mineralöl, Tabak, Alkohol, Wein und Bier angestrebt.

→ Steuern; Steuerstruktur.
Lit.: → Steuern.

Susanne Schäfer-Walkmann

Verbundföderalismus → Politikverflechtung

Vereinbarung, im allg. Sprachgebrauch jede von mindestens zwei Personen freiwillig getroffene Übereinkunft, entspr. der wechselseitigen Willenserklärung zu handeln.

Insbes. *D. Sternberger* benutzte den Begriff der V., um in der demokratietheoretischen Diskussion um die → Legitimität polit. Ordnungen den Antagonismus zwischen → Herrschaft und Herrschaftsfreiheit aufzuheben. Die Legitimität demokratischer Regierung haftet demnach im Ggs. zu *Max Webers* drei reinen Typen legitimer Herrschaft nicht am Herrschaftsbegriff selbst, sondern setzt das freiwillige Einverständnis der → Bürgerschaft voraus. Symbolische Akte solcher V. sind der Rütlischwur der Eidgenossen (1291), der Bund (*covenant*) der Pilgerväter (1620) und der Ballhausschwur der Deputierten des Dritten Standes im Vorfeld der Französischen Revolution (1789). Die → Verfassungen moderner → Staaten gelten als explizit oder stillschweigend eingegangene fundamentale V., welche Legitimität und Spielraum demokratischer Herrschaftsausübung festlegen.

→ Vertragstheorien.
Lit.: *Sternberger, D.* 1986: Herrschaft und Vereinbarung, Ffm.

Günter Rieger

Vereinigungsfreiheit → Freiheit

Verelendung, im allg. politikwiss. Sprachgebrauch synonym für wachsende Armut, für Verarmung und sozialen Abstieg. Unterschieden wird zwischen absoluter V. (absolut sinkende Reallöhne bzw. absolut geringere Kaufkraft) und relativer V. (sinkender Anteil der Armen am Sozialprodukt/am gesamten Einkommen).

Im → Marxismus Korrespondenzbegriff zu Ausbeutung und → Entfremdung, bezeichnet V. nach *Marx* die allg. Lage der Arbeiterklasse in menschlicher, materieller, sozialer und polit.-ideologischer Hinsicht im → Kapitalismus als Ergebnis seiner Ausbeutungs- und Entfremdungsmechanismen.

Dieter Nohlen

Verfassung, i. e. S. die in einem Verfassungsgesetz (Verfassungsurkunde) niedergelegten grundlegenden Bestimmungen über die Staatsorganisation und -funktionen, die Staatsaufgaben und -ziele sowie die Rechtsstellung der Bürger. Dieser sog. formalrechtliche

Verfassungsbegriff deckt sich mit dem Gegenstand des Verfassungsrechts.

Gegenüber anderen Gesetzen weist das Verfassungsgesetz drei Besonderheiten auf: Es ist nur unter erschwerten Bedingungen abänderbar, bindet die öff. Gewalt in allen ihren Erscheinungsformen und genießt Vorrang gegenüber allen anderen staatl. Rechtsvorschriften. Der legitimierende Grund für die Sonderstellung der V. liegt in dem Akt der verfassunggebenden Gewalt. Im demokratischen Verfassungsstaat ist das Volk als der einzig legitime Verfassunggeber anzusehen (→ Volkssouveränität). Es kann entw. selbst über einen Verfassungsentwurf abstimmen, der ihm von einer beratenden Versammlung (sog. Verfassungskonvent) vorgelegt wird. Oder es kann Abgeordnete einer verfassunggebenden Versammlung wählen und sie ermächtigen, als Repräsentanten des verfassunggebenden Volkes eine V. zu schaffen.
I. w. S. wird unter V. die Gesamtheit aller für die polit. Ordnung grundlegenden Rechtssätze verstanden, unabhängig davon, ob sie in der Verfassungsurkunde stehen oder nicht. Dieser sog. materiellrechtliche Verfassungsbegriff deckt sich mit dem Inhalt des Staatsrechts. Im polit.-soziologischen Sinn beschreibt V. den tatsächlichen polit. Zustand eines Staates, die Machtverhältnisse, Entscheidungswege, wirtschaftl., kulturellen, historischen usw. Einflußfaktoren auf das Staatsleben. In diesem Sinne hat jeder Staat eine Verfassung.

→ Verfassungsgrundsätze; Verfassungslehren; Verfassungswirklichkeit.

Lit.: *Böckenförde, E.-W.* 1991: Staat, Verfassung, Demokratie, Ffm. *Dreier, R.* 1981: Recht-Moral-Ideologie, Ffm. *Grimm, D.* 1989: Verfassung, in: Staatslexikon, Bd. 5, 634–643. *Grimm, D.* [2]1994: Die Zukunft der Verfassung, Ffm. *Grimm, D.* 2001: Die Verfassung und die Politik, Mchn. *Häberle, P.* 1978: Verfassung als öffentlicher Prozeß, Bln. *Hennis, W.* 1968: Verfassung und Verfassungswirklichkeit, Tüb. *Vorländer, H.* (Hrg.) 2001: Integration durch Verfassung, Wsb.

Friedrich G. Schwegmann

Verfassungsgerichtsbarkeit, die justizförmige Entscheidung von Konflikten entw. zwischen verschiedenen Staatsorganen oder zwischen Staat und Bürgern über die Anforderungen des Verfassungsrechts an staatl. Verhalten.

1. In der wiss. Behandlung der V. lassen sich verschiedene Ansätze feststellen, die jedoch nicht immer scharf gegeneinander abgegrenzt werden können. Lange Zeit herrschte ein institutioneller Ansatz vor. Gefragt wird dann nach der Konstruktion der Verfassungsgerichte, ihrer Zusammensetzung, ihren Zuständigkeiten, den Verfahrensregeln, den Entscheidungswirkungen, den Beziehungen zu anderen Staatsorganen etc. Ein solcher Ansatz ist ebenso grundlegend wie begrenzt. Einerseits setzt jede wiss. Behandlung der V. die Kenntnis ihres institutionellen Rahmens voraus. Andererseits ist damit noch nichts über das praktische Funktionieren und die tatsächlichen Auswirkungen der V. gesagt (→ Verfassung und Verfassungswirklichkeit). Die Regel beispielsweise, daß die Richter des Bundesverfassungsgerichts (BVerfG) je zur Hälfte von Bundestag und Bundesrat mit Zwei-Drittel-Mehrheit gewählt werden, bleibt relativ aussagearm, solange nicht bekannt ist, daß dies in der Praxis zu einer proportionalen Aufteilung der Richterstellen unter die großen Parteien geführt hat, wobei das qualifizierte Mehrheitserfordernis freilich Extremkandidaturen vorbeugt.
2. Der institutionelle Ansatz wird daher durch einen funktionalistischen ergänzt. Im Vordergrund steht hier nicht die verfassungsrechtliche Zweckbestimmung und Organisation der V., sondern ihre tatsächliche Rolle im polit. System. Die Frage nach der Funktion wird häufig auf die Alternative von Recht oder Politik zugespitzt. Indessen scheint dieses Begriffspaar für die Erfassung der V. zu grob. Wegen seines prinzipien- und kompromißhaften Charakters ist das Verfassungsrecht in hohem Maß konkretisierungs- und fortbildungsbedürftig. Infolgedessen verbinden sich in jeder verfassungsgerichtlichen Entscheidung unvermeidlich kognitive und volitive Elemente. Durch die V. werden nicht nur generelle Vorentscheidungen der

Verfassung im konkreten Fall zur Geltung gebracht, sondern auch selbständig polit. Entscheidungen gesetzt. Insofern Gegenstand dieser Entscheidungen häufig das Verhalten der obersten Staatsorgane und der in ihnen wirkenden polit. → Parteien ist, nimmt die V. funktionell betrachtet an der Staatsleitung teil. Das ist bes. oft für die Gesetzgebung festgestellt worden, trifft aber auch auf andere Bereiche, etwa die Organbeziehungen und die Parteienstruktur zu. Daraus ergibt sich die viel erörterte Frage, wo die funktionellen Grenzen der V. liegen, wobei als Maßstab einerseits die spezifischen Vorzüge und Defizite justizförmiger Verfahren, andererseits übergeordnete Staatszielbestimmungen, namentlich das Demokratieprinzip, fungieren.

3. Die Erkenntnis der polit. Funktion der V. legt die Frage nach dem Entscheidungsverhalten der Richter sowie nach der Reaktion der betroffenen polit. Akteure nahe. Darauf antworten behavioristische und interaktionistische Ansätze. Erstere stoßen allerdings auf erhebliche Schwierigkeiten, weil in der V. nur die Entscheidungsdarstellung öff., die Entscheidungsherstellung aber geheim erfolgt. Immerhin lassen sich sowohl die grundlegenden Werthaltungen, die Verständnis und Anwendung der Verfassung steuern, als auch die Perzeption von sozialer Wirklichkeit und → Sozialem Wandel, angesichts deren die Verfassung zur Wirkung kommen soll, mittelbar aus den Judikaten erschließen. Das geschieht aber noch relativ selten. Was die Auswirkungen auf andere polit. Akteure angeht, so sind die Voraussetzungen günstiger und einige Ergebnisse sichtbar. So zeigt sich etwa, daß die Kompetenzfülle der V. die Neigung der Parteien, polit. Kontroversen vor Gericht fortzusetzen, sehr verstärkt hat. Umgekehrt lassen sich die polit. Akteure in hochsensiblen Fragen aber auch gern durch einen Spruch des angreifbaren Verfassungsgerichts von eigener Verantwortung entlasten. Der Gesetzgeber nimmt gegenüber dem Verfassungsgericht oft die Rolle eines Ausführungsorgans an. Im einzelnen bleibt aber auch hier noch vieles zu klären. Insofern kann die → Implementationsforschung wichtig werden, die sich gerade auf die V. zu erstrecken beginnt.

4. Schließlich stellt sich angesichts der polit. Funktion der V. die Frage nach den inhaltlichen Optionen und spezifischen Selektivitäten, die nicht schon aus den verfassungsrechtlichen Vorgaben, sondern erst aus ihrer Handhabung durch die V. resultieren. Allerdings haben sich Versuche, Entscheidungsinhalte aus Herkunft, Sozialisation, polit. Affinitäten zu erklären, oft als kurzschlüssig erwiesen, weil übersehen wird, daß die Normbindung den Richtern nicht nur auferlegt ist, sondern auch ihr Verhalten mitbestimmt, so daß stets professionelle Standards zwischen Einstellung und Entscheidung treten. Von begrenztem Erklärungswert ist aber auch der marxistische Ansatz, dem die V. lediglich als Institution zur Verschleierung gesellschaftl. → Konflikte und zur Bestandssicherung des Systems erscheint. Von einer auf die Wahrung der Verfassungsordnung verpflichteten Institution kann nicht der Anstoß zum Systemwechsel erwartet werden. Das schließt aber evolutionäre Wirkungen keineswegs aus.

Lit.: *Brünneck, A. von* 1992: Verfassungsgerichtsbarkeit in westlichen Demokratien, Baden-Baden. *Landfried, Ch.* 1984: Bundesverfassungsgerichtsbarkeit und Gesetzgeber, Baden-Baden. *Mackert, J./Schneider, F.* 1971–81: Bibliographie zur Verfassungsgerichtsbarkeit des Bundes und der Länder, 3 Bde., Tüb. *Oberreuter, H.* 2001: Verfassungsgerichtsbarkeit, in: *Nohlen, D.* (Hrsg.): Kleines Lexikon der Politik, Mchn., 534–538.

Dieter Grimm

Verfassungsgrundsätze, im politikwiss. Sprachgebrauch die grundlegenden Verfassungsmerkmale westl. Demokratien.

Im einzelnen sind dies die → Volkssouveränität (einschl. eines Mehrparteiensystems mit Gründungs- und Wirkungsfreiheit von → Parteien sowie des Rechts auf → Opposition), das Mehrheitsprinzip, die Geltung von → Grundrechten (Freiheits- und Gleichheitsrechte), die institutionelle Differenzierung staatl. → Herrschaft (→ Gewaltenteilung und → Föderalismus) sowie die Rechtsförmigkeit staatl. Handelns (normierte Zuständigkeiten und Verfahren, Bindung aller Staatsgewalten an die Verfassung, Vorrang und Vorbehalt des Gesetzes sowie gerichtliche Überprüfbarkeit). Im vieldeutigen juristischen Sprachgebrauch bezeichnen V. u. a. die «in den Artikeln 1 und 20 niedergelegten Grundsätze», deren Änderung gem. Art. 79 Abs. 3 GG unzulässig ist. Wenn Art. 98 GG Sanktionen gegen Bundesrichter vorsieht, die «gegen die Grundsätze des GG» verstoßen, so ist darunter die freiheitliche demokratische Grundordnung zu verstehen.

Friedrich G. Schwegmann

Verfassungslehren, Überlegungen über die Verfassung von Staaten lassen sich bis in die Antike zurückverfolgen. Sie beginnen bei den Griechen mit der Unterscheidung der drei klassischen Verfassungstypen: Monarchie, Aristokratie und Demokratie sowie der Feststellung von Mischformen. Die Diskussion wird von Anfang an von der Frage nach der «besten» Verfassung beherrscht. Während zunächst die Idee der gemischten Verfassung bes. Beachtung findet, gewinnen mit dem Aufkommen der Souveränitätslehren in der frühen Neuzeit die «reinen» Verfassungen gegenüber den «gemischten» an Bedeutung. Aus dem Spannungsverhältnis zwischen dem Souveränitätskonzept und den im 17. Jh. in Verbindung mit der Mischverfassungsidee formulierten Gewaltenteilungslehren erwachsen schließlich die Theorien des modernen Verfassungsstaates, des bis heute vorherrschenden Verfassungstyps.

1. (1) Die europ. Verfassungsdiskussion beginnt mit den gesellschaftskritischen Auslassungen der Sophisten im 5. Jh. v. Chr. und *Platons* berühmter, gegen sie gerichteter Schrift über den «Staat». In ihr umreißt *Platon* die Idee einer staatl. Ordnung mit einer quasi ständischen Gliederung: mit dem Staat lenkenden Weisen, ihn schützenden Wächtern und für die materielle Existenz sorgenden Bauern, Handwerkern und Händlern. Dabei bleibt den beiden ersten Ständen wegen der ihnen obliegenden Sorge um das Gemeinwohl jeglicher Privatbesitz versagt. *Platons* Vorstellung von einem idealen Staat hat nicht zuletzt Einfluß auf die zahlreichen Staatsutopien der Neuzeit ausgeübt. Seine Vorstellung von einer hierarchischen Gliederung der Staatsgesellschaft und einer umfassenden, auch den Bereich des Privaten nicht aussparenden Lenkungsgewalt in den Händen einer bes. befähigten Herrschaftselite konnte zur Legitimation ständisch-elitärer Gesellschaftskonzeptionen wie auch «wohlmeinender» Despotien dienen. Die Erfahrung der modernen → Diktatur führte zu einer grundsätzlichen Kritik an seiner Staatsidee, exemplarisch u. a. im → Kritischen Rationalismus eines *K. Popper* (1945). Maßgeblicher für die Entwicklung der Verfassungstheorie wurde *Aristoteles*. In seiner «Politik» geht *Aristoteles* von der klassisch gewordenen Einteilung der Verfassungen nach der Zahl der Herrschenden (einer, einige, alle bzw. die Mehrheit oder die Masse der Armen) aus, die er mit einer qualitativen Unterscheidung der Verfassungen in gute, d. h. auf das → Gemeinwohl ausgerichtete, und schlechte, dem Privatinteresse der Herrschenden dienende, kreuzt. Sein starkes empirisches Interesse, das ihn 158 Verfassungen griech. Stadtstaaten sammeln und auswerten ließ, lenkte sein Augenmerk bes. auf die gemischten Verfassungen. Unter ihnen favorisierte er die *politie,* eine Mischung von Aristokratie und Demokratie, die er wegen des in ihr möglichen Ausgleichs zwischen Reichen und Armen durch einen Mittelstand für bes. stabil und aus Gründen der Gesellschaftsethik vorzugswürdig hielt.

(2) Die Dauerhaftigkeit einer gemischten Verfassung haben *Polybios* und *Cicero* am Beispiel Roms zu demonstrieren versucht. Der Stabilitätsfrage kam in der Antike eine erhebliche Bedeutung zu, weil man glaubte, nur mit einer stabilen Verfassung dem Verfall von Staat und Gesellschaft und einem ewigen Verfassungskreislauf entgehen zu können. In der christlich-abendländischen Staatsdiskussion ist die Idee der Verfassungsmischung mit der vom Mittelalter *(Thomas von Aquin)* bis ins 18. Jh. vorherrschenden

Theorie der gemäßigten Monarchie *(monarchia limitata)* verknüpft worden. So ließ sich v. a. der frühneuzeitliche Ständestaat mit seinen zwischen Monarch und Ständen ausgehandelten Herrschaftsverträgen – samt dazu gehörendem Widerstandsrecht bei Vertragsbruch – theoretisch begründen. Ausdruck dieser Ansichtsweise war seit dem 16. Jh. die Annahme sog. *lois fondamentales,* von «Grundgesetzen» des Staates, die die allg. Rechtsgrundlage für die auf ihnen basierenden Herrschaftsabsprachen darstellen sollten.

(3) Der dualistisch konstruierte Ständestaat ist jedoch nicht in der Lage gewesen, die im Übergang zur Neuzeit auftretenden Ordnungsprobleme zu meistern und dem Zerfall gemeinsamer Überzeugungen in den konfessionellen Bürgerkriegen des 16. und 17. Jh. zu begegnen. Das hatte eine Abkehr von der Idee der Verfassungsmischung und eine Propagierung der «reinen» Verfassungen mit absoluter Entscheidungsgewalt *(suprema potestas, souveraineté)* der in ihnen Herrschenden zur Folge. Der neuen, maßgeblich von *Bodin* (1583) entwickelten Souveränitätslehre ging es in erster Linie darum, eine mit höchster Gewalt ausgestattete staatl. Autorität zu legitimieren, die imstande war, die Bürgerkriegssituation zu beenden und einen Friedens- und Rechtszustand – ohne Rücksicht auf die verschiedenen Meinungen darüber – herbeizuführen: *auctoritas non veritas facit legem (Hobbes).* Diese Aufgabe schien sich besser in einer Monarchie mit absoluter Herrschaftsgewalt eines einzelnen als in einer Aristokratie oder Demokratie – von der gemischten Verfassung ganz zu schweigen – lösen zu lassen. Die Souveränitätslehre diente daher zunächst zur Rechtfertigung der absoluten Monarchie.

Von *Hobbes* ist sie mit einer neuen, epochemachenden Methodik der Staatsbetrachtung verbunden worden: In den auf ihn zurückgehenden Staatsvertragslehren des 17. und 18. Jh. erscheinen Staat und Verfassung als Erzeugnisse des menschlichen Willens, zustandegekommen durch Vertrag. Im Ggs. zur aristotelischen Tradition wird der Mensch nicht mehr als ein von vornherein in Familie und Staat eingebundenes *zoon politikon* oder *animal sociale* gedacht, sondern als ein gemeinschaftsloses, egoistisches Individuum, das wegen der Inkonvenienzen des sog. Naturzustandes, in dem es sich zunächst befindet, den Übergang in einen vertraglich begründeten und mit einer souveränen staatl. Entscheidungsgewalt versehenen Gesellschaftszustand sucht, um in den Genuß eines allg. akzeptierten und garantierten Rechtszustands mit Sicherheit für Leib, Leben und Eigentum zu gelangen. Diese individualistische Konstruktion des Staates durch Vertrag diente gerade bei *Hobbes* zur Legitimation einer schrankenlosen monarchischen Souveränität (→ Vertragstheorien).

(4) Widerstand gegen diese Souveränitätsidee erhob sich in der Englischen Revolution des 17. Jahrhunderts. In ihr wurde die Idee der → Gemischten Verfassung – nunmehr verbunden mit der Vorstellung von einer Teilung der staatl. Gewalt – gegen den Souveränitätsanspruch der *Stuart*-Könige wie gegen den «Parlamentsabsolutismus» des «Langen Parlaments» ins Feld geführt. Endgültig durchgesetzt hat sich das neue Konzept eines auf → Gewaltenteilung und «Verfassungsmischung» basierenden Staates 1689 in der *Glorious Revolution.* Sie sicherte die Herrschaft des *King in Parliament,* des Königs und der im Ober- und Unterhaus versammelten Stände, und die Parlamentssouveränität, ab. In der Englischen Revolution finden sich damit die ersten Ansätze modernen verfassungsstaatl. Denkens: (a) die Idee einer *written constitution* als Grundlage der Staatsorganisation (vgl. *Cromwells Instrument of Government,* 1653); (b) die Vorstellung von dem Staat vorgegebenen, natürlichen (angeborenen) Rechten, den späteren Menschenrechten; (c) die Auffassung von der staatl. Gewaltenteilung als Garant individueller Freiheit.

Die in diesem Zusammenhang 1690 von *Locke* und 1748 von *Montesquieu* entwickelten verfassungstheoretischen Überlegungen standen Pate bei der Entstehung der ersten modernen Verfassungen in den 1776 unabhängig gewordenen Staaten der späteren USA und 1791 bei der Verfassunggebung in der Französischen Revolution. Doch gab es signifikante Unterschiede zwischen den amerikan. und europ. Verfassungsvorstellungen. Das vor allem in den für die amerikan. Verfassungstheorie maßgeblichen *«Federalist Papers»* zu Tage tretende Mißtrauen gegen die Leidenschaften der Menschen ließ die Autoren dieser Schrift ihr Vertrauen stärker in die Institutionen und die durch die Gewaltenteilung gewährleistete gegenseitige Kontrolle als in souveräne Machthaber setzen. Sie propagierten dabei nicht nur eine Gewaltenteilung zwischen Legislative, Exekutive und Judikative, sondern setzten auch auf die entspr. Wirkung einer «Teilung der Souveränität» zwischen Bund und Gliedstaaten im neuen amerikan. Bundesstaat. Im übrigen stand für die amerikan. Theorie von vornherein der Vorrang der Verfassung gegenüber allen staatl. Maßnahmen, gesichert durch die auch den Gesetzgeber kontrollierende → Verfassungsgerichtsbarkeit des *Supreme Court,* fest.

Demgegenüber sind die verfassungsstaatl. Überlegungen in Europa der Souveränitätsidee in stärkerem Maße verpflichtet geblieben. Unbestrittene Basis des Verfassungsstaates wurde – nach langen Kämpfen – die Idee der → Volkssouveränität, wie sie einerseits – nach außen hin – im Konzept des (nat.) → Selbstbestimmungsrechts der Völker, andererseits – im innerstaatl. Bereich – in *Rousseaus* Vorstellung von einer → Direkten Demokratie ihren Ausdruck gefunden hat. Abgewandelt wurde dieses Bekenntnis zur Volkssouveränität jedoch schon in der Französischen Revolution durch die Idee des Repräsentativsystems: Nicht die Bürger selbst, sondern die von ihnen gewählten Abgeordneten stellten danach das Volk dar und übten seine souveräne Gewalt aus *(Abbé Sieyès, Burke).* Die Verfassung wurde nach dieser Auffassung nicht durch einen Vertrag zwischen Individuen begründet, sondern vom *pouvoir constituant* einer verfassunggebenden Nationalversammlung in die Welt gesetzt. Unter den *pouvoirs constitués* der Verfassung aber besaß die (parlamentarische) Legislative eine durch keine Verfassungsgerichtsbarkeit kontrollierte souveräne Stellung.

2. (1) Die verfassungsstaatl. Ideen des 18. Jh. haben den Konstitutionalismus des 19. Jh. geprägt. Das Spannungsverhältnis zwischen Souveränität und Gewaltenteilung, zwischen Fürsten- und Volkssouveränität, hat dabei zu vielfältigen Formen der konstitutionellen Monarchie geführt. In D wurde zunächst an der Fürstensouveränität, daran, daß der Monarch der Inhaber der gesamten Staatsgewalt geblieben sei, daß er die Verfassung seinen Untertanen aus freier Machtvollkommenheit oktroyiert habe und das Parlament nur bestimmte, ihm in der Verfassung eingeräumte Zustimmungsrechte besitze, festgehalten (sog. monarchisches Prinzip). Mit fortschreitender Entwicklung wurde dem Fürsten gelegentlich sogar die Aufgabe, zwischen den Klassen der Industriegesellschaft zu vermitteln, angesonnen, so im Konzept des «sozialen Königtums» bei *Lorenz von Stein* (1850).

(2) Dualistisch i. S. einer Gleichberechtigung von Monarch und Parlament ist dagegen die konstitutionelle Monarchie seit der Verabschiedung der liberalen Musterverfassung Belgiens 1831 interpretiert worden. Der allg. Trend zur → Parlamentarisierung und → Demokratisierung spiegelte sich in Theorien wider, die den Monarchen gegenüber Regierung und Parlament stärker zurücktreten ließen, ihm z. B. nur noch die Funktion eines zwischen den aktiven Trägern der Staatsgewalt im Streitfall vermittelnden *pouvoir neutre* einräumten, so u. a. bei *B. Constant* (1815). Seit der Mitte des 19. Jh. führte die «Entdeckung» des (engl.) parlamentarischen Regierungssystems schließlich dazu, im Monarchen nur noch ein repräsentatives Staatsorgan, ein *«dignified part of the constitution»* zu sehen (*Bagehot* 1867). Dagegen bemühte sich die Verfassungstheorie in D, zwischen konstitutioneller und parlamentarischer Monarchie begrifflich scharf zu unterscheiden; sie erblickte in dem monarchische Staatsautorität und bürgerliche Freiheit verbindenden «Deutschen Konstitutionalismus», im «Rechtsstaat» des Bismarckreichs den Gipfelpunkt der staatl. Entwicklung. Auch nach der Einführung des parlamentarischen Regierungssystems glaubte man noch, einem nun drohenden «Parlamentsabsolutismus» mit der Einsetzung eines starken Präsidenten begegnen zu müssen, um das «Gleichgewicht» zwischen den Gewalten zu wahren (*Redslob* 1918). Aus der Zeit der Weimarer Republik stammt auch das Bemühen der dt. Staatsrechtslehre, Verfassungen

in Überwindung des sog. Rechtspositivismus als an übergeordneten Rechtsgrundsätzen orientierte Wertordnungen (statt als wertneutrale Rahmenordnungen) zu begreifen (*Smend*).

(3) Erhebliche Bedeutung für die Verfassungstheorie gewann die sich im 19. Jh. durchsetzende historische Betrachtungsweise, so z. B. im neu aufkommenden Fach der Verfassungsgeschichte *(O. Hintze)*. Polit. ist den rationalistischen und antitraditionalen Verfassungskonstruktionen der Revolution von konservativer Seite die Idee einer allmählichen, «organischen» Entwicklung entgegengesetzt worden; auch die antike Vorstellung vom Staatsverfall durch einen revolutionären Wandel der Verfassungen wurde wieder aufgegriffen. Die Progressiven deuteten dagegen die Entwicklung als «Fortschritt» in Richtung allg. Demokratisierung und gesellschaftl. Emanzipation. Von der radikalen Linken wurde juristischen Verfassungstheorien ideologiekritisch entgegengehalten, daß sie die gesellschaftl. Machtverhältnisse verhüllten; hinter der Staatsverfassung entdeckte man die «wahre Verfassung» der Gesellschaft in den tatsächlichen Machtverhältnissen, insbes. den Eigentums- und Klassenverhältnissen *(Lassalle)*. Gegen den «bürgerlichen» Verfassungsstaat wurde die Idee der modernen (souveränen) Diktatur ins Feld geführt; an die Stelle der Gewaltenteilung trat das Bekenntnis zur Gewaltenkonzentration in der Hand des «Proletariats», einer Partei bzw. eines «Führers».

3. Die Verfassungslehre der Gegenwart hat sich unter dem Eindruck der totalitären Diktaturen und ihrer furchtbaren Folgen wieder stärker dem liberalen Verfassungsstaat und seiner Neubestimmung im demokratischen und sozialstaatl. Sinne zugewandt. Das gilt für die modernen Grundrechtstheorien ebenso wie für die Lehre von der Gewaltenteilung. Angesichts des Siegeszuges der → Demokratie haben die Kategorien der klassischen Staatsformenlehre an Bedeutung verloren. An ihre Stelle sind aussagekräftigere Begriffe wie «parlamentarisches» und «präsidentielles System» getreten. Von der einer älteren konstitutionellen Sichtweise verpflichteten «Verfassungslehre» *C. Schmitts* (1928) und einer erst vor kurzem wieder eingesetzten Beschäftigung der Juristen mit der Theorie der Verfassung abgesehen, stammen die neuen Verfassungslehren von Politikwissenschaftlern *(C. J. Friedrich, K. Loewenstein, F. A. Hermens)*. Sie bemühen sich um eine Darstellung und Stabilisierung der *living constitution*, wobei der Verfassungsbegriff, der Verzahnung von Staat und Gesellschaft in der Demokratie entsprechend, weit gefaßt wird. In den letzten Jahren hat die Staatsverfassung in der Politikwiss. erneut verstärkte Beachtung gefunden im Zusammenhang mit der Wiederentdeckung der *polity*-Dimension des Politischen in der *policy-science* und im → Neo-Institutionalismus. Die gesellschaftl. Grundlagen einer funktionierenden Gewaltenteilung in der «pluralistischen Gesellschaft» (*E. Fraenkel*) werden ebenso thematisiert wie die Notwendigkeit, das parlamentarische Regierungssystem, für das eine Fusion von Regierung und parlamentarischer Mehrheit charakteristisch ist, durch das Kontrollelement der Verfassungsgerichtsbarkeit neu auszubalancieren. Die Entwicklung zu supranat. polit. Gebilden wie der *Europäischen Union* hat die überkommene → Identität von Volk im polit. und ethnischen Sinne, von Demokratie und Nation, aufgebrochen und die Idee einer föderativen Ordnung der Staaten gestärkt. Um die in diesem Zusammenhang auftretenden Probleme zu meistern, wird die Verfassungstheorie neue Vorstellungen und neuinterpretierte Begriffe benötigen, wie z. B. die Diskussion um das sog. → Subsidiaritätsprinzip zeigt. Auf diesem Feld werden sich die Verfassungslehren der Zukunft v. a. zu bewähren haben.

Lit.: *Ashford, D. E.* (Hrsg.) 1978: Comparing Public Policies, L. *Boldt, H.* 1975: Deutsche Staatslehre im Vormärz, Düss. *Brinkmann, K.* ²1994: Verfassungslehre, Mchn/Wien. *Burdeau, G.* 1962: Zur Auflösung des Verfassungsbegriffs, in: Der Staat, 389–404. *Fenske, H.* u. a. ¹²1991: Geschichte der politischen Ideen, Ffm. (zuerst 1981). *Fraenkel, E.* ⁷1991: Deutschland und die westlichen Demokratien, Stg. *Friedrich, C. J.* 1953: Der Verfassungsstaat der Neuzeit, Gött./Hdbg. *Friedrich, M.* (Hrsg.)

1978: Verfassung. Beiträge zur Verfassungstheorie, Darmst. *Grimm, D.* 1991: Die Zukunft der Verfassung, Ffm. *Häberle, P.* [2]1998: Verfassungslehre als Kulturwissenschaft, Bln. *Haverkate, G.* 1992: Verfassungslehre, Mchn. *Hermens, F.A.* [2]1968: Verfassungslehre, Köln. *Hintze, O.* 1962: Staat und Verfassung. Gesammelte Abhandlungen, 3 Bde., hrsg. von *Oestreich, G.* Gött. *Kägi, W.* 1971: Die Verfassung als rechtliche Grundordnung des Staates, Darmst. (zuerst 1945). *Löwenstein, K.* [2]1968: Verfassungslehre, Tüb. ([1]1959; engl. zuerst 1957). *Mayer-Tasch, P.* 1991: Politische Theorie des Verfassungsstaates, Mchn. *Mohnhaupt, H./Grimm, D.* 1995: Verfassung. Zur Geschichte des Begriffs von der Antike bis zur Gegenwart, Bln. *Morlok, M.* 1988: Was heißt und zu welchem Ende studiert man Verfassungstheorie? Bln. *Oppen-Rundstedt, C. von* 1970: Die Interpretation der amerikanischen Verfassung im Federalist, Bonn. *Pernthaler, P.* [2]1996: Allgemeine Staatslehre und Verfassungslehre, Wien/NY. *Popper, K.* [7]1992: Die offene Gesellschaft und ihre Feinde, 2 Bde., Tüb. (engl. 1945) *Redslob, R.* 1912: Die Staatstheorien der französischen Nationalversammlung, Lpz. *Redslob, R.* 1918: Das parlamentarische Regierungssystem in seiner wahren und in seiner unechten Form, Tüb. *Schindler, D.* [5]1970: Verfassungsrecht und soziale Struktur, Zürich (zuerst 1932). *Schmitt, C.* [8]1993: Verfassungslehre, Bln. (zuerst 1928). *Smend, R.* 1928: Verfassung und Verfassungsrecht (wiederabgedr. in: *ders.* [3]1994: Staatsrechtliche Abhandlungen und andere Aufsätze, Bln., 189–276). *Stourzh, G.* 1989: Wege zur Grundrechtsdemokratie. Studien zur Begriffs- und Institutionsgeschichte des liberalen Verfassungsstaates, Wien/Köln. *Zippelius, R.* [8]1991: Geschichte der Staatsideen, Mchn. (zuerst 1971).

Hans Boldt

Verfassungspatriotismus, von *D. Sternberger* geprägter, empirisch wie normativ verwandter Begriff für die motivierende Identifikation der → Bürgerschaft mit den Prinzipien und Institutionen des Verfassungsstaates.

V. soll in pluralen Gesellschaften (→ Pluralismus) das für den demokratischen → Sozialstaat unverzichtbare Maß an → Solidarität, Konsens und freiwilliger → Partizipation garantieren, ohne einen die individuelle Freiheit einengenden und die Selbstachtung und Anerkennung unterschiedlicher religiöser, ethnischer und kultureller Gruppen gefährdenden, substantiellen Wertkonsens hinsichtlich des guten Lebens vorauszusetzen und ohne die aggressiven, despotischen und kriegerischen Begleiterscheinungen der traditionellen Form des Patriotismus oder der Vaterlandsliebe zu fördern. V. kann die für liberale → Demokratien notwendige Integration von menschenrechtlichem Universalismus und nationalstaatl. Partikularismus leisten, weil deren → Verfassungen sich einerseits an den universalen Prinzipien der → Freiheit und → Gleichheit ausrichten, andererseits aber gleichzeitig als Produkt der spezifischen Geschichte eines Volkes verstanden werden müssen.

→ Identität; Zivilgesellschaft.

Lit.: *Gebhardt, J.* 1993: Verfassungspatriotismus als Identitätskonzept der Nation, in: APuZ 14, 29–37. *Habermas, J.* 1996: Die Einbeziehung des Anderen, Ffm. *Sternberger, D.* 1990: Verfassungspatriotismus, Schriften Bd. 10, Ffm. (zuerst 1982).

Günter Rieger

Verfassungswirklichkeit, Begriff, der sich von Verfassung abgrenzt, der urspr. selbst ein Wirklichkeitsbegriff war und den tatsächlichen Zustand eines Staates bezeichnete, wie er durch Landesbeschaffenheit, Bev., geopolit. Lage, Religion, Rechtsordnung etc. geprägt war (*Mohnhaupt/Grimm* 1985). Mit der ausgangs des 18. Jh. einsetzenden Verengung des Verfassungsbegriffs auf ein Gesetz, das polit. → Herrschaft auf bestimmte Formen, Prinzipien und Verfahren festlegte, entstand das Problem der Differenz von Verfassungsrecht und Verfassungswirklichkeit.

Es handelt sich freilich nicht um ein verfassungsspezifisches Problem. Jede → Norm zielt auf Verwirklichung und bedarf dazu ständiger sozialer Vermittlung, die mehr oder weniger glücken kann. Im Bereich der → Verfassung scheint sich das Problem aber bes. zuzuspitzen. Das hängt mit der Eigenart des Verfassungsrechts zusammen: (1) sind hier Regelungsadressat und Regelungsgarant identisch. Das erschwert die Durchsetzbarkeit im Konfliktfall. Das Problem ist zwar durch Gewaltenteilung und → Verfassungsgerichtsbarkeit entschärft, aber prinzipiell unlösbar. (2) Das Verfassungsrecht trifft auf eine bes. widerständige und eigendynamische Materie, so daß nicht nur → Normen die Wirklichkeit, sondern auch tatsächliche Verhältnisse den Normsinn bestimmen. (3) Der Verfassung als derjenigen Norm, die die Grundbedingungen polit. Entscheidungen formuliert, haftet ein weitgehend prinzipienhafter Charakter an. Entspr. breit fällt aber auch der Bereich der mit den Prinzipien kompatiblen Wirklichkeiten aus. (4) Die Verfassung ist als Basiskonsens nur erschwert abänderbar, so daß erforderliche Reaktionen auf veränderte Realisierungsbedingungen von Verfassungsrecht sich häufig verzögern oder ganz ausbleiben, wodurch dann die Kluft zwischen Recht und Wirklichkeit breiter wird.

Die Differenz von Verfassung und Verfassungswirklichkeit hat in der Wiss. im wesentlichen fünf unterscheidbare Reaktionen gefunden. Die beiden ersten lösen die Spannung einseitig auf, und zwar entw. nach der Norm- oder nach der Wirklichkeitsseite. (1) Eine Auflösung nach der Normseite läßt sich im juristischen Positivismus beobachten. Ausgehend von einem unüberbrückbaren Dualismus von Norm und Wirklichkeit beschränkt er die Betrachtung auf den Verfassungstext, der ausschließlich mit den Mitteln von Grammatik und Logik interpretiert werden darf, während die Wirklichkeit lediglich in Gestalt eines zu entscheidenden Falles in Erscheinung tritt, für die Geltung und Sinn des Rechts aber irrelevant bleiben (*Laband* 1911: IX; *Jellinek* 1900; *Kelsen* 1911). (2) Die Auflösung der Spannung zur Wirklichkeitsseite hin beruht auf der marxistischen Annahme, daß Recht nur Ausdruck bestehender Machtverhältnisse, nicht aber Begrenzung und Regulierung von → Macht sei. Die Verfassung ist dann identisch mit den tatsächlichen Machtverhältnissen und kann normative Kraft nur insoweit entfalten, als sie mit diesen übereinstimmt. Im übrigen erzeugt sie lediglich den Schein von Machtbegrenzung und → Legitimität und immunisiert auf diese Weise die Verhältnisse gegen Kritik. Die Darstellung von Verfassungswirklichkeit hat dann eine aufklärende und ideologische Funktion (paradigmatisch *F. Lasalle* 1862). Die übrigen Richtungen gehen von der Differenz aus und machen sie zum Ansatz weiterführender Fragestellungen. (3) Teilweise geschieht das weitgehend additiv. Verfassungsrecht und Verfassungswirklichkeit erscheinen als einander ergänzende Faktoren, die zusammengenommen erst das Bild eines bestimmten polit. Systems im Sinn der *living constitution* vermitteln. (4) Verbreiteter ist die Betrachtung der Differenz in kritischer statt nur ergänzender Absicht. Die Verfassung wird als Ausdruck der von einer Gesellschaft anerkannten Maximen für eine gerechte Sozialordnung genommen und Verfassungswirklichkeit als Abweichung von diesen selbstgesetzten Zielen registriert (paradigmatisch *Schäfer/Nedelmann* 1967). Nicht selten steht hinter der Kritik jedoch ein überzogenes Verfassungsverständnis, das vom Verfassungsrecht eine vollständige Bindung von Politik nach der prozeduralen wie nach der materiellen Seite erwartet (vgl. *Hennis* 1968). Verfassungsrecht pflegt jedoch nur die Grundbedingungen einer als gerecht empfundenen Sozialordnung festzulegen und bildet auf diese Weise einen Rahmen für Politik. Es ist also auf eine rahmenausfüllende Wirklichkeit geradezu angelegt. Deswegen würde sich eine Unterscheidung von verfassungsausfüllender Verfassungswirklichkeit, verfassungsbeeinträchtigender Verfassungswirklichkeit und verfassungsverletzender Verfassungswirklichkeit empfehlen. (5) Der Vergleich von Verfassungsrecht und Verfassungswirklichkeit kann schließlich die systemimmanente Kritik überschreiten und die Aufdekkung von Systemwidersprüchen selbst zum Ziel haben, um dann weniger auf Systemerfüllung als auf Systemänderung zu zielen (paradigmatisch *Offe* 1969).

→ Demokratietheorie; Parlamentarismus; Rechtsstaat.

Lit.: *Bagehot, W.* 1971: Die englische Verfassung, Neuwied (engl. 1867). *Grimm, D.* 1972: Verfassungsfunktion und Grundgesetzreform, in: AöR 97, 489–537. *Grimm, D.* ²1976: Staatsrechtslehre und Politikwissenschaft, in: *ders.* (Hrsg.): Rechtswissenschaft und Nachbarwissenschaften II, Mchn. *Grimm, D.* ²1994: Die Zukunft der Verfassung, Ffm. *Hennis, W.* 1968: Verfassung und Verfassungswirklichkeit, Tüb. *Hesse, K.* 1959: Die normative Kraft der Verfassung, Tüb. *Jellinek, G.* 1900: Allgemeine Staatslehre, Lpz. *Kelsen, H.* 1911: Hauptprobleme der Staatsrechtslehre, Wien. *Laband, P.* ⁵1911: Staatsrecht des Deutschen Reiches I, Tüb. *Lasalle, F.* 1862: Über Verfassungswesen, Bln. *Leibholz, G.* 1958: Verfassungsrecht und Verfassungswirklichkeit, in: *ders.*: Strukturprobleme der modernen Demokratie, Karlsruhe, 277–281. *Loewenstein, K.* 1951/52: Verfassungsrecht und Verfassungsrealität, in: AöR 77, 387–435. *Mohnhaupt, H./Grimm, D.* 1985: Verfassung, Konstitution, in: *Brunner, O.* u. a. (Hrsg.): Geschichtliche Grundbegriffe, Bd. 6, Stg. *Offe, C.* 1969: Polit. Herrschaft und Klassenstrukturen, in: *Kress, G./Senghaas, D.* (Hrsg.): Politikwissenschaft, Ffm. *Schäfer, G./Nedelmann, C.* 1967: Der CDU-Staat, Mchn.

Dieter Grimm

Vergemeinschaftung, auf *Max Weber* zurückgehender soziologischer Grundbegriff, mit dem er eine spezifische Orientierung des sozialen Handelns, die auf subjektiv gefühlter, d. h. affektuell-emotionaler oder traditionaler Zusammengehörigkeit der Beteiligten beruht, bezeichnete.

Weber (1964: 29–31) erweiterte das Begriffspaar → Gemeinschaft und Gesellschaft durch jenes von V. und → Vergesellschaftung, um die Prozeßhaftigkeit des Sozialen herauszustellen und seine Verdinglichung zu vermeiden. V. ist typischerweise die Folge einer Verbindung von Menschen, die den Primärgruppen entsprechen oder ähnlich sind. V. gibt es daher unter Freunden und Bekannten ebenso wie unter Verwandten (Familie, Sippe) und unter Personen, die sich zusammen als Familie fühlen. Während man im ersten Fall auch an das soziale Kapital durch «Beziehungen» denken kann, fällt unter letzteren auch das Unternehmen oder das Altersheim als Familienäquivalent. Der Großteil sozialer Beziehungen ist teils von vergemeinschafteter, teils von vergesellschafteter Art. In *T. Parsons'* → *Pattern variables* finden sich die verschiedenen Orientierungsalternativen des Handelns wieder, die aus einer → Typologie von Prozessen der V. und Vergesellschaftung abgeleitet werden. Im Kontext der europ. Integration meint V. die Übertragung von Kompetenzen der Mitgliedsstaaten auf die Institutionen der EU.

→ Generation; Systemtheorie.

Lit.: → Vergesellschaftung.

Hermann Strasser

Vergesellschaftung, [I.] unterschiedlich definierter Grundbegriff der Soziologie, heute im allg. jeder historische Prozeß, durch den bestimmte Aufgaben (wie z. B. Erziehung, Ausbildung, Fürsorge) aus der urspr. Gemeinschaft (wie z. B. Familie, Nachbarschaft) herausgelöst und durch gesellschaftl. Einrichtungen in mehr oder weniger geplanter Weise wahrgenommen werden. Der Prozeß der V. zeigt somit auch eine zunehmende → Arbeitsteilung, → Differenzierung und Institutionalisierung sozialer Beziehungen an. Wie im Begriff der → Vergemeinschaftung, wollte *Max Weber* (1976: 21 ff.) in V. die Prozeßhaftigkeit des Sozialen zum Ausdruck bringen. Mit V. bezeichnet er eine spezifische Orientierung des sozialen Handelns, die auf einer wert- oder zweckrational (→ Zweckrationalität) motivierten Verbindung von → Interessen beruht.

Rationale Vereinbarungen, die durch gegenseitige Zustimmung (z.B. beim freien Markttausch oder beim Verein als Zweckverband) zustande kommen, stellen ein typisches Beispiel für vergesellschaftetes Handeln dar. Andere Autoren schlagen eine weitere Fassung des Begriffs vor, wenn sie, wie *L. von Wiese*, Gesellschaft als Geschehen, als Funktion und V. als die Gesamtheit möglicher sozialer Beziehungen, Prozesse und Gebilde verstehen (→ Gesellschaft und Gemeinschaft). *G. Simmel* gibt seiner Soziologie (1908) den bezeichnenden Untertitel «Untersuchungen über die Formen der Vergesellschaftung», um die Formen menschlicher Verbindungen zum zentralen Forschungsgegenstand der soziologischen Disziplin zu erklären. Als eine der wichtigsten Formen der V. sieht er den Konflikt an: «Wenn jede Wechselwirkung unter Menschen eine V. ist, so muß der Kampf, der doch eine der lebhaftesten Wechselwirkungen ist, (...) durchaus als V. gelten. Tatsächlich sind das eigentlich Dissoziierende die Ursachen des Kampfes, Haß und Neid, Not und Begier» (*Simmel* 1958: 65). Aus *Simmels* klassischem Text «Der Streit» leitet *L.A. Coser* (1965) seine Theorie sozialer Konflikte ab, in der er den Konflikt als eine Seite des sozialen Lebens, nicht minder grundlegend als → Konsens, behandelt.
In der marxistischen Terminologie signalisiert V. die revolutionäre Aufhebung des Grundwiderspruchs der kapitalistischen → Produktionsweise durch das → Proletariat, die in der Übernahme der → Produktionsmittel durch die Arbeiter resultiert.

[II.] Theorien der Vergesellschaftung zielen auf die Sozialbeziehungen und deren → Legitimität. Sie unterscheiden sich durch die jeweilige Orientierung des sozialen Handelns in bezug auf das Menschenbild und v. a. auf die Gestalt von → Gesellschaft und → Herrschaft. Zentrale Bedeutung erlangt die Theorie der V. im Rahmen der → Vertragstheorien des neuzeitlichen → Naturrechts, die das autonome Individuum in den Mittelpunkt rücken. Der Mensch verkörpert nicht länger ein *zoon politikon* wie im polit. Aristotelismus: ein polit. Wesen, dem die Konvergenz zum Staat als Seinsstruktur immer schon innewohnt. Er ist auch nicht mehr, wie in der mittelalterlichen Naturrechtsteleologie der Scholastik, als ein *animal rationale* gleichbedeutend mit dem *animal sociale et politicum:* dem von der gottgegebenen Natur zur Gesellschaft bestimmten Menschen. Im neuzeitlichen Naturrecht wird die Machbarkeit der polit. → Institutionen zentral, die dem Prinzip der herstellenden → Autonomie des durch abstrakte → Freiheit definierten Individuums (bzw. Bürgertums) entspricht. Das Machen bestimmt die Legitimierungsfigur aller Sozialbeziehungen, d. h. die Figur der sich selbst bindenden Freiheit. Damit werden die zwischenmenschlichen Beziehungen zu Resultaten autonomer und poietischer Subjekte, zu Resultaten eines rationalen Kalküls: eines Vertragsschlusses. Dieses rationale Kalkül zeigt sich auch im argumentationsstrategischen Dreischritt: Naturzustand *(status naturalis)* – Vertrag – Gesellschaft/Staat *(status civilis)*, sowie in der Forderung an das Naturrecht, wirklichkeitsmächtig und konkret zu sein.

1. Illustrieren läßt sich dies zunächst an der Vertragstheorie von *Hobbes*, wie er sie insbes. im *«Leviathan»* (1651) ausformuliert hat. Der Naturzustand, in den die damalige besitzindividualistische Konkurrenz- wie die Bürgerkriegssituation Englands mit eingegangen sind, stellt sich als eine Konstruktion des Zusammenlebens der zeitgenössischen Menschen ohne eine regulierende Staatsgewalt und damit als Krieg aller gegen alle *(bellum omnium contra omnes)* dar. *Hobbes* (1984: 97) beschreibt hierin «die Lebensweise, die dort, wo keine allg. Gewalt zu fürchten ist, herrschen würde». Dementsprechend wird die Natur des Menschen durch Beobachtung der damaligen Gesellschaft ermit-

telt, letztere in ihre einfachsten Elemente zerlegt und in ihrer Tendenz zum Kriegszustand und damit zu ihrem Widerspruch analysiert. Der Naturzustand ist auf dem Weg des *Hobbes*schen Vertrags in einen *status civilis* zu überführen. Notwendig wird die «Erzeugung jenes großen Leviathan, dem wir ... unseren Frieden und Schutz verdanken» (ebd.: 134).

Der Übergang vom Naturzustand in den staatl. Friedenszustand erfolgt also durch Vertrag, durch einen Akt, der auf den eigenen Willen der Beteiligten zurückgeht. I. S. einer logischen Konstruktion (hervorgehoben durch die hypothetische Vertragsformel: «als hätte jeder zu jedem gesagt») ist dieser Vertrag Ausdruck der Sozialvernunft des einzelnen Subjekts. Der Mensch kann allein dann gebunden werden, wenn er sich selbst bindet, wenn er mit jedem einen Vertrag schließt, dessen Inhalt lautet: «Ich autorisiere diesen Menschen oder diese Versammlung von Menschen und übertrage ihnen mein Recht, mich zu regieren, unter der Bedingung, daß du ihnen ebenso dein Recht überträgst und alle ihre Handlungen autorisierst» (ebd.). Hierbei läßt sich von einem Begünstigungsvertrag zugunsten des Souveräns sprechen. D. h., der Souverän ist nicht Partner des Vertrags, sondern nur sein Ergebnis, er stellt den begünstigten Dritten dar. Dieser Vertrag bedeutet eine Politisierung der urspr. agonal-antagonistischen Macht; sie wird durch den Vertrag beim Souverän zentriert. Souverän und Untertanen unterscheiden sich zukünftig durch das Instrument des staatl. Gesetzes. Dessen Verbindlichkeit gründet auf dem vertraglichen Übereinkommen, wonach der Einzelne alle Handlungen und Urteile des Souveräns (in Gestalt einer Person oder einer Versammlung) «in derselben Weise autorisieren soll, als wären sie seine eigenen ...» (ebd.: 136).

Der durch Vertrag entstandene Souverän verfügt über die notwendige Macht, jeden innerhalb der Grenzen des friedlichen Wettbewerbs zu halten. Seine Machtfülle erklärt sich aus der Notwendigkeit, eine Gesellschaft grundsätzlich antagonistischer und noch nicht institutionalisierter → Interessen zu verwirklichen. In einer Zeit, in der eine Interessen- bzw. Eigentumsmarktgesellschaft eine traditionsgebundene Gesellschaft ersetzte, mußte eine starke Staatsmacht vertraglich festgelegten Rechten den herkömmlichen Rechten gegenüber zum Durchbruch verhelfen. *Hobbes' Leviathan* verkörpert keinen sich total auffassenden Staat gegen eine bürgerliche Gesellschaft; er zielt vielmehr auf die konkrete Ermöglichung ihrer von Antagonismen bedrohten Existenz.

2. Eine Vertragstheorie des neuzeitlichen Naturrechts beinhaltet auch die Konzeption *Rousseaus*. Die Gegenwartskritik, die er vom Ersten *«Discours»* an übt, richtet sich gegen die polit. Unfreiheit und → Ungleichheit im zeitgenössischen Frankreich, worin *Rousseau* depravierende Phänomene erkennt. Im zweiten *«Discours sur l'origine et les fondements de l'inégalité parmi les hommes»* (1755) hat er – in pessimistischer Geschichtsbetrachtung – die gesellschaftl. Depravierung geschildert. Diese beginnt mit der «Arbeitsteilung» bei Einführung des Akkerbaus. Mit der Bearbeitung des Bodens entsteht nach *Rousseau* das Eigentum. Damit erfolgt eine Unterscheidung der urspr. gleichen – und «guten» – Menschen in Grundbesitzer und Besitzlose. Es kommt zur Herrschaft von Menschen über Menschen und damit zur Selbstentfremdung der Menschen. Der «gute Mensch» des *Rousseau*schen Naturzustands kann in seiner natürlichen (aber verdienstlosen) Güte nicht wiedererstehen. So fragt *Rousseau* nach dem (verdienstvoll) sittlich Erreichbaren. Diese Frage stellt er sich im *«Contrat Social»* (1762). Anders als im Zweiten *Discours* verführen hier nicht listige «Reiche» zur Staatsgründung, erfordert nicht die Unsicherheit des Besitzes ein geregeltes Zusammenleben. Vielmehr zielt *Rousseaus «Contrat Social»* auf den geistig-sittlichen Staatsbürger in einer Gesellschaft als ein *être moral et collectif*. Diese Gesellschaft entsteht aus dem Vertrag. In ihm verzichten die Menschen nicht – wie bei *Hobbes* – auf ihre natürliche Freiheit. Vielmehr wird die Freiheit als sittliche Freiheit der Staatsbürger erst dadurch realisiert, daß sie in ihrer Erscheinungsform umgewandelt wird: von der *indépendance naturelle* zur *liberté civile* (wenn man vom urspr. Naturzustand ausgeht). Die Freiheit stellt für *Rousseau* die Wesensbestimmung des Men-

schen dar; sie ist die Voraussetzung für die Moralität der menschlichen Handlungen. In diesem Sinne zielt der Vertrag auf die Versöhnung der notwendigen Herrschaft mit der als unaufgebbar empfundenen Freiheit. Das damit verbundene Grundproblem, das der Vertrag lösen soll, wird von *Rousseau* wie folgt umrissen: «Es muß eine Gesellschaftsform gefunden werden, die mit der gesamten gemeinsamen Kraft aller Mitglieder die Person und die Habe eines jeden einzelnen Mitglieds verteidigt und schützt; in der jeder einzelne, mit allen verbündet, nur sich selbst gehorcht und so frei bleibt wie zuvor» (*Rousseau* 1977: 73). Die zentrale Bedingung des Vertrags deutet die Richtung für die Lösung des Problems an: Notwendig wird «die vollständige Überäußerung eines jeden Mitglieds mit all seinen Rechten an die Gemeinschaft. Wenn sich nämlich ... jeder ganz übereignet, ist die Bedingung für alle gleich; niemand hat ein Interesse, sie für die anderen drückend zu machen» (ebd.).
Damit unterstreicht *Rousseau* nachdrücklich, daß die Rechte nicht wie bei *Hobbes* einem begünstigten Dritten übertragen, sondern der Gesellschaft insgesamt überantwortet werden: jenem gesellschaftl. Ganzen, das die berühmte Formel anspricht: «Jeder von uns unterstellt gemeinschaftlich seine Person und seine ganze Kraft *(puissance)* der höchsten Leitung des Gemeinwillens *(volonté générale)*, und wir empfangen als Körper jedes Glied als unzertrennlichen Teil des Ganzen» (ebd.: 74; *Volonté générale*).

4. Die Wende des vertragstheoretischen Denkens beginnt mit *Hegel*. Nicht länger mehr gilt, was seit *Hobbes* dem Staate Rechtmäßigkeit verlieh. Das im Begriff des Vertrages implizierte Moment des freien Willens steht im Zeichen der Dissonanz zum *Hegel*schen Staatsbild, wie es von ihm exemplarisch in den «Grundlinien der Philosophie des Rechts» (1821) entfaltet ist. Unüberbrückbar ist die Kluft zwischen dem Staat als göttlicher Idee auf Erden und seiner Entstehung durch menschliche Vereinbarung. Der Willkür einzelner preisgegeben, wäre er ein Produkt menschlichen Beliebens. «Er (der Staat) hat aber ein ganz anderes Verhältnis zum Individuum; indem er objektiver Geist ist, so hat das Individuum selbst nur Objektivität, Wahrheit und Sittlichkeit, als es ein Glied desselben ist» (*Hegel* 1973: 392). Staat und Mensch werden untrennbar gedacht als sich gegenseitig bedingende Einheit von Allgemeinheit und Einzelheit. An die Stelle des Gegensatzes «Individuum»/«Staat» (in der Vertragsgesellschaft) tritt die sittliche Trinität Familie, bürgerliche Gesellschaft, Staat. Zwischen der sich empfindenden Einheit (Familie) und der sich durchdringenden Einheit von Allgemeinheit und Einzelheit (Staat) liegt die Stufe der bürgerlichen Gesellschaft. Als Stufe der Differenz zu beiden ist ihr wesentlich: Entzweiung des Daseins in die Extreme von bes., selbstsüchtigem Zweck und der als Allgemeinheit verstandenen wechselseitigen Abhängigkeit. Indem das Individuum seine eigenen Interessen verfolgt, tritt es notwendig in Beziehung zur Gesellschaft, deren Wohl von seinem unabdingbar ist. In allseitiger Interdependenz sind Besonderes und Allgemeines stets vermittelt. Das eine ist nicht ohne das andere denkbar.

5. Im geistesgeschichtl. Prozeß, der vom Zerfall des *Hegel*schen Systems zur Entstehung von Einzelwiss. führt, steht das Denken von *F. Tönnies*. Er greift erneut auf das neuzeitliche – rationale – Naturrecht zurück und bezieht Impulse aus *Hegels* Versuch einer Synthese des modernen Vernunft-Naturrechts und des teleologischen Naturrechts der aristotelischen Tradition. In seinem Hauptwerk «Gemeinschaft und Gesellschaft» (1887) prägt er die Unterscheidung der soziologischen Grundbegriffe Gemeinschaft und Gesellschaft. Jene ist dauerndes und organisch gewachsenes Zusammenleben; diese stellt eine mechanisch-zweckrationale Konstruktion von isolierten Interessensubjekten dar. Auf zwei Willenstypen gehen die beiden Sozialformen zurück: den «Wesenwillen» und den «Kürwillen», die als ganzheitlich-expressive und als zweckrational-analytische Disposition das menschliche Fühlen, Denken und Handeln bestimmen.

6. *Max Weber* v. a. will in seiner Theorie der V. die Prozeßhaftigkeit des Sozialen zum Ausdruck bringen. Mit V. wird eine Orientierung des sozialen Handelns bezeichnet, die auf wert- oder zweckrational motiviertem Ausgleich von Interessen beruht. Dar-

über hinaus sind die von *Weber* herausgearbeiteten «reinen» Typen legitimer Herrschaft («Idealtypen») von jeweiliger Bedeutung. Entscheidend sei, durch «einseitige Steigerung eines oder mehrerer Gesichtspunkte» Idealtypen so zu bilden, daß damit bestimmte für signifikant erachtete Eigenschaften von empirischen Erscheinungen dargestellt werden können. Die drei «reinen» Typen legitimer Herrschaft unterscheiden sich durch ihre jeweilige Legitimitätsgeltung. Diese kann «primär sein: 1. rationalen Charakters: auf dem Glauben an die Legalität gesatzter Ordnungen und des Anweisungsrechts der durch sie zur Ausübung der Herrschaft Berufenen ruhen (legale Herrschaft), – oder 2. traditionalen Charakters: auf dem Alltagsglauben an die Heiligkeit von jeher geltender Traditionen und die Legitimität der durch sie zur Autorität Berufenen ruhen (traditionale Herrschaft), – oder endlich 3. charismatischen Charakters: auf der außeralltäglichen Hingabe an die Heiligkeit oder die Heldenkraft oder die Vorbildlichkeit einer Person und der durch sie offenbarten oder geschaffenen Ordnung [ruhen] (charismatische Herrschaft)» (*Weber* 1976: 124).

Immer wieder umstritten ist in diesem Zusammenhang *Max Webers* Herleitung demokratischer Legitimität vom charismatischen Typ legitimer Herrschaft. Denn bei der Erörterung der drei «reinen» Typen – der rationalen, der traditionalen und der charismatischen Legitimität – kommt im ersten Halbband von «Wirtschaft und Gesellschaft» (1921) Demokratie nur im Zusammenhang mit dem dritten Typus, dem der charismatischen Herrschaft, vor. Mit dem Bezug auf die «plebiszitäre Demokratie», den «wichtigsten Typus der Führer-Demokratie», spricht *Weber* von der Möglichkeit einer herrschaftsfremden – antiautoritären – Umdeutung des Charismas. Bei zunehmender Rationalisierung der Verbandsbeziehungen liege es nahe, daß die «*Anerkennung* durch die Beherrschten», statt als «Folge der Legitimität», als «Legitimitätsgrund» angesehen werde; in Klammern setzt *Weber* dazu «demokratische Legitimität» (ebd.: 156). Die «plebiszitäre Demokratie» bedeutet «ihrem genuinen Sinn nach eine Art der charismatischen Herrschaft». Für diese Führerdemokratie sei der «naturgemäße *emotionale* Charakter der Hingabe und des Vertrauens zum Führer charakteristisch, aus welchem die Neigung, dem Außeralltäglichen, Meistversprechenden, am stärksten mit Reizmitteln Arbeitenden als Führer zu folgen, hervorzugehen pflegt» (ebd.: 156f.).

7. Eine noch immer gegenwartsbezogene Betrachtung zeigt *Th. W. Adornos* aus dem Jahre 1965 stammender Artikel «Gesellschaft» im Evangelischen Staatslexikon. Gesellschaft als umfassendes System menschlichen Zusammenlebens ist für *Adorno* wesentlich Prozeß. Dieser Prozeß hat das spezifisch Gesellschaftliche immer stärker ausgeprägt, nämlich das «Übergewicht von Verhältnissen über die Menschen, deren entmächtigte Produkte diese nachgerade sind» (*Adorno* 1972a: 9). Herrschaft von Menschen über Menschen, so lautet das gesellschaftl. Prinzip, das «reine Prinzip des Füranderesseins, des Warencharakters» (*Adorno* 1975: 101). Der Warencharakter vermittelt diese Herrschaft und fixiert die Subjekte in ihrer Unmündigkeit. Oder, wie *Adorno* im Artikel «Gesellschaft» schreibt: Es versteckt sich die Herrschaft von Menschen über Menschen «in der Reduktion der Menschen auf Agenten und Träger des Warenaustausches ...» (*Adorno* 1972a: 14).

Diese Kritik am Tauschprinzip, schon immer wesentlicher Bestandteil der → Kritischen Theorie, erfährt in *Adornos* Schriften von den 1950er Jahren an eine weitere Akzentuierung, verbindet sich doch mit dem Tauschprinzip – wie es in der «Negativen Dialektik» heißt – «unmittelbare Aneignung, Gewalt, heutzutage: nacktes Privileg von Monopolen und Cliquen» (*Adorno* 1975: 150). Das tendenziell verabsolutierte Tauschprinzip beseitigt in der Produktions- wie in der Privatsphäre mit den qualitativen Unterschieden sukzessive die Möglichkeit, daß der Mensch, wie im traditionellen Liberalismus, «sein Leben in einem einigermaßen durchsichtigen Sinn» selbst bestimmt, wie *Adorno* (1951/80: 54) bereits in den *«Minima Moralia»* schreibt. Und in den Analysen der 1950er und 60er Jahre verweist er immer wieder auf die Allgemeinheit eines gesellschaftl. Funktionszusammenhangs, der durch das Tauschprinzip bestimmt ist. Was sich hinter dem Schein der Zirkulation und den damit verbundenen bürgerlichen Denkformen verbirgt, ist jene negative, auf der Negation des Besonderen, des Gebrauchswerts beruhende Allgemeinheit, die *Marx* als «abstrakte» bzw. «entfremdete» Arbeit bezeichnet hat. Gegenüber dem Gebrauchswert sei die negative Allgemeinheit des Wertverhältnisses, der Tauschwert, zwar ein «bloß Gedachtes»: ein «Schein über die Wirklichkeit». «Zugleich aber ist», so *Adorno* 1957, «jener Schein das Allerwirklichste, die Formel, nach der die Welt verhext ward» (*Adorno* 1972b: 209). In der hochkapitalistischen Gesellschaft – in der des «Spätkapitalismus» – wird definitiv der Gebrauchswert «durch den reinen Tauschwert ersetzt, der gerade als Tauschwert die Funktion des Gebrauchswertes trügend übernimmt» (*Adorno* 1972c: 25).

In diesem Zusammenhang erkennt *Adorno,* daß die Produktivkräfte und die Produktionsverhältnisse sich nicht nur verträglich zeigen, sondern auch eine neue Synthese eingegangen sind, in der er das Moment der Vermittlung von letzteren bestimmt sieht. In der aktuellen verwalteten Welt mit ihren metaökon. Herrschaftsverhältnissen werden damit die strukturellen Differenzen zwischen den einzelnen Gesellschaftssphären hinfällig: «Materielle Produktion, Verteilung, Konsum werden gemeinsam verwaltet. Ihre Grenzen, die einmal innerhalb des Gesamtprozesses dessen aufeinander bezogene Sphären doch auch voneinander schieden, und dadurch das qualitativ Verschiedene achteten, verfließen» (*Adorno* 1972d: 369). Dessen eingedenk wendet sich seine Kritik gegen *Marx'* Vertrauen auf den geschichtl. Primat der → Produktivkräfte und auf die Sprengkraft des Widerspruchs zwischen den wachsenden Produktivkräften und den hemmenden → Produktionsverhältnissen. Er sieht demgegenüber die moderne bürgerliche Gesellschaft durch statische Aspekte charakterisiert, trotz ihrer vorgeblichen Dynamik und des Anwachsens ihrer Produktion. Er erkennt diese Aspekte in den Produktionsverhältnissen, die «nicht länger mehr allein solche des Eigentums, sondern der Administration, bis hinauf zur Rolle des Staats als des Gesamtkapitalisten», seien (*Adorno* 1972d: 363). So bestehe denn auch eines der wesentlichen Merkmale der kapitalistischen Gesellschaft darin, daß die Politik ein Maß an Autonomie geltend mache, das weit über alles hinausreiche, was *Marx* vorausgesagt habe. Der staatl.-wirtschaftl. Interventionismus ist nach *Adorno* (1972d: 367) systemimmanent zu werten: «Inbegriff von Selbstverteidigung». Im Interventionismus haben die Resistenzkraft des Systems, indirekt aber auch die Zusammenbruchtheorie, sich bestätigt.

8. In neuester Zeit haben die klassischen Vertragskonzeptionen als Theorien der V. eine Renaissance erfahren. Vertragstheoretische Ansätze bilden eine der wesentlichen Erscheinungsformen normativer polit. Theorien. Bes. ausgeprägt zeigt sich dies bei *J. Rawls,* der in seiner Untersuchung *«A Theory of Justice»* (1971) auf der Basis einer an *Rousseau* und *Kant* orientierten Deutung des Sozialvertrags eine detaillierte Theorie sozialer → Gerechtigkeit entwickelt. *Rawls* vertritt hierbei die Auffassung, daß allg. zustimmungsfähige Grundsätze der sozialen Ordnung durch eine im hypothetischen «Urzustand» fair zu treffende Übereinkunft zu rechtfertigen seien. Um eine solche – dem vernünftigen Interesse aller entsprechenden – Übereinkunft zu gewährleisten, muß der Sozialvertrag unter Bedingungen vollkommener Freiheit und Gleichheit der Vertragsparteien zustandekommen. «Der Leitgedanke ist ..., daß sich die urspr. Übereinkunft auf die Gerechtigkeitsgrundsätze für die gesellschaftl. Grundstruktur bezieht. Es sind diejenigen Grundsätze, die freie und vernünftige Menschen in ihrem eigenen Interesse in einer anfänglichen Situation der Gleichheit zur Bestimmung der Grundverhältnisse ihrer Verbindung annehmen werden ... Diese Betrachtungsweise der Gerechtigkeitsgrundsätze nenne ich Theorie der Gerechtigkeit als Fairneß» (*Rawls* 1994: 28).

Der Theorie von *Rawls* sind weitere Konzeptionen vertraglicher Legitimation der V. im Rückgriff auf klassische Vorbilder gefolgt. Genannt seien hier nur die Konzeptionen von *R. Nozick* (1976) und von *J. W. Buchanan* (1984). *Nozicks* Theorie des Minimalstaates orientiert sich an *Lockes*

Naturzustandsmodell; sein Minimalstaat kann nach ihm nur dann Legitimität beanspruchen, wenn er aus dem *status naturalis* durch einen naturwüchsigen Prozeß hervorgegangen ist. *Buchanans* Theorie des Verfassungsvertrags schließt sich weitgehend *Hobbes* Vorstellung des Naturzustands an; nach ihm stellen die Beteiligten eine Übereinkunft über ihre wechselseitigen Rechte und über eine gewisse Anfangsausstattung an knappen Gütern her. Es entsteht so ein Verfassungsvertrag, in dem die Entscheidungsbefugnisse des Kollektivs und ihre Grenzen in bezug auf weitere vertragliche Transaktionen festgelegt werden.

Die neuen Vertragstheorien haben neben ihrer wiss. eine polit. Resonanz gefunden. Während die Theorien von *Nozick* und *Buchanan* auf eine Marktgesellschaft mit staatl. Minimalfunktionen zielen, bietet die Theorie von *Rawls* eine Rechtfertigung für das polit. Programm einer sozialstaatl. Demokratie. Hierin liegt ihre prospektive Bedeutung.

Lit.: *Adorno, T. W.* 1972a: Gesellschaft (zuerst 1965), in: *ders.*: Gesammelte Schriften, Bd. 8: Soziologische Schriften 1, Ffm., 9–20. *Adorno, T. W.* 1972b: Soziologie und empirische Forschung (zuerst 1957), in: ebd., 196–216. *Adorno, T. W.* 1972c: Dissonanzen (1956) in: *ders.*: Gesammelte Schriften 14, 7–167. *Adorno, T. W.* 1972d: Spätkapitalismus oder Industriegesellschaft, in: *ders.*: Gesammelte Schriften 8, 1, 354–370. *Adorno, T. W.* 1975: Negative Dialektik, Ffm. (zuerst 1966). *Adorno, T. W.* 1980: Minima Moralia: Reflexionen aus dem beschädigten Leben, Ffm. (zuerst 1951). *Ballestrem, K. G.* 1983: Vertragstheoretische Ansätze in der politischen Philosophie, in: ZfP 30, 1–17. *Buchanan, J. M.* 1984: Die Grenzen der Freiheit. Zwischen Anarchie und Leviathan, Tüb. (engl. 1975). *Coser, L. A.* 1965: Theorie sozialer Konflikte, Neuwied/Bln. *Gough, J. W.* ²1957: The Social Contract, Ox. (zuerst 1936). *Hegel, G. W. F.* (1973): Grundlinien der Philosophie des Rechts (zuerst 1821), in: *ders.*: Werke, Bd. 7, Ffm. *Hobbes, Th.* (1984): Leviathan, hrsg. und eingeführt v. *I. Fetscher,* (engl. 1951), Ffm. *Koller, P.* 1987: Neue Theorien des Sozialkontrakts, Bln. *Nozick, R.* 1976: Anarchie, Staat, Utopia, Mchn. (engl. 1974). *Rawls, J.* ⁸1994: Eine Theorie der Gerechtigkeit. *Röhrich, W.* 1983: Sozialvertrag und bürgerliche Emanzipation. Von Hobbes bis Hegel, Darmst. (zuerst 1972). *Rousseau, J. J.* (1977): Vom Gesellschaftsvertrag (frz. 1962), in: *ders.*: Politische Schriften, Bd. 1, Paderborn. *Simmel, G.* ⁴1958: Soziologie, Bln. (zuerst 1908). *Sternberger, D.* 1986: Herrschaft und Vereinbarung, Ffm. *Tönnies, F.* 1963: Gemeinschaft und Gesellschaft, Darmst. (zuerst 1887). *Weber, M.* ⁵1976: Wirtschaft und Gesellschaft. Grundriß der verstehenden Soziologie, Tüb. (zuerst 1921).

(I.) Hermann Strasser/
(II.) Wilfried Röhrich

Vergleichende Analyse politischer Systeme, auch Vergleichende polit. Systemforschung oder → Vergleichende Regierungslehre, Kernbereich der Politikwiss., bearbeitet vom Gegenstand her die → Politischen Systeme in historischem und internat. Vergleich.

Die Analysen erfolgen in den Dimensionen von → *Polity*, → *Politics* und *policies*, also in institutioneller, prozessualer und inhaltlich-materieller Hinsicht, mit Schwerpunkt freilich auf den beiden erstgenannten. Für die gleichgewichtige Behandlung der drei Politikdimensionen bricht sich die Bezeichnung → Vergleichende Politikwissenschaft, engl. *comparative politics*, Bahn.

Dieter Nohlen

Vergleichende Methode, Verfahren des systematischen Vergleichs von Untersuchungsfällen, das zumeist zum Zweck empirischer Generalisierung und zur Überprüfung von Hypothesen angewandt wird. In der sozialwiss. Methodenlehre verfügt die v. M. über eine lange Tradition. Wiewohl auch in anderen Disziplinen zuhause, kann von ihr gesagt werden, daß sie im bes. Maße der → Politikwissenschaft eigen ist.

Was jedoch genau in methodologischen Schriften und in der Forschungspraxis unter der v. M. verstanden wird, ist außerordentlich vielfältig, u. a. eine Folge davon, daß der Begriff häufig synonym verwandt wird mit Vergleich, vergleichender → Analyse, vergleichender Forschung (*comparative research*). Die v. M. kann somit alles an Methoden umschließen, was dem Vergleich dient bzw. was methodisch in der → Vergleichenden Regierungslehre (→ *Comparative politics*) angewandt wird. Entspr. wird zwischen verschiedenen v. M. unterschieden und gelegentlich selbst die → Fallanalyse als eine Methode vergleichender Forschung begriffen. Im Ggs. dazu stehen Versuche (s. *Lijphart* 1971), die v. M. enger zu fassen als Methode der Vergleichs einer begrenzten und begründeten Auswahl von Fällen, die in Forschungssituationen angewandt wird, in denen die Bedingungen für die Anwendung anderer → Methoden (→ Experiment, statistische Methoden) nicht gegeben sind. Diesem qualitativen Vergleich steht der quantitative gegenüber, der sich auf der Basis einer möglichst großen Zahl von Fällen statistischer Verfahren bedient (→ *Cross national studies*) und damit in methodologischer Hinsicht eher unter statistischen Methoden zu behandeln ist. Wie dem auch sei, mit der Entscheidung des Forschers, vergleichend zu verfahren, ist somit das methodologische Problem nicht gelöst, sondern beginnt erst das methodenbewußte Raisonnement.

1. Aus der Verwendungspraxis des Terminus v. M. ergeben sich zwei Grundverständnisse, ein umfassenderes und ein engeres. Für das umfassendere wäre es angebrachter, vom Vergleich oder Vergleichen zu sprechen: der Begriff Methode sollte für den planmäßigen Einsatz des Vergleichs zur Erzielung wiss. Erkenntnis reserviert bleiben. Im Bereich des umfassenderen Verständnisses von v. M. lassen sich für das Vergleichen verschiedene Bedeutungs- bzw. Funktionszuweisungen unterscheiden: (1) Das Vergleichen ist jedem wiss. Verfahren inhärent, die wiss. Methode ist unweigerlich vergleichend, und alle Politik ist in irgendeiner Weise vergleichende Politik (*Grosser* 1973: 19). Aus diesem Standpunkt folgt, daß die Idee einer unabhängigen v. M. redundant erscheint (*Lasswell* 1968: 3), oder auch, daß v. M. und wiss. Methode in den Sozialwiss. gleichzusetzen sind (*Almond* 1966: 877 f.). Diese Beurteilungen haben den Nachteil, die verschiedenen Methoden in den Sozialwiss. nicht hinreichend zu individualisieren. Gewiß, bei der Anwendung aller einzelnen Methoden (der statistischen, der vergleichenden, der experimentellen etc.) wird in irgendeiner Phase des Untersuchungsprozesses verglichen. Doch handelt es sich hier um eine Verfahrensähnlichkeit, deren Bedeutung zu Lasten der forschungsrelevanten Besonderheiten jeder einzelnen Methode weit überschätzt wird, wenn alle sozialwiss. Methoden undifferenziert als vergleichend definiert werden. Damit würde auch der methodologischen Reflexion in gewisser Weise der Boden entzogen.

(2) Der Vergleich komplexer sozialer und polit. Erfahrungsbestände bildet die Grundlage für die Bildung politikwiss. Begriffe. Sie sind nicht am Einzelphänomen orientiert. Selbst einfache → Deskriptionen arbeiten mit einer komparativen Begrifflichkeit: «Die für relevant gehaltenen Aspekte, unter denen man ein Einzelereignis beschreibt, sind Universalien» (*Grosser* 1973: 19). Erst recht kommen Generalisierungen nicht ohne sie aus. Die in der Politikwiss. häufig verwendete Begriffsfigur des → Typus zeigt anschaulich, wie den politikwiss. Termini die vergleichende Perspektive bereits inhärent ist. Wird auf die Begrifflichkeit in der Politikwiss. abgehoben, so gibt es eigentlich keine politikwiss. Untersuchung, die nicht (implizit) vergleichend verfährt.

(3) Der Vergleich bildet das Kriterium bewertender Interpretation empirischer Befunde. Er ist zwar nicht «das Prinzip wiss. Erkenntnis», das vielmehr im Postulat der kritischen Prüfung von Theorien gesehen werden muß, aber er gestattet «die vergleichende Auswertung der resultierenden empirischen Ergebnisse» (*Hartmann* 1980: 51 f.). Die gesellschaftl. und polit. Wirklichkeit eines Landes kann nun mit normativen Vorstellungen «guter Ordnung» konfrontiert werden (der wertbezogene oder axiolo-

gische Vergleich war in der älteren → Vergleichenden Regierungslehre üblich), im idealtypischen Verfahren mit → Modellen (im politikberatenden Diskurs häufig gewählte Vorgehensweise), im empirischen Vergleich mit Informationen quantitativer und qualitativer Natur über polit. Systeme anderer Länder. Immer geht es dabei um Bewertungen, manchmal um Bevorzugungen und Optionen, die durch den Vergleich begründet werden.

(4) Als weitere Zwecke des Vergleichs können nach *A. Grosser* (1973: 19 ff.) gelten: (a) bisher Unbekanntes vom Bekannten her verständlich zu machen, per Analogie, Ähnlichkeit oder Kontrast (sog. pädagogischer Vergleich); (b) auf Neuentdeckungen hinzuweisen bzw. das Besondere hervorzuheben (sog. heuristischer Vergleich); (c) zu systematisieren, gerade durch Betonung der Differenz (sog. systematisierender Vergleich), wobei die «Besonderheit des untersuchten Objekts nicht als Einzigartigkeit, sondern als Spezifität betrachtet» wird (ebd.: 21). Alle drei Zwecke sind in der Logik des Vergleichs als wiss. Methode, deren sich bes. die Politikwiss. bedient, von Bedeutung.

Trotz der Allgegenwart und Funktionsvielfalt des Vergleichs bestehen hinsichtlich seiner Tauglichkeit z. T. erhebliche Vorbehalte. Umgangssprachlich artikulieren sie sich in Sätzen wie: «das kann man nicht miteinander vergleichen», oder «das hieße, Äpfel mit Birnen zu vergleichen». Daß man nur Ähnliches miteinander vergleichen könne, ist eines der meistverwandten Argumentationsmuster in *common sense*- und wiss. Dialogen. Im bes. entziehe sich Einmaliges und Einzigartiges dem Vergleich. Diese Vorstellungen sind insofern paradox, als der Feststellung der Unvergleichbarkeit bereits ein Vergleich vorausgeht. Wie könnte anders als durch den Vergleich die Einmaligkeit oder Einzigartigkeit eines Phänomens festgestellt werden? Vorbehalte gegenüber dem Vergleich nähren sich auch aus der Furcht, daß mit dem puren In-Vergleich-Setzen Unterschiede zwischen den Phänomenen eingeebnet werden, ja der Vergleich implizit instrumentalisiert werden kann, um Unterschiede zu negieren, einen Vorgang zu bagatellisieren oder gegen einen anderen aufzurechnen. Gelegentlich wird sogar argumentiert, daß wegen dieser Gefahr das Vergleichen den «Meistern» vorbehalten bleiben sollte. «Schülern» wird auf den jeweils gewählten Vergleich mit einem der oben zitierten Sätze begegnet. Die Möglichkeit des Mißbrauchs schmälert die allg. wiss. Bedeutung des Vergleichs nicht.

2. Die v. M. im engeren Sinne will kausale Zusammenhänge erforschen und versucht, Faktoren zu isolieren, die als Ursache (unabhängige Variable) einer Wirkung (abhängige Variable) in Frage kommen (→ Kausalität). Sie ist das sozialwiss. Substitut für das Experiment. Grundsätzlich kann zwischen einer qualitativen und einer quantitativen Verwendungsweise unterschieden werden. Die Unterscheidung macht sich primär an der (n-) Zahl der untersuchten Fälle fest. Die methodologische Reflexion zur v. M. ist vornehmlich auf ihre qualitative Variante gerichtet, da hier eine Standardisierung der v. M. kaum möglich ist, da sie typischerweise v. a. dort eingesetzt wird, wo standardisierte sozialwiss. Methoden aufgrund der Spezifika des Untersuchungsgegenstandes nicht greifen, entw. weil er nicht experimentell untersucht werden kann oder weil die Zahl der Fälle zu gering ist, um statistische Verfahren anwenden zu können.

A. Lijphart (1971) hat der v. M. in ihrer qualitativen Verwendung drei sozialwiss. Methoden gegenübergestellt: das Experiment, die statistische Methode und die Fallstudie. Funktion, Stärken und Schwächen der v. M. hat *Lijphart* v. a. in Abgrenzung zum statistischen Verfahren beschrieben, was nicht ohne Bedeutung für seine Bewertung der wiss. Leistungsfähigkeit der v. M. in qualitativer Verwendungspraxis ist. Dabei geht er von einer Strukturgleichheit beider Methoden aus und favorisiert Forschungsstrategien, die einen fließenden Übergang von der v. M. zum von ihm methodisch höher bewerteten statistischen Verfahren ermöglichen. Für die statistisch-quantitative Variante der v. M. hat *Lijphart* (1994) mit seiner Untersuchung *«Electoral Systems and Party Systems»* ein hervorragendes Beispiel geliefert.

3. Für die qualitativ angewandte v. M. ist die Forschungssituation einer großen Zahl von Variablen bei einer kleinen Zahl von Fällen

charakteristisch. Darin liegt aber auch ihre besondere Schwierigkeit. Die gewählten Untersuchungskriterien sind meist großräumige Gebilde wie eine Gesellschaft, ein Staat, ein polit. System, deren Zahl begrenzt, deren Struktur komplex und deren Auswahl dann nicht einfach zu bestimmen ist, wenn generalisierende Aussagen angestrebt bzw. überprüft werden sollen. Die methodologische Diskussion ist darauf gerichtet, die Funktion der v. M. im Forschungsprozeß und die wiss. Angemessenheit ihrer verschiedenen Anwendungsformen zu klären. In beiden Hinsichten werden von den Komparatisten kontroverse Standpunkte eingenommen.

(1) Der v. M. werden im Forschungsprozeß unterschiedliche Funktionen zugeschrieben. Sie lassen sich grob bezeichnen als (a) heuristisch, (b) empirisch generalisierend, (c) Hypothesen generierend, (d) empirisch quantifizierend, (e) Hypothesen überprüfend. Die Funktionen sind nicht disjunkt, multifunktionale Verwendungen sind keineswegs ausgeschlossen.

Heuristisch ist die Funktion der v. M. insofern, als die vergleichende Perspektive zu einer tieferen Einsicht in die Komplexität des jeweiligen Untersuchungsgegenstandes verhilft und zu Fragen anregt, die das Individuelle des Einzelfalls schärfer erfassen. So betont *H. Stretton* (1969: 247): «Comparison is strongest as a choosing and a provoking, not a proving device: a system of questioning, not of answering.» Die heuristische Verwendung der v. M. ermöglicht auch die Bildung sehr spezifischer, auf die Individualität des Einzelfalls abgestimmter Hypothesen. In den anderen vier Fällen wird – in unterschiedlich zu gewichtenden Beiträgen zur Theoriebildung – das Allgemeine gesucht bzw. die Verallgemeinerung angestrebt, sei es in Form der empirischen Feststellung, der Verknüpfung empirischer Befunde mit → Gesetzen, dem → Messen von Variablen, der Bestätigung oder → Falsifikation von Theorien. *G. Sartori* (1970: 1033) betont für die v. M. die Funktion der Messung, *Lijphart* (1975: 159) die Funktion des empirischen Tests. Unstrittig ist, daß ein → *Deviant case* in der vergleichenden Forschung eine bisher bewährte Theorie nicht falsifiziert.

(2) Die vielfältigen Anwendungsformen des Vergleichs setzen die v. M. zwangsläufig dem methodologischen Raisonnement aus. Werden → nomologische bzw. quasi-nomologische Aussagen angestrebt, ist die Auswahl der in die Untersuchung einbezogenen Fälle entscheidend für die Qualität und Reichweite der wiss. Ergebnisse. «The prudent comparativist does not choose his countries by choice: he is guided by pertinent criteria» (*Dogan/Pelassy* 1981: 38). Die Auswahl kann nach verschiedenen Hinsichten erfolgen: nach Objekt/Objektbereich, → Kontext, Zeit oder Raum. Wichtigste Kriterien sind die Zahl der Fälle und das Verhältnis von Kontextvariablen und operativen, d. h. untersuchten Variablen. Anders als im naturwiss. Experiment kann der Sozialwissenschaftler in dem von ihm untersuchten Objektbereich die Randbedingungen nicht konstant halten. Er kann für die nicht untersuchten Variablen Konstanz annehmen, selbst wenn in Wirklichkeit Varianz in der Zeit vorliegt, diese Abweichungen und Veränderungen ein gewisses Maß aber nicht überschreiten. Da Pluralität in den wiss. Zielsetzungen besteht, die mit der v. M. verfolgt werden, sind die genannten Kriterien weich zu handhaben. Je nach der Fragestellung kann beispielsweise eine (binäre) Zweiländerstudie fruchtbarere Ergebnisse hervorbringen als die am Ideal statistischer Quantifizierung orientierte Untersuchung einer großen Zahl oder einer künstlich erhöhten Zahl von Fällen. Die Vorteile beider Methoden lassen sich nicht maximieren. Mit der Erhöhung der Zahl der betrachteten Fälle verringern sich i. d. R. die qualitativen Elemente der Analyse. Was die Hypothese an Allgemeingültigkeit gewinnt, büßt sie an Informationsgehalt ein. So stehen auch beide genannten Kriterien in einem Spannungsverhältnis, das nicht grundsätzlich zu lösen, sondern von Fall zu Fall sinnvoll zu nutzen ist, da es für die v. M. konstitutiv ist.

4. Die folgende schematisierte Darstellung der gebräuchlichsten Anwendungsformen der v. M. kann diese nicht i. S. einer → Klassifikation einzeln ausgrenzen, da sich etliche Überschneidungen ergeben. Auch muß der Komparatist aufeinander abgestimmte Entscheidungen in mehreren Hinsichten treffen,

um jenes methodisch sinnvolle Verhältnis zu erreichen, das die nähere Betrachtung einiger Variablen unter Vernachlässigung anderer in einer begründeten Auswahl von Fällen ermöglicht.

(1) *Objektbereich:* Zu unterscheiden sind Vergleiche von großräumigen Gebilden (Gesellschaften, polit. Systeme) einerseits und Segmenten (→ Parteien, → Gewerkschaften usw.) andererseits. Der → Funktionalismus bildet eine wesentliche Voraussetzung für fruchtbare Vergleiche ganzer polit. Systeme. Der Vergleich konnte über die soziokulturell ähnlichen Länder (westl. Demokratien) hinaus ausgedehnt werden, blieb aber in der Forschungspraxis häufig jeweils auf wenige Länder begrenzt. Die untersuchten Variablen (etwa solche des Institutionensystems) werden im Kontext soziokultureller Spezifika betrachtet. Der übergreifende Systemzusammenhang bleibt bei der Untersuchung einzelner Funktionen (etwa: → Gesetzgebung) erhalten. Beim Vergleich von Teilen polit. Systeme kann unter Vernachlässigung der Kontextvariablen die Zahl der Fälle fast beliebig gesteigert werden (etwa: Gewerkschaften in der Welt). Versuche der Erklärung auftretender Unterschiede (etwa in Struktur und Entwicklung der Gewerkschaften) enden notwendigerweise bei den kulturellen, soziopolit. oder gesamt systemischen Variablen außerhalb eines nur auf das Segment selbst orientierten → *Framework of Analysis* (vgl. *Dogan/Pelassy* ²1990).

(2) *Kontext:* Zu unterscheiden ist weiterhin, ob der Kontext der untersuchten Variablen homogen oder heterogen ist. Für eine Untersuchung der Gewerkschaften in den westl. Industrieländern kann Homogenität bis zu einem gewissen Grad unterstellt werden, nicht aber für eine weltweite Gewerkschaftenstudie. Die Untersuchung von Variablen in heterogenen Kontexten wird durch den Vergleich funktionaler Äquivalente erleichtert.

(3) *Zeit:* Zu unterscheiden ist zwischen drei Vergleichsdimensionen: (a) Diachroner (longitudinaler, zeitverschiedener) Vergleich (vornehmlich innerhalb eines Landes, etwa zwischen Weimar und Bonn): Die Zahl der Fälle ist gering, die Kontextvariablen sind – obwohl natürlich auch dem Wandel unterlegen – relativ konstant. Von Vorteil ist, daß historisch- genetische Aspekte berücksichtigt werden können, von Nachteil die ungleiche Datenlage, welche den Vergleich auf das Niveau von → Aggregatdaten beschränkt halten kann. (b) Synchroner (horizontaler, zeitgleicher) Vergleich (vornehmlich zwischen Ländern, aber auch innerhalb eines Landes zwischen territorialen Einheiten): Die Zahl der Fälle ist variabel (also eventuell auch groß), die Kontextvariablen sind schwieriger zu kontrollieren, diesbezügliche Versuche erfolgen mittels gezielter Auswahl im Kontext ähnlicher (homogener) Fälle oder mittels → *area approach.* (c) Zeitversetzter Vergleich, eine Mischform von diachronem und synchronem Vergleich, etwa in der Institutionenlehre zwischen Weimar und der V. Republik in Frankreich oder in der Entwicklungsforschung je nach phasenverschobenen Entwicklungsniveaus (Vergleich von Ländern in der Zeit ihrer → Industrialisierung per → Importsubstitution): Die Zahl der Fälle ist variabel, in der bisherigen Forschungspraxis eher gering (meist binär), die Kontextvariablen sind z. T. kontrolliert, da die Auswahl der Fälle aus häufig nach ihrer Ähnlichkeit in den Kontextvariablen erfolgt.

(4) *Raum:* Zu unterscheiden ist zwischen vier Vergleichsräumen: (a) Staatlich *(nation).* Staat/polit. System ist die zumeist gewählte Einheit, weshalb vom *nation-bias* in der vergleichenden Forschung gesprochen wird. (b) Intrastaatlich *(intranation).* Die Einheiten werden durch die polit. Ebenen (Länder, Gebietskörperschaften) oder auch soziokulturell- historische Territorien gebildet. Die klassische Studie stammt von *Linz/de Miguel: Within Nation Differences and Comparisons: The Eight Spains* (in: *Merritt/Rokkan* 1966). (c) Suprastaatlich. Diese Einheit umfaßt internat. Regionen (Afrika, Lateinamerika usw.), v. a. sind jedoch Integrationsräume (Europäische Union) oder Homogenitätsräume (Westl. Industrieländer) Grundlage des (Inter-)Systemvergleichs. (d) Weltgesellschaftlich. Auf einen derart umfassenden Raum gründen Vergleiche zwischen *Pax Romana* und *Pax Americana* oder in marxistischen Ansätzen diachrone Vergleiche in der Entfaltung des → Kapitalismus

Tabelle 15: Anwendungsformen des Vergleichs

Raum	Zeit	Zahl der Fälle	Kontextvariablen
staatlich	synchron	hoch	heterogen
	diachron	gering	homogen
intrastaatlich	synchron	hoch	homogen
suprastaatlich	synchron	gering	heterogen
weltgesellschaftlich	diachron	gering	heterogen

(→ Weltsystem-Ansatz). Im Hinblick auf die genannten vier Kriterien und die Vergleichsdimension Zeit ergeben sich die in Tabelle 15 aufgeführten Merkmale.

Die Kombination unterschiedlicher räumlicher Einheiten ist nicht selten: große Anziehungskraft übt der Intranation-Internation-Vergleich aus, z. B. in Form des Vergleichs verschiedener Peripherien (etwa Entwicklungsgebiete innerhalb der Europäischen Union) im Rahmen des → Zentrum Peripherie-Modells.

5. Innerhalb der v. M. werden verschiedene Forschungsstrategien angewandt. Grundlegend ist die Unterscheidung zwischen → Konkordanzmethode und → Differenzmethode, deren idealtypische Formulierung von *J. St. Mill* in «A System of Logic» ([8]1972, zuerst 1843) stammt. Die Termini Konkordanz und Differenz beziehen sich hier auf die operativen Variablen, Homogenität und Heterogenität auf die nicht zu untersuchenden Kontextvariablen. Bei der Konkordanzmethode wird Ähnlichkeit in den operativen (sowohl abhängigen als auch unabhängigen) → Variablen und Heterogenität der Kontextvariablen gefordert. Annahme ist, daß, wenn zur Erklärung eines Phänomens bei vollkommen heterogenem Kontext eine verbleibende Variable isoliert werden kann, die neben der zu erklärenden Variablen die einzige ähnliche ist, diese als Ursache in Frage kommt. Bei der Differenzmethode wird Unterschiedlichkeit in den operativen (erklärenden sowie zu erklärenden) Variablen und Homogenität in den Kontextvariablen gefordert. Nach *Mill* geht es darum, Situationen zu vergleichen, «in which a phenomenon does occur, with instances in other respects similar in which it does not». Sind die als unabhängig betrachteten Variablen als einzige neben den als abhängig betrachteten Variablen unterschiedlich, so kommen die ersteren zur Erklärung der unterschiedlichen Phänomene in Frage.

Seither entwickelte Forschungsstrategien variieren in der Bezeichnung in teils verwirrender Weise, können jedoch meist unter Rückgriff auf *Mill* entw. der Konkordanz oder der Differenzmethode zugeordnet werden. Am ehesten ist dies für den → *Most different system approach* (auch *Most dissimilar cases design*) und den *Most similiar system approach* (auch *Most similar cases design*) möglich, die sich insofern von der Konkordanz- und Differenzmethode unterscheiden, als sich ihre Bezeichnungen nicht auf die untersuchten Variablen, sondern auf die Kontextbedingungen beziehen. Der *Most different system approach* entspricht der Konkordanzmethode, der *Most similar system approach* der Differenzmethode (s. *Smelser* 1976, *Sartori* 1991). Das bedeutet freilich nicht, daß die beiden Forschungsstrategien jeweils identisch mit Verfahren und Zielsetzungen der Konkordanz- und Differenzmethode definiert werden. Bei *Smelser* und *Sartori* u. a. stimmen sie jedoch darin überein, daß die (ähnliche bzw. unähnliche) abhängige Variable eine bekannte Größe ist, die unabhängige Variable gesucht wird und eine Reihe von (heterogenen bzw. homogenen) Kontextvariablen als ursächliche Faktoren nicht in Betracht kommen.

Andere ausgewiesene Komparatisten bevorzugen gelegentlich davon abweichende Definitionen und Zweckbindungen des *Most dissimilar* und *Most similar cases design. M. G. Schmidt* (1995: 625) beispielsweise sieht das *Most dissimilar cases design* als bes. geeignet «zur Identifizierung des Effekts, den Unterschiede in den Basisstrukturen wie z. B. Unterschiede des sozialökon. Entwicklungsniveaus auf polit. und gesellschaftl. Vorgänge haben.» Demnach gehören die unähnlichen «Basisstrukturen» der Untersuchungsfälle zu den untersuchten – genauer gesagt – unabhängigen Variablen. Bes. Eignung schreibt *Schmidt* dem *Most similar cases design* für Untersuchungen zu, die «Unterschiede der Untersuchungsfälle hinsichtlich sozialer und polit. Entwicklungstendenzen, die relativ unabhängig von [den] Basisstrukturen variieren, erfassen wollen.» In diesem Vergleichs*design* werden die ähnlichen «Basisstrukturen» der Untersuchungsfälle zu den Kontextvariablen, also nicht zu untersuchenden Variablen gezählt. *Schmidt* verzichtet auf die Symmetrie der Dyade, denn *dissimilar* sind im ersten *design* die unabhängigen Variablen und *similar* im zweiten *design* die nicht zu untersuchenden Kontextvariablen. Darin drückt sich der heterogene methodologische Status der «Basisstrukturen» in den jeweiligen Strategien aus. Im Vergleich zu *Mill* und *Sartori* lassen sich die *Schmidtschen* Forschungs*designs* dadurch charakterisieren, daß die (stets unähnliche) unabhängige Variable eine bekannte Größe ist, nach ihren Effekten (abhängigen Variablen) gefragt wird und weder die Ähnlichkeit bzw. die Unähnlichkeit der operativen Variablen noch die Heterogenität bzw. Homogenität der Kontextvariablen ein systematisierendes Unterscheidungskriterium der beiden Forschungsstrategien bilden. Freilich hat *Schmidt* (1982) in seinen Forschungen zur Staatstätigkeit die bekannte Größe (die parteipolit. Zusammensetzung von Regierungen) im Vergleich mit anderen Erklärungsvariablen als bedeutenden Einflußfaktor zuvor erst ausfindig gemacht.

Die von *A. Lijphart* (1971, 1975) empfohlene Strategie vergleichbarer Fälle ist der Differenzmethode zuzuordnen. «Comparable cases [...] are similar in a large number of important characteristics, but dissimilar with regard to the variables between which a relationship is hypothesized» (*Lijphart* 1975: 159). Innerhalb eines relativ ähnlichen (homogenen) Kontextes (etwa: pluralistische Demokratien) sollen einzelne isolierte Variablen (etwa: Wahlsystem und Parteiensystem) verschieden sein, um sie auf Abhängigkeiten hin untersuchen zu können – eine weichere Formulierung der fast experimentellen Anforderungen, die *Mill* an die Differenzmethode stellte.

Lijphart plädiert forschungsstrategisch für eine Reduzierung der Varianz in den Kontextvariablen und eine Steigerung der Varianz in den operativen Variablen. Er entwickelte seine → *comparable-cases-strategy* im Zusammenhang von Überlegungen, wie das Grundproblem der v. M. (viele Variablen, wenige Fälle) verringert und die bestmögliche Ausschöpfung der potentiellen Möglichkeiten der v. M. erreicht werden kann. Die Strategie vergleichbarer Fälle setzt primär bei den Kontextbedingungen an. In dieser Hinsicht sollen die ausgewählten Fälle möglichst ähnlich («vergleichbar») sein. Die Strategie greift demnach das Variablenproblem auf, im Ggs. zu anderen von *Lijphart* erörterten Strategien, die den Fällen gelten, deren Zahl erhöht werden soll: (a) durch Hinzunahme diachroner Vergleiche, oder (b) durch Ausdifferenzierung der Fälle mittels *Within-nation*-Vergleichen, oder (c) durch Ausdehnung der Merkmalausprägungen, des *property space*, der Variablen, d. h. durch Ausdehnung der Konzepte, so daß mehr Fälle einbegriffen werden können. Im Forschungs*design* will *Lijphart* beide Strategien zugleich verfolgen: Die Reduzierung der Varianz in den Kontextvariablen und die Steigerung der Varianz in den operativen Variablen.

In der Anwendung der v. M. wird die Frage, an welcher der operativen Variablen, der unabhängigen oder der abhängigen, sich Verschiedenheit (Differenz) oder Ähnlichkeit (Konkordanz) festmachen soll, unterschiedlich gehandhabt. Diese Frage bildet ebenfalls ein Kriterium, anhand dessen die Auswahl der Fälle erfolgen kann. Häufig genug steuert die Ähnlichkeit in der als abhängig gesetzten Variablen, im *historical outcome*, die Auswahl, so etwa, wenn nur Länder, die Vielparteiensysteme aufweisen, miteinander verglichen werden, oder nur Länder, die Zusammenbrüche von Demokratien erlebten, oder (bei noch engerer Auswahl) nur Länder, in denen der → Faschismus an die Macht kam. Wird diese Auswahl getroffen, so wird das Kriterium der Übereinstimmung doppelt angewandt: hinsichtlich der Kontextvariablen und der abhängigen Variable. Das Konzept vergleichbarer Fälle, das sich nach

Lijphart auf die Kontextbedingungen bezieht, wird auf die Konkordanz der untersuchten (Ergebnis-)Variablen reduziert und gemeint, nur in dieser Weise Ähnliches sei sinnvoll vergleichbar (etwa: der brit. mit dem australischen Parlamentarismus, nicht aber mit dem amerikan. Präsidialsystem). Hier stößt sich am entschiedensten das Vorurteil, man könne «Äpfel nicht mit Birnen» vergleichen, mit den Erfordernissen der Differenzmethode. Sie schließt die gleichzeitige Verschiedenheit von abhängiger und unabhängiger Variable in den ausgewählten Fällen nicht nur nicht aus. Diese Vergleichslogik ist im Gegenteil sogar die überzeugendste, um eine möglicherweise bestehende Kausalbeziehung zu erkennen: Ursache A ruft Wirkung X hervor, Ursache B ruft Wirkung Y hervor (oder konkreter: relative Mehrheitswahl führt zum Zweiparteiensystem, reine Verhältniswahl zum Vielparteiensystem).

Für die Forschungspraxis ist zudem die Unterscheidung zwischen identischen und konträren Fällen wichtig. Im Falle der Differenzmethode in striktem Sinne schließt «die Abwesenheit der Ursache die Anwesenheit der Wirkung aus» (*Durkheim* 1961: 209). Konträre Fälle sind solche Fälle, in denen eine der beobachteten Variablen ohne die andere auftritt, also die Ursache A nicht Wirkung X hervorruft, sondern mit dem Phänomen Y oder Z koinzidiert (relative Mehrheitswahl mit Vielparteiensystem), oder Wirkung X präsent ist, aber nicht Phänomen A (Zweiparteiensystem ohne relative Mehrheitswahl). Das größere Bestätigungs- als Falsifikationsinteresse des Forschers gegenüber seinen eigenen Forschungsergebnissen verstärkt seine Neigung, identische Fälle zu wählen, die sich in der Ausprägung der operativen Variablen gleichen, und ggf. weitere Fälle hinzuzunehmen, die in der Variablenkonstellation ebenfalls identisch sind. Bereits *Durkheim* (1999) hat die Vorliebe von Komparatisten gebrandmarkt, die Fälle als Belege einfach anzuhäufen statt sie kritisch auszuwählen. Ein Beispiel bietet die *breakdown of democracy*-Forschung, in welcher der *historical outcome* bereits die Identität der abhängigen Variablen festschreibt und die Suche nach einer einzigen Ursache (etwa Verhältniswahl oder Präsidentialismus) auch noch die Identität der erklärenden Variablen. Neu zur Kenntnis genommene Fälle folgen der Bestätigungslogik, entw., indem nur identische ausgewählt werden, oder, falls doch konträre berücksichtigt werden, diese als → *deviant cases* betrachtet werden. Konträre Fälle dienen der kritischen Prüfung von Theorien, der präziseren Bestimmung ihrer Gültigkeitsbedingungen. Sie sollten deshalb im komparativen Forschungsdesign einen festen Platz haben.

6. Die Frage von Konkordanz und Differenz stellt sich in ganz anderer Weise hinsichtlich der Begriffe bzw. Konzepte, mit denen in der vergleichenden Forschung gearbeitet wird. Kein Vergleich ohne Konzepte (*Grosser* 1973: 40; *Dogan/Pelassy* 1984: 3 ff., 24) ist die zunächst hervorzuhebende Grundeinsicht. Konzepte müssen präzise und transparent sein. *Sartori* (1991: 247 ff.) hat auf verschiedene Gefahren der Konzeptbildung und -anwendung in der vergleichenden Politikforschung aufmerksam gemacht: (a) *parochialism*: die Mißachtung etablierter Begriffe und theoretischer Konzepte. Davon unbenommen sind freilich → Explikationen, forschungsstrategisch sinnvolle Weiterentwicklungen von Konzepten; (b) *missclasification*: die fehlerhafte Zuordnung von Untersuchungsfällen zu Konzepten (etwa von semiautoritären Systemen zu Demokratien in Form von Demokratien mit Adjektiv; s. *Linz* 2000: XL); (c) *degreeism*: die willkürliche oder manipulative Festlegung von Grenzpunkten (*cut-off-points*), an denen die Qualität eines Phänomens in eine andere umschlägt (etwa von Demokratien in der Transitionsphase in konsolidierte Demokratien); (d) *conceptual stretching*: die Überdehnung des Konzepts durch Ausweitung seiner Merkmalsdimensionen, durch zu viel interne Differenz. Unter dem Druck des «viele Variablen, wenige Fälle» ist der Komparatist geneigt, die Konzepte zu dehnen, eine Strategie, um gleichzeitig die Zahl der Variablen zu verringern und die Fallzahl zu erhöhen. Indem er ein Grundproblem der v. M. lindert, handelt er sich jedoch ein anderes ein. Als Beispiel mag das Konzept der *effective threshold* von *Lijphart* (1994) dienen, das zwei ursächlich und teilweise auch in den Folgen unterschiedliche Phänomene in sich

aufnimmt: die natürliche Repräsentationshürde, welche durch die (geringe) Zahl der im Wahlkreis zu vergebenden Mandate gebildet wird, und die → Sperrklausel. Der Differenzgrad (die Heterogenität) in den Konzepten ist nicht folgenlos für die Differenziertheit der Forschungsergebnisse. Das Konzept ein und derselben Klasse von Phänomenen basiert auf deren konkordanten Eigenschaften. Die Differenz hat zwischen den Konzepten und somit zwischen den Klassen einer Klassifikation zu bestehen. *Sartori* hat auf diesen zuletzt genannten Zusammenhang wiederholt hingewiesen, indem er das Spannungsverhältnis von Reichweite und Intensität/Spezifität der Konzepte behandelte. Unter Reichweite ist die Zahl der Phänomene zu verstehen, auf die sich das Konzept bezieht, unter Intensität/Spezifität die Eigenschaften des Konzepts, seine empirische Präzision und Kontrollierbarkeit. Spannung liegt insofern vor, als bei größerer Reichweite des Konzepts (z. B. statt Demokratie der westl. Industriestaaten alle sich als Demokratie verstehenden Länder) die Intensität/Spezifität des Konzepts nachläßt (die weitere Differenzierung nach demokratischer Qualität, Rechtsstaat, Sozialstaat etc. keine Rolle mehr spielt). An diesem inversen Verhältnis hat *Sartori* seine Abstraktionsleiter (*scale di astrazione*) ausgerichtet, mit der er dem Komparatisten nahelegt, beim Auf- oder Abstieg jeweils danach zu fragen, ob die unterstellten Eigenschaften des Konzepts noch die gleichen sind (bzw. ab- oder zugenommen haben). Erst nach dieser begrifflich-klassifikatorischen Prüfung (nach dem Prinzip des kategorialen Entweder-Oder) ist Messung (nach dem Prinzip des Mehr oder Weniger bzw. des Grades) möglich. Je höher der Abstraktionsgrad, desto weniger sei die Perspektive des Grades angemessen, im Ggs. zum niedrigsten Abstraktionsniveau, wo sie die gegebene sei (*Sartori* ²1992: 301). Ausgehend von diesen Überlegungen ist der Politikwiss., zumal der empirischen Politikwiss., im mittleren Bereich der Abstraktionsleiter, dort, wo Reichweite und Intensität/Spezifität der Konzepte sich die Waage halten, die Aufgabe gestellt, die v. M. zu Zwecken empirisch überprüfbarer Generalisierung fruchtbar anzuwenden.

7. Anlage des Vergleichs, Konzeptdifferenzierung, Abstraktionshöhe sind von prägender Bedeutung für die Theoriebildung, insbes. den Theorietyp, der aus vergleichenden Forschungen hervorgeht. Als Ausgangspunkt eines Zuordnungsversuchs soll in Anlehnung an *Sartori* (²1992: 300) die Reichweite des Vergleichs i. S. des Umfangs der untersuchten Einheiten gewählt werden. Ist diese groß, also *area*-übergreifend, heterogene Einheiten einschließend, so werden die verwandten Konzepte von großer Ausdehnung und wenig spezifiziert sein, Voraussetzungen für globale Theorien großer Reichweite, die empirischer Überprüfung kaum zugänglich sind. «Der Vergleich braucht, um fruchtbar zu sein, nicht universal zu sein. Seine Begrenzung wird sogar im Gegenteil häufig seine Fruchtbarkeit bedingen» (*Grosser* 1973: 136). Ist die Reichweite also begrenzt, etwa innerhalb einer *area*, allein homogene Fälle berücksichtigend, so dürften klassifikatorische Definitionen vorherrschen und sich Konzeptausdehnung und -intensität die Waage halten. I. d. R. dürften die Fälle ausgesucht sein, um Verallgemeinerungen zu ermöglichen, wobei die Konkordanz i. S. von Homogenität, Ähnlichkeit (ganz i. S. von *Lijphart*) zu Lasten der Differenz i. S. von Unähnlichkeit und Singularität betont wird; die empirische Überprüfbarkeit dürfte noch gewährleistet sein. Der Theorietyp ist dann mittlerer Reichweite. Ist die Reichweite des Vergleichs gering, wie im Falle von *case-studies*, die individualisierend (→ idiographisch) angelegt sind, für die der jeweilige Kontext auch in der Definition der Konzepte vorrangig ist und in denen die Differenz i. S. von Unähnlichkeit und Singularität gegenüber der Konkordanz i. S. der Ähnlichkeit mit anderen Fällen betont wird, dann ist die theoretische Reichweite solcher Forschung gering. Tabelle 16 faßt die Beziehungen zwischen Vergleichsreichweite, Konzeptdifferenzierung und Theorietyp schematisch zusammen. In der Forschungspraxis ergeben sich freilich insofern abweichende Verhältnisse, als häufig ein Vergleich geringer Reichweite (zwei oder drei dem Forscher bes. bekannte Gesellschaften) Generalisierungen bzw. Theorietypen größerer Reichweite begründet, ohne daß der hypotheti-

*Tabelle 16: Zum Verhältnis von Vergleich, Konzeptdifferenzierung und Theorietyp**

Vergleich Reichweite und Merkmale	Konzeptdifferenzierung	Theorietyp
inter-*area* heterogen	größte Ausdehnung geringe Intensität	globale Theorien
	abstrakte Begriffe	
	geringe empirische Überprüfbarkeit	große Reichweite
intra-*area* homogen	abgewogenes Verhältnis von mittlerer Ausdehnung und Intensität	mittlere Reichweite
	klassifikatorische (differenzmarkierende) Begriffe	
case-studies	größte Intensität geringste Ausdehung	geringe Reichweite
	kontextbestimmte Begriffe	

* in Anlehung an *Sartori* ²1992: 300.

sche Charakter gewahrt oder ein heuristischer Zweck verfolgt wird und ohne die methodologischen Probleme zu erfassen, die sich einer vergleichenden Politik mit dem Anspruch auf globale Theorien stellen. Diese Überlegungen verweisen auf die Notwendigkeit, in Form der reflektierten Anwendung der v. M. der vergleichenden Politikforschung das Instrumentarium für theoretische Ergiebigkeit und empirische Bewährung bereitzustellen.

8. Einer der Vorzüge der v. M. ist, daß sie dem Forscher viel Freiheit für die Entwicklung eines eigenen, situationsgerechten Forschungs*designs* läßt. Das Spiel mit Konkordanz und Differenz muß er nur beherrschen lernen. Für den Politologen gehört dazu, ein weiches Verständnis und eine gleichwohl kontrollierte Handhabung der forschungsstrategischen Alternativen zu entwickeln. (1) Homogene und heterogene Kontexte, die strikten Kontextannahmen der Differenz- bzw. der Konkordanzmethode, sind in der Wirklichkeit niemals vollkommen homogen bzw. heterogen. Sie sind auch nicht als solche unverändert konstant. In der weichen Form entscheidet der Forscher über die Auswahl der Merkmale der in den Vergleich aufgenommen Fälle, aufgrund derer er die Ähnlichkeit oder Unähnlichkeit der Kontextvariablen für ausreichend hält, um entw. die eine oder die andere Forschungsstrategie anzuwenden. (2) Konkordanz und Differenzmethode im strikten Verständnis unterstellen die vollkommene Neutralität des Kontextes. Es läßt sich jedoch keinesfalls ausschließen, daß die nicht untersuchten Kontextvariablen auf die abhängige Variable einwirken, in direkter Form oder indirekt durch Wirkungen, die sie auf die als unabhängig betrachtete Variable oder solche, die als erklärende Variablen ebenfalls in Frage kommen könnten, ausüben. Darauf verweisen vor allem Untersuchungen, in denen in zwei differenten, jeweils für sich genommen homogenen Kontexten nach den Wirkungen ein und derselben unabhängigen Variable geforscht wird. Die ggf. unterschiedliche Ausprägung der abhängigen Variablen erklärt sich dann aus dem unterschiedlichen Kontext. D. h., wird der Kontext als homogen angenommen, folgt daraus nicht, daß er keine Bedeutung für den hypothetischen Kausalzusammenhang der operativen Varia-

blen hat. Im weichen Verständnis der Forschungsstrategien müssen die Kontextvariablen stets auf ihre möglichen Wirkungen auf die hauptsächlich untersuchten Variablen geprüft werden. Die Forschungsstrategien der v. M. in den von *Mill* formulierten strikten Anforderungen kommen dem Experiment derart nahe, daß für sie ebenfalls zutrifft, was für das Experiment gilt, daß es auf den Gegenstand der Geistes- und Sozialwiss. nicht anwendbar ist. Die strikten Ansätze hängen der linearen Kausalitätsvorstellung an. Das zu erklärende Phänomen wird zudem als von einer einzigen (singulären) Ursache abhängig angenommen. Dem Idealtyp nahe kommt die Forschungsstrategie, die *Durkheim* bevorzugt, welche von der grundsätzlichen Ähnlichkeit eines empirisch erforschten Falles mit anderen Fällen ausgeht und des weiteren annimmt, daß das zu erklärende Phänomen im wesentlichen von einer einzigen Ursache abhängt. Auf diesen Konkordanzprämissen fußt die Bildung deterministischer Theorien großer Reichweite. Demgegenüber zielt die an *Max Weber* anknüpfende Forschungsstrategie (s. *Ragin/Zaret* 1983) auf die Untersuchung vieler Fälle in Betonung ihrer historischen Unterschiedlichkeit. Die grundlegende Fragestellung ist die nach den verschiedenen Ursachen dieser Unterschiedlichkeit und deren Gewichtung. Diese Differenzprämissen werden konstitutiv für die Bildung von Theorien eher mittlerer Reichweite. Multikausalität anzunehmen und ihre Existenz zu prüfen, bedeutet bereits, ein weicheres Verständnis der Forschungsstrategien zu pflegen. Es wird eher der sozialwiss. Erfahrung gerecht, daß häufig Bündel von Faktoren bestehen, die jeweils Teilerklärungen liefern, möglicherweise strukturell und/oder dynamisch miteinander vernetzt sind und Ursachenketten bilden. Denkmuster komplexerer Kausalität kommen hinzu, etwa das Wissen darüber, daß Wirkungen auf Ursachen zurückwirken (→ Politische Kybernetik), so daß die unterstellte Kausalität nicht linearen, sondern zirkulär-dynamischen Charakter hat, oder die systemtheoretische Sichtweise, der zu Folge Phänomene (polit. Systeme) in Beziehung mit ihrem Kontext (ihrer gesellschaftl. Umwelt) stehen und in ihrer Entwicklung von den Austauschbeziehungen zwischen System und Umwelt abhängen. Vergleichende Forschungsstrategien dürfen sich kontextsensiblen, nicht-linearen und systemischen Erklärungsmustern nicht verschließen.

Lit.: *Almond, G. A.* 1966: Political Theory and Political Science, in: APSR 60, 869–879. *Almond, G. A./Powell, G. B.* [2]1978: Comparative Politics. System, Process, and Policy, Boston/Tor. *Berg-Schlosser, D./Müller-Rommel, F.* (Hrsg.) [3]1997: Vergleichende Politikwissenschaft, Opl. *Dogan, M./Pelassy, D.* [2]1990: How to Compare Nations, Chatham, N.J. *Dogan, M./Taylor, C.* (Hrsg.) 1985: Comparing Similar and Contrasting Countries, Beverly Hills. *Durkheim, E.* [4]1999: Regeln der soziologischen Methode, Ffm. (frz. 1895). *Grosser, A.* 1973: Politik erklären, Mchn. *Hartmann, J.* (Hrsg.) 1980: Vergleichende Politische Systemforschung, Köln/Wien. *Holt, R. T./Turner, J. E.* (Hrsg.) 1970: The Methodology of Comparative Research, NY. *Kalleberg, A. L.* 1966: The Logic of Comparison, in: WP 19, 69–82. *Lasswell, H. D.* 1968: The Future of the Comparative Method, in: CP 1, 3–18. *Lijphart, A.* 1971: Comparative Politics and the Comparative Method, in: APSR 65, 682–693. *Lijphart, A.* 1994: Electoral Systems and Party Systems, Ox. *Lijphart, A.* 1975: The Comparable-Cases Strategy in Comparative Research, in: CPS 8, 158–175. *Linz, J. J.* 2000: Totalitäre und autoritäre Regime, Bln. *Merritt, L./Rokkan, S.* (Hrsg.) 1966: Comparing Nations: The Use of Quantitative Data in Cross-National Research, New Haven. *Mill, J. St.* 1978: A System of Logic, 3 Bde., Tor. *Oyen, E.* (Hrsg.) 1990: Comparative Methodology, L. *Peters, B. G.* 1998: Comparative Politics. Theory and Methods, L. *Przeworski, A./Teune, H.* 1970: The Logic of Comparative Social Inquiry, NY. *Pye, L. W.* (Hrsg.) 1975: Political Science and Area Studies. Rivals or Partners?, Bloomington/L. *Ragin, C. C.* 1987: The Comparative Method: Moving Beyond Qualitative and Quantitative Strategies, Berkeley. *Ragin, C. C./Zaret, D.* 1983: Theory and Method in Comparative Research: Two Strategies, in: Social Forces 41, 731–754. *Sartori, G.* 1970: Concept Misformation in Comparative Politics, in: APSR 64, 1033–1053. *Sartori, G.* [2]1992: La Política. Logica y método en las ciencias sociales, Mexiko. *Sartori, G./Morlino, L.* (Hrsg.) 1991: La comparazione nelle scienze sociale, Bologna. *Schmidt, M. G.* 1982: Wohlfahrtsstaatliche Politik unter bürgerlichen und sozialdemokratischen Regierungen, Ffm. *Schmidt, M. G* 1995: Wörterbuch zur Politik, Stg. *Smelser, N. J.* 1976: Comparative Methods in the Social Sciences, Englewood Cliffs. *Stretton, H.* 1969: The Political Sciences: General Principles of Selection in Social Sciences and History, L. *Vallier, J.* 1971: Comparative Methods in Sociology, Berkeley. *Wiarda, H. J.* (Hrsg.) 1985: New Directions in Comparative Politics Boulder, Colo. → Cross national studies.

Dieter Nohlen

Vergleichende Regierungslehre/Vergleichende Politische Systemlehre, ein Kernbereich der Politikwiss., für den keine Einheitlichkeit in der Bezeichnung besteht. Er deckt die prozessuale Dimension der Politik *(politics)* ab, die vergleichend behandelt wird. V. R. bzw. V. P. S. ist demnach ein Forschungsfeld, das nach der Methode benannt wird.

Doch ist das Feld «densely populated by non-comparativists, by scholars, who have no interest, no notion, no training in comparing» *(Sartori* 1991: 243). Zudem ist das, was unter vergleichend und → Vergleichender Methode verstanden wird, nach Forschern und Forschungsrichtungen derart unterschiedlich, daß der Terminus V. R. bzw. V. P. S. bislang in Forschung und Lehre mehr durch den Gegenstand als durch die Methode charakterisiert wird. Das Untersuchungsobjekt kann enger (Regierung) oder weiter (→ Politisches System) gefaßt sein, das Vergleichen weniger strikt (implizit, illustrativ) gehandhabt oder methodologisch bewußt (durchdachte Bestimmung dessen, was verglichen wird, und ihrer wiss. Funktion) vorgenommen werden. Für die V. R. (auch Vergleichende Lehre von den Regierungssystemen; *comparative government) ist* im Unterschied zur V. P. S. (auch Vergleichende Analyse Politischer Systeme, *comparative politics*) der Forschungsgegenstand enger, der Vergleich rudimentärer. Die bei den Bezeichnungen markieren unterschiedliche Entwicklungsphasen der Politikwiss.; die V. P. S. hat die V. R. abgelöst. Der Bereich des Vergleichens polit. Strukturen und polit. Entscheidungen wird auch zunehmend mit Vergleichender Politik (Vergleichender Politikforschung) bezeichnet. Ihr Gegenstand umfaßt sowohl die Vergleichende Analyse polit. Systeme als auch die → Politikfeldanalyse, also *comparative politics* und *comparative (public) policy.*

1. Gegenstand der Vergleichenden Regierungslehre (V. R.) war «Der Verfassungsstaat der Neuzeit» (*C. J. Friedrich* 1953), waren v. a. die polit. Institutionen, einzeln und in ihrem Verhältnis zueinander. Untersucht wurde historisch und vergleichend die spezifische Art ihrer Zuordnung (von Regierung und Parlament, Regierung und Opposition) und unter Rückgriff auf verfassungstheoretische Konzepte (→ Gewaltenteilung, Gewaltenverschränkung, Machtbalance etc.) qualifiziert und klassifiziert. Auf diese Weise entstanden → Verfassungslehren wie etwa die von *K. Loewenstein* ([2]1969), deren Konsultation auch heute noch von großem Nutzen ist. Große Aufmerksamkeit wurde auch der polit. Repräsentation (→ Wahlen und → Wahlrecht, → Wahlsystem, → Parteiensystem) zuteil, wobei die institutionellen Regelungen im Mittelpunkt standen und Wahlanalysen primär auf Aggregatdaten basierten. Empirische Untersuchungen über → Parteien, → Fraktionen, → Verbände komplettierten ein Forschungsinteresse, das v. a. auf die Erfassung der polit. Struktur eines Landes gerichtet und von einem gemeinsamen Werthorizont gekennzeichnet war. In diesem Kontext interessierte auch das Verhältnis von → Verfassung und Verfassungswirklichkeit, das zu untersuchen eingebunden blieb in der zentralen Frage nach der Stabilität und den (institutionellen) Stabilitätsbedingungen demokratischer polit. Ordnungen.

Die Methodik in diesen Untersuchungen war im wesentlichen historisch-deskriptiv, der Vergleich beschränkt auf wenige Fälle und oft auf die Messung von Norm und Realität hin orientiert. Typologisierende Verfahren herrschten vor. In Kausalanalysen des Verhältnisses von polit. Form und polit. Wirklichkeit, etwa zu den Auswirkungen des Wahlsystems auf das Parteiensystem und die Stabilität des polit. Systems, wurden Plausibilitäts- und *common sense*-Argumentationen gepflegt. Systematische Fragen wurden anhand einzelner, als idealtypisch angesehener Fälle behandelt (etwa → Präsidentialismus: USA, → Parlamentarismus: GB), deren Auswahl zumeist nicht ohne diffusionistische Absicht erfolgte, d. h. sie als → Modell anderen Ländern zur Übernahme zu empfehlen.

Die Kritik an der V. R. hat abgehoben auf (1) die allzu enge Konzentration auf die westl. Demokratien, (2) die allzu starke Institutionen-Orientiertheit, (3) die unzureichende Berücksichtigung dynamischer Elemente des polit. Wandels, (4) die letztendlich monographisch-deskriptive Orientierung. Der systematische Vergleich habe nicht stattgefunden, zumal es der V. R. an einem entspr. theoretischen Instrumentarium gefehlt habe (vgl. *Brunner* 1979: 37). Diese Kritik deutet bereits an, in welche Richtung die Weiterentwicklung der Teildisziplin der Politikwiss. durch hauptsächlich US-amerikan. Beiträge verlaufen ist.

2. Zentrales Untersuchungsobjekt der Vergleichenden Politischen Systemlehre (V. P. S.) ist das polit. System als Ganzes und in seinen Teilen, die horizontal und vertikal gegliederten staatl. Einheiten und der vorpolit. Gesellschaftl. Raum (Parteien, Verbände etc.). Das Untersuchungsfeld schließt – entspr. einem systemtheoretischen Verständnis – die sozioökon. und soziokulturelle Umwelt des polit. Systems mit ein; «the political system as a subsystem of the society, the main direction of its political activities, and the main points of interdependence with other institutional spheres» (*Eisenstadt*, in: *Apter/Andrain* 1972: 388). Der Vergleich gewinnt insofern eine substantiellere Bedeutung für die Teildisziplin, als theoretische Konzepte entwickelt wurden, auf die gestützt der interkulturelle Vergleich – synchron und diachron – möglich und fruchtbar wurde. Freilich ist das Methodenrepertoire der V. P. S. nicht auf die Vergleichende Methode beschränkt.

Gegenstand und Methode der V. P. S. lassen sich am besten in Abgrenzung zur früheren V. R. aufzeigen, womit zugleich die Entwicklung der Teildisziplin seit den 1950er Jahren sichtbar wird. Diese Entwicklung ist als Antwort der *political science* auf die Herausforderung der westl. Demokratien durch Faschismus, II. Weltkrieg, → Ost-West-Konflikt sowie → Dekolonisation und neuer Staatenbildung zu verstehen und bestand in einer Ausdehnung des Forschungsfeldes in gegenständlicher und geographischer Hinsicht so wie in methodischen, forschungstechnischen und theoretischen Neuerungen. Sie ging im wesentlichen von den USA aus, angeregt und gefördert durch das 1954 gegründete *Committee on Comparative* Politics des *Social Science Research Council*. Die neue Welle wurde in der BRD seit Mitte der 1960er Jahre rezipiert. Sie «hat zum wiss. Fortschritt beigetragen und neue Erkenntnisse vermittelt, aber auch neuen Einseitigkeiten Vorschub geleistet» (*Brunner* 1979: 38).

Die bemerkenswertesten Entwicklungen erfolgten in fünf Hinsichten: (1) Das Forschungsfeld wurde in gegenständlicher Hinsicht ausgedehnt. Auch dann, wenn der Begriff des polit. Systems nicht in strikt systemtheoretischem Sinne verstanden wird mit all den Konsequenzen, die dies für die Analyse hat, wurde dem *input*-Bereich vorrangige Aufmerksamkeit geschenkt. Damit traten die sozialen Kräfte (Parteien, Interessengruppen, Wahlen, Eliten, Öffentliche Meinung), die im Vorfeld und in den polit. Institutionen wirken, anstelle der deskriptiven Analyse formaler, legaler, verfassungsmäßiger polit. Institutionen und Prozeduren in den Mittelpunkt des wiss. Interesses. Diese Entwicklung zeigte sich in der dt. Politikwiss. u. a. im Aufschwung der Parteienforschung.

(2) Eine zweite grundlegende Erweiterung fand in geographischer Hinsicht statt. Die neu entstandenen Staatengebilde der → Dritten Welt wurden in die vergleichende Analyse einbezogen. Dies hatte methodisch-konzeptionelle und normative Konsequen-

zen. Die neuen *areas* mit ihrer Vielfalt polit. Verhältnisse legten die Begrenztheit bisheriger institutionen-orientierter Forschungsansätze offen (die brit. Verfassung als Modell: Diffusionsprozesse und Adaptionsprobleme) und begünstigten die Entwicklung eines interkulturell anwendbaren *framework of analysis* (vgl. *Almond/Coleman* 1960; *Almond/Powell* 1966; *Almond/Verba* 1963). Bereits in den 1960er Jahren wurden jedoch die westl. (anglo-amerikan.) Entwicklungsleitbilder und das ökonomistisch verkürzte Stabilitätsdenken der → Modernisierungstheorie hinterfragt.

(3) Eine dritte Neuerung hat mit der Entwicklung neuer Techniken der Erhebung und Verarbeitung von Daten zu tun. In den sozialwiss. Informationen verdrängten quantitative Daten die qualitativen und → Individualdaten die → Aggregatdaten. Der Einsatz von Computern ermöglichte die Auswertung großer Datenmengen. Diese Entwicklung hat insofern Probleme mit sich gebracht, als vielfach wiss. Maßstäbe aufgegeben wurden (etwa das Relevanzkriterium zugunsten von Pseudoexaktheit), als das Rechnen dem Abwägen vorgezogen und nicht meßbare Faktoren der Politik vernachlässigt wurden.

(4) In methodischer Hinsicht ist die Entwicklung von *comparative government* zu *comparative politics* vielleicht am einschneidendsten verlaufen. In den USA ist sie mit der behavioralistischen Revolution verbunden (→ Behavioralismus). Sie ging insgesamt einher mit einem szientistischen Verständnis der *political science*, wissenschaftstheoretisch eingebettet in den Versuch, den Wissenschaftsdualismus von Naturwiss. und Sozialwiss. auf zuheben (→ Szientismus). In D hat sich diese Tendenz jedoch nur in einigen Forschungsfeldern (etwa der Wahlsoziologie) vollends durchzusetzen vermocht. Die V. P. S. zeigt hier insgesamt eine relativ ausgewogene Repräsentanz der → Metatheorien und folglich Methodenpluralismus.

(5) Schließlich ist die stärkere Theorienorientiertheit der V. P. S. hervorzuheben – Theorie i. S. des empirisch-analytischen Wissenschaftsprogramms. Wegbereitend dafür waren die Aufnahme präziser soziologischer Begriffe wie → Rolle, → Funktion, → Struktur in die politikwiss. Sprache und die Erarbeitung grundlegender politikwiss. Konzepte (→ Politische Kultur, → Parteiidentifikation etc.), deren explikative Funktion (im Ggs. zu ihrer heuristischen Funktion) jedoch etliche wiss. Kontroversen auslöste. Die V. P. S. geriet damit an die Grenze der Erklärungsfähigkeit genetisch und kontextuell differenter gesellschaftl. und polit. Erscheinungen mittels interkulturell angewandter wiss. Konzepte.

3. Für die Entwicklung der Teildisziplin in D ist die Frage entscheidend gewesen, ob die Institutionen als unabhängige oder abhängige Variable anzusehen seien, welchen Erklärungswert also die Institutionen für die Politik beanspruchen können. In der Phase der Gründung und Konsolidierung der Demokratie (die mit der V. R. zusammenfällt) wurde der Stellenwert der Institutionen allg. als hoch angesehen. In der Politikwiss. dominierte der institutionelle Ansatz in der Erklärung des Zusammenbruchs der Weimarer Republik. Das Grundgesetz der BRD zog aus der Analyse der sog. Strukturdefekte der Weimarer Verfassung die entspr. Konsequenzen. Politikwiss. Reformdenken blieb im Verständnis der Politologie als → Demokratiewissenschaft stark auf institutionelle Reformen fixiert, wie insbes. die Wahlrechtsdebatte bis in die 1960er Jahre hinein dokumentiert (s. *Scheuch/Wildenmann* 1965). Die Entwicklung der Demokratie wurde in Abhängigkeit von der Güte bzw. Verbesserung der Institutionen gesehen. Hatte die V. P. S. die Beziehung zwischen Institutionen und Politik bereits komplexer gesehen, so wurden in den nun aufkommenden *policy*-Studien die Institutionen vom hohen Rang unabhängiger in den minderen Rang abhängiger Variablen versetzt. Zugleich damit verlor die Teildisziplin der V. R./V. P. S. als «traditionelle Politikwiss.» in Lehre und Forschung an Bedeutung, die eine Einseitigkeit wurde von einer zweiten abgelöst. Erst die Ergebnisse der → Politikfeldanalyse haben in den 1980er Jahren die Notwendigkeit der Komplementarität von *politics*- und *policy*-Ansätzen sichtbar gemacht, insofern als in der Erklärung der Vergleichsergebnisse der *policy*-Forschung auf institutionelle Faktoren (→ Föderalismus, → Parteiensystem,

→ Regierung, → Korporatismus, etc.) zurückgegriffen werden mußte. Die «vergessenen Institutionen» wurden wiederentdeckt, die «Frage nach der Angemessenheit polit. Institutionen angesichts der offenkundigen Problemlagen und Wandlungsprozesse in Wirtschaft, Gesellschaft und Politik (...) zu einer der brennenden Fragen in der Politik und der Politikwissenschaft» (*Hartwich* 1989: 10). Neben der explikativen Funktion für die Politikergebnisse in stabilen Demokratien gewannen die Institutionen erneut eine normative Funktion in den Prozessen der → Demokratisierung und des → Systemwechsels in Südeuropa, Lateinamerika und Osteuropa. Der «Neo-Institutionalismus» will jedoch – im Unterschied zum «Alt-Institutionalismus» – nicht alles mit den Institutionen erklären, sondern ist sich – angesichts der Komplexität der er klärungsbedürftigen Zusammenhänge – der Notwendigkeit komplexer Erklärungsansätze bewußt (*s. von Beyme* 1988: 83 ff.). In der Praxis bleibt freilich nicht ausgeschlossen, daß neben einem «aufgeklärten Institutionalismus» auch wieder «alt-institutionalistische» Positionen vertreten werden, wie beispielsweise in der Debatte über Präsidentialismus und Parlamentarismus in Lateinamerika (vgl. *Nohlen* 1992).

4. Für die vergleichende Betrachtung der polit. Systeme bestehen unverändert Defizite in Methode und Forschungspraxis. Die Verwendung des Vergleichs als wiss. Verfahren ist bislang kaum standardisiert, ja extrem uneinheitlich. Oft wird bereits das bloße Nebeneinanderstellen monographisch erarbeiteter Untersuchungen als Vergleich bezeichnet. Häufig wird selbst die als vergleichend definierte Forschungsrichtung so in Gegenstand und Methode umrissen, daß ihre Ergebnisse ohne Vergleichshorizont nur darin bestehen, disparate Informationen zu akkumulieren. Dies geschieht etwa in der Vergleichenden Parlamentarismusforschung, die (*Schüttemeyer*, in: *Berg-Schlosser/Müller-Rommel* 1986: 169 ff.) losgelöst von der Funktion der Parlamente in unterschiedlichen Systemzusammenhängen ihren wiss. Erkenntnisgewinn verfehlt. Im eigentlichen Sinne vergleichend sind nur solche Forschungen, die → Erklärungen zu den untersuchten Phänomenen anstreben (vgl. *Lehmbruch* ²1970: 64 ff.). Die wiss. Literatur durchzieht diesbezüglich eine merkwürdige Ambivalenz. Einerseits wird nach der großen → Theorie verlangt (etwa nach einer Institutionentheorie), die alles erklärt (und die, solange sie nicht verfügbar sei, nichts wirklich erklären lasse). Gegenüber solchen Ambitionen wiss. Theoriebildung ist größte Skepsis (gegenüber den Schlußfolgerungen entschiedener Widerstand) angebracht. Andererseits arbeitet die sich als vergleichend bezeichnende Forschung häufig innerhalb relativ theorieloser Forschungs*designs*, oder sie begnügt sich in ihren Ergebnissen mit → Klassifikationen und → Typologien, also deskriptiven, ordnenden Aufbereitungen des Materials. Der vergleichenden Methode geht es jedoch um den Nachweis von → Kausalität, um Aussagen in Form von (überprüfbaren) → Hypothesen oder Theorien (begrenzter Reichweite) über den Zusammenhang von → Variablen, unabhängigen, abhängigen und intervenierenden, Ursachen und Wirkungen. Klassifikationen und Typologien kommt dabei nur eine Hilfsfunktion zu. Innerhalb der V. P. S. wurde v. a. die funktionale Vergleichung gepflegt. Sie erzwingt die Analyse einzelner Elemente des polit. Systems, so etwa der Parlamente, im übergreifenden polit. Systemzusammenhang. «Funktionale Vergleichung macht es notwendig, den sozialen und kulturellen Hintergrund des institutionellen Gefüges gleichsam in den Vordergrund zu rücken und in die Analyse einzubeziehen» (*Lehmbruch* ²1970: 66). Nach der wiss. Zielsetzung des Vergleichs richten sich Entscheidungen des Forschers hinsichtlich dessen, was miteinander verglichen wird (ganze → Systeme, einzelne Segmente, zahlenmäßig begrenzte Variablen). Die Auswahl der Fälle (Anzahl, hinsichtlich der Kontextvariablen homogene oder heterogene Fälle, ähnlich-konkordant oder unähnlich-different bezüglich der abhängigen oder der unabhängigen Variable, → *area approach*, usw.) bestimmt das Forschungsergebnis mit und ist folglich eine vom Forscher überlegt und begründet vorzunehmende Entscheidung.

→ Institutionentheoretische Ansätze; Politikbegriffe.

Lit.: *Almond, G. A./Coleman, J. S.* (Hrsg.) 1960: The Politics of the Developing Areas, Princeton. *Almond, G. A./Powell, G. B.* 1966: Comparative Politics, Boston. *Almond, G. A./Verba, S.* 1963: The Civic Culture, Princeton. *Almond, G. A./Verba, S.* (Hrsg.) 1980: The Civic Culture Revisited, Boston/Tor. *Andersen, U./Woyke, W.* (Hrsg.) ⁴2000: Handwörterbuch des politischen Systems der Bundesrepublik Deutschland, Opl. *Apter, D. E./Andrain, C. F.* (Hrsg.) 1972: Contemporary Analytical Theory, Englewood Cliffs. *Barnes, S. H./Kaase, M.* u. a. 1979: Political Action. Mass Participation in Five Western Democracies, Beverly Hills. *Berg-Schlosser, D./Müller-Rommel, F.* (Hrsg.) ³1997: Vergleichende Politikwissenschaft, Opl. *Beyme, K. von* 1966: Möglichkeiten und Grenzen der vergleichenden Regierungslehre, in: PVS 7, 63–96. *Beyme, K. von* 1988: Der Vergleich in der Politikwissenschaft, Mchn. *Beyme, K. von* ⁸2000: Die politischen Theorien der Gegenwart, Wsb. *Binder, L.* u. a. 1971: Crises and Sequences in Political Development, Princeton. *Böhret, C. J.* u. a. ³1988: Innenpolitik und politische Theorie, Opl. *Brunner, G.* 1979: Vergleichende Regierungslehre, Paderborn. *Easton, D.* 1965: A Framework for Political Analysis, Englewood Cliffs. *Hartmann, J.* (Hrsg.) 1980: Vergleichende Politische Systemforschung, Köln/Wien. *Hartmann, J.* ²2000: Westliche Regierungssysteme, Opl. *Hartwich, H.-H.* (Hrsg.) 1989: Macht und Ohn-macht politischer Institutionen, Opl. *Hesse, J. J./Ellwein, T.* ⁸1997: Das Regierungssystem der Bundesrepublik Deutschland, 2 Bde., Opl./Wsb. *Lauth, H. J.* (Hrsg.) 2002: Vergleichende Regierungslehre, Opl. *Lehmbruch, G.* ²1970: Einführung in die Politikwissenschaft, Stg. u. a. *Lewis, P. G./Potter, D. C./Castles, F. G.* (Hrsg.) ²1978: The Practice of Comparative Politics, NY. *Macridis, R. C./Broten, B. E.* ⁷1990: Comparative Politics, L u. a. *Massing, O.* 1974: Vergleichende politische Analyse, in: *ders.:* Politische Soziologie, Ffm., 37–75. *Nohlen, D.* 1992: Präsidentialismus versus Parlamentarismus in Lateinamerika, in: Lateinamerika-Jahrbuch, Ffm., 86–99. *Nuscheler, F.* (Hrsg.) 1986: Politikwissenschaftliche Entwicklungsländerforschung, Darmst. *Rokkan, S.* (Hrsg.) 1968: Comparative Research across Cultures and Nations, Den Haag. *Rokkan, S.* 2000: Staat, Nation, Demokratie, Ffm. *Sartori, G.* 1991: Comparing and Miscomparing, in: Journal of Theoretical Politics 3 (3), 243- 257. *Scheuch, E. K./Wildenmann, R.* (Hrsg.) 1965: Zur Soziologie der Wahl, Köln/Opl. *Schmidt, M. G.* 1992: Regieren in der Bundesrepublik Deutschland, Opl. *Schmidt, R. H.* (Hrsg.) 1967: Methoden der Politologie, Darmst. → Cross national studies; Vergleichende Methode.

Dieter Nohlen

Verhaltensforschung → Behavioralismus

Verhältnisschätzung → Hochrechnung

Verhältniswahl → Wahlsysteme; Personalisierte Verhältniswahl; Proporz/Proporzprinzip

Verhandlungsdemokratie, politikwiss. Oberbegriff für demokratische → Politische Systeme, in denen die Entscheidungsfindung nicht primär durch Parteienwettbewerb, alternierende Regierung und hierarchisch-majoritäres Entscheiden bestimmt wird, sondern die Konfliktregelung (wie in Systemen der → Konkordanz-, → Proporzdemokratie, der → Politikverflechtung) vom Modus des Aushandelns dominiert wird.

V. sind auf eine konsensorientierte → Politische Kultur und ein großes Maß an Kooperations- und Kompromißbereitschaft der → Politischen Eliten angewiesen, zumal die Entscheidungen vielfach an hohe Konsensschwellen (Einstimmigkeit, qualifizierte Mehrheiten, Vetorechte) gebunden sind. Allerdings finden sich in der demokratischen Wirklichkeit stets nur Mischformen, nie reine Typen von V. oder Mehrheits- bzw. → Konkurrenzdemokratie. Als Folge zunehmender gesellschaftl. Ausdifferenzierung und Autonomie der → Subsysteme einerseits wie wachsender Durchdringung von Politik und Gesellschaft andererseits gewinnen Verhandlungslösungen und Netzwerkarrangements dabei durchweg an Bedeutung für den Prozeß polit. Steuerung (und zwar auch in Mehrheitsdemokratien). Die konsensuelle Entscheidungsfindung ist indes langwierig, kommt vielfach nicht über den kleinsten gemeinsamen Nenner hinaus, und es drohen Reformstau und polit. Immobilität aufgrund der Gefahr von Patt- und Blockadesituationen.

→ Consociational democracy; Demokratie; Verhandlungssystem.

Lit.: *Czada, R./Schmidt, M. G.* (Hrsg.) 1993: Verhandlungsdemokratie, Interessenvermittlung, Regierbarkeit, Opl. → Konkordanzdemokratie.

Rainer-Olaf Schultze

Verhandlungssystem, politikwiss. Fachterminus für Beziehungsgeflechte/→ Netzwerke, Institutionen, Handlungssysteme von individuellen und/oder kollektiven Akteuren, bei denen Aushandeln und (freiwillige) → Vereinbarung als Modus der Konfliktregelung dominieren, im Ggs. zu den Politikstilen des hierarchisch-autoritären Entscheidens in Verwaltungen und des demokratisch-majoritären Entscheidens durch Parteienwettbewerb.

1. Klassische V. sind alle → Internationalen Organisationen, → Staatenverbund und → Staatenbund. Von Verhandlungslösungen bestimmt sind traditionell → Konkordanz- und → Proporzdemokratien sowie insbes. → Politische Systeme des → Föderalismus, v. a. hochintegrierte Verbundföderalismen wie die → Politikverflechtung in der BRD oder auch Systeme der → Mehrebenen-Verflechtung, u. a. die Beziehungen Bund-Länder-EU. Im übrigen zeigt sich, daß selbst in innerbürokratischen Entscheidungsprozessen häufig vertikale Dialogmodelle an die Stelle hierarchisch-autoritären Entscheidens treten, daß nicht nur Markt und Wettbewerb, sondern auch horizontale Selbstkoordination und korporatistisches Aushandeln die Entscheidungen im ökon. System sowie in den Beziehungen zwischen Wirtschaft und Politik strukturieren. Zudem gewinnen in einer polyzentrischen Welt V. um so mehr an Bedeutung, je stärker die Politik intrastaatl. wie innergesellschaftl., transnat. wie transgesellschaftl. auf Strategien der → Koordination und indirekten → Politischen Steuerung reduziert und auf die Bereitschaft der gesellschaftl. Akteure zur Selbstbindung angewiesen ist.

2. Wenngleich V. kein am → Gemeinwohl orientiertes Verhalten der Akteure voraussetzen, ist deren Handeln (abgeleitet aus den Ergebnissen der → Spieltheorie, auf denen die Theorie der V. bzw. die Netzwerkanalysen aufbauen) doch an eine Reihe von Bedingungen geknüpft: (1) Die Akteure eines V. müssen problemlösungskonform handeln, also zumindest sämtlich am Erhalt des V. interessiert sein, um der Gefahr des sog. «Verhandlungsdilemmas» zu begegnen, das sich immer dann einstellt, wenn nur eine der Konfliktparteien das konstruktive Verhalten de(s)r anderen Akteur(s)e ausbeuterisch zu ihren Gunsten ausnützt. Ein allein an individuellen Nutzenkalkülen ausgerichtetes Handeln genügt nicht, da Interessenausgleich nur «negative Koordination», aber keine Problemlösung ermöglicht (→ Kaldor-Kriterium). (2) Die Akteure müssen sich mit ihrer Aufgabe identifizieren, und es dürfen ihnen daraus keine zusätzlichen Kosten entstehen. (3) Problemlösungsprozesse in V. sind kompliziert und langwierig. V. sind deshalb auf die Ausdehnung des Zeithorizontes angewiesen, während demokratische Politik sich an der Kurzfristigkeit von Wahlzyklen orientiert. (4) Lösungen kommen oft nicht über den kleinsten gemeinsamen Nenner hinaus. (5) Es sollten keine Beurteilungsdifferenzen zwischen den verhandelnden Akteuren und ihrer jeweiligen Basis auftreten, da bei unterschiedlicher Situationsdeutung die von den Verhandlungsführern vorgeschlagenen Kompromisse leicht an der fehlenden Legitimierung durch die Basis scheitern können.

3. Polit. Handeln ist stets von einer Kombination von Entscheidungsstilen und Steuerungsformen bestimmt. «Verhandlungen im

Schatten von Hierarchie und Mehrheit» (*Scharpf* 1992: 25) spielen dabei als Folge gesellschaftl. Komplexität, Ausdifferenzierung und Subsystemautonomie eine zunehmend wichtigere Rolle. Es ist das Verdienst der (in der dt. Sozialwiss. v. a. mit den Namen *G. Lehmbruch*, *R. Mayntz*, *F. W. Scharpf* verbundenen) Theorie der V., hierauf das Augenmerk gelenkt zu haben. Mit ihr gelingt es, (a) Veränderungen in der innerstaatl. Entscheidungsfindung auf den Begriff zu bringen, (b) den Netzwerkprozessen informellen Regierens auf die Spur zu kommen (→ *Governance*), (c) die entscheidenden Integrations- und Stabilitätsmechanismen in fragmentierten Gesellschaften zu bezeichnen, aber auch (d) die Strukturprobleme aufzuzeigen, die sich aus der Inkongruenz der Politikmodi ergeben können, z. B. Innovationsstau und Legitimationsdefizite als Folge des Widerspruchs von Parteienwettbewerb und Politikverflechtung im polit. System der BRD. → Netzwerkanalysen und die Theorie der V. leisten insofern gute Dienste als Analyseinstrument, unterliegen aber auch der Gefahr, normativ überhöht zu werden.

→ Demokratie; Demokratietheorie; Staatstheorie der Gegenwart; Staatszentrierte Ansätze; Steuerungstheorien; Verhandlungsdemokratie.

Lit.: *Benz, A.* u. a. 1992: Horizontale Politikverflechtung. Zur Theorie von Verhandlungssystemen, Ffm. *Héritier, A.* (Hrsg.) 1993: Policy-Analyse, Opl. *Lehmbruch, G.* 2000: Parteienwettbewerb im Bundesstaat, Stg. *Mayntz, R./Scharpf, F. W.* (Hrsg.) 1995: Gesellschaftliche Selbstregulierung und polit. Steuerung, Ffm. *Scharpf, F. W.* 1988: Verhandlungssysteme, Verteilungskonflikte und Pathologien der polit. Steuerung, in: *Schmidt, M. G.* (Hrsg.): Staatstätigkeit, Opl., 61–87. *Scharpf, F. W.* 1992: Zur Theorie von Verhandlungssystemen, in: *Benz, A.* u. a.: Horizontale Politikverflechtung, Ffm., 11–27. *Scharpf, F. W.* 2000: Interaktionsformen. Akteurszentrierter Institutionalismus in der Politikforschung, Opl. (engl. 1997). *Willke, H.* 1997: Supervision des Staates, Ffm.

Rainer-Olaf Schultze

Verifikation (von mlat. *verificatio* = Beglaubigung, Wahrmachen), methodologisch als Gegenbegriff zur → Falsifikation die Bestätigung der Richtigkeit von Hypothesen oder Aussagen.

Während die Theorie des → Kritischen Rationalismus die Möglichkeit der V. allg. empirischer Gesetzesaussagen generell bestreitet, wird dieses Verfahren v. a. im → Positivismus angewendet. In der internat. Politik wurde V. zunächst v. a. im Bereich der Abrüstungs- bzw. Rüstungskontrollverhandlungen für die Kontrolle der Vertragseinhaltung verwendet. Verifikationsregelungen als Teil internat. Abkommen sind aber auch außerhalb des Sicherheitsbereiches immer dann von bes. Bedeutung, wenn es um Regelungen geht, deren Einhaltung – anders als z. B. bei Zöllen – für das Ausland nicht unmittelbar wahrnehmbar ist (sog. *behind the border issues*). Mängel bei der Gewährleistung effektiver V. können vertragliche Kooperation bereits im Vorfeld erheblich erschweren.

Lit.: *Brauch, H. G.* 1990 (Hrsg.): Verification and Arms Control: Implications for European Security, Mosbach. → Kritischer Rationalismus.

Gregor Walter

Verkehrspolitik, Politikfeld, das die Gesamtheit der institutionellen, prozessualen und inhaltlichen Aspekte umfaßt, die sich auf die Beförderung von Personen, → Gütern und Nachrichten beziehen.

Die historisch gewachsene starke Präsenz des → Staates bei Besitz und Betrieb (in D: Bundesbahn, Lufthansa, Bundespost) sowie Regulierung von Verkehrssystemen ist mit der großen Bedeutung infrastruktureller Ausstattung für die wirtschaftl. Entwicklung zu erklären. V. dient heute aber auch struktur-, raumordnungs-, umwelt- und energiepolit. Zielen. In D weist Art. 73 GG dem Bund die ausschließliche Gesetzgebungskompetenz bei Luftverkehr, Eisenbahnen des Bundes, Postwesen und Telekommunikation zu. Der → Konkurrierenden Gesetzgebung unterliegen nach Art. 74 GG die Bereiche See-, Küsten- und Binnenschiffahrt, Straßenverkehr, Bau und Unterhaltung von Fernverkehrsstraßen sowie die sonstigen Schienenbahnen. Die → Koordination der V. ist dem Bundesministerium für Verkehr übertragen, dessen Etat im Jahr 2001 mit 24,8 Mrd. DM den drittgrößten Posten im Bundeshaushalt darstellte. Die EU ist im Rahmen der Errichtung des Binnenmarktes und der Zuständigkeit für «Transeuropäische Netze» ein weiterer wichtiger Akteur in der V. geworden und hat die Liberalisierung der Verkehrsmärkte maßgeblich beeinflußt. Mit der → Privatisierung der Bahn vollzog sich in den 1990er Jahren einerseits ein Abweichen von der etatistischen Tradition der V., während gleichzeitig das staatl. Engagement für den Transrapid von einem Fortbestehen infrastruktureller und industriepolit. Ziele zeugt.

→ Regulative Politik; Politikfeldanalyse.

Lit.: *Köberlein, C.* 1997: Kompendium der Verkehrspolitik, Mchn./Wien.

Andreas Busch

Vermittlungsverfahren, Verfahren zur Schlichtung von Konflikten, in dem ein Dritter bzw. eine dritte Institution durch Kompromißvorschläge eine einvernehmliche Lösung herbeizuführen sucht. I. e. S. der Ausgleich von Meinungsverschiedenheiten bei der → Gesetzgebung zwischen den beiden Kammern eines → Parlaments.

Teilweise die Vermittlung durch *ad hoc*, für den jeweiligen Streitfall eingesetzte Ausschüsse (z. B. *conference committees* im US-Kongreß), teilweise durch ein fest installiertes Gremium wie den Vermittlungsausschuß in Deutschland. Dieser ist aus jeweils sechzehn Vertretern aus Bundestag (proportional nach Stärke der Fraktionen) und Bundesrat (pro Bundesland ein von der Landesregierung entsandtes, aber nicht weisungsgebundenes Mitglied) zusammengesetzt und kann vom Bundesrat bei Einspruchs- und Zustimmungsgesetzen, von Bundestag und Bundesregierung nur bei letzteren angerufen werden. Das V. konnte bisher in knapp 90 Prozent der Fälle erfolgreich abgeschlossen werden.

→ Bikameralismus; Mediation; Regieren/Regierungsorganisation.

Suzanne S. Schüttemeyer

Verrechnungsverfahren, in → Wahlsystemen die Methoden der Umsetzung von Wählerstimmen in Mandate.

Grob unterschieden werden kann zwischen Wahlzahlverfahren und Divisoren- oder Höchstzahlverfahren. (1) Bei den Wahlzahlverfahren wird eine Wahlzahl errechnet. Eine Partei erhält so viele Mandate, wie die Wahlzahl in der von ihr erreichten Stimmenzahl enthalten ist. Zur Erreichung der Wahlzahl gibt es verschiedene Formeln: (a) Wahlzahl nach *Hare* oder einfaches Wahlzahlverfahren: Zahl der für eine Partei abgegebenen Stimmen geteilt durch die Zahl der zu vergebenden Mandate; (b) *Droop-Quota* oder Verfahren *Hagenbach-Bischoff*: Erhöhung des Divisors um den Wert 1; (c) *Droop-STV-Quota*: *Droop-Quota* + 1; (d) Erhöhung des Divisors um den Wert 2. I. d. R. können mit diesen V. nicht alle Mandate vergeben werden. Je höher der Divisor, desto geringer die Zahl der Mandate, die nicht vergeben werden können. Diese werden anschließend meistens nach dem größten Überrest oder nach dem größten Mittelwert verteilt. (2) Bei Divisoren- oder Höchstzahlverfahren werden die für die Parteien abgegebenen Stimmen mittels Divisorenreihen geteilt. Die Mandate werden den entstandenen Dividenden der Größe nach (= Höchstzahlen) zugewiesen. Es gibt verschiedene Divisorenreihen. Die bekannteste ist (a) diejenige nach → *d'Hondt* bzw. das d'Hondtsche Verfahren; Divisorenreihe 1, 2, 3, 4, 5 etc.; (b) *St. Laguë*: Divisorenreihe 1, 3, 5, 7, 9 etc.; (c) Ausgeglichene Methode: 1, 4, 3, 5, 7, 9 etc. Alle Mandate können mit diesen V. vergeben werden. Dies ist ebenso beim System mathematischer Proportionen, auch Verfahren → *Hare-Niemayer* genannt, der Fall, bei dem der Dividend angibt, wie viele Mandate eine Partei erhält, und die möglichen Restmandate nach der Größe der Ziffern nach dem Komma vergeben werden. Der Rechenvorgang lautet hier: Zahl der Stimmen für eine Partei multipliziert mit der Zahl der zu vergebenden Mandate, dividiert durch die Gesamtzahl der abgegebenen Stimmen. Die V. unterscheiden sich im erreichten Proportionalitätsgrad von Stimmen und Mandaten. Er ist im Falle von *Hare* und *Hare-Niemayer* bes. hoch, im Falle von *d'Hondt* geringer. Mehr als durch die V. wird die Proportionalität der Wahlergebnisse durch andere Elemente von Wahlsystemen, am meisten durch die → Wahlkreiseinteilung gesteuert.

Lit.: → Wahlsysteme.

Dieter Nohlen

Verrechtlichung, in Politik und Politikwiss. mehrdeutig verwandter Begriff. Allg. bezeichnet V. die zunehmende Normierung und Einschränkung individueller Handlungsräume in Wirtschaft und Gesellschaft (Gesetzesflut, Überregulierung).

Politikwiss. verweist V. auf typische Charakteristika, die bei der Entwicklung vom verwaltenden, bürgerlichen → Rechtsstaat zum modernen → Sozial- und → Interventionsstaat entstehen. Aus dieser Sicht treten insbes. zwei Aspekte hervor: (1) V. wird als Resultat polit.-bürokratischer Problemverarbeitung angesehen, bei der es durchsetzungsfähigen Interessen zunehmend gelingt, Ansprüche rechtlich festzuschreiben. (2) V. bezeichnet auch die zunehmende Verlagerung polit. Entscheidungen auf die rechtliche Ebene, sei es, daß getroffene Entscheidungen einer gerichtlichen Überprüfung unterzogen werden oder – aufgrund polit. Durchsetzungs- und Entscheidungsschwäche – eine gerichtliche (d. h. keine polit.) Entscheidung gesucht wird.

Lit.: *Görlitz, A./Voigt, R.* 1987: Grenzen des Rechts, Opl. *Voigt, R.* (Hrsg.) 1986: Recht als Instrument der Politik, Opl. *Wolf, K. D.* 1993: Internationale Verrechtlichung, Pfaffenweiler.

Klaus Schubert

Versäulung, Konzept für den sozialen Tatbestand lagerartig versäulter konfessioneller und weltanschaulicher polit. Strukturen einer Gesellschaft, die in gewisser Weise quer zur Differenzierung nach Klasse, Schicht oder Funktion liegen.

Entwickelt wurde das Konzept am niederländischen Fall (niederl. *verzuiling*), wo der Katholizismus (mit dem höchsten Versäulungsgrad), der Protestantismus, der Liberalismus und der Sozialismus einen mehr oder minder stabilen Verband bilden, innerhalb dessen sich das Individuum von der Wiege bis zur Bahre bewegt. V. hat entscheidend auf die Entwicklung der → Konkordanzdemokratie (Proporz, kooperierende Eliten) eingewirkt. Das unversöhnliche Nebeneinander der Säulen in den Niederlanden hat sich in den letzten Jahrzehnten abgemildert.

Dieter Nohlen

Versammlungsdemokratie, Form von → Demokratie, in der polit. Entscheidungen über Sachfragen wie Personen auf Zusammenkünften aller stimmberechtigten Bürger getroffen werden.

V. ist also die Urform der → Direkten Demokratie, verwirklicht in der → Polis des klassischen Athens und höchstens möglich in kleinen überschaubaren Einheiten. Aber auch schon dort treten Elemente der → Repräsentation hinzu, z. B. durch Auswahl der Entscheidungsgegenstände, (Vor-)Formulierung der Entscheidungsalternativen und notwendige Delegation der Entscheidungsumsetzung auf Exekutivorgane. Gegenwärtig wird V. nur noch äußerst selten auf kommunaler Ebene in den USA und in der Schweiz praktiziert.

Suzanne S. Schüttemeyer

Versammlungsfreiheit → Freiheit; Grundrechte

Versammlungsregierung, aus der Praxis der III. (1875–1940) und IV.

(1944–1958) Französischen Republik abgeleitete Regierungsform (*gouvernement d'assemblée*), bei der eine Kompetenzakkumulation beim → Parlament auftritt, während die Regierung lediglich ein die Parlamentsbeschlüsse ausführendes Organ ist.

Durch Dominanz der → Legislative über die → Exekutive definiert, kann V. auch als Versammlungshegemonie bezeichnet werden. Konzeptionell werden zu diesem Typus dann auch Konventsverfassung und Rätesystem gezählt.

→ Parlamentarisches Regierungssystem.

Suzanne S. Schüttemeyer

Verschuldung/Verschuldungskrise, Bezeichnung für die staatl. Kreditaufnahme auf dem internat. Kapitalmarkt, deren Höhe als problematisch begriffen wird, etwa wenn der Schuldendienst einen großen Anteil an den Exporteinnahmen ausmacht und die Möglichkeiten eines Landes einschränkt, die erwirtschafteten Devisen für Investitionen einzusetzen.

Zur Verschuldungskrise kommt es, wenn ein Land den Schuldendienst nicht mehr leisten kann, also zahlungsunfähig wird. Die internat. Verschuldungskrise der 1980er Jahre wurde durch das Moratorium Mexikos 1982 ausgelöst; sie betraf zahlreiche Entwicklungsländer (Gesamtschulden 1982: 752 Mrd., 1993: 2068 Mrd., 1998: 2051 Mrd. US-$) und auch einige Länder Osteuropas. Das Gros der Auslandsschulden vereinigten einige lateinamerikan. Großschuldner auf sich (1998: 786 Mrd. US-$), die sich v. a. bei Privatbanken zu laufenden Zinsen verschuldet hatten. Lösungsansätze (Neufinanzierung, Umwandlung in Beteiligungskapital, partieller Schuldenerlaß) verbanden sich, oft auf Druck des IWF und der Gläubigerländer, zunehmend mit einer marktorientierten Restrukturierung der betroffenen Volkswirtschaften (→ Deregulierung, Marktöffnung, → Privatisierung). Diese Maßnahmen haben bei einer Reihe von Ländern den Schuldendienst wieder auf einen akzeptablen Umfang reduziert, wenngleich die Schuldenhöhe für die meisten Länder weiterhin zunimmt. Für die meisten afrikanischen Staaten stellen die Auslandsschulden aber nach wie vor ein ernsthaftes Entwicklungshindernis dar, und auch für einige lateinamerikan. Länder (Argentinien, Nicaragua) wird die Bedienung der Schulden immer wieder zu einem ernsthaften Problem.

Lit.: *Sangmeister, H.* [3]1992: Das Verschuldungsproblem, in: *Nohlen, D./Nuscheler, F.* (Hrsg.): Hdb. der Dritten Welt, Bd. 1, Bonn, 328–358. *World Bank*: World Debt Tables, jährl., Washington, D. C.

Andreas Boeckh

Verschwörungstheorien, Sammelbezeichnung für all jene Denkfiguren, bei denen die Ursachen für Ereignisse und Entscheidungen nicht in den offenkundigen bzw. analytisch erschließbaren Zusammenhängen gesucht werden, sondern bei Mächten, die sich dahinter verbergen.

V. sind immer verbunden mit einer großen kognitiven Distanz zu den Dingen, die mit Hilfe einer V. erklärt werden, sowie mit Bedrohungsängsten, die das Bedürfnis nach einer – mystifizierenden – Benennung der Bedrohung hervorrufen. Sie resultieren aus dem Gefühl, nicht mehr durchschaubaren Machtverhältnissen ausgeliefert zu sein. Häufig werden auch bedrohliche gesellschaftl. Veränderungen mit Hilfe einer Personifizierung von Strukturproblemen erklärt. Der Antisemitismus war u. a. für die von wirtschaftl. Konzentrationstendenzen bedrohten Mittelschichten eine Möglichkeit, ihre Kapitalismuskritik auf eine sozial abgesonderte Minderheit zu richten, ohne sich damit auf marxistische Erklärungen ihres gesellschaftl. Abstiegs einlassen zu müssen, die sie ideologisch auf eine Stufe mit dem Proletariat gestellt hätte.
Diese Disposition zur Mystifizierung von gesellschaftl. und polit. Sachverhalten und die Neigung zu Feindbildern setzten eine entspr.

Sozialisation voraus, welche schon durch Stereotypen geprägte Perzeptionsmuster hervorgebracht hat.

→ Agenturtheorie; Faschismus; Nationalsozialismus.

Lit.: *Adorno, T. W.* 1973: Studien zum autoritären Charakter, Ffm. *Allport, G. W.* 1971: Die Natur des Vorurteils, Köln. *Pipes, D.* 1998: Verschwörung, Faszination und Macht des Geheimen, Zürich. *Wilson, R. A.* 2000: Lexikon der Verschwörungstheorien, Ffm.

Andreas Boeckh

Versicherungsprinzip, Grundsatz des Risikoausgleichs innerhalb einer Gefahren- oder Risikogemeinschaft, deren Mitglieder Beiträge zu einer Versicherung zahlen und dafür im Gegenzug im Fall des Risikoeintritts Leistungen beanspruchen können, deren Umfang sich nicht nach ihrem individuellen Beitragsvolumen oder nach ihren sonstigen Einkommens- und Vermögensverhältnissen bemißt, sondern nach vertraglich vereinbarten Richtlinien.

Maßgeblich für die Ausgestaltung des V. (Höhe der Beiträge und der beanspruchbaren Leistungen) sind in der Privatversicherung die kalkulierte Wahrscheinlichkeit des Risikofalls und die Gesamtsumme der Versicherungsbeiträge innerhalb einer abgegrenzten Versichertengruppe. In der → Sozialversicherung sorgt der Gedanke des solidarischen Risikoausgleichs dafür, daß nicht die individuelle, sondern die kollektive Risikowahrscheinlichkeit maßgeblich ist für das Verhältnis zwischen Beiträgen und Leistungen: So gibt es in der gesetzlichen Krankenversicherung keine nach Altersgruppen gestuften Beiträge, und Familienangehörige sind kostenlos mitversichert.

Bernhard Thibaut

Versicherungsspiel → Spieltheorie

Versorgungsprinzip, sozialpolit. Grundsatz, wonach die Gewährleistung eines Mindeststandards → Sozialer Sicherheit in einem bestimmten Bereich unabhängig von Gegenleistungen der einzelnen Leistungsempfänger angestrebt und umgesetzt wird.

Die Bedeutung des V. variiert zwischen den sozialen Sicherungssystemen einzelner Länder und innerhalb der meisten Länder zwischen verschiedenen Bereichen der → Sozialpolitik. In D ist das V. für die → Sozialhilfe maßgeblich, während etwa die gesetzliche Alterssicherung und das Gesundheitswesen nach dem → Versicherungsprinzip organisiert sind.

Bernhard Thibaut

Verstaatlichung, Prozeß der Überführung von Privateigentum, insbes. priv. → Produktionsmittel, in Staatseigentum, entw. zwangsweise und dann meist ohne Entschädigung oder aber mit finanziellem Ausgleich.

Der Begriff der V. wird alltagssprachlich, jedoch ungenau, synomym verwandt mit den Begriffen der Nationalisierung, Sozialisierung, → Vergesellschaftung. Staatsunternehmen und die V. von Produktionsmitteln finden sich in → Markt- wie → Planwirtschaften; in sozialistischen Wirtschaftssystemen stellen sie die Regel, im → Kapitalismus die Ausnahme dar, werden aber auch in Marktwirtschaften aus Gründen gezielter staatl. Industriepolitik beständig praktiziert, z. B. zur → Importsubstitution, zur Förderung, Beschleunigung, Steuerung des wirtschaftl. Strukturwandels. Der Umfang öff. Unternehmen variiert dabei nach Entwicklungsniveau, Ressourcenlage und Sektoren in der Zeit wie von Land zu Land. Unter den Bedingungen globalisierten (und/oder regionalisierten, u. a. in der EU) Wirtschaftens stehen spätestens seit dem Zusammenbruch des → Real existierenden Sozialismus (nach 1989) weltweit → Privatisierung und Entstaatlichung im Zentrum der Wirtschaftspolitiken auch der Länder der sog. Ersten und Dritten Welt.

→ Kollektivierung.

Rainer-Olaf Schultze

Verstehen und Erklären, Entgegensetzung, die in den → Geisteswiss. und zur Bestimmung ihrer methodologischen Eigenart im Ggs. zu den Naturwiss. im 19. Jh. von *J. G. Droysen* (1808–1884) aufgebracht und von *W. Dilthey* (1833–1911) weiterentwickelt wurde und die seither immer wieder zu grundsätzlichen Auseinandersetzungen in der Frage geführt hat, ob für die Wiss. ein einheitliches (monistisches) Verständnis gelten kann.

Die in der Dichotomie von «verstehenden» Geisteswiss. und «erklärenden» Naturwiss. liegende Verneinung dieser Frage schlägt sich in mannigfachen antithetischen Begriffspaaren nieder: → ideographisch vs. → nomothetisch, individualisierend vs. generalisierend, → hermeneutisch vs. → empirisch bzw. → empirisch-analytisch. Die Entgegensetzung besagt: Im Mittelpunkt des Verstehens als → Methode stehen handelnde Menschen und die Intentionen ihres Handelns, die in den Gegenständen, mit denen sich die Geistes- und → Sozialwissenschaften befassen, zum Ausdruck kommen. Ihnen wird ein subjektiver Sinngehalt verliehen; sie werden beobachtet und beschrieben und sodann in ihrem Sinn und in ihrem jeweiligen Kontext, der ihnen Bedeutung verleiht, zu verstehen versucht. Demgegenüber streben die Naturwiss. danach, die Ereignisse der realen Welt in einen Zusammenhang einzuordnen, der sich in allg. Gesetzen ausdrückt, und diese damit kausal erklären kann. Die Entgegensetzung von V. u. E. erfaßt jedoch das Verhältnis von Geistes- und Naturwiss. nur partiell. So pflegen die Geistes- und zumal die Sozialwiss. kausale, rationale, finale, strukturalistische etc. Erklärungen. Insbes. das Vordringen der → Empirisch-analytischen Theorie in den Geisteswiss. hat die Bedeutung des Gegensatzpaares zur Unterscheidung von Natur- und Geisteswiss. gemindert. Eine Kombination der Gegenpositionen wurde bereits von *Max Weber* in der «verstehenden Erklärung» anvisiert. Ihm zufolge haben Natur- und Geisteswiss. beide mit kausalen Erklärungen zu tun, die einen mit Hilfe allg. Gesetze, die anderen mit Hilfe des Verstehens, bezogen auf individuelle Ereignisse zwecks Erkenntnis des gemeinten Sinns sozialen Handelns. In der Tat, welchen Sinn beobachtete und beschriebene Gegenstände machen, ist nur im hermeneutischen Zugriff zu erklären. Insofern spricht vieles dagegen, weiterhin V. und E. paradigmatisch gegeneinander auszuspielen.

→ Erklärung; Hermeneutik; Historische Methode.

Lit.: *Dilthey, W.* 1974: Gesammelte Schriften, Bd. 5, Bln./Lpz. *Hausmann, T.* 1991: Erklären und Verstehen, Ffm. *Lorenz, C.* 1997: Konstruktion der Vergangenheit, Köln u. a. *Riedel, M.* 1978: Verstehen oder Erklären, Stg. *Rüsen, J.* 1994: Historische Orientierung, Köln. *Salmon, W.* 1990: Four Decades of Scientific Explanations, Minneapolis. *Sutter, T.* (Hrsg.) 1997: Beobachtung verstehen, Verstehen beobachten, Opl. *White, H.* 1994: Metahistory, Ffm. *Wright, G. H. von* 1974: Erklären und Verstehen, Ffm.

Dieter Nohlen

Verteilung, allg. die Bezeichnung für Prozeß und Resultat der Aufteilung von Gegenständen (Produktionsmittel, Kapital, Waren etc.) und/oder Potenzialen (Ansehen, Einfluß, → Macht etc.) auf die Mitglieder einer Grundgesamtheit (→ Allokation).

In den Sozialwiss. spielen etwa die konkreten Gleich- bzw. Ungleichverteilungen von Macht- und Lebenschancen, Elitepositionen, Prestige etc. eine bes. Rolle. Politikwiss. interessiert v. a., inwieweit und in welche Richtung die bestehende(n) Distribution(en) durch den *policy output* des → Politisch-administrativen Systems beeinflußt, zementiert oder verändert wird (werden).
In der Statistik unterscheidet man zur Feststellung der V. der Einzelwerte über die Gesamtheit aller möglichen Werte zwischen (1) empirischer oder → Häufigkeitsverteilung, die darüber informiert, wie viele Werte bzw. welcher Prozentsatz von Werten auf die Ausprägung jeder → Variablen entfallen, und (2) theoretischer oder → Wahrscheinlichkeitsverteilung, die die relative Häufigkeit eines

Ereignisses unter Zufallsbedingungen angibt, wenn die Anzahl der Versuche gegen unendlich geht.

→ Deskriptive Statistik; Inferenzstatistik; Univariate Statistik.

Rainer-Olaf Schultze

Vertragstheorien, Sammelbegriff für → Theorien, die → Staat, → Verfassung und Sozialordnung in Analogie zu Rechtsgeschäften als Resultat einer wechselseitigen Übereinkunft zu gegenseitigem Nutzen rechtfertigen. Herrschaftsordnung und sozio-ökon. Verteilungsstrukturen gelten als legitim, wenn sie die (tatsächliche, i. S. der Verfassunggebung, oder vernünftigerweise zu unterstellende, i. S. einer regulativen Vernunftidee) Zustimmung aller Betroffenen finden.

1. Bereits im polit. Denken der Antike, insbes. in den individualistischen Theorien der *Sophisten* und *Epikurs,* stößt man auf Spuren des Gesellschaftsvertrags. Das Vertragsmotiv ist auch dem polit. Denken des Mittelalters bekannt; es tritt durchgängig in Gestalt des Herrschaftsvertrags auf, der zwischen der Volksgesamtheit im körperschaftsrechtlichen Sinne und dem Herrscher geschlossen wird und damit das mutualistische Rechtsverständnis der mittelalterlichen Welt zum Ausdruck bringt. Jedoch erst in der Neuzeit ist der Vertrag in den Rang eines theoretischen Konzepts erhoben worden, ist eine staatsphilosophische V. entwickelt worden. Erst im Zuge der Ablösung der mittelalterlichen Naturrechtsteleologie und *Ordo*-Spekulation durch einen methodologischen und normativen Individualismus ist ein konstruktiver Kontraktualismus entstanden, der mit seinem Argumentationsdreischritt: anarchischer Naturzustand – Vertrag – Gesellschaft/Staat das Denken der polit. Philosophen und Naturrechtsjuristen des 17. und 18. Jh. durchgängig bestimmt hat, der aber auch in der polit. Philosophie der Gegenwart als Rechtfertigungstheorie des philosophischen → Liberalismus große systematische Bedeutung erlangt und mit seinen begründungstheoretischen Vorstellungen selbst in der zeitgenössischen Moralphilosophie Fuß gefaßt hat.

2. Die klassischen V. von *Hobbes, Locke, Rousseau* und *Kant* haben bei aller den differenten Zeitkontexten wie den unterschiedlichen philosophischen Prämissen geschuldeten Verschiedenheit gemeinsame Grundelemente. Der Vertrag des Kontraktualismus ist kein geschichtl. Ereignis, sondern eine legitimationstheoretische Konstruktion; der Kontraktualismus ist keine deskriptive Theorie, die Erklärungen für wirkliche Abläufe gibt, sondern eine normative Theorie, die eine Begründung polit. Herrschaft entwickelt und die Kompetenzgrenzen staatl. Herrschaftsausübung abzustecken versucht. Für den neuzeitlichen Philosophen ist polit. Herrschaft prinzipiell legitimationsbedürftig. Jedoch nicht Gott ist die legitimationsstiftende Instanz, auch nicht eine teleologisch verstandene Natur, sondern der einzelne souveräne, freie und in keine vorgegebene Ordnung eingebundene Mensch. Allein in seinem Willen vermag sich polit. Herrschaft zu begründen. Aus vertragstheoretischer Perspektive ist der Mensch kein polit. Lebewesen *aristotelischen* Zuschnitts mehr, dem die polit.-gemeinschaftliche Existenzform in die natürliche Wesensverfassung eingeschrieben wäre, sondern ein atomar-vereinzeltes, eigeninteressiertes Individuum. Die vertragstheoretische Rechtfertigung staatl. Herrschaft beruht auf der Rückführung der freiheitseinschränkenden polit. Ordnung auf die Zustimmung und freiwillige Selbsteinschränkung der Herrschaftsunterworfenen. Um das protagonistische, unendlich freie Individuum zu der legitimitätsstiftenden Selbsteinschränkung und Herrschaftsbilligung, zur Aufgabe seiner natürlichen Freiheit also, zu motivieren und damit das Theorieziel gerechtfertigter Herrschaft zu erreichen, entwickelt die Vertragstheorie das Naturzustandstheorem. Es hat den Nachweis zu liefern, daß ein Zustand, in dem alle staatl. Ordnungs- und Sicherungsleistungen fehlen und jeder seine Interessen auf eigene Faust und mit allen ihm geeignet erscheinenden und verfügbaren Mitteln verfolgen würde, zu einem virtuellen Krieg eines jeden mit einem jeden führen müßte und daher für je-

dermann untragbar sein würde. Das *e contrario* arbeitende Naturzustandsargument zeigt folglich, daß es in jedermanns Eigeninteresse liegt, den anarchischen, vorstaatl. Zustand zu verlassen, die sich als aporetisch erweisende absolute Freiheit aufzugeben und eine Koexistenz verbürgende polit., machtbewehrte Ordnung zu etablieren. Die zur Einrichtung des staatl. Zustands notwendige individuelle Freiheitseinschränkung ist nur unter der Rationalitätsbedingung der Wechselseitigkeit zumutbar, ist also nur möglich auf der Basis eines Vertrags, in dem die Naturzustandsbewohner sich wechselseitig zur Aufgabe der natürlichen Freiheit und zu polit. Gehorsam verpflichten.

3. Das Argument der V. gleicht einem Syllogismus: Die Prämissen bestimmen die Konklusion; die in der Konfliktdarstellung des Naturzustandstheorems enthaltene Problembeschreibung bestimmt die Natur der von der V. als Lösung entwickelten staatl. Herrschaftsordnung.

(1) Vor dem Hintergrund des Bürgerkrieges seiner Zeit legt *Hobbes* den Naturzustand als Kriegszustand aus, in dem die Individuen ihre Machtpotenziale unaufhörlich zu steigern versuchen und damit die Gefährlichkeit des Gesamtzustandes zunehmend vergrößern. Aus diesem lebensbedrohenden Zustand erblicken sie nur einen Ausweg: einen Vertrag, in dem alle sich wechselseitig verpflichten, ihre natürliche Freiheit und natürliche Macht ohne Vorbehalt einem vertragsunbeteiligten Dritten zu übertragen, der damit in den Besitz eines Gewaltmonopols gelangt und eine effektive Herrschaftsordnung zur Befriedigung der zwischenmenschlichen Verhältnisse und zur Sicherung der gesellschaftl. Koexistenz etablieren kann. *Hobbes* liefert so, insbes. im «Leviathan» (1651), die paradoxe Konstruktion einer kontraktualistischen Begründung des → Absolutismus. Sein Vertrag verschafft der absoluten Herrschaft eine moderne, allein auf Zustimmung basierende Legitimation, entfaltet aber keinerlei herrschaftslimitierendes Potenzial, da die Individuen keinerlei Rechte zurückbehalten, die eine Grenze staatl. Wirksamkeit bilden könnten. Allerdings erlischt auch bei *Hobbes* die Gehorsamspflicht bei Bruch der Vertragsgrundlagen durch den Souverän. Von diesem zumutungsvollen Konzept einer kontraktualistischen Selbstannihilation der Individuen sind alle Vertragstheoretiker nach *Hobbes* abgerückt.

(2) Bei *Locke,* in den *«Two Treatises of Government»* (1690), begründet der Vertrag einen liberalen Staat, dessen Herrschaft auf Rechtsschutz eingeschränkt ist. Die *Locke*schen Individuen sind mit unveräußerlichen und daher vertraglich nicht aufgebbaren → Grundrechten ausgestattet, die jedermann nach eigenem Urteil im Naturzustand durchzusetzen berechtigt ist. Damit sind aber gewaltsame Rechtskonflikte unvermeidlich, die nur dadurch abgestellt werden können, daß das Recht auf Privatjustiz im Rahmen eines Vertrages einer von der Vertragsgemeinschaft eingesetzten Regierung übertragen wird, die als System öff. → Gerechtigkeit mittels Legislation, Exekution und Jurisdiktion die Grundrechte der Individuen sichert.

(3) Bei *Rousseau* hingegen begründet der Vertrag eine direkte polit. Selbstorganisation der Gesellschaft. Im *«Contrat Social»* (1762) hält sich *Rousseau* eng an den *Hobbes*schen Vertrag, nur ist bei ihm der Nutznießer des totalen Rechts- und Machtverzichts die → Gemeinschaft der Vertragschließenden selbst: an die Stelle des absolut herrschenden Leviathan tritt somit die nicht minder absolute Gemeinschaft, deren herrschaftlicher Wille, die *volonté générale*, den vernünftigen Willen aller Bürger gleichermaßen umfaßt. Nur die → Direkte Demokratie, in der der Gesellschaftsvertrag als Herrschaftsprinzip auf Dauer gestellt wird, ist für *Rousseau* eine legitime Herrschaftsform, da allein sie mit dem Autonomieprinzip in Übereinstimmung steht, denn nur für sie gilt, daß die Individuen auch nach ihrer Vergesellschaftung immer nur sich selbst gehorchen.

(4) Für *Kant,* «Metaphysische Anfangsgründe der Rechtslehre» (1797), nimmt der Vertrag den Charakter eines normativen herrschaftsbegrenzenden Vernunftprinzips an. Der Vertrag definiert die Verfassung eines allein nach Vernunftbegriffen entworfenen Rechtszustandes. Er stellt das Ideal der Gesetzgebung dar und ist zugleich zu einem staatsrechtlichen Erkenntnisprinzip operationalisiert: er fungiert als staatsrechtliches Gegenstück des kategorischen Imperativs,

das durch Vergleich mit einem imaginierten demokratischen Gesetzgebungsverfahren – Hätten dem Gesetz alle Betroffenen zustimmen können? – den Gerechtigkeitsgehalt positiver Gesetze zu bestimmen erlaubt. Indem *Kant* von *Rousseau* abweicht und die normativ-legitimatorische Vertragsdimension von der plebiszitär-demokratischen Vertragsdimension abkoppelt, transformiert er den staatsphilosophischen Kontraktualismus in eine → Politische Ethik. Damit hat er dem rechtfertigungstheoretischen Kontraktualismus in der polit. Philosophie der Gegenwart den Weg bereitet.

4. Mit *Kant* bricht die Geschichte der neuzeitlichen V. vorerst ab. Die großen geistigen Strömungen des 19. Jh., → Utilitarismus und → Rechtspositivismus zum einen, → Historismus und Relativismus zum anderen, beenden die Tradition des konstruktiven Kontraktualismus. In der polit. Philosophie der Gegenwart jedoch hat die V. seit *John Rawls' «A Theory of Justice»* (1971) eine überraschende Renaissance erlebt. Allerdings geht es dabei nicht um einen staatsphilosophischen, auf das Problem der Herrschaftslegitimation konzentrierten Kontraktualismus, sondern um einen rechtfertigungstheoretischen, auf das Problem der Begründung von Gerechtigkeitsprinzipien konzentrierten Kontraktualismus. Die philosophische Grundidee dieses rechtfertigungstheoretischen Kontraktualismus besteht darin, die ganze Gesellschaft mitsamt all ihren verschiedenen institutionellen Strukturen und Arrangements als Vertragsverhältnis zu interpretieren und die Verbindlichkeit der gesellschaftl. und polit. Institutionen, der sozialen und polit. Verfassung auf eine universale Zustimmung aller Gesellschaftsmitglieder als Vertragspartner zurückzuführen. Wie ein Vertrag zwischen zwei Personen unter der Bedingung ihrer beiderseitigen Freiheit und Gleichberechtigung die wechselseitige normative Gültigkeit der vereinbarten Rechte und Pflichten begründet, so könnte eine vertragliche Übereinkunft, in der sich alle Gesellschaftsmitglieder unter der Voraussetzung gleicher Freiheit einmütig auf eine institutionelle Ordnung des Zusammenlebens einigen würden, die allg. Verbindlichkeit dieser Verfassungsordnung begründen. Wie der Konjunktiv signalisiert, steht im Zentrum der kontraktualistischen Begründung ein argumentativ aufwendiges Gedankenexperiment, dessen rechtfertigungstheoretisches Grundmuster folgendermaßen aussieht: als legitimiert, begründet, gerechtfertig kann X (und X kann sein: die Etablierung staatl. Herrschaft, eine Rechtsordnung oder eine Verfassung, gesellschaftl. Institutionen und Wirtschaftsformen, Prinzipien der sozialen, polit. oder ökon. Gerechtigkeit, selbst moralische Regeln) immer dann gelten, wenn X auf argumentativ einsichtige Weise als Ergebnis eines Vertrages entwickelt werden kann, auf den sich die Betroffenen unter bestimmten wohldefinierten, fairen und allg. akzeptierten Bedingungen einigen könnten.

(1) In *Rawls'* V. verbirgt sich hinter dem Vertrag eine Sozialwahlentscheidung: Menschen suchen unter fairen Bedingungen die Grundprinzipien ihrer zukünftigen Gesellschaft. Die Bedingungen der Verfassungswahl sind darum fair, weil die Wahl hinter einem «Schleier des Nichtwissens» *(veil of ignorance)* stattfindet, der die Menschen aller Informationen über sich selbst beraubt. Der Sinn dieser gedankenexperimentellen Bedingung ist folgender: Wenn jemand Verfassungsprinzipien auszuwählen hat, über sich selbst aber nichts weiß, somit auch nicht feststellen kann, welche der zur Entscheidung stehenden Verfassungsprinzipien für ihn vorteilhaft sein könnten, muß er notgedrungen eine Wahl unter allg. Gesichtspunkten vornehmen und wird nur Prinzipien wählen, die den allg., von allen notwendigerweise geteilten Interessen förderlich sind. Dieser in Fairneßbedingungen eingebettete Vertrag begründet eine Gerechtigkeitskonzeption, die *Rawls* als *justice-as-fairness* bezeichnet. Sie besteht aus zwei Prinzipien: Das erste Prinzip verlangt die strikte Gleichverteilung von → Freiheit und gesellschaftl. Chancen. Seine institutionelle Verwirklichung findet in einem diskriminierungsfreien demokratischen und liberalen → Rechtsstaat statt. Das zweite Prinzip ist ein Prinzip der sozialen und ökon. Gerechtigkeit; es regelt die Verteilung der kooperativ erarbeiteten Güter und begründet eine sozialstaatl. Verteilungspolitik. *Rawls* bezeichnet es als

Differenzprinzip, das soziale und ökon. Ungleichheit unter der Bedingung zuläßt, daß sie den Schlechtestgestellten in der Gesellschaft besser stellt als in einer Gleichverteilungsgesellschaft. Es verlangt also, daß sich soziale und ökon. Ungleichheit durch die vergleichsweise Besserstellung des Schlechtestgestellten im Vergleich legitimieren. Mit diesem zweiten Prinzip hat *Rawls* als erster polit. Philosoph überhaupt die V. zur Grundlage einer Theorie der sozialen Gerechtigkeit gemacht und einen «kontraktualistischen Sozialdemokratismus» begründet.

(2) Seitens der *libertarians* hat *Rawls'* kontraktualistische Sozialstaatsbegründung heftige Kritik hervorgerufen. Sie haben vertragstheoretische Gegenkonzeptionen entwickelt, die den Nachweis zu führen versuchten, daß der → Wohlfahrtsstaat illegitim sei und die Grenzen staatl. Wirksamkeit im Rechtsschutz der Bürger lägen. So hat *R. Nozick* in «Anarchy, State and Utopia» (1976) an die polit. Philosophie *Lockes* angeknüpft und einen absoluten Eigentumsbegriff eingeführt, der jede Form von sozialstaatl. Umverteilungspolitik als Diebstahl erscheinen läßt. Legitim ist für *Nozick* nur ein sich auf die Zwecke der Freiheitsrechtsicherung beschränkender Minimalstaat. Sein Argument für diese ultraliberale These stützt sich auf den gedankenexperimentellen Nachweis, daß allein ein Minimalstaat als Resultat freiwilliger Rechtsübertragungsakte rekonstruierbar ist. Dieser Nachweis basiert auf einer komplexen Geschichte eines sich entwickelnden Rechtsschutzmarktes mit Monopoltendenzen, der bei der Anwendung von bestimmten komplementären Verbots- und Entschädigungsregeln auf einem Territorium eine staatsanaloge Rechtsschutzorganisation hervorbringt, die legitim Herrschaft ausübt, weil ihre Entstehung allein auf rechtskonformen Rechtsübertragungsakten beruht.

(3) Während alle vertragstheoretischen Konzepte vor ihm mit einem Naturzustand voller kontrafaktischer Idealisierungen und normativer Annahmen gearbeitet haben, geht *J. M. Buchanan* (1984) in seinem Kontraktualismus von einem realistischen Anfangszustand aus, in dem zwischen den Menschen weder ein Zustand der Gleichheit herrscht, wie er etwa durch den Grenzsituationscharakter der *Hobbes*schen Anarchie oder durch den *Rawls*schen «*veil of ignorance*» herbeigeführt wird, noch die Menschen mit angeborenen und unveräußerlichen Rechten ausgestattet werden wie etwa bei *Locke* und *Nozick*. Rechte sind für *Buchanan* vielmehr das Ergebnis von Verhandlungen, in denen die ungleichen natürlichen Macht- und Fähigkeitsverteilungen festgeschrieben und wechselseitig anerkannt werden. Diese Rechtsverträge werden dann in einem konstitutionellen Kontrakt durch eine zwangsbewehrte Rechtsordnung gesichert; so leitet *Buchanan* den Rechtsschutzstaat *(protective state)* ab. Daneben kennt *Buchanan* auch einen *productive state*, der auf sozialstaatsanaloge Weise → Öffentliche Güter bereitstellt und verteilt. Er gründet sich auf einen zweiten Vertrag, auf einen postkonstitutionellen Vertrag, der die Einmütigkeit in den Rang einer legitimierenden Idealbedingung erhebt und damit jedem Umverteilungsunwilligen ein Vetorecht in die Hand gibt. Während in der polit. Philosophie der *Buchanan*sche Kontraktualismus auf heftige Kritik gestoßen ist, da er aufgrund seines Abrückens von der Ausgangslage des gesellschaftsvertraglichen Egalitarismus rechtfertigungstheoretisch gescheitert ist, hat seine V. in der polit. Ökonomie große Resonanz gefunden. So hat *K. Homann* (1988) versucht, die *Buchanan*sche Vertragslehre als Basistheorie einer rationalen Demokratiebegründung zu verwenden, und *R. Eschenburg* hat bereits 1977 mit kontraktualistischen Mitteln eine allgemeine ökon. Verfassungstheorie entwickelt. Die Attraktivität des *Buchanan*schen Kontraktualismus für die Theoriebildungen der Ökonomie liegt in der unmittelbaren Begründung polit. und gesellschaftl. Institutionen im nutzenmaximierenden Interesse der Individuen. Sie hat auch den Moralphilosophen *Gauthier* (1986) veranlaßt, in der Nachfolge von *Grice* und *Richards* eine kontraktualistische Moralbegründung zu versuchen, in der die moralischen Prinzipien als rationale Einigungen kluger Egoisten expliziert werden.

→ Legitimität; Liberalismus; Ökonomische Theorien der Politik; Volkssouveränität; Widerstandslehren.

Lit.: *Buchanan, J. M.* 1977: Freedom in Constitutional Contract, College Station and L. *Buchanan, J. M.* 1984: Die Grenzen der Freiheit, Tüb. (engl. 1975). *Duso, G.* (Hrsg.) 1987: Il contratto sociale nella filosofia politica moderna, Bologna. *Eschenburg, R.* 1977: Der ökonomische Ansatz zu einer Theorie der Verfassung, Tüb. *Gauthier, D.* 1986: Morals by Agreement, Ox. *Gauthier, D.* 1990: Moral Dealing: Contract, Ethics, and Reason, Ithaca/L. *Gierke, O. von* 1902: Johannes Althusius und die Entwicklung der naturrechtlichen Staatstheorien, Breslau. *Goyard-Fabre, S.* 1983: L'interminable querelle du contrat social, Ottawa. *Höffe, O.* 1979: Zur vertragstheoretischen Begründung politischer Gerechtigkeit: Hobbes, Kant und Rawls im Vergleich, in: *ders.*: Ethik und Politik, Ffm., 195–226. *Homann, K.* 1988: Rationalität und Demokratie, Tüb. *Kern, L./Müller, H.-P.* (Hrsg.) 1986: Gerechtigkeit, Diskurs oder Markt? Die neuen Ansätze in der Vertragstheorie, Opl. *Kersting, W.* 1985: Vertragstheorie – Gesellschaftsvertrag, Herrschaftsvertrag, in: *Brunner, O.* u. a. (Hrsg.): Geschichtliche Grundbegriffe, Bd. 6, Stg., 901–946. *Kersting, W.* 1994: Die politische Philosophie des Gesellschaftsvertrages, Wsb. *Kley, R.* 1989: Vertragstheorien der Gerechtigkeit, Bern. *Koller, P.* 1987: Neue Theorien des Sozialkontrakts, Bln. *Lessnoff, M.* 1986: Social Contract, Houndmills. *Rawls, J.* [11]2000: Eine Theorie der Gerechtigkeit, Ffm. (dt. zuerst 1975; engl. 1971). *Vallentyne, P.* (Hrsg.) 1991: Contractarianism and Rational Choice, NY.

Wolfgang Kersting

Vertrauen → Political trust

Vertrauensfrage → Konstruktives Mißtrauensvotum

Verwaltung, allg. ausführende, planende und organisierende Tätigkeiten, die zur Aufrechterhaltung der Arbeitsfähigkeit und zur Erfüllung der Aufgaben einer Organisation notwendig sind.

Im polit.-öff. Bereich bezeichnet V. insbes. die → Institutionen und Behörden, die für den Vollzug öff. Aufgaben zuständig sind, aber auch diese Tätigkeiten selbst (→ Politische Verwaltung). Eine funktionierende V. ist für alle modernen, komplexen Organisationen unverzichtbar; daher stehen seit geraumer Zeit die Probleme und Herausforderungen der → Reform ineffizienter Verwaltungsstrukturen im Mittelpunkt des Verwaltungsforschungsinteresses.

→ Bürokratie; Verwaltungskontrolle.
Lit.: → Politische Verwaltung.

Tanja Zinterer

Verwaltungsgerichtsbarkeit → Rechtsprechende Gewalt

Verwaltungskontrolle, bezeichnet die Kontrolle der → Politischen Verwaltung durch demokratisch gewählte polit. Organe.

Als ausführender Teil der → Exekutive verfügt die öff. → Verwaltung über eigenständige Gestaltungskompetenzen, ist jedoch nicht demokratisch legitimiert. Daher bedarf es im → Rechtsstaat der Aufsicht durch die → Legislative, aber auch der Beteiligung von Bürgern in Verwaltungsverfahren, um Transparenz und Verantwortlichkeit zu gewährleisten bzw. herzustellen. Aufgrund der Komplexität und Eigendynamik polit. Verwaltungsprozesse gestaltet sich die V. als äußerst schwierig, v. a. wenn sie, wie auf kommunaler Ebene, ehrenamtlich durchgeführt wird.

→ Bürokratie.
Lit.: → Politische Verwaltung.

Tanja Zinterer

Verwertungszusammenhang, dritte Phase im Forschungsprozeß, der in Entdeckungs-, → Begründungs- und Verwertungszusammenhang unterteilt wird, meint in Forschungen, für die ein enger Theorie-Praxis-Bezug besteht, die soziale oder sozialtechnologische

Funktion von Wiss. sowie die darüber angestellte Reflexion.

Im V. interessieren die möglichen Wirkungen einer Untersuchung (daher wird auch von → Wirkungszusammenhang gesprochen), im positiven (Lösung sozialer Probleme) wie im negativen Sinne (z. B. Verschleierungsfunktion). Thematisiert wird auch die Frage der Zugänglichkeit von Untersuchungsergebnissen – nicht nur für den Auftraggeber. Über das Interesse an der Nutzung der Forschungsergebnisse entsteht i. d. R. ein enger Zusammenhang zwischen V. und Entdeckungszusammenhang, dem Anlaß, der zu einem Forschungsprojekt führt.

→ Erkenntnisinteresse.

Dieter Nohlen

Veto (lat. = ich verbiete), das Einspruchsrecht eines einzelnen oder einer Institution gegen das Zustandekommen oder das Inkrafttreten eines Beschlusses.

Beispiele liefern das V. eines Abgeordneten (bei Forderung nach Einstimmigkeit der Beschlüsse wie beim *liberum V.* des polnischen Reichstags im 16. und 17. Jh., eines Staates im Sicherheitsrat der → Vereinten Nationen eines der ständigen Mitglieder oder einer Institution; im Präsidentialismus der Exekutive gegenüber der Legislative, im föderalen System der BRD des Bundesrats gegenüber dem Bundestag. Zu unterscheiden ist zwischen dem absoluten V., das endgültig ist, und dem suspensiven (aufschiebenden) V., das durch einen erneuten Beschluß des Erstgremiums aufgehoben werden kann.

Dieter Nohlen

Vielparteiensystem → Parteiensystem

Vielvölkerstaat, polit. System, das sich im Ggs. zum ethnisch-kulturell definierten → Nationalstaat aus mehreren Nationalitäten/Völkern zusammensetzt. Polit. konfliktär wird das System des Vielvölker- oder Nationalitätenstaates dann, wenn der Einfluß auf die Staatsorgane, die Verwaltung und die ökon. Güter ungleich verteilt und nur einzelnen oder nur der größten ethnischen Gruppe zugänglich ist (→ Nationalitätenfrage).

Die Aussage *Mancinis* (1851), wonach ein Staat, in dem viele kräftige Nationalitäten zu einer Einheit gezwungen werden, kein polit. Körper, sondern ein lebensunfähiges Ungeheuer sei, bezeichnet zwar die Konfliktlinen des 19. Jh. (Österreich-Ungarn, ital. *Irredenta*), doch die aktuellen ethnisch-kulturellen Konflikte und die Minderheitenprobleme der postkommunistischen Staaten fordern heute mehr denn je nachhaltige Konfliktlösungsstrategien: → Multikulturalismus und → Föderalismus oder die → Sezession sind Modelle, die je nach Konfliktlage zur Befriedung beitragen können: (1) Multikulturelle und föderativ strukturierte Staaten wie die USA, Kanada oder die Schweiz haben unterschiedliche Prinzipien des Ausgleichs und des Kompromisses institutionalisiert wie z. B. → Pluralismus, → Minderheitenschutz, umfassende Partizipationschancen, Konkordanzverfahren, weitreichende kulturelle → Autonomie, Selbstregierungs- und Selbstverwaltungsrechte und vertikales Aushandeln zwischen nat. und subnat. Ebene (→ Konkordanzdemokratie). (2) Für die Sezession als *ultima ratio* nennt *A. Buchanan* (1991) vier Begründungsmuster: die Erhaltung der eigenen Kultur, die Berichtigung historischen Unrechts, Ausbeutung und Benachteiligung sowie physische Bedrohung (→ Separatismus).

→ Nation; Nationalstaat.

Lit.: *Buchanan, A.* 1991: Secession. The Morality of Political Divorce from Fort Sumter to Lithuania and Quebec, Boulder. *Frank, M.* 1995: Multikulturalismus und Nationalismus, in: *Beyme, K. von / Offe, C.* (Hrsg.): Polit. Theorien in der Ära der Transformation, Opl., 362–388. *Kymlicka, W.* 1995: Multicultural Citizenship, Ox. *Kymlicka, W.* (Hrsg.) 1995: The Rights of Minority Cultures, Ox.

Gisela Riescher

Völkerrecht, zurückgehend auf die röm.-rechtl. Kategorie des *ius gentium* (hierzu *Reibstein* 1949: 198 ff.); in der Antike bezog sich das damit bezeichnete normative System – angewandt seit dem 3. Jh. v. Chr. vom *praetor peregrinus* – auf die gemeinsame Völkersitte. Gegenstand dieser Normen war damals nicht nur der gegenseitige Verkehr der Völker, sondern auch die Regelung innerer gesellschaftl. Zustände, soweit diese nicht eine eigenständige Ausprägung erfahren hatte.

Die soziologischen und rechtl. Grundlagen des abendländischen V. entwickelten sich erst im Spätmittelalter, als die Auseinandersetzungen zwischen Papst und Kaiser erstmals zur Existenz gleichberechtigter souveräner Staaten führten. Im Verlauf dieser Entwicklung wandelte sich der Begriff des *ius gentium* (*droit des gens*, *law of nations*) und bezog sich jetzt nur noch auf die rechtl. Beziehungen zwischen diesen Staaten, nicht mehr auf die Beziehung zwischen dem Staat und seinen Rechtsunterworfenen. Eine systematische Darstellung hat das V. in diesem Sinne erstmals bei *F. Suárez* (1548–1617), bei *H. Grotius* (1583–1642) und später bei *E. de Vattel* (1714–1767) erhalten.

Nationalstaatl.-demokratisches Gedankengut des 19. Jh. akzentuierte die Ausrichtung des V. auf die souveränen Rechte des Staats. Im 20. Jh. führten technologische, wirtschaftl. und polit. Entwicklungen zu einer Gegenbewegung, welche zwar den Einzelstaat nach wie vor als den zentralen Akteur der zwischenstaatl. Beziehung anerkennt, gleichzeitig aber wesentliche Begrenzungen seiner Rechtsmacht einführt, die sich insbes. im Recht der → Internationalen Organisationen, im Selbstbestimmungsrecht der Völker, in Rechten des Individuums und in der Ächtung der Gewalt als eines Mittels der zwischenstaatl. Beziehungen niederschlagen. Seit 1945 sind die Grundsätze der bestehenden völkerrechtl. Ordnung in der Charta der Vereinten Nationen verankert; diese bindet heute nahezu alle Staaten.

Auf dieser Grundlage haben sich die Regelungsbereiche des V. in den vergangenen Jahrzehnten in zuvor ungekanntem Maße ausgeweitet; sie spannen sich etwa von Einzelheiten der friedlichen Nutzung der Kernenergie bis zum Schutz der Artenvielfalt und des globalen Klimas, vom Schutz des Briefgeheimnisses bis zur Eingrenzung nat. Währungspolitik. Bestanden 1945 noch 51 Staaten, so hat sich ihre Zahl seither – insbes. nach der Dekolonisierung – auf 192 erhöht. Die Grundlagen und das System des V. haben sich in diesem Prozess nicht wesentlich verändert, wenngleich gerade die Entwicklung in Europa neue Formen staatl. und supranat. Zusammenarbeit hervorgebracht hat. Das herkömmliche V. wurde zuerst von den sozialistischen Staaten, später von den Ländern der → Dritten Welt teils kritisiert, weil es die liberalen, industrialisierten Staaten begünstige. Diese Kritik war oft polemisch und übersah, daß das klassische V. in erster Linie auf der Idee der Gleichheit der Staaten beruhte und deshalb offen war gegenüber einer weniger homogenen, zahlenmäßig erweiterten Staatengemeinschaft. Mit punktuellen Veränderungen zur Anpassung an diese erneuerte Staatengemeinschaft haben deshalb die Kategorien und Instrumente des klassischen V. auch heute noch Bestand; das Souveränitätsdenken der Dritten Welt hat sich in neuerer Zeit abgeschwächt. Die neueste umfassendste Darstellung des V., die *Encyclopedia of Public International Law*, legt die Vielfalt und Komplexität des heutigen V. auf etwa 5000 Seiten dar.

1. Die wichtigsten Quellen des V. – anerkannt im Statut des Internationalen Gerichtshofs – sind die Verträge zwischen Staaten und das Gewohnheitsrecht; diese werden ergänzt durch die sog. allg. Rechtsprinzipien und in gewissem Maß durch Gerichtsentscheidungen und durch die Doktrin des Völkerrechts. Seit 1945 sind über 40.000 Verträge zwischen Staaten abgeschlossen worden; diese sind anzuwenden und auszulegen nach den allg. anerkannten Regeln des Gewohnheitsrechts und der Wiener Vertragsrechtskonvention aus dem Jahre 1963.

Trotz der fortschreitenden Kodifikation bleibt das Gewohnheitsrecht von wesentlicher Bedeutung. Es bildet sich auf der Grundlage einer uniformen zwischenstaatl. Praxis und einer korrespondierenden Rechtsüberzeugung; im Einzelfall kann seine Ermittlung heute angesichts der Vielzahl der Staaten und ihrer unterschiedlichen Interessen Schwierigkeiten bereiten. Oft ergänzen sich Vertragsrecht und Gewohnheitsrecht, wie etwa im Seerecht. Allg. Rechtsprinzipien sind im Wege der Ermittlung und des Vergleichs innerstaatl. Rechtsordnungen zu gewinnen.

2. Zu allen Zeiten haben Kritiker und Leugner des V. versucht, dessen Qualität als Rechtsordnung in Frage zu stellen. Zentraler Ansatzpunkt dieser irrigen Meinungen war oft das Fehlen jener Organe auf internat. Ebene, wie sie kennzeichnend für das nat. Recht sind. Das V. kennt weder eine zentrale Legislative noch eine Exekutive i. S. einzelstaatl. Ordnung, insbes. ermangelt es einer obligatorischen Gerichtsbarkeit. Trotz dieser Eigenarten des V. anerkennen die Staaten das V. als verbindliche Ordnung. Der Umstand, daß Verstöße gegen das V. festzustellen sind, erlaubt jedoch auf der Ebene der Rechtsqualität keine Differenzierung im Verhältnis zum innerstaatl. Recht: Auch das nat. Strafrecht etwa wird (trotz seiner scharfen Sanktionen) von Rechtsbrechern mißachtet. Die Rechtsabteilungen in den nat. Ämtern für auswärtige Beziehungen sind i. d. R. ebenso wie andere nat. Stellen mit der Durchführung und Beachtung des V. betraut. Der Reziprozitätsgedanke und allg. die Furcht vor internat. anarchistischen Entwicklungen motivieren ihrerseits die Staaten zur Beachtung des Völkerrechts. Grenzregelungen z. B. werden i. d. R. im völkerrechtl. Alltag ebenso streng beachtet wie die Normen über das internat. Postwesen oder die Statuten internat. Organisationen.

Im Falle von Verstößen gegen Normen des V. stehen sowohl dem einzelnen betroffenen Staat sowie ggf. der Staatengemeinschaft Sanktionen zur Verfügung; diese umfassen etwa das Einfrieren von Guthaben im Ausland oder das Außerkrafttreten von bestehenden Verträgen. Gewalt darf nach dem System der Vereinten Nationen (UN) nur noch zur Selbstverteidigung und im Rahmen solcher Aktionen ausgeübt werden, die der UN-Sicherheitsrat gebilligt hat. Die Vielzahl kriegerischer Entwicklungen nach 1945 trotz des Gewaltverbots der UN-Charta (→ Krieg) läßt aber auch die Grenzen dieser völkerrechtl. Sanktionsgewalt erkennen: Die Rechtsqualität des V. ändert nichts daran, daß das V. mangels zentraler Organe der Staatengemeinschaft sich auch heute oft als eine gefährdete Rechtsordnung darstellt.

Obgleich der Begriff des Rechts nicht mit der richterlichen Streitbeilegung identifiziert werden darf, findet das partielle Bemühen der Staaten zur Wahrung ihrer nat. Interessen doch auch einen Ausdruck in der vergleichsweise geringen Zahl der Fälle, welche sie in den vergangenen Jahrzehnten dem Internationalen Gerichtshof als dem zentralen richterlichen Organ oder anderen internat. Gerichten unterbreitet haben. Andererseits zeigt etwa die Errichtung eines Schiedsgerichts zur Abwicklung der vermögensrechtl. Beziehungen zwischen dem Iran und den USA nach der iranischen Revolution 1979, daß das V. durchaus Instrumente zur Streitbeilegung auch im Verhältnis zwischen Staaten mit unterschiedlicher polit. Ausrichtung bereithält. Auch die Einigung der Staaten auf ein System der obligatorischen Streitbeilegung im Rahmen der am 16. 11. 1994 in Kraft getretenen Seerechtskonvention ebenso wie die Einrichtung des Internationalen Seegerichtshofs in Hamburg und die Einführung eines Streitbeilegungsverfahrens im Rahmen der → WTO deuten auf die Möglichkeit einer stärkeren Bedeutung gerichtlicher Entscheidungen im künftigen V. hin.

3. Das klassische V. des 19. Jh. hatte – im Vergleich zum heutigen Recht – seinen Schwerpunkt in der Regelung der Formen des zwischenstaatl. Verkehrs. *Holtzendorff* (Enzyklopädie der Rechtswissenschaft, Erster Systematischer Teil, 4. Aufl. 1882: 1202) umschreibt die Grundlagen noch wie folgt: «Ein gewisses für das Verkehrsbedürfnis der Staaten unentbehrliches Maß der kosmopolit. Kultur und außerdem die gegenseitige Anerkennung der durch dies Bedürfnis verbundenen Volkskörper als gleichberechtigter Existenzen». In den vergangenen hundert Jahren haben sich Gegenstand und Ziele des V. wesentlich erweitert.

So ist die Begrenzung der → Gewalt zu einem zentralen Thema des V. geworden. Ersten zögerlichen Schritten aus der Zeit vor dem I. Weltkrieg folgte das Kriegsverbot des

Kellogg-Briand-Pakts aus dem Jahre 1929 und schließlich das umfassende Gewaltverbot in der UN-Charta. In dieser Entwicklung zur Begrenzung staatl. → Souveränität spiegelt sich die Furcht der Menschheit vor den Leiden, welche der Krieg mit Mitteln moderner Technik zur Folge hat. In begrenztem Umfang ist das Gewaltverbot ergänzt worden durch völkerrechtl. Verträge zur → Abrüstung und zur Rüstungskontrolle. Daß das Gewaltverbot bisher oft mißachtet wurde, hängt in erster Linie auch damit zusammen, daß die in der UN-Charta festgelegten Formen der Friedenssicherung die Einigkeit der Großmächte voraussetzen, welche in der Praxis oft nicht vorhanden war. Parallel zur Friedenssicherung haben die Staaten in den vergangenen Jahrzehnten positive Formen der Kooperation mittels der Errichtung einer Vielzahl von internat. Organisationen in nahezu allen Bereichen des polit., wirtschaftl., sozialen und kulturellen Lebens geschaffen. Im öff. Bewußtsein kommt die vielfältige Arbeit der Organisationen derzeit noch nicht in angemessener Weise zum Ausdruck. Insbes. im Hinblick auf die völkerrechtl. Grundlage dieser Entwicklung läßt sich heute mit Recht von einem «Völkerrecht der Kooperation» (*W. Friedmann*) im Ggs. zum früheren Zustand der Koordination sprechen. Die Vereinbarungen zur Schaffung eines Internationalen Strafgerichtshofs aus dem Jahre 1998 belegten diesen Befund trotz verbleibender Defizite im Netz der bestehenden Vereinbarungen und ihrer Durchsetzung ebenso wie etwa die Übereinkunft zur Errichtung der Welthandelsorganisation (WTO) samt einem neuartigen System formalisierter Streitbeilegung (1994).

Neben der Begrenzung der Gewalt und der Entwicklung moderner Formen der Kooperation wird das heutige V. geprägt durch die Suche nach gemeinsamen Werten in der Ordnung der innerstaatl. Beziehungen. Die Anerkennung von → Menschenrechten auf der Ebene des V. nach 1945 bedeutet eine fundamentale Abwendung vom Souveränitätsverständnis des 19. Jh. Auf globaler Ebene hat sich diese Entwicklung in erster Linie in zwei Menschenrechtspakten der Vereinten Nationen niedergeschlagen, wobei auch gewisse Formen einer Überwachung dieser Rechte vereinbart wurden. Bisher war der praktische Erfolg dieser Arbeit auch deswegen begrenzt, weil sich das Verständnis der Menschenrechte auch heute noch nicht in allen Regionen und Kulturen deckt. Auch die Entwicklungsländer haben insoweit teils eigene Ansätze entwickelt, welche insbes. die Bezüge des einzelnen zur Gemeinschaft hervorheben wollen. Angesichts dieser Unterschiedlichkeit der Auffassungen haben sich auch regionale Systeme zum Schutz der Menschenrechte entwickelt; die effizienteste Ordnung findet sich bisher im Rahmen der Europäischen Menschenrechtskonvention, deren Organe ihren Sitz in Straßburg haben. Das moderne V. hat auf der Grundlage der UN-Charta einen wesentlichen Beitrag zur positiven Gestaltung der → Internationalen Beziehungen geleistet. Die internat. Ausrichtung dieser Charta ist vorbildhaft geblieben, sowohl i. S. der notwendigen Abwendung von übersteigertem nationalstaatl. Denken als auch i. S. bisheriger partieller Mißerfolge bei der Durchsetzung ihrer Grundgedanken. Die Charta ist normativ bindend, ihre vollständige Verwirklichung bleibt universeller Auftrag. Die von ihr errichtete Ordnung bedarf aber künftig auch der Fortentwicklung und der Ergänzung. Die globale Agenda der Zukunft wird wesentlich mitbestimmt werden durch Bemühungen zur Erhaltung der Schöpfung und durch das Streben nach dem Abbau der Ungleichgewichte in der Weltwirtschaft. Bei der Formulierung der Charta im Jahre 1945 standen diese Themen noch nicht im Vordergrund. Das V. ist – wie jedes Recht – primär stabilisierend; bestehende Normen sind in den anerkannten Verfahren anzupassen, neue Normen bedürfen der Verhandlungen und des internat. Konsenses. In diesem Rahmen wird die zunehmende → Globalisierung der Probleme und der → Interdependenzen neue Aufgaben und Herausforderungen des V. mit sich bringen; während sich die wirtschaftl. und ökolog. Zusammenhänge immer weiter entgrenzt haben, hat sich gleichzeitig die Zahl der Nationalstaaten erhöht. Die Staaten sind nicht nur die wichtigsten Subjekte des Völkerrechts, sondern auch die wichtigsten Akteure im System der internat. Beziehungen, trotz der zunehmenden Macht transnat. Unter-

nehmen und dem stärkeren Einfluß gewichtiger Segmente der → Zivilgesellschaft.
Nach dem Zusammenbruch der kommunistischen Sowjetunion hat der Sicherheitsrat in der ersten Hälfte der 1990er Jahre mehrfach von seinem Recht zum Einsatz militärischer Mittel zur Sicherung des Friedens Gebrauch gemacht. Dabei ging die Ausübung der vom Sicherheitsrat abzuwehrenden Gewalt meist nicht von internat. Streitigkeiten, sondern vom innerstaatl. Zusammenbruch der Regierung (*the failed state*) aus. In weiter Auslegung der Charta der Vereinten Nationen hat der Sicherheitsrat auch Entwicklungen dieser Art als Bedrohungen des internat. Friedens charakterisiert und auf diese Weise seine Zuständigkeit zum Einsatz militärischer Maßnahmen begründet. Diese expansive Tendenz des Sicherheitsrats hat ihrerseits zu Fragen nach seiner gerichtlichen Kontrolle geführt und die allg. Debatte nach einer Reform des 1945 geschaffenen Sicherheitsrats akzentuiert, ohne daß bisher konkrete Ergebnisse erzielt werden konnten. Ende der 1990er Jahre hat die → NATO in Jugoslawien ohne Zustimmung des Sicherheitsrats aus humanitären Gründen interveniert.

Lit.: *Brownlie, I.* ⁵1998: Principles of Public International Law, Ox. *Dahm, G. u. a.* ²1989: Völkerrecht, Bd. 1, Bln. *Doehring, K.* 1999: Völkerrecht, Hdbg. *Friedmann, W.* 1964: The Changing Structure of International Law, L. *Graf Vitzthum, W.* (Hrsg.) ²2001: Völkerrecht, Bln./NY. *Herdegen, M.* ²1995: Internationales Wirtschaftsrecht, Mchn. *Herdegen, M.* 2000: Völkerrecht, Mchn. *Ipsen, K.* ⁴1999: Völkerrecht, Mchn. *Mosler, H.* 1980: The International Society as a Legal Community, Alphen aan den Rijn. *Reibstein, E.* 1949: Die Anfänge des neueren Natur- und Völkerechts, Bern.

Rudolf Dolzer

Völkerrechtliche Anerkennung → Anerkennung

Voice and exit, erfaßt nach *A. O. Hirschman* (1974) i. S. der → Neuen Politischen Ökonomie zwei mögliche Reaktionsmechanismen auf Leistungsabfall in Organisationen. Als gegensätzliche Kategorien erfüllen sie auf je spezifische Weise Steuerungs- und Kontrollfunktionen.

Während Widerspruch – «vom leisen Murren bis zum gewaltsamen Protest» (*Hirschman* 1974: 13) – als polit. Handeln *par excellence* gilt, markiert Abwanderung die marktkonforme Handlungsstrategie von Kunden im Falle der Verschlechterung der Produkte einer Firma. Allerdings bieten die jeweiligen Strategien, beeinflußt über Loyalität als regulierende → Variable, auch eine Ergänzung bzw. Alternative zur bereichstypischen Handlungsvariante. Das Konzept ist von erheblichem heuristischen Wert, wenn es darum geht, Wechselwahl wie Wahlenthaltung, Parteiaustritte wie Neubildung von Parteien, den Aufstieg wie Niedergang von Interessenverbänden oder allg. die zyklische Abfolgen von öff. Engagement und Rückzug ins Private zu verstehen.

→ Interessengruppe/Interessenverbände; Nichtwahl; Wechselwähler.

Lit.: *Hirschman, A. O.* 1974: Abwanderung und Widerspruch, Tüb. (engl. 1970). *Hirschman, A. O.* 1984: Engagement und Enttäuschung, Ffm. (engl. 1982).

Günther Rieger

Volatility (engl. für Flüchtigkeit, Sprunghaftigkeit, Schwankung), aus der Physik übernommener Begriff, der in der Politikwiss. zur Analyse von Konstanz und Wandel in den Parteipräferenzen der Wählerschaft und in den Stärkeverhältnissen im → Parteiensystem verwandt wird.

Gemessen wird (mittels des sog. *Pedersen*-Index, auf Aggregatebene in Prozentpunkten) die Summe aller Gewinne der Parteien eines Parteiensystems gegenüber der vorangegangenen Wahl (gleich der Summe aller Verluste von Parteien), um so den Wechsel an Wählerstimmen in den Gesamtsummen innerhalb eines Parteiensystems zwischen zwei Wahlen zu ermitteln. Es geht also nicht um den individuellen Wechselwähler, sondern primär um die Veränderung in den Stärkerelationen der Parteien und Parteilager eines Parteiensystems über längere Zeiträume. So wird z. B. unterschieden zwischen sog. *intrablock v.*, dem Wechsel zwischen den Parteien eines polit.-ideologischen Lagers (also etwa des bürgerlichen Lagers, des sozialistischen Lagers, der → Mitte), und *interblock v.*, dem Parteilager übergreifenden Wechsel (also zwischen → Rechts und Links). Die Aussagekraft eines solchen → Index ist jedoch beschränkt, v. a. auch deshalb, weil weder die Veränderungen im Wählerverhalten unterhalb der Aggregatebene erfaßt werden noch Aussagen über die Motive des Wechsels möglich sind (vgl. *Nohlen* 2000).

Lit.: *Bartolini, S./Mair, P.* 1990: Identity, Competition, and Electoral Availability. The Stabilization of European Electorates, 1885–1985, Camb. *Crewe, I./Denver, D.* (Hrsg.) 1985: Electoral Change in Western Democracies, L. *LeDuc, W.* u. a. (Hrsg.) 1996: Comparing Democracies. Elections and Voting in Global Perspective, L. *Mair, P.* 1993: Myths of Electoral Change and the Survival of Traditional Parties, in: EJPR 24, 121–133. *Nohlen, D.* [3]2000: Wahlrecht und Parteiensystem, Opl. *Pedersen, M. N.* 1983: Changing Patterns of Electoral Volatility in European Party Systems, in: *Daalder, H./Mair, P.* (Hrsg.): Western European Party Systems. Continuity and Change, Beverly Hills, 29–66.

Rainer-Olaf Schultze

Volksabstimmung, Sammelbegriff für die verschiedenen Möglichkeiten der Stimmbürger, umittelbar/direkt-demokratisch per Abstimmung (Plebiszit, → Referendum) Einfluß auf den Prozeß der → Politischen Willensbildung und Entscheidungsfindung zu nehmen.

1. V. werden praktiziert bei Personenentscheidungen (Personal-Plebiszit; → *Recall*), v. a. aber bei Entscheidungen über polit. Sachfragen (Sach-Plebiszit, Referendum), mit V. über ganze Verfassungen oder einzelne Verfassungsänderungen, über Gesetzesvorhaben, einzelne Sachthemen (→ *Issues*) usw. Dabei sind zu unterscheiden: obligatorische von fakultativen Referenden; konsultative Referenden (= Volksbefragungen) von rechtsverbindlichen V. (= Volksentscheide). Sofern V. nicht obligatorisch vorgeschrieben sind, findet die plebiszitär-demokratische Mitwirkung der Stimmbürger bei fakultativen Referenden i. d. R. in einem zweistufigen Abstimmungsprocedere von zunächst → Volksbegehren (Volksinitiative) und der sich im Erfolgsfalle anschließenden V. statt.

2. Das Instrument der V. entstammt der polit. Praxis der griech. und römischen Antike; in der griech. → Polis fielen sämtliche wichtigen Entscheidungen direkt-demokratisch per Abstimmung der in der Volksversammlung zusammentretenden Stimmbürger; in Rom hatten (als Gegengewicht gegen den adligen Senat) die Abstimmungen der Versammlung der Plebejer Gesetzeskraft. In der Moderne finden V. unter den Bedingungen allg. → Partizipation nicht allein in Demokratien statt. → Autoritäre Regime und → Diktaturen benützen V. zur Mobilisierung der Bev. sowie insbes. zur pseudo-demokratischen Legitimierung für ihre Ziele, wobei sie sich einer möglichst hohen Zustimmung (auch mit manipulatorischen Mitteln) zu vergewissern versuchen. In den modernen Massendemokratien werden V. (wie die anderen Möglichkeiten → Direkter Demokratie) in Ergänzung der ansonsten durchweg repräsentativ-demokratischen Systeme praktiziert, wobei Art, Ausmaß und Einfluß sehr unterschiedlich sein können. Am stärksten ausgeprägt sind Volksinitiative und V. gegenwärtig in der Referendumsdemokratie der Schweiz, zudem in einigen Einzelstaaten der USA, am geringsten im brit. → Westminster-Modell repräsentativer Demokratie. Doch auch dort finden zusehends Referenden statt, in GB z. B. in der Frage der → Devolution, in Kanada z. B. in der Frage von Verfassungsreformen, der → Sezession Québecs. In der BRD waren V. durch die Erfahrungen in der Weimarer Republik diskreditiert, finden aber seit den 1970er Jahren auf Länder- und kommunaler Ebene zunehmend statt (→ Plebiszitäre Demokratie). Entgegen den Befürchtungen der elitären bzw. realistischen Demokratietheorie führen V. keines-

wegs notwendig zur Polarisierung und Radikalisierung im polit. Prozeß; sie haben (wie die Erfahrungen der Schweiz zeigen) vielmehr häufig integrative und stabilisierende Wirkungen und erzielen nicht selten konservative, die → Konkordanzdemokratie unterstützende Ergebnisse. Allerdings eignen sich nicht alle Sachthemen für plebiszitär-demokratische Entscheidungsfindung, reduzieren V. die Komplexität von Sachverhalten auf allzu einfache Ja-Nein-Entscheidungen, unterliegen Plebiszite der Gefahr der Manipulation bei der Fragestellung und des Mißbrauchs durch bes. aktive Minderheiten, so daß strittig bleibt, in welchem Umfang die repräsentative durch Elemente der direkten Demokratie sinnvoll erweitert werden kann.

Lit.: *Butler, D./Ranney, A.* 1994: Referendums around the World, Washington, D. C. *Hahn, H.* 1987: Referendum Voting, NY. *Luthardt, W.* 1994: Direkte Demokratie. Ein Vergleich in Westeuropa, Baden-Baden. *Möckli, S.* 1994: Direkte Demokratie. Ein internationaler Vergleich, St. Gallen. *Troitzsch, K. G.* 1979: Volksbegehren und Volksentscheid, Meisenheim. → Plebiszitäre Demokratie.

Rainer-Olaf Schultze

Volksbefragung → Volksabstimmung

Volksbegehren (auch: Volksinitiative), erste Stufe im plebiszitär-demokratischen Abstimmungsprocedere, durch das sich die Stimmbürger durch Gesetzesinitiative direkt am Prozeß der Gesetzgebung beteiligen können.

Der Erfolg des V. ist i. d. R. an ein → Quorum von Unterschriften gebunden, dessen Höhe variiert, vielfach aber mindestens 10 % der Wahlberechtigten beträgt. Zu unterscheiden ist zwischen direkter oder indirekter Initiative: Bei direktem V. ist die Gesetzesinitiative in der zweiten Stufe des Abstimmungsprocedere den Stimmbürgern zur → Volksabstimmung vorzulegen. Indirekte V. richten sich an das entspr. Parlament, das dann innerhalb einer bestimmten Frist in der Gesetzesmaterie tätig werden muß. Eine Kombination beider Formen wird in Bayern praktiziert: Macht sich der Gesetzgeber die Gesetzesinitivative nicht zu eigen, hat innerhalb eines bestimmten Zeitraumes ein Volksentscheid stattzufinden, bei dem alternativ über V. und Parlamentsvorschlag abgestimmt wird. Volksinitiative und Volksabstimmung sind gegenwärtig am stärksten ausgeprägt in der Schweizer Referendumsdemokratie. V. sind in D mittlerweile in den Verfassungen der meisten Bundesländer verankert. Unter der Bezeichnung Bürgerbegehren gibt es sie auch auf kommunaler Ebene. Die erforderlichen Unterschriftenquoren und Abstimmungserfordernisse unterscheiden sich dabei teilweise beachtlich.

→ Direkte Demokratie; Plebiszitäre Demokratie.
Lit.: → Volksabstimmung.

Rainer-Olaf Schultze

Volksdemokratie, tautologischer Begriff aus dem taktischen Instrumentarium des Sowjetmarxismus, verwendet zur Selbstbeschreibung der Länder Osteuropas, die nach dem II. Weltkrieg unter den Einfluß der UdSSR gerieten.

Der Begriff diente in der ideologischen Auseinandersetzung des → Ost-West-Konflikts v. a. drei Zwecken: (1) zur Abgrenzung von der liberalen, «bürgerlichen» → Demokratie des Westens, die nach marxistischer Auffassung nur die Klassenherrschaft der → Bourgeoisie verschleiere, (2) zur Beschreibung der besonderen Form von Staat und Gesellschaft in Ost-(-mittel)europa nach 1945 und deren besonderer Spielart eines friedlichen Weges vom Kapitalismus zum Sozialismus, abweichend vom Prozeß der revolutionären Umgestaltung und der → Diktatur des Proletariats nach sowjetischem Muster, und damit (3) zur Legitimierung der Transformationsprozesse in den Ländern Osteuropas wie deren Integration in Warschauer Pakt und RGW. Faktisch entwickelten sich die V., insbes. nach den stalinistischen Säuberungen, jedoch sämtlich zu → Autoritären Regimen oder totalitären Diktaturen, bestimmt vom Prinzip des → Demokratischen Zentralismus und der Vorherrschaft der Kommunistischen Partei, so daß die volksdemokratischen Institutionen, u. a. die formalen Mehrparteiensysteme in der Gestalt der → Nationalen Front bzw. des → Blocksystems, schnell bedeutungslos wurden.

Lit.: *Fetjö, F.* 1972: Die Geschichte der Volksdemokratien, 2 Bde., Wien. *Lamentowicz, W.* [4]1992: Volksdemokratie, in: *Nohlen, D./Schultze, R.-O.* (Hrsg.): Politikwissenschaft, Mchn./Zürich, 1102–1103.

Rainer-Olaf Schultze

Volkseinkommen → Sozialprodukte

Volksentscheid → Volksabstimmungen

Volksfront, von der Komintern 1935 nach dem Scheitern ihrer bisherigen antifaschistischen Strategie geprägte Bezeichnung für das von ihnen propagierte breite Aktionsbündnis aus Kommunisten, Sozialdemokraten, die von ihnen zuvor als «Sozialfaschisten» diffamiert worden waren, und linksbürgerlichen Kräften.

Modell für eine solche V. wurde das Linksbündnis in Frankreich unter *L. Blum* 1936 und 1937/38, ähnlich in Spanien 1936, in Chile unter *S. Allende* 1970–73 (Volkseinheit). Auch die in einigen → Volksdemokratien Ost-Mittel-Europas zwischen 1945 und 1948 bestehenden Bündnisse mit ihrem Versuch eines «Dritten Weges» zum → Sozialismus sind als V. bezeichnet worden (→ Nationale Front). Als V. verstanden sich in völlig anderem Zusammenhang auch die auf → Demokratie und Unabhängigkeit von der UdSSR zielenden nicht- bzw. antikommunistischen Sammlungsbewegungen Ende der 1980er Jahre in einigen Sowjetrepubliken, insbes. in den baltischen Staaten. Sie zerfielen, ähnlich der *Solidarność* in Polen, bald nach der Unabhängigkeit. Selbstbezeichnung verschiedener Befreiungsbewegungen in der → Dritten Welt, z. B. die V. zur Befreiung Palästinas (PFLP).

Klaus Ziemer/Rainer-Olaf Schultze

Volksinitiative → Volksbegehren

Volkspartei, eine Selbstbezeichnung von Großparteien wie der SPD, CDU und CSU, die durch Ausweitung ihrer Wählerbasis nach möglichst vielen Stimmen für strategische Mehrheiten streben. Ihre polit. Rhetorik und werbende Selbstdarstellung stützt sich dabei auf den Anspruch, schichtübergreifend und weltanschaulich verbindend breite Wählerschichten in sich aufzunehmen und in ihrer Interessenvielfalt ausgleichend vertreten zu wollen.

1. Als analytische Kategorie hat der Begriff der V. durch O. *Kirchheimer* (1965) speziell in der deutschsprachigen Parteienforschung eine nachhaltige Karriere gemacht. *Kirchheimer* ging Mitte der 1960er Jahre davon aus, daß in Westeuropa individuelle Repräsentationsparteien (Honoratiorenparteien) verschwinden und die Massenintegrationsparteien auf Klassen- und Konfessionsbasis hin zur «Allerweltspartei (*catch-all party*), zu einer echten Volkspartei» umgeformt würden. Dies geschähe aus unausweichlichen Gründen der Wettbewerbsüberlegenheit der Volkspartei. Sie würde den gewandelten Verhältnissen der Nachkriegszeit entsprechen, die sich auf eine säkularisierte, entideologisierte und sozial befriedete Wohlstands- und Massenkonsumgesellschaft hin entwickelten. V. lassen sich also als Geschöpfe der nachindustriellen Gesellschaft betrachten. Nur waren es nicht nur gewandelte äußere Umstände, sondern auch strategische Weichenstellungen von Parteieliten (*Kaste/Raschke* 1977: 39), die den volksparteilichen Strukturwandel herbeiführten.
Typologisch weist Kirchheimer der V. folgende Charakteristika zu: «Sie gibt die Versuche auf, sich die Massen geistig und moralisch einzugliedern und lenkt ihr Augenmerk in stärkerem Maße auf die Wählerschaft; sie opfert also eine tiefere ideologische Durchdringung für eine weitere Ausstrahlung und einen rascheren Wahlerfolg» (*Kirchheimer* 1965: 27). Dieser Strategiewechsel hin zur Stimmenmaximierung hat

für Struktur und Taktik der V. weitreichende Folgen (ebd.: 32 ff.): Im Innern verzeichnen die Parteiführer einen Machtzuwachs, während sich die Mitglieder mit einer Entwertung ihrer Rolle abzufinden haben. Ideologische Grundsätze beugen sich kurzfristiger Taktik. Im wesentlichen beschäftigt sich die V. nur noch mit der Nominierung von Kandidaten für öff. Karrieren. Nach außen wendet sich die V. von der Klassen- und Konfessionswählerschaft ab, um sich in ihrer Wahlpropaganda an die Gesamtbev. zu richten. Hierfür bietet sie den Wählermassen populäre Handlungspräferenzen und wenig greifbare Allerweltsformeln an, die das Gemeinsame betonen und keine Gruppe abschrekken. In ihrer Wähleransprache greift sie auf die Mittel moderner Markenartikelwerbung zurück. Zu Interessengruppen baut sie instrumentelle Beziehungen auf, um sich deren Wählerpotenzial zu versichern. Und gegenüber einflußreichen Verbänden und Machtträgern nimmt sie eine Vermittler- und Schlichterrolle ein (s. auch *Mintzel* 1984: 99 ff.).

2. Diese Merkmalskomposition der *catch-all-* bzw. Allerweltspartei ist überwiegend als «überzogen» (*M. G. Schmidt*) und sogar als «Konstruktionsmythos» (*Mintzel*) bezeichnet worden. Auf jeden Fall ließ sich dieser Typus nirgendwo mit der europ. Parteienrealität ganz zur Deckung bringen. Fraglich ist auch, ob sich historisch gewachsene Massen- und Milieuparteien einer typologischen Transformation hin zu V. unterwerfen lassen. Der Wirklichkeit näher kommt deshalb wohl die These, daß sich die milieuverhafteten Großparteien in Westdeutschland seit den 1960er Jahren volksparteilich zu öffnen begannen, was mit der Modernisierung ihrer Apparate und Professionalisierung ihres Politikmarketings einherging (*Wiesendahl* 1992). Dies läßt bei den Formbesonderheiten von V. auf einen hybriden «Mischtypus» (*Mintzel* 1989: 10) schließen, der in seiner spannungsgeladenen Organisationswirklichkeit auf die Modelleigenschaften der «lose verkoppelten Anarchie» hindeutet (*Wiesendahl* 1998 a: 189 ff.).

Gemessen an der Wirklichkeit muß auch der das ganze Volk bzw. jedermann einschließende Integrationsanspruch, der in den Begriffen Volks-, Allerwelts- und *catch-all*-Partei anklingt, als irreführend und uneinlösbar bezeichnet werden. Genausowenig entsprechen realiter die Mittelinks- und Mitterechtsparteien SPD oder CDU dem Zerrbild sozial kontextloser, interessenenthobener und profilloser *every-body's darling*-Parteien. Vielmehr sind sie bei aller strategischen Angleichung und Rivalität um die Mitte nach wie vor in klar voneinander unterscheidbaren Milieukernen verankert. Dies wird auch an ihrer unterschiedlichen Mitglied- und Stammwählerschaft, Programmatik, Parteikultur und -tradition, Verbandsverflechtung, ihrem Gruppenvertretungsprofil und ihrem Standort auf der Links-rechts-Achse deutlich. Volksparteiliche Öffnung reichte für die SPD auch nur so weit, wie sie sich erfolgreich über das Arbeiterstammilieu hinaus als Arbeitnehmerpartei unter Einschluß der neuen Mittelschichten etablieren konnte. Den Unionsparteien war es zuvor schon in einer strategischen Meisterleistung geglückt, als interkonfessionelle Sammelparteien über das katholische Milieu hinaus in protestantisch-konservative und mittelständisch-besitzbürgerliche Kreise vorzudringen.

3. Nach 35 Jahren Rückschau ist festzustellen, daß sich *Kirchheimers* Prognosen über die Transformation der europ. Parteiensysteme nicht bewahrheiteten. Zwar haben sich Großparteien ideologisch entschlackt und aufeinander zubewegt und ihre Wählerbasis verbreitert. Doch der vorhergesagte Siegeszug der V. ist ausgeblieben. Bereits mit den 1970er Jahren begannen sich die westeurop. Parteiensysteme zu dekonzentrieren und zu fragmentieren (*Lane* 1991). Der noch in den 1960er Jahren einsetzende gesellschaftl. Umbruch ging über die überholte Zeitdiagnose *Kirchheimers* hinweg. Die neue ökolog. Frage und postindustrielle Übergangsprobleme begünstigten sogar den Aufstieg grün-alternativer und rechtspopulistischer Protestparteien. Dagegen haben christdemokratische V. in Europa – mit Ausnahme der CDU/CSU – Ende des 20. Jh. einen strategischen Bedeutungsverlust erlitten. Um so erklärungsbedürftiger ist, warum V. gerade im Nachkriegswestdeutschland auf eine beeindruckende Erfolgsgeschichte zu-

rückblicken können. *G. Smith* (1982: 66 ff.) deutet dieses Phänomen als abweichenden Sonderfall, der ohne Blick auf die obrigkeitsstaatl. dt. Tradition und den wehrhaften Schulterschluß (negativer Konsens) gegen linke und rechte Flügelparteien angesichts des überwundenen NS-Totalitarismus und der staatl. Teilung nicht begreifbar wäre. Ähnlich argumentiert *R. Stöss* (1983: 148 ff.) mit dem Verweis auf einen sozioökon. «Basiskonsens», dem die V. ihren Aufstieg zu verdanken hätten. Auch große Teile der westdt. Politikwiss. und Parteienforschung waren von der Idee der V. überaus angetan, weil sich auf dieses integrationistische Leitbild ihre ausgeprägten Vorlieben für konsens- und stabilitätsdemokratische Verhältnisse projizieren ließen. Linke liefen umgekehrt gegen das Volksparteienmodell Sturm, weil sie hellsichtig genug mit dessen Verwirklichung ihre Hoffnungen auf sozialistische Gesellschaftsveränderungen begraben sahen.

4. Verschiedene Wellen überzogener akademischer Parteienkritik konnten dem Erfolg der volksparteilich geöffneten Großparteien in der alten BRD jedoch nichts anhaben. Seit geraumer Zeit steht mit ihnen allerdings längst nicht mehr alles zum Besten. Über rund ein halbes Jh. zyklischer Lebensgeschichte hinweg haben sie zunächst eine rasante Aufstiegs- und dann stabile Hochphase in den 1960er und 70er Jahren durchgemacht, während sie seit den 1980er Jahren in eine Abschwungphase hinüberglitten (*Wiesendahl* 1998 b). Hiervon bleiben ihre parlamentarische Vorherrschaft und strategische Regierungsbildungsrolle unberührt. Gleichwohl hat die Fragmentierung (Bündnis 90/Grüne, PDS) des gesamtdeutschen Volksparteiensystems an dessen Tektonik und Repräsentationsspanne wohl mehr in Bewegung gesetzt als nur «critical shifts at the margin» (*Smith* 1993: 91).

Für die weitere Zukunft der V. liefert deren nachlassende Mobilisierungs- und Integrationskraft ein Warnsignal, zumal ihr synchroner Wähler-, Mitglieder- und Vertrauensschwund weiter anhält. Als Großparteien haben sie erkennbar abgespeckt und sich zu «medium sized parties» (*Smith*) zurückentwickelt. Angesichts ihrer erodierenden Stammmilieus, immer wählerischer werdender Wähler und einer weiter auseinanderdriftenden Gesellschaft stoßen V. auf schwindende, engere Integrationsspielräume. Längst wird deshalb vor diesem Hintergrund entwicklungstypologisch die Frage diskutiert, ob nicht die V.-Epoche schon zu Ende gegangen ist und welche Nachfolgepartei sie dabei beerbt haben könnte. So lassen *Katz* und *Mair* (1995) das Zeitalter der V. mit dem Beginn der 1970er enden. Daran hätte sich die Phase der Kartellparteien angeschlossen. *Von Beyme* (2000) meint dagegen, daß die V. seit Beginn der 1980er von den professionalisierten Wählerparteien abgelöst worden seien. Klärungsbedürftig bleibt, ob die V.-Epoche wirklich abgelaufen ist und ob der Strukturwandel der V. dermaßen weit reicht, daß sie sich mittlerweile in einen neuen Parteityp transformiert haben.

Lit.: *Beyme, K. von* 2000: Parteien im Wandel. von den Volksparteien zu den professionalisierten Wählerparteien, Wsb. *Kaste, H./Raschke, J.* 1977: Zur Politik der Volkspartei, in: *Narr, W.-D.* (Hrsg.): Auf dem Weg zum Einparteienstaat, Opl., 26–74. *Katz, R. S./Mair, P.* 1995: Changing Models of Party Organization and Party Democracy. The Emergence of the Cartel Party, in: Party Politics, 1, 5–28. *Kirchheimer, O.* 1965: Der Wandel des westeuropäischen Parteiensystems, in: PVS, 6, 20–41. *Lane, J.-E./Ersson, O.* 1991: Politics and Society in Western Europe, L. u. a. *Mintzel, A.* 1984: Die Volkspartei. Typus und Wirklichkeit, Opl. *Mintzel, A.* 1989: Großparteien im Parteienstaat der Bundesrepublik, in: APuZ, B11, 3–14. *Smith, G.* 1982: The German Volkspartei and the Career of the Catch-All-Concept, in: *Döring, H./Smith, G.* (Hrsg.): Party Government and Political Culture in Western Germany, L./Basingstoke, 59–76. *Smith, G.* 1993: Dimension of Change in the German Party System, in: *Padgett, S.* (Hrsg.): Parties and Party Systems in the New Germany, Dartmouth u. a., 87–101. *Stöss, R.* 1983: Einleitung: Struktur und Entwicklung des Parteiensystems der Bundesrepublik – Eine Theorie, in: *ders.* (Hrsg.): Parteien-Handbuch, Bd. 1, Opl., 17–309.

Wiesendahl, E. 1992: Volksparteien im Abstieg. Nachruf auf eine zwiespältige Erfolgsgeschichte, in: APuZ, B34–35, 3–14. *Wiesendahl, E.* 1998a: Parteien in Perspektive. Theoretische Ansichten der Organisationswirklichkeit politischer Parteien, Opl./Wsb. *Wiesendahl, E.* 1998b: Wie geht es weiter mit den Großparteien in Deutschland?, in: APuZ, B1–2, 13–28.

Elmar Wiesendahl

Volkssouveränität (von frz. *souveraineté*), tragendes Prinzip der Legitimation demokratischer polit. Herrschaft. Hergeleitet aus der klassischen Definition von *Jean Bodin* (1583), für den → Souveränität «die absolute und dauernde Gewalt eines Staates ... höchste Befehlsgewalt» darstellt, teilt sich der Souveränitätsbegriff in unterschiedliche positionale Felder. An einer ersten Leitlinie wird je nach dem Träger souveräner → Herrschaft wird unterschieden zwischen Fürsten- und Volkssouveränität.

Vor den demokratischen europ. → Revolutionen ein polit. Kampfbegriff gegen die Fürstensouveränität, wurde die V. seit der amerikan. und Französischen Revolution zu einem Bestandteil demokratischer polit. → Legitimität. Die zweite Leitlinie unterscheidet zwischen relativer (für die mittelalterliche Politik charakteristischer) und absoluter Souveränität (in der Neuzeit beansprucht und theoretisch ausformuliert). Das theoretische Modell absoluter V. liefert *Rousseaus* Sozialvertrag, der den Volkssouverän aus sich selbst konstituiert, im existentiellen Vollzug des irrtumsfreien, keinerlei heterogenem Beurteilungsmaßstab unterworfenen, völlig autonomen Gemeinwillen (→ *Volonté générale*). Das Ideal eines homogenen Volkskörpers mit nur delegatorischer Regierung kann totalitäre Züge annehmen. In den modernen demokratischen Verfassungsstaaten hingegen bleibt die V. relativ, da sie an Verfassungsnormen (→ Grundrechte, Menschenwürde) gebunden ist. Das direkte Handeln des Volkssouveräns beschränkt sich auf → Wahlen und Abstimmungen (deren konkreter Spielraum polit. kontrovers ist; vgl. das Problem der Volksentscheide). V. kann also nur bedingt aktualistisch, d.h. als Handlung eines realen Akteurs, interpretiert werden. Sie legitimiert und leitet die demokratische Staatsgewalt und ihre gewaltenteilige Organisation weniger durch direkten Befehl, sondern als normatives Prinzip und liegt der Verfassung als hypothetisch erschlossene *pouvoir constituant* zugrunde. Ob sich das aus einer diskurstheoretischen Rekonstruktion gewonnene Konzept einer «prozeduralisierten» V. (*Habermas*) – sofern es auf eine konkretistische Fassung der V. verzichtet, aber mehr sein will als ein normatives Prinzip – als tragfähig erweisen kann, wird von der realistischen Einschätzung der «kommunikativen Macht» «autonomer Öffentlichkeiten» abhängen, denen – freilich mit Rückendeckung einer lebensweltlich eingeübten → Politischen Kultur und im Zusammenwirken mit den demokratisch legitimierten Institutionen – eine gesellschaftl. Selbstorganisation zugetraut wird.

→ Demokratie.

Lit.: *Bodin, J.* 1981ff.: Sechs Bücher über den Staat, 2 Bde., Mchn. (frz. 1583). *Böckenförde, E.-W.* 1987: Demokratie als Verfassungsprinzip, in: *Isensee, J./Kirchhof, P.* (Hrsg.): Hdb. des Staatsrechts der Bundesrepublik Deutschland, Bd. I, Hdbg., 887–952. *Habermas, J.* 1992: Volkssouveränität als Verfahren (1988), in: *ders.*: Faktizität und Geltung, Ffm., 600–631. *Kielmannsegg, P. Graf von* 1977: Volkssouveränität, Stg. *Reibstein, E.* 1972: Volkssouveränität und Freiheitsrechte, Freib. u.a. *Sternberger, D.* 1971: Nicht alle Staatsgewalt geht vom Volke aus, Stg. u.a.

Ulrich Weiß

Volkswille → Volonté générale; Volonté de tous

Volkszählung → Zensus

Vollziehende Gewalt → Exekutive

Volonté de tous (frz. = der Wille aller), in *Rousseaus* polit. Theorie die bloß additive Summierung (*aggrégation*) der individuellen Sonderwillen (*volonté particulière*).

Am zugrundeliegenden Maßstab der qualitativ ganz anderen → *Volonté générale* zeigt sich, daß in der *v. t.* das liberale Konzept der Willensbildung aus den individuellen Einzelwillen heraus nicht nur aufgenommen, sondern kritisch gewendet wird: Die *v. t.* beruht auf dem Privatinteresse der besitzbürgerlichen Individuen und verfehlt insofern prinzipiell, weil vom Ansatz her, das → Gemeinwohl und eine entspr. polit. definierte Bürgerlichkeit. *Rousseaus* kritische Begrenzung der Funktionslogik liberaler Politik fand Eingang in identitäre Demokratiemodelle (womit etwa *Carl Schmitt* den liberalen Staat kritisierte), aber auch in die marxistische Kritik des Staates als einer «privaten», weil dem Sonderinteresse einer herrschenden Klasse entspr. Institution.

→ Identitäre Demokratie; Liberalismus; Marxismus; Verfassungstheorien; Volkssouveränität.
Lit.: → Volonté générale; Vertragstheorien.

Ulrich Weiß

Volonté générale (frz. = Gemeinwille, allg. Wille), Kern und Inbegriff von *Rousseaus* → Vertragstheorie und ihrer Utopie des identitären Kollektivkörpers (*corps moral et collectif*). In der *v. g.* gewinnen die Individuen in einem qualitativen Sprung über ihr bloßes Privatinteresse (die *volonté particulière*) und die Summierung aller Einzelwillen in der → *Volonté de tous* hinaus eine neue kollektive → Identität.

Die *v. g.* erzeugt sich selbst immer wieder von neuem; sie ist reine nichtrepräsentierbare Präsenz; in ihrer absoluten und als solche unteilbaren und unveräußerlichen → Souveränität verschwindet die Differenz zwischen Sein und Sollen. Diese Charakteristika prädestinieren die *v. g.* als frühes ideengeschichtl. Modell für Theorien der nichtrepräsentativen, direkten → Identitären Demokratie. In der bedingungslosen Aufgabe jeglichen individuellen Willensvorbehalts liegt zumindest die Gefahr der Totalisierung, die noch unterstützt wird durch die ideologische Maßgabe, daß die *v. g.* nicht irren könne.

→ Gemeinwohl; Volkssouveränität.
Lit.: *Fetscher, I.* [2]1968: Rousseaus polit. Philosophie, Neuwied/Bln. *Forschner, M.* 1977: Rousseau, Freib./Mchn. *Herb, K.* 1989: Rousseaus Theorie legitimer Herrschaft, Würzburg. *Rousseau, J.-J.* 1977: Vom Gesellschaftsvertrag, in: *Schmidts, L.* (Hrsg.): Polit. Schriften, Bd. 1, Paderborn, 59–208 (frz. 1762). *Schmitt, C.* [8]1993: Verfassungslehre, Bln. (zuerst 1928).

Ulrich Weiß

Vorsorgeprinzip, allg. Leitlinie individuellen und polit. Handelns, das darauf ausgerichtet ist, durch vorausschauende Planung das Eintreten unerwünschter Ereignisse entw. zu verhindern oder jedenfalls bei ihrem Eintritt bereits geeignete Mittel der Abhilfe zur Verfügung zu haben.

Maßgebliche Bedeutung kommt dem V. etwa im Katastrophenschutz zu oder (potentiell) auch in Teilbereichen der → Umweltpolitik, wo es in Alternative zum Nachsorgeprinzip steht, das die geordnete Regulierung eingetretener Schadensfälle (etwa auf der Grundlage des → Versicherungsprinzips) in den Mittelpunkt rückt.

Bernhard Thibaut

Vorwahlen (engl. *primaries*), (innerparteiliche) Kandidatennominierung durch Wahlen, praktiziert insbes. im → Politischen System der USA, wo die Nominierung für die meisten öff. Ämter sowie die Bestellung der Delegierten der Parteikonvente (-tage, auch der *national party conventions*, die die Präsidentschaftskandidaten nominieren) durch Wahl vorgenommen wird.

Dabei gibt es eine Vielzahl unterschiedlicher Vorwahl-Formen. Zu unterscheiden ist insbes. zwischen *closed* and *open primaries*: Bei *closed primaries* kann sich der Wähler nur zwischen einem Kandidaten der Partei entscheiden, für die er im Wählerverzeichnis registriert ist; bei *open primaries* ist das sog. *cross-over-voting* möglich, d. h. der Wähler kann sich unabhängig von seiner Parteiregistrierung beteiligen, sofern er nur bei der V. einer Partei abstimmt. Die Öffnung der innerparteilichen Kandidatennominierung durch V. setzte ein zu Beginn des 20. Jh. unter dem Reformdruck des *progressive movement* und richtete sich gegen die Macht von → *Caucus* und Parteimaschinen mit ihren undemokratischen Patronagepraktiken. Die Ausbreitung von *primaries* erfolgte v. a. bei der Nominierung der Präsidentschaftskandidaten in mehreren Wellen und dauerte bis in die 1970er Jahre. Die Wirkungen der V. auf den polit. Prozeß sind ambivalent: Einerseits sind die V. Ausdruck des direkt-demokratischen und partizipatorischen Stils der US-amerikan. → Politischen Kultur und erweitern die Mitwirkungsmöglichkeiten des Bürgers bei der Kandidatenauswahl zulasten des Einflusses der lokalen wie zentralen Parteiapparate; andererseits verstärken sie die ohnehin ausgeprägte Personalisierung, die übermässige Kommerzialisierung und Medienvermittlung von Politik.

Lit.: *Bartels, L. M.* 1988: Presidential Primaries and the Dynamics of Public Choice, Princeton. *Davis, J. W.* 1997: U. S. Presidential Primaries and the Caucus-Convention System. A Sourcebook, Westport. *Jaeger, W./Welz, W.* (Hrsg.) 1995: Regierungssystem der USA, Mchn. *Neisser, H./Koole, R. A.* (Hrsg.) 1992: Vorwahlen und Kandidatennominierung im internationalen Vergleich, Wien.

Rainer-Olaf Schultze

Wachstum/Wachstumspolitik (eigentlich: Wirtschaftswachstum), die langjährige Vermehrung der realen produktiven Leistungen oder Leistungskapazitäten einer Volkswirtschaft in Abhängigkeit von den Produktionsfaktoren (→ Arbeit, Kapital, natürliche Ressourcen, Technologie) sowie das polit. Handeln, das auf die Förderung dieses Wirtschaftswachstums gerichtet ist.

Wachstum (W.) bezieht sich auf eine lange Frist und unterscheidet sich von der kurzfristigen, konjunkturellen Zunahme der Produktion. Die Messung des W. geschieht durch Maße des → Sozialproduktes, entw. auf die gesamte Volkswirtschaft bezogen oder pro Kopf der Bevölkerung.
W. wird oft mit Wohlfahrtssteigerung gleichgesetzt, weshalb es als wirtschaftspolit. Ziel verfolgt wird. Das ist nicht grundsätzlich falsch, aber aus zwei Gründen problematisch: Zum einen bedeutet W. nicht unbedingt eine Steigerung der Lebensqualität des einzelnen, da Umweltbelastungen und soziale Folgekosten anfallen können; zum anderen kann man angesichts der Begrenztheit natürlicher Ressourcen an die «Grenzen des Wachstums» (*Meadows* 1972) stoßen.
In den OECD-Ländern ist die Zeit zwischen 1950 und 1973 durch bes. starkes W. gekennzeichnet: die durchschnittl. Wachstumsraten lagen um mehr als das Zweifache über denen der Jahre 1900 bis 1950 (*Schmidt* 1992). Solche Wachstumsprozesse haben weitreichende Folgen für die Wirtschaftsstruktur und auch verteilungspolit. Konsequenzen: einerseits steigt oft die → Ungleichheit in der Einkommens- und Vermögensverteilung, andererseits steigt (durch wachsende Steuer- und Sozialabgaben) auch der Spielraum für staatl. Ausgabenprogramme, die negative Folgen (über)kompensieren können. Insgesamt betrachtete man W. daher als positiv. Bestärkt durch die damals dominante wirtschaftspolit. Konzeption des → Keynesianismus wurde das W. zu einem Ziel der → Wirtschaftspolitik erhoben und in der BRD in § 1 des Stabilitätsgesetzes (1967) verankert. Allerdings präzisiert das Gesetz nicht, auf welche Weise der → Staat das W. fördern soll. Staatl. Wachstumspolitik versucht, die verfügbare Menge und/oder Produktivität der Produktionsfaktoren zu fördern und kann daher an mehreren Punkten ansetzen. Durch Anreize zur Aufnahme von Erwerbsarbeit kann die verfügbare Menge des Faktors Arbeit, durch Humankapitalin-

vestitionen seine Produktivität erhöht werden. Die Kapitalausstattung kann verbessert werden durch Investitions- und Sparförderung, die etwa durch Variation der Steuersätze erreicht werden kann; durch technischen Fortschritt kann die Produktivität natürlicher Ressourcen erhöht werden, durch Förderung von → Forschungs- und Entwicklungstätigkeit wiederum der technische → Fortschritt befördert werden. Ausweitung der staatl. Nachfrage kann zu Erweiterungsinvestitionen und vermehrter Nachfrage nach Arbeit führen und somit W. verursachen. An welchen dieser Punkte Wachstumspolitik ansetzen soll, ist abhängig von der verfolgten wirtschaftspolit. Konzeption und polit. umstritten.
Nach 1973 sind die Wachstumsraten in den OECD-Ländern merklich zurückgegangen, was z. T. aus ökolog. Gründen begrüßt wurde. Reduziertes W. schaffte aber neue Probleme, weshalb eine Erhöhung des W. zumeist weiterhin polit. angestrebt wird. Verschiedene → Wachstumstheorien haben sich bemüht, Erklärungen für den unterschiedlichen Erfolg in dieser Hinsicht zu liefern.

→ Nachfrageorientierte Wirtschaftspolitik; Steuern.

Lit.: *Barro, R. J./Sala-l-Martin, X.* 1995: Economic Growth, NY. *Majer, H.* [2]1994: Wirtschaftswachstum. Paradigmenwechsel vom quantitativen zum qualitativen Wachstum, Mchn. *Meadows, D. H.* 1972: Die Grenzen des Wachstums, Stg. *Neumann, M.* 1988: Wachstumspolitik, in: HdWW, Bd. 8, 462–475. *Schmidt, M. G.* 1992: Wirtschaftliche Entwicklung, in: *ders.* (Hrsg.): Lexikon der Politik, Bd. 3, 533–541.

Andreas Busch

Wachstumstheorien, allg. Bezeichnung für Theorien, die sich mit den Bestimmungsfaktoren des wirtschaftl. Wachstums beschäftigen. Als Wachstumsindikator werden Maße des → Sozialproduktes verwendet.

1. Aufgrund des ökon. Gegenstandes sind W. zuerst in der Volkswirtschaftslehre entwickelt worden. Ausgangspunkt der Analyse sind hier zumeist die Produktionsfaktoren → Arbeit, Kapital, natürliche Ressourcen und technischer → Fortschritt sowie deren optimaler Einsatz. Die modernen W. haben ihre Ansätze in Wachstumsmodellen mathematisch formalisiert. Erste Schritte wurden von der postkeynesianischen W. (*Harrod* 1939; *Domar* 1946) unternommen, die eine kurz- und langfristige Instabilität des Wachstumspfades analysierte. Die neo-klassische W. (*Solow* 1956) zeigte hingegen, daß durch die Annahme einer substitutionalen makroökon. Produktionsfunktion die langfristige Stabilität des Wachstums gesichert werden kann. Die Behandlung des technischen Fortschritts als exogen warf aber das Problem auf, daß weltweit eine Konvergenz der Wachstumsraten der Pro-Kopf-Einkommen zu beobachten sein müßte, was nicht der Fall war. Erst in den 1980er Jahren erfolgte eine Wiederbelebung der W., als es der «Neueren W.» gelang, eine endogene → Erklärung des technischen Fortschritts vorzunehmen (*Romer* 1986; *Solow* 1988). Damit wurde auch wieder eine wirtschaftspolit. Beeinflussung des langfristigen Wachstums denkbar, die die neoklassische W. verneint hatte.

2. Die Standardmodelle der ökon. W. sind kritisiert worden, da sie sich mit Gleichgewichtspfaden und deren Eigenschaften befassen, nicht aber mit der tatsächlichen Entwicklung und deren Triebkräften. Beiträge zur W. aus anderen Bereichen (Politikwiss., Soziologie, Wirtschaftsgeschichte) konzentrieren sich hauptsächlich auf letzteren Aspekt und rücken polit., soziale und institutionelle Faktoren in den Vordergrund. Sie lassen sich grob in zwei Gruppen unterteilen, bei denen zum einen → Macht und Machtverteilung, zum anderen → Institutionen im Mittelpunkt stehen. Zur ersten Gruppe gehören z. B. die Analysen von *M. Olson* (1982), denen zufolge primär am Eigennutz ausgerichtete Interessenorganisationen «Verteilungskoalitionen» bilden (welche über verschiedene Mechanismen das langfristige Wirtschaftswachstum eines Landes negativ beeinflussen), oder Arbeiten, die polit. Prozesse, Machtverteilung und ideologische Ausrichtung mit dem wirtschaftl. Wachstum in Verbindung bringen, wie z. B. *Cameron* (1984) oder *Garrett/Lange* (1989). Die Analysen der zweiten Gruppe setzen an der Lo-

gik polit. oder ökon. Institutionen an (z. B. *Zysman* 1983; *Hall* 1986), wobei die Verbindung wirtschaftsgeschichtl. (z. B. *Gerschenkron* 1966) und institutionenökon. Ansätze (z. B. *North* 1990) interessante Einsichten in die «Pfadabhängigkeit» ökon. Entwicklung bringt (*Zysman* 1994).

→ Gleichgewicht; Keynesianismus; Neo-Klassik/Neo-klassische Theorie; Neue Politische Ökonomie; Staatstätigkeit; Wirtschaftspolitik.

Lit.: *Cameron, D. R.* 1984: Social Democracy, Corporatism, Labour Quiescence, and the Representation of Economic Interest in Advanced Capitalist Society, in: *Goldthorpe, J. H.* (Hrsg.): Order and Conflict in Contemporary Capitalism, Ox., 143–178. *Domar, E. D.* 1946: Capital Expansion, Rate of Growth, and Employment, in: Econometrica, 137–147. *Garrett, G./Lange, P.* 1989: Government Partisanship and Economic Performance: When and How does «Who Governs» Matter?, in: JoP 51, 676–693. *Gerschenkron, A.* [2]1966: Economic Backwardness in Historical Perspective. A Book of Essays, Camb./Mass. *Hall, P. A.* 1986: Governing the Economy. The Politics of State Intervention in Britain and France, Camb. *Harrod, R. F.* 1939: An Essay in Dynamic Theory, in: The Economic Journal, 14–33. *Lucas, R. E.* 1988: On the Mechanics of Economic Development, in: Journal of Monetary Economics 22, 3–42. *North, D. C.* 1990: Institutions, Institutional Change and Economic Performance, Camb. *Olson, M.* 1982: The Rise and Decline of Nations. Economic Growth, Stagflation, and Social Rigidities, New Haven/L. *Romer, P. M.* 1986: Increasing Returns and Long-Term Growth, in: JPol. Ec. 94, 1002–1037. *Solow, R. M.* 1956: A Contribution to the Theory of Economic Growth, in: The Quarterly Journal of Economics 1956, 65–94. *Solow, R.* 1988: Growth Theory, NY u. a. *Zysman, J.* 1983: Governments, Markets and Growth: Financial Systems and the Politics of Industrial Change, Ithaca/NY. *Zysman, J.* 1994: How Institutions Create Historically Rooted Trajectories of Growth, in: Industrial and Corporate Change 3, 243–283.

Andreas Busch

Wählbarkeit → Wahlrecht

Wahlbeteiligung, die Anzahl der bei einer Wahl abgegebenen Stimmen im Verhältnis zur Zahl der Wahlberechtigten. Die W. ist ein wichtiger, jedoch nicht der einzige Indikator der Bereitschaft der Bev. eines Staates zu polit. → Partizipation. Die Höhe der W. ist im internat. Vergleich äußerst unterschiedlich und wird von gesamtgesellschaftl. Faktoren (u. a. von gesetzlichen Rahmenbedingungen, Institutionensystem, → Politischer Kultur) wie von individuellen Einflüssen bestimmt.

1. Zu den formalen Rahmenbedingungen, die Einfluß auf die W. ausüben, gehören die Häufigkeit von → Wahlen, Wahlpflicht, Registrationspflicht, Wahlsteuer, Präzision bei der Bestimmung der W. und Vorschriften über die Ansässigkeitsdauer im → Wahlkreis, ferner die Festlegung des Kreises der Wahlberechtigten (→ Wahlrecht) und die Bedingungen der Stimmabgabe (Briefwahl, Wahltage an arbeitsfreien Tagen etc.). Die niedrige W. in den USA ist nicht zuletzt das Resultat von Registrationspflicht, Wahlsteuer und hoher Wahlfrequenz. Aussagekräftig sind darüber hinaus Aspekte der polit. Kultur, insbes. die Perzeption des Wahlakts als «Bürgerpflicht». Zudem hängt die Höhe der W. von der Umsetzung der *Cleavage*-Struktur (→ *Cleavages*) in das → Parteiensystem ab (*Powell* 1980). Mit den beiden letzten Faktoren wird die im internat. Vergleich hohe W. in D erklärt.

2. Die Erklärungsansätze für die individuelle Wahlenthaltung sind vielfältig (→ Nichtwähler). Die Höhe der W. differiert u. a. nach sozialstrukturellen Faktoren wie Alter, formalem Bildungsgrad und sozialem Status. Grundlegend ist der Ggs. zwischen der These, daß Nichtwahl aus → Parteienverdrossenheit bzw. Protest gegen die polit. Verhältnisse oder konkrete Verfehlungen der polit. Verantwortlichen resultiere, und dem traditionellen Erklärungsmuster, daß Nichtwähler grundsätzlich zufrieden mit dem → Politischen System seien. Entspr. variieren die

demokratietheoretischen Einschätzungen über den Einfluß sinkender W. auf die Stabilität der demokratischen Ordnung: Während Vertreter der Elitetheorie einen hohen Nichtwähleranteil als stabilitätsfördernd ansehen (vgl. *Roth* 1998), halten dies Partizipationstheoretiker für ein ernstzunehmendes Anzeichen polit. Anomie und → Politikverdrossenheit, die zu Legitimitätskrisen des polit. Systems führen können (vgl. *Falter/Schumann* 1993). Der Rückgang der durchschnittl. W. in D seit den 1970er Jahren wird u. a. mit der Abnahme der Auffassung des Wahlakts als Bürgerpflicht und der gesunkenen Einbindung der Wähler in soziopolit. Milieus erklärt. Bei Landtags-, Kommunal- und Europawahlen ist die W. aufgrund deren als geringer perzipierten Bedeutung generell niedriger als bei Bundestagswahlen.

3. Internat. vergleichende Analysen der W. befassen sich v. a. mit Unterschieden in der Höhe der W., für deren Erklärung sich bislang keine Verallgemeinerungen bewährt haben (s. *International IDEA* 1997). Das Erklärungsproblem ist insofern jedoch noch umfassender, als auch unabhängig von der Höhe der W., also etwa bei gleicher Höhe der W. in verschiedenen Ländern, unterschiedliche Entstehungsfaktoren der W. angenommen werden müssen. In den Mittelpunkt der Erklärung rückt dann der nach Ländern oder Ländergruppen unterschiedliche Bedeutungsgehalt der W., wofür vier Variablen hervorzuheben sind: (1) Der Grad der sozialen Gleichheit. Ungeachtet der Höhe der W. spiegelt sich eine höhere soziale Ungleichheit einer Gesellschaft in einem stärker ausgeprägten *bias* in der W. zu Lasten der unteren Schichten wider. Des weiteren werden bei ausgeprägter → Armut und sozialer Ungleichheit von einem großem Teil der Wähler die Wahlen weniger als Akt der Übertragung eines polit. Mandats begriffen, sondern in klientelistischer Manier als ein Tauschgeschäft von Stimmen gegen Sachwerte oder Vergünstigungen (→ Klientelismus). Eine hohe W. ist demnach je nach Grad sozialer Ungleichheit mit einer gänzlich unterschiedlichen Erwartungshaltung der Wähler an den Wahlprozeß verbunden. (2) Die Staatszentriertheit vs. Gesellschaftszentriertheit der polit. Kultur. Wiewohl diese Variable vor allem die Höhe der W. betrifft – man denke an die Gesellschaftszentriertheit der US-amerikan. polit. Kultur, auf die nachhaltig *Tocqueville* aufmerksam machte, und die damit koinzidierende niedrige Wahlbeteiligung –, bedeutet sie zugleich eine Entlastung der Demokratie von dem Erfordernis hoher W., denn die gesellschaftl. Partizipation vermag weitgehend die geringere polit. Partizipation bei Wahlen legitimitätstheoretisch zu kompensieren. Bei gleich hoher W. ist folglich die Frage nach der koinzidierenden Staats- oder Gesellschaftszentriertheit der polit. Kultur eine weitere wesentliche Interpretationshilfe. (3) Die Zentralität des Repräsentativsystems im Staat gegenüber anderen Entscheidungsarenen, sei es (formalisiert) der Justiz, der Verwaltung oder (informell) der Gesellschaft und der durch sie in direkter Konfrontation mit dem Staat erwirkten polit. Entscheidungen. Ob einer Gesellschaft durch Traditionen des (gewaltsamen) polit. Konfliktaustrags oder durch mangelnde Durchsetzbarkeit repräsentativ-demokratisch gefällter Entscheidungen gegenüber Vetomächten andere als durch das Repräsentativsystem vorgegebene Wege der Interessenvertretung offen stehen, ist ebenfalls ein für die Bedeutung und Bewertung der W. wesentlicher Tatbestand.

(4) Der Grad des Vertrauens in die polit. Institutionen. Es macht einen großen Unterschied, ob für die institutionell verfaßte polit. Partizipation eher die Idee des *trust* vorherrscht bei hohem Ausbau polit. → *Accountability*, also Vertrauen plus Kontrolle, oder Mißtrauen unter geringer Verankerung vertikaler und horizontaler *accountability*, also Mißtrauen plus Kontrollmangel. Davon ist nicht nur die Bedeutung der W. abhängig, sondern letztlich auch die Qualität und → Legitimität der Demokratie. Statt nach der Höhe wie hier nach dem Bedeutungsgehalt der W. zu fragen, ermöglicht eine qualitative Annäherung an Erklärungen der W. mittels Zuordnungen. Es läßt sich grob zwischen gestandenen und jungen Demokratien unterscheiden. Das Ausprägungsmuster der genannten Variablen in den jungen Demokratien, das sich hinter der W. verbirgt, ist i. d. R. folgendes: (1) Ein höherer

Grad an sozialer Ungleichheit, (2) eine beachtliche Staatszentriertheit der polit. Kultur, freilich mit großen gesellschaftl. Brechungen (in den Entwicklungsländern als Folge heterogener → Modernisierung), (3) ein Mangel an demokratischer → Regierbarkeit und Rechtsstaatlichkeit, (4) ein stärker entwickeltes Mißtrauen und geringere *accountability*. Ungeachtet dieser Zuordnung erweist sich die Bedeutung der W. im internat. Vergleich als in hohem Maße kontextabhängig.

→ Wählerverhalten; Wahlforschung.

Lit.: *Falter, J. W./Schumann, S.* 1993: Nichtwahl und Protestwahl: Zwei Seiten einer Medaille, in: APuZ, B 11, 36–49; *Falter, J. W./Schoen, H.* 1999: Wahlen und Wählerverhalten, in: *Ellwein, T./Holtmann, E.* (Hrsg.): 50 Jahre Bundesrepublik Deutschland, Opl. *Hirschman, A. O.* 1984: Engagement und Enttäuschung, Ffm. *International IDEA* ²2002: Voter Turnout from 1945 to 2000, Stockholm. *Nohlen, D./Grotz, F.* 2000: External Voting, in: Boletín Mexicano de Derecho Comparado 33 (99), 1115–1145. *Powell, G. B.* 1980: Voting Turnout in Thirty Democracies: Partisan, Legal, and Socio-Economic Influences, in: *Rose, R.* (Hrsg.): Electoral Participation, Beverly Hills/L., 5–34. *Renz, T.* 1997: Nichtwähler zwischen Normalisierung und Krise, in: Zparl 28, 572–591. *Roth, D.* 1992: Sinkende Wahlbeteiligung – eher Normalisierung oder Krisensymptom, in: *Starzacher, K.* u. a. (Hrsg.): Protestwähler und Wahlverweigerer, Köln, 58–68. *Roth, D.* 1998: Empirische Wahlforschung, Opl. → Nichtwähler.

Tanja Zinterer/Dieter Nohlen

Wahlbewerbung, die Kandidatur von Personen und Parteien, unverzichtbarer Teil von → Wahlen zu Repräsentativversammlungen.

Die W. ist einer der Bereiche, die durch das → Wahlsystem geregelt werden. Grundlegende Unterscheidungen sind die zwischen Einzelkandidatur und Liste einerseits und verschiedenen Listenformen andererseits (→ Stimmgebungsverfahren): Bei der starren Liste obliegt ausschließlich den Parteien die Reihung der Bewerber; der Wähler ist an den Vorschlag gebunden. Bei der lose gebundenen Liste kann der Wähler selbst die Reihung vornehmen bzw. einen oder mehrere Kandidaten vorziehen, er bleibt aber an die Parteiliste gebunden. Nur im Falle der freien Liste kann er über die Listengrenzen hinweg Präferenzen vornehmen. Der Wähler verfügt dann ggf. über so viele Stimmen, wie Mandate (im Wahlkreis) zu besetzen sind. Im Hinblick auf die Alternative Personen- oder Listenwahl stehen sich folglich nur die Einzelkandidatur und die starre Liste antithetisch gegenüber. In der → Personalisierten Verhältniswahl werden diese beiden Formen der W. miteinander kombiniert.

Lit.: *Nohlen, D.* ³2000: Wahlrecht und Parteiensystem, Opl.

Dieter Nohlen

Wahlen, Technik zur Bildung von Körperschaften oder zur Bestellung einer Person in ein Amt. W. sind die Methode polit. Herrschaftsbestellung, welche die der Herrschaft unterworfenen Bürger in einem auf Vereinbarung beruhenden, formalisierten Verfahren (nach Spielregeln) periodisch an der Erneuerung der polit. Führung (durch Auswahl und Wahlfreiheit zwischen konkurrierenden Sach- und Personenalternativen) beteiligt.

W. sind als solche abgegrenzt gegenüber gewaltsamen Methoden wie die Besetzung von Ämtern durch Kampf, Putsch und Krieg sowie gegenüber möglicherweise ebenfalls auf Übereinkunft beruhenden Methoden wie die Bestellung nach Geburtsrecht, Anciennität, aufgrund Amtsstellung (*ex officio*), durch Losentscheid, durch Ernennung oder durch → Akklamation. W. lassen sich analog zu den Merkmalen des → Wahlrechts unterscheiden in allg. und nicht allg., gleiche und nicht gleiche, direkte und indirekte, geheime und nicht geheime (offene) Wahlen. Die Merkmale von W. nach allg., gleichem, direktem und geheimem Wahlrecht haben sich historisch in einem langen Prozeß von über

150 Jahren durchgesetzt und bilden heute unabdingbare Voraussetzungen für die → Legitimität einer → Demokratie. Des weiteren lassen sich W. nach dem Wettbewerbsgrad unterscheiden und mit → Politischen Systemen in Verbindung bringen: kompetitive W. mit Demokratien, semikompetitive W. (begrenzte Artikulationsmöglichkeiten für → Opposition und Dissens) mit → Autoritären Regimen, nicht kompetitive W. (keine Auswahl, keine Wahlfreiheit) mit totalitären Regimen. Kompetitive W. folgen bestimmten Verfahrensprinzipien, die aufs engste mit den normativen Maßstäben, an denen liberal pluralistische Demokratien orientiert sind und gemessen werden, verknüpft sind: Wahlvorschlag (Freiheit der Wahlbewerbung), Sach- und Personalkonkurrenz, Chancengleichheit (in der Wahlbewerbung), (Aus-)Wahlfreiheit der Wähler, rechtsstaatl. Wahlorganisation, funktionstüchtiges → Wahlsystem, Entscheidung auf Zeit (Auswahl- und Wahlfreiheit der Bürger sind bei künftigen Wahlen durch früher getroffene Personalentscheidungen nicht eingeschränkt). Innerhalb der → Repräsentativen Demokratie bilden W. die allgemeinste Form polit. Beteiligung, auf die sich andere beziehen (wie die Parteienmitgliedschaft oder die Beteiligung an Wahlkämpfen). Als konventionelle Beteiligungsform grenzen sich W. gegenüber unkonventionellen ab (Streiks, Demonstrationen, Bürgerinitiativen). Im Vergleich erfordern sie den geringsten Aufwand für die Bürger, weshalb sie am ehesten die polit. Ungleichheit unter den Bürgern niedrig halten können.

→ Partizipation; Wahlbeteiligung; Wählerverhalten.

Lit.: *Nohlen, D.* ³2000: Wahlrecht und Parteiensystem, Opl. *Rose, R.* (Hrsg.) 2000: International Encyclopedia of Elections, Washington D. C.

Dieter Nohlen

Wahlenthaltung → Nichtwähler

Wählerverhalten, das polit. Verhalten der Bürger bei → Wahlen (und → Abstimmungen) mit dem Ziel der Machtzuweisung und Machtverteilung durch die Auswahlentscheidung zwischen Personen-, Parteien- und Programmalternativen.

1. (1) Der Bürger verfügt dabei über verschiedene Handlungsalternativen: (a) Wahl und Nicht-Wahl (→ Nichtwähler); (b) konsistentes und inkonsistentes W., z. B. beständige → Wahlbeteiligung oder der Wechsel zwischen Wahl und Nicht-Wahl; (c) Stammwählerverhalten und Wechselwahl, also entw. die Wahl derselben Partei bei mehreren Wahlen bzw. dauerhaft oder der Wechsel der Parteipräferenz bei aufeinander folgenden Wahlen. (2) Verglichen mit anderen Formen der → Partizipation sind die Einflußmöglichkeiten bei Wahlen stark vorstrukturiert: Sie sind (a) periodisch beschränkt und (b) weithin auf die Auswahl zwischen dem Personen- und Programmangebot der Parteien, die Bestätigung oder Abwahl von Regierungen und die Übertragung von Handlungsvollmacht an die → Politischen Eliten konzentriert; allerdings ist die Teilnahme an Wahlen auch die (c) einfachste und (d) egalitärste Form der Partizipation.

2. Bestimmt ist das Verhalten des Wählers von einer Vielzahl von Faktoren, wobei von der → Wahlforschung i. d. R. zwischen Langfristdeterminanten und Kurzzeiteinflüssen unterschieden wird, und das W. als expressiver wie als instrumenteller, an rationalen Kosten-Nutzen-Abwägungen orientierter Akt interpretiert wird. (1) Zu ersteren gehören: (a) die gesellschaftl. und polit. Rahmenbedingungen, insbes. die Wirtschafts- und Sozialstruktur, das → Politische (Institutionen-)System (u. a. auch → Wahlrecht, Wahl- und Parteienfinanzierung, → Wahlsystem als institutionelle Determinanten des Parteienwettbewerbs), die Struktur der → Öffentlichkeit und die Medienlandschaft; (b) die sozialstrukturelle Verankerung der Wähler in Primär- und Sekundärumwelten, Großgruppen, (→ Sozialmoralischen) Milieus, Nachbarschaftsverbänden und sonstigen Netzwerken; durch sie stellt sich der Bezug zu den gesamtgesellschaftl. Konflikten her (→ *Cleavages*); (c) → Parteiidentifikation und polit.-ideologische Grundorientierungen, beide im Prozeß der → Politischen

Sozialisation erworben. (2) Zu den Kurzzeiteinflüssen zählen: (a) situative Faktoren, wie die konkreten Wettbewerbsbedingungen, Parteien- und Parteiensystemkonstellationen; (b) konjunkturelle Faktoren, wie das Kandidaten- und Programmangebot, Sachthemen (→ *Issues*), Wahlkampf usw. (3) Zwischen den einzelnen Einflußfaktoren bestehen komplexe Wechselwirkungen, deren Richtung und Gewicht genau zu bestimmen der Wahlforschung schwer fällt. Das W. ist jedoch konstanter als man gemeinhin annimmt, wobei die strukturellen Determinanten als Filter für die Einflüsse aktueller Politik wirken. Eine Rolle spielen dabei sozialpsychologische Phänomene wie die → Selektive Wahrnehmung, die Vermeidung → Kognitiver Dissonanzen, die → Schweigespirale usw. Die Kurzzeiteinflüsse können die langfristigen Bindungen und traditionellen Grundorientierungen sowohl aktualisieren und bestätigen als auch überlagern (und infolgedessen zur kurzzeitigen Abweichung durch Nicht-Wahl bzw. einmaliger Wechselwahl führen) oder auch aufbrechen und langfristig stabile Umorientierungen auslösen (→ Kritische Wahlen; *Realignment*).

Lit.: *Bürklin, W./Klein, M.* ²1998: Wählerverhalten und Wertewandel, Opl. *Bürklin, W./Roth, D.* (Hrsg.) 1994: Das Superwahljahr 1994, Opl. *Falter, J. W./Schoen, H.* 1999: Wahlen und Wählerverhalten, in: *Ellwein, T./Holtmann, E.* (Hrsg.): 50 Jahre Bundesrepublik, Opl., 454–470 *Inglehart, R.* 1995: Kultureller Umbruch. Wertwandel in der westlichen Welt, Ffm. (engl.1987). *Kaase, M./Klingemann, H.-D.* (Hrsg.) 1994: Wahlen und Wähler. Analysen aus Anlaß der Bundestagswahl 1990, Opl. *Klingemann, H.-D./Kaase, M.* (Hrsg.) 2001: Wahlen und Wähler. Analysen aus Anlaß der Bundestagswahl 1998, Wsb. *Schultze, R.-O.* 1986: Wahlen und polit. Wandel, in: Politische Bildung 19/2, 18–32. *Wehling, H.-G.* (Red.) 1991: Wahlverhalten, Stg. → Wahlforschung.

Rainer-Olaf Schultze

Wählerwanderungsbilanz, Methode zur Ermittlung der Wählerwanderungen zwischen den Parteien von einer Wahl zur anderen; außerdem werden die Bewegungen zwischen Wählern und Nichtwählern sowie die Wirkungen, die sich aus dem Generationswechsel der Wählerschaft und aus den Bevölkerungswanderungen ergeben, in der Bilanz dargestellt.

Bei der Erstellung einer W. wird wie folgt vorgegangen: Bekannt sind die amtl. Endergebnisse von zwei Wahlen desselben Gebiets. Zunächst ermittelt man Schätzungen für die Zahl und das Wahlverhalten der Jungwähler, der Verstorbenen und der zu- und fortgezogenen Wahlberechtigten und bereinigt die amtl. Endergebnisse um diese Werte. Die sich so ergebenden Zahlen können nur noch durch Wählerwanderungen von einer Partei zu einer anderen (inklusive Nichtwähler) entstanden sein. Es gilt daher, einen Satz von Wanderungswahrscheinlichkeiten von Partei zu Partei zu finden, der genau dieses Ergebnis produziert. Leider gibt es i. d. R. unendlich viele Wahrscheinlichkeiten, die diese Bedingung erfüllen. Daher versucht man, die Wanderungswahrscheinlichkeiten aus anderen Quellen zu schätzen: entw. aus Umfragen oder durch statistische Analyse von regional aufgeschlüsselten Wahlergebnissen. Da die so geschätzten Wahrscheinlichkeiten aber wiederum nicht genau das alte und neue Endergebnis reproduzieren, wird abschließend noch eine sog. Ausgleichsrechnung durchgeführt; dabei werden die geschätzten Wanderungswahrscheinlichkeiten so angepaßt, daß sich mit ihrer Hilfe das neue Wahlergebnis aus dem alten exakt ableiten läßt. Die Richtigkeit der so ermittelten W. hängt ganz entscheidend von der ersten Schätzung der Wanderungswahrscheinlichkeiten ab. Diese Schätzungen beruhen auf → Rückerinnerungsfragen bei Umfragen. Die damit verbundenen Fehlermöglichkeiten können so groß sein, daß die Ergebnisse nicht einmal mehr als Orientierungsgröße brauchbar sein können (vgl. *Hoschka/Schunck* 1975; 1982).

→ Wählerverhalten; Wechselwähler.

Lit.: *Hoschka, P./Schunck, H.* 1975: Schätzung von Wählerwanderungen, in: PVS 16, 491–539. *Hoschka, P./Schunck, H.* 1982: Das Puzzlespiel der Wählerwanderungen: Noch immer ungelöst, in: ZParl 13, 113–115. *Krauß, F./Smid, M.* 1981: Wählerwanderungsanalyse, in: ZParl 12, 83–108. *Laemmerhold, C.* 1983: Auf Biegen und Brechen: Die Nichtwähler im Prokustesbett der Wanderungsbilanzen, in: *Kaase, M./Klingemann, H.-D.* (Hrsg.): Wahlen und polit. System, Opl., 624–631. *Küchler, M.* 1983: Die Schätzung von Wählerwanderungen: Neue Lösungsversuche, in: *Kaase, M./Klingemann, H.-D.* (Hrsg.): Wahlen und polit. System, Opl., 632–651.

Peter Hoschka

Wahlforschung, beschäftigt sich unter verschiedensten Aspekten mit dem Phänomen der → Wahl, der allgemeinsten und einfachsten Form polit. → Partizipation und einer der Grundvoraussetzungen moderner → Demokratie.

I. 1. Schwerpunkte der W. sind: (1) Analysen des → Wahlrechts, des Wahlprozesses, des → Wahlsystems aus der Sicht der Rechts- und Politikwissenschaft. Dabei geht es um die Ausgestaltung der Wahlrechtsgrundsätze, um Probleme des Parteienwettbewerbs, des Wahlkampfes, der Finanzierung und Kosten des Wahlprozesses, um das Wahlsystem und seine Auswirkungen auf die polit. Machtverteilung. (2) Untersuchungen der Bestimmungsgründe individueller Partizipation bei Wahlen durch → Politische/Wahl-Soziologie und → Politische Psychologie. Im Mittelpunkt des Forschungsinteresses dieses Zweiges der W. steht die Frage: Wer wählte wen/was warum? Es geht um die Analyse von Einstellungen, Verhaltensmustern und Motiven des einzelnen Wählers und darum, welchen Voraussetzungen, Bedingungen, Einflüssen seine → Wahlbeteiligung (bzw. Nicht-Wahl) und Stimmabgabe unterliegen und welche Konsequenzen sie auslösen. (3) Analysen von Wahlen aus der Sicht von Kommunikationswiss. und Sozialisationsforschung. Dabei geht es nicht allein um die Rolle der Medien im Wahlprozeß, sondern um die Bedeutung von Wahlen als Akt der Kommunikation und Politikvermittlung, um den Stellenwert von Wahlen im Prozeß lebenslangen Lernens, um Wahlen als Ritual und um symbolische Politik.

2. I. e. S. meint W. die Analyse des → Wählerverhaltens. Die Wahlsoziologie (Ws.) befaßt sich mit der Beschreibung, → Erklärung und → Prognose der individuellen Wählerentscheidung, der Verteilung der Partei-, Kandidaten-, Sachpräferenzen in der Wählerschaft. Untersucht werden strukturelle wie situative Bestimmungsfaktoren des Wählerverhaltens. Zu den strukturellen Determinanten zählen die Gesellschaftsstruktur, das → Politische (Institutionen-)System, die Struktur der → Öffentlichkeit auf der Makroebene, die Verankerung des Wählers in seinen Primär- und Sekundärumwelten, sozialen und kulturellen → Milieus, gesellschaftl. Organisationen. Zu den situativen Einflüssen gehören die Bedingungen des Parteienwettbewerbs, Zahl- und Aussichten der Partei-/Kandidatenalternativen, Sachfragen (→ *Issues*) aktueller Politik, der Wahlkampf usw. Zu den Persönlichkeitsfaktoren werden dauerhafte, im Sozialisationsprozeß (→ Politische Sozialisierung) erworbene Einstellungen, Normen, Verhaltensmuster (→ Politische Kultur, gesellschaftl. Wertorientierungen, → Parteiidentifikation) gezählt.

3. Eine gewisse Sonderstellung nimmt die historische W. ein, indem sie auf der Basis der Methodik der Geschichtswissenschaft Methoden, Ansätze und Fragestellungen der anderen Disziplinen der W. aufgreift und der W. in ihrer Gesamtheit den Blick für zusätzliche Fragestellungen sowie insbes. das Bewußtsein der doppelten historischen Kontingenz des Gegenstandes Wahl und Wählerverhalten wie der Wahlanalyse und ihrer Ansätze zu bewahren hilft (vgl. *Schultze* 1980; *Rohe* 1992). Die historische W. griff z. B. die Gegenstände der Wahlrechtsforschung auf, kombinierte sie mit sozialgeschichtlichen Ansätzen und der historisch-sozialwiss. Modernisierungs(theorien)forschung und thematisierte insbes. den Zusammenhang zwischen der Fundamentaldemokratisierung und der polit. → Integration der Arbeiterbewegung im Zuge industriegesellschaftl. Entwicklung. So bedient

sich die historische Wählerforschung zunehmend der Aggregatdatensätze der Wahlgeographie oder der Wahlökologie zur Langzeitanalyse der Wählerbewegungen, etwa im 19. Jh. (vgl. *Büsch* 1980). Auch die mittelklassenorientierte Wahlpolitik der europ. Sozialdemokratie und damit indirekt der Revisionismus-Streit sind aggregatdatenanalytisch diskutiert (vgl. *Przeworski/Sprague* 1982), die Wählerbasis des → Faschismus neuerlich wahlstatistisch untersucht worden (vgl. *Falter* 1991). Aufgegriffen hat man auch den wahlmonographischen Ansatz des britischen *Nuffield College* und ihn in Verbindung mit der Politischen → Kulturforschung für regional und alltagsgeschichtliche Untersuchungen von politischem und Wahlprozeß nutzbar gemacht (vgl. *Büsch/Steinbach* 1983; *Steinbach* 1978).

II. 1. Die wahlsoziologische Erklärung polit. Verhaltens ist von Beginn an mit einem zentralen Analyseproblem konfrontiert: Sie zielt einerseits darauf, individuelle Wählerentscheidungen analysieren und erklären zu wollen, besitzt andererseits aber aufgrund der geheimen Stimmabgabe nur → Aggregatdaten unterschiedlicher Aggregatebenen. Die Geschichte der Wahlsoziologie ist damit stets auch die Geschichte unterschiedlicher methodischer Strategien, um dieses Dilemma aufzulösen (vgl. *Diederich* 1965; *Rokkan/Svåsand* 1978; *Bürklin/Klein* 1998).

Zur Bestimmung der Einflußfaktoren des Wahlverhaltens benützt die W. zwei Klassen von Daten: Wahlergebnisse und Umfragen. Nach Datenart und → Methode ist damit zu unterscheiden zwischen Aggregatdaten- und → Individualdaten-Analysen. Aggregatdatenanalysen bringen die tatsächlichen Stimmergebnisse für die Parteien auf unterschiedlicher Aggregatebene, auf Stimmbezirks-, lokaler, regionaler, nat. Ebene mit den jeweiligen Aggregaten der Sozialstatistik in Verbindung und fragen nach dem Zusammenhang zwischen der Sozialstruktur, den sozialen Umwelten, kulturellen → Milieus wie sonstigen → Kontexten und der Stimmabgabe. Individualdatenanalysen beruhen auf → Umfrageforschung und → Schließender Statistik. Auf der Basis meist nat. → *Samples* werden dabei – neben sozialstatistischen und demographischen Daten – Daten der Organisationszugehörigkeiten, die Parteiidentifikation, mit der Wahlabsichts- und/oder der Rückerinnerungsfrage die Parteipräferenz sowie mit ganzen Fragebatterien die Einstellungen zu Kandidaten, Werten und polit. *Issues* von den Befragten erhoben. Vor- und Nachwahluntersuchungen auf Basis der → Panelanalyse, dienen der Analyse der Einstellungsveränderungen zu Wahlkampfzeiten, aber auch der Kontrolle der Untersuchungen. Wahltagbefragungen (→ *Exit polls)* sind Repräsentativumfragen, bei denen Wähler unmittelbar nach dem Verlassen des Wahllokals befragt werden. Wie alle Repräsentativumfragen unterliegen auch sie den Unwägbarkeiten der Umfragetechnik und den Fehlerbereichen der → Wahrscheinlichkeitsstatistik. Sie sind aber aufgrund der großen Befragtenzahlen und der zeitlichen Nähe zur Stimmabgabe um einiges genauer als die üblichen Prognosen. Nicht auf Umfragen nach Verhaltensintentionen, sondern auf der tatsächlichen Stimmabgabe beruhen → Hochrechnungen wie → Repräsentative Wahlstatistik. Aggregat- wie Individualdatenanalysen sind beide mit methodischen Problemen behaftet, die sich aus der je spezifischen Datenart ergeben. Aggregatdatenanalysen beruhen auf den tatsächlichen Ergebnissen und i. d. R. auch auf der Gesamtheit der Untersuchungseinheiten; sie geben aber weder Informationen über das individuelle Wählervotum, noch ist mit ihnen Motivforschung möglich; sie verdecken Unterschiede unterhalb des Aggregationsniveaus und unterliegen der Gefahr des → Ökologischen Fehlschlusses, d. h. es ist unzulässig, von Zusammenhängen auf der Ebene der Aggregate, etwa von Stimmveränderungen in Arbeiter-Wahlbezirken, auf Verhaltensveränderungen der Individuen (also der Arbeiter-Wähler) zu schließen. Repräsentativerhebungen sind mit den Fehlerquellen und Ungenauigkeiten von Stichproben und Wahrscheinlichkeitsstatistik sowie mit den Problemen der Umfrageforschung belastet; sie müssen mit unbeabsichtigten wie vorsätzlichen Falschangaben, mit Antwortverweigerungen fertig werden und stellen stets nur Momentaufnahmen dar. Zudem wird von den individuellen Einstellungen auf das konkrete Handeln der Wähler geschlossen und von der Bedeutungskonstanz der meist standardisierten Umfragen für alle Befragten ausgegangen. So kommt es insbes. bei Prognosen über die Parteistärken auf der Basis der sog. Sonntags-/Wahlabsichtsfrage meist zu systematischen Fehlern und Verzerrungen in den Rohdaten, was deren Korrektur durch nachträgliche Gewichtung erforderlich macht. Dennoch sind Individualdatenanalysen auf demoskopischer Basis, nicht nur wegen der Möglichkeit der Einstellungs- und Motivforschung, für die empirische Analyse des individuellen Wahlverhaltens unverzichtbar (vgl. *Falter/Schumann* 1989).

2. Theoretisch kann man unterscheiden zwischen Ansätzen, die die soziale Determiniertheit des Wählers betonen (expressive Theorien des Wählens), und solchen, die vom rationalen Verhalten des Wählers ausgehen (instrumentelle Theorien des Wählens), sowie zwischen dem Gruppenansatz und dem individuellen Identifikationsansatz (vgl. *Heath* u. a. 1991).

(1) Expressive Theorien des Wählens, etwa der soziologische Bezugsgruppenansatz der → *Columbia School* (*Lazarsfeld* u. a. 1969), nehmen die gesellschaftsstrukturelle und langfristige Verankerung des Wählers in einigen wenigen Grundkonflikten, Klassen- bzw. Kontextbindung und Milieuverhaftung, Gruppenmitgliedschaften (von der Familie bis zu den sozialen Großgruppen), affektive (Partei-)Bindungen an, die sich im polit. Verhalten und insbes. im Wahlakt manifestieren. Soziale Hintergrundvariablen wie Einkommen, ökon. Status bzw. Schichtzugehörigkeit, Beruf, Konfession, Stadt-Land-Unterschied (Index der polit. Prädisposition) dienen dabei zur Identifikation von sozialen Gruppen, die erkennbare Wahlnormen haben. Die Einbindung der Wähler in Primär- und Sekundärumwelten, in soziale und kulturelle Milieus bestimmt darüber hinaus polit. Einstellungen zu Sachfragen, Kandidaten und Parteien. Je fester gefügt die sozialen und/oder kulturellen Milieus, je stärker die Gruppenbindungen, je gleichförmiger folglich auch die durch → *Opinion leaders* vermittelten polit. Informationen sind, desto stärker ausgeprägt sind die Verhaltensgleichförmigkeiten und desto konstanter ist das Wählerverhalten. Über Gruppenmitgliedschaft und Milieuzugehörigkeit stellt sich zudem der Bezug zu den gesamtgesellschaftl. → *Cleavages* her. Mit *Lipset/Rokkan* (1967) geht die W. i. d. R. von vier sozialen Hauptkonflikten aus. Im Zuge der Nationenbildung bildeten sich dabei die Konflikte von (a) Zentrum *versus* Peripherie oder dominanter *versus* unterworfener Kultur (ethnische, sprachliche, kulturelle Konflikte) und von (b) Staat *versus* Kirche (Konflikte der Säkularisierung, staatlicher *versus* kirchlicher Kontrolle im Bildungssystem bis hin zu Konflikten um lebensweltliche Normsetzungen z. B. in Familie, Ehe usw.); im Prozeß der Industriellen → Revolution die Konflikte von (c) Stadt *versus* Land (Agrarinteressen *versus* Industrieinteressen) und (d) Kapital *versus* Arbeit. Im Zentrum des Erkenntnisinteresses des soziologischen Bezugsgruppen- wie anderer Ansätze der expressiven Theorie des Wählens steht mikrosoziologisch die Frage nach der Konstanz individuellen Wahlverhaltens wie makropolit. die nach der langfristigen Systemstabilität liberaler Demokratien.

(2) Dem sozialpsychologischen Identifikationsansatz der → *Michigan School* geht es hingegen um den Wechsel von Parteipräferenzen und um die Ursachen kurzfristiger Abweichungen (*Campbell* u. a. 1967). Er sieht das individuelle Wahlverhalten definiert im Spannungsfeld von Parteiidentifikation/affektiver Parteibindung und aktueller Politik *(normal vote versus actual vote;* → Normalwahl*)*. Bezugspunkt des Wählerverhaltens sind nicht die sozialen Gruppen und soziokulturellen Milieus, sondern die Partei, mit der man sich identifiziert (deshalb Identifikationsansatz), als Langzeitfaktor sowie die Einstellung zu Kandidaten und *Issues* als polit. Kurzzeiteinflüsse. Die Parteiidentifikation versteht die *Michigan School* als langfristig stabile, affektive Bindung an eine Partei, die im Prozeß der polit. Sozialisation, meist schon in der Jugend in Familie und Schule, erworben und die um so stabiler wird, je häufiger man sich in der Zeit bei Wahlen mit der Partei identifiziert. Sie dient dem Wähler vornehmlich zur Strukturierung der Informationsvielfalt und zur Reduktion der komplexen polit. Realität. Wäh-

Abbildung 12: Modell retrospektiver Wahlentscheidung (nach Fiorina)

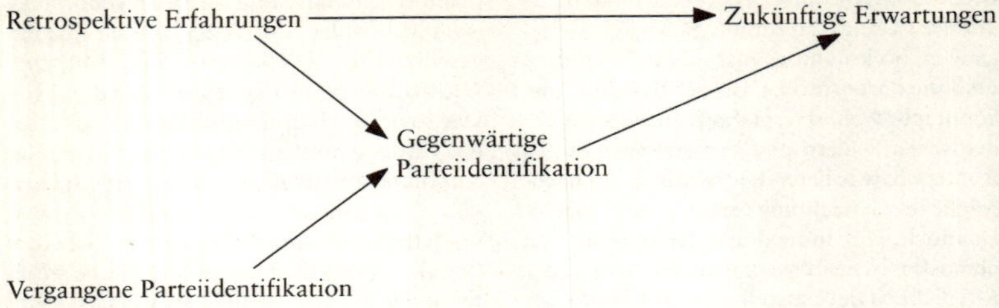

ler mit starker Parteiidentifikation machen sich die Sachpositionen «ihrer» Partei eher zu eigen als die der konkurrierenden Parteien, und sie schätzen die Kandidaten «ihrer» Partei deutlich positiver ein als die Mitbewerber anderer Parteien. Erklärt werden diese Zusammenhänge üblicherweise mit den psychologischen Konzepten von selektiver Wahrnehmung und → Kognitiver Dissonanz: Konsonanz führt zu konstantem Wahlverhalten; Dissonanzen bewirken wechselndes Wahlverhalten und kurzfristige Abweichungen wie langfristige Umorientierungen in den polit. Einstellungen und Verhaltensmustern der Wähler. Makropolit. bildet die Parteiidentifikation eine wichtige Voraussetzung polit. Stabilität.

(3) Instrumentelle Theorien des Wählens sehen im Wahlakt primär und analog zum Marktverhalten des → *Homo oeconomicus* die rationale Entscheidung des Wählers, wobei Kosten-Nutzen-Überlegungen das individuelle Verhalten steuern (*Downs* 1968; → *Rational choice*-Theorien). Empirisch-induktive Ansätze dieser Provenienz interpretieren die an *Issue*-Positionen und Kandidaten-Alternativen der Parteien orientierte Wählerentscheidung als responsiven bzw. retrospektiven Akt, bei dem der Wähler über die Leistungen der polit. Eliten in der Vergangenheit urteilt, insbes. also Regierungen bestätigt oder abgewählt werden, und/oder der Wähler prospektiv Handlungsvollmacht überträgt. Die Theorie der retrospektiven Wahlentscheidung *Fiorinas* (1981) beruht dabei auf dem voranstehenden Modell (s. Abb. 12).

(4) Die vorstehend skizzierten Ansätze der Wahlsoziologie. ergänzen sich heute mehr, als daß sie sich alternativ gegenüberstehen. So besteht im Hauptstrom der empirischen W. weitgehend Einigkeit darüber, daß Wählerentscheidungen gesellschaftsstrukturell verankert sind, wobei man fast durchweg von *Lipset* und *Rokkans Cleavage*-Konzept ausgeht und allein die Frage der Vermittlung unterschiedlich beantwortet wird; hier: umwelt- und gruppenvermittelt – dort: primär über Parteiidentifikation und Medien vermittelt. Einig ist man sich weithin auch darüber, daß mit der Auflösung einst homogener sozialer Umwelten und der Lockerung struktureller Bindungen als Folge gesellschaftl., industriellen und berufsstrukturellen Wandels, als Folge besserer Bildung und Ausbildung sowie größerer horizontaler und vertikaler → Mobilität, schließlich als Folge einheitlich nat. Informations- und Medienvermittlung der Einfluß polit.-situativer und polit.-konjunktureller Faktoren auf die Wählerentscheidung seit Ende der 1960er/Anfang der 1970er Jahre gewachsen ist. Strittig ist jedoch, ob es sich bei diesen Veränderungen nur um Prozesse der Auflösung der traditionellen Bindungen, also allein um Prozesse des → *Dealignment* mit der Konsequenz steigender → *Volatility* in der Wählerschaft handelt, oder ob ganz im Sinne der ursprünglich von *V. O. Key* formulierten Theorie → Kritischer Wahlen die alten das Wählerverhalten prägenden Strukturkonflikte durch neue ergänzt oder gar ersetzt werden, ob also in der Form des → *Realignment* langfristig stabile neue Strukturen in Wählerverhalten und Parteiensystemen entstehen (vgl. *Schultze* 1992).

III. Die empirische W. ist zweifellos die Teildisziplin der Politikwissenschaft, die methodisch am weitesten entwickelt ist. Aus ihrem paradigmatischen Konsens in den → Behavioralismus als Ansatz wie Individualdatenanalyse und Demoskopie als Methode und Forschungstechnik resultieren jedoch nicht nur Vorteile; damit sind zugleich eine Reihe von Einseitigkeiten und Defiziten verbunden: (1) Durch den Behavioralismus veränderten sich Gegenstand und Forschungsinteresse: Aus Wahlforschung wurde Wählerforschung. Man verlor dadurch den komplexen, multifunktionalen Charakter von Wahlen aus dem Blick und kam den polit. Parteien entgegen, insbesondere ihrem wahlstrategischen Interesse an der Frage: Wie gewinne ich die nächste Wahl? Sozialtechnologie und → Politikberatung bestimmen folglich zusehends die konkreten Analysen, und zwar nicht nur die der professionellen Demoskopen. (2) Es dominieren quantitative Untersuchungen auf der Basis von zumeist standardisierten Umfragen. Im Hauptstrom der empirischen W. spielen Analysen auf Aggregatdatenbasis heute nur eine untergeordnete, Analysen, die mit Verfahren der qualitativen Sozialforschung arbeiten, so gut wie gar keine Rolle. Dabei böten sich Analysen qualitativer Natur zur Untersuchung des Strukturwandels in polit. Kultur und Wertehaushalt, beim Entstehen sozialer Bewegungen, etwa der Friedens- und Ökologiebewegung, bei der Formierung neuer Milieus, Parteien und Parteibindungen geradezu an. (3) Forschungsinteresse und Umfragetechnik behindern die adäquate Beschäftigung mit den Gründen von Wahl und Nicht-Wahl, die bei steigender Wahlenthaltung in den westlichen Demokratien zusehends dringlicher wird und zusätzlich auf die Notwendigkeit qualitativer Untersuchungen verweist. Zudem macht es sich die Wahlsoziologie mit Erklärungen, die, abgeleitet aus der instrumentellen Theorie, Nicht-Wahl vornehmlich als «rationalen Protest» interpretieren, zu leicht. Dies gilt analog für vergleichbare Deutungen des rechtspopulistischen bzw. rechtsradikalen Wahlverhaltens. (4) Aufgrund seiner primär mikrosoziologischen (auf die Erklärung individuellen Verhaltens zielenden) Ausrichtung und seines weitgehend (auf Theoriebildung und Methodentest zielenden) abstrakten Forschungsinteresses verliert der behavioralistische Hauptstrom häufig die makropolit. Aspekte und demokratiepolit. Konsequenzen des Wahlverhaltens aus dem Blick. Es fehlt zumeist an der Rückkopplung der Ergebnisse an die demokratietheoretischen Grundfragen des Wählens, an die Fragen demokratischer Systemstabilität oder auch an theoretisch zureichenden Konzepten für die vergleichende Untersuchung von Wahlen und Wahlverhalten in unterschiedlichen gesellschaftl. und polit. Systemkontexten wie in Prozessen des → Systemwechsels.

Lit.: *Barnes, S./Kaase, M.* (Hrsg.) 1979: Political Action, Beverly Hills/L. *Bürklin, W./Klein, M.* ²1998: Wahlen und Wählerverhalten, Opl. *Büsch, O.* (Hrsg.) 1980: Wählerbewegung in der europäischen Geschichte, Bln. *Büsch, O./Steinbach, P.* (Hrsg.) 1983: Vergleichende europäische Wahlgeschichte, Bln. *Campbell, A.* u. a. 1960: The American Voter, New York. *Campbell, A.* u. a. 1967: Elections and the Political Order, NY. *Diederich, N.* 1965: Empirische Wahlforschung, Köln/Opl. *Downs, A.* 1968: Ökonomische Theorie der Demokratie, Tüb. (engl. 1957). *Evans, G./Norris, P.* (Hrsg.) 1999: Critical Elections, L. *Falter, J. W.* 1991: Hitlers Wähler, Mchn. *Falter, J. W./Schumann, S.* 1989: Methodische Probleme von Wahlforschung und Wahlprognose, in: APuZ B 43, 3–14. *Falter, J. W.* (Hrsg.) 2002: Empirische Wahlforschung, Wsb. *Fiorina, M. P.* 1981: Retrospective Voting in American National Elections, New Haven/L. *Heberle, R.* ²1978: Die Wahlökologie, in: *König, R.* (Hrsg.): Handbuch der empirischen Sozialforschung, Bd. 12, Stg., 73–101. *Inglehart, R.* 1977: The Silent Revolution. Changing Values and Political Styles Among Western Publics, Princeton. *Inglehart, R.* 1998: Modernisierung und Postmodernisierung, Ffm. (engl. 1997). *Kaase, M.* (Hrsg.) 1977: Wahlsoziologie heute, in: PVS 18, 139–704. *Kaase, M./Klingemann, H.-D.* (Hrsg.) 1983: Wahlen und politisches System, Opl. *Kaase, M./Klingemann, H.-D.* (Hrsg.) 1990: Wahlen und Wähler, Opl. *Kaase, M./Klingemann, H.-D.* (Hrsg.) 1998: Wahlen und Wähler, Opl. *Klein, M.* u. a. (Hrsg.) 2000: 50 Jahre empirische Wahlforschung in Deutschland, Wsb. *Klingemann,*

H.-D./Kaase, M. (Hrsg.) 1986: Wahlen und politischer Prozeß, Opl. *Küchler, M.* 1986: Wahl- und Surveyforschung, in: *Beyme, K. von* (Hrsg.) 1986: Politikwissenschaft in der Bundesrepublik Deutschland, Opl., 194–208. *Lazarsfeld, P. F.* u. a. 1969: Wahlen und Wähler, Neuwied u. a. (engl. 1944). *LeDuc, L.* u. a. (Hrsg.) 1996: Comparing Democracies, L. *Lipset, S. M./ Rokkan, S.* (Hrsg.) 1967: Party Systems and Voter Alignments, NY. *Miller, W. E./Shanks, J. M.* 1996: The New American Voter, Camb./Mass. *Miller, W. L.* u. a. 1990: How Voters Change, Ox. *Nie, H. H./Verba, S./Petrocik, J. R.* 1976: The Changing American Voter, Camb. *Nohlen, D.* 1978: Wahlsysteme der Welt, Mchn. *Nohlen, D.* ³2000, Wahlrecht und Parteiensystem, Opl. *Nuscheler, F./Ziemer, K.* 1978: Politische Organisation und Repräsentation in Afrika, Wahl der Parlamente, Bd. 2, 2 Halbbde., Bln./NY. *Pappi, F. U.* 1973: Parteiensystem und Sozialstruktur in der Bundesrepublik, in: PVS 14, 181–213. *Pappi, F. U.* 1986: Das Wahlverhalten sozialer Gruppen bei Bundestagswahlen im Zeitvergleich, in: *Klingemann, H.-D./Kaase, M.* (Hrsg.): 369–384. *Pappi, F. U.* 1990: Klassenstruktur und Wahlverhalten im sozialen Wandel, in: *Kaase, M./Klingemann, H.-D.* (Hrsg.): 143–192. *Parry, G.* u. a. 1991: Political Participation and Democracy in Britain, Cambridge u. a. *Popkin, S. L.* 1991: The Reasoning Voter, Chic. *Przeworski, A./Sprague, J.* 1982: Party Strategy, Class Ideology and Individual Voting. A Theory of Electoral Socialism, Stanford (hekt.). *Rohe, K.* 1992: Wahlen und Wählertradition in Deutschland, Ffm. *Rokkan, S./Svåsand, L.* ²1978: Zur Soziologie der Wahlen und der Massenpolitik, in: *König, R.* (Hrsg.): Handbuch der empirischen Sozialforschung, Bd. 12, Stg., 1–72. *Rose, R./McAllister, I.* 1990: The Loyalties of Voters. A Lifetime Learning Model, L. u. a. *Roth, D.* 1998: Empirische Wahlforschung, Opl. *Schultze, R.-O.* 1980: Wahlanalyse im historisch-politischen Kontext, in: *Büsch, O.* (Hrsg.): 60–96. *Schultze, R.-O.* 1991: Außengeleitete Innovation und innengeleiteter Methodenrigorismus. Deutsche Wahlsoziologie auf dem Prüfstand internationalen Vergleichs, in: ZParl 22, 481–494. *Schultze, R.-O.* 1994: Aus Anlaß des Superwahljahres: Nachdenken über Konzepte und Ergebnisse der Wahlsoziologie, in: ZParl 25, 472–493. *Schumpeter, J. A.* ⁵1980: Kapitalismus, Sozialismus und Demokratie, Mchn. (engl. 1942). *Steinbach, P.* 1978: Stand und Methode der historischen Wahlforschung, in: *Kaelble, H.* u. a.: Probleme der Modernisierung in Deutschland, Opl., 171–234. *Sternberger, D./Vogel, B./Nohlen, D.* (Hrsg.) 1969: Die Wahl der Parlamente und anderer Staatsorgane, Bd. 1: Europa, 2 Halbbde., Bln/NY. *Thomassen, J.* (Hrsg.) 1994: The Intellectual History of Election Studies, in: EJPR 25, 239–245. → Partizipation; Wählerverhalten; Wahlsysteme.

Rainer-Olaf Schultze

Wahlgebiet → Wahlkreis/Wahlkreiseinteilung

Wahlgleichheit → Wahlrecht

Wahlkreis/Wahlkreiseinteilung, die Unterteilung eines Wahlgebiets zunächst in räumliche Einheiten, in der Lehre von den → Wahlsystemen jedoch v. a. in Einheiten, innerhalb derer die Übertragung der Stimmen in Mandate erfolgt.

Der W. bzw. die Wahlkreiseinteilung hat allergrößte Bedeutung für die Auswirkungen eines Wahlsystems. Bestimmend dabei ist die Größe der W., d. h. die Zahl der im W. zu vergebenden Mandate. Infolgedessen werden W. unterschieden in Einerwahlkreise, kleine Wahlkreise (2–5 Mandate), mittelgroße Wahlkreise (6–10 Mandate) und große Wahlkreise (11 und mehr Mandate). Die Wahlkreisgröße bestimmt den Proporzeffekt eines Wahlsystems. Je größer der W., desto mehr Proporz, je kleiner der W., desto weniger Proporz. Mit diesem Effekt korrespondieren die Chancen von Parteien unterschiedlicher Größe, an der Mandatsverteilung teilzuhaben. Im Falle kleiner Wahlkreise spielen auch gerade und ungerade Zahlen eine Rolle: Einer- und Dreierwahlkreise begünstigen die stimmstärkste, Zweier- und Viererwahlkreise die zweitstärkste Partei. Für kleine Parteien bilden W. ggf. effektive natürliche (im Ggs. zu den künstlichen → Sperrklauseln) Repräsentationshürden, die sie nicht überspringen können. Die Wahlkreiseinteilung eignet sich für Manipulationen der Repräsentation und ist in Geschichte und Gegenwart häufig aktiv in diesem Sinne benutzt worden (→ Wahlkreisgeometrie, → *Gerrymandering*). Insbes. in Mehrheitswahlsystemen müssen W. periodisch an die Bevölkerungsverschiebungen angepaßt werden, um passive Manipulationen der Wahlergebnisse zu verhindern.

Lit.: *Nohlen, D.* [3]2000: Wahlrecht und Parteiensystem, Opl.

Dieter Nohlen

Wahlkreisgeometrie, Bezeichnung für die nach (partei-)polit. Gesichtspunkten vorgenommene → Wahlkreiseinteilung, durch die eine oder eine Gruppe von Parteien begünstigt, andere Parteien hingegen benachteiligt werden.

Die W. kann bestehen in der räumlichen Zurechtschneidung von Wahlkreisen (bekannteste Form: das → *Gerrymandering*), in der Festlegung bestimmter Wahlkreisgrößen und insbes. in ihrer räumlichen Verteilung, so daß ein- und dieselbe Partei bzw. Gruppe von Parteien jeweils von den Effekten der Wahlkreisgrößen begünstigt ist.

Dieter Nohlen

Wahlkreisgröße → Wahlkreis/Wahlkreiseinteilung

Wahlmänner, Personen, die im Wahlprozeß als Wähler zwischen dem Urwahlkörper und den Repräsentativorganen handeln.

W. werden von den stimmberechtigten Bürgern durch → Urwahl beauftragt, einen oder mehrere Mandatsträger zu wählen, was in den → Konstitutionellen Monarchien des 19. Jh., mit einer gleichzeitigen Koppelung an die Vermögens-, Besitz- und/oder Einkommensverhältnisse bzw. die Steuerzahlung, weit verbreitet war. So galt z. B. in Preußen von 1849–1918 ein Zensuswahlrecht, wonach die Wahlberechtigten entspr. ihrem Steueraufkommen in drei verschieden große → Klassen eingeteilt wurden und jede der Klassen indirekt die gleiche Anzahl von Abgeordneten in den preußischen Landtag wählte (Dreiklassenwahlrecht). In den USA werden noch heute Präsident und Vizepräsident formal indirekt durch das → *Electoral College* bestellt.

Als Wahlmännerausschüsse bezeichnet man solche parlamentarischen Gremien (→ Ausschüsse), deren alleinige Funktion es ist, aus ihrer Mitte heraus in indirekter → Wahl über die Zusammensetzung einer anderen Institution zu entscheiden bzw. eine übergeordnete Position zu besetzen. Entspr. wählt z. B. der aus zwölf Bundestagsabgeordneten bestehende und durch Verhältniswahl bezogen auf die Stärke der → Fraktionen ermittelte Wahlmännerausschuß des Deutschen Bundestages gemäß Art. 94 I GG die Hälfte der 16 Richter des Bundesverfassungsgerichts.

→ Verfassungsgerichtsbarkeit; Wahlrecht; Wahlsysteme.

Lit.: → Wahlrecht; Wahlsysteme.

Rainer-Olaf Schultze

Wahlökologie, zuerst von *R. Heberle* (1963) angewandter Forschungsansatz innerhalb der Wahlsoziologie, der die Beziehung zwischen dem → Wählerverhalten der Bürger und ihrer sozialstrukturellen Umwelt mit Hilfe von → Aggregatdaten untersucht.

In der W. wird die sozialstrukturelle Situation von Aggregateinheiten (Wahlkreis, Gemeinde) mit den amtl. Wahlergebnissen in diesen Gebieten in Verbindung gebracht. Dies ermöglicht genaue Aussagen über den Zusammenhang tatsächlichen Wahlverhaltens mit kleinräumigen strukturellen Gegebenheiten wie Industrialisierungsgrad, Durchschnittseinkommen, Konfessionsstruktur usw.

Die W. geht auf die von *A. Siegfried* 1913 entwickelte Wahlgeographie zurück, die von einer starken Beeinflussung polit. Grundhaltungen durch die sozialen, ökon. und v. a. geographischen Bedingungen einer Region ausgeht und sich insbes. auf ländliche Gebiete bezieht. Die moderne W. überwindet den Geodeterminismus der Wahlgeographie und nimmt komplexe Interdependenzen zwischen den vielfältigen Faktoren an. Methodischer Nachteil der W. ist die Gefahr des → Ökologischen Fehlschlusses, da die Aggregatdatenanalyse lediglich Korrelationen zwischen den einzelnen Faktoren deutlich macht, jedoch keine kausalen Annahmen erlaubt. In jüngerer Zeit hat die W. an Bedeutung und Aussagekraft verloren, da durch die Lockerung sozialer → Milieus und die gestiegene → Mobilität das Wählerverhalten nurmehr eingeschränkt auf sozialstrukturelle Gegebenheiten zurückgeführt werden kann, zudem sind die Einflußfaktoren zu zahlreich geworden, um einfache Erklärungen anbieten zu können.

→ Politische Ökologie; Wahlforschung.

Lit.: *Diederich, N.* 1965: Empirische Wahlforschung. Konzeptionen und Methoden im internationalen Vergleich, Köln/Opl. *Dogan, M./Rokkan S.* 1969 (Hrsg.): Quantitative Ecological Analysis in the Social Sciences, Camb./Mass. *Heberle, R.* 1963: Landbevölkerung und Nationalsozialismus, Stg. → Wahlforschung.

Tanja Zinterer

Wahlperiode, die Zeit, für die ein Amtsträger bzw. Repräsentativorgan gewählt wird, oder einfach die Zeit zwischen zwei Wahlen.

Im ersteren Fall ist W. gewissermaßen mit Amtsperiode bzw. Legislaturperiode identisch. I. d. R. wird in der Verfassung angegeben, wie lange die W. der gewählten Organe dauert. Davon unbenommen kann es zu Rücktritten der Amtsträger bzw. Auflösungen der Vertretungskörperschaften kommen, so daß die W. dann mit der tatsächlichen Dauer der ausgeübten Amts- bzw. Vertretungstätigkeit zusammenfällt. Die W. gewählter Organe auf nat. Ebene schwanken internat. zwischen vier und sechs Jahren: Für Parlamente sind eher vier, für Präsidenten eher fünf oder gar sechs Jahre üblich.

Dieter Nohlen

Wahlpflicht → Wahlrecht

Wahlquotient → Verrechnungsverfahren

Wahlrecht, in umfassendem Verständnis alle rechtlich in Verfassung, Wahlgesetzen und Wahlordnungen fixierten Normen, welche die → Wahlen von Körperschaften oder von Amtsträgern regeln. In diesem Sinne umfaßt das W. den gesamten Wahlprozeß von der Einrichtung der Wahlbehörden (Wahlorgane), der Anlage der Wählerverzeichnisse etc. bis hin zur Wahlprüfung, also der letztinstanzlichen Feststellung der Gültigkeit eines Wahlergebnisses. Häufig wird der Begriff W. synonym mit → Wahlsystem verwandt.

I. e. S. bedeutet W. das Recht zu wählen (aktives W.) und gewählt zu werden (passives W.). Als Grundsätze des engeren (aktiven) W. gelten in den modernen Verfassungsstaaten die Prädikate allg., gleich, direkt und geheim. Der Grundsatz allg. bedeutet, daß das W. allen Staatsbürgern unabhängig von Geschlecht, Rasse, Sprache, Einkommen oder Besitz, Beruf, Stand oder Klasse, Bildung, Konfession oder polit. Überzeugung zusteht, wenn sie einige unerläßliche Voraussetzungen (bestimmtes Alter, Wohnsitznahme, Besitz der geistigen Kräfte etc.) erfüllen. Der Grundsatz gleich besagt, daß jeder Wahlberechtigte das gleiche Stimmgewicht hat, d. h. der Zählwert der Stimme muß gleich sein (davon unterschieden ist der Erfolgswert der Stimmen, der nach Wahlsystemen und Wählerverhalten variieren kann.) Der Grundsatz direkt meint, daß der Wähler unmittelbar für den Kandidaten oder die Partei seiner Wahl stimmt ohne Zwischenschaltung von Gremien (→ Wahlmänner). Der Grundsatz geheim schließlich bedeutet, daß rechtlich und organisatorisch gewährleistet sein muß, daß der Wähler eine nicht von anderen erkennbare Wahlentscheidung treffen kann. Die Grundsätze eines demokratischen W. haben sich in den heutigen Demokratien erst in einem langwierigen, konfliktreichen, nach Ländern in Schnelligkeit und Sequenz unterschiedlich verlaufenden Prozeß durchgesetzt.

Im Zuge der «Dritten Welle» der Demokratisierung der → Politischen Systeme (→ Systemwechsel) ist in etlichen Ländern die Gewährleistung des demokratischen W. in *free and fair elections* zu einer Aufgabe geworden, die nat. Wahlbehörden gelegentlich überfordert und der sich auch → Internationale Organisationen annehmen. Ein weiterer, freilich umstrittener Ausdehnungsschritt des W. besteht in der Senkung des Wahlalters auf 16 Jahre. Erweitert hingegen haben die meisten Länder das fast unbemerkt in den 1990er Jahren durch die gesetzliche Möglichkeit, daß ihre zeitlich beschränkt im Ausland wohnhaften Staatsbürger an den nat. Wahlen teilnehmen können (*external voting*).

Lit.: *Nohlen, D.* (Hrsg.) 1991: Hdb. der Wahldaten Lateinamerikas und der Karibik, Opl. *Nohlen D./Krennerich, M.* u. a. (Hrsg.) 1998: Elections in Afrika, Ox. *Nohlen, D./Grotz, F./Hartmann, Ch.* (Hrsg.) 2001: Elections in Asia and the Pacific, 2 Bde., Ox. *Nohlen, D./Grotz, F.* 2001: External Voting, in: Boletín Mexicano de Derecho Comparado 33 (99), 1115–1145. *Nohlen, D.* (Hrsg.), 2002: Elections in America, Ox. *Nuscheler, F./Ziemer, K.* u. a. 1978: Polit. Organisation und Repräsentation in Afrika, Bln./NY. *Schreiber, W.* [6]1998: Hdb. des Wahlrechts zum deutschen Bundestag, Köln u. a. *Sternberger, D./Vogel, B.* (Hrsg.) 1969: Die Wahl der Parlamente und anderer Staatsorgane, Bd. 1: Europa, Bln. → Wahlsysteme.

Dieter Nohlen

Wahlsoziologie → Wahlforschung; Wählerverhalten

Wahlsysteme, in → Wahlen Verfahren zur Bildung von Organen polit. → Repräsentation. W. regeln, wie der Wähler seine polit. Präferenz in Stimmen ausdrücken kann und wie dieses Votum in Entscheidungen über die (personelle) Besetzung von Ämtern/Mandaten und die (parteipolit.) Zusammensetzung von Repräsentativversammlungen übertragen wird.

1. Im Studium der W. und ihrer polit. Auswirkungen gilt es, vier Ebenen zu unterscheiden: (1) Technische Elemente. Die Vielzahl von einzelnen Regelungen lassen sich ordnen nach den Bereichen Wahlkreiseinteilung, → Wahlbewerbung, → Stimmgebungsverfahren und → Verrechnungsverfahren. (2) Repräsentationsprinzipen. Die Grobuntergliederung der W. erfolgt (nach wie vor) nach Mehrheitswahl (→ Mehrheit/Mehrheitsprinzip) und Verhältniswahl (→ Proporz/Proporzprinzip). Beide Konzepte haben eine doppelte Bedeutung. Sie sind einerseits Entscheidungsmaßstäbe: Die Entscheidung darüber, wer (welcher Kandidat/welche Partei) das → Mandat/die Mandate erhält, wird entw. nach der Mehrheit (relativer oder absoluter) getroffen oder (proportional) nach dem Anteil der von den Kandidaten/Parteien erreichten Stimmen. Sie sind andererseits Repräsentationsprinzipien, d. h., sie geben eine Zielvorstellung hinsichtlich der Zusammensetzung der Repräsentativversammlung an, die entw. auf Mehrheitsbildung durch eine Partei (bzw. Parteienallianz) mittels eines (stimmenkonzentrierenden) Willensbildungsprozesses und (mandatskonzentrierender) Auswirkungen des W. orientiert ist, oder auf eine mehr oder weniger spiegelbildliche Reproduktion der polit. Präferenzen der Wählerschaft. In den klassischen W. stimmen Entscheidungsmaßstab und Repräsentationsprinzip überein (bestes Beispiel: die relative Mehrheitswahl in Einerwahlkreisen). In den neueren kombinierten W. werden Verbindungen «über Kreuz» hergestellt, also etwa der Entscheidungsmaßstab der Mehrheit mit dem Repräsentationsprinzip der Verhältniswahl verbunden (bestes Beispiel: die → Personalisierte Verhältniswahl). (3) Wahlsystemtypen. Während die ausschließliche Alternative Mehrheitswahl oder Verhältniswahl auf der Ebene der Re-

präsentationsprinzipien gültig bleibt, wird sie auf der Ebene der konkreten W. analytischen Zwecken nicht mehr gerecht. Aufgrund der mannigfachen Kombinationsmöglichkeiten einzelner Elemente von W. und insbes. jener «Über-Kreuz-Kombinationen» wird eine fruchtbare Debatte über die Auswirkungen von W. nur geführt werden können, wenn zwischen verschiedenen Wahlsystemtypen unterschieden wird. Mit Blick auf das aktuelle Universum der W. sind zu nennen: (a) relative Mehrheitswahl in Einerwahlkreisen (Beispiel: GB); (b) absolute Mehrheitswahl in Einerwahlkreisen (Beispiel: Frankreich); (c) Zweierwahlkreissystem (Beispiel: Chile); (d) (Personen- oder Listen-)Wahl in kleinen Wahlkreisen (Beispiele: Irland, Japan vor 1993); (e) Mehrheitswahl mit proportionaler Liste (bzw. Grabensystem oder Parallelsystem; Beispiele: Japan, Rußland, Mexiko); (f) Verhältniswahl starrer Liste in großen Wahlkreisen (bzw. Wahlkreisen unterschiedlicher Größe; Beispiel: Spanien); (g) Kompensatorische W. (Personen- und Listenwahl mit Verhältnisausgleich, Beispiele: Italien 1993, Ungarn); (h) Personalisierte Verhältniswahl (Beispiel: D); (i) → *Single transferable vote* (übertragbare Einzelstimmgebung; Beispiel: Irland); (j) reine Verhältniswahl mit starrer Liste (→ Automatische Methode; Beispiele: Weimarer Republik, Israel). (4) Einzelne Wahlsysteme: Einige wurden als Beispiele für die Wahlsystemtypen genannt. Ihre Zahl reicht heute an die Hundert.

2. *Grosso modo* können drei Forschungsansätze unterschieden werden: der normative, der empirisch-statistische und der historisch-empirische.

(1) Im Rahmen des normativen Ansatzes werden W. gemäß theoretischer, meist axiomatischer Überzeugungen analysiert und bewertet, welche mit Theorien der → Demokratie oder guter Regierung in enger Verbindung stehen. So wird etwa die Option für die relative Mehrheitswahl, die in diesem Forschungsansatz relativ häufig anzutreffen ist, damit begründet, daß nur dieses W. der Essenz parlamentarischer Regierung bzw. der Demokratie mit voll zur Geltung gebrachter polit. Verantwortung der Gewählten entspreche. Bei empirischer Vorgehensweise im Rahmen dieses Ansatzes werden primär Fälle studiert, welche die Annahmen bestätigen können, gelegentlich wird in logisch-abstrakter Argumentation von einem einzigen Fall auf viele weitere oder alle anderen geschlossen. Auf diese Weise neigt der normative Ansatz zu kategorialen Unterscheidungen auf hoher Abstraktionsbene und zu Generalisierungen großer Reichweite, die sich auch aufgrund ihrer bestechenden Einfachheit leicht im allgemeinen Wissensstand (*conventional wisdom*) zu W. festsetzen konnten. Typisch dafür sind Sätze wie «Mehrheitswahl führt zu Zweiparteiensystemen» und «Verhältniswahl führt zur Parteienzersplitterung» (*Hermens* 1968, *Sternberger* 1964).

(2) Der empirisch – statistische Ansatz versucht, eine größtmögliche Zahl von gestern und heute gültigen W. in die empirische Analyse einzubeziehen. Diese Tendenz ist Folge der Funktionslogik der statistischen Methodologie, die eine große Zahl von Fällen erforderlich macht, um aussagekräftige Ergebnisse zu erzielen. Dieser Forschungsansatz differenziert stark zwischen den einzelnen Komponenten von W., d. h. er behandelt die technischen Elemente wie beispielsweise die Größe der Wahlkreise oder die Verrechnungsverfahren als Variablen in einem statistisch geprägten Forschungsdesign zur Analyse multikausaler Beziehungen (*Rae* 1967, *Lijphart* 1994). Dabei werden die W. durch die variablenorientierte Untersuchung ihrer Auswirkungen aus ihrem jeweiligen soziopolit. Kontext herausgelöst, deren Einzeleffekte und jene des Gesamtensembles präzise bestimmt. Dem empirisch-statistischen Ansatz zugeordnet werden kann eine neuere Forschungsrichtung, die im Rahmen des → *Rational choice*-Ansatzes strategisches Wahlverhalten der Wähler speziell unter dem Gesichtspunkt untersucht, welche Möglichkeiten ihnen dazu die verschiedenen technischen Elemente der W. bieten (*Cox* 1997).

(3) Der historisch → empirische Forschungsansatz besitzt seinen methodologischen Ausgangspunkt im Einzelfall-orientierten Studium konkreter W. sowie in der Analyse des soziopolit. Kontextes, der das einzelne W. umgibt. Induktiv vorgehend ist der Ansatz

komparativ i. S. eines qualitativen Vergleichs ausgesuchter, theoretisch fruchtbarer Fälle. Zu diesem Zweck legt er größten Wert auf begriffliche Präzision und systematische → Klassifikation. In den Typen von W. wird eine Abstraktion mittlerer Reichweite angestrebt. Die Berücksichtigung des Kontextes wird als Voraussetzung für das Verständnis der Funktionsweise und der Auswirkungen eines W. begriffen sowie für Optionen in der Wahlsystemfrage als unabdingbar betrachtet (*Nohlen* 1978; 2000).

3. Einige Forscher sind der Überzeugung, die Wirkungen von W. auf Parteiensysteme könnten in Gesetze gegossen werden. *M. Duverger* (1959) hat sich mit seinen «soziologischen Gesetzen» in das allg. Verständnis von W. und ihren Wirkungen eingegraben. *G. Sartori* (1994) hat seine Gesetze erneuert. Das Hauptargument gegen sie lautet, daß die Auswirkungen von W. derart stark von den konkreten gesellschaftl. und polit. Faktoren abhängen, daß deterministische Gesetze, die eine unverbrüchliche kausale Beziehung zwischen Mehrheitswahl und Verhältniswahl einerseits und bestimmten Typen von Parteiensystemen andererseits behaupten, sich empirisch nicht bewähren. Beweis dafür sind einerseits Fälle, in denen bei ein und demselben W. unterschiedliche Parteiensysteme auftreten, und andererseits Fälle, bei denen unterschiedliche W. mit demselben Typ Parteiensystem koinzidieren. Ein zweites Argument ist, daß die Kategorien Mehrheitswahl und Verhältniswahl viel zu unterschiedliche W. enthalten, so daß auf dieser Abstraktionsebene kaum empirisch haltbare Aussagen über die Auswirkungen von W. gemacht werden können.

Die Unterschiede in den empirischen Auswirkungen von W., die heute weniger an Mehrheitswahl und Verhältniswahl an den empirienäheren Wahlsystemtypen festgemacht werden, sind bereits rein mechanisch gesehen beträchtlich. Beispielsweise wird im Zweierwahlkreissystem, das häufig als Mehrheitswahlsystem bezeichnet wird, im Vergleich zur relativen oder absoluten Mehrheitswahl i. d. R. nicht die stärkste Partei (bzw. Parteienallianz), sondern die zweitstärkste begünstigt. Unterschiedliche Auswirkungen ergeben sich bei den drei kombinierten Wahlsystemtypen danach, ob die Zusammensetzung des Parlaments insgesamt nach Proporz erfolgt, ob Disproportionen (kompensatorisch) durch Proporzmandate auszugleichen versucht werden oder ob der eine Teil der Mandate nach Mehrheit, der andere nach Proporz völlig getrennt voneinander (Grabensystem) vergeben wird. Deshalb ist bei der Wahlsystemanalyse präzise Konzeptualisierung vonnöten, an der es jedoch häufig mangelt. Die personalisierte Verhältniswahl wird mitunter in der Weise mißverstanden, daß sie nicht dem erstgenannten, sondern dem zweit- oder sogar dem drittgenannten Kombinationstypus von Einerwahlkreis und Proporz entspreche. Kompensatorische W. werden fälschlicherweise auch als Mehrheitswahl bezeichnet, weil in ihnen ein großer Teil der Mandate in Einerwahlkreisen nach der Mehrheit vergeben wird. Die Proporzmandate können jedoch die entstandenen Disproportionen weitestgehend ausgleichen. Solche klassifikatorischen Probleme erschweren die vergleichende Analyse der Auswirkungen von Wahlsystemen. Hinzu kommt die mangelnde Einsicht in die Tatsache, daß die Auswirkungen von W. auf das → Parteiensystem abhängig sind von gesellschaftl. und polit. Faktoren des einzelnen Falles, die ihrerseits konstitutiv waren bzw. sind für die Einführung, Aufrechterhaltung oder Reform eines bestimmten Wahlsystems.

4. Was läßt sich allg. auf hoher Abstraktionsebene zu den Auswirkungen von W. sagen? Für sämtliche W. trifft zu, daß sie die Zahl der Parteien, für die Kandidaten auftraten und für die Stimmen abgegeben wurden, auf Parlamentsebene verringern. Ebenfalls läßt sich beobachten, daß die stärksten Parteien in aller Regel bevorzugt werden. Doch unterscheiden sich W. darin, in welchem Umfang sie die Zahl der Parteien reduzieren und die stärksten unter ihnen fördern, sowie auch darin, nach welchen Stärkeverhältnissen sie die Parlamentsfraktionen einander zuordnen. Die Wahlsystemforschung konnte aufzeigen, daß empirische W. etwa die Proportionalitätsgrade zwischen Stimmen und Mandaten erreichen, die nach ihrer technischen Komposition zu erwarten sind. Proportionalitätsgrade und Fragmentie-

rungsgrade von Parteiensystemen entsprechen sich jedoch in den Einzelfällen nicht. Der allg. Tendenz nach wirken die W. in Richtung ihrer Repräsentationsziele. Ganz allg. kann der Mehrheitswahl eine mehr konzentrierende, die Zahl der Parteien stärker verringernde Wirkung zugeschrieben werden als der Verhältniswahl. Entspr. der Definition selbst der Mehrheitswahl fördert sie stärker als die Verhältniswahl die Mehrheitsbildung durch eine Partei, empirisch sichtbar an der weit höheren Zahl (künstlicher) absoluter Parlamentsmehrheiten für eine Partei, der keine absolute Stimmenmehrheit entspricht. Jedoch wird auch in Verhältniswahlsystemen durch mechanische und psychologische Effekte oftmals die größte Partei begünstigt, obwohl darauf das Repräsentationsprinzip eigentlich nicht abzielt. Diese allg. Tendenzen gelten jedoch nur, wenn andere Faktoren, die auf die Auswirkungen von W. einwirken, sich neutral verhalten und auf keinen Fall gegenläufig wirken. So haben kleine Parteien in Mehrheitswahlsystemen durchaus Erfolgschancen, wenn ihre Wählerschaften regional konzentriert sind oder wenn sie Wahlbündnisse mit großen Parteien schließen können, die ihnen einige Wahlkreise abtreten. Die wahlgeographische Streuung der Wählerschaft der Parteien ist demnach ein erster Kontextfaktor. Weitere Faktoren bilden die Grade der Fragmentierung und Institutionalisierung der Parteiensysteme sowie die Verhaltensweisen polit. Akteure. Tiefer liegen Faktoren der gesellschaftl. Struktur, die soziale, ethnische, religiöse etc. Heterogenität oder Homogenität einer Gesellschaft. Es gibt keine wiss. haltbare Aussage eines hohen Informationsgehalts zu den Auswirkungen von W., die von diesen Kontextfaktoren vollkommen absehen kann. Die Kontextfaktoren sind zudem höchst relevant für die Wahl des Wahlsystems. Indem fragmentierte Gesellschaften sich eher für Wahlsystemtypen der Verhältniswahl als für solche der Mehrheitswahl entscheiden, werden Ursache und Wirkung zirkulär verknüpft. Im Grunde geht es bei der Analyse der Auswirkungen von W. weniger um die Aufstellung und Prüfung von Hypothesen als um die Erfassung eines Zusammenhangs institutioneller, gesellschaftl.-struktureller, politisch-situativer u. a. Faktoren, die nicht linear, sondern systemisch miteinander verbunden sind.

→ Kausalität, Systemisches Denken, Vergleichende Methode, Wahlrecht.

Lit.: *Cox, G.* 1997: Making Votes Count, Camb. *Duverger, M.* 1959: Die politischen Parteien, Stg. (frz. 1951). *Hermens, F. A.* 1968: Demokratie oder Anarchie, Köln/Opl. *Lijphart, A.* 1994: Electoral Systems and Party Systems, Ox. *Lijphart, A./Grofman, B.* (Hrsg.) 1984: Choosing an Electoral System. Issues and Alternatives, NY u. a. *Nohlen, D.* 1978: Wahlsysteme der Welt, Mchn. *Nohlen, D.* 1996: Elections and Electoral Systems, New Delhi. *Nohlen, D.* [3]2000: Wahlrecht und Parteiensystem, Opl. *Rokkan, St.* 2000: Staat, Nation und Demokratie in Europa, Ffm. *Sartori, G.* 1994: Comparative Constitutional Engineering, Houndmills. *Sternberger, D.* 1964: Die große Wahlreform, Opl. *Sternberger, D./Vogel, B.* (Hrsg.) 1969: Die Wahl der Parlamente und anderer Staatsorgane. Bd. 1: Europa, Bln. *Taagepera, R./Shugart, M. S.* 1989: Seats and Votes, New Haven/L. → Wahlrecht.

Dieter Nohlen

Wahltagbefragung → Exit poll

Wahlverfahren → Wahlsysteme

Wahlverhalten → Wählerverhalten

Wahlzahlverfahren → Verrechnungsverfahren

Wahrscheinlichkeit, (engl. = *probability*), quantitative Größe im Rahmen der → Statistik, die dem Eintreten eines genau definierten Ereignisses A unter bestimmten Bedingungen eine Zahl zwischen 0 und 1 zuordnet und als dessen W. bezeichnen – i. d. R. P(A) geschrieben. Hinsichtlich der Bedingungen und Zuordnungsregeln wurden diverse Konzepte entwickelt, wobei insbes. unterschieden wird zwischen (1) logischer *(Laplace)*, (2) subjektiver *(Bayes, Savage)* und (3) statistischer W. *(Mises, Reichenbach)*.

1. Logische (auch: mathematische) W. ist eine Konzeption, die gemäß dem «Prinzip vom unzureichenden Grunde» von gleich wahrscheinlichen (Elementar-)Ereignissen ausgeht. So hat jede der sechs Seiten eines idealen Würfels die gleiche W., bei einem Wurf oben zu liegen, da es keinen Grund gibt, weshalb eine Seite bevorzugt oben liegen sollte. Die W. ist dann der Quotient aus günstigen Fällen und «möglichen Fällen». Da diese W. rein logisch, ohne empirische Beobachtungen bestimmt wird, spricht man auch von *a-priori*-Wahrscheinlichkeit.

2. Subjektive W. steht meist im Zusammenhang mit Verhalten und Entscheidungen von Personen und gewinnt daher trotz mathematisch-statistischer Umstrittenheit in einem personen-, handlungs- und entscheidungszentrierten Verständnis von Sozialwiss. zunehmend an Bedeutung. Eine wichtige Rolle spielt das *Bayes*sche Theorem, mit dessen Hilfe man von (subjektiv angenommenen) *a-priori*-W. für bestimmte Hypothesen unter Einbeziehung von Beobachtungsdaten zu einer Revision dieser Annahmen, also zu *a-posteriori*-W. angelangen kann:

Sind $H_1, H_2 \ldots H_n$ sich paarweise ausschließende Hypothesen (z. B. repräsentiert durch Urnen mit unterschiedlichen Zusammensetzungen weißer und schwarzer Kugeln) und ist A ein beobachtetes Ereignis (z. B. zwei gezogene Kugeln, die beide schwarz sind), so besagt das *Bayes*sche Theorem:

$$P(Hi/A) = \frac{P(A/Hi)\,P(Hi)}{\sum_j P(A/Hj)\,P(Hj)}$$

Im Ggs. zur üblichen W.-Rechnung, wo von Hypothesen (z. B.: eine bestimmte Verteilungsform der Daten) ausgegangen und W. für bestimmte Ereignisse bestimmt wird, geht das Konzept *Bayes*scher Statistik von Beobachtungen aus. Eines der Probleme ist allerdings die Annahme über die *a-priori*-W. $P(H_j)$ (in vielen Anwendungsfällen wird für die $P(H_j)$ eine Gleichverteilung angenommen). Die Ausdrücke $P(A/H_j)$ sind streng genommen keine W., da das Ereignis A ja bereits eingetreten ist (oder im obigen Beispiel: Die beiden Kugeln sind bereits aus genau einer Urne gezogen, das Ergebnis ist bekannt, nämlich beide schwarz); man spricht daher statt von W. von sog. *likelihoods*.

3. Statistische (auch: Häufigkeits-)W. ist eine empirische und induktive W.-Interpretation, bei der von der relativen Häufigkeit k/n ausgegangen wird, mit der (unter bestimmten Bedingungen) bei n Experimenten k-mal das gefragte Ereignis A aufgetreten ist. Die wesentlichsten Voraussetzungen für die Angemessenheit dieses Vorgehens liegen einmal in einer beliebig häufigen Wiederholbarkeit eines zugrundeliegenden Zufallsexperimentes unter immer denselben Ursachenbedingungen, zum anderen in einer sehr großen Zahl n, so daß k/n typisch wird. Dazu wird P(A) in der *Limes*-Definition als jener Grenzwert definiert, dem die relative Häufigkeit zustrebt, wenn n über alle Grenzen wächst, also lim (k/n) = P(A). Obwohl beide Voraussetzungen als problematisch umstritten sind, ist der statistische der für die Praxis bedeutsamste Wahrscheinlichkeits-Begriff.

Da man empirisch beobachten kann, daß Ereignisse, deren W. sehr klein sind, auch sehr selten auftreten, läßt sich mit Hilfe des von *Poisson* begründeten Gesetzes der großen Zahlen in der Fassung von *Cournot* eine Verbindung zwischen Empirie (Häufigkeit) und Theorie (W.) herstellen. Der mathematische Kern lautet folgendermaßen:

Es sei bei n unabhängigen Experimenten k-mal das Ereignis A aufgetreten. Die konstante W. für das Ereignis A sei p, und f sei die relative Häufigkeit k/n. Dann gilt:

$$\lim_{n \to \infty} P\,(/f - p/ > \varepsilon) = 0,$$

d. h. die W. P, daß p und f (= k/n) mehr als ein beliebig kleines vorgegebenes ε voneinander abweichen, geht bei $n \to \infty$ gegen 0, oder: für genügend großes n wird P beliebig klein. Daraus läßt sich als *Cournot*sche Brücke folgern, daß eine bestimmte Abweichung ε der beobachteten relativen Häufigkeit f von der erwarteten W. p um so seltener auftreten wird, je größer n ist. Selbst diese Fassung aber beinhaltet, daß im Einzelfall auch bei sehr großem n die Abweichung sehr

groß werden kann – was oft fälschlicherweise übersehen wird.
Für die Statistik ist nun aber nicht so sehr die Bestimmung der W. einzelner Ereignisse interessant, als vielmehr die Analyse von Ereigniskomplexen und damit die Verknüpfung von W. mittels der W.-Rechnung. Diese ist heute durch die allg. üblichen Axiome von *Kolmogoroff* völlig abstrakt begründet – nur im Hinblick auf die Angabe von wünschenswerten mathematischen Eigenschaften:
Axiom (1): jedem zufälligen Ereignis E ist eine bestimmte Zahl P(E) zugeordnet, die der Ungleichung $0 \leq P(E) \leq 1$ genügt. Diese Zahl nennt man die W. des Ereignisses E.
Axiom (2): Die W. des sicheren Ereignisses ist 1.
Axiom (3): Die W. der Summe von endlich oder abzählbar unendlich vielen zufälligen Ereignissen, die einander wechselseitig ausschließen, ist gleich der Summe der W. dieser Ereignisse (Additionssatz).
Daraus lassen sich einige wichtige «Regeln» für die Wahrscheinlichkeitsrechnung ableiten: (a) Die W. für ein Ereignis, das mit Sicherheit *nicht* eintritt, ist P = 0. (b) Komplementäres Ereignis: Hat das Eintreffen eines bestimmten Ereignisses die W. P, so ist die W., daß dieses Ereignis nicht auftritt, 1 – P. (c) Multiplikationstheorem: Sind A und B stochastisch unabhängig, so ist die W. daß A und B eintreten: P(AB) = P(A) P(B). Das Multiplikationstheorem läßt sich genau wie das Additionstheorem auf beliebig viele W. erweitern: wenn stochastisch unabhängige Ergebnisse durch «und» verknüpft werden, so werden die entspr. W. multipliziert. (d) Bedingte W.: Bei zwei Ereignissen A und B, die sich nicht unbedingt gegenseitig ausschließen, ist die W. für B unter der Bedingung, daß auch A auftritt P(B/A) = P(AB)/P(A).
P(B/A) wird als bedingte W. für B unter der Bedingung von A bezeichnet. Die stochastische Unabhängigkeit von A und B muß dann offenbar die Bedingung erfüllen, daß gilt: $P(B/A) = P(B/\bar{A})$ ($\bar{A}$ ist «non A», das zu A komplementäre Ereignis), d. h. die W. für B unter der Bedingung von A ist genauso groß wie unter der Bedingung von «non A» – und damit offenbar von A unabhängig.

Ein wichtiger Bereich der Wahrscheinlichkeitsrechnung ist die Konstruktion von Wahrscheinlichkeitsverteilungen. Diese bilden die zentralen Kerne von Modellen, welche Analysen und Prognosen empirischer Ereignisse (bzw. Ereigniskomplexe) ermöglichen. So lassen sich z. B. Modelle für deduktive und induktive Schlüsse zwischen Stichproben und Grundgesamtheiten auf der Grundlage der Wahrscheinlichkeitsrechnung konstruieren, worauf sich auch deren Bedeutung als Grundlage für die Schätz- und Test-Statistik begründet.

→ Auswahlverfahren; Inferenzstatistik; Schätzen, statistisches; Signifikanztests; Testtheorie; Wahrscheinlichkeitsverteilungen.
Lit.: → Statistik.

Jürgen Kriz

Wahrscheinlichkeitsverteilungen, mathematisch-formale → Modelle, die im Rahmen der → Inferenzstatistik Angaben darüber machen, was man unter bestimmten Bedingungen erwarten kann.

Bei diskreten (nicht-kontinuierlichen) Variablen geben W. für alle möglichen Ausprägungen dieser Variablen die Wahrscheinlichkeiten an (z. B. für alle möglichen «Augen-Summen» dreier Würfel). Bei stetigen (kontinuierlichen) Variablen macht es nur Sinn, von einer Wahrscheinlichkeit dafür zu sprechen, daß ein Wert in ein bestimmtes Intervall fällt (z. B. daß eine zufällig angestoßene Kugel in einem bestimmten Bereich zum Liegen kommt). Denn in jedem Intervall liegen unendlich viele Werte («Ausprägungen») dieser Variablen (im Beispiel: Punkte des Bereiches), von denen jener einzelne somit nur die Wahrscheinlichkeit 0 hat. Die Wahrscheinlichkeit, in ein Intervall zu fallen, ist dabei als Integral der sog. Dichtefunktion (in diesem Intervall) definiert.
Auf die Politikwiss. angewandt würde man z. B. fragen, innerhalb welcher Grenzen der Prozentsatz für eine bestimmte Partei mit 95 % Wahrscheinlichkeit fällt, falls diese Partei 42 % Anhänger hat und man eine zufällige → Stichprobe von N = 1000 aus der

Grundgesamtheit aller Wähler ziehen würde. Die W. für alle möglichen Stichproben (genauer: bestimmte Kennwerte dieser Stichproben) nennt man auch Stichprobenverteilung. je nach Modellbedingungen ergeben sich recht unterschiedliche W. Die wichtigsten diskreten W. sind neben der Gleichverteilung (alle Ereignisse gleich wahrscheinlich) die Binomial- oder *Bernoulli-*, die Hypergometrische-, die *Poisson-* und die *Polya*-Verteilung. Die wichtigste stetige W. ist die Normal- oder *Gauß*-Verteilung. Der zentrale Grenzwertsatz belegt ihre besondere Bedeutung: Alle Zufallsvariablen, die sich additiv aus vielen unabhängigen «Faktoren» zusammensetzen (eine sinnvolle Modellvorstellung für sehr viele biologische und soziale Variablen) sind nämlich annähernd (d. h. asymptotisch) normalverteilt. Viele weitere wichtige stetige W. – wie z. B. (1) Chi-Quadrat-Verteilung, (2) die t-Verteilung und (3) die F-Verteilung – sind unmittelbare Ableitungen aus der Normalverteilung.

Die Normalverteilung hat die typische Form der Glockenkurve, die in Abb. 13 wiedergegeben ist und durch die Dichtefunktion

$$F(x; \mu, \sigma) = \frac{1}{\sigma\sqrt{2\pi}} \int_{-\infty}^{x} e^{-\frac{1}{2}\left(\frac{x-\mu}{\sigma}\right)^2} dX$$

beschrieben wird. Die Flächenanteile erhält man durch Integration in dem jeweiligen Intervall (Dichtefunktion und Integral, die sog. «Verteilungsfunktion», sind aber in jedem Statistikbuch tabelliert – müssen also vom Anwender nicht berechnet werden). Wie man sieht, liegen 95 % der Verteilung innerhalb von + 2 Sigma (genau ± 1,96 … σ) um den Mittelwert, wobei σ den Standardfehler darstellt. Aus der Kenntnis des Standardfehlers kann man somit den Bereich angeben, in welchem Werte mit bestimmter Wahrscheinlichkeit zu erwarten sind (sofern, wie in sehr vielen Fällen, die Stichprobenverteilung hinreichend normalverteilt ist). So fällt z. B. bei hinreichend großen Stichproben vom Umfang N der Prozentsatz für eine bestimmte Partei in den Bereich P ± 2 vP(1-P)/N, wenn P der Anteil dieser Partei in der Grundgesamtheit ist.

1. Die Chi-Quadrat-Verteilung ist als Dichtefunktion der Summe von n unabhängigen, standardnormalverteilten Zufallsvariablen

Abbildung 13: Glockenkurve der Gaußschen Normalverteilung

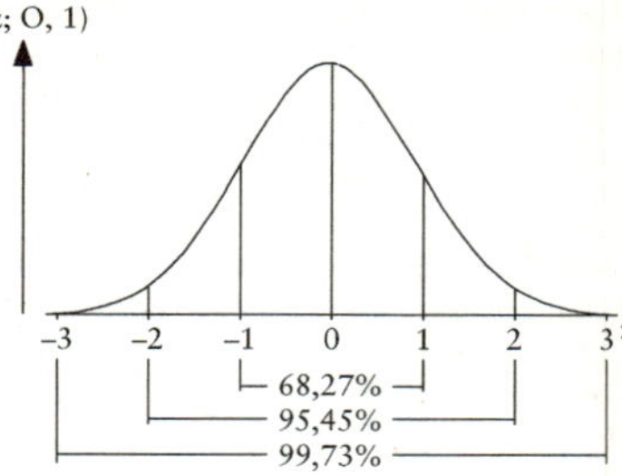

$X_1^2 \dots X_n^2$ definiert. Sie ist von n (der Anzahl der Freiheitsgrade) abhängig und in üblichen Statistikbüchern tabelliert. Ihre große praktische Bedeutung für die sozialwiss. Statistik ergibt sich insbes. im Zusammenhang mit Prüfproblemen: In Form des Chi-Quadrat-Tests erlaubt sie u. a. die Prüfung der Übereinstimmung zwischen theoretisch erwarteten und beobachteten Verteilungen. In Form der sog. «Chi-Quadrat-Minimum-Methode» können Punktschätzverfahren für unbekannte Parameter entwickelt werden. Das Anwendungsspektrum reicht daher von der elementarsten Kreuztabellenanalyse bis hin zur Anpassungsanalyse allgemeinster und komplexester multivariater linearer (oder auch nicht-linearer) Modelle, wie z. B. LISREL.

2. Die t-Verteilung ist für den Praktiker noch unanschaulicher: Sind X und V_n zwei voneinander unabhängige Variablen und ist X standardnormalverteilt, V_n chiquadratverteilt mit n Freiheitsgraden, so hat die Variable

$$t = \frac{x}{\sqrt{V_n/n}}$$

eine Dichtefunktion, die als t-Verteilung bezeichnet wird. Die t-Verteilung ist also ebenfalls von n Freiheitsgraden abhängig und in üblichen Statistikbüchern tabelliert. Ihre praktische Bedeutung für sozialwiss.-statistische Fragestellungen hat die t-Verteilung als «t-Test» insbes. für die Prüfung von Unterschieden von Mittelwerten, wenn die Varianz der Grundgesamtheit σ^2 nicht bekannt und sofern n klein ist: Für $n > 30$ kann man die t-Verteilung unbedenklich durch die Normalverteilung ersetzen.

3. Die F-Verteilung ist als Dichtefunktion des Quotienten zweier unabhängiger chiquadratverteilter Variabler V_m und V_n, gebrochen durch deren Freiheitsgrade m und n, definiert, also:

$$F = \frac{V_m/m}{V_k/n}$$

Die F-Verteilung hängt somit von den beiden Parametern m und n ab und ist in üblichen Statistikbüchern tabelliert. Ihre praktische Bedeutung für die sozialwiss. Statistik hat die F-Verteilung dadurch, daß sie in Form des «F-Tests» erlaubt, Streuungsverhältnisse zu prüfen, was wiederum insbes. in der Varianzanalyse von Bedeutung ist.

→ Inferenzstatistik; Schätzen, statistisches; Signifikanztest; Testtheorie; Wahrscheinlichkeit.

Lit.: → Statistik.

Jürgen Kriz

Währungspolitik, eine Politik, die auf die Stabilisierung des Geldwertes nach innen und außen abzielt (→ Außenwirtschaft), wobei bei offenen Grenzen und freiem Kapitalverkehr beide Teilziele in einem wechselseitigen Abhängigkeitsverhältnis zueinander stehen. Die staatl. Währungsbefugnisse, die traditionell zum Kernbereich staatl. → Souveränität gerechnet werden, sind innerstaatl. auf Regierung und → Zentralbank aufgeteilt, wobei die Unabhängigkeit der Zentralbank unterschiedlich ausgeprägt ist, aber meist gegenseitige Konsultationspflichten vorgesehen sind.

1. Die W. ist abhängig von den Rahmenbedingungen des → Währungssystems und bei zunehmender global orientierter privatwirtschaftl. Integration als isoliert nationalstaatl. Politik immer weniger wirksam und sinnvoll. Ein wichtiges Instrument der W. im Dienste des außenwirtschaftl. → Gleichgewichtes ist die Wechselkurs- und Devisenpolitik (= An- und Verkauf fremder Währungen). Bei vorherrschend flexiblen Wechselkursen verzichten die Zentralbanken zwar nicht auf den Versuch, mit Hilfe von Interventionen am Devisenmarkt auf den Wechselkurs Einfluß zu nehmen, sie sind aber nicht auf ein bestimmtes Kursziel verpflichtet.

2. Im Kontext weitergehender regionaler Integrationsbestrebungen in Europa haben die Mitglieder des Europäischen Währungssystems (EWS) dagegen an prinzipiell festen Wechselkursen festgehalten, was eine weitgehende Harmonisierung der Wirtschafts-, Finanz- und W. bedingt. Die Deutsche Bundesbank übernahm in diesem System *de facto* die Funktion einer europ. Zentralbank, was in anderen EU-Ländern, insbes. Frankreich, den Wunsch nach einer formellen europ. Wirtschafts- und Währungsunion mit einer neuen europ. Währung (Euro) und einer eigenständigen europ. Zentralbank verstärkte. Die ab 1999 erfolgte Verwirklichung der Endstufe der Währungsunion mit der Einführung des Euro war hinsichtlich der teilnehmenden Länder an die Erfüllung währungs- und finanzpolit. Stabilitätskriterien gebunden. Die währungspolit. Befugnisse der nat. Zentralbanken der Teilnehmerländer gingen an die Europäische Zentralbank über, die in starker Anlehnung an das Modell der Deutschen Bundesbank konzipiert wurde und auch föderalistische Elemente enthält. Mit der vollen Europäischen Währungsunion ist das risikoreiche Experiment verbunden, die W. als Motor eines weitreichenden europ. Integrationsprozesses zu nutzen.

3. Instrumente einer integrationspolit. weniger ambitionierten Steuerung der internat. W. sind v. a. der Internationale Währungsfonds (IWF) in Washington mit weltweiter Mitgliedschaft, aber durch das gewichtete Stimmrecht formalisierter Dominanz der westl. Industriestaaten sowie die Bank für Internationalen Zahlungsausgleich (BIZ) in Basel als informelles Koordinierungsgremium der wichtigsten Zentralbanken.

→ Außenhandel/Außenhandelspolitik; Geld- und Kreditpolitik; Inflation; Marktwirtschaft; Währungssystem; Zentralbanken.

Lit.: *Andersen, U.* 1977: Das internationale Währungssystem zwischen nationaler Souveränität und supranationaler Integration, Bln. *Andersen, U.* [8]2000: Internationale

Währungspolitik, in: *Woyke, W.* (Hrsg.): Hdwb. Internationale Politik, Opl., 209–219. *Gardner, R. N.* ²1980: Sterling-Dollar Diplomacy in Current Perspective, NY. *Jarchow, H. J./Rühmann, P.* ³1993: Monetäre Außenwirtschaft, Gött. *Machlup, F./Malkiel, B. G.* (Hrsg.) 1964: International Monetary Arrangements: The Problem of Choice. Report on the Deliberations of an International Study Group of 32 Economists, Princeton.

Uwe Andersen

Währungssystem, umfaßt alle Regelungen, die auf die Sicherung des Zahlungsverkehrs nat. wie internat. zielen, und hat insofern eine dienende Funktion. Kernelemente des W. sind die Arten der Zahlungsmittel (Liquiditätsmedien) und ihr Verhältnis zueinander, die Menge an Liquidität, die Organisation und Steuerung des Anpassungs- und Entscheidungsprozesses (→ Währungspolitik) und Vertrauen als wesentlicher verhaltens-prägender Einflußfaktor bei den priv. und staatl. Akteuren.

Nat. wie internat. hat sich historisch eine Entwicklung vom Warengeld (z. B. Edelmetalle wie Gold) zu stoffwertlosem Papier- und Buchgeld vollzogen. Verbunden damit war einerseits eine Konzentration der währungspolit. Befugnisse (insbes. Ausgabe von gesetzlichen Zahlungsmitteln beim Staat; → Zentralbank), andererseits wachsende Handlungsfreiheit priv. Akteure v. a. internat. – z. B. Herausbildung supranat. Geld- und Kapitalmärkte – mit entspr. staatl. Steuerungsproblemen.
Seit dem Zusammenbruch des → *Bretton-Woods*-Systems herrschen überwiegend flexible Wechselkurse, während der Internationale Währungsfonds (IWF) mit Hilfe von → Anreizen (Währungskredite) und Seelenmassage eine rudimentäre Steuerungsfunktion wahrzunehmen versucht. Innerhalb des IWF dominiert aufgrund des gewichteten Stimmrechts der Zehnerclub – die zehn wichtigsten westl. Industriestaaten. Obwohl innerhalb des IWF mit den Sonderziehungsrechten (SZR) ein stoffwertloses Weltgeld geschaffen worden ist, herrschen in den nat. Währungsreserven die Reservewährungen vor, neben US-Dollar v. a. DM/Euro und japanischer Yen, während das brit. Pfund an Bedeutung stark eingebüßt hat. Weltweit zeigen sich Bestrebungen einer verstärkten regionalen Währungsintegration, wobei die Europäische Währungsunion mit einer geldpolit. allein zuständigen Europäischen Zentralbank und einer ab 2002 auch als Bargeld existenten Einheitswährung Euro bei weiterhin (nach)hinkender polit. Integration der Mitgliedsländer das weitreichendste und folgenreichste Experiment darstellt – auch hinsichtlich der offenen Wirkungen auf die Stabilität des globalen Währungssystems.

→ Geld- und Kreditpolitik; Zahlungsbilanz.
Lit.: → Währungspolitik.

Uwe Andersen

Währungsunion → Währungspolitik

Wechselwähler, zentraler, aber auch strittiger Begriff der → Wahlforschung für den Wechsel der Parteipräferenz des Wählers bei → Wahlen.

1. Rein fomal sind W. nur diejenigen Wähler, die an zwei aufeinanderfolgenden und vergleichbaren Wahlen wahlberechtigt waren, teilgenommen und ihre Stimme für verschiedene → Parteien abgegeben haben. Damit grenzen sich W. ab: (1) von der Gesamtheit aller unentschlossenen, schwankenden Wähler, die zwischen zwei Wahlen und insbes. während des Wahlkampfes keine stabile Parteipräferenz äußern (engl. *floating voter*); (2) vom → Stammwähler und (3) vom → Nichtwähler. Größere Wählerfluktuationen zwischen zwei oder mehreren aufeinanderfolgenden Wahlen resultieren damit aus (a) demographischen und migrationsbedingten Veränderungen im Elektorat, (b) Wahl und Nichtwahl, (c) Stamm- und Wechselwahl. In der BRD lag die Zahl der W. seit Mitte der 1960er Jahre bei 10–15 %, seit den 1980er Jahren bei 15–20 % der Wähler. Ihre Schätzung bereitet methodisch immer noch Probleme aufgrund der Datenungenauigkeiten

der Demoskopie bei *Panel*-Analysen, → Rückerinnerungsfragen, → Wählerwanderungsbilanzen.

2. W. bilden keine in sich geschlossene, soziologisch oder programmatisch/ideologisch homogene Gruppe; die Wahrscheinlichkeit des Wechsels ist um so größer, je heterogener die umwelt- und/oder medienvermittelten Informationen sind, die auf den Wähler einströmen. Für die soziologische Schule der → Wahlforschung sind es die gruppen- und kontextvermittelte Auflösung homogener Umwelten und die Zunahme von *Cross-pressure*-Einflüssen; der von der → *Michigan School* der US-Wahlforschung bestimmte sozialpsychologische Ansatz betont die individuell- und medienvermittelte Heterogenität von Information als Voraussetzung für Wechselwahlverhalten.

3. Darüber hinaus spiegeln sich in der kontroversen Bewertung des W. gegensätzliche demokratie- und gesellschaftstheoretische Positionen sowie v. a. der jeweilige Zeitbezug bzw. → Entstehungszusammenhang der betreffenden Interpretation (vgl. *Schultze* 1992): (1) Die empirischen Untersuchungen der US-amerikan. Wahlforschung der 1940/50er Jahre sahen den *floating voter* als uninformiert, schwankend und manipulierbar, eine Einschätzung, die sich die bundesrepublikanische Politikwiss. der Nachkriegszeit zu eigen machte (*Faul* 1960). (2) Mit der Lockerung struktureller Bindungen, dem Abbau traditioneller Loyalitäten und der wachsenden Bedeutung aktueller Politik für die Wählerentscheidung wandelte sich auch die Einschätzung: Aus dem unpolit. und standortlosen W. wurde der ungebundene, polit. marktrational zwischen den Programmangeboten der Parteien entscheidenden Nutzenmaximierer. Politiktheoretisch folgte man damit der → Ökonomischen Theorie der Politik; gesellschaftstheoretisch knüpfte man an die Theoreme der sich formierenden Mittelklassen-Gesellschaft an (vgl. *Schultze* 1975). (3) Im Kontext des → Wertewandels und der damit einhergehenden → *Dealignment*-Prozesse in Wählerverhalten und Parteiensystemen der fortgeschrittenen kapitalistischen Demokratien geht man davon aus, daß (a) die Wahlentscheidung stärker als je zuvor an den polit.-situativen und polit.-konjunkturellen Konstellationen auf der polit. (Makro-) Systemebene orientiert ist, (b) die auf die partizipatorische Selbstverwirklichung zielende subjektive Befindlichkeit des einzelnen Wählers eine größere Rolle spielt, (c) die instrumentelle Dimension polit. → Partizipation an Gewicht gewonnen und folglich (d) das Ausmaß kurzfristig wechselnden Wählerverhaltens beträchtlich zugenommen hat.

→ Demokratie; Demokratietheorien; Demoskopie/Umfrageforschung.

Lit.: *Crewe, I./Denver, D.* (Hrsg.) 1985: Electoral Change in Western Democracies, *L. Daalder, H./Mair, P.* (Hrsg.) 1983: Western European Party Systems, Beverly Hills. *Faul, E.* (Hrsg.) 1960: Wahlen und Wähler in Westdeutschland, Villingen. *Gabriel, O. W./Falter, J.* (Hrsg.) 1996: Wahlen und polit. Einstellungen in westlichen Demokratien, Ffm. *Kaase, M.* 1967: Wechsel von Parteipräferenzen, Meisenheim. *Schoen, H./Falter, J. W.* 2001: It's time for a Change. Wechselwähler bei der Bundestagswahl 1998, in: *Klingemann, H.-D./Kaase, M.* (Hrsg.): Wahlen und Wähler. Analysen aus Anlaß der Bundestagswahl 1998, Wsb., 57–89. *Schultze, R.-O.* 1975: Die Bundestagswahl 1976. Prämissen und Perspektiven, in: ZParl 6, 530–565. *Schultze, R.-O.* [4]1992: Wechselwähler, in: *Nohlen, D./Schultze, R.-O.* (Hrsg.): Politikwissenschaft, Mchn. u. a., 1133–1136. *Schultze, R.-O.* 1994: Aus Anlaß des Superwahljahrs: Nachdenken über Konzepte und Ergebnisse der Wahlsoziologie, in: ZParl 23, 472–493. *Zelle, C.* 1995: Der Wechselwähler, Opl.

Rainer-Olaf Schultze

Wehrhafte Demokratie → Streitbare Demokratie

Weltanschauungspartei, Typus einer polit. → Partei, deren Politik sich auf die Artikulation und Durchsetzung von Idealen richtet, welche einer Weltanschauung entstammen.

Max Weber unterschied zwischen W. und → Patronageparteien, die zuvorderst nach

Wählergewinnung und Macht strebten, ohne einer Gesinnung anzuhängen. Beispiele für W. sind sozialistische, auf Klassenbasis fundierte Parteien (Sozialdemokratie) oder konfessionell gebundene Parteien (Deutsche Zentrumspartei). In anderen Typologien wurden die W. von Programmparteien und Plattformparteien unterschieden. Im Unterschied zu diesen artikulieren die W. nicht nur wertgeleitete Zielvorstellungen bzw. wählerwirksame → *Issues*, sondern geschlossene Überzeugungssysteme, die sie nach innen integrationsfähig und nach außen klar von anderen Parteien unterscheidbar machen. In westeurop. → Parteiensystemen wird seit den 1960er Jahren ein Rückgang weltanschaulich orientierter Parteien beobachtet.

Lit.: → Parteitypen.

Petra Bendel

Weltraumpolitik, die theoretische wie praktische Regulierung von Aktivitäten in der Sphäre oberhalb von ca. 100 km Höhe über der Erdoberfläche.

Völkerrechtlich gesehen ist diese Sphäre rechtsfreier Raum und somit beliebig nutzbar. Doch hat v. a. die UN seit den späten 1960er Jahren die rechtlichen Rahmenbedingungen der Weltraumnutzung zu definieren versucht. Während das Kalten Krieges überwog der militärische Aspekt der Nutzung des Weltraums (Satellitenüberwachung des Gegners). Gleichzeitig weiteten Staaten ihre vormals strikt territorial definierte → Souveränität aus. Mit Beginn der 1990er Jahre läßt sich eine Trendwende in der W. konstatieren. Zum einen traten zivile Aspekte der Nutzung des Weltraums in den Vordergrund (Telekommunikation, Klimaschutz, wiss. Erforschung des Planetensystems). Zum anderen führten knappe öff. Mittel zu einer internat. Kooperation bei der zivilen Nutzung des Weltraums. Die Zukunft der W. wird davon abhängen, in welchem Maße die privatwirtschaftl. Nutzung des Weltraums voranschreitet.

→ Internationale Beziehungen/Internationale Politik; Territorialität.

Ulrike Rausch

Weltsystem-Ansatz, politikwiss. Fachterminus für einen → Ansatz, der die Welt nicht als Summe der Eigenschaften der verschiedenen Staaten und deren Beziehungen untereinander versteht, sondern die Existenz eines dezentralen, gleichwohl hierarchischen sozialen Systems mit eigener Entwicklungslogik annimmt, das nicht aus dessen Elementen ableitbar ist und die sozialen Einheiten tieferer Analyseebenen beeinflußt.

Der W.-A. hat unterschiedliche, z. T. miteinander konkurrierende Theorievorschläge hervorgebracht, wovon zwei inzwischen eine bes. Bedeutung erlangt haben. (1) Die «Wallersteinschule» betrachtet die Entwicklung der kapitalistischen Weltwirtschaft über lange Zeiträume hinweg. Die Weltwirtschaft war und ist demnach auf ein gemeinsames polit. System nicht angewiesen, während die real existierenden Staaten Ausdruck der internat. → Arbeitsteilung sind und mithin ökon. und strukturell aneinander gekoppelt. In dieser Sicht sind Unterentwicklung, Armut und Hunger notwendige Merkmale des kapitalistischen Weltsystems. Aufgrund dieser und anderer innerer Widersprüche ist das kapitalistische System allerdings nicht dauerhaft bestandsfähig. (2) Ein gleichfalls mit dem Begriff W. verbundener Ansatz befaßt sich weniger mit der ökon. Arbeitsteilung als mit der kulturellen Integration und der Herausbildung gemeinsamer Werte, Normen und Institutionen nach dem II. Weltkrieg. Insbes. in neuerer Zeit werden der Begriff der Welt(→ Zivil-)gesellschaft und die kulturelle Dimension globaler Verknüpfungen häufiger thematisiert. Dabei dient die Dynamik des W. für Evolutionsmodelle des schubweise stattfindenden soziokulturellen Wandels westl. Zentrumsgesellschaften als erklärender Faktor.

→ Globalisierung; Interdependenz; Internationale Arbeitsteilung; Kapitalismus.

Lit.: *Bornschier, V./Suter, C.* 1990: Lange Wellen im Weltsystem, in: *Rittberger, V.* (Hrsg.): Theorien der internationalen Beziehungen, Opl., 175–197. *Imbusch, P.* 1990:

Das moderne Weltsystem. Eine Kritik der Weltsystemtheorie Immanuel Wallersteins, Marburg. *Müller, H.-P.* (Hrsg.) 1996: Weltsystem und kulturelles Erbe. Gliederung und Dynamik der Entwicklungsländer aus ethnologischer und soziologischer Sicht, Bln. *Wallerstein, I.* 1991: Geopolitics and Geoculture. Essays on the Changing World-System, Camb./Paris. *Wallerstein, I.* 1974, 1980, 1989: The Modern World-System I–III, NY.

Michael Zürn

Wert, allg. verstanden als Maßstab, der das Handeln lenkt, z. B. i. S. des Nutzens, den die einzelnen Handlungsalternativen versprechen, so daß man sich für die Handlungsalternative mit dem größten erwarteten Nutzen entscheiden kann.

Enger verstanden als gesellschaftl. Wertorientierung, d. h. als dauerhafte Orientierung einer Person im Hinblick auf das sozial Erwünschte. Wertorientierungen sind von spontanen Wünschen und von Bedürfnissen zu unterscheiden und gesellschaftl. Wertorientierungen von nur von einzelnen für ihr eigenes Verhalten verwendeten evaluativen Standards. Kategorien zur analytischen Unterscheidung von Wertorientierungen sind in verschiedenen Ansätzen entwickelt worden (vgl. die → *Pattern variables* von *T. Parsons*), wie es auf der anderen Seite Versuche der Auflistung sog. Endwerte gibt (vgl. *M. Rokeachs* Liste von Endwerten wie «Eine friedliche Welt», «Familiäre Geborgenheit», «Freiheit» usw.).

Lit.: *Parsons, T.* 1962: Toward a General Theory of Action, NY u.a. *Rokeach, M.* 1973: The Nature of Human Values, NY.

Franz Urban Pappi

Wertewandel, wird in den Sozialwiss. allg. als Wandel grundlegender gesellschaftl. Wertorientierungen verstanden; damit erfaßt er einen wichtigen Teilbereich des kulturellen Wandels.

(1) Allg. interessiert der Zusammenhang zwischen kulturellem und → Sozialem Wandel, i. S. etwa der *Marx*schen Auffassung, daß die Entwicklung der → Produktivkräfte die → Produktionsverhältnisse und beide zus. als → Produktionsweise den gesellschaftl. und kulturellen Überbau bestimmen (→ Basis-Überbau). (2) Von den neueren Theorien des W. hat im Bereich der → Wahlforschung die Theorie von *R. Inglehart* die größte Bedeutung erlangt. *Inglehart* nimmt an, daß die Wertprioritäten einer Person wesentlich von der sozio-ökon. Lage während der Sozialisationsphase geprägt sind, wobei i. S. der Knappheitsthese immer diejenigen → Werte die höchste Priorität haben, die relativ knapp sind. Mit dem Übergang zur → Post-industriellen Gesellschaft seien physiologische und Sicherheitsbedürfnisse auf relativ hohem Niveau befriedigt, so daß sog. postmaterialistische Werte an Bedeutung gewinnen (→ Postmaterialismus). Aus der Sozialisationsthese läßt sich ableiten, daß die Zunahme der Postmaterialisten in erster Linie ein Kohorten-Phänomen ist, weil sich wirtschaftl. Wohlstand nur während der Phase der Primärsozialisation auf die Wertprioritäten auswirkt. Die Zunahme postmaterialistischer Wertorientierungen verläuft deswegen relativ still im Wege der Generationensukzession. Die Knappheitsthese stellt eine Verbindung zwischen dem wirtschaftl. Wohlstand und der urspr. von *Maslow* postulierten Bedürfnishierarchie her, wonach menschliche → Grundbedürfnisse (Nahrung, Sexualität, körperliche Unversehrtheit) erst befriedigt sein müssen, bevor sich der Mensch sog. höheren Bedürfnissen zuwendet (→ Bedürfnisse). (3) Alternativerklärungen des W. sind einmal allg. → Modernisierungstheorien, die eine Säkularisierung der Gesellschaft als notwendige Folge der → Modernisierung postulieren, und zum anderen Theorien, die stärker bestimmte institutionelle Sozialisationsbedingungen z. B. im Bildungssystem oder in der Familie betonen. So nimmt *H. Klages* einen Wandel von den Pflicht- und Akzeptanzwerten (Gehorsam, Leistung, Ordnung usw.) zu Selbstentfaltungswerten sowohl i. S. des Hedonismus als auch idealistischer Gesellschaftskritik an. Von linearen Modernisierungs-(Fortschritts-)

theorien zu unterscheiden sind Theorien zyklischen Wertewandels, nach denen sich progressive und konservative Phasen mit einer gewissen Periodizität abwechseln.

→ Fortschritt; Politische Sozialisation; Postmaterialismus; Postmaterielle Wertdimension.

Lit.: *Bürklin, W.* 1988: Wählerverhalten und Wertewandel, Opl. *Inglehart, R.* 1989: Kultureller Umbruch, Ffm./NY. *Inglehart, R.* 1998: Modernisierung und Postmodernisierung: Kultureller, wirtschaftlicher und polit. Wandel in 43 Gesellschaften, Ffm. *Klages, H.* u. a. (Hrsg.) [3]1984: Wertwandel und gesellschaftlicher Wandel, Ffm. (zuerst 1979). *Klages, H.* u. a. 1992: Werte und Wandel, Ffm./NY. *Maslow, A.* 1954: Motivation and Personality, NY.

Franz Urban Pappi

Wertrationalität, Begriff aus der Soziologie, aus *Max Webers* Typologie des sozialen Handelns, in welcher zwischen vier reinen → Idealtypen unterschieden wird: zweckrationales, wertrationales, affektuelles und traditionales Handeln.

Während das zweckrationale Handeln auf die Realisierung von Zwecken abzielt und dazu die Mittel (wozu das Verhalten anderer Akteure gehört) und Nebenfolgen in Betracht zieht, orientiert sich das wertrationale Handeln am Eigenwert eines Zieles bzw. auch einer Art des Sichverhaltens. Vom affektuellen Handeln unterscheidet sich die W. durch ihre Bewußtheit, vom zweckrationalen Handeln dadurch, daß sie nicht erfolgsorientiert ist. Daß die eingesetzten Mittel, aber auch deren Nebenfolgen zugunsten der Unbedingtheit der angestrebten – ethischen, religiösen, ästhetischen etc. – Werte in den Hintergrund treten, rückt die W. ethisch in den Zusammenhang einer Gesinnungs-, nicht einer Verantwortungsethik. Bei konkurrierenden und kollidierenden Zwecken ist die W. eines der Mittel, um eine Entscheidung herbeizuführen.

→ Handlung; Wert; Zweck-Mittel-Analyse; Zweckrationalität.

Lit.: → Wert; Zweckrationalität.

Ulrich Weiß

Werturteil(e), enthalten im Ggs. zu deskriptiven Urteilen, welche den Sinn von Aussagen in Sachverhalten ausdrükken, normative bzw. (ihrer praktischen Funktion nach) präskriptive Urteile. Sie greifen zurück auf Werte ethischer, polit., rechtlicher, technischer, ästhetischer Art und qualifizieren Sachverhalte aus dieser Perspektive als gut, gerecht, schön etc.

Die Frage des Stellenwerts von W. in der sozialwiss. Forschung und Theorienbildung gehört wesentlich zu deren Selbstverständnis. *Max Weber* hat einen Standard gesetzt, der seither im Werturteilsstreit sowie im Positivismusstreit kontrovers diskutiert wird. Das *Weber*sche Wertfreiheitspostulat fordert vom Wissenschaftler, zwischen empirischen Urteilen über Tatsachen und Sachverhalte (zu denen in der Soziologie faktische Wertungen gehören) einerseits und Bewertungen dieser Tatsachen und Sachverhalte andererseits zu unterscheiden und – in einem weiteren Schritt – sich in seiner sozialwiss. Arbeit der wertenden Stellungnahme zu enthalten (Wertneutralität). Diesen Postulaten liegt die Überzeugung zugrunde, daß W. aus empirischen Sätzen nicht zwingend ableitbar sind und daß es insbes. für praktische W. keine objektive, d. h. intersubjektiv zwingende Begründung gibt. Gegenpositionen zu der von *Max Weber* ausgehenden vielfach vertretenen These werden formuliert mit Bezug auf → hermeneutische Vorstrukturen des wiss. Wissens, mit Bezug auf die Qualität von Wiss. als Moment menschlichen Handelns in lebensweltlichen Zusammenhängen, schließlich in normativ gebundenen Konzepten von Wissenschaft.

→ Kritischer Rationalismus; Objektivität; Parteilichkeit; Rationalitätstheorien; Wert; Wertrationalität; Zweckrationalität.

Lit.: *Albert, H./Topitsch, E.* (Hrsg.) 1971: Werturteilsstreit, Darmst. *Beck, U.* 1974: Objektivität und Normativität. Die Theorie-Praxis-Debatte in der modernen deutschen und amerikan. Soziologie, Rbk. *Weber, M.* [7]1988: Der Sinn der «Wertfreiheit» der soziologischen und ökonomischen Wissenschaften (1917), in: *ders.*: Gesammelte Aufsätze zur Wissenschaftslehre, Tüb. (zuerst 1922), 489–540.

Ulrich Weiß

Westminster-Modell, bestimmter Typus → Repräsentativer Demokratie, der eine Kombination aus → Parlamentarischem Regierungs- und relativem Mehrheitswahlsystem (→ Wahlsysteme) darstellt.

1. Namengebend ist das → Politische System Großbritanniens, dessen Parlament im Londoner Westminster-Palace residiert. Nach *A. Lijphart* (1999) weist der → Idealtypus des W.-M. folgende Merkmale auf: Einparteienregierung auf der Grundlage knapper → Mehrheiten, Zweiparteiensystem, Machtfusion von → Exekutive und Parlamentsmehrheit, Abwählbarkeit der Regierung durch das Parlament, Asymmetrisches Zweikammer-System, Eindimensionales → Parteiensystem mit dominanter Konfliktlinie (→ *Cleavage*), relatives Mehrheitswahlrecht in Einerwahlkreisen, zentralistische Staatsorganisation, ungeschriebene Verfassung und parlamentarische Souveränität sowie strikt repräsentativdemokratische Ordnung. Funktionales Hauptziel des W.-M. ist die Effizienz und Transparenz der Exekutive, was durch → Konkurrenzdemokratie, Einparteienregierung und die Alleinverantwortlichkeit der Regierung erreicht werden soll. Galt das W.-M. noch bis in die 1960er Jahre als Vorbild repräsentativer Demokratie, so besteht heute Einigkeit darüber, daß seine Funktionsfähigkeit von sozial-kulturellen Faktoren abhängig ist: In fragmentierten Gesellschaften steht das W.-M. aufgrund des dauerhaften Ausschlusses struktureller → Minderheiten von der Regierungsbeteiligung deren → Integration entgegen und ist daher dysfunktional. *Lijphart* (1994) konnte zeigen, daß auch die → Performanz von Westminster- oder Mehrheitsdemokratien derjenigen von → Konkordanzdemokratien nicht überlegen ist.

2. Das W.-M. ist in seiner reinen Ausprägung nicht einmal in seinem Ursprungsland GB umgesetzt, da es in der Realität zahlreiche Abweichungen vom Modell gibt und GB zudem den Weg der → Devolution eingeschlagen hat. Auch zahlreiche *Commonwealth*-Staaten haben sich vom reinen W.-M. wegentwickelt: Neuseeland kann seit 1993 mit seinem Wechsel vom Mehrheits- zum Verhältniswahlsystem nicht mehr als Westminster-Demokratie gelten. In Kanada und Australien ist zwar der polit. Prozeß vom Westminster-Parlamentarismus geprägt, beide Staaten sind jedoch bundesstaatl. verfaßt. Das Beispiel Kanada zeigt zudem die Schwächen des W.-M. bei der Inklusion divergierender Bevölkerungsgruppen und der polit. Identitätsbildung (*Schultze* 1996).

→ Demokratie; Föderalismus; Vergleichende Regierungslehre.

Lit.: *Lijphart, A.* 1994: Democracies, Forms, Performance, and Constitutional Engineering, in: EJPS 25, 1–17. *Lijphart, A.* 1999: Patterns of Democracy, New Haven/L. *Schultze, R.-O.* 1996: Interessenrepräsentation und Westminster-Modell: Kanada – ein abweichender Fall?, in: Staatswissenschaften und Staatspraxis 2, 163–193. *Wilson, G.* 1994: The Westminster Model in Comparative Perspective, in: *Budge, I./McKay, D.* (Hrsg.): Developing Democracy. Comparative Research in Honour of J. F. P. Blondel, L., 189–201. → Parlamentarisches Regierungssystem.

Tanja Zinterer

Widerspruch → Voice and exit

Widerstand/Widerstandslehren/Widerstandsrecht, aus der Gefahr für Leib und Leben begründete Gegenwehr gegen → Macht oder → Gewalt von → Herrschaft oder Dominanz.

W. kann sich gegen eine äußere wie eine innere Bedrohung richten, er kann gewaltsam oder gewaltlos/gewaltfrei, aktiv oder passiv, zivil oder militärisch sein; er kann sich richten gegen eine innere Macht, die von den W.-Leistenden als tyrannisch oder despotisch bezeichnet wird, gegen eine fremde Macht, die infolge eines gewonnenen Krieges, polit. Hegemonie oder ökon. Dominanz Einfluß auf die Entscheidungen einer Gemeinschaft zu nehmen vermag, schließlich gegen eine Zentralregierung, gegenüber der → Autonomie, bzw. größere Selbständigkeit von Regionen, Provinzen oder Kolonien durchgesetzt werden soll. Die Formen des W. können dabei von Attentat und Sabotage bis zu militärischen Handlungen und Guerillaaktionen, von zivilem Ungehorsam bis zum Rücktritt von Ministern und Beamten, von Renitenz i. S. unspezifischer Verweigerung gegenüber Erwartungen bis zu Resistenz i. S. einer dezidierten Ablehnung von Anweisungen reichen.

1. Der Begriff des W. bedarf nach inflationärem Gebrauch einer präzisierenden Rekonstruktion, bei der ein Rückgriff auf die klassische Widerstandslehre hilfreich ist. Dabei ist nicht jede Verweigerung als W. zu bezeichnen: I. w. S. kann davon nur die Rede sein, wenn der W.-Leistende die Gefahr einer Benachteiligung oder Bestrafung bewußt in Kauf nimmt und sich in seiner Weigerung, Befehle, Anweisungen oder Gesetze zu befolgen, entw. auf sein Gewissen oder ein höheres Recht beruft. I. e. S., bei dem der zivile Ungehorsam nicht als eine Form des W., sondern als Alternative zu ihm gefaßt wird, hängt die Bezeichnung einer Handlung als W. am Element der (physischen) Gewaltsamkeit, die beim zivilen Ungehorsam grundsätzlich ausgeschlossen ist. Je stärker das Element der Gewaltsamkeit zum Definitionskriterium von W. wird, desto bedeutsamer wird die in der Widerstandslehre vorgetragene Legitimation des W., wobei gleichzeitig mit der Bezeichnung der Situationen, in denen W. zulässig und/oder geboten ist, *ex negativo* die Konstellationen festgelegt werden, in denen W. nicht erlaubt ist. Bis zur frz. Erklärung der Menschen- und Bürgerrechte, die in Art. 2 das Recht auf W. als ein unveräußerliches Menschenrecht bezeichnete, war W. in der klassischen Widerstandslehre als eine konservative (i. S. einer frühere Konstellationen wiederherstellende) und nicht als eine revolutionäre (i. S. einer die geschichtl. Entwicklung beschleunigende bzw. neue Verhältnisse schaffende) Handlung begriffen worden. Eine präzisierende Rekonstruktion des Begriffs W. muß diesen also gegen revolutionäre Handlungen abgrenzen und auf die Verteidigung des *Status quo* bzw. die Wiederherstellung des *Status quo ante* festlegen. Im Zentrum der Debatte um die → Legitimität des W. steht dann die Frage, wer der tatsächliche Aufrührer und wer der wirkliche Verteidiger der Ordnung bzw. wer der eigentliche Angreifer und wer der urspr. Verteidiger ist.

2. (1) Gehorsam und W. galten lange als Komplementärbegriffe der polit. Ordnung: Gegen verbrecherische Befehle und ungerechte Gesetze W. zu leisten, wurde als Gehorsam gegenüber einem höheren Recht und Anerkennung höherer Werte angesehen: wenn z. B. die Propheten des Alten Testaments unter Berufung auf Gottes Gebote zum W. gegen die Politik der Könige oder gegen die Fremdherrschaft aufrufen oder wenn in der Bearbeitung des *Ödipus*-Mythos durch *Sophokles'* «Antigone» das ältere Recht der Familie höher gestellt wird als das jüngere Recht der Polis. In beiden Fällen werden die jüngeren Entwicklungen als tyrannisch bezeichnet und darum bekämpft. Eine andere Quelle des Widerstandsrechts ist das germanische Lehnswesen, das auf der Vorstellung gegenseitiger Verpflichtungen basiert, wobei das Recht zum W. aus einer Pflichtverletzung des Herrschers und Herrn resultiert. Allen drei Fällen ist gemeinsam, daß es kaum präzise Kriterien gibt, welche die Feststellung von Rechtsverstößen durch einen Dritten ermöglichen, und daß die Entscheidung über den *casus resistendi* in der Befugnis der Herrschaftsunterworfenen verbleibt. Mit der allmählichen Ausbildung von Staatlichkeit im frühneuzeitlichen Europa kommt es so zwangsläufig zu einer Reihe von Konflikten, in denen der institutionelle Flächenstaat die prinzipielle Gehorsamsverpflichtung der Untertanen gegen deren Berufung auf alte Rechte, persönliches Gewissen und göttliches Gebot durchzusetzen versucht und dies schließlich auch gelingt.

(2) In rechtl. präzisierter Gestalt ist die Widerstandslehre durch *Thomas von Aquin* entwickelt worden, der dem positiven Recht der polit. Gemeinschaft ein göttliches und ein natürliches Recht *(ius divinum, ius natu-*

rale) vorordnet, an dem sich das positive Recht zu orientieren hat – mit der Folge, daß bei schwerwiegenden Verstößen W. erlaubt ist. Parallel zur W. entwickelt *Thomas,* anknüpfend an *Aristoteles,* in «*De regimine principum*» eine Tyrannislehre, in der präzisiert wird, gegen wen und unter welchen Umständen W. erlaubt ist; dabei unterscheidet er zwischen dem Herrscher, der infolge der Usurpation von Herrschaftsrechten als Tyrann zu bezeichnen ist *(tyrannus absque titulo),* und dem, der durch die Form seiner Herrschaftsausübung Tyrann ist *(tyrannus quoad exercitio).* Ein allg. Beschluß (im Ggs. zum persönlichen Dafürhalten einiger) und die Orientierung am → Gemeinwohl (im Unterschied zu den partikularen → Interessen einiger) fungieren als Kriterien des Rechts zum Widerstand.

(3) Eine Intensivierung erfuhr die Debatte über W. und Widerstandsrecht im Zeitalter der Konfessionskriege, als die Entstehung des institutionellen Territorialstaates und die Ausbildung der Souveränitätsvorstellungen mit dem herrscherlichen Anspruch auf Festlegung der Konfessionszugehörigkeit (verstanden als Eingriff in die Gewissensfreiheit) zusammentraf. Ausgearbeitet wurde das Widerstandsrecht von den Monarchomachen im Anschluß an die sog. Gnesio-Lutheraner, die im Konflikt mit *Melanchthon* die Autonomie der Kirche gegenüber dem Staat nicht nur in Fragen des Glaubens, sondern auch des Ritus verteidigten. In der monarchomachischen Theorie verbanden sich ständisch-feudale Argumente mit der Inanspruchnahme einer eher als modern zu bezeichnenden Gewissensfreiheit, die Sorge um die Sicherung alter Freiheitsrechte mit dem Interesse an der Verteidigung von Privilegien (vgl. *Bermbach* 1985). Zu den Monarchomachen gehören frz. Calvinisten, wie *T. Beza, F. Hotman, H. Languet* und *Ph. Duplessis-Mornay,* aber auch jesuitische Autoren, wie *J. Boucher, J. de Mariana* oder *R. Bellarmin.* Gemeinsam ist ihnen, daß sie das Recht auf Absetzung des Königs entw. wie die calvinistischen Autoren, den Ständen bzw. besonderen Magistraten zusprechen, oder, wie die jesuitischen Autoren als Befugnis zum Tyrannenmord in Extremsituationen einem jeden einzelnen übertragen wird. In D wird die W. am elaboriertesten vorgetragen in der «*Politica methodice digesta*» des *Johannes Althusius* (1603).

(4) Eine neue Grundlage erhielt das Widerstandsrecht schließlich in den → Vertragstheorien, wie sie im Anschluß an *Hobbes* insbes. von *Locke* und *Rousseau* ausgearbeitet worden sind. Hier resultiert das Recht zum Widerstand bzw. das Erlöschen der Gehorsamsverpflichtung gegenüber dem Souverän aus dem Bruch bzw. der Nichterfüllung des Vertrags, durch den dieser in seinen Aufgabenbereich eingesetzt worden ist. Bezieht sich dieser bei *Hobbes* nur auf den Schutz des Lebens, so werden bei *Locke* auch der Schutz des Eigentums und bei *Rousseau* der Schutz der Freiheit in den Vertrag einbezogen. Sofern der Vertrag von jedem mit jedem geschlossen worden ist, kommt das Recht zum W. im Prinzip auch einem jeden zu.

3. Mit der Ausweitung des → Rechtsstaats und der allmählichen Durchsetzung des Konstitutionalismus im Verlauf des 19. Jh. wurde das Recht zum W. als subjektives Notrecht gegen Despotie und Tyrannis zunehmend für entbehrlich gehalten, insofern die bürgerlichen Rechte und Freiheiten als durch die → Verfassung und die Gesetze gesichert angesehen wurden. Eine Ausnahme bildete in den USA der W. gegen die Sklaverei in den Südstaaten, die von einigen als in Gesetzesform gefaßtes Unrecht gebrandmarkt wurden (etwa von *H. D. Thoreau* in seiner Schrift «On the Duty of Civil Disobedience»). Eine ähnliche Form gewaltfreien W. wie *Thoreau* hat auch *Mahatma Gandhi* gegen die durchaus rechtsförmig angelegte brit. Kolonialherrschaft in Indien propagiert (vgl. *Tibi* 1987). Dagegen stellte sich die Frage des gewaltsamen W. erneut mit dem Aufstieg des → Faschismus in Europa und insbes. des → Nationalsozialismus in Deutschland. Differenzierte Reflexion auf Recht und Pflicht zum W. findet sich v. a. im Umfeld der Widerstandsgruppe «Die weiße Rose» sowie der Verschwörer des 20. Juli 1944; daneben steht die Praxis des gewaltlosen wie bewaffneten W. in den von der dt. Wehrmacht besetzten Ländern. Auf den bewaffneten W. gegen den Faschismus konnte sich der antikoloniale Befrei-

ungskampf der → Dritten Welt in den 1950er und 60er Jahren berufen, wobei *F. Fanon* zwischen gewaltsamem W. und Selbsttherapie der Kolonisierten eine Verbindung herzustellen suchte (vgl. ebd.).

4. Das in Art. 20 Abs. 4 GG verankerte Widerstandsrecht, das in das Grundgesetz im Zusammenhang mit der Verabschiedung der Notstandsgesetze aufgenommen worden ist, ist als Ausnahme- und Notwehrrecht gefaßt, das den W. der Bürger gegen Angriffe auf die Fundamente der Verfassung von oben wie von unten legitimiert. Damit sollten auch verfassungsrechtliche Konsequenzen aus dem sich zunächst innerhalb der Bestimmungen der Weimarer Verfassung vollziehenden Aufstieg des Nationalsozialismus zur Macht gezogen werden. Eine Reihe von Kommentatoren (vgl. *Schneider* 1969) hat jedoch darauf hingewiesen, daß die entspr. GG-Bestimmungen *de facto* weniger ein Mittel der Bürger als vielmehr der Staatsorgane zur Verteidigung der bestehenden Ordnung seien. Daß der hier unternommene Versuch der verfassungsmäßigen Positivierung eines überpositiven Rechts auf W. gelungen ist, wird in der Literatur heute eher bezweifelt.

5. Im Zusammenhang mit der Entstehung der neuen sozialen Bewegungen während der 1970er und 80er Jahre, insbes. der Ökologie-, der Friedens- und der Frauenbewegung, ist die Debatte um das Recht zum W. neu aufgelebt, nunmehr jedoch nicht als auf Extremsituationen bezogenes Ausnahmerecht, sondern in Anknüpfung an die Tradition der amerikan. Bürgerrechtsbewegung, insbes. bei *Martin Luther King*, als Interventionsform in demokratisch legitimierte, rechtsförmige Entscheidungsprozesse. Gewaltfreier W. bzw. ziviler Ungehorsam werden hier in die Prozesse demokratischer Entscheidungsfindung eingeschlossen, während sie vordem als Verteidigungsmaßnahmen gegen despotische und tyrannische Maßnahmen gefaßt worden waren. Nicht offensichtliches Unrecht, wie im klassischen Widerstandsrecht, sondern die Widersprüche des technischen Fortschritts und der gesellschaftl. Entwicklung sowie deren soziale und polit. Verarbeitung, sind hier die Bereiche, auf die sich W. bezieht (vgl. *Kleger* 1993). Öff., Friedlichkeit, polit.-moralische Begründbarkeit sowie die tatbestandliche Rechtsverletzung als Kriterien des zivilen Ungehorsams zeigen Kontinuität und Differenz zur klassischen W. an. Seine normative Fixierung auf Grundrechts- bzw. Staatszielbestimmungen der Verfassung, die als Systemimmanenz interpretiert werden kann (vgl. *Dreier* sowie *Laker*), ist als Äquivalent zur obengenannten konservativen Orientierung von Widerstand zu fassen.

→ Menschenrechte/Grundrechte/Bürgerrechte; Politische Utopie; Staatsformenlehre; Vertragstheorien.

Lit.: *Arndt, C.* u. a. 1983: Widerstand in der Demokratie, Hamb. *Bauer, F.* 1965: Widerstand gegen die Staatsgewalt: Dokumente der Jahrtausende, Ffm. *Bermbach, U.* 1985: Widerstandsrecht, Souveränität, Kirche und Staat: Frankreich und Spanien im 16. Jahrhundert, in: *Fetscher, I./Münkler, H.* (Hrsg.): Pipers Handbuch der politischen Ideen, Bd. 3, Mchn., 101–162. *Bertram, K. F.* 1970: Das Widerstandsrecht des Grundgesetzes, Bln. *Böhme, W.* (Hrsg.) 1984: Ziviler Ungehorsam? Vom Widerstandsrecht in der Demokratie, Karlsruhe. *Dennert, J.* (Hrsg.) 1968: Beza, Brutus, Hotman. Calvinistische Monarchomachen, Köln/Opl. *Dreier, R.* 1983: Widerstandsrecht im Rechtsstaat, in: *Achterberg, N.* u. a. (Hrsg.): Recht und Staat im sozialen Wandel, Bln., 573–599. *Ebert, T.* 1981: Soziale Verteidigung, 2 Bde., Waldkirch. *Ebert, T.* 1984: Ziviler Ungehorsam, Waldkirch. *Fanon, F.* 1952: Peau noir, masques blancs, Paris. *Hoffmann, P.* 1969: Widerstand – Staatsstreich – Attentat. Der Kampf der Opposition gegen Hitler, Mchn. *Kaufmann, A./Backmann, L. E.* (Hrsg.) 1972: Widerstandsrecht, Darmst. *Kern, F.* [2]1954: Gottesgnadentum und Widerstandsrecht im frühen Mittelalter, Darmst. (zuerst 1914). *Kleger, H.* 1993: Der neue Ungehorsam, Ffm. *Laker, T.* 1986: Ziviler Ungehorsam, Baden-Baden. *Löwenthal, R./Mühlen, P. von zur* (Hrsg.) 1982: Widerstand und Verweigerung in Deutschland 1933 bis 1945, Bln./Bonn. *Meyer, T.* u. a. (Hrsg.) 1984: Widerstandsrecht in der Demokratie, Köln. *Saage, R.* 1981: Herrschaft, Toleranz, Widerstand, Ffm. *Schmädeke, J./Steinbach, P.* (Hrsg.) 1985: Der Widerstand gegen den

Nationalsozialismus, Mchn. *Schneider, H.* 1969: Widerstand im Rechtsstaat, Karlsruhe. *Schulze, W.* 1985: Zwingli, lutherisches Widerstandsdenken, monarchomachischer Widerstand, in: *Blickle, P.* (Hrsg.): Zwingli und Europa, Zürich, 199–216. *Steinbach, P.* 1987: Die politischen Ideen des Widerstands, in: *Fetscher, I./Münkler, H.* (Hrsg.): Pipers Handbuch der politischen Ideen, Bd. 5, Mchn., 332–341. *Stricker, G.* 1967: Das politische Denken der Monarchomachen, Hdbg. *Thoreau, H. D.* 1967: Über die Pflicht zum Ungehorsam gegen den Staat, Zürich, 1967. *Tibi, B.* 1987: Politische Ideen in der «Dritten Welt» während der Dekolonisation, in: *Fetscher, I./Münkler, H.* (Hrsg.): Pipers Handbuch der politischen Ideen, Bd. 5, Mchn., 361–402.

Herfried Münkler

Wirkungszusammenhang, in zweierlei Weise verstandener Begriff, mit dem das Verhältnis von Wiss. und Gesellschaft thematisiert wird, zum einen mit Blick auf die Folgen wiss. Erkenntnis, zum anderen mit Blick auf die Bedeutung der Wirkung von Phänomenen für deren → Erklärung.

Ausgehend von der Unterscheidung zwischen Erkenntnis, Handlungen und Ereignissen einerseits sowie deren Folgen und Wirkungen andererseits meint W. (1), daß es für den Wissenschaftler, den Politiker geboten ist, die möglichen Folgen und Wirkungen seines Tuns, d. h. *ex ante* den W. mitzubedenken, da Wiss. praktische Folgen hat, da soziales Handeln neben den intendierten Wirkungen (unbeabsichtigte) Nebenwirkungen oder viel weiterreichende Wirkungen als geplant erzeugt. *Max Weber* verweist mit dem Konzept der Verantwortungsethik in seiner Weise auf das Problem; *Dolf Sternberger* (1967: 9) empfahl der Politikwiss. als «unvermeidlich polit. Wiss.», «dem Ideal der rücksichtslosen Wahrheitssuche abzuschwören». Der Begriff besagt (2) auch, daß bei der Interpretation historischer Phänomene über die von ihnen ausgegangenen Wirkungen kein → Verstehen vergangenen Handels möglich ist. «Der Interpret weiß … immer mehr als derjenige, dessen Handeln er zu verstehen sucht» (*Faber* 1971: 134). Da von den Wirkungen nicht auf die Motive geschlossen werden kann (*Gadamer* 1965: 282 f.), gilt es, *ex post* den W. für die Analyse polit. Handelns zu relativieren.

Lit.: *Faber, K.-G.* 1971: Theorie der Geschichtswissenschaft, Mchn. *Gadamer, H.-G.* ²1965: Wahrheit und Methode, Tüb. *Sternberger, D.* 1967: Begriff der Politik als Wissenschaft, in: *Schneider, H.* (Hrsg.): Aufgabe und Selbstverständnis der Polit. Wissenschaft, Darmst., 3–19.

Dieter Nohlen

Wirtschaftsdemokratie, begrifflich die Übertragung eines Wert- und Organisationskonzeptes des polit. Systems – → Demokratie – auf das Subsystem Wirtschaft.

Zur Begründung wird v. a. auf die → Interdependenz der Systeme, insbes. die Gefahr einer Unterminierung des demokratischen → Politischen Systems durch eine → Konzentration und Fehlsteuerung im Wirtschaftssystem verwiesen. Dagegen wird mit der Eigengesetzlichkeit der Subsysteme und ihrer durch spezifische Organisation zu sichernden Effizienz argumentiert und auf unterschiedliche Demokratiemodelle verwiesen, z. B. → Marktwirtschaft als Konsumentendemokratie mit täglichem → Plebiszit. W. ist in unterschiedlicher Akzentuierung als Konzept der Systemtransformation v. a. im Rahmen des → Demokratischen Sozialismus (u. a. von *R. Hilferding, F. Naphtali*) diskutiert worden mit Betonung der Instrumente Kontrolle wirtschaftl. Macht einschließlich partieller Vergesellschaftung, umfassender → Mitbestimmung auf allen Wirtschaftsebenen, volkswirtschaftl. Rahmenplanung einschließlich indirekter und direkter Investitionlenkung.

→ Demokratischer Sozialismus.

Lit.: *Naphtali, F.* ⁴1977: Wirtschaftsdemokratie, Köln (zuerst 1928). *Vilmar, F.* ⁴1992: Wirtschaftsdemokratie, in: *Nohlen, D./Schultze, R.-O.* (Hrsg.): Politikwissenschaft,

Mchn. u.a., 1147–1149. → Marktwirtschaft.

Uwe Andersen

Wirtschaftspolitik, alle polit. und verbandlichen Aktivitäten sowie staatl. Maßnahmen, die darauf gerichtet sind, den Wirtschaftsprozeß zu ordnen, zu beeinflussen oder direkt in die wirtschaftl. Abläufe einzugreifen.

1. Mit dem (nahezu vollständigen) Ende der sozialistischen Wirtschaftssysteme kann die traditionelle Gegenüberstellung → Markt- vs. → Planwirtschaft als überholt angesehen werden. Seither bilden zwei konträre wirtschaftstheoretische Ansätze die Basis moderner W.: (1) → Angebotsorientierte Wirtschaftspolitik, die die Renditeerwartung der Kapitalgeber in den Vordergrund rückt und der Kontrolle der wirtschaftspolit. Rahmenbedingungen den zentralen Stellenwert einräumt (also Geldwertstabilität, Löhne, Arbeitszeiten, Steuern, staatl. Auflagen usw.). (2) → Nachfrageorientierte Wirtschaftspolitik, die für eine aktive W. des Staates plädiert, diesen insbes. verpflichtet, durch antizyklisches Verhalten (z.B. Erhöhung der Ausgaben bei schwacher priv. Nachfrage bzw. Senkung der Ausgaben bei priv. Übernachfrage) zur Stabilisierung der gesamtwirtschaftl. Entwicklung beizutragen (→ Keynesianismus). Aktive W. kann neben den klassischen Zielen (des sog. → Magischen Vierecks: Wachstum, Preisniveaustabilität, hohes Beschäftigungsniveau, außenwirtschaftl. → Gleichgewicht) auch eine höhere Verteilungsgerechtigkeit oder den Schutz der Umwelt anstreben.

2. W. kann als → Ordnungspolitik, → Prozeßpolitik oder → Strukturpolitik betrieben werden, wobei die angewandten wirtschaftspolit. Instrumente (entspr. den genannten alternativen Ansätzen) unterschiedlich gewichtet, eingesetzt oder verworfen werden: (1) Ordnungspolit. Instrumente, die nach innen wirken (z.B. Regelung der Eigentumsrechte, der sozialen Sicherung) oder außenwirtschaftl. Bedeutung haben (z.B. die Beeinflussung internat. Übereinkommen im Rahmen der OECD, der *World Trade Organization* etc.); (2) Haushalts- und finanzpolit. Instrumente, die Staatsausgaben (→ Subventionen, Sozialausgaben etc.) oder Staatseinnahmen (z.B. → Steuern, Zölle) betreffen; (3) Geld- und kreditpolit. Instrumente, die Einfluß auf die umlaufende Geldmenge haben (z.B. Mindestreservepolitik), die Kosten für Kredite etc. beeinflussen (z.B. Veränderung des Diskontsatzes) oder den Wechselkurs der eigenen Währung gegenüber anderen Währungen beeinflussen. (4) Zu den Instrumenten der W. zählen weiterhin Interventionen die vorwiegend dem Schutz des Kapitalmarktes, der Arbeitnehmer, der Verbraucher oder der Umwelt dienen und (5) Eingriffe des Staates in Wirtschaftsabläufe, die z.B. der Steuerung und Überwachung der Investitionstätigkeit, der Produktion oder der Güter- und Dienstleistungsmärkte dienen. Aufgrund der fortschreitenden → Globalisierung, der Zunahme internat. Absprachen und Verträge zwischen Staaten und der raschen wirtschaftl. Integration Europas sinken die Erfolgsaussichten isolierter wirtschaftspolit. Maßnahmen einzelner Staaten.

→ Geld- und Kreditpolitik; Haushaltspolitik; Industriepolitik; Staatsinterventionismus; Standortpolitik; Technologiepolitik.

Lit.: *Adam, H.* (Hrsg.) 1996: Wirtschaftspolitik und Regierungssystem der Bundesrepublik Deutschland, Opl. *Eucken, W.* [3]1960: Grundsätze der Wirtschaftspolitik, Tüb. *Eynern, G. von* 1968: Grundriß der polit. Wirtschaftslehre, Köln/Opl. *Hartwich, H.-H.* 1983: Wendepunkte des Wirtschaftssystems. Die Bundesrepublik 1946–49, 1966–69, 1977–78, Opl. *Weizsäcker, C.C. von* (Hrsg.) 1979: Staat und Wirtschaft, Bln. *Woll, A.* 1984: Wirtschaftspolitik, Mchn.

Klaus Schubert

Wirtschaftswachstum → Wachstum/ Wachstumstheorien

Wissenschaft von der Politik → Politikwissenschaft

Wissenschaftspolitik, staatl. Maßnahmen zur Förderung und Beeinflussung von Wissenschaft und Forschung. W. umfaßt neben der → Forschungspolitik (Förderung von Grundlagen- und anwendungsorientierter Forschung und des Technologietransfers) auch Hochschul- (Hochschulausbau und Fächerangebot, Berufungspolitik) und Bildungspolitik (Hochschulzugang, Studentenausbildung).

In D ist die W. eine Gemeinschaftsaufgabe von Bund und Ländern (konkurrierende bzw. Rahmengesetzgebung; Art. 74, 75 GG; → Föderalismus). Während die Forschungsförderung von Bund und Ländern gemeinsam betrieben wird (Art. 91 GG), ist die Hochschulpolitik Länderkompetenz, bei allerdings zunehmender Konzentration von Kompetenzen beim Bund. Mit der W. befaßte Institutionen sind das Bundesministerium für Bildung, Wiss., Forschung und Technologie, die Kultus- bzw. Wissenschaftsministerien der Länder, die Bund-Länder-Kommission für Bildungsplanung und Forschungsförderung und der mit konzeptionellen und Evaluierungsaufgaben betraute Wissenschaftsrat. Steuerungsmittel sind die gesetzliche Regulierung (z. B. Hochschulrahmengesetz) und die Projektförderung durch Drittmittel, bes. durch die Deutsche Forschungsgemeinschaft (DFG). Träger von Wiss. und Forschung sind neben den Hochschulen auch außeruniversitäre Forschungsinstitute (Max-Planck-Gesellschaft, Fraunhofer-Gesellschaft, Helmholtz-Gemeinschaft, Wilhelm-Leibnitz-Gemeinschaft). Die Selbstverwaltung der Hochschulen ergibt sich aus der grundgesetzlich garantierten Wissenschaftsfreiheit (Art. 5 GG). Aufgrund der Vielzahl der → Akteure mit hoher Eigendynamik kann in D nicht von einer zentral gesteuerten und kohärenten W. gesprochen werden. Im Zuge der dt. Vereinigung wurde das westdt. Wissenschaftssystem nahezu unverändert auf die neuen Länder übertragen. Die derzeitige, von Sparzwängen bestimmte Debatte um die Hochschulreform dreht sich um die Überlastung der «Massenuniversität», ihre Binneneffizienz, die Qualität der Lehre und um ihre internat. Konkurrenzfähigkeit.

→ Bildungspolitik; Forschungs- und Technologiepolitik.

Lit.: *Blum, J.* 1993: Wissenschaftsrecht und Wissenschaftspolitik in nationaler und europäischer Sicht, Tüb. *Cozzens, S. E.* u. a. (Hrsg.) 1990: The Research System in Transition, Dordrecht u. a. *Daxner, M.* 1996: Ist die Uni noch zu retten? Zehn Vorschläge und eine Vision, Rbk. *Glotz, P.* 1996: Im Kern verrottet? Fünf vor zwölf an Deutschlands Universitäten, Stg. *Mayntz, R./Wolf, H.-G.* 1994: Deutsche Forschung im Einigungsprozeß, Ffm. *OECD* 1992: Science and Technology Policy. Review and Outlook 1991, Paris.

Katharina Holzinger

Wissensgesellschaft, Begriff der Soziologie zur Bezeichnung einer → Gesellschaftsformation, in der Wissen das konstitutive Element darstellt. Der These von der Herausbildung einer W. liegt die Vorstellung zugrunde, daß in → Post-industriellen Gesellschaften nicht mehr → Arbeit und → Eigentum, sondern Wissen gesellschaftsprägend sei.

Die W. ist gekennzeichnet von der Dominanz wiss.-technischen Wissens über andere Wissensformen, von der Verwissenschaftlichung aller Lebensbereiche und von der Existenz eines eigenen ökon. Sektors der Wissensproduktion. Gewerbliche Produktion und Handel basieren zunehmend stärker auf kognitiven Faktoren (Information, Wissen, Kreativität) als auf physischer Arbeit. Einkommen und soziale Stellung der Individuen ergeben sich aus ihrem Wissen, die soziale → Ungleichheit ist zunehmend wissensbedingt. In der Politik entsteht ein eigener Sektor → Wissenschafts-, → Forschungs- und Bildungspolitik. Expertenwissen dient als Legitimationsgrundlage polit. Entscheidens (→ Technokratie). Die positiven Potenziale der W. werden in der rationalen Gestaltung des Zusammenlebens und in der Verbesserung von Bildungs-, Entfaltungs- und Lebenschancen des Individuums gesehen. Die Risiken liegen in den Möglichkeiten der Freiheitseinschränkung und Manipulation des einzelnen durch Staat, Unternehmen und Medien («gläserner Mensch»). Rasches Wachstum und Veralterung des Wissens können zu Überforderung und Desorientierung und damit wiederum zum Wunsch nach einfachen Erklärungen und zu ideologischer Radikalisierung führen.

→ Informationsgesellschaft; Forschungs- und Technologiepolitik; Wissensordung.

Lit.: *Böhme, G./Stehr, N.* (Hrsg.) 1986: The Knowledge Society. The Growing Impact of Scientific Knowledge on Social Relations, Dordrecht u. a. *Stehr, N.* 1994: Arbeit, Eigentum und Wissen: Zur Theorie von Wissensgesellschaften, Ffm.

Katharina Holzinger

Wissensordnung, analytischer Bezugsrahmen bzw. ordnungspolit. Verhaltensraum für den Umgang mit Informationen, Kognitionen, Erkenntnissen, Ideen und anderen «Immaterialgütern» – zusammenfassend «Wissen» genannt –, bildet die dritte Grundordnung moderner, hochtechnisierter Gesellschaften, neben der Rechts- und der Wirtschaftsordnung.

Im Ggs. zur ersten und zweiten hat die dritte Grundordnung noch nicht die erforderliche wiss. Aufmerksamkeit erhalten, obwohl hier die entscheidenden Entwicklungen im Überschneidungsbereich von Wissen und Technik, Wiss. und Wirtschaft, Recht und Politik zusammenlaufen und viele der gegenwärtig kontrovers diskutierten Probleme ihren Platz haben: von den Meinungs-, Glaubens-, Wissensfreiheiten und den Informationsrechten über die Wissenschaftsfreiheit und die wiss. Verantwortung für die Folgen der Forschung bis zu den tendenziell gegenläufigen Entwicklungen im Datenschutz und im Immaterialgüterrecht (Urheber- und Patentrecht). Hierzu zählen auch die breit angelegten derzeitigen Bestrebungen zur Schaffung von neuen Eigentumsformen an bislang herrenlosen Gütern im geistigen Gemeinbereich der Ideen einerseits und im biologischen Vitalbereich lebender Organismen andererseits. Dazu kommen neue Deliktarten durch Informationsmißbrauch (Bildung von Persönlichkeitsprofilen, Softwarediebstahl, Lauschangriff usw.).

1. Das Leitkonzept der W. umfaßt die Gesamtheit der konstitutiven (ordnungspolit., verfassungsrechtlichen, gesellschaftl., kulturellen, wiss. i. e. S. der «Wissenschaftsverfassung») Leitbestimmungen, der zusätzlich auferlegten normativen (ethischen, methodischen, juristischen, ökon., polit., pragmatischen usw.) Regelungen und empirisch gegebenen faktischen Randbedingungen für die (a) Erzeugung von Wissen (in und außerhalb der Wiss.), (b) seine Verarbeitung (untechnisch oder durch EDV und Künstliche Intelligenz); (c) Anwendung (in der Praxis); (d) Verwirklichung (in der Technik, als Artefakte); (e) Verwertung (in der Wirtschaft, als Informationsressource und Wissensware); (f) Verwaltung (in bürokratischen Organisationen und Wissensdiensten); (g) Verteilung (in der Gesellschaft, als Wissen, Kenntnisse, Meinungen); (h) Verfügung (mit oder ohne Rechtstitel); (i) Nutzung (durch Befugte und Unbefugte, Betroffene, Beteiligte oder Dritte).

Die W. ordnet das Wissen weder gegenständlich (wie die Wissensorganisation von Archiven, Bibliotheken, Dokumentationen) noch prozessual (die die Wissensarchitekturen der Information), sondern regulativ durch ordnungspolitische Regelungen. Diese beziehen sich auf alle Wissensarten, Wissensbestände, Wissensträger (nach der Summenformel «Wissen aller Arten, in jeder Menge und Güte», unbeschadet der Wahrheit, Wissenschaftlichkeit und sonstigen Qualifikationen) sowie auf alle Tätigkeitsgruppen der gesellschaftlichen Wissensarbeitsteilung (vgl. *Spinner 1998*). Das schließt den engeren Bereich der Wiss. ebenso ein wie die nichtwissenschaftlichen Felder der Alltagskommunikation, der Verwaltungsakten, des Bildungswesens und der Massenmedien mit Nachrichten, Unterhaltung, Werbung.

2. Die Klassische («Alte») W. gibt es in zwei Hauptformen: zum einen als Wissenschaftsverfassung für die «Gelehrtenrepublik» der Freien Forschung und Lehre (i. S. des Art. 5

GG); zum anderen als Modell der liberalen Öffentlichkeit (vgl. *Habermas 1990*) für bürgerliche Meinungs-, Glaubens-, Pressefreiheiten. Was dafür die beabsichtigte, obgleich nur selten erreichte Staatsfreiheit dieser gehegten Qualitäts-, Schutz- und Verteilungszonen des Wissens war, ist heute zunehmend auch eine ungelöste Frage der Wirtschaftsfreiheit. Für den Aufbau der Klassischen W., insbes. der daraus resultierenden Wissenschaftsverfassung im «akademischen Sondermilieu» (*Spinner* 1985) der *Humboldt*schen Universität, sind vier ordnungspolitische Trennungspostulate konstitutiv: Erstens die Trennung von Wissen und Eigentum. Darauf beruhen ausdrücklich der innerwiss. «Wissenskommunismus» (*Merton* 1985) und stillschweigend die demokratische Meinungsfreiheit ohne Ausschlußbefugnis und Haftungszwang. Zweitens die Trennung von Ideen und Interessen, damit die Wiss. nicht zur Ideologie und die öff. und priv. Meinung nicht zur «gelenkten» In- bzw. Desinformation werden. Drittens die Trennung von Theorie und Praxis, damit durch Entlastung von Handlungszwang und Folgehaftung die Möglichkeiten des «theorieförmigen» Erkennens weiter geht als die praktischen Notwendigkeiten zum Handeln. Viertens die Trennung von Wiss. und Staat, um einen möglichst staatsfreien Bereich freier Forschung und Lehre sowie der Meinung, des Glaubens, der Presse, des Rundfunks und Fernsehens einzurichten. Das sind die maßgeblichen Sonderregelungen zur Abkopplung bestimmter Wissenszonen der Gesellschaft gegenüber den nichtkognitiven Wissensregimen der Rechts- und Wirtschaftsordnung, deren nichtöffentlicher Arm des dualen Systems auf die Grundlage von Privateigentum, Vertragsfreiheit und Haftungsregelungen gestellt ist.

3. Exponentielles Wissenschaftswachstum, außerwiss. Informationsvermehrung noch größeren Ausmaßes sowie die Verschmelzung von Technik und Wissen zu Kognitiv-Technischen Komplexen neuer Zusammensetzung und Größenordnung führen im Informationszeitalter – unter den Bedingungen des wiss.-technischen Fortschritts, der elektronischen Revolution, der industriellen Wissensproduktion und kommerziellen Massenmedien – zum gegenwärtigen Wandel der Wissensordnung. Dieser besteht in der wachsenden Aufhebung der klassischen Abkopplungen durch gegenläufige Fusionen, unter Ermöglichung von Volleigentum auch an «geistigen Gütern», Ideen/Interessen- Verschmelzungen («Finalisierung»), Theorie/Praxis-Verbindungen und Angleichung («Renormalisierung») der wiss.-kulturellen Sondermilieus in der Reinen Wiss. der Theorie, in der Angewandten Wiss. der verwiss. Praxis, der Kommerzialisierten Wiss. der Industrie und der Realisierten Wiss. moderner Technik (vgl. *Spinner 1994*). Im Gegensatz zu den unmittelbaren Technikfolgen erster Art, mit denen sich die Technikfolgenforschung ausführlich befaßt, handelt es sich hier um noch kaum untersuchte, obgleich äußerst einflußreiche ordnungspolit. Technikfolgen zweiter Art. Zur systematischen Verortung und interdisziplinären Untersuchung dieser ordnungspolit. Technikfolgen zweiter Art wird das Konzept der W. eingeführt. Einerseits ist es thematisch umfassender als der auf die Verarbeitungs-, Verbreitungs- und Vernetzungsfunktionen der EDV eingeengte Rechtsbegriff der Informationsordnung (vgl. *Zöllner 1990*). Andererseits ist es problemspezifischer und inhaltsreicher als die populären Begriffshülsen der Wissensgesellschaft aus der Soziologie oder des Informationszeitalters aus der Technikphilosophie.

4. Die ordnungspolit. Exterritorialisierung von abgekoppelten Wissensräumen wird durch den Wandel der W. nicht völlig aufgehoben, aber doch wesentlich verschoben in genau jene Richtungen, denen die Klassische W. einen Riegel vorschieben wollte, ohne sie je ganz ausschließen zu können. Über die bisherigen Ausnahmeregelungen des Urheber- und Patentrechts für «geistiges Eigentum» hinaus entstehen neue Formen des Wisseneigentums. Dasselbe gilt für die «Finalisierung» der nunmehr höchst «interessierten» Forschung. An die Stelle der nie ganz sauberen Trennungen von Ideen und Interessen, → Theorie und Praxis, von Wissenschaft und Staat treten Gemengelagen aus Wissenschaft, Wirtschaft und Technik, in denen zusammenrückt, was die Klassische W. getrennt hat.

Deren operative Trennungsnormen werden durch die neueren Entwicklungen zwar ausgehebelt, in ihren ordnungstheoretischen Zielsetzungen der Wissensfreiheiten aber keineswegs annulliert. Damit stellt sich die Frage nach der dreifachen Übertragbarkeit der Klassischen W. erstens von der Vergangenheit auf die Zukunft, zweitens von der Wiss. auf die anderen Wissensbereiche der Gesellschaft, drittens von der Realwelt auf die elektronische Netzwelt. Die Übertragung kann nicht in der Rückkehr zur alten Ordnung bestehen, sondern nur in der Umstellung auf funktionale Äquivalente für die Trennungsnormen, wie sie teilweise im öff.-rechtlichen Bereich der dualen Mediensysteme zu finden sind. Solche Konturen einer Neuen W. zeichnen sich ab für die Realwelt in neueren Wiederbelebungsversuchen von Nutzungsformen der Allmende (vgl. *Ostrom 1990)*, für elektronische Netzwelten in der *Open Source*-Bewegung der *Software*-Diskussion (vgl. *Spinner 2001*).

5. Die stille Revolution der technikgetragenen und marktgetriebenen Aushebelung des alten Ordnungsrahmens schafft jedoch noch keine neue, neoklassische W., sondern den gegenwärtigen Verdrängungswettbewerb der Wissensregime. Im Hinblick auf ihre nichtkognitiven Ordnungsziele betreiben sie mit ausufernden bereichsspezifischen Regelwerken die politische Durchstaatlichung (z. B. des Hochschulwesens durch das administrative Regime der Wissenschaftsverwaltung), die totale Verrechtlichung (durch zivile Rechtsregime unter der Dominanz des Privatrechts), die universelle Ökonomisierung (durch Marktregime für alle Wissensgüter und Wissensmärkte), die elitäre Isolierung (durch Expertenregime für Forschung und Entwicklung) oder die künstliche Technisierung (z. B. durch das Technikregime der arbiträren, aber keineswegs neutralen Formate, Protokolle, Prozeduren im Internet; dazu *Lessig 2001)*. Die mit Ausnahme des letztgenannten nicht neuen, aber «imperialistisch» gewordenen Wissensregime verschieben nachhaltig die Einfluß- und Abwehrlinie zwischen den zweckfreien und kommerziellen Wissensbereichen sowie zwischen nichttechnischen und technischen Wissenstätigkeiten. Wissensregime sind in ihren sachgemäßen Grenzen ordnungspolit. sinnvoll, gesellschaftl. nützlich und im größeren Ordnungsrahmen auch verfassungsverträglich, soweit sie weder umfassend noch alleinbestimmend sind. In Schach gehalten werden sie durch einen für die neuen Bedingungen des Informatonszeitalters fortentwickelten Ordnungspluralismus (vgl. *Spinner 1994* und *1998*). Dazu gehört unverzichtbar eine eigenständige, relativ autonome W., welche den gegenständlichen, ordnungspolit. und verhaltensbezogenen Sondereigenschaften der Wissenstatbestände, der Eigenwertigkeit autonomer Wissenskulturen (Wissenschaft, Kunst, Literatur, Presse etc.), der Bedeutung des Wissens für die menschliche Freiheit und die gesellschaftl. Weiterentwicklung gerecht wird.

Lit.: *Habermas, J.* 1990: Strukturwandel der Öffentlichkeit, Ffm. *Lessig, L. 2001:* Code und andere Gesetze des Cyberspace, Bln. *Merton, R. K. 1985:* Entwicklung und Wandlung von Forschungsinteressen, Ffm. *Ostrom, E. 1999:* Die Verfassung der Allmende, Tüb. *Spinner, H. F.* 1985: Das «wissenschaftliche Ethos» als Sonderethik des Wissens, Tüb. *Spinner, H. F.* 1994: Die Wissensordnung, Opl. *Spinner, H. F. 1997:* Wissensregime der Informationsgesellschaft; in: Jahrbuch Telekommunikation und Gesellschaft, Bd. 5, 1997, 65–79. *Spinner, H. F. 1998:* Die Architektur der Informationsgesellschaft, Bln. *Spinner, H. F. 2001:* Wissenskommunismus für Wissenskapitalisten?; in: Interface 5: Die Politik der Maschine, hrsg. *K. P. Dencker*, Hamb. *Zöllner, W.* 1990: Informationsordnung und Recht, Bln.

Helmut F. Spinner

Wissenspolitologie, Forschungsrichtung in der Politikwiss., die den Einfluß des Wissens und von Wissenssystemen auf polit. Prozesse in den Vordergrund des wiss. Interesses stellt. Dabei werden unter «Wissen» weniger Informationen als vielmehr Wirklichkeitskonstruktionen sowie kognitive Strukturierungen der Ziele, Werte und Interessen verstanden, welche die Handlungen der polit. Akteure prägen.

(1) Der Begriff der W. wurde von *F. Nullmeier* (1990; 1993) und *Nullmeier/Rüb* (1993) eingeführt, die den Versuch unternahmen, einen elaborierten, auf Wissen zentrierten theoretischen Ansatz in der Policy-Forschung zu etablieren. Im wissenspolitologischen Ansatz *Nullmeier/Rübs* werden aus der Wissenssoziologie von *Berger/Luckmann* die Grundgedanken zur sozialen Konstruktion der Wirklichkeit und zur Bedeutung von Institutionen entlehnt. Hauptobjekte der Untersuchung sind die zeitliche Veränderung polit. relevanten Wissens und die Konstruktion von kollektiven und institutionellen Identitäten und «*Policy*-Prinzipien», die sich auf normative und identitätsstiftende Basisannahmen beziehen.

(2) I. w. S. können unter W. alle Ansätze gefaßt werden, die sich mit dem Einfluß und der Verarbeitung von Wissen im polit. Prozess beschäftigen, insbes. in der → *Policy*-Forschung und den → Internationalen Beziehungen. Prominente Beispiele hierfür sind in der *Policy*-Forschung der *Policy*-Paradigmen-Ansatz von *P. A. Hall*, den dieser von *T. S. Kuhn* adaptierte, oder der *Advocacy-Coalitions*-Ansatz von *P. A. Sabatier*; in den Internationalen Beziehungen der Ansatz der → *epistemic communities* von *P. M. Haas* und *E. Adler*.

→ Paradigma; Politikberatung.

Lit.: *Berger, P. L./Luckmann, T.* [15]1999: Die gesellschaftliche Konstruktion der Wirklichkeit, Ffm. (engl. 1969). *Hall, P. A.* 1990: Policy Paradigms, Experts and the State, in: *Brooks, S./Gagnon, A.-G.* 1990: Social Scientists, Policy, and the State, NY, 53–78. *Hall, P. A.* 1993: Policy Paradigms, Social Learning and the State: The Case of Economic Policymaking in Britain, in: CP 25, 275–296. *Nullmeier, F.* 1990: Von Max Weber zu Konzepten einer Intelligenz- und Wissenspolitologie, Hamb. *Nullmeier, F.* 1993: Wissen und Policy-Forschung, in: *Héritier, A.* (Hrsg.): PVS-Sonderheft Policy-Analyse, Opl., 175–198. *Nullmeier, F./Rüb, F. W.* 1993: Die Transformation in der Sozialpolitik, Ffm. *Sabatier, P. A.* 1993: Advocacy-Koalitionen, Policy-Wandel und Policy-Lernen, in: *Héritier, A.* (Hrsg.): PVS-Sonderheft Policy-Analyse, Opl., 116–148; *Sabatier, P. A.* 1998: The Advocacy Coalition Framework: Revisions and Relevance for Europe, in: *Journal of European Public Policy* 5, 98–130.

Tanja Zinterer

Wohlfahrtsstaat, eine institutionalisierte Form der sozialen Sicherung; der W. gewährleistet ein Existenzminimum für jeden Menschen, schützt vor den elementaren Risiken der modernen → Industriegesellschaft (v. a. Alter, Arbeitslosigkeit, Gesundheit, Unfall, Pflege) und bekämpft das Ausmaß gesellschaftl. Ungleichheit durch Redistribution. Der W. bildet in westl. Ländern zusammen mit → Demokratie und → Kapitalismus ein komplexes Gefüge wechselseitiger Abhängigkeit und Durchdringung und ist für diese Systeme charakteristisch. Gleichwohl existieren markante nat. Unterschiede und das Terrain ist von polit. Konflikten geprägt.

1. Der Terminus W. stammt aus dem angelsächsischen Sprachgebrauch; in D ist stärker von Sozialpolitik, Sozialstaat oder der → Sozialen Marktwirtschaft die Rede. So heißt es im Grundgesetz (Art. 20 Abs. 1 und Art. 28 Abs. 1), daß die Bundesrepublik ein «sozialer Bundesstaat» bzw. ein «sozialer Rechtsstaat» ist. Daneben existieren eine Reihe von sozialethischen Leitprinzipien wie die Trias aus → Freiheit, → Gleichheit und → Solidarität, die Norm der sozialen → Gerechtigkeit oder das Prinzip der Subsidiarität, wonach der «Vorrangigkeit der kleineren Einheit» Rechnung zu tragen sei (*Blüm/Zacher* 1989). Dieses gewährt etwa den großen Wohlfahrtsverbänden, die über 1,1 Mio. Mitarbeiter in den Sozialen Diensten verfügen, eine Vorrangstellung gegenüber staatl. bzw. kommunalen Einrichtungen, begründet deren Förderung durch öffentl. Mittel und verweist exemplarisch auf die Relevanz nichtstaatl. Bereiche der Wohlfahrtsproduktion (*Schmid* 1996; *Evers/Olk* 1996). Weni-

ger auf die Aspekte von Recht und Organisation fokussiert, als auf die der Redistribution und des gesellschaftl. Charakters des Phänomens, bezieht sich eine andere Definition, wonach Wohlfahrt über (staatl.) Soziale Dienste, das System der Steuern und Transferleistungen sowie über die Beschäftigungsverhältnisse bewirkt wird (*Titmuss* 2001). Schließlich wird W. auch als Synonym für die Politisierung der Gesellschaft, d. h. das Ausmaß an Staatsintervention und «Dekommodifizierung» der Lohnarbeit betrachtet (*Esping-Andersen* 1990).

Der W. stellt in genetischer Perspektive den Versuch einer institutionalisierten, primär auf «sozialen Rechten» (*Marshall* 2001) beruhenden Antwort auf die sozialen Risiken und Probleme einer Gesellschaft dar; in ihm kommen zugleich individuelle Bedürfnisse und Wünsche zum Tragen ebenso wie kollektive Werte, Interessen und Herrschaftsmomente eine Rolle spielen. Diese breite Mischung an historisch und internat. kontingenten Triebkräften liefert einerseits die Basis für die enorme Expansionsdynamik des W.; andererseits verbindet sich damit ebenfalls eine Divergenz der polit. Bewertungen und eine Pluralität der sozialwiss. Untersuchungsansätze.

2. Sozialgeschichtlich entsteht der W. gegen Ende des 19. Jh.; Vorreiter bei der Einführung der ersten Sozialversicherungen ist Deutschland. Dabei dominieren in der Frühphase die Herrschaftsinteressen der traditionellen polit. Eliten. In der Zwischenkriegsphase wird die moderate Entwicklung v. a. durch die → Arbeiterbewegung bestimmt; erst nach dem II. Weltkrieg setzt die immense Expansion des W. ein, sie basiert auf der breiten polit. Akzeptanz und dem ökon. Wachstum (*Alber* 1982; *Ritter* 1991). Inzwischen ist das *«Growth to Limits»* (*Flora* 1986) eingetreten, und in allen Ländern sind sozialpolit. Neuregelung mit dem Ziel der Ausgaben- und Leistungssenkung eingeleitet worden. Diese verlaufen zumeist in Form eines inkrementalen Wandels; weiterreichende Reformen des W. sind nur in wenige Fällen – vor allem den Niederlanden, Dänemark und Neuseeland – eingetreten (*Ferrara/Rhodes* 2000; *Heinze* u. a. 1999; *Kuhnle* 2000; *Pierson* 2001). Ursache für die Kürzungsmaßnahmen und die Debatten über die Krise bzw. Stagnation des W. bilden eine Reihe von Problemen, die als die demographische, soziale, kulturelle, ökon. und internat. Herausforderung benannt worden sind (*Kaufmann* 1997).

Das materielle Ergebnis dieser Entwicklung ist eine immer noch umfassende Versorgung nahezu aller Bürger mit sozialen Diensten und Transferleistungen, wofür ein erheblicher Anteil des Bruttoinlandsprodukts verwendet wird. Nach Eurostat liegt 1998 die Sozialleistungsquote in D bei 29,3 %; der Durchschnitt der EU-Länder bei 27,7. Dies stellt im Vergleich zu den Nachkriegsjahren fast eine Verdoppelung dar, liegt aber im europ. Vergleich im Mittelfeld (*Alber* 1998; *Schmid* 2001). Zu den «Wachstumsbranchen» innerhalb des dt. W. gehören die Arbeitslosenversicherung samt der aktiven → Arbeitsmarkt politik (der Anteil am Sozialprodukt steigt von 1960 bis 1994 von 0,4 % auf 3,8 %), die Krankenversicherung (von 3,2 % auf 7,0 %), die Rentenversicherung für Angestellte (von 1,9 % auf 4,9 %) und Arbeiter (von 4,0 % auf 5,6 %), die Soziale Hilfe und Dienste (von 0,9 % auf 3,2 %) sowie die Arbeitgeberleistungen (von 1,6 % auf 3,3 %) (*Schmidt* 1998: 170 f.).

Trotz aller Wandlungen im Detail wird allerdings die Kontinuität des dt. W. betont. Die Sozialversicherungen als dem institutionellen Kern des *Bismarck*-Modells bleiben von den polit. Regimewechseln (Kaiserreich, Weimarer Republik, → Nationalsozialismus und Bundesrepublik) weitgehend unberührt (*Schmidt* 1998; *Hockerts* 1998), ähnliches gilt im übrigen für die besondere Rolle der Wohlfahrtsverbände (*Schmid* 1996).

3. Der Versuch, Genese, Dynamik und Varianz des modernen W. zu erklären, hat zu einer Reihe von unterschiedlichen theoretischen Ansätzen und Kontroversen geführt. Dies hängt einerseits mit abweichenden generellen Theoriebezügen, methodischen Vorgehensweisen und analytischen Fragestellungen zusammen, andererseits ebenfalls mit der Heterogenität des Untersuchungsgegenstandes (v. a. im Bezug auf einzelne Politik- und Sicherungsfelder). Vereinfacht lassen sich aus den Diskussionen neben den drei klassischen Theorien des W. – der nor-

mativen, der funktionalen und der polit. –, der typisierende, integrative Ansatz von Esping-Andersen sowie postmoderne Zugriffe identifizieren (vgl. die Beiträge in *Pierson/Castles* 2001).

(1) In normativen Ansätzen geht es um die Begründung des sozialen Fortschritts und die Identifikation unterschiedlicher Zwecke und Mittel. Exemplarisch hierfür sind Analysen zum Sozialstaatspostulat des Grundgesetzes (*Hartwich* 1970, *Spieker* 1986) oder der Zielvorstellungen der großen Ideologien (→ Demokratischer Sozialismus, → Liberalismus, → Marxismus). Ferner werden teleologische Phasenmodelle des W. entwickelt, wie etwa das vom *Positive State* über den *Social Security State* zum *Social Welfare State* (*Furniss/Tilton* 1977).

Funktionalistische Ansätze aus dem Umfeld der → Modernisierungstheorie interpretieren hingegen staatl. → Sozialpolitik als Reaktion auf die Veränderung der Arbeits- und Lebensformen im Rahmen des Industrialisierungs- und Urbanisierungsprozesses (*Alber* 1982). Problemdruck und Ressourcenausstattung einer modernen Gesellschaft geben demnach einen universellen Trend zum W. vor (Konvergenz). Ganz ähnlich argumentieren im übrigen marxistische Autoren, bei denen der W. den Imperativen der Kapitalverwertung unterliegt.

Gegen diesen sozialökon. Determinismus wenden sich Theoreme über den Unterschied, den Politik in einer Demokratie macht. Hier spielen → Parteien und Interessengruppen eine wichtige Rolle; sie vertreten unterschiedliche soziale Schichten und verfügen über differierende Programmatiken und produzieren unterschiedliche Regierungsaktivitäten (*Schmidt* 1983). Neuere Arbeiten aus dieser Richtung betonen den Umstand, daß aktuelle Sozialpolitiken durch Institutionen historisch und strukturell eingebunden sind (*Schmidt* 1998). Diese wirken gewissermaßen als Filter für die Problemwahrnehmung und die Interessenpolitik; sie bevorzugen bestimmte Interventionen in die Ökonomie und die Gesellschaft oder schließen andere aus. Damit gewinnen die beharrenden Kräfte des W. und divergente nat. Entwicklungspfade an Bedeutung.

(2) Der Gedanke einer strukturierten Vielfalt wird im Titel von *Esping-Andersens* (1990) bahnbrechender Arbeit plastisch ausgedrückt, wonach «drei Welten» des W. existieren. Diese stellen jeweils unterschiedliche Formen der Institutionalisierung von sozialer Sicherung und Vollbeschäftigung dar und basieren auf korrespondierenden polit. → Ideologien und Machtverteilungen; ferner korrelieren sie mit Mustern der sozialen Schichtung und Ungleichheit. Eine wesentliches operationales Differenzierungskriterium bildet das Ausmaß an «Dekommodifizierung», d. h. die sozialpolit. ermöglichte Lockerung des Zwangs zur Existenzsicherung durch Erwerbsarbeit durch Schutz vor Marktkräften und Einkommensausfällen. Sie zeichnen sich in ihrer Geschichte durch eine hohe Stabilität aus. Für die einzelnen Welten sind folgende Aspekte elementar:

Der liberale W. (GB, USA, Australien, Neuseeland) akzentuiert die Rolle des freien Marktes und der Familie; soziale Anspruchsrechte sind gering entwickelt und oft mit individuellen Bedürftigkeitsprüfungen verbunden, was häufig zu Stigmatisierung der Betroffenen führt. Die Finanzierung erfolgt vorwiegend aus dem Staatshaushalt; Interventionen in den Arbeitsmarkt erfolgen – falls überhaupt – vor allem zur Auflösung von Flexibilitätshemmnissen und zur Wahrung der Vertragsfreiheit. Im Ganzen bleibt das Ausmaß an Dekommodifizierung gering und die soziale Ungleichheit groß.

Der konservative Typ des W. (Frankreich, Italien, D, Niederlande) interveniert zwar stärker, allerdings eher temporär und primär aus staatspolit. Gründen. Er ist ferner lohnarbeits- und sozialversicherungszentriert mit der Folge, daß soziale Rechte stark an Klasse und Status gebunden sind und die Ansprüche auf Beiträgen (i. S. von Eigentumsrechten) basieren. Grundlage dieses Modells sind das Normalarbeitsverhältnis und die Normalfamilie, die mit polit. Mitteln stabilisiert werden. Im Bezug auf die Dekommodifizierung erreichen sie im Durchschnitt ein mittleres Niveau, was jedoch abhängig vom Beschäftigungsstatus erheblich variieren kann.

Der sozialdemokratische W. (Schweden, Norwegen, Dänemark) ist universalistisch ausgerichtet, d. h. Ansprüche basieren auf sozialen Bürgerrechten, und es wird Gleichheit auf hohem Niveau angestrebt. Die Finanzierung erfolgt weitgehend aus dem Staatshaushalt; zugleich werden hier Leistungen überwiegend vom öffentl. Dienst erbracht, der einen sehr großen Umfang annimmt und somit nicht nur sozialpolit., sondern auch arbeitsmarktpolit. eine Schlüsselfunktion innehat. Ferner sind hier die Bemühungen um eine aktive Politik der Vollbeschäftigung am intensivsten, die Emanzipation von den Zwängen des Markte (Dekommodifizierung) am stärksten und Verringerung sozialer Ungleichheit beachtlich.

Die Welten der Wohlfahrt sind bes. für die goldene Phase der 1960er und 70er Jahre belegt worden, doch beansprucht das Modell auch Gültigkeit für die 1980er und 90er Jahre. In diesem Falle wären je nach Welt des W. unterschiedliche Reaktionen auf die genannten Herausforderungen zu erwarten, was jedoch in der Forschung umstritten ist. Neben der zeitlichen Reichweite wird das Drei-Welten-Modell wegen problematischer Zuordnungen kritisiert bzw. ergänzt. So sind die Niederlande und D als christdemokratische Fälle, die südeurop. Länder als rudimentäre W. oder Neuseeland als radikal klassifiziert worden (*Lessenich/Ostner* 1998).

(3) Der gemeinsame Bezugspunkt der Gruppe der postmodernen Ansätze liegt in den veränderten polit. Bedingungen (*New Politics*) in der Phase der Stagnation und des Umbaus. Eine neomarxistische Variante diagnostiziert wegen der Veränderungen, die sich in Staat und Ökonomie seit den 1970er Jahren vollzogen haben, einen deutlichen Bruch in der Entwicklung: Vom Fordismus zum Post-Fordismus oder vom keynesianischen W. zum «*Schumpeter*ianischen *Workfare State*» sind Formeln, die dieses umschreiben (*Jessop* 1994). Zu den Verschiebungen der ökon. Basis zählen die → Globalisierung, der Wandel zur Dienstleistungsökonomie, der Einsatz neuer Schlüsseltechnologien (I&K-, Bio- und Gentechnologien) und flexibler Produktionskonzepte.

Von geringerer theoretischer Reichweite sind Argumentationsfiguren, die sich auf die Muster der sozialpolit. Sparmaßnahmen des vergangenen Jahrzehnts beziehen. Neben der Senkung der Sozialleistungen wird zusehends eine Umorientierung auf Aktivierung bzw. Rekommodifizierung erkennbar, etwa in Form verschärfter Zumutbarkeit von neuen, schlechteren Jobs (*Cox* 1998). Ferner werden etwa in der dt. Rentenversicherung die Leistungen nicht einfach reduziert, sondern der W. mutiert zum «Sicherungsstaat» mit dem Ziel der Stabilisierung seiner System- und Funktionsgrundlagen – zu Lasten der Bewältigung sozialer Notlagen oder redistributiver Maßnahmen (*Nullmeier/Rüb* 1993). Im Rahmen der Sparmaßnahmen zeigt sich ferner eine polit. Logik, die als *«Blame Avoidance»* bezeichnet wird. Entspr. verschieben sich die relevanten Erklärungsfaktoren hin zu binnenstrukturellen Aspekten. In modernen Demokratien sind nämlich Kürzungen unpopulär, was dazu führt daß diese als technische Zwänge getarnt, auf weniger einflussreiche Klientele und kaum bekannte Sachverhalte oder in die Zukunft verschoben werden. Zudem erweisen sich die Sozialbürokratien und Professionen (wie Ärzte und Sozialarbeiter) als machtvolle Verwalter der Interessen des W.; nicht selten scheitern Kürzungen an ihrem Veto – und nicht am Protest der betroffenen sozial schwachen Gruppen (*Pierson* 2001).

Föderative Systeme wie die BRD verstärken dieses selbstreferentielle Moment, da sie für institutionelle Vetogruppen mehr Ansatzpunkte bieten. Zugleich weisen diese Systeme jedoch ebenfalls dynamische Züge auf, wenn Länder bzw. Gliedstaaten als polit. Laboratorien funktionieren. Ein weiteres Moment der Stabilität erwächst aus dem institutionellen Gefüge des jeweiligen Modells des W. und den daraus entstehenden Kosten für grundlegende Reformen. Diese Pfadabhängigkeit hat sich im Falle der dt. Einheit gezeigt, in deren Rahmen wichtige Regelungen in die neuen Länder transferiert worden sind – ohne die andersartigen sozioökon. Bedingungen (samt daraus resultierenden finanziellen Folgen) ausreichend zu berücksichtigen.

Zu den neueren Entwicklungen zählt schließlich die feministische Linie der W.-Forschung. Sie hat das Spektrum sowohl analytisch um verschiedene → Typologien erweitert als auch verschiedene, bislang eher vernachlässigte Felder auf die Agenda gebracht (z. B. die Probleme alleinerziehender Mütter). Die Kritik fokussiert sich auf das patriarchalische *Male Breadwinner*-Konzept, das sowohl in der etablierten W.-Forschung wie auch in der praktischen Politik unterstellt wird. Statt dessen wird davon ausgegangen, daß unterschiedliche *Gender Regime* existieren, in denen spezifische Ideologien und Politiken zum Ausdruck kommen, die die Lage der Frauen erheblich beeinflussen. Zentral ist die These, daß sich diese Regime weniger danach unterscheiden, wie stark sie dekommodifizierend wirken, sondern ob sie zu Unabhängigkeit der Frauen von Ehe und Familie beitragen (*Ostner* 1995, *Sainsbury* 1999).

4. Das neue Gesicht des W., das sich nach zwei Jahrzehnten von Um- und Abbau abzuzeichnen beginnt, weist einige Züge auf, die sich auf die theoretischen Reflexionen auswirken. Die Herausforderungen und Veränderungen, die vornehmlich unter den Stichworten Globalisierung und Europäisierung diskutiert werden, verweisen auf die zunehmende Offenheit der Systeme. Dies macht sie nicht nur ökon. verwundbar, sondern die neue Politik des W. wird zusehends durch externe polit. Faktoren wie erfolgreiche Musterländer beeinflußt. Dies weist Diffusions- und Lerntheorien eine stärkere Relevanz zu, wenngleich der bisherige Stand der Forschung vor simplen Imitationen warnt. Aber auch die empirische Bedeutungszunahme sozialer Dienste, Sozialinvestitionen (v. a. Bildung von Humankapital) und Aktivierungen erfordern neue theoretische Perspektiven und eine Abkehr von monetären Indikatoren wie der Sozialleistungsquote. So wird etwa auf das Konzept der soziopolit. Spannungslinien zurückgegriffen, um strukturelle Unterschiede in den Sozialen Diensten auf den Konflikt zwischen Kirche und Staat zurückzuführen (*Alber* 1993; *Schmid* 1996). Verstärkte Sozialinvestitionen und Aktivierungsstrategien werden in den Debatten um «*New Labour*» einerseits normativ zu begründen versucht, andererseits im Bezug auf ihre polit.-ökon. Funktionalität und internat. Variation analysiert (*Merkel* 2000). Schließlich drängen die jungen Demokratien in Mittelosteuropa, aber auch in Lateinamerika und Asien auf eine Ausweitung des regionalen Fokus über die Welt der OECD bzw. EU hinaus – mit entspr. Konsequenzen für die Entwicklung der W.-Forschung.

→ Arbeitsmarkt.

Lit.: *Alber, J.* 1993: Soziale Dienstleistungen, in: *Bentele, K.-H.* u. a. (Hrsg.): Die Reformfähigkeit von Industriegesellschaften, Ffm., 277–293. *Alber, J.* 1998: Der deutsche Sozialstaat im Licht international vergleichender Daten, in: Leviathan, 26, 199–227. *Blüm, N./Zacher, H. F.* (Hrsg.) 1989: 40 Jahre Sozialstaat Bundesrepublik Deutschland, Baden-Baden. *Cox, R. H.* 1998: From Safety Net to Trampoline: Labor Market Activation in the Netherlands and Denmark, in: Governance, 11, 397–414. *Esping-Andersen, G.* 1990: The Three Worlds of Welfare Capitalism, Camb. *Evers, A./Olk, Th.* (Hrsg.) 1996: Wohlfahrtspluralismus, Opl. *Ferrara, M./Rhodes, M.* (Hrsg.) 2000: Resting European Welfare States, L. *Flora, P.* 1986: Growth To Limits. The Western European Welfare States since World War II, Bln. (3 Bde.). *Furniss, N./Tilton, T.* 1977: The Case for the Welfare State, Bloomington/L. *Hartwich, H. H.* 1970: Sozialstaatspostulat und gesellschaftlicher Status Quo, Opl. *Heinze, R. G.* u. a. 1998: Vom Wohlfahrtsstaat zum Wettbewerbstaat, Opl. *Hockerts, H. G.* (Hrsg.) 1998: Drei Wege deutscher Sozialstaatlichkeit: NS-Diktatur, Bundesrepublik und DDR im Vergleich, Mchn. *Jessop. B.* 1994: Politik in der Ära Thatcher, in: *Grimm, D.* (Hrsg.): Staatsaufgaben, Baden-Baden, 353–389. *Kaufmann, F.-X.* 1997: Die Herausforderungen des Sozialstaats, Ffm. *Kuhnle, S.* (Hrsg.) 2000: Survival of the European Welfare State, L. *Lessenich, S./Ostner, I.* (Hrsg.) 1998: Welten des Wohlfahrtskapitalismus, Ffm. *Marshall, T. H.* 2001: Citizenship and Social Class, in: *Pierson/Castles* (Hrsg.): 32–41. *Merkel, W.* 2000: Die Dritten Wege der Sozialdemokratie ins 21. Jahrhundert, in: Berliner Journal für Soziologie 10, 99–124. *Nullmeier, F./Rüb, F.* 1993: Die Transformation des Sozialstaats, Ffm. *Ostner, I.* 1995: Arm ohne Ehemann, in: APuZ 36–37, 16–25. *Pierson, C./Castles F.* (Hrsg.) 2001: The Welfare State, Camb. *Pierson, P.* (Hrsg.) 2001: The New Politics of the Welfare State, Ox. *Ritter,*

G. A. 1989: Der Sozialstaat, Mchn. *Sainsbury, D.* (Hrsg.) 1999: Gender and Welfare State Regimes. Ox. *Schmid, J.* 1996: Wohlfahrtsverbände in modernen Wohlfahrtsstaaten, Opl. *Schmid, J.* ²2001: Wohlfahrtsstaaten im Vergleich, Opl. *Schmidt, M. G.* 1983: Wohlfahrtsstaatliche Politik unter bürgerlichen und sozialdemokratischen Regierungen, Ffm./NY. *Schmidt, M. G.* ²1998: Sozialpolitik, Opl. *Spieker, M.* 1986: Legitimationsprobleme des Sozialstaats, Stg. *Titmuss, R.* 2001: Universalism versus Selection, in: *Pierson/Castles* (Hrsg.): 42–49.

Josef Schmid

Zahlungsbilanz, systematische zahlenmäßige Zusammenstellung aller Transaktionen der → Außenwirtschaft eines Landes in einem bestimmten Zeitraum.

Z. setzt sich zusammen aus der Leistungsbilanz (Waren, → Dienstleistungen, Übertragungen), der Kapitalverkehrsbilanz (langfristiger und kurzfristiger Kapitalverkehr), der Devisenbilanz (Änderung der Währungsreserven der → Zentralbank) sowie einem Restposten (statistisch nicht erfaßte Transaktionen). Die Z. ist formal immer ausgeglichen, dennoch muß das Ziel des außenwirtschaftl. → Gleichgewichts (in D im Stabilitäts- und Wachstumsgesetz fixiert und meist als ausgeglichene Grundbilanz – Leistungsbilanz + langfristiger Kapitalverkehr – konkretisiert) nicht erreicht sein. Die Zahlungsbilanzpolitik von Staat und → Zentralbank bedient sich direkter und indirekter Mittel der → Währungspolitik und Außenwirtschaftspolitik.

Lit.: → Währungspolitik.

Uwe Andersen

Zählwertgleichheit, im → Wahlrecht das Erfordernis an ein demokratisches Wahlrecht, daß alle Stimmen gleich sind, d. h. gleich viel zählen.

Der Gleichheitsgrundsatz kann insbes. durch die → Wahlkreiseinteilung verletzt werden, wenn die Relation Abgeordnete pro Bev. oder Wahlberechtigte nach Wahlkreisen stark differiert. Der Begriff Z. steht im Ggs. zum Erfolgswert bzw. zur Erfolgswertgleichheit, die im demokratischen Wahlrecht nicht gegeben sein muß. Vielmehr schwankt der Erfolgswert der Stimmen, die für verschiedene Parteien abgegeben werden, nach → Wahlsystemen. So ist etwa der Erfolgswert von Stimmen in Wahlsystemen, die künstliche → Sperrklauseln kennen, für jene Wähler gleich null, die Parteien wählen, welche die Sperrklausel nicht überspringen. Man sollte meinen, daß Zählwert und Erfolgswert sich in reinen Verhältniswahlsystemen gleichen – weit gefehlt. Die Annahme der Wähler, bei reiner Verhältniswahl sei die Chance für kleine Parteien groß, ins Parlament einzurücken, läßt sie tatsächlich viele Stimmen vergeuden.

Dieter Nohlen

Zeit und Politik, jede polit. Herrschaft unterliegt einer Zeitdimension. Unterschiedliche Herrschaftsmodelle und Theoriekonzepte haben deshalb von der Antike bis in die Gegenwart unterschiedliche Zeitvorstellungen entwikkelt: Zeit ist Herrschaftsinstrument, Ordnungsfaktor und polit. Strategie.

1. (1) Der Verfassungsverfall und die Abfolge von Herrschaftsformen in *Platons* Staat sind wohl das prägnanteste Beispiel für das polit. Denken in Zeitdeterminismus und Zeitzyklen («Der Staat», VIII. Buch). *Aristoteles* bricht nachfolgend *Platons* Perioden des Verfassungswandels wieder auf, doch auch er sieht die entarteten Herrschaftsformen in der Zeit begrenzt und nennt sie die «kurzlebigsten aller Staatsformen» («Politik», V. Buch). Eine andere Form der Verbindung von polit. Herrschaft und Zeit ist, bis hin zur weiteren Verbreitung von Zeitmeßgeräten, die Berufung auf chronologisches Zeitwissen als Herrschaftswissen: Zeit ist in archaischen Gesellschaftsformen wie in antiken Hochkulturen symbolisch mit Macht und Stärke des Königtums, dem Gelingen der Staatsführung und der frühen wohlfahrtsstaatl. Fürsorge, z. B. in der Bekanntgabe von Aussaat-, Ernte- oder Hochwasserzeiten, verbunden (*Assmann* 1990:

189–223). Im europ. Kulturkreis ist der kommunale Besitz von Uhren- und Glockentürmen bis ins späte Mittelalter ein Zeichen städtischer Unabhängigkeit und ständischer Freiheit (*Dohrn-van Rossum* 1992). In der polit. Theorie der Frühen Neuzeit spielen Zeit- und Uhrenmetaphern eine wesentliche Rolle. Technik und Funktionsweise der Zeitmeßgeräte, das Zusammenspiel von Energie und Mechanik, Genauigkeit, Pünktlichkeit und Zuverlässigkeit werden in den Vertragstheorien von *Hobbes* (1651) und *Rousseau* (1762) zu Metaphern für polit. Ordnungsvorstellungen und staatl. Regulierung. Mit der Zeit- und Uhrensymbolik werden also v.a. autokratische Herrschaftsmodelle und ihre Ordnungsfunktionen beschrieben, während in liberalen Systemen der Vergleich mit Waagen und Gleichgewichtstechniken dominiert (vgl. *Mayr* 1987). Die Staatstheorien des dt. → Absolutismus, die die Monarchie als kräftige und unverderbliche Maschine sehen, die einen «unermäßlichen Zeitraum» dauern könne (*von Justi* 1969: 161 f.) sind hier treffende Beispiele. Ein «strategischer Einsatz von Zeit» als zentraler Aspekt bei der Entstehung von Macht und zum Zwecke ihrer Aufrechterhaltung (*Nowotny* 1990: 146), liegt den polit. Kalenderreformen der Französischen Revolution, der Restituierung des Gregorianischen Kalenders am 1.1. 1806 durch *Napoleon* und auch schon der Einführung des Julianischen Kalenders 46 v. Chr. zugrunde (*Koselleck* 1989: 67–87). Ging es bei der Einsetzung des Revolutionskalenders um ein «ideologisches Programm und polit. Instrument» mit dem Ziel, das alte Zeitbewußtsein zu zerbrechen und den Beginn einer neuen Ära in Politik und Gesellschaft zu legitimieren (*Meinzer* 1988: 24), so sucht *Napoléon* v.a. wieder den temporalen Anschluß Frankreichs an die europ. Zeit. Seine hegemoniale Politik braucht ein einheitliches Zeitkontinuum zur Beherrschung des europ. Raumes (*Meinzer* 1992). Damit kann auch in temporaler Hinsicht der in der Geschichtswiss. hergestellte Zusammenhang von «Bonapartismus», «Napoleonismus» und «Caesarismus» nachvollzogen werden: *Caesar* wie *Napoléon* brauchen für die Geburt ihres Imperiums eine einheitliche Zeitrechnung. *Caesar* jedoch gelang es noch wesentlich stärker, eine Identität von Zeit, Herrscher und Herrschaft herzustellen. Seine Zeitrechnung wird bis 1582 als «Julianischer Kalender» mit seinem Namen verbunden.

(2) Ebenso wie monarchische und bürgerliche Herrschaftsformen wird die kommunistische «Diktatur des Proletariats» mit spezifischen Zeitvorstellungen gedacht. Die Geschichtsphilosophie des Marxismus-Leninismus legt die Gesetzmäßigkeit der Weltgeschichte und die gesellschaftl. Entwicklung als Folge evolutionärer Ablösungsmuster von Gesellschafts- wie Herrschaftsformen fest, bis die vermeintlich höchste und letzte Form, die Diktatur des Proletariats, erreicht ist. In der Weiterentwicklung der *Hegel*schen Interpretation der Weltgeschichte als «Fortgang zum Besseren, Vollkommeneren» (*Hegel* 1822/23) beschreibt *Karl Marx* im Vorwort zur «Kritik der politischen Ökonomie» 1859 «asiatische, antike, feudale und modern bürgerliche Produktionsweisen als progressive Epochen der ökon. Gesellschaftsformation», an deren Ende «die Vorgeschichte der menschlichen Gesellschaft» abgeschlossen und die klassen- und in der Theorie auch zeitlose, i. S. von andauernde, Herrschaft des Proletariats errichtet wird.

(3) Demokratische Herrschaft dagegen ist definiert als Herrschaft auf Zeit. Durch Wahlen und im Wählen ist sie gebunden an den Volkswillen, der für einen definierten Zeitraum an Legislative und Exekutive übertragen wird. Die Wahlperiode markiert einen zeitlichen Konsens zwischen Regierenden und Regierten. Herrschaft auf Zeit beinhaltet damit ein gewaltenteilendes und -kontrollierendes Element. Die Diskussionen im amerikan. Verfassungsgebungsprozeß 1787/88 bestimmen für die erste moderne Demokratie – und richtungsweisend für nachfolgende – den fundamentalen Zusammenhang zwischen individuellen Freiheitsrechten, *checks and balances* und Wahlperioden. Die Argumentationslinien der «*Federalist Papers*» verlaufen dabei zwischen temporaler Machtzuteilung und Machthemmung. Entspr. dem Grundsatz «Je größer die Macht ist, von umso kürzerer Dauer sollte sie sein; und umgekehrt: je geringer die Macht ist, desto gefahrloser kann ihre Dauer

verlängert werden» (*«Federalist Papers»* 1993: Nr. 53, 323–328), werden die Wahlperioden für das Präsidentenamt, den Senat und das Repräsentantenhaus für die amerikan. Verfassung definiert. Die Normierung des Zeitmaßes polit. Herrschaft in Verfassungen und Gesetzestexten gehört damit zu den fundamentalen Bedingungen moderner Demokratien. Dies ändert sich nicht durch die Tatsache, daß polit. Systeme mit unterschiedlichen Zeitkontingenten arbeiten. Die Funktionen zeitlicher Herrschaftsbegrenzungen bleiben dieselben: nur auf Zeit kann polit. Machtzuteilung demokratisch sein.

2. Die politikwiss. Theoriebildung vollzieht den Zusammenhang von Politik und Zeit nur partiell nach. Anders als bei den Nachbardisziplinen Soziologie, Geschichtswiss., Philosophie oder auch der Kulturanthropologie, die auf eine längere Tradition der Zeiterforschung zurückgreifen können, ist dieser Zusammenhang nur mehr oder weniger explizit Gegenstand der politikwiss. Theoriebildung. Die komplexe Problematik wird je nach metatheoretischer oder bereichstheoretischer Zuordnung differenziert und in verschiedenen Dimensionen betrachtet: als polit. Wandel, als Modernisierung (*Wendorff* 1988), als Kommunikations- und Organisationsproblem (*Negt* 1987), als normativer Aspekt (*Lübbe* 1988), als Systemdifferenz (*Luhmann* 1984; *Bergmann* 1981), als Synchronisationsproblem (*von Beyme* 1994), als Handlungsstrategie, als Machtressource und Ordnungsfaktor (*Nowotny* 1990). Dies hat Auswirkungen auf den Zeitbegriff. Die Begrifflichkeit von Zeit stellt sich je nach theoretischem Konzept verschieden dar: z. B. als meßbare physikalische Zeit, als historische Entwicklungslinie (*Koselleck* 1989), als soziale Zeit (*Schütz/Luckmann* 1979), als Dauer und Wandel (*Gadamer* 1987: 137–153) oder als subjektive Zeiterfahrung oder Eigenzeit (*Nowotny* 1990). Für eine politikwiss. Präzisierung eignen sich die philosophischen Traditionen in ihrer Verbindung von Zeit- mit Seinskategorien nur bedingt, wenngleich hier natürlich mit *Augustinus* (396–398), *Kant* (1781), *Heidegger* (1927) und *Husserl* (1893–1917) die wissenschaftstheoretischen «Zeitfundamente» liegen. Die Übernahme soziologischer (z. B. *Elias* 1989) und sozialhistorischer Zeitdefinitionen erweist sich als relevanter: Zeit als soziales Wandlungskontinuum, Zeit als «Symbol für eine Beziehung, die eine Menschengruppe (...) zwischen zwei oder mehreren Geschehensabläufen herstellt, von denen sie einen als Bezugsrahmen für den oder die anderen standardisiert», Zeit als menschliche Syntheseleistung, die nur im Zusammenhang mit bestimmten sozialen Entwicklungen zu verstehen ist (*Elias* 1989: 12 f.). Die Politikwiss. erhält damit problemorientierte Definitionen und praxisbezogene Analyseebenen für die spezifische Form polit. Zeitlichkeit. Die gesellschaftl. Bezüge und die Funktionsaspekte polit. Zeit können von dieser Basis aus angemessen beschrieben werden: z. B. im *Policy*-Bereich als Faktor polit. Planung, als Zeitdimension des *Policy*-Prozesses und als Objekt wirtschafts- und sozialpolit. Entscheidungen, auf der *Polity*-Ebene als normiertes Regelsystem oder als polit.-soziologische, akteurbezogene Zeitdifferenz verschiedener *Politics* (vgl. *Riescher* 1994).

3. In der aktuellen Theoriediskussion dominieren zwei Problem- oder Erfahrungskreise, die den Zusammenhang von Politik und Zeit verstärkt herstellen: Zum einen die zunehmende Geschwindigkeit wiss. und technischer Innovationen und ihre Auswirkungen auf die Politik; und zum anderen die polit. Transformationsprozesse in Mittel- und Osteuropa unter den Aspekten Systemwechsel und Synchronisation.

(1) Politik und Gesellschaft, unter den Bedingungen der Moderne, sind einem nie gekannten Evolutionstempo wiss., kultureller, technischer, kommunikationstechnischer und ökon. Innovationen ausgesetzt. Daraus resultiert eine zunehmende «Fremdheit der Vergangenheit», die in immer kürzeren Abständen die Identifizierung und das Verstehen eines gerade erst vergangenen Zeitraums verhindert und zugleich eine Verkürzung der Jahre, «über die hinaus wir damit rechnen dürfen, daß die Zukunft der Gegenwart in wesentlichen strukturellen Hinsichten gleichen werde» (*Lübbe* 1988: 1244). Obgleich diese Erfahrung seit dem ausgehenden 18. Jh., insbes. seit der Französischen Revolution, gilt (vgl. *Koselleck* 1989: 67–104)

und mit dem Bau der Eisenbahn im 19. Jh. einen Höhepunkt erlebt, hat sich das *Evolutionstempo* in der zweiten Hälfte des 20. Jh. durch die elektronische Revolution und die modernen Kommunikationstechniken spürbar beschleunigt (*Giddens* 1991). Die Zeitdimension der Gegenwart, in der Politik sich vollzieht, scheint sich immer schneller zu verflüchtigen und von vergangenen Entscheidungen und Planungen für die immer näher rückende Zukunft überlagert zu werden. Die Geschichte des polit. Systems bleibt mit den getroffenen polit. Weichenstellungen in der Gegenwart präsent und kann den aktuellen Handlungsspielraum soweit einengen, daß das «Abtragen von polit. Altlasten» zum Hauptinhalt gegenwärtiger Politikentscheidungen wird. Umgekehrt läßt sich auch die Zukunft nicht auf spätere Legislaturperioden verschieben (*Wendorff* 1988). Zukunftsgestaltende polit. Maßnahmen und polit. Planungen müssen in der Gegenwart getroffen werden, auch wenn das Wissen über die künftige Entwicklung ungenau und unsicher erscheint. Für *H. Lübbe* (1988: 1247) ist die moderne Gesellschaft «mehr als jede Gesellschaft zuvor, auf den Sozialkitt des Vertrauens angewiesen», um den sozialen Zusammenhalt in einer im ganzen «prinzipiell nicht prognostizierbaren» Zukunft nicht zu gefährden. Durch die Verlagerung polit. Probleme (z. B. hohe Staatsverschuldung; Umweltschutzfragen im Atomzeitalter) auf die Zeitachse der Zukunft gerät der die moderne Politik legitimierende Verfassungskonsens an seine Grenzen. Die in die Verfassung eingebauten Fortschritts- und Zukunftsklauseln sind zwar geeignete Instrumente und Verfahren zur «Anbindung der Verfassung an die Zeit», doch sie können einer polit. entschiedenen «Vorverwirkung» von Verfassungsrechtsgütern künftiger Generationen nicht entgegenwirken. Demokratie als «Macht in der Zeit» wird durch fehlenden Gestaltungsspielraum, durch irreversible Fakten und kaum mehr erträgliche Belastungen *ad absurdum* geführt (*Häberle* 1990: 289–343). In diesem Zusammenhang stellt sich die Frage nach den «Grenzen des Mehrheitsprinzips» neu. Unumkehrbare, die Zukunft von Generationen riskierende Entscheidungen, wie Nuklear- und Umweltfragen, sind durch die Berufung auf aktuelle polit. Mehrheiten allein nicht zu rechtfertigen: «Zeiten des tiefgreifenden Wert- und Orientierungswandels können für die Anwendbarkeit der Mehrheitsregel als Pazifizierungsinstrument sehr enge Grenzen ziehen» (*Guggenberger/Offe* 1984: 11). Dies sind zugleich die Ausgangspunkte der Diskussion um die Reversibilität bzw. Irreversibilität polit. Entscheidungen. *H. Nowotny* (1989: 47 ff.) beschreibt diese Problematik unter der Prämisse der «erstreckten Gegenwart»: Da die linear vorgezeichnete, mit konditionalen Negativa angefüllte Zukunft bedrohlich nahe an die Gegenwart heranrücke, müssen jetzt Lösungen gefunden werden: «Die Beschwörung der Zukunft, in deren Namen lange Zeit polit. Handeln legitimiert wurde, mußte abgekürzt und zumindest teilweise in die Gegenwart verlegt werden» (ebd.: 52). Für die dringlich anstehenden polit. Entscheidungen wird durch die Erstreckung der Gegenwart mehr Zeit zur Verfügung gestellt. Die erstreckte Gegenwart, die im Ggs. zum punktuellen Augenblick als Dauer konstruiert ist, hält die Zeit soweit offen, daß Entscheidungen nicht linear und damit irreversibel in die Zukunft gerichtet werden müssen, sondern rückgängig gemacht und in einem zyklischen Ablauf erneuert oder anders getroffen werden können. Politik und Gesellschaft entscheiden über das chronologische Ausmaß dieser erstreckten Gegenwart. Polit. Systeme konstruieren daraus ihre «Eigenzeit», die Zeit, die sie sich individuell für polit. Entscheidungen, z. B. als Legislaturperiode oder als Termine und Befristungen polit. Prozesse reversibel zur Verfügung halten (vgl. *Riescher* 1994). Dies gehört in *Niklas Luhmanns* Systemtheorie zu den Ordnungsleistungen sozialer Systeme. «Temporalisierte Systeme» – und dazu gehören alle Kommunikations- und Handlungssysteme – müssen «die Differenz von Reversibilität und Irreversibilität» ständig erbringen (*Luhmann* 1979: 41). Denn sie sind über ihre Systemereignisse, die nicht dauern, sondern im Augenblick wieder verschwinden, der Zeit und damit auch einem massiven Zeitdruck ausgesetzt. Es kommt für sie darauf an, Zeit reversibel zur Verfügung zu stellen, die Gegenwart zu dehnen und autonome, von der Systemumwelt unabhängige Zeitstrukturen auszudifferenzieren. Soziale Systeme leisten dies durch Strukturbildung: durch die Verknüpfung von Handlungen oder Ereignissen zu Handlungs- oder Ereignisketten (Strukturen), die dann auf Dauer bereitgehalten und zu einem späteren Zeitpunkt wiederverwendet werden können. Für polit. Systeme bedeutet dies u. a.: Zeitautonomie gegenüber der Systemumwelt, Zeitgewinn für das Aushandeln von Entscheidungen und die Reversibilität polit. Entscheidungen (vgl. *Luhmann* 1980).

(2) Für das beginnende 21. Jh. gilt mehr denn je, daß polit. Entwicklung nicht ausschließlich als lineares Fortschrittsmodell betrachtet werden kann, sondern daß Reversibilität und Irreversibilität zur Dialektik von Modernisierung und Gegenmodernisierung gehören. Das Bild des Zeitpfeiles, das seit der Französischen Revolution eine geradlinige temporale Richtung für sozialen, polit. und ökon. Fortschritt symbolisiert, wird derzeit in der Empirie überlagert von den rhythmischen Wiederholungen vormoderner Zeitkreisvorstellungen. Denn die Transformationsprozesse in Mittel- und Osteuropa machen deutlich, daß der Systemwechsel weder linear noch zyklisch verläuft. Die polit. Entwicklung vollzieht sich vielmehr in Spiralbewegungen. Fortschrittsversuche zur Marktwirtschaft und zur polit. Demokratisierung werden in der Zeitspirale aufgehalten, «re-zykliert» (*Nowotny* 1990: 75) durch konservative Kräfte und Putschversuche und durch wirtschaftl. Mißerfolge in der Privatisierung. Diese Schwierigkeiten, kontinuierliche Teilerfolge zu erzielen, werden hervorgerufen durch das «Dilemma der Gleichzeitigkeit» polit., ökon. und territorialer Veränderungen (*Offe* 1994: 57). Während in stabilen polit. Systemen die Synchronisation verschiedener Akteure für gemeinsame *policies* und zur Systemstabilisierung und Effizienzsteigerung unabdingbar ist (*von Beyme* 1992), wird Gleichzeitigkeit in Systemwandlungsprozessen zum Problem. In nahezu allen polit. Systemen Mittel- und Osteuropas treten Grenz-, Verfassungs- und *Policy*-Probleme gleichzeitig auf, ohne daß die unterschiedlichen Zeitstrukturen, die den verschiedenen Ebenen zugrunde liegen, berücksichtigt werden können. Die übliche zeitliche Geltung von Jh. für Nationen, Jahrzehnten für Verfassungen und weniger Jahre für Regierungen und Gesetze sind in einem Problemsynchronismus aufgehoben: Es sind dies. Akteure, die nach aktuellen Vorteilen und kurzfristigen Zweckkriterien über alle Zeit- und Systemebenen gleichzeitig entscheiden. Finden diese Transformationen des polit. Systems zudem zeitgleich mit sozialen und ökon. Modernisierungen statt, sind es wieder diese «Transformationseliten» (*von Beyme* 1994: 81), die versuchen, über die Marktwirtschaft eine Demokratisierung von Politik und Gesellschaft zu erreichen. Doch was bisher fehlt, «sind Ansätze, die eine Gleichzeitigkeit der Entwicklung zur Demokratie und zur Marktwirtschaft plausibel machen können» (ebd.). Das Dilemma der Gleichzeitigkeit wird zum Risiko, weil weder im polit. noch im ökon. Bereich Zeitstrukturen existieren, die verläßlich Vorrangiges von Nachrangigem trennen und ein -gesamtgesellschaftl. anerkanntes zeitliches Nacheinander institutionalisieren.

Damit zeigt sich, daß über die aktuellen Gegenwartsprobleme der Zeitkoordination hinaus ein Gesamtkonzept von Politik und Zeit relevant bleibt. Denn Zeit ist für alle polit. Systeme und über alle polit. Entwicklungslinien hinweg Machtmittel und Herrschaftsfaktor, *fortune* und Problemdimension, Erfordernis und Funktion. Sie gibt Handlungsressourcen und ermöglicht polit. Handlungsautonomie. Sie ist die Dimension, in der Politik sich vollzieht.

→ Demokratie; Politikbegriffe; Reform; Systemtheorie; Systemwechsel; Vertragstheorien.

Lit.: *Assmann, J.* 1990: Das Doppelgesicht der Zeit im altägyptischen Denken, in: *Gumin, H./Meier, H.* (Hrsg.): Die Zeit, Dauer und Augenblick, Mchn., 189–223. *Bergmann, W.* 1981: Die Zeitstrukturen sozialer Systeme. Eine systemtheoretische Analyse, Bln., *Beyme, K. von* 1992: Zusammenlegung von Wahlterminen. Entlastung der Wähler – Entlastung der Politiker?, in: ZParl 23, 339–353. *Beyme, K. von* 1994: Systemwechsel in Osteuropa, Ffm. *Dohrn-van Rossum, G.*

1992: Die Geschichte der Stunde. Uhren und moderne Zeitordnungen, Mchn./Wien. *Elias, N.* ²1989: Über die Zeit, Ffm. (zuerst 1984). *Gadamer, H.-G.* 1987: Über leere und erfüllte Zeit, in: *ders.*: Gesammelte Werke, Bd. 4, Tüb., 137–153. *Guggenberger, B./Offe, C.* (Hrsg.) 1984: An den Grenzen der Mehrheitsdemokratie, Opl. *Guggenberger, B.* 1993: Unterwegs im Nirgendwo. Von der Raum- zur Zeitordnung, in: Universitas 4, 310–323. *Häberle, P.* 1990: Zeit und Verfassungskultur, in: *Gumin, H./Meier, H.* (Hrsg.): Die Zeit. Dauer und Augenblick, Mchn., 289–343. *Heidegger, M.* ¹⁵1979: Sein und Zeit, Tüb. (zuerst 1927). *Koselleck, R.* 1989: Vergangene Zukunft. Zur Semantik geschichtlicher Zeiten, Ffm. *Landes, D.* 1983: Revolution in Time. Clocks and the Making of the Modern World, Camb. u. a. *Lübbe, H.* 1988: Zeit-Verhältnisse. Über die veränderte Gegenwart von Zukunft und Vergangenheit, in: Universitas 12, 1239–1248. *Luhmann, N.* 1971: Die Knappheit der Zeit und die Vordringlichkeit des Befristeten, in: Politische Planung, Opl., 143–164. *Luhmann, N.* 1979: Temporalstrukturen des Handlungssystems, in: *Schluchter, W.* (Hrsg.): Verhalten, Handeln und System, Ffm., 32–67. *Luhmann, N.* 1984: Systemtheorie, Ffm. *Luhmann, N.* ²1993: Temporalisierung von Komplexität, in: *ders.*: Gesellschaftsstruktur und Semantik., Bd. 1, Ffm. (zuerst 1980 ff.), 235–300. *Mayr, O.* 1987: Uhrwerk und Waage, Mchn. *Meinzer, M.* 1988: Der französische Revolutionskalender und die «Neue Zeit», in: *Koselleck, R./Reichardt, R.* (Hrsg.): Die Französische Revolution als Bruch des gesellschaftlichen Bewußtseins, Mchn., 23–60. *Meinzer, M.* 1992: Der französische Revolutionskalender (1792–1805), Mchn. *Negt, O.* 1987: Lebendige Arbeit, enteignete Zeit, Ffm./NY. *Nowotny, H.* ³1990: Eigenzeit. Entstehung und Strukturierung eines Zeitgefühls, Ffm. (zuerst 1989). *Riescher, G.* 1994: Zeit und Politik, Baden-Baden. *Schmied, G.* 1985: Soziale Zeit. Umfang, «Geschwindigkeit» und Evolution, Bln. *Schütz, A./Luckmann, T.* 1979: Strukturen der Lebenswelt, 2 Bde., Ffm. *Wendorff, R.* 1988: Der Mensch und die Zeit, Opl.

Gisela Riescher

Zensus, Bezeichnung für eine periodische, amtlich vorgenommene Erhebung objektiver demographischer Daten (im Ggs. etwa zur Meinungsforschung; → Demoskopie) in größeren repräsentativen → Stichproben der Gesamtbev. (oder gar in der gesamten Bev., wie bei den Volkszählungen in der BRD 1950, 1961, 1970 und 1987).

Allgemeiner werden darunter aber auch unregelmäßige Erhebungen im Aufgabenbereich amtl. und öff. Statistik gefaßt, wie z. B. im Bereich der Landwirtschaft oder in bestimmten Industriebereichen. Es geht dabei grundsätzlich um die Beschreibung von Massenphänomenen, meist mit dem Ziel einer besseren Planbarkeit polit. Maßnahmen. Der wichtigste Z. der amtl. Statistik ist der Mikrozensus, bei dem auf der Grundlage eines Gesetzes jährlich 1 % der Gesamtbev. u. a. nach Angaben zu Haushalt, Familie und Beruf befragt werden. Bestimmte Teile des Mikrozensus werden auch nur in größeren Abständen erhoben (z. B. Fragen zur Bildung und zur Gesundheit). Hinzu kommen Zusatzerhebungen in einzelnen Bundesländern.

Lit.: *Esser, H.* 1989: Mikrozensus im Wandel: Untersuchungen und Empfehlungen zur inhaltlichen und methodischen Gestaltung. Stg. *Grohmann, H.* 1999: Volkszählung 2001: von der traditionellen Volkszählung zum Registerzensus, Gött. *Kirchner, R.* 1999: Auswirkungen des neuen Saisonbereinigungsverfahrens Census X-12-ARIMA auf die aktuelle Wirtschaftsanalyse in Deutschland, Ffm. *Scheuch, E. K.* u. a. 1989: Volkszählung, Volkszählungsprotest und Bürgerverhalten: Ergebnisse der Begleituntersuchung zur Volkszählung 1987, Stg. *Wingen, M./Deininger, R.* 1987: Kontinuität und Wandel – Die amtliche Statistik in der ersten Hälfte der achtziger Jahre, Statistisches Landesamt Baden-Württemberg (Hrsg.), Stg.

Jürgen Kriz

Zensuswahlrecht → Wahlrecht

Zentralbanken, auch als Notenbanken bezeichnet, sind staatl. Institutionen, die die zentrale Aufgabe haben, die Währung eines Landes nach innen (Kaufkraft) und außen (Wechselkurs) zu sichern. Sie fungieren darüber hinaus meist als «Hausbank» des Staates und verwalten die Währungsreserven ihres Landes.

Sie verfügen über das rechtl. oder faktische Monopol der Ausgabe von Banknoten als gesetzlichem Zahlungsmittel und versuchen, als «Bank der Banken» den Geldumlauf der Wirtschaft durch ihre → Geld- und Kreditpolitik zu steuern. Dazu dienen u. a. die Geldmengenpolitik, aber auch die Lombard- und Diskontpolitik, also die Festlegung der Zinssätze, zu denen die Geschäftsbanken bei den Z. durch Verpfändung von Wertpapieren und Schuldbuchforderungen Kredite aufnehmen können. Mit diesen Instrumenten können Z. den Geldumlauf und den Liquiditätsbedarf steuern. Hinzu kommen Instrumente der → Währungspolitik zur Beeinflussung der → Zahlungsbilanz.
Die Rolle der Z. ist abhängig vom Wirtschaftssystem (→ Marktwirtschaft, → Planwirtschaft) und ihrer institutionellen, funktionellen und personellen Unabhängigkeit, insbes. im Verhältnis zur Regierung. Betont unabhängige Zentralbanken, wie die Deutsche Bundesbank und die nach ihrem Modell geschaffene Europäische Zentralbank, sind als «vierte Gewalt» charakterisiert worden. Die mit der Unabhängigkeit verbundene Konfliktmöglichkeit mit der von der Regierung gesteuerten Wirtschafts- und → Finanzpolitik wird als Einbruch der Expertokratie in den demokratischen Verfassungsstaat einerseits kritisiert, andererseits wird die Unabhängigkeit mit der nach empirischen Studien erreichten größeren Geldwertstabilität und deren grundrechtsähnlichem Rang auch verteidigt.

Lit.: → Geld- und Kreditpolitik.

Uwe Andersen

Zentralismus, Bezeichnung für die normativen und strukturellen Tendenzen zur Konzentration kultureller, polit., administrativer und ökon. Steuerungskapazitäten in → Staat und → Gesellschaft in einem Zentrum (*Sharpe* 1979: 9 ff.).

Prototyp des Z. ist der Einheitsstaat, der neben der Gemeinde keine weitere subnat. Ebene kennt und der im Prinzip hoheitliche Rechte nicht mit regionalen Körperschaften zu teilen braucht, wie dies in (dezentralisierten) Bundesstaaten der Fall ist, in denen Gliedstaaten oder autonome Regionen sich eines erheblichen Maßes an → Autonomie erfreuen. Freilich büßt der Staat durch Verlagerung von Kompetenzen auf supranat. Ebenen oder internat. Organisationen einerseits und durch die Ausübung staatl. Funktionen in Kooperation mit gesellschaftl. Akteuren andererseits die Voraussetzungen ein, den Z. zu verwirklichen, so daß (a) Z. besser als prozeßhaftes Geschehen und (b) in unterschiedlichen Graden der Zentralisierung bzw. der gegenteiligen Dimension, der Dezentralisierung, erfaßt werden sollte.

Lit.: *Sharpe, L. J.* (Hrsg.) 1979: Decentralist Trends in Western Democracies, L./Beverly Hills. *Veliz, C.* 1980: The Centralist Tradition of Latin America, NY.

Dieter Nohlen

Zentralstaat, in vertikal differenzierten → Politischen Systemen die Bezeichnung für die nat., auch bundesstaatl., zentrale Ebene des Staates (engl. = *national, federal, central government*).

In dieser Terminologie bilden Gliedstaaten und Z. den föderalen Gesamtstaat. Vom Z. ist folglich der Typ des → Einheitsstaates zu unterscheiden, in dem die Staatsgewalt in den Organen einer polit. Systemebene für das gesamte Staatsgebiet konzentriert und der vertikale Staatsaufbau hierarchisch organisiert ist, die nachgeordneten Institutionen der → Verwaltung damit weisungsabhängig sind.

→ Bundesstaat; Föderalismus; Staat.
Lit.: → Föderalismus; Staat.

Rainer-Olaf Schultze

Zentrum-Peripherie-Modell, zur Analyse der Abhängigkeitsbeziehungen in der gegenwärtigen Weltgesellschaft verwandtes Konstrukt, in welchem die kapitalistischen Industrienationen (Zentrum) die Entwicklungsländer (Peripherie) wirtschaftl. und polit. dominieren, in Abhängigkeit halten und deren Entwicklungschancen beeinträchtigen.

Das Z.-P.-M. entstammt imperialismustheoretischen Vorstellungen, wurde von der CEPAL (→ *Cepalismo*) mit einer außenhandelstheoretischen Fundierung versehen und lag auch der → *Dependencia* zugrunde. Es hebt v. a. auf die Gleichzeitigkeit von Entwicklung (der Industrieländer) und Unterentwicklung (der Entwicklungsländer) ab. Mit Konzepten wie «Subimperialismus» (*R. M. Marini)* und «Semiperipherie» (*I. Wallerstein)* wurde versucht, den Statusdifferenzierungen und -veränderungen im Weltsystem gerecht zu werden, die sich mit einem schlichten Zwei-Klassen-Schema des Z.-P.-M. nicht mehr abbilden ließen.

→ Dependencia.

Lit.: *Senghaas, D.* (Hrsg.) 1974: Peripherer Kapitalismus, Ffm. *Nohlen, D.* 1999: Raúl Prébisch (1901–1986). Das Zentrum-Peripherie-Modell der internationalen Wirtschaftsbeziehungen, in: Entwicklung und Zusammenarbeit 11, 316–319.

Andreas Boeckh

Zero-sum-game → Nullsummenspiel

Ziel/Mittel-Relation → Kosten/Nutzen-Analyse

Zirkuläre Verursachung → Circulus vitiosus

Ziviler Ungehorsam, auch bürgerlicher Ungehorsam (engl. *civil disobedience*), werden gesetzwidrige, den Gehorsam verweigernde Handlungen genannt (Steuerstreik; Sit-in; Sitzblockade usw.), die aufgrund einer moralischen Motivation auf eine Änderung bestehender Gesetze bzw. der Regierungspolitik abzielen.

Z. U. beruht auf einer Gewissensentscheidung im Spannungsverhältnis von → Legalität und → Legitimität. Er ist zivil, insofern er (1) öff. und (2) gewaltlos ist, (3) die Legitimität der jeweiligen staatl. Ordnung nicht grundsätzlich in Frage stellt und deshalb (4) die für den Fall der Regelverletzung angemessene rechtl. Sanktionen einkalkuliert. In seinen symbolischen Aktionsformen ist z. U. auf eine funktionierende, demokratische → Öffentlichkeit oder zumindest auf einen auf → Menschenrechte und → Rechtsstaat verpflichteten Staat angewiesen. In totalitären Regimen scheint konspirativer, wenn notwendig gewaltsamer → Widerstand zweckdienlicher. Als Konzept bereits 1848 von *H. D. Thoreau* formuliert, wird z. U. erst durch die Lehren *M. Gandhis* und *M. L. Kings* und deren Erfolg in der indischen Unabhängigkeitsbewegung und der amerikan. → Bürgerrechtsbewegung populär. Das herrschende angloamerikan. Verständnis von z. U. ist in *J. Rawls'* → Vertragstheorie präzisiert. In D fehlt es – wie zuletzt die Auseinandersetzung um die Nachrüstung und die friedliche Nutzung der Atomkraft gezeigt hat – an einer eindeutigen Trennung von z. U. und Widerstand.

Lit.: *Glotz, P.* 1983: Ziviler Ungehorsam im Rechtsstaat, Ffm. *Komitee für Grundrechte und Demokratie* (Hrsg.) 1992: Ziviler Ungehorsam. Traditionen, Konzepte, Erfahrungen, Perspektiven, Sensbachtal. *Laker, T.* 1986: Ziviler Ungehorsam. Geschichte – Begriff – Rechtfertigung, Baden-Baden. *Thoreau, H. D.* 1973: Über die Pflicht zum Ungehorsam gegen den Staat – und andere Essays, Zürich.

Günter Rieger

Zivilgesellschaft bezeichnet eine Sphäre kollektiven Handelns und öff. Diskurse, die zwischen Privatbereich und Staat wirksam ist. Ihren organisatorischen Kern bildet eine Vielzahl pluraler, auch konkurrierender Assoziationen, die ihre Angelegenheiten relativ autonom organisieren und ihre materiellen wie immateriellen Interessen artikulieren. Ihr Spektrum umfaßt u. a. → Bürgerinitiativen und Bürgerrechtsgruppen, Verbände und → Interessengruppen, Kultur- und Bildungseinrichtungen, religiöse Vereinigungen, Entwicklungsorganisationen und Selbsthilfegruppen. Polit. → Parteien (*political society*) werden gewöhnlich nicht zur Z. gerechnet, da sie funktional zu eng auf die Erlangung staatl. Ämter ausgerichtet sind. Ebenso werden die auf Profit ausgerichteten Privatorganisationen des Marktes (*economic society*: Firmen, Konzerne) i. d. R. nicht als Akteure der Z. bezeichnet.

In einer schärferen Konturierung des Konzeptes gilt als charakteristisches Signum einer funktionierenden Z. die doppelte Selbstbegrenzung ihrer Akteure: Erstens erzielen sie ihre polit. Wirkung nicht durch das Streben nach polit. Macht, sondern – i. d. R. vermittelt über die Öff. – durch polit. Einflußnahme auf staatl. Institutionen oder polit. Parteien. Zweitens gilt als spezifisch ziviles Signum der Z., daß die Akteure einen normativen Basiskonsens teilen, dessen Kern Gewaltfreiheit und Toleranz sind. Eine funktionsfähige Z. bedarf ihrerseits rechtsstaatl. gesicherter Handlungsbedingungen, insb. polit. Freiheits- und individueller Bürgerrechte. Ansonsten sind ihre Entfaltungschancen prekär und durch ein unbalanciertes Verhältnis zum Staat beeinträchtigt (vgl. *Lauth/Merkel* 1997: 19–26; *Janoski* 1998: 12–17).

1. Die Idee der Z. als einer vom Staat unterscheidbaren, eigendynamischen Handlungssphäre reicht zurück in die polit. Philosophie des 18. Jahrhunderts. Ihre Renaissance in Politik und Wiss. begann im Zuge gesellschaftl. Veränderungs- und Lernprozesse seit den 1970er Jahren. Zunächst diente sie in Lateinamerika angesichts autoritärer Regressionen als Leitbild, um eine neue Vision zukünftiger Demokratien zu entwickeln. Ihr Durchbruch in den 1980er Jahren speiste sich aus zwei verschiedenen Kontexten, die sich gleichwohl überschnitten: zum einen aus den aufkeimenden polit. Auseinandersetzungen in Osteuropa (v. a. Polen, CSSR, Ungarn), wo Z. als Kampfbegriff gegen staatl. Allmacht verstanden und benutzt wurde; zum anderen aus einer Perspektivdiskussion innerhalb der westl. Industriegesellschaften, in der es um neue, weniger staatsfixierte Ansatzpunkte und Strategien progressiver Politik ging. Der dt. Terminus Z. taucht hier als Neuübersetzung von *civil society (Locke), société civile (Tocqueville)* oder *società civile (Gramsci)* auf, um die Konnotationen des *Hegel*schen Begriffs der bürgerlichen Gesellschaft (vgl. *Riedel* 1975) zu umgehen; verwandte Begriffe sind Bürgergesellschaft (*R. Dahrendorf*) oder zivilcouragierte Gesellschaft (*U. Beck*).

2. Die Rolle der Z. in neuzeitlich-modernen Gesellschaftsgefügen ist von der polit. Philosophie und Theorie unterschiedlich konzipiert und bewertet worden. Die verschiedenen Diskussionsstränge zeichnen sich v. a. durch divergierende Sichtweisen des Verhältnisses zwischen Z. und → Staat bzw. → Demokratie aus und weisen ihr entsprechend verschiedene Funktionen zu (vgl. *Cohen/Arato* 1993; *Croissant/Lauth/Merkel* 2000: 11–21).

(1) Im liberalen Verständnis wird Z. i. S. *John Lockes* als vorgängiger Freiraum gegenüber dem Staat gedacht. Sie zeichnet sich aus durch weitgehende Selbstregulierung, Pluralität, Autonomie und ‹Zivilität› der kollektiven Akteure auf der Basis eines allg. Bürgerstatus. Nur durch eine solche Bürgergesellschaft wird das Ziel der → Freiheit gewährleistet, indem die Bürger ihre Anrechte auch wahrnehmen und gegenüber dem Staat behaupten. Z. besitzt so primär eine Schutzfunktion für deren priv. Autonomie.

(2) In der republikanischen Tradition wird Z. in einer engeren Verschränkung mit der polit. Sphäre gesehen. Eine Richtung verbindet mit Z. ein offenes Projekt fortschreitender → Demokratisierung über die Schaffung

und Aufrechterhaltung einer öff. Sphäre der Meinungs- und Willensbildung (*Hannah Arendt*). Z. wird hier als komplementär zum institutionalisierten Prozeß der demokratischen Selbstgesetzgebung (Parteien, Parlamente) verstanden, der zwar notwendiger Rahmen ist, aber das Demokratieprinzip immer nur zeitbedingt verkörpert und durch eine aktive Z. immer wieder aktualisiert werden muß (vgl. *Rödel* u. a. 1989). Ebenso in dieser Tradition steht die auf *Tocqueville* zurückgehende Auffassung, daß eine aktive, pluralistisch-partizipatorische Z. den Ort zur Herausbildung und Einübung von Bürgertugenden darstellt und damit als Unterbau und Schule der Demokratie fungiert (Vermittlungs- und Sozialisationsfunktion; → Politische Sozialisation).

(3) Die am Ideal einer freien → Öffentlichkeit orientierte Konzeption (vgl. *Habermas* 1994: 399–467) greift liberale und republikanische Gedanken auf, ist jedoch weitaus skeptischer hinsichtlich der Wirkungsmacht von Z. und weist ihr v. a. eine Kommunikationsfunktion zu. Sie soll die Resonanz aufnehmen, die die gesellschaftl. Problemlagen in den priv. Lebensbereichen finden, und lautverstärkend an die polit. Öff. weiterleiten. Grundrechtl. Garantien werden auch hier als notwendige Bedingung vorausgesetzt, reichen allerdings für eine intakte polit. Öff. nicht aus. Vielmehr muß eine vitale Z. diese Strukturen intakt halten, was nicht zuletzt auch von einer förderlichen Zivilkultur abhängt.

(4) Die herrschaftskritische Konzeption in der Nachfolge *Antonio Gramscis* versteht Z. als kulturelle Sphäre neben Wirtschaft und Politik, in der an der Aufrechterhaltung oder Veränderung gesellschaftl. Hegemonialstrukturen gewirkt wird. In ihr werden die herrschaftskonformen Ideologien und Konsense erzeugt, die allerdings nicht als unveränderlich gelten. Vielmehr ist gerade Z. das Feld, in dem sich künftige Entwicklungswege durch Auseinandersetzungen über den gesellschaftl. Grundkonsens entscheiden. In dieser Lesart wird am deutlichsten, daß Z. von Machtstrukturen geprägt ist und überdies auch Ambivalenzen gegenüber der Demokratie aufweisen kann.

3. Insbes. die Transitionsforschung hat Illusionen über die reformerische und demokratiefördernde Kraft der Z. in den neuen Demokratien in Osteuropa, Afrika, Asien und Lateinamerika korrigiert (vgl. *Merkel* 2000; *Diamond* 1999: 218–260; *Hall* 1995). In vielen Ländern erweist sie sich oft als zu schwach oder gar prekär, um ihre Anliegen und Funktionen gegenüber den machtvollen Strukturen von Staat, polit. und ökon. Gesellschaft zu behaupten. Für eine Vertiefung der Demokratien rückt damit mehr das Wechselspiel mit gefestigteren demokratischen und rechtsstaatl. Institutionen sowie nicht zuletzt mit sozioökon. Bedingungen in den Blick. Umgekehrt beinhaltet Z. selbst Gefährdungspotenziale für polit. Stabilität und auch für Demokratie, insb. dann, wenn sie über ethnische oder nationalistische Spaltungen ausgerichtet ist (Ex-Jugoslawien, einige Länder Afrikas, aber ansatzweise auch im spanischen Baskenland). Dies verweist auf die Schattenseiten der Z., da sie auch intoleranten Gruppen und Diskursen (etwa Ausländerfeindlichkeit) eine Bühne bietet, die ihr selbst den Nährboden entziehen.

Lit.: *Croissant, A./Lauth, H.-J./Merkel, W.* 2000: Zivilgesellschaft und Transformation: ein internationaler Vergleich, in: *Merkel, W.* (Hrsg.): 9–49. *Cohen, J./Arato, A.* 1993: Civil Society and Political Theory, Camb./Mass. *Diamond, L.* 1999: Developing Democracy: Toward Consolidation, Baltimore/L. *Frankenberg, G.* 1997: Die Verfassung der Republik. Autorität und Solidarität in der Zivilgesellschaft, Ffm. *Habermas, J.* 1994: Faktizität und Geltung, Ffm. *Hall, J. A.* (Hrsg.) 1995: Civil Society. Theory, History, Comparison, Camb. *Janoski, T.* 1998: Citizenship and Civil Society, Camb. *Keane, J.* (Hrsg.) 1988: Civil Society and the State, L. *Lauth, H.-J./Merkel, W.* (Hrsg.) 1997: Zivilgesellschaft im Transformationsprozeß, Mainz. *Linz, J./Stepan, A.* 1996: Problems of Democratic Transition and Consolidation, Baltimore. *Merkel, W.* (Hrsg.) 2000: Systemwechsel 5: Zivilgesellschaft und Transformation, Opl. *Riedel, M.* 1975: «Gesellschaft, bürgerliche», in: *Brunner, O.* u. a. (Hrsg.): Geschichtliche Grundbegriffe, Stg., 719–800. *Rödel, U./Frankenberg, G./Du-*

biel, H. 1989: Die demokratische Frage, Ffm.

Peter Thiery

Zollunion → Integration

Zufallsstichprobe → Auswahlverfahren

Zweck-Mittel-Analyse, auch Zweck-Mittel-Argumentation/Relation/Schema/Verhältnis sowie in Verbindung mit Ziel: Ziel-Mittel-Analyse usw. Sie bezeichnet in Handlungstheorien Analysemethoden/Modelle, mit deren Hilfe Ziel, Mittel und Werte in ihrer Beziehung zueinander untersucht werden, etwa um die Zweckmäßigkeit des Handelns zu beurteilen oder die Wahl der Mittel zur Erreichung gesetzter Ziele zu begründen (Zweck-Mittel-Argumentation). Die Unterscheidung zwischen Zweck und Mittel erfolgte zu analytischen Zwecken und läßt sich keineswegs in der Weise begründen, daß Zwecke wertorientiert seien, Mittel hingegen wertneutral. Zwecke können Mittel sein und umgekehrt.

1. In der philosophischen Diskussion werden die Begriffe Zweck und Ziel nahezu synonym verwendet. Beide Begriffe sind teleologisch und im Bereich menschlichen Handelns angesiedelt: Ziele lassen sich nur durch aktives Handeln des Menschen verwirklichen. Als gedankliche Vorwegnahme zukünftiger Zustände werden Ziele bewußt ausgewählt (qualitativ bestimmt), festgelegt (quantitativ bestimmt) und soweit möglich herbeigeführt, wobei – nach Wissenschaftstheorien – unterschiedliche Handlungsmodelle in Frage kommen. Grundsätzlich kann zwischen einem synoptischen Zielbegriff, mit dem an Theorien angebundene Idealziele gesetzt werden, und einem inkrementalen Zielbegriff, mit dem relativ theorielos schrittweise Veränderungen in Richtung auf revidierbare Ziele angestrebt werden, unterschieden werden. Unter Berücksichtigung des Mitteleinsatzes wird i. d. R. zwischen Ziel und Zweck in der Weise unterschieden, daß der Zweck die zur Erreichung eines Ziels eingesetzten Mittel einschließt. Danach wird jedes Ziel zu einem Zweck, wenn es unter Einsatz bestimmter Mittel bewußt angestrebt wird. In diesem Begriffsverständnis bezeichnete *Max Weber* (1972: 13) soziales Handeln als zweckrational, wenn es «nach Zweck, Mitteln und Nebenfolgen orientiert [ist] und dabei sowohl die Mittel gegen die Zwecke, wie die Zwecke gegen die Nebenfolgen, wie endlich auch die verschiedenen möglichen Zwecke gegeneinander rational» abgewogen werden. In systemtheoretischer Perspektive definierte *N. Luhmann* (1973: 188): «Zwecke sind subjektive Vorstellungen künftiger Wirkungen, und zwar subjektiv nicht nur als Erwartung eines faktischen Verlaufs, sondern auch als Wertschätzung, die über den lohnenden Einsatz systemeigener Kräfte bestimmt.»

2. Grundsätzlich kann die Z.-M.-A. in zwei Richtungen erfolgen: entw. in Richtung der Ziele, mit denen Handlungen gerechtfertigt werden, oder in Richtung der Mittel, die mehr oder weniger geeignet sein können, die Ziele zu erfüllen oder zu verändern.

In der Z.-M.-A. sind folgende Fragestellungen wichtig: (1) Zielkonflikte oder die Widerspruchsfreiheit von Zielen. Eine rein logische Widerspruchsfreiheit ist z. B. dann gegeben, wenn nicht gleichzeitig ein Ziel und seine Negation vertreten werden. Zur Lösung von Zielkonflikten eignet sich ein «Mehr oder Weniger» zugunsten einer bestimmten Entscheidung statt eines «Entweder – Oder». Auch bieten sich Zielhierarchien an, denen entscheidungstheoretisch das Kriterium der Dringlichkeit oder der Schwierigkeit von Entscheidungen zugrunde gelegt werden kann. Die Dringlichkeitsordnung ist dabei ein spezifischer Ausdruck der Werte bzw. Präferenzen eines Individuums, die Schwierigkeitsordnung dagegen Ausdruck faktischer Erfahrungen (*Kirsch* 1971: 188). Denkbar ist auch ein kombinierter Dringlichkeits-Schwierigkeitsindex. (2) Wertigkeitskohärenz von Zweck und Mittel. Die Frage, ob die Mittel mit dem Zweck in ihrer Wertigkeit übereinstimmen, wird freilich relativiert durch das Brauchbarkeitskriterium: Effizienz der Mittel (unter Abstimmung der Mittel mit dem Zweck nach Wertigkeitskohärenz) im Ggs. zur Effektivität der Mittel, bei der die Zwekkerreichung favorisiert wird. (3) Mittelbrauchbarkeit. Ob das gewählte Mittel zur Erreichung des Zwecks geeignet ist, läßt sich an den intendierten und nicht intendierten Folgen erkennen. Problematisch sind Ineffizienz des Mittels (der Zweck wird nicht erreicht) und unbeabsichtigte Nebenfolgen. (4) Nebenwirkungen. Nicht jede Nebenwirkung eines Mittels muß die Erreichung eines Zwecks in Frage stellen. Andererseits können Nebenwirkungen dem Gegenteil dessen gleichen, was urspr. intendiert worden war. (5) Situationseinschätzung. Bewährte Mittel müssen immer wieder neu auf ihre Situationsadäquatheit hin überprüft werden. Neue Lagen können auch durch den Mangel an geeigneten Mitteln gekennzeichnet sein, einen Ist-Zustand in Richtung auf einen Soll-Zustand zu verändern.

→ Analyse; Entscheidungstheorie; Handlungstheorien; Holismus; Inkrementalismus; Kritische Theorie; Kritischer Rationalismus; Rational choice-Theorien; Spieltheorie.

Lit.: *Brezinka, W.* 1976: Erziehungsziel, Erziehungsmittel, Erziehungserfolg, Mchn. *Brockard, H.* 1974: Zweck, in: *Krings, H.* u. a. (Hrsg.): Handbuch philosophischer Grundbegriffe, Bd. 6, Mchn. (Studienausgabe), 1817–1828. *Höffe, O.* 1975: Strategien der Humanität, Freib. *Kirsch, W.* 1970: Entscheidungsprozesse, 3 Bde., Wsb. *Klaus, G./Buhr, M.* [11]1975: Philosophisches Wörterbuch, Lpz. (Lizenzausgabe). *Lenk, H.* (Hrsg.) 1977–80: Handlungstheorien interdisziplinär, 4 Bde., Mchn. *Lütkenhorst, W.* 1982: Zielbegründung und Entwicklungspolitik, Tüb. *Luhmann, N.* 1973: Zweckbegriff und Systemrationalität, Ffm. *Parsons, T.* [4]1959: Toward a General Theory of Action, Camb./Mass. *Weber, M.* [5]1972: Wirtschaft und Gesellschaft, Tüb. *Wright, G. H. von* 1963: Norm and Action, A Logical Inquiry, L.

Dieter Nohlen

Zweckrational, Typus sozialen Handelns. Nach *Max Weber* handelt z., «wer sein Handeln nach Zweck, Mitteln und Nebenfolgen orientiert und dabei sowohl die Mittel gegen die Zwecke, wie die Zwecke gegen die Nebenfolgen, wie endlich auch die verschiedenen möglichen Zwecke gegeneinander rational abwägt: also jedenfalls weder affektuell (und insbes. nicht emotional), noch traditional handelt».

Z. steht auch im Ggs. zu wertrational: «durch bewußten Glauben an den ethisch, ästhetisch, religiös oder wie immer auch sonst zu deutenden – unbedingten Eigenwert eines bestimmten Sichverhaltens rein als solchen und unabhängig vom Erfolg» (*Weber* 1972: 17 f.). In Kritik an den handlungstheoretischen Grundlagen *Webers* entwickelte *J. Habermas* (1982) eine dualistische Handlungstheorie, die zweckrationales (erfolgsorientiertes) Handeln dem kommunikativen (verständigungsorientierten) Handeln gegenüberstellt.

Lit.: *Habermas, J.* 1982: Theorie des kommunikativen Handelns, 2 Bde., Ffm. *Weber, M.* [5]1972: Wirtschaft und Gesellschaft, Tüb.

Dieter Nohlen

Zwei-Ebenen-Spiele, Begriff aus der → Spieltheorie, bezeichnet Verhandlungen, bei denen die beteiligten Akteure auf zwei Ebenen zugleich agieren, so daß das Ergebnis auf der einen Ebene das Verhandlungsergebnis auf der jeweils anderen Ebene mitbestimmt.

Internat. Verhandlungen lassen sich als Z.-E.-S. analysieren, da bei solchen Verhandlungen Regierungsvertreter vielfach nicht nur auf internat. Ebene verhandeln, sondern zugleich auf der innerstaatl. Ebene in Verhandlungen mit gesellschaftl. Gruppen die Umsetzung etwaiger Ergebnisse der Verhandlungen auf internat. Ebene sichern müssen. Dabei hängt das Ergebnis der Verhandlungen auf internat. Ebene insofern vom Fortgang der Verhandlungen auf innerstaatl. Ebene ab, als internat. nur Vereinbarungen getroffen werden können, die innerstaatl. durchzusetzen sind.

→ Verhandlungssystem.

Bernard Zangl

Zweidrittelgesellschaft, von *P. Glotz* geprägter Begriff, der eine spezifische Situation sozio-ökon. → Ungleichheit → Postindustrieller Gesellschaften charakterisiert.

Geänderte Produktionsbedingungen (Technisierung, Rationalisierung usw.) sowie eine neo-liberale → Wirtschafts- und → Sozialpolitik spalten die Gesellschaft in ein sozial abgesichertes, prosperierendes Zentrum und eine von prekären Arbeitsverhältnissen (Teilzeitarbeit, *Mac-Jobs*, geringfügig Beschäftigte usw.), → Arbeitslosigkeit und minderer → Lebensqualität gekennzeichnete Peripherie. Diese Modernisierungsverlierer drohen zu einer in ihren Teilhabe- und Teilnahmechancen dauerhaft ausgegrenzten → Minderheit zu werden, weil sie weder ökon. noch polit. konfliktfähig sind. Wirtschaftl. erscheint das untere Drittel der Gesellschaft entbehrlich. Ihre Arbeitskraft wird nicht gebraucht. Ihre Kaufkraft schwindet. Den Leistungsträgern gelten sie als zu alimentierende, soziale Last. Schließlich geraten sie polit. gegenüber der von den existierenden marktwirtschaftl. und wohlfahrtsstaatl. Verteilungsmechanismen profitierenden Mehrheit in eine strukturelle Minderheitsposition.

→ Neo-Liberalismus.

Günter Rieger

Zweidrittelmehrheit → Mehrheit/Mehrheitsprinzip

Zweiparteiensystem → Parteiensystem

Zweistimmensystem → Personalisierte Verhältniswahl

Zweistufenfluß → Two-step-flow (of communication)

Zweite Kammern → Bikameralismus

Zweitstimme, in der personalisierten Verhältniswahl die Stimme, mit der die Wähler die Landesliste einer Partei wählen und die für die proportionale Zuteilung der Mandate an die Parteien auf Bundesebene zählt.

Dieter Nohlen

Zyklustheoretische Ansätze, gehören in den → Sozialwissenschaften zu den → Entwicklungstheorien. Letztlich basierend auf grundlegenden menschlichen Erfahrungen der Periodizität des eigenen Seins und der Natur oder auch auf (mystifizierenden) Sinnbestimmungen versuchen z. A. aus historischen Abläufen Gesetzmäßigkeiten der Wiederholung abzuleiten und prognostisch nutzbar zu machen. Anfangs waren solche Ansätze auf den Nachweis von im urspr. Wortsinn «Zyklen», also Kreisen, angelegt.

1. Bei *Platon* findet sich einer der ersten Versuche, die Entwicklungsrichtung des Staatswesens zyklisch zu bestimmen. Er ging davon aus, daß auch die polit. Ordnung wie alles Leben oder die Gestirne einem Kreislauf unterworfen sei und konstruierte in der *Politeia* die Abfolge von Philosophenkönigtum, Timokratie, Plutokratie, Demokratie, Tyrannis. Beschrieb er den Übergang hierbei jeweils detailliert – v. a. auf der Grundlage unterschiedlicher Menschentypen und familiärer, väterlicher Sozialisation –, so blieb er die Erklärung schuldig, wie sich der Kreis von der Tyrannis zur geregelten Ordnung des Philosophenkönigtums wieder schließen sollte. Schon *Aristoteles* kritisierte zudem, daß der von *Platon* behaupteten zyklischen Entwicklung keine kausale Zwangsläufigkeit innewohne, daß sie tatsächlich auch schon anders verlaufen sei und ebensogut anders vorstellbar wäre. Dennoch finden sich im weiteren Verlauf der antiken Philosophie und sogar bis ins 20. Jh. hinein immer

wieder Vorstellungen vom kreisförmigen, sich wiederholenden Gang der Geschichte.

2. Mit der ökon., polit. und sozialen Entwicklung von → Industriegesellschaft und → Demokratie veränderte sich die Perspektive sozialwiss. Forschung; darauf gerichtet, das Verlassen traditioneller Strukturen und Prozesse als Fortschreiten in die → Moderne zu kennzeichnen, wurden Konzepte linearer Evolution (Modernisierungstheorien) herausgebildet. Als die polit. und ökon. Realität auch deren Prognosefähigkeit in Frage stellte, gewannen zyklustheoretische Ansätze wieder an Bedeutung. Allerdings werden auch keine ganzheitlichen Erklärungen mehr versucht, und v. a. handelt es sich nicht mehr um die (Re-)Konstruktion von Zyklen in der strikten Bedeutung des Wortes, sondern vielmehr von Kurvenverläufen, bei denen in bestimmten Abständen immer wieder in ihrem Grundprinzip jeweils identische Entwicklungsphasen durchlaufen werden. Hierin besteht eine gewisse Ähnlichkeit mit *Hegels* Grundgedanken, daß Geschichte kein zufälliger chronologischer Ablauf sei, sondern ihre logisch-dialektische Ordnung dadurch erhalte, daß dasselbe Prinzip sich durch verschiedene historische Perioden hindurch immer mehr Geltung verschaffe. War dies bei *Hegel* der «Weltgeist», so sind die immer wiederkehrenden Entwicklungsprinzipien der modernen zyklustheoretischen Ansätze säkular definiert.

3. Bes. die Wirtschaftswiss. haben z. A. hervorgebracht und versucht, damit Perioden ökon. Aufstiegs und Niedergangs seit der industriellen Revolution zu erklären (z. B. der *Kondratieff*-Zyklus), → nomothetisch zu begründen und somit Vorhersagen für künftige langfristige Tendenzen treffen zu können. Mögen die konzeptionellen Annahmen auch plausibel erscheinen, v. a. wegen ihres hohen Grades an Verallgemeinerung, so fehlt nach wie vor deren empirische Überprüfung. Gleiches gilt für die meisten mittel- und langfristigen Zyklen, die die Sozialwiss. erarbeitet haben. Sie sind «arm an Empirie, dafür aber reich an Hypothesen zur kausalen Erklärung der postulierten zyklischen Entwicklungen» (*Bürklin* 1986: 272). Diese Beobachtung bezieht sich auf Theorien zyklischen Wertwandels, trifft aber auch generell zu. Eine seltene Ausnahme bilden amerikan. Untersuchungen zum Themenwandel in Parteiprogrammen und zur periodischen Neuordnung des → Parteiensystems. *J. Z. Namenwirth* identifizierte vier Phasen polit. Programmatik amerikan. Parteien *(parochial, progressive, cosmopolitan, conservative)*, die in 120 Jahren viermal in ders. Sequenz aufeinanderfolgten; andere Autoren weisen zyklische Entwicklungen des amerikan. Parteiensystems durch gleichgerichtete *Realignment*-Prozesse infolge des polit. Themenwandels bei wirtschaftl. Rezessionen in den letzten 150 Jahren nach (*Sundquist* 1973; *Clubb* u. a. 1980; *Beck* 1974). Bei beiden Zyklen fällt auf, daß sie weitgehend identisch sind mit dem *Kondratieff*-Zyklus des ökon. Auf- und Abschwungs. Die Tatsache, daß auch auf der polit. Ebene entspr. Muster wiederkehrender Abläufe gefunden wurden, erhärtet zum einen die empirische Evidenz des *Kondratieff*-Zyklus; zum anderen wird damit die Frage nach der Kausalitätsrichtung zwischen polit. und ökon. Wandel aufgeworfen und folglich die Steuerbarkeit oder Zwangsläufigkeit solcher Zyklen thematisiert. In der dt. Forschung ist die Entstehung der Grünen eingeordnet worden in einen Zyklus von Realismus und Idealismus, der ebenfalls über die Veränderung ökon., polit. und sozialer Rahmenbedingungen zu entspr. Wellenbewegungen in der Konstellation des Parteiensystems führt (*Bürklin* 1984).

4. Im Kontext zyklustheoretischer Ansätze in den Sozialwiss. dürfte der Begriff des Lebenszyklus und seine Verwendung in der Wahl und Einstellungsforschung am geläufigsten sein. Aber auch hier herrschen mehr oder minder plausible Hypothesen vor, deren systematischer Test noch aussteht. So ist methodisch einwandfrei bisher weder nachgewiesen, daß → Partizipation vom Lebensalter abhängt, noch daß Wahlverhalten dem Lebenszyklus folgt (so eingängig der Satz auch sein mag: Wer mit 20 kein Sozialist ist, hat kein Herz, wer mit 60 noch Sozialist ist, hat keinen Verstand). Nach wie vor offen ist in D etwa auch die Frage, ob die Grünen von einer bestimmten polit. Generation langfristig getragen werden, oder ob sich ihre Anhängerschaft eher aus einer bestimmten Altersgruppe jeweils neu rekrutiert. Die analy-

tische Trennung von Alters-, Generationen- und Zeitgeisteffekten ist nur durch aufwendige → Kohortenanalysen über lange Zeiträume (und mit Paneldaten) zu leisten.
Neben die forschungspraktischen Schwierigkeiten bei der empirischen Überprüfung zyklustheoretischer Ansätze (Langzeitstudien, längsschnittfähige Datensammlungen, komplexe statistische Analyseverfahren) tritt ein grundsätzliches Problem ihrer Ergiebigkeit: je genereller und abstrakter die einzelnen Phasen eines Zyklus gefaßt werden, desto leichter wird es, Regelmäßigkeiten im historischen Ablauf festzustellen, desto unpräziser werden aber auch die Befunde und desto nichtssagender die Prognosen. Insofern ist der Forderung nach einer evolutionär-zyklischen Theoriebildung zuzustimmen, «die von einem linear-evolutionären Trend und daran orientierten zyklischen Abweichungen ausgeht» (*Bürklin* 1986: 276).

Lit.: *Beck, P. A.* 1974: A Socialization Theory of Partisan Realignment, in: *Niemi, R. G.* u. a. (Hrsg.): The Politics of Future Citizens, San Francisco, 199–219. *Bürklin, W. A* 1984: Grüne Politik. Ideologische Zyklen, Wähler und Parteiensystem, Opl. *Bürklin, W. A.* 1986: Evolution und Zyklus, in: *Kaase, M.* (Hrsg.): Politische Wissenschaft und politische Ordnung, Opl, 265–278. *Clubb, J. B./Flanigan, W. H./Zingale, N. H.* 1980: Partisan Realignment. Voters, Parties and Government in American History, Beverly Hills u. a. *Namenwirth, J. Z.* 1973: Wheels of Time and the Interdependence of Value Change in America, in: Journal of Interdisciplinary History III, No. 3, 649–683. *Sundquist, J.* 1973: Dynamics of the Party System: Alignment and Realignment of Political Parties in the United States, Washington D. C.

Suzanne S. Schüttemeyer

Autorenverzeichnis

Ahrens, Martin, Dr. iur., Universität Lüneburg
Alemann, Ulrich von, Dr. phil., Professor an der Universität Düsseldorf
Andersen, Uwe, Dr. phil., Professor an der Ruhr-Universität Bochum
Armingeon, Klaus, Dr. rer. soc., Professor an der Universität Bern
Barrios, Harald, Dr. phil., Universität Tübingen
Beisheim, Marianne, M. A., Wissenschaftliche Referentin beim Deutschen Bundestag, Berlin
Benda, Ernst, Dr. iur., Präsident des Bundesverfassungsgerichts a. D., Professor (em.) an der Universität Freiburg
Bendel, Petra, Dr. phil., Universität Erlangen-Nürnberg
Bergmann, Kristin, Dr. rer. pol., Leiterin des Frauenreferats der Evangelischen Kirche in Deutschland, Hannover
Berg-Schlosser, Dirk, Dr. oec. publ., Professor an der Universität Marburg
Beyme, Klaus von, Dr. phil., Professor (em.) an der Universität Heidelberg
Boeckh, Andreas, Ph. D., Professor an der Universität Tübingen
Boldt, Hans, Dr. phil., Professor (em.) an der Universität Düsseldorf
Borchard, Ralf, Dr. phil., Bayerischer Rundfunk, Berlin
Braun, Dietmar, Dr. rer. pol., Professor an der Universität Lausanne
Brozus, Lars, Dr. rer. pol., Technische Universität Darmstadt
Bull, Hans Peter, Dr. iur., Professor an der Universität Hamburg
Busch, Andreas, Dr. phil., University Lecturer, University of Oxford
Czada, Roland, Dr. rer. soc., Professor an der Fernuniversität-Gesamthochschule Hagen
Dolzer, Rudolf, Dr. iur., Dr. (Harvard University), Professor an der Universität Bonn
Dreher, Sabine, M. A., Universität Bremen
Druwe, Ulrich, Dr. phil., Professor an der Universität Mainz
Ebbecke-Nohlen, Andrea, Dipl.-Psych., Lehrtherapeutin und Lehrsupervisorin, Heidelberger Institut für Systemische Forschung, Therapie und Beratung
Eisfeld, Rainer, Dr. rer. pol., Professor an der Universität Osnabrück
Esser, Josef, Dr. rer. soc., Professor an der Universität Frankfurt
Falter, Jürgen W., Dr. rer. pol., Professor an der Universität Mainz
Fischer, Christine, Dr. iur., Universität Lüneburg
Fulda, Hans, Dr. phil., Professor (em.) an der Universität Heidelberg
Fürst, Dietrich, Dr. rer. pol., Professor an der Universität Hannover
Gad, Gerhard, Diplom-Geograph, Freie Universität Berlin
Gebhardt, Jürgen, Dr. phil., Professor an der Universität Erlangen-Nürnberg
Gellner, Winand, Dr. phil., Professor an der Universität Passau
Gibowski, Wolfgang G., Dipl.-Volkswirt, Sprecher der Stiftungsinitiative der Deutschen Wirtschaft, Berlin, stellvertretender Chef des Presse- und Informationsamtes der Bundesregierung a. D.
Glotz, Peter, Dr. phil., Professor an der Universität St. Gallen
Greven, Michael Th., Dr. phil., Professor an der Universität Hamburg
Grimm, Dieter, Dr. iur., Bundesverfassungsrichter a. D., Professor an der Humboldt-Universität und Rektor des Wissenschaftskollegs zu Berlin
Groser, Manfred, Dr. rer. soc., Professor an der Universität Bamberg
Grotz, Florian, Dr. phil., Freie Universität Berlin
Grunow, Dieter, Dr. rer. soc., Professor an der Universität-Gesamthochschule Duisburg
Guggemos, Peter, Dr. phil. PD, Universität Augsburg
Guggenberger, Bernd, Dr. phil. PD, Freie Universität Berlin
Hartmann, Christof, Dr. phil., Ruhr-Universität Bochum
Hartmann, Jürgen, Dr. phil., Professor an der Universität der Bundeswehr, Hamburg

Haufe, Gerda †, Dr. phil., Professorin an der Fachhochschule für Verwaltung und Rechtspflege, Berlin
Herzog, Dietrich, Dr. phil., Professor (em.) an der Freien Universität Berlin
Himmelmann, Gerhard, Dr. phil., Professor an der Technischen Universität Braunschweig
Hitzler, Ronald, Dr. rer. pol., Professor an der Universität Dortmund
Höffe, Ottfried, Dr. phil., Professor an der Universität Tübingen
Hoffmann, Hans-Jürgen, PSEPHOS-Institut, Bonn
Holtmann, Everhard, Dr. phil., Professor an der Universität Halle-Wittenberg
Holtz-Bacha, Christina, Dr. phil., Professorin an der Universität Mainz
Holzinger, Katharina, Dr. phil., Max-Planck-Projektgruppe Recht der Gemeinschaftsgüter, Bonn
Honer, Anne, Dr. rer. pol., Universität Konstanz
Hoschka, Peter, GMD Forschungszentrum, St. Augustin
Huber, Wolfgang, Dr. theol., Bischof der Evangelischen Landeskirche in Berlin-Brandenburg, Professor an der Universität Heidelberg
Jänicke, Martin, Dr. phil., Professor an der Freien Universität Berlin
Jann, Werner, Dr. phil., Professor an der Universität Potsdam
Jesse, Eckhard, Dr. phil., Professor an der Technischen Universität Chemnitz
Joas, Hans, Dr. phil., Professor an der Freien Universität Berlin, Professor an der University of Chicago
Junker, Detlef, Dr. phil., Professor an der Universität Heidelberg
Kaase, Max, Dr. rer. pol., Professor, Vice President and Dean for the Humanities and Social Sciences, International University Bremen
Keller, Reiner, Dr. phil., Universität Augsburg
Kersting, Wolfgang, Dr. phil., Professor an der Universität Kiel
Kleinsteuber, Hans J., Dr. phil., Professor an der Universität Hamburg
Klöti, Ulrich, Dr. rer. pol., Professor an der Universität Zürich
Kriz, Jürgen, Dr. phil., Professor an der Universität Osnabrück
Kromrey, Helmut, Dr. rer. pol., Professor an der Freien Universität Berlin
Leggewie, Claus, Dr. disc. pol., Professor an der Universität Gießen
Liese, Andrea, Dipl.-Pol., Universität Bremen
Lindner, Ralf, Dipl.-Pol., Universität Augsburg
Linz, Juan J., Dr. phil., Sterling Professor of Political and Social Science, Yale University, New Haven
Lösche, Peter, Dr. phil., Professor an der Universität Göttingen
Massing, Peter, Dr. phil., Vertreter einer Professur an der Freien Universität Berlin
Mengel, Hans-Joachim, Dr. jur., Dr. sc. pol., Professor an der Freien Universität Berlin
Meuser, Michael, Dr. phil. PD, Universität Bremen
Meyers, Reinhard, Dr. phil., Professor an der Universität Münster
Mickel, Wolfgang, Dr. phil., Professor (em.) an der Universität Karlsruhe
Mochmann, Ekkehard, Dipl. Kfm., Geschäftsführer der Gesellschaft sozialwissenschaftlicher Infrastruktureinrichungen, Universität Köln
Müller-Rommel, Ferdinand, Dr. rer. pol., Professor an der Universität Düsseldorf
Münch, Richard, Dr. phil., Professor an der Universität Bamberg
Münkler, Herfried, Dr. phil., Professor an der Humboldt-Universität Berlin
Murswieck, Axel, Dr. soc. wiss., Professor an der Universität Heidelberg
Nagel, Ulrike, Dr. phil. PD, Universität Magdeburg
Nikutta-Wasmuht, Ulrike C., Dr. phil. PD, Freie Universität Berlin, Sozialwissenschaftliches Institut der Bundeswehr, Straussberg
Nohlen, Dieter, Dr. phil., Professor an der Universität Heidelberg
Nuscheler, Franz, Dr. phil., Professor an der Universität Duisburg
Pappi, Franz Urban, Dr. phil., Professor an der Universität Mannheim
Patzelt, Werner, Dr. phil., Professor an der Technischen Universität Dresden
Pelinka, Anton, Dr. phil., Professor an der Universität Innsbruck
Quenter, Sven, Dr. phil., Universität Marburg
Rausch, Ulrike, Dr. phil., GMO Management Consulting, Düsseldorf
Rendtel, Ulrich, Dr. rer. pol., Professor an der Universität Frankfurt

Riegel, Klaus-Georg, Dr. phil., Professor an der Universität Trier
Rieger, Günter, Dr. phil., Professor an der Berufsakademie Stuttgart
Riescher, Gisela, Dr. phil., Professorin an der Universität Freiburg
Röhrich, Wilfried, Dr. phil., Professor (em.) an der Universität Kiel
Roth, Dieter, Dr. phil., Honorarprofessor an der Universität Heidelberg, Vorstandsmitglied der Forschungsgruppe Wahlen, Mannheim
Roth, Klaus, Dr. phil., Berlin
Rucht, Dieter, Dr. rer. pol., Professor an der Freien Universität Berlin und am Wissenschaftszentrum Berlin für Sozialforschung
Rudolf, Peter, Dr. phil. PD, Stiftung Wissenschaft und Politik, Berlin
Saage, Richard, Dr. phil., Professor an der Universität Halle-Wittenberg
Sangmeister, Hartmut, Dr. rer. pol., Professor an der Universität Heidelberg
Sarcinelli, Ulrich, Dr. phil., Professor an der Universität Koblenz-Landau
Saretzki, Thomas, Dr. phil., Professor an der Universität Lüneburg
Schäfer-Walkmann, Susanne, Dipl.-Pol., Social Invest Consult, Augsburg
Schäuble, Norbert, M. A., SINUS Sociovision GmbH, Heidelberg
Schiller, Theo, Dr. phil., Professor an der Universität Marburg
Schmid, Josef, Dr. rer. soc., Professor an der Universität Tübingen
Schmidt, Manfred G., Dr. rer. pol., Professor an der Universität Heidelberg
Schmitt, Hermann, Dr. sc. pol., Mannheimer Zentrum für Europäische Sozialforschung
Schneckener, Ulrich, Dr. rer. pol., Universität Bremen
Scholz, Fred, Dr. rer. nat., Professor an der Freien Universität Berlin
Schubert, Klaus, Dr. rer. soc. PD, Vertreter einer Professur an der Universität Münster
Schultze, Rainer-Olaf, Dr. phil., Professor an der Universität Augsburg
Schüttemeyer, Suzanne, Dr. phil., Professorin an der Universität Halle-Wittenberg
Schwegmann, Friedrich, Dr. iur., Professor an der Fachhochschule für Öffentliche Verwaltung, Münster
Seidelmann, Reimund, Dr. phil., Professor an der Universität Gießen und an der Université Libre de Bruxelles
Söllner, Alfons, Dr. phil., Professor an der Technischen Universität Chemnitz
Spinner, Helmut, Dr. phil., Professor an der Universität Karlsruhe
Stammen, Theo, Dr. phil., Professor (em.) an der Universität Augsburg
Strasser, Hermann, Dr. rer. oec., Ph. D., Professor an der Universität Duisburg
Sturm, Roland, Dr. phil., Professor an der Universität Erlangen-Nürnberg
Thibaut, Bernhard, Dr. phil., Beratung Public Sector, SAP AG, Walldorf
Thiery, Peter, Dr. phil., Universität Heidelberg
Viehöfer, Willi, Ph. D., Universität Augsburg
Waldmann, Peter, Dr. iur., Professor an der Universität Augsburg
Walter, Gregor, M. A., Universität Bremen
Waschkuhn, Arno, Dr. phil., Professor an der Universität Erfurt
Weber, Hajo, Dr. rer. soc., Professor an der Universität Kaiserslautern
Weber, Wolfgang, Dr. phil., Professor an der Universität Augsburg
Weber-Schäfer, Peter, Dr. phil., Professor (em.) an der Ruhr-Universität Bochum
Weiß, Ulrich, Dr. phil., Professor an der Universität der Bundeswehr, München
Werle, Raymund, Ph. D., Max-Planck-Institut für Gesellschaftsordnung, Köln
Wewer, Göttrik, Dr. phil., Staatsekretär im Niedersächsischen Kultusministerium, Hannover
Wiesendahl, Elmar, Dr. rer. pol., Professor an der Universität der Bundeswehr, München
Wilzewski, Jürgen, Dr. phil., Professor an der Universität Kaiserslautern
Wolf, Dieter, Dr. rer. soc., Universität München
Wollmann, Hellmut, Dr. iur., Professor an der Humboldt-Universität zu Berlin
Wüst, Andreas M., Dr. phil., Mannheimer Zentrum für Europäische Sozialforschung
Zangl, Bernhard, Dr. rer. pol., Universität Bremen
Ziemer, Klaus, Dr. phil., Professor an der Universität Trier, Direktor des Deutschen Historischen Instituts in Warschau
Zinterer, Tanja, M. A., Universität Augsburg
Zürn, Michael, Dr. rer. soc., Professor an der Universität Bremen
Zilla, Claudia, M. A., Universität Heidelberg